बेनीपुरी ग्रंथावली-2

संपूर्ण नाटक और
बिहारी सतसई की टीका

बेनीपुरी ग्रंथावली
2

सामग्री संकलन
जितेन्द्र कुमार बेनीपुरी

संपादक
सुरेश शर्मा

राधाकृष्ण

ISBN : 978-81-7119-424-7

बेनीपुरी ग्रंथावली-2

पहला संस्करण : 1998
पहली आवृत्ति : 2013

मूल्य : ₹ 7200
(आठ खंडों का पूरा सेट)

प्रकाशक
राधाकृष्ण प्रकाशन प्राइवेट लिमिटेड
7/31, अंसारी मार्ग, दरियागंज, नई दिल्ली-110 002
शाखाएँ : अशोक राजपथ, साइंस कॉलेज के सामने, पटना-800 006
पहली मंजिल, दरबारी बिल्डिंग, महात्मा गांधी मार्ग, इलाहाबाद-211 001
वेबसाइट : www.radhakrishnaprakashan.com
ई-मेल : info@radhakrishnaprakashan.com

मुद्रक
बी.के. ऑफसेट
नवीन शाहदरा, दिल्ली-110 032

BENIPURI GRANTHAVALI-2
Edited by Dr. Suresh Sharma

'अंबपाली' के मंचन (दिल्ली) के बाद, पटना लौटते हुए आगरा में 'अंबपाली' की मधूलिका अमला वर्मा, बेनीपुरी और 'अंबपाली' शोभा सिमौर के साथ.

अंतहीन दोस्ती : बेनीपुरी, जयप्रकाश नारायण और पृथ्वीराज कपूर.

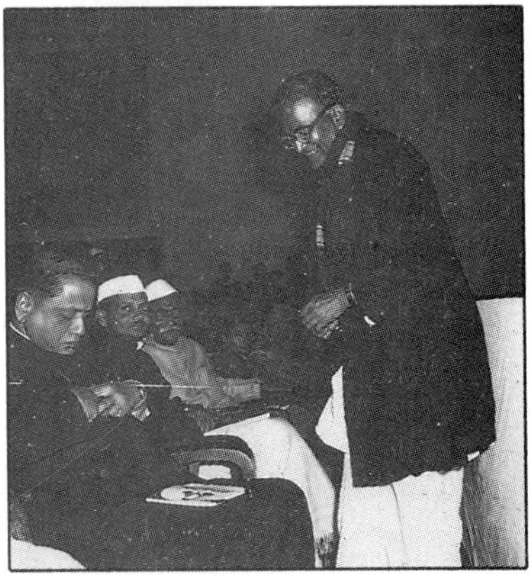

अंबपाली की प्रस्तुति के विशिष्ट दर्शक : सत्यनारायण सिंह, लाल बहादुर शास्त्री और राष्ट्रपति राजेंद्र प्रसाद, सामने खड़े हैं बेनीपुरी.

होली में अपने एक रिश्तेदार के साथ.

बेटे जितेन्द्र की शादी में समधी कपिल जी (बीच में) के साथ.

ओंकार शरद, मंगलमूर्ति, रामेश्वर सिंह (सचिव) तथा पत्नी के साथ इलाहाबाद में संगम स्नान के बाद.

भूमिका

ग्रंथावली के दूसरे खंड में श्रीरामवृक्ष बेनीपुरी के सम्पूर्ण नाटक और 'बिहारी सतसई' की टीका संकलित है। इनमें से कुछ सम्पूर्ण नाटक हैं, बाकी एकांकी और रेडियो रूपक। एक नृत्य-नाटिका भी है। ग्रंथावली में संकलित उनकी विभिन्न नाट्य-रचनाएँ इस प्रकार हैं—अम्बपाली, विजेता, तथागत, नेत्रदान, संघमित्रा, सिंहल विजय, नया समाज, शकुंतला, अमर ज्योति, गाँव का देवता, रामराज्य, सीता की माँ तथा पाटलिपुत्र।

बेनीपुरी ने सिर्फ इतिहास और पुराण के प्रख्यात पात्रों को लेकर ही नाट्य-रचनाएँ नहीं की हैं बल्कि वर्तमान समाज की वास्तविकताओं को उजागर करने के लिए आज के पात्रों को लेकर भी नाटक लिखे हैं। वे ऐतिहासिक और सामाजिक दोनों प्रकार के नाट्य-लेखन में समान रूप से सफल हुए हैं। उनकी 'अम्बपाली', 'विजेता' और 'तथागत' कई अंकोंवाले सम्पूर्ण नाटक हैं। शेष नाट्य-रचनाएँ या तो एकांकी हैं या रेडियो रूपक। सन् 1947 में आजादी के बाद ऑल इण्डिया रेडियो पर नए कार्यक्रमों का सिलसिला शुरू हुआ। रचनाकारों ने प्रसारण की नई विधा में उत्साह से शिरकत की। रेडियो से प्रसारित होनेवाले नाटकों को उन दिनों काफी लोकप्रियता मिली। इसलिए उन दिनों रेडियो नाटकों की काफी माँग थी। बेनीपुरी ने उन दिनों अनेक रेडियो नाटक लिखे जिनकी काफी सराहना हुई। उनके उपलब्ध लगभग सभी रेडियो रूपक ग्रंथावली के इस खण्ड में संकलित हैं। एक अप्रकाशित रेडियो नाटक 'चौराहे पर' शामिल नहीं किया जा रहा है। एक तो उसकी पाण्डुलिपि अधूरी प्राप्त हुई है, दूसरे कागज काफी पुराना पड़ जाने के कारण पेंसिल से लिखी पाण्डुलिपि पढ़ी नहीं जा सकी। लेकिन जितनी पढ़ी जा सकी है उससे यह सहज ही लगता है कि बेनीपुरी ने इस रेडियो रूपक में भीड़ की सामूहिक मानसिकता को अत्यन्त बारीकी से चित्रित किया है। इस खण्ड के परिशिष्ट-1 में 'पाटलिपुत्र' शीर्षक एक नृत्य-रूपक भी दिया जा रहा है। यह अब तक अप्रकाशित था। इसे भी रेडियो के लिए ही लिखा गया था।

बेनीपुरी ने अपना पहला नाटक 'अम्बपाली' चौथे दशक के अन्त में लिखा। तब तक वे अनेक उपन्यास तथा दर्जनों शब्दचित्र और कहानियाँ लिख चुके थे। सन् चालीस के बाद के समय को बेनीपुरी की रचनायात्रा का उत्तरार्द्ध कहा जा सकता है। इस दौर में उन्होंने सबसे अधिक नाटक ही लिखे। उनकी पूरी नाट्य यात्रा चौथे दशक से छठे दशक के मध्य तक फैली है। कुल पन्द्रह साल में उन्होंने अपनी ये नाट्य-रचनाएँ कीं।

लेकिन ऐसा नहीं है कि बेनीपुरी को अचानक अपनी सृजन-यात्रा के उत्तरार्द्ध में नाटक लिखने की धुन सवार हुई थी। असल में अपने लेखन की शुरुआत उन्होंने नाटक से ही की थी। 'अम्बपाली' की भूमिका में वे लिखते हैं—"बचपन में ही मेरा झुकाव नाटकों की ओर हुआ था। हाईस्कूल के चौथे या तीसरे वर्ग में ही मैंने एक नाटक लिखा था, लंगोटिया यारों को सुनाया था। उन्हें पसन्द आया, उसके खेलने का आयोजन भी हुआ और एक मारवाड़ी दोस्त ने उसे छपवाने के लिए चार रुपए का चन्दा भी उगाहा था।" लेकिन नाट्य-लेखन के उस आरम्भिक प्रयास का प्रकाशन नहीं हो पाया। अपने लेखन के पूर्वार्द्ध में उन्होंने नाटक बेशक न लिखे हों लेकिन उनकी कहानियों, शब्दचित्रों और उपन्यास में

नाटकीयता के तत्त्व बड़ी मात्रा में मौजूद हैं। नाटकीयता का यह गुण उनके गद्य की भाषा और शिल्प तक में समाहित है। अपने शिल्प के इस गुण के कारण भी उन्हें अद्वितीय शैलीकार कहा जाता है।

बेनीपुरी ने 'अम्बपाली' नाटक का प्रथम प्रारूप 1940 में हजारीबाग सेंट्रल जेल में तैयार किया। नाटक की भूमिका में वे लिखते हैं—"अब भी वे दिन भूले नहीं हैं, जब हजारीबाग सेंट्रल जेल के वार्ड नं. 1 के सामने सघन पत्तियोंवाली एक आम्र विटपी के तने से उठँगकर मैं अपनी 'अम्बपाली' की रचना किया करता था—सामने फूलों से लदे मोतिए और गुलाब के झाड़ थे, ऊपर आसमान पर बादलों की घुड़दौड़ होती थी और इधर मेरी लेखनी कागज पर घुड़दौड़ करती थी।" इस नाटक का पहला प्रारूप जिस कापी पर लिखा गया है वह अजिल्द है और लगभग तार-तार हो चुकी है। उस पर लिखे अक्षर बेहद पुराने पड़ गए हैं। उसकी रोशनाई इतनी फैल गई है कि अक्षरों को पढ़ना सम्भव नहीं है। इस कापी में 20-25 पन्ने अलग से भी हैं। इनमें कुछ दृश्यों को दुबारा लिखा गया है। इन्हें अच्छी तरह पढ़ा जा सकता है। इन पाण्डुलिपियों को देखने से लगता है कि बेनीपुरी एक बार लिख देने के बाद अधिक काट-छाँट नहीं करते थे। 'माटी की मूरतें' के शब्दचित्रों के भी प्रथम प्रारूप उपलब्ध हुए हैं। इन्हें भी उन्होंने बिना विशेष काट-छाँट के ही अन्तिम रूप दिया है। बेनीपुरी की सृजन-प्रक्रिया की यह विशेषता इसलिए है क्योंकि वे अपने चरित्रों के स्वरूप, उनकी परिणति तथा रचनाओं के उद्देश्य के मामले में बहुत स्पष्ट हैं। यह स्पष्टता उनके सर्जन की महत्त्वपूर्ण विशेषता है और लोकप्रियता का बहुत बड़ा कारण भी।

बेनीपुरी ने 'अम्बपाली' नाटक बेशक सन् 1940 में लिखा लेकिन उसकी भूमिका कुछ समय बाद लिखी। भूमिका का प्रारूप उन्होंने साहित्यिक पत्र 'हिमालय' के पैड पर लिखा है। 1946 में पटना के पुस्तक भण्डार से 'हिमालय' पत्र निकला था। उसके सम्पादक थे शिवपूजनसहाय और बेनीपुरी। बेनीपुरी ने इस भूमिका का शीर्षक पहले 'कलाकार की अम्बपाली' दिया था बाद में इसे बदलकर 'मेरी अम्बपाली' किया है।

'कलाकार की अम्बपाली' से बेनीपुरी का तात्पर्य क्या है? भूमिका में वे स्पष्ट करते हैं—"विधाता की किसी कृति को जब कोई कलाकार अपने लिए चुनता है, तब उसके कलात्मक रूप देने की प्रक्रिया में···विधाता की कृति धीरे-धीरे विलीन होने लगती है और समाप्त करते-करते कलाकार आश्चर्य से देखता है। एक दूसरी ही नवीन आकृति उसके सामने खड़ी है।····" बेनीपुरी प्रश्न करते हैं, "सुन्दर कृति किसकी—विधाता की या कलाकार की? वह, जो पचास या सौ साल जीकर धूल में मिल गई, विधाता की वह शकुंतला अच्छी; या जो दो हजार साल बाद जीवित है कालिदास की वह शकुंतला अच्छी?" निश्चय ही कालिदास की शकुंतला को ही श्रेष्ठ माना जाएगा। क्योंकि कालिदास ने मानवीय संवेदना के अनेक नए आयामों को शकुंतला के व्यक्तित्व में समाहित करके उसे सार्वजनीन और कालजयी बना दिया है।

कालिदास ने शकुंतला के व्यक्तित्व का पुनः सृजन करके अपनी कला द्वारा यह सम्भव किया है। इसी तरह बेनीपुरी बौद्धयुग की अम्बपाली के व्यक्तित्व का अपनी रचना में पुनः सृजन करते हैं। इसलिए भूमिका में उसे पहले 'कलाकार की अम्बपाली' कहते हैं। बाद में इस नई अम्बपाली को वे इस हद तक अपना सृजन मानने लगते हैं कि उसे संशोधित करके 'मेरी अम्बपाली' कह देते हैं। बेनीपुरी के इस कथन में इतिहास और साहित्य के सम्बन्ध-सूत्र छिपे हैं। वे लिखते हैं—"पुरातत्वज्ञ मेरी इस अम्बपाली को इतिहास के पन्नों में अंकित अम्बपाली से मिलावें, घटनाओं के तारतम्य में कुछ त्रुटियाँ पावें और मुझे गालियाँ भी दे लें, किन्तु मैं कहूँ, मुझे तो मेरी अम्बपाली ही सच्ची प्रतीत हुई है। सच्ची और अच्छी भी; क्योंकि सत्य ही सुन्दर और सुन्दर ही सत्य है न!"

तात्पर्य यह कि रचना में पुनःसृजित अम्बपाली के नए अस्तित्व का सौन्दर्य ही वह मुख्य बिन्दु है जो इतिहास की अम्बपाली से उसे अलग कर देता है। अम्बपाली के इस नए अस्तित्व के निर्माण में

रचनाकार बेनीपुरी की विचारधारा ने महत्त्वपूर्ण भूमिका निभाई है। बेनीपुरी अपने अन्य ऐतिहासिक नाटकों—'विजेता', 'तथागत' तथा 'नेत्रदान', 'संघमित्रा' और 'सिंहल विजय' जैसे एकांकियों में इसी तरह ऐतिहासिक पात्रों के चरित्र को पुनः सृजित करके नया अस्तित्व प्रदान करते हैं। इस पुनः सृजन के दौरान वे अपने समय के सवालों और अपनी विचारधारा से निर्धारित होते हैं।

बेनीपुरी ने जिस समय अपनी 'अम्बपाली' लिखी उस समय नाटकों का प्रसादोत्तर दौर शुरू हो चुका था। चार साल पहले 1936 में प्रसाद का निधन हुआ था। वे हिन्दी-साहित्य की दुनिया में अपने ऐतिहासिक नाटकों की धूम मचा चुके थे। प्रसाद के ऐतिहासिक नाटकों में अनुसन्धान की प्रवृत्ति प्रमुख है। वे ऐतिहासिक चरित्रों और परिस्थितियों की यथातथ्यता के आग्रही हैं, जबकि बेनीपुरी उन ऐतिहासिक चरित्रों को एक माध्यम भर मानते हैं। इसलिए ऐतिहासिक चरित्रों को अपने अनुकूल बनाकर वे अपने समय की विसंगतियों से मुठभेड़ करते हैं। इसीलिए उनकी अम्बपाली इतिहास की अम्बपाली के आधार पर खड़ी 'कलाकार' की स्वतन्त्र अम्बपाली है। एक कलाकार की हैसियत से उन्होंने अपने निजी कथ्य का संवाहक बनाने के लिए उसे रचा। अतः अम्बपाली को और भी निजता प्रदान करते हुए 'मेरी अम्बपाली' कहा। ऐतिहासिक पात्रों से नाटककार बेनीपुरी का यह रचनात्मक रिश्ता है जिसे हम उनकी सभी ऐतिहासिक नाट्य-रचनाओं में देखते हैं।

प्रसाद युग के ऐतिहासिक नाटकों से बेनीपुरी के ऐतिहासिक नाटकों की भाषा भिन्न है। वे तत्सम शब्दों के घटाटोप से इतिहास की गूँज पैदा नहीं करते। इतिहास उनका उद्देश्य नहीं, माध्यम भर है। इसलिए अपनी नाट्य-रचनाओं में वे बोलचाल की तद्भव शब्दावली का धड़ल्ले से प्रयोग करते हैं। अपनी रचनाओं में उनकी पूरी कोशिश ऐंद्रिक भाषा लिखने की रहती है ताकि पाठक या दर्शक की संवेदना को सीधे स्पर्श किया जा सके। अपने नाटकों और कथा-साहित्य में ही नहीं, सामान्य औपचारिक गद्य में भी वे ऐंद्रिक भाषा लिखने के आग्रही दिखाई पड़ते हैं। 'अम्बपाली' की भूमिका के अन्त में उन्होंने भूमिका लिखने का समय और तारीख इस प्रकार लिखा है—'उमड़ते सावन की एक बरसती रात, 1941।' भाषा की दृष्टि से 'उमड़ते सावन' और 'बरसती रात' में पर्याप्त ऐंद्रिकता है। लेकिन बाद में बेनीपुरी ने भाषा को और भी ऐंद्रिक बनाने के लिए 'बरसती रात' में से रात को संशोधित करके 'अधरतिया' कर दिया है—'उमड़ते सावन की एक बरसती अधरतिया'। 'अधरतिया' लिखते ही रात की ऐंद्रिक सघनता और तीव्र हो गई है। यह तीव्रता बेनीपुरी की भाषा का विलक्षण गुण है।

1940-41 में देश की स्वतन्त्रता करीब लगने लगी थी। इस नाटक को स्वतन्त्रता से पूर्व ही स्वतन्त्र देश के जिम्मेदार नागरिक तैयार करने की कोशिश के रूप में भी देखा जाना चाहिए। 'अम्बपाली' के समय में वैशाली एक गणतन्त्र था। नाटक में बेनीपुरी यह बताते हैं कि उस गणतन्त्र को किस तरह की सामाजिक विसंगतियों ने नष्ट किया। उनकी निगाह देश को मिलनेवाली स्वतन्त्रता पर है। स्वतन्त्र होने के बाद देश इन विसंगतियों से बचे इसके लिए बेनीपुरी सावधान करते हैं। बुद्ध नाटक के तीसरे अंक में आनन्द से वृज्जिसंघ के बारे में कुछ सवाल करते हैं। इन सवालों में ही इसका उत्तर छिपा है कि वृज्जिसंघ कब तक कायम रहेगा। बुद्ध के कथन का सार यह है कि वृज्जिसंघ जब तक हर स्तर पर लोकतान्त्रिक मूल्यों की रक्षा करेगा तब तक उसे कोई जीत नहीं सकेगा। बुद्ध की यह सीख तब निकट भविष्य में स्वाधीन होनेवाले भारत के लिए भी थी और आज भी है। नाटक के इसी अंक के दूसरे दृश्य में अशवसेन द्वारा वसुबन्धु को घायल किए जाने के बाद चयनिका से अम्बपाली कहती है—"वैशाली के नागरिक अपनी तलवार अपने भाइयों के सिर पर चलाएँ यह महान आश्चर्य की बात है।" नागरिकों के बीच यह फूट वृज्जिसंघ के पराभव का कारण बनता है। नाटक में ऐसे अनेक स्थल हैं जिनमें देश के भविष्यत् संकेत छिपे हैं।

'अम्बपाली' में बेनीपुरी ने दबी-कुचली भारतीय नारी को विराट् व्यक्तित्व प्रदान किया है। गाँव

की एक शर्मीली किशोरी से वह राजनर्तकी बनती है। फिर वह बुद्ध के रू-ब-रू खड़ी होकर उनसे संवाद करती है। अन्त में राष्ट्रीय संकट के समय युद्धवेश भी धारण करती है। वह कहती है—"आज जीती-जागती वैशाली मुर्दा लाश-सी पड़ी है। इसे कोई बचा नहीं सका। अम्बपाली ने तय किया है कि वह इस लाश में जान फूँकेगी या इसी के साथ जल मरेगी।" स्वाधीनता संघर्ष के उस दौर में अतीत की वैशाली को तत्कालीन राष्ट्र का प्रतीक बना देने में बेनीपुरी को पूरी सफलता मिली है। यही वजह है कि संगीत नाटक अकादमी के पहले राष्ट्रीय नाट्य महोत्सव में प्रस्तुति के लिए अम्बपाली को भी चुना गया था।

'अम्बपाली' के बाद बेनीपुरी ने 1943 में 'चन्द्रगुप्त मौर्य' पर 'विजेता' शीर्षक से नाटक लिखने की योजना बनाई। कुछ लिखा भी, लेकिन उसे अन्तिम रूप देकर उसका प्रकाशन कराया बारह साल बाद 1955 में। नाटक की भूमिका में चाणक्य के व्यक्तित्व को उन्होंने नया रूप दिया है। उनका चाणक्य 'धूर्त्त और नृशंस व्यक्ति' मात्र नहीं है। अपने व्यक्तित्व के आन्तरिक स्तर पर वह अत्यन्त मानवीय और संवेदनशील है। राजनीतिक तिकड़मों में वह बेशक रुखाई से काम लेता है लेकिन समय-समय पर संवेदनात्मक प्रसंगों के बीच वह अकेला हो जाता है। बेनीपुरी संकेत देते हैं इस सख्त आदमी का अतीत किसी कोमल कहानी से जुड़ा है—'अरे, अन्तःसलिल है यह रेत!' इसीलिए चाणक्य की कोमल स्मृति उसे पराजित करती रहती है। हालाँकि अपनी बुद्धि और संकल्प के बल से वह नंदवंश का नाश करके अपने अपमान का बदला ले चुका है।

जिन दिनों बेनीपुरी 'विजेता' को अन्तिम रूप दे रहे थे उन दिनों राष्ट्रीय नाट्य महोत्सव में अम्बपाली के मंचन का रिहर्सल चल रहा था। इस अनुभव से बेनीपुरी ने 'विजेता' को मंचन की दृष्टि से अधिक उपयोगी बनाने की कोशिश की है। चार अंकों के इस नाटक के प्रत्येक अंक में सिर्फ पाँच-पाँच दृश्य हैं, ताकि नाटक आसानी से मंचित किया जा सके। कथोपकथन और भाषा के स्तर पर यह नाटक बेनीपुरी के दूसरे नाटकों की तुलना में अधिक चुस्त और प्रभावी है। बेनीपुरी लिखते हैं—"बारह वर्षों तक मस्तिष्क में चक्कर काटते रहने के बाद कहीं यह (नाटक) सूर्य का प्रकाश देख पाया है। अब भी मेरे सामने वह कापी है, जिसमें मैंने इसकी रूपरेखा तैयार की। उस पर हजारीबाग सेंट्रल जेल की मुहर है और मैंने उस पर तारीख लिखी है विजयादशमी 1943।....'अम्बपाली' लिखने के पश्चात् मैंने इसका शुभारम्भ जेल में ही किया था और जब दिल्ली के राष्ट्रीय महोत्सव के लिए 'अम्बपाली' का रिहर्सल किया जा रहा था, फिर मैंने इसे हाथ में लिया और पूरा किया।....किन्तु उस पुरानी रूपरेखा और इसके वर्तमान रूप में जमीन-आसमान का अन्तर है।" नाटक के कथ्य और शिल्प दोनों ही स्तरों पर यह अन्तर है। जब 'विजेता' नाटक पर बेनीपुरी ने फिर से काम शुरू किया उस समय देश को आजादी मिले कुछ ही वर्ष हुए थे। अच्छे शासक के क्या राष्ट्रीय कर्त्तव्य होने चाहिए, इसे बेनीपुरी ने चन्द्रगुप्त की चारित्रिक विशेषताओं के माध्यम से उजागर किया। चन्द्रगुप्त के चरित्र पर अनेक नाटक लिखे गए हैं लेकिन बेनीपुरी का 'विजेता' नाटकों की इस परम्परा से भिन्न है। बेनीपुरी का कहना है कि "चन्द्रगुप्त नाम देकर भी लोगों ने दरअसल 'चाणक्य' लिखा है।" लेकिन वे 'विजेता' में चन्द्रगुप्त को स्वतन्त्र व्यक्तित्व प्रदान करते हैं। इसमें शक नहीं कि 'विजेता' उनकी सर्वाधिक सुगठित नाट्य-रचना है। इसकी मूल पाण्डुलिपि उपलब्ध है। कुछ हिस्से हाथ से लिखे गए हैं, कुछ टंकित हैं। उनमें काफी संशोधन किया गया है।

'तथागत' (1948) बेनीपुरी का पहला रेडियो नाटक है। 1948 में बुद्ध जयन्ती के मौके पर यह पटना रेडियो स्टेशन से चार किश्तों में प्रसारित हुआ था। नाटक के पाँच हिस्से हैं—अन्तिम शृंगार, सुजाता की खीर, बहुजन हिताय बहुजन सुखाय, विरोध और विजय तथा महापरिनिर्वाण। पात्रों की संख्या दो दर्जन से अधिक है। चूँकि यह रेडियो से प्रसारण के लिए लिखा गया ध्वनि-नाट्य है इसलिए इसमें दृश्य-संयोजन से अधिक कथोपकथन की बारीकियों से काम लिया गया है। नाटक के अन्तर्गत बुद्ध की

जिन्दगी के 'उदात्त' और 'नाटकीय' पक्ष को नए रूप में रखने की कोशिश की गई है। यह नाटक उन किशोरों के लिए लिखा गया है जो नए स्वतन्त्र हुए राष्ट्र के नव-निर्माण में महत्त्वपूर्ण भूमिका निभानेवाले हैं—"मैं अपना यह 'तथागत' मुख्यतया देश के किशोरों और नवयुवकों के हाथों में इस आशा से अर्पित करता हूँ कि वे इससे प्रेरणा पाकर सत्य के अनुसन्धान की ओर प्रवृत्त हों, उसके लिए कष्ट उठाना सीखें.... ।" 1948 में ही गाँधी का निधन हुआ था। उसका आघात उन दिनों सबके दिलों पर ताजा था। बेनीपुरी ने 'तथागत' लिखते हुए बुद्ध के व्यक्तित्व में गाँधी को पाने की भी कोशिश की है—"जब मैं तथागत लिख रहा था, मालूम होता था, महात्मा गाँधी के चरित्र के प्रभामण्डल के बीच से गुजर रहा होऊँ !"

'नेत्रदान' (1948-50) अशोक के परिवार की एक मार्मिक कथा है। अशोक के कला अभिरुचिवाले बेटे कुणाल और उसकी सौतेली माँ तिष्यरक्षिता के बीच के जटिल रागात्मक रिश्ते को नाटक में बारीकी से अभिव्यक्त करने की कोशिश की गई है। नाटक में तिष्यरक्षिता की वासना तथा कुणाल के त्याग का द्वन्द्व एक नई पृष्ठभूमि में अभिव्यक्त किया गया है। कुणाल और तिष्यरक्षिता के प्रेम-प्रसंग की घटना के बारे में भूमिका के अन्तर्गत बेनीपुरी लिखते हैं—"मैंने उस घटना को एक नई पृष्ठभूमि में रखने की चेष्टा की है। जो, मेरे ख्याल से, तत्सामयिक घटनाओं और सामाजिक धारणाओं के अधिक निकट है। साथ ही, उसे कलिंग की क्रूर हत्या से जोड़कर मैंने युद्ध की भयानकता और शान्ति की आवश्यकता की ओर इशारा किया है।"

नाटक से पूर्व बेनीपुरी ने 'नेत्रदान' के पात्रों तथा नाट्यकला के बारे में एक संक्षिप्त टिप्पणी भी लिखी है। नेत्रदान के पात्रों पर लिखते हुए उन्होंने साहित्य में ऐतिहासिक पात्रों से रचनाकार के रिश्ते को परिभाषित किया है—"जब किसी ऐतिहासिक या पौराणिक पात्र या पात्री का चरित्र किसी कलाकार के हाथ में आता है तो उसका रूप वही नहीं रह जाता, जो इतिहास या पुराण में वर्णित है। कलाकार उस चरित्र में अपना रंग भरता है। उसके किसी खास गुण पर जोर देता है, उसे उभारता है, उससे सम्बन्धित घटनाओं की नई व्याख्या भी प्रस्तुत करता है।" इतिहास और साहित्य के इस रिश्ते को बेनीपुरी अपने ऐतिहासिक नाटकों में घटित करते हैं।

'नेत्रदान' के अलावा अशोक परिवार पर लिखे उनके दो अन्य नाटक 'संघमित्रा' (1948-50) और 'सिंहल विजय' (1948-50) हैं। 'नेत्रदान' तो अशोक के छोटे बेटे कुणाल को लेकर है जबकि 'संघमित्रा' में अशोक की पुत्री 'संघमित्रा' के चरित्र का बखान है। 'सिंहल विजय' में अशोक के बड़े पुत्र 'महेन्द्र' के व्यक्तित्व का खाका खींचा गया है। ये तीनों एकांकी लिखे जाने के साथ ही रेडियो से प्रसारित हुए। अनेक बार सफल मंचन भी हुआ। 'संघमित्रा' में बेनीपुरी ने अशोक-पुत्री संघमित्रा की जिन्दगी के कुछ अज्ञात पृष्ठों को खोलने की कोशिश की है। पिता की आज्ञा से संघमित्रा भिक्षुणी बनकर सिंहल गई और वहाँ बौद्ध धर्म का प्रचार किया। लेकिन संघमित्रा के भिक्षुणी बनने का कारण सिर्फ पिता की आज्ञा ही था या इसकी कोई अन्तर्कथा भी है ? बेनीपुरी इस नाटक में उस अन्तर्कथा के पन्ने पलटते हैं और संघमित्रा के चरित्र के मानवीय और रागात्मक पहलू का कलात्मक चित्रण करते हैं। इस लघु एकांकी में सिर्फ पाँच दृश्य हैं और सिर्फ चार पात्र।

'सिंहल विजय', 'संघमित्रा' की तुलना में बड़ी रचना है। इसमें नौ दृश्य हैं। पात्रों की संख्या है आठ। नाटक में अशोक के बड़े पुत्र महेन्द्र के चारित्रिक विकास को बेहद कलात्मकता के साथ प्रस्तुत किया गया है। महेन्द्र का कहना है कि "आदमी को गरुड़ की तरह जीना चाहिए—कभी इधर एक झपट्टा, कभी उधर एक झपट्टा। जिधर चले आगे एक भगदड़, पीछे एक हहास !" लेकिन युद्ध की भयावहता का अहसास महेन्द्र को पूरी तरह बदल देता है। पिता की आज्ञा से वह बहन संघमित्रा के साथ सिंहल जाकर बौद्ध धर्म का प्रचार करता है।

पौराणिक आख्यान को लेकर लिखे नाटकों में 'सीता की माँ' एक प्रयोगात्मक रूपक है। इसे बेनीपुरी ने स्वोक्ति रूपक कहा है। पाँच दृश्यों का यह रूपक सिर्फ एक पात्र सीता की माँ का स्वगत कथन है। इतिहास और पुराण के उपेक्षित पात्रों पर द्विवेदी युग और छायावाद युग में अनेक रचनाएँ लिखी गईं। मैथिलीशरण गुप्त के 'साकेत' की उर्मिला तथा 'यशोधरा' काव्य की यशोधरा इसका उदाहरण है। बेनीपुरी का ध्यान सीता की माँ पर जाता है। वर्षा के लिए हल चलाने का अनुष्ठान करते हुए राजा जनक को सीता खेत में पड़ी मिली थी। सामाजिक परम्पराओं से भयभीत सीता की माँ ने बेटी के भविष्य को देखते हुए हमेशा के लिए अपने को पर्दे के पीछे डाल दिया। तत्कालीन सामाजिक मर्यादाओं के दबाव में वह कह नहीं सकती थी कि सीता उसकी बेटी है। एक पलायनवादी 'देवता' सीता की माँ को मातृत्व प्रदान कर अन्तर्धान हो गए थे! रूपक के पाँच दृश्य क्रमशः इस प्रकार हैं—सीतामढ़ी के निकट एक अटवी (सीता जन्म), जनकपुर की पुष्पवाटिका, चित्रकूट का पहाड़ी अंचल, लंका की अशोक वाटिका तथा अयोध्या का प्रांतर। इन पाँच दृश्यों में स्त्री सीता की जिन्दगी की विडम्बनाओं की कथा कही गई है। रूपक की विशेषता यह भी है कि सीता के साथ ही उसकी माँ अपनी जिन्दगी की अनकही कहानी भी कहती चलती है। रूपक में बेनीपुरी राम के द्वारा कुछ सामन्ती मूल्यों को प्रश्रय देने की कड़ी आलोचना करते हैं। यह प्रयोगात्मक नाटक प्रदर्शन की दृष्टि से नाट्यविधा के लिए एक चुनौती है। लिखे जाने के साथ ही रेडियो से इसका प्रसारण हो गया था। आज इलेक्ट्रॉनिक मीडिया के युग में उनका यह नाटक टी.वी. नाटकों के लिए असीम सम्भावनाएँ लिए हुए है।

पौराणिक आख्यान से सम्बद्ध बेनीपुरी का एक और नाटक है 'शकुंतला'। यह कालिदास के 'अभिज्ञान शाकुंतलम्' का रेडियो रूपान्तर है। नाटक में बेनीपुरी ने कोई नई उद्भावना नहीं की है। लेकिन इसमें जिस नाट्यभाषा का उपयोग किया है, वह उल्लेखनीय है। 'अभिज्ञान शाकुंतलम्' का ज्यादातर अनुवाद भाषानुवाद है। सिर्फ पढ़ने के लिए। लेकिन बेनीपुरी ने रेडियो के लिए उसका नाट्यानुवाद किया है। इसमें उन्होंने गतिशील और संवादधर्मी भाषा का इस्तेमाल किया है। निश्चय ही इस रूपान्तर के आधार पर शकुंतला का प्रदर्शन ज्यादा सफल होगा और रचनात्मक प्रभाव छोड़ेगा, क्योंकि बेनीपुरी ने रूपान्तर करते हुए उसे आज के समय और नाट्य प्रस्तुति के आधुनिक शिल्प के अनुकूल बना दिया है।

इन ऐतिहासिक और पौराणिक नाट्य-रचनाओं के अलावा बेनीपुरी ने अनेक सामाजिक एकांकी भी लिखे हैं। ये नाट्य-रचनाएँ पाँचवें दशक के अन्त या छठे दशक के आरम्भ की हैं। 'अमर ज्योति' और 'गाँव के देवता' उनके जीवनीपरक एकांकी हैं। 'नया समाज' और 'राम-राज्य' में उनकी सामाजिक विचारधारा तथा भविष्यत् स्वप्न को अभिव्यक्ति मिली है। 'अमर ज्योति' (1951) एक रेडियो रूपक है जिसमें गाँधीजी की जीवन-कथा कही गई है।

गाँधीजी के जन्म, शिक्षा, दक्षिण अफ्रीका के संघर्ष तथा भारतीय राष्ट्रीय आन्दोलन में उनकी भूमिका को नाट्य शिल्प में ढालकर बेनीपुरी ने जीवन्त बना दिया है। चूँकि बेनीपुरी स्वयं स्वाधीनता आन्दोलन में गाँधीजी के साथ शामिल थे इसलिए उस दौर की घटनाओं का नाटक में प्रामाणिक विवरण मिलता है। आन्दोलन में सामूहिक रूप से गाए जानेवाले गीतों को भी बेनीपुरी ने नाटक में शामिल किया है। ये गीत अन्यत्र उपलब्ध नहीं हैं। नाटक के अन्त में गाँधीजी के बारे में बेनीपुरी की एक भावनात्मक टिप्पणी भी है।

'गाँव का देवता' बेनीपुरी का चरित्र केन्द्रित रेडियो रूपक है। गाँव के दो चरित्र पोखन ठाकुर और बीकू बाबू पर उन्होंने दो रूपक लिखे हैं। ये चरित्र 'माटी की मूरतें' के चरित्रों की शैली के हैं। सन् 1951-52 में बेनीपुरी 'माटी की मूरतें' की तरह कुछ और ग्रामीण चरित्रों के शब्दचित्र लिखना चाहते थे। पुस्तक का नाम भी सोच लिया था—'धरती की धड़कनें'। लेकिन उनकी यह योजना पूरी नहीं हुई। यह

जरूर हुआ कि उन्होंने दो रेडियो रूपक 'पोखन ठाकुर' और 'बीकू बाबू' लिखे जिन्हें 'शब्दचित्र नाट्य' कह सकते हैं। लगता है रेडियो में प्रस्तुति की माँग के कारण बेनीपुरी ने अपने इन शब्दचित्र चरित्रों की जिन्दगी को रेडियो नाट्य शिल्प में ढाला। नाट्य शिल्प में ढल जाने के बावजूद इन चरित्रों की शब्द चित्रमयता पूरी तरह सुरक्षित है। पोखन ठाकुर 'माटी की मूरतें' के चरित्रों की कड़ी में ही एक चरित्र हैं। रूपक में उन्होंने दिखाया है कि अपने श्रेष्ठ सामाजिक कार्यों से किस तरह एक व्यक्ति मिथक बन जाता है और अन्ततः देवता की श्रेणी प्राप्त कर लेता है। पोखन ठाकुर की तरह बीकू बाबू भी अपने परोपकारी व्यक्तित्व की वजह से अन्ततः गाँव के देवता बन जाते हैं।

'नया समाज' (1951) बेनीपुरी का एक ऐसा एकांकी है जिसमें उन्होंने अपनी क्रान्तिकारी सामाजिक विचारधारा को अभिव्यक्त किया है। इसमें छह दृश्य हैं। नाटक में सामन्ती पूँजीपति वर्ग के कैलाश और निर्धन वर्ग के विनय के बीच चलनेवाला संघर्ष वर्तमान समाज की विसंगतियों का पर्दाफाश कर देता है। इस एकांकी में बेनीपुरी ने शोषण के विरुद्ध संघर्ष का आह्वान किया है। मार्क्सवादी आलोचना शास्त्र में जिसे क्रान्तिकारी कला कहते हैं उस निकष पर 'नया समाज' खरा उतरता है।

'रामराज्य' शीर्षक रेडियो रूपक भी 1951 में ही लिखा गया। इसमें भी छह दृश्य हैं। इस रूपक में कल्पना की एक विचारधारात्मक उड़ान है। नाटककार ने कल्पना की है कि गाँधीवाद के रास्ते पर चलकर भारत सन् 2051 में किस तरह का स्वर्णिम समाज बन चुका होगा। रेडियो नाट्य की दृष्टि से ये एकांकी अत्यन्त सफल माने गए हैं।

इसके अलावा बेनीपुरी की एक और एकांकी है 'डुगडुगी'। उसे हम ग्रन्थावली के नाटक खण्ड में नहीं दे रहे हैं। यह एकांकी बेनीपुरी के पहले शब्दचित्र संग्रह 'लाल तारा' (1938-39, पुनः संस्करण 1948 तथा 1953) में थी। इसे उन्होंने 'लाल तारा' पुस्तक के साथ स्वयं द्वारा सम्पादित अपनी ग्रन्थावली के पहले खण्ड में ही रखा था। इसलिए मैंने भी उसे 'लाल तारा' पुस्तक के अन्तर्गत पहले खण्ड में ही रहने दिया है। वहाँ से 'डुगडुगी' हटा लेने से 'लाल तारा' पुस्तक का स्वरूप बिगड़ जाता। 'डुगडुगी' एकांकी अर्द्ध सामन्ती—अर्द्ध पूँजीवादी समाज में किसान मजदूर के अन्तहीन शोषण का दस्तावेज है।

परिशिष्ट-1 के अन्तर्गत बेनीपुरी का एक अप्रकाशित नृत्यरूपक 'पाटलिपुत्र' दिया जा रहा है। इसमें प्राचीनकाल से 1947 तक के पाटलिपुत्र की कहानी कही गई है। नृत्यरूपक के क्षेत्र में शिल्प की दृष्टि से बेनीपुरी का यह नया प्रयोग है।

इन नाट्य-रचनाओं में बेनीपुरी ने भारत के इतिहास, वर्त्तमान और भविष्य को अपना विषय बनाया है। उनकी नई व्याख्याएँ प्रस्तुत की हैं। शिल्प के क्षेत्र में अनेक प्रयोगों द्वारा नाट्यविधा को नया रूप दिया है। लेकिन विडम्बना यह है कि उनके इस महत्त्वपूर्ण योगदान को हिन्दी नाट्य साहित्य के इतिहास में कम करके आँका गया है। आशा है, ग्रन्थावली में उनके नाटकों का नए सिरे से प्रकाशन इन रचनाओं के पुनर्मूल्यांकन की स्थिति पैदा करेगा। इन नाटकों के फिर से मंचन के लिए नए रंगकर्मियों का ध्यान भी जाएगा।

नाटक और उसके तत्त्वों के बारे में बेनीपुरी की जो धारणा रही है उसे उन्होंने अपनी नाट्य-रचनाओं में घटित किया है। 'नेत्रदान' की भूमिका में उन्होंने नाटक संबंधी विचार रखे हैं। उनकी मान्यता है कि "नाटक तो दृश्य काव्य है। नाटक पढ़ा भी जाता है, किन्तु उसका उद्देश्य होता है रंगमंच पर खेला जाना।" इसलिए वे अपने नाटकों में अभिनेयता और नाट्य प्रस्तुति का पूरा ध्यान रखते हैं। प्रसाद युग में लिखे गए ऐसे नाटकों की कमी नहीं है जो लम्बे-लम्बे दार्शनिक कथोपकथन के संकलन मात्र हैं। उनमें कहीं 'नाटक' नहीं है। कुछ आलोचकों ने तो प्रसाद के नाटकों पर भी 'कम नाटक' होने का आरोप लगाया है। हालाँकि प्रसिद्ध रंगकर्मी ब.व. कारंत ने इसका खण्डन किया है और उनके कुछ नाटकों को

सफलतापूर्वक मंचित करके यह साबित किया है कि प्रसाद के नाटक 'सम्पूर्ण' नाटक हैं। उनके मंचन में उनकी भाषा और संरचना बाधा नहीं बनती।

बेनीपुरी का नाट्य शिल्प और भाषा मंचन केन्द्रित है। उनके कथोपकथन बेहद जीवन्त हैं। उनकी मान्यता है कि "नाटक का प्राण है उसका कथोपकथन, यदि वह जानदार और जोरदार नहीं रहा तो नाट्य कला सम्बन्धी सावधानियों के बावजूद नाटक फीका रह जाएगा।" इसलिए बेनीपुरी इन सीमाओं से बचने के लिए लगातार प्रयत्नशील रहते हैं। कहते हैं—"खुरदुरे वाक्य, बोझिल शैली और लम्बे-लम्बे संलाप कथोपकथन की हत्या कर डालते हैं। मैंने सदा ही इन दुर्गुणों से बचने की कोशिश की है।"····अपने कथोपकथनों में वे कुछ सूक्तियाँ भी डालते हैं। जैसे, 'खँडहर बताता है कि इमारत बुलन्द होगी', या 'कभी सुन्दरतम वस्तु ही संसार के सर्वनाश का कारण बन जाती है····।' उनकी मान्यता है कि सूक्तियाँ अगर कथोपकथन में आ जाएँ तो वे रत्नों की तरह आभूषण की शोभा को और भी चमका देती हैं। इसलिए उनकी नाट्य रचनाओं में सूक्तियों की भरमार है। इन उपकरणों के सहारे बेनीपुरी अपनी भाषा में एक नायाब शैली का सृजन करते हैं। वह शैली कैसी है? खुद उन्हीं के शब्दों में "छोटे-छोटे वाक्य, चलते-फिरते मुहावरे, साफ-सुथरे शब्द, यहाँ तक कि छोटे-छोटे पैराग्राफ को मैं उत्तम शैली का उपादान मानता हूँ।" कहने की जरूरत नहीं कि वे रचनाओं में शैली सम्बन्धी अपनी इन मान्यताओं को घटित करके भी दिखाते हैं।

नाटक में उद्देश्य की अभिव्यक्ति के बारे में उनकी राय बहुत स्पष्ट है। उनका कहना है कि "अनावश्यक रूप से सोद्देश्यता लाना भी कला की हत्या करना है। किन्तु उसे आवश्यकता से अधिक उन्मुक्त विचरण करने देना तो मानव कर्तव्यों के प्रति उदासीनता दिखाना है।" यह सन्तुलन ही उनकी अधिकांश नाट्य-रचनाओं को कालजयी बनाता है।

1955 में प्रकाशित बेनीपुरी ग्रन्थावली का दूसरा खण्ड नाटक का ही था। मैंने नाट्य-रचनाओं के क्रम में परिवर्तन किया है। नाटक एक जगह कर दिए गए हैं तथा एकांकी और रेडियो रूपक एकसाथ। रचनाओं को यथासम्भव उसके कालक्रम से भी देने की कोशिश की गई है।

इस खण्ड के परिशिष्ट-2 में हम बेनीपुरी द्वारा लिखी गई 'बिहारी सतसई' की सम्पूर्ण टीका भी दे रहे हैं। ग्रन्थावली के विभिन्न खण्डों के पृष्ठ संयोजन को संतुलित करने के लिए नाटक खंड में ही सतसई की टीका लेनी पड़ी है। 1925 में बेनीपुरी ने 'बिहारी सतसई' की टीका तैयार की थी। इस टीका की उन्होंने कोई भूमिका नहीं लिखी थी। यह काम उन्हें आचार्य रामलोचन शरण ने सौंपा था। पुस्तक के प्रकाशक भी वही थे इसलिए 'निवेदन' शीर्षक से उन्होंने ही एक छोटी-सी भूमिका लिखी है।

रामलोचन शरण लिखते हैं—"जब हम 1903 में शिवहर में पढ़ते थे, हमें पारितोषिक रूप में अन्य पुस्तकों के साथ 'बिहारी सतसई' की भी एक प्रति मिली थी। उस समय हम उसका रस नहीं चख सकते थे, इसलिए हमने उसे आलमारी में डाल दिया। जब पटना पढ़ने गए तो (इस) सतसई पर कभी-कभी दृष्टि पड़ने लगी। धीरे-धीरे सुधा का स्वाद मिलता गया···दो बरस बीत चले। सदा इसी चिन्ता में रहे कि आज इसकी टीका लिखते हैं और कल छपती है।"

लेकिन व्यस्तताओं के कारण रामलोचन शरण टीका लिखने का समय नहीं निकाल पाए। इस बीच उनके अनुसार अनेक टीकाएँ निकल गईं लेकिन उन्हें सन्तोष नहीं हुआ क्योंकि वे 'सब तक पहुँचने वाली' नहीं थीं। उन्होंने यह काम एक व्यक्ति को सौंपा भी तो उसका काम उन्हें तत्काल अपने उपयोग का नहीं लगा। अन्ततः यह काम उन्होंने बेनीपुरी को सौंपा और उन्होंने जल्दी ही सतसई की टीका तैयार कर दी। रामलोचन शरण के ही शब्दों में "प्रिय मित्र रामवृक्ष से भेंट हुई। उसने सतसई के दोहरों पर अपनी सूझ की परीक्षा दी। हम लट्टू हो गए! उसने सहर्ष स्वीकार किया और (टीका लिखकर) अपनी

रसज्ञता, मर्मज्ञता और सहृदयता से हमें मुग्ध कर दिया।"

रामलोचन शरण ने बेनीपुरी की इस टीका की जो विशेषताएँ बताई हैं वे निश्चय ही महत्त्वपूर्ण हैं। इस टीका की सबसे बड़ी विशेषता यह है कि वह 'सब तक पहुँचनेवाली' है। इसमें काव्यशास्त्रीय अध्ययन नहीं है। आम लोगों तक बिहारी की कविता के कथन को सीधे-सीधे पहुँचाने की कोशिश की गई है। यह काम तब तक नहीं हुआ था। बेनीपुरी से पूर्व सतसई की अधिकांश टीकाएँ शास्त्रीयता से बोझिल हैं।

बिहारी ने अपने दोहों का कोई सुनिश्चित क्रम नहीं दिया था। उनके निधन (सम्भवतः 1662) के बाद काव्य-मर्मज्ञों ने अपनी-अपनी दृष्टि के अनुरूप सतसई के अनेक क्रम बनाए। अलग-अलग क्रम अपनाकर काव्य-मर्मज्ञों ने पिछले तीन सौ वर्षों में दर्जनों टीकाएँ लिखीं। बिहारी के अनेक टीकाकारों के बारे में डॉ. ग्रियर्सन ने लल्लू लाल की 'लाल चन्द्रिका' की भूमिका में संक्षिप्त चर्चा की है। डॉ. सुधाकर पाण्डेय ने नागरी प्रचारिणी के लिए 'लाल चन्द्रिका' पुनः सम्पादन किया तो उन्होंने भी टीकाकारों के बारे में लिखा। हरिमोहन मालवीय ने शुभकरन दास की 'अनवर चन्द्रिका टीका' के आरम्भ में सतसई के टीकाकारों का उल्लेख किया है। इन टीकाकारों का समग्र रूप से तुलनात्मक अध्ययन किया जाना चाहिए। इससे सतसई के अर्थ-विश्लेषण में पूर्णता आएगी।

1925 में बेनीपुरी की टीका प्रकाशित होने से पहले 1911 में लाला भगवानदीन की 'बिहारी बोधिनी' प्रकाशित हुई थी। बेनीपुरी की टीका में दोहों का वही क्रम है जो 'बिहारी बोधिनी' में है। लेकिन बेनीपुरी को रामलोचन शरण ने जो सतसई दी थी वह 1903 में ही उन्हें पुरस्कारस्वरूप प्राप्त हुई थी। इसका अर्थ है कि भगवानदीन और बेनीपुरी दोनों की टीकाएँ किसी एक ही 'क्रम' और पूर्व टीका पर आधारित हैं।

आचार्य रामलोचन शरण को 1903 में जब पुरस्कार मिला तो उन दिनों लल्लू लाल की सतसई टीका 'लाल चन्द्रिका' फिर से प्रकाशित हुई थी। 1819 में पहली बार प्रकाशित इस टीका को नए सिरे से सम्पादित करके ग्रियर्सन ने 1895 में फिर से उपलब्ध कराया था। लेकिन रामलोचन शरण को 1903 में यह पुस्तक निश्चित रूप से नहीं मिली थी क्योंकि इसके क्रम से बेनीपुरी का टीका क्रम नहीं मिलता। ग्रियर्सन द्वारा लिखित 'लाल चन्द्रिका' की भूमिका से कुछ संकेत मिले जिससे यह आसानी से पता चल गया कि बेनीपुरीजी ने किस प्राचीन टीका से अपनी टीका में दोहों का क्रम निर्धारित किया है।

ग्रियर्सन ने 1895 के आसपास बिहारी सतसई की एक और टीका 'हरिप्रकाश टीका' के बनारस से प्रकाशित होने तथा उसके अत्यन्त महत्त्वपूर्ण होने की चर्चा की है। ग्रियर्सन ने लिखा है—"हरिप्रकाश बनारस के भारत जीवन प्रेस से प्रकाशित हुआ है और सतसई पर अधिकार पाने के लिए इच्छुक प्रत्येक अध्येता को इसे पढ़ना चाहिए। मैंने प्रस्तुत संस्करण में इसका अत्यधिक उपयोग किया है।" ग्रियर्सन ने 'हरिप्रकाश टीका' का अत्यधिक उपयोग इसलिए किया क्योंकि "मैं जिन टीकाओं से परिचित हूँ उनमें इनकी टीका सर्वोत्तम है।....लल्लूजी लाल ने बिना ज्ञापित किए इससे प्रभूत सहायता ली है और जहाँ वह हरिचरण से असहमत हैं, प्रायः गलत हैं।"....

मेरा अनुमान है कि आचार्य रामलोचन शरण को 1903 में हरिचरण दास लिखित यह 'हरिप्रकाश टीका' ही प्राप्त हुई थी। 'हरिप्रकाश टीका' के दोहों के क्रम से बेनीपुरी की टीका के दोहों का मिलान करने पर यह बात स्पष्ट हो जाती है।

बेनीपुरी की टीका जिस 'हरिप्रकाश टीका' पर आधारित है उसके लेखक हरिचरण दास ने इसे 1777 में लिखा था। उन्होंने बिहारी के दोहों के अब तक उपलब्ध सात क्रमों में 'पुरुषोत्तम क्रम' अपनाया था। 1709 में पैदा हुए हरिचरण दास (हरि कवि) मूलतः बिहार में सारन जिले के चैनपुर गाँव से थे। हालाँकि उन्होंने अपना अधिकांश लेखन कार्य वृन्दावन में रहकर किया।

हिन्दी में किसी ग्रन्थ की इतनी टीकाएँ नहीं लिखी गईं जितनी बिहारी सतसई की। 1925 में बेनीपुरी द्वारा इस टीका के लिखे जाने से पूर्व ढाई सौ वर्षों में तीन दर्जन से अधिक टीकाएँ लिखी जा चुकी थीं।

बिहारी के निधन के लगभग पन्द्रह वर्ष बाद सम्भवतया पहली टीका 1677 में मानसिंह ने लिखी। उसके बाद सत्रहवीं सदी में सिर्फ एक टीका मिलती है रामकृष्ण की टीका (1693)। अठारहवीं सदी में लिखी गई सतसई की टीकाएँ इस प्रकार हैं—पठान सुल्तान की कुण्डलियाँ टीका (1704), अनवर चन्द्रिका (1714 ई.), कृष्ण कवि का कवित्त बंध टीका (1725 ई.), गोवर्द्धन सतसई या सार (1730), अपर चन्द्रिका टीका (1737), करण की साहित्य चन्द्रिका टीका (1737), बिहारी सतसई की जयमंगला टीका (1743), रघुनाथ बंदीजन की टीका (1745), रसचन्द्रिका टीका (ईस्वी खाँ की, 1752), मानसिंह जैन की टीका (1766), हरिप्रकाश टीका (1777), आर्यगुंफ टीका (1780), लाल कवि बंदीजन की लाल चन्द्रिका टीका (अनुपलब्ध, 1783), हरिजू की टीका (1793), बिहारीदास की कीर्ति टीका (1793), रामबख्श की गदाधर टीका, अमर चन्द्रिका (1793), प्रतापचन्द्रिका (1793) तथा राधाकृष्ण चौबे की टीका (1793)।

18वीं सदी में लिखी सतसई की टीकाओं के नाम हैं—ठाकुर कवि की सतसैया वर्णनार्थ टीका (1804), रणछोड़दासजी की टीका (1805-13 के बीच), जुल्फिकार सतसई (1846), गदाधर भट्ट की टीका (1868), धनंजय और गिरधर की टीका (1868), शृंगार सप्तशती (1868), रस कौमुदी टीका (1898), अयोध्या प्रसाद की टीका (1873), सरदार कवि की टीका (1863-73 के बीच), इन्हीं दिनों भारतेन्दु हरिश्चन्द्र का सतसई शृंगार, अम्बिकादत्त व्यास की कुण्डलियाँ टीका (1891), प्रभुदयाल पाण्डेय की टीका (खड़ी बोली की पहली टीका लाल चन्द्रिका के आधार पर, 1896)। ज्वालाप्रसाद की भावार्थ प्रकाशिका टीका (लाल चन्द्रिका के आधार पर 1897 में लिखित, 1903 में प्रकाशित)।

20वीं सदी में प्रकाशित सतसई की टीकाएँ—बिहारी सुमेर कुण्डलियाँ टीका (1903), फारसी की जोशी टीका (1903), गुलदस्तए बिहारी (लेखक मुंशी देवीप्रसाद प्रीतम, लाला भगवानदीन के मित्र, हरिप्रकाश टीका को आधार बनाया, 1903 में काम शुरू किया। 1924 में प्रकाशन), ईश्वर कवि की टीका (1904), भानुप्रताप तिवारी की टीका (1904-8), लाला भगवानदीन की बिहारी बोधिनी (1911), पद्मसिंह शर्मा की संजीवन भाष्य टीका (1918), गुल्जारे बिहारी (1914-23) तथा वियोगी हरि का बिहारी संग्रह (1922)। इसके बाद 1925 में रामवृक्ष बेनीपुरी ने बिहारी सतसई की टीका लिखी।

रत्नाकरजी का 'बिहारी रत्नाकर' बेनीपुरी की टीका के एक साल बाद प्रकाशित हुआ। इसके बाद भी पिछले सात दशकों में सतसई के टीका लेखन की परम्परा अब तक जारी है। बिहारी की टीकाओं के इतिहास का संक्षिप्त रेखांकन इसलिए जरूरी था ताकि बेनीपुरी की टीका का ऐतिहासिक क्रम निर्धारित किया जा सके।

बिहारी सतसई की ये टीकाएँ तीन तरह की हैं। कुछ टीकाओं में बिहारी के दोहों के भाव का कविता में ही विस्तार किया गया है। कुछ टीकाओं में बिहारी के दोहों का दूसरी भाषा में रूपान्तर है। टीके का तीसरा प्रकार दोहों के अर्थ और उसकी व्याख्या से संबंधित है। बेनीपुरी की टीका इसी कोटि की है। टीका के अन्तर्गत वे बिहारी के दोहों का पहले अन्वय लिखते हैं, ताकि दोहे के शब्दों के आधार पर ही अर्थ काफी हद तक प्रकट हो जाए। इसके बाद वे शब्दार्थ लिखते हैं। अन्त में दोहे का अर्थ लिखते हैं। दोहे के भाव से मिलती-जुलती किसी और कवि की पंक्तियाँ अगर उन्हें याद आ जाती हैं तो उसका भी उल्लेख करते हैं।

टीका में उन्होंने अनेक स्थलों पर आलम शेख और पद्माकर आदि अन्य कवियों की पंक्तियाँ भी उद्धृत की हैं। वे बोलचाल की भाषा में दोहों का अर्थ करते हैं ताकि आम लोगों तक कठिन कवि बिहारी को पहुँचा सकें। इसमें उन्हें पूरी सफलता मिली है। उन्होंने पिछले ढाई सौ साल से बिहारी के दोहों में

लगातार तलाशे जा रहे अलंकार को और अधिक न तलाश कर अच्छा ही किया है। अलंकार और काव्य रीति से बाहर बिहारी के काव्य की ऐंद्रिक संवेदना और प्रेम के मानवीय पक्ष को जानना हो तो बेनीपुरी की यह टीका नए दरवाजे खोलती है।

बेनीपुरीजी ने ग्रंथावली का दूसरा खण्ड श्री रामधारीप्रसाद को समर्पित किया था। समर्पण पृष्ठ पर लिखा था :

"बिहार हिन्दी साहित्य सम्मेलन के
अनन्य सेवक, संस्थापक और सभापति
स्वर्गीय भाई रामधारीप्रसाद की स्मृति में

—श्रीरा. बेनीपुरी"

स्वभावतः बेनीपुरी ग्रंथावली का नए सिरे से सम्पादित यह नाटक खण्ड श्री रामधारीप्रसादजी को ही समर्पित है।

—सुरेश शर्मा

अनुक्रम

अम्बपाली

[1940-45 ई.]

भारतीय नटराज भाई पृथ्वीराज कपूर और उनकी अन्यतम कलाकृति ***पृथ्वी थियेटर्स*** *को सप्रेम !*

–श्रीरामवृक्ष बेनीपुरी

मेरी अम्बपाली

अपनी यह पहली नाट्य-कृति हिंदी-पाठकों के निकट रखते हुए मुझे संकोच नहीं हो रहा है—क्योंकि पुस्तकाकार प्रकाशन के पूर्व ही इसे इतनी प्रशंसा और प्रसिद्धि प्राप्त हो चुकी है कि स्वयं आश्चर्यचकित हूँ।

अम्बपाली बौद्धयुग की एक अतिप्रसिद्ध नारी है। उसको लेकर भारतीय भाषाओं में कितनी ही रचनाएँ हुई हैं—काव्य, कहानी, नाटक, उपन्यास के रूप में। किंतु मैंने इस रचना-द्वारा अपना नाम सात सवारों में लिखाने की कोशिश नहीं की है।

क्योंकि, यह मेरी आदत में शामिल नहीं है। अपने पैरों का वज़न और वक़्त मुझे मालूम है, लेकिन, किसी के पदचिह्न-मात्र पर चलना मैं कलाकार की मौत मानता हूँ।

बचपन में ही मेरा झुकाव नाटक-रचना की ओर हुआ था। हाईस्कूल के चौथे या तीसरे वर्ग में ही मैंने एक नाटक लिखा था, लँगोटिया यारों को सुनाया था; उन्हें पसंद आया, उसके खेलने का आयोजन भी हुआ और एक मारवाड़ी दोस्त ने उसे छपवाने के लिए चार रुपए चंदा भी उगाहा था।

लेकिन, बाद में मैं कवि बन गया, तब लेखक हुआ, फिर पत्रकार बनकर रह गया। किंतु हजारीबाग सेंट्रल जेल के निश्चिंत एकांत में जब एक दिन बादल घिर आए कि अचानक मेरा नाटककार जग उठा!

और, अपने लिए पात्र के रूप में अम्बपाली का चुनाव भी मेरे लिए स्वाभाविक ही था। जहाँ अम्बपाली का जन्म हुआ था, उसी भूमि ने मुझे भी उत्पन्न किया है और एक पुरातत्त्वज्ञ ने तो यहाँ तक कह डाला है कि वृज्जियों के आठ कुलों में शायद मेरा वंश है, जिनकी संघशक्ति ने वैशाली को महानता और अमरता प्रदान की थी।

किंतु, क्या मेरी यह अम्बपाली पच्चीस सौ साल पहले रची गई विधाता की अम्बपाली का पूर्ण प्रतिनिधित्व करने का दावा कर सकती है?

विधाता की किसी कृति को जब कलाकार अपनी कलाकृति के लिए चुनता है, तब उसके कलात्मक रूप देने की प्रक्रिया में एक अजीब बात हो जाती है। विधाता की कृति धीरे-धीरे विलीन होने लगती है और समाप्त करते-न-करते कलाकार आश्चर्य से देखता है, एक दूसरी ही नवीन आकृति उसके सामने आ खड़ी है!

और, यह कौन कहे कि सुंदर कृति किसकी—विधाता की या कलाकार की? वह, जो पचास या सौ साल जीकर धूल में मिल गई, विधाता की वह शकुंतला अच्छी; या दो हजार साल के बाद भी जो जीवित है, कालीदास की वह शकुंतला अच्छी!

पुरातत्त्वज्ञ मेरी इस अम्बपाली को इतिहास के पन्नों में अंकित अम्बपाली से मिलावें, घटनाओं के तारतम्य में कुछ त्रुटियाँ पावें और मुझे गालियाँ भी दे लें; किंतु मैं कहूँ, मुझे तो मेरी अम्बपाली ही सच्ची अम्बपाली प्रतीत हुई है। सच्ची और अच्छी भी—क्योंकि सत्य ही सुंदर और सुंदर ही सत्य है न!

अब भी वे दिन भूले नहीं हैं, जब हजारीबाग सेंट्रल जेल के वार्ड नं. 1 के सामने, सघन पत्तियोंवाली एक आम्र-विटपी के तने से उँगठकर, मैं अपनी अम्बपाली की रचना किया करता था—सामने फूलों से लदे मोतिये और गुलाब के झाड़ थे, ऊपर आसमान पर बादलों की घुड़दौड़ होती थी और इधर मेरी लेखनी कागज पर घुड़दौड़ करती थी। दिन-भर मैं जो कुछ रचता, शाम को मित्रों को सोल्लास सुनाता। उस पाषाणपुरी में मेरी इस कुसुम-तनया की अलौकिक चरितावली उनके शुष्क हृदयों को हरा-भरा और रंगीन बना देती और वे मुझ पर और मेरी इस कृति पर प्रशंसा की पुष्प-वृष्टि करने लगते! बेचारे विधाता को ऐतिहासिक अम्बपाली की सृष्टि करने में ऐसा सुंदर वातावरण और ऐसा निराला प्रोत्साहन कहाँ प्राप्त हुआ होगा?

अपनी अम्बपाली की सुंदरता और पूर्णता पर मुझे पूर्णतः संतोष है; अम्बपाली और वैशाली की आत्मा के चित्रण में, अपने जानते, मैंने कोई त्रुटि नहीं आने दी है। हाँ, प्रथम नाट्य-रचना होने के कारण इसमें टेकनिक की त्रुटियाँ हो सकती हैं—जिनके लिए क्षमा माँगने की जरूरत भी मैं महसूस नहीं करता, क्योंकि मेरे सहकर्मियों ने क्षमाप्रार्थना को भी एक बाजारू माल बना रखा है।

आशीर्वाद दीजिए, कुछ ऐसी ही नाट्य-कृतियाँ मैं आपके सामने उपस्थित करने में समर्थ हो सकूँ।

—श्रीरामवृक्ष बेनीपुरी

बेनीपुर
उमड़ते सावन की
एक बरसती अधरतिया
1947

पुनश्च: मेरी यह 'अम्बपाली' कितनी सौभाग्यशालिनी निकली! सात वर्षों में इसके कई संस्करण निकल चुके। इस नए संस्करण में एक छोटा-सा परिवर्द्धन, कुल पाँच पंक्तियों का, किया गया है। इसकी आवश्यकता थी। अजातशत्रु से मिलने पर, जब बात बहुत बढ़ रही थी, अम्बपाली ने उसे एक छोटी-सी तस्वीर दिखाई। वह तस्वीर किसकी थी? उस समय का साहित्य कहता है, अम्बपाली के रूप-सौंदर्य पर मुग्ध होकर अजातशत्रु का पिता बिम्बसार भी उसकी रंगशाला में चुपचोरी प्रणय की भीख लेने गया था! पिता की इस तस्वीर को देखकर भी क्या अजातशत्रु वहाँ टिक सकता था?

सन् 1954 ई.

—श्रीरामवृक्ष बेनीपुरी

पात्र-पात्रियाँ

पात्रियाँ

अम्बपाली
वैशाली की राजनर्तकी
मधूलिका
अम्बपाली की सहेली
सुमना
अम्बपाली की मौसी
पुष्पगंधा
वैशाली की भूतपूर्व राजनर्तकी
चयनिका
अम्बपाली की परिचारिका

पात्र

अरुणध्वज
अम्बपाली का ग्रामीण प्रेमी
भगवान बुद्ध
संसार के प्रसिद्ध धर्म प्रचारक
आनन्द
बुद्ध के प्रधान शिष्य
चेतक
वैशाली के महामात्य
अजातशत्रु
मगध के सम्राट्
सुनीध
मगध-सम्राट् का सखा-मंत्री
वस्सकार
मगध का प्रधानमंत्री
अश्वसेन
वैशाली का नागरिक
वसुबंधु
वैशाली का नागरिक

पहला अंक

1

[एक विस्तृत सघन अमराई—आम की डाल-डाल मंजरियों से लदीं, झुकीं; भौंरे जिन पर गुंजार कर रहे, वसंती हवा जिनसे खेलवाड़ कर रही—आम के पेड़ों के बीच की ज़मीन में सरसों की फूली हुई क्यारियाँ—वृक्षों से लिपटी लताओं से जहाँ-तहाँ बन गई कुंजें—सूरज की किरणों से अभी सोना नहीं गया है—मंजरियों, पत्तों, फलों पर की ओस की बूँदें उसके स्पर्श से चमचम कर रहीं—चिड़ियों की चहचह में दूर से सुनाई पड़नेवाली कोयल की कुहू—

अमराई का मध्य—एक फैला हुआ आम का वृक्ष—उसकी एक मोटी डाल से एक झूला लटक रहा—जहाँ-तहाँ कमाचियों के बने पिंजड़े झूल रहे—

एक किशोरी झूलेवाले वृक्ष की ओर आती दिखाई पड़ती है—कमर में प्राचीन ढंग का हरा परिधान, जो मुश्किल से घुटनों के नीचे पहुँचता है—कमर के ऊपर के हिस्से में सिर्फ स्तनों को ढकनेवाली पतली कंचुकी हरे रंग की है—गले में फूलों की माला, जो कमर तक लटक रही—बालों के जूड़े में सरसों के फूल खोंसे—सुंदर सुडौल गोरी बाँहों में सिर्फ फूलों के ही कंगन—हाथ में आम की मंजरियों का गुच्छा—

किशोरी उस पेड़ के नजदीक पहुँचती है—झुकी डाली की मंजरियों को चूमती है—उसे देखते ही पिंजड़ों से पंछी चहचहा उठते हैं—उन पिंजरबद्ध पंछियों के निकट जाकर उन्हें दुलराती है—मुँह से सीटी देती हुई एक श्यामा के पिंजड़े को लेती झूले के नजदीक आती है—धीरे-धीरे झूलती हुई, श्यामा की ओर देखती, वह गाती है :]

मेरी श्यामा ने वंशी फूँकी,
कोइलिया क्यों कूकी ?
कुहरे की झीनी चदरिया में सोई
धरती थी ऊँघ रही सुधि खोई
किसने अचानक उसे गुदगुदाया
चारों तरफ छा गई जैसे माया—
सरसों की क्यारियाँ फूलीं
आमों में मंजरियाँ झूलीं,
भौरों की भामिनियाँ भूलीं
पुरबाई मस्ती में यों सनसनाई—
कि भूली हुई बात फिर याद आई, कलेजे में हूकी,
कोइलिया कूकी,
मेरी श्यामा ने वंशी फूँकी ।

[जब किशोरी गा रही, उसी रंगरूप वेशभूषा की दूसरी किशोरी बगल से आती है—पहली किशोरी गाने की तन्मयता में उसे नहीं देखती—वह धीरे-धीरे, दबे पाँव आम के पेड़ के नजदीक आती और उसकी डाल पर चढ़ जाती है—ज्योंही गाना खत्म होता है, वह कोयल की बोली का अनुकरण कर कुहू-कुहू बोल उठती है—संगीतमग्ना किशोरी चकित होकर पेड़ की ओर देखती है—फिर झूले से

उठकर आगे बढ़ती है—सहसा डाल की ओर देखकर हँस पड़ती है।]

पहली किशोरी : ओहो, मधु ! उतर पगली ! वही मैं कह रही थी, यह कोयल तो हो नहीं सकती। उतर, उतरती है या····

दूसरी किशोरी : या ! क्या ? गा, गा—'मेरी श्यामा ने वंशी'····वाह री तेरी श्यामा !

पहली किशोरी : उतरती है, या ढेले फेंकूँ ?

दूसरी किशोरी : ढेले उन पर फेंक, जिनकी 'भूली हुई बात फिर याद आई, कलेजे में हूकी !' वही ढेले बर्दाश्त करेंगे तेरे, मैं क्यों ?

पहली किशोरी : नहीं उतरती ?

दूसरी किशोरी : नहीं उतरती !

[पहली किशोरी गुस्से में इधर-उधर ढेले ढूँढ़ती है—फिर हाथ की मंजरियों को ही फेंकने लगती है—निशाना चूकता जाता है—ऊपर की किशोरी ठहाके लगाती है—अंत में जब वह डाल पर चढ़ने का उपक्रम करती है, दूसरी किशोरी डाल से दोल मारकर जमीन पर आ जाती और झूले पर जाकर झूलती हुई गाती है—'कोइलिया क्यों कूकी, मेरी श्यामा ने।' तब तक पहली किशोरी भी उतर आती और झूले के नजदीक पहुँचती है—]

पहली किशोरी : क्यों री, तू मुझे चिढ़ाती क्यों है ?

दूसरी किशोरी : **(बिना जवाब दिए वह गाती जाती है)** —'कोइलिया क्यों कूकी, मेरी श्यामा ने वंशी फूँकी····'

पहली किशोरी : तू नहीं चुप होती !

दूसरी किशोरी : **(गाती जाती है)** 'क्यों कूकी, मेरी श्यामा ने····'

पहली किशोरी : **(चिढ़कर उसे झकझोरती हुई)** श्यामा की सास !

दूसरी किशोरी : **(नाक-भौं चढ़ाती हुई)** कोयल की सौत !

[दोनों, एक-दूसरी को, आँखें गड़ा-गड़ाकर देखती हैं—देखते-ही-देखते दोनों ठठाकर हँस पड़तीं और एक-दूसरी से लिपट जाती हैं—लिपट जातीं, एक-दूसरी को चूमतीं—फिर दोनों झूले पर बैठ, पैर से धीरे-धीरे पेंग देतीं, परस्पर आहिस्ता-आहिस्ता बातें करती हैं—

इनमें पहली किशोरी है अम्बपाली—दूसरी उसकी सखी मधूलिका और यह है आज से लगभग ढाई हजार वर्ष पहले की बात—आज जहाँ मुजफ्फरपुर का जिला है, वहाँ, उत्तर-बिहार में तब वृज्जियों का प्रजातंत्र था, जो संघराज्य कहलाता था—ये दोनों वृज्जि-कुमारियाँ हैं—]

मधूलिका : अम्बे, आज भोर-भोर तूने कुछ देखा है क्या ? या रात में कोई सपना देखा था ?

अम्बपाली : तेरा मतलब ?

मधूलिका : मतलब है, तेरे इस गाने से।

अम्बपाली : क्या बिना सपने देखे आदमी कुछ गा नहीं सकता ? और, सच पूछ, तो ऐसी कोई भी रात होती है जिसमें आदमी सपने न देखे या ऐसी कोई भोर आती है जिसमें आदमी कोई रूप न देख पाए ?

मधूलिका : लेकिन सपने-सपने में फर्क होता है और फर्क होता है रूप-रूप में, अम्बे ! एक सपना होता है जिसमें आदमी डरकर आँखें खोल देता है और एक सपना ऐसा होता है, जिसमें जग जाने के बाद भी आदमी आँखें मूँद लेता है कि एक बार फिर उसकी कड़ियाँ जोड़ सके ! समझी ?

अम्बपाली : हूँ।

मधूलिका : यों ही एक रूप होता है जिसको देखकर आँखें मुड़ जातीं या मुँद जाती हैं और दूसरा रूप होता है, जिस पर नजर पड़ते ही पलकें और बरौनियाँ काम करना छोड़ देती हैं, नजरों में टकटकी बँध जाती हे और दिमाग चिल्लाता है, आह, ये आँखें इतनी छोटी क्यों हुईं? बड़ी होतीं, इन्हीं में उसे रख लेता ! समझी ?

अम्बपाली : हूँ।

मधूलिका : हूँ। हूँ क्या ?

अम्बपाली : यही कि रूप-रूप में फर्क होता है और फर्क होता है सपने-सपने में। यही न? लेकिन, एक बात कहूँ मधु, मुझे याद नहीं कि कभी बुरे सपने भी देखे होऊँ; और मेरी आँखों ने जिसे देखा, सुंदर ही पाया !

मधूलिका : **(आश्चर्यमयी मुद्रा से)** अच्छा ?

अम्बपाली : हाँ, हाँ, सच कहती हूँ सखि ! न जाने क्या बात है, या तो कुरूप चीजें मेरी आँखों के सामने आती ही नहीं, या मेरी नजरें उनका प्रतिबिंब ग्रहण नहीं करतीं····

मधूलिका : **(बात काटकर किंचित मुस्कान से)** या तेरी नजर पड़ते ही कुरूप भी रूपवान हो उठते हैं ?

अम्बपाली : दिल्लगी की बात नहीं है, मधु ! मैंने आज तक दुनिया में सिर्फ सौंदर्य-ही-सौंदर्य देखा है—निर्जीव प्रकृति से लेकर प्राणवान प्राणी तक ! और, सपने? उनकी बात मत पूछ। मधु, आदमी जागना क्यों चाहता है? सोए रहो, सपने देखते रहो; क्या इससे भी कोई दूसरी अधिक सुंदर चीज हो सकती है? जागरण ! **(उपेक्षा के शब्दों में)** —जागरण आदमी का वरदान है या अभिशाप, रे !

मधूलिका : आज तुझे यह क्या हो गया है ! तू किस सपने के लोक में है ?

अम्बपाली : सपने का लोक ! आह, मैं हमेशा उसी में रह पाती, मेरी मधु ! जब बच्ची थी, सपने में देखती—परियों का देश, मणियों का द्वीप, उड़नखटोले की सैर ! और आजकल ? ज्योंही आँखें लगीं कि मैं पहुँच गई उस सुनहली घाटी में जहाँ इंद्रधनुष का मेला लगा रहता है, जहाँ जवानी तितलियों के रूप में उड़ती रहती है; या उस देवलोक में जहाँ सुनहले पंखवाले देवकुमार नीलम के पंखोंवाली अप्सराओं के अगल-बगल, आगे-पीछे मँडराते फिरते हैं; या कम-से-कम उस रूपदेश की राजसभा में, जहाँ कलँगीवाले राजकुमारों की भरमार है—जहाँ नृत्य है, संगीत है, और है— **(अचानक सिहर उठती है)** मधु, मधु, तू क्या ऐसे सपने नहीं देखती ?

मधूलिका : मैं देखती या नहीं देखती, बात मत बहला। बता, तूने रात भी क्या कुछ ऐसा ही सपना देखा है ?

अम्बपाली : रात जो देखा, उसकी मत पूछ ! उफ़, बिल्कुल अद्‌भुत, अपूर्व ! उसकी याद से ही शर्म आती है, सखि !

मधूलिका : शर्म ! सपने में शर्म की कौन-सी बात है री !

अम्बपाली : नहीं, मधु, जिद न कर। सचमुच उसकी याद से ही मैं शर्म से गड़ने लगती हूँ।

मधूलिका : **(व्यंग्य के शब्दों में)** समझी, समझी, तभी तो भोर-भोर यह गीत ! आखिर अचानक आकर उसने तुझे गुदगुदा ही दिया 'किसने अचानक···गुदगुदाया ····' **(गाने का व्यंग्य करती है)**

अम्बपाली : लेकिन, तेरा यह निशाना ठीक नहीं बैठा, मधु ! यह वह बात नहीं, जिसकी तू कल्पना भी

कर सके ।

मधूलिका : मेरी कल्पना की रानी ! मैं, और वहाँ तक पहुँच सकूँ ? खैर, बता, तूने क्या देखा ?

अम्बपाली : तेरी जिद; अच्छा सुन (**वह चकित नेत्रों से इधर-उधर देखती है कि कोई दूसरा तो नहीं है और फिर धीमे स्वर में कहने लगती है**) रात देखा, कहीं अजीब देश में पहुँच गई हूँ, जहाँ चारों ओर फूल-ही-फूल हैं । जिन्हें हम गूलर-पाकर-पीपल कहते हैं, उनमें भी फूल लगे हैं—चम्पा के, गुलाब के, पारिजात के । जमीन पर घास-फूस की जगह फूलों की पंखड़ियाँ बिछी हैं और धूल की जगह पीत पराग बिखरा है । हवा में अनहद संगीत, वातावरण में अजीब रंगामेज़ी । सामने एक तालाब देखा, जिसमें कमल के सहस्र-सहस्र फूल खिल रहे—लाल, श्वेत, पीत, नील । और, दर्पणोपम निर्मल नील जल ! मुझे गर्मी महसूस हो रही थी । क्यों न तालाब में नहा लूँ ? इधर-उधर देखा, कोई नहीं । मैंने झट कंचुकी उतार दी, वाह्य परिधान खोलकर रख दिया । दौड़कर किनारे पहुँची । जल में कूदने के लिए झाँका, तो अपना संपूर्ण प्रतिबिंब देखा ! देखा ! (**सिहरती हुई**) अपना ही प्रतिबिंब ! लेकिन उसे देखते ही मधु, नसों में खून के एक अजीब ज्वार का अनुभव हुआ और आधी बेहोशी में ही अपने को पानी में फेंक दिया !

मधूलिका : (**विस्मय में**) अजीब सपना !

अम्बपाली : उसका अनोखापन तो अब आता है, रे । पानी में धँसकर मैं तैरने लगी और बढ़ी एक नील कमल की ओर । किंतु यह क्या ? यह तो कलँगीवाला राजकुमार है और मुझे अपनी ओर आते देख वह मुस्कुरा रहा है । मैं चकित हुई । दूसरे कमलों की ओर देखा—वैसे ही कलँगीवाले राजकुमार, हजार-हजार ! और, सब-के-सब मेरी ओर देखकर सिर्फ मुस्कुरा नहीं रहे, बल्कि ठठा-ठठाकर हँस रहे । मैं अर्द्धनग्न—उफ् क्या करूँ, कहाँ जाऊँ, कैसे बाहर होऊँ ? इससे तो डूब मरना अच्छा । डूब मरूँ—मरूँ—इसी उम्र में ! तो ? तो ? डुबकी मारकर शर्म छिपानी चाही—एक डुबकी, दूसरी डुबकी, तीसरी डुबकी में मालूम हुआ, साँस घुट रही है । अच्छा हुआ, नींद टूट गई । जगी तो पाया, पसीने-पसीने थी ।

मधूलिका : निस्संदेह विचित्र सपना देखा है तूने । लेकिन, समझती है, इसका मानी क्या है ?

अम्बपाली : क्या समझूँ ? एक दिन का सपना हो तो, कुछ समझा जाए । जिसकी जिंदगी ही सपने की है, वह किस-किसका मानी लगाए ।

मधूलिका : लेकिन इस सपने का तो खास महत्त्व है । वसंत के प्रथम दिन का यह सपना साधारण सपनों में नहीं है ।

अम्बपाली : तो क्या मानी है इसका ?

मधूलिका : वही, जो उस दिन ज्योतिषीजी ने तेरे हाथ की रेखाएँ देखकर कहा था—"तेरे चरणों पर हजार-हजार राजकुमारों के मुकुट लोटेंगे ।"

अम्बपाली : चुप, चुप ! मैं तो उसकी कल्पना से ही सिहर उठती हूँ, मधु ! "हजार-हजार राजकुमार !" उफ्, वह भी कोई जिंदगी होगी । मेरा तो अकेला····

मधूलिका : 'मेरा तो अकेला अरुणध्वज !' क्यों, यही न कहना चाहती थी ? (**रहस्यपूर्ण ढंग से मुस्कुराती है**)

[एक कुंज की ओर से कुछ शब्द, किसी के आने की पदचाप-सी सुनाई पड़ती है—दोनों सखियाँ चौंककर उस ओर देखती हैं—पाती हैं, एक नौजवान चला आ रहा है—यह अरुणध्वज है—अंग-अंग गठा हुआ, सुपुष्ट, सुविकसित— कटि से घुटने तक का पीन वस्त्र—पीठ पर तूणीर, कंधे से धनुष लटक रहा, हाथ में एक

बाण—सिर पर घुँघराले लंबे बाल जिन पर पीले पाटंबर की पट्टी जिससे कुछ फूल कलँगी की तरह झूल रहे—यौवन की साक्षात् प्रतिमा-सा दिखाई पड़ता है—

उसे देखते ही अम्बपाली सिटपिट—मधूलिका उछल पड़ती है, जैसे उसे मुँहमाँगा वरदान मिला हो—"अरुण, खूब आए, भले आए, अच्छे आए—" कहती दौड़कर आगे बढ़ती है और उसे झूले के नजदीक ले आती है—अरुण चकित-विस्मित उसका मुँह देखता है—]

: **(अरुण से)** अच्छा, अब तुम दोनों इस पर बैठो **(झूले की ओर इशारा करती है)** मैं जरा झुलाऊँगी। **(अम्बपाली से)** वह कौन-सा गाना है, अम्बे, हाँ हाँ **(सुर में)** "मेरी श्यामा ने वंशी फूँकी। कोइलिया क्यों कूकी !" **(अपने चेहरे की ओर आश्चर्य से घूरते हुए अरुण से)** तुम बैठते क्यों नहीं जी ?

अरुणध्वज : यह क्या शरारत सूझी है तुझे, मधु !

मधूलिका : हाँ, मेरी शरारत ही तो ! यह **(अम्बपाली की ओर मुखातिब होती)** यहाँ अकेली, वसंत के इस प्रथम प्रभात में "भूली हुई बात फिर याद आई, कलेजे में हूकी !" गाया करें और आप चुपके-चुपके, हौले-हौले, भूलते-भटकते, इस कुंज में आ पहुँचें—भला मैं कौन होती हूँ जो बीच में दाल-भात में मूसरचंद बन बैठी ! जरूर मेरी शरारत है यह ! अच्छा महाशयजी, प्रणाम ! **(अम्बपाली से)** देवीजी, नमस्ते ! उभयमूर्त्ति इस अपराधिनी को क्षमा प्रदान कीजिए, मैं चली !

[बड़ी विनम्रता से दोनों को झुक-झुककर अभिवादन करती मधूलिका चलने का उपक्रम करती है—जब वह दो-तीन कदम आगे बढ़ती है, अम्बपाली उसका हाथ पकड़ लेती है—]

अम्बपाली : शैतानी मत कर, ठहर !

मधूलिका : पहले शरारत, अब शैतानी ! राजा से सात गज बढ़कर रानी ! **(बड़ी विद्रूपता से उँगली अपने मुँह पर ले जाती है !)**

अरुणध्वज : अच्छा, भाई; तुम दोनों आपस में पीछे सुलझा लेना। मैं एक जरूरी बात कहने आया हूँ।

मधूलिका : किसी जरूरी बात से तो आप आए ही हैं। बिना जरूरत के आप यहाँ क्यों आते भला ? कहाँ हमारा यह आनंदग्राम, कहाँ आपकी मधुगोष्ठी; बीच में वेगवती की धारा। तो भी आप रोज-रोज, बिला नागा, दोनों जून, जो यहाँ पैर थकाते, तकलीफ उठाते, पहुँच जाया करते हैं, सो क्या बिना किसी जरूरी बात के ही। **(जीभ काटती हुई)** राम ! राम !

अरुणध्वज : अरी, तू दिन-दिन वाचाल होती जाती है ! खैर, बोलो, तुम लोग चलती हो या नहीं ?

मधूलिका : हाँ, हाँ, बोल अम्बे, तू जाती है या नहीं ? जा जा ! **(अम्बे को खोदती है)**

अम्बपाली : मैं पीटूँगी तुझे मधु। **(अरुण से)** चलें ? कहाँ ?

मधूलिका : **(सुर में)** "कुंजकुटीरे, यमुनातीरे !" **(अलग हटकर खिलखिला पड़ती है)**

अरुणध्वज : **(बनावटी गुस्से में)** फिर वही नटखटपन ! **(अम्बपाली से)** वैशाली चलना है।

अम्बपाली : वैशाली ? वैशाली में क्या है ?

अरुणध्वज : फाल्गुनी उत्सव ! हम वृज्जियों का प्यारा राष्ट्रीय त्योहार ! किस वृज्जिकिशोरी और वृज्जिकुमार के मानस में इस उत्सव के नाम से ही भावनाएँ तरंग-पर-तरंग नहीं लेने लगतीं ! और इस साल तो उसका विशेष महत्त्व है। वैशाली की राजनर्तकी देवी पुष्पगंधा अब अवकाश ग्रहण करने जा रही हैं, उनकी जगह इस साल नई राजनर्तकी का चुनाव···

[मधूलिका चुनाव का नाम सुनते ही इन दोनों के नजदीक आती और आश्चर्य-भरे स्वर में कहती है—]

मधूलिका : चुनाव ! इसी साल !

अरुणध्वज : हाँ, हाँ; इसी साल ! देखें, वह कौन-सी सौभाग्यशालिनी वृज्जिकुमारी होती है, जिसके चरणों पर हजार-हजार राजकुमारों के मुकुट····

अम्बपाली : **(अचानक चिल्ला उठती है)** ऐं ! ऐं !

अरुणध्वज : क्यों ? यों सहम क्यों उठीं ?

मधूलिका : मैं कहूँ, क्यों ?

अम्बपाली : मधु, मधु ! **(हाथों से मना करती है)**

अरुणध्वज : क्या बात है मधु !

मधूलिका : **(विनोद-भाव से अम्बपाली को देखती)** क्यों ?

अम्बपाली : **(गुस्सा दिखाती)** तू चुप रहती है, या····

मधूलिका : या तू पीट देगी, यही न ! तो सुनिए, अरुणजी; उस दिन ज्योतिषीजी ने अम्बपाली को कहा—

[अम्बपाली मधूलिका की ओर लपकती है—अरुणध्वज उसका हाथ पकड़ लेता है—वह थोड़ी देर तक हाथ छुड़ाने की कोशिश करती है—फिर गंभीर होकर मधु से कहती है—]

अम्बपाली : अच्छा, बोल, क्या ज्योतिषीजी ने कहा ?

मधूलिका : ज्योतिषीजी ने अम्बपाली से कहा—"हजार-हजार राजकुमारों के मुकुट तुम्हारे चरणों पर लोटेंगे !" वह डरती है, कहीं वही न राजनर्तकी बना दी जाए !

अम्बपाली : **(गुस्से में)** डरती है ? डरूँ क्यों ? डरे चुगलखोर !

अरुणध्वज : तुम दोनों पगली हो । वहाँ वैशाली की ही इतनी न सुंदरियाँ होंगी कि तुम गाँव-गँवइयों को कौन पूछे ? चलो, जरा देख आया जाए— नृत्य-गीत, खेल-तमाशे । जरा जी बहला आएँ !

मधूलिका : जरूर जाइए । खेल-तमाशे, नृत्य-गीत ! नृत्य-गीत में आप दोनों की जोड़ी भी कैसी अच्छी रहेगी ! मुझे काँटों में मत घसीटिए ।

अरुणध्वज : फिर वही शरारत ! तुझे चलना ही पड़ेगा, मधूलिके !

मधूलिका : अच्छा, शायद राधा की महत्ता के लिए कोई पिछलगी ललिता भी चाहिए ही ।

अम्बपाली : तू चुप नहीं होती रे ।

[अम्बपाली एक झटके में अरुणध्वज से हाथ छुड़ाकर मधूलिका को पीटने दौड़ती है—मधूलिका हँसती हुई भागती है—दोनों सखियों की भाग-दौड़ के पीछे-पीछे अरुणध्वज भी कुंज की ओट हो जाता है—]

2

[वेगवती नदी की पतली धारा के किनारे बसा आनंदग्राम—बाँस के बने और फूस के छाए छोटे-छोटे घर—हर घर के आगे बाँस से ही बनाए चौकोर बाड़े, जिनके प्रवेशद्वार पर बाँस के ही तोरण—बाड़ों और तोरणों पर लिपटी हरी-हरी लताएँ फूलों से लदीं—कहीं-कहीं इन बाड़ों में छोटे-छोटे बछड़े बँधे—हरिन के छौने इस बाड़े से उस बाड़े में चौकड़ी भरते—जहाँ-तहाँ बच्चों के खेल और कलरव—कुछ युवतियाँ घड़े लिए वेगवती की ओर जातीं—कई जगह बूढ़ियाँ चरखे कातती दिखाई पड़तीं—

आनंदग्राम के ठीक नदी-किनारे, एक घर वैसा ही बना, वैसा ही छाया, वैसे ही बाड़े, वैसे ही तोरण—

इस घर का आँगन—लिपा-पुता, स्वच्छ, निर्मल—आँगन के एक कोने में एक चबूतरा, जिस पर कुछ फूल और तुलसी के पौद—बीच आँगन में, धूप में बैठी, एक बुढ़िया चरखा कात रही—सामने बरामदे में एक किशोरी फूलों की माला गूँथ रही और गुनगुना रही—

इस किशोरी को पहचाना आपने ? यह अम्बपाली है—और बुढ़िया उसकी पालिका सुमना—सुमना चरखा कातती-कातती कई बार उसकी ओर नजर उठाकर देखती है, फिर जैसे चिढ़कर बोल उठती है—]

सुमना : बस, फूल, फूल, फूल ! दिन फूल, रात फूल; सुबह फूल, शाम फूल !

अम्बपाली : **(सिर नीचा किए माला गूँथती-गूँथती)** दिन फूल, रात फूल; सुबह फूल, शाम फूल !

सुमना : उलटे मेरा मुँह चिढ़ाती है । चिढ़ा ले । बस, कुछ दिन और ! फिर, जब किसी का घर बसाएगी, तो आटे-दाल का भाव मालूम लोगा ।

अम्बपाली : जब किसी का घर बसाएगी, तब आटे-दाल का भाव···· **(अचानक सिर ऊँचा कर)** अच्छा, आटे-दाल का आजकल क्या भाव है मौसी ?

सुमना : चुप नहीं होती, शोख लड़की ! यह जानती तो उसी दिन तेरा गला···· **(चरखे से एक हाथ छुड़ा अपने गले पर ले जाती और इस तरह इशारा करती है, मानो गला घोंटना चाहती हो)**

अम्बपाली : किस दिन मौसी ?

सुमना : जब तू छोटी बच्ची थी, तेरी माँ मर रही थी और तू कें-कें कर रही थी—कें-कें-कें !

अम्बपाली : तो क्यों नहीं गला घोंट दिया ? तुम घोंट ही नहीं सकतीं, मेरी अच्छी मौसी !

सुमना : तब न घोंटा, अब बिना घोंटे न छोड़ूँगी । जब देखती हूँ, गुनगुना रही है, थिरक रही है, या फूल गूँथ रही है ! तू घर-गिरस्ती की कोई बात तो सीखती ही नहीं । जहाँ जाएगी, आप जलेगी, मुझे गालियाँ सुनाएगी ।

अम्बपाली : मैं तुम्हें छोड़कर कहीं नहीं जाती, मौसी ! और किसकी मजाल जो तुम्हें गालियाँ दे ? **(चेहरे पर अभिमान का स्पष्ट आभास)**

सुमना : **(तमककर)** हट, सब लड़कियाँ ऐसा ही कहती हैं **(मुँह बनाकर)** "मैं—तुम्हें—छोड़कर —कहीं—नहीं जाती !' लेकिन जब नए घर में जाती हैं, फिर····

[इसी समय सजी-धजी मधूलिका लपकती हुई पहुँचती है और सुमना की बात बीच ही में काटती हुई बोलती है—]

मधूलिका : नहीं, नहीं मौसी ! अम्बा सब लड़कियों-जैसी नहीं है । यह किसी के घर जाएगी ? ऊहूँ ! इसके चरणों पर तो हजार-हजार राजकुमार अपने मुकुट चढ़ाएँगे ! हाँ !

सुमना : हाँ, हाँ, एक उम्र में सब लड़कियाँ राजकुमारों का ही सपना देखती हैं—हजार-हजार राजकुमार ! लाख-लाख देवकुमार ! लेकिन जब एक दिन हाड़-मांस का एक साधारण मानव-पुतला हौले हाथ पकड़ता और अपनी गिरस्ती की चक्की में गाढ़े जोतता है; तो उनके सारे सपने हवा हो जाते हैं !

अम्बपाली : मैं नहीं जुतूँगी, नहीं जुतूँगी, नहीं जुतूँगी !

सुमना : यह भी कह, मैं जिंदगी-भर गाऊँगी, नाचूँगी, माला गूँथूँगी । कह ले, कह ले; जितने दिन कह ले । कह ले, मुझे जला ले । बस, एक वसन्त और आने की देर है !

मधूलिका : लेकिन, मौसी, क्या इस उम्र में आप ये सब नहीं करती थीं ?

सुमना : करती थी क्यों नहीं रे ! **(शांत होती)** मैं नाचने, गाने या फूल गूँथने से थोड़े मना करती हूँ ? लेकिन, तुम लोगों को कुछ और भी तो सीखना चाहिए न ? जिस घर में जाओ, बोझ

होके नहीं जाओ। नारी जीवन की सार्थकता सिर्फ नाचने, गाने या फूल चुनने में नहीं है बल्कि अर्द्धांगिनी बनने में है। अगर अर्द्धांगिनी बनने, गिरस्ती की आधी जिम्मेवारी उठाने की योग्यता तुममें नहीं हुई, तो अवश्य ही तुम्हें पुरुष बिना दासी बनाए नहीं छोड़ेगा। तुम पुरुषों को नहीं पहचानतीं, प्यारी बेटियो !

मधूलिका : **(चौंककर)** अरे !

सुमना : अरे क्या? **(बड़ी गंभीर मुद्रा में)** पुरुष वह नहीं है, जिसे तुम अलग से देखती हो—वह बाँका-बाँका छैला, घुँघराले बाल, आँखों में रस, होंठ के ऊपर मसें भीगीं, चौड़ी छाती फुलाए, उलटे पुट्ठोंवाली भुजाएँ हिलाता, मस्ती में झूमता जाता हुआ, कामदेव का सखा। नहीं, यह पुरुष नहीं है। यह तो उसके ऊपर का ढाँचा है। पुरुष उसके भीतर है, जो हर कमजोर को अपना शिकार समझता है, हर खूबसूरती को अपनी खुराक—हाँ, सौंदर्य उसका भोजन है, निर्बल उसका आखेट। वह झपट्टा मारकर चढ़ बैठता है, घायल कर देता है, फिर भर-पेट खा लेता और चल देता है—दूसरे शिकार और दूसरी खुराक की तलाश में।

मधूलिका : **(भयातुर होकर)** मौसी, मौसी ! यह तुम क्या कह रही हो?

सुमना : मैं सच कह रही हूँ बेटी ! लेकिन इससे घबराना मत। यह पेटू और शिकारपसंद जानवर मजे में वश किया जा सकता है। हर पेटू जानवर की तरह यह पूरा आलसी है और यह आसानी से पालतू बनाया जा सकता है। बड़े-बड़े अगड़धत्त वीर पुरुषों को, नारी ने, भालू की तरह, उसके नथने में रस्सी डालकर, नचाया है। वह खूँखार जानवर ताथेई-ताथेई करके नाचा है और दुनिया आश्चर्य से यह तमाशा देखती रही है।

मधूलिका : उफ्, मैं दासी बनने की कल्पना से ही काँप जाती हूँ मौसी ! मुझे पुरुषों को वश में करने की यह कला सिखला देना, मेरी अच्छी मौसी ! **(अम्बपाली से)** क्यों अम्बे, तू नहीं सीखेगी?

अम्बपाली : तू सीख, मैं उसकी जरूरत नहीं महसूस करती। मैं सिर्फ गाऊँगी, नाचूँगी, माला गूँथूँगी और कोई मुझे दासी बना नहीं सकता। **(उसके चेहरे पर अभिमान की लाली दौड़ जाती है।)**

सुमना : देखती है, मधु, इसका अभिमान? **(अम्बपाली से)** लेकिन यह अभिमान नहीं है, अम्बे, आत्मवंचना है ! मैंने तुझे पाला है, पोसा है, गोद खेलाया है, चलना सिखाया है। मुझ निपूती को तूने संतान-सुख दिया है। मैं तुझे कोई अभिशाप देना नहीं चाहती। लेकिन अभिमान ! अभिमान का फल····

[उसका गला भर आता है—उसकी आँखों में आँसू झलक आते हैं—उत्तेजना में वह चरखा बंद कर देती और उसे सम्हालने लगती है—]

मधूलिका : मौसी, मौसी, तू गुस्से में आ गई? **(अम्बपाली से)** अम्बे, यह तेरी हरकत अच्छी नहीं। देख, देख मौसी की आँखें—

[मधूलिका, चरखा सम्हालती हुई सुमना के निकट, झुक जाती और उसका हाथ पकड़ती है—अम्बपाली फूल छोड़कर झटपट उठती और सुमना के निकट दौड़ती है—कुछ फूल आँगन में बिखर जाते हैं—अम्बपाली सुमना के गले से लिपट जाती है—सुमना एकाध बार गला छुड़ाने की कोशिश करती है—किंतु ज्योंही सुमना अम्बपाली के भर्राए चेहरे को देखती है, उसका गुस्सा काफूर हो जाता है, वह कह उठती है—]

सुमना : भोली लड़की ! अरे, यह क्या ? **(ठुड्डी पकड़ती)** तू उदास क्यों हो रही ? यों ही जरा कह दिया । आह, तू माँ का दिल जान पाती !

[इतना कह वह उसका माथा चूमने लगती है—उधर बाहर घर्र-घर्र और टप-टप की आवाज होती—और तुरत ही अरुणध्वज आँगन में हँसता हुआ घुसता है—सुमना को अभिवादन कर वह दोनों सखियों की ओर मुखातिब होकर कहता है—]

अरुणध्वज : वाह ! तुम लोग अभी तैयार नहीं हुईं ?

सुमना : क्या है ? कहाँ के लिए, अरुण ?

मधूलिका : मौसी, उस दिन कहा था न तुम्हें ? हम वैशाली जाना चाहते हैं । आज ही जाना है । **(अम्बपाली से)** क्या तूने मौसी से नहीं कहा था अम्बे ?

सुमना : ओहो, तभी आज भोर से ही मालाएँ गूँथी जा रही हैं । **(अम्बपाली की ठुड्डी पकड़ती हुई)** मेरी पगली, तूने मुझसे कहा क्यों नहीं ?

अम्बपाली : मैं नहीं जाती !

सुमना : नहीं जाती ? क्यों नहीं जाएगी रे ! जा जा, जरा जी बहला आ । तेरी उम्र की थी, हम भी जाया करती थीं । फाल्गुनी उत्सव ? यह तो हम वृज्जियों का महामेला है । जा, परिधान बदल ले, प्रसाधन कर ले । **(अरुण से)** और अरुण, देखना, मेरी अम्बा बिलकुल बालिका है । जरा होशियारी से मेले में रखना !

अम्बपाली : **(अनखाकर)** मेरी तबीयत अच्छी नहीं; मैं नहीं जाऊँगी ।

सुमना : बस, फिर जिद । देखता है न तू अरुण, जरा मुझे गुस्सा आया और यह मान कर बैठी । कैसी तुनकमिजाज ! **(मधूलिका से)** मधु, क्या देखती है, जा, जल्द इसका परिधान ठीक कर दे । ओहो ! **(मधूलिका को सिर से पैर तक निहारती हुई)** मैंने ध्यान ही नहीं दिया था, तू इसी से सज-सजाकर आई है ।

[मधूलिका अम्बपाली को घसीटकर घर में ले जाती है—अरुणध्वज सुमना के नजदीक बैठ जाता है—सुमना फिर चरखा कातती हुई उससे बातें करती है—]

: तू कितने साल का हुआ रे, अरुण !

अरुणध्वज : माँ कहती थी, इक्कीसवाँ जा रहा है ।

सुमना : मेरी अम्बा का भी यह सोलहवाँ है ।

अरुणध्वज : **(बड़ी सादगी से)** कवियों ने इसे ही न षोडशी कहा है, मौसी !

सुमना : हाँ, हाँ, यही षोडशी !—जब जवानी बचपन की खिड़की से बाहर की दुनिया को झाँकती है । अजीब उम्र है यह, अरुण !—जब संसार की सब चीजें चंचल, नृत्यशील, रंगीन और संगीतमय दिखाई पड़ती हैं । जब लड़कियाँ समझ नहीं पातीं वे क्या हैं ? प्रदर्शन जब उनका एकमात्र मनोरथ होता है और प्रसाधन एकमात्र व्यवसाय ।

अरुणध्वज : लेकिन अम्बा को तो तुम्हीं ने अभी-अभी प्रसाधन के लिए प्रेरित किया है ।

सुमना : किया है, क्यों ? समझे ? हर मादा जानवर की तरह नारी भी अपने को नर से हीन अनुभव करती है । इस हीनता को छिपाने के लिए ही वह प्रसाधन की ओर प्रवृत्त होती है । हम नारियों की साज-सिंगार की प्रवृत्ति हमारी हीनता की सूचक है, अरुण ! यह हीनता तब दूर होती है, जब नारी में मातृत्व आता है—वह बिलकुल बदल जाती है, महामहिमान्वित हो जाती है । मातृत्व नारीत्व का चरम उत्कर्ष है । **(कहते-कहते उसका चेहरा रक्ताभ हो उठता है, उसकी आँखें मुँदने-सी लगती हैं, थोड़ी देर के भावावेश के बाद—)**

अच्छा, तेरी माँ अब कैसी है, अरुण !

अरुणध्वज : अच्छी ही हैं; हाँ, जब-तब तबीयत कुछ सुस्त हो जाया करती है ।

सुमना : तो तू वधू क्यों नहीं लाता? बेचारी की सेवा वह करती । अब तो तू सयाना हुआ, रे !

अरुणध्वज : वधू क्या यों ही मारी-मारी फिरती है मौसी?

सुमना : अरे, इसी फाल्गुनी उत्सव में देखना । कितने जोड़े लगते हैं वहाँ ! मेरी लगन भी वहीं लगी थी । हाँ, हाँ, तू अब ब्याह कर ले । एक-दो साल में तो अम्बा के लिए भी वर चाहिए ही ।

[प्रसाधन-शृंगार से सज्जित अम्बपाली को लिए-दिए मधूलिका आँगन में आती है—उसका रूप देखकर अरुण की टकटकी बँध जाती है—सुमना उसे देखते ही खिल पड़ती है, बोलती है—]

: अरुण बेटा, मेरी अम्बा-ऐसी सुंदरी समूचे वृज्जिसंघ में नहीं मिल सकती? तू वैशाली के इस फाल्गुनी उत्सव में देख लेना ।

मधूलिका : **(धीरे से)** तब तो यह जरूर ही राजनर्तकी चुनी जाएगी ।

सुमना : यह तू क्या बोली, मधु !

अम्बपाली : **(जो मधूलिका की बात सुन चुकी है, खीझ में)** मैं वैशाली नहीं जाती ।

मधूलिका : वाह, नहीं जाती ! चलना ही पड़ेगा, हाँ—

[मधूलिका अम्बपाली की बाँह पकड़कर उसे घसीटती, घर के बाहर, तोरुण के पास ले आती है—पीछे-पीछे सुमना और अरुण है—तोरण के सामने अरुण का रथ खड़ा है—वह आगे बढ़कर घोड़े की रास सम्हालता है—अम्बपाली को आगे ठेलकर मधूलिका भी रथ पर जा चढ़ती है—अरुण भी रथ पर आ रहता है—तीनों सुमना को अभिवादन करते हैं—]

सुमना : देखना, अरुण ! मेरी अम्बा भोली है; कहीं भीड़ में खो न जाए । **(घोड़े सरटि से आगे बढ़ते हैं—सुमना टकटकी लगाए रथ को देखती रहती है—उसके मुँह से निकल पड़ता है—)** भोली बच्ची !

3

[आदिकवि वाल्मीकि द्वारा प्रशंसित, अपनी विशालता और भव्यता से स्वर्ग की गरिमा को भी पराजित करनेवाली विशाला वैशाली नगरी—उसमें वृज्जियों का वह भव्य दिव्य 'संघागार' जिसमें उनके संघ के 7,707 राजा एकत्र होकर समय-समय पर परामर्श और निर्णय करते—

संघागार के विशाल प्रासाद के ऊपर के तोरण पर एक विशाल सिंह की मूर्ति जो एक पैर उठाए, मानो झपट्टा मारना चाह रही—उसके दोनों ओर दो गज-मूर्तियाँ जिनकी सूँड़ उठकर ठीक सिंह-मूर्ति के ऊपर, आपस में जा मिलती हैं—सूँड़ के इस मिलने की जगह से एक लंबा स्तंभ जिस पर वृज्जियों की राष्ट्रीय पताका लहरा रही—

लाल रंग की वह पताका जिस पर उजली सिंह-मूर्ति अंकित—

संघागार पर पंक्ति से, तोरण से चार एक तरफ, चार दूसरी तरफ, कुल आठ गुंबद—इन गुंबदों के रंग क्रमशः नील, पीत, हरित, मंजिष्ठ, लोहित, श्वेत, अवदात और व्यायुक्त, जो वृज्जियों के आठ कुलों के सूचक हैं—

संघागार के नौबतखाने से तरह-तरह के बाजे बजकर दिग्दिगंत को मुखरित कर रहे हैं—

और, संघागार के सामने के विस्तृत मैदान में, पहले जहाँ वैशाली का बाजार लगा करता, आज फाल्गुनी

उत्सव की तैयारियाँ हैं—

वृत्ताकार बनी है यह उत्सव-भूमि—वृत्त के बीच में ऊँची रंगभूमि है, जहाँ युवक-युवतियों के नृत्य-गान हो रहे—रंगभूमि को केंद्र मानकर समूचा वृत्त आठ भागों में विभक्त किया गया है—जहाँ की दूकानें, परिधान, रथ आदि उपर्युक्त आठ रंगों के ही—

फूलों और सोमरस की दूकानों पर सबसे अधिक भीड़—

प्रसाधन-शृंगार से आभूषित युवक-युवतियों का अनुपम जमघट—युवकों के कामदार कटिपट और लंबे बालों को सँवारनेवाली जरीदार पट्टियाँ—युवतियों के रंगीन परिधान और कंचुकियों पर चकमक गोटे-बूटे—फूलों के आभूषणों और मालाओं से दोनों लदे-से—

रंगभूमि से नृत्य-संगीत की धारा प्रवाहित हो आठों भागों को जैसे डुबो देना चाहती हो—सबके पैरों में नृत्य की गति, सबके स्वर में संगीत के सुर—एक मोहक-मादक उत्तेजना से वायुमंडल व्याप्त—

इसी वातावरण में, बीच में अरुणध्वज और उसके दाएँ अम्बपाली, बाएँ मधूलिका, तीनों मस्त हो तमाशे देख रहे—जिसकी नजर अम्बपाली पर पड़ती, वह चौंक उठता, टकटकी लगाकर उसे देखता रह जाता—उनकी यह भावभंगिमा अम्बपाली को व्याकुल कर देती है—वह भीड़ से अलग हटकर अरुण से कहती है—]

अम्बपाली : अरुण, अब चलो, कहीं विश्राम करें। मैं थक गई।

अरुणध्वज : थक गई। वाह, अभी देखा क्या जो थक गई। अभी तो सारा देखने को धरा पड़ा है।

अम्बपाली : मैं अब नहीं देखना चाहती।

अरुणध्वज : क्यों ?

अम्बपाली : ये लोग अच्छे नहीं दिखाई देते। सब यों घूरते हैं, जैसे आँखों से निगल जाएँगे।

मधूलिका : **(चौंकती-सी)** आँखों से निगल जाएँगे ?

अम्बपाली : हाँ, हाँ, आँखों से निगल जाएँगे ! मैं तो इन्हें देखते ही काँप उठती हूँ, मधु ! ये आँखें हैं या··· **(अरुण से)** नहीं-नहीं, अरुण, चलो। मैं बाज आई इस देखने से।

मधूलिका : **(व्यंग्य से)** या दिखाने से ! मेरी रानी, अभी तू देखने-दिखाने से यों काँपती है और जब हजार-हजार राजकुमार···

अम्बपाली : फिर वही शैतानी ? **(भौहें चढ़ाकर अरुण से)** अरुण, चलते हो ? चलो।

अरुणध्वज : चलूँ ? कहाँ ? संसार में कोई ऐसी जगह बता दे, जहाँ आँखें न हों।

अम्बपाली : लेकिन आँख-आँख में फर्क है।

मधूलिका : और, मैंने उस दिन कहा था, सपने-सपने में फर्क है और फर्क है रूप-रूप में, तब तू नहीं मानती थी। भला, मुझे कोई क्यों नहीं देखता, घूरता, या तेरे शब्दों में, निगलता।

अम्बपाली : **(झुंझलाकर)** मैं क्या जानूँ ?

मधूलिका : जानेगी, जानेगी। और जब जान जाएगी, मुझसे भर मुँह बातें भी नहीं करेगी।

अम्बपाली : **(अरुण से रुखाई के शब्दों में)** तुम मुझे ले चलते हो या नहीं, अरुण ?

अरुणध्वज : अच्छा चल, सोमरस की दूकान पर **(हाथ से बताते हुए)** थोड़ा पी ले, थकावट दूर हो जाएगी।

अम्बपाली : **(चौंककर)** सोमरस ! मौसी कहती थी, लड़कियों को सोमरस नहीं पीना चाहिए।

अरुणध्वज : हर मौसी मना करती है और हर लड़की पीती है—यही होता आया है उस युग से, जब दुनिया में लड़कियाँ पैदा हुईं और देवताओं ने सोमरस भेजा।

अम्बपाली : देवताओं ने भेजा ?

अरुणध्वज : हाँ, हाँ देवताओं ने भेजा ! सुरों द्वारा सुर-लोक से भेजी गई होने के कारण ही तो यह

अलौकिक पेय सुरा कहलाती है। शेषनाग को रस्सी बना, मंदराचल की मथानी से, क्षीर-सागर मथकर देवताओं ने इसे निकाला। सुधा नाम से उसे पीकर आप अमर हो गए और सुरा नाम से हमारे पास, इस मर्त्यभुवन में भेजा। हमने उसे सोमरस का सुंदर नाम दिया।

अम्बपाली : इसे ही पीकर देवता अमर हुए?

अरुणध्वज : हाँ रे, इसे ही पीकर देवता अमर हुए और इसे ही पीकर हमारे ऋषियों ने ऋग्वेद की कविता की, सामवेद के गीत गाए और यजुर्वेद से यज्ञपूत हो अमृतपुत्र कहलाए।

अम्बपाली : तो मौसी मना क्यों करती थीं?

मधूलिका : उस दिन वह फूल गूँथने से भी तो मना कर रही थीं न?

अम्बपाली : ठीक रे मधु, बुढ़ियों की ऐसी ही बातें होती हैं। **(अरुण से)** लेकिन लगता है यह कैसा अरुण?

अरुणध्वज : कुछ मत पूछ, अम्बे! जहाँ हलक के नीचे उतरा, सारी थकावट दूर—नस-नस में ताजगी दौड़ने लगती है। थोड़ी देर में ही मालूम होता है, जैसे बाँहों के नीचे से पंख फूट निकले हैं और हम हवा में उड़े जा रहे हैं!

अम्बपाली : जैसे सपने में लोग उड़ा करते हैं?

अरुणध्वज : बस, बस वैसे ही। कुछ क्षणों में ही यह हमें स्वर्गलोक में उड़ा ले जाता है! स्वर्गलोक में—जहाँ अमरता है, शाश्वत यौवन है, संगीत है····

मधूलिका : **(बीच में ही बात काटकर)** और जहाँ सुनहले पंखोंवाले लाख-लाख देवकुमार हैं····

अम्बपाली : **(झपटती हुई)** तू चुप नहीं होती!

अरुणध्वज : **(अम्बपाली का हाथ पकड़े हुए)** चल-चल, जरा पी लें—

[एक हाथ से अम्बपाली और दूसरे हाथ से मधूलिका को पकड़े अरुणध्वज हँसते हुए सोमरस की दूकान पर जाता है—युवक-युवतियों के रेल-पेल में तीनों घुस जाते हैं और एक मंच पर बैठकर सोमरस पीते हैं—एक-दूसरे को प्याले-पर-प्याले पिलाए जा रहे हैं—

उसी समय चार राजकुमारों के साथ पुष्पगंधा, वैशाली की आज तक की राजनर्तकी वहाँ पहुँचती है—संघ के प्रतिनिधित्व की हैसियत से ये पाँचों नई राजनर्तकी के लिए सर्वश्रेष्ठ सुंदरी के चुनाव करने को किशोरियों का निरीक्षण करते फिर रहे हैं—उनमें से एक राजकुमार की नजर अम्बपाली पर पड़ती है—]

राजकुमार : **(पुष्पगंधा से)** भद्रे, जरा उस किशोरी को तो देखें।

पुष्पगंधा : कौन? वह? **(अम्बपाली की ओर उँगली उठाती)**

दूसरा राजकुमार : **(उसी ओर उँगली करके)** वह? वही न?

पहला राजकुमार : हाँ, हाँ, वही। कितनी अपूर्व सुंदरी! ऐसी सुंदरी इस उत्सव-मंडली में दूसरी नहीं है। क्यों भाई? **(तीसरे राजकुमार से)**

तीसरा राजकुमार : इतनी जल्दी मत कीजिए! हमें एक ऐसी सुंदरी चुनना है जिसका जोड़ हमारे संघ की तरह ही संसार में न मिले। जो कीर्ति वृज्जिसंघ को प्राप्त है, उसके अनुरूप ही तो राजनर्तकी भी चुनी जानी चाहिए न? जिस गौरव को देवी पुष्पगंधा ने स्थापित किया है, उसकी रक्षा क्या हम इतनी जल्दबाजी करके कर पाएँगे?

पुष्पगंधा : कुमार, आपका कहना सही है, हमें जल्दबाजी नहीं करनी चाहिए। लेकिन, वह कोई साधारण रूपसी नहीं मालूम होती है, कुमारो!

पहला राजकुमार : आप ठीक कहती हैं, मुझे शक है, देवसभा की उर्वशी भी इतनी सुंदरी नहीं होगी। **(राजकुमारों से)** जरा, इसके एक-एक अंग को देखो, भाइयो ! उफ्; यह तो साँचे की ढली मालूम होती है—सुंदरता, मानो, नारी का रूप धरकर हमारे सामने साक्षात् खड़ी है !

तीसरा राजकुमार : **(गौर से निरीक्षण करते)** लेकिन, कुछ गँवई-सी मालूम होती है। क्यों, आप क्या समझते हैं ? **(दूसरे से पूछता है)**

दूसरा राजकुमार : लेकिन वृज्जिसंघ नगर और ग्राम का कोई भेद नहीं करता। यहाँ सबकी समता है। अपने गुण से हर नागरिक राजा हो सकता है, अपने रूप से हर सुंदरी राजनर्तकी के गौरव को प्राप्त कर सकती है। **(चौथे से, जो सबमें वयस्क है)** क्यों, आप नहीं कुछ बोल रहे ?

चौथा राजकुमार : इसमें संदेह नहीं कि हमने जितनी सुंदरियाँ देखी हैं, उनमें यह सर्वश्रेष्ठ है। किंतु मेरा खयाल है, अपनी उत्तराधिकारिणी पसंद करने की सबसे ज्यादा जिम्मेवारी देवी पुष्पगंधा पर है। इसलिए, हम लोग इस पर ज्यादा विवाद न कर अंतिम निर्णय इन्हीं पर छोड़ दें।

पुष्पगंधा : यह आपकी कृपा है, लेकिन इससे हममें से किसी की जिम्मेवारी कम नहीं होती। हाँ, अच्छी बात हो, हम थोड़ा और घूमकर देख लें।

[इन पाँचों का दल आगे बढ़ता है—उधर सोमरस पीकर मस्त बनी अम्बपाली अरुणध्वज और मधूलिका के साथ निकलती है—वह खूब हँस रही है—पहले की शरमीली लड़की नहीं है—प्रगल्भतापूर्वक हँसती जा रही है—]

अरुणध्वज : तुझे क्या हो गया है अम्बे ! कहीं इतना भी हँसा जाता ?

अम्बपाली : **(उसकी आवाज लटपटा रही है, बीच-बीच में रुक जाती है)** कहीं इतना भी····हँसा जाता है ! ह-ह-ह-ह ! ! क्यों मधु, कहीं—इतना भी—हँसा—जाता है ! ! हा-हा-हा-हा ! ! !

मधूलिका : **(डाँटती-सी)** यह क्या अंबे ?

अम्बपाली : ह-ह-ह-ह !····ही-ही-ही ! ! यह क्या अम्बे ? यह क्या ? ?····अरे, यह क्या रे मधु !···· मधु ! !····हा-हा-हा-हा !····हो-हो-हो-हो !

मधूलिका : **(नाराजी और हुकूमत के स्वर में)** तू चुप नहीं होती !

अम्बपाली : **(घूरकर देखती)** चुप नहीं होती ! चुप नहीं····हा-हा-हा-हा····हो ····हो····हो····हो····मधु ! मधु ! !····अरी, मैं उड़ी जा रही हूँ, रे मधु····मधु, पकड़ रे ! रे····ये मेरे पंख····**(हाथों को हवा में डैनों-से फटकारने लगती है)**

मधूलिका : **(उसके हाथों को पकड़ लेती है, अरुण से नाराजी में कहती है)** अरुण, तुमने यह अच्छा नहीं किया····

अरुणध्वज : तू घबरा नहीं, मधु, मैं इसे तुरत अच्छा कर देता हूँ। नशा थोड़ी हरारत खोजता है। **(अम्बपाली से)** नाचेगी नहीं रे !

अम्बपाली : नाचेगी नहीं रे ! मैं नाच रही हूँ रे। मैं नाच रही हूँ····रे ····मधु ····छोड़ रे मधु ····**(झटके से हाथ छुड़ा लेती है और गति से हाथ-पैर चलाने लगती है)** मैं नाच रही रे····मधु ····नाच रे !····अरुण नाच रे **(वह दौड़कर अरुण का हाथ पकड़ लेती है)** नाच····रे ····नाच ····

[अरुण उसके हाथों में हाथ दिए उसे रंगभूमि में ले जाता है—मधूलिका भी पीछे-पीछे जाती है—अनेक युवक-युवतियों का नृत्य हो रहा है—अम्बपाली और अरुण भी नाचने लगते हैं—अरुण थक जाता है, लेकिन अम्बपाली अकेली नाचती ही रह जाती है। लोगों का ध्यान धीरे-धीरे उसके अपूर्व नृत्य की ओर

जाता है—सब अपना-अपना नृत्य बंद कर उसी का नृत्य देखने लगते हैं—चारों ओर से हर्षवर्धन और पुष्पवर्षा हो रही है—

पुष्पगंधा भी अपनी मंडली के साथ वहाँ पहुँच जाती है—वह और चारों राजकुमार उसका नृत्य देख मुग्ध हो जाते हैं—राजकुमारों का स्वीकृति-सूचक रुख देख पुष्पगंधा आगे बढ़ती है और उसके गले में राजनर्तकी की जयमाल डाल देती है—चारों राजकुमार चिल्ला उठते—'राजनर्तकी की जय'! 'राजनर्तकी की जय'!! उनकी जय की ध्वनि-प्रतिध्वनि उपस्थित जनता की ओर से होती है; इस जयकार से चकित हो, मानो कुछ होश में आ, अम्बपाली मधूलिका के पास दौड़ जाती है, जो वहाँ खड़ी एकटक उसे देख रही थी—]

अम्बपाली : मधु, मधु ''' राजनर्तकी ''' राजनर्तकी !

पुष्पगंधा : **(उसके निकट पहुँचकर)** हाँ, राजनर्तकी ! कल तक की राजनर्तकी मैं; आज से राजनर्तकी तुम !

अम्बपाली : राजनर्तकी ! ''' मैं ''' मैं **(आश्चर्य से आँखें विस्फारित करती)** राजनर्तकी ? ''' मैं राजनर्तकी ? ''' मैं '''

पुष्पगंधा : हाँ, हाँ, तुम राजनर्तकी, तुम !

अम्बपाली : **(अचानक विक्षिप्त-सी होकर)** मधु, मैं राजनर्तकी ''' अरुण, मैं राजनर्तकी ! ''' राजनर्तकी ''' ह-ह-ह-ह ''' मैं राजनर्तकी ''' हा-हा-हा-हा ''' मैं राजनर्तकी ''' हो-हो-हो-हो **(जोरों से अट्टहास करने लगती है)**

मधूलिका : **(व्याकुल होकर)** अम्बे, क्या बक रही है, अम्बे ?

अम्बपाली : बक रही ? ''' मैं—बक—रही ? ''' **(फिर उत्तेजित होकर)** नहीं, नहीं, मधु, मैं राजनर्तकी ''' मैं राजनर्तकी ''' रे ''' हा-हा-हा-हा ''' ही-ही-ही-ही ''' मैं राजनर्तकी मधु ''' मधु ''' मैं राजनर्तकी ''' हजार-हजार राजकुमारों के मुकुट ''' हो-हो-हो-हो ''' मेरे चरणों पर रे, मेरे चरणों पर ''' **(मधूलिका की आँखों को देखकर)** मधु, तू घूर क्यों रही है रे ''' मैं राजनर्तकी।

अरुणध्वज : तू होश में नहीं है अम्बे ! ओहो ! मधु, मैंने क्या किया ? **(वह विह्वल-सा दिखाई देता है)**

पुष्पगंधा : कुछ बुरा नहीं किया आर्य ! तुम सौभाग्यशाली हो, तुमने संघ को राजनर्तकी दी। तुम कौन हो, कहाँ के हो ? कौन वह सौभाग्यशाली वंश है ? कौन वह सौभाग्यशाली ग्राम है ?

अरुणध्वज : **(विह्वलता में ही)** मधु, मधु, यह क्या हो रहा है ? ओहो, अम्बे, अम्बपाली, यह क्या ? **(थोड़ा शांत हो पुष्पगंधा से)** भद्रे, हम आनंदग्राम से आए हैं ''' ओहो, यह क्या ?

अम्बपाली : **(प्रमत्त बनी बके जा रही है)** मैं राजनर्तकी ''' अरुण ''' अरुण ''' मैं राजनर्तकी ! ''' ह-ह-ह-ह ''' मधु ''' तू हँसती क्यों नहीं रे ? ''' मैं राजनर्तकी ''' हजार-हजार ''' हजार-हजार राजकुमारों के मुकुट ''' मुकुट ''' मुकुट ''' हजार-हजार राजकुमारों के मुकुट मेरे चरणों पर लोटेंगे रे ''' चरणों पर ''' हा-हा-हा-हा ''' मेरे चरणों पर ''' हो-हो-हो-हो ''' तू हँसती क्यों नहीं है, मधु ? ''' तुम हँसते क्यों नहीं हो अरुण ? ''' हँसो ''' हँसो ''' हँसो ''' हा-हा-हा-हा ''' हो-हो ''' हो-हो—

[अरुण के चेहरे का रंग उड़ जाता है—वह काँप उठता है—फिर मूर्ति-सा खड़ा देखता रहता है—मधूलिका कभी अम्बपाली और कभी अरुण का चेहरा देखती

किंकर्तव्यविमूढ़ बन रही है—इधर लोग पुष्पवर्षा और आनन्द-ध्वनि किए जा रहे हैं—उसी समय एक रथ आकर नजदीक में खड़ा होता है—पुष्पगंधा अम्बपाली का हाथ पकड़कर रथ पर चढ़ा लेती है—खिल-खिल हँसती अम्बपाली अरुण और मधूलिका की ओर मुखातिब हो बोलती है—]

: —मधु... मैं राजनर्तकी... अरुण, मैं राजनर्तकी... राजनर्तकी... राजनर्तकी... हा-हा-हा-हा ...हजार-हजार राज...

['नई राजनर्तकी की जय', 'अम्बपाली की जय' पुष्पगंधा कहती है—सब उसके जयनाद में साथ देते हैं—इसी तुमुल जयनाद में रथ चल पड़ता है—अरुणध्वज पत्थर की मूर्ति-सा खड़ा है—मधूलिका थोड़ी दूर 'अम्बे !' 'अम्बे !' चिल्लाती दौड़ती है—फिर गिर पड़ती है—]

4

[वैशाली का राजकीय वसंतोद्यान—आम, लीची, महुए के पेड़ क्रमशः पंक्तियों में लगे—आम की पीली, लीची की हरी और महुए की अर्ध-विकसित श्वेत मंजरियों की सुगंध से प्रकृति मह-मह कर रही—क्यारी-क्यारी में रंग-बिरंगे फूल—बीच में एक बँगला, पुष्पों से घिरा, लताओं से लदा—

सुबह की सुनहली धूप से सब चीजें जगमग हो रहीं—

बँगले के कमरे के मुँह पर जो कामदार पर्दा झूल रहा है, वह हटता है—भीतर से अम्बपाली निकलती है—आँखों में खुमार—चेहरे पर नींद की छाया—चकित नेत्रों से इधर-उधर देखती है—बरामदे पर आकर पुकारती है—]

अम्बपाली : कोई है ।

[एक परिचारिका दौड़कर आती है—उसके सामने झुककर अभिवादन करती और बोलती है—]

परिचारिका : भद्रे, जो आज्ञा !

अम्बपाली : **(आश्चर्यमयी मुद्रा में)** आज्ञा ? मैं कहाँ हूँ ? उफ्, यह कैसा सपना ?

परिचारिका : नहीं आर्ये, यह सपना नहीं, प्रत्यक्ष सत्य है । यह वैशाली का राजकीय वसंतोद्यान है और मैं हूँ आपकी परिचारिका ।

अम्बपाली : परिचारिका ? **(झिझककर)** मुझे किसी की परिचर्या की जरूरत नहीं । क्या मैं बूढ़ी हूँ, रोगी हूँ ?

परिचारिका : **(किंचित् मुस्कान से)** जरूरत पड़ेगी, पड़ेगी आर्ये !

अम्बपाली : **(उत्तेजना में)** नहीं, नहीं ! **(उसाँसें लेती हुई)** आह, मधु कहाँ, अरुण कहाँ ? **(परिचारिका से)** बता, बताती क्यों नहीं ?

[बँगले के बरामदे के दूसरे छोर से पुष्पगंधा आती दिखाई पड़ती है—उसकी आहट सुन परिचारिका उस ओर देखती है और ससंभ्रम हट जाती है—अम्बपाली पुष्पगंधा को घूर-घूरकर देखती है—वह निकट पहुँचती है—परिचारिका अंततः वहाँ से हट जाती है—]

पुष्पगंधा : क्यों ? तबीयत अच्छी है न ?

अम्बपाली : आप कौन हैं ?

पुष्पगंधा : भूल गई ?

अम्बपाली : भूल गई ! **(गौर से देखती है)**

पुष्पगंधा : कहीं देखा नहीं ?

अम्बपाली : **(सोचती हुई)** सपने में शायद कभी देखा है ? आप कौन हैं ?

पुष्पगंधा : **(मुस्कुराती)** मुझे लोग पुष्पगंधा कहते हैं, यह नाम कभी सुना है ?

अम्बपाली : नाम तो यह सुना है—वृज्जिसंघ की सर्वश्रेष्ठ सुंदरी, वैशाली की राजनर्तकी ।

पुष्पगंधा : ठीक; कल तक मैं वृज्जिसंघ की सर्वश्रेष्ठ सुंदरी थी, वैशाली की राजनर्तकी थी । लेकिन आज मैं वह नहीं रही ।

अम्बपाली : आज क्यों नहीं रही ?

पुष्पगंधा : यह भी भूल गई ? रात का सपना याद कर—तू जो रात राजनर्तकी चुनी गई, वैशाली की सर्वश्रेष्ठ सुंदरी मानी गई ।

अम्बपाली : **(कातरता से)** भद्रे, मैं सपनों से परेशान हूँ । मेरी मधु कहाँ ? मेरा अरुण कहाँ ? अरुण··· **(चिल्लाती है)**

पुष्पगंधा : **(उसकी आवाज में गंभीरता आ जाती है)** यों लोग नहीं चिल्लाते अम्बे ! तू जहाँ खड़ी है, उस स्थान की मर्यादा देख । वृज्जिसंघ की कुमारियाँ मर्यादा का उल्लंघन नहीं करतीं । जिस दिन हमारी कुमारियाँ मर्यादा छोड़ देंगी, संघ की नींव हिल जाएगी । नारियाँ राष्ट्र की इमारत की नींव की ईंट होती हैं, नींव की चंद ईंटें हटा दो, बड़ी-से-बड़ी इमारत भहरा पड़ेगी ।

अम्बपाली : मर्यादा ? मर्यादा मुझसे टूटी है क्या भद्रे ? क्षमा करें । मुझे मेरी मधु से, मेरे अरुण से मिलाइए । आह, मेरी मौसी ! मैं कहाँ से वैशाली आई, मैं सचमुच मेले में खो गई ! **(उसकी आँखों में आँसू छलछला आते है)**

पुष्पगंधा : **(जरा-सी मुस्कुराती हुई)** तू खो गई, और संघ ने नर्तकी पाई । कोई खोता है, तभी कोई पाता है, अम्बे !

अम्बपाली : **(गिड़गिड़ाती हुई)** आर्ये, अब सपने में न रखिए—मुझे मेरे साथियों से मिलाइए, या आनन्दग्राम भिजवाइए ।

पुष्पगंधा : आनन्दग्राम रथ गया है, तेरी मौसी आती ही होंगी । मधु और अरुण संघ के अतिथि-भवन में हैं । तू जरा प्रसाधन कर ले, इसी रूप में मिलेगी उनसे ? अब तू अपने पद-गौरव को समझ ।

अम्बपाली : पद-गौरव ?

पुष्पगंधा : यों भूलने, विभोर होने से काम नहीं चलता, अम्बे ! अब तू राजनर्तकी है । कल संघ ने तुझे राजनर्तकी के रूप में अभिषिक्त जो किया । जिस अभिषेक-मंगल-पुष्करिणी के जल की कुछ बूँद पाने के लिए कोशल और मगध की महारानियाँ तरसती रहती हैं, वह सरोवर अब तेरे अंगराग से आए दिन रंगीन और सुवासित बनेगा । वृज्जिसंघ के जिन राजकुमारों के गर्वोन्नत सिर हिमालय के शृंग की तरह उन्नत और प्रदीप्त हैं, जिन्हें कोई पदाक्रांत कर नहीं सकता, झुका नहीं सकता, उन्हीं सिरों के हजार-हजार मुकुट तेरे चरणों पर अवनत होंगे, लोटेंगे । तुझे इस गौरव के अनुरूप ही अपने को ढालना होगा, अम्बे !

अम्बपाली : क्षमा कीजिए, आर्ये ! मैं राजनर्तकी नहीं बनना चाहती ।

पुष्पगंधा : कोई चाहकर राजनर्तकी नहीं बन पाती, अम्बे ! हमारा यह संघ जम्बूद्वीप भर में इसीलिए प्रसिद्ध है कि यहाँ की नारी और नर अपने व्यक्तित्व को संघ पर समर्पित कर देते हैं । संघ जिसको जो जिम्मेवारी देता है, वह उसे निभाता है । संघ की आज्ञा पर हमारे सैनिक समरक्षेत्र में अपनी गर्दन हँसते-हँसते कटा डालते हैं; हमारे नाविक अपनी पूरी जिंदगी बजड़ों पर ही बिताकर, नागरिक जीवन के सुख-ऐश्वर्य से दूर रहकर हमारे संघ को नाना

तरह के धनरत्न से विभूषित करते हैं; तो फिर तुम-हम उसी संघ की आज्ञा पर अपनी जिंदगी को संघ के मनोरंजन में उत्सर्ग कर दें, तो इसमें अनौचित्य क्या है, आश्चर्य क्या है ?

अम्बपाली : क्या यह संघ की जबरदस्ती नहीं ?

पुष्पगंधा : जिस दिन हम जिम्मेवारी को जबरदस्ती समझने लगेंगे, उसी दिन संघ का पूरा शीराजा बिखर जाएगा, अम्बपाली ! वृज्जिसंघ हम सबको स्वतंत्रता की सुरक्षा प्रदान करता है । वृज्जिसंघ स्वाधीन नर-नारियों का संघ है, उसमें जबरदस्ती कहाँ ? हाँ, उनके द्वारा दी गई सुरक्षा और स्वाधीनता की भरपाई अगर हम अपनी ज़िम्मेवारी अच्छी तरह निभाकर करते हैं, तो, इसमें जबरदस्ती कहाँ है, अम्बे ! याद रख, हम जिससे पाते हैं, उसे कुछ देना भी होता है !

अम्बपाली : लेकिन, यह अजीब देन है । सर्वश्रेष्ठ सुंदरी और राजनर्तकी ? उफ् ! **(उसासें लेती है)**

पुष्पगंधा : सर्वश्रेष्ठ पशु ही देवताओं को बलि दिए जाते हैं, अम्बे ! मूर्ख कहेंगे, यह कैसा अविचार ? लेकिन, उन्होंने जिंदगी का रहस्य नहीं समझा । जिंदगी की सार्थकता मनमाना जीना या लंबी आयु पाना नहीं है । जिंदगी की सार्थकता है किसी बड़े काम के लिए उत्सर्ग कर दिया जाना—फिर वह उत्सर्ग की हुई जिंदगी एक दिन की हो या सौ बरस की, वह खाँड़े की धार पर उतरे या चंदन की चिता पर चढ़े ! **(कहते-कहते उसका मुँह तमतमा जाता है; उसके चुप होते ही अजीब सन्नाटा छा जाता है !)**

अम्बपाली : **(भयभीत-सी)** देवि !

पुष्पगंधा : **(जैसे उसकी आवाज सुनी ही न हो)** और एक बात ! तूने सौंदर्य का महत्त्व ही नहीं जाना !

अम्बपाली : मैं यह सब झंझट क्या जानूँ, देवि !

पुष्पगंधा : झंझट नहीं है, तत्त्व है तत्त्व । दुनिया में तीन चीजों की आकांक्षा सबको होती है—धन की, ज्ञान की, सौंदर्य की । इनमें सौंदर्य की महिमा सबसे बड़ी है । एक गरीब आदमी परिश्रम और संचयवृत्ति से धनी बन जा सकता है; एक मूर्ख अध्ययन और अभ्यास से ज्ञान प्राप्त कर सकता है । लेकिन, लाख सिर पटककर भी कोई कुरूप सुंदर नहीं बन सकता । सौंदर्य सिर्फ विधाता के हाथों से गढ़ा जाता है—यह सोलह आने दैवी देन है । यह दैवी देन तुच्छ मानवीय कामनाओं की पूर्ति में न व्यय होकर उच्च आदर्श की पूर्ति में लगे, इससे बढ़कर इसका क्या सदुपयोग हो सकता है, अम्बे ?

अम्बपाली : तो आप राजनर्तकी की जिंदगी को उच्च आदर्श की पूर्ति मानती हैं ?

पुष्पगंधा : कोई काम स्वयं ही उच्च या नीच नहीं होता, अम्बे ! एक हत्या हत्यारेपन की सूचना देती है, दूसरी हत्या हत्याकारी को देवता बना डालती है । जरा सोच तो, अपनी सभी व्यक्तिगत रुचियों, इच्छाओं, आकांक्षाओं को ठुकराकर, लात मारकर अपने-आपको संघ के प्रत्येक सदस्य के मनोरंजन के लिए अर्पित कर देना—अपने व्यक्ति को समष्टि में विलीन कर देना—इससे बढ़कर आदर्श की उच्चता एक सुंदरी नारी के लिए क्या हो सकती है ? सुंदरी नारी—जिसका कदम-कदम डगमगाता है ! वृज्जिसंघ की कुमारियाँ ही इतनी बड़ी साधना का साधन कर सकती हैं, अम्बे !

अम्बपाली : **(रुखाई से)** साधना का साधन या आत्मा का हनन ?

पुष्पगंधा : शुरू में ऐसा ही भ्रम होता है । किंतु तथ्य यह है कि ज्यों ही हमने अपने को उनके लिए अर्पित कर दिया, हम उनके मनोरंजन की चीज नहीं रह जातीं, बल्कि वे ही अपने को हमारे मनोरंजन के साधन बना डालते हैं—हमें अपना सिर उनके निकट झुकाने की जरूरत नहीं

होती, उन्हीं के हजार-हजार राजमुकुट हमारे चरणों की धूल चाटने लगते हैं ! हम नारियों की भी एक महिमा है, यह क्यों भूल जाती है, भोली लड़की !

अम्बपाली : **(दीर्घ उच्छ्वास के साथ, धीमे स्वर में)** आह, मेरा अरुण !

पुष्पगंधा : अरुण ! अरुण भी तो वृज्जिसंघ का एक सदस्य है । कौन उसे तेरे पास आने से रोक सकता है ? जा, तू जल्द प्रसाधन तो कर ले । चयनिके ! **(पुकारती है)**

[पुकार सुनकर परिचारिका शीघ्र उपस्थित होती है—उदास, अनमनी अम्बपाली उसके साथ बँगले के भीतर जाती है—पुष्पगंधा सामने के उद्यान में घूमती है—रह-रहकर काँप उठती है—अंततः उसकी आँखों से आँसू झरने लगते हैं—क्यों ? किसके लिए ?]

5

[वेगवती नदी की पतली धारा संध्या की किरणों से रंगीन हो रही है—आनन्दग्राम की नारियाँ घड़े लिए आती और जल ले जाती हैं—उनका आना-जाना लगा है—

धारा के उतार की ओर चरवाहे अपनी गायों और दूसरे जानवरों को लाते, पानी पिलाते और गाते-बजाते गाँव की ओर चल पड़ते हैं—

कुछ बच्चे धारा के चढ़ाव की ओर तटभूमि की शीतल बलुई जमीन पर, बालू से घरौंदे का खेल कर रहे हैं—वे खेलते, उछलते, किलकारियाँ भरते, भागदौड़ मचाते—

ऊपर, असाढ़ के धूसर आसमान पर, पूरब क्षितिज की ओर, बादल का एक टुकड़ा दिखाई पड़ता है जिसकी ओर नारियों का ध्यान बार-बार जाता है—

सुमना घड़ा लिए आती दीखती है—उदास, उतरा हुआ, अनमना है उसका चेहरा—घड़ा धारा के किनारे रख वह बहुत देर तक बच्चों का यह घरौंदा-खेल देखती है—रह-रहकर दीर्घ उच्छ्वास आप-से-आप निकल पड़ते हैं !—

आखिर घड़े में पानी लेकर जाना ही चाहती है कि मधूलिका कलसी लिए आती दिखाई पड़ती है—वह रुक जाती है—मधूलिका उसे देख लपककर पहुँचती और पूछती है—]

मधूलिका : मौसी, सुना, तुम फिर वैशाली गई थीं ।

सुमना : हाँ, गई थी । अम्बपाली ने रथ भेजा था ।

मधूलिका : अब तो वह राजरानी हो गई, मौसी ! तकदीर इसी को कहते हैं ।

सुमना : लेकिन वह जो इसे तकदीर माने । कहती थी—मौसी, सुख-ऐश्वर्य से भरी यह वैशाली मुझे नहीं सुहाती; मेरा मन तो आनन्दग्राम की आम्रवाटिका या वेगवती के तट पर ही चक्कर काटता रहता है ! तुझे भी बुलाया है—एक दिन जरा हो आओ न मधु ?

मधूलिका : मैं उस ओर पैर बढ़ाने की हिम्मत भी नहीं कर सकती, मौसी ! सारी वैशाली स्वप्नपुरी-सी मालूम होती है । मैं हमेशा ही सपने से भागती रही हूँ । **(कुछ सोचकर)** अरुण की चर्चा करती थी ?

सुमना : की थी; कई बार की । लेकिन मैं क्या बताती भला ?

[दूर से आती वंशी की हृदयवेधक ध्वनि सुनाई पड़ती है—ध्वनि कानों में पड़ते ही मधूलिका सिहर उठती है—उसके चेहरे पर करुणा की छाया दौड़ जाती है—वह स्वर में विभोर-सी हो जाती है—सुमना का ध्यान भी उस ओर जाता है—वह घड़ा रख देती और सुनने लगती है—मधूलिका की कलसी आप ही

कमर से खिसक जाती है—तब, जैसे चौंककर, वह कहती है—]

मधूलिका : यह अरुण की ही वंशी है, मौसी !

सुमना : पहचानती हूँ, मधु, पहचानती हूँ। इस वंशी को अब इस आनन्दग्राम में कौन नहीं पहचानता ?

मधूलिका : उसे यह क्या हो गया है, मौसी ? भोर ही, मुँहअँधेरे, इस आम्रवाटिका में पहुँच जाता है और वंशी के सुर में करुणा की धारा प्रवाहित करने लगता है। और अब इस शाम को जो शुरू किया, तो एक पहर रात बीते तक बजाता जाएगा। कई बार कहा, इस वाटिका को भूल, इस कलमुँही वंशी को छोड़। लेकिन कौन उसे समझा सके ?

सुमना : तू पुरुष के हृदय के बारे में नहीं जानती बेटी ! वह अजीब चीज है। औरत के दिल से वह बिलकुल अलग चीज है। औरत का दिल शीशा है—तुनुक, पारदर्शी; जरा-सी तेज आँच लगी, टुकड़े-टुकड़े हो गया। रोशनी गायब, किस्सा खतम। लेकिन, मर्द का दिल फौलाद है। वह जल्द गर्म होता नहीं; लेकिन जब एक बार गर्म हो गया, आप जलेगा, नजदीक की चीजों को जलाएगा। जब औरत के दिल पर सदमा देखो, रोओ। जब मर्द के दिल पर ठेस लगे, होशियार हो जाओ।

मधूलिका : सही कहती हो, मौसी ! मैं तो उसे देखते ही भयभीत हो जाती हूँ। उस दिन वैशाली में जब लोग अम्बा को रथ पर ले चले, मैं दौड़ी, वह खड़ा रहा। दूसरे दिन वे हमें अम्बा के पास चलने को बुलाने आए, मैं गई, वह खिसका भी नहीं। जब हम वैशाली से लौट रहे थे, मैं रोती थी, वह चुप था। लेकिन, अब वही मैं हूँ, जो अपने को बहलाना चाहती हूँ, कभी-कभी इसमें सफल भी होती हूँ। लेकिन अरुण ! मालूम होता है, जैसे अम्बा की याद दिन-दिन उसके दिल के गहरे-से-गहरे स्तर में पहुँचती जाती है। अम्बा को भूलने के बदले वह दिन-दिन अपने को भूलता जाता है। मुझे डर होता है, कहीं वह पागल···
(एकबारगी वह सिर से पैर तक काँप जाती है)

सुमना : तेरा डर निराधार नहीं है, मधु ! सबकुछ हो सकता है। उस पर ज्यादा ध्यान रखने की जरूरत है। मैं तो बूढ़ी हो गई, उसकी माँ भी बूढ़ी है—हम तो अपने ही को नहीं सँभाल पातीं। यह काम तेरा है कि तू अरुण की रक्षा करे। फिर जवानी ही जवानी की काट है; बेटी !

[मालूम होता है, जैसे वंशी की ध्वनि निकट से निकटकर होती जाती है—बातचीत में गर्क होने पर भी दोनों इसको महसूस करती हैं—पहले मधु उस ओर नजर करती है, फिर सुमना—दूर पर, नदी के कछार पकड़े, वंशी बजाता, आता हुआ अरुणध्वज दिखाई पड़ता है—]

मधूलिका : मौसी, वह, वही है न ?

सुमना : हाँ, वही तो है।

मधूलिका : आज इधर कहाँ भटक पड़ा ? मालूम होता है, शायद उसे खबर हो गई कि तुम वैशाली से लौट आई हो ? **(सजल नेत्र और कातर वचन में)** देख तो, मौसी, इन तीन महीनों में ही वह क्या से क्या हो गया है ? कहाँ गई वह चौड़ी छाती, वे उलटे पुट्ठोंवाली मस्तानी बाँहें। आह ! ये बेसँवारे बाल—ये लटपटे कटिपट। धनुष-बाण की जगह यह करुणा की बेटी बाँसुरी ! मौसी, मौसी, मेरी तो छाती फटी जाती है ! **(उसकी आँखों से अश्रुधारा चलने लगती है)**

सुमना : मधु ! ऐसे मौकों पर छाती को कठोर बनाना पड़ता है, बेटी ! चल, हम नदी के ऊपर चलें, कछार पर ही उससे मिलें।

[दोनों तट के ऊपर कछार पर आती हैं—सूरज डूबने जा रहा है—वह छोटा-सा बादल का टुकड़ा आधे आसमान को ढक चुका है—अरुण सिर नीचा किए पगडंडी पकड़े वंशी बजाता आ रहा है—उसकी दशा देख सुमना की आँखों में सावन-भादों उमड़ आते हैं— मधूलिका भर्राई आवाज में पुकारती है—]

मधूलिका : अरुण !

अरुणध्वज : **(सिर उठाकर दोनों को घूरता है, फिर बोलता है)** कौन ? मौसी ? प्रणाम, मौसी !

सुमना : अरुण, मैं वैशाली गई थी, अम्बा तेरी याद करती थी ।

अरुणध्वज : **(प्रश्नवाची स्वर में)** याद ! करती थी ? अम्बा मुझे याद करती थी ? क्यों मौसी ?

सुमना : हाँ, हाँ, याद करती थी । बहुत याद करती थी । एक दिन जाओ न ? मधूलिका को भी लेते जाना !

अरुणध्वज : **(करुणामय हँसी के साथ)** मधूलिका को भी लेते जाना ! खूब ! चल रे मधु, चल । वैशाली चल । चल रे, तुझे भी राजनर्तकी बना आऊँ । तू भी राजनर्तकी बनना; हजार-हजार राजकुमारों के मुकुटों को ठुकराना ! ! हाँ, हाँ, चल । कब चलती है, रे ?

मधूलिका : **(आँचल से आँसू पोंछती)** मौसी !

सुमना : अरुण, यों होश मत खो !

अरुणध्वज : **(गंभीर होकर)** होश ! मैं खोऊँगा ? नहीं मौसी, मैं होश नहीं खो सकता । मैं होश खोऊँगा तो अम्बा की याद कौन करेगा ? नहीं-नहीं, मैं होश नहीं खो सकता । अच्छा, बता—अम्बा कैसी है ?

सुमना : बड़े मजे में; तेरी बहुत याद करती थी !

अरुणध्वज : **(फिर पूर्व-सा विद्रूप स्वर में)** 'तेरी बहुत याद करती थी !' 'बड़े मजे में !' **(वह अकस्मात् ठठाकर हँस पड़ता है)** मौसी, बड़े मजे में कैसे याद की जाती है, मौसी ! मेरी अच्छी मौसी, जरा मुझे बता दो । बता दो । **(मधूलिका की ओर मुखातिब होकर)** तू जानती है, मधु ? तो क्यों नहीं बताती ? हाँ-हाँ, तुम लोग 'बड़े मजे में' याद करना जानती हो । वहाँ अम्बा 'मजे में' याद करती है, यहाँ तू··· **(मधूलिका की आँखों में अश्रुप्रवाह देखकर उसकी भावभंगी तुरत बदल जाती है)** अरे, यह क्या? तू रो रही है ! रो रही है ! तो तू 'मजे में याद करना' नहीं जानती । हाँ, हाँ, वह कला सिर्फ अम्बा···

सुमना : **(बीच ही में बात काटकर)** यह तू क्या हुआ जा रहा है, बेटा ?

अरुणध्वज : उस दिन माँ कह रही थी, तू क्या हुआ जा रहा है, बेटा ? आज मौसी कह रही है, तू क्या हुआ जा रहा है बेटा ? क्या मैं सचमुच कुछ हुआ जा रहा हूँ मौसी ! नहीं, नहीं, मर्द कुछ नहीं हो सकता । सिर्फ लड़कियाँ सबकुछ हो सकती हैं ? अम्बा राजनर्तकी हुई, मधु राजनर्तकी होगी—**(सिर खुजलाकर जैसे याद करता है)** वह···क्या नाम है उसका, उसका···हाँ, रेणुका !···रेणुका राजनर्तकी होगी, और वह **(फिर सिर खुजलाता)** मधु, जरा गाँव की सब लड़कियों के नाम बताती जा, भाई ! तुम सब एक दिन राजनर्तकी हो जाओगी ! ! **(मधूलिका फूट-फूटकर रोने लगती है—)** अरे, तू तो हिचकियाँ लेने लगी ! चुप रे चुप ! हँस रे हँस ! देखा नहीं, अम्बा उस दिन किस तरह हँस रही थी—जोर-जोर से, ठठा-ठठाकर, ह-ह-ह-ह···ही-ही-ही-ही··· हो-हो-हो-हो ! तू भी हँस ! नहीं हँसती है ? **(मधूलिका की ठुड्डी पकड़कर)** समझा रे, समझा ! तुझे सोमरस चाहिए । चल-चल; उस दूकान पर चल । तुझे भी थोड़ा सोमरस पिला दूँ—सोमरस, सुधा, सुरा ! फिर तू भी हँसेगी-हँसेगी और कहेगी—'अरुण ! मैं राजनर्तकी···मैं राजनर्तकी···अरुण, मैं···'

[तब तक चारों ओर छाए बादल में अचानक बिजली कौंध जाती है—फिर जोरों से बादल गरज पड़ता है—अरुण आसमान की ओर देखता और 'मौसी, प्रणाम' कहकर जिस रास्ते आया था, उसी से द्रुतपद भागता है—सुमना और मधूलिका विस्फारित नेत्रों से उसकी ओर देखती रह जाती हैं—]

दूसरा अंक

1

[वैशाली का शरद उपवन—बीच में एक तालाब, जिसमें कुमुद के शत-शत फूल खिले हुए—फूलों को ठेलते हुए चकवों के अनगिनत जोड़े किलोल कर रहे—उनके कलरव और पंख की फटफट से समूचा तालाब मुखरित हो रहा—तालाब के परले कछार पर फूले कास की झुरमुटें सिर हिला रहीं—शेष तीन किनारों पर हरसिंगार के अनेक झाड़, जिनके फूल टप-टप करते थाले में झड़ रहे—

तालाब से थोड़ा हटकर राजनर्तकी का शरद-प्रासाद—बिलकुल सफेद, दूध का धोया-सा—उसका प्रतिबिंब तालाब में भी दिखाई पड़ता है—

प्रासाद की छत पर, खुले आसमान के नीचे, उजला दपादप फर्श बिछा—चारों ओर कुमुद के बंदनवार लटके—बंदनवार के बीच-बीच चाँदी के पिंचड़े टँगे, जिनमें खंजन खिलवाड़ कर रहे—फर्श के बीच में कुछ ऊँचा मंच, जिसका कारचोबी का काम चमचम कर रहा—मंच पर सोमरस से भरी चाँदी की सुराहियाँ और चुन्नी की प्यालियाँ रखी हैं—

बिलकुल साफ आसमान पर शरद की पूर्णिमा का चंद्रमा पूरब क्षितिज में सिर उठाकर अपनी हँसी बिखेर रहा है—असंख्य तारे चमचम कर रहे हैं—चारों ओर स्वच्छ, धवल, स्निग्ध चंद्रिका छाई हुई है—पेड़ों की फुनगियों पर हल्का-हल्का सफेद कुहासा छाया हुआ है—

छत पर परिचारिका के साथ अम्बपाली आती है—

यह पाँच वर्ष पहले की अम्बपाली नहीं रह गई है—तब वह किशोरी थी, अब युवती है—उसके अंग-अंग भर चुके हैं—जवानी छलकी पड़ती है—चेहरे पर ओज है, पैरों में गंभीरता—सिर कहता है, आसमान मेरा; पैर कहते हैं, जमीन मेरी—

बूट-गोटे से चकमक बना श्वेत रेशमी परिधान है उसका जिसकी किनारी में मुक्ताओं की झालरें झलमल कर रहीं—उजली बारीक कंचुकी के ऊपर लटकती मोती की माला की सफेदी को कंचुकी में टँगे दो बड़े हीरों की दीप्ति और भी शुभ्र बना रही—शरीर के शेष नग्न भाग जैसे चाँदनी की सुफेदी में धुले जा रहे हों—

वह चाँद को एकटक निहारती है—फिर सारे आसमान का जैसा निरीक्षण कर जाती है—उसके बाद खंजन के एक पिंजड़े के निकट जाती और उसे हिला देती है—खंजन पंख फड़फड़ाने लगते हैं, वह मुस्कुराती है—पिंजड़े से हटकर वह फर्श के मंच पर जाती और मसनद से उठँगकर बैठती है—परिचारिका से कहती है—]

अम्बपाली : चयनिके, थोड़ा सोमरस पिला।

[सुराही से ढालकर चयनिका प्याली में उसे सोमरस देती है—कई प्यालियाँ घट-घट पी जाती है—फिर कहती है—'अभी रहने दे' और चाँद की ओर देखती

लेट जाती है—थोड़ी देर तक उसे देखते रहने के बाद चयनिका से पूछती है—]

: चयनिके, आदमी चाँदनी क्यों पसंद करता है, तू जानती है ?

चयनिका : शायद इसलिए कि चाँदनी बड़ी शीतल होती है, भद्रे !

अम्बपाली : शीतल होने के कारण ?

चयनिका : तो भला ?

अम्बपाली : दुर पगली, कहीं आदमी शीतलता पसंद करता है ? आदमी ऊष्णता पसंद करता है, गरमी पसंद करता है । इसी गरमी को पाने के लिए वह सोमरस पीता है, इसी गरमी की तलाश में प्रिया या प्रियतम के वक्षस्थल की खोज में व्याकुल रहता है । गरमी जिंदगी है ! और शीतलता ? शीतलता, ठंडक तो मौत है, रे ! आदमी शीतल हुआ, ठंडा पड़ा और मरा ! कहीं मौत भी पसंद की जाती है ? **(मुस्कुरा पड़ती है)**

चयनिका : तो चाँदनी क्यों पसंद की जाती है, आर्ये ?

अम्बपाली : अब मुझी से सवाल कर बैठी ? पहले तू तो बता ले ?

चयनिका : शायद इसलिए कि चाँद बहुत सुंदर है और 'सुंदरे किं न सुंदरम्' !

अम्बपाली : खूब ! 'सुंदरे किं न सुंदरम्' ! लेकिन चाँद की सुंदरता का भंडा उसी दिन फूट गया, जब एक नारी के सौंदर्य पर मुग्ध हो, देवताओं के राजा समेत, वह जमीन पर उतरा और इनाम में अपने शरीर का यह काला धब्बा पाया । तूने अहल्या का नाम सुना है, चुन्नी ?

चयनिका : वही न, जिनकी गिनती पंचकन्याओं में होती है ?

अम्बपाली : हाँ, वही । उन्होंने अपने सौंदर्य की महिमा से देवों को, देवराज को, जमीन पर उतरने को लाचार किया; हम नारियों की गरिमा बढ़ा दी; अभिशप्त होने पर भी पंचकन्याओं में उनकी पहली गिनती होती है, वह प्रातःस्मरणीया हैं । **(हाथ जोड़कर मन-ही-मन प्रणाम करती है)** चुन्नी, कुछ और तो अटकल लगा ?

चयनिका : मेरी समझ में कुछ नहीं आता, आर्ये !

अम्बपाली : नहीं आता ? तो सुन । आदमी चाँदनी इसलिए पसंद करता है कि इसमें एक कुहेलिका है, प्रहेलिका है । सत्य के सीधे-सादे वास्तविक रूप से आदमी घबराता है । हमेशा देखोगी, विज्ञान की अपेक्षा आदमी कविता अधिक पसंद करता है ।

चयनिका : कविता तो मुझे भी बहुत पसंद आती है, भद्रे !

अम्बपाली : सभी को पसंद है । आदमी निखालिस चीज कभी नहीं पसंद करता । वह निखालिस न सत्य पसंद करता है, न असत्य; न ज्ञान पसंद करता है, न अज्ञान । वह दोनों का सम्मिश्रण खोजता है । आदमी अंधकार नहीं पसंद करता, क्योंकि वह उससे डरता है । यों ही सूरज की रोशनी भी उसे पसंद नहीं, क्योंकि वह सब चीजों को उसके सामने नंगा-सा करके रख देती है । चाँदनी वह इसलिए पसंद करता है कि उसमें न तो अंधकारवाला डर है, न रोशनीवाला नंगापन ! आदमी स्वभावतः रहस्यवादी होता है, चयनिके !

चयनिका : **(साश्चर्य)** रहस्यवादी ?

अम्बपाली : हाँ, रहस्यवादी ! हम-तुम परिधान ही क्यों पहनते हैं ? तू जानती है ?—स्वर्ग में सभी नंगे रहते हैं ! हाँ, सभी देवकुमार, देव, देव-पत्नियाँ, अप्सराएँ । वे परिधान की आवश्यकता ही नहीं महसूस करते—बिलकुल नग्न रहते हैं, एक-दूसरे से घुलते-मिलते हैं । न आवरण, न बंधन ! लेकिन आदमी को अपनी वासना के नग्न प्रदर्शन में लज्जा हुई, उसने परिधान बनाए, वासना को रहस्यमय रूप दिया । एक रहस्य से हजारों रहस्यों की सृष्टि हुई । अब हालत यह है कि वह बिना रहस्य के जी नहीं सकता !

[इसी समय दूसरी परिचारिका नीचे से आती है; कहती है—]

दू. परिचारिका : राजकुमार वसुबंधु चार-पाँच राजकुमारों के साथ पधारे हैं, आर्ये !

अम्बपाली : **(अभिमान से ओतप्रोत; भौहें चढ़ाकर)** कह दे, अभी ठहरें। और सुन, जब तक सब राजकुमार न आ जाएँ, उन्हें नीचे ही बैठाती जाना। जा—

[दूसरी परिचारिका जाती है—]

: सुनती है, चुन्नी। नारी की जिंदगी दो ही तरह की हो सकती है **(पश्चिम की ओर, डूबने के पहले, लाल बल-से रहे मंगल तारा की ओर दिखाती)** या तो उस मंगल तारा की तरह, जो संध्या की लाली में अकेला उगता, कुछ देर अपनी झलक अकेला दिखलाता और फिर चुपचाप सदा के लिए अकेला डूबने जा रहा है। **(पूरब की ओर मुस्कुराते-से चाँद को दिखाती)** या इस चाँद की तरह, जो हजार-हजार तारों से घिरा रहकर अपनी हास्य-ज्योत्स्ना से जगत को पुलकित-प्रफुल्लित किए रहता है। नारी के लिए बीच का रास्ता नहीं है, चयनिके ! **(थोड़ी देर रुककर)** तू इन तारों को पहचानती है चुन्नी ?

चयनिका : जमीन से ही कहाँ फुर्सत मिलती है जो ऊपर देखूँ, भद्रे !

अम्बपाली : **(मुस्कुराकर)** शोख लड़की ! **(उसके गाल पर एक दुलार-भरे प्रेम की हल्की चपत लगाती)** अच्छा देख। **(आसमान के तारों की ओर उँगली से बताती हुई)** यह है आकाशगंगा—इसी में नग्न देव-सुंदरियाँ और अप्सराएँ उभ-चुभ नहाकर अनंतयौवना बनी रहती हैं; इसी के किनारे गुरुपत्नी तारा युवा शिष्य सोम के लिए व्याकुल फिरा करती थी और इसी में से एक घड़ा जल लेकर वह रोहणी पहली असाढ़ को धरती पर उड़ेल देती है, जिससे सूखे पेड़ हरे हो जाते हैं, मरी दूब जी उठती है और बीज में बेहोश सोया अंकुर अचानक जग पड़ता और जमीन फोड़कर बाहर निकल आता है ! वह है कृतिका **(कचपचिया)** —कैसी ? हीरे की कणिकाओं के चमचमाते गुच्छे जैसी। और, वह है तुला। **(डंडी-तराजू)** जो रात-भर इस पृथ्वी पर होनेवाले पाप-पुण्य को तोलती रहती और उसका लेखा-जोखा उस सुदूर ध्रुव को देती जाती है, जो इस चंचल संसार-जगत्यां जगत्—में एकमात्र स्थिर वस्तु है ?

चयनिका : और, वह क्या है आर्ये, सप्तर्षि न ? **(उँगली से बताती)**

अम्बपाली : हाँ, ध्रुव को केंद्र बना, साल-भर में एक अर्धवृत्त बना लेनेवाले सप्तर्षि वही हैं। उनमें वह हैं वशिष्ठ।

चयनिका : जिनकी बगल में वह अरुंधती हैं ? हैं न ? उस दिन अपनी एक सखी की शादी में मैं गई थी; शादी के बाद उसे लोगों ने अरुंधती दिखाई थी। ऐसा क्यों होता है, आर्ये ?

[अम्बपाली इस प्रश्न से चौंक उठती है—उसे तुरत याद हो आती हैं, बचपन की बातें—जब वह सोचती थी, वह भी वधू बनेगी, मंडप पर भाँवरें देगी, अरुंधती देखेगी—किसके साथ ?—उसके सामने अरुण की तस्वीर खड़ी हो जाती है—वह एकटक उस काल्पनिक तस्वीर को देखती रह जाती है—उसकी साँस तेज होने लगती है—उसकी आँखें डबडबा आती हैं—वह काँप उठती है—भर्राई आवाज में कहती है—]

अम्बपाली : थोड़ा सोमरस ला, चुन्नी !

[चयनिका सोमरस देती जाती है, वह प्याली पर प्याली खाली करती जाती है—लगातार उसे यों पीते देखकर चयनिका भयभीत हो जाती है—उसके हाथ काँपने लगते हैं—सोमरस की कुछ बूँदें मंच पर छलक जाती हैं—अम्बपाली इसे

देखती है और कहती है—]

: अरे, तेरे हाथ क्यों काँप रहे हैं रे ! दे, दे । देती जा; देती जा । बड़ी अच्छी चीज है यह चयनिके ! सबकुछ भुला देती है, सबकुछ । सबकुछ भुला देती है, आनंदलोक में पहुँचा देती है । दे, ढाल—**(दो-तीन प्याली और पीती है—फिर प्याली रखकर कहती है)** —चुन्नी ! तू जानती है, आनंदलोक किसे कहते हैं ?

चयनिका : मैं क्या जानूँ, भद्रे !

अम्बपाली : आनंदलोक और कुछ नहीं, वह विस्मृति का लोक है ! विस्मृति का लोक—जहाँ सबकुछ भूल जाया जाए । न दुनिया की याद रहे, न दीन की; न यह लोक याद रहे, न परलोक । आनंद एक भावावेश है, चयनिके ! जहाँ भावावेश टूटा, अपनी याद आई, दुनिया की याद आई, फिर आनंद का पंछी भी फुर्र से उड़ा । आत्मानंद, ब्रह्मानंद, परमानंद—जो नाम दे दो सबका मूलसूत्र एक ही है—भावावेश, विस्मृति, बेहोशी, बेखुदी ।

[नीचे से फिर परिचारिका आती है और अभिवादन कर कहती है]

दू. परिचारिका : नीचे राजकुमारों का ठट्ठ जुटा है, भद्रे ! वे कहते हैं, आज शरद-पूनो है, विलंब क्या उचित है ?

अम्बपाली : **(चयनिका से)** हाँ, हाँ, आज शरद-पूनो है रे । मैं यह भी भूली जा रही थी । आज ही कृष्ण ने लीला रचाई थी न ? बीच में कृष्ण, चारों ओर गोपियाँ । नीचे जमुना कलकल कर रही, ऊपर चाँद हँस रहा । आज अम्बपाली भी रास रचाएगी; इस पूनो के चाँद के नीचे रस की यमुना बहाएगी । वहाँ था एक पुरुष; हजार नारियाँ । आज होगी एक नारी— और, हजार-हजार—हाँ, हजार-हजार राजकुमार ! **(दूसरी परिचारिका से)** जा—उन्हें भेज ।

[परिचारिका नीचे जाती है—राजकुमारों का ठट्ट आने लगता है—चयनिका सुराही से सोमरस ढालती है—अम्बपाली अपने हाथों से उन्हें सोमरस देती जाती है—उनके सोमरस पीने के बाद अम्बपाली खड़ी होती है, अँगड़ाई लेती है, एक बार चाँद को देखती है, फिर गाने और नाचने लगती है—]

कह गई यह चाँदनी—
सो रही मैं आज उन्मन
बह रही थी पवन सनसन
अधर गुनगुन
चरण रुनझुन
स्वप्न की तस्वीर-सी उतरी परी उन्मादिनी ।
कौन थी, क्या चाँदनी ?
कह गई यह चाँदनी—
तोड़ यह भव-बंध सारा
तोड़ विधि की निठुर कारा
उड़ चली चल
दूर नभ-तल
स्वर्ग-गंगा के किनारे आज एक कुटिया बनाएँ
राम उसके धवल आँगन में मुदित मन हम रचाएँ
छूम-छन-नन
मधुर शिंजन

गगन गनगन हो उठे, डोले धरित्रि प्रमादिनी
—बोलती थी चाँदनी !

[बीच-बीच में अम्बपाली किसी राजकुमार का हाथ पकड़कर नाचने लगती है—वह निहाल हो उठता है, दूसरे की भवों पर बल पड़ जाते हैं—उसकी भावभंगी देख नाचती ही नाचती वह सोमरस की प्याली पर प्याली उन्हें देने लगती है—सब मस्त होकर नाचने लगते हैं—इस शरद में भी सबके चेहरे पर पसीने की बूँदें हैं—अम्बपाली का चेहरा तारा-मंडित शरद-चंद्र-सा लग रहा है—]

2

[वैशाली में दूसरी बार भगवान बुद्धदेव पधारे हैं और अम्बपाली की आम्रवाटिका में ठहरे हैं—

इस खबर से ही सारी वैशाली में हलचल मच जाती है और वहाँ के नागरिक और नागरिकाएँ अपने-अपने रथ सजाकर उस आम्रवाटिका की ओर चल पड़ते हैं—

अम्बपाली को खबर होती है, वह भी अपने सजे-सजाए रथ पर चढ़कर चल पड़ती है—उसका वह गंगाजमनी रथ, जिसमें दो पुष्ट श्वेत अश्व जुते—रथ के ऊपर वृज्जिसंघ की राजनर्तकी की मीनकेतन-पताका लहरा रही, जिसमें नीली जमीन पर सोने के तार से बनी मछली की आकृति—

आम्रवाटिका के द्वार पर रथ से उतर, अम्बपाली अपनी परिचारिका चयनिका को बुद्धदेव के पास आज्ञा लाने को भेजती है—

आम्रवाटिका के मध्य में भगवान बुद्ध शिष्यों के साथ विराजमान हैं—बीच में एक ऊँचा आसन है, जिस पर वह बैठे हैं—सिर, भवें, दाढ़ी, मूँछ सबके बाल मुड़े हुए— छोटे-छोटे पीले कपड़ों के टुकड़ों से सीकर बनाया गया उनका लबादा मगध के छोटे-छोटे धनखेतों की तरह लगता है—वह बिलकुल ध्यानमग्न हैं—उनकी बगल में उनके प्रधान शिष्य आनंद हैं और आसन के नीचे उनका शिष्य समूह—सबकी वेशभूषा बुद्ध की ही तरह की—

चयनिका को आते देख एक शिष्य बढ़ता और उसके हाथ का एक पुर्जा आनंद को लाकर देता है—पुर्जा पढ़कर, ध्यानस्थ बुद्ध जब आँखें खोलते हैं, तब आनंद उनसे कहते हैं—]

आनंद : भगवान, अम्बपाली आपके दर्शन चाहती है ।

भगवान बुद्ध : **(गंभीर भाव से)** अम्बपाली ?

आनंद : हाँ, भगवान, वैशाली की राजनर्तकी ।

भगवान बुद्ध : धर्म का मार्ग सबके लिए खुला है, आनंद ! **(चयनिका यह सुनती है और सिर झुकाकर चल देती है—उसके कुछ दूर निकल जाने के बाद)** लेकिन एक बात है आनंद ! अम्बपाली के बारे में मैंने जो कुछ सुन रखा है, मैं चाहता हूँ, उसके आने के पहले हमारे सभी शिष्य आँखें मूँद लें ।

आनंद : **(विस्मित होकर)** आँखें मूँद लें ?

भगवान बुद्ध : तुम्हें आश्चर्य हो रहा है, आनंद !

आनंद : भगवान, आश्चर्य होने की बात ही है । हम भिक्षु हैं, कोई आवे, कोई जावे, हम पर उसका असर क्या हो ? क्यों हो ? भिक्षुओं के बारे में ऐसा सोचना क्या उन पर अविश्वास या उनका अपमान नहीं है ? **(आनंद का चेहरा लाल हो उठता है)**

भगवान बुद्ध : यहाँ अपमान और अविश्वास की कोई बात नहीं है, आनंद ! हम तो धर्म के मध्यम मार्ग के

अनुयायी हैं। आज भी मेरे कानों में निरंजना के तीर का वह स्वर्गिक गान नहीं भूलता—"वीणा के तार को इतना मत ऐंठों कि वह टूट जाय, न इतना ढीला रखो कि शब्द ही न निकले !"

आनंद : लेकिन सम्यक् समाधि के बाद हममें इतनी साधना तो होनी ही चाहिए कि हमारा मन झकोरों में भी मणिदीप-सा निर्धूम और एकरस बना रहे।

भगवान बुद्ध : तुमने ठीक कहा, आनंद ! लेकिन एक बात हमें नहीं भूलनी है। हम बच्चों की तरह दीपशिखा को चमकता खिलौना समझकर उसके पकड़ने से कहीं अपना हाथ न जला लें।

आनंद : इसे स्पष्ट किया जाए, भगवान।

भगवान बुद्ध : सुनो, सौंदर्य अगर सच्चा सौंदर्य है, तो उसमें एक जादू होता है। जादू और कुछ नहीं, सम्मोहन है। जो सतत चेतन, हमेशा चौकस मन नहीं है उस पर सम्मोहन का असर होकर रहेगा; और कितने ऐसे सौभाग्यशाली हैं, जिन्होंने मन पर स्थायी लगाम दे रखी है? इसलिए ऐसे मौकों से बचकर ही रहना श्रेयस्कर है। अँधेरी रात में कभी साँप की आँखें तुमने देखी हैं? दीप-शिखा-सी जलती वे सुंदर, मादक आँखें। उन आँखों से आँखें लड़ाना कोई बुद्धिमानी नहीं है, आनंद !

आनंद : लेकिन, इस तरह तथ्य से कब तक आँखें मूँदी जा सकती हैं, भगवान ?

भगवान बुद्ध : तो, तुम तार को ऐंठते जानेवाली बात का समर्थन कर रहे हो। इसी ऐंठन में कितनी ऐसी वीणाएँ टूट गईं, जिनकी झंकार से संसार में न जाने कितने अधिक सुख का गुंजार हो पाता। प्राचीन काल में हमारे कुछ ऋषियों ने यही गलती की थी। तपस्या के झोंके में पहले तो तपते-तपते शरीर गला लिया, फिर उसके प्रतिक्रियास्वरूप एक रंभा, एक मेनका, एक उर्वशी की मुस्कान पर सारी साधना की अंजलि चढ़ा दी। मध्यम मार्ग पकड़ो, आनंद, मध्यम मार्ग !

आनंद : भगवान की आज्ञा सिर आँखों पर। भिक्षुओ, आप आँखें मूँद लें।

[सभी भिक्षु आँखें मूँदते हैं—आनंद भी आँखें मूँद लेते हैं— भगवान बुद्ध आनंद को भी आँखें मूँदते देखकर कहते हैं—]

भगवान बुद्ध : तुम्हें इसकी जरूरत नहीं है, आनंद ! आनंद तो बुद्ध की छाया है, जिसका बुद्ध पर असर नहीं हो सकता, उसका आनंद पर भी असर नहीं होगा !

[आनंद आँखें खोल देते हैं—दोनों दूर पर आती हुई अम्बपाली को देखते हैं—भगवान बुद्ध कहते हैं—]

: देखते हो, आनंद, यह रूप ?

आनंद : सचमुच, भगवान, ऐसा रूप मैंने कहीं नहीं देखा था।

भगवान बुद्ध : यह अलौकिक रूप है ! मुझे यह देखकर, आनंद, बुद्धत्व प्राप्तिवाले दिन के दृश्य याद आ रहे हैं, जब मार की प्रेरणा से ऐसी ही अनेक परियाँ मेरा तप भंग करने को मेरे निकट पधारी थीं।

आनंद : भगवान पर उनका क्या असर होता भला ? यह मार का सरासर अविचार था।

[तब तक अम्बपाली निकट आ जाती है—आसन के नीचे आकर, सिर झुका, भगवान का अभिवादन करती है—भगवान बुद्ध हाथ उठाकर आशीर्वाद देते हैं—अम्बपाली घुटनों पर झुकी हाथ जोड़कर कहती है—]

अम्बपाली : भगवान, मैं कृतार्थ हो गई। सारी वैशाली में भगवान को मेरी ही आम्र-वाटिका पसंद आई ! आज मेरे सौभाग्य का क्या कहना ?

आनंद : आर्ये, तथागत के धर्ममार्ग में किसी प्रकार का भेदभाव नहीं है। उसके लिए सभी प्राणी समान हैं। रहा सौभाग्य! सो कोई किसी को देता नहीं, वह उसकी अपनी चीज होता है—

[भगवान बुद्ध सिर्फ मुस्कुराते रहते हैं—]

अम्बपाली : भिक्षुवर, अम्बपाली सौभाग्य पाती नहीं, लेती भी है। एक सौभाग्य अनायास मिला, तो दूसरा वह स्वयं लेने आई है।

आनंद : **(कुछ सावधान-सा होकर)** आपका मतलब?

अम्बपाली : मैं भगवान को अपने घर भोजन करने को आमंत्रित करने आई हूँ।

आनंद : भिक्षु के लिए भोजन के आमंत्रण की आवश्यकता नहीं होती, आर्ये। वह अनिमंत्रित ही जाता और जहाँ जो प्राप्त होता है, वहीं वह भोजन कर लेता है। यही नियम है।

अम्बपाली : **(साधिकार)** नियम है, होगा। किंतु अम्बपाली को विश्वास है, वह भगवान से जो वरदान माँगेगी, उसमें उसे 'नाही' नहीं मिल सकती।

[आनंद भगवान की ओर देखते हैं—भगवान मौन रह जाते हैं—लेकिन उस मौन से स्वीकृति स्पष्ट झलक रही है—अम्बपाली का मस्तक कृतज्ञता से झुक जाता है—हाथ बढ़ाकर बुद्ध का चरण छूती है—चलने के लिए खड़ी होती हुई वह आनंद से कहती है—]

: भिक्षुवर, अम्बपाली अपनी जिंदगी में पहली बार, भगवान के लिए अपने हाथों रसोई बनाने जा रही है। क्या वह आशा कर सकती है; भगवान के साथ आप भी पधारेंगे?

आनंद : छाया शरीर को कैसे छोड़ सकती है, आर्ये!

[इधर बगीचे के फाटक पर कोलाहल बढ़ता जाता है— अम्बपाली भगवान का अभिवादन कर चलती है—चलते समय अम्बपाली का ध्यान भिक्षुओं की मुँदी आँखों की ओर जाता है—वह आश्चर्यचकित हो भगवान की ओर देखती है—बुद्ध मुस्कुरा रहे हैं—उसी समय फाटक की ओर से तुमुल जयनाद सुनाई पड़ता है, जो वृज्जिसंघ के महामात्य के आगमन का सूचक है—अम्बपाली फिर अभिवादन कर वहाँ से चल देती है—

वैशाली का एक नागरिक आता और आनंद के हाथों में वृज्जिसंघ के महामात्य का, आगमन के लिए आज्ञा चाहनेवाला, पुर्जा रख देता है—भगवान बुद्ध का रुख देख स्वयं आनंद उनकी अगवानी के लिए जाते हैं—

महामात्य चेतक के नेतृत्व में वैशाली के नागरिकों और नागरिकाओं का झुंड आ रहा है—उन्हें देखकर भगवान बुद्ध भिक्षुओं को संबोधित करते हैं—]

भगवान बुद्ध : भिक्षुओ, आपमें से जिन भिक्षुओं ने कभी देवताओं की परिषद् नहीं देखी है, वे वृज्जियों की इस परिषद् को ध्यान से देखें, उनका निरीक्षण करें और इसी से देवताओं की परिषद् का अनुमान करें!

[उन्हें निकट आया देख भगवान बुद्ध उनके सम्मान में अपने आसन से खड़े हो जाते हैं—महामात्य चेतक और सभी नागरिक तथा नागरिकाएँ भगवान बुद्ध का अभिवादन करते हैं—फिर आनंद सबको सम्मान के साथ यथायोग्य आसन पर बिठलाते हैं—महामात्य भगवान बुद्ध से कहते हैं—]

महामात्य चेतक : भगवान, आपके शुभागमन से हमारा वृज्जिसंघ कृत-कृत्य हुआ, वैशाली पवित्र हुई। भगवान ने इस बार अनिमंत्रित ही पधारकर हमारे सौभाग्य को कितना बढ़ा दिया है!

भगवान बुद्ध : पहली बार मैं आपके निमंत्रण पर आया था। लेकिन एक बार यहाँ आने पर ही वैशाली

मेरी अपनी नगरी हो चुकी; फिर, निमंत्रण की क्या जरूरत रही महामात्य? हाँ, इस बार मैं ही आपके नागरिकों को निमंत्रण देने आया हूँ!

महामात्य चेतक : भगवान का आमंत्रण! हमें लज्जित न करें, भगवान। हम आपके आमंत्रण के नहीं, आज्ञा के पात्र हैं! आपकी जो आज्ञा होगी, हम उसे सिर-आँखों पर लेंगे, भगवान!

भगवान बुद्ध : **(मुस्कुराते हुए)** नहीं-नहीं, आमंत्रण ही। मैं आप लोगों को विजय का आमंत्रण देने आया हूँ।

महामात्य चेतक : **(आश्चर्य से)** आमंत्रण और विजय का? भगवान, हमारा संघ न किसी की विजय बर्दाश्त कर सकता है और न किसी की स्वतंत्रता पर हाथ उठाता है। विजय तो तुच्छ राजतंत्रवालों की घृणित आकांक्षा है। भगवान हमारी जाँच न करें; हमें धर्म का मार्ग बताएँ।

भगवान बुद्ध : **(गंभीर होकर)** जिस धर्म में विजय की आकांक्षा न हो, उसे धर्म मत समझो, वृज्जियो! धर्म के मानी ही हैं—अपने पर विजय प्राप्त करना, फिर संसार पर विजय प्राप्त करना।

महामात्य चेतक : अपने पर विजय तो समझा, किंतु संसार पर— ?

भगवान बुद्ध : हाँ, संसार पर। वह विजय क्या हुई, जो संसार पर न छाई? छोटे मन और संकुचित आकांक्षा को छोड़ो। अपना उद्देश्य महान करो, अपनी दृष्टि ऊँची करो। फिर विजय-अभियान को निकलो— सारा संसार तुम्हारे पैरों पर आप आ झुकेगा!

महामात्य चेतक : यह विजय-अभियान हमारी समझ में नहीं आता, भगवान!

भगवान बुद्ध : समझ में नहीं आता? **(कुछ देर ध्यानस्थ होकर)** अभी शायद वक्त नहीं आया है, महामात्य! अभी तो विजय के मानी है हत्या, हिंसा, रक्तस्नान, अग्निकांड, क्रंदन, आर्तनाद। यह विजय है, या विनाश? मैं जिस विजय की कल्पना करता हूँ और जिसके अभियान के लिए सबको आमंत्रित कर रहा हूँ, वही यथार्थ विजय होगी, वृज्जियो! इस विजय-अभियान के सैनिकों के हाथों में फौलाद की तलवार या गैंडे की खाल की ढाल के बदले एक हाथ में तालपत्र पर लिखी कुछ पोथियाँ होंगी और दूसरे में भिक्षा-पात्र होगा। उनके शरीर पर जिरहबख्तर न होकर **(अपने लबादे की ओर इशारा करके)** टुकड़े-टुकड़े चीथड़ों से बने, मिट्टी के रंग में रँगे, पीले वस्त्र होंगे और उनके मुँह से दानवी जयनाद नहीं, विश्वकल्याणकारी श्रुति-मधुर पूत मंत्र निकलकर दिग्दिगंत को मुखरित करेंगे। मैं कल्पना की आँखों से देख रहा हूँ, हमारे ये सैनिक हिमाचल के दुर्दम शिखरों को रौंदते, समुद्र की उत्ताल तरंगों को कुचलते, उत्तर-दक्षिण, पूर्व-पश्चिम, चारों ओर फैल रहे हैं और ये जहाँ जाते हैं, उनका मुकाबला न होकर स्वागत हो रहा है और वे देश पर देश विजय करते जा रहे हैं! **(कहते-कहते बिलकुल ध्यानमग्न हो जाते हैं और उनके चेहरे से आभा निकलने लगती है)**

महामात्य चेतक : **(दीप्ति के आगे सिर झुकाते)** भगवान की कल्पना सत्य होगी, क्या इसमें किसी को कोई संदेह हो सकता है? और इस विजय में हम वृज्जि भी अपना योग्य हिस्सा लेंगे—हमारी वैशाली अपना अर्घ्य अर्पित करने में पीछे नहीं रहेगी, भगवान इस पर विश्वास रखें।

भगवान बुद्ध : वृज्जिसंघ तथागत को कितना प्रिय है, क्या वह सिर्फ शब्दों में कहा जा सकता है? तथागत के धर्मसंघ के विधान का आधार तो संघराज्य से ही लिया गया है। वृज्जि इस धर्म-विजय में योग्य हिस्सा लेंगे और वैशाली? मैं देख रहा हूँ, जब तथागत के धर्ममार्ग पर कोई विवाद उठ खड़ा होगा, उसके निबटारे का सौभाग्य वैशाली को ही प्राप्त होगा; और जब युगों के थपेड़ों ने इस महान नगरी के धुर्रे उड़ा दिए होंगे, तब भी इसकी मिट्टी के दर्शन के लिए जम्बूद्वीप के कोने-कोने से लोग आवेंगे!

[वैशाली की इस महिमा को भगवान बुद्ध के मुँह से सुनकर सभी वृज्जि पुलकित हो जाते—गद्गद कंठ से महामात्य चेतक कहते हैं—]

महामात्य चेतक : भगवान का आशीर्वाद हमारा सौभाग्य है । हम वृज्जि भगवान के चिर-अनुगृहीत हैं । हम इस आशीर्वाद के योग्य पात्र सिद्ध हों, यही हमारी आकांक्षा है **(अभिवादन करते है)** खैर, अब एक निवेदन है ।

भगवान बुद्ध : बोलिए, महामात्य ।

महामात्य चेतक : मैं संघ की ओर से भगवान को अतिथि-आवास में चलने और संघ का आतिथ्य स्वीकार करने का निमंत्रण दे रहा हूँ ।

भगवान बुद्ध : संघ का निमंत्रण तो हमेशा ही स्वीकृत है । किंतु क्या संघ अपने एक नागरिका के आमंत्रण का अपमान होने देगा ?

महामात्य चेतक : नागरिका ? आमंत्रण ?

भगवान बुद्ध : अभी-अभी आर्या अम्बपाली आई थीं और वह निमंत्रण की स्वीकृति भी ले चुकीं ।

महामात्य चेतक : वह निमंत्रण ही देने आई थीं ?

[इसी समय पीछे आकर बैठे नागरिकों में से एक बोल उठता है—]

एक नागरिक : तभी वह हम लोगों के रथ से अपने रथ की धुरी लड़ाती, बेतहाशा उड़ी जा रही थी ! **(सब उसकी ओर देखते हैं)** मैंने पूछा, इतनी खुश क्यों हो आर्ये ? तब वह मुस्कुराकर बोलीं—भगवान मेरे यहाँ जेवनार को जो आ रहे हैं । एक लक्ष मुद्रा लेकर यह सौभाग्य मुझे देने का मैंने निवेदन किया । किंतु उसने नाही कर दी !

महामात्य चेतक : एक लक्ष मुद्रा !

नागरिक : हाँ, महामात्य ! वह हर्षोन्माद में कह बैठी—वैशाली की समस्त सम्पदा की कीमत पर भी यह सौभाग्य मैं नहीं दे सकती ! वह तो फूली नहीं समा रही थी ।

महामात्य चेतक : **(जरा मुस्कुराहट में)** ओहो, अम्बा ने हमें हरा दिया ।

भगवान बुद्ध : अम्बपाली साधारण नारी नहीं है, महामात्य । वैशाली की कीर्ति में अम्बा की कीर्ति चार चाँद लगा देगी, ऐसा मुझे स्पष्ट भास रहा है ।

[सभी नागरिक भगवान के मुँह से अम्बपाली की यह प्रशस्ति सुनकर आश्चर्यचकित रह जाते हैं—एक-दूसरे का मुँह देखने लगते हैं—महामात्य चेतक भगवान बुद्ध का अभिवादन करके सभी नागरिकों के साथ प्रस्थान करते हैं—]

3

[अम्बपाली के विलास-भवन का शृंगारकक्ष—दीवारों पर तरह-तरह की रंगीन चित्रावली—ऊपर नीले रंग का चँदोवा टँगा, जिसमें जहाँ-तहाँ रत्नों के गुच्छे लटक रहे—मानो शरद-आकाश में प्रदीप्त तारे ! नीचे जो हरे रंग की कालीन बिछी है, उसमें काढ़े हुए लाल कमल के फूल स्वच्छ जलवाले सरोवर में खिले कमल-पुष्प से दीख पड़ते हैं—

कमरे की दीवार के बीच में उसी से सटे एक बड़े स्वर्ण-दर्पण के सामने एक छोटा गद्दीदार मंच है—मंच के दोनों ओर शृंगार-प्रसाधन के अनेक सामान सोने-चाँदी और हाथी-दाँत के छोटे-छोटे संदूकचों में रखे हैं—

मंच पर बैठी अम्बपाली दर्पण में अपने को देख रही है—तुरत स्नान करके वह आई है—बाल खुले हैं, जिन पर पानी की बूँदें चमक रही हैं—धानी रंग का परिधान है उसका—कंचुकी अभी पूरी कसी नहीं है—दर्पण में वह अपने इस रूप-यौवन को एकटक देख रही—

थोड़ी देर दर्पण में देखने के बाद वह उठती और कमरे में टहलने लगती है—तस्वीरों को देखती, कभी

सिहर उठती, कभी बुदबुदाती, फिर मंच पर आ बैठती है—दर्पण में उसकी रूप-आभा चमक पड़ती है—

उसकी परिचारिका चयनिका कमरे में आती है—उसकी आहट सुन वह उसकी ओर मुड़ती और पूछती है—]

अम्बपाली : क्या है चुन्नी ?

चयनिका : आपने अभी तक प्रसाधन नहीं किया ?

अम्बपाली : न किया, न करूँगी ।

चयनिका : हाँ, भगवान बुद्ध के जाने से हम सबका चित्त आज खिन्न है ।

अम्बपाली : तेरा चित्त भी ?

चयनिका : भला !

अम्बपाली : क्यों खिन्न है, रे ?

चयनिका : क्यों न खिन्न हो, आर्ये ? इन दिनों कैसा धूमधाम रहा यहाँ !

अम्बपाली : ठीक, हम सब धूमधाम चाहते हैं—हाँ, धूमधाम ! चाहे वह धूमधाम खेल-तमाशे का हो, नृत्य-गीत का हो, या भजन-प्रवचन का ।

चयनिका : यह क्या कह रही हैं आर्ये ? कहाँ भगवान बुद्ध का दिव्य प्रवचन, कहाँ तुच्छ खेल-तमाशे, नृत्य-गीत ! !

अम्बपाली : तुझे भगवान के प्रवचन अच्छे लगे ?

चयनिका : तो भला !

अम्बपाली : तब तू बूढ़ी हो चली !

चयनिका : **(चौंककर)** मैं बूढ़ी ?

अम्बपाली : हाँ, हाँ, बूढ़ी । सबसे दयनीय दृश्य वह होता है चयनिके, जब बुढ़ापा जवानी के शरीर में घुस जाता है । ऊपर जवानी के अंग, भीतर बुढ़ापे का खून—मानो, लाल सेब के नीचे सड़ी हुई गुद्दी !

चयनिका : छी, छी, यह क्या कहती हैं भद्रे ? मैं बूढ़ी नहीं हूँ ।

अम्बपाली : चुन्नी, जब मन में शृंगार की जगह विराग ले ले, खेल-तमाशे के बदले भजन-ध्यान अच्छा लगे, भीड़ से घबराकर जब आदमी एकांत खोजे, संघर्ष पर जब शांति हावी हो जाए, तब समझ लेना चाहिए, बुढ़ापा आ गया । रंग-बिरंगे पट की जगह जब सादा श्वेत वस्त्र भाए, तब जान लो, आदमी ने कफन की ओर पैर बढ़ा दिए ।

चयनिका : कफन की ओर ? मैं अभी मरना नहीं चाहती, आर्ये ।

अम्बपाली : मरना नहीं चाहती है, तो जीना सीख । जीना भी एक कला है, चयनिके ! कुछ लोग जिंदा भी मरे हुए हैं, कुछ मरकर भी जिंदा रहेंगे ।

चयनिका : कुछ मरकर भी जिंदा रहेंगे, जैसे भगवान बुद्ध । क्यों भद्रे ?

अम्बपाली : और अम्बपाली भी !

चयनिका : **(आश्चर्य से आँखें फाड़ती अम्बपाली की ओर देखती है)**

अम्बपाली : **(हँसती हुई)** हाँ, हाँ, अम्बपाली भी । और दो अमरों में जब युद्ध होता है, वह कैसा भयानक दृश्य होता है, तूने देखा है रे ?

चयनिका : **(घबराई हुई)** युद्ध ?

अम्बपाली : हाँ, जब अम्बपाली और भगवान बुद्ध में युद्ध हुआ ।

चयनिका : आपमें और भगवान में युद्ध ?

अम्बपाली : तू कैसी अंधी है रे, कुछ देखा ही नहीं? कई दिनों तक यह युद्ध चलता रहा है, कई दिनों तक दोनों ओर से अस्त्र चलते रहे हैं।

चयनिका : आप यह क्या कह रही हैं भद्रे? भगवान बुद्ध और अस्त्र?

अम्बपाली : अगर भगवान बुद्ध के पास अस्त्र नहीं है, तो वे विजयी कैसे होते हैं? कैसे भरतखंड में उनका दिग्विजय का डंका बजता जा रहा है? और क्या बिना अस्त्र के ही अम्बपाली ने वृज्जिसंघ पर विजय प्राप्त की है?

चयनिका : ये सब बातें मेरी समझ में नहीं आ रहीं, आर्ये!

अम्बपाली : अच्छा है, या तो आदमी में इतना ज्ञान हो कि वह सबकुछ अच्छी तरह समझ ले, नहीं तो अज्ञान रहने में ही कल्याण है। ज्ञान-अज्ञान के बीच की चीज बड़ी खतरनाक होती है, चुन्नी!

चयनिका : अच्छा, तो इस युद्ध में हुआ क्या?

अम्बपाली : हुआ यही कि न भगवान मुझे पराजित कर सके, न मैं उन्हें पराजित कर सकी!

चयनिका : तो आप भगवान को पराजित करना चाहती थीं?

अम्बपाली : जरूर। हर आदमी, जिसमें कुछ कस-बल होता है, दूसरे को पराजित करना चाहता है। जिसमें जय की भावना न हो, समझ, उसमें कुछ है ही नहीं।

चयनिका : देवि, आप विचित्र नारी हैं। **(वह काँप उठती है)**

अम्बपाली : भगवान ने भी यही कहा था।

चयनिका : भगवान ने?

अम्बपाली : तूने अम्बपाली को क्या समझा है रे! जिसके सामने, रूबरू देखने से उन्होंने अपने शिष्यों को मना किया, उन्हें आँखें मूँदने को लाचार किया, क्या वह अम्बपाली साधारण नारी है? महान ही महान की महत्ता समझता है—अम्बपाली को भगवान ने ही पहचाना! **(वह आत्मगौरव में फूल-सी उठती है)**

चयनिका : मैं इन बातों को क्या समझूँ? खैर, देर हो रही है, आप प्रसाधन कर लें।

अम्बपाली : प्रसाधन नहीं करूँगी, यह तुझे पहले ही कह दिया है न।

चयनिका : तो प्रसाधन क्यों नहीं करेंगी?

अम्बपाली : क्योंकि इन प्रसाधनों की व्यर्थता तो कम से कम मालूम ही हो गई! जो अस्त्र विजय न दिलाए, वह भाँड़ में जाए। चयनिके, इन कुछ दिनों में प्रसाधन का एक भी साधन मैंने नहीं छोड़ा, लेकिन उफ्.... **(उसाँसें लेती है)**

चयनिका : भद्रे!

अम्बपाली : **(अचानक उसकी आवाज भर्रा जाती है, चेहरे पर विषाद की रेखाएँ खिंच आती है)** चयनिके, आह! तू मेरी अन्तर्व्यथा का अनुभव कर पाती? अम्बपाली ने सोच रखा था, उसके अस्त्र अमोघ हैं, वह सब पर विजय प्राप्त कर सकती है। उसने अपने को दीपशिखा समझा था, जिस पर हर पुरुष को पतंग बनकर गिरना ही पड़ेगा। लेकिन, यह क्या हुआ? जब-जब वह उनके नजदीक गई, उसने पाया, उनके ज्योतिर्मंडल के भीतर पहुँचते ही मानो उसकी शिखा लुप्त हो गई, वह ठंडी पड़ गई, देखते-देखते बरफ बन गई। फिर, उस ज्योति की गरमी से, उसने महसूस किया, बरफ बनी वह पिघल रही है, पानी-पानी हो रही है। चयनिके! जो कोई भी उनके नजदीक जाएगा, वह उनमें अपने को, अपने 'आपा' को खोए बिना नहीं रह सकता।

चयनिका : आप सच कह रही हैं, आर्ये!

अम्बपाली : लेकिन अम्बपाली इतने सस्ते नहीं हार मान सकती थी। ज्यों ही गरमी का असर होते देखती, वह वहाँ से भाग आती।

चयनिका : तो पराजय नहीं, पलायन तो हुआ !

अम्बपाली : हाँ, पलायन हुआ ! अम्बपाली को इसके लिए लज्जा भी है। लेकिन यह पलायन उसने पराजय के प्रतिकार के लिए स्वीकार किया है। विजय को ध्यान में रखकर जो मौके पर पीछे हट जाते हैं, उनका पलायन पलायन नहीं है चयनिके ! अम्बपाली तब तक चैन नहीं लेगी, जब तक वह भगवान बुद्ध पर विजय नहीं प्राप्त कर लेती।

चयनिका : भगवान बुद्ध पर विजय ? जिसे मार नहीं हरा सका।

अम्बपाली : मार नहीं हरा सका, न हरा सकता था। आँधी, तूफान, अजगर, शेर—और, जब इनसे भयभीत विचलित न हों, तो अप्सराएँ, परियाँ—नहीं-नहीं, इन अस्त्रों से मार बुद्ध को नहीं हरा सकता था। ये उतने ही व्यर्थ हैं, जितने अम्बपाली के पिछले प्रसाधन।

चयनिका : तब ?

अम्बपाली : तब अम्बपाली को विश्वास है, वह उन अस्त्रों को खोज सकेगी, जिनसे वह भगवान बुद्ध को पराजित कर दे। मैंने भगवान से कह दिया है ?

चयनिका : **(आश्चर्य की अधिकता में चिल्लाती-सी)** कह दिया है ?

अम्बपाली : हाँ, कह दिया है ! सुनकर वह मुस्कुराए, बोले—राजनर्तकी, वह दिन तथागत के लिए धन्य होगा, जब एक नारी यह समझ ले कि उसने उन पर विजय प्राप्त कर ली। **(मुस्कुराती है)**

[इसी समय भूतपूर्व राजनर्तकी पुष्पगंधा का प्रवेश होता है—बाल खुले, कंधे से घुटने के नीचे तक एक सादा लबादा लटक रहा है—बुद्ध के उपदेशों का असर उसके चेहरे पर स्पष्ट है—अम्बपाली उसे देखते ही ससम्मान खड़ी हो जाती है—]

पुष्पगंधा : लेकिन इसका अर्थ तूने समझा, अम्बे ! मैं तेरी सारी बातें सुन रही थी।

अम्बपाली : देवि, आपका यह वेश ?

पुष्पगंधा : जैसा तूने अभी कहा है, कफन की तैयारी में यह सादा वस्त्र ! खैर, भगवान की उस वाणी के मानी बता।

अम्बपाली : मानी ! मानी तो साफ है, देवि !

पुष्पगंधा : भोली लड़की, एक ओर भृंग और कीट है, दूसरी ओर पतंग और दीपक। भृंग दूसरे कीड़े को अपनी आवाज के सतत गुंजार से भृंग बना लेता है। लेकिन, दीपक सिर्फ जलता रहता है और पतंग आप-से-आप उस पर टूटते और अपने को दीपशिखा का एक अंश बना लेते हैं—मैं उन पतंगों की बात नहीं कहती, जो जलने तो जाते हैं, लेकिन जलने से व्याकुल हो अधजले या मुर्दा होकर बाहर जा गिरते हैं !

अम्बपाली : **(पिछले वाक्य के व्यंग्य से तड़प उठती-सी)** आप इससे क्या निष्कर्ष निकालना चाहती हैं ?

पुष्पगंधा : कीट से भृंग बनना। भृंग भी तो एक कीट है। सिर्फ रूप-परिवर्तन, शरीर-परिवर्तन ! और पतंग का ज्योतिशिखा बन जाना !—गुण का परिवर्तन, आत्मा का परिवर्तन ! अम्बपाली भी अमर है, लेकिन भृंग की कोटि की—उसकी विजय ज्यादा से ज्यादा उड़ान दे सकती है, गुंजार दे सकती है। किंतु भगवान बुद्ध अमर हैं, दीपशिखा की कोटि के। जो बुद्ध पर विजय प्राप्त करना चाहेगा, उसे पतंग बनकर जलना होगा, ज्योति में मिल जाना होगा, बुद्ध में मिलकर बुद्धत्व प्राप्त करना होगा—बुद्धत्व, निर्वाण। भगवान ने इस विजय के लिए

तेरा आह्वान किया है, अम्बे ? समझी ?

अम्बपाली : मैं उनका धर्म नहीं ग्रहण कर सकती, आर्ये ! यह तो मेरी हार होगी। अम्बपाली हार नहीं स्वीकार कर सकती है !

पुष्पगंधा : यह तेरी उम्र का तकाजा है, अम्बे ! काश, जिंदगी की धारा इतनी सीधी, सरल होती ! जब तक तू आनंदग्राम में थी, आज की अपनी जिंदगी की तूने कल्पना भी की थी ? **(रुक जाती है, अम्बपाली चुप है)** बोल, बोलती क्यों नहीं है, रे !

[आनन्दग्राम के उच्चारण-मात्र से ही अम्बपाली की आँखों में आँसू छलछला आते हैं—]

: ओहो, तू तो आज भी बच्चों की तरह रुआँसी हो गई। यही जिंदगी है, अम्बे ! आदमी सोचता कुछ है, हो जाता कुछ और है ! उस दिन तू अरुण, मधु और मौसी कहकर कितनी चिल्लाई थी; आज वही अरुण···

अम्बपाली : **(अरुण का नाम सुन व्याकुल हो, पुष्पगंधा के मुँह पर हाथ ले जाती हुई)** भद्रे, उसकी चर्चा न करें—आह ! **(लंबी उसाँसें लेती है)**

पुष्पगंधा : हमारी पूरी जिंदगी ही एक लंबी आह है, अम्बपाली !

4

[वैशाली का पार्श्वभाग—राजपथ से दूर फैला एक विस्तृत मैदान—मैदान के बीच एक मौलिश्री का सघन पेड़—पेड़ के नीचे चबूतरा बना—चबूतरे पर पेड़ के तने से पीठ टेके अरुणध्वज वंशी बजा रहा है—वह बहुत दुबला हो चला है, काला पड़ गया है—उसके रूखे बेतरतीब बाल उड़ रहे हैं—

चबूतरे की दूसरी ओर मधूलिका बैठी तागे से कुछ बुन रही है—उसके सूखे, भर्राए चेहरे पर आँसुओं की सूखी रेखाएँ और दाग स्पष्ट हैं—

गरमी के दिन हैं, शाम का वक्त—एक युवती और दो नागरिक उस ओर से पगडंडी पकड़े गुजरते हैं—वंशी की आवाज से खिंचकर, धीरे-धीरे वे उस पेड़ के निकट पहुँचते हैं—अरुण इन लोगों की ओर से लापरवाह, अपने में तल्लीन, वंशी बजाता जाता है—थोड़ी देर में उसकी वंशी रुक जाती है—]

एक नागरिक : क्यों भई, बंद क्यों कर दिया ? थोड़ा और बजाओ। **(अरुण उन्हें घूर-घूरकर देखता रह जाता है—)**

: —थोड़ा और बजाओ, भाई !

दूसरा नागरिक : कैसी करुण रागिनी ? मैंने ऐसी वंशी आज तक नहीं सुनी थी।

अरुणध्वज : यह आपकी चापलूसी है या दिल्लगी ?

पहला नागरिक : वैशाली के नागरिक न चाटुकार होते हैं, न अशिष्ट।

दूसरा नागरिक : हमें अपनी कला-मर्मज्ञता पर नाज है, युवक। सचमुच तुम अपूर्व बजाते हो !

अरुणध्वज : अपूर्व !

दूसरा नागरिक : हाँ, हाँ, अपूर्व ! !

अरुणध्वज : **(मुस्कुराता)** ओहो, मैं अपूर्व बजाता हूँ ! बजाऊँ ?

दोनों नागरिक : जरूर, जरूर !

अरुणध्वज : लेकिन, किसके लिए बजाऊँ ?

पहला नागरिक : इसके मानी ?

अरुणध्वज : वंशी मर्द बजाता है, औरतें सुनती हैं ! अनंत काल से यही होता आया है। कृष्ण ने बजाई,

गोपियों ने सुनी। गोपियों ने और गायों ने भी। गायें तो आप हो नहीं सकते, फिर.... **(वह हँस पड़ता है !)**

दूसरा नागरिक : यह तो तुम्हारी अजीब बात है, भाई !

अरुणध्वज : सभी सच बातें अजीब लगती हैं, क्यों श्रीमतीजी ? **(युवती से वह पूछता है, वह कुछ नहीं बोलती है)**

पहला नागरिक : **(युवती की ओर लक्ष्य करके)** इनके कहने से बजाओगे ?

अरुणध्वज : यह कह नहीं सकती।

पहला नागरिक : क्यों ?

अरुणध्वज : **(मुस्कुराता हुआ)** यही हमेशा से होता आया है। औरतें सुनती हैं, कहती नहीं।

दूसरा नागरिक : कहती नहीं ?

अरुणध्वज : ऊँहूँ **(सिर हिलाता है)** यही तो स्त्रित्व है। कहती नहीं, लेकिन, सुनती हैं; और कभी वंशी की आवाज पर नाचती रही हों, अब तो सिर्फ रोती है—क्यों मधु ?

[अरुण मधूलिका की ओर देखता है—वह बुने जा रही है—यह सुनकर उसकी पपनियों पर ओस की कणिकाएँ चमक उठती हैं—]

पहला नागरिक : यह तुम्हारी कौन होती हैं ?

अरुणध्वज : **(युवती की ओर देखते हुए)** और, यह आपकी कौन होती हैं ?

युवती : मुझे इन काँटों में मत घसीटिए !

अरुणध्वज : **(नागरिक की ओर)** समझा, यह नारी बोल रही है—'मुझे काँटों में मत घसीटिए !' 'मुझे काँटों में मत घसीटिए !' **(युवती से)** लेकिन श्रीमतीजी, इस मधु से पूछिए, क्यों यह मेरे पीछे-पीछे अपने-आपको काँटों में घसीट रही है ? **(मधूलिका से)** मधु, तू मुझे छोड़—इस श्रीमती के साथ जा। जा, भाई जा। **(नागरिकों से)** आप इसे लेते जाइए। यह भी वृज्जिसंघ की नागरिका है।

युवती : यह मेरा अहोभाग्य हो कि मुझे आप लोगों का आतिथ्य करने का सुअवसर मिले।

अरुणध्वज : **(युवती से)** फिर नारी बोली ! आतिथ्य !....अहोभाग्य। लेकिन, आप लोग तो सिर्फ वंशी सुनना चाहते हैं, अच्छा सुनिए—

दूसरा नागरिक : वैशाली के नागरिकों का द्वार अतिथियों के लिए हमेशा खुला है—आपको हमारा सादर निमंत्रण है।

अरुणध्वज : तो वंशी नहीं सुनिएगा ?

दोनों नागरिक : नहीं, नहीं—ऐसी बात नहीं ! सुनाइए, सुनाइए।

[अरुण वंशी बजाने लगता है—युवती और दोनों नागरिक मुग्ध होकर वंशी सुनते जाते हैं—

वंशी की कोमल काकली को दबोचती-सी रथ की घर्र-घर्र आवाज सुनाई पड़ती है—सबका ध्यान सुदूर से राजपथ पर जाता है— मीनकेतन-पताका को देखकर एक नागरिक कहता है—"ओहो, देवी अम्बपाली का रथ है"—अम्बपाली का नाम सुनते ही अरुण चौंककर उठ खड़ा होता और वंशी पटक उस ओर भागता है—मधूलिका उसके पीछे लगती है—युवती और दोनों नागरिक वहाँ से आश्चर्यचकित हो चल देते हैं—

थोड़ी देर में अरुण को पकड़े मधूलिका वहाँ आती है—दोनों चबूतरे पर बैठ जाते हैं—]

मधूलिका : अब वैशाली छोड़ो, घर चलो ।

[अरुण कुछ नहीं बोलता—कातर दृष्टि से मधूलिका का मुँह देखता रहता है ।]

: मैंने क्या कहा, सुना ? घर चलो, वैशाली छोड़ो ।

अरुणध्वज : **(भर्राई आवाज में)** 'वैशाली छोड़ो' 'घर चलो'—हमारा घर कहाँ है, मधु ?

मधूलिका : **(आँचल से आँसू पोंछती)** नहीं-नहीं, अब वैशाली छोड़ना होगा ।

अरुणध्वज : 'वैशाली छोड़ना होगा !' **(कुछ याद करता-सा)** क्यों मधु, क्या यह वैशाली है ?

मधूलिका : तो क्या यह आनन्दग्राम है ?

अरुणध्वज : **(उसकी आँखें चमक उठती हैं)** आनन्दग्राम ! हमारा आनन्दग्राम ! वह वेगवती का कलकल, वह आम्रवाटिका में पंछियों का कलरव ! हाँ, हाँ, चल, रे मधु, चल । आम की डाल में झूला डालेंगे, खूब झूलेंगे—मैं झूलूँगा, तू झूलेगी, अम्बा झूलेगी । **(अपने ही मुँह से अचानक निकले 'अम्बा' शब्द से विक्षिप्त-सा होकर)** अम्बा ! अम्बा ! अम्बा किधर गई, मधु ? उफ् ! **(झटपट खड़ा हो जाता और चारों ओर भौंचक देखता है)**

मधूलिका : **(रोती हुई)** तुम होश नहीं करोगे ?

अरुणध्वज : होश ! क्या मैं होश में नहीं हूँ, मधु ? सच ? मैं होश में नहीं हूँ ?

मधूलिका : मैं अब जहर खाके रहूँगी !

अरुणध्वज : **(आँखें फाड़ता-सा)** जहर खा लेगी ?

मधूलिका : **(रुखाई से)** हाँ, जहर खा लूँगी, मर जाऊँगी, झंझट खत्म ! मुझसे यह सब नहीं देखा जाता ।

अरुणध्वज : **(कुछ सँभलता-सा करुण भाव से)** जहर खा लेगी, मर जाएगी ? तू मर जाएगी, तो मेरा क्या होगा, मधु ? मुझे कौन देखेगा ? उफ् । मैं होश में नहीं रहता ! तू मत मर मधु ! तू जहर मत खा मेरी मधु····

मधूलिका : दूसरा चारा क्या है, तुम कुछ सुनते ही नहीं ?

अरुणध्वज : सुनता नहीं हूँ, यह मत कह मधु । देखा नहीं, अभी किस तरह रथ का घर्र-घर्र सुन लिया और सुन लिया उस नागरिक का कहना कि देवी अम्बा····

मधूलिका : और अम्बपाली का नाम सुनते ही दौड़ पड़े पागल की तरह । उन लोगों ने क्या समझा होगा भला ?

अरुणध्वज : क्या समझा होगा रे ?

मधूलिका : समझा होगा कि हम लोगों का अम्बपाली से कुछ-न-कुछ सरोकार जरूर है । जरूर कोई रहस्य की बात है ?

अरुणध्वज : **(कातर भाव से)** तो क्या अम्बपाली से हमारा कोई सरोकार नहीं है ?

मधूलिका : **(दृढ़ता से)** कभी था, अब नहीं है !

अरुणध्वज : **(उत्तेजित होकर)** नहीं है ! सरोकार नहीं है ! अम्बपाली से सरोकार नहीं है ! यह तू क्या कह रही है, मधु ? अम्बपाली से सरोकार नहीं—उफ्, अम्बे····

[वह पागल-सा चिल्लाता है—मधूलिका उसके मुँह पर हाथ रख देती है—मुँह पर हाथ रखे जाते ही वह चिल्लाना तो बंद कर देता है, लेकिन उसकी आँखों से अजस्र अश्रुपात होने लगता है—मधूलिका की आँखों से भी आँसू झरने लगते हैं—दोनों एक-दूसरे का चेहरा गौर से देखते हैं—दोनों सिर झुकाकर चुप हो रहते हैं—फिर मधूलिका कहती है—]

मधूलिका : यह क्या कर रहे हो, अरुण ?

अरुणध्वज : यह क्या कर रहा हूँ, मधु ! आह ! मैं क्या कर दिया करता हूँ मधु ? मधु, यह मुझे क्या हो जाता है, रे । ओह ! **(वह विह्वल-सा हो जाता है—जैसे उसे अपने पर पश्चात्ताप हो रहा है)**

मधूलिका : प्रेम के मानी अमर्यादा नहीं है अरुण ! कृष्ण और राधा को देखो । गोकुल और मथुरा में कितनी दूरी थी ? एक योजन से भी कम ! क्या राधा वहाँ नहीं जा सकती थी ? लेकिन, वह नहीं गई ! अपनी ओर से एक दूत भी नहीं भेजा ! क्यों ?

अरुणध्वज : क्यों ?

मधूलिका : क्योंकि वह जानती थी कि कृष्ण की हैसियत बदल गई है । वह जिस स्थान पर बैठे हैं, उस स्थान के उपयुक्त एक गोपी का प्रेम नहीं । राधा ने प्रेम नहीं छोड़ा, तो मर्यादा भी नहीं छोड़ी । रोती रही, तड़पती रही, बिसूर-बिसूरकर जवानी गँवा दी, आँसुओं की बाढ़ में जिंदगी बहा दी; लेकिन कृष्ण के पास एक पाती नहीं भेजी । हाँ, जब कृष्ण ने उद्धव को भेजा, तो उनका सखा जानकर, जो कुछ कहना था, उसी से कहा । मर्यादा इसको कहते हैं—प्रेम की महिमा यह है । और तुम ? तुम तो पागल बने बैठे हो ! दौड़कर यहाँ पहुँचे और अब यहाँ ये खुराफातें ।

अरुणध्वज : **(संजीदा होकर)** खुराफातें—हाँ, हाँ मधु, मैं खुराफातें करता रहता हूँ—उफ् !

मधूलिका : तुम्हीं सोचो न, यह खुराफात नहीं तो क्या है ? यहाँ आए; अच्छा । जब-तब उसकी झलक देख लिया करते हो, यह भी सही ! लेकिन, यों दौड़ पड़ना, चिल्ला उठना—क्या अम्बा या तुम्हारे किसी के लिए शोभन है ? अब अम्बा राजनर्तकी है, उसकी एक मर्यादा है । उस मर्यादा की रक्षा करना क्या तुम्हारा कर्त्तव्य नहीं ? तुम्हें कोई ऐसा काम करना क्या मुनासिब है, जिससे उसके पद-गौरव पर धक्का लगे । तुम्हें तो गर्व होना चाहिए कि जिसे तुमने चाहा, आज दुनिया उस पर मर रही है । जिसका सिर तुम्हारे चरणों पर अवनत था, उसके चरणों पर आज हजार-हजार राजकुमारों के मुकुट लोटते हैं ।

अरुणध्वज : ओहो, हजार-हजार राजकुमारों के मुकुट । उस दिन अम्बा ने भी कहा था न—'अरुण, हजार-हजार······ ! ! !' **(वह एकदम आँखें मूँद लेता है)**

मधूलिका : फिर वही ? तुम नहीं समझोगे—मुझे जहर खाना ही पड़ेगा ।

अरुणध्वज : **(आँखें खोलता, दीनता से)** मधु, मधु !

मधूलिका : मधु, मधु क्या ? तुम ठीक से रहो । अपने होश पर काबू करो और अपनी सारी वेदना, सारी व्याकुलता को इसी वंशी की तान में घोल दो । वेदना जब संगीत बन जाए, व्यथा जब रागिनी का रूप धारण करे, प्रेम की सार्थकता तब सिद्ध होती है, अरुण !

अरुणध्वज : 'वेदना जब संगीत बन जाए, व्यथा जब रागिणी का रूप धारण करे, प्रेम की सार्थकता तब सिद्ध होती है !' ठीक, ठीक, मैं न अब चिल्लाऊँगा, न दौड़ूँगा, सिर्फ वंशी बजाऊँगा ! सिर्फ वंशी बजाऊँगा ! लेकिन, तब तू जहर नहीं खाएगी न मधु ! **(मधूलिका की आँखों से आँसू गिरते देख)** तू फिर रो रही है ?

मधूलिका : हाँ, रो रही हूँ । **(आँसू पोंछते)** मर्द जब गम में होता है, वंशी बजाता है; नारी जब गम में होती है, आँसू बहाती है ।

अरुणध्वज : नारी जब गम में होती है, आँसू बहाती है । मधु, क्या अम्बा भी रोती होगी ?

मधूलिका : उसमें जो नारी है वह जरूर रोती होगी, जार-जार आँसू बहाती होगी । किंतु, वह बेचारी तो राजनर्तकी की मर्यादा में बँधी है न ? उसका दिल भले ही रोए, उसका हृदय भले ही हाहाकार करे, किंतु उसे अपने चेहरे पर हँसी ही रखना है, अपने मुँह से फूल ही बरसाना

है। हम-तुम तो, अपनी पीड़ा को रो-गाकर कम कर लेते हैं, लेकिन, सोचो तो उसकी हालत—भीतर रोना, बाहर हँसना !

अरुणध्वज : भीतर रोना, बाहर हँसना ? सचमुच यह अजीब बात है मधु !

मधूलिका : अजीब ही नहीं, अलौकिक ! इसे सिर्फ अम्बा-ऐसी असाधारण नारियाँ ही निभा सकती हैं ! **(करुणा-भरी मुस्कान के साथ)** कैसी अद्‌भुत घटना? एक ही गम के तीन रूप—तुम बजाओ, मैं रोऊँ और अम्बा हँसे !

तीसरा अंक

1

[राजगृह—चारों ओर पर्वतश्रेणियाँ—पर्वतश्रेणियों के हरे-भरे वृक्षों के ऊपर, जरासंध के बनाए विशाल प्रस्तर-प्राचीर के धूसर अंश दीख रहे हैं—इस प्राचीर पर जगह-जगह बुर्जियाँ बनी हैं, जिन पर तीरकमान लिए सैनिक पहरे दे रहे हैं—

पर्वतश्रेणियों के बीच बसा राजगृह का विशाल नगर—चौड़ी सड़कें, ऊँची अट्टालिकाएँ—राजपथ के दोनों ओर तरह-तरह की दूकानें—खरीद-फरोख्त का बाजार गर्म—

नगर के बीच मगध का राजप्रासाद—भव्य, दिव्य, विस्तृत विशाल—प्रासाद की आखिरी मंजिल पर अजातशत्रु का एकांत कक्ष—जब से वह बौद्ध हुआ है, इसी हिस्से में वह राजकाज के बाद रहता है—यहाँ से गृध्रकूट-शिखर स्पष्ट दिखाई पड़ता है, जहाँ भगवान बुद्ध राजगृह आने पर ठहरते हैं—

कक्ष के सामने की छत पर वह व्याकुल होकर टहल रहा है—लगभग चालीस साल की उम्र—अंग-अंग की मांसपेशियाँ और पुट्ठे कसे हुए—चेहरे पर चेचक के दाग, जो उसके लाख चेष्टा करने पर भी भयंकरता का आभास दे ही देते हैं—खाली सिर—खुले बाल गर्दन तक लटक रहे हैं—गर्दन से पैर तक पीले रंग का लबादा लटक रहा—

बार-बार उसकी नजर गृध्रकूट की ओर जाती है—फिर गृध्रकूट से हटते ही उसकी नजर उसके हाथ में रखी, तलहथी के आकार की हाथीदाँत पर बनी तस्वीर पर जाती है—तस्वीर देखते ही साँस जोर से चलने लगती है—पैर तेजी से उठने लगते हैं—

उसका उपमंत्री, सुनीध, उस समय नीचे से छत पर आता है—यह अजातशत्रु का उपमंत्री ही नहीं, उसका प्रिय सखा भी है—दोनों लँगोटिया यार, आपस में कोई दुराव नहीं—

सुनीध कुछ देर तक अजातशत्रु की यह भावभंगिमा देखता है, फिर बोलता है—]

सुनीध : यह क्या हो रहा है, सम्राट् ! एक बार गृधकूट को देखना, फिर तलहथी की ओर टकटकी लगाना। किसी ज्योतिषी ने क्या फिर कोई नई भाग्यरेखा बताई है ?

अजातशत्रु : **(मुड़कर)** ओहो, सुनीध ! भले आए। नई भाग्यरेखा नहीं, यह देखो ! **(तस्वीर दिखाता है)**

सुनीध : यह तो अम्बपाली है !

अजातशत्रु : तुमने कैसे पहचाना ?

सुनीध : अगर इतनी जानकारी न रखूँ, तो सम्राट् के मंत्रित्व की जिम्मेवारी कैसे निभा सकूँगा।

जिसने हमारे पुराने शत्रु लिच्छवियों और विदेहों पर जादू डाल रखा है, जिसे पाकर सारा वृज्जिसंघ अपनी वैशाली को अलका की प्रतिद्वंद्विनी मानने लगा है, उसे मैं न पहचानूँ ?

अजातशत्रु : अपूर्व सुंदरी है यह, सुनीध ! वृज्जियों को इस पर घमंड करने का पूरा हक है ।

सुनीध : गंगा के उस पार की भूमि में ही कुछ ऐसी खूबी मालूम पड़ती है सम्राट् ! सीता, उर्मिला, अहल्या, अम्बपाली—एक-से-एक रूप-गुणवती नारियाँ वहाँ पैदा होती आई हैं ! स्वयं सम्राट् अपनी मातृश्री की याद करें—सम्राज्ञी देवी चेल्लना का वह दिव्य रूप, अलौकिक सौंदर्य, अपूर्व तेज···

[अपनी माँ की इस चर्चा से ही अजातशत्रु व्याकुल हो जाता है—यहाँ इसकी चर्चा की आवश्यकता नहीं कि उसने अपने पिता को कैद कर लिया था और उसकी माँ, बेटे की इस क्रूरता पर तड़प-तड़पकर मर गई थी—]

अजातशत्रु : **(बीच ही में रोककर)** बस, बस, तुम फिर भूल कर रहे हो, सुनीध ! मैंने बार-बार मना किया, माता-पिता की याद मुझे मत दिलाओ । मेरी कोई माता नहीं, कोई पिता नहीं । मैं आदमी नहीं, उल्का हूँ— आप-से-आप आसमान से गिरा हूँ—खुद जल रहा हूँ, दूसरों को जलाता हूँ, जलाऊँगा ! **(दीर्घ उच्छ्वास लेकर घूमने लगता है)**

सुनीध : **(उसके नजदीक जाकर)** क्षमा कीजिए, सम्राट् !

अजातशत्रु : सुनीध, मैं तुम्हारी योग्यता का कायल हूँ, तुम्हारे ऐसे सखा पर मुझे नाज है । लेकिन याद रखो, इस गलती का दुहराना मैं नहीं बर्दाश्त कर सकता । समझे ?

सुनीध : सम्राट् ! **(सिर झुकाता है)**

अजातशत्रु : **(शांत होकर)** अच्छा, तुमसे एक मर्म की बात कहनी है, सुनीध !

सुनीध : कहने की जरूरत नहीं, सम्राट् । क्या मगधपति की मुखाकृति की रेखाएँ ही पुकार-पुकारकर उनके मर्म के अंतर्द्वंद्व की घोषणा नहीं कर रहीं ? लेकिन—

अजातशत्रु : 'लेकिन' क्या ?

सुनीध : धृष्टता के लिए फिर क्षमा चाहते हुए निवेदन यह है सम्राट् कि मगधराज के लिए क्या यह शोभनीय है कि उनका दिल ऐसा कच्चा महल हो जो उनके शत्रुओं की एक सुंदरी के रूप-जादू से घरौंदा-सा भहरा पड़े ।

अजातशत्रु : **(मुस्कुराते हुए)** घरौंदा-सा भहरा पड़े । तुम्हें सावधान करने का अधिकार है, सुनीध ! **(अचानक गंभीर होकर)** लेकिन, तुमसे छिपाना क्या है ? आज तक मैं अपने को पहचान नहीं सका । एक अजीब उच्छृंखलता मेरे मन में घर किए हुए है जो रह-रहकर यों उभड़ती है कि···**(अपने दाहिने हाथ से बाएँ पंजे को जोर से मरोड़ता है)**

सुनीध : बड़ों में मन की यह चंचलता क्या वांछनीय है, सम्राट् ?

अजातशत्रु : चंचलता ? इतना छोटा-सा नाम इसे मत दो, मेरे प्रिय सखा ! जिसके वश होकर मैंने पिता से विद्रोह किया, उन्हें बंदी बनाया, पितृहंता कहलाया, तड़प-तड़प माताजी मरीं, हजारों नर-नारियों की निर्मम हत्या कराई, और आज भी नहीं कह सकता कि मुझसे कब, कहाँ, क्या हो जाएगा—उसे तुम सिर्फ चंचलता नहीं कह सकते ।

सुनीध : साधारण पुरुषों में जो चंचलता होती है, महान व्यक्तियों में उच्छृंखलता के रूप में प्रकट होती है । दोनों का उद्गम एक है; स्रोत एक है; दोनों एक चीज हैं । जो गंगा मगध में आकर इतनी विशाल हो गई है; हिमालय की तलहटी में छोटी निर्झरिणी ही तो थी ?

अजातशत्रु : लेकिन मेरे मन में जो है, उसकी सही कल्पना के लिए तुम्हें ऐसा सोचना पड़ेगा कि मगध की गंगा अपनी पूरी विशालता के साथ हिमालय की तलहटी में प्रखरतम वेग से गिर रही

है—विशालता और प्रखरता का वह उद्दाम सम्मिश्रण ही मेरी इस उच्छृंखलता की समता कर सकती है, सुनीध ! काश, मेरा हृदय मगध की गंगा की तरह शांत और समथर हो पाता !

[गृध्रकूट की ओर टकटकी लगाकर देखता, कुछ मन-ही-मन पढ़ता और सिर नवाता है ।]

सुनीध : ठीक, सम्राट्, ठीक । ऐसे मौकों पर भगवान बुद्ध····

अजातशत्रु : **(बीच ही में रोककर)** भगवान बुद्ध ? सुनीध, सोचा था, भगवान बुद्ध की शरण में आने पर इस उच्छृंखलता पर विजय प्राप्त करूँगा । चेष्टाएँ कीं और सफलता भी मिल रही थी । अपने पर बहुत कुछ काबू कर लिया था । लेकिन इस छोटी-सी तस्वीर ने सारा किया-कराया बंटाढार कर दिया !

सुनीध : इसका प्रतीकार सहज है । मन को कड़ा कीजिए । इस तस्वीर को फेंक दीजिए, तोड़ दीजिए, जला दीजिए । आपसे नहीं होता, तो लाइए इधर । **(हाथ बढ़ाता है)** ।

अजातशत्रु : **(मुस्कुराता हुआ)** कैसा सहज प्रतीकार !—फेंक दीजिए, तोड़ दीजिए, जला दीजिए ! सुनीध ! इधर एक सप्ताह से इसी उद्देश्य से इस तस्वीर को निकालता हूँ । मन कड़ा करने के लिए राजवस्त्र को त्याग यह पीला लबादा ओढ़ता हूँ । लेकिन ज्यों ही तस्वीर हाथ में लेता हूँ, हाथ काँप उठता है । हाथ काँपता है, जोर से मुट्ठी बाँधता हूँ । हृदय डगमगाता है, गृध्रकूट की ओर देखता हूँ, और इन सारे प्रयत्नों के बावजूद इस आठवें दिन भी तस्वीर जहाँ-की-तहाँ है और न जाने मेरे पैर कहाँ-से-कहाँ खिसककर चले गए ।

सुनीध : यह कोई अच्छी बात नहीं है, सम्राट् !

अजातशत्रु : अच्छी बात नहीं है, यह क्या समझाओगे तो समझूँगा । लेकिन अब तो मगध की गंगा गोमुखी का बाँध तोड़कर निकल चुकी । अब कोई ऐरावत उसे रोक नहीं सकता, कोई जह्नु उसे सोख नहीं सकता । जिस तरह अनेक गलतियाँ हो चुकीं, एक गलती और करूँगा ।

सुनीध : लेकिन, सोचिए सम्राट्, जो घटनाएँ दुर्भाग्यवश घट चुकीं, उसके बाद कोई वृज्जिनारी अब मगध की पटरानी बनना भी स्वीकार कर सकती है ?

अजातशत्रु : नारियाँ स्वयं आती नहीं हैं, लाई जाती हैं ।

सुनीध : जिसका नतीजा हम लंका में देख चुके हैं । वृज्जियों में ही तो विदेह भी हैं । उनकी नारियों में एक अलौकिकता है, सम्राट् ! उन पर जबरदस्ती किया जाना कभी सुफल नहीं लाता । क्या बंदरों की सेना बन सकती है ? क्या समुद्र बाँधा जा सकता है ? क्या सोने का महल लाह के ऐसा धधक सकता है ? लेकिन एक अलौकिक नारी के चलते ये सब अलौकिक बातें होकर रहीं ।

अजातशत्रु : लेकिन अजातशत्रु भी एक अलौकिक पुरुष है, सुनीध !

सुनीध : क्या यह दर्प की वाणी नहीं है, सम्राट् ?

अजातशत्रु : **(गुस्से से उसका चेहरा लाल हो जाता है—सिर हिलने लगता है)** सुनीध, सुनीध तुम बहक जाया करते हो । तुम मेरे सखा हो, किंतु तुम्हें याद रखना चाहिए कि सम्राट् हमेशा ही सम्राट् है । और मगध-सम्राट् की यह आज्ञा अचल-अटल है कि वैशाली पर हमें विजय-प्राप्ति करनी ही है—अम्बपाली को राजगृह लाना ही है ।

सुनीध : सम्राट् की आज्ञा हमारे सिर पर है **(वह सिर झुकाकर अपनी भक्ति प्रकट करता है)** वैशाली पर तो हमें विजय प्राप्त करनी ही है । वृज्जियों ने इधर अजीब धमाचौकड़ी मचा रखी है । अपने संघबल पर उन्हें इतना घमंड हो गया है कि उन्होंने मस्तिष्क का संतुलन

तक खो दिया है। गंगा पर चलनेवाले हमारे बजड़ों से वे कर वसूलते हैं, उन्हें लूटते हैं। गंगा-पार कर वे हमारे गाँवों और छावनियों पर छापा मारते हैं। उन्हें रोकने के लिए हमने जो पाटलिग्राम बसाया है, उसे ध्वस्त-पस्त किए रहते हैं। वैशाली पर विजय प्राप्त करना तो अनिवार्य है, सम्राट्!

अजातशत्रु : मैंने आज महामंत्री वस्सकार को भगवान बुद्ध के पास इसी काम में सलाह लेने को भेजा है—मैं उनकी प्रतीक्षा में ही हूँ। **(गृध्रकूट की ओर नजर उठाता है)**

सुनीध : महामंत्री तो इसके लिए कब से न तैयारियाँ कर रहे हैं। गंगा किनारे की छावनियों को दुरुस्त किया है, युद्ध-पोतों का पुनः संगठन किया है, नए अस्त्र-शस्त्र बनवाए हैं, सेना का भी नवीन संगठन किया है, यहाँ तक कि राजधानी के परकोटे की मरम्मत तक को नहीं छोड़ा है। साम्राज्य का सौभाग्य है कि उसे वस्सकार-से महामंत्री मिले हैं।

अजातशत्रु : तुम्हारा कहना बिलकुल सही है।

[उसी समय मगध का महामंत्री वस्सकार पहुँचता है—एकदम बूढ़ा—सभी बाल सन-से सफेद—चेहरे पर झुर्रियों के साथ कूटनीतिज्ञता की छाप—आगे के दो दाँत टूटे, जिससे आवाज में विकृति—बुढ़ापे के कारण उसका सिर रह-रहकर हिल उठता है—अजातशत्रु उससे पूछता है—]

: क्यों महामंत्रीजी, भगवान ने क्या कहा?

वस्सकार : मैंने आपसे कहा था न, भगवान बुद्ध को वृज्जियों से स्वाभाविक अनुराग है। और, मैं कहूँ, उनके लिए उनमें पक्षपात भी है!

अजातशत्रु : महामंत्री!

वस्सकार : मगध का महामंत्री अपनी जिम्मेवारी समझते हुए बोलता है, सम्राट्! ज्यों ही मैं उनके पास गया और उनसे सम्राट् का संदेश कहा, वह आनंद से पूछने लगे—

"क्यों आनंद, क्या वृज्जियों की परिषद् बार-बार बैठती और उसमें भरपूर उपस्थिति होती है?

"क्या वृज्जि इकट्ठे जुटते, इकट्ठे उठते और इकट्ठे अपने राष्ट्रीय कर्तव्यों को पूरा करते हैं?

"क्या वृज्जि बाकायदा कानून बनाए बिना कोई आज्ञा जारी नहीं करते और न बने हुए नियमों का उच्छेद करते हैं?

"क्या वृज्जि वृद्ध-बुजुर्गों का सम्मान करते और उनकी सुनने लायक बातों को सुनते और मानते हैं?

"क्या वृज्जि अपनी कुमारियों और नारियों पर जोर-जबरदस्ती नहीं करते और उनकी कदर और इज्जत करते हैं?

"क्या वृज्जि अपने चैत्यों, मंदिरों और समाधियों की रक्षा करते हैं?

"क्या वृज्जि अर्हतों और तपस्वियों का आदर-सत्कार करते हैं?"

और, इनका उत्तर आनंद से 'हाँ' में सुनकर वह तमककर बोल उठते, "तो आनंद, वृज्जियों की उन्नति ही होगी, उन्हें कोई पराजित नहीं कर सकेगा!"

अजातशत्रु : **(उसकी भवों पर बल पड़ जाते हैं, वह तमतमाकर बोलता है)** ऐसा? तो महामंत्री,

आपने भगवान से क्यों नहीं कह दिया कि ये वृज्जि चाहे जितने समृद्ध हों, चाहे इनका जितना प्रभाव हो, मैं इन्हें उखाड़ डालूँगा, नष्ट कर दूँगा ! जब मगध की गंगा गोमुखी से चल चुकी, तो बीच में कोई भी शक्ति उसे रोक नहीं सकती ! **(क्रोध में वह घूमने लगता है)**

वस्सकार : मगध के सम्राट् के अनुकूल ही यह वचन है। लेकिन, क्या मगध के महामंत्री का काम साधु-तपस्वियों से शास्त्रार्थ करना ही रह गया है? भगवान को कहने दीजिए, मैंने वैशाली-विजय की सारी तैयारियाँ कर रखी हैं, और उनके कथन से जिस सूत्र का पता चला उसका भी निराकरण कर लेना है।

अजातशत्रु : कौन-सा सूत्र वह है ?

वस्सकार : भगवान बुद्ध का कहने का तात्पर्य सिर्फ यह था कि वृज्जियों में कुछ ऐसी एकता और निष्ठा है कि वे जीते नहीं जा सकते। अब मैं उस एकता को तोड़ूँगा, निष्ठा को भ्रष्ट करूँगा। मैंने उसके लिए राह भी सोच ली है !

अजातशत्रु : कौन-सी राह है वह, महामंत्रीजी !

वस्सकार : बहुत ही सीधी-सी राह। मैं कल दरबार में वृज्जियों का प्रसंग उठाऊँगा और उनकी बड़ी तारीफ करूँगा। आप इसके लिए मुझे खूब फटकार बताएँगे। मैं इसके बावजूद, दो दिन बाद, वृज्जियों के पास गुप्तरूप से प्रेमोपहार भेजूँगा। आप उस दूत को पकड़वा लेंगे। पकड़कर मुझे राजद्रोही घोषित कीजिए, अपमानित कीजिए, मेरा सिर गंजा कराइए और मुझे मगध से निष्कासन की सजा दीजिए—बस, आपको सिर्फ इतना ही करना है, बाकी मैं कर लूँगा !

अजातशत्रु : **(चकित होकर)** सिर गंजा कराना ! महामंत्री, नहीं नहीं, मुझसे यह नहीं होगा।

वस्सकार : **(हँसकर)** गंजे सिर का प्रभाव देश पर कितना बढ़ रहा है, शायद सम्राट् ने इसी पर ध्यान नहीं दिया है ! और मुझे इस काम में जल्दी करनी है। भगवान बुद्ध के वैशाली जाने के पहले ही मुझे अपना जादू जगाना है—कौन जाने, अपनी स्वाभाविक अनुरक्ति के कारण भगवान उन्हें हमारी मंशा की खबर न कर दें ?

अजातशत्रु : महामंत्रीजी, यह क्या कह रहे हैं आप ?

वस्सकार : सम्राट्, भावुकता और राजधर्म साथ-साथ नहीं चला करते।

2

[वैशाली की अभिषेक-मंगल-पुष्करिणी—इसके पवित्र जल से वृज्जियों का राज्याभिषेक होता, अतः दूसरे के लिए इसके स्पर्श तक की सख्त मुमानियत—चारों ओर सख्त पहरे पड़े हैं—इसके जल में विहार करनेवाले पंछी बाहर न जाएँ इसके लिए पानी के ऊपर लोहे का जल में जाल लगा—

इस पुष्करिणी की शोभा का क्या कहना ? सरोवर में श्वेत, नील, लाल कमल खिले हुए—कमलों पर भौंरों का गुंजार—जहाँ-तहाँ जलपंछी किलोल कर रहे—जहाँ-तहाँ भावुक युवक-युवतियों का नौकाविहार—

सांध्य-भ्रमण के लिए आए वैशाली के नागरिक और नागरिकों का जमघट—कोई टहल रहा है, कोई पक्के घाट के संगमरमर के चबूतरे पर बैठा है, कोई बादलों के साथ डूबते हुए सूरज की आँखमिचौनी देख रहा है, तो कोई कमलों पर उनकी किरणों का खिलवाड़ निरख रहा है—कहीं-कहीं गपशप भी चल रही है—

एक चबूतरे पर महामंत्री वस्सकार अकेला बैठा है—भिक्षुकों-सा है वेश उसका—सिर के बाल मुँडे, पीला लबादा तन पर, हाथ में एक सुमरनी—उसका ध्यान न सरोवर पर है, न अस्ताचलगामी सूरज पर, न बादलों

पर—वह टहलनेवाले नागरिकों में से एक-एक को घूरता है—जैसे उनके चेहरों को पढ़ने की कोशिश कर रहा है—बीच-बीच में सुमरनी तेजी से घुमाता वह बुदबुदा उठता है—

एक नागरिक को अकेला, सिर नीचा किए टहलता देखकर वह उसके निकट जाता है—उस नागरिक की कमर से लंबी तलवार लटक रही है, पीठ पर ढाल है—उसके चेहरे से अभिमान और औद्धत्य टपक पड़ता है—]

वस्सकार : क्यों, आर्य अश्वसेन, आप उदास क्यों दीखते हैं ?

अश्वसेन : ओहो, मगध के महामंत्री, नमस्ते ।

वस्सकार : नमस्ते आर्य ! आपके चेहरे पर यह उदासी क्यों है ?

अश्वसेन : **(आश्चर्य से)** उदासी ? उदासी कहाँ है ? यों ही कुछ सोच रहा था । कहिए, आपको वैशाली कैसी पसंद आ रही है ?

वस्सकार : **(आनंद में)** वैशाली ? त्रिभुवन-सुंदरी नगरी ! क्या कहना है ! मैं इस नगरी का पुराना प्रेमी हूँ और उसी प्रेम का फल ··· ! **(बनावटी उदासी लाकर उसाँसें लेता है)**

अश्वसेन : **(उत्तेजित स्वर में)** हाँ, हाँ, उस नर-पिशाच अजातशत्रु ने इस वैशाली-प्रेम के कारण आपके साथ जो क्रूर व्यवहार किया है, क्या हम वृज्जि उसे भूल सकते हैं ? हम इसका बदला एक दिन उससे चुकाकर रहेंगे ।

वस्सकार : आह ! वह दिन मुझे देखने को मिलता !

अश्वसेन : मिलेगा, जरूर मिलेगा । आपका अपमान वृज्जिसंघ के हर नागरिक के दिल में काँटे-सा चुभ रहा है । आपको देखकर किस नागरिक के हृदय में प्रतिशोध की ज्वाला नहीं धधक उठती ? किसकी आँख से खून के आँसू नहीं टपकने लगते ? उफ्, उसने आपके सिर के बाल तक मुँड़वा डाले ! नरपिशाच ! !

वस्सकार : नरपिशाच तो है ही । खैर, उसने बाल मुँड़वा दिए, अच्छा ही किया । मैं भगवान बुद्ध की शरण के समीप तो हो गया । **(अपने गंजे सिर पर हाथ फेरता है)** अब सिर्फ भिक्षापात्र की कमी है ! **(ऊपर देखकर कुछ मंत्र बुदबुदाता है)**

अश्वसेन : भिक्षापात्र नहीं, शासन-सूत्र ! जब तक आपके हाथ में मगध का शासन-सूत्र नहीं आ जाता, हम चैन नहीं लेंगे । खैर, मजे से आप हैं न ? कोई कष्ट तो नहीं ?

वस्सकार : वैशाली में कष्ट ? **(कुछ रुककर)** लेकिन मैं अब सोचने लगा हूँ, वैशाली आकर मैंने अच्छा नहीं किया ।

अश्वसेन : ऐसा क्यों मंत्रिवर ?

वस्सकार : जिसकी पूजा आदमी करे, उससे दूर रहना ही श्रेयस्कर है । दूरत्व हमारी श्रद्धा को मजबूत करता है, निकटता तो उचाट-सी ला देती है । अतिपरिचयादवज्ञा ···

अश्वसेन : तो वैशाली से आपका जी उचट रहा है ?

वस्सकार : उचाट ही कहिए । यहाँ कुछ चीजें ऐसी देख रहा हूँ, जिससे सोचता हूँ, यहाँ न आना ही ठीक होता । आदमी जिसके साथ हृदय की गहराई से प्रेम करता है, उसमें तनिक-भी त्रुटि देखना पसंद नहीं करता ।

अश्वसेन : आपने यहाँ कोई त्रुटि देखी है क्या ?

वस्सकार : जाने दीजिए इन बातों को । लकड़ी पर रंदा देने से वह चिकनी होती है, बात पर रंदा देने से वह रुखड़ी ही होती है । आह ! कहाँ भगवान बुद्ध के मुँह से वह तारीफ और कहाँ वैशाली के नागरिकों का यह ··· **(बड़ी लंबी साँस लेता है और गर्दन जोरों से हिलाने**

लगता है)

अश्वसेन : यह, यह क्या, बोलिए !

वस्सकार : मत कहलाइए मुझसे आर्य; जाने दीजिए । आइए, हम-आप भी बैठकर संध्या का यह मनोरम दृश्य देखें, जिस तरह सब देख रहे हैं । जिंदगी में बहुत चीजों के भूल जाने में ही कल्याण है, आर्य !

अश्वसेन : नहीं, नहीं, आपको कहना पड़ेगा ।

वस्सकार : **(सिर ऊपर उठाकर)** भगवान बुद्ध, तुम्हारी शतशः प्रशंसित नगरी की यह दशा ! **(अश्वसेन से)** कहूँ, आप नाराज तो नहीं होंगे ?

अश्वसेन : आप पर नाराज ? यह क्या बोल रहे हैं, मंत्रिवर !

वस्सकार : मुझ पर ! मेरी तो आप गर्दन भी काट लें, तो मैं सौभाग्य समझूँ । वैशाली के एक नागरिक के हाथ से मृत्यु पाने से बढ़कर सौभाग्य की बात और क्या हो सकती है ? आर्य ?

अश्वसेन : तो क्या बात है ?

वस्सकार : अच्छा सुनिए, लेकिन, फिर प्रार्थना है, नाराज मत होइएगा । इसी शर्त पर मैं कह रहा हूँ । **(उँगली से दिखाते हुए)** आप उन्हें पहचानते हैं ?

अश्वसेन : कौन वह ? वह तो वसुबंधु हैं ।

वस्सकार : आपसे उनका कोई झगड़ा है ?

अश्वसेन : झगड़ा ? वैशाली के नागरिक आपस में नहीं झगड़ते ।

वस्सकार : कोई खानदानी दुश्मनी ?

अश्वसेन : आप यह क्या कह रहे हैं ?

वस्सकार : इसलिए न कहा कि जाने दीजिए, मुझसे मत पूछिए । नहीं-नहीं, मुझे वैशाली छोड़ देना चाहिए और किसी अरण्य में जाकर जप-तप करना चाहिए । भगवान बुद्ध ! जल्द मुझे अपनी शरण में ले लो । **(झट ध्यानमग्न होने का बहाना करता है, फिर किसी अलक्षित शक्ति को नमस्कार करता-सा दीखता है)**

अश्वसेन : महामंत्री, आपको यह रहस्योद्‌घाटन करना ही होगा ।

वस्सकार : नहीं, नहीं, मैं परदेश में हूँ । मुझे इन झंझटों में नहीं पड़ना चाहिए । मैं आपसे कहूँ, आप उनसे पूछें, वह फिर मुझसे पूछें । यों बातें बढ़ें, एक विषाक्त वृत्त तैयार हो । अब दुनिया की झंझटों में मुझे नहीं पड़ना है—जाने दीजिए इन बातों को ।

अश्वसेन : इसमें पूछताछ का कहाँ सवाल उठता है, महामंत्री ? वैशाली के नागरिक अपने उन महान अतिथि की बात आँखें मूँदकर मानेंगे, जो उन्हीं के लिए इतनी पीड़ा पा रहे हैं । आप कहिए ।

वस्सकार : तो आप धीरज से सुनें, गुस्सा मत हों । न जाने, वसुबंधुजी को आपसे कौन-सी खानदानी दुश्मनी या व्यक्तिगत अनबन है !

अश्वसेन : **(बीच ही में बात काटकर)** मैंने आपको पहले ही कह दिया कि मुझसे उनकी किसी तरह की दुश्मनी या अनबन नहीं है ।

वस्सकार : तो क्या उनका कहना ठीक है ?

अश्वसेन : क्या ?

वस्सकार : भगवान बुद्ध ! तुम्हीं को साक्षी रखता हूँ, मेरी जिह्वा ठीक वे ही कहें, जिन्हें कानों से सुना है । काश ! ये बातें झूठी होतीं !

अश्वसेन : **(झुँझलाकर)** यह क्या पहेली बुझा रहे हैं, महामंत्री ? मैं बच्चा नहीं हूँ ।

वस्सकार : मैं कहता हूँ, एक बच्चा भी इसे बर्दाश्त नहीं कर सकता। वह भी इसे सुनकर कहनेवालों की आँखें झपट्टा मारकर निकाल लेना चाहेगा। आदमी अपनी बहादुरी पर लानत शायद बर्दाश्त भी कर ले, परंतु अपने खानदान पर···· **(दाँत से जीभ काटता है)**

अश्वसेन : बहादुरी पर लानत ! खानदान पर···ऐं **(उसकी भवों पर तेवर चढ़ जाते हैं)**

वस्सकार : मैंने पहले कहा था, क्रोध मत कीजिए, पहले धैर्य से सुनिए। वीर सुनने में धीरज रखते हैं, जल्दी तो बदला लेने में की जाती है !

अश्वसेन : **(गुस्से से)** क्या वसुबंधु ने मुझे गाली दी है ?

वस्सकार : आर्य अश्वसेन, मैं तो इसे गाली से भी बुरी चीज समझता हूँ। किसी को कायर कह देना, फिर उसकी कायरता को खानदानी बताना—किसी के मरे हुए बाप-दादों की पगड़ी उछालना, राम, राम !

अश्वसेन : **(उत्तेजना में तलवार खींच लेता है)** बोलिए, मंत्रिवर, उसने क्या कहा? आज यह तलवार उसके सिर पर नाचेगी।

वस्सकार : आह ! इसी तलवार पर तो बात चली। कल उनसे मेरी बातें हो रही थीं। मैंने आपकी चर्चा की—कहा, तीर तो सभी चला सकते हैं, लेकिन तलवार के हाथ में अश्वसेनजी का मुकाबला कोई नहीं कर सकता।

अश्वसेन : **(फख़्र से)** आपने सही कहा, महामंत्री। वृज्जिसंघ में मेरी तलवार का कोई मुकाबला नहीं कर सकता।

वस्सकार : मैंने खुद देखा है—विजयोत्सव के दिन आपके हाथ के जो करतब देखे, क्या उन्हें कभी भूल सकता हूँ। लेकिन, देखिए, वसुबंधुजी की हिमाकत। आपकी तारीफ मेरे मुँह से सुनते ही चिल्ला पड़े····

अश्वसेन : जल्दी कहिए, वह क्या बोला— **(तलवार हिलाता है)**

वस्सकार : **(ऊपर देखते)** भगवान बुद्ध, मुझसे सच ही कहलाना। **(अश्वसेन से)** वह चिल्लाकर बोले, अश्वसेन तलवार क्या चलाएगा, वह तो कायर है ! वही क्या, उसकी सात पुश्त···· **(रुककर)** माफ कीजिए, कहते मुझे शर्म आती है, गुस्से से मेरा बूढ़ा शरीर भी काँप उठता है। **(शरीर कँपाने लगता है)**

अश्वसेन : काफी है महामंत्री, अब वह देखे कि मैं बहादुर हूँ या कायर; और स्वर्ग में जाकर मेरे बाप-दादों से भी आजमाइश कर ले !

[अश्वसेन तलवार घुमाते उस ओर दौड़ने जा रहा है कि वह उसे रोकने की बनावटी चेष्टा में कहता है—]

वस्सकार : सुनिए, सुनिए !

अश्वसेन : नहीं-नहीं, मैं सुन नहीं सकता ! उसने मेरे खानदान····

वस्सकार : आपका सोचना ठीक है, कोई भी योग्य संतान अपने खानदान का अपमान बर्दाश्त नहीं कर सकती ! जो बर्दाश्त करे, वह इंसान नहीं है। लेकिन सुनिए····

अश्वसेन : नहीं, नहीं—

[वह वसुबंधु की ओर तेजी से दौड़ पड़ता है—वसुबंधु प्राकृतिक दृश्यों के देखने में तल्लीन है—उसके पास जाते ही वह बोल उठता है—'उठो, सँभालो, तलवार निकालो'— अकारण अपनी मानसिक आनंद-प्राप्ति में बाधा पड़ते देख वसुबंधु भी कुछ क्रोध में आ जाता है, कहता है—

वसुबंधु : यह तुम क्या बक रहे हो ?

अश्वसेन : बक रहा हूँ? उलटे कहते हो, बक रहा हूँ! **(गरजकर)** सँभलो, तलवार निकालो! **(तलवार उसके सिर पर उठाता है)**

वसुबंधु : क्या पागल हो गए हो?

अश्वसेन : मैं पागल! पागल! हूँ, तो लो—सँभलो, एक···दो ···तीन ···

[वह तलवार चलाता है—वसुबंधु हाथ उठाकर तलवार रोकना चाहता है—तलवार लगते ही उसका हाथ कटकर दो टूक हो जाता है—हाथ को काट उसकी खोपड़ी पर तलवार गिरती है। एक चीख के साथ वह जमीन पर गिर जाता है—खून का फव्वारा चलने लगता है—

उसके गिरते ही, वस्सकार, जो अलग खड़ा तमाशा देख रहा था, वहाँ से गायब हो जाता है—चीख सुन नागरिक उधर दौड़ते हैं और अश्वसेन को पकड़ लेते हैं—थोड़ी देर हलचल रहती है—फिर घायल वसुबंधु और अपराधी अश्वसेन को लेकर लोग संधागार की ओर रवाना हो जाते हैं—सरोवर के घाटों पर सन्नाटा छा जाता है—

झुटपुटे के अंधकार में अम्बपाली दिखाई पड़ती है—उसके परिधान में सादगी है—जूड़े पर, हाथों में कुछ फूल के गहने—गले में फूल की हल्की माला—उसके पीछे चयनिका है—अम्बपाली चबूतरे पर बैठकर, उदास मुद्रा में कहती है—]

अम्बपाली : वैशाली के दिन अच्छे नहीं दीखते, चयनिके! आज जो कुछ हुआ, वह हमारे लिए खतरे की घंटी है।

चयनिका : हाँ, भद्रे, वैशाली में ऐसा दृश्य कभी नहीं देखा गया।

अम्बपाली : मुझे तो इस घटना के पीछे किसी के अदृश्य हाथ दिखाई पड़ते हैं। वैशाली के नागरिक अपनी तलवार अपने भाइयों के सिर पर चलाएँ, यह महान आश्चर्य की बात है!

[उसी समय वृज्जिसंघ के महामात्य चेतक दिखाई पड़ते हैं—गोरे रंग के, लंबे वृद्ध पुरुष—सुफेद दाढ़ी, सिर से सुफेद बालों की लटें कंधे तक लटक रहीं—कंधे से घुटने तक एक सुफेद लबादा—चिंता से ओतप्रोत है उनका चेहरा—वह अम्बपाली की बातें सुन रहे थे—प्रकट होकर कहते हैं—

महामात्य चेतक : आपका कहना बिलकुल सही है, आर्ये!

अम्बपाली : **(ससंभ्रम खड़ी होती हुई)** महामात्य, आज यह क्या हो गया?

महामात्य चेतक : यह आज नहीं हुआ है, इसके लिए कुछ दिनों से क्षेत्र तैयार किया जा रहा था, देवि।

अम्बपाली : कुछ दिनों से?

महामात्य चेतक : हाँ, देवि! वैशाली के जीवन-सरोवर में एक गंदी मछली घुस आई है, हमारे नागरिकों के सम्मिलित परिवार की टोकरी में एक सड़ी नारंगी आ गई है—पानी जहरीला बन रहा है, एक-एक नारंगी सड़ती जा रही है!

अम्बपाली : उस मछली को निकाल डालिए, उस नारंगी को फेंक दीजिए— आप हमारे महामात्य हैं; आपको सब अधिकार है।

महामात्य चेतक : यही गणतंत्र की दुर्बलता है। आप जानते हुए भी तब तक कुछ नहीं कर सकते, जब तक बहुमत को आप पक्ष में न कर लीजिए। और जो बुरे हैं, वे भले से कहीं ज्यादा काइयाँ होते हैं न।

अम्बपाली : यह अजीब बात।

महामात्य चेतक : हाँ, अजीब बात होने पर भी यथार्थ बात यही है। **(कुछ ठहरकर, बड़ी ही गंभीरता से)**

मेरा माथा तो उसी दिन ठनका, जिस दिन सुना कि मगध के महामंत्री वैशाली का पक्ष लेने के लिए निकाल दिए गए हैं और वह वैशाली आ रहे हैं। मंत्री का पद कोई दरबान का पद नहीं है कि आप जिसे आज रखें, कल निकाल दे सकें। योग्यता की सर्वश्रेष्ठता और भक्ति की पराकाष्ठा ही किसी को उस महान पद पर पहुँचा सकती है और वहाँ पहुँचकर आदमी राज्य की इतनी गुप्त बातें जान जाता है कि यदि ऐसा मौका आ गया तो उस पद से हटाने के बाद उसे दुश्मन के घर में जाने का मौका तो दिया ही नहीं जा सकता। दंडित मंत्री का स्थान फाँसी का तख्ता होगा या कैदखाने की कालकोठरी—देशनिष्कासन की गलती तो की ही नहीं जा सकती !

अम्बपाली : **(आश्चर्य में)** तो आपको शंका है, मगध के महामंत्री का इसमें हाथ है ?

महामात्य चेतक : शंका नहीं, निश्चय है। जब वह वैशाली आए, हमारे नागरिकों के आनंद की सीमा न रही। परमहितैषी, हार्दिक मित्र मानकर उनका धूमधाम से स्वागत हुआ। लोगों में आनंद का ऐसा ज्वार आया था कि वे बुद्धि की बात सुन नहीं सकते थे। मैंने इसमें खतरा देखा, उनके पीछे गुप्तचर रखा। गुप्तचर ने जो खबरें दी हैं, उनका एक प्रत्यक्ष प्रमाण भी आज हमें मिल गया।

अम्बपाली : **(आश्चर्य में आँखें फाड़ती)** अरे !

महामात्य चेतक : हाँ, बड़ी चालाकी से उन्होंने जाल बिछाया है। मान लीजिए, दो नागरिक बड़े दोस्त हैं, आपस में घुल-मिलकर बातें कर रहे हैं। उसी समय उनमें से एक को वह अलग बुलाएँगे, यह कहकर कि एक जरूरी बात दरियाफ्त करनी है। और उसे बुलाकर महज मामूली बात पूछेंगे—'क्यों जी, लोग खेत जोतते हैं ?' 'आज आपने दाल कौन-सी खाई ?' 'आप कितने भाई हैं ?' आदि। लेकिन ये बातें भी इस संजीदगी से करेंगे कि उसका साथी सोचेगा, महामंत्री से कुछ गहरी, महत्त्वपूर्ण बातें हो रही हैं। उसके मन में संदेह पैदा होगा। और जब उसका साथी पहुँचकर यह कहेगा कि मगध के महामंत्री ने सिर्फ ये मामूली बातें की हैं, उसका संदेह पक्का हो जाएगा—दोनों का दिल टूटेगा, मैत्री वैर में परिणत हो जाएगी !

अम्बपाली : **(काँपती हुई)** चालाकी की हद है !

महामात्य चेतक : यही नहीं, धनी-गरीब, ऊँच-नीच, वीर-कायर आदि तरह-तरह के भेदभाव के सवाल उठाकर वह हमारी एकता को छिन्न-भिन्न करने पर तुले हुए हैं। इस हत्याकांड के ठीक पहले आर्य अश्वसेन से उनकी बातें हो रही थीं—जरूर, उन्हीं के उकसाने से यह कांड हुआ है !

अम्बपाली : और, देखने में कितने साधु लगते हैं, हमेशा बुद्ध भगवान का नाम लेते हैं।

महामात्य चेतक : ऐसे लोगों का साधुपन उनकी ढाल होती है, और भगवान का नाम उनकी तलवार ! सीधा शिकार सिर्फ शेर करता है, और सभी जानवर, जिनका आदमी सिरताज है, हमेशा आड़ लेकर निशाना लेते हैं, भद्रे !

अम्बपाली : महामात्य, संघ का भार आपके सिर है। ऐसे आदमियों से संघ को बचाना आपका कर्तव्य है। आप इन्हें गिरफ्तार क्यों नहीं करा लेते ?

महामात्य चेतक : अगर आज मैं इन्हें गिरफ्तार कराऊँ, वृज्जिसंघ में हलचल मच जाएगी। यह शहीद बन जाएँगे। इनका पक्ष और विपक्ष लेकर आंदोलन खड़ा होगा। और इसके बाद अजातशत्रु जरूर हमारे देश पर चढ़ दौड़ेगा। मुझे जो खबर मिली है, वह इसके लिए तैयारियाँ भी कर रहा है।

अम्बपाली : **(आश्चर्य से)** क्या वह वैशाली पर चढ़ाई करनेवाला है ?

महामात्य चेतक : मुझे खबर तो यहाँ तक मिली है कि उसने इसके लिए पाटलिग्राम के निकट सेनाएँ इकट्ठी कर रखी हैं, गंगा पार करने के लिए बेड़े तैयार कर लिए हैं और अब सिर्फ उपयुक्त समय की प्रतीक्षा में है ।

अम्बपाली : आह ! देवपुरी वैशाली ! इस पर राक्षस का शासन होगा ? इसे बचाइए, महामात्य ! **(व्याकुल-सी हो जाती है)**

महामात्य चेतक : मैं इसके लिए सयत्न हूँ; पर आपकी जिम्मेवारी भी इस बारे में कम नहीं है, आर्ये ! जो काम अधिकार से नहीं किया जा सकता, वह प्रेम से आसानी से कराया जा सकता है । आपके पास नौजवानों का दिन-रात प्रवेश है । आप उनकी ओर ध्यान दीजिए । नीति से कला का असर ज्यादा होता है । और, वह कला व्यर्थ है जो मातृभूमि के, संकट-काल में काम न आए । आप अपनी कला का उपयोग इस काम में करें । अगर नौजवानों का हृदय ठीक रहे, उनमें पारस्परिक एकता और प्रेम हो, उनमें आदर्श पर उत्सर्ग होने की भावना बनी रहे, तो फिर उस देश या जनपद को कोई भी पराजित नहीं कर सकता ।

अम्बपाली : आपने सही कहा, महामात्य ! आपकी आज्ञा सिर-आँखों पर । कुछ दिनों से मैं व्याकुल-सी थी—मेरा यह सौंदर्य, यह कला, क्या सिर्फ मनोरंजन की चीज है ? तुच्छ मनोरंजन ! !....

महामात्य चेतक : मनोरंजन तुच्छ चीज नहीं है, भद्रे ! मनोरंजन जिंदगी की एक अहम जरूरत है । जहाँ मनोरंजन नहीं, वहाँ जीवन नहीं । आपके द्वारा वैशाली की तरुण पीढ़ी जीवन पाती रही है—जिंदादिली ही जिंदगी है, भद्रे ! लेकिन हर चीज के उपयोग पर सामयिकता की छाप होनी चाहिए । आग रोशनी देती है, जलाती भी है । कला सुलाती है, तो जगाती भी है । अपने नागरिक जीवन के गोरखधंधों से परेशान नागरिकों को आज तक आपने नृत्य और संगीत की मधुर नींद दी—क्षीण शक्ति के पुनः संचय के लिए मौका दिया । लेकिन, आज सतत जाग्रत रहने का समय है । आज उसी कला को जागरण का शंखनाद करने दीजिए ।

अम्बपाली : **(गर्व-मिश्रित स्वर में)** ऐसा ही होगा, महामात्य ! अम्बपाली सिद्ध कर देगी, वह गौरी ही नहीं, दुर्गा भी है । वह सोहनी ही नहीं, भैरवी भी सुना सकती है ।

महामात्य चेतक : **(आशीर्वादात्मक ढंग से हाथ उठाते)** तथास्तु !

3

[वैशाली का संघागार और उसके सामने का विस्तृत मैदान—संघागार के गुंबदों से शंख और भेरी की ध्वनि हो रही है—

अजातशत्रु की सेना वैशाली पर चढ़ाई करने को आ रही है, उसी का सामना करने के लिए नागरिकों का यह आह्वान किया जा रहा है—

इस ध्वनि को सुनकर धीरे-धीरे नागरिक मैदान में आते हैं—लेकिन इनमें उत्साह का कोई लक्षण दिखाई नहीं देता—न जयनाद है, न भुजाओं की उछाल—एक-दूसरे को यों देख रहे हैं जैसे पुराना बैर चुकाने का मौका मिला हो—एकाध जगह उत्साह की तरंग देखी भी गई, एकाध बार जयनाद भी हुआ, तो वह निराशा के गहरे गर्त में तुरंत विलीन हो गया—

संघ के महामात्य चेतक संघागार से निकलकर सभामंच पर आते हैं और नागरिकों को देखते हैं—देखते ही उनका चेहरा उतर आता है—भर्राई आवाज में नागरिकों को संबोधित करते हैं—]

महामात्य चेतक : नागरिको, क्या आपको मालूम है, यह शंख क्यों फूँका गया है? यह भेरी क्यों बजाई गई है? हमारे वृज्जिसंघ के पुराने शत्रु अजातशत्रु ने हम पर चढ़ाई की है।

एक नागरिक : क्यों अजातशत्रु हम पर चढ़ाई करेगा?

दूसरा नागरिक : चढ़ाई की है, तो उससे हमारा क्या?

तीसरा नागरिक : क्या हमारी तरफ से उसे छेड़ा गया है?

महामात्य चेतक : बस, बस, नागरिको! मैं आज का समाँ देखकर ही दंग हूँ। यही वैशाली है, यही संघागार और उसका मैदान है। शंखनाद होते ही वैशाली के घरों में कोई भी नौजवान नहीं रहता था। सभी अस्त्र-शस्त्र से सुसज्जित यहाँ इकट्ठे हो जाते थे। तीसरी बार भेरी बजते-न-बजते इस विस्तृत मैदान में तिल धरने की जगह नहीं रह जाती थी। नागरिकों के जयनाद, शस्त्रों की झनझन, घोड़ों की हींस और हाथियों के चिग्घाड़ से आसमान गूँज उठता था। सब कहते थे, संघ पर क्या संकट आया? सब पूछते थे, संघ का कौन दुश्मन है—हम उसका शमन करेंगे, हम उसकी आँख निकाल लेंगे। और आज वही वैशाली—आह वैशाली! **(उनका गला भर आता है)**

एक नागरिक : लेकिन हमें पूछने का हक है?

दूसरा नागरिक : हमें युद्ध का औचित्य तो मालूम होना चाहिए।

तीसरा नागरिक : हिंसा मानवेय कर्तव्य नहीं, यह राक्षसी वृत्ति है।

[ऐसे सवालों को सुनकर कुछ नागरिक, जिनमें जोश और उत्साह था, लेकिन उमाड़ा न था, तमतमाकर खड़े होते हैं—लेकिन, उन्हें बोलने के पहले ही महामात्य चेतक हाथ के इशारे से रोक देते हैं और शांत भाव से कहते हैं—]

महामात्य चेतक : नागरिको, गणतंत्र के मानी ही यह है कि हर नागरिक राज्य के कामों में अपने को हिस्सेदार समझे—अपनी जिम्मेवारी निभाए, संघ के पदाधिकारियों से जिम्मेवारी वसूल करे। किंतु आज तो अजीब सवाल पूछे जा रहे हैं। संघ ने युद्ध नहीं छेड़ा है कि आप उससे औचित्य का उत्तर माँगें। युद्ध का औचित्य पूछना है, तो आप अजातशत्रु से पूछें—इसीलिए तो संघ ने आपका आह्वान किया है। लेकिन याद रखिए, चढ़ाई करनेवाले दुश्मन से आप जबान से नहीं पूछ सकते, ऐसी जबानों को वह तराश लेगा। आक्रमणकारी एक ही जबान समझता है, वह है प्रत्याक्रमण में उठाई गई तलवार की झनझन या चलाए गए तीर की सनसन की।

[महामात्य के इस कथन पर उत्साही दल में और जोश आ जाता है, उनमें से नागरिक उठकर कहने लगते हैं—]

एक नागरिक : हम तलवार की जबान से ही उसे समझाएँगे।

दूसरा नागरिक : हम उसे उसकी गुस्ताखी का मजा चखाएँगे।

तीसरा नागरिक : बोलो, वृज्जिसंघ की जय, गणतंत्र की जय, वैशाली की जय!

[जयजयकार करनेवालों की संख्या बढ़ती जाती है—चारों ओर हलचल और सरगर्मी दिखाई पड़ती है—जिस नागरिक ने पहले विरोध की आवाज उठाई थी, वह आगे बढ़ता, सभामंच के निकट जाता और नागरिकों को सुनाकर कहता है—]

पहला नागरिक : महामात्य, क्या मुझे नागरिकों को संबोधित करने की आज्ञा मिल सकती है?

महामात्य चेतक : निश्चय ही! संघ ने सब नागरिकों को बोलने-चलने का समान अधिकार दे रखा है। बोलिए—

पहला नागरिक : नागरिक भाइयो, हमें अपने गण पर नाज है, अपने संघ पर नाज है। अपनी प्यारी वैशाली और प्यारे वृज्जिसंघ पर आए संकट को टालने के लिए जो योग न दे, उसकी जिंदगी पर लानत ! **(कुछ नागरिक उत्साह में 'वृज्जिसंघ की जय' चिल्लाते हैं—वह तमककर कहता है)** ठहरिए, अधीर मत होइए, बुद्धि से काम लीजिए। अगर वृज्जिसंघ और वैशाली प्यारी चीज हैं, तो आदमी की जान भी कम कीमती नहीं। आदमी की जान संसार में सबसे कीमती चीज है—सबसे प्यारी। इसीलिए हम दूसरे की जान लेने और जान देने के पहले थोड़ा सोच लें।

एक नागरिक : तुम कायर हो !

पहला नागरिक : महामात्य, गालियों को रोकिए; किसी को हक नहीं कि वह दूसरे को कायर कहे—

[चारों ओर उत्तेजना का वातावरण—महामात्य हाथ के इशारे से उन्हें शांत करते हैं—]

महामात्य चेतक : नागरिको, आप धैर्य न खोएँ। इन्हें पूरी बात कहने दीजिए। **(पहले नागरिक से)** आप जारी रखें—

पहला नागरिक : मैं कह रहा था, जो काम हम करने जा रहे हैं, उस पर जरा गौर से सोच लें। हम अपने गण पर, अपने संघ पर, अपनी वैशाली पर अपने को बलिदान करने जा रहे हैं। वैशाली या वृज्जिसंघ क्या है, अगर वह एक आदर्श का प्रतीक नहीं हो। इस आदर्श के निर्माण के लिए हमारे पूर्वजों ने क्या-क्या नहीं किया? उसी आदर्श को देखकर भगवान बुद्ध ने हमें देवता कहा था। लेकिन, वह आदर्श आज कहाँ है? हम उस उज्ज्वल आदर्श को खोकर जमीन पर ढकेले गए देवता-ऐसे हो गए हैं। हमारे नागरिक एक-दूसरे की निंदा करते हैं, एक-दूसरे से मर्म छिपाते हैं, एक-दूसरे की बुराई चाहते हैं, एक को कायर कहते हैं—भिखमंगा बताते हैं—**(कई ओर से आवाजें आती हैं)** —'यह झूठी बात है', 'बिलकुल झूठ', 'नहीं-नहीं, सही बात', 'उस दिन तुमने मुझे भिखमंगा बताया', 'तुमने मुझे कायर कहा', 'वीर लड़ें, हम कायर क्यों लड़ें?' 'भिखमंगे क्यों लड़ें, जिन्हें धन बचाना है, लड़ें, तुम्हारी जबान कट जाए', 'तुम्हारी जिंदगी पर लानत !'

महामात्य चेतक : **(ऊँची आवाज में)** शांत नागरिको, शांत! **(पहले नागरिक से)** आपको जो कुछ कहना है, शीघ्र कहिए—

पहला नागरिक : भाइयो, मैं इस नाजुक मौके पर अब ज्यादा वक्त नहीं लेना चाहता। सिर्फ एक बात कहूँगा। एक तरफ तो यह हालत है, दूसरी ओर दुश्मन को देखें। आप जानते हैं, मगध-सम्राट् अजातशत्रु अब पुराना अजातशत्रु नहीं रह गया है। अब वह भगवान बुद्ध का अनुयायी है। दिन-रात गृध्रकूट की ओर उसका ध्यान लगा रहता है। वह आधा भिक्षु बन चुका है। मगध के आधे खून ने उससे ऊधम कराए, अब हमारा रक्त उस पर हावी है। उसके शरीर में जो वृज्जिरक्त है, वह उसे सुकर्म पर ले जा रहा है। फिर वह हम पर क्यों चढ़ाई करेगा? अगर की है, तो जरूर हम लोगों ने कुछ उत्तेजना दी है, उसे तंग किया है, लाचार किया है। इसलिए, हमें उसके खिलाफ फौज न भेजकर समझौते के लिए दूत भेजना चाहिए, उससे सुलह कर लेना चाहिए—**(बोलकर हट जाता है)**

एक नागरिक : बहुत ठीक, हम हिंसा से भी बच जाएँगे।

दूसरा नागरिक : तुम दोनों कायर हो, जनद्रोही, गणद्रोही, देशद्रोही !

[फिर नागरिकों में आपस का तू-तू-मैं-मैं मच जाती है—हल्ला-गुल्ला मच जाता है—महामात्य बार-बार उन्हें शांत करने की कोशिश कर रहे हैं।

अचानक लोग अम्बपाली को देखते हैं—अजीब है वेश उसका—शरीर पर जिरहबख्तर—सिर के लहराते बाल के ऊपर शिरस्त्राण—पीठ पर ढाल, कमर में तलवार लटक रही—एक हाथ में बर्छा, जिसकी फली के नीचे वैशाली का झंडा लहरा रहा—

उसे इस रूप में देखते ही सब आश्चर्यचकित रह जाते हैं—आपस का विवाद रुक जाता है, सब चुप हो जाते हैं—इस जमाव को वह आँख घुमाकर देखती है, फिर महामात्य की आज्ञा ले, ओजस्वी शब्दों में बोलती है—]

अम्बपाली : वृज्जिसंघ के नागरिको, वैशाली के सपूतो ! मेरे इस रूप को देखकर आप चकित हो रहे हैं। नारी का यह रूप नहीं, राजनर्तकी के भी अनुरूप नहीं ! आपका चकित होना उचित ही है। लेकिन, आप सोचिए तो कि मुझे यह रूप क्यों धारण करना पड़ा है ? क्यों उन हाथों में आज तलवार है, जिनमें कल तक वीणा थी ? क्यों उस मस्तक पर शिरस्त्राण है, जिस पर फूलों के गुच्छे लटकते थे ? जिस वक्षःस्थल पर कल तक पारिजात की मालाएँ होती थीं, उस पर आज यह जिरहबख्तर देखकर आप चकित न हों, यही आश्चर्य है। किंतु, आप सोचिए तो, ऐसा क्यों हुआ ?

[वह चुप हो जाती है—चारों तरफ सन्नाटा है—सब एक-दूसरे का मुँह देखते हैं—अम्बपाली फिर बोलती है—]

: नागरिको, आप नहीं बोल रहे हैं। आप शायद नहीं सोच पा रहे हैं ? या आप अपने पर शर्मिंदा हो रहे हैं ? हाँ, यह शर्म की बात है, लज्जा की बात है कि जब दुश्मन हमारे द्वार पर पहुँच चुका है, जब उसकी तलवार हमारी गर्दन छू रही है, उसके तीर हमारी छाती में घुसने को हैं, हम यहाँ विवाद कर रहे हैं कि हम युद्ध करें या नहीं करें, लड़ाई अच्छी चीज है या बुरी, इसमें हिंसा है या अहिंसा ? हम कितने पतित हो चले हैं और हमारा दुश्मन कितना भला है, इसकी नाप-तौल भी हम आज ही कर लेना चाहते हैं। कैसी आत्मवंचना ! आत्महत्या का कैसा सुंदर प्रयत्न ! ! कहा जाता है, अजातशत्रु आधा भिक्षु हो चुका है ? क्या भिक्षुओं की सेना तलवार लेकर चलती है ? गाँवों को जलाती है ? फसलों को रौंदती है और आदमी के खून से जमीन को सींचती है ?

[लोगों में सनसनी छा जाती है—चेहरों पर गुस्से की झलक स्पष्ट हो जाती है—बाँहें फड़कने लगती हैं—लोगों की इस परिवर्तित भावना को देख जैसे गरम लोहे पर हथौड़े की चोट देती अम्बपाली ओजस्वी शब्दों में कहती है—]

: यह भी कहा गया है कि अब उस पर वृज्जियों का रक्त हावी है। नागरिको, जिस दिन अजातशत्रु ने—जिसकी कोख से पैदा हुआ, जिसके दूध पर वह पला, उस वृज्जिकुमारी महारानी चेल्लना को तड़प-तड़पकर मरने को लाचार किया, उसी दिन उसके शरीर का वृज्जिरक्त सूख चुका ! पितृहंता, मातृहंता के शरीर में भी जो वृज्जिरक्त का प्रवाह देखते हैं, क्या वे वृज्जियों के रक्त का अपमान नहीं कर रहे हैं ? वृज्जियों का रक्त देवरक्त है, वह राक्षस के शरीर में बह नहीं सकता !

नागरिकों की आवाजें : अजातशत्रु राक्षस है ! वह पितृहंता है। हम उसे सबक सिखाएँगे। हम महारानी चेल्लना का बदला चुकाएँगे। आदि-आदि।

महामात्य चेतक : शांत ! शांत ! देवि, आप अपनी बात कहें !—

अम्बपाली : फिर यह कहा गया है, हमने आदर्श खो दिया ! जरूर खो दिया—जिसका प्रत्यक्ष प्रमाण

हमारे सामने है। हममें यह नैतिक पतन! लेकिन, सोचिए, ऐसा क्यों हुआ? कुछ दिन पहले तो यह बात नहीं थी। इन कुछ दिनों में ही यह कौन-सा जादू हो गया! कौन-सा जादू हुआ, किसने यह जादू किया? जिसने भाई के दिल में घुसकर भाई का प्रेम वहाँ से हटाया, जिसने उस दिन अभिषेक-मंगल-पुष्करिणी को खून से अपवित्र करवाया, वह कौन जादू है, वह कौन-सा जादूगर है? **(जिसने विरोध में भाषण किया, उसकी ओर लक्ष्य करती)** बोलिए, इस संघागार के सामने, हिम्मत हो तो उसका नाम बताइए, यह जिम्मेवारी आप अपने ऊपर लेते हैं?

[सब नागरिक उस विरोधी नागरिक की ओर देखने लगते हैं—जिन लोगों ने उसके सुर-में-सुर मिलाया था, उनके सिर नीचे होने लगते हैं—खामोशी देख महामात्य बोलते हैं—]

महामात्य चेतक : आर्ये, जादूगर चला गया, अब सिर्फ उसका जादू रह गया है, जो हमारे कुछ भोले नागरिकों के सिर चढ़कर बोल रहा है!

नागरिकों की आवाजें : 'वह कौन था?'—'यह क्या बात है?'—'उसका नाम बताइए।'— 'हम उसे मजा चखाएँगे!' आदि-आदि।

अम्बपाली : मजा चखाएँगे, तो चलिए, रणभूमि में। वह रणभूमि में ही आपको मिलेगा। लेकिन, अब उसके हाथ में पोथी नहीं होगी, तलवार लेकर वह आपके सामने खड़ा होगा। उसने पीला कपड़ा फेंक दिया होगा, जिरहबख्तर पहन लिया होगा। उसके गंजे सिर के पोपले मुँह से मंत्र की बुदबुदाहट नहीं, अब आप राक्षसी चीत्कार सुनेंगे—

नागरिकों की आवाजें : 'आप वस्सकार की बात कह रही हैं?'—'क्या उसी दुष्ट की यह करामात है?'—'उफ् मक्कार!'—'उफ् दगाबाज!' आदि-आदि।

अम्बपाली : हाँ, उसी दुष्ट की। देख लीजिए, वह आज आपके बीच नहीं। **(चारों ओर नजर दौड़ाती है—और लोग भी देखते है)** क्यों रहे? उसने अपना काम किया और चलता बना। फसल बो चुका, अब गया है हँसिया लाने—हम फसल, उसकी हँसिया—हमारी गर्दन, उसकी तलवार—

[चारों ओर से आवाजें आती हैं—'हम ऐसा नहीं होने देंगे'—'हम वैशाली पर अपने को बलिदान कर देंगे' आदि, फिर 'वृज्जिसंघ की जय', 'वैशाली की जय', 'अम्बपाली की जय', की ध्वनि-प्रतिध्वनि होने लगती है—लोगों की उमंग देख अम्बपाली कहती है—]

: —नागरिको, ठीक, वैशाली की जय, वृज्जिसंघ की जय! ये जयनिनाद हमारे हार्दिक उल्लास और मानसिक निर्णय के सूचक हैं, इसलिए वांछनीय हैं, वंदनीय हैं। लेकिन, याद रखिए, जब दुश्मन हमारे सामने है, जब 'हम या वे' के फैसले का वक्त आ पहुँचा है, तो सिर्फ हार्दिक उल्लास या मानसिक निर्णय उपयुक्त नहीं होता। उस उल्लास और निर्णय को कार्यरूप देने पर ही उनकी सार्थकता और हमारी सफलता निर्भर करती है! कार्यशक्ति से हीन जयनाद आत्मप्रवंचना है—इसलिए चलिए रणभूमि की ओर, बढ़िए जयभूमि की ओर। आइए, मैं आपके मस्तक पर विजय-तिलक लगाऊँ। **(मुड़कर)** चयनिके, रोली-चंदन का थाल ला—

[नागरिकों का ठट्ठ उसकी ओर बढ़ता है—सबके सिर पर वह रोली-चंदन

लगाती जाती है—उधर संघागार के मुँडेरे से वीरवाणी में वृज्जियों का राष्ट्रगीत गाया जा रहा है—]

जन-गण की जय हो,
गण-जन की जय हो,
हिमगिरि-शृंग-सदृश सिर उन्नत,
गंग-तरंग-सदृश मन निर्मल,
हम निर्मल, निर्भय,
हम उन्नत, गतिमय,
पावन हैं आदर्श हमारे, जीवन गतिमय हो,
जन-गण की जय हो,
गण-जन की जय हो,

जन-गण की जय हो,
गण-जन की जय हो,
हम स्वाधीन, स्वतंत्र रहेंगे,
हम न किसी की धौंस सहेंगे,
हम अजेय, अनिवार,
हम रिपु-हित संहार,
विजय हमारी ओर,
शत्रु की ओर प्रलय लय हो,
जन-गण की जय हो,
गण-जन की जय हो !

4

[युद्धभूमि का एक अंचल—यहाँ से युद्धभूमि में होनेवाला कोलाहल, जयनाद, चीख-पुकार आदि के शब्द सुनाई पड़ते हैं—युद्धभूमि की एक झलक भी यहाँ से दीख पड़ती है—

घोड़े पर अम्बपाली आती है—वही वीर वेश—चेहरे पर पसीने की बूँदें, गर्दगुबार के दाग—शरीर पर खून के छींटे—घोड़े को खड़ा कर युद्धभूमि की ओर देखती है—

दूसरी ओर से एक और घोड़ा आता है—उस पर वैशाली के महामात्य चेतक हैं—बुढ़ापे ने मानो वीरता का बाना पहन रखा है—अम्बपाली को देखते ही अपना घोड़ा खड़ा कर देते और कहते हैं—]

महामात्य चेतक : आर्ये सर्वनाश ! वृज्जिसंघ की स्वातंत्र्य-पताका गिर गई। **(उनका गला भर आता है)**

अम्बपाली : **(साश्चर्य)** यह क्या हुआ महामात्य ?

महामात्य चेतक : हुआ वही जो होना था। हमने अपने फटे कपड़े को सीने की कोशिश की—ऊपर से वह सिला भी दीखता था; लेकिन एक तनाव ने ही उसके तार-तार उधेड़ दिए। जमीन की दरार भरती है, राष्ट्र की दरार तुरत नहीं भरती आर्ये ! अजातशत्रु की सेना नगर में घुस गई !

अम्बपाली : ऐं, नगर में घुस गई ? **(महामात्य के चेहरे को एकटक देखती है)**

महामात्य चेतक : हाँ, घुस गई ! अभी खबर मिली है, वह उत्तर से नगर में घुसी आ रही है। दो दीवारें पार

कर चुकी, तीसरी कर रही होगी !

अम्बपाली : **(आश्चर्य की अधिकता में चिल्ला पड़ती है)** उत्तर द्वार से ?

महामात्य चेतक : यही तो तमाशा है, आर्ये ! दक्षिण से आनेवाली सेना उत्तर-द्वार से प्रवेश कर रही है ।

अम्बपाली : आह ! हमें धोखा हुआ !

महामात्य चेतक : बिना विभीषण के सोने की लंका नहीं जल सकती थी, भद्रे ! त्रेता की गलती फिर दुहराई गई और न जाने कितनी बार कहाँ-कहाँ दुहराई जाएगी ।

अम्बपाली : **(अपना सारा साहस समेटकर)** महामात्य, हम चलें उस ओर, उनके प्रवाह को रोकें ।

महामात्य चेतक : जब बाँध टूट जाता है, तब भद्रे प्रवाह के पानी को कोई नहीं रोक सकता । जो ऐसी कोशिश करेगा, वह डूबकर रहेगा । अब हम या तो इस व्यर्थ प्रयत्न में डूब मरें या चतुर किसान की तरह जो कुछ बच सके, उसे बचाएँ और अगली खेती के लिए सामान जुटाएँ ।

अम्बपाली : अगली खेती ?

महामात्य चेतक : हाँ, अगली खेती । फसल की तरह राष्ट्र की जड़ भी जमीन के नीचे होती है । एक फसल बर्बाद हो जाए, दूसरी फसल लहराएगी । एक पुस्त गुलाम बन जाए, दूसरी पुस्त आजाद होकर रहेगी । दूसरी फसल पहली फसल की सड़ाँध से खाद पाती है, पहली से भी अच्छी होती है । गुलाम राष्ट्र जब उभरता है, वह उन्नति की उस चोटी पर छलाँग मारकर चढ़ जाता है, जिसके पहली पुस्त के लोग सपने ही देखते थे । लेकिन शर्त एक है !

अम्बपाली : वह शर्त क्या है, आर्य ?

महामात्य चेतक : उस राष्ट्र के लोग नैतिक बल को खो न दें ! जो जन-नायक होते हैं, उनका यह काम है कि ऐसे मौके पर अपने व्यक्तिगत उदाहरण से जनता के नैतिक साहस को ऊँची सतह पर रखें—वह न दबे, फिर कोई नहीं दबेगा ! साहस संक्रामक चीज है भद्रे ! एक का साहस हजारों-लाखों में साहस भरता है । शहादत का खून ही वह खाद है, जिसे पाकर राष्ट्र की बेल बढ़ती, फैलती और फूलती-फलती है ! हमारा साहस उन्हें भी ऊँचे उठने को प्रेरित करेगा, जो आज पतित, अधम हो चुके हैं ।

अम्बपाली : **(घृणा से मुँह सिकोड़ती)** वे पतित, वे नीच, रे नराधम ! वैशाली उन्हें कभी नहीं क्षमा कर सकती; महामात्य !

महामात्य चेतक : वैशाली के प्रतिशोध लेने के पहले ही अपने हृदय का पश्चाताप ही उन्हें या तो जला डालेगा, या कुंदन बना देगा । गणतंत्र और राजतंत्र की प्रजा में बहुत अंतर है, आर्ये ! राजतंत्र की प्रजा कभी कह सकती है—'कोउ नृप होहि हमहि का हानि ।' लेकिन गणतंत्र की प्रजा पर ज्यों ही दूसरों का शासन लादा जाएगा, उसका हृदय विद्रोह कर उठेगा । वैशाली की प्रजा को गुलामी में रखना असंभव है, भद्रे !

अम्बपाली : **(कातर स्वर में)** आज तो हम गुलाम हो चुके महामात्य ! !

महामात्य चेतक : यह तो अजातशत्रु को कल मालूम होगा । जो अपने बाप को कैद कर सका, कल देखूँगा, वह चेतक को कैसे कैद कर लेता है ! **(उनका चेहरा एक अलौकिक ज्योति से दिप उठता है)** कैद होने के पहले कैदी खुद अपने को कैद कर लेता है, आर्ये ! जिसकी तबीयत आजाद है, उसे कोई कैद नहीं कर सकता । अगर किसी ने जबरदस्ती की भी, तो पेट में गए कच्चे अन्न की तरह फिर उसे उगलना पड़ेगा—वह उसे पचा नहीं सकता । अगर यह बात नहीं होती, तो कुछ बलशाली मानव सारे संसार को गुलाम बनाकर रखते ।

अम्बपाली : वैशाली के महामात्य के उपयुक्त ही ये बातें हैं । मैं तो इसकी कल्पना से ही घबरा रही हूँ ।

महामात्य चेतक : जो घबराता है, उसके सामने सबसे पहले भूत आता है, आर्ये !

[युद्धभूमि की चीख-पुकार बढ़ती और नजदीक आती-सी मालूम पड़ती है—बूढ़े महामात्य 'आर्ये, वैशाली की शान न खोना'—कहकर घोड़े को फँदाते चल देते हैं—

अम्बपाली भय-चकित दृष्टि से महामात्य की ओर देख रही है कि एक तीर उसकी ओर सनसनाता आता दिखाई पड़ता है—एक दूसरा घुड़सवार अपने घोड़े को उछालकर झट वहाँ पहुँचता है—उसके घोड़े के धक्के से अम्बपाली का घोड़ा जरा हट जाता है—तीर उस आगंतुक घुड़सवार के गले में लगता है—वह घोड़े से लटक जाता है—

अम्बपाली के मुँह से चीख निकलती है—वह उस घुड़सवार को देखने की कोशिश करती है कि तब तक कई घुड़सवार आ जाते हैं—आपस में तलवारें चलने लगती हैं—सब तितर-बितर हो जाते हैं—]

5

[अम्बपाली का वसंतोद्यान—संध्या का समय—

बगीचे के बँगले के बरामदे से सटा एक ऊँचा मंच—मंच पर सजी-सजाई फर्श—उस पर बैठी अम्बपाली आईना सामने रखकर शृंगार कर रही है—

मंच के आगे उद्यान का जो हिस्सा है, उसमें बेला, मोतिया, जूही आदि की पंक्तियाँ कलियों से लदीं—बीच में एक छोटा-सा नकली हौज जिसमें पालतू हंस का जोड़ा तैर रहा—

अम्बपाली के बगल में चयनिका खड़ी है—चयनिका कभी आसमान को देखती है, कभी अम्बपाली के चेहरे को—वह आश्चर्य और विषाद की पुतली बनी हुई है—अम्बपाली के चेहरे को पढ़ना उसके लिए मुश्किल हो रहा है—वह ठीक संध्या का प्रतिरूप है, जिसमें दिन-रात, हर्ष-विषाद का निर्णय करना कठिन हो रहा—

चयनिका की ओर देखकर अम्बपाली मुस्कुराती है—फिर उससे पूछती है—]

अम्बपाली : चुन्नी, देख तो, यह मेरा शृंगार कैसा उतरा ?

चयनिका : **(नहीं बोलती है, सिर नीचा कर लेती है)**

अम्बपाली : बोल-बोल, शृंगार कैसा उतरा ?

चयनिका : **(फिर भी चुप है, सिर और नीचा कर लेती है)**

अम्बपाली : **(प्यार-भरे गुस्से में)** नहीं बोलती ? तुझे बताना होगा चयनिके, कि आज का मेरा शृंगार कैसा उतरा ?

चयनिका : मैं कुछ नहीं समझ पाती, भद्रे !

अम्बपाली : तू कुछ नहीं समझ पाती और न समझ सकेगी। अम्बपाली की बातें समझ जाना आसान भी तो नहीं है, चुन्नी !

चयनिका : हाँ, आर्ये !

अम्बपाली : तू यही न सोच रही है कि कहाँ आज सारी वैशाली में मातम है, रुदन है, हाहाकार है, और कहाँ मेरा यह शृंगार, यह प्रसाधन, यह उल्लास, यह हास ! क्यों ?

चयनिका : हाँ, आर्ये !

अम्बपाली : लेकिन सोच, वैशाली में यह मातम क्यों है ? क्योंकि वह हार चुकी है। हारा आदमी अगर मातम न मनाए, गम में पड़ा आदमी न रोए, तो उसकी छाती फट जाए, धुकधुकी बंद

हो जाए, वह मर जाए। वैशाली मरना नहीं चाहती है, इसलिए मातम मनाती है। लेकिन····
(वह चुप हो जाती है)

चयनिका : 'लेकिन' क्या भद्रे? **(उसकी आँखों में भय की छाया)**

अम्बपाली : तूने सुना है, जब स्त्रियाँ सती होने जाती हैं, तब शृंगार कर लेती हैं। जिसने चिता से लिपटना तय कर लिया, वह अंतिम साज-सज्जा से अपने को क्यों वंचित रखे? जब घरवाले छाती पीटते होते हैं, वह हँसती है, मुस्कुराती है, शृंगार करती है। लेकिन घरवाले रो-पीटकर भी श्मशान से जिंदा लौटते हैं, वह हँसकर भी अपने को ज्वाला में विलीन कर देती है!

चयनिका : भद्रे, भद्रे, यह आप क्या कह रही हैं? **(उसकी आँखें छलछला उठती हैं।)**

अम्बपाली : बहुत ही सही कह रही हूँ। अम्बपाली ने किसी एक व्यक्ति पर नहीं, वैशाली पर अपने को उत्सर्ग किया था। आज जीती-जागती वैशाली मुर्दा लाश-सी पड़ी है। इसे कोई नहीं बचा सका। अब अम्बपाली ने तय किया है, या तो इस लाश में वह जान फूँकेगी, या इसी के साथ जल मरेगी!

चयनिका : आर्ये! आर्ये! **(तलहथी से मुँह ढँककर रोने लगती है)**

अम्बपाली : कातर मत बन, चयनिके! अपने को अम्बपाली की योग्य अनुचरी सिद्ध कर! देख, मेरा शृंगार अच्छा बना कि नहीं? इच्छा होती है, जितने भी शृंगार और प्रसाधन के सामान हैं, सब आज लाद लूँ, ओढ़ लूँ! **(कुछ रुककर)** जल्दी कर, मगधराज अजातशत्रु अभी यहाँ पधारनेवाले हैं।

चयनिका : मगधराज! अजातशत्रु!

अम्बपाली : हाँ, महामात्य ने कहा था, जो डरता है, उसके नजदीक सबसे पहले भूत आता है! वैशाली में पहली उनकी कृपा मुझी पर हुई है। उन्होंने खबर भेजी है, आज अकेले-अकेले यहाँ पधारेंगे! मगधपति का स्वागत भी तो साधारण साज-सज्जा से नहीं होना चाहिए। वह भी तो देख लें कि इस अलौकिक नगरी की राजनर्तकी कैसी है?

चयनिका : **(कुछ घृणा, कुछ क्रोध से)** मगधपति के स्वागत के लिए?···· भद्रे····

अम्बपाली : **(हँसकर)** रुकती क्यों है, बोल। आज का सब कहा-सुना माफ!

चयनिका : **(चुपचाप अम्बपाली का चेहरा घूर रही है।)**

अम्बपाली : हाँ रे, मगधपति के स्वागत के लिए! राजनर्तकी अपने स्वागत से किसी आगत को कैसे वंचित कर सकती है? हाँ, स्वागत-स्वागत में फर्क है। दीपशिखा भी तो पतंग का स्वागत करती है। और उनके स्वागत के दो ही नतीजे होते हैं—या तो पतंग जलेगा, या दीपक बुझेगा। जिस दीपक ने बुझना तय कर लिया, उसकी शिखा जितनी भी तेज रहे, उतना ही अच्छा!

चयनिका : **(भर्राई आवाज में)** फिर यह आप क्या कह रही हैं, भद्रे?

अम्बपाली : चयनिके, अम्बपाली तय कर चुकी है, जिसे वैशाली नहीं हरा सकी, उसे अम्बपाली हराएगी, हराएगी या देख **(अँगूठी दिखाती है)** इस अमृत को चूसकर अमर बन जाएगी। जो पताका हमारे वीरों ने रणभूमि में गिरा दी, आज अजातशत्रु देखेगा, इस मेरी रंगभूमि में वह कितनी ऊँची लहराती है।

चयनिका : यह अजीब द्वंद्वमयी बातें हैं, आर्ये!

अम्बपाली : द्वंद्वात्मक परिस्थिति में बातें भी द्वंद्वात्मक ही हो सकती हैं। हम हराए जा चुके हैं, तो भी विजय की आकांक्षा रखते हैं। हम गिराए जा चुके हैं, तो भी उठने का अरमान हमसे हटा

नहीं—इस मनहूस संध्या में हम सुनहली भोर का सपना देख रहे हैं ! द्वंद्वमयी परिस्थिति में सीधी-सादी बातें क्या हो सकती हैं, पगली !

[वह हाथ बढ़ाकर चयनिका की उँगली पकड़ती और उसे खींचकर ठुड्डी पकड़ चुमकारती है, उसके मस्तक पर चुंबन देती है—

धुँधलका हो रहा है—एक परिचारिका वहाँ आकर दीप जला जाती है—एक ऊँचे चिरागदान पर कितनी ही दीप-शिखाएँ जगमगा उठती हैं—उनके प्रकाश में अम्बपाली का सौंदर्य और चमक उठता है—

दूसरी परिचारिका इसी समय एक अँगूठी लाकर अम्बपाली को देती है—अँगूठी पर वह नाम पढ़ती है और कहती है—"जा, उन्हें बुला ला !"

अजातशत्रु आता है—साधारण नागरिक-सा वेश है उसका—अम्बपाली आगे बढ़कर स्वागत करती और मंच पर बिठलाती है—

"चयनिके ! तू भी चली जा, यहाँ कोई न आवे"—कहकर बड़ी ही गंभीर मुद्रा में अजातशत्रु से पूछती है—]

: मगधपति की आज्ञा ?

अजातशत्रु : मगधपति मत कहो, राजनर्तकी ! मैं मगधपति की हैसियत से यहाँ नहीं आया । मगधपति इस वेश-भूषा में नहीं आया करते ।

अम्बपाली : क्षमा करें, मुझसे गलती हुई । मगधपति तो धनुष के टंकार और तलवारों की झंकार के साथ आया करते हैं ।

अजातशत्रु : मगध को अपने धनुष और तलवार पर कम नाज नहीं है, राजनर्तकी ! तुम्हारे व्यंग्य में भी सचाई है !

अम्बपाली : सिर्फ एक बात कहना मैं भूल गई थी; क्षमा कीजिए तो निवेदन करूँ ।

अजातशत्रु : तुम्हारे लिए हमेशा क्षमा है ।

अम्बपाली : क्योंकि मैं नारी हूँ और सुंदरी भी ?

अजातशत्रु : तुम सुंदरी हो, इसमें भी सचाई है ।

अम्बपाली : **(ताने के स्वर में)** और इसमें भी सचाई है कि मगध को धनुष और तलवार के साथ ही अपने महामंत्री वस्सकार पर भी कम नाज नहीं ।

अजातशत्रु : **(मुस्कुराते हुए)** तुम वस्सकार पर नाराज हो लो राजनर्तकी, लेकिन मंत्री वही है, जो विजय का पथ प्रशस्त करे !

अम्बपाली : चाहे जिस घृणित उपाय से हो ?

अजातशत्रु : विजय का पथ हमेशा ही कीचड़ से भरा और रक्त से सना होता है । जो गंदगी और खून से डरे, उसे सिर से मुकुट उतारकर हाथ में भिक्षा-पात्र लेना चाहिए ।

अम्बपाली : **(जैसे निशाना लेकर)** भगवान बुद्ध ने मगधपति को यही शिक्षा दी थी ! क्यों ?

अजातशत्रु : भगवान ने कुछ दूसरी ही शिक्षा दी थी । **(मुस्कुराते हुए)** किंतु, एक नन्ही-सी चीज ने सब बंटाढार कर दिया, राजनर्तकी ! देखोगी वह चीज ?

अम्बपाली : कैसी चीज ?

अजातशत्रु : **(हाथी-दाँत पर बनी अम्बपाली की तस्वीर निकालकर उसके हाथ में देते हुए)** यह है वह चीज !

अम्बपाली : **(आश्चर्यचकित)** ऐं, यह मैं ? मेरी····

अजातशत्रु : हाँ, तुम्हारी इस छोटी-सी तस्वीर ने ही फिर एक बार पीला कपड़ा उतार फेंकने को लाचार

किया, एक बार फिर गंगाजल से धोए हाथों को खून से धोने को बाध्य किया !

अम्बपाली : **(भौचक बनी)** मगधपति !

अजातशत्रु : राजनर्तकी, मगधपति ने जिंदगी के इतने चढ़ाव-उतार देखे हैं कि उसने तय कर लिया था—शेष जीवन वह गृध्रकूट पर ध्यान लगाते राजगृह में बिता डालेगा; या राजपाट की झंझटों को दूर फेंक बोधिवृक्ष की छाया में शांति-सुख प्राप्त करने को एक दिन प्रस्थान कर देगा। किंतु, उसके सारे मंसूबे हवा हो गए—उसे छल की शरण लेनी पड़ी, बल का प्रयोग करना पड़ा। किसके चलते ? क्यों ? इसी छोटी-सी तस्वीर ने···· **(मुस्कुराता है)**

अम्बपाली : तो आप राज्य के लिए वैशाली नहीं आए, सौंदर्य के लिए वैशाली आए हैं।

अजातशत्रु : तुमने बिलकुल ठीक कहा।

अम्बपाली : सौंदर्य, जो राज्य से भी क्षणिक है !

अजातशत्रु : सौंदर्य, जो राज्य से भी अधिक प्रलोभक, मोहक और आकर्षक है। हर दिव्य वस्तु क्षणिक होती है, राजनर्तकी ! फूल की मुस्कान, चपला की चमक, इंद्रधनुष की रंगीनियाँ और ओस की चमचमाहट सब क्षणिक है ! क्षणिकता दिव्यता की अनुचरी ही नहीं, सहचरी भी है !

अम्बपाली : और, मानवता की महत्ता इसी में है कि क्षणिक के पीछे दौड़ा जाए ?

अजातशत्रु : क्षणिक के पीछे नहीं, दिव्य के पीछे। हर अच्छी चीज के पीछे उसका बुरा पहलू होता है, राजनर्तकी ! जन्म के पीछे मरण है, उल्लास के पीछे विषाद, उत्सव के पीछे मातम। लेकिन इसका मतलब यह नहीं कि जिंदगी और जशन—जीवन और उत्सव—को भूलकर हम हमेशा शोक-सागर में गोते लगाते रहें—मातम मनाते रहें !

अम्बपाली : **(घृणायुक्त व्यंग्य में)** और इस जिंदगी और जशन के लिए हजारों आदमियों का खून बहाएँ, हजारों माताओं को निपूती बनाएँ, हजारों युवतियों का सुहाग-सिंदूर धोएँ और हजारों मासूम बच्चों की जिंदगी को आँसुओं में डुबोएँ !

अजातशत्रु : हाँ, हाँ। राजनर्तकी, इन भावुकता की बातों से तुम अजातशत्रु के दिल को दहला नहीं सकतीं—बल्कि, ऐसा करके तुम उसके दिल में सोई उस राक्षसी को कुरेदकर जगाती हो, जिसे वह मुश्किल से सुला पाता है !

[वह अचानक उठकर खड़ा हो जाता है—इधर-उधर टहलने लगता है—आसमान की ओर बार-बार देखता है—अम्बपाली कुछ देर तक उसकी भाव-भंगी देखती है—फिर नजदीक जाकर कहती है—]

अम्बपाली : मगधपति, आसन ग्रहण करें !

अजातशत्रु : नहीं, मुझसे बैठा नहीं जाएगा, सुंदरी !

अम्बपाली : 'सुंदरी' कहकर मेरा अपमान न कीजिए।

अजातशत्रु : हाँ, हाँ, समझा, समझा ! **(हँसकर)** सुंदरी का आग्रह कोई कैसे टाल सकता है ? अच्छा, आओ बैठें।

[अजातशत्रु बैठ जाता है—किंतु अम्बपाली खड़ी ही रहती है—अजातशत्रु कहता है—]

: बैठो, सुंदरी !

अम्बपाली : क्या नारी सिर्फ सुंदरी ही होती है ?

अजातशत्रु : हाँ, जो सुंदरी नहीं है, वह नारी नहीं है। ठीक उसी तरह कि जो वीर नहीं है, वह मर्द नहीं है।

अम्बपाली : नारी वीर भी हो सकती है !

अजातशत्रु : और मर्द सुंदर भी हो सकते हैं । लेकिन इन दोनों को प्राकृतिक गड़बड़झाला ही समझो, सुंदरी !

[अम्बपाली आँखें गड़ाकर अजातशत्रु के चेहरे को देखती है—उसके शीतला के दाग से भरे चेहरे पर अजीब क्रूरता दिखाई पड़ती है—अम्बपाली को यों घूरते देख वह हँसकर बोलता है—]

: क्यों ? मैं कुरूप हूँ, यही न देख रही हो ?

अम्बपाली : इसके पीछे की चीज भी ।

अजातशत्रु : तुम मुखमुद्रा पढ़ सकती हो ?

अम्बपाली : आप शस्त्र चला सकते हैं ?

अजातशत्रु : आहा ! **(जोरों से हँसकर)** तुम-जैसी राजनर्तकी पाकर कोई भी राजसभा धन्य हो सकती है ।

अम्बपाली : **(उसका अभिप्राय भाँपकर)** आप यों मेरा अपमान नहीं कर सकते ।

अजातशत्रु : मैं तुम्हें सम्मान देने आया हूँ । वैशाली-विजेता आज वहाँ की राजनर्तकी अम्बपाली से····

अम्बपाली : **(बीच ही में बात काटकर)** प्रणय की भीख माँगने आया है ! क्या, यही न कहना चाहते थे ?

अजातशत्रु : बिलकुल ठीक ! उफ्, तुम कितनी बुद्धिमती हो, सुंदरी !

अम्बपाली : अम्बपाली प्रशंसा की भूखी नहीं है, मगधपति ! और वह प्रशंसा भी वैशाली-विजेता के मुँह से । ऐसी प्रशंसा को वह लानत समझती है । घोंसले को उजाड़नेवाले बहेलिए से चिड़िया चुमकार सुनना पसंद नहीं करती ।

अजातशत्रु : हाँ, पहले पंख फटकारती है, चंगुल और चोंच चलाती है; लेकिन पीछे पालतू बनकर हाथ पर खेलती है, कंधे पर फुदकती है और सिर पर घोंसला बनाती है । क्यों ? **(अजीब उपेक्षा भाव से हँसता है)**

अम्बपाली : **(तमककर)** कोई ऐसी चिड़िया भी हो सकती है, जो पंख पटककर मर जाना पसंद करेगी, लेकिन बहेलिए का अहसान न लेगी ।

अजातशत्रु : ऐसी चिड़िया आज तक नहीं देखी गई ।

अम्बपाली : आदमी सिर्फ चिड़िया नहीं है ।

अजातशत्रु : मगधपति साधारण आदमी नहीं है ।

अम्बपाली : अम्बपाली भी साधारण नारी नहीं है ।

अजातशत्रु : तुम क्या बोल रही हो, सुंदरी ?

अम्बपाली : आप क्या चाह रहे हैं मगधपति ?

अजातशत्रु : मैं क्या चाहता हूँ, इसे कहने की जरूरत रह गई ? तो सुनो **(दर्प से)** अम्बपाली वैशाली-विजेता की राजनर्तकी बनेगी, उसे राजगृह चलने का निमंत्रण देने आया हूँ ।

अम्बपाली : और, अगर वह नहीं जाय ?

अजातशत्रु : अजातशत्रु अगर-मगर नहीं जानता !

अम्बपाली : उन्हें जानने को लाचार होना पड़ेगा ।

अजातशत्रु : **(आवेश में)** क्या कहा ?

अम्बपाली : **(लापरवाही से)** मैंने कहा, मगधपति को सोचना पड़ेगा कि अम्बपाली अगर मगध जाने को राजी न हुई, तो वह क्या करेंगे ?

अजातशत्रु : तुम नहीं जातीं ? **(भवें टेढ़ी करता है)**

अम्बपाली : जरा अपनी भवें सीधी कीजिए, मगधपति ! यह हम नारियों का ही शृंगार है ।

अजातशत्रु : **(आगबबूला होकर)** सँभलकर बोलो राजनर्तकी, तुम किसके सामने बोल रही हो ।

अम्बपाली : उसके सामने, जो मुझसे प्रणय-भिक्षा माँगने आया है । भिखारी को घमंड नहीं शोभता !

[फिर उचककर खड़ा हो जाता है—अजीब उसकी मुखमुद्रा हो रही है—वह बेचैनी से मंच पर टहलने लगता है—कुछ देर तक अम्बपाली चुपचाप खड़ी रहती है—फिर विनम्रता के शब्दों में कहती है—]

: मगधपति !

अजातशत्रु : **(कुछ जवाब नहीं देता, टहलता रहता है)**

अम्बपाली : मगधपति से मेरा निवेदन है, आसन ग्रहण करें ।

अजातशत्रु : **(रुककर, उसके चेहरे पर आँख गड़ाकर)** सुंदरी, तुम्हें याद रखना चाहिए कि वैशाली-विजेता से बात कर रही हो !

अम्बपाली : वैशाली-विजेता पर भी जिन्होंने विजय प्राप्त की थी, उनसे भी अम्बपाली ने इसी तरह ही बात की थी ।

अजातशत्रु : **(चौंककर)** कौन है, जिसने मुझ पर विजय प्राप्त की थी ? अजातशत्रु अजेय है राजनर्तकी !

अम्बपाली : आह ! आदमी अभिमान में अपने-आपको इतना भूल जाता है !

अजातशत्रु : **(आँख गुरेरता है)**

अम्बपाली : मेरा मतलब भगवान बुद्ध से था, मगधपति !

अजातशत्रु : **(कुछ ठंडा पड़ते हुए)** ओहो, अब समझा ! हाँ, सुना था, भगवान बुद्ध तुम्हारे आम्रकानन में ठहरे थे । उनसे तुम्हारी बातें हुई थीं ?

अम्बपाली : सिर्फ एक संध्या को नहीं, सात दिनों की सात संध्याएँ उनसे बात करने में मेरी गुजरीं ।

अजातशत्रु : फिर क्या हुआ ?

अम्बपाली : वही, जो दो समान-बलशाली व्यक्तियों की जोर-आजमाई के बाद होता है !

अजातशत्रु : **(आश्चर्य से)** समान बलशाली ?

अम्बपाली : जी, हाँ । बल सिर्फ तलवार और धनुष में नहीं है । मगधपति, कुछ ऐसी ताकतें भी हैं जिनके सामने तलवारें मोम की तरह गल जाती हैं और धनुष तिनके की तरह टूट जाते हैं । क्या आप भगवान बुद्ध के निकट धनुष और तलवार लेकर गए थे ?

अजातशत्रु : **(कुछ बोलता नहीं, सोचता है)**

अम्बपाली : **(मुस्कुराती हुई)** और अम्बपाली के पास भी तलवार और धनुष लेकर नहीं आ सके ।

अजातशत्रु : तुम इस भ्रम में न रहो कि मैं निःशस्त्र हूँ ।

अम्बपाली : भगवान बुद्ध ने भी यह कभी न सोचा होगा कि मगधपति साधनहीन होने के कारण उनके पास निःशस्त्र गए थे ।

अजातशत्रु : तुम अजीब नारी हो, अम्बपाली ।

अम्बपाली : भगवान बुद्ध ने भी यही कहा था ।

अजातशत्रु : उन्होंने और क्या कहा था ?

अम्बपाली : उनसे मेरी बातें अभी रह गई हैं—वह फिर वैशाली पधारेंगे ।

अजातशत्रु : अम्बपाली, राजगृह चलो । वहीं गृध्रकूट पर भगवान के दर्शन करना ।

अम्बपाली : मगधपति, अपने को धोखे में मत रखिए । आप मुझे गृध्रकूट पर भगवान के दर्शन

कराने के लिए आमंत्रित करने नहीं आए। भगवान और गृध्रकूट का दिव्य संदेश आपने सुना होता, तो आप यहाँ इस रूप में आते ही नहीं। यहाँ पर आपको बोधिवृक्ष की छाया नहीं, मार की आँधी उड़ा ले आई है। लेकिन सोचिए, सम्राट्! जिसकी एक छोटी-सी तस्वीर ने आपके शरीर से पीला वस्त्र उतरवाया, नरसंहार पर उतारू कराया, उसका वहाँ सशरीर जाना आपके, राजगृह के और मगध के लिए, क्या मंगल की बात हो सकती है?

[अम्बपाली की यह बात सुन वह थोड़ी देर असमंजस में पड़ जाता है; लेकिन, फिर जैसे सँभलकर बोलता है।]

अजातशत्रु : मैं अकेला लौट नहीं सकता। **(उसकी आवाज भर्राई हुई है)**

अम्बपाली : सभी यही कहते हैं, सभी यही चाहते हैं, लेकिन, एक दिन सभी को अकेले लौटना होता है, मगधपति! यही होता आया है, यही होता रहेगा। आपसे पहले एक और मगधपति ने ऐसा ही कहा था⋯

अजातशत्रु : एक और मगधपति ने? यह दूसरा मगधपति कौन?

अम्बपाली : क्या उनकी तस्वीर देखिएगा? **(वह झटपट एक मंजूषा से एक तस्वीर निकालती और अजातशत्रु को दिखाती है)**

अजातशत्रु : यह तस्वीर तुम्हें कहाँ मिली नर्तकी!

अम्बपाली : और आपको वह तस्वीर कहाँ मिली मगधपति! मगधपति, आप घबराएँ नहीं; राजनर्तकी का द्वार सबके लिए खुला है! हम यों ही कभी एक जगह अचानक मिलते हैं और यदि हमने सही मार्ग पकड़ा, तो एक दिन हम सभी एकसाथ होंगे—अनंत काल तक के लिए। सवाल सिर्फ क्षणिक और अनंत के बीच चुनाव का है, सम्राट्!

[अजातशत्रु चुप हो जाता है—धीरे-धीरे टहलता है—किंतु, अब उसके चेहरे पर उत्तेजना या रोष की भयानकता नहीं, विषाद और पराजय की भावना है—वह अचानक जैसे कुछ निर्णय कर लेता है और कहता है—]

अजातशत्रु : अम्बपाली, तुमने मुझे पराजित किया, मैं आज ही वापस जा रहा हूँ!

अम्बपाली : वैशाली-विजेता अम्बपाली को यह श्रेय दे रहे हैं, यह उनकी कृपा है!

अजातशत्रु : अजातशत्रु के हृदय में दया, ममता, कृपा, कृतज्ञता आदि कोमल भावनाएँ नहीं हैं, राजनर्तकी! यह सिर्फ जय जानता है और अपनी पराजय को जय मानने की क्षुद्रता इसमें नहीं है। लेकिन याद रखना, अजातशत्रु पराजय नहीं बर्दाश्त कर सकता। मुझे वैशाली-विजय को फिर आना पड़ेगा—

अम्बपाली : आइएगा, पर अब पहले महामंत्री वस्सकार को नहीं भेजिएगा, सम्राट्!

अजातशत्रु : अब उसकी जरूरत नहीं रह गई, अम्बपाली! वैशाली-विजय का पथ तो प्रशस्त हो चुका है!

[वह झपटकर, तेजी से, वहाँ से चल पड़ता है—अम्बपाली उसकी पीठ को एकटक देखती रह जाती है—उसके मुँह से शब्द नहीं निकलते, लेकिन उसकी आँखें पुकार-पुकारकर कह रही हैं, यह अजीब पुरुष है!]

चौथा अंक

1

[रात का सन्नाटे का आलम—

वैशाली का एक प्रांतर—बाँस का झोंपड़ा, जिसके आगे बाँस से ही घिरा एक आँगन—झोंपड़े के बरामदे पर एक चिराग टिमटिम कर रहा—झोंपड़े के भीतर भी रोशनी—

झोंपड़े के भीतर, दरवाजे के सामने, एक खाट पर अरुणध्वज पड़ा है—समूचा शरीर ढँका, सिर्फ सिर उघार—बाल बिखरे, चेहरा सूखा, गाल पिचका—नाक कुछ असाधारण तौर से उभर आई—धँसी आँखें बंद—

जिस दिन वैशाली में मगध-सेना घुसी, यह घायल हुआ—जो तीर अम्बपाली की ओर आ रहा था, इसी ने अपने ऊपर ले लिया था—

जख्म बढ़ता ही गया—रात-दिन बुखार में रहता है—मधूलिका की लाख कोशिश करने पर भी हालत नहीं सुधरी—आज उसकी हालत सब दिनों से खराब है—

उसके सिरहाने मधूलिका बैठी, अँगुलियों से उसके बालों को सहला रही है—उसके चेहरे से करुणा टपकी पड़ती है—कई दिन के उपवास और अनिद्रा ने चेहरे पर स्याही-सी पोत दी है—

कभी-कभी अरुण की आँखें खुलती हैं—वह छत की ओर देखता है, फिर मधूलिका की ओर देखता है—रह-रहकर हल्की-सी आह उसके गले से निकलती है और आँखें बंद हो जाती हैं—

उसकी आँखें बंद होते ही मधूलिका की आँखों से बड़े-बड़े मोती के दाने-से आँसू टपक पड़ते हैं—किंतु, वह तुरत सँभल जाती है, जिसमें अरुण आँखें खोले, तो उसे आँसू नहीं दीख पड़े—चिकित्सक कह गए हैं, जरा-सा मानसिक धक्का इसकी बिगड़ी हालत को और खराब कर सकता है—

एक बार अरुण आँखें खोलते ही कहता है—"मधु, पानी"—मधूलिका झट खाट की बगल में रखी सुराही से कटोरे में पानी ढालकर उसे पिलाती है—पानी पीने के बाद अरुण कहता है—]

अरुणध्वज : मधु, अब रात कितनी है ?

मधूलिका : अभी तीसरा पहरुआ जाग दे गया है ।

अरुणध्वज : आह, भोर न जाने कब होगी ?

मधूलिका : बस, अब भोर ही तो होगी, घबराओ नहीं ।

अरुणध्वज : **(छत की ओर एकटक देखते)** देखती है, मधु ? देख, देख, माँ बुला रही हैं ।

मधूलिका : यह क्या बोल रहे हो ?

अरुणध्वज : हाँ, हाँ, माँ बुला रही हैं—कल मेरी शादी होगी····

मधूलिका : ऊपर मत देखो, आँखें मूँद लो ।

अरुणध्वज : आँखें मूँद लूँ ? माँ से आँखें मूँद लूँ । पगली, वह मेरी शादी के सपने देखती स्वर्ग गईं । स्वर्ग में मेरे लिए एक दुलहन खोज रखी है उन्होंने । और उनसे आँखें मूँद लूँ ?

मधूलिका : **(उसकी आँखों पर हाथ फेरती)** सो जाओ, अरुण, सो जाओ ।

अरुणध्वज : सो जाऊँ । अकेले नींद नहीं आती मधु ! कल स्वर्ग में ही सोऊँगा । दुलहन के साथ सोऊँगा । तू भी चल न मधु ! मैं दुलहन के साथ सोऊँगा, तू गीत गाना—

मधूलिका : **(उसकी आँखों से बरबस आँसू ढुलक आते हैं)**

अरुणध्वज : तू तो फिर रो पड़ी । चल, तू भी स्वर्ग चल । वहीं तेरी भी शादी कर देंगे । तू भी निश्चिन्त सोएगी । यहाँ हमेशा रोते रहने से क्या फायदा भला ?

मधूलिका : **(आँसू पोंछती, आजिजी की आवाज में)** सो जाओ, अरुण, वैद्यजी ने कहा है, बोलो मत ।

अरुणध्वज : वैद्यजी ने कहा है ? यह वैद्यजी कौन होते हैं मधु ?

मधूलिका : सो जाओ । **(उसाँसें लेती है)**

अरुणध्वज : **(कुछ उत्तेजना में)** नहीं, बता यह वैद्य कौन होते हैं ? वे कौन होते हैं कहनेवाले कि मैं सोऊँ ! वैद्य । वैद्य मुझे क्यों कहेंगे ?

मधूलिका : तुम बीमार जो हो !

अरुणध्वज : मैं बीमार हूँ ? मैं बीमार ? मैं बीमार हूँ, तो मेरी शादी कैसे होगी ? **(छत की ओर देखते)** क्यों माँ, मैं बीमार हूँ ? मैं बीमार हूँ ? तो क्यों कह रही थीं कि मेरी शादी होगी ? **(मधु से)** मैं कब बीमार पड़ा रे ?

मधूलिका : जोर से मत बोलो, उस दिन तुम्हीं न जख्मी हुए ।

अरुणध्वज : हाँ, हाँ, मैं उस दिन जख्मी हुआ । उफ्, कैसा वह तीर था, गले में आ लगा । मधु आह ! **(कराहता है)** जोरों से दर्द कर रहा है, मधु ! उफ् !

मधूलिका : सो जाओ, जोर से मत बोलो । वैद्यजी ने कहा है, जोर से बोलने पर जख्म का टाँका टूट जाने का डर है—गले का जख्म है न ?

अरुणध्वज : टाँका टूटेगा, तो क्या होगा, रे !

मधूलिका : चुप हो अरुण, सो जाओ ।

[मधूलिका उसके बालों में फिर हाथ सहलाने लगती है—अरुण आँख मूँद लेता है—मर्मांतक पीड़ा दबाने की कोशिश की बेचैनी और बेकली उसकी पेशानी पर झलक रही है—मधूलिका की आँखों से आँसू टपकते हैं—
थोड़ी देर तक आँखें मूँदे रहता फिर अरुणध्वज आँखें खोलता और मधु से पानी माँगता है—मधूलिका पानी पिलाती है—पानी पीकर छत की ओर देखता, बोलता है—]

अरुणध्वज : मधु, देख ! वह माँ क्या कह रही हैं ?

मधूलिका : चुप रहो अरुण, वहाँ माँ नहीं हैं ।

अरुणध्वज : माँ नहीं हैं ? क्या कहा, माँ नहीं हैं ? माँ नहीं हैं, तो वह कौन है, रे ! **(ऊपर)** क्यों माँ तू नहीं है ? **(मधु से)** देख, वह माँ ही तो हैं । पहचान, पहचान—

मधूलिका : चुप रहो, अब अम्बा आती होगी ।

अरुणध्वज : **(रूठे की आवाज में)** अम्बा आती होगी ! हाँ-हाँ, तू रोज मुझे ठगती है—'चुप रहो, अम्बा आती है; चुप रहो, अम्बा आती है'—मैं हर बार चुप होता हूँ, किंतु अम्बा कहाँ आई ?

मधूलिका : इस बार जरूर आएगी, तुम चुप तो होओ ।

अरुणध्वज : क्यों मधु, अम्बा शादी नहीं करेगी ? आती है, तो कहना, वह भी स्वर्ग चले । हम तीनों वहीं शादी करेंगे । शादी करेंगे ! निश्चिंत सोएँगे ! **(अचानक उत्तेजित होकर)** देख मधु, वह अम्बा पर तीर...तीर आ रहा है रे, तीर...तीर ! **(चिल्लाता है, उठने की कोशिश करता है)**

मधूलिका : **(उसे पकड़कर सुलाती हुई, तेजी से)** तुम नहीं सोओगे ? मैं जहर खाकर रहूँगी ।

अरुणध्वज : जहर ! **(बेचैनी प्रकट करते हुए)** नहीं, नहीं मधु, मैं सोता हूँ, तू जहर मत खा, मधु ! तेरे बिना मुझे कौन देखेगा ? **(जख्म पर हाथ ले जाते)** आह, दर्द ! उफ् ! !

मधूलिका : जरा दवा ले लो । **(दवा पिलाती है)**

अरुणध्वज : **(दवा पीकर)** मौसी कब आवेगी मधु ?

मधूलिका : वह आती ही होंगी । मैने रथ भिजवाया है कि वह तुरत रातोंरात आ जाएँ । अब पहुँचती

ही होंगी।

अरुणध्वज : तू यह क्या पिला देती है, मधु ! मुझे नींद आ रही है। मौसी आवें, तो जगा देना।

[वह आँखें मूँद लेता है—थोड़ी देर बाद उसे नींद आ जाती है—

मधूलिका घर से बाहर आती है—आँगन में देखती है, शुक्र तारा पूरब के आसमान में काफी ऊपर उठ चुका है—उधर तुला **(डंडी-तराजू)** *पश्चिम क्षितिज पर जा चुकी है—*

रथ का घर्र-घर्र शब्द होता है—मधूलिका उधर चौकन्ना होकर देखती है—देखती है सुमना के साथ अम्बपाली आँगन में घुस रही है—]

मधूलिका : तू। **(लपकती हुई)** तू? तू कहाँ से अम्बे ?

अम्बपाली : **(मधूलिका से लिपट जाती है)** तूने मुझे खबर क्यों न की मधु ? उफ्, अरुण कहाँ है ?

मधूलिका : जोर से मत बोल, उसे अभी नींद आई है।

अम्बपाली : सुना कि तू इतने दिनों से यहाँ है ? अरुण को यह क्या हुआ ? कैसा है वह जख्म ?

मधूलिका : यह सब मत पूछ अम्बे ! दुनिया की यही रीत है। जमीन पर अकेला चकोर तड़पता है, आसमान में तारों से घिरा चाँद हँसता है। सबकी अपनी-अपनी तकदीर होती है !

अम्बपाली : यह तू क्या बोल रही है, मधु ?

मधूलिका : हाँ, अपनी-अपनी तकदीर ! तू राजनर्तकी बनी, अरुण पागल बना, मैं भिखारिन बनी। अब अरुण जा रहा है.... **(उसकी आँखों से टपटप कुछ बूँदें गिर पड़ती हैं)**

अम्बपाली : हाय, यह क्या ? मुझे उसे देखने दे मधु ?

मधूलिका : दूसरी गलती मत कर अम्बे ! वैद्यजी कह गए हैं, अधिक उत्तेजना होने से जख्म का टाँका टूट जाने का डर है। कंठ का जख्म है, अब खून जारी हुआ, तो फिर उसका बचना....

अम्बपाली : कँठ का जख्म ! यह क्या हुआ ? कैसे हुआ ?

मधूलिका : यह भी तेरे ही चलते।

अम्बपाली : मेरे चलते ?

मधूलिका : हाँ, राजनर्तकी बनने से ही तेरा मन न भरा, तो उस दिन तुझे वीरांगना बनने का शौक हुआ था न ? उस वैशाली की चढ़ाई के दिन ? तेरा वह व्याख्यान ? पागल अरुण ने जिद की, मुझे घोड़ा मोल ले दो, मैं लड़ूँगा। वह लड़ाई में गया। हमेशा तेरे पीछे-पीछे लगा रहा। शायद एक तीर तुझ पर चला था ?

अम्बपाली : **(रोती हुई)** अरे, वह अरुण था ! हाय-हाय, मैं ही उसकी मृत्यु की वजह....तूने मुझे खबर क्यों न की मधु ? आह !

मधूलिका : न खबर की, न करती। **(सुमना से)** मौसी, आपने यह क्या किया ? आपको सीधे यहाँ आना था।

सुमना : मैं क्या जानूँ, मधु ! मातृत्व मुझे पहले अम्बा के घर घसीट ले गया। इसने पूछा, कहाँ ? मैंने कहा, मधु ने बुलाया है। तेरा नाम सुनकर ही चौंकी और अरुण की बीमारी का हाल सुनते ही तेरे भेजे रथ पर यहाँ चली आई ! विधाता, यह क्या सुन रही हूँ, देख रही हूँ ? **(उसका गला भर आता है)**

[इसी समय घर से कराह की आवाज आती है—तीनों चुप हो जाते हैं—"तुम दोनों बरामदे पर ठहरो" कहकर मधूलिका दौड़कर भीतर जाती है—]

अरुणध्वज : पानी, मधु।

मधूलिका : **(पानी देती)** पी लो।

अरुणध्वज : **(पानी पीकर)** अब भोर में कितनी देर है मधु?

मधूलिका : भोर होने ही जा रही है।

अरुणध्वज : मौसी भी नहीं आईं?

मधूलिका : तुम चिल्ला पड़ते हो, उठने की कोशिश करते हो, मौसी कैसे आवें भला!

अरुणध्वज : अब न चिल्लाऊँगा, न उठूँगा। मधु, मौसी के दर्शन करा।

मधूलिका : वादा करते हो न?

अरुणध्वज : तेरी कोई बात टाली है?

मधूलिका : अच्छा बुला लाती हूँ, रथ आ गया है, वह पहुँच गई हैं।

[मधूलिका बरामदे पर जाती है—अम्बपाली को इशारे से ठहरने और चुप रहने को कह सुमना को लिए वह घर में जाती है—अम्बपाली अपने कान टट्टी से लगाए बरामदे पर खड़ी है—सुमना को देखते ही अरुण का चेहरा खिल पड़ता है—]

अरुणध्वज : मौसी, मौसी, प्रणाम?

सुमना : आह, बेटा! **(वह अरुण से लिपटती और उसका माथा चूमती है)**

अरुणध्वज : मौसी, कल मेरी शादी है, तुम अच्छी आईं!

सुमना : **(चुप, आँखों में आँसू)**

अरुणध्वज : तुम रोती हो मौसी? मेरी शादी है, और तुम रोती हो! देखो, **(छत की ओर उँगली उठाकर)** वह माँ स्वर्ग से बुला रही हैं। वहीं शादी होगी! तुमने भी कहा न था मौसी, अरुण तू सयाना हुआ, वधू क्यों नहीं लाता?

मधूलिका : मुझसे वादा कर चुके हो न? चुपचाप सोओ, अरुण!

अरुणध्वज : **(सुमना से)** देखती हो मौसी, मधु कहती है, चुपचाप सोओ। कल मेरी शादी है, आज कैसे चुपचाप सो जाऊँ मौसी?

सुमना : चुप रहो, बेटा।

अरुणध्वज : चुप रहो, बेटा! **(छत की ओर देखता)** माँ, चुप रहूँ? बोलो, तुम बोलती क्यों नहीं माँ? **(सुमना से)** मौसी, मौसी, देखो, देखो, वह माँ नाराज हो रही हैं!...माँ, माँ!...

सुमना : बेटा, बेटा मेरी ओर देखो!

अरुणध्वज : मौसी, मौसी! तुम भी स्वर्ग चलो! मैं चलता हूँ, मधु चलती है, तुम भी चलो! **(छत पर नजर ले जाकर)** माँ, मैं आया! माँ! आया... आया! **(दोनों हाथ ऊपर फैला देता है)** मौसी, मौसी, छोड़ो मौसी! माँ बुला रही हैं—माँ...माँ ...माँ ...**(चिल्लाने लगता है, उठने की कोशिश करता है)**

मधूलिका : **(उसके मुँह पर हाथ रखती)** अरुण, चुप रहो अरुण!

अरुणध्वज : **(झटका देकर उसका हाथ हटा देता है)** मधु, छोड़ मधु! मौसी, मौसी...आह, माँ, बुला रही हैं! **(गुस्से में पुकारता)** तू नहीं छोड़ती मधु, तुम नहीं छोड़तीं मौसी?

मधूलिका : **(आँसुओं की धारा में)** अम्बा आ रही है अरुण! शांत हो, चुप हो!

अरुणध्वज : **(अम्बा का नाम सुनते ही पूर्व-सा ही फिर सहसा शांत होकर)** अम्बा आ रही है, मधु? मौसी, अम्बा आ रही है?...नहीं, नहीं, अम्बा नहीं आएगी...अम्बा...मौसी, माँ कहती है, मेरी दुलहन अम्बा ऐसी है... अम्बा ऐसी **(मुस्कुराता है)** ...नहीं, नहीं, अम्बा नहीं आएगी...वह क्यों आवे?...वह राजनर्तकी है—'मधु, मैं राजनर्तकी! अरुण, मैं राजनर्तकी!...' नहीं, अम्बा नहीं आएगी?

मधूलिका : मैं कह रही हूँ, तुम जरा चुप हो रहो—अम्बा आई ही।

अरुणध्वज : **(फिर मुस्कुराता)** अम्बा आई ही।⋯अम्बा ⋯आई ही! **(चौंककर दरवाजे की ओर इशारे करता)** हाँ, हाँ, अम्बा आई तो⋯वह अम्बा आई⋯अम्बा! अरे, यह क्या? मधु⋯मधु⋯तीर⋯तीर⋯अम्बा की ओर तीर,⋯अम्बा की ओर तीर, बचा रे, बचा⋯तीर⋯तीर⋯ तीर⋯

[आँखें फाड़ता चिल्लाता, वह पूरे जोर से उठना चाहता है—मधूलिका और सुमना उसे पकड़ती हैं—दोनों स्त्रियों की आँखों से आँसू बह रहे हैं—इधर इन बातों को सुनकर बरामदे पर अम्बपाली जार-बेजार हो रही है, उसे हिचकियों पर हिचकियाँ आ रही हैं—लेकिन मुँह से आवाज नहीं निकलने देती।]

सुमना : बेटा, अरुण बेटा!

अरुणध्वज : **(कुछ शांत होकर)** मौसी⋯माँ!⋯मौसी, माँ! माँ, माँ⋯मौसी, मौसी⋯ **(जैसे फिर वायु का दौरा आ जाए)** देखो, देखो मौसी, अरे, तीर, तीर⋯अम्बा पर, अम्बा पर⋯तीर⋯तीर⋯छोड़ो मौसी⋯छोड़ मधु⋯तुम नहीं छोड़तीं⋯तू नहीं छोड़ती⋯छोड़ ⋯छोड़⋯

[अचानक न जाने उसमें कहाँ से ताकत आ जाती है—वह दोनों औरतों को झटके दे देता है और आधा खड़ा हो जाता है—फिर दोनों उससे लिपट जाती हैं—इतने में मधूलिका का ध्यान उसकी गर्दन पर जाता है—टाँका टूट जाने से गर्दन की पट्टी पर खून की धारा बही जा रही है—मधूलिका चीख उठती है—]

मधूलिका : मौसी, खून! टाँका टूट गया मौसी! हाय! अम्बे, अम्बे! वैद्य-वैद्य!

[अब अम्बपाली से नहीं रहा जाता है—वह घर में घुसती है और 'अरुण-अरुण' चिल्लाती उससे लिपट जाती है—

अरुण अम्बपाली की आवाज सुनते ही ढीला पड़ जाता है, उसको देखते ही, उसकी आँखें चमक पड़ती हैं—वह बिछावन पर लेट जाता है और उसके मुँह से निकल पड़ता है—]

अरुणध्वज : अम्बे, अम्बे!

अम्बपाली : अरुण, हाय अरुण!

मधूलिका : **(खून से लथपथ पट्टी पर हाथ रखे)** अम्बे, वैद्य ला अम्बे! जा, जा—अम्बे, अम्बे!

[अम्बपाली उठना चाहती है—अरुण उसका हाथ पकड़ लेता है—उस हाथ को वह अपनी छाती पर खींचकर ले जाता है—आँखों को मूँदते हुए धीमे-धीमे कहता है—]

अरुणध्वज : अम्बे, तू आ गई⋯तू भी चल अम्बे⋯चलेगी ⋯चल ⋯**(धीरे-धीरे आँखें खोलते और छत की ओर देखते हुए)** देखती है अम्बे⋯माँ बुला रही हैं, माँ ⋯माँ ⋯माँ ⋯

[उसके होंठों पर मुस्कान की रेखा खिंच जाती है—चेहरे पर एक ज्योति दौड़ जाती है—फिर खुली आँखें खुली ही रह जाती हैं और साँस का चलना एकाएक रुक जाता है—इस ओर सबसे पहले सुमना का ध्यान जाता है—वह चिल्ला उठती है—]

सुमना : हाय, हाय! यह क्या हुआ? अरुण! अरुण!

मधूलिका
अम्बपाली } : **(एकसाथ ही)** अरुण! अरुण!

सुमना : **(उसकी नाक के सामने हाथ ले जाकर)** सर्वनाश अम्बे ! अरुण नहीं रहा मधु !

[सुमना और अम्बपाली अरुण की लाश से लिपट जाती और 'अरुण, अरुण' चिल्लाती हैं—लेकिन अचानक मधूलिका की मुखमुद्रा गंभीर हो जाती है—वह गंभीरता से बोलती है—]

मधूलिका : सुन, अम्बे ! **(जोर से)** अम्बे सुन !

अम्बपाली : **(आँसुओं से भीगा चेहरा उठाती)** मधु, अरुण ! हाय अरुण !····

मधूलिका : रोने-धोने से न बनेगा अम्बे ! मैं अब चली !

अम्बपाली : मधु ! मधु ! !

मधूलिका : मधु, मधु, नहीं ! मधु चली । यह तेरा बोझ था अम्बे ! इसकी जिंदगी मैंने ढोई, अब लाश तू ढो !

अम्बपाली : मधु, मधु ! यह क्या मधु ? ओहो **(रोती है)**

मधूलिका : हाँ, जो जिंदगी नहीं ढोता, उसे लाश ढोनी पड़ती है अम्बे ! तू लाश ढो, तब समझ सकेगी, किसी की जिंदगी ढोना क्या चीज है ! मैं चली मौसी, प्रणाम !

सुमना : बेटी । बेटी !

[मधूलिका झट घर से निकलती है—तीन-चार डग में ही वह आँगन में आ जाती है—'मधु-मधु' पुकारती अम्बपाली उसके पीछे आती है—मधूलिका मुड़कर—"जिंदगी नहीं ढोई तो लाश ढो" कहती आँगन से बाहर हो अंधकार में अंतर्धान हो जाती है—]

2

[अम्बपाली का सोने का कमरा—वह पलँग पर लेटी है—एक कोने में धुँधली रोशनी टिमटिम कर रही है—वह बार-बार करवटें बदलती और आखिर आँखें खोलती हुई उठ बैठती है—फिर पलँग के नीचे आकर टहलने लगती है—

थोड़ी देर टहलकर फिर पलँग पर जाती है और सोने की चेष्टा करती है—आँखें मूँदती, करवटें बदलती और हारकर, नींद न आती देख, फिर पलँग के नीचे आती है—दीवार पर जो वीणा टँगी है, उसे लेकर बजाने लगती है—

उसका वेश बिलकुल शृंगार-भूषा से हीन है—बाल खुले, चेहरा उदास—करुणा की मूर्ति-सी वह दीख पड़ती है—]

अम्बपाली : **(वीणा पर वह गाती है—)**

टूटते जब बीन के हैं तार !
उँगलियों का हो भले नर्त्तन,
कंठ का स्वर दे मनोहर स्वन,
ताल हो, लय हो,
मूर्च्छना हो, मीड़ हो, संगीत की जय हो !
किंतु, फिर उठती नहीं वह प्राणमय झंकार,
जो बहाती जगत में रस-धार,
और लाती जिंदगी में भावना का ज्वार !
प्रेम के गुंजार के बदले—

प्रकट होता विषम हाहाकार !
टूटते जब बीना के हैं तार ! !

[गाते-गाते उसकी आँखों से आँसुओं की धारा बही जा रही है—उसी समय चयनिका दरवाजे से झाँकती और भीतर आती है—वह हौले पाँव आकर उसके पास खड़ी है और अम्बपाली रोए और गाए जा रही है- -जब गाना समाप्त होता है, चयनिका कहती है—]

चयनिका : भद्रे, आज भी अब तक नहीं सोईं ?

अम्बपाली : **(चौंककर आँसू पोंछती)** ओहो, चुन्नी ! कितनी रात गई रे !

चयनिका : रात क्या गई, अब तो शुक्र तारा उग चुका। यों सारी-सारी रात जगना क्या उचित है, आर्ये !

अम्बपाली : शुक्र तारा ! उस रात भी शुक्र तारा उग चुका था ! **(उसाँस लेती है, लेकिन, तुरत महसूस करती है कि वह क्या बोल गई और बात बहलाने को सोच ही रही है कि चयनिका पूछती है—)**

चयनिका : **(साश्चर्य)** किस रात भद्रे ! यह क्या बात है कि जब से उस रात मौसी आईं और आप उनके साथ गईं, तब से आप ज्यों ही अकेली हुईं कि रोने लगीं ! यह रात-दिन का रोना ! !

अम्बपाली : रात-दिन का रोना ! चयनिके, विधाता ने मानवता को भाषा क्यों दी ? क्यों न यह भी कुररी-सी रोती, कोयल-सी कुहकती, पंडुक-सी कुहरती और बुलबुल-सी चीखती अपनी जिंदगी बिता देती है ! बातों में इसे कौन-सा रस मिलता है, चुन्नी !

चयनिका : कोई क्षण ऐसा भी होता होगा आर्ये, जब कुररी, कोयल, पंडुक या बुलबुल की जिंदगी में आनंद की रसधारा बहती होगी। अगर ऐसी बात नहीं होती, तो वे जिंदा नहीं रह पातीं भद्रे !

अम्बपाली : आनंद की रसधारा ! आनंद की रसधारा की तह में क्या है, क्या अम्बपाली से बढ़कर कोई जानता है ? जिस तरह अंगूर को तोड़कर सड़ाकर शराब बनाई जाती है—उस हरे-हरे गोल-गोल, रस से सराबोर, मिठास से लबालब गुच्छों को पुराने बर्तन में रखकर, ढँककर, जमींदोज कर, सड़ा-गलाकर आदमी शराब का नाम देता और उसके—गले को जलानेवाले, झुलसानेवाले घूँट पीकर मत्त बनता, पागल बन जाता है; आनंद की रसधारा भी कुछ ऐसी ही चीज है चयनिके ! यह रसधारा नहीं मृग-मरीचिका है। यदि मानवता इस मृग-मरीचिका में न फँसी होती, तो न जाने कब न उसने देवत्व प्राप्त कर लिया होता !

चयनिका : मैं इन बड़ी-बड़ी बातों को नहीं समझ पाती, भद्रे ! लेकिन, यह दिन-रात का रोना—उफ् !

अम्बपाली : फिर वही बात ! रुदन इतनी घृणा या उपेक्षा की चीज नहीं है, चयनिके ! मानती हूँ, एक जमाना था, मैं भी उसे इसी दृष्टि से देखती थी लेकिन, तब मैं भ्रम में थी, चुन्नी। जिस तरह दुनिया का पाप-ताप धोने को गंगा भू पर अवतीर्ण हुई, उसी तरह मानवता के पाप-ताप, दर्द-जलन धोने-बुझाने को विधाता ने आँसुओं की गंगा-यमुना बहाई है। हमारे हृदय-कमंडलु में संचित यह पावन धारा, किसी दर्दीले भगीरथ की संवेदना या कातर याचना पर, अचानक ऊर्ध्वगामी होती, मस्तक-हिमाचल पर लहराती, फिर काल-ऐरावत के दो दाँतों द्वारा दो आँखों की राह पाती, हरहर करती, गिरती है और अपनी उज्ज्वल युगल धारा में जग की सारी कालिमा और किल्विष को बहा ले जाती है ! यदि किसी की आँखों में आँसू देखो, उसे नमस्कार करो ! आँसुओं पर घृणा या उपेक्षा संसार की सबसे बड़ी नास्तिकता है, चयनिके !

चयनिका : उपेक्षा या घृणा की धृष्टता इस अनुचरी से क्या हो सकती है, भला ! मैं तो देवी के आँसुओं को देखते ही धीरज खो देती हूँ । इधर तो आप दर्पण भी नहीं देखतीं, नहीं तो अपना चेहरा देख पातीं—

अम्बपाली : चेहरा ! चेहरे का रहस्य भी अच्छी तरह समझ चुकी हूँ, चुन्नी ! गालों के गुलाब में कितनी गंध है, भवों की कमान में कितनी तीरंदाजी है; अधरों के बिंब में कितना रस है, दाँतों के दाड़िम में कितनी मिठास है; नासिका के शुक में कितनी उड़ान है, आँखों के खंजन में कितनी परवाजी है; ललाट के चाँद में कितना अमृत है और लटों के साँप में कितना जहर है—सब देख चुकी, आजमा चुकी, जान चुकी ! उसकी 'हाँ' देखी, उसकी 'ना' देखी । उसकी 'हाँ' देखी—मगधपति के सामने, उसकी 'ना' देखी—भगवान बुद्ध के सामने ! और लोग तो दोनों छोरों के बीच में चक्कर काटते ही रह गए, चयनिके !

चयनिका : देवी, आपमें अपने से, संसार से इतनी उदासीनता, इतनी विषण्णता क्यों पा रही हूँ ?

अम्बपाली : अपने से उदासीनता, संसार से उदासीनता—दोनों का एक ही मतलब है, चयनिके ! जब तक अपने से उदासीनता न हो, संसार से उदासीनता हो ही नहीं सकती । और संसार के धक्के ही तो अपने में उदासीनता पैदा करते हैं । 'स्व' और 'संसार' का एक अजीब गोरखधंधा आदि-काल से चला आ रहा है ! ये एक-दूसरे को प्रभावित किया करते हैं और इनकी क्रिया-प्रतिक्रिया के भँवर में मानव-मन तुच्छ तिनके-सा डूबता-उतराता रहता है ! अम्बपाली अब तक भँवर के ऊपर नाच रही थी, अब वह उसकी चपेट में गोते खा रही है ।

चयनिका : लेकिन क्या अनुचरी को इतना भी हक नहीं है कि वह उस बात को जाने, जिसने वैशाली की राजनर्तकी के विशाल हृदय को भी यों व्यथित, द्रवित कर दिया है !

अम्बपाली : तुम्हें सबकुछ जानने का अधिकार है, चयनिके ! तू ही है, जिससे मन की बातें कहकर दिल हलका करती आई हूँ ! लेकिन दुनिया में कुछ ऐसी बातें हैं, जो कही नहीं जा सकतीं और जिनके न सुनने में ही कल्याण है ।

चयनिका : तो देवी रोया करें और मैं चुपचाप देखा करूँ ? क्या मैं पत्थर की बनी हूँ, क्या मेरे हृदय नहीं ? इससे तो अच्छा है, चयनिका की मुश्क बाँध दें, उसे तहखाने में डाल दें कि वह घुट-घुटकर वहीं मर जाए ! **(उसका गला भर आता है, आँखें उमड़ पड़ती हैं)**

[अम्बपाली वीणा को पलँग पर रख देती और हाथ पकड़कर चयनिका को अपने निकट बैठाती है—फिर उसकी ठुड्डी हाथ में ले दुलारती हुई कहती है—]

अम्बपाली : पगली, तू ऐसा करेगी, तो मेरी गति क्या होगी ? जब नाव डूबती है तो सिर का घास का गट्ठर ही—तुच्छ तिनकों का वह समूह ही—उसके ढोनेवाले के प्राण का रक्षक सिद्ध होता है । कम-से-कम कुछ देर तक उसे पकड़कर वह अपने को बचाए रखता ही है । अम्बपाली की नाव टूट चुकी है, चयनिके ! वह अपनी जल-समाधि स्पष्ट देख रही है—जल-समाधि या सम्यक् समाधि ! **(सामने दीवार से सटी बुद्ध की मूर्त्ति पर उसकी नजर जाती है और वह उसे सिर नवाती है)**

चयनिका : **(आश्चर्यमुद्रा में)** तो क्या आप बौद्ध-धर्म स्वीकार करने जा रही हैं ?

अम्बपाली : अब समझ में आई है, चुन्नी, कि आदमी क्यों विराग लेता है, क्यों भिक्षु बनता है । कुछ लोग तो ऐसे होते हैं जो स्वभाव से ही दुनिया के रागरंग से परे होते हैं । उनका मन प्रशांत सागर होता है, जिसमें कितनी ही नदियाँ पानी डालें, जिसके ऊपर कितनी ही कलाओं से चंद्रमा चमके, लेकिन जिसमें न तो बाढ़ आती है, न तरंगें उठती हैं—**(उँगली से बुद्ध-मूर्त्ति को दिखाती)** देख, उस ओर ! कैसी शाश्वत शांति ! कामना या भावना की एक रेखा

भी कहीं पाती है ? लेकिन, ज्यादातर मानव-मन झरने की तरह होता है, जो शुरू में कलकल-छलछल करता, तरंगों से युक्त, फेनों से भरा, कभी इधर, कभी उधर भटकता-बहकता चक्कर काटता, गिर्दावें भरता, अन्ततः नदी या नद में परिणत हो, अपनी गति से आप ही क्षुब्ध, अपनी उठाई हुई लहरों से आप ही थपेड़े खाकर हाहाकार, आर्त्तनाद कर उठता है और त्राहि-त्राहि करता किसी सागर में अपने को रख देता है । हाँ, यहाँ भी भाग्य पर निर्भर है कि वह प्रशांत सागर प्राप्त करता है या फिर किसी वंगोपसागर की घूर्णि में ही हाहा खाता रहता है । संन्यास या भिक्षुपन कुछ नहीं, थकी हुई आत्मा का आत्मसमर्पण है चयनिके ! अम्बपाली भी थक चुकी । अब इससे यह बोझ नहीं ढोया···

[वह अचानक रुक जाती है—छत की ओर देखती है—उसके भय-विस्फारित नेत्रों की टकटकी देख चयनिका काँप उठती है—देखते-देखते अम्बपाली के गाल आँसुओं से तर हो जाते हैं—चयनिका घबराई हुई कहती है—]

चयनिका : आर्ये, आर्ये ! यह आप क्या देख रही हैं ?

अम्बपाली : **(अपने को सँभालती, आँसू पोंछती)** क्या देख रही थी ! अच्छी बात है, चुन्नी, तू नहीं देख पाती । **(कुछ रुककर)** अच्छा, तूने किसी से प्रेम किया है, रे !

चयनिका : **(लज्जा से गड़-सी जाती है)** आर्ये !

अम्बपाली : तू संकोच कर रही है । ठीक ही तो । इससे बढ़कर बेवकूफी का सवाल और क्या हो सकता है—'तूने प्रेम किया है !' जैसे, प्रेम कहने की चीज हो । जो जबान पर आए, वह भी क्या प्रेम है ? हमारे ऋषियों ने कहा है, सुकर्म को जिह्वा पर मत लाओ, जिह्वा पर अग्निदेव हैं, वह उसे जला देंगे, भस्म कर देंगे । बहुत ही सही चयनिके ! कोई भी पावन चीज जिह्वा पर नहीं लानी चाहिए ! फिर प्रेम ! जिह्वा अग्नि है, तो प्रेम बर्फ । वह तो उसकी आँच से ही गल जाती है ! राधा किसी से अपनी प्रेमव्यथा कहने गईं—हाँ उनका मूक प्रेम कितने कवियों की वाणी का शृंगार बन गया और अनंत काल तक बनता रहेगा । यही प्रेम की महत्ता है ! इसी वैशाली में रहकर अरुण क्या अम्बपाली से अपना प्रेम कहने आया और हमेशा उसके साथ छाया-सी घूमती हुई भी मधूलिका ने अरुण से अपना प्रेम कहा ! **(उसका गला भर आता है)**

चयनिका : भद्रे, यह सब आप क्या कह रही हैं ?

अम्बपाली : चुप रह चयनिके, चुप रह । मौसी ने कहा था, यह अभिमान नहीं, आत्मवंचना है, अम्बे । अब उनके कथन की सचाई मालूम हो रही है । शृंगार, संगीत, उत्सव—ये सब क्या चीजें हैं, तू जानती है ? यों ऊपर से देखने पर तो आत्म-प्रदर्शन के साधन मालूम होते हैं, लेकिन जरा गहरे जा, तो मालूम होगा, इनके द्वारा आदमी अपने को भुलाने की चेष्टा करता है । अपनी शारीरिक त्रुटि को शृंगार से ढँकना चाहता है, अपने हृदय के हाहाकार को वीणा की गुंजार में छिपाना चाहता है और अपने दुख-शोक को उत्सव में विलीन करना चाहता है । उफ्, मानव, मानव, तूने अपने को धोखे में रखने के लिए क्या-क्या न प्रयत्न किए ! लेकिन हाय रे, मानव ! अभिशाप ने कभी तेरा साथ न छोड़ा । वह छाया बनकर तेरे पीछे लगा है, पड़ा है ! ज्यों-ज्यों तू प्रकाश की ओर दौड़ता है, वह और भी स्पष्ट और लंबा होता जाता है ! अम्बपाली, अम्बपाली, इतने दिनों तक तू जिसे भुलाए रही, उसने एक दिन तेरी सारी हेकड़ी भुला दी **(अपने हाथों से चेहरा ढँक लेती है)** उफ्, आह !

चयनिका : **(सिसकियाँ भरती)** भद्रे···भद्रे !

अम्बपाली : **(चेहरे से हाथ हटाती है, सारा चेहरा आँसू में भीगा है)** चुन्नी, चुन्नी !···समझा, तू

सोने को कहेगी ! मेरी प्यारी बच्ची, तेरी आज्ञा सिर-आँखों पर ! **(उसकी ठुड्डी पकड़ती और चूमती है)** लेकिन, चयनिके, अम्बपाली के सोने के दिन चले गए। अब तो उसके कंधों पर एक थाती दे दी गई है ! उफ् री निठुर थाती ! **(फिर छत की ओर देखती)** मधु-मधु, तू यह क्या कर गई रे ! मुझसे यह नहीं ढोई जाती है, मधु ! "जो जिंदगी नहीं ढोता, उसे लाश ढोनी पड़ती है !" काश, तू जान पाती, मैंने जिंदगी भी लाश ही की तरह ढोई है ! !

3

[वैशाली का कूटागार—एक ऊँचे टीले पर बना एक रमणीक विहार—विहार का पश्चिमी बरामदा—

सूरज डूबने जा रहा—डूबते हुए सूरज से ऐसी तिरछी लाल किरणें फूट रही हैं, जैसी भोर में दिखाई पड़ती हैं—हाँ, भोर की किरणों में जहाँ सुनहलापन अधिक होता है, इनमें लाली अधिक है—

कुछ चिड़ियाँ इस लाली भरी पृष्ठभूमि में उड़ती क्षितिज की ओर जा रही हैं—वे ऐसी मालूम होती हैं, मानो लाल सागर में बच्चों ने रंगीन कागज की छोटी-छोटी नावें बहा दी हों—

डूबते हुए सूरज की इस लाली से बरामदे का यह हिस्सा अजीब सुनहला लग रहा है—बरामदे की एक-एक चीज दिप-सी रही है—सूरज की ओर रुख किए ध्यानमग्न बैठे गोरे भगवान बुद्ध तो बिलकुल सोने की मूर्त्ति-से लग रहे हैं—शरीर में जरा भी स्पंदन तक नहीं अनुभव होता—

भगवान बुद्ध से थोड़ी दूर हटकर भिक्षु-प्रवर आनंद बैठे भगवान बुद्ध का चेहरा विमुग्ध होकर निहार रहे हैं—

अम्बपाली आती है—बिलकुल सादा है वेश उसका—हौले-हौले भगवान के निकट पहुँच उन्हें सिर झुका मौन-ही-मौन प्रणाम करती और आनंद के इशारे पर कुछ दूर हटकर बैठ जाती है—

कुछ देर में भगवान बुद्ध आँखें खोलते हैं—सूरज की ओर देखते हैं—अम्बपाली उठकर फिर उन्हें प्रणाम करती है—वह मुस्कुरा पड़ते हैं, कहते हैं—]

भगवान बुद्ध : आप आ गईं, भद्रे !

अम्बपाली : हाँ, भगवान !

भगवान बुद्ध : आपका यह वेश ?

अम्बपाली : मैं देखी चुकी भगवान, आदमी दो में से एक का ही श्रृंगार कर सकता है—तन का या मन का।

भगवान बुद्ध : सबसे बड़ा सत्य वही है, भद्रे, जिस पर आदमी खुद अपने अनुभवों से पहुँचे।

अम्बपाली : लेकिन मेरे-ऐसे अनुभवों से पार होने का दुर्भाग्य किसी को भी प्राप्त न हो, भगवान !

भगवान बुद्ध : **(मुस्कुराते हुए)** वैशाली की राजनर्तकी और दुर्भाग्य !

अम्बपाली : **(खिन्न स्वर में)** भगवान, मुर्दे को काँटों में मत घसीटिए ! जो जिंदगी भर दीपशिखा-सी खुद जलती और दूसरों को जलाती रही, अगर उसकी भी जिंदगी सौभाग्य ही हो, तो फिर दुर्भाग्य कहेंगे किसे, भगवान ?

भगवान बुद्ध : जब वासनाओं से विरक्ति आ जाए, तब समझना चाहिए, अंतर का देवता जग उठा !

अम्बपाली : अंतर का देवता क्या है, मैं नहीं जानती, भगवान। हाँ, मेरे अंतर में आग लगी है; जो मुझे जला रही है, झुलसा रही है, यह अनुभव करती हूँ। हृदय में जैसे चिनगारियाँ फूटती रहती हैं; नसों में, शिराओं में खून की जगह जैसे बिजली दौड़ती रहती है ! जागरण, जैसे वृश्चिक-दंशन ! निद्रा, जैसे शूल-शयन ! यह जिंदगी है या मौत ? **(कातरता से)** मुझे

बचाइए, भगवान।

भगवान बुद्ध : कोई किसी को बचा नहीं सकता, भद्रे ! जहाँ आग की लपट है, उसके निकट ही पानी का झरना है। अशांति के कंटक-कानन में ही शांति की चिड़िये का घोंसला है। उस झरने, उस घोंसले को खुद खोजना होता है। दूसरा, ज्यादा-से-ज्यादा, रास्ता-भर बता सकता है।

अम्बपाली : जैसे इस मार्ग-दर्शन का कोई महत्त्व ही नहीं ?

भगवान बुद्ध : है; तभी तो तथागत को घर छोड़कर जंगल-जंगल की खाक छाननी पड़ी। बड़ी तपस्या, बड़ी साधना के बाद उस मार्ग का पता लगाया है; लेकिन जो मार्ग उन्हें मालूम हुआ, उसका निष्कर्ष सिर्फ इतना ही है कि ऊपर का कोई देवता और नीचे का कोई आदमी किसी को निर्वाण या मुक्ति नहीं दिला सकता। उस मार्ग पर स्वयं चलना होगा, दूसरा कोई उपाय नहीं।

अम्बपाली : आज उसी मार्ग की दीक्षा लेने आई हूँ, भगवान ! मार्ग बताइए, मैं चलने को तैयार हूँ।

भगवान बुद्ध : भद्रे, जरा सोचिए, आप यह क्या कह रही हैं ?

अम्बपाली : सोच चुकी हूँ, भगवान ! अच्छी तरह सोच चुकी हूँ। याद है, आपने कहा था—"तुम विचित्र नारी हो !"

भगवान बुद्ध : **(मुस्कुराते हुए)** उसकी एक झलक आज भी देख रहा हूँ ! निराशाएँ हमें कहीं भी उड़ा ले जा सकती हैं।

अम्बपाली : सिर्फ निराशा की बात मत कहें, भगवान। निराशा का प्रतिकार अम्बपाली जानती है। अगर भगवान ने उस यात्रा में नर्तकी पर कृपा न की होती, तो··· **(रुक जाती है)** ।

भगवान बुद्ध : तो क्या ? जरा सुनूँ। **(फिर मुस्कुराते हैं)**

अम्बपाली : **(तेजस्विता के साथ)** जो कायर होते हैं, वे मोड़ पर रुक जाते हैं। जिनके हृदय में साहस है, वे एक पथ पकड़ते और चल देते हैं, चाहे वह पथ जहाँ ले जाए—स्वर्ग या नरक—ये एक ही सिक्के के दो रुख हैं, भगवान !

भगवान बुद्ध : **(गंभीरता से)** सिर्फ तेजस्विता बड़ी खतरनाक चीज है, आर्ये। उसके मुँह में साधना की लगाम होनी चाहिए, नहीं तो न जाने वह किस अंधगुफा में ले जाकर पटक देगी ! राजनर्तकी, सावधान !

अम्बपाली : **(प्रकृतिस्थ होकर)** जिसने एक बार प्रकाश की किरण देख ली, उसकी आँखें धोखा नहीं खा सकती हैं, भगवान। इसी से आज वैशाली की राजनर्तकी भिक्षुणी बनने को भगवान के चरणों की शरण में आई है। **(घुटने टेककर सिर झुका लेती है)**

भगवान बुद्ध : **(साश्चर्य)** भिक्षुणी बनने को !

अम्बपाली : हाँ, अम्बपाली ने तय कर लिया है कि अब वह अपना शेष जीवन धर्ममार्ग पर चलने और धर्म का संदेश घर-घर पहुँचाने में ही बिताएगी ?

भगवान बुद्ध : लेकिन तथागत के धर्मसंघ में भिक्षुणी का विधान नहीं !

अम्बपाली : क्या कहा भगवान ने ? भगवान के धर्ममार्ग में नारियों के लिए स्थान नहीं !

भगवान बुद्ध : नारियों के लिए स्थान नहीं, ऐसा नहीं कह सकते। हर आदमी— स्त्री-पुरुष—तथागत के धर्ममार्ग पर चल सकता है। लेकिन, नारियों के लिए भिक्षुणी बनना···

अम्बपाली : **(उत्तेजना में बीच ही में बात काटकर)** उचित नहीं है, यही न कह रहे थे भगवान ? क्या मैं पूछ सकती हूँ, क्यों उचित नहीं है ?

भगवान बुद्ध : उत्तेजित मत हो भद्रे ! हर क्यों का जवाब नहीं होता।

अम्बपाली : लेकिन, जिस बात का संबंध किसी की जिंदगी से है—उसके अस्तित्व की 'हाँ' और 'ना'

से है, उसे हक हासिल है कि वह ऐसा सवाल करे और यह उचित है कि उसे जवाब दिया जाए।

भगवान बुद्ध : आपको मालूम ही होगा, देवी प्रजावती और राहुल माता यहाँ आई हुई हैं।

अम्बपाली : देवी प्रजावती धन्य हैं जिन्हें भगवान की मौसी होने और उन्हें गोद खिलाने का सुअवसर मिला और राहुल माता यशोधरा तो इतिहास में अमर ही हो चुकीं।

भगवान बुद्ध : इन दोनों ने भी यही इच्छा प्रकट की थी, किंतु तथागत ने उन्हें 'नाही' कह दी।

अम्बपाली : आपने 'नाही' की होगी भगवान! यह कोई आश्चर्य की बात नहीं है। हमेशा से अपने पर अत्याचार होता आया है—साधारण जनों द्वारा और महात्माओं द्वारा भी। लेकिन, भगवान जिस आसानी से देवी प्रजावती और यशोधरा को 'ना' कह सकते थे, और वे मान जा सकती थीं, उतनी आसानी से न तो आप अम्बपाली को 'नाही' कह सकते हैं और न उसें मना सकते हैं!

भगवान बुद्ध : लेकिन मेरी लाचारी जो है?

अम्बपाली : क्या अभागी अम्बपाली से भी बढ़कर? **(उसाँसें लेती है)**

भगवान बुद्ध : आपकी लाचारी?

अम्बपाली : **(सहसा उसके चेहरे पर विषाद छा जाता है, आँखें भर आती हैं, गला भर्रा जाता है)** भगवान, मत कहलाइए! आपसे छिपा क्या है? दिन-रात लाश ढोते-ढोते तंग आ चुकी। जब तक जगी रहती हूँ, उसके बोझ से कंधा टूटता, दम फूलता रहता है। एक तो दर्द के मारे नींद नहीं आती, यदि कदाचित आई, तो कंधे का बोझ सीने पर होता है! साँस घुटने लगती है, कलेजा फटने लगता है। चिल्लाना चाहती हूँ, आवाज नहीं निकलती, घिग्घी बँध जाती है। व्याकुलता की पराकाष्ठा में जब नींद टूटती है, तो बिछावन, तकिया, सब तर-ब-तर पाती हूँ! भगवान, भगवान, मुझे.... **(अपनी हथेली से मुँह ढँककर हिचकियाँ लेती है)**

भगवान बुद्ध : धीरज, भद्रे, धीरज!

अम्बपाली : **(भर्राई आवाज में ही)** धीरज की भी हद होती है, भगवान! आह, वही धीरज विधाता नारियों के दिल में दिए होता, जिसे पुरुषों के हृदय में इतनी प्रचुरता से दिया है। जिस आसानी से भगवान राहुलमाता को प्रसूतिगृह में छोड़ भागे, उसी आसानी से राहुलमाता भगवान की 'ना' के बाद भी उन्हें छोड़ पातीं!

भगवान बुद्ध : भद्रे, भावना पर यों न बहें; विवेक से काम लें। जरा सोचें—तथागत के धर्म का मध्यम मार्ग तो सबके लिए खुला है, लेकिन जहाँ तक भिक्षुसंघ की बात है.... **(रुक जाते हैं)**

अम्बपाली : धर्म का मध्यम मार्ग तो समझी, लेकिन उसका मतलब मार्ग के मध्य में जाकर रुकना नहीं हो सकता, भगवान! फिर अम्बपाली जिस राह पर चलेगी, पूरी चलेगी! मध्य में रुक नहीं सकती! बहुत धोखा खा चुकी हूँ भगवान; अब मैं अपने को ज्यादा धोखा नहीं दे सकती!

भगवान बुद्ध : तब!

अम्बपाली : मुझसे मत पूछिए, मुझे इस लाश को उतारना पड़ेगा, भगवान! या तो इसे पीला वस्त्र उतार सकता है, या.... **(अचानक वह अधर की ओर निर्निमेष दृष्टि से देखने लगती है)** देखिए, भगवान, वह देखिए! मैं बचपन से ही सपने देखती आ रही हूँ, लेकिन, दिन-रात यह सपने का दृश्य! उफ्! मैं इसे ढो नहीं सकती, जिंदा रह नहीं सकती। मुझे आत्महत्या के महापाप से बचाइए भगवान! **(उसकी आँखों से आँसुओं की धारा बहने**

लगती है; सिर से पाँव तक काँपकर वह चेहरे को हथेलियों से ढँकती, फिर जमीन पर घुटने टेक अपने हाथों को बुद्ध के चरणों की ओर पसार देती है)

भगवान बुद्ध : आर्ये, आर्ये !

अम्बपाली : भगवान ! भगवान ! !

[भगवान बुद्ध उसके इस आत्मसमर्पण से व्याकुल हो जाते हैं—समझ में नहीं आता कि उससे क्या कहें—वह आनंद की ओर देखते हैं—आनंद भगवान का असमंजस देख अम्बपाली के निकट आकर उसे उठाते हुए कहते हैं—]

आनंद : आर्ये, उठें । आज आप जाएँ—कल फिर भगवान के दर्शन करें ।

अम्बपाली : **(सिर उठाती है, आँखों से आँसू बह रहे है)** भगवान, जाऊँ ? आपकी यही आज्ञा है ?

आनंद : यह भगवान की ही आज्ञा है ।

अम्बपाली : हाय रे मेरा दुर्भाग्य ! मेरे लिए भगवान आज ही प्रतिमा बन रहे हैं ! आह ! **(बुद्ध के मुँह की ओर एकटक देखती है—आँसू अनवरत जारी है)**

भगवान बुद्ध : **(गंभीर वाणी में)** भद्रे ! श्रद्धा प्रतिमा को भी बोलने को लाचार करती है—उससे वरदान लेती है । तुम अपने पर विश्वास रखो, सभी साधन तुम्हें आप ही प्राप्त होंगे !

[अम्बपाली, 'भगवान, भगवान' कह, घुटने टेक, जमीन से सिर सटाकर, भगवान बुद्ध को प्रणाम करती है; फिर हाथ जोड़े ही मुड़कर चलती है—सूरज डूब चुका है, लाल आसमान के ललाट पर लाल मंगल तारा चमक रहा है—अम्बपाली मुड़ते समय उसे देखकर प्रणाम करती है और हाथ जोड़े ही वहाँ से धीरे-धीरे चल देती है । उसके चले जाने पर भगवान बुद्ध आनंद से कहते हैं—]

: आनन्द !

आनंद : भगवान !

भगवान बुद्ध : अम्बपाली को मैं जानता हूँ, आनंद ! इसके संघ में आने से संघ को लाभ ही होगा । नारियों द्वारा तथागत का संदेश घर-घर में ही नहीं, दूर-दूर देशों तक फैलेगा, यह भी मैं देख रहा हूँ । लेकिन मैं आनेवाले दिनों से डरता था । अभी तो ज्वार के दिन हैं, जिसके प्रवाह में सभी गंदगियाँ बह जातीं, धुल जाती हैं, लेकिन जब भाटा आता है, अच्छा पानी भी प्रवाह से दूर होकर गँदला हो जाता है, आनंद ! इसीलिए मैं नारियों को संघ में नहीं लेना चाहता था । मुझे डर है, आगे चलकर संघ को यह बड़ी कमजोरी साबित होगी और तथागत का धर्म जितने दिनों संसार में रहता, उसके आधे दिनों तक ही रह पाएगा ।

आनंद : तो मना कर दीजिए न ?

भगवान बुद्ध : आह ! मैं मना कर पाता ! मैं देवी प्रजावती को, राहुलमाता को 'नाही' कर सका था, किंतु इसे नहीं कर सका । यह विचित्र नारी है, आनंद ! उस बार इसने कहा था—मैं भगवान बुद्ध पर विजय प्राप्त करूँगी । यह आज सचमुच जीत गई !

4

[सारी वैशाली निस्तब्ध सोई हुई है—सिर्फ जाग रहे हैं आकाश में कुछ तारे, जिनकी ज्योति भी उदयाचल की धीमी लाली की आभा से मंद पड़ती जाती है—और वृक्षों पर जग पड़े हैं अपने खोंतों में निश्चिंत सोए कुछ पंछी—हाँ, कुछ ही और वे भी एकाध बार ही चोंच खोलकर चहचह कर उठते हैं, क्योंकि अभी भोर होने में कुछ देर है—पृथ्वी पर कभी-कभी, यहाँ-वहाँ से गायों की रँभाई सुनाई पड़ती है, जिसका उत्तर बछड़े का आँ-आँ देता है—

अट्टालिकाएँ सोई हुई हैं—सड़कें सोई हुई हैं—हाट-बाजार सब पर नींद की हल्की छाया पड़ी हुई है—हाँ हल्की ही, क्योंकि उषा के आगमन की धमक कुहेलिका की तहों को एक-एक कर दूर कर रही है—

इसी समय दूर से सुरीली आवाज सुनाई पड़ती है—वह पहले एक ही ध्वनि मालूम पड़ती है; किंतु धीरे-धीरे वह ध्वनि, ध्वनि-समूह में बदल जाती है—अब स्पष्ट मालूम हो रहा है, कुछ कोकिलकंठी गाती हुई आ रही हैं—गीत की कड़ियाँ क्रमशः स्पष्ट होती जा रही हैं—]

बहुजन हिताय,
बहुजन सुखाय,
नर उठो, नारियो, उठो उठो,
झाँकी यह झिलमिल स्वर्ण-किरण,
निद्रा खोने, तन्द्रा धोने—
बह चली पुलकमय मलय-पवन
सब उठो, जगो
निज कर्म लगो,
सपनों की दुनिया दूर जाय।

बहुजन हिताय
बहुजन सुखाय,
दुनिया उभचुभकर डूब रही,
फैला आँसू का प्रलय-ज्वार
आँहों की आँधी में उजड़ी
जाती मानवता की बहार
आगे बढ़कर
करुणा से भर
रच तो रक्षा के कुछ उपाय।

बहुजन हिताय
बहुजन सुखाय
हम सागर यदि न उलीच सकें
आँखों की दो बूँदें हर लें,
हम पर्वत उठा सकें न अगर
बोझे तो सिर के कम कर दें,
अर्पित जीवन
अर्पित जन-धन
अर्पित होवे मन-वचन-काय,
बहुजन हिताय
बहुजन सुखाय।

[अब वह मंडली बिलकुल निकट आ चुकी—इधर आसमान में लाली ही लाली है—अंधकार धीरे-धीरे दूर हो रहा है—उदित होनेवाले सूरज की प्रभा के कारण या सामने आनेवाली कलकंठियों की शांत मुखाभा के कारण?—अब हम स्पष्ट

पहचान सकते हैं कि ये कौन हैं—सब-की-सब भिक्षुणियाँ हैं—टुकड़े-टुकड़े जोड़कर बनाए पीले वस्त्र से, गर्दन से पैर तक, इनके अंग ढँके हैं—जिनके बाल कटा डाले गए हैं, ऐसे सिरों पर पीले रंग के ही छोटे-छोटे कपड़े, रूमाल की तरह, सिर के पीछे की ओर बँधे हैं—काले रंग के भिक्षा-पात्र हाथों में—

अगली पंक्ति में ये तीन भिक्षुणियाँ कौन हैं? जरा गौर से देखिए—बीच में हैं देवी पुष्पगंधा—उनकी दाहिनी ओर अम्बपाली—बाईं ओर मधूलिका—हाँ, मधूलिका ही—भिन्न अवस्थाएँ, भिन्न प्रकृतियाँ सिमटकर एक हो चली हैं—'बहुजन हिताय, बहुजन सुखाय' के एक पथ पर, एक उद्देश्य पर।

सूरज की किरणें फूटीं—पीले वस्त्रों के बीच अम्बपाली के शांत मुख-मंडल पर वे जा पड़ीं—जा पड़ीं, नृत्य कर उठीं—फिर प्रतिफलित हुईं—अब अम्बपाली का मुखमंडल सूर्यमंडल-सा दिप रहा है—हाँ, साक्षात् सूर्यमंडल-सा!—भिक्षुणियाँ गाए जा रही हैं—]

बहुजन हिताय
बहुजन सुखाय
हम सागर यदि न उलीच सकें
आँखों की दो बूँदें हर लें,
हम पर्वत उठा सकें न अगर,
बोझे तो सिर के कम कर दें,
अर्पित जीवन
अर्पित जन-धन
अर्पित होवे मन-वचन-काय,
बहुजन हिताय
बहुजन सुखाय।

विजेता

[1943-55 ई.]

भूमिका ?

(वि)

हाँ, इस नाटक के लिए एक भूमिका चाहिए, लंबी भूमिका। किंतु, इस प्रलोभन से मैं अपने को बचाऊँगा।

बारह वर्षों तक मेरे मस्तिष्क में चक्कर काटते रहने के बाद कहीं यह सूर्य का प्रकाश देख पाया है। अब भी मेरे सामने वह कापी है, जिसमें मैंने इसकी रूप-रेखा तैयार की। उस पर हज़ारीबाग सेंट्रल जेल की सरकारी मुहर है और मैंने उस पर तारीख लिखी है, विजयादशमी 1943।

'अम्बपाली' लिखने के बाद मैंने इसका शुभारंभ जेल में ही किया था और जब दिल्ली के 'राष्ट्रीय नाटक महोत्सव' के लिए 'अम्बपाली' का रिहर्सल किया जा रहा था, मैंने इसे फिर से हाथ में लिया और पूरा किया।

किंतु उस पुरानी रूपरेखा और इसके वर्त्तमान रूप में आकाश-पाताल का अंतर है।

समूचा नाटक चार ही दृश्यों में समाप्त होता है, एक-एक अंक में सिर्फ एक-एक दृश्य। इसमें पात्र भी सिर्फ पाँच हैं। और बिना किसी प्रकार की काँट-छाँट किए इसे दो-ढाई घंटे में खेल लिया जा सकता है।

(जे)

चंद्रगुप्त मौर्य पर कितने ही नाटक लिखे गए हैं। किंतु मैंने आश्चर्य से पाया है, 'चंद्रगुप्त' नाम देकर भी लोगों ने दरअसल 'चाणक्य' लिखा है। उनका मुख्यपात्र चाणक्य है, चंद्रगुप्त तो उसके इशारे पर नाचता है।

विशाखदत्त ने अपने 'मुद्राराक्षस' में जो परंपरा चलाई, वह अब तक ढोई जा रही है, यद्यपि इतिहास के आधुनिक अनुसंधानों ने उसकी कितनी ही बातों का खंडन कर दिया है।

कितने आश्चर्य की बात है कि इतिहास जहाँ चाणक्य के बारे में थोड़ा-सा उल्लेख करके चुप है, वहाँ साहित्य उसकी कूटनीतिज्ञता की प्रशंसा करते हुए नहीं अघाता।

यह प्रशंसा यहाँ तक बढ़ा दी गई कि चाणक्य एक धूर्त्त और नृशंस व्यक्ति-मात्र बन जाता है और चंद्रगुप्त उसके हाथ की कठपुतली-मात्र !

कठपुतली भी कैसी ? शूद्र, वृषल आदि कहकर भारत के उस प्रथम चक्रवर्ती सम्राट् को नीचे-से-नीचे गिराने की कोशिशें हुई हैं।

इस महान पुरुष को उस गड्ढे से निकालना चाहिए, ऐतिहासिक तथ्य और महत्त्व के अनुरूप ही उसे साहित्यिक रूप देना चाहिए, बारह वर्षों से मेरे मस्तिष्क में यह विचार चक्कर काट रहा था। उसी का फल यह नाटक है।

मैंने जो कुछ लिखा है, उसके आधार के लिए ऐतिहासिक प्रमाण देने लगूँ, तो वह इस नाटक से भी विशाल रूप धारण कर ले सकता है। किंतु, मैं इस प्रपंच से अपने को रोकूँगा। इतना ही कहूँगा, चंद्रगुप्त का यह साहित्यिक रूप आधुनिकतम ऐतिहासिक तथ्यों पर आधारित है। हाँ, उनके प्रकटीकरण और विश्लेषण में मैंने थोड़ी स्वाधीनता ली है, जो हम साहित्यिकों का अधिकार है।

(ता)

अब हिंदी के रंगमंच की ओर लोगों का ध्यान गया है। चारों ओर नाटक खेलने के लिए एक नया उत्साह पैदा हुआ है।

दो-दो तीन-तीन दर्जन दृश्यों का नाटक लिखने और खेलने का समय बीत चुका। आधुनिक रंगमंच पर अब इसके लिए गुंजाइश कहाँ ? यों ही पाँच-पाँच घंटों तक नाट्यगृह में बैठने की फुर्सत भी लोगों में नहीं रही।

पात्र-पात्रियों की बहुलता भी नाटक के खेलने में बाधक बन जाती है।

नाटक छोटे हों, जो दो-ढाई घंटे में खेल लिए जा सकें। उतने ही दृश्य हों, कि इंटरवल के समय फिट कर लिए जाएँ। पात्र-पात्रियों की संख्या ऐसी हो कि कुछेक प्रतिभाशील व्यक्तियों को ही लेकर अभिनय करा लिया जा सके।

युग की माँग यह है !

इस नाटक की जो रूपरेखा मैंने पहले तैयार की थी, युग की इस माँग को ध्यान में रखकर उसमें मुझे आमूल परिवर्तन करना पड़ा है। किंतु युग की इस माँग की पूर्ति करना कितना कठिन है, पग-पग पर अनुभव करता रहा हूँ।

चाहे जैसा भी बन पड़ा हो, अपने ऐतिहासिक नाटकों की माला में यह अंतिम मनका जोड़कर अब सामाजिक नाटकों की ओर प्रवृत्त होने जा रहा हूँ।

युग की एक माँग यह भी है, जिसकी अवहेला नहीं की जा सकती !

—श्रीरामवृक्ष बेनीपुरी

पटना

बसंतपंचमी, 1955

पात्र-पात्रियाँ

पात्र	पात्रियाँ
चंद्रगुप्त	माँ
●	●
चाणक्य	चंद्रा
●	
श्वेतकेतु	

पहला अंक

स्थान : तक्षशिला के निकट का एक पहाड़ी प्रदेश
समय : प्रातःकाल

[छोटी-सी पहाड़ी : नीचे घनघोर जंगल। इस घनघोर जंगल में एक छोटा-सा खुला स्थान।

उस खुले स्थान में एक युवक खड़ा है। सामने की पहाड़ी के पार्श्वभाग पर एक गोल चिह्न बना हुआ है जिसके इधर-उधर कितने भाले लटकते दीख पड़ते हैं। उसके दाहिनी ओर, पहाड़ी के सहारे, कई भाले खड़े किए गए हैं। वहीं एक धनुष और तीरों से भरा हुआ एक तरकस लटक रहे हैं।

युवक के हाथ में एक भाला है। वह उस भाले को लक्ष्य की ओर फेंकने जा रहा है।

कितना सुपुष्ट है उसका शरीर। कमर से घुटनों तक का कटि-पट। इस संक्षिप्त परिधान में उसका शरीर-वैभव कैसा निखरा पड़ता है!

गौर मुखमंडल। उन्नत ललाट। दोनों सघन भवें जैसे एक-दूसरी से मिलने को आतुर। होंठों पर दृढ़ता। वृषभस्कंध : प्रशस्त वक्षस्थल। बाँहों की, जाँघों की मांसपेशियाँ उभड़ी पड़ती हैं। सुदृढ़ अडिग चरण।

उसके ललाट पर स्वेद-बिंदु चमक रहे हैं। सारा बदन पसीना-पसीना हो रहा है।

लगता है, वह बहुत देर से लक्ष्य साध रहा है। पहाड़ी पर उस गोल चिह्न के इर्द-गिर्द अँटके-लटके कई भाले इसके प्रमाण हैं।

हाथ के भाले को वह फेंकता है। खट-सा शब्द होता है। फिर बगल में पहाड़ी से उठँगाए दो भालों को क्रमशः फेंकता है। तीसरा भाला लक्ष्य-वेध कर लेता है। वह अट्टहास कर उठता है!

उसी समय पहाड़ी की दूसरी ओर से शब्द सुनाई पड़ता है—"धन्य बेटे धन्य···"

इस शब्द के साथ एक वृद्ध पुरुष सामने आता दिखाई पड़ता है।

काला है उसका वर्ण। लंबी है उसकी शिखा। आँखें लाल-लाल—जो उसके काले चेहरे पर दो जलते कोयले के अंगारों के समान दीखती हैं!

कटि में एक लटपटा वस्त्र और कंधे पर एक धूसर उत्तरीय। मोटी उजली जनेऊ काले शरीर पर स्पष्ट दीख रही है।

यह वृद्ध है चाणक्य और वह युवक है चंद्रगुप्त। यह घटना तब की है, जब यवन-अधिपति संसार-विजेता सिकंदर—अलक्षेंद्र—भारत के एक भाग पर विजय प्राप्त कर लौट चुका है।

अनुश्रुति है, जब सिकंदर—अलक्षेंद्र—भारत आया था, उसका युद्ध-कौशल देखने को चंद्रगुप्त उसके शिविर में जाया करता था और एक बार वह वहाँ गिरफ्तार भी किया जा चुका था।

भाला यवनों का सबसे प्रमुख अस्त्र था। घोड़ों पर चढ़कर, उन्हें दौड़ाते हुए, शत्रुओं पर जब वे क्षिप्र वेग से चढ़ दौड़ते, तो उन भालों के प्रहार को शत्रु सँभाल नहीं पाते।

चंद्रगुप्त उन्हीं के इस अस्त्र का कुछ दिनों से अभ्यास कर रहा है। चाणक्य को सामने देख चंद्रगुप्त सिर नवाता है, चाणक्य धीरे-धीरे उसके निकट आता है और प्रसन्न मुद्रा में कहता है—]

चाणक्य : धन्य बेटे धन्य! यवनों के इस अस्त्र पर भी तुमने निपुणता प्राप्त ही कर ली!

चंद्रगुप्त : यवनों के नहीं, विजेताओं के अस्त्र पर कहिए गुरुदेव! अह, वे किस तरह झंझा के वेग से आए, जीर्णशीर्ण वृक्षों की तरह हमें धराशायी किया और फिर किस प्रकार हमें रौंदते,

कुचलते झंझा की गति से ही वापस गए !

चाणक्य : तुम उन्हें भूल नहीं सके, बेटे !

चंद्रगुप्त : न भूल सका और न भूल सकूँगा, गुरुदेव ! अब भी उनके मांसल पुट्ठे, उनके पैने भाले, उनका क्षिप्र वेग और उनके भीषण जयनाद मस्तिष्क में साँय-साँय मचाए रहते हैं । शक्ति, साहस और गति के अवतार-से दीखते थे वे । और, सबसे बढ़कर उनका वह नेता—अलक्षेंद्र ! गुरुदेव, उनकी आँखों में वह क्या था ? जो उसके सामने गया, क्या बिना झुके रह सकता था ?

चाणक्य : किंतु, एक ऐसा भी था जो झुक नहीं सका !

चंद्रगुप्त : आप राजा पुरु की बात कहते हैं ?

चाणक्य : नहीं, एक ऐसे पुरुष की जो अपने को बार-बार भूल जाया करता है । जो दूसरों के पुट्ठे देखता है, किंतु जो न अपनी विशाल भुजाओं को देखता है, न प्रशस्त वक्षस्थल को, जिन्हें देखकर अलक्षेंद्र भी मोहित हो गया था ।

[चंद्रगुप्त समझ लेता है उसी की ओर लक्ष्य किया गया है, अतः व्यंग्य में बोलता है—]

चंद्रगुप्त : कदाचित इसलिए उसे बंदी बनाकर वह अपने देश ले जाना चाहता था—यह दिखाने को कि देखो, एक देश ऐसा भी है, जहाँ के लोग ऐसे हृष्ट-पुष्ट होते हुए भी पराजय स्वीकार करते हुए नहीं लजाते ।

चाणक्य : किंतु, क्या वह उसे बंदी रख सका ?

चंद्रगुप्त : एक व्यक्ति बंदीघर से निकल आया तो क्या हुआ, गुरुदेव ! सारे देश के हाथों में तो वह हथकड़ियाँ डाल ही गया है ।

चाणक्य : तुम्हें अपमान-बोध हो रहा है, चंद्र !

चंद्रगुप्त : जो अनुभव करता हूँ, वह केवल अपमान ही नहीं है, गुरुदेव !

चाणक्य : आह ! यदि सारे देश के युवक भी तुम्हारी ही तरह सोच पाते !

चंद्रगुप्त : जो नहीं सोच सकते, उन्हें सोचने को बाध्य करना पड़ेगा, गुरुदेव ! मुझी में यह भावना कहाँ से आई ? किसी ने दी ही तो है !

चाणक्य : मुझ पर यह यश मत थोपो, चंद्र ! मुझे उस दिन का स्मरण है, जब एक दीन ब्राह्मण अपने सपनों में पागल बना आर्यावर्त के कोने-कोने में घूम रहा था—गाँवों में ढूँढ़ता था, नगरों में ढूँढ़ता था, पगडंडियों पर ढूँढ़ता था, राजपथों पर ढूँढ़ता था—ढूँढ़ता था एक ऐसा नायक—लोकनायक—जो उसके सपनों को सत्य का आधार दे सके, उन्हें रूप दे सके, उनमें प्राण-प्रतिष्ठा कर सके ! कि, अचानक उसे एक दिन एक बच्चा दिखाई पड़ा । हाँ, वह बच्चा ही था ! वह एक बच्चा, अनेक बच्चों के बीच । अनेक चरवाहे बच्चों के बीच एक ऊँचे टीले पर खड़ा वह उन्हें आदेश दे रहा था—देखो, वहाँ वह शत्रु का दुर्ग है, हमें उस पर चढ़ाई करनी है, उस पर अधिकार करना है ! तुम लोग चार टुकड़ियों में बँटो—

चंद्रगुप्त : गुरुदेव, गुरुदेव ! वे तो बचपने की बातें थीं । उनकी याद दिलाकर····

चाणक्य : हाँ, वे बचपने की बातें थीं ! किंतु बेटे, चंद्र, बचपने की उन बातों में ही उस स्वप्नदर्शी ब्राह्मण ने जैसे उसी दिन अपने सपनों के लिए सत्य का आधार पा लिया । उसने देखा, उसका नायक, उसका भावी विजेता, उसके सामने खड़ा है । वह बड़ी देर तक एकटक उसे निहारता रहा—उसकी आँखें देखीं, जिनसे निर्भीकता झाँक रही थी; उसकी भुजाएँ देखीं, जिनसे वीरता उबली पड़ती थी; उसकी छाती देखी, जिसमें धड़कन की जगह साहस

स्फुरित हो रहा था। वह ब्राह्मण भाव-विभोर हुआ! **(भाव-विभोर होकर आँखें मूँद लेता है)**

चंद्रगुप्त : गुरुदेव! गुरुदेव!

चाणक्य : हाँ, उस दिन भी उस ब्राह्मण ने इसी तरह भाव-विह्वल होकर आँखें मूँद ली थीं, और वह बच्चा आदेश दिए जा रहा था—एक टुकड़ी सामने से चढ़ाई करेगी; जब युद्ध घमासान हो जाए, दो टुकड़ियाँ एक ही साथ दाएँ-बाएँ से चढ़ दौड़ेंगी और चौथी टुकड़ी…! अब भी क्या वह ब्राह्मण वहाँ खड़ा रह सकता था? वह आगे बढ़ा, उस बच्चे के समक्ष उपस्थित हुआ—राजन्, एक दीन ब्राह्मण आपकी सेवा में उपस्थित है!

चंद्रगुप्त : छोड़िए उन भूली-बिसरी बातों को गुरुदेव!

चाणक्य : नहीं, मुझे कहने दो बेटे! आज आवश्यकता है कि फिर उन बातों का स्मरण किया जाए। उस ब्राह्मण ने कहा—राजन्, एक दीन ब्राह्मण आपकी सेवा में उपस्थित है। बच्चे ने कहा—ब्राह्मण हो, तो तुम्हें गायें चाहिए न? सामने गायें चर रही हैं, उनमें से जितनी चाहो, हाँक लो! ब्राह्मण मुस्कुराया—यदि कोई मना करे, तो? बच्चा तमक उठा—चंद्रगुप्त के राज्य में कौन ऐसा है, जो उसकी आज्ञा की ओर उँगली उठा सके!

[चंद्रगुप्त लज्जावश दोनों हाथों से मुँह ढँक लेता है। चाणक्य उसके हाथ हटाता हुआ]

: चंद्र! वही बच्चा तुम हो न? और, वही ब्राह्मण न मैं हूँ। कितने दिन बीत गए, सिंधु का कितना जल समुद्र में जा गिरा। किंतु आह! बच्चा अब भी मिट्टी के उस टीले पर ही है…

चंद्रगुप्त : और, उस ब्राह्मण की शिखा आज तक नहीं बँध सकी, गुरुदेव! **(उसाँसें लेता है)**

चाणक्य : शिखा! शिखा! **(अपनी लंबी शिखा पर हाथ फेरता हुआ)** यह अब शिखा ही नहीं है, चंद्र! अब यह प्रतिहिंसा है, ज्योतिशिखा है! देख नहीं रहे हो, यह बढ़ती जा रही है, बढ़ती जा रही है। अब यह इतनी बढ़ चुकी है कि यदि इसे शत्रु-शिविर से नहीं छुलाई गई, तो यह मुझे ही भस्मसात् कर देगी। बेटे, अब मगध चलो। अब तुम्हारी शिक्षा पूरी हो चुकी है और जो कसर थी, उसे यवनों की इस विजय के अनुभव ने पूरा कर दिया है।

चंद्रगुप्त : मगध चलें! और, यहाँ यवनों का साम्राज्य बना रहे? गुरुदेव, मैं तो पहले इनका ही उच्छेद करना चाहता हूँ। अपने देश के शीर्ष भाग पर लगा यह काला धब्बा मुझे असह्य लगता है, गुरुदेव! और इनकी विजय का रहस्य भी मुझे मालूम हो चुका है। मैं इन्हीं के अस्त्र से इनको पराजित करूँगा। पहले हम बाहरी शत्रु को हटाएँ, फिर भीतरी शत्रु को देख लेंगे!

चाणक्य : नहीं बेटे, नहीं। जब तक भीतर शत्रु हैं, तब तक तुम बाहर के शत्रु को हरा नहीं सकते, हटा नहीं सकते। उस दिन उस झोंपड़ी में वह बुढ़िया जो कह रही थी, उस बात की यथार्थता अब समझ में आ रही है।

चंद्रगुप्त : किस बुढ़िया की बात, गुरुदेव?

चाणक्य : हो सकता है, तुमने ध्यान नहीं दिया हो। हम लोग बहुत रात बीते लौट रहे थे। एक झोंपड़ी के निकट पहुँचे, तो सुना, एक बुढ़िया कह रही थी—बेटा, तुम भी क्या चाणक्य-चंद्रगुप्त हो कि रोटी के चारों ओर तोड़-तोड़कर खा रहे हो, किंतु बीच में हाथ नहीं डालते! चलो चंद्र, बीच में हाथ डालो! हमारे दूतों ने जो समाचार दिया है, पाटलिपुत्र पर चढ़ाई करने का सुनहला अवसर आ गया है।

चंद्रगुप्त : आह, पाटलिपुत्र ! वह किन राक्षसों के पंजे में फँसा है ! **(उसके चेहरे पर विषाद की रेखाएँ खिंच आती हैं)**

चाणक्य : पाटलिपुत्र का स्मरण ही तुम्हें अधीर बना डालता है चंद्र !

चंद्रगुप्त : गुरुदेव, जिसकी गलियों में बचपन बीता, जिसकी धूल में घुटनों के बल चलकर खड़ा होना सीखा, जिसकी छाया में आतप और शीत ने समान रूप से रक्षा पाई, जिसके हाथ कितनी ही बाल-सुलभ कल्पनाएँ बँधी थीं, आज भी बँधी हैं; यदि उस नगरी की याद विह्वल बना दे, तो आश्चर्य की क्या बात है गुरुदेव ?

चाणक्य : तो उसका उद्धार करो बेटे ! और, सचमुच उसके लिए स्वर्ण-अवसर आ गया है। नंद-वंश के अत्याचारों से प्रजा में हाहाकार मचा है । न किसी की संपत्ति सुरक्षित है, न किसी की प्रतिष्ठा । बहू-बेटियों का सतीत्व तक सुरक्षित नहीं ! राजभवन केलि-भवन बना है । जहाँ वीरों और विद्वानों का जमावड़ा था, वहाँ भाँटों और भाँड़ों का अखाड़ा है । बस, एक धक्के की आवश्यकता है चंद्र, नंदकुल का राज्य कटे वृक्ष की तरह आप ही अरराकर गिर पड़ेगा ।

[इसी समय नेपथ्य से स्त्री-कंठ में पुकार सुनाई पड़ती है ।]

नेपथ्य से : चंद्र, ओ चंद्र !

चाणक्य : अरे, वह तुम्हारी माताजी आ गईं । मैं चलता हूँ; देखना, अभी इसकी चर्चा उनसे मत करना ! हम फिर मिलकर एक पूरी योजना बना लेंगे । विश्वास रखो, हम अवश्य विजयी बनेंगे !

[चाणक्य जाता है ।]

चंद्रगुप्त : हाँ, माँ ! क्या है माँ ! **(कहकर टहलने लगता है और आप ही आप कहता है)** कितना संदेह ! किसी पर विश्वास नहीं ! माँ पर भी नहीं ! उँह !

[माँ आती है : उसके मुख पर क्रोध की छाया स्पष्ट परिलक्षित होती है ।]

माँ : गुरुदेव क्या तेरे पास आए थे ? अभी जाते हुए दीख पड़े, यद्यपि उन्होंने अपने को मुझसे छिपाना चाहा था ।

चंद्रगुप्त : हाँ, वही थे, यहीं आए थे माँ !

माँ : क्यों आए थे ? फिर कोई नया मंत्र देने क्या ? बेटे, मैं इस ब्राह्मण को देखते ही काँप उठती हूँ । यदि यह जानती, तो उस दिन इसके हाथ तुझे नहीं सौंपती । यह जादूगर है, जादूगर !

चंद्रगुप्त : जादूगर ! हाँ, लोग कहते हैं, सुनता हूँ, वह जादूगर हैं ! किंतु वह किसी के लिए जादूगर हो सकते हैं माँ, जो स्वयं किसी बड़े जादू से अभिभूत हो, उस पर उनका जादू क्या खाकर चलेगा ?

माँ : तू यह क्या बोल रहा है, रे !

चंद्रगुप्त : हाँ, हाँ, माँ ! आज मैं तुमसे पूछकर रहूँगा कि वह कौन-सा जादू है जिससे मैं अभिभूत हूँ ? तुम उस जादू के बारे में जानती हो माँ, और मुझसे छिपाती आई हो, छिपा रही हो ।

माँ : जादू ! मैं छिपा रही ?

चंद्रगुप्त : हाँ जादू, और मुझसे छिपा रही हो ! यह जादू नहीं तो क्या है माँ, जो न मुझे सोने देता है न बैठने देता है । सोता हूँ, तो कानों में कोई कहता होता है—उठ, तुझे बहुत कुछ करना है । जब बैठा रहता हूँ, वह झटका-सा देकर खड़ा कर देता है—बढ़, तुझे बड़ी यात्रा पूरी करनी है । और, जब खड़ा होता हूँ, तो जैसे पैरों में वह पंख बाँध देता है ! पैरों में पंख—माँ, तुम

नहीं मानोगी, किंतु प्रायः ही मैं अपने को आकाश में उड़ता हुआ पाता हूँ और उड़ते-उड़ते इतना ऊँचा चला जाता हूँ, जब पृथ्वी गेंद-सी लगती है और उसके जीव-जंतु कीड़े-मकोड़े की तरह। इच्छा होती है, इन सारे तुच्छ जीवों को पैरों तले मसल दूँ और इस गेंद को ऐसी ठोकर लगाऊँ कि यह नभमंडल, खमंडल से परे जाकर गिरे—गिरे और चूर-चूर हो जाए। माँ, यह क्या है? क्या यह जादू नहीं है? **(उसकी मुखमुद्रा अद्भुत हो जाती है, वह व्याकुल होकर टहलने लगता है)**

माँ : बेटे, बेटे! यों नहीं बेटे, यों नहीं····

चंद्रगुप्त : यों नहीं बेटे, यों नहीं। किंतु यों कब तक जिया जा सकता है, माँ! तुम समझती हो, क्या मेरी शिराओं में यह रक्त दौड़ रहा है। नहीं माँ, नहीं। **(हाथ बढ़ाता है)** इसमें रक्त नहीं है, नहीं है। यह ऊष्णता, यह उत्तेजना, यह प्रवाह, यह गति—क्या ये रक्त के हो सकते हैं? देखो, अच्छी तरह देखो माँ, या कहो, तो मैं चीरकर दिखला दूँ **(इधर-उधर देखता, तरकस से एक तीर उतारता और उसे नस में घुसेड़ने की चेष्टा करता हुआ)** देख ले, देख ले, यह रक्त नहीं है।

माँ : **(व्याकुल होती हुई)** चंद्र, चंद्र!—यह तू क्या कर रहा है बेटा? **(तीर उसके हाथ से खींचकर फेंक देती है)** आह!

चंद्रगुप्त : आह! यह कैसा इंद्रजाल है!—लगता है, इससे लिपटा हुआ हूँ, घिरा हुआ हूँ। न इसे तोड़ पाता हूँ, न इससे निकल पाता हूँ! तुम मुझे इससे निकाल सकती थीं, माँ, किंतु जब-जब पूछता हूँ, तुम····

माँ : पूछने की कोई बात नहीं है, बेटे!

चंद्रगुप्त : पूछने की कोई बात नहीं है? क्या गुरुदेव की तरह तुम भी समझती हो कि मैं अभी बच्चा ही हूँ, कुछ समझता नहीं? मैं क्या यह नहीं अनुभव कर पाता कि कोई कारण है, जिसने तुम्हारा मुँह बंद कर रखा है? यों तुम नहीं बोलतीं, किंतु कभी-कभी जब सोती रहती हो, अचानक बड़बड़ा उठती हो, चौंक पड़ती हो, थरथर काँपने लगती हो; जैसे कोई अघट घटना घट गई हो, या घटने ही वाली हो! यों ही प्रतिदिन प्रातःकाल स्नान कर जब तुम सूर्य भगवान की ओर मुँह किए खड़ी होती हो, उनका ध्यान करते-करते, तुम्हारे होंठ क्या केवल मंत्र ही बुदबुदाते हैं—वे अचानक फड़कने क्यों लगते हैं माँ?

माँ : बेटे, बेटे! ये सबकुछ नहीं है बेटे! ये बुढ़ापे के चिह्न हैं। नींद ठीक से नहीं आती, इंद्रियाँ दुर्बल हो रही हैं, उन पर अधिकार नहीं रख पाती!

चंद्रगुप्त : आह रे इंद्रजाल! लोग समझते हैं, यह ब्राह्मण मुझे नचा रहा है। ऊपर से देखने पर ऐसा लगता भी है, किंतु भीतर कौन-सी शक्ति मुझे नचा रही है, मैं कैसे बताऊँ? तुम बता सकती थीं माँ, किंतु जब-जब चर्चा चलाई, तुम कुछ ऐसी विह्वल हो उठती हो····

माँ : जानेगा बेटे, जानेगा। समय आएगा, सब जान जाएगा तू। माँ की जिह्वा बंद भी रहे, एक दिन तेरी शिराओं का यह रक्त बोल उठेगा और जब वह बोलेगा, तू अपने पर गद्‌गद हो उठेगा। चंद्र, घटनाओं का एक चक्र होता है जिसे पूरा करना ही पड़ता है। यही देख न, हम कहाँ थे, कहाँ आ गए हैं? लगता है, हम एक अंधकार में भटक रहे हैं! वह ब्राह्मण कहता है, यह अंधकार कटेगा—किंतु, वह तो न जाने कब से कह रहा है? और, इसी भूलभुलैया में वह हमें कहाँ-से-कहाँ ले आया? अब तो मैं उससे डरने लगी हूँ, बेटे! **(उदास हो उठती है)**

चंद्रगुप्त : डरने की बात नहीं है माँ! अब क्यों उस ब्राह्मण की ओर देखती हो; देखो, अपने इस चंद्र

की ओर—अंधकार कटेगा, कटकर रहेगा, माँ। मेरी माँ, मेरी पूजनीया माँ!

[सहसा माँ को अँकवार में भर लेता है। माँ उसके कंधे पर सिर रखकर आँसू गिराने लगती है। इसी समय चंद्रा पहुँचती है, माँ-बेटे को इस स्थिति में देखकर सहम जाती है! चंद्रगुप्त की दृष्टि उस पर पड़ती है, वह अँकवार ढीला कर बोल उठता है]

: अरे, चंद्रा!

[चंद्रा लपकती हुई आती और माँ से लिपट जाती है]

चंद्रा : माँ, माँ, यह क्या माँ?

माँ : **(सम्हलती हुई)** कुछ नहीं बेटी, कुछ नहीं। देख न इस चंद्र को, इस निर्जन में, यहाँ, इस धूप में····

चंद्रा : मैं किस-किसको देखूँ माँ? इन्हें देखूँ, तुम्हें देखूँ या अपने को देखूँ। सबको देखती हूँ, पहले कुछ समझती नहीं थी, दुर्भाग्यवश, वह सुखद अज्ञान भी दूर हो चुका है! अब देखती हूँ और समझती भी हूँ। क्षमा करो माँ, तुम सदा भूत से अभिभूत हो, यह भविष्य में लीन हैं, किंतु, मेरा तो सिर्फ वर्तमान है—चंचल, क्षणिक, नश्वरमान, वर्तमान। मेरी रसोई ठंडी हो रही है और इधर भाले चल रहे हैं—**(लटकते हुए भालों की ओर देखती है)**

माँ : हाँ, रे, बहुत देर हो गई! चंद्र, तू जा, भोजन कर। मैं नदी से स्नान करके आ रही हूँ, आज मेरा व्रत है न?

चंद्रगुप्त : माँ, तुम इससे व्रत क्यों नहीं कराती माँ?

माँ : सुनती है चंद्रे! सदा तुझी पर यह धौंस जमाता रहता है। तू इस पर शासन क्यों नहीं रखती है प्यारी बेटी?

चंद्रा : इन पर और शासन? माँ, गरुड़ को कभी पालतू बनाया जा सका!

माँ : गरुड़! बहुत ही सही कहा मेरी बेटी ने। आ, आ, ओ मेरे गरुड़, मैं तेरे डैने चूमूँ, तेरी चोंच चूमूँ। **(उसके ललाट और भुजाओं पर चुंबन देती है)** जाने कब मेरा गरुड़ घोंसला बनाता है?

चंद्रा : **(मुँह बनाती हुई)** गरुड़ घोंसला नहीं बनाता, माँ!

चंद्रगुप्त : वह क्यों घोंसला बनाए? क्या घोंसलों की संसार में कमी है?

चंद्रा : हाँ, किसी दीन पंछी के झोंपड़े पर अगत्या अधिकार जमाता है!

चंद्रगुप्त : दीन नहीं, अशक्त कहो। शक्तिहीन के लिए यह पृथ्वी नहीं है, चंद्रे!

चंद्रा : देख रही हूँ, उसी से शक्तिशाली रन-वन की धूल फाँकते फिर रहे हैं!

चंद्रगुप्त : रण, वन! चंद्रे, शक्तिशाली के लिए, बलवान के लिए, वीर के लिए दो ही प्रिय स्थान होते हैं, रण या वन। रण—जहाँ भुजाएँ फड़कती हैं, तलवारें चमकती हैं। जहाँ पौरुष रक्त की होली खेलता है, संहार की विजय मनाता है, बलिदान की दीपावली सजाता है! भालों की उछाल, ढालों की सम्हाल। वीरों का जयनाद—कायरों की आर्तपुकार! रण ही बताता है, दो पैर और दो हाथ पाने से ही कोई मानव मानव नहीं बन जाता। और वन!—जहाँ हिंस्र पशुओं से पंजा लड़ाया जाता है, मणिधर नागों के फणों से खिलवाड़ किया जाता है; जहाँ पर्वत के उत्तुंग शृंगों को पैरों से रौंदा जाता है, प्रकृति के उल्लंग वक्षस्थल से जीवन-रस चूसा जाता है! हाँ, हाँ—रण या वन? **(आवेश में उसकी भुजाएँ फड़कने लगती हैं)**

चंद्रा : देखो, देखो माँ, तुम्हारा गरुड़ पंख फड़फड़ाने लगा; अरे यह कहीं उड़ न जाए! **(मुस्कुराती है)**

माँ : देख, यों आपस में नहीं लड़ा जाता बेटी। आई थी कहने, रसोई ठंडी हो रही है और लगी लड़ने। जा, इसे ले जा, मैं आई, अभी आई।

[वह जाती है। चंद्रगुप्त कुछ देर तक चंद्रा की ओर आँखें गुरेड़ता है, चंद्रा भी उसकी आँखों में आँखें डाल निस्पंद खड़ी रहती है, फिर वह हँस देती है। चंद्रगुप्त झुँझलाकर अस्त्र-शस्त्र सम्हालने लगता है।]

चंद्रा : लाइए, मैं भी आपकी सहायता कर दूँ। **(वह भी अस्त्र-शस्त्र सम्हालने लगती है)**

चंद्रगुप्त : चंद्रे, अलग रहो, मत छूना इन अस्त्रों को।

चंद्रा : क्यों? क्या मेरे छूने से तुम्हारे अस्त्र अपवित्र हो जाएँगे? मैं छूऊँगी, सम्हालूँगी। एक लक्ष्य का वेध नहीं कर लिया कि अपने को अलक्षेंद्र ही मान लिया है!

चंद्रगुप्त : ऐसा लगता है, तूने अलक्षेंद्र को देखा ही था!

चंद्रा : क्या उसे देखने के लिए बंदी बनना ही आवश्यक था? मुझे तो वह ढोंगी और कायर जँचा!

चंद्रगुप्त : ढोंगी! कायर!

चंद्रा : जो मूँछें मुड़ाकर अपने को सदा किशोर सिद्ध करना चाहे, सिर पर मेढ़े के सींग बाँधकर अपनी युद्ध-प्रियता की घोषणा करता फिरे—वह ढोंगी नहीं, कायर नहीं, तो क्या हो सकता है?

चंद्रगुप्त : ओहो! इतनी तह तक जाती हो!

चंद्रा : ये पुरुष होते हैं, जो ऊपर-ऊपर तैरते फिरते हैं! **(हँसती है)**

चंद्रगुप्त : क्या बोली? माताजी ने तुझे सिर-चढ़ी बना रखा है।

चंद्रा : सिर-चढ़ी नहीं, सिर-मढ़ी। मैं उनकी दुलारी बेटी हूँ। गुरुदेव ने जो आपके लिये किया है, माँ ने मेरे लिए किया है। आप समझते हैं, आप सीख रहे हैं, मैं कुछ नहीं सीख रही। हाँ, गुरुदेव ने आपके लिए ढोल पीटे हैं, माँ ने मुझे गुप्त रूप से सिखलाया है। **(लक्ष्य से लटके हुए भाले की ओर दिखलाती हुई)** कहो, ऐसा लक्ष्य मैं भी वेध दूँ! **(वह दौड़कर एक भाला उठाती है)**

चंद्रगुप्त : क्या कहा? तू लक्ष्य-वेध करेगी?

चंद्रा : करूँगी नहीं, करती हूँ। जिस दिन से तुमने यह अभ्यास प्रारंभ किया, माताजी ने मुझे भी इसका अभ्यास प्रारंभ कराया है। कहती हैं, बेटी, चंद्र के आधे भाग की तू अधिकारिणी है, तू वह सब जान ले, जो चंद्र जानता है। निर्बल को भाग नहीं मिला करता!

चंद्रगुप्त : ओहो, तो आप मेरे आधे भाग की अधिकारिणी हैं!

चंद्रा : जी! हाँ! **(मुस्कुराती है)**

[श्वेतकेतु का प्रवेश।]

श्वेतकेतु : अरे, आप दोनों ने कैसा आधा-आधा बाँट लिया; जैसे मेरे भाग्य में कोई भाग ही नहीं है!

चंद्रगुप्त : श्वेतकेतु! अच्छे आए तुम!

श्वेतकेतु : अच्छे आए और, बुरे भी आए! अच्छे आए, क्योंकि आप दोनों की जोड़ी देखकर प्रसन्नता हुई और बुरे आए, क्योंकि अस्त्र-शस्त्र देखते ही मुझे ज्वर लग जाता है!

चंद्रगुप्त : देखो, देखो चंद्रे! कविजी को पकड़ो, बेचारे ज्वरावेग से कहीं गिर न पड़ें! **(निकट जाकर)** अरे, तुम्हारा शरीर सचमुच काँप रहा है, श्वेत!

श्वेतकेतु : तुम व्यंग्य-विद्रूप कर लो, किंतु बार-बार कहता आया हूँ, फिर कहता हूँ, चंद्र, कि संसार में केवल युद्ध, मारकाट, रक्तपात, विजय आदि ही नहीं हैं। यहाँ ऐसे पदार्थ भी हैं, जो

दर्शनीय हैं, स्पर्शनीय हैं, उपभोगनीय हैं ! वह सामने पहाड़ है न ? तनिक ध्यान से देखो, मेरे मित्र ! क्या उसमें सिर्फ पत्थर ही पत्थर हैं ? नहीं ! ऊपर देखो, उसके शिखर पर वह सुहावना बादल उमड़ रहा है, नीचे देखो, वहाँ उसके पद-तल पर झरना झरझर झर रहा है । ऊपर बादल, नीचे जल और पत्थर पर भी कैसी हरियाली उग आई है । पत्तियाँ सिर हिला रही हैं, फूल मुस्कुरा रहे हैं ! जीवन यह है ! ! किंतु, तुम क्या समझो ! तुम तो दो चट्टानों के बीच में पड़े हो ।

चंद्रा : दो चट्टानों ?

श्वेतकेतु : हाँ, एक ओर वह ब्राह्मण और दूसरी ओर···· **(रुक जाता है)**

चंद्रा : और दूसरी ओर ?

श्वेतकेतु : घबराइए मत, आप नहीं, माताजी !

चंद्रा : **(आश्चर्य से)** माताजी ?

श्वेतकेतु : हाँ, माताजी ! आपको आश्चर्य हो रहा है ? देवीजी, मिट्टी और पत्थर एक ही तत्त्व से हैं, किंतु किसी प्रबल भीषण दबाव से सिमट, सिकुड़कर, मिट्टी का ही तत्त्व पत्थर बन जाता है । लगता है, माताजी के जीवन में भी कोई, नहीं नहीं, कितने दबाव आए हैं, जिन्होंने उन्हें पत्थर ही नहीं, चट्टान बना दिया है । नहीं तो आप ही बताइए, कोई समझबूझवाली स्त्री, जैसी कि अपनी माताजी हैं, अपने इकलौते बेटे को ऐसे सनकी ब्राह्मण के हाथ सौंप सकती है ?

चंद्रा : **(क्रोध से)** गुरुदेव को आप जो कुछ कह लीजिए, किंतु माताजी पर····

श्वेतकेतु : चंद्रे, तुम पगली मत बनो । मैं माताजी को दोष कहाँ देता हूँ, किंतु, तुम्हें देखना चाहिए, माताजी जो बाहर से दीखती हैं, वह वह नहीं हैं । उनमें करुणा की कमी नहीं । बल्कि उन्हें देखकर तो मुझे उस चट्टान की याद आती है, जिस पर झरना अनवरत झरा करता हो । कठोरता और आर्द्रता का अद्‌भुत सम्मिश्रण ! इसके विपरीत वह ब्राह्मण मुझे वैसी चट्टान लगता है जिसके भीतर अब भी ज्वालामुखी शांत नहीं हुई है, वह न जाने फिर कब आग उगलने लगे । किंतु चट्टान फिर भी चट्टान है, चाहे उसके भीतर ज्वालामुखी धधक रही हो, या उसके ऊपर झरना झर रहा हो !

चंद्रगुप्त : अरे, छोड़ो इन चट्टानों की बात; देखो, यह चंद्रा मुझसे झगड़ पड़ी है, इसे मना दो !

श्वेतकेतु : तुम चंद्रा को धोखे में रख लो, चंद्र ! मुझे धोखा नहीं दे सकते । यह भी समझती है, तुम इसे प्यार कर रहे हो । किंतु, तुम्हारे ऐसे लोगों के निकट प्यार का क्या मूल्य है—यदि यह बेचारी जान पाती !

चंद्रा : कविजी, मैं न प्यार जानती हूँ, न चाहती हूँ । माताजी का स्नेह ही मेरे लिए बहुत है ।

श्वेतकेतु : इस विश्वास में मत रह चंद्रे कि माताजी तुझे वह दिला सकेंगी, जो वह चाहती हैं । नहीं, नहीं । वह ब्राह्मण कब क्या रचना कर देगा, कोई कह नहीं सकता ?

चंद्रगुप्त : क्यों, क्या बात है कि गुरुदेव पर आज बहुत बिगड़ पड़े हो, श्वेत ।

श्वेतकेतु : तुम गुरुदेव कह लो, मेरे लिए तो वह निछछ ब्राह्मण हैं और ब्राह्मण भी कैसा, काला ? वह जाति से ब्राह्मण हो सकते हैं, वर्ण से नहीं । और यह भी एक अद्‌भुत बात हो रही है कि लोग जिस वर्ण को खो रहे हैं, उसी से अधिकाधिक चिपटते दिखाई पड़ते हैं ! **(व्यंग्यपूर्वक मुस्कुराता है)**

चंद्रगुप्त : **(आवेश में)** श्वेत, अब तुम सीमा का उल्लंघन कर रहे हो ! कह दिया, गुरुदेव की निंदा मेरे सामने मत किया करो ! समझे ?

चंद्रा : अरे, तो आज आप दोनों लड़ेंगे भी। लेकिन मैं जो लड़ने दूँ। श्वेतजी, मेरी रसोई ठंडी हो रही है, चलिए! **(चंद्रगुप्त से)** आप भी इस खटराग को जल्दी सम्हालिए, चलिए।

चंद्रगुप्त : चलो, चंद्रे, परोसो, मैं अभी आया।

चंद्रा : मैं आप लोगों को साथ लिए बिना नहीं जाती। कहीं फिर आपको लक्ष्य-वेध की धुन समाए और कविजी ही को कोई कविता सूझ पड़े!

चंद्रगुप्त : **(अस्त्रों को सम्हालते हुए)** श्वेत, मैं तुम्हें जानता हूँ—भगवान ने तुम्हारी रचना फूलों से की है। तुम्हारे भीतर-बाहर सब जगह फूल-ही-फूल हैं। लेकिन ऐसा सौभाग्य कितनों को मिल पाता है मेरे कवि? विधाता के भंडार में भी इतने फूल कहाँ हैं कि तुम्हारे ऐसे अधिक आदमी रचे जा सकें। यहाँ-वहाँ सब जगह तो काँटे-ही-काँटे हैं!

श्वेतकेतु : तभी तो हम सब काँटों के चक्कर में फँसे हैं। कहाँ से उस दिन वे कुश-काँटे उस काले खुरदरे तलवे में गड़ गए!

चंद्रगुप्त : तुम फिर गुरुदेव की बात ले आए!

श्वेतकेतु : लाऊँगा और बार-बार लाऊँगा, चंद्र। मैं ब्राह्मण हूँ। देखो, यह शुद्ध रक्त, देखो, यह विशुद्ध वर्ण। तुमने कहा, मैं फूलों से बनाया गया हूँ; मैं कहता हूँ, ब्राह्मण वर्ग को ही फूलों से बना होना चाहिए। कोमलता, दया, क्षमा ये हमारे आभूषण हैं। काँटे अपना स्वभाव न छोड़ें, तो क्या हम काँटे बन जाएँगे? क्या बन भी सकते हैं? पैर में काँटे गड़े, तो गड़ा करें? हम काँटे बनकर उनकी जड़ें खोदें और उनमें मट्ठा डालें! कहता हूँ चंद्र, यह ब्राह्मणत्व नहीं है, नहीं है।

चंद्रगुप्त : गुरुदेव असाधारण पुरुष हैं, उन्हें साधारण मापदंड से मत नापो, श्वेत।

श्वेतकेतु : असाधारण पुरुष! **(मुस्कुराता हुआ)** समझता हूँ चंद्र, समझता हूँ। और दो असाधारण पुरुष संयोग से एक केंद्रविंदु पर आ मिले हैं! कुछ होकर रहेगा, कुछ घटकर रहेगा। और यह भी कोई कम सौभाग्य की बात नहीं कि जब इतिहास रचा जा रहा हो, तो उसके निकट से देखने का किसी को सुअवसर मिल जाए। किंतु, सच कहता हूँ, मुझे चंद्रा के भाग्य पर बार-बार तरस आती है। तुम पाओगे, गुरुदेव पाएँगे, माताजी पाएँगी—सब अपने-अपने मनोरथ पूरे करेंगे, किंतु यह बेचारी!

चंद्रा : **(झपटकर)** मेरे लिए मत दुबले होइए कविजी। चलिए, **(चंद्रगुप्त की ओर)** चलते हो चंद्र! चलो!

[चंद्रा झपटकर आगे बढ़ती है, दोनों उसका अनुगमन करते हैं।]

दूसरा अंक

स्थान : पाटलिपुत्र का राजप्रासाद
समय : मध्याह्न

[राजप्रासाद के एक कक्ष में विजेता चंद्रगुप्त का प्रसाधन उसकी माँ और उसकी प्रेयसी चंद्रा कर रही हैं।

अत्याचारी नंद पराजित हो चुका है। अब पाटलिपुत्र पर चंद्रगुप्त का अधिकार है। आज संध्या को उसका विधिवत् राज्याभिषेक होगा।

राजप्रासाद का यह कक्ष सभी राजकीय उपकरणों से सुसज्जित है।

एक रत्न-खचित मंच पर चंद्रगुप्त बैठा है। उसकी कटि में रेशमी पीली धोती है, जिसकी लाल किनारी पर सोने के काम हैं। कंधे पर रेशमी लाल उत्तरीय है, जो सोने-पन्नों के कामों से जगमग हो रहा है।

कलाइयों पर, भुजाओं पर रत्नजटित आभूषण हैं। गले में रत्नजटित तिलड़ी चमचमा रही है और छाती पर मोतियों और रत्नों की कई मालाएँ झूल रही हैं।

उसके मुखमंडल को बिंदियों से चित्रित कर दिया गया है।

माँ उसके सिर पर फूल सजा रही है और चंद्रा उसके पैर में महावर लगा रही है।

माँ आनंद-पुलकित है; अंततः उसके मुख से वाणी फूट पड़ती है—]

माँ : अहा! यह दिन भी देखने को मिला। **(उसकी आँखों में आनंद के आँसू उमड़ आते हैं)**

चंद्रगुप्त : यह सब तुम्हारा आशीर्वाद है, माँ। कहाँ मैं पाटलिपुत्र की धूल में पड़ा था, कहाँ देश के कोने-कोने में भटकता-फिरता था, और कहाँ आज पाटलिपुत्र का यह राजभवन····

माँ : और, कुछ देर में उसका स्वर्ण-सिंहासन भी तुझसे सुशोभित होगा बेटे। बेटे, बेटे, आज मैं फूली नहीं समा रही हूँ **(आनंदाश्रु को आँचल से पोंछती है)**

चंद्रगुप्त : फिर कहता हूँ माँ, यह सब तुम्हारा आशीर्वाद है।

चंद्रा : तुम्हारा, तुम्हारा, तुम्हारा! जैसे मेरा इसमें कुछ है ही नहीं।

माँ : है क्यों नहीं बेटी? यह तेरा सौभाग्य ही तो है। तू भी तो पाटलिपुत्र की धूल पर ही मुझे मिली थी। और जिस दिन तुझे वहाँ से उठाकर अपने घर लाई, उस दिन से मेरी कुटिया आनंद-निकेतन बन गई। और, अब तो तेरे लिए यह राजभवन····

चंद्रगुप्त : माँ, तुमने चंद्रा का सिर फिरा दिया है!

चंद्रा : अरे, इस सिर पर मुकुट तो पड़ने दो, तब पाओगे, किसका सिर अधिक फिरा हुआ है?

माँ : चंद्रे! आज झगड़ने का अवसर नहीं है बेटी! तू चंद्र का प्रसाधन तो पूरा कर दे। पाटलिपुत्र के सिंहासन के अनुरूप ही तो प्रसाधन भी चाहिए न? गुरुदेव आते ही होंगे। कहेंगे—मैंने उतना कर लिया, तुम लोगों से इतना भी पार नहीं लगा।

चंद्रा : गुरुदेव ने क्या कर लिया है, माँ! तिगड़म, तिगड़म, तिगड़म! क्या यही सबकुछ है?

चंद्रगुप्त : उहूँ, सबकुछ तो है बात, बात, बात! तुम्हारी जीभ कतरनी नहीं बनी होती, तो कुछ हो पाता भला?

चंद्रा : आप भी यह न समझिए कि आपकी भुजाओं के बल ने ही सारा किया-कराया है। बड़े-बड़े बलवानों और युद्धविशारदों की वीरता और चतुरता घास चरती रह जाती है! जिसके पुण्यप्रताप से यह सब हुआ है, वह बेचारी तो उसे जीभ पर भी कभी नहीं लाती। **(माँ की ओर देखती है)**

माँ : लेकिन उसे तू जो चुप रहने दे! बेटी, इस पुण्य-बेला में उन पुरानी बातों की याद मत दिला। जो कुछ हुआ, सब गुरुदेव की कृपा से हुआ; वह ब्राह्मण हैं····

[श्वेतकेतु का प्रवेश]

श्वेतकेतु : माँ, कौन ब्राह्मण है? ब्राह्मण तो तुम्हारे सामने खड़ा है। वर्ण देख ले, रूप देख ले, आचरण देख ले। ब्राह्मण कहीं काला होता है? और भीतर तो और भी कालाघुप्प!

[चंद्रगुप्त की भवों पर तेवर चढ़ जाते हैं]

चंद्रा : बहुत सही कह रहे हो श्वेत! भीतर तो और भी कालाघुप्प! **(चंद्रगुप्त की ओर देखकर**

मुँह बनाती है)

चंद्रगुप्त : लेकिन चंद्रे ! तू इस तरह मत बोल । अभी तेरी चोटी उसी काले ब्राह्मण के हाथ में है ।

चंद्रा : हट, वह अपनी चुटिया की कुशल मनावे !

श्वेतकेतु : उसकी वह चुटिया नहीं है, नागिन है नागिन ! नंदवंश को वह सूँघ गई और न जाने किस-किसको वह सूँघकर रहेगी, वह काली नागिन ! बाप रे !

चंद्रगुप्त : श्वेत, तुम फिर सीमा का उल्लंघन कर रहे हो !

माँ : ओहो ! तुम सब फिर उलझ गए । इस मंगल-वेला में यह सब नहीं कहते-सुनते । चंद्रे ! बातों में मत फँस, तू शीघ्र प्रसाधन पूरा कर दे, बेटी !

श्वेतकेतु : यह भी क्यों नहीं कह देतीं माँ कि चंद्र का प्रसाधन पूरा कर तू भी शीघ्र प्रसाधन कर ले । चंद्र के आधे भाग की अधिकारिणी न इसे बना रखा है तुमने ?

चंद्रा : माँ ने बना रखा है, तो मैं हूँ भी ! आप समझते क्या हैं ?

श्वेतकेतु : तो आज आधे सिंहासन को भी तू सुशोभित करेगी ! क्यों ?

माँ : श्वेत, चंद्रा भी उस सिंहासन पर बैठेगी, बैठेगी । जो भगवान चंद्र को उस सिंहासन पर बिठलाने जा रहे हैं, वह एक दिन चंद्रा को भी उस पर बिठलाकर रहेंगे, बेटे ।

श्वेतकेतु : तो मैं कहूँ, शुभस्य शीघ्रम् क्यों नहीं किया जाता है माताजी ?

माँ : अरे, लग्न तो आने दो । मैं अपनी बेटी का ब्याह रचाऊँगी, अग्निदेव को साक्षी रखकर चंद्र की अर्द्धांगिनी बनाऊँगी; फिर आधा सिंहासन तो इसे आप ही मिल जाएगा । क्यों बेटी ? **(चंद्रा की ठुड्डी पकड़कर स्नेह से दुलराती है ।)**

श्वेतकेतु : माताजी, लगता है, आपको भी उस ब्राह्मण ने चकमे में डाल दिया है । मैं कहता हूँ, वह ब्राह्मण जब जिसको चाहेगा, सिंहासन पर बिठला देगा, लग्न की बात भी नहीं सोचेगा !

चंद्रा : कविजी, चंद्रा को सिंहासन की भूख नहीं है ! और जो उसे मिलना है, कोई भी उससे वंचित नहीं कर सकता ?

माँ : बहुत सही कह रही है मेरी बेटी । वाह री, मेरी दुलारी बिटिया ! जो जिसे मिलना होता है, कोई भी उससे उसे वंचित नहीं कर सकता । यदि किसी में ऐसी सामर्थ्य होती, तो क्या मुझी को यह दिन देखने को मिलता ? आह ! वे दिन ! कैसे थे वे दिन, कैसे कटे वे दिन !

[सहसा उसकी आँखों में आँसू उमड़ आते हैं, फिर वे झर-झर कर गिरते हैं । तीनों चकित हो रहते हैं । श्वेत घबरा उठता है]

श्वेतकेतु : माताजी, माताजी, मुझसे कोई धृष्टता हो गई क्या ?

चंद्रगुप्त : क्यों माँ ? यह क्या माँ ? ये आनंदाश्रु तो नहीं हैं ! तुम विह्वल क्यों हो गईं माँ ?

माँ : बेटे, बेटे ! **(लिपट जाती है, चूमने लगती है)** लगता है, आज हृदय को हलका कर लूँ बेटे ! तू भी बार-बार पूछा करता था न ? आह ! वह इंद्रजाल ! वह कुहेलिका !····

[सहसा दासी का प्रवेश]

दासी : गुरुदेव पधार रहे हैं ।

[गुरुदेव का नाम सुनते ही चारों सजग हो उठते हैं । माँ और चंद्रा चंद्रगुप्त के प्रसाधन में लग जाती हैं । श्वेत शांत भाव से बैठ जाता है । चाणक्य आता है । चारों उसका सादर अभिवादन करते हैं । चंद्रगुप्त की ओर देखकर वह बोल उठता है]

चाणक्य : अहा ! कैसा सुंदर, कैसा दिव्य ! हाँ, लगता है, मेरे बेटे पर आज देवत्व उतर आया है । क्या देवराज भी इतना सुंदर होगा ? **(माँ की ओर लक्ष्य करके)** माताजी, देखिए तो,

यह दिपता हुआ मुखमंडल ! यह प्रशस्त ललाट ! यह वरेण्य मस्तक ! लगता है, यह मस्तक राजमुकुट पहनने के लिए ही बनाया गया था, यह ललाट जैसे राजतिलक की ही प्रतीक्षा में था ! **(चंद्रा से)** बेटी चंद्रे ! कितना सुंदर प्रसाधन कर दिया है तूने । माताजी ने तुझे कितना गृहकुशल बना दिया है ? **(श्वेतकेतु की ओर)** और कविजी; कहिए, इस शुभ अवसर के लिए कोई गीत-वीत रचा है आपने !

श्वेतकेतु : रचे हैं गुरुदेव । किस कवि की वाणी ऐसे अवसरों पर मुखर हुए बिना रह सकती है । आज तो पाटलिपुत्र की गली-गली गीत वाद्य से मुखरित हो रही है । जिनकी जिह्वाएँ सदा बंद रहीं, उनके कंठ से भी अनायास गान फूट रहे हैं । फिर कवि-वाणी कैसे मौन रह सकती है, गुरुदेव ! आज गीत सावन की घटा की तरह उमड़-घुमड़ रहे हैं, उन्हें अक्षर बाँध कहाँ पाते हैं ? तो भी कुछ को तो बाँध ही सका हूँ ।

चाणक्य : **(एक वक्र मुस्कान के साथ)** क्या कोई आपत्ति हो, यदि हम आपके एकाध गीत पहले सुन लें !

श्वेतकेतु : किंतु, मेरे पास जो नहीं गुरुदेव ! और कोई वाद्ययंत्र् भी तो यहाँ नहीं है !

चाणक्य : **(चंद्रा से)** तो बेटी, तू भी श्वेत के साथ जा और अपनी वीणा ला । और देखना श्वेत, तुम दोनों स्वर-साधन उसी ओर करके आना, जिसमें यहाँ विलंब नहीं हो । समझे न ?

श्वेतकेतु : जी !

चंद्रा : जैसी आज्ञा !

[दोनों जाते हैं । जाते समय श्वेतकेतु मर्म-भरी दृष्टि से चाणक्य को देखता है ।]

चाणक्य : **(माँ से)** और, माताजी, क्या मंगल के सारे काम आपने सहेज लिए ? यदि कोई कमी रह गई हो, तो उसे शीघ्र पूरा कर लेना चाहिए न; क्यों ?

माँ : हाँ, हाँ, कई काम रह गए हैं, गुरुदेव । मैं उन्हें सम्हालकर अभी आई ।

[माँ भी जाती हैं : चंद्रगुप्त कुछ उद्विग्न हो उठता है ।]

चाणक्य : बेटे, तुम उद्विग्न मत हो । कुछ बातें हैं, जो हम लोग एकांत में ही कर लें, तो अच्छा हो । हाँ, कोई उतनी बड़ी बात भी नहीं !

चंद्रगुप्त : गुरुदेव की जो इच्छा, जो आज्ञा !

चाणक्य : देखो, चंद्र, आज मेरे मनोरथ पूरे हुए । नंदकुल का नाश हुआ । किंतु जिस नाश के पीछे निर्माण नहीं होता, वह नाश अधिक नाशकारी सिद्ध होता है, बेटे । अब तुम्हें पाटलिपुत्र के स्वर्ण-सिंहासन पर बैठना है और एक ऐसे राज्य की, नहीं, साम्राज्य की नींव रखनी है, जो हमारे पूज्य ऋषियों की चक्रवर्तित्व की कल्पना को सार्थक करे ।

चंद्रगुप्त : चक्रवर्तित्व की कल्पना ?

चाणक्य : हाँ, हाँ, चक्रवर्तित्व की कल्पना । तुम्हें उसे साकार करना है, जिसकी स्थापना के लिए राम ने वनवास का दुख उठाया, लंकाकांड रचाया; जिसके लिए कृष्ण ने महाभारत का वह लोमहर्षक युद्ध कराया, अपने संपूर्ण गोत्र को बलि चढ़ाया ! किंतु, तो भी, जो कल्पना अधूरी ही रही । आसेतु हिमाचल के एकछत्र राज्य की वह कल्पना—जब देश की संपूर्ण इकाई एक तरह से सोचे, काम करे ! ऋषियों की वह कल्पना आज भी कल्पना ही बनी पड़ी है बेटे ।

चंद्रगुप्त : यह असाध्य साधन और मुझसे ? गुरुदेव ! **(झुककर चाणक्य का चरण छूता है ।)**

चाणक्य : हाँ, हाँ, तुमसे । यह साध्य है, इसे प्राप्त करना है, तुम करके रहोगे । किंतु, एक बात है, बेटे । कहते हुए संकोच होता है, किंतु कहना ही है और उस पर आवश्यकता होने पर सोचना भी है ।

चंद्रगुप्त : वैसी कौन-सी बात है, गुरुदेव, जिस पर आपको भी सोचना पड़े !

चाणक्य : सुनो, बेटे ! मेरी दृष्टि एक बार सदा एक ही लक्ष्य की ओर जाती है। जब उस दिन संयोगवश तुम्हें वह खेल रचाता हुआ पाया, मैंने निश्चय कर लिया, तुम्हीं को लेकर अपने स्वप्न को साकार करूँगा। तुम्हारे शरीर में वैसे लक्षण थे कि मैंने आवश्यकता भी नहीं समझी कि तुम्हारा कुल-गोत्र पूछूँ। पीछे जब माताजी ने बताया, तुम अनाथ हो, मैंने इसे सौभाग्य ही समझा, क्योंकि तुम्हारे ऊपर कोई बोझ नहीं, अतः तुम्हारा विकास मनमाने ढंग से किया जा सकता था। किंतु, चंद्र, आज जब तुम सिंहासन पर बैठने जा रहे हो, यह आवश्यक है कि तुम्हारे कुल-गोत्र की घोषणा की जाए।

चंद्रगुप्त : कुल-गोत्र की ? क्या सिंहासन पर बैठने के लिए किसी विशेष कुल-गोत्र का होना आवश्यक है, गुरुदेव ?

चाणक्य : यदि हो, तो और अच्छा।

चंद्रगुप्त : और यदि नहीं हो ! **(गर्व से)** गुरुदेव, राज-सिंहासन विजेता को खोजता और वरण करता है !

चाणक्य : **(मुस्कुराता हुआ)** हाँ बेटे, सिंहासन विजेता को खोजता और वरण करता है। किंतु वरण करने के बाद वह भी चाहता है कि वह, जो उस पर बैठने जा रहा है, घोषणा करे, वह किसी उच्चकुल से है। जो स्वयं ऊँचा है, वह ऊँचाई की ओर ध्यान रखे, तो आश्चर्य क्या ?

चंद्रगुप्त : किंतु ऐसी घोषणा····

चाणक्य : ऐसी घोषणाएँ की गई हैं और राजसिंहासन की महिमा देखो, उन घोषणाओं को लोगों ने सिर-आँखों पर लिया है। सूर्य और चंद्र तो आकाश के देवता हैं न ? कहीं उनका वंश पृथ्वी पर हो सकता है ? किंतु घोषणाएँ की गईं, हम सूर्यवंशी हैं, हम चंद्रवंशी हैं, और लोगों ने सिर झुकाकर उन्हें स्वीकार किया ?

चंद्रगुप्त : जैसे पृथ्वी-पुत्र में शासन की क्षमता नहीं !

चाणक्य : शासन पृथ्वी-पुत्र ही करता है, किंतु यदि वह ऊँचे से, ऊपर से, प्रेरणा ले, तो कोई बुराई होगी ?

चंद्रगुप्त : यह झूठी महत्ता····

चाणक्य : **(फिर मुस्कुराता)** तो लगता है, तुमने सत्य को ही संसार मान लिया है। संसार मिथ्या है और महत्ता तो मिथ्या-ही-मिथ्या है। किंतु यदि संसार में रहना है तो मिथ्याओं की सृष्टि करनी पड़ती है, करनी पड़ी है, चंद्र !

चंद्रगुप्त : गुरुदेव, यह क्या कह रहे हैं आप ?

चाणक्य : **(गंभीरता से)** हाँ, हाँ चंद्र ! तुम वीर हो, पुरुष-पुंगव हो, नर-केसरी हो। तुम्हें अपनी भुजाओं पर भरोसा है और उन भुजाओं पर विजय की देवी ने अपने हाथों विजय-कंकण बाँध दिया है। तुम्हें गर्वित होने, घमंड करने का अधिकार भी प्राप्त हो चुका है, चंद्र ! किंतु, तुम जान पाते, विजय की इस देवी को प्रसन्न करने के लिए इस काले ब्राह्मण को क्या-क्या काले कृत्य····

[आवेश में उसका कंठ अवरुद्ध हो जाता है, उसकी आँखों से चिनगारियाँ फूटने लगती हैं।]

चंद्रगुप्त : **(आश्चर्यमिश्रित विनम्रता से हाथ जोड़ता हुआ)** गुरुदेव !

चाणक्य : हाँ, काले कृत्य ! काले, काले कृत्य ! दूसरा कोई चारा भी तो नहीं था और जब तक उनमें लगा था, उनके रूपरंग देखने का अवकाश भी कहाँ था ? उन्हें देखा है तब, जब यह

शिखा बँध चुकी है, जब लक्ष्य-प्राप्ति हो चुकी है। और जब देखा है, तब काँप उठा हूँ। किंतु मैं काँपकर, डरकर रह जानेवाला, रुक जानेवाला मनुष्य नहीं हूँ, चंद्र। जिसे प्रारंभ किया जाए उसे उसके तार्किक परिणाम तक पहुँचाना ही पड़ता है, पहुँचाना पड़ेगा—मुझे भी और तुम्हें भी। **(आवेग में वह टहलने लगता है)**

चंद्रगुप्त : **(झुककर उसका चरण छूता हुआ)** किंतु गुरुदेव, आप सोचिए····

चाणक्य : मैं सोच चुका हूँ। मुझे आश्चर्य हो रहा है, जो युद्ध-भूमि में इतना वीर है, वह राजनीति में इतना कातर····

[माँ का प्रवेश।]

माँ : गुरुदेव, सूर्यवंशी कभी, कहीं भी, कातरता या कायरता नहीं दिखा सकता!

चाणक्य : एँ, सूर्यवंशी!!

माँ : हाँ, गुरुदेव! अब तक मैं अपनी जीभ पर ताला जड़े रही। किंतु इस मंगलमय दिवस को उस रहस्य का उद्घाटन करने से मैं अपने को रोक नहीं सकती। चंद्र, बेटे, तू सूर्यवंशी है, शाक्यवंशी है। जिस वंश से राम आए, बुद्ध आए, तू उसी का आभूषण है, बेटे!

चंद्रगुप्त : **(माँ से लिपटता हुआ)** माँ, माँ!

माँ : लो, इंद्रजाल टूटा न बेटे?

चाणक्य : **(साश्चर्य)** इंद्रजाल?

माँ : गुरुदेव, एक इंद्रजाल ही गुरुदेव, जिससे हमारा आज तक का जीवन आवृत रहा—कहाँ कपिलवस्तु! कहाँ पिप्पली कानन! कहाँ पाटलिपुत्र!

चाणक्य : कपिलवस्तु! पिप्पली कानन! यह क्या सुन रहा हूँ? आपने कभी ऐसी चर्चा नहीं की।

माँ : कैसे करती गुरुदेव! आपको राजवंश से ही घृणा हो गई थी। कहीं कोप की वह शिखा कभी कदाचित हमारी ओर बढ़ जाती! और यदि किसी तरह कोशल-नरेश को यह समाचार मिल जाता····

चाणक्य : कोशल-नरेश! अरे, यह जाल इतना विस्तृत है?

माँ : **(करुण मुद्रा में)** हाँ, गुरुदेव, हम कोशल-नरेश विडुरथ के मारे हुए हैं! विडुरथ, जिसे संसार शाक्यकुल का नाती मानता रहा है! किंतु, एक दिन उसे इसकी यथार्थता मालूम पड़ी और उसने गुरुदेव की ही तरह एक भीषण प्रतिज्ञा कर ली!

चंद्रगुप्त : कैसी प्रतिज्ञा माँ?

माँ : "मैं शाक्यकुल का मूलोच्छेद कर दूँगा।"

चंद्रगुप्त : ओह! **(व्याकुल हो जाता है)**

चाणक्य : सचमुच भीषण! 'शाक्यकुल का मूलोच्छेद कर दूँगा!' किंतु वह कौन-सी बात थी माताजी, कि उसे ऐसी भीषण प्रतिज्ञा करनी पड़ी? अवश्य ही उसके भीतर कहीं अपमान रहा होगा!

माँ : **(कातर स्वर में)** हाँ, अपमान ही था गुरुदेव! जब विडुरथ के पिता ने कपिलवस्तु पर विजय प्राप्त की, उसने एक शर्त रखी, शाक्य राजकुल अपनी कन्या उससे ब्याह दे। शाक्यों को यह कैसे स्वीकृत हो सकता था? किंतु, कोई उपाय तो करना ही था! विजयी क्या तर्क सुन सकता है? अतः छल की शरण ली गई। एक दासी-पुत्री को राजकन्या कहकर अर्पित कर दिया गया। विडुरथ उसी से उत्पन्न हुआ।

चाणक्य : दासी-पुत्री से राजकन्या; उससे उत्पन्न राजकुमार। फिर तो कुछ होना ही था। बताइए, आगे क्या हुआ?

माँ : विडुरथ जब किशोर हो गया, एक बार वह अपने ननिहाल आया। उसका सम्मान नाती की ही तरह होता रहा, किंतु जब भोजन का समय होता, वह पाता, सब लोग किसी-न-किसी बहाने से हट गए हैं। उसे अकेले ही भोजन करना पड़ता। धीरे-धीरे उसका संदेह बढ़ा और उसने अपनी मामियों से पूछना प्रारंभ किया।

चाणक्य : और किसी मामी ने भंडाफोड़ कर दिया? **(चंद्रगुप्त की ओर देखकर मुस्कुराता है, मानो कह रहा हो, नारियों पर विश्वास नहीं किया जा सकता)**

माँ : हाँ, छोटी मामी उसे बहुत प्यार करती थी। उसे उद्विग्न देख, बेचारी ने बता दिया कि क्यों वे लोग उसके साथ भोजन नहीं करते? बेचारी मामी! वह क्या जानती थी, उसका प्यार कौन-सी आग लगानेवाला सिद्ध होगा! विडुरथ यह सुनते ही क्रोध में पागल बन गया। भीषण प्रतिज्ञा कर बैठा—"जिसने मेरे कुल में कलंक लगाया है, उस शाक्यकुल का मूलोच्छेद करके ही मैं दम लूँगा।"

चाणक्य : ओहो, प्रकट इतिहास के पीछे क्या-क्या छिपा रहता है? कोशल और कपिलवस्तु के उस सर्वनाशी युद्ध का रहस्य आज खुला।""किंतु आप लोग कैसे बच निकले?

माँ : आप लोग कहाँ? तब चंद्र का जन्म भी कहाँ हुआ था गुरुदेव? वह गर्भ में था। न जाने क्यों, मेरे मन में यह संकल्प उठा, कम-से-कम इस बच्चे को मैं बचाऊँगी। मैं कपिलवस्तु से भागी और मारी-मारी पिप्पली-कानन पहुँची। वहाँ के मोरियों को जब सारी बातें मालूम हुईं, उन्होंने मुझे अपनी शरण में ले लिया। किंतु, उनसे एक भूल हो गई—शान में आकर उन्होंने इसकी घोषणा कर दी! फिर क्या था, विडुरथ वहाँ भी चढ़ दौड़ा और पिप्पली-कानन को भी उसने नष्ट-भ्रष्ट कर दिया।

चाणक्य : प्रतिहिंसा बड़ी क्रूर होती है, माताजी!

माँ : देखती आई हूँ गुरुदेव; और, देख रही हूँ। किंतु, मातृत्व की भावना भी तो कुछ कम प्रबल नहीं होती? मैं वहाँ से भी भगी और गंगा पार कर पाटलिपुत्र पहुँची। यहीं चंद्र का जन्म हुआ, किंतु मैंने कभी यह प्रकट नहीं होने दिया कि शाक्यकुल या किसी भी राजकुल से हमारा कोई संबंध है। जितना बन पड़ता, परिश्रम करती; दासी के आस्पद को भी अर्घ्य की तरह सिर चढ़ाती रही, अपमान सहती रही। यह नटखट चंद्र! प्रायः पूछ बैठता, मैं कौन हूँ, मेरे पिताजी कौन हैं, कहाँ हैं? किंतु मैं क्या कहती भला? **(आँसू पोंछती है)**

चाणक्य : आपने अपने चंद्र को गुप्त ही रखना चाहा! **(चंद्रगुप्त की ओर देखकर मुस्कुराता है)** किंतु क्या आप ऐसा कर सकीं!

चंद्रगुप्त : गुरुदेव, गुरुदेव! बहुत दिनों से मैं अपनी शिराओं में एक अद्‌भुत ध्वनि सुना करता था, जो मानो कहता था, तुम वह नहीं हो, जो संसार समझ रहा है, या तुम स्वयं समझते हो। बार-बार पूछे जाने पर माताजी ने एक दिन कहा था, बेटे, माता का मुँह बंद रहे, एक दिन तुम्हारी शिराओं का यह रक्त स्वयं बोलेगा और जिस दिन तुम उसे सुन लोगे, अपने पर अभिमान करोगे! सचमुच आज मैं फूला नहीं समाता। **(माँ से)** माँ, माँ, तुमने मेरे लिए कितने कष्ट सहे माँ! **(वह माँ से लिपट जाता है। उसकी आँखों से आँसू झरने लगते हैं)**

माँ : बेटे, मुझे अपने दुख की चिंता नहीं। किंतु बार-बार सोचती हूँ, हमारे लिए ही मोरियों ने अपना सर्वनाश कराया। उनके ऋण से कैसे उद्धार पा सकूँगी?

चंद्रगुप्त : गुरुदेव! तो घोषणा कराइए, मैं मोरिय-कुल से हूँ। आज से मैं अपने को मौर्य कहूँगा—उस कुल को अमर कर दूँगा, जिसने हमारी रक्षा में अपने को बलि चढ़ा दिया।

चाणक्य : साधु बेटे, साधु ! यह तुम्हारे ही अनुरूप निर्णय है बेटे । ध्यान दिया है न, यह पाटलिपुत्र संगम पर बसा हुआ है । तीन-तीन महानदियों का संगम-स्थल है यह । उत्तर, दक्षिण और पश्चिम से गंडकी, शोनभद्र, गंगा—ये तीन महान नदियाँ आकर यहाँ मिली हैं और तीनों एक होकर पूर्व दिशा को प्रधावित हुई हैं । इसके सिंहासन को संगम का ही प्रतिनिधित्व करना चाहिए ! एक और बात—और बहुत महत्त्वपूर्ण बात ! अपने महान देश के मान-चित्र पर तुमने पाटलिपुत्र के स्थान पर कभी दृष्टि डाली है ?

चंद्रगुप्त : कभी ऐसा अवसर नहीं मिला है, गुरुदेव ! मैं तो अस्त्र-शस्त्रों में ही व्यस्त रहा !

चाणक्य : इस दिव्य मातृ-मूर्त्ति की कल्पना तो बहुत दिनों से होती आई है—हिमालय मस्तक, जिस पर कश्मीर की किरीट जगमग कर रही । सिंधु, ब्रह्मपुत्र—माता के आँचल के दो छोर दोनों ओर अजस्र लहरा रहे । विंध्य मेखला । सह्याद्रि, मलयाद्रि माता की दो जानुएँ । और, कन्याकुमारी पदनख—जिसे निरंतर रत्नाकर प्रच्छालित करता है ! अब इस मातृ-मूर्त्ति में पाटलिपुत्र को ढूँढ़ो । गंगाकछार के विस्तृत वक्षस्थल में, किंचित बायाँ हटकर, छोटा-सा विंदु यह पाटलिपुत्र । किंतु, यही हृदय है । इस हृदय को आनंदित उच्छ्वसित होने दो, सारा देश, संपूर्ण भारत, पुलकित-प्रफुल्लित हो उठेगा ! मैंने तक्षशिला को छोड़कर पाटलिपुत्र को अपना कर्मस्थल बनाया है, वह कोई अचानक निर्णय नहीं है, बेटे !

चंद्रगुप्त : गुरुदेव का कोई निर्णय क्या अकारण होता है ?

[भीतर से संगीत के स्वर सुनाई पड़ते हैं । चौंककर चाणक्य सुनने लगता है ।]

माँ : यह चंद्रा बजा रही है गुरुदेव । उसकी वीणा—एक विचित्र झंकार निकालती है उस वाद्ययंत्र से मेरी बेटी !

चाणक्य : वीणा ! वीणा ! **(थोड़ी देर के लिए वह स्तब्ध हो रहता है, उसकी आँखें पसीज उठती हैं : दोनों उसके मुखमंडल की ओर देखते रहते हैं—फिर झट वह जैसे आत्मबोध प्राप्त करता है और बोल उठता है)** नहीं, नहीं, मुझे इन कोमल भावनाओं में नहीं उलझना चाहिए ! बेटे, मैं चला !

चंद्रगुप्त : यह क्या गुरुदेव ? चंद्रा अब आई ही—उसके उत्साह के लिए भी तो थोड़ा सुन लीजिए । फिर श्वेत भी तो आ ही रहा होगा ।

चाणक्य : नहीं चंद्र, नहीं ! मेरे भाग्य में यह गीत-संगीत नहीं बदा है । जो छिन जाता है, सदा के लिए छिन जाता है ! और अब तो जो काम मुझे करना पड़ रहा है, उसके लिए भी आवश्यक है कि कोमल भावनाओं को जाग्रत करनेवाले इन सारे उपकरणों से मैं दूर ही रहूँ ! नहीं, नहीं—मुझे जाने दो । मेरी ओर से बेटी चंद्रा और कविजी से क्षमा माँग लेना; मैं चला । **(चादर की खूँट से आँखें पोंछता वह जाता है)**

चंद्रगुप्त : यह क्या माँ ? गुरुदेव सहसा इतने विचलित क्यों हो गए ?

[वीणा लिए चंद्रा आती है ।]

चंद्रा : माँ, माँ ! गुरुदेव को क्या हुआ ? वह आँखें पोंछते जा रहे हैं !

चंद्रगुप्त : आज अचानक चट्टान पिघल गई है, चंद्रे । गुरुदेव की आँखों में यह पहली बार आँसू देखे हैं मैंने । और, सुनोगी, विश्वास करोगी, तुम्हारी वीणा की झंकार सुनकर ही ऐसा···

चंद्रा : मेरी वीणा की झंकार सुनकर !

चंद्रगुप्त : हाँ, हाँ, तेरी वीणा की झंकार सुनकर । कुछ देर ध्यानस्थ होकर सुनते रहे, फिर 'वीणा ! वीणा !' बड़बड़ा उठे और अंत में यह कह चलते बने—जो छिन जाता है, सदा के लिए छिन जाता है ! **(माँ से)** माँ, माँ, लगता है, गुरुदेव के जीवन में कोई दर्दीला पहलू भी है ।

माँ : हाँ, कोई बात है कि बेटी, तुम्हारी वीणा की झंकार सुनते ही उनकी आँखें पसीज आईं, वह इस तरह भाव-विह्वल हो उठे !

[श्वेत का प्रवेश ।]

श्वेतकेतु : नहीं माँ, नहीं । इसमें भी कोई ढोंग होगा, ढोंग ! उस चट्टान से ज्वालामुखी ही फूट सकती है—केवल ज्वालामुखी !

माँ : गुरुदेव चट्टान हैं, उनके भीतर ज्वालामुखी धधका करती है, यह तो प्रत्यक्ष है । क्या इसे देखने के लिए कवि-दृष्टि की अपेक्षा है श्वेत ! आश्चर्य है हमारा कवि यह देख नहीं पाता कि हर ज्वालामुखी के निकट कहीं कोई रस का सोता होगा, नहीं तो वह दिन-रात आग ही उगला करती, संसार में केवल ज्वाला-ही-ज्वाला फेंकती होती !

श्वेतकेतु : नहीं माँ, वहाँ रस का सोता कहाँ ? रस और उस काले ब्राह्मण के हृदय में । नहीं, नहीं, नहीं !

चंद्रगुप्त : **(क्रोध में)** श्वेत !

माँ : क्रोध मत करो बेटे ! **(श्वेत से)** प्यारे बेटे ! तुम कवि हो, तुम्हें भीतर तक देखना चाहिए न ? ऊपर-ऊपर तो सब देखते हैं ! बेटे, आदमी क्या वही होता है, जैसा हम बाहर से देखते हैं ? यानी आदमी उतना सरल होता, तो जगत में इतना कोलाहल नहीं दिखाई पड़ता श्वेत ! मुझे लगता है, गुरुदेव के जीवन में कुछ अद्‌भुत ग्रंथियाँ उलझी पड़ी हैं । तक्षशिला से पाटलिपुत्र तक कोई यों ही नहीं आ सकता; किसी कोरे आदर्शवाद से प्रेरित होकर भी नहीं ! निश्चय जानो, उस दिन नंद की राजसभा में जो शिखा खुली, वह मन के भीतर कब से न खुली-खुली रही होगी । और क्या कुश-कंटकों ने कुछ इतना बड़ा अपराध किया था कि उन्हें जड़ से खोदा जाए, और मट्ठा पटाया जाए ! ये सब सूचित करते हैं, गुरुदेव वही नहीं हैं, जैसा हम ऊपर से देखते हैं—एक क्रोधी, दृढ़निश्चयी, आत्मनिष्ठ, सतत चौकस, और संदेहशील चतुर ब्राह्मण-मात्र ! न जाने इन सब बाहरी लक्षणों का मूल-स्रोत कहाँ है ? ऊपर से जो यों भयानक लगता है, उसके भीतर क्या है—उसे अंतर्यामी ही जानता है, बेटे !

[माँ गंभीर बन जाती हैं । सबके मुखमंडल पर गंभीरता छा जाती है—उस गंभीरता को कम करती है चंद्रा—]

चंद्रा : किंतु सच पूछो तो, माँ, मैं उन्हें देखकर ही डर जाती हूँ । उनके आँसुओं ने तो मुझे और डरा दिया है !

माँ : डरती तो मैं भी हूँ बेटी । नारियों को वह कभी स्नेह या वत्सलता की दृष्टि से नहीं देख पाते, यह तो स्पष्ट है । और मुझसे तो न जाने क्यों एक विचित्र तनाव रखते हैं, मेरी समझ में नहीं आती, बात क्या है ?

श्वेतकेतु : मैं कहूँ, क्या बात है ? वह आपसे ईर्ष्या करते हैं कि यह चंद्र आपकी कोख से क्यों पैदा हुआ—वह नारी क्यों न हुए कि चंद्र को उत्पन्न करने का सौभाग्य भी उन्हें ही मिल जाता —और चंद्रे, तुम्हें देखकर तो उनके मन में आधे सिंहासन का ही लोभ उदय हो जाता है !

[सब हँस पड़ते हैं ।]

चंद्रगुप्त : क्या अच्छा कहा तुमने श्वेत ! फिर तुम्हारी कविता झंकृत हुई । श्वेत, तुम्हारे मुँह से ऐसे ही फूल झड़ने चाहिए । और हाँ, हाँ, वह तुम्हारा गीत । गुरुदेव ने कहा है, मैं उनकी ओर से क्षमा माँग लूँ····

श्वेतकेतु : क्षमा की आवश्यकता नहीं है, चंद्र ! मैं गुरुदेव को जानता हूँ, उन्हें पहचानता हूँ—वह मुझे हटाकर तुमसे बातें करना चाहते थे, जिसके लिए उन्होंने वह बहाना किया था। नहीं तो कहाँ गीत-संगीत और कहाँ गुरुदेव? किंतु, गुरुदेव ऐसे लोगों के होते हुए भी गीत-संगीत के चाहक रहे हैं और रहेंगे चंद्र ! गीत-संगीत ! अहा ! हमारे ही हृदय में निहित, उदात्त, अस्पष्ट भावनाएँ जब सहसा स्वर के रूप में साकार हो उठती हैं और इस जगत में गुमसुम पड़ी वैसी ही अनेक भावनाओं को झंकृत कर उन्हें सपक्ष होकर उड़ने को बाध्य कर देती हैं ! गीत-संगीत—संसार की सबसे मधुर, कोमल अभिव्यक्ति ! किंतु उसी तरह सुकुमार तुनुक। जहाँ वातावरण में थोड़ी-सी खटक पड़ी, वह लुप्त हुआ। गुरुदेव ने यहाँ के वातावरण को संगीत के योग्य नहीं रहने दिया—चलो, माताजी के कक्ष में। हम वहीं गाएँगे, बजाएँगे और यदि चंद्रा चाहे, तो नाचेंगे भी। हाँ, हाँ, चंद्रे चलो, हम नाचें। आज हमारे ही जीवन का नहीं, देश के, राष्ट्र के जीवन का एक नया अध्याय प्रारंभ हो रहा है। आज हमारी कला किस प्रकार मौन-अचल रह सकती है? चलो चंद्रे, चलिए माताजी, चलो चंद्र, हम चलें ! आज माताजी के कक्ष को हम गीत-नृत्य वाद्य से भर दें, भर दें !

[भावावेश में चंद्रा का हाथ पकड़कर वह खींचता हुआ जाता है। चंद्रा हँस रही है। चंद्रगुप्त मुस्कुरा रहा है। माँ के मुखमंडल पर भी उल्लास की झलक स्पष्ट दिखाई पड़ती है। चारों आनंद-उल्लास के बीच जाते हैं।]

तीसरा अंक

स्थान : सिंधु-तट के निकट का युद्ध-शिविर

समय : निशीथ

[सम्राट् चंद्रगुप्त की सेना ने यवनों के सेनापति सेल्यूकस की सेना को आज पराजित कर दिया है।

सेल्यूकस ने अपनी कन्या चंद्रगुप्त को अर्पित कर दी है। और यौतुक में भारत के अधिकृत अंचलों के अतिरिक्त यवन-सेनापति ने सीमाप्रदेश के कई अंचल भी अर्पित कर दिए हैं।

भारतीय शिविर में आनंद और उत्साह का समुद्र आज संध्या से ही हिलोरें ले रहा था। किंतु अब चारों ओर शांति है।

आज पूर्णिमा है। चमचमाता चंद्रमा आकाश के आधे भाग को पार कर चुका है। चारों ओर शीतल चंद्रिका छिटक रही है।

सामने चंद्रगुप्त का राजकीय शिविर है।

नील वर्ण का वह सोने-चाँदी के तारों से मढ़ा शिविर चाँदनी पड़ने से तारा-मंडित आकाश की तरह चमचम कर रहा है।

शिविर के आगे एक युवक टहल रहा है।

गंभीर है मुखमंडल उसका। टहलता-टहलता रह-रहकर वह ठहर जाता है, उसाँसें लेता है, अचानक उसके होंठ हिलने लगते हैं।

वह युवक कौन है?

वह है भारत का सम्राट्, महान विजेता, चंद्रगुप्त ! क्या बात है कि इस विजय की रात्रि में, जब यवन-राज की कन्या उसे अर्पित की जा चुकी है, वह यवन-कन्या उसके शिविर में है, वह इस प्रकार व्याकुल बना बाहर टहल रहा है ?

देखिए, फिर वह रुका, उसाँसें लीं और उसके होंठ फिर हिल उठे । वह आप ही आप क्या बोले जा रहा है—]

चंद्रगुप्त : विजय ! विजय ! विजय ! यहाँ लड़ो, वहाँ लड़ो—ऐसे लड़ो, वैसे लड़ो—इसे जीतो, उसे जीतो । किंतु सारे किए-कराए का, लड़ाई-झगड़े का जो निष्कर्ष आता है, उसका नमूना आज सामने है । सिंधु के उस पार हाय-हाय मची रही, इस पार रँगरलियाँ मनती रहीं ! हम विजेता हैं—आमोद-प्रमोद हमारा अधिकार है । आनंद मनाओ, आनंद मनाओ—खाओ, पीओ, नाचो, गाओ । फिर···फिर थकथकाकर सो जाओ ! सभी सो गए हैं, कैसा सन्नाटा ! सिंधु के दोनों ओर सन्नाटा है इस समय । जो रोए, वे भी सो गए, जो हँसते-हँसते लोटपोट हो रहे थे, वे भी सो गए । किंतु, चंद्र, चंद्र ! तुम्हारे भाग्य में सोना भी नहीं बदा है । क्योंकि तुम विजेताओं के विजेता हो । विजेता ! विजेता ! **(आकाश की ओर देखता हुआ)** तारों की पलकों पर भी नींद छा रही है, किंतु तुम्हारी पलकों पर ! अरे, कोई कैसे सो सकता है, जब···

[माँ का प्रवेश ।]

माँ : अरे ! बेटे ! तू; यहाँ ? अब तक जगा है ?

चंद्रगुप्त : ओहो, माँ ! तुम भी नहीं सो सकीं माँ ! आज उत्सव का दिन है, सब सो गए हैं—

माँ : जब बेटा जगा हो, क्या माँ को नींद आ सकती है ? जा बेटे, सो जा, सो जा ! वह बेचारी क्या सोचती होगी ?

चंद्रगुप्त : हाँ, बेचारी ? बेचारी ही तो ! कितना बड़ा सत्य निकल गया तुम्हारे मुख से माँ !

माँ : तू यह क्या बोल रहा है बेटे ? वह बेचारी है ?—यवनराज की कन्या आज आर्यावर्त की राजरानी है ! उससे बढ़कर कौन-सी लड़की इस धराधाम पर सौभाग्यशालिनी होगी रे ?

चंद्रगुप्त : और वह भी सौभाग्यशालिनी ही है, जिसकी बगल में उस सौभाग्यशालिनी को सुला दिया गया है । क्यों माँ ? क्या राजाओं का विवाह ऐसा ही होता है ? कभी किसी की बगल में कोई दासी-कन्या सुला दी गई, कभी किसी की बगल में किसी राजकन्या को लिटा दिया गया !

माँ : लिटा दिया गया है ! **(आश्चर्य से उसे नीचे से ऊपर तक देखती है)**

चंद्रगुप्त : तो क्या वह स्वयं आई है माँ ?

माँ : उसके पिता ने उसे अर्पित किया है, बेटे !

चंद्रगुप्त : क्योंकि वह पराजित हो चुका था ! और उसमें इतनी समझ थी कि वह जाने, इस स्थिति में उसे क्या करना चाहिए ? अर्थात् अपनी पराजय को जय में बदल देने की बुद्धिमानी उसमें थी ।

माँ : ये सब क्या सोच रहा है तू बेटे ! जा, सो जा । वह बेचारी···हाँ, फिर कहती हूँ, वह बेचारी क्या सोचती होगी ?

चंद्रगुप्त : कुछ नहीं सोच रही होगी माँ, वह तो खुर्राटे लेकर सो रही है, जैसे कोई विजेता सोता हो !

माँ : विजेता ? यह क्या-क्या सूझ रहा है तुझे ?

चंद्रगुप्त : माँ ! बड़ा तमाशा रहा ! वह आई, मुस्कुराई, कुछ बोलने की चेष्टा की ! किंतु क्या

बोलती? थोड़ी देर आश्चर्यचकित इधर-उधर देखती रही। फिर शय्या पर इस तरह लुढ़क गई, जैसे कोई रुई का गट्ठर लुढ़क जाए! और कुछ क्षणों में ही वह खुर्राटे लेने लगी। उसकी वह लापरवाही की नींद ही मेरी इस रत-जगी में परिणत हो गई है, माँ। बार-बार सोचता हूँ, यह क्या हो गया? एक ऐसी लड़की, जिससे न जान, न पहचान, जो न हमारी भाषा जानती है और न हम जिसकी भाषा जानते हैं, एक दिन अचानक जीवन-भर के लिए गले में बाँध दी गई और संसार में घोषणा यह की गई कि यह विजय की भेंट है— आह री विजय, वाह री भेंट!

माँ : गुरुदेव ने जो कुछ किया है, सोच-समझकर ही किया होगा, बेटे!

चंद्रगुप्त : माँ, इधर पा रहा हूँ, तुम्हारा भाव गुरुदेव के प्रति बदल रहा है। याद है, तुम्हींने कहा था—वह जादूगर हैं, मैं उनसे डरती हूँ, वह हमें भटका रहे हैं। और, वही तुम हो, जो अब गुरुदेव की प्रशंसा करती हुई नहीं अघातीं। यह अद्भुत परिवर्तन है, माँ।

माँ : हाँ, परिवर्तन है, किंतु तू इसे अद्भुत क्यों कहता है? यह स्वाभाविक है। गुरुदेव की नीति सफल हुई है!

चंद्रगुप्त : सफल! मानो जीवन के लिए सफलता ही सबसे बड़ी वस्तु हो।

माँ : ओहो, बहस छोड़। जा, सो।

चंद्रगुप्त : मैं सो नहीं सकता माँ, सो नहीं सकता!

[सहसा चाणक्य का प्रवेश।]

चाणक्य : सोना तो खोना है! आदमी जितना जगता है, उतना ही अधिक पाता है। कोई बात नहीं चंद्र, यदि तुम सो नहीं पाते! ज्यों-ज्यों उत्तरदायित्व बढ़ता है, निद्रा दूर भागती जाती है। सुख, चैन, भोग-विलास—ये सब छोटे लोगों के लिए हैं। ये पाशविक वृत्तियाँ हैं, जो मानव में अभी तक वर्तमान हैं!

चंद्रगुप्त : गुरुदेव, **(व्यंग्य से)** आप भी अब तक नहीं सोए गुरुदेव!

चाणक्य : मेरे लिए यह पहली रात नहीं है चंद्र, जब सारी-सारी रात अनिद्रा में ही बीत गई हो! थोड़े दिनों के बाद तुम्हें भी इसका अभ्यास हो जाएगा, बेटे!

माँ : गुरुदेव, यह क्या कह रहे हैं, गुरुदेव! ऐसा अभिशाप मेरे बेटे को····

चाणक्य : माताजी, अब यह चंद्र तुम्हारा ही बेटा नहीं है। देखो, क्या यह वही चंद्र है, जिसे तुमने मुझे सौंपा था? वह चंद्र तो अब भी पाटलिपुत्र के निकट गायें चरा रहा होगा! यह तो सारे देश का चंद्र है, जो सिंधु-तट पर संसार के विजेताओं के विजेता के रूप में खड़ा है। जो मातृभूमि का त्राता है, जिसने माता के सिर के कलंक के टीके को दूर किया है! एक ही देश, टुकड़ों-टुकड़ों में बँटा! कहीं स्वतंत्रता, कहीं परतंत्रता! और सब जगह छिन्नभिन्नता! ऋषियों की कल्पना साकार की है इसने! यह ऋषिपुत्र है, देवपुत्र है। तुम्हारे सामने भारत का प्रथम चक्रवर्ती सम्राट् खड़ा है माताजी! देखो, अच्छी तरह देखो, क्या यह तुम्हारा चंद्र है?

माँ : गुरुदेव, मुझसे मेरा बेटा मत छीनिए, गुरुदेव!

चाणक्य : **(मुस्कुराता हुआ)** कौन किससे छीनता है? हाँ, जो जिसके लिए होता है, वह उसे प्राप्त हो जाता है। कहाँ जन्म लिया होगा उस यवन-कन्या ने? आज वह आपकी पुतोहू के रूप में आपके घर में सोई है।

माँ : गुरुदेव, उसी के कारण तो मेरे बेटे को नींद नहीं आ रही है।

चाणक्य : **(मुस्कुराते हुए)** सच बेटे?

चंद्रगुप्त : इसलिए ही नहीं, गुरुदेव! मुझे लगता है, उस यवन-सेनापति ने आपको पराजित कर

दिया ! सिंधु-तट पर जहाँ मेरी सेना ने अभूतपूर्व विजय प्राप्त की, आपकी बुद्धि ने घुटने टेक दिए !—आज वह पराजित होकर विजयी बना है ! जो कभी इस देश के एक छोटे-से अंश का अधिपति था, वह अपनी कन्या भेजकर आपके चक्रवर्तित्व के स्वर्णसिंहासन के आधे भाग पर अधिकार पा गया है । उसकी वह कन्या विजय की नींद ले रही है, मैं आपकी पराजय पर छटपटाता फिर रहा हूँ !

चाणक्य : ओहो, बड़ी दूर की बात सोची है तुमने चंद्र । लेकिन दूरी कुछ इतनी बड़ी है कि इस बात से भी अधिक दूर की बात सोची जा सकती है बेटे ।

चंद्रगुप्त : दूसरी कौन-सी बात हो सकती है, गुरुदेव ?

चाणक्य : बेटे, बात तो सचमुच इतनी दूर की है कि कदाचित वहाँ तक किसी की कल्पना तक नहीं जाए । हो सकता है, समय के पहले ही उसका शुभारंभ हमने किया हो । प्रत्येक देश में चक्रवर्ती शासन—किंतु उसके बाद ? जगन्नाथ का रथ क्या यहीं रुक जाएगा ? मुझे लग रहा है, आज सिंधुतट पर हमने जिस संबंध की नींव डाली है यदि वह सफल हुआ तो फिर पूरब-पश्चिम, श्याम-श्वेत—वर्ण-भाषा, सीमा-दिशा आदि के सारे भेदभाव नष्ट हो जाएँगे ! यवन सेनापति ने चाहे जिस उद्देश्य से अपनी कन्या को उपहार-रूप में भेजा हो, मैंने स्वीकार करने के पहले भलीभाँति सोच लिया है, चंद्र !

चंद्रगुप्त : तो आप अपने चक्रवर्तित्व की सीमा को स्वयं तोड़ रहे हैं ।

चाणक्य : सीमाएँ टूटती ही हैं । पखेरू अंडे में पलते हैं, किंतु एक दिन अंडा टूटता है, तभी पखेरू के पंखों की सार्थकता सिद्ध होती है । पिंड, अंड, ब्रह्मांड—हमारे ऋषियों ने सभी कल्पनाएँ कर रखी हैं बेटे ।

चंद्रगुप्त : किंतु इसकी नींव में पराजय है, इससे मुझे डर है, आपका प्रयत्न सफल नहीं हो सकेगा, गुरुदेव !

माँ : **(व्याकुलता और कातरता से)** ऐसा मत कहो बेटे !

चाणक्य : चंद्र, दो डालें कभी अचानक आ मिली हों, किंतु सदा यह देखा गया है, कलम बाँधी जाती है—दो ओर से दो डालें लेकर उन्हें मिलाया जाता है ! और जहाँ दो मिलाए जाते हैं, वहाँ थोड़ा बल का प्रयोग करना ही पड़ता है ।

चंद्रगुप्त : मानव को स्वयं मिलना चाहिए गुरुदेव, जहाँ मिलाने की चेष्टा हुई, मानवत्व समाप्त होकर रहेगा ! और एक संकोच की बात है, किंतु आज मैं उसे छिपाकर नहीं रख सकता गुरुदेव ! आप ही कहिए, क्या मिली हुई दो डालों को हटाकर तीसरी को मिलाने की चेष्टा एक महान अन्याय नहीं है गुरुदेव ?

चाणक्य : तुम चंद्रा की बात सोच रहे हो ?

माँ : हाँ, गुरुदेव, उस बेचारी पर यह महान अन्याय हुआ है ! हाय ! उसके जीवन-भर की साधना और साध की जैसे हत्या हो गई ! आज इस सिंधु-तट पर सैनिक ही नहीं मरे हैं, एक भोली बालिका की क्रूर हत्या हुई है, मुझे ऐसा लग रहा है ! मैं चेष्टा करके भी सो नहीं पाई हूँ, गुरुदेव ! गुरुदेव, यह आपने क्या कर दिया ? **(करुणा से विह्वल आँखें पोंछने लगती है)**

चाणक्य : **(दृढ़ता-भरे शब्दों में)** हत्या हुई है ! हाँ, हुई है ! मानता हूँ, स्वीकार करता हूँ ! किंतु याद रखिए माताजी, किसी की हत्या होती है, तभी कोई जीवन पाता है । जहाँ राष्ट्र का प्रश्न है, वहाँ व्यक्तियों के प्रश्न को नहीं घुसेड़ा जा सकता । और सुन लो चंद्र, महान उद्देश्य और कोमल भावना साथ नहीं चल सकते । कहीं कठोर होना पड़ता है, और वही यह स्थल है ।

चंद्रगुप्त : किंतु गुरुदेव, यह कोमल भावना है, जो मानव को मानव बनाता है, बनाए रखता है; क्या कोमल भावना ऐसी तुच्छ वस्तु है कि उसे सदा यों ठुकराया जाए?

चाणक्य : **(पूरी गंभीरता से)** चंद्र, बेटे, जिसे मैं सुला पाया हूँ, उसे खोदकर मत जगाओ। मुझे बहुत कुछ कहना है—और उनमें से कुछ का साक्षी यह सिंधु है! **(व्याकुल होकर टहलने लगता है! फिर रुककर कहता है)** चंद्र, कहीं तुमने देखा है, ब्राह्मण काला हो। मेरे माता-पिता ने यह रंग मुझे नहीं दिया था बेटे! मैं भी कभी सुंदर था, मेरा वर्ण भी तपाए सोने-सा दपदप करता था! किंतु जिसके भीतर दिन-रात धुआँ-धुआँ हो, वह स्वर्ण-कलश कब तक अपने रंग को सुरक्षित रख सकता है? आह रे वह धुआँ, धुआँ! जिसकी घुटन ने इस शरीर को, इस मन को इतना विकृत कर दिया! ओहो! ओहो!! **(चेहरे पर उन्माद की-सी भावना)**

चंद्रगुप्त : **(आश्चर्यमय भय के साथ)** गुरुदेव, गुरुदेव!

माँ : **(झुककर चरण छूती है)** गुरुदेव!

चाणक्य : **(विकलता की वाणी में)** हाँ, यह सिंधु ही साक्षी है! इसी सिंधु के किनारे वह घटना घटी थी। मेरा घर सिंधु-तट पर ही था। इसी तरह उन दिनों भी पूनम का चाँद उगता था और चाँदनी ऐसी ही खिलती थी। दो हृदय दो झोंपड़ों से निकलते थे, सिंधु-तट पर आते थे, मिलते थे, हँसते थे, गाते थे, नाचते थे! किंतु इस सिंधु से यह सब नहीं देखा गया। ये नदियाँ क्या हैं? जानते हो? सदा निम्नगामिनी होती हैं ये। पतन ही इनकी दिशा है! ये गिराती हैं, उठाती नहीं! और जो गिरा, उसे बहा ले जाती हैं! एक को यह सिंधु बहा ले गई और दूसरे ने निश्चय किया, वह सारे सिंधुओं को सुखा देगा—पृथ्वी में कहीं तरलता का, सरलता का, फिसलन का, पतन का नाम नहीं रहने देगा! किंतु, कैसा चक्र! यह सिंधु आज भी बह रहा है, और उस ब्राह्मण ने अपनी ही ज्वाला से अपने को काला कर लिया। और, उस कालेपन पर पर्दा डालने को आदर्श का एक आवरण तो उसने ओढ़ लिया, किंतु, जब वह आदर्श पूरा होने जा रहा है, अपनी नग्नता से वह घबरा रहा है! **(व्याकुल हो टहलने लगता है)**

चंद्रगुप्त : नग्नता! यह क्या कह रहे हैं गुरुदेव?

चाणक्य : जो कह रहा हूँ, वही सत्य है! आज तक तुमने जो देखा, समझा, सब असत्य! आदर्शवाद! हाँ, यह एक आवरण है! किंतु यह आवरण उतना ही आवश्यक है, जितना मनुष्य के लिए वस्त्रों की, परिधानों की आवश्यकता है। कोई वस्त्र के साथ जन्म नहीं लेता, किंतु नंगा रहना कौन पसंद करेगा? मनुष्य में इतने छिद्र हैं कि उन्हें ढाँकना ही पड़ता है। मानव-मन भी उसके तन के ही अनुरूप होते हैं। वहाँ भी छिद्र-ही-छिद्र हैं। आदर्श से ही उन्हें ढँकना होता है। वस्त्र जितने ही शुभ्र हों, सुंदर हों, उतने ही अच्छे—आदर्श भी जितना ही उज्ज्वल हो, प्रोज्ज्वल हो, दिव्य हो, दिप्त हो, उद्दीप्त हो, उतना ही शुभकर! **(अचानक रुक जाता है। ऊपर की ओर टकटकी लगाकर देखता रहता है। माँ और चंद्रगुप्त भय-कातर दृष्टि से उसकी ओर देखते रहते हैं : फिर वह आप ही बोल उठता है)** अपने छोटे-से संसार को अपने हाथों जलाकर उस युवक ब्राह्मण ने एक नए संसार की सृष्टि करनी चाही और उसे वह नया संसार ऋषियों की उस चक्रवर्तित्व की कल्पना में मिली। किंतु, उसने आज इस सिंधुतट पर उससे भी बड़ी एक कल्पना पाई है चंद्र! 'वसुधैव कुटुम्बकम्'—सारा संसार एक कुटुंब में परिणत हो, ऋषियों ने कहा तो, किंतु उसका आरंभ कैसे होगा, वह भी नहीं सोच सके थे! जब

यवन-सेनापति ने यह संदेश भेजा, मुझे उसमें उस कल्पना की झलक मिली, मैंने झट स्वीकार कर लिया। और, अब इस कल्पना में मैं ऐसा विभोर हूँ कि इच्छा होती है, एक बार फिर इस सिंधु-तट पर गाऊँ, नाचूँ। **(भावना-मग्न हो उठता है)**

[श्वेतकेतु का प्रवेश।]

श्वेतकेतु : हाँ, हाँ, चलिए गुरुदेव, चलिए, हम-आप दोनों ही नाचें। यह विमल धवल चंद्रिका, यह शुभ्र सलिला सिंधु, उसकी रजतमयी बालुका-राशि। चलिए, हम नाचें, नाचें गुरुदेव!

चंद्रगुप्त : श्वेत, यह क्या बोल रहे हो श्वेत! सोचो, कहाँ हो? किसके सामने हो?

श्वेतकेतु : गुरुदेव आधुनिक दुर्वासा हैं, मुझे शाप दे लें, तुम अब सम्राट् हो, मुझे फाँसी दे दो! किंतु आज मेरे आनंद की सीमा नहीं है चंद्र, जब गुरुदेव के मुँह से मैंने गाने और नाचने की बात सुनी है! गुरुदेव, गुरुदेव!— चलिए गुरुदेव! अपनी-अपनी कल्पनाओं में विभोर दो ब्राह्मण आज सिंधु-तट पर नाचें और आकाश के देवता—यह चंद्र, ये तारे, यह ध्रुव—इस विस्मयकारी दृश्य को देखें और वे भी नाच उठें, नाच उठें! **(नाचने लगता है)**

चंद्रगुप्त : **(उसे पकड़ता हुआ)** श्वेत, श्वेत! तुम होश में नहीं हो श्वेत! यह तुम्हें क्या हो गया है? गुरुदेव, गुरुदेव, क्षमा कीजिए!

चाणक्य : आज सबको क्षमा है चंद्र! तुम सबका मंगल हो, कल्याण हो, मैं चला।

[चाणक्य जाता है। श्वेत की मुद्रा बदल जाती है। घृणा के स्वर में वह कहने लगता है।]

श्वेतकेतु : ढोंगी ब्राह्मण! एक अबला की हत्या कर यहाँ माया पसारने आया था। इस सिंधु-तट पर उसे क्या मिला? इतने लोगों को लड़ा मारा और पाया क्या? एक लड़की! और एक लड़की की हत्या कर उसके शव पर इस दूसरी लड़की को अधिष्ठित किया! बेचारी चंद्रा! **(उसकी आँखें सजल हो उठती हैं)**

माँ : हाँ, बेचारी चंद्रा! आह, जीवन-भर जिसकी आस लगाए रही, वह उससे अचानक छीन लिया गया! ओह!

श्वेतकेतु : अचानक नहीं छीन लिया गया माँ। यह सब उस काले ब्राह्मण का जानबूझकर रचा गया षड्यंत्र है। जब पाटलिपुत्र में चंद्र के राज्याभिषेक के दिन उसने लग्न-मुहूर्त की बात कहकर आपको बहला दिया और उस बेचारी को स्वर्ण-सिंहासन पर नहीं बैठने दिया, उसी दिन मैंने समझ लिया, उसकी टेढ़ी खोपड़ी में अवश्य कोई खुराफात है! और बात साफ है, वह नहीं चाहता होगा कि जब चंद्र भारत का सम्राट् बनने जा रहा है, तो किसी साधारण कन्या से उसका विवाह हो। मुझे तो संदेह है कि यदि उसे अंत में यह पता नहीं चल जाता कि आप लोग किसी राजकुल से हैं, तो, इस बारे में भी वह सोचता कि चंद्र को सिंहासन पर बैठने दे या नहीं।

चंद्रगुप्त : तो तुम समझते हो, मैं गुरुदेव की कृपा से सिंहासन पर बैठा हूँ?

श्वेतकेतु : प्रश्न यह नहीं है, चंद्र कि तुम क्या समझते हो? मूल बात यह है कि वह काला ब्राह्मण क्या समझता है? वह अपने को ऋषियों का प्रतिनिधि मानता है। जो कुछ करता है, सोचता है, वह उनके आदर्शों को ही मूर्त रूप दे रहा है। और इन आदर्शों को मूर्त रूप देने के लिए वह चाहे जो कुछ भी कर सकता है। तुम्हें शायद पता नहीं हो, एक नया शास्त्र ही बना रहा है वह। कहता है, ऋषियों ने धर्मशास्त्र बनाए, मोक्ष-शास्त्र बनाए। किंतु वह भूल गए, मानव जीवन की चतुर्विध प्राप्ति का प्रथम चरण है अर्थ। पहले अर्थ पर शास्त्र बनना चाहिए। कुशल यह हुई कि वह गृहस्थ नहीं रहा, नहीं तो एक कामशास्त्र भी

बना डालता !

चंद्रगुप्त : तुम कैसे समझते हो, गुरुदेव कभी गृहस्थ नहीं रहे ?

श्वेतकेतु : तो मान लो, वह कामशास्त्र पर भी लिखकर रहेंगे । हाँ, यहाँ भी चालाकी से काम लेंगे । तुम्हें मालूम है, उनके कितने नाम हैं ? और किस नाम से क्या काम करते हैं ?

[चंद्रा का प्रवेश ।]

चंद्रा : इस उतरती रात में किसके नामों और कामों की गिनती हो रही है ? अरे, यहाँ आज तो जैसे मेला लगा है ! माँ, आप अब तक जगी हैं—चंद्र, तुम यहाँ ? उसे अकेली····

[माँ चंद्रा की उपस्थित से ही उद्विग्न हो उठती है; चंद्रगुप्त की सारी सुप्त स्नेह-भावना जैसे जग जाती है; वह अपनी अश्रुसिक्त आँखों को पोंछने लगता है । श्वेत कहता है ।]

श्वेतकेतु : चंद्रे ! सबका अपना भाग्य होता है ।

चंद्रा : उसका भाग्य ? भारत की सम्राज्ञी ! विजेता की अर्द्धांगिनी ! आज उससे बढ़कर कौन ललना सौभाग्यशालिनी होगी इस धराधाम में कविजी ?

चंद्रगुप्त : क्षमा करो चंद्रे !

माँ : बेटी, बेटी ! तू अधीर मत हो बेटी ! आह ! यह क्या हो गया ?

चंद्रा : क्या हुआ माँ ? कुछ भी तो अप्रत्याशित या अनुपयुक्त नहीं हुआ । चंद्र अब राजाधिराज हैं, उनकी पत्नी किसी अधिराजा की राजकुमारी ही तो हो सकती है । हम दुख के साथी थे । क्या सुख में भी हमें भाग मिलना ही चाहिए ? आप लोग राम के वंश से हैं न ? इस कुल की सीता तो सदा से जंगल-जंगल मारी फिरती रही है ! मेरा बड़ा सौभाग्य यही हो कि मुझे वनवास नहीं मिले, अपने राम के चरणों के निकट पड़े रहने के लिए दो बित्ता जगह मिल जाए । राज्य का स्वर्ण-सिंहासन ! राजप्रासाद का केलिभवन ! यह तो राजकुमारियों के लिए ही सुरक्षित रहने चाहिए न माँ !

[अब श्वेत और भी विचलित हो उठता है : उसकी आँखें डबडबा आती हैं ।]

माँ : बेटी, तू क्या बोले जा रही है, बेटी !

चंद्रा : कुछ नहीं, माँ, कुछ नहीं । **(चंद्रगुप्त की ओर)** चंद्र, समझ रही हूँ, तुम्हारे हृदय में कौन-सा द्वंद्व उठ रहा होगा, इस समय । तुम सो नहीं सके । हाँ सो नहीं सकते थे तुम । किंतु धीरे-धीरे बातें भूल जाया करती हैं; नहीं तो भुला देनी पड़ती हैं । तुम भी भूल जाओगे, या भुला देना पड़ेगा तुम्हें । माँ ने उस दिन बताया था न, उन्होंने मुझे धूल पर पाया था । मैं जहाँ थी, वहाँ रहूँगी ! धूल उतनी उपेक्षनीय भी नहीं !

श्वेतकेतु : किंतु धूल पर ही तो फूल खिलते हैं, चंद्रे !

[उसके इस कथन से माँ की आँखें एकाएक चमक पड़ती हैं ।]

माँ : तुम्हारे मुँह में घी-खाँड़ पड़े बेटे । **(चंद्रा से)** बेटी, गुरुदेव की बात, गुरुदेव जानें । मैं भी जहाँ थी, वहीं खड़ी हूँ । बेटे, चंद्र, अब मैं चुप नहीं रह सकती । माँ का भी कोई अधिकार होता है ! मैं आज उस अधिकार का उपयोग करूँगी—कभी नहीं की; आज करूँगी, अवश्य करूँगी । हाथ बढ़ा बेटे ! विजय बड़ी चीज है, तो प्रणय की महिमा उससे भी बड़ी है और जिस प्रणय के साथ सेवा जुड़ी हो, वह तो अलौकिक, स्वर्गिक हो जाता है । वह अजेय है, अपरिमेय है । उसे कोई रोक नहीं सकता, उसे कोई बाँध नहीं सकता । बेटी, अपना हाथ दे । आज ही वह लग्न आ गई है बेटी ! इस पूर्णचंद्र के नीचे, उस ध्रुव को साक्षी देकर, मैं तुम दोनों को परिणय-सूत्र में बाँधती हूँ । बेटे श्वेत, मंगल-मंत्र पढ़ो बेटे !

इस निर्मल, विशुद्ध, पवित्र मंगल-पर्व के लिए तुम्हारे ऐसे निर्मल हृदय, विशुद्ध हृदय, पवित्र हृदय पुरोहित भी दूसरा कौन मिलेगा? पढ़ो, मंगल-मंत्र पढ़ो बेटे !

[श्वेतकेतु मंत्र पढ़ने लगता है। माँ चंद्रा और चंद्रगुप्त के हाथों को लेकर एक साथ जोड़ती है। चारों की आँखों से आनंदाश्रु प्रवाहित हो रहे हैं: चंद्रा कुछ देर आत्मविभोर रहती है, फिर चंद्रगुप्त से कहती है।]

चंद्रा : चंद्र, तुम अब उस शिविर में जाओ। वह अकेली····

चंद्रगुप्त : मैं वहाँ जा नहीं सकता चंद्रे ! नहीं, नहीं····

चंद्रा : भावना में मत बहो चंद्र ! जो जिसे प्राप्य है, उसे प्राप्त होना चाहिए। तुम उस यवन-कन्या को वह सबकुछ दो, जो सिंहासन दे सकता है। उसे सिंहासन चाहिए, वह इसी के लिए भेजी गई है। वह उसी से संतुष्ट होगी। मुझे जो मिलना था, माँ ने मुझे दे दिया है। मुझे उसी से संतोष है। वह विदेशिनी बालिका है, ऐसा न समझे कि हमारे देश के लोग कोई अशिष्टता भी कर सकते हैं। यह हमारी परंपरा भी नहीं है। तुम अब हमारे देश के सारे धर्मों और कर्त्तव्यों के प्रतीक हो। प्रणय या परिणय उसमें स्खलन क्यों आने दे? जाओ, शिविर में जाओ····

माँ : धन्य बेटी धन्य ! आर्य-ललना के अनुकूल ही तुम्हारी वाणी है।

श्वेतकेतु : धूल पर फूल खिले, फूल में फल लगे ! जय हो ! जय हो !

[चंद्रा मुस्कुरा पड़ती है। माँ पुलकित हो उठती है। चंद्र भी मुस्कुरा पड़ता है।]

चौथा अंक

स्थान : नीलगिरि की तलहटी में एक कुटिया
समय : संध्या

[भारत माता के पद-भाग में स्थित नीलगिरि-पर्वत की तलहटी में बनी घास-फूस की इस कुटिया में, कुश की साथरी बिछाकर, उस पर अर्द्ध ध्यान-मग्न मुद्रा में वह कौन बैठा है?

शरीर पर केवल श्वेत वस्त्र ! श्वेत वस्त्र से ही आच्छादित घास-फूस की एक तकिया उसके पृष्ठ भाग में है।

भारत-सम्राट्, महान विजेता चंद्रगुप्त—यहाँ इस वेश में इस मुद्रा में? कोई पहचाने तो कैसे?

बात क्या है?

सम्राट् की विजय की आकांक्षा परितृप्त हो चुकी है। भारत में एक चक्रवर्ती साम्राज्य की स्थापना की उनकी गुरु की कल्पना भी साकार हो चुकी है।

विजेता की आत्मा व्याकुलता में एक नए संदेश की पुकार सुन पाती है। वह संदेश, पाटलिपुत्र के पड़ोस में ही स्थित, वैशाली से निसृत हुआ है और सारे भारत को छा रहा है !

वह संदेश है अहिंसा का। ज्ञाति-पुत्र भगवान महावीर ने पहले-पहल यह संदेश संसार को दिया था !

जीवन-भर हिंसा में ही जो लीन रही, वह आत्मा ऊबकर, इस संदेश की ओर आकृष्ट हो, तो आश्चर्य क्या?

कि इसी समय भारत के कई भागों में घोर अकाल पड़ता है। सम्राट् चंद्रगुप्त सोचते हैं, इस अकाल का

उत्तरदायित्व किस पर ? और उसका क्या प्रायश्चित ?

एक निर्णय : गंभीर निर्णय ! जैन-धर्म के विधान के अनुसार साठ दिनों तक निर्जल निराहार व्रत रखकर वह प्राण त्याग देंगे !

यह शुभ यज्ञ कहाँ हो ? उत्तर भारत में उत्पन्न यह सम्राट् अपनी अंतिम समाधि के लिए दक्षिण भारत को चुनता है ।

यहाँ, इस नीलगिरि की तलहटी में, इस कुटिया में, वह अपने से ही रचाई मृत्यु-शैया पर आ बैठे हैं !

चंद्रा आती है । उनके चरणों में झुककर बोलती है—]

चंद्रा : सम्राट्, सम्राट् ! यह क्या निर्णय कर लिया आपने ? इस निर्णय को छोड़िए, सम्राट् ! छोड़िए इस निर्णय को और चलिए, चलिए, पाटलिपुत्र ! मैं पैरों पड़ती हूँ सम्राट् ! **(वह पैरों से लिपट जाती है)**

चंद्रगुप्त : मैं भी किसी के पैरों पर ही खड़ा हूँ, सम्राज्ञी ! गुरुदेव ने उस दिन देश-माता की एक कल्पना-मूर्त्ति मेरे सामने रखी थी । जीवन-भर उसकी आराधना करता हुआ अब अंत में उसके चरणों पर आ गिरा हूँ ! यह नीलगिरि, इसके बाद ही तो माता का वह पद-नख—कन्याकुमारी है ! हहर-हहर कर महासागर की उत्ताल तरंगें उस पद-नख को धो रही हैं ! मैं उन लहरों की ध्वनि यहाँ से ही सुन रहा हूँ । आप क्या नहीं सुन रही हैं, सम्राज्ञी ?

चंद्रा : मैं कुछ नहीं सुनती सम्राट् और न सुनना चाहती हूँ ! मैं आपके श्रीमुख से केवल एक ही वाणी सुनना चाहती हूँ—इस निर्णय के छोड़ने की घोषणा कीजिए !

चंद्रगुप्त : सम्राज्ञी, आप क्या बोल रही हैं ? चंद्रा यह बोल सकती थी, किंतु भारत की सम्राज्ञी की यह वाणी ! जिस सम्राट् के निर्णय बदलने लगें, वह भी कोई सम्राट् होगा, सम्राज्ञी ?

चंद्रा : सम्राज्ञी कहकर मुझ पर व्यंग्य मत कीजिए, सम्राट् ! मैं सदा आपकी दासी रही और हूँ ! मैंने सिंहासन की कामना कभी नहीं की । गुरुदेव ने तो यह सिंहासन उस यवन-कन्या को अर्पित किया था····

चंद्रगुप्त : वह यवन-कन्या ! सोचता हूँ, यदि आज वह यवन-कन्या यहाँ होती, तो देखती, सिंहासन का क्या मूल्य है इस विचित्र देश में !

चंद्रा : आह ! मैंने उस दिन व्यंग में कहा था, उससे बढ़कर सौभाग्यशालिनी नारी इस धराधाम पर कौन होगी ? सचमुच वह परम सौभाग्यशालिनी सिद्ध हुई और परम अभागिनी सिद्ध होने जा रही है यह दीना-हीना चंद्रा ! यदि आपको यही करना था, तो मुझे वहीं छोड़ दिए होते, सम्राट्, जहाँ मैं खड़ी थी ! **(ऊपर ओर देखती हुई)** माताजी, माताजी, आप भी चल बसीं माताजी ! देखिए, माताजी, आपकी चंद्रा आज फिर वहीं खड़ी होने जा रही है जहाँ से आपकी कृपा की बाँहों ने उसे उठाया और सिंहासन पर बिठाया था । आज तुम कहाँ हो माँ ! माँ ! माँ ! **(हाथों से चेहरा ढँककर फूट-फूटकर रोने लगती है)**

चंद्रगुप्त : सम्राज्ञी ! यह कातरता की वाणी नहीं ! इस शय्या के निकट कातरता की कोई वाणी नहीं निकलनी चाहिए । इस शय्या की एक पवित्रता है ! आपको इस पवित्रता की रक्षा करनी चाहिए ! भगवान अर्हत के विधान में कोई व्यवधान क्या उचित है ?

चंद्रा : आह रे यह विधान ! भारत का सम्राट् आज इस कुटिया में पड़ा····

चंद्रगुप्त : हाँ, इस कुटिया में पड़ा भारत का सम्राट् मृत्यु का आह्वान कर रहा है ! कैसा दिव्य विधान है यह । जो कल तक पृथ्वी की विजय के लिए व्याकुल था, उसी व्याकुलता से, आतुरता से वह मृत्यु पर विजय करने को आगे बढ़ा है ! सम्राज्ञी, आप नहीं देख रही हैं, कि यह

कितनी बड़ी बात होने जा रही है? आप शायद देख नहीं पातीं, हाँ, हममें केवल श्वेत ही यह देख सकता है—उसी की दृष्टि उतनी निर्मल है ! श्वेत कहाँ है सम्राज्ञी ?

चंद्रा : सम्राट् ! आपके इस निर्णय ने क्या किसी की बुद्धि को, चेतना को ठिकाने रहने दिया है ! जिन्हें सूचना मिली है, सब पूछते हैं, क्या हुआ ? सम्राट् ने ऐसा निर्णय क्यों किया ? कहाँ, किससे, क्या त्रुटि हुई ? सभी कारण ढूँढ़ रहे हैं, पूछ रहे हैं ?

[श्वेतकेतु का प्रवेश ।]

श्वेतकेतु : मैं न ढूँढ़ रहा या पूछ रहा, सम्राज्ञी ! मैं तो जानता था, यही होकर रहेगा ! गुरुदेव ने जो पथ पकड़ा और हमसे पकड़वाया, उसकी परिणति यही होनी थी । उन्हें एक नेता चाहिए था, विजेता चाहिए था । सम्राट् उन्हें मिल गए । उन्होंने उनसे वह सब कराए, जो वह चाहते थे । सम्राट् क्षमा करें, वह भी क्या एक महत्त्वाकांक्षा से अभिभूत नहीं थे ? उन्होंने भी सब सानंद किया ! माताजी रोक सकती थीं, तो वह खोये वैभव को पुनः संस्थापित देखने के लिए अंधी बन गई थीं । जीवन एकाकी बनकर बहता रहा, बहता रहा । कब तक वह इस तरह बहता रह सकता था सम्राज्ञी ?

चंद्रा : श्वेतजी, श्वेतजी, आप क्या बोल रहे हैं यह ? सम्राट् को समझाइए श्वेतजी !

श्वेतकेतु : कौन किसको समझा सकता है ! जो जीवन-भर नहीं कर सका, क्या अंत में वह मैं कर लूँगा ? मेरी वाणी तो सदा विद्रोह में उठती रही है, सम्राज्ञी; किंतु किसी ने उस पर ध्यान दिया ? मुझे तो कवि मान लिया गया है न ? यह विचित्र प्राणी है सम्राज्ञी ! इसे सब लोग चाहते हैं, सब लोग प्यार देते हैं, इसकी वाणी सुनने को भी लोग उत्कंठित रहते हैं । किंतु न इसे, न इसकी वाणी को कोई गंभीरता से लेता है । कभी कहा गया हो, कविर्मनीषी परिभू स्वयंभू—किंतु जिस आस्पद से पहले भगवान को भी संबोधित किया जाता था, वह पुण्य-पवित्र आस्पद, आह, अपनी सारी गरिमा खो चुका ! **(उसाँसें लेता है)**

चंद्रगुप्त : श्वेत ! श्वेत ! तुम ऐसे उदास मत हो मेरे कविमित्र ! तनिक इधर आओ ! **(उसकी पीठ पर हाथ सहलाते हुए)** हाँ, तुम्हारी वाणी पर किसी ने ध्यान नहीं दिया । किंतु तुम्हें आनंदित होना चाहिए कि आज तुम्हारी ही वाणी चरितार्थ होने जा रही है, श्वेत !

श्वेतकेतु : आनंदित होना चाहिए ! पाटलिपुत्र के सम्राट् आज इस नीलगिरि की तलहटी में, घास-फूस से बनी इस कुटिया में, कुश की साथरी बिछाकर, यह प्रतिज्ञा करके उस पर आ बैठे हैं कि साठ दिनों का निराहार-निर्जल व्रत रखकर प्राण त्याग कर दूँगा और उनका यह कवि-मित्र इसी पर आनंद मनाए कि अंततः उसकी वाणी सफल तो हुई ! कवि ! कवि ! तुम्हें क्या समझ रखा है लोगों ने ! न तुम्हें आदि में समझते हैं, न अंत में···आह !

चंद्रगुप्त : ओह ! तुम भी मेरा पक्ष नहीं ले रहे हो, श्वेत ! तुम भी नहीं देख रहे हो ! तुम्हारी दृष्टि तो···

श्वेतकेतु : मेरी दृष्टि भी आज कुंठित हो रही है, यह स्वीकार करते हुए मैं लज्जा का बोध कर रहा हूँ, किंतु सत्य बात यही है सम्राट् ! आह ! आज माताजी होतीं ! **(विह्वल हो जाता है; आँसू पोंछने लगता है)**

चंद्रगुप्त : कैसा आश्चर्य ! आज कवि भी मोहित हो रहा है ! यह क्या कर रहे हो, श्वेत ? शरीर से यह मोह ! और आदर्श से ?

श्वेतकेतु : आदर्श या तो आपके गुरुदेव जानें, या आप जानें ! मैं इसकी भूलभुलैया में कभी नहीं पड़ा सम्राट्, और न अब आज उसका कोई पाठ सुनना चाहता हूँ । मैं आज एक क्रूर सत्य देख रहा हूँ और जीवन-भर जिस सत्य की उपासना करता रहा, वही अब अपनी सारी

विभीषिका के साथ सामने खड़ा है, मेरा रोम-रोम काँप रहा है ! देखिए, यह देखिए ! **(अपने रोमांचित हाथ बढ़ाता है)**

चंद्रगुप्त : श्वेत ! श्वेत !

चंद्रा : सम्राट्, सम्राट् ! अपना निर्णय बदलिए सम्राट् ! **(फिर चरणों से लिपट जाती है)**

चंद्रगुप्त : सम्राज्ञी ! सम्राज्ञी !

चंद्रा : क्या सम्राज्ञी बनाकर आप मुझसे दंड भुगतवाना चाहते हैं ? मुझसे कौन-सा अपराध हुआ है, सम्राट् !

चंद्रगुप्त : ओह ! तुम लोग नहीं मानोगे ! तो सुनो, अपराध तुमसे या किसी से नहीं हुआ है, अपराध सम्राट् ने किया है । और यह क्या अन्याय नहीं होगा कि अपराध प्रजा करे तो उसे दंड भुगतना पड़े किंतु सम्राट् बेलाग छूट जाए ! और, हत्याकारी के लिए प्राणदंड की ही व्यवस्था है सम्राज्ञी !

चंद्रा : हत्याकारी ! प्राणदंड !

चंद्रगुप्त : हाँ, सम्राट् ने हत्या की है—हत्या ही क्यों, हत्याएँ की हैं !

श्वेतकेतु : तो क्या युद्ध बिना हत्या के किया जा सकता है ? और विजय के साथ ही क्या हत्याएँ संलग्न नहीं हैं ? यदि यही बात हो, तो सभी सम्राटों और सामंतों को सूली पर लटकना पड़ेगा ! तब मुझे भी दुख नहीं होगा, यदि सभी सम्राटों और सामंतों के साथ एक हमारा सम्राट् भी सूली पर चढ़ाया जाए या चांडाल के हाथ से खाँड़े की धार उतारा जाए ! सम्राट्, सम्राट्—यह नियम आज ही घोषित किया जाए, सम्राट् ! तब यह आपका कवि-मित्र सचमुच आनंद से नाच उठेगा !

चंद्रगुप्त : मैं युद्ध में की गई हत्याओं के संबंध में नहीं कह रहा हूँ, श्वेत, वे क्षम्य भी मान ली जाएँ किंतु जो शासक अपनी निरीह प्रजा को तड़पा-तड़पा कर मारे, उसके लिए दंड का क्या कोई विधान नहीं होना चाहिए ?

चंद्रा : **(साश्चर्य)** प्रजा को तड़पा-तड़पाकर !

चंद्रगुप्त : हाँ, प्रजा को तड़पा-तड़पाकर ! सम्राज्ञी, क्या आपको यह भी ज्ञात नहीं कि आपके राज्य में कई वर्षों से अकाल पड़ा है; अन्न के अभाव से प्रजा में हाहाकार मचा है; प्रतिदिन कितने ही बच्चे, बूढ़े, जवान तड़प-तड़पकर प्राण दे रहे हैं । चारों ओर रुदन-रुदन है, क्रंदन-क्रंदन है ! सम्राज्ञी प्रजा की माँ होती है । वह कैसी माँ समझी जाएगी जो अपने तड़पते-मरते बच्चों का रुदन-क्रंदन तक सुन नहीं पाए !

चंद्रा : सम्राट्, सम्राट् ! जले पर नमक मत छिड़किए सम्राट् !

चंद्रगुप्त : यह जले पर नमक नहीं छिड़कना है, यह तो कर्तव्य की याद दिलाना है, सम्राज्ञी ! आप माँ हैं, तनिक कल्पना तो कीजिए, यदि आपके बच्चे को इसी तरह तड़प-तड़पकर मरना पड़े, तब आपको कैसा लगे ? नहीं, अपराधी को दंड मिलना ही चाहिए, चाहे वह साधारणजन हो या सम्राट् ! और साधारणजन की अपेक्षा सम्राट् को कठिनतर दंड चाहिए, कठिनतम, कठोरतम हो, तो और अच्छा !

चंद्रा : क्या इससे भी कोई कठोरतम दंड हो सकता है ? साठ दिनों तक निर्जल-निराहार····आह !

चंद्रगुप्त : **(दृढ़तापूर्वक)** निर्जल-निराहार ! हाँ, हाँ, निर्जल-निराहार ! जब प्यास से गला सूखने लगेगा, भूख से अंतड़ियाँ ऐंठने लगेंगी । जब शिरा-शिरा में आग की लपटें दौड़ेंगी । जब मस्तिष्क में साँय-साँय मचता रहेगा । कभी चेतना लुप्त होगी, कभी वह स्फुलिंग-सी बल उठेगी ! कवि, क्या सोच रहे हो, कवि ? क्यों उदास मुख खड़े हो कवि ? कल्पना करो

कवि, जब विजेता मृत्यु से पग-पग पर क्षण-क्षण लड़ेगा। लड़ेगा, लड़ेगा और अंत में—

चंद्रा : सम्राट्, सम्राट् ! ओ हो···हो **(व्याकुल होकर चरणों से लिपट जाती है)** श्वेतजी, श्वेतजी, सम्राट् क्या कहे जा रहे हैं श्वेतजी ! हाय रे अभागी चंद्रा, इससे तो अच्छा था कि तू धूल पर ही खड़ी होती !

श्वेतकेतु : धूल ! धूल ! धन्य हो तुम धूल ! फूलों की सेज पर सोनेवाली सम्राज्ञी भी तुम्हें सर्वथा भूल नहीं पाती ! भूले भी कैसे, जब सबको एक दिन तुम्हीं में जा मिलना है ! किंतु कैसी छलना ! जिस तरह हवा का एक हल्का झोंका धूल को उड़ा देता है, सुख की झलक पाते ही दुख की याद भी क्षण में विलीन हो जाती है ! फिर याद में रह जाती है, अट्टालिका···

चंद्रा : अट्टालिका ! अट्टालिका ! चंद्रा अट्टालिका पर कभी नहीं भूली कविजी ! उसने तो किसी के चरणों पर आरंभ में ही अपने को न्योछावर कर दिया था; वे चरण जहाँ रहे, वहीं चंद्रा रही—चाहे फूल पर या शूल पर ! आह रे आदमी ! पैरों के नीचे के फूल तो वह देख पाता है, किंतु हृदय में चुभे शूल कौन देखे, कौन परखे ! दुर्भाग्य कि कवि की दृष्टि भी उसे नहीं देख पाती !

श्वेतकेतु : धूल ! फूल ! शूल ! सचमुच हर नारी कवि होती है !

चंद्रा : यह आपको क्या हुआ है कविजी ! आप स्थिति की गंभीरता भी नहीं समझ पाते ! यहाँ मेरे जीवन का, सम्राट् के जीवन का, राष्ट्र के जीवन का फैसला होने जा रहा है—और आप ऐसे बोले जा रहे हैं जैसे कोई दार्शनिक श्मशान में प्रवचन करने जा रहा हो ! ओह ! **(व्याकुल होती है)**

श्वेतकेतु : श्मशान में प्रवचन···नहीं चंद्रे, नहीं ! वहाँ प्रवचन मेरा नहीं, गुरुदेव का होगा सम्राज्ञी ! वह शायद उस प्रवचन की ही तैयारी में हैं ! वह आते ही होंगे—प्रवचन उनसे सुन लीजिएगा, मैं चला। सम्राट्, मुझे आज्ञा दीजिए—मैं यह सब देख-सुन नहीं सकता ! **(चलने का उपक्रम करता है)**

चंद्रगुप्त : ठहरो श्वेत। तुम्हें साक्षी रहना है। प्रारंभ से ही मेरे कर्मों के साक्षी रहे हो, अंत में क्या मुझे दूसरा साक्षी ढूँढ़ना पड़ेगा? और किसी दूसरे की छाती में यह दम है कि इस निष्ठुर अभियान का साक्ष्य कर सके !

[चाणक्य का प्रवेश। चंद्रा दौड़कर उसके चरणों से लिपट जाती है। श्वेतकेतु रुक्षभाव से खड़े-खड़े सिर नवाता है। चंद्रगुप्त अपने आसन पर खड़े हो जाते हैं—]

: गुरुदेव, क्षमा करें, इस आसन से···

चाणक्य : सम्राट् को नहीं हटना है ! यह उनका निश्चय जो है ! सम्राट् का निश्चय या निर्णय कैसे टले? यदि सम्राट् का निश्चय अटल नहीं हो, तो फिर इस चंचल जगत में अटलता की टेक कहाँ टिके ! कविजी, आप भी तो इससे सहमत होंगे !

श्वेतकेतु : मुझसे नहीं, सम्राट् से सहमति लीजिए गुरुदेव। अब अंत समय में मेरी सहमति?

चाणक्य : अंत समय ! समय की कोई आदि है, जो अंत होगा ! **(चंद्रगुप्त से)** सम्राट्, बैठिए, लेटिए ! सब जान चुका हूँ, समझ चुका हूँ सम्राट्। एक नया धर्म चला है, जिसमें निषेध-ही-निषेध है। यह निषेध, वह निषेध ! जिसमें युद्ध निषेध है, विजय निषेध है ! जिसमें हिंसा निषेध है, हत्या निषेध है। सब निषेध है, विधेय है केवल आत्महत्या ! वैशाली ! तू क्या-क्या देती रही है?—जहाँ का हर नागरिक अपने को राजा समझता रहा है, वहाँ से जब जो न पैदा हो जाए !

चंद्रगुप्त : **(किंचित् आवेश में)** गुरुदेव ! आत्महत्या नहीं; आत्मबलिदान ! अब तक लोग मारना सिखाते रहे या सीखते रहे, वैशाली ने मरना सिखाया है। मरना भी कैसा—पल-पल, क्षण-क्षण घुल-घुलकर, गल-गलकर ! और, गुरुदेव क्या वह भूभाग धन्य नहीं, जहाँ प्रजा और राजा का भेदभाव नहीं। जहाँ का हर नागरिक अपने को राजा और हर बच्चा अपने को राजकुमार समझता है ! जहाँ राजसिंहासन योग्यता खोजता है, कुलगोत्र नहीं !

चाणक्य : सम्राट् ! इस आसन पर बैठने के बाद क्रोध की झलक भी नहीं आनी चाहिए ! किंतु एक निवेदन सम्राट्, इसी पथ पर बढ़ना था, तो वैशाली से क्यों, अपनी कपिलवस्तु से ही आपको प्रेरणा मिल सकती थी !

चंद्रगुप्त : यदि हम वैशाली या कपिलवस्तु के—भगवान् महावीर या तथागत के—संदेश सुने होते, उन पर ध्यान दिए होते, तो आज संसार कुछ दूसरा ही होता, गुरुदेव ! हमने, संसार ने, उनके अहिंसा धर्म का, शांति धर्म का संदेश नहीं सुना, फल हमारी आँखों के सामने है। हमने शास्त्रों के आधार पर, शस्त्रों के बल पर चक्रवर्ती साम्राज्य की तो स्थापना कर ली, किंतु उस चक्रवर्ती राज्य की प्रजा को भूखों मरने से नहीं बचा सके ! आपकी चक्रवर्तित्व की कल्पना पर यह कैसा क्रूर व्यंग देवता ने किया है, गुरुदेव !

चाणक्य : क्या कोई किसी को मरने से बचा सकता है सम्राट् ! मानव अपना कर्त्तव्यमात्र कर सकता है। क्या हमने कर्त्तव्य-पालन में कोई त्रुटि की है ? हमने सारे देश को एक सुशासन में संबद्ध किया है, उसकी श्रीवृद्धि के लिए वे प्रयत्न किए हैं, जो सोचे भी नहीं जा सकते थे। आज सारा देश एक है। एक छोर से दूसरे छोर को जोड़नेवाले राजपथों का हमने निर्माण किया है। उन पथों को निरापद बनाया है—उन पर निरस्त्र यात्राएँ की जा रही हैं। लूट-पाट, छीना-झपटी का कहीं नाम नहीं है। कौन ऐसा राज्य है, जिसके नागरिक अपने घरों में बिना ताला लगाए, निश्चिंत, उन्हें छोड़ सकते हैं, बाहर जा सकते हैं, तो भी एक तिनका इधर-उधर न हो ! हमने नहरें बनाई हैं, सरोवर बनाए हैं। जहाँ मरुभूमि थी, वहाँ जल की लहरियाँ अठखेलियाँ करती हैं। देश के ही नहीं, विदेशों से होनेवाले वाणिज्य-व्यापार में भी कितनी उन्नति हुई है—हमारे सार्थवाह जल-पथ से, थल-पथ से नाना प्रकार के पण्यों का आयात-निर्यात करते हैं। चारों ओर सुख है, समृद्धि है ! इतने पर भी यदि अकाल पड़ा, तो क्या हमारा अपराध है ? विधाता पर हमारा क्या वश है ? पानी का बरसना हमने रोक दिया ? देवताओं ने जो त्रुटियाँ कीं, उनके लिए हम कैसे उत्तरदायी हो सकते हैं, सम्राट् ?

चंद्रगुप्त : गुरुदेव ! मैं आपसे तर्क-वितर्क नहीं करना चाहता, उसका अवसर नहीं है, उसका कोई फल भी नहीं होनेवाला है। तर्क से सब बातें सिद्ध भी नहीं की जा सकतीं। मैं इतना ही जानता हूँ, राजा जिस समय शासन-सूत्र हाथ में लेता है, प्रजा की सुरक्षा का उत्तरदायित्व उस पर आ जाता है। किसी भी कारण से—वह कारण भौतिक हो या आधिभौतिक, लौकिक हो या दैवी—यदि वह प्रजा के प्राण या धन की रक्षा नहीं कर पाता, वह अपने कर्त्तव्य से च्युत हो जाता है ! और इस कर्त्तव्य-च्युति का दंड उसे भुगतना ही चाहिए।

चाणक्य : और वह दंड सदा प्राणदंड होगा !

चंद्रगुप्त : हाँ, प्राण-हरण का दंड प्राण-दान के ही रूप में चुकाया जा सकता है ! प्रजा यदि एक की हत्या करती है, तो उसे प्राणदंड दिया जाता है, और अपनी कर्त्तव्य-च्युति से जिसने इतनी हत्याएँ कीं, उसे प्राणदंड से भी कोई कठोरतम दंड हो, तो मिलना चाहिए और उस दंड का विधान वैशाली के उस संत ने ही किया है ! साठ दिनों तक निर्जल-निराहार रहकर प्राण

त्याग दो—तिल-तिल कर मरो, घुल-घुलकर मरो, तड़प-तड़पकर मरो ! और तो भी मुँह पर उफ नहीं लाओ ! तनिक भी उफ-आह आई कि प्रायश्चित भ्रष्ट हुआ ! गुरुदेव, गुरुदेव, इस विधान से भी दिव्य, उदात्त क्या कोई विधान हो सकता है ? मैं निश्चय कर चुका हूँ और आप भी कह चुके हैं, सम्राट् का निर्णय बदलना नहीं चाहिए ! मुझे मरने दीजिए, गुरुदेव ! आपने विजेता के रूप में मुझे गढ़ा है, इस अंतिम विजय से मुझे वंचित नहीं कीजिए, गुरुदेव !

चाणक्य : विजय ! विजय की लालसा ! कैसी प्रबल होती है यह लालसा ! पृथ्वी पर विजय, जीवन पर विजय : फिर मृत्यु पर विजय, स्वर्ग पर विजय ! हाँ, विजेता सदा विजेता है ! **(शून्य की ओर एकटक देखने लगता है)**

चंद्रगुप्त : गुरुदेव ! गुरुदेव ! **(झुककर चरण छूता है)**

चाणक्य : किंतु, बेटे, एक निवेदन है ! तुम्हारे इस निर्णय की सूचना बाहर नहीं जानी चाहिए, नहीं तो देश में तुरत ही अराजकता फैल जा सकती है । और आज्ञा दो, हम पाटलिपुत्र जाकर शीघ्र कुमार का अभिषेक करें ।

चंद्रगुप्त : जो इच्छा हो, गुरुदेव !

चाणक्य : सम्राज्ञी, चलिए, कुमार को हम पाटलिपुत्र ले चलें ।

चंद्रा : गुरुदेव, गुरुदेव ! मैं इन चरणों को छोड़कर जा नहीं सकती, जा नहीं सकती, गुरुदेव ! **(चरणों से चिपक जाती है)**

चाणक्य : चंद्रे ! विह्वल मत बनो ! इसमें सबसे बड़ी असफलता मेरी है ! आज मुझसे दुखी इस संसार में कोई नहीं है । यह निर्मम, क्रूर ब्राह्मण एक ही व्यक्ति को प्रेम दे सका था; एक ही व्यक्ति के लिए इसने अपने हृदय में कोमल स्थान बनाया था । वह स्थान रिक्त हो रहा है । वहाँ हाहाकार ही हाहाकार है ! छाती में दरारें पड़ रही हैं, वह फटना चाहती है ! आह ! जिसे टीले पर पाया, जिसे स्वर्ण-सिंहासन पर बिठलाया; उसे आज अपनी ही आँखों धूल में मिलने को छोड़े जा रहा हूँ ! यह क्या होने जा रहा है ? **(भाव-विह्वल होकर)** चाणक्य ! चाणक्य ! तुम्हारी नीति की यही परिणति थी ! तुम्हारी सारी दौड़-धूप, सारे संघर्ष-विमर्ष का यही फल होना था ! ओह ! **(आँसू पोंछता है)** किंतु, नहीं, नहीं । सम्राज्ञी, भावना एक अलग वस्तु है और राजधर्म दूसरी वस्तु । दोनों पृथक् हैं, दोनों एक-दूसरे के विपरीत हैं ! हम राजधर्म छोड़ देंगे, तो सारा किया-कराया समाप्त हो जाएगा—ऋषियों की कल्पना धूल में मिल जाएगी ! राजा आता है, राजा जाता है ! राज्य को स्थायी होना चाहिए ! सिंहासन को कभी सूना नहीं रहना है । हमें तुरत ही कुमार का अभिषेक कर देना है ! मैं चलता हूँ, शिविर में पाटलिपुत्र चलने के लिए कूच की घोषणा करता हूँ ! शीघ्र आइए ! **(द्रुतगति से जाता है)**

चंद्रा : श्वेतजी, श्वेतजी, अब आप ही बचाइए श्वेतजी !

श्वेतकेतु : सम्राज्ञी, व्याकुल मत बनिए ! गुरुदेव कह गए हैं न, कोई किसी को बचा नहीं सकता !

चंद्रा : गुरुदेव की बात मत कीजिए, उन्हीं के चलते यह सब हुआ है ! हाय !

श्वेतकेतु : क्या उन्होंने यह स्वयं स्वीकार नहीं किया है ! सत्य एक दिन ऊपर आता है और वह उसी के मुँह से बोलता है, जो सदा उसका शत्रु रहा ! सत्य का यही जादू है ! गुरुदेव को स्वीकार करना पड़ा, उनकी नीति असफल रही । किंतु यह उन्हीं का मस्तिष्क है, जो आज भी अपने कर्त्तव्य को नहीं भूल सका ! गुरुदेव, सचमुच अलौकिक पुरुष हैं ! सम्राज्ञी, उनकी आज्ञा का अनुगमन होना चाहिए, आप विह्वल न हों ! इस कवि की वाणी एक ही

जगह पूर्णतः सार्थक हुई है—आपसे वह फूल खिला, जो आज पाटलिपुत्र के राज्यसिंहासन को सुशोभित करने जा रहा है। अभी वह अर्द्धस्फुटित ही है, जाइए उसे पूर्ण स्फुटित कराइए !

चंद्रा : कवि, कवि ! तुम भी आज इतने निष्ठुर बन रहे हो कवि !

श्वेतकेतु : निष्ठुर ! कवि निष्ठुर नहीं हो सकता ! किंतु प्रकृति की पुकार की अवहेलना कौन कर सकता है ? जो वाटिका वसंत में फूल-भरी, रंग-भरी, सुगंध-भरी होती है, वही शिशिर में कैसी उजाड़ बन जाती है, झंखाड़ बन जाती है। फूल झड़ गए, पत्ते झड़ गए, रंग उड़ गए, सुगंध उड़ गई। किंतु ये ही फूल, यही पत्ते वहाँ गिरकर खाद बनाते हैं, जिसे पाकर पौधों में फिर प्राण आते हैं—फिर कोपलें फूटती हैं, पत्तियाँ निकलती हैं, कलियाँ लगती हैं, फूल खिलते हैं। फिर वाटिका हरी-भरी—फूल-भरी, रंगभरी, सुगंधभरी बन जाती है ! जो झड़ रहे हैं, झड़ने दीजिए, सम्राज्ञी ! जाइए, नई पौध को, नए फूल को देखिए ! सबका अपना-अपना कर्त्तव्य है। सम्राट् अपना कर्त्तव्य कर रहे हैं, आप अपना कर्त्तव्य कीजिए····

चंद्रगुप्त : हाँ, चंद्रे ! कवि सत्य कह रहा है और इस आसन से जैसे एक और सत्य का मूर्त आभास मुझे मिल रहा है—मुझे लग रहा है, तुमने जो इस वंश को फूल दिया है, उसी से कभी एक फूल और निकलेगा, जो सब फूलों से विलक्षण होगा, अपूर्व होगा ! उसका रंग पृथक् होगा, सुगंध पृथक् होगी ! पाटलिपुत्र के सिंहासन को सुशोभित करनेवाला वह फूल राज्य का, शासन का, विजय का—सबको एक नया आदर्श देगा, एक नई व्याख्या देगा ! जाओ, चंद्रे जाओ—तुम उस फूल का सिंचन-परिवर्द्धन करो, मैं धूल में मिलकर भी उसकी शुभकामना करता रहूँगा !

चंद्रा : मैं तुम्हें छोड़ नहीं सकती चंद्र ! **(लिपट जाती है)**

चंद्रगुप्त : **(उसकी पीठ सहलाते)** जाओ, जाओ, पगली ! श्वेत, तुम भी जा सकते हो भाई !

श्वेतकेतु : मैं, जाऊँ ! तो इस अलौकिक विजय का साक्ष्य कौन करेगा ? अभी कह चुके हो न—भूल गए ? नहीं, नहीं ! जीवन-भर तुम्हारी पृथ्वी-विजय का साक्षी रहा, क्या स्वर्ग-विजय के साक्ष्य से मुझे वंचित करना चाहते हो—कर भी सकोगे—मेरे विजेता, मेरे सखा, मेरे चंद्र ! **(वह उससे लिपट जाता है)**

[पटाक्षेप]

तथागत

[1947 ई.]

हाँ, दो शब्द !

अपने मूलरूप में यह नाटक पटना-रेडियो-स्टेशन से गत बुद्ध-जयंती के अवसर पर चार किश्तों में प्रसारित किया गया था।

भगवान बुद्ध का चरित महान है। फिर वह सिर्फ ऐतिहासिक व्यक्ति नहीं, धर्म-प्रवर्त्तक भी हैं। किंतु, मैंने मुख्यतः, उनके चरितभाग से ही अपने को संबद्ध रखा है, जो बहुत ही उदात्त और बहुत अंशों में नाटकीय भी है।

वैभव-विलास में डूबा हुआ एक राजकुमार संसार के दुख-दर्द से क्षुभित-पीड़ित होकर घर छोड़ता है; घोर तपस्या करता है; निराशाओं पर निराशाएँ पाता है; अंत में ज्ञान की किरणें उसे प्राप्त होती हैं और फिर उसके प्रचार-प्रसार में वह लग जाता है। वहाँ भी तरह-तरह के विघ्न, उत्पीड़न, लांछन ! किंतु अंत में सत्य की विजय होती है। आज भी संसार में बुद्ध के अनुयायियों की संख्या असंख्य है।

जब मैं 'तथागत' लिख रहा था, मालूम होता था, महात्मा गाँधी के चरित के प्रभावमंडल के बीच से मैं गुजर रहा होऊँ ! एक विदेशी लेखक ने कहा भी था कि बुद्ध के बाद बापू का ही व्यक्तित्व उतना महान है।

एक महापुरुष पर नाटक लिखना कितना कठिन है, इसे पद-पद पर मैं अनुभव करता रहा। इसके लिए मुख्यतः बौद्ध-ग्रंथों का छोर पकड़कर ही मुझे बढ़ना था और अपनी कल्पना पर तो हमेशा अंकुश रखना था ही। मेरी लेखनी अन्य नाटकों की तरह यहाँ स्वतंत्र न थी। लेकिन इसका आधार ही इतना महान है कि मित्रों का कहना है, नाट्यकला इसमें परिपुष्ट हुई है !

मैं अपना यह 'तथागत' मुख्यतः देश के किशोरों और नवयुवकों के हाथों में इस आशा से अर्पित करता हूँ कि वे इससे प्रेरणा पाकर सत्य के अनुसंधान की ओर प्रवृत्त हों, उसके लिए कष्ट उठाना सीखें और सारी विघ्नबाधाओं के बीच भी अपनी मशाल लेकर बढ़ते हुए विजय प्राप्त करें। यह नाटक मुख्यतः उन्हीं के लिए लिखा भी गया है।

—श्रीरामवृक्ष बेनीपुरी

पटना
दीपावली, 1948

पात्र-पात्रियाँ

पात्र

शुद्धोदन
बुद्ध के पिता

सिद्धार्थ = बुद्ध
नाटक के नायक

राहुल
बुद्ध का पुत्र

कौंडिन्य
ज्योतिषी

उदय
बुद्ध का सखा

आनंद
बुद्ध के प्रधान शिष्य

देवदत्त
बुद्ध का प्रतिस्पर्द्धी चचेरा भाई

छंदक
बुद्ध का सारथी

बिम्बसार
राजगृह का सम्राट्

अजातशत्रु
बिम्बसार का बेटा

भद्रजित
बुद्ध का तपस्वी साथी

यश
वाराणसी का श्रेष्ठिपुत्र

सचिव, नागरिक, पुरोहित, गड़रिया, भिक्षुक आदि

पात्रियाँ

माया
बुद्ध की माता

यशोधरा
बुद्ध की पत्नी

प्रजावती
बुद्ध की सौतेली माँ और मौसी

सुजाता
उरुवेला की एक महिला

पूर्णा
सुजाता की दासी

गौतमी
राजगृह की एक वृद्धा

माणविका
श्रावस्ती की एक स्त्री

अम्बपाली
वैशाली की राजनर्तकी

नागरिका, परिचारिका आदि।

अंतिम श्रृंगार

1

[*जन्म : लुंबिनी वन*]

माया : कितना सुंदर लग रहा है, आर्य !

शुद्धोदन : हाँ, बहुत ही सुंदर ! ये पेड़, ये लताएँ; ये पौधे, ये मंजरियाँ; यें कलियाँ, ये फूल—सुंदर, अतिसुंदर माया !

माया : इच्छा होती है, कुछ दिन यहीं रहूँ आर्य ! नगर देखते-देखते आँखें ऊब उठी हैं ।

शुद्धोदन : और, यहाँ अपने से कुछ समता भी तो पा रही हो प्रिये ! अपनी मंजरियों के बोझ से आप ही व्याकुल ये पेड़, अपनी कलियों की दबाव से आप ही काँपतीं ये लताएँ, अपने फूलों की शोभा में आप ही गुम हुए-से ये पौधे—तुम्हारा भी तो कुछ ऐसा ही हाल है माया !

माया : लज्जित न कीजिए आर्य ! कितने दिनों के बाद....

शुद्धोदन : हाँ, कितने दिनों के बाद भगवान ने हमें यह दिन दिखलाया है । मैं समझता था, सारा जनपद समझता था कि शाक्यवंश का सूर्य शायद सदा के लिए अस्त होने जा रहा है; कि अचानक....

माया : अभी वह रात नहीं भूली है आर्य, जब मैंने वह स्वप्न देखा । वह स्वप्न ! कैसा सुंदर हाथी था, हाथी का वह बच्चा—उजला रंग, जैसे अभी दूध में नहाकर आया हो । छोटी-सी सूँड़ को उछालता, ढुलमुल चलता, वह मेरी ओर बढ़ा आ रहा था । इच्छा होती थी, वह निकट आए और उसे गोद में ले लूँ....

शुद्धोदन : कि तुमने पाया, तुम्हारे शरीर में वह जैसे विलीन-सा हो गया । इसके क्या मानी, समझीं ?

माया : ओह, मुझे लज्जित न किया कीजिए, नाथ !

शुद्धोदन : यह लज्जित होने का नहीं; आनंदित, उच्छ्वसित होने का प्रसंग है, प्रिये ! इसका मानी है, भगवान हमें एक प्रतापी पुत्र देंगे ।

माया : **(प्रसंग बदलने के लिए)** आर्य, सामने का यह पेड़ कितना घना है ।

शुद्धोदन : बहुत ही घना, मानो हरा वितान तना हो ।

माया : और ये मंजरियाँ उसकी झालरें हैं ! जरा हम निकट से क्यों न देखें आर्य !

शुद्धोदन : अवश्य देखें, चलो ! **(दोनों पेड़ के निकट जाते हैं)**

माया : अहा ! मंजरियों के ये गुच्छे ! इच्छा होती है, मंजरियों के इन गुच्छों को गले से लगा लूँ । **(वह उचककर पकड़ना चाहती है)**

शुद्धोदन : अरे, उचको मत माया ! प्रिये, तुम भावावेश में अपने शरीर की अवस्था भी भूल जाती हो !

माया : **(हाँफती हुई)** गलती हुई आर्य ! किंतु कितनी अच्छी लगती हैं मंजरियों से भरी ये डालियाँ !

शुद्धोदन : डालियों की शोभा तब, जब वे मंजरियों से लदी हों; नारियों की शोभा तब, जब वे....

माया : आर्य, आर्य ! मुझे बार-बार क्यों लज्जित किया करते हैं ! अहा, मैं इन डालियों को छू सकती ?

शुद्धोदन : क्यों नहीं, मैं अभी झुकाए देता हूँ ! **(एक डाली की फुनगी पकड़कर झुका रहे हैं, माया भावातुरता में उचककर डाली पकड़ना चाहती है)** अरे, यह क्या? जल्दी न करो माया ! उचकने की आवश्यकता नहीं। बौरी हुई डाली है, इसलिए धीरे-धीरे नीचा कर रहा हूँ इसे।

माया : कितनी सुंदर लग रही है यह आर्य ! **(डाली नीचे आती जाती है, वह उचककर पकड़ लेती है, फिर दबी हुई आवाज से कराह उठती है)** आह !

शुद्धोदन : अरे, यह क्या? **(डाली छोड़कर माया को पकड़ते हुए)** तुम्हें क्या हुआ जो यों कराह उठीं माया !

माया : आह !⋯नाथ ! आह ! **(शुद्धोदन के बदन से लिपट जाती है)**

शुद्धोदन : माया, माया ! तुम्हें यह क्या हो गया माया ! परिचारिके, परिचारिके, शिविका ! कोई है, जल्द शिविका लाओ ! शिविर में चलो माया !

माया : जा नहीं सकती नाथ, जा नहीं सकती ! ओह !

शुद्धोदन : माया !

माया : नाथ ! नाथ ! आह !

शुद्धोदन : तुम्हें यह क्या हो रहा है माया ! कैसा जी है? बताओ—बताओ !

माया : उफ, मैं बैठ नहीं सकती⋯चल नहीं सकती⋯मैं हिल भी नहीं सकती⋯ओह⋯

शुद्धोदन : **(समवेत दास-दासियों से)** तुम लोग क्या मुँह देख रहे हो? चारों ओर से कनातें खड़ी कराओ—धाइयों को बुलाओ। जल्दी करो, जल्दी !

माया : आह, ओह !

[थोड़ी देर में नेपथ्य से मंगल-बधैया]

2

[भविष्यवाणी : कपिलवस्तु का राजप्रासाद]

कौडिन्य : जय हो महाराज की !

शुद्धोदन : शतशः प्रणाम महर्षि ! आसन ग्रहण कीजिए। बच्चे की कुंडली देख ली?

कौडिन्य : देख ली ! यों तो कुंडली के पहले बच्चे की आकृति ही सब बता चुकी थी, महाराज !

सचिव : महर्षि कौडिन्य ठीक कह रहे हैं। इतना सुंदर शिशु बढ़ने पर प्रतापी हुए बिना नहीं रह सकता।

कौडिन्य : महाराज ! शिशु का चौड़ा ललाट, सघन भवें, लंबी पपनियाँ और स्थिर पुतलियाँ डंका पीट-पीटकर कहती हैं—यह बच्चा साधारण बच्चा नहीं। फिर उसकी हथेलियाँ और उँगलियाँ रेखा-जालों से आवृत्त हैं और पैरों में चक्र के चिह्न हैं।

सचिव : मैंने भी इन पर ध्यान दिया है, ऋषिवर !

कौडिन्य : इन लक्षणों को कुंडली से मिलाकर देखिए, तो बातें और स्पष्ट हो जाएँ।

शुद्धोदन : हमें शीघ्र बताया जाए महर्षि !

कौडिन्य : इस शिशु के भाग्य में चक्रवर्ती होना लिखा है।

शुद्धोदन : यह चक्रवर्ती होगा?

कौडिन्य : उससे भी बड़ा ! भरत-खंड और जंबूद्वीप पर ही नहीं, विश्व के कोने-कोने में इसका आधिपत्य फैलेगा।

शुद्धोदन : आह, आज माया न रही ! अपने बच्चे की यह भविष्यवाणी सुनकर आज उसे कितनी प्रसन्नता होती !

कौंडिन्य : और भी सुनिए महाराज ! कोई शत्रु इसके सामने टिक नहीं सकेगा। जो कोई भी इसके सामने आएगा, उसका सिर झुककर रहेगा। बड़े-बड़े सम्राटों के मुकुट इसके चरणों की धूल चाटेंगे !

सचिव : चरणों की धूल ! ऋषिवर, आप कहने में गलती कर गए हैं। राजपुत्र के पैरों में धूल क्यों आए ? पादुका या पदत्राण कहिए।

कौंडिन्य : मैं ज्योतिष की गणना की बात कह रहा हूँ; काव्य नहीं कर रहा, सचिववर ! **(शुद्धोदन से)** हाँ, बड़े-बड़े सम्राटों के मुकुट इसके चरणों की धूल चाटेंगे और इसके पास ऐसी और इतनी बड़ी सेना होगी, जिस तरह की और जितनी बड़ी सेना संसार में कभी नहीं देखी गई।

सचिव : जितनी बड़ी तो समझा, पर जैसी का क्या अर्थ है, ऋषिवर।

कौंडिन्य : अर्थ लगाना आपका काम है ! मैं लिखनेवाला नहीं, पढ़नेवाला हूँ। जो लिखा है, मैं पढ़ रहा हूँ; आप अर्थ लगाते जाइए। **(शुद्धोदन से)** तो महाराज, इसकी यह अपूर्व सेना जहाँ जाएगी, विजय-ही-विजय प्राप्त होगी। दसों दिशाओं में अपनी विजय-वैजयंती फहरानेवाला आपका यह प्रतापी पुत्र दीर्घायु प्राप्त करेगा और अंततः जिस परिस्थिति में उत्पन्न हुआ है, उसी परिस्थिति में, उसी प्रकार, सुख से स्वर्गारोहण करेगा।

सचिव : जिस परिस्थिति में उत्पन्न हुआ उसी परिस्थिति में, सुख से···· ?

कौंडिन्य : हाँ-हाँ, सचिव ! कुंडली में यही लिखा है। जिस परिस्थिति में, जिस प्रकार सुख से उत्पन्न हुआ, उसी तरह की परिस्थिति में, उसी प्रकार सुख से स्वर्गारोहण करेगा।

सचिव : आप कुछ अद्‌भुत भविष्यवाणी कर रहे हैं ऋषिवर।

कौंडिन्य : कह दिया, मैं भविष्यवाणी नहीं कर रहा; जो कुंडली कहती है, मैं दुहरा भर रहा हूँ।

सचिव : लक्षण विचित्र हैं !

कौंडिन्य : हाँ, लक्षण विचित्र हैं। यह चक्रवर्ती सम्राट् पर भी लागू है और····

शुद्धोदन
सचिव } और····

कौंडिन्य : इतना अधीर हो रहे हैं आप लोग ! तो सुनिए—यह बच्चा प्रतापी सम्राट् होगा या विश्व-विश्रुत धर्म-प्रवर्तक !

शुद्धोदन : धर्म-प्रवर्तक ?

सचिव : तपस्वी, भिक्षु !

[प्रजावती का प्रवेश ।]

प्रजावती : महर्षि, महर्षि ! यह क्या कह रहे हैं आप ? माया का पुत्र और भिक्षु ! माया प्रसूतिगृह में ही चल बसी, क्या मुझे····

कौंडिन्य : **(हँसते हुए)** रानी प्रजावती, मायारानी अकेली गईं; किंतु आप अकेली नहीं जाएँगी, एक पूरा महिला-समाज आपका अनुसरण करेगा। अच्छा, मैं चला महाराज !

शुद्धोदन : यह आप क्या कहे जा रहे हैं !

कौंडिन्य : जो लिखा हुआ है, वही। नमस्कार सचिववर !

3

[प्रथम आखेट : कपिलवस्तु के निकट की वनस्थली]

उदय : मारिए तीर कुमार; वह····

सिद्धार्थ : वह ? किधर उदयी !

उदय : वह देखिए, वह एक मृग-छौना खड़ा है !

सिद्धार्थ : कितनी बड़ी-बड़ी उसकी आँखें हैं उदयी ! इतनी सुंदर आँखें आदमी को क्यों नहीं दी गईं ?

उदय : भाग जाएगा कुमार, भाग ! जल्दी निशाना लीजिए ।

सिद्धार्थ : निशाना ? इस पर तीर ? उदयी, इच्छा होती है, दौड़कर इसके गले से लिपट जाऊँ और इसकी आँखें चूमूँ—इसकी सुंदर आँखें, मासूम आँखें, डरी हुई आँखें ! हाँ-हाँ, इसकी आँखों में कितना डर है, उदयी ! आदमी से ये इतना डरते हैं, क्यों भला ?

उदय : और लीजिए, वह भाग गया ।

सिद्धार्थ : उफ्, भाग गया ! थोड़ी देर और क्यों न ठहरा उदयी !

उदय : गया, किंतु आपका भाग्य ! देखिए-देखिए; एक गया, दूसरा आया ! वह देखिए····

सिद्धार्थ : कहाँ ? वह ? वह कौन-सा जानवर है उदयी !

उदय : खरहे का बच्चा !

सिद्धार्थ : ओहो, कितने सुंदर कान हैं इसके ! उजले-उजले ये कान उस झाड़ी में भी प्रकाश फैला रहे हैं मानो !

उदय : यह भी भागा, नहीं तो मारिए !

सिद्धार्थ : थोड़ा और देख लेने दो भाई ! अब मैं रोज शिकार को आऊँगा । कितने सुंदर जानवर होते हैं जंगल में ! आदमी इन्हें क्यों नहीं पालता ? पाला है उसने घिनौने कुत्ते को, चोरनी बिल्ली को ! उदयी, इन्हें पकड़कर हम घर ले चलें । चलो····

[आगे बढ़ते हैं । खड़खड़ाहट । शशक-शावक भाग जाता है ।]

उदय : वह भी गया ! आपको महाराज ने फिजूल साथ में लगाया । आपसे शिकार न होगा ।

सिद्धार्थ : नहीं-नहीं, मैं अब प्रतिदिन शिकार में आऊँगा उदयी ! आऊँगा, इन खूबसूरत जानवरों को देखूँगा । किंतु, ये हमारे निकट क्यों नहीं आते ? क्यों भाग जाते हैं उदयी ? **(एक पेड़ से पंडुक की आवाज)** और यह क्या बोल उठा उदयी ?

उदय : पंडुक है । उस पर हाथ आजमाइएगा ? तो चलिए । **(कुछ आगे बढ़कर)** देखिए, उस डाल पर !

सिद्धार्थ : ओहो, एक नहीं, दो-दो ! उदयी, खड़खड़ मत करो, कहीं ये भी न उड़ जाएँ !

उदय : उसके पहले ही तीर मारिए कुमार ।

सिद्धार्थ : किस तरह एक-दूसरे से सटकर बैठे हैं दोनों ! एक कुछ कहता है, दूसरा जवाब देता है ! क्या ये दोनों भी हमारे-तुम्हारे ऐसे दोस्त हैं उदयी !

उदय : मारिए राजकुमार, जल्द तीर मारिए ।

सिद्धार्थ : मारूँ ? उदयी, हम-तुममें से एक को कोई यों ही तीर मारे, तो हमें कैसा लगेगा ?

उदय : फिर वही बातें । नहीं-नहीं, आपसे शिकार न होगा !

[पीछे से आवाज 'पकड़ो, पकड़ो' !]

सिद्धार्थ : पकड़ो ! **(मुड़कर)** यह तो देवदत्त है । कहाँ दौड़ा आ रहा है ? क्या बात है ? अरे····

(एक हंस सामने आ गिरता है, उसे देखकर) उदयी, उदयी ! अरे-अरे, इसे क्या हुआ है उदयी !

[हंस के निकट पहुँचकर, झपटकर, उसे उठा लेते हैं ।]

देवदत्त : **(निकट आकर)** हंस मेरा है, इसे मत छूना सिद्धार्थ ।

सिद्धार्थ : तुम्हारा हंस है देवदत्त ! ओह, किस दुष्ट ने इसे मार दिया ?

देवदत्त : मैंने मारा है, लाओ ।

सिद्धार्थ : तुमने मारा है ? अपने हंस को ? अपने हंस को क्या इस तरह मारा जाता है ? नहीं-नहीं, तुमने नहीं मारा होगा । उफ्, बेचारे की गर्दन में आ लगा है, यह तीर ! उदयी, थोड़ा पानी लाओ भाई, बेचारा मुँह बा रहा है ।

देवदत्त : अभी मुँह बा रहा है, थोड़ी देर बाद मुँह में पड़ेगा ।

सिद्धार्थ : मुँह में पड़ेगा ? तुमने अपने हंस को खुद मारा और अब उसे खाने की तैयारी में हो ? नहीं-नहीं, तब यह तुम्हारा हंस नहीं है । हाय-हाय, कितना रक्त बहा जा रहा है इसकी गर्दन से ! उदयी, जल्द पानी लाना भाई !

देवदत्त : ज्यादा ज्ञान मत बघारो, दो मेरा हंस !

सिद्धार्थ : तुम्हारा हंस ? यह तुम्हारा हंस हो नहीं सकता देवदत्त ! अपने हंस को यों नहीं मारते । देखो, कैसी दुर्गति कर दी है इसकी तुमने !

देवदत्त : तुम्हारा ही जन्म शाक्यकुल में होना था सिद्धार्थ ! 'रक्त', 'उफ', 'हाय',—मालूम होता है, थोड़ी देर में तुम रोओगे ।

सिद्धार्थ : मेरा रोआँ-रोआँ तो रो रहा है देवदत्त ! क्या इस बेचारे की हालत देखकर तुम्हें दया नहीं आती ?

देवदत्त : क्षत्रिय रक्त देखकर हँसते हैं, रोना काम तो····

सिद्धार्थ : क्षत्रिय निरीह प्राणी का रक्त बहाकर हँसते हैं ? क्षत्रिय इतना निर्दय और क्रूर नहीं हो सकते देवदत्त !

देवदत्त : मैं तुमसे बहस नहीं करना चाहता । निश्चय ही तुम शाक्यकुल में कलंक लगाकर रहोगे !

सिद्धार्थ : कलंक और मुझसे ? हाँ, निरीह प्राणियों का रक्त बहाकर शाक्यवंश पर जितना कलंक लगा होगा, मैं उसे धोने की कोशिश अवश्य करूँगा ।

देवदत्त : कह दिया, ज्ञान मत बघारो ! मेरा हंस दे दो ।

सिद्धार्थ : मैं नहीं देता । **(उदय पानी लेकर आता है)** पानी ले आए उदयी ! इसकी चोंच के सामने रखो । अहा, किस तरह घट-घट पी रहा है यह पानी ! किंतु, यह क्या ? सारा पानी तो तीर के छेद से निकला जा रहा है । उदयी, उदयी, कोई उपाय करो भाई !

देवदत्त : दे दो मेरा हंस ।

सिद्धार्थ : कह दिया, यह तुम्हारा हंस नहीं है । मैं नहीं देता । **(उदय से)** उदयी, जरा इसके पंख भी धो दो भाई ! उफ् ! बेचारा खून-खून हो रहा है !

उदय : और, यह आपके सारे कपड़े जो खून-खून हो रहे हैं !

सिद्धार्थ : इन्हें भी धोऊँगा और शाक्यकुल के कलंक को भी मुझे ही धोना है उदयी !

देवदत्त : देते हो मेरा हंस, या····

सिद्धार्थ : यह हंस तुम्हारा नहीं है, मैं नहीं देता ।

देवदत्त नहीं देता ! यह धौंस मत दिखलाओ कि तुम युवराज हो !

सिद्धार्थ : जिस कुल में देवदत्त ऐसे वीर-पुंगव हों, उस राजवंश का युवराज होना कोई गौरव की

बात नहीं है देवदत्त !

देवदत्त : बढ़कर मत बोलो। हमारा हंस दे दो।

सिद्धार्थ : कह दिया, नहीं दूँगा।

देवदत्त : देना ही पड़ेगा, तुम्हें !

उदय : आप लोग यह क्या कर रहे हैं? देखिए, वह महाराज आ रहे हैं। **(शुद्धोदन आते दिखाई पड़ते हैं)**

देवदत्त : चाचाजी को आज फैसला करना पड़ेगा।

[शुद्धोदन—निकट आकर]

शुद्धोदन : हाँ-हाँ, फैसला करूँगा बच्चो ! लेकिन तुम लोग बार-बार यों झगड़ क्यों पड़ते हो?

देवदत्त : चाचाजी, सिद्धार्थ मेरा हंस नहीं देते।

शुद्धोदन : तुम तो ऐसे नहीं थे बेटे....

सिद्धार्थ : यह झूठ बोल रहे हैं, पिताजी ! यह इनका हंस नहीं है ! अपने हंस को कोई यों मारता है?

देवदत्त : यह शिकार है; जो मारे उसका शिकार !

सिद्धार्थ : यह जीव है; जो बचावे उसका जीव !

शुद्धोदन : ओहो, मामला तो संगीन मालूम पड़ता है। और मैं किसके पक्ष में फैसला दूँ, बेटे के या भतीजे के?

देवदत्त : आपको राजधर्म निभाना होगा, न्याय करना होगा, चाचाजी !

शुद्धोदन : राजधर्म ! न्याय ! तब तो सिद्धार्थ जीतेगा। मारनेवाले से बचानेवाले का अधिकार अधिक है !

4

[अंतःपुर-विहार : कपिलवस्तु का राजप्रासाद]

प्रजावती : कौडिन्य की बात गलत थी, मेरा सिद्धार्थ तो पूरा घरबारी हो रहा है।

शुद्धोदन : अच्छा, तो घर में पुतोहू का आना सफल हुआ !

प्रजावती : अभी तो फूल लगे हैं, फल भी लगकर रहेंगे महाराज !

शुद्धोदन : यह सब यशोधरा के रूप-गुण का परिणाम है, प्रजावती !

प्रजावती : आप सच कह रहे हैं महाराज ! यशोधरा एक ही साथ अप्सरा, किन्नरी और देवी हैं। अप्सरा का रूप, किन्नरी की कला और देवी के गुण—तीनों का अपूर्व समन्वय हुआ है हमारी इस बेटी में।

शुद्धोदन : सिद्धार्थ का तो उसने मन मोह लिया है जैसे !

प्रजावती : यह तो हमने पहले ही दिन देखा था, महाराज ! आपकी आज्ञा से जनपद-भर की कुमारियाँ सिद्धार्थ से उपहार पाने को एकत्र हुईं। रत्न, आभूषण, वस्त्र—सबके ढेर लगे थे। कुमारियाँ आतीं और सिद्धार्थ सिर नीचा किए ही उन्हें उपहार दिए जाता। जब यशोधरा पहुँची, देने को कुछ नहीं बच गया था। वह सिद्धार्थ के निकट जाकर सिर झुकाए खड़ी हो गई। सिद्धार्थ ने उसकी छाया देखी, तो सिर ऊँचा करके गीले शब्दों में कहा—'गोपे, तुम्हारे लिए तो कुछ नहीं बचा।' यशोधरा का सिर और झुक गया; वह बोली—'कुमार, आपकी कृपा ही बहुत है !' और, दूसरे ही क्षण सिद्धार्थ की आँखें उसकी आँखों में गड़ी थीं और उसके गले की माला यशोधरा की छाती पर झूल रही थी !

शुद्धोदन : हाँ-हाँ, मालूम होता है, दोनों को विधाता ने जैसे एक-दूसरे के लिए ही गढ़कर भेजा हो ! तभी तो कहाँ वह एकांत-एकांत खोजने में व्याकुल रहता था और अब तो अंतःपुर से निकलता ही नहीं है !

प्रजावती : अंतःपुर में दिन-रात हँसी के फव्वारे छूटते हैं । दिन-रात बाजों और गानों की गुंजार छाई रहती है ! कभी चित्रकारी हो रही है, कभी कविता की टाँग तोड़ी जा रही है । कलापंडिता युवतियों का एक पूरा गिरोह इकट्ठा कर रखा है यशोधरा ने, जिनके बीच वह तारा-मंडित पूर्णचंद्र की तरह दिपती रहती है । इस अपूर्व शृंगार-नभ में सिद्धार्थ का अस्तित्व न जाने कहाँ विलीन हो गया है ।

[नेपथ्य से धीरे स्वर में संगीत, वाद्य और हँसी के शब्द]

: सुन रहे हैं न ?

शुद्धोदन : हाँ, सुन रहा हूँ, तृप्त हो रहा हूँ प्रजे ! मैं तो हमेशा कौडिन्य के भविष्यकथन की याद से मरा जा रहा था । अब मालूम होता है जैसे डूबता प्राणी थाह में आ गया ।

[सचिव का प्रवेश]

सचिव : एक आवश्यक बात आ गई है, महाराज !

शुद्धोदन : आवश्यक बात ? क्या बात है सचिववर !

सचिव : आप भयभीत न हों महाराज ! यों ही एक छोटी, किंतु आवश्यक बात है ।

शुद्धोदन : जब से कौंडिन्य कह गए, तब से भय ने मेरा पिंड कभी नहीं छोड़ा ।

सचिव : द्वैध भविष्यवाणियों को इतना महत्त्व देने की आवश्यकता नहीं महाराज !

शुद्धोदन : आह, ऐसा ही होता ! तो बताइए मंत्रिवर !

सचिव : आज मैं प्रातःभ्रमण को निकला, तो पाया, सिद्धार्थ कुमार की चारों ओर निंदा हो रही है !

शुद्धोदन : सिद्धार्थ ऐसे व्यक्ति की भी निंदा !

सचिव : यों तो कुछ लोगों का स्वभाव ही निंदक का होता है, किंतु जो निंदा मैंने सुनी है, उसमें तथ्य है ।

शुद्धोदन : तथ्य है !

सचिव : बात यों है, सभी कह रहे हैं कि सिद्धार्थ कुमार अंतःपुर से निकलते ही नहीं, वह तो बिलकुल घर-घूसन हो रहे हैं । उन्होंने युद्ध-विद्या सीखी नहीं । सिवा कला के अन्य ज्ञान पर कभी ध्यान नहीं दिया । भला, उनसे शाक्यकुल का राजधर्म कैसे निभेगा ?

प्रजावती : सचिववर, ये निंदक हमारा घर उजाड़ना चाहते हैं । कितनी चेष्टा के बाद सिद्धार्थ ने सांसारिक सुखों में थोड़ी आसक्ति दिखलाई है, अब वे फिर····

शुद्धोदन : इसमें हमें देवदत्त का हाथ मालूम पड़ता है प्रजे ! उसने सिद्धार्थ के विरुद्ध एक अजीब गुट बना रखा है । न जाने उसे किस बात के लिए चिढ़ है ।

प्रजावती : यदि उसे सिंहासन पर ही बैठने की इच्छा है, तो आप उसे युवराज नियुक्त कर दीजिए महाराज ! किंतु, हमारे बेटे को वह हमसे क्यों छीने ?

सचिव : शाक्यकुल के सिंहासन देवदत्त ऐसे व्यक्तियों के लिए नहीं हैं । किंतु सिद्धार्थ कुमार को अंतःपुर से अब बाहर निकलना चाहिए । एक बार जब मन रम गया, तो फिर दूसरी कोई आशंका व्यर्थ है, महाराज ! हाथों पर का खाया कबूतर खेतों में चारा नहीं चुगता ।

प्रजावती : किंतु मेरा हृदय काँपता है । मालूम होता है, माया का यह धरोहर ज्यों ही आँगन से बाहर गया कि आँखों से हमेशा के लिए दूर हुआ । जंगली हाथी फँस गया है सचिव, किंतु अभी वन की पुकार नहीं भूला है ।

शुद्धोदन : मेरे हृदय में भी कुछ ऐसी ही आशंका है।

सचिव : किंतु पितृ-कर्त्तव्य से भी ऊँचा राजधर्म है महाराज ! सिद्धार्थ कुमार को कल से अंतःपुर से बाहर जाना ही चाहिए।

5

[विराग की ओर : कपिलवस्तु के अंचल में]

सिद्धार्थ : रोको, रथ को तनिक रोको सारथी !

छंदक : रोक दिया कुमार !

सिद्धार्थ : बाहर की यह हवा ! कितनी ठंडक, कितनी ताजगी ! फिर यह दृश्यावली ! मालूम होता है, मैं सत्य से दूर स्वप्न की दुनिया में जा पड़ा था''''और वह—अरे, वह क्या है छंदक ?

छंदक : वह !

सिद्धार्थ : हाँ हाँ, वह ! वह आदमी है या भूत या छाया ? बाल उजले-उजले, ललाट पर सिकुड़न, धँसी आँखें, जो भौंहों से ढँक रही हैं। गाल की जगह हड्डियों का उभाड़, नाक टेढ़ी हो गई है। मुँह में दाँत नहीं। सिर किस तरह हिल रहा है उसका ! अस्थि-कंकाल शरीर, झुका हुआ है लाठी पर टेक देकर, जैसे किसी ने कमर ही तोड़ दी हो ! क्या वह आदमी है ! या भूत ? या छाया ?

छंदक : न वह भूत है, न छाया—वह भी आदमी है कुमार !

सिद्धार्थ : आदमी और ऐसा !

छंदक : हाँ हाँ, आदमी और ऐसा। बचपन में इसने भी दूध पिया, फिर पृथ्वी पर पेट के बल चला, कालक्रम से सुंदर युवक हुआ और उसी क्रम से यह बुढ़ापे को प्राप्त हुआ है।

सिद्धार्थ : बुढ़ापे को !

छंदक : हाँ, बुढ़ापे को राजकुमार ! यही बुढ़ापा है, जो रूप का हत्यारा है, बल का शत्रु है, शोक का सगा भाई है, आनंद का काल है, जो मेधा को मींज डालता है, इंद्रियों को कुचल डालता है; वही बुढ़ापा कुमार !

सिद्धार्थ : क्या सबको बूढ़ा होना पड़ता है छंदक ?

छंदक : हाँ, सबको। यह सब पर आता है और सबके बालों से कालापन, ललाट से चमक, आँखों से ज्योति, गालों से गाली, होंठों से हँसी, मुँह से दाँत और हृदय से उमंग छीनकर, लूटकर ले जाता है कुमार !

सिद्धार्थ : मुझे भी बूढ़ा होना पड़ेगा ?

छंदक : यह प्रजा का सौभाग्य होगा कुमार।

सिद्धार्थ : लेकिन मेरा ? नहीं नहीं, मैं बूढ़ा होना नहीं चाहता ! यह सौभाग्य मैं नहीं लेना चाहता !

छंदक : जो जवानी लेता है, उसे बुढ़ापा भी लेना ही होता है कुमार !

सिद्धार्थ : उफ्, मेरा चित्त उद्विग्न हो रहा है छंदक ! रथ को लौटाओ ! लौटाओ !

छंदक : जो आज्ञा, कुमार !

सिद्धार्थ : बुढ़ापा ! बुढ़ापा ! ! बुढ़ापा ! ! !—उफ् !

[पट-परिवर्तन]

: उस रास्ते से रथ न ले जाना, जहाँ वह बूढ़ा''''

छंदक : महाराज की भी यही आज्ञा है राजकुमार ! किंतु उसे आप भूल जाइए !

सिद्धार्थ : बुढ़ापा ! बुढ़ापा ! ! रूप का हत्यारा, बल का शत्रु, शोक का भाई, आनंद का काल···और, अरे-अरे, वह क्या है, सारथी !

छंदक : उधर न देखिए कुमार ! देखिए, इस तरफ । पंछियों की एक पाँत आसमान में किस तरह उड़ी जा रही है !

सिद्धार्थ : मैं बच्चा नहीं रहा छंदक, बताओ वह क्या है ? उफ्, इसका पेट फूला हुआ है, साँस धौंकनी-सी चल रही है, कंधे और बाहुएँ ढीली हैं, शरीर दुबला और पीला है ! क्या यह भी आदमी है ? या भूत ? या छाया ?

छंदक : कुमार, इतनी जिज्ञासा ठीक नहीं !

सिद्धार्थ : तुम्हें बताना ही होगा सारथी, बताओ !

छंदक : उफ्, न जाने क्या होना बदा है ! कुमार, यह भी आदमी है; यह बीमारी का शिकार···

सिद्धार्थ : बीमारी ! बीमारी का शिकार ! क्या वह कोई हिंसक जानवर है, जो आदमी का शिकार किए फिरता है !

छंदक : कुमार, महाराज ने हमें मना कर दिया है । मुझे उलझन में मत डालिए; कहिए, रथ आगे बढ़ाऊँ ।

सिद्धार्थ : कहने से मना कर दिया गया है तो उसकी आवश्यकता भी नहीं रह गई छंदक ! मैं सब समझ गया । आदमी, आदमी ! तू बुढ़ापे का शिकार है, तू रोग का शिकार है, तो भी तू हर्ष मनाता है, सैर किया करता है ? उफ्, आदमी !

[पट-परिवर्तन]

: क्या कहा, यह मुर्दा है ? सब आदमी मरते हैं, यह भी मर गया है ! तो मुझे भी मरना होगा, तुम्हें भी मरना पड़ेगा ? और, मरना पड़ेगा उन सुंदरियों को भी जो मुझे दिन-रात घेरे रहती हैं ? मृत्यु ! मृत्यु ! बुढ़ापा, बीमारी, मृत्यु ! मानवता के ये ही तीन वरदान हैं ! इन्हीं वरदानों को लेकर वह हँस रहा है, खेल रहा है, मौज कर रहा है । और, मजा यह कि वह अपने को बुद्धिमान समझता है । मानव, मानव ! तुम्हारे यही वरदान हैं—बुढ़ापा, बीमारी, मृत्यु ! वरदान ! इसी वरदान की भट्ठी में जला करो, मानव ! अंत में तुम जलोगे, अब भी जला करो ! छंदक, रथ वापस ले चलो !

[पट-परिवर्तन]

: बुढ़ापे, बीमारी और मृत्यु के बीच यह आदमी इतना आनंद से कैसे विचर रहा है, सारथी !

छंदक : क्योंकि इसने ज्ञान प्राप्त कर लिया है ! इसने समझ लिया है कि यह संसार क्या है, इसका सार क्या है ? बड़ी तपस्या से यह ज्ञान प्राप्त होता है कुमार !

सिद्धार्थ : तपस्या से ज्ञान प्राप्त होता है और ज्ञान प्राप्त होने पर आदमी सदा आनंद से रहता है ! बुढ़ापे, बीमारी और मृत्यु के बीच भी आनंद से रहता है ?

छंदक : हाँ कुमार ! ऐसा ही हम देखते-सुनते आए हैं ।

सिद्धार्थ : तो आदमी ज्ञान क्यों नहीं प्राप्त करता ? ज्ञान के लिए तपस्या क्यों नहीं करता ? क्यों तुच्छ भोग में भूला रहता है ? छंदक ! उफ्, लौटाओ रथ···

6

[अंतिम शृंगार : कपिलवस्तु के राजप्रासाद का शृंगार-कक्ष]

यशोधरा : इधर आप अजीब उदासीन रहने लगे हैं, आर्यपुत्र ! बात क्या है ?

सिद्धार्थ : उदासीन? तुमसे मैं कभी उदासीन नहीं हो सकता है, यशे!

यशोधरा : मुझसे न सही, अपने से उदासीन तो आप दीखते ही हैं। इधर आपने स्वर्ण-दर्पण भी नहीं देखा, नहीं तो पाते····

सिद्धार्थ : रुक क्यों गईं? क्या पाता मैं?

यशोधरा : ये रुक्ष बाल, जहाँ काले-घुँघराले भौरों-से लट लटकते होते थे, वहाँ ये बिखरे, उखड़े जटा-ऐसे····

सिद्धार्थ : जटा-ऐसे? क्या मेरे ये बाल अब तपस्वियों की जटा-ऐसे लगते हैं यशे!

यशोधरा : हाँ, आर्यपुत्र! राजकुमार के बाल और ऐसे?

सिद्धार्थ : तपस्वियों की जटा-ऐसे? यशे, एक बार जंगल की ओर चलो न!

परिचारिका : क्या कुमार अपने जन्म की तरह ही अपने पुत्र के जन्म की भी कामना करते हैं?

सिद्धार्थ : परिचारिके, हाँ, मैं भूल गया था, ओहो····

परिचारिका : अब जिस किसी दिन भी शाक्यकुल का नया सूर्य उदय हो सकता है, राजकुमार!

यशोधरा : वाचाल मत बन परिचारिके! जा, आर्यपुत्र के लिए शृंगार-प्रसाधन का आयोजन कर। मुझसे चला-फिरा नहीं जाता, तो तुम लोगों ने भी आर्यपुत्र का शृंगार-प्रसाधन छोड़ दिया! ये बाल! क्या देवताओं को भी ऐसे बाल मिले हैं? और, ये जटा-ऐसे हो रहे हैं!

[परिचारिका जाती है]

सिद्धार्थ : जटा-ऐसे! हाँ यशोधरे, क्या जटा-ऐसे?

यशोधरा : मैं इन्हें इस तरह नहीं रहने दे सकती, आर्यपुत्र!

सिद्धार्थ : कब तक?

यशोधरा : क्या मुझसे इतनी बड़ी अवज्ञा हो गई है, जो आप यों कह रहे हैं?

सिद्धार्थ : अवज्ञा और तुमसे? सिद्धार्थ ने यशोधरा को पाकर अपने को सदा धन्य समझा है, मेरी रानी!

[परिचारिका का प्रवेश।]

परिचारिका : शृंगार-प्रसाधन के सारे सामान तैयार हैं, देव!

यशोधरा : तो लाती क्यों नहीं?

सिद्धार्थ : हाँ-हाँ, ला! **(रुककर)** बहुत दिनों पर यह शृंगार हो रहा है और कौन जाने, यह कहीं अंतिम शृंगार····

यशोधरा : अंतिम शृंगार? फिर यह क्या बोल गए आर्यपुत्र?

सिद्धार्थ : कुछ नहीं! आज मेरा शृंगार करा रही हो, कौन जाने कल से फिर तुम्हें अपने शिशु से ही अवकाश न मिले!

यशोधरा : आपका बच्चा पितृ-द्रोही हो सकता है और आपकी पत्नी आपके चरणों से दूर रह सकती है—यह आप क्या सोचा करते हैं आर्यपुत्र?

सिद्धार्थ : मेरे कथन का यह तात्पर्य था? तो गलती हुई। मेरा शृंगार-प्रसाधन कराओ, यशे!

[गुनगुनाती हुई परिचारिकाएँ शृंगार-प्रसाधन कर रहीं, प्रजावती का प्रवेश।]

प्रजावती : ओहो, मेरा बेटा आज साक्षात् इंद्र मालूम हो रहा है।

यशोधरा : आज आपके बेटे को देखकर इंद्र का सिंहासन हिल रहा होगा, अम्मा!

सिद्धार्थ : मैं तो उसे हिलता देख रहा हूँ, यशे! देखो, वह सिंहासन हिला, वह अपनी जगह से हटा, वह उड़ा आ रहा है!

यशोधरा : अब कवि होने में थोड़ी ही कसर रह गई है आर्यपुत्र को!

प्रजावती : कविर्मनीषी परिभूः स्वयंभूः ! कवि और भगवान एक होते हैं बेटी !

यशोधरा : तो मैं अपने भगवान को प्रणाम करती हूँ ! **(झुकती है)**

सिद्धार्थ : **(इससे उदासीन)** कविर्मनीषी ! कवि और ऋषि !

[उदय का प्रवेश, यशोधरा चली जाती है]

उदय : ओहो, आज तो आप सचमुच कवि, ऋषि और भगवान तीनों मालूम होते हैं। यह सुंदर रूप, यह अपूर्व शृंगार ! यह दार्शनिकों का ललाट और रह-रहकर उस पर खिंच जानेवाली ये चिंता-रेखाएँ ! फिर चेहरे से जो अपूर्व ज्योति-मंडल फूट रहा है—सचमुच, फूट रहा है—सचमुच, कविर्मनीषी परिभूः स्वयंभूः ।

सिद्धार्थ : अरे, बताओ यह शृंगार मेरा कैसा हो पाया है, उदयी ! यशोधरा कहती थी, मेरे बाल जटा-ऐसे लगते थे ! अरे, यशोधरा ? चली गईं क्या ?

प्रजावती : वह अधिक देर खड़ी नहीं रह सकती बेटा !

सिद्धार्थ : और, मैं अधिक देर बैठा नहीं रह सकता माँ ! क्या शृंगार पूरा हुआ है ?

परिचारिका : कंधे पर यह चादर डाल लेना रह गया है कुमार ।

सिद्धार्थ : यह चादर ! ऐसी चादर तो अपने जनपद में नहीं बनती ! परिचारिके, तुमने इसे कहाँ पाया है ?

परिचारिका : अभी-अभी एक व्यक्ति कुमार के लिए उपहार दे गया है, जिसे महाराज ने भिजवाया है ।

सिद्धार्थ : यह कहाँ की चादर हो सकती है उदयी ?

उदय : मैं नहीं जानता कुमार ! शायद अम्मा जानें !

प्रजावती : अपूर्व चादर है उदयी !

सिद्धार्थ : हाँ, अपूर्व चादर ! मेरा कवि कहता है, यह चादर इंद्र ने भेजी है !

उदय : हाँ, यह इस लोक की तो नहीं ही हो सकती !

[दूसरी परिचारिका का प्रवेश ।]

परिचारिका : **(प्रजावती से)** अम्मा, आपको पौत्र हुआ है !

प्रजावती : अहा ! क्या कहा ?

परिचारिका : शाक्यकुल का नया सूर्य उदय हो गया ! देवी यशोधरा ने पुत्र-रत्न प्राप्त किया है !

प्रजावती : मैं चली बेटा; परिचारिकाओ, उत्सव मनाओ ।

[प्रजावती और परिचारिकाओं का प्रस्थान ।]

सिद्धार्थ : उदयी !

उदय : कुमार !

सिद्धार्थ : एक नया बंधन तैयार हुआ, उदयी !

उदय : यह क्या कह रहे हैं, कुमार !

सिद्धार्थ : हाँ, मैं क्या कह गया ? नहीं-नहीं, चलो, हम लोग भी उत्सव मनावें ! रास-रंग, धूम-धाम **(भीतर से बच्चे के रोने की आवाज)**

: **(धीमे से)** क्रंदन, बंधन ! बंधन, क्रंदन ! !

7

[महानिष्क्रमण : अनोमा नदी के तट पर]

सिद्धार्थ : राजधानी से हम कितनी दूर हैं, छंदक !

छंदक : कुमार, हम लोग कहाँ जा रहे हैं?

सिद्धार्थ : कहाँ जा रहे हैं? यह मैं भी नहीं जानता छंदक! किंतु कहीं जा रहे हैं, कहीं जा रहे हैं। और किसी को""किसी को छोड़े आ रहे हैं! किसको? उफ्, सबकुछ मिथ्या है—मिथ्या है छंदक! सत्य है सिर्फ बुढ़ापा, बीमारी, मृत्यु!

छंदक : आह, उन्हें भूल जाइए, कुमार।

सिद्धार्थ : भूल जाऊँ? क्या यह भूलने की बात है छंदक? उफ्, किस तरह लार बह रही थी, किस तरह झाग गिर रहे थे! यही सौंदर्य है? उनकी नाक से साँस निकल रही थी या नागिनी फुफकार मार रही थी। कपड़े हट गए थे—पर्दे ने जिन्हें सुंदरता दे रखी थी, वे ही अंग किस तरह वीभत्स लगते थे! सब मिथ्या है, वीभत्स है, असुंदर है, अशोभन है! उँह! हम राजधानी से कितनी दूर पर हैं छंदक?

छंदक : कुमार, यह सब क्या कह रहे हैं आप?

सिद्धार्थ : तुमने देखा नहीं छंदक, देखा नहीं! जिसे तुम सौंदर्य कहते हो, वह कैसा वीभत्स है। और संगीत!—वीणा उलटी पड़ी थी, मृदंग लुढ़के हुए थे, सब साज बिखरे थे। स्वर नहीं, झंकार नहीं; एक शून्य, एक हाहाकार। हाँ, मौन जैसे चीख रहा हो! वहाँ मैं टिक नहीं सकता था छंदक। मैं भागा—भागा""

छंदक : ओह, कुमार!

सिद्धार्थ : छंदक, घबराओ मत, सब मिथ्या है। राज्य मिथ्या है, राजसिंहासन मिथ्या है; राजा मिथ्या है, प्रजा मिथ्या है। सत्य है सिर्फ—बुढ़ापा, बीमारी, मृत्यु और परम सत्य है ज्ञान—समझे?

छंदक : उफ्! उफ्!

सिद्धार्थ : हाँ, अफसोस की बात है। यह दुनिया ऐसी है, जिस पर आदमी सिर्फ उफ् या आह कर सकता है। इसमें क्रंदन-क्रंदन है, बंधन-बंधन है! बंधन—माँ बंधन, बाप बंधन, स्त्री बंधन, पुत्र बंधन! पुत्र!! छंदक, मैंने उस नवजात शिशु को देखा है छंदक। किस तरह अपनी माँ की गोद में चिपका पड़ा था। माँ, यशोधरा, अपने बच्चे के सिर से होंठ सटाए, एक हाथ उस पर हौले रखे, वह किस तरह सोई थी? किस तरह सोई थी, कैसी सुंदर लग रही थी?—उफ् बंधन, बंधन! छंदक, तुम बोलते क्यों नहीं?

छंदक : कुछ नहीं समझ रहा कुमार? आप मुझे कहाँ लिए जा रहे हैं?

सिद्धार्थ : कहाँ लिए जा रहा हूँ? कहाँ से आ रहा हूँ? सबकुछ मिथ्या है, सब कुछ बंधन है, सत्य है सिर्फ ज्ञान। ज्ञान में ही आनंद है। आनंद की ओर जा रहा हूँ, छंदक। बंधन तोड़कर, मिथ्या छोड़कर, ज्ञान की ओर, आनंद की ओर जा रहा हूँ! राजधानी से हम कितनी दूर पर हैं? रात कितनी बाकी है?

छंदक : कुमार, कुमार! बहुत दूर हम आ गए, अब लौटिए।

सिद्धार्थ : ज्ञान का पथिक चले हुए रास्ते से फिर नहीं लौटता, छंदक। मैं लौटूँगा, पिताजी को कह देना, मैं लौटूँगा। मौसी को कह देना, मैं लौटूँगा। यशोधरा को कह देना, मैं लौटूँगा और छंदक, जब वह शिशु बड़ा हो, उसे भी कह देना—मैं लौटूँगा। लौटूँगा; लेकिन इस रास्ते से नहीं, इस भेष में नहीं। लौटूँगा; मिथ्या को दूर कर, बंधनों को जलाकर, ज्ञान की उपलब्धि कर, आनंद को प्राप्त कर, लौटूँगा। हाँ-हाँ, लौटूँगा; छंदक! अरे, वह कलकल क्या सुन रहा हूँ?

छंदक : निकट ही अनोमा नदी है कुमार!

सिद्धार्थ : नदी है ! राम गंगा-तट तक रथ पर चढ़कर आए थे, सिद्धार्थ अनोमा-तट तक घोड़े पर आया। राम लौटे, मैं भी लौटूँगा। राम लौटे सीता लेकर; मैं लौटूँगा—ज्ञान लेकर ! राम को बाप ने भेजा, मैं बाप से भाग आया। भेद है—कोई बात पूरी तरह दुहरती नहीं है। ओहो, छंदक, वह देखो, पूरब के क्षितिज पर लालिमा छिटक रही है—ज्ञान की किरणें फूटकर रहेंगी छंदक ! छंदक, ज्ञान की किरणें फूटकर रहेंगी ! !

[पटाक्षेप]

सुजाता की खीर

1

[शोकाकुल कपिलवस्तु : शुद्धोदन का राजप्रासाद]

शुद्धोदन : छंदक, छंदक ! मेरे बेटे को कहाँ छोड़कर आए छंदक ? ओह····

छंदक : महाराज, महाराज; मुझ पर कलंक मत लगाइए महाराज ! मैं कुमार को छोड़कर नहीं आया, कुमार मुझे छोड़कर चल दिए। मैंने विनती की, प्रार्थना की; हाथ जोड़े, पैर पकड़े; हाँ, पैर पकड़े; किंतु····

शुद्धोदन : किंतु वह नहीं रुका, नहीं रुका ! आह, कौंडिन्य की बात पूरी होकर रही !

प्रजावती : हाय, मेरा बेटा ! उफ्, माया की आत्मा स्वर्ग में आठ-आठ आँसू रो रही होगी ! माया-पुत्र सिद्धार्थ और वह जंगल-जंगल···· ! ओह, छंदक, तुमसे धोखा हुआ हमें ! तुम कहाँ ले गए कुमार को ? कहाँ छोड़ आए मेरे बेटे को ?

छंदक : मैं ले गया महारानी ? मैं छोड़ आया महारानी ? जो कलंक बदा था, लगा; किंतु बात कुछ दूसरी ही है, महारानी !

प्रजावती : दूसरी बात ? क्या बात है ? तो बताते क्यों नहीं हो छंदक !

छंदक : मैं तो देवी यशोधरा के पुत्रोत्सव का नाच-गान देख-सुनकर देर से लौटा और बेसुध सोया था कि कुमार ने मुझे जगाया, कहा—छंदक, जल्द कंथक को तैयार करो, मुझे बाहर जाना है। मैंने कहा—कुमार, यह भी कोई समय है, बाहर जाने का ? तो बोले—यही समय है, नहीं तो फिर कभी समय नहीं आएगा !

शुद्धोदन : उसने सच कहा था छंदक—'यही समय है, नहीं तो फिर कभी समय नहीं आएगा !' और, तुमने उसकी बात मान ली !

छंदक : उन्होंने कुछ ऐसे शब्दों में मुझे आज्ञा दी कि मंत्राभिभूत की तरह मुझे सबकुछ करना पड़ा, महाराज !

शुद्धोदन : कलेजा फटा जा रहा है, लेकिन मैं सोचता था, एक दिन यह होकर रहेगा ! तो तुम कहाँ तक साथ गए ?

छंदक : अनोमा नदी तक ! रात-भर कुमार चलते रहे; न कहीं विराम, न विश्राम। चलते रहे और कुछ बोलते रहे !

प्रजावती : क्या बोल रहा था मेरा बेटा, छंदक !

छंदक : मैं कुछ समझ नहीं पाता था, महारानी ! हाँ, चार शब्दों को वह बार-बार दुहराते थे—बुढ़ापा, बीमारी, मृत्यु और ज्ञान···

शुद्धोदन : बुढ़ापा, बीमारी, मृत्यु और ज्ञान ! बेटे ने अंतिम के लिए जंगल का रास्ता लिया और बाकी तीन, शुद्धोदन, तुम्हारे लिए छोड़ गया है ! बूढ़े हो ही, अब स्वस्थ रह नहीं सकोगे, इसलिए मरने की तैयारी करो ।

[यशोधरा का प्रवेश ।]

यशोधरा : पिताजी, पिताजी ! आप ऐसा न सोचें पिताजी, फिर मेरा बेटा···

शुद्धोदन : राहुल ! आह, राहुल ! दशरथ को राम के लिए मरने की स्वाधीनता भी थी, शुद्धोदन को राहुल के लिए जीने की लाचारी है । जीया करो, शुद्धोदन, जीओ !

प्रजावती : अधीर मत होइए महाराज ! **(छंदक से)** अपने अभागे बाप और इस अभागिनी मौसी के लिए उसने कुछ संदेश भी कहा ?

छंदक : हाँ, देवि ! चलते समय उन्होंने कहा, 'मौसीजी और पिताजी से कह देना—मेरे लिए शोक न करें, मैं ज्ञान के अनुसंधान में जा रहा हूँ और उसे पाकर लौटूँगा ! इसी तरह उन्होंने···' **(गला रुँध जाता है, आँसू आने लगते है)**

शुद्धोदन : रुक क्यों गए छंदक ?

प्रजावती : रो क्यों पड़े छंदक ?

यशोधरा : मेरे लिए भी कोई संदेश कहा, क्यों यही बात है न छंदक ?

छंदक : हाँ देवि ! उन्होंने कहा, 'यशोधरा से भी कह देना—वह घबराए नहीं, मैं जरूर लौटूँगा और बड़ा होने पर उस नवजात शिशु से···'

यशोधरा : नवजात शिशु ! आह ! एक बार उसे देख भी लिए होते !

छंदक : उन्होंने जाने के पहले उसे देखा था, आर्ये !

यशोधरा : **(आश्चर्य से)** क्या ? देखा था ?

छंदक : हाँ, देखा था, आप दोनों सोए थे···वह प्रसूतिगृह के द्वार तक गए । आप बच्चे को लिपटाए हुए सोई थीं । उन्होंने बच्चे को चूमना चाहा···

यशोधरा : हाय, हाय !

छंदक : वह आगे बढ़े, झुके । फिर कुछ सोचकर लौट पड़े—चल पड़े । उन्होंने राहुल को देखा था छोटी रानी !

शुद्धोदन : सिद्धार्थ ने राहुल को देखा है, किंतु राहुल बेचारा ! आह, माया पुत्र को नहीं देख सकी, राहुल पिता को नहीं देख पाया !

यशोधरा : पिताजी, व्याकुल मत होइए ! राहुल एक दिन खींचकर फिर उन्हें कपिलवस्तु लावेगा, पिताजी ! मैं उन्हें अच्छी तरह पहचानती हूँ···

छंदक : और इन संदेशों के साथ ये धरोहर···

[गठरी खोलता है ।]

शुद्धोदन : यह मुकुट !

प्रजावती : ये वस्त्राभूषण !

यशोधरा : और ये बाल ? आर्यपुत्र के ही हैं ये बाल ! **(उठा लेती है, चूमती है)**

प्रजावती : ये बाल ? छंदक !

छंदक : मुकुट और वस्त्राभूषण उतारकर मुझे देने के बाद, अपने ही हाथों, अपनी तलवार से उन्होंने बालों के ये लट काटे और कहा—'इन्हें भी लेते जाओ छंदक, ये बाल यशोधरा के

बहुत प्रिय थे····'

यशोधरा : आह ! आर्यपुत्र इस दासी पर कितने दयालु रहे ! आर्यपुत्र, आर्यपुत्र ! इस धरोहर को लेकर यह दासी तुम्हारे वियोग के दिन काट लेगी, आर्यपुत्र !

शुद्धोदन : उफ्····

प्रजावती : हाय····

यशोधरा : माँ, पिताजी ! अधीर मत होइए पिताजी !

छंदक : जिसके वियोग में पशु तक प्राणार्पण कर सकता है, उसके वियोग में माँ-बाप····

शुद्धोदन : पशु ? कंथक ! कंथक कहाँ है छंदक !

छंदक : कंथक ! उस पशु ने वह किया, जो किसी भी मानव के लिए स्पृहणीय है महाराज !

शुद्धोदन : क्या किया, क्या हुआ ?

छंदक : जब कुमार चलने लगे, कंथक की आँखों से अविरल अश्रु-प्रवाह जारी हुआ। कुमार ने उसे दुलराया, चुमकारा, उसकी देह पर, पीठ पर हाथ फेरे। इसके बाद जब कुमार आगे बढ़े, वह जोर से हिनहिनाने लगा—जैसे पुकार रहा हो, तुम मुझे छोड़कर कहाँ जा रहे हो ? कुमार ने एक-दो बार घूमकर देखा, फिर चल दिए। किंतु यह क्या ! ज्यों ही कुमार आँखों से ओझल हुए, वह जोरों से काँपने लगा, काँपने लगा, फिर थरथराकर जो गिरा, सो उठा नहीं !

शुद्धोदन : कंथक, कंथक ! सच्चे प्रेम का आदर्श तुम्हीं ने दिखलाया कंथक, आह !

छंदक : वह हृदय-विदारक दृश्य था महाराज ! इधर कंथक तड़फड़ा रहा था, अंतिम दम तोड़ रहा था, उधर भिक्षुओं-सा भेष बनाए, नंगे पैर, फटे कपड़े, मुंडित मस्तक, हाथ में भिक्षा पात्र लिए, राजकुमार आगे बढ़े जा रहे थे····

2

[प्रथम भिक्षा : राजगृह में एक घर के सामने]

सिद्धार्थ : माँ, भिक्षा !

नागरिका : अहा, तुम। **(चेहरे को घूरती हुई)** तुम्हारे योग्य भिक्षा की कोई सामग्री मेरे पास नहीं है, भिक्षु !

सिद्धार्थ : और कुछ नहीं माँ, सिर्फ एक निवाला भोजन !

नागरिका : अभी हमारे घर में भोजन नहीं बना है, भिक्षु ! घर में बेटा बीमार है····

सिद्धार्थ : बीमार ! उफ्, बीमारी, बुढ़ापा····

[लौटने का उपक्रम]

नागरिका : तो, लौटे जा रहे हो भिक्षु ! थोड़ी बासी खिचड़ी होगी; किंतु कैसे खा सकोगे उसे ? तुम्हारा यह चाँद-सा चेहरा, कमल-सी आँखें—लंबी पपनियाँ, सघन भवें—उन्नत ललाट ! वह कौन-सा घर है, जिसे सूना करके आए हो युवक ?

सिद्धार्थ : किसी भरे घर को ही छोड़कर आया हूँ माँ ! और, जा रहा हूँ संसार से बुढ़ापा, बीमारी और मृत्यु की विभीषिका को दूर भगाने का उपचार खोजने।

नागरिका : बुढ़ापा, बीमारी, मृत्यु ! हाय, मेरे पतिदेव चल बसे, प्यारा बेटा बीमार है और यह बुढ़ापा मेरी कमर तोड़ने को खड़ा है। इन तीनों से संसार को जो त्राण दिला सकेगा, वही मानववंश का सबसे बड़ा त्राता समझा जाएगा भिक्षु ! इस महान अभियान में ईश्वर तुम्हें

सफलता दें ! ठहरो, भाई ! **(घर से खिचड़ी लाती है)** लो, यह खिचड़ी ! उफ्, यह बासी खिचड़ी कैसे खा सकोगे ?

सिद्धार्थ : बस रहने दो; एक कलछी काफी है माँ !

[थोड़ी दूर हटकर बासी खिचड़ी खा रहे हैं—खाई नहीं जाती— रह-रहकर उबकाई आती है—एक नागरिक का प्रवेश ।]

नागरिक : ओहो, अच्छे तपस्वी हैं आप ! खिचड़ी खाई नहीं जा रही····

सिद्धार्थ : हाँ नागरिक, खाई नहीं जा रही । जब साधना के पथ पर पैर रखो, सारी इंद्रियाँ विद्रोह करने लगती हैं ! आँख, कान, जिह्वा—सभी हमें नीचे ढकेलने को तैयार हो जाते हैं ! किंतु यदि लक्ष्य तक पहुँचना है, तो इन पर विजय प्राप्त करनी होगा, नागरिक !

[कुछ और नागरिक एकत्र हो जाते हैं ।]

नागरिक : मालूम होता है आपकी जिह्वा ने तरह-तरह के सुस्वादु भोजन चखे हैं, जिनकी याद इस बासी खिचड़ी को आपके मुँह से बाहर फेंक देना चाहती है ।

सिद्धार्थ : जिह्वा हमेशा सुस्वादु भोजन खोजती है, कान हमेशा मधुर स्वर खोजते हैं और आँखें सौंदर्य के लिए पागल बनी रहती हैं । क्या राजा, क्या रंक, सभी इंद्रियों के दास हैं । मैं इन इंद्रियों का स्वामी बनूँगा ।

[अचानक राजा बिंबसार आ जाते हैं—उन्हें देखते ही नागरिक सिटपिटा जाते हैं ।]

बिम्बसार : इंद्रियों का स्वामी बनूँगा ! युवक, यह दंभ तुम्हारा सारा पर्दाफाश कर देता है ! निस्संदेह तुम किसी कुलीन····

सिद्धार्थ : भिक्षु में कुलीन-अकुलीन का कोई भेद नहीं होता, आर्य ! अलग-अलग पेड़—आम, जामुन, कटहल ! किंतु, ज्यों ही कट गए, सब एक—ईंधन !

बिम्बसार : ईंधन में भी एक अरंड और एक चंदन है, युवक ! इस राजगृह में भिक्षुओं की कमी नहीं, किंतु थोड़ी ही देर में तुमने राजधानी-भर में हलचल मचा दी है—सब तुम्हारी चर्चा कर रहे हैं, मगध-सम्राट् को भी तुमने पाँव-पयादे यहाँ घसीटा है····

सिद्धार्थ : तो, आप मगध-सम्राट् बिम्बसार हैं ! सम्राट् की जय हो ।

बिम्बसार : तुम्हें भी जय प्राप्त हो, युवक ! इंद्रियों का स्वामी बनूँगा—यही सिद्ध करता है, तुम क्षत्रिय-कुमार हो ! स्वामित्व की, जय की आकांक्षा ही क्षत्रिय को दूसरों से पृथक् करती है । किंतु, युवक, क्षत्रिय-कुमार दसों इंद्रियों पर विजय प्राप्त करने के पहले दसों दिशाओं पर विजय प्राप्त करना चाहता है !

सिद्धार्थ : जिसने अपने पर विजय नहीं प्राप्त की, वह दिशाओं पर क्या खाकर विजय प्राप्त करेगा सम्राट् ?

बिम्बसार : युवक, हर काम के लिए अवस्थाएँ निश्चित कर दी गई हैं । जवानी है दिशाओं पर विजय प्राप्त करने के लिए; बुढ़ापा है····

सिद्धार्थ : बुढ़ापा ! बुढ़ापा, बीमारी, मृत्यु !—यही तीन तो मानवता के अभिशाप हैं, सम्राट् ! और बुढ़ापे के अभिशाप से मुक्ति पाने के लिए जवानी से ही तो प्रयत्न करना पड़ेगा मगधपति !

बिम्बसार : तुम्हें शिक्षा-दीक्षा भी अच्छी मिली है भिक्षु ! तुम्हारी बातचीत, रूप-रंग, चालढाल सभी बताते हैं, तुम किसी राजकुल से आए हो । और, वह राजकुल धन्य है, जिसमें तुम्हारे ऐसे कुमार उत्पन्न होते हैं ! क्या वहाँ कोई विप्लव हुआ या कोई खटपट····

सिद्धार्थ : विप्लव ! हाँ, किंतु बाहर नहीं, भीतर ! और, जब अपने से खटपट हो चुकती है, तब घर या बाहर से खटपट होती है सम्राट् !

बिम्बसार : शाक्यकुल का कोई राजकुमार गृहत्यागी हुए हैं, आप वही तो नहीं हैं ।

सिद्धार्थ : भिक्षु का कोई कुल नहीं होता, जिस तरह गरुड़ का कोई घोंसला नहीं होता !

बिम्बसार : छोड़िए इन झमेलों को । मैं बहस करना नहीं चाहता । लेकिन मेरी एक बात—बात नहीं, एक याचना, प्रार्थना ! मगध-साम्राज्य को मैं जिस रूप में विस्तृत और समृद्ध देखना चाहता हूँ, उसमें आपके ऐसे धुनी युवक की सहायता बड़े काम की होगी । मगध का यह राज्य आपको अर्पित है, यौवन राज्य-शासन में बिताईं—फिर तपोवन ! तपोवन यहाँ से निकट ही है, शाक्यकुमार !

सिद्धार्थ : राज्य-शासन !····तपोवन···· ! दोनों में से मैंने पहले ही चुनाव कर लिया है, सम्राट् ! वह तपोवन मुझे पुकार रहा है, बिदा दीजिए !

बिम्बसार : एक बार फिर सोचो युवक !

सिद्धार्थ : सोच चुका हूँ, कितनी बार सोच चुका हूँ ! नाव धारा में डाल चुका, अब उसकी लहरियों पर खेलूँगा या सदा के लिए अतल में विलीन····मैं चला सम्राट् !

बिम्बसार : न रुकें, तो जाइए ! किंतु साधना की प्राप्ति के बाद इधर ही से लौटने का वचन देते जाइए ।

सिद्धार्थ : तथास्तु !

3

[मज्झिम निकाय : तपोवन में अस्थिकंकाल बने सिद्धार्थ भावावेश में]

सिद्धार्थ : तपोवन, तपोवन ! तपस्या, तपस्या ! कैसी तपस्या—कितनी तपस्या ! ····भद्रजित, उफ्····

कोई पंछियों की तरह गिरे अन्न चुनकर खा रहा; कोई मृगों की तरह घास-पात पर जी रहा; कोई बाँबियों में घुसे साँप की तरह हवा ही पी रहा !

कोई दिन-रात पानी में घुसा मछलियों और कछुओं से अपनी चमड़ी नुचवा रहा; कोई आग के घेरे में अपने को रखे सारे शरीर को झुलसाए जा रहा !

कोई बारह वर्षों से खड़ा-ही-खड़ा; कोई एक जगह इस तरह बैठ गया कि उसके चारों ओर चींटियों ने मिट्टी के अंबार लगा दिए····

उफ्, तपस्या, तपस्या ! तपोवन, तपोवन !

अराड़-मुनि का उपदेश ! तप करो, तप करो ! मैंने क्या नहीं किया ? छः वर्षों से तो इस आसन पर बैठा हूँ । अन्न छोड़ा, फल छोड़े, जल तक छोड़ा ! शरीर से बल जाता रहा, आँख से ज्योति जाती रही और मेधा····

हाँ, हाँ, मेधा भी जाती रही मेरी !

कल मैं किस तरह मूर्च्छित होकर गिर गया था, भद्रजित ! नहीं, नहीं, ज्ञान की प्राप्ति का यह मार्ग नहीं हो सकता ! भद्रजित, तुम बोलते क्यों नहीं !

भद्रजित : जी, आज्ञा ?

सिद्धार्थ : आज्ञा ? आज्ञा कुछ नहीं भद्रजित ! ज्ञान की उपलब्धि इस मार्ग से हो नहीं सकती ! दुर्बल

उसे प्राप्त नहीं कर सकता ! जो भूख, प्यास, थकावट से परेशान है, अस्वस्थ चित्त है, असुखी है, उसे ज्ञान की उपलब्धि हो नहीं सकती, भद्रजित !

भद्रजित : यह आप क्या कह रहे हैं ?

सिद्धार्थ : वही कह रहा हूँ, जिसका अनुभव इतनी तपस्याओं के बाद प्राप्त किया है । दुर्बल शरीर, अस्वस्थ चित्त और अशांत मन से ज्ञान की उपलब्धि हो नहीं सकती, भद्रजित ! जो तपस्या मेधा को कुंठित करे, शरीर को अशक्त बना दे, मन को विह्वल कर दे—वह तपस्या तपस्या नहीं है । भद्रजित, तुम्हारे अन्य चारों साथी कहाँ हैं ?

भद्रजित : कल से आपका जो रुख हो रहा है, उसे देखकर वे परेशान हैं !

सिद्धार्थ : परेशान ! वे परेशान हैं ? तो मैं भी कम परेशान नहीं हूँ, भद्रजित ! घर छोड़ा, राज्य छोड़ा, पत्नी छोड़ी, पुत्र छोड़ा—किंतु पाया क्या ? उफ़, मैं भी कम परेशान नहीं हूँ, भद्रजित !

[संगीत की स्वर-लहरी सुनाई पड़ती है ।]

: ओहो, भद्रजित ! सुना तुमने वह गाना ? वह गाना—'वीणा के तार को इतना मत ऐंठो कि वह टूट न जाए और न इतना ढीला करो कि जिससे स्वर ही न निकले !' यह कौन गा रहा है ? कहाँ गा रहा है ? 'वीणा के तार को इतना मत ऐंठो····' बस-बस, ज्ञान का मार्ग यही है भद्रजित ! ज्ञान का मार्ग—मध्य का मार्ग—मज्झिम निकाय ! 'वीणा के तारों को इतना मत ऐंठो'—भद्रजित, तुम जाओ, अपने साथियों से कह दो—सिद्धार्थ ने ज्ञान का मार्ग पा लिया ! हाँ, पा लिया ! तुम जाओ और मैं निरंजना की तट की ओर चला भद्रजित, जहाँ से यह स्वर्गीय संगीत प्रवाहित हो रहा है····

[फिर संगीत की स्वर-लहरी]

: अहा, कैसा गाना ! ओह, कैसा गाना ! ठहरो गायक, ठहरो; मैं आया, मैं आया ! भद्रजित, तुम खड़े क्यों हो, जाओ !

देख रहा हूँ तुम्हारा चेहरा भद्रजित ! वह कह रहा है—सिद्धार्थ ढोंगी है ! सिद्धार्थ तपस्या से गिर गया । एक राजकुमार से तपस्या सध नहीं सकती ! पाखंडी; ढोंगी—मैं देख रहा हूँ, तुम्हारा चेहरा यही कह रहा है भद्रजित ! उससे घृणा बरस रही है—जाओ, जाओ !

[भद्रजित जाता है, सिद्धार्थ का ध्यान संगीत की ओर है]

: गायक, ठहरो, ठहरो ! मैं आया गायक, आया ! निरंजने, निरंजने ! धन्य तुम्हारा तट, धन्य यह गाना ! मज्झिम निकाय, मध्यम मार्ग, बीच की राह **(मुड़कर)** भद्रजित···

[उसे नहीं पाकर]

: ओहो, अच्छा हुआ कि तुम चले गए, भद्रजित ! सिद्धार्थ अकेले ज्ञान की खोज में निकला था; वह अकेले ही ज्ञान प्राप्त करेगा—राह मिल गई, फिर मंजिल कितनी दूर ! वह···वह मंजिल, वह···वह ····

4

[दिव्य खीर : बोधिवृक्ष के नीचे]

सुजाता : आज यह शुभ दिन भी आया पूर्णे !

पूर्णा : जिसका सौभाग्य चमकता है, उसका हर तरह से चमकता है, आर्ये ? कितना सुंदर पति मिले आपको, अब बरस लगते-न-लगते यह सुंदर पुत्र ।

सुजाता : किंतु इन वरदानों के लिए कितनी तपस्या की है मैंने ! आखिर इस एक थाल खीर की ही

तो बात सोच।

पूर्णा : इसमें तो आपने हद कर दी ! एक हजार गायों को जेठीमध के जंगल में चराकर उसके दूध से पाँच सौ गायों को पालना; फिर उन पाँच सौ गायों के दूध से ढाई सौ गायों को—यों ही दूध से पालते-पालते अंततः पाँच गायों के दूध से यह खीर बनाई है आपने। वह देवता भी धन्य होंगे जो इसे ग्रहण करेंगे !

सुजाता : जो मेरा प्रेम सत्य होगा, तो देवता को आज प्रत्यक्ष भोजन ग्रहण करना पड़ेगा, सखि !

पूर्णा : ऐसा तो कभी नहीं हुआ है, आर्ये !

सुजाता : जो कभी नहीं हुआ, वह कभी हो भी नहीं सकेगा, ऐसा सोचना क्या सही है ? दुनिया में नित्य नई चीजें होती रहती हैं, पूर्णे !

पूर्णा : देखिए तो आर्ये, उस तरफ वह क्या प्रकाश हो रहा है ?

सुजाता : हाँ, संध्या की इस धूमिल बेला में मालूम होता है, जैसे कोई प्रकाश-पुंज वहाँ उद्दीप्त हो रहा है !

पूर्णा : प्रकाश-पुंज ! हाँ, हाँ; प्रकाश-पुंज ही तो। देवि, देवि, आपके देवता, देखिए, वह प्रत्यक्ष आपकी प्रतीक्षा में हैं। आपने जो अभी कहा, वह होकर रहा !

सुजाता : कोई तपस्वी होंगे शायद। किंतु शरीर से कैसी ज्योति फूट रही है ! अग्नि में तपाए जाकर सोना जैसे कुंदन बन गया हो ! अभी शायद निरंजना से स्नान कर लौटे हैं। सारे शरीर पर पानी की बूँदें चमचम कर रही हैं !

पूर्णा : नहीं, आर्ये ! यह तपस्वी नहीं, यह देवता हैं, आपके आराध्य देवता ! मेरी तो आँखें झिप रही हैं ! मैं आगे बढ़ नहीं सकती; जाइए, अपने देवता को इस पवित्र पायस का भोग लगा आइए।

सुजाता : नहीं-नहीं, तू भी चल, पूर्णे !

पूर्णा : मैं जा नहीं सकती आर्ये ! उस ज्योति से मेरी आँखें चकाचौंध में पड़ी जाती हैं। अब यहाँ से दस डग भी मैं नहीं बढ़ूँगी ! जिसका देवता होता है; उसकी ज्योति वही सम्हाल पाता है, आर्ये ! यही कहा जाता है, यही होता है !

सुजाता : तू पगली है, अच्छा यहाँ से भागना मत; मैं तुरत आई।

[ध्यानस्थ सिद्धार्थ के निकट पहुँचकर]

: देव, यह मेरा भाग्य कि आप यहाँ सशरीर बैठे हैं ! जिंदगी भर पुजारिन बनी रही; तब कहीं आपने आज दर्शन दिए। लीजिए, यह श्रद्धा की खीर !

देव, आप बोल क्यों नहीं रहे ! क्यों यह बंद आँखें ? यदि इतनी कृपा की, तो यह कृपा भी कर दिखाइए ! इन नेत्रों को खोलिए; इस खीर को सद्‌गति दीजिए !

आप हिल भी नहीं रहे। क्यों देव ! देवता या तो अदृश्य रहेंगे, या प्रतिमा बनेंगे ? क्या यही विधान है ? मैं देव-विधान नहीं तोड़ना चाहती हूँ, मेरे देव ! किंतु यह विधान बुरा है। अदृश्य से प्रत्यक्ष हुए; तो आँख, मुँह और हाथ को काम करने दीजिए।

इन आँखों को मंगल बरसाने दीजिए, मुँह को आशीर्वचन देने दीजिए और हाथों को अर्घ्यग्रहण के लिए बढ़ाइए। मैं आपके चरणों पर गिरी हूँ, मेरे देवता !

[सिद्धार्थ का ध्यान टूटता है]

सिद्धार्थ : देवि, मैं देवता नहीं ! मैं मनुष्य हूँ; किसी चीज की खोज में हूँ।

सुजाता : मैं आपसे तर्क नहीं करना चाहती, देव ! आप जो कुछ हैं, मैं प्रत्यक्ष देख रही हूँ ! अहा, मेरा भाग्य ! ग्रहण कीजिए यह थाल !

सिद्धार्थ : थाल ? स्वर्ण-थाल का भोजन तो मैंने कब न छोड़ दिया भद्रे !

सुजाता : देवता को कब किस चीज की कमी । किंतु भक्त का आग्रह भी कोई चीज है, देव !

सिद्धार्थ : मैं फिर कह रहा हूँ, मैं देवता नहीं; मैं किसी चीज की खोज में हूँ देवि !

सुजाता : यही सही । अगर यही बात हो तो जिस तरह मेरा मनोरथ सिद्ध हुआ, आपका मनोरथ भी पूरा हो देव !

सिद्धार्थ : 'आपका मनोरथ पूरा हो'—यह तू क्या कह रही है देवि ! क्या सच ? अहा, यही होता !

सुजाता : जो होता है यों ही अचानक होता है, देव ! जब बादल बहुत घना होता है, बिजली आप-आप चमक उठती है—एक के बाद दूसरी !

सिद्धार्थ : देवि, आपका उपहार स्वीकार ! यह खीर बुद्धत्व की जननी सिद्ध हो ।

5

[बोधि-प्राप्ति : बोधिवृक्ष-तले आवेश में सिद्धार्थ]

सिद्धार्थ : उफ्, यह क्या स्वप्न था ? स्वप्न या सत्य ? सत्य या स्वप्न ? पहले मालूम हुआ, सारा संसार सुगंध से भर गया—सुगंध से, फिर संगीत से । तब सारे आसमान में इंद्रधनुष ही इंद्रधनुष उग आए; सारी पृथ्वी पर कमल ही कमल खिल उठे ! क्या यह स्वप्न था ? या सत्य ?

अरे, वह मधुर शिंजिनी; वह मधुमय स्वर-लहरी । वह छूम-छननन, फिर भुज-वलय-वेष्ठन ! उफ्, क्या वह सत्य था, या स्वप्न ?

कोई चीज हृदय पर आई; टकराई । सारे शरीर में रोमांच, सिहरन ! 'सिद्धार्थ, यह मार का पुष्प-शायक है, सम्हलो'—यह कौन बोला ? मार-मार, तुम मेरा कुछ नहीं बिगाड़ सकते मार ?

किंतु यह तो स्वप्न था । क्या यह सत्य था ?

पलक लगते, पल में, कैसा पट-परिवर्तन !

आसमान में उल्काएँ दौड़ने लगीं; दिशाओं में नागिनें फुफकारने लगीं; वह ग्रह टूटे, वह वज्र गिरा, वह धरती डोली—भूकंप ! सारे भूमंडल को कोई गेंद-सा उछाल रहा हो जैसे । कुछ भी स्थिर नहीं, कोई भी स्थिर नहीं ! 'किंतु सिद्धार्थ, तुम्हारा आसन नहीं डोलना चाहिए'— क्या वह देवता बोले ?

गजराजों ने सूँड़ से लपेटा; वाराहों ने दाँतों पर उछाला, वज्रदंष्ट्रा मृगेंद्रों न जबड़ों के नीचे दबाया—मार-मार ! यह सब तेरी माया थी मार; किंतु सिद्धार्थ का तुम कुछ नहीं बिगाड़ सकते थे मार !

फूल से शूल पर, शूल से फूल पर; कभी स्वर्ग के आनंद-हिल्लोल पर, कभी नरक की रौरव-ज्वाला में; आग से पानी में, पानी से आग पर !

कभी नसों में सनसनी, गुदगुदी; कभी बिच्छुओं के डंक, विद्युत-शलाका की तड़प !

उफ् ! अरे यह स्वप्न था या सत्य ? सत्य था या स्वप्न ? किंतु सिद्धार्थ तो इस प्रतिज्ञा के साथ बैठा था, इस अश्वत्थतले, इसे ही साक्षी रखकर—

'चाहे मेरी चमड़ी, नसें और हड्डी की क्यों न बाकी रहें, चाहे शरीर, मांस, रक्त क्यों न सूख जाएँ—लेकिन सम्यक् सम्बोधि प्राप्त किए बिना मैं इस आसन को नहीं छोड़ूँगा, नहीं छोड़ूँगा !'

मार, मार ! तुमने एक भी प्रयत्न नहीं छोड़ा; किंतु क्या तुम मेरा कुछ बिगाड़ सके ?

अहा, अहा ! वह पूरब में किरणें छिटक रही हैं । निशा दूर हुई, अंधकार दूर हुआ । स्वप्न भागा; सत्य जागो ! सत्य जागो ! उठो, सिद्धार्थ उठो ! कहाँ हैं अराड़ मुनि, कहाँ हो भद्रजित, कहाँ हैं तुम्हारे चारों साथी ? आओ, देखो, सिद्धार्थ ने बोधि प्राप्त कर ली ! सिद्धार्थ ने बुढ़ापा, बीमारी और मृत्यु पर विजय प्राप्त करने का मार्ग जान लिया ! श्रोतिय की आठ पुल्लियों से बना आठ कोण का मेरा यह आसन ! बुद्धत्व के आठ स्तंभ—सम्यक् दृष्टि, सम्यक् संकल्प, सम्यक् वचन, सम्यक् कर्म, सम्यक् जीविका, सम्यक् व्यायाम, सम्यक् स्मृति और सम्यक् समाधि ।

आओ—देखो । ओ, कहाँ हैं अराड मुनि ? कहाँ हो भद्रजित ? आइए, आओ—सिद्धार्थ ने बुद्धत्व प्राप्त कर लिया ! बुद्धत्व प्राप्त कर लिया ! बुद्धत्व का अष्टांग मार्ग, मध्यम मार्ग—बीच का पथ—मज्झिम निकाय । आओ, यह मार्ग, देखो !

देखो, अब किरणें सारी पृथ्वी को जगमग करती जा रही हैं । कहाँ गई निशा, कहाँ गया अंधकार, कहाँ गया स्वप्न ? सत्य प्रकाशित हुआ, ज्ञान प्रभासित हुआ । मानवो, बढ़ो ज्ञान की ओर, निर्माण की ओर !

6

[यशोधरा का स्वप्न : कपिलवस्तु का राजप्रासाद]

यशोधरा : परिचारिके, परिचारिके ! माताजी को बुलाओ परिचारिके !

परिचारिका : जो आज्ञा छोटी रानीजी, किंतु आज आपमें इतनी प्रसन्नता क्यों पा रही हूँ ? कितने वर्षों के बाद····

यशोधरा : हाँ, हाँ, कितने वर्षों के बाद ! कितने वर्षों के बाद उन्हें देखा है परिचारिके !

परिचारिका : उन्हें ! क्या राजकुमार को ? उन्हें कहाँ देखा है रानीजी ? अहा····

यशोधरा : माताजी को बुलाओ, परिचारिके, माताजी को ! अभी-अभी देखा है, वह आ रहे हैं ! आ रहे हैं····

[प्रजावती का प्रवेश]

प्रजावती : कौन आ रहा है बेटी, यह भोर-भोर क्या सुन रही हूँ ? क्या सचमुच मेरा बेटा आ रहा है ?

यशोधरा : हाँ, सचमुच वह आ रहे हैं, माताजी ! मैंने अभी-अभी सपना देखा है, वह आ रहे हैं !

प्रजावती : सपना देखा है ? सपने से मैं बहुत घबराती हूँ बेटी ! बहिन माया ने भी एक सपना····

यशोधरा : लेकिन मेरा सपना सत्य होकर रहेगा माताजी, वह जरूर आएँगे । मैंने देखा है, एक विशाल उजला हाथी····

प्रजावती : उजला हाथी ? माया ने भी····

यशोधरा : हाँ-हाँ, माताजी, मैंने देखा है, एक विशाल उजला हाथी है, उसके आठ दाँत हैं, सुफेद-सुफेद, सुंदर-सुंदर ! वह अपनी सुंदर सूँड़ को हवा में उछालता, न ज्यादा तेजी से न बहुत धीरे-धीरे, बल्कि मद्धिम चाल से चला आ रहा है, और उसके ऊपर आर्यपुत्र····

प्रजावती : बेटी यशोधरे ! हाथी का सपना मत सुनाओ, हाथी का सपना हमारे लिए अच्छा नहीं होता, बेटी !

यशोधरा : अच्छा नहीं होता? क्या इससे भी अच्छी कोई बात हो सकती है माँ कि आर्यपुत्र उस विशाल हाथी पर अपनी राजधानी में प्रवेश कर रहे हैं और सारी राजधानी उनके स्वागत को उमड़ रही है। आर्यपुत्र के मुखमंडल से एक विचित्र आभा प्रस्फुटित होकर एक विशाल वृत्त बना रही थी माँ, जिस वृत्त में मालूम होता था, सारा भूगोल, खगोल तुच्छ कणिकाओं की तरह चक्कर काट रहे हों ! माताजी, माताजी, क्या कहूँ, आपने यह दृश्य नहीं देखा ! मैं आपको किस तरह समझाऊँ····

प्रजावती : बेटी, फिर कहती हूँ, हाथी का सपना न सुनाना ! यह हमारे लिए अच्छा नहीं होता। इसी हाथी के सपने ने हमसे सिद्धार्थ छीना, अब राहुल पर ही हमारी सारी आशा केंद्रित है बेटी !

[राहुल का प्रवेश ।]

राहुल : माँ, माँ !

यशोधरा : बेटे, बेटे, मैं समझ गई बेटा, तू क्या पूछ रहा है? जब कभी अपने दोनों हाथ उठाकर मुझसे लिपटते हुए निरीह आँखों से तू मेरी ओर देखता है, मैं समझ जाती हूँ, तू मुझसे क्या पूछेगा ? 'पिताजी कब आएँगे, पिताजी कब आएँगे'—अब यह रट तुम्हें नहीं लगाना होगा बेटा ! अब तेरे पिताजी आ रहे हैं ।

राहुल : **(आनंद से)** माँ-माँ !

यशोधरा : कैसी आँखें चमक गईं तेरी? कैसा चेहरा खिल उठा तेरा? तेरे पिताजी आ रहे हैं, मेरे आर्यपुत्र आ रहे हैं। माताजी का प्यारा····**(प्रजावती से)** माताजी, आप क्यों न आनंदित हो रही हैं माताजी ? ओहो हो—आपकी आँखों में यह आँसू····

प्रजावती : राहुल, बेटे राहुल ! आ बेटा, तुझे गोद लूँ, तेरी बलैया लूँ। मेरा जो बेटा गया, वह लौट नहीं सकता। तेरे रूप में जो नया बेटा मुझे मिला है, हे भगवान ! यशोधरे, बेटी, तुमने यह बुरा सपना देखा !

यशोधरा : माताजी, इससे बढ़कर अच्छा कोई दूसरा सपना हो नहीं सकता। वह आ रहे हैं, आर्यपुत्र आ रहे हैं ! आठ दाँतवाले मद्धिम मस्तानी चाल से चलनेवाले श्वेत गजराज पर आ रहे हैं ! उनके मुखमंडल से आभा फूट रही है ! उस आभा से वृत्त बन रहा है, जिसमें सारा भूगोल, खगोल तुच्छ कणिकाओं की तरह बहते-तैरते-से दीख पड़ते हैं ! माताजी, इससे बढ़कर सुंदर कोई सपना हो नहीं सकता है !

राहुल : **(उदासी के स्वर में)** माँ-माँ !

यशोधरा : उदास मत हो बेटा ! दादी की बातों में न आ, प्रसन्न हो; उछलो, कूदो, सारे राजमहल के कोने-कोने को, सारी राजधानी की गली-गली में अपने कलरव से गुँजा दो कि तुम्हारे पिताजी आ रहे हैं। आठ दाँतवाले मद्धिम मस्तानी-चाल से चलनेवाले गजराज पर तुम्हारे पिताजी····हाँ-हाँ, जाओ—उछलो, कूदो, प्रसन्न हो !

बहुजन हिताय बहुजन सुखाय

1

[पंचवर्गीय भिक्षु : ऋषिपत्तन-मृगदाव]

बुद्ध : मैं देख रहा था भद्रजित, ज्यों-ज्यों मैं तुम लोगों के निकट पहुँच रहा था, त्यों-त्यों तुम्हारी आँखों में आशंका, उपेक्षा, घृणा सघन होती जा रही थी ।

भद्रजित : हमें लज्जित न कीजिए, भंते !

बुद्ध : मुझे वह दिन भूला नहीं था, जब मैं उग्र तपस्या को त्यागकर खाने-पीने लगा तो तुम लोगों ने कटु वचन कहे, गालियाँ दीं और अभिशाप देकर चलते बने । तुम लोगों ने मुझे छोड़ दिया, किंतु मैंने ज्ञान के अनुसंधान को न छोड़ा और अंततः सम्यक् संबोधि प्राप्त करके ही रहा । किंतु तुम तो समझते थे, सिद्धार्थ पतित····

भद्रजित : हाँ भंते ! यह लज्जा की बात है, किंतु सत्य है । आपको देखकर आज भी हमारी पुरानी घृणा सौगुनी वेग से जाग उठी थी और हमने यह तय कर लिया था कि आपके निकट आ जाने पर भी हम न उठेंगे, न अभिवादन करेंगे, यहाँ तक कि आसन तक नहीं देंगे । किंतु ज्यों-ज्यों आप नजदीक आते गए····

बुद्ध : हाँ, आदमी ज्यों-ज्यों सत्य के नजदीक आता है, त्यों-त्यों अविद्या हटती जाती है, अंधकार दूर होता जाता है । मेरे साथ भी ऐसा ही हुआ था, भद्रजित ! प्रकाश के पहले अंधकार भीषणतम हो उठता है । बोधि-प्राप्ति के पहले मार के क्या-क्या न प्रहार सहने पड़े मुझे । किंतु उस प्रहार के बाद तथागत····

भद्रजित : तथागत !

बुद्ध : हाँ भद्रजित, तथागत ! यह तो जो तुम्हारे सामने खड़ा है, वह शाक्यकुल का सिद्धार्थ गौतम नहीं है । वह जो टलहा था, मार की भट्ठी में जलकर भस्म हो गया । यह जो तुम्हारे सामने खड़ा है—यह तथागत है, यथार्थ सत्य है, खरा सोना है । संसार में जिसे अब तक किसी ने न प्राप्त किया था, मैंने उस सत्य को प्राप्त कर लिया है भद्रजित !

भद्रजित : भंते ! आपसे बिछड़कर हम लोगों ने कौन-कौन-सी तपस्याएँ न कीं; किंतु हमें हमेशा ऐसा बोध होता रहा कि हम जहाँ से चले थे, घूम-फिरकर वहीं पहुँच गए हैं । कभी-कभी प्रकाश की जो किरणें दिखीं, वे तुरत सिद्ध हुईं जुगनू की भुकभुक । सत्य का सूर्य, आह ! न जाने हमसे कहाँ छिपा हुआ····

बुद्ध : दो अंतों से बचकर ही सत्य को प्राप्त किया जा सकता है, कौडिन्य ! शरीर को सुख से लपेटे रहना और शरीर को दुख में तपाना, दोनों ही अनार्य हैं, वर्ज्य हैं । विषयों की आसक्ति ज्ञान को जिस तरह ढँक लेती है, तप की दुर्बलता और शक्तिहीनता उसे अधिक ढँक लेती है । सत्य का रास्ता इन दोनों के बीच में है । मध्यम प्रतिपद—मझिझम निकाय—मध्य का मार्ग ही सत्य का मार्ग है । यही आर्य-मार्ग है । यही बुद्धत्व का मार्ग है । यही मार्ग आँख देनेवाला, ज्ञान देनेवाला, शांति देनेवाला, संबोधि देनेवाला, निर्वाण देनेवाला है ।

भद्रजित : मध्यम प्रतिपद ! मझिझम निकाय ! मध्य का मार्ग ! **(साश्चर्य)** यही सत्य का मार्ग है, बुद्धत्व का मार्ग है····

बुद्ध : हाँ-हाँ, भद्रजित ! मध्य का मार्ग ही सत्य का मार्ग है। यही आर्य-मार्ग है, यही आर्य आष्टांगिक मार्ग है। आष्टांगिक मार्ग अर्थात् अपनी दृष्टि ठीक रखो, अपने संकल्प ठीक रखो; मुँह से ठीक-ठीक बोली गई वाणी निकले, कर्म भी ठीक ही ठीक हों; आजीविका ठीक रहे—ठीक तरह से प्रयत्न होते चलें। फिर सतत जागरूकता आएगी और अंततः सम्यक् समाधि प्राप्त होकर रहेगी। ज्यों ही सम्यक् समाधि प्राप्त हुई, बीमारी, बुढ़ापे और मृत्यु से छुटकारा मिला। जन्म दुख है, बुढ़ापा दुख है; बीमारी दुख है, मृत्यु दुख है। अप्रियों का संयोग दुख है; प्रियों का वियोग दुख है। इच्छित वस्तु का न प्राप्त होना दुख है और उनका खोना भी दुख है। दुख आर्य सत्य है और आर्य सत्य है इन दुखों का कारण। दुखों का कारण क्या है ? तृष्णा ! कामतृष्णा, भवतृष्णा, विभवतृष्णा। और, जिस तरह ये सत्य हैं, उसी तरह उनका निरोध भी सत्य है। सभी प्रकार की तृष्णाओं से विराग, सभी प्रकार की उत्तेजनाओं पर विजय, यह भी आर्य सत्य है, साध्य है। इस साध्य तक पहुँचने के लिए आष्टांगिक मार्ग है। इस मार्ग को न पहले किसी ने देखा था, न किसी ने सुना था। तथागत ने इसे प्राप्त किया है और तथागत का आदेश है—इस पर बढ़ो, चलो····

भद्रजित : जो आज्ञा शास्ता !

बुद्ध : तो तुम्हीं पाँचों इस धर्म के अग्रदूत हुए—पंचवर्गीय भिक्षु के नाम से संसार तुम्हें अवगत करेगा।····और, वहाँ, देखो तो, वह कौन आ रहा है ?

भद्रजित : ओहो, वह कौन आ रहा है ? रत्नों से जड़ा सुनहला परिधान, सिर पर रत्नों की झालरवाली पगड़ी, पैर में सोने की पादुकाएँ ! वाराणसी का कोई श्रेष्ठि तो नहीं ?

[श्रेष्ठिपुत्र यश का आगमन]

यश : मैं श्रेष्ठि-पुत्र यश हूँ, महात्मन् ! आपकी सेवा में आया हूँ। कुछ ऐसी घटनाएँ हुई हैं कि चित्त कुछ उद्विग्न····

भद्रजित : उद्विग्न चित्तों को शांति देने के लिए ही तथागत का आगमन हुआ है, श्रेष्ठिपुत्र ! तथागत की कृपा से हमारी आँखें आज खुली हैं, अब संसार की आँखें भी खुलें।

यश : अब तक इन आँखों के धोखे में ही रहा हूँ, महात्मन् ! बहुत देखे, बहुत सुने, बहुत भोगे। तीन ऋतुओं के लिए तीन कोठियाँ बनवाईं। ग्रीष्मावास, वर्षावास, हेमंतावास ! भोग के सभी सामान इकट्ठे किए। किंतु जितना पीते गए, प्यास बढ़ती गई। अब आपकी शरण में आया हूँ, महात्मन् ! संकोच हो रहा था····

बुद्ध : तुम्हें संकोच हो रहा था कि इस देश में ऋषिपत्तन में प्रवेश उचित है या नहीं ? किंतु भिक्षुवेश धर्म का कारण नहीं है, यश ! जो सब जीवों को समान भाव से देखता है और जिसने शम एवं विनय द्वारा अपनी इंद्रियों को वश में कर लिया है, वह आभूषण पहनकर भी धर्म में विचरण करता है, श्रेष्ठिपुत्र !

यश : साधु, महात्मन्, साधु !

बुद्ध : साधु नहीं, सत्य कहो। जो शरीर से घर को छोड़ता है, चित्त से नहीं और जो काम के अधीन है, वह वन में रहने पर भी गृहस्थ है, गृहस्थों से भी हीन है। किंतु जिसका शरीर भले ही कामकाज में लगा हो, किंतु जिसका चित्त ज्ञान की ओर प्रवृत्त है, वह घर में रहकर भी बनवासी है, संन्यासी है, पूज्य है, वंद्य है। श्रेष्ठिपुत्र, जिसने सिद्धि पाई वह मुक्त—चाहे वह घर में रहे, चाहे वन में।

यश : आपकी शरण में हूँ देव ! कोई शुभ तिथि बताइए, जब आपसे प्रव्रज्या ग्रहण करूँ।

बुद्ध : निर्वाण-पथ के लिए कोई समय निश्चित नहीं है और न कोई तिथि शुभ या अशुभ है।

यहाँ आओ और अभी सौभाग्य प्राप्त करो !

भद्रजित : कहो, सब कहो—बुद्धं शरणं गच्छामि; संघम शरणं गच्छामि; धर्मं शरणं गच्छामि !

2

[*धर्मचक्र-प्रवर्त्तन : भिक्षुकों के समक्ष भगवान बुद्ध*]

बुद्ध : चर हे भिक्खव, बहुजन-हिताय, बहुजन-सुखाय ! भिक्षुओ ! विचरण करो, भ्रमण करो—बहुतों के सुख के लिए, बहुतों के हित के लिए। लोक पर दया करने के लिए, देवताओं और मनुष्यों के प्रयोजन के लिए, विचरण करो, भ्रमण करो !

भिक्षुओ, जो आदि में कल्याणकारक है, मध्य में कल्याणकारक है, अंत में कल्याणकारक है—इस धर्म का उपदेश करो। अर्थ सहित, व्यंजन सहित, अमिश्र, परिपूर्ण, परिशुद्ध, ब्रह्मचर्य का प्रकाश करो। बहुतों के सुख के लिए, बहुतों के हित के लिए विचरण करो, भ्रमण करो, भिक्षुओ।

संसार में ऐसे प्राणी भी हैं, जो अदोष हैं, अल्पदोष हैं। जो भटक गए हैं या भटक रहे हैं तो सिर्फ इसलिए कि धर्म का, सत्य का, ज्ञान का संदेश उनके निकट तक नहीं पहुँच सका। भिक्षुओ, धर्म के न श्रवण करने से उनकी हानि हो रही है। जाओ, उन्हें धर्म का संदेश सुनाओ। धर्म का संदेश सुनकर वे धर्मपथ पर आचरण करें, ज्ञान के मध्यम मार्ग पर विचरण करें—इसके लिए प्रयत्न करो, आगे बढ़ो, बढ़े चलो, भ्रमण करो, विचरण करो !

कभी दो भिक्षु, एक साथ न जाना। कभी दो भिक्षु एक पथ से न जाना। कभी एक घर का भोजन न करना। कहीं एक रात से अधिक न बिताना। बहुतों के सुख के लिए, बहुतों के हित के लिए, लोक पर दया करने के लिए, देवताओं और मनुष्यों के प्रयोजन के लिए, हित के लिए, सुख के लिए, भिक्षुओ, भ्रमण करो, विचरण करो, बढ़ते चलो।

मैं ही प्रव्रज्या दूँगा, इसकी प्रतीक्षा मत करो। जहाँ भी योग्य सदाचारी व्यक्ति मिले, उसे तुम प्रव्रजित करो !

इस ऋषिपत्तन मृगदाव में, जहाँ निरीह हिरनें विचर रही हैं, जहाँ सुंदर पक्षी किलोल कर रहे हैं, जहाँ से गंगा का कलरव सुनाई पड़ता है, जहाँ से वाराणसी के सुनहले गुंबद दिखाई पड़ते हैं, ऐसे पवित्र स्थान में हमने जिस धर्मचक्र का प्रवर्तन किया है, वह सदा घूमता रहे, चलता रहे, उसे कोई उलट न सके, इसलिए हे भिक्षुओ ! भ्रमण करो, विचरण करो—बहुजन-हिताय, बहुजन-सुखाय !

तथागत का यह धर्मचक्र ! शील इसके आरे हैं, शम और विनय इसकी पुट्ठियाँ हैं, इसमें बुद्धि की विशालता है, स्मृति और मति की स्थिरता है, लज्जा ही इसकी नाभि है। गंभीरता के कारण यह धर्मचक्र उलटाया नहीं जा सकता। इसलिए हे भिक्षुओ, इस धर्मचक्र की क्षिप्र गति के अनुसार ही भ्रमण करो, विचरण करो, बढ़ते चलो !

चर हे भिक्खव, बहुजन-हिताय, बहुजन-सुखाय ! बहुतों के सुख के लिए, बहुतों के हित के लिए, लोक पर दया करने के लिए, देवताओं और मनुष्यों के प्रयोजन के लिए, भिक्षुओ, विचरण करो, भ्रमण करो, आगे बढ़ो, बढ़ते चलो !

3

[सब जीवों पर दया : राजगृह का यज्ञस्थल]

पुरोहित : चांडाल, तुमने देर कहाँ लगा दी ! कहाँ रहे अब तक ! क्यों देर कर दी इतनी ?

गड़रिया : मैं दोषी नहीं हूँ पुरोहित महाराज, मैं दोषी नहीं हूँ ! मैं तो हुक्म पाते ही ढोरों को लेकर चला····

पुरोहित : तो क्यों देर हुई ? कहाँ देर हुई ? चांडाल, तुमने यज्ञ में देर कर दी ?

गड़रिया : देर करूँ और मैं ? यह ढिठाई मुझसे नहीं हो सकती पुरोहितजी ! नहीं ! मैं तो एक पागल के पाले पड़ गया था ! हाँ-हाँ, वह पागल था !

पुरोहित : पागल ?

गड़रिया : जरूर ही वह पागल था पुरोहितजी ! पूछने लगा—'कहाँ जा रहे हो ? क्यों इतनी तेजी से इन ढोरों को हँका रहे हो ? रह-रहकर इन्हें पीट देते हो ? इन निरीह जानवरों को क्यों पीट रहे हो ? आह, आह !' हाँ, हाँ, उसने तो आह-ऊह का तूमार खड़ा कर दिया था। कभी इस भेड़ की पीठ सहलाता, कभी उस बकरे की टाँग छूता। और, हद हो गई महाराज तब, जब एक लँगड़े बकरे को उठाकर उसने कंधे पर रख लिया।

पुरोहित : तब तो सचमुच पागल था वह !

गड़रिया : वह आपको भी अंटसंट सुनाता था पुरोहितजी ! कहता था, कैसा है वह ब्राह्मण, जो पशुओं पर यह क्रूरता करवाता है।

पुरोहित : मेरे सामने आता तो बता देता कि मैं कैसा ब्राह्मण हूँ ! दुष्ट ने देर करा दी····

गड़रिया : तो क्या वह आ नहीं रहा होगा ? मेरी लाठी से जिसका सिर फूट गया था, उस बकरे का रक्त धोने के लिए वह झरने के निकट ले गया है और कह गया है—जा, पुरोहित को कह देना, मैं इसे लिए आ रहा हूँ ! अरे, वह देखिए, वह आ ही पहुँचा !

[बुद्ध का प्रवेश। पुरोहित एकटक देखता है। बुद्ध मुस्कुराते हैं]

बुद्ध : निरीह प्राणियों के घावों को धोने के लिए ही तथागत का इस लोक में आगमन हुआ है पुरोहित ! बकरे का घाव दो चुका, अब तुम्हारा घाव····

पुरोहित : पागल; सम्हलकर बोल। मैं कोई गड़रिया नहीं हूँ। इस यज्ञस्थल में····

बुद्ध : पागल सम्हलकर नहीं बोलते पुरोहित ! पागल सम्हलकर बोलें, सम्हलकर चलें, तो फिर संसार को यह दशा क्यों देखनी पड़े ? क्यों यज्ञस्थल को वधस्थल बनाया जाए ? क्यों वधस्थल को यज्ञस्थल कहा जाए ?

पुरोहित : अरे, तू तो ज्ञान का ढोंग भी रच रहा है। वेश भी क्या खूब बना रखा है तूने ? किंतु, देवताओं के लिए किए जानेवाले इस यज्ञ में विघ्न डालने के अपराध में····

बुद्ध : देवता इतना क्रूर नहीं हो सकते पुरोहित, कि वे निरीह प्राणियों के प्राण के गाहक बन जाएँ।

पुरोहित : देवता बलि से संतुष्ट होते हैं।

बुद्ध : निस्संदेह ! निस्संदेह ही देवता बलि से प्रसन्न होते हैं; किंतु बलि निरीह प्राणियों की नहीं, हमारे-तुम्हारे ऐसे····

पुरोहित : चुप रह पागल, चुप रह ! अभी बलि का खाँड़ा नहीं देखा है ! देख तो यह **(खाँड़ा दिखाता है)** ····

बुद्ध : यह ! यही ? पुरोहित, पुरोहित ? यह तो बच्चों का खिलौना है। तथागत ने मार के ऐसे

अस्त्र-शस्त्र देखे हैं···

पुरोहित : **(साश्चर्य)** तथागत ! मार के अस्त्र-शस्त्र ! यह तू क्या बोल रहा है, पगले !

बुद्ध : तुम्हारे सामने तथागत खड़े हैं और तुम पहचान नहीं रहे पुरोहित ! हाँ, तथागत ! जिसने मार पर विजय प्राप्त की, जिसने तृष्णादि पर विजय प्राप्त की, जिसने ज्ञान प्राप्त किया, बुद्धत्व प्राप्त किया ।

पुरोहित : हट, हट, तू अवश्य पागल है । देख, देख, राजा यज्ञ-मंडप में आ ही पहुँचे—हट !

बुद्ध : हट ? जिसे मार न हटा सकी, उसे तुम हटाओगे ? राजा को आने दो, मैं उसी से भेंट करने आया···

पुरोहित : राजा की शान के खिलाफ इस तरह का संबोधन मत कर, भिक्षु !

बुद्ध : तथागत के सामने सभी शिशु हैं, अज्ञानी हैं, तथागत उन्हें ज्ञान देंगे ।

[राजा बिम्बसार का प्रवेश ।]

बिम्बसार : तुम ? आप ? मालूम होता है तुमको···आपको ···कहीं ····

बुद्ध : तुम, आप, सब भ्रम है; भ्रम है मगध-सम्राट् !

बिम्बसार : मालूम होता है कहीं आपको देखा है····

बुद्ध : जब तक सम्यक् दृष्टि नहीं प्राप्त होती, आँखें सदा धोखा देती आई हैं सम्राट् ! सम्राटों की आँखें और पुरोहितों की आँखें भी ।

पुरोहित : सम्राट्, बहुत देर से यह बहकी-बहकी बातें कर रहा है । इसने गड़रियों को रोककर ढोर लाने में देर कर दी; ढोरों को हाँकने नहीं देता था, मारने नहीं देता था । एक लँगड़े बकरे को तो कंधे पर उठा लिया था इसने—उसका रक्त तक धोया है !

बुद्ध : संसार में व्यर्थ बहाए जानेवाले रक्त को धोने के लिए ही तथागत का आगमन हुआ करता है, सम्राट् !

बिम्बसार : तथागत का···व्यर्थ बहाए जानेवाले रक्त को धोने के लिए··· । भिक्षु, मालूम होता है, तुम्हारी वाणी मैंने कहीं कभी सुनी है ।

बुद्ध : आँखें धोखा देती हैं; कान धोखा देते हैं, सारी इंद्रियाँ धोखा देती हैं, सम्राट् ! इन इंद्रियों पर विजय प्राप्त करने के लिए ही तो तथागत को इतने अनुसंधान और अनुष्ठान करने पड़े—जपतप में जलना-तपना पड़ा, तब कहीं उसने बोधि प्राप्त की !

बिम्बसार : ओहो, तो आप सिद्धार्थ गौतम हैं ?

बुद्ध : फिर धोखा सम्राट्, फिर धोखा ! सत्य को देखो, यथार्थ को देखो । तुम्हारे सामने सिद्धार्थ नहीं, तथागत खड़े हैं ।

बिम्बसार : तथागत ! तो आपने बुद्धत्व प्राप्त कर लिया !

बुद्ध : हाँ, सम्राट् ! जिस मार्ग का पता आज तक किसी ने नहीं पाया, मैंने वह मार्ग प्राप्त कर लिया—ज्ञान का मार्ग, निर्वाण का मार्ग ।

बिम्बसार : तो तथागत, तथागत ! हमारे राजभवन में पधारिए और मुझे मुक्ति का मंत्र दीजिए ।

बुद्ध : अपनी मुक्ति के पहले इन पशुओं को मुक्त करो सम्राट् ! इन अचेतन निरीह पशुओं को और **(पुरोहित को निर्देश करते हुए)** ऐसे चेतन-नामधारी दो हाथ-पैर के पशुओं को भी, जो यज्ञादि के नाम पर संसार में अनर्थ मचा रहे हैं !

4

[कपिलवस्तु की याद : गृद्धकूट के शिखर पर]

बुद्ध : गिरिवर्य कितना सुंदर लगता है, उदयी। ये मंडलाकार पर्वत; ये सुनहली धनखेतियाँ, यह वेणुवन, यह गृद्धकूट—सबके सब कैसे भव्य-दिव्य लगते हैं।

उदय : गिरिवर्य ने तथागत के धर्ममार्ग को सम्राट् बिम्बसार दिया और फिर उसीने सारिपुत्र, मौद्गल्यायन, महाकास्यप और महाकात्यायन ऐसे चार नर-रत्न दिए! तथागत के प्रभाव और इनके प्रयत्नों से इस धर्म-मार्ग पर अनेकानेक जनपद और जनसमूह आरूढ़ होते चले जा रहे हैं। सुदूर श्रावस्ती से, कौशाम्बी से, वाराणसी से, विदेह से, वैशाली से, अंग से—चारों ओर से जिज्ञासुओं के दल-के-दल गिरिवर्य की ओर सावन के बादल की तरह उमड़े आ रहे हैं!

बुद्ध : और, कपिलवस्तु भी मुझे न भूल सकी! तुम्हारे पहले भी एक सहस्र युवक यहाँ आकर प्रव्रज्या ले चुके हैं, उदयी!

उदय : हाँ, उन्होंने प्रव्रज्या ली; मैंने प्रव्रज्या ली। किंतु हम सब जिस उद्देश्य से आए थे, आह, उसे हम याद रखे होते!

बुद्ध : तुम लोगों के आने का क्या कोई दूसरा उद्देश्य भी था उदयी!

उदय : हाँ शास्ता! हमें महाराज शुद्धोदन ने भेजा था कि आपको····

बुद्ध : क्या? महाराज ने? तो क्या महाराज चाहते हैं कि मैं कपिलवस्तु आऊँ? अरे इसी दिशा में न कपिलवस्तु होगी, उदयी। ओहो, मैं कपिलवस्तु को छोड़ आया; किंतु कपिलवस्तु मुझे न छोड़ सकी।

उदय : यदि आप यह जान पाते कि आपके बाद कपिलवस्तु की क्या दशा हुई, तो ऋषिपत्तन-मृगदाव में धर्मचक्र-प्रवर्त्तन के बाद आप गिरिवर्य न आकर सीधे कपिलवस्तु पहुँचे होते तथागत! आपके वियोग में····

बुद्ध : वियोग दुख का कारण है उदयी?

उदय : हाँ-हाँ, वियोग दुख का कारण है और उस दुख को आधे युग से कपिलवस्तु के नर-नारी भुगत रहे हैं। महाराज या रनिवास की बातें अलग कीजिए, शास्ता; सारे नगर में तब से कोई उत्सव न हुआ, न बाजे बजे, न नृत्य हुआ, न रंगरेलियाँ देखी गईं, न अठखेलियाँ। और महाराज शुद्धोदन! महाराज अगर जीवित हैं, तो सिर्फ राहुलकुमार के लिए तथागत!

बुद्ध : राहुल? राहुल तो अब दौड़ता-चलता होगा, उदयी?

उदय : जब से राहुलकुमार के पैरों में गति और मुँह में वाणी आई है, तब से रनिवास का शोक और बढ़ गया है। वह हमेशा पूछा करते हैं—पिताजी कब आएँगे? और, बार-बार रनिवास से दौड़कर घुड़सार में जाते और छंदक के कंधे पर चढ़कर कहते हैं—मुझे पिताजी के निकट पहुँचा दो, छंदक!

बुद्ध : ओहो! बड़ा नटखट हो चला है! उसकी ये हरकतें यशोधरा को····

उदय : देवी यशोधरा? उनकी हालत क्या है, यह मत पूछिए तथागत। जिस दिन आप घर से निकले, सब लोग रोए-धोए, किंतु वह न रोईं, न आँसू बहाए। किसी से पूछा—तपस्वी लोग क्या पहनते होंगे, क्या खाते होंगे, कैसे सोते होंगे! और उसी दिन से उन्होंने काषाय वस्त्र धारण कर लिया····

बुद्ध : काषाय वस्त्र?

उदय : हाँ-हाँ, तथागत ! उस दिन से देवी यशोधरा काषाय वस्त्र ही पहनती हैं; फल-फूल ही खाती हैं और वह भी दिन में एक ही बार और पृथ्वी पर कुश की साथरी बिछाकर उसी पर सोती हैं ।

बुद्ध : घर में रहकर भी ऐसी साधना !

उदय : देवी यशोधरा को देखकर और उनकी साधना की कथा सुनकर किसके मुँह से आह नहीं निकलती है, तथागत ! उस रात जिस शय्या पर आप सोए थे, उस शय्या को उसी रूप में सजाकर रखे हुए हैं । प्रतिदिन प्रातः उसे धूप-आरती दिखाती हैं और प्रतिदिन संध्या को अनेक दीप-मलिकाओं से उसे जगमग कर देती हैं ! इस विषाद में भी उनका मुखमंडल सदा उद्दीप्त रहता है और शोकसंतप्त रानी प्रजावती से वह कहा करती हैं—माताजी, वह अवश्य आएँगे, आकर ही रहेंगे ।

बुद्ध : हाँ, हाँ; छंदक के द्वारा मैंने संवाद भेजा था कि मैं अवश्य लौटूँगा ।

उदय : और एक उपहार भी तो छंदक द्वारा भेजा था ! आपके उन अनमोल लटों को एक रत्न-खचित मंजूषा में रखकर आपकी शय्या पर उन्होंने धर दिया है । प्रतिदिन प्रातःसंध्या उन लटों को निकालती हैं, आँखों से लगाती हैं, चूमती हैं, फिर अश्रु-सिक्त नयनों से बार-बार देखती हुई उसे मंजूषा में बंद कर देती हैं । एक दिन तो भावावेश में वह उस मंजूषा को लिए हुए रानी प्रजावती तक दौड़ गईं और बोलीं—माँ माँ, देखिए, ये बाल बढ़ रहे हैं ! माँ, आर्यपुत्र लौटेंगे, अवश्य लौटेंगे ।

बुद्ध : यशोधरा को मैं जानता हूँ, उदयी ! अब उसकी व्यथा-कथा मत बताओ । मौसी प्रजावती का क्या हाल है ?

उदय : संयोग ही कहिए कि उन्हें राहुल का आसरा मिल गया; नहीं तो वह कब न स्वर्ग में अपनी बहन से जा मिली होतीं । दिन-भर राहुल को गोद में लिए फिरती हैं और रात में उस भवन के द्वार पर सोती हैं, जिसमें राहुलकुमार सुलाए जाते हैं । वह कहती हैं—'बेटी यशोधरे, तुम्हारी नींद अच्छी नहीं है, बेटी ! तू सोती रही और मेरा बेटा चल दिया ! अब राहुल पर मैं स्वयं पहरा दूँगी । मेरी तकदीर बुरी है, बहुत बुरी ! न जाने राहुल भी कहीं भाग जाए !' और, यथार्थ बात यह है शास्ता, कि वह रात-भर सोती ही कहाँ हैं ? और, जरा-सा भी खटका हुआ कि बोल उठती हैं—'राहुल ! यशोधरे, जगी तो हो बेटी ?'

बुद्ध : रहने दो, रहने दो उदयी । कपिलवस्तु के दुख···· ।

उदय : यदि दुख-निरोध-गामिनी प्रतिपदा के, धर्म के मध्यम मार्ग के उपदेश की कहीं आवश्यकता है, तो कपिलवस्तु में ही तथागत ? बुढ़ापा, बीमारी और मृत्यु पर विजय प्राप्त करनेवाले जिस आष्टांगिक मार्ग का आपने पता लगाया है, उसके सबसे उपयुक्त पात्र कपिलवस्तु के नर-नारी हैं, सारा शाक्यकुल है । अपने होने के अपराध में उन लोगों को अधिक दिनों तक अपनी ज्ञान धारा से वंचित न रखिए, तथागत !

बुद्ध : मैं कुछ दिनों से सोच रहा था उदयी, कि मुझे कपिलवस्तु जाना चाहिए । बार-बार मैं कानों में एक पुकार सुनता रहा, हृदय में एक आकर्षण अनुभव करता रहा; किंतु····

उदय : किंतु अब अधिक विलंब नहीं तथागत ! देखिए, वसंत का यह कैसा सुहावना समय है ! खेतों में तरह-तरह के दलहन और तेलहन फूल रहे हैं; बगीचे में बौरों और भौंरों की भरमार है; पथ में धूल नहीं, धूप नहीं; नदियाँ सिमटकर यात्रियों को अनायास रास्ता दे देती हैं । चला जाए, तथागत, देखिए, वह उत्तर दिशा देखिए ! और सुनिए—कपिलवस्तु अपने सिद्धार्थ कुमार को, संसार के तथागत को किस आर्तवाणी में पुकार रही है ।

बुद्ध : तथास्तु ! उदयी, भिक्षुओं से कहो, वे कपिलवस्तु चलने की तैयारी करें ।

5

[प्रत्यावर्तन : कपिलवस्तु में यशोधरा का कक्ष]

यशोधरा : तब क्या हुआ परिचारिके ?

परिचारिका : ज्यों ही कपिलवस्तु के लोगों को मालूम हुआ कि कुमार आ रहे हैं; सारी नगरी उमड़ पड़ी । आगे-आगे बच्चे थे, उनके पीछे युवक-युवतियाँ, सबके पीछे वृद्धों की मंडली । सब-के-सब पैदल थे । सबके हाथों में स्वागतार्थ पुष्प-माला या रोली-आरती । सबके मुँह से स्वागत का जयनाद निकल रहा था कि लोगों ने देखा, बीस सहस्र भिक्षुओं के साथ कुमार आ रहे हैं ।

यशोधरा : बीस सहस्र भिक्षुओं के साथ !

परिचारिका : हाँ, छोटी रानीजी, बीस सहस्र भिक्षुओं के साथ ! उन बीस सहस्र भिक्षुओं के आगे कुमार थे । वे ऐसे दिप रहे थे, जैसे तारों के बीच चंद्रमा । न वह तेजी से चल रहे थे, न धीमे—मद्धिम गति से उनके पैर उठ रहे थे । उनकी आँखें सिर्फ जूये भर आगे देखती थीं—अगल-बगल भी उनकी दृष्टि नहीं जाती थी । चेहरे पर एक अजीब तेजपुंज—सौम्यता । समूचे शरीर से एक आभा-सी फूट रही थी !

यशोधरा : उन्होंने तपस्या भी तो ऐसी ही की है, परिचारिके ! फिर क्या हुआ ?

परिचारिका : पुरवासियों ने उनका आगत-स्वागत किया, फिर राजधानी की सर्वश्रेष्ठ वाटिका में ले जाकर उन्हें टिकाया । बीस सहस्र भिक्षुओं की मंत्र-ध्वनि से वह वाटिका ध्वनित-प्रतिध्वनित हुई !

[नेपथ्य में मंत्रध्वनि का स्वर सुनाई पड़ रहा है ।]

यशोधरा : अब भी वह मंत्र-ध्वनि सुनाई पड़ रही है, परिचारिके !

परिचारिका : ऐं ! हाँ, यह तो मंत्रध्वनि ही है—इतनी निकट ? तो क्या भिक्षुवृंद नगर में आ रहे हैं ?

यशोधरा : तू देख तो आ कि यह क्या है ?

[परिचारिका जाती है ।]

: हाँ, हाँ, यह मंत्रध्वनि ही तो है ! तो क्या वह नगर में आ रहे हैं ? क्या वह यहाँ भी आवेंगे ? आना ही पड़ेगा उन्हें ! क्यों नहीं आवेंगे वह ? हृदय, हृदय ! तू शंकाशील मत बन ! मस्तिष्क, मस्तिष्क ! तू भूल-भुलैया में मत डाल । वह आवेंगे ! अवश्य आवेंगे ! अरे, मंत्रध्वनि तो अब बिलकुल निकट होती आ रही है ! क्या ! वह आ रहे हैं ! आ रहे हैं !

[दौड़ता हुआ राहुल आ रहा है ।]

राहुल : माँ, माँ, वे लोग आ रहे हैं ! ओह, माँ, कितनी बड़ी भीड़ है; कैसे लग रहे हैं वे ! तू क्यों नहीं देखती माँ ! प्रकोष्ठ पर चल न !

यशोधरा : नहीं, नहीं ! अधीर मत बन बेटा ! तू यहीं रह, यहीं रह ! यहीं आवेंगे, वे यहीं आ रहे हैं !

राहुल : यहीं आवेंगे ? तो दादाजी क्यों उस ओर दौड़े हुए जा रहे थे, माँ ?

यशोधरा : तुम्हारे दादाजी जा रहे थे ?

[परिचारिका का प्रवेश ।]

परिचारिका : हाँ, छोटी रानी ! महाराज भी वहाँ जा पहुँचे हैं ! आह !

यशोधरा : इतनी व्याकुल मत बन परिचारिके ! बता, क्या देख आई ?

परिचारिका : उफ् ! सारे नगर में शोक का समुद्र उमड़ रहा है, छोटी रानी ! कुमार अपनी भिक्षु-मंडली को लेकर नगर में भिक्षाटन के लिए प्रवेश कर रहे हैं ! राजपथ पर अपार भीड़ है। अट्टालिकाओं पर नर-मुंड ही नर-मुंड। झरोखों से कुल-कामिनियाँ झाँक रही हैं। द्वारों पर माताएँ सर्वोत्तम भिक्षा लिए खड़ी हैं। सबकी आँखों में आँसू ! उन आँसुओं के समुद्र में ज्वार तब आया···ओह !

यशोधरा : बोल, परिचारिके, बोल ! हाँ, उन आँसुओं के समुद्र में ज्वार तब आया···

परिचारिका : उन आँसुओं के समुद्र में ज्वार तब आया छोटी रानी, जब लोगों ने देखा, महाराज पाँव-पयादे, धोती का छोर सम्हालते, दौड़ते हुए आ रहे हैं। वह दौड़ते हुए कुमार के सामने जा खड़े हुए और बोले—'बेटा, बेटा, यह क्या कर रहे हो ?' सुनकर कुमार मुस्कुरा पड़े और अपने भिक्षापात्र को आगे बढ़ाते हुए कहा—"अपने कुल का धर्म निबाह रहा हूँ, महाराज !'

यशोधरा : कुल का धर्म ?

परिचारिका : हाँ, कुमार ने यही कहा। सुनकर महाराज बोले—'शाक्यकुल का धर्म भिक्षाटन करना नहीं है।' तुरत कुमार का चेहरा गंभीर हो गया और वह बोले—'महाराज, यह आपके सामने जो खड़ा है, वह शाक्यकुल का सिद्धार्थ नहीं है; यह तो बुद्धकुल का तथागत है !'

यशोधरा : शाक्यकुल का नहीं···बुद्धकुल का तथागत !

परिचारिका : हाँ, कुमार ने यही कहा। सुनते ही महाराज की आँखों में एकबारगी आँसू झरने लगे। महाराज फूट-फूटकर रोने लगे; सारे लोग रोने लगे। द्वारों पर माताएँ रोने लगीं; छज्जों पर गृह-देवियाँ रोने लगीं। किंतु महाराज को जैसे तुरत भान हुआ, यह क्या कर बैठे वह ! वह सम्हलकर बोले—'तो पहली भिक्षा मेरे ही द्वार पर ग्रहण करें तथागत !' और, छोटी रानी, कुमार अपनी मंडली के साथ यहीं आ रहे हैं !

[प्रजावती का प्रवेश।]

प्रजावती : बेटी, बेटी, सिद्धार्थ द्वार पर खड़ा है बेटी और तू यहाँ बैठी है ? चल बेटी, उसकी अगवानी कर। इस भीड़-भाड़ में भी उसकी आँखें जैसे तुम्हें ही खोज रही हैं, बेटी।

यशोधरा : खोज रही हैं, तो खोज ही लेंगी माताजी।

प्रजावती : हाँ, खोज लेंगी; पर अगवानी करना तो तुम्हारा धर्म है, यशोधरे।

यशोधरा : माताजी, क्षमा करें—मैंने उनको नहीं छोड़ा था; उन्होंने मुझे छोड़ा था ! और अब यह उनका धर्म है कि···

प्रजावती : मान मत कर बेटी, मान मत कर। आधे युग के बाद मेरा बेटा लौटा है।

यशोधरा : आप घबराएँ नहीं माताजी, अगर मेरा प्रेम सच्चा है, अगर मेरी साधना सच्ची है, तो उन्हें मेरे पास आना ही पड़ेगा, माताजी। वह सोई को छोड़ सकते थे, जगी उन्हें····

[बुद्ध का प्रवेश।]

बुद्ध : मैं आ गया भद्रे !

यशोधरा : आ गए ! आह ! **(चरणों पर गिर पड़ती है)**

बुद्ध : उठो भद्रे ! **(उठाते है)**

यशोधरा : नाथ !

बुद्ध : कल्याण हो भद्रे ! तुम्हारा हठ रहा न ? अब विदा दो !

यशोधरा : इस बार आप अकेले न जा सकेंगे, नाथ !

बुद्ध : अभी कपिलवस्तु में कुछ दिन रहूँगा, भद्रे ! इस समय तो चला। **(मुड़कर चलते हैं)**

राहुल : माँ, माँ !

यशोधरा : ओह, तू कहाँ था बेटा ? देख, तेरे पिताजी वह आँगन में जा रहे हैं, उनसे अपनी पैतृक संपत्ति माँग !

राहुल : **(बुद्ध के निकट दौड़कर आता है)** भंते, आपकी छाया बड़ी सुखद है !

बुद्ध : क्यों, पैतृक संपत्ति चाहिए तुम्हें ?

राहुल : माँ ने आज्ञा दी है !

बुद्ध : तो सारिपुत्र, राहुल को प्रव्रज्जित करो !

प्रजावती : बेटे, बेटे, यह क्या कर रहे हो बेटे ! राहुल राहुल ! ओ मेरे मुन्ना ! तुम्हारे बिना कैसे जीऊँगी—कैसे जीऊँगी रे ! हाय ! आह ! **(फूटकर रोने लगती है)**

यशोधरा : माताजी, किसी बच्चे को उसकी पैतृक संपत्ति से वंचित करना उचित नहीं । राहुल जा, प्रव्रज्जा ले !

6

[शुद्धोदन का मनस्ताप : कपिलवस्तु का राजप्रासाद]

शुद्धोदन : **(अकेले घूमते और कहते जाते हैं)** सब चले गए, सभी चले गए । जब एक गया, तो दूसरे, तीसरे को देखकर जीता रहा ! अब सब जा रहे हैं ! नंद ! तुम्हें भी यह क्या सूझा बेटे । विलास में जो डूबा था; सुंदरियों से जो चिपका था; बेटा, यह क्या जादू हुआ, कि तुम भिक्षु बन गए । नंद और भिक्षु !

[भीतर से समवेत स्वर—'बहुजन हिताय, बहुजन सुखाय' ।]

: हाँ, बहुतों के हित के लिए, बहुतों के सुख के लिए, नंद भी भिक्षु बन गया । वह भी चला । अच्छा । तुम दोनों भाई गए—सिद्धार्थ गया, नंद गया । किंतु, यह कहाँ का न्याय था बेटे, कि राहुल को भी लेते गए । राहुल ! मेरे जीवन का एकमात्र सहारा । उसके बिना क्या मैं जी सकूँगा ? तुम बहुतों के हित की, बहुतों के सुख की बात कहते हो, तो क्या उन बहुतों में मैं भी एक नहीं हूँ ? फिर मुझे क्यों दुख में रखे जा रहे हो । ओह !

[प्रजावती का प्रवेश ।]

प्रजावती : महाराज, यह विलाप शाक्यकुल के अनुरूप नहीं !

शुद्धोदन : ओह, प्रजावती, प्रजावती; सब चले गए प्रजावती, सभी चले गए ! सिद्धार्थ गया, नंद गया, राहुल गया । उदयी गया, आनंद गया, अनिरुद्ध गया ! शाक्यकुल में एक भी प्रतिभावान नहीं बच रहा, प्रजावती ! सब चले गए, सभी चले गए ! उपाली नाई तक गया । उपाली; उपाली ! तुम्हारा भी एक भाग्य था भाई ! सुना, सबसे पहले तुम्हें ही भिक्षु बनाया गया, जिसमें शाक्यकुल के सभी राजकुमार तुम्हें ही प्रणाम किया करें ! सिद्धार्थ, कैसी समता की धारा बहा दी तुमने ? क्षत्रियकुमार नाई को प्रणाम किया करें । प्रजे, प्रजे ! एक नई धारा बह गई है प्रजे । वह धारा किसी के पैर को स्थिर नहीं रहने देगी, सबको भसा ले जाएगी, बहा ले जाएगी !

प्रजावती : देख रही हूँ महाराज, देख रही हूँ !

[भीतर से फिर समवेत स्वर—'बहुजन हिताय, बहुजन सुखाय']

शुद्धोदन : हाँ, हाँ, बहुजन हिताय ! बहुजन सुखाय ! बहुतों के हित के लिए, बहुतों के सुख के लिए, दो-दो बेटे गए, पोता गया, परिजन गए, पुरजन गए ! सब गए, सभी गए, सारा शाक्यकुल

जा रहा है—जाओ, जाओ !

[यशोधरा का प्रवेश ।]

यशोधरा : पिताजी, आज्ञा····

शुद्धोदन : आज्ञा ! ओहो, तो तुम भी चलीं ! बेटे गए, पोता गया, अब पतोहू भी चली ! बहुतों के सुख के लिए, बहुतों के हित के लिए ! तो प्रजावती, तुम भी क्यों नहीं जातीं ? जाओ भाई, जाओ, तब सब चले जाओ ! जाओ, सारे राज-भवन को सूना कर दो, सारी कपिलवस्तु को सूना कर दो ! सभी जाओ, एक-एक स्त्री-पुरुष जाओ ! बहुतों के सुख के लिए, बहुतों के हित के लिए !

[समवेत स्वर—'बहुजन हिताय, बहुजन सुखाय']

: हाँ, उच्च स्वर से गाओ, ऐसे स्वर से कि संसार में कोई दूसरा स्वर नहीं सुनाई पड़े ! इतने उच्च स्वर से कि संसार का सारा विलाप-प्रलाप इसमें ढँक जाए—सारा हाहाकार और आर्तनाद ढँप जाए ! **(प्रजावती और यशोधरा की ओर ध्यान देकर)** तो तुम दोनों यहाँ खड़ी क्यों हो—जाओ, जाओ ! प्रजावती, तुम भी आज्ञा माँग रही हो, प्रजावती ! तुम्हारा मुँह नहीं खुल रहा; किंतु तुम्हारी आँखें आज्ञा माँग रही हैं प्रजे ! हाँ, हाँ, बाप अपने बेटे को भले ही छोड़ दे, सास अपनी पतोहू को क्यों छोड़े ? जाओ, तुम दोनों भी जाओ—आह ! आज माया न हुई; नहीं तो वह भी जाती····

प्रजावती : महाराज, महाराज, ऐसा अधीर····

शुद्धोदन : अधीर और मैं न होऊँ ? दो-दो बेटे गए, पोता गया, परिजन गए, पुरजन गए, पत्नी चली, पतोहू चली, और मैं अधीर न होऊँ ? ओह ! लेकिन तुम लोग यहाँ क्यों खड़ी हो ? जाओ, जाओ····

[दोनों चरण छूकर जाती हैं]

: चले गए, सब चले गए ! बहुतों के हित के लिए, बहुतों के सुख के लिए ! किंतु शुद्धोदन, तुम यहाँ क्यों हो ? किनके लिए, किसके लिए ! उत्तर क्यों नहीं देते शुद्धोदन, उत्तर क्यों नहीं देते शुद्धोदन ? शुद्धोदन !

[प्रमत्त-सी चेष्टा : यवनिका पतन]

विरोध और विजय

1

[देवदत्त का विरोध : राजगृह का एक अंचल]

आनंद : तुम यहाँ कैसे देवदत्त ! तथागत के धर्ममार्ग ने आखिर तुम्हें भी खींच ही लिया ?

देवदत्त : तथागत ! तथागत ! ये ढोंग की बातें राजगृह के भोलेभाले निवासियों के लिए रहने दो, आनंद ! जिसने अपने कुलधर्म को डुबोया, जिसने कुल को डुबोया, उसका नीच मार्ग तुम ऐसे नीचों को ही खींच सकेगा !

आनंद : देवदत्त, देवदत्त ! इस तरह की बातें जिह्वा पर मत लाओ ! मानता हूँ, तथागत जब सिद्धार्थकुमार थे, तभी से तुम उनसे प्रतिस्पर्द्धा करते रहे, जलते रहे, किंतु ईर्ष्या की भी एक

सीमा होती है देवदत्त ! अब तथागत जहाँ पहुँच गए हैं····

देवदत्त : वहाँ से उसे नीचे ढकेलूँगा, उसे रसातल भेजूँगा । ढोंग, ढोंग ! इस ढोंग ने देश का काफी सर्वनाश किया, अब इसे रोकना ही है आनंद !

आनंद : सर्वनाश किया ! कैसी झूठी बातें कर रहे हो, देवदत्त ! तथागत की इस मध्यम प्रतिपदा ने देश में जीवन की एक नई लहर दौड़ा दी है ! चारों ओर हृदय-मंथन हो रहा है, क्षुद्र कुटीरों से लेकर अट्टालिकाओं तक में जीवन के प्रति लोगों में एक नए प्रकार की धारणा जग रही है । बहुत लोगों के हित के लिए, बहुत लोगों के सुख के लिए, लोक-कल्याण के लिए, देवताओं की प्रसन्नता के लिए, देश के नवयुवक सुख-ऐश्वर्य पर, औज-मौज पर लात मार रहे हैं । ऐसा दृश्य इस आर्यभूमि में कभी देखा गया था देवदत्त ?

देवदत्त : हिस्····क्या बके जा रहे हो ? तुम देखते नहीं; इसने ऐसी सनक देश में चला दी कि सारे देश में कोहराम मच रहा है । माताओं की गोद से यह बच्चों को खींच रहा है, पत्नियों की सुहाग-शय्या से यह पतियों को खींच रहा है—बहनें भाइयों के नाम पर रो रही हैं, बाप बेटे के लिए उसाँसें भर रहे हैं । जहाँ देखो, वहीं माताओं, पत्नियों, बहनों के चीत्कार, हाहाकार ! नहीं नहीं, इस अनर्थ को रोकना होगा, इस सनक को रोकना होगा ! तथागत, तथागत ! दंभ में इस तरह बातें करता है कि जैसे ईश्वर का अवतार ही हो । इस दंभ को धूल में न मिला दूँ, तो मैं शाक्यकुल····

आनंद : शाक्यकुल की शपथ मत खाओ, देवदत्त ! जो करना हो करो । उस कुल का नाम लेकर उसे अपवित्र करने का तुम्हें कोई अधिकार नहीं, जिसने संसार को इतना बड़ा महात्मा दिया ! तुम न होगे, हम न होंगे, किंतु तथागत····

देवदत्त : फिर तथागत ! जाओ आनंद, अपने तथागत से कह दो—देवदत्त राजगृह में आया है, वह सावधान रहे । जिस सम्राट् बिम्बसार के बल पर वह अपनी धौंस संसार पर जमा रहा है, वह बिम्बसार भी अपनी खैर मनावे ! **(गुस्से में)** सिद्धार्थ, सम्हलो; बिम्बसार, सम्हलो !

आनंद : मार भी जिसका कुछ न बिगाड़ सका, उसका तुम क्या कर लोगे देवदत्त ?

देवदत्त : मार न बिगाड़ सका, क्योंकि वह कल्पना का देवता है ! देवदत्त ठोस मानव है । फिर मार ने क्या किया और क्या नहीं, इसका कोई प्रमाण है ? किंतु देवदत्त जो करेगा, उसे संसार देख लेगा, संसार ! जाओ, सिद्धार्थ से कहो—सम्हले ! जाओ, बिम्बसार से कहो, सम्हले ! अब बिम्बसार की जगह अजातशत्रु राज करेगा, और तथागत की जगह देवदत्त····

आनंद : ओहो ! ऐसी महत्त्वाकांक्षा ! जाता हूँ देवदत्त, जाता हूँ ! तुमसे बहस करके कौन समय बर्बाद करे । अर्हत तुम्हें सुबुद्धि दें !

2

[षड्यंत्र : गृद्धकूट का प्रांतर]

[नेपथ्य में चट्टान टूटकर गिरने की आवाज]

उदय : आनंद, आनंद ! यह कैसी ध्वनि है आनंद !

आनंद : अरे, शायद चट्टान टूटकर गिर रही है ! चट्टान ! चट्टान !

[आवाज नजदीक आती है]

उदय : बचो, बचो, आनंद !

आनंद : हटो, हटो, भिक्षुओ !

उदय : आनंद, आनंद, तथागत कहाँ हैं आनंद ?

आनंद : तथागत ! तथागत तो वहाँ एक शिला पर बैठकर ध्यान कर रहे थे ! अहो, यह चट्टान तो उसी तरफ लुढ़कती मालूम पड़ती है !

उदय : **(चिल्लाता है)** तथागत !

आनंद : **(उदय के स्वर में स्वर मिलाकर)** तथागत !

[नेपथ्य से आवाज आती है—'तथागत !' 'तथागत !' फिर जोरों का अट्टहास सुनाई पड़ता है ।]

उदय : ओह ! यह तो देवदत्त का स्वर मालूम होता है !

आनंद : हाँ, हाँ ! यह देवदत्त का स्वर है ! यह उसी का षड्यंत्र मालूम होता है, उदयी ! ओह, तथागत को बचाओ ।

[दोनों नेपथ्य में जाते हैं ! भीतर से जोरों की आवाज, बाहर गर्द-गुबार ! फिर शांति ! उदय और आनंद आते हैं !]

: कैसी विचित्र लीला उदयी ! उफ्, हम देख रहे थे, चट्टान सीधे तथागत के सिर पर लुढ़कती आ रही थी, लुढ़की आ रही थी कि अचानक वह दो टुकड़े होकर दोनों तरफ बिखर गई !

उदय : और, तथागत उसी प्रकार ध्यानस्थ बैठे रहे ! सम्यक् समाधि का कैसा ज्वलंत उदाहरण ! तथागत सचमुच अवतार हैं आनंद ! चट्टान भी उन पर फूल बनकर गिरती है—अहा !

आनंद : एक दिन तो मैंने इससे भी एक आश्चर्यजनक दृश्य देखा था, किंतु किसी से कहा नहीं । क्योंकि कहीं लोग अलौकिकता के पीछे उनके लौकिक संदेश को न भूल जाएँ !

उदय : क्या देखा था आनंद ?

आनंद : मालूम होता है, देवदत्त ने तथागत के विरुद्ध षड्यंत्र का एक जाल-सा बिछा रखा है । और इस षड्यंत्र में राजपुरुष, श्रेष्ठिवर्ग और पुरोहित विशेष रूप से भाग ले रहे हैं । वे तथागत और सम्राट् बिम्बसार के प्राण के पीछे हाथ धोकर पड़े हैं !

उदय : अरे-अरे !

आनंद : उस दिन श्रीगुप्त सेठ की पत्नी आई थी न तथागत को निमंत्रण देने ?

उदय : हाँ-हाँ ! तुम ही तो तथागत के साथ गए थे ।

आनंद : जब श्रीगुप्त को मालूम हुआ कि उनकी धर्मानुगामिनी पत्नी ने तथागत को निमंत्रित किया है, तब वह आगबबूला हो उठा—ओहो, यह बीमारी मेरे घर में भी घुस गई ! अच्छा, तो मैं इस बीमारी के मूल को ही आज समाप्त कर देता हूँ, ऐसा निश्चय कर····

उदय : उसने तथागत की जान लेने की साजिश की ! क्यों ? तो क्या हुआ आनंद ?

आनंद : श्रीगुप्त ने एक गर्हित षड्यंत्र किया था । जिस पथ से तथागत को जाना था, उसके बीच उसने एक खाई खुदवाई थी और उसमें जलते हुए कोयले रखवाकर ऊपर इस तरह राह बनवा दी थी कि नीचे का रहस्य मालूम न हो । मेरे मन में श्रीगुप्त के प्रति कुछ खटका था, मैंने निवेदन किया कि श्रीगुप्त नीचातिनीच कार्य कर सकता है, आप उसके घर न जाएँ । किंतु तथागत ने कहा—भिक्षु निमंत्रण को अस्वीकार नहीं कर सकता !

उदय : आह, कैसी महानता !

आनंद : तो भगवान उस ओर चले । उस खाई पर पहुँचे, निकट जाते ही भाँप गए, मुस्कुरा पड़े और कहा—आनंद, तुम यहीं ठहर जाओ, मुझे कुछ दूर निकल जाने दो । मैं खड़ा हो गया । भगवान आगे बढ़े, बढ़ते गए । अब वह खाई के उस पार थे और लो, यह क्या ?

जहाँ खाई थी, जिसमें दहकते कोयले थे, वहाँ एक सरोवर हो गया और उसमें कमल के फूल खिल आए, जिन पर भौरें गुंजार करने लगे। भगवान ने हँसकर मुझसे कहा—देखो आनंद, यह 'मंजु-गुंज-भृंग सरोजिनी !'

उदय : तथागत अलौकिक व्यक्ति हैं आनंद ! किंतु, कितना आश्चर्य, ज्यों ही अलौकिकता की चर्चा कीजिए, कह उठते हैं—'आँखें हमें धोखा देती हैं, इंद्रियाँ हमें धोखा देती हैं, फिर जो ये बतावें, वे ही सदा सत्य कैसे होंगे भिक्षुओ !'

आनंद : उनकी अलौकिकता का यह भी एक प्रमाण है, उदयी ! हम धन्य हैं कि उनके साहचर्य का सुअवसर हमें प्राप्त हो सका।

[समय के व्यवधान की सूचना के लिए कुछ देर रंगमंच की रोशनी धीमी पड़ जाती है; फिर नेपथ्य में कोलाहल सुनाई पड़ता है— 'भागो-भागो, मतवाला हाथी आ रहा है, मतवाला हाथी, भागो, भागो'। रह-रहकर हाथी का चिंघाड़ भी सुनाई पड़ता है। फिर रंगमंच पर भगवान बुद्ध और आनंद दिखाई पड़ते हैं।]

: तथागत, तथागत ! मतवाला हाथी !

बुद्ध : (कुछ नहीं बोलते, मंद गति से बढ़ते जा रहे हैं)

आनंद : तथागत, तथागत !

[कोलाहल और निकट—'भागो, भागो', के स्वर के बीच हाथी का चिंघाड़ निकटतर।]

बुद्ध : (फिर भी कुछ नहीं बोलते)

आनंद : (करुण स्वर में बुद्ध के आगे जाकर) तथागत, तथागत ! मतवाला हाथी, तथागत !

बुद्ध : आनंद, मतवाला हाथी देखकर आदमी तो मतवाला न बने ! **(आगे बढ़ते है)**

आनंद : (रोते हुए) ओह, तथागत, तथागत—आह ! आह !

[नेपथ्य के एक कोने से विद्रूप के स्वर में आवाज आती है—'ओह, तथागत, आह ! आह ! आह !' फिर अट्टहास होता है।]

बुद्ध : (बढ़ते ही जाते है)

आनंद : ओहो, षड्यंत्र, षड्यंत्र ! तथागत, षड्यंत्र !

बुद्ध : शांत, आनंद, शांत ! हम अपने पथ को न छोड़ें, तो संसार को भी अपने पथ पर चलने को विवश होना पड़ेगा, आनंद ! और षड्यंत्र ! सत्य के प्रतिकूल कोई षड्यंत्र चल नहीं सकता है !

आनंद : नहीं शास्ता, नहीं। ओह, ओह ! वह निकट आ गया हाथी, वह आ गया; हाथी, हाथी ! **(नेपथ्य से हाथी का चिंघाड़; फिर हाथी की सूँड़ रंगमंच पर दिखाई पड़ती है : लोगों के हाहाकार और चीत्कार के शब्द)**

बुद्ध : गजराज, गजराज ! **(जैसे वह रुक गया हो : सूँड़ पर हाथ फेरते हुए)** ओहो, तुम रुक क्यों गए गजराज ? क्यों रुक गए ? रुक क्यों गए और अब झुक क्यों रहे हो ? तथागत का आसन तुम्हारे कंधे पर नहीं हो सकता गजराज ! उसने तुम्हारी पीठ कब न छोड़ दी ! दुनिया में अशांति इसलिए है गजराज कि कोई किसी के कंधे पर चढ़कर चलना चाहता है। सत्य के पथ पर अपने ही पैरों पर चलना होता है। तुम अपने रास्ते जाओ, तथागत अपने रास्ते ! **(सिर ऊपर करके)** ओहो, तुम्हारी आँखों से आँसू का यह झरना चल रहा है ! आदमी भी अपनी भूलों पर यों ही पश्चात्ताप करता ! जाओ गजराज ! **(सूँड़ अदृश्य हो जाती है)** ।

आनंद : तथागत की जय ! तथागत की जय !

[नेपथ्य से 'तथागत की जय', 'तथागत की जय' की ध्वनि-प्रतिध्वनि ।]

बुद्ध : आनंद, यह मेरा चमत्कार नहीं, सत्य का चमत्कार है—सत्य के मध्यम मार्ग का चमत्कार है ! सत्य की जय कहो, सत्य के मध्यम मार्ग की जय कहो !

3

[मृत्यु पर विजय : राजगृह का एक अंचल]

गौतमी : **(रोती हुई)** हाय, ऋषिवर, ओह, तथागत ! मेरे बच्चे को बचाइए ऋषिवर, मेरे बच्चे को बचाओ तथागत ! हाय, मेरा बच्चा, फूल-सा बच्चा, चाँद-सा बच्चा ! बचाइए ऋषिवर, बचाओ तथागत ! **(पैरों पर गिर पड़ती है)**

बुद्ध : गौतमी, अधीर मत बन गौतमी ! बात क्या है, क्यों तू इस तरह बिलख रही है !

गौतमी : मैं अभागी हूँ, ऋषिवर ! उफ्, कैसी अभागी ! गरीब के घर जन्मी, धनी के घर ब्याही गई । गरीब की बेटी, धनी के घर ! वहाँ मेरा अपमान होता रहा ऋषिवर ! दिन-रात अपमान ! तब यह बच्चा आया; गोद में यह हँसा कि मेरा भाग्य हँसने लगा ! पूर्णचंद्र-सा मेरा बेटा, पूर्णिमा की रात-सी मैं—सौभाग्य की चंद्रिका से ओतप्रोत । किंतु, हाय तथागत ! यह क्या हुआ तथागत ? हाय, हाय !

बुद्ध : क्या हुआ गौतमी ? यह रोना, ऐसा रोना । रोना अनार्य है, गौतमी !

गौतमी : अनार्य ? क्या कहा देव ! रोना अनार्य ? हाय, चाँद-सा बेटा चल बसे और माँ न रोए ! हाँ-हाँ, चाँद-सा हँसता, उजाला फैलाता अभी वह घर से निकला था, यह कहते कि तुम्हारी पूजा के लिए फूल लाने जा रहा हूँ माँ ! मेरा फूल मेरी पूजा के लिए फूल लाने गया और उसे यह क्या हो गया ? 'साँप-साँप !' चिल्लाता हुआ मेरा बेटा आँगन में आ गिरा ! अरे, यह क्या ? उसके मुँह से झाग निकल रहा, उसका शरीर पीला पड़ रहा—फिर नाक से रक्त ! मैं उसे गोद में समेटे थी, कि लोगों ने कहा—गौतमी, तू अभागी है, छोड़ दे इसे, यह चल बसा ! देव, देव, मेरे बच्चे को बचाइए देव, इसे जिलाइए देव ! मैं आपका पैर छोड़ नहीं सकती, आपका पिंड छोड़ नहीं सकती ! मेरा बच्चा, फूल-सा बच्चा !

बुद्ध : ओहो, तो केवल इसी के लिए इतना रुदन ! तुम्हारा बच्चा अभी जी उठेगा गौतमी, अभी !

गौतमी : जी उठेगा ? देव ! देव ! नाथ ! नाथ !

बुद्ध : हाँ-हाँ, अभी जी उठेगा । लेकिन एक काम करना है तुम्हें । तुम जाओ और एक मुट्ठी पीली सरसों उस घर से माँग लाओ, जिस घर में कभी कोई मरा न हो । सरसों आई और छूमंतर हुआ ! हाँ, उस घर से, जिसमें कोई मरा न हो !

गौतमी : जो आज्ञा देव, जो आज्ञा नाथ ! मैं अभी चली, मैं अभी गई ! **(जाती है)**

[रंगमंच की रोशनी थोड़ी देर के लिए मंद पड़ जाती है ।]

बुद्ध : **(रोती आती हुई गौतमी को देखते हुए)** क्यों गौतमी ! क्या बात है ? सरसों मिली न ? लाओ सरसों, अभी तेरा बेटा जी उठता है ! अभी !

गौतमी : **(उसाँसें लेती हुई, हिचकियों में)** न मिली, देव, न मिली ! जिस-जिस घर में गई, सबने अपनी ही बिपता सुनाई—किसी का बेटा मर चुका था, किसी का पति; किसी का भाई, तो किसी का देवर ! किसी के घर आज ही मरा था, किसी के कल; किसी के परसों, किसी के

तरसों ! परसों, तरसों, नरसों—लेकिन एक भी घर नहीं मिला, जहाँ से मुझे सरसों मिल पाती ! हाय, मेरा बच्चा !

बुद्ध : और तू इसके बाद भी रो रही है, गौतमी ! दुनिया में ऐसा कोई नहीं है, जो मर नहीं जाएगा। दुनिया में ऐसा कोई घर नहीं, जिसमें कोई मर न चुका हो। मृत्यु आर्य सत्य है, गौतमी ! सबको मरना है, सबको जाना है। फिर रोना क्यों, धोना क्यों ? कोई आज गया, कोई कल जाएगा ! जाना आवश्यक है—मृत्यु अनिवार्य है ! हाँ, आदमी मृत्यु पर विजय प्राप्त कर सकता है, अमरता प्राप्त कर सकता है। उस अमरता का मार्ग ही सत्य का मार्ग है गौतमी ! रोना-धोना छोड़ो, सत्य का मार्ग ग्रहण करो ! सत्य का मध्यम मार्ग !

गौतमी : धन्य हो तथागत, धन्य ! मृत्यु और अमरता का व्यावहारिक ज्ञान देकर आपने आज मेरी आँखें खोल दीं—संसार की आँखें भी इसी तरह खुलें !

4

[फिर षड्यंत्र : श्रावस्ती का पूर्वाराम]

आनंद : तथागत ने एक बार कहा था—'रमणीयं आनंद राजगृहं; रमणीयं गृद्धकूटो पर्वतो !' वही तथागत श्रावस्ती में इस तरह रम गए हैं कि मालूम होता है, उनका यह स्थायी आवास हो चला है, उदयी !

उदय : ठीक कह रहे हैं आनंद, आप। जहाँ राजगृह में पाँच वर्षावास किया, वहाँ श्रावस्ती में पच्चीस वर्षावास करते हो गए। अनाथ पिंडक धन्य है और धन्य है उसके द्वारा संघ को प्रदत्त जेतवन ! कहा जाता है, इस विहार की भूमि पर सोने की मुद्राएँ बिछाकर अनाथ पिंडक ने राजकुमार जेत से क्रय किया था। उसकी वे स्वर्ण-मुद्राएँ धन्य हुईं !

आनंद : और, जो कसर थी, उसे पूरा कर दिया मृगार-माता विशाखा ने। अपने नौ करोड़ के आभूषणों को बेचकर उसी से उसने यह पूर्वाराम क्या बनाया, तथागत को सदा के लिए भक्ति-सूत्र में बाँध लिया !

उदय : अंग देश की यह कन्या उरुवेला की सुजाता की ही तरह इतिहास में अमरता प्राप्त करेगी, आनंद !

[रुनझुन की ध्वनि ।]

: इस कुबेला में यह कौन नागरिका आ रही है, आनंद !

आनंद : माणविका है, चेंचा माणविका ! यह सदा कुसमय आती है और कुसमय लौटती है ! इसके नित्य नए शृंगार ! यह चकमक, यह रुनझुन ! मुझे इसका चलन अच्छा नहीं दिखाई पड़ता है उदयी !

उदय : तो तथागत से क्यों नहीं कह देते, कि इसे संघ में प्रवेश न करने दें !

आनंद : इतने दिनों तक साथ रहने पर भी तथागत को तुम नहीं समझ सके, उदयी ! लोगों की नजरों में जो जितना अधिक पतित, तथागत का वह उतना ही अधिक प्यारा ! पतितों पर प्रयोग करने में उन्हें वही आनंद आता है जो मणिधर नागों से खिलवाड़ करने में सँपेरे को ! किंतु, सँपेरे को तो कुछ भय भी होता है; पर जिसने मार पर विजय प्राप्त कर ली, उसके लिए भय कहाँ ?

उदय : शायद यहाँ भी देवदत्त की आत्मा काम कर रही हो, इसलिए हमें सचेत रहना चाहिए,

आनंद !

आनंद : शायद की क्या बात है ? काम कर रही है, उदयी ! मैं देख रहा हूँ, कुछ दिनों से अनाथ पिंडक को लेकर, महाराज प्रसेनजित को लेकर और खासकर विशाखा को लेकर तरह-तरह की बातें उड़ाई जा रही हैं ! तरह-तरह के षड्यंत्र की भनक भी लगी है मुझे ! मुझे तो ऐसा लगता है, माणविका भी उसी षड्यंत्र का एक पुर्जा न हो । सुना है, वह कुछ बहकी-बहकी बातें भी किया करती है····

उदय : क्या कहती है ?

आनंद : उसे जिह्वा पर लाना भी पाप होगा उदयी !

उदय : ओह !

5

[सत्य की विजय : पूर्वाराम का सभामंच]

माणविका : **(नेपथ्य के भीतर)** मुझे क्यों रोकते हो; भिक्षु; मुझे जाने दो, जाने दो । मुझे भगवान से निवेदन करना है; मुझे जाने दो । जाने दो ।

बुद्ध : कौन किसको रोक रहा है ? धर्म का द्वार सबके लिए खुला है !

आनंद : शास्ता, वह माणविका मालूम होती है । माणविका के लक्षण अच्छे नहीं हैं । वह अंट-शंट बकती फिरती है । मैंने ही भिक्षुओं को कह दिया था कि भगवान के निकट मत आने दो ।

बुद्ध : नहीं-नहीं, आनंद, यह अनुचित है, यह अनुचित ! जिज्ञासुओं को रोकना ज्ञान-मंदिर का द्वारा बंद कर देना है । यह अपराध है—घोर अपराध ! भिक्षुओ, उसे आने दो ।

[गर्भिणी के रूप में माणविका आती है ।]

माणविका : अभी-अभी आपका उपदेश सुन रही थी, तथागत ! ओह, आपका उपदेश—कितना मधुर, कितना सुंदर, कितना कोमल ! किंतु ! **(अपने फूले हुए पेट की ओर इंगित करती)** कब तक मैं इसे छिपाऊँ, तथागत ? अब तो नवाँ महीना आ गया ! आपने जो आशीर्वाद दिया, वह पूर्णतः प्रतिफलित हो चुका ! मैं इस फल को अब कहाँ रखूँ ? न मुझे प्रसूति-गृह बताते हो, न इसके लिए कोई प्रबंध करते हो ! तुम्हारे उपासकों में कोशलराज हैं, अनाथ पिंडक हैं, महा उपासिका विशाखा हैं । इनमें से किसी को बोल दीजिए न !

[श्रोताओं में हलचल; तरह-तरह की बातें—'महान अनर्थ', 'महान अनर्थ' ! 'तथागत पर अभियोग', 'यह घृणित अभियोग', 'महान अनर्थ', 'महान अनर्थ !']

: हाँ, महान अनर्थ ! तथागत पर अभियोग ? मैं तो इसीलिए भागती रही; किंतु तथागत, आप बोलते क्यों नहीं ? क्यों मुझे कुबेला बुलाते रहे ? क्यों असमय रोकते रहे ! मैं तो इसीलिए भागती रही; लेकिन अब क्या करूँ ? तथागत, तुम्हारा जादू-टोना मुझ पर तो चला; किंतु इस पर **(पेट की ओर इंगित)** कुछ काम न कर सका । अब तो यह बच्चा प्रसूति-गृह माँगता है ! मैं कहाँ जाऊँ ? आह ! मैं कहाँ बैठकर इस अभागे को जन्म दूँ ? ओह, ओह ! **(रुदन)**

[श्रोतामंडली में कोलाहल बढ़ता जाता है—'ओहो, अनर्थ', 'महान अनर्थ !' 'तथागत बोलते क्यों नहीं हैं ?' 'राजा प्रसेनजित का सिर झुका जा रहा है ?' 'अनाथ पिंडक और विशाखा की दशा तो····' 'किंतु तथागत क्यों नहीं बोल रहे हैं ?']

बुद्ध : तथागत बोलेंगे, जिज्ञासुओ, तथागत बोलेंगे ! सत्य को प्रकट होने में समय लगता ही है, जिज्ञासुओ ! **(माणविका से)** क्या है बहन माणविका, क्या बात है ? तू यह क्या बोल रही है ? तेरे कहने की झुठाई-सचाई को या तो तू जानती है, या मैं जानता हूँ; बोल, बात क्या है ?

माणविका : हाँ, महाश्रमण, या तो आप जानते हैं, या मैं जानती हूँ ! चुपचाप किए का फल ऐसा होता ही है । आज आप मुझे बहन कहकर पुकार रहे हैं—आह, अपने प्रेम-संबोधनों को भी भूल गए ! हाय···· ।

बुद्ध : हाय-हाय मत कर माणविके; इधर देख और बोल !

माणविका : ओह, ओह, मैं कहाँ फँस गई—मैं इसे क्या करूँ ! **(पेट पीटने लगती है)**

[इसी समय बिजली कड़क उठती है, सारी सभा स्तब्ध हो जाती है; लोग देखते हैं, पेट पर काठ की जो हंडिका माणविका ने बाँध रखी थी, वह उसके पैरों पर गिर गई है और उसकी उँगलियों को काट डाला है । नागरिक लोग—'यह क्या माणविके !' 'लकड़ी की हाँड़ी बाँधकर तूने गर्भ बनाया था ।' 'धिक्कार है तुझे कलमुँही'—'ओह तू तथागत पर, सम्यक्-संबुद्ध पर दोष लगा रही !' आदि बोलते हैं ।]

बुद्ध : बोल बहिन, बोल ! यह क्या हुआ ? भंडा फूट गया !

माणविका : **(पैरों पर गिरती हुई)** क्षमा करें तथागत, क्षमा करें ! हमें दुष्टों ने बरगला दिया था ! ओह ! मैं दुनिया में कौन-सा मुँह दिखाऊँगी ! पृथ्वी, तू मेरे लिए क्यों नहीं फटती ! क्षमा, प्रभो, क्षमा ! **(पैरों पर गिरती है)**

बुद्ध : तथागत के धर्ममार्ग में ही क्षमा है, माणविके ! नागरिको, असत्य का भंडा यों ही फूटता है ! आप घबराएँ नहीं—सत्य के मार्ग पर यों ही अड़ंगे आते हैं । हम सम्यक् दृष्टि रखें, सम्यक् संकल्प रखें, सम्यक् वचन बोलें, सम्यक् कर्म करें, हमारी जीविका सम्यक् हो, हमारे प्रयत्न सम्यक् हों, फिर सम्यक् स्मृति प्राप्त कर हम सम्यक् समाधि प्राप्त करेंगे ही ! यही धर्म का मार्ग है—सत्य का मध्यम मार्ग है ! सदा सत्य की विजय होती है ।

6

[अजातशत्रु का पश्चात्ताप : राजगृह का राजप्रासाद]

अजातशत्रु : **(घुटने टेकते हुए)** मुझे क्षमा करें तथागत, क्षमा करें । आह, मैं देवदत्त के बहकावे में आ गया था । उफ्, उसने मुझसे कौन-कौन से कुकर्म न करवाए ! वह आप तो डूबा ही····

बुद्ध : डूबा ही····देवदत्त को क्या हुआ सम्राट् ?

अजातशत्रु : वही, जो सत्यपथ के विरोधी का होता है । राजगृह में, श्रावस्ती में, तरह-तरह के षड्यंत्र रचकर भी जब वह सफल नहीं हुआ, तो उसने आत्महत्या कर ली तथागत !

बुद्ध : आत्महत्या कर ली ? देवदत्त ने आत्महत्या कर ली ?

अजातशत्रु : हाँ, हमने देखा, एक दिन एक शिला पर उसकी लाश पड़ी है । उसका सिर फट गया था । बगल में ही दो बड़े-बड़े प्रस्तरखंड थे । मालूम होता था, दोनों हाथों से एकबारगी ही अपने मस्तक पर पत्थर मार लिए थे उसने ! चारों ओर रक्त-रक्त हो गया था । लगता था, थोड़ी देर तक वह खूब तड़पता रहा था—शिला पर उसके घिसटने के चिह्न थे ।

बुद्ध : बहकी हुई आत्मा की यही गत होती है, मगधपति !

अजातशत्रु : आप तो बहका ही, मुझे भी बहका छोड़ा—आह, मैं पितृहंता बना ! मातृहंता बना !

बुद्ध : मगधपति मातृहंता, पितृहंता कहलाएँ, सचमुच यह महान शोक का विषय है। अहा, बिम्बसार ऐसे धर्मप्राण सम्राट् और बंदीगृह में तड़प-तड़पकर प्राण दें !

अजातशत्रु : तथागत, उन दिनों की स्मृतियाँ बिच्छू-सी अंतरतम में डंक मारती रहती हैं ! मेरी पाप-वृत्ति, उनकी धर्म-भक्ति—उफ् ! जब उन्हें कैद में रखा, उन्होंने कहा—'बेटा, ऐसी जगह ही कैद करो, जहाँ से मैं दिन-रात गृद्धकूट देखा करूँ !' आह ! मैंने यह क्या किया ! **(फूटकर रोता है)**

बुद्ध : यों रोना-धोना उचित नहीं है, मगधपति ! पीछे के कर्मों का प्रायश्चित आगे के कर्मों से ही किया जा सकता है ! तुम अब भी ऐसा कर सकते हो कि बिम्बसार द्वारा प्रतिष्ठित धर्म का बिरवा इस राजगृह में सदा के लिए फूलता-फलता रहे !

अजातशत्रु : अब इस राजगृह में मैं नहीं रह सकता भगवान ! यहाँ के कण-कण मुझे काटते रहते हैं। यह राजप्रासाद, इसके कक्ष, इसके प्रकोष्ठ, ये राजपथ, ये अट्टालिकाएँ सब जैसे मेरा विद्रूप करते हैं। मैं सचमुच यहाँ नहीं रह सकता तथागत ! आज्ञा दीजिए कि एक नया राजगृह बसाऊँ और उसी को केंद्र बनाकर तथागत के सत्यमार्ग का संसार में प्रचार कराऊँ।

बुद्ध : नया राजगृह ! अच्छी बात, इस नवीन धर्म के केंद्र रूप एक नवीन नगर ही बसे, मगधपति !

महापरिनिर्वाण

1

[सप्त अपरिहारणीय धर्म : गृद्धकूट का शिखर]

बुद्ध : उत्तर ओर देखो, आनंद ! वर्षा के बाद आकाश इतना स्वच्छ हो गया है कि यहाँ से भी हिमालय की धुँधली छाया दिखाई पड़ती है ! हिमालय की तराई ! हाँ, कैसी स्निग्ध, सुंदर ! जिसकी गोद में वैशाली है, पावापुरी है, लुंबिनी है, कपिलवस्तु है ! चलो न आनंद, फिर एक बार उत्तरापथ की ओर ! आह, वैशाली को देखे तो कितने दिन हो गए !

आनंद : वैशाली से तो आए दिन निमंत्रण आ रहा है तथागत ! और, इस समय आपके उपदेशों की आवश्यकता भी शायद वैशाली को है !

बुद्ध : 'इस समय' से तुम्हारा क्या आशय है आनंद ? क्या वैशाली में कोई विशेष परिस्थिति उत्पन्न हुई है ?

आनंद : हुई नहीं; लेकिन होगी, तथागत !

बुद्ध : तुम्हारा आशय क्या है ?

आनंद : तथागत, वैशाली के सिर पर इस समय बादल मँडरा रहे हैं ! अभी थोड़ी देर हुई, मगधपति के प्रधानमंत्री वस्सकार आए थे, भगवान से यह पूछने कि सम्राट् वैशाली पर चढ़ाई करना चाहते हैं, भगवान की क्या आज्ञा होती है !

बुद्ध : क्या कहा, वैशाली पर चढ़ाई ! अरे, अब भी अजातशत्रु पर मार का प्रभुत्व है आनंद ! वैशाली का सुंदर गणतंत्र, उत्कृष्ट गणतंत्र, गणतंत्रों में सर्वश्रेष्ठ गणतंत्र ! क्या उस पर उसके विष के दाँत गड़े हैं ! **(उत्तेजना में)** आनंद, आनंद !

आनंद : तथागत, क्या आज्ञा है, तथागत ?

बुद्ध : आनंद, अजातशत्रु समझ नहीं रहा है कि वह क्या करने जा रहा है ! वह वैशाली पर चढ़ाई करना चाहता है, उस पर विजय प्राप्त करने का हौसला रखता है ! यह उसकी धृष्टता है, धृष्टता !

आनंद : क्यों; ऐसा क्यों कहते हैं शास्ता !

बुद्ध : क्यों ? क्या तुम भूल गए ? अच्छा तो, बताओ आनंद, तुमने सुना है न कि वैशाली के वज्जि अपनी परिषदों में सारे कामधाम छोड़कर नियत समय पर भरपूर उपस्थित होते हैं !

आनंद : हाँ तथागत, मैंने ऐसा ही सुना है ।

बुद्ध : और क्या आनंद, तुमने सुना है कि वज्जि अपनी सभा में समान आसन पर एकसाथ बैठते, एक मन होकर विचार करते और एक ही निश्चय पर पहुँचकर सब उसे कार्यरूप में परिणत करने को जुट पड़ते हैं ?

आनंद : हाँ, तथागत, मैंने ऐसा सुना है ।

बुद्ध : और, आनंद, क्या तुमने सुना है कि वज्जि कभी अविहित को विहित नहीं करते और विहित का उच्छेद नहीं करते, बल्कि उसे शिरोधार्य कर उसी के अनुसार चलते हैं ।

आनंद : हाँ, तथागत, मैंने सुना है ।

बुद्ध : और आनंद, तुमने सुना है कि वज्जि अपने वृद्धों का आदर-सत्कार करते हैं, उन्हें पूजते हैं, मानते हैं ? यों ही, आनंद, तुमने सुना है न कि वज्जि अपनी कुल-स्त्रियों और कुल-कुमारियों की प्रतिष्ठा करते हैं, उनके साथ अमर्यादा का व्यवहार नहीं करते ?

आनंद : हाँ, तथागत, मैंने ऐसा सुना है ।

बुद्ध : और सुना है आनंद तुमने कि वज्जि अपने धर्मस्थानों, देवस्थानों, सभास्थानों की रक्षा करते, उनके दिए दानों का लोप नहीं करते ? और सुना है न आनंद, वज्जि सभी महात्माओं, जनसेवकों और विद्वानों को आमंत्रित करते और उनका आदर-सत्कार करते हैं ?

आनंद : हाँ, तथागत, मैंने ऐसा भी सुना है !

बुद्ध : तो आनंद, वज्जियों की वृद्धि ही होगी, हानि नहीं । कोई उन्हें जीत नहीं सकता ! कोई हरा नहीं सकता । जब मैं वैशाली के सारंद-चैत्य में था, तो उन्हें राष्ट्रों के पतन से बचानेवाले ये सात नियम—सप्त अपरिहारणीय धर्म—बताए थे आनंद ! इन नियमों पर जब तक वे चलेंगे, तब तक वज्जियों पर संसार की कोई शक्ति विजय नहीं प्राप्त कर सकती ।

आनंद : तथागत, आपने फिर आज इसे दुहराकर आनेवाले राष्ट्रों और राज्यों को भी उन्नति का पथ बता दिया है—अपने शासन के प्रति भक्ति, निर्णयों के प्रति कर्तृत्व, अपने विधान के प्रति आदर, अपने बड़े-बूढ़ों के प्रति सम्मान, अपनी नारी-जाति के प्रति श्रद्धा, अपनी सांस्कृतिक संस्थानों के प्रति रक्षा-भावना एवं देश-विदेश के महात्माओं एवं विद्वानों के प्रति ज्ञान-प्राप्ति की जिज्ञासा, सचमुच ये सात राज्यों और राष्ट्रों के लिए अपरिहारणीय प्रतिपदा—अनिवार्य कर्त्तव्य हैं शास्ता !

बुद्ध : आनंद, तुमने सही ढंग से रखा । तुम वस्सकार से कहला दो कि वह अजातशत्रु को दलदल में नहीं घसीटे ! गंगा के दोनों तटों के सम्मिलन में ही दोनों के कल्याण हैं, आनंद ! विदेह और वज्जियों का, मगध और अंग के लोगों के साथ जितना ही प्रेम बढ़ेगा, उतनी उन्नति दोनों भूभागों की होगी ! मैं देख रहा हूँ, कुछ दिनों में यह होकर रहेगा ! वस्सकार इन दोनों के बीच कलह का बीज न बोए ! नहीं तो दोनों का कल्याण नहीं !

आनंद : आपकी आज्ञा मैं तुरत उसके पास भिजवा देता हूँ। किंतु वह कुछ करने पर तुला-सा मालूम होता है, शास्ता !

बुद्ध : तो दोनों के लिए बुरे दिन आ रहे हैं आनंद !

2

[भविष्यवाणी : अम्बपाली का आम्रवन]

बुद्ध : राजगृह से नालंदा, नालंदा से पाटलिग्राम, फिर यह वैशाली ! चारों एक ही माला के चार मनके-से लगते हैं, आनंद ! उनमें पाटलिग्राम ! उसका भविष्य इन सबमें महान मालूम होता है !

आनंद : शास्ता ने हमें कहा था और उस पर आनेवाली तीन विपत्तियों की भी चर्चा की थी ! इस नगर को सदा आग से, पानी से और आपस की फूट से भय रहेगा। मैंने पाटलिग्राम के निवासियों से इसकी चेतावनी भी दे दी है, तथागत !

बुद्ध : हाँ पाटलिपुत्र को आग, पानी और आपसी फूट से बचना होगा आनंद ! देखो, वह क्या अम्बपाली आ रही है ?

आनंद : हाँ भंते, वही तो हैं !

[अम्बपाली का प्रवेश । बुद्ध के चरणों में सिर झुकाती है ।]

बुद्ध : तो आपने निश्चय कर लिया भद्रे !

अम्बपाली : जिस दिन भगवान ने मेरी आम्रवाटिका में आवास किया और सारी वैशाली के निमंत्रण को अस्वीकार कर प्रथम मेरा भोजन ही ग्रहण किया, मेरे निश्चय का प्रारंभ उसी दिन हो गया था, भगवान ! किंतु यह मेरा मोह था, अहम्मन्यता थी, दुर्भाग्य था कि मैं अब तक कीचड़ में बैठी उसे चंदन समझ रही थी। उफ्, मेरा दुर्भाग्य !

आनंद : दुर्भाग्य ! जिसकी एक भ्रूभंगिमा पर सारी वैशाली हिल्लोलित, तरंगित हो उठती है; उसका दुर्भाग्य !

अम्बपाली : भिक्षुवर ! तपस्वियों को सिर्फ ऊपर नहीं देखना चाहिए ! आह, इस हिल्लोल, इस तरंग के भीतर···· !

[उसाँसें लेती है ।]

बुद्ध : सत्य, राजनर्त्तकी, सत्य ! तपस्वियों को ऊपर ही नहीं देखना है ! और, अब तो आपके भीतर का हाहाकार आपके मुखड़े पर स्पष्ट छाप डाल चुका है ! तो आप प्रव्रज्जा लेना चाहती हैं ?

अम्बपाली : यह मेरा आम्रकानन, यह मेरी सारी संपत्ति भिक्षुसंघ को अर्पित है। अब मेरे लिए संघ के किसी कोने में थोड़ा स्थान दें भगवान ?

बुद्ध : तथास्तु ! जाएँ, आप प्रव्रज्जा की तैयारी करें।

[अम्बपाली जाती है]

आनंद : तथागत ?

बुद्ध : तुम्हारी आपत्ति समझ रहा हूँ, आनंद ! रानी प्रजावती और यशोधरा के संघ-प्रवेश पर मैंने आपत्ति की थी; नारियों के संघ-प्रवेश के संकट से मैं अपरिचित नहीं, किंतु, इस राजनर्तकी को मैं 'ना' नहीं कह सकता था, आनंद। यह विचित्र नारी है और इसके प्रवेश से संघ का कल्याण ही होगा !

आनंद : शास्ता की जो अनुज्ञा ।

बुद्ध : मैं सब कामों में शीघ्रता कर रहा हूँ, इसका एक कारण है आनंद ! और, उसे तुमसे छिपाना क्या है ? अब इस पृथ्वी पर मेरे दिन पूरे हो रहे हैं !

आनंद : यह क्या तथागत ? आप हमें छोड़कर जाने का सोच रहे हैं ?

बुद्ध : हाँ, कल मुझे इसका स्मरण दिलाया गया कि अब मात्र तीन महीने यहाँ रहना है !

आनंद : किसने स्मरण दिलाया, शास्ता ?

बुद्ध : यह सब पूछने की बात नहीं है, आनंद ! तुम देख नहीं रहे हो कि मेरा यह शरीर कितना खिन्न हो रहा है ! बार-बार अस्वस्थ हो जाया करता हूं । जो रथ था, वह भार बन रहा है । भार को कंधे से उतारना ही अच्छा है, आनंद !

आनंद : शास्ता ! **(गला रुँध जाता है)**

बुद्ध : विलाप अनार्य है, शोक अनार्य है ! मृत्यु आर्य सत्य है, सबको मरना है, सबको जाना है । उन्तीस वर्ष की आयु में मुझे बोधि प्राप्त हुई, तब से इक्यावन वर्ष तक मैं लगातार धर्म का संदेश देता रहा ! क्या उससे तृप्ति नहीं हुई ? जहाँ तक इस शरीर से हो सकता था, हो चुका । अब यह बंधन है और बंधन जितना शीघ्र टूटे, उतना ही अच्छा !

आनंद : ओह, कुछ समझ में नहीं आता शास्ता ! आह, आपके बिना यह पृथ्वी कितनी सूनी लगेगी—जिस तरह अचानक सूर्य डूब जाए और सारी पृथ्वी को अंधकार ढँक ले !

बुद्ध : सत्य का सूर्य कभी नहीं डूबता है आनंद ! चिर-नूतन होने के लिए वह कुछ देर के लिए आँखों से ओझल मात्र होता है । देखो, संध्या हुई, भिक्षुओं से कह दो, वे कल प्रातः ही चलने की तैयारी करें । पावापुरी, कुशीनारा, कपिलवस्तु सब मुझे पुकार रहे हैं आनंद ! अब हमें शीघ्रता करनी है !

3

[निर्वाण की ओर : कुशीनारा में हिरण्यवती का तट]

बुद्ध : आनंद, आज बैसाख पूर्णिमा है न ?

आनंद : हाँ, शास्ता । आज बैसाख की पूर्णिमा है ! देखिए न, पूर्ण चंद्र किस तरह पूर्व क्षितिज पर उदय हो रहा है !

बुद्ध : तथागत का आगमन बैसाख पूर्णिमा को हुआ था, महाप्रयाण भी इसी तिथि को होना चाहिए, आनंद !

आनंद : भगवान, यह क्या कह रहे हैं ?

बुद्ध : जो होने जा रहा है, वही कह रहा हूँ आनंद ! मेरा आसन शाल के उन दोनों पेड़ों के बीच लगा दो । सिरहाना उत्तर दिशा की ओर हो ! रात के उत्तर भाग में तथागत का निर्वाण होगा !

आनंद : भगवान, भगवान !

बुद्ध : हाँ, हाँ, तथागत की यह अंतिम शय्या होने जा रही है, आनंद ! अहा ! अस्सी वर्षों का बंधन आप ही जीर्ण-शीर्ण होकर आज टूटने जा रहा है ! **(हिचकियों की आवाज)** आनंद, आनंद ! यह कौन हिचकियाँ लेकर रो रहा है, आनंद !

आनंद : यह चुंद कर्मार है, भगवान !

बुद्ध : समझ गया आनंद ! चुंद सोच रहा है कि मेरा ही भोजन खाकर तथागत बीमार

पड़े—दुनिया मुझे क्या कहेगी ? किंतु, आनंद, चुंद से कह दो, संसार में दो भोजन सदा ही वंदनीय, स्पृहणीय समझे जाएँगे—एक सुजाता की खीर, जिसको खाकर तथागत ने बुद्धत्व प्राप्त किया और दूसरा चुंद की खिचड़ी जिसे खाकर तथागत निर्वाण प्राप्त करने जा रहे हैं !

आनंद : क्या शास्ता सचमुच हमें छोड़ने जा रहे हैं ?

बुद्ध : हाँ, आनंद ! यह पूर्णिमा का चंद्रमा जब तीन-चौथाई रास्ता तय कर लेगा, तथागत का महापरिनिर्वाण होगा ! अहा, इस धवल चंद्रिका की ही तरह निर्वाण का शुभ्र, शीतल, सुंदर पथ यहाँ से ही दिखाई पड़ रहा है आनंद ! आनंद, देखो-देखो, आकाश की ओर देखो !

[बुद्ध बहुत देर तक ध्यानमग्न हो जाते हैं—उनकी टकटकी आकाश की ओर बँधी है; फिर आनंद को पुकारते हैं !]

बुद्ध : आनंद, आनंद !

[आनंद का कोई शब्द नहीं सुनाई पड़ता, रोने की आवाज ।]

एक भिक्षु : आनंद तो विहार में जाकर एक खूँटी पकड़कर बिलख-बिलखकर रो रहा है, शास्ता !

बुद्ध : आनंद को बुलाओ ! कहो, तथागत बुला रहे हैं !

[आनंद आते हैं, बुद्ध के चरणों में लिपट-लिपटकर फूट-फूटकर रोने लगते हैं ।]

: आनंद, आनंद ! ओह, तुम भी रोने लगे ! मैंने पहले ही कहा था, कि सभी प्रियों की जुदाई होती है । जो नाश होनेवाला है, उसे कोई बचा नहीं सकता । फिर क्यों शोक, क्यों विलाप ! आनंद, तुम तो धन्य हो कि तुमने तथागत की सेवा चिरकाल तक मन, वचन और काया से की है । तुम्हें यह सौभाग्य मिला, तुम्हें तो प्रसन्न होना चाहिए आनंद !

आनंद : जो निर्वाण ही प्राप्त करना है, तो भगवान, किसी प्रसिद्ध स्थान में—राजगृह में, वैशाली में, श्रावस्ती, कौशाम्बी में····

बुद्ध : संसार में चार स्थान सदा अति पवित्र माने जाएँगे, आनंद ! एक वह, जहाँ तथागत उत्पन्न हुए; दूसरा वह, जहाँ तथागत ने बोधि प्राप्त की; तीसरा वह, जहाँ तथागत ने धर्मचक्र का प्रवर्त्तन किया और चौथा वह, जहाँ तथागत ने निर्वाण प्राप्त किया । इनसे बढ़कर भी कोई स्थान पवित्र हो सकता है, आनंद ?

आनंद : आप तो जा रहे हैं शास्ता; अब हमारे लिए कौन पथ-प्रदर्शन का काम करेगा····

बुद्ध : यह क्या बोल गए आनंद ! मैं जा रहा हूँ; किंतु सत्य का आष्टांगिक मार्ग अब प्रशस्त हो चुका । जो कुछ मैं कह चुका हूँ, उसे ही अपना आचार्य, अपना प्रदीप, अपना कोश समझना ! अब वही तुम्हारा शास्ता है, उपदेशक है ! उसी की आवृत्ति करना, उसे ही जीवन में उतारना, जैसा कि आज तक करते आए हो····

आनंद : भगवान, क्या चलते समय कुछ उपदेश हमें न देंगे ?

बुद्ध : क्या उपदेशों से तृप्ति नहीं मिली आनंद ! हाँ, ज्ञान की पिपासा सदा बनी रहे, यही अच्छा है । तो आनंद, मेरा आसन शाल के उन दोनों पेड़ों के बीच में, जैसा बता चुका हूँ, लगा दो ! और वहीं भिक्षु-संघ को एकत्र करो ।

4

[अंतिम प्रवचन : दो शालों के बीच का आसन]

बुद्ध : (शोकमग्न भिक्षुओं से) भिक्षुओ, क्या मेरे लिए शोक करना उचित है, जो तुम कर रहे

हो ? जबकि दुखों की यह समष्टि समाप्त हो रही है, जन्म-मरण का भय उन्मूलित हो रहा है, जबकि मैं महादुख से विदा ले रहा हूँ, तब तुम्हें रोना चाहिए ? भिक्षुओ, आनंद मनाओ, आनंद मनाओ ।

अब मैं नहीं रहूँगा, मेरे दर्शन न हो सकेंगे, यह समझकर शोक मत करो भिक्षुओ ! कठोर कर्म-मार्ग के बिना मेरे दर्शन-मात्र से ही निर्वाण नहीं प्राप्त हो सकता । जो सत्य-मार्ग को जानेगा, उस पर चलेगा, वह मेरे दर्शन के बिना भी दुख-जाल से मुक्त होगा !

जो इस धर्म-मार्ग को—सत्य की मध्यम प्रतिपदा को—जानता है, उस पर चलता है, वह मुझसे दूर होकर भी मेरे निकट है और रहेगा; और जो धर्म-विमुख है, श्रेय-विमुख है, वह निकट रहकर भी दूर है और रहेगा !

इसलिए सदा आलस्य-रहित होकर मन को वश में रखो और परिश्रमपूर्वक श्रेय को प्राप्त करो !

संसार में बाघ, साँप, जलती आग या शत्रु से उतना नहीं डरना चाहिए, जितना कि अपने ही चंचल चित्त से, जो मधु को देखता है, किंतु संकट को नहीं । इसलिए चित्त पर अधिकार करो, उसकी चंचलता को रोको ।

औषधि की मात्रा के समान ही भोजन करो; इससे न अनुराग रखो, न इससे घृणा करो । उतना ही खाओ, जितना कि क्षुधा-शांति और शरीर-रक्षा के लिए आवश्यक है ।

जैसे उद्यान में रसपान करते हुए भौंरे फूलों को नष्ट नहीं करते, वैसे ही अन्य मतावलंबियों का विनाश नहीं करते हुए अपने धर्म-पथ पर बढ़े चलो ।

भारी बोझ दोनों के लिए बुरा है; बैल के लिए और आदमी के लिए भी । उतना ही बोझ अपने सिर पर लो, जितने का निर्वाह कर सको ।

शील ही उत्तम वस्त्र है, शील ही आभूषण है, शील ही मार्ग-भ्रष्टों के लिए अंकुश है, इसलिए किसी अवस्था में भी शील को नहीं छोड़ो ।

यदि कोई आदमी तलवार से तुम्हारी भुजाएँ और अंग काट डाले तो भी तुम्हें उसके प्रति पाप-भाव का पोषण नहीं करना चाहिए, न उसे अशांत शब्द ही कहना चाहिए ।

क्षमा के समान कोई तप नहीं; जो क्षमावान है उसे ही शक्ति मिलती है, उसे ही धर्म प्राप्त होता है । जो दूसरों का कठोर व्यवहार नहीं सह सकता, वह न तो धर्म-संस्थापकों के मार्ग पर चलता है और न उसका त्राण ही होता है ।

क्रोध को थोड़ा-सा भी अवकाश न दो । वह धर्म और यश को नष्ट करता है—वह रूप का शत्रु है, लक्ष्य की अग्नि है और गुणों का सर्वनाशक है ।
यदि तुम्हारे हृदय में अभिमान का उदय हो, तो सुंदर बालों से विहीन अपने मस्तक को छूकर, अपने काषाय वस्त्र और भिक्षा-पात्र को देखकर एवं दूसरों के शुभ कर्म और सदाचार का चिंतन कर उसे दूर करना ।

कपट और धर्माचरण—दोनों में कोई मेल नहीं । इसलिए कुटिल उपायों का सहारा न

लो । छल और छद्म ठगने के लिए हैं; किंतु जो धर्म में लगे हुए हैं, उनके लिए ठगना जैसी कोई चीज नहीं ।

बड़ी-बड़ी इच्छाएँ रखनेवालों को जो दुःख होता है, वह अल्प इच्छावाले को नहीं होता । इसलिए अल्पैषणा का अभ्यास करना चाहिए; विशेषतः उन्हें, जो गुणों की परिपूर्णता चाहते हैं ।

यदि निर्वाण चाहते हो, तो संतोष का अभ्यास करो । संतोष होने पर सुख मिलता है और संतोष ही धर्म है । संतुष्ट मनुष्य भूमि पर भी शांतिपूर्वक सोते हैं और असंतुष्ट मनुष्य स्वर्ग में भी जलते रहते हैं ।

आसक्ति दुःख का निवास-वृक्ष है; इसलिए अपने और पराए दोनों से आसक्ति छोड़ो । आसक्ति में पड़कर मनुष्य दुःख में वैसे ही फँसता है, जिस तरह बूढ़ा हाथी कीचड़ में ।

धीरे-धीरे किंतु निरंतर बहनेवाली नदी की धारा से चट्टान की सतह भी घिस जाती है । उद्योग के लिए कुछ भी दुर्लभ नहीं है इसलिए सतत उद्योगी बनो ।

जहाँ परिश्रम है, वहाँ सिद्धि है । परिश्रमपूर्वक सदा रगड़ने से लकड़ी से ही मनुष्य आग पैदा कर लेता है ।

प्रजा जरामरण-रूपी महासागर का नौका है, मोहांधकार का प्रदीप है । सब व्याधियों को दूर करनेवाली औषधि है, दोष-रूपी वृक्षों को काटनेवाली तीक्ष्ण कुल्हाड़ी है । इसलिए प्रज्ञा की बुद्धि के लिए विद्या, ज्ञान और भावना का सतत अभ्यास करो ।

अप्रमाद का अभ्यास करो; प्रमाद का परित्याग करो । अप्रमाद द्वारा इंद्र ने राज्य प्राप्त किया, प्रमाद द्वारा उद्धत असुरों ने अपना विनाश किया ।

जहाँ कहीं भी रहो—पर्वत पर, जंगल में या भवन में, सदा प्रयत्नशील रहो । भिक्षुओ, बहुतों के सुख के लिए, बहुतों के हित के लिए, देवताओं की प्रसन्नता के लिए, बढ़ते जाओ, बढ़ते जाओ !

चर हे भिक्खव, बहुजन हिताय ! बहुजन सुखाय ! !

[बुद्ध आँखें मूँद लेते हैं । भिक्षुगण समवेत स्वर से मंत्र पढ़ते हैं—बुद्धं शरणं गच्छामि ! संघं शरणं गच्छामि ! धर्मं शरणं गच्छामि !]

[पटाक्षेप]

नेत्र-दान

[1948-50 ई.]

प्रश्न !

अशोक-परिवार का यह मेरा तीसरा और अंतिम रूपक है ।

कुणाल को लेकर कितनी ही रचनाएँ हुई हैं—और जाकी रही भावना जैसी, प्रभु मूरत देखी तिन तैसी !

मेरा कुणाल कलाकार है—कला उसे रिझाती है, फँसाती है, अंधा बनाती है । और, इसीलिए वह कहता है—क्या कला भी अंधी होती है ?

एक शाश्वत प्रश्न—जिसका उत्तर कौन दे !

एक कलाकार के लिए, एक ऐसे प्रश्न के छोड़ जाने से सुन्दर और क्या हो सकता है ?

क्या आशा करूँ, मेरी यह कृति भी, अन्य कृतियों की तरह हिन्दी-संसार से स्वीकृति पा सकेगी ?

15-7-50 —श्रीरामवृक्ष बेनीपुरी

दो शब्द

सम्राट् अशोक के कनिष्ठ पुत्र 'कुणाल' की कहानी इतिहास में प्रसिद्ध है और इस पर साहित्यिक रचनाएँ भी कम नहीं हुई हैं । 'नेत्रदान' उसी ऐतिहासिक घटना के आधार पर लिखा गया है, किन्तु इसे लिखकर पाँच सवारों में गिनती पाने की इच्छा कदापि नहीं थी ।

यह मेरी प्रवृत्ति भी नहीं ।

मैंने अनुभव किया, इस घटना के विश्लेषण में कुछ भ्रान्ति अवश्य है । अतः, मैंने उस घटना को एक नई पृष्ठभूमि में रखने की चेष्टा की है, जो, मेरे खयाल से, तत्सामयिक घटनाओं और सामाजिक धारणाओं के अधिक निकट है । साथ ही, उसे कलिंग की क्रूर हत्या से जोड़कर मैंने युद्ध की भयानकता की ओर, शान्ति की आवश्यकता की ओर इशारा किया है ।

मुझे इस बात की प्रसन्नता है कि मेरी इस रचना को सहृदय साहित्यप्रेमियों ने अपनाया है और मुझे अनुगृहीत किया है ।

पटना —श्रीरामवृक्ष बेनीपुरी

1-7-52

लेखक की ओर से

'नेत्र-दान' भारतीय इतिहास की एक अत्यंत करुण घटना पर आधारित है।

यह बिहार का सौभाग्य रहा है कि इसकी पुत्रियों और पुत्रों को लेकर भारतीय साहित्य में कितने ही काव्य, नाटक, उपाख्यान आदि रचे गए।

सीता, अहल्या, अम्बपाली, वासवदत्ता तथा चंद्रगुप्त, अजातशत्रु, अशोक, कुणाल आदि ऐसी पुत्रियाँ और पुत्र इस भूमि के शृंगार रहे कि भारतीय साहित्य-स्रष्टाओं को बार-बार अपनी प्रतिभा के प्रदर्शन के लिए इनके चरित की शरण लेनी पड़ी।

निस्संदेह ही जब किसी ऐतिहासिक या पौराणिक पात्र या पात्री का चरित किसी कलाकार के हाथ में आता है, तो उसका रूप वही नहीं रह जाता, जो इतिहास या पुराण में वर्णित है।

कलाकार उस चरित्र में अपना रंग भरता है; उसके किसी खास गुण पर जोर देता है, उसे उभाड़ता है और उससे संबंधित घटनाओं की नई व्याख्या भी प्रस्तुत करता है।

यही कारण है कि भिन्न-भिन्न काव्य-ग्रंथों में एक ही व्यक्ति का चरित भिन्न-भिन्न रूपों में पाया जाता है।

बिहार के जिन पुत्रों और पुत्रियों को कलाकारों के हाथों में पड़ने का सौभाग्य प्राप्त हुआ, उनके भी कई रूप हमारे सामने आए हैं।

'नेत्र-दान' जिस घटना पर आधार रखता है, उसे भी कई रूपों में प्रस्तुत किया जा चुका है। किंतु, इसके लेखक ने जिस रूप को अपनाया है, उसे समझने के लिए इतिहास के उस सुनहले पृष्ठ को एक बार फिर से उलट जाना आवश्यक है।

और, तभी इसकी मार्मिकता का यथार्थ आस्वादन भी संभव हो सकता है।

अशोक की महानता

अशोक की महानता ने आधुनिक इतिहास-लेखकों का ध्यान अपनी ओर अधिकाधिक आकृष्ट किया है।

विश्व-इतिहास की रूपरेखा प्रस्तुत करते हुए एच. जी. वेल्स ने अशोक की भूरि-भूरि प्रशंसा की है। सिर पर सोने का ताज पहनकर और हाथ में फौलादी तलवार लेकर जहाँ संसार के अन्य राजाओं ने संहार का भयानक दृश्य उपस्थित किया, वहाँ एक यह भी सम्राट् थे, जिन्होंने भिक्षुओं का बाना धारण कर संसार के कोने-कोने में शांति-धर्म का संदेश भेजा!

पं. जवाहरलाल नेहरू ने भी अपनी 'विश्व-इतिहास की झलक' में अशोक का उल्लेख बड़े गौरव के साथ किया है।

किंतु, इतिहास बताता है, अशोक सदा वह अशोक नहीं थे, जिनके शुभ्र कर्तृत्वों की चर्चा संसार के इन दो महापुरुषों ने तथा अन्य इतिहासकारों ने इस प्रकार बारम्बार की है।

अशोक, अपने प्रचंड स्वभाव के कारण, चंडाशोक के नाम से भी अभिहित थे। कहा जाता है, उन्होंने अपने सौ भाइयों की हत्या कर उनके सिर एक कुएँ में डलवाए थे, जिसे आजकल अगमकुआँ कहते हैं, जो पटना से सटे अशोककालीन खँडहरों में आज भी कायम है।

इतिहास यह भी कहता है, उनमें विजय की बड़ी आकांक्षा थी और भारत के कई भूखंडों को सैन्यबल

से जीतकर उन्होंने अपने राज्य में मिलाया था।

विजय और राज्य की इसी आकांक्षा के कारण उन्होंने कलिंग पर चढ़ाई की और भीषण नर-संहार के बाद उसे पराजित किया।

किंतु, कलिंग की इस विजय ने ही उनके जीवन को एक नया मोड़ दे दिया।

कहते हैं, कलिंग में की गई निर्मम और भीषण हत्याओं के कारण उनके प्रचंड स्वभाव में भी परिवर्त्तन हुआ और उन्होंने प्रतिज्ञा की कि अब से वह फिर कभी युद्ध नहीं करेंगे!

उस समय बुद्ध का शांति-धर्म भारत में फैल रहा था।

उन्होंने उस धर्म को स्वीकार किया और अपना शेष जीवन संसार में इसी शांति-धर्म के प्रचार के लिए उत्सर्ग कर दिया।

इस उत्सर्ग का चरम बिंदु यह रहा कि उन्होंने अपनी पुत्री संघमित्रा और पुत्र महेंद्र को सिंहल भेज दिया।

अब भी सिंहल में संघमित्रा और महेंद्र से संबंधित अवशेष पाए जाते हैं और बोधि-वृक्ष की जो डाल उन लोगों द्वारा सिंहल ले जाई गई, वह एक महान वृक्ष के रूप में आज भी जीवित है।

कुणाल

कुणाल अशोक का कनिष्ठ पुत्र था और उसके संबंध में एक बड़ी ही करुण कथा बौद्ध-साहित्य में पाई जाती है।

कुणाल की सौतेली माँ थी तिष्यरक्षिता। वह सिंहलनरेश तिष्य की पुत्री थी।

कुणाल बड़ा ही सुंदर था, विशेषतः उसकी आँखें बड़ी ही सुंदर—मादक और मोहक—थीं।

कहते हैं, उन आँखों पर तिष्यरक्षिता मोहित हो गई।

इसी समय अशोक ने कुणाल को उत्तर-पश्चिमी सीमा पर होनेवाले विद्रोह को दबाने के लिए राजधानी से बाहर भेज दिया।

तिष्यरक्षिता चिढ़ गई। उसने अपना अपमानबोध किया और अशोक की मुहर लेकर एक जाली आज्ञापत्र उसके पास भिजवा दिया कि अपनी आँखें निकालकर भेज दो।

पितृ-भक्त कुणाल ने अपने पिता की आज्ञा का पालन किया।

वह अंधा होकर अपनी पत्नी कंचनमाला के साथ इधर-उधर घूमता रहा!

कविवर मैथिलीशरण गुप्त ने अंधे कुणाल की मर्मव्यथा को अपने 'कुणालगीत' में सूत्रबद्ध कर हिंदी-साहित्य को एक अभूतपूर्व देन दी है।

बौद्ध-साहित्य कहता है; कुणाल गाता, भीख माँगता, कंचनमाला के साथ एक दिन अनजाने पाटलिपुत्र आ पहुँचा।

तब सारी बातें खुलीं। अशोक ने तिष्यरक्षिता को दंड दिया। कहते हैं, कुणाल को फिर आँखें भी प्राप्त हुईं!

यह नाटक

किंतु, इस नाटक में कथा का अंतिम भाग समाहित नहीं है।

कहा जा चुका है, कलाकार बाध्य नहीं है कि वह इतिहास को पूरा-पूरा, जैसे-का-तैसा दुहराए।

यदि वह ऐसा करे, तो ऐतिहासिक इतिवृत्ति और कलाकृति में भेद ही क्या रह जाए?

पहले मैं चाहता था कि अशोक पर ही एक नाटक लिखूँ।

किंतु, जब इसके लिए मैंने आवश्यक सामग्रियों की खोज-ढूँढ़ शुरू की, तो मुझे अशोक से अधिक अशोक-परिवार कलाकृति के लिए कोमल, आकर्षक जँचा।

संघमित्रा, महेंद्र और कुणाल—तीनों के चरित को लेकर मैंने तीन एकांकी लिखे। ये तीनों रेडियो से प्रसारित हुए तथा कई स्थानों पर अभिनीत भी हुए।

'नेत्र-दान' कुणाल-संबंधी एकांकी है।

एकांकी का यह नाम सिर्फ मौलिकता की खोज में ही नहीं रखा गया, बल्कि मैं इस घटना की जैसी व्याख्या रखना चाहता था, उसके उपयुक्त यही नाम था।

इस करुण घटना का मूल-स्रोत मैं कलिंग के युद्ध तक ले जाना चाहता था।

युद्ध मानवता का सदा अभिशाप रहा है। कल वह अभिशाप था, आज भी अभिशाप है और आगामी कल में भी वह मानवता के लिए अभिशाप ही रहेगा।

जो युद्ध करते हैं या कराते हैं, उन्हें प्रायश्चित देना होगा। चाहे आज दें, या कल देने को बाध्य हों!

सम्राट् अशोक की हिय की आँखें तुरत खुलीं। उन्होंने प्रायश्चित देने में कोई कसर नहीं उठा रखी। इसी से वह इतिहास में अमर हुए।

किंतु, उनके परिवार को भी इस प्रायश्चित में शामिल होना पड़ा।

सबसे पहले संघमित्रा और महेंद्र को—स्वतः, स्वेच्छा से। कुणाल सबसे कोमल था, अतः सभी उसे बचाना चाहते थे।

किंतु क्रूर नियति ने उससे वह प्रायश्चित वसूल किया, जिसकी किसी ने कल्पना तक नहीं की थी।

नाटक की रूपरेखा

बौद्ध-साहित्य कहता है, जब सम्राट् अशोक ने बुद्ध का शांति-धर्म स्वीकार किया, तो सिंहल-नरेश ने अपना दूत उनके पास भेजकर निवेदन किया कि इस धर्म के प्रचार के लिए वह किसी योग्य व्यक्ति को उसके देश में भेजें।

तब संघमित्रा और महेंद्र दोनों वहाँ भेजे गए।

वहीं, इस बात का भी उल्लेख है कि सिंहल-नरेश ने अपनी पुत्री को उपहार-रूप में अशोक के पास भेज दिया था।

अतः मैंने इस नाटक का प्रारंभ सिंहल से ही किया है।

तिष्यरक्षिता पाटलिपुत्र जा रही है, इससे बढ़कर प्रसन्नता की बात संघमित्रा के लिए और क्या हो सकती है? वह फूली नहीं समा रही है, किंतु महेंद्र के मन में आशंका जगती है!

आशंका—किसके लिए?

एक दुर्बल, कोमल, असहाय प्राणी के लिए!

हाँ, कुणाल को मैंने एक कलाकार के रूप में चित्रित किया है और कलाकार से बढ़कर इस प्रपंची संसार में दुर्बल, कोमल, असहाय प्राणी और कौन है?

इसके बाद, रक्षिता पाटलिपुत्र आती है—वहीं से, जहाँ उसकी प्यारी बहन और पूज्य अग्रज हैं, अतः कुणाल स्वभावतः ही उसकी ओर आकृष्ट होता है।

और, जब उसे यह पता चलता है, रक्षिता भी कला की उपासिका है और वह एकाकीपन से घबराती है, तब ममतावश उसका आकर्षण और बढ़ता जाता है।

दूसरे दृश्य का सार यही है।

उधर अशोक राजपाट और धर्म-प्रचार में फँसे हैं, इधर एक युवक और युवती की एकांत कला-साधना चलती है।

इसकी परिणति क्या होगी?

स्वभावतः ही अब कुणाल की पत्नी कंचनमाला चिंतित होती है!

कुणाल को वह जानती है, उस पर उसका विश्वास है। वह अपनी परिचारिका से कहती है—"परिचारिके, मैं कुमार को जानती हूँ। वह कला की उस सीमा तक पहुँच चुके हैं जहाँ वासनाओं की छाया भी नहीं पहुँच सकती। उज्ज्वलता ही जहाँ का रंग होता है, पवित्रता ही जहाँ की गंध होती है।"

किंतु यह राज-परिवार ठहरा—न जाने कब क्या तूफान खड़ा हो जाए?

इसी समय कुणाल पहुँचते हैं और कलाकार-सुलभ सरलता में ही कुछ ऐसी बातें कह जाते हैं कि कंचलमाला की चिंता भय में परिणत हो जाती है।

इसी से, जब पता लगता है कि कुणाल को सम्राट् बाहर भेजना चाहते हैं, तो वह इसे वरदान ही मान लेती है!

तीसरा दृश्य यहाँ समाप्त होता है।

चौथे दृश्य में कुणाल के बाहर चले जाने के बाद रक्षिता के हृदय में उठनेवाली प्रतिक्रियाओं के घात-प्रतिघात के चित्र प्रस्तुत किए गए हैं!

वह अपमानबोध करती है। फिर इसमें उसे अपने देश और अपने वर्ण के अपमान का बोध होता है—

'मैं सिंहल से आई हूँ न? सिंहल में राक्षसी बसती है न?' वह आप-ही-आप कहती है—

'रक्षिते, तू राक्षसी है न? वे तुम्हें राक्षसी समझते हैं!····फिर क्यों कोमल भावना? जिसने मानवी रक्षिता का अपमान किया, वह राक्षसी रक्षिता का प्रकोप सहे!'

सबसे बढ़कर वह इस अपमान में कंचनमाला का हाथ देखती है। आग में घी पड़ता है! वह निश्चय कर लेती है—

'चेहरे पर आँखें—कितनी सुंदर! किंतु, इन काली हथेलियों पर····'

और इस निश्चय का फल पाँचवें दृश्य में देखिए!

कंचनमाला के कंधे पर हाथ रखे कुणाल पाटलिपुत्र के निकट पहुँचता है। यहाँ की हवा में, यहाँ के वातावरण में वह कुछ ऐसी चीजें पाता है जिससे उसे लगता है, वह किसी परिचित स्थान में पहुँच गया। इस हवा में गंगा की—पाटलिपुत्र के निकट की गंगा की—शीतलता है क्या? और, कोयल की इस काकली में आम के बौरों की गंध भी घुली है क्या?

मानता हूँ, इसमें मेरा पाटलिपुत्र-संबंधी पक्षपात बोलता है, किंतु मैं अपने को इससे बचा नहीं सकता था।

यहीं पर मैंने, कुणाल की ही कलाकार-सुलभ वाणी में, उस करुण घटना का वर्णन दिया है कि किस तरह उसने अपनी आँखें स्वयं निकालकर भेजी थीं।

और जब उसे पता चलता है, यह उसकी छोटी माताजी का कुचक्र था, तो वह बोल उठता है—

'तुमने सुना है न कंचने, प्रेम अंधा होता है! क्या कला भी अंधी होती है?'

नाटक लिखते समय जो वाक्य अनायास लिख गया, उसकी मार्मिकता से आज भी मैं अभिभूत हूँ!

यदि सिर्फ प्रेम और कला का द्वंद्व ही मुझे दिखाना होता, तो नाटक को यहीं समाप्त किया जाना चाहिए था। कई कला-प्रेमी मित्रों ने भी ऐसी राय दी थी!

किंतु, मैंने कला को कभी मानसिक विलास या विहार का साधन नहीं माना।

अनावश्यक रूप से सोद्देश्यता लाना भी कला की हत्या करना है। किंतु, उसे आवश्यकता से अधिक उन्मुक्त विचरण करने देना तो मानव-कर्त्तव्यों के प्रति उदासीनता दिखाना है!

छठे और अंतिम दृश्य में हम फिर सिंहल पहुँच जाते हैं और फिर संघमित्रा और महेंद्र के वार्तालापों में डूब जाते हैं।

इस घटना को जानकर भिक्षुप्रवर महेंद्र भी विचलित हो उठे हैं, और जब संघमित्रा को इसकी खबर होती है, वह तो बेहोश हो जाती है!

किंतु, मानव-चेतना अंततः अपना ऊर्ध्वगामी रूप दिखाती है। महेंद्र इस घटना की व्याख्या करते हैं—"कलिंग, अशोक, संघ-मित्रा—सिंहल, तिष्यरक्षिता, कुणाल ये सब एक ही घटना-शृंखला की कड़ियाँ हैं!"

नाटक के पहले दृश्य में उन्होंने कहा था—"कलिंग में हमने जो हत्याएँ कीं, रक्त बहाया, अभी शायद उसका पूरा प्रायश्चित नहीं हो पाया है।"

किंतु, अब स्वीकार करते हैं—"मित्रे, कलिंग का प्रायश्चित्त पूरा हुआ! हमने असंख्य गर्दनें काटकर जो रक्त बहाया, उसका मूल्य हमें आँखों के रक्त से चुकाना पड़ा—सुंदरतम आँखों के रक्त से!"

यही नहीं, महेंद्र चाहते हैं, इस घटना से लोग पाठ ग्रहण करें—

"फिर कलिंग न बने, बहुत ठीक। लेकिन कलिंग न बने, इसके लिए एक नया संसार बनाना होगा, मित्रे!''''उठो, चलो—आँसू पोंछो, प्रयत्न में लगो। यदि एक-एक व्यक्ति अपने कर्त्तव्य को समझे, उसमें जुट जाए, तो फिर नया संसार बसकर रहेगा, बसकर, बसकर रहेगा!"

इन्हीं शब्दों के साथ नाटक समाप्त होता है।

नाट्य-कला

किसी भी कलाकृति का निर्माण सरल और सहल कार्य नहीं। नाटक की रचना तो और भी कठिन है।

नाटक दृश्य-काव्य है। नाटक पढ़ा भी जाता है; किंतु उसका उद्देश्य तो होता है रंगमंच पर खेला जाना।

कुछ गज लंबे-चौड़े स्थान में, कुछ घड़ियों के अंदर, उन सब बातों का अवतरण करना जो एक व्यक्ति या समूह के जीवन में भिन्न-भिन्न स्थानों पर, भिन्न-भिन्न समयों में घटित हुई!

फिर यदि नाटक का नायक ऐतिहासिक व्यक्ति हुआ, तो जिम्मेवारी और बढ़ जाती है।

कलाकार को कुछ स्वाधीनता प्राप्त है; किंतु उस स्वाधीनता की भी सीमा है, जिसका अतिक्रमण कर वह समाज के सामने अपराधी बन जा सकता है।

अतः कलाकार को पग-पग पर चौकस और सावधान रहना पड़ता है।

'नेत्र-दान' की रचना के समय भी ऐसे प्रसंग आए हैं।

बौद्ध-कथा के अनुसार तिष्यरक्षिता कुणाल की आँखों पर मोहित हुई!

एक नाटककार यह भी कर सकता था कि रंगमंच पर ही रक्षिता कुणाल से प्रणय की भीख माँगे!

कुछ रसिकों को यह अच्छा भी लगता, मुझे दुःख और खेद के साथ कहना पड़ता है कि ऐसा किया भी गया है; किंतु क्या यह भारतीय परंपरा के अनुरूप होता?

और, आँखों पर मोहित होने का अर्थ क्या सदा वासना ही है?

मैंने अपने नाटक में इसे रहस्यमय ही रहने दिया है! आँखों पर मोहित होने की बात को सत्य मानकर उससे होनेवाली भिन्न-भिन्न व्यक्तियों की प्रतिक्रियाओं से मैंने भ्रमों और भ्रांतियों का ताना-बाना बुना। और यह ताना-बाना स्वभावतः ही इस करुण घटना का स्वाभाविक कारण बना।

एक स्थान पर मैंने कहा है, कला का काम उठाना है, गिराना नहीं। बौद्ध युग की इस मनोरम कथा का उपयोग जिन्होंने नैतिक पतन के लिए किया है, उन्होंने अशोक-परिवार के प्रति महान अपराध किया है, जिसे इतिहास कभी क्षमा नहीं करेगा।

यों ही रंगमंच पर ही कुणाल से आँखें निकलवाकर एक करुण दृश्य उपस्थित कराया जा सकता था, जो दर्शकों के मुँह से अचानक चीख निकलवा देता।

किंतु, भारतीय नाट्य-परंपरा इसे भी रोकती है और मेरा विचार है, यह उचित ही है।

हाल ही मैंने पेरिस में एक प्रसिद्ध ग्रीक ट्रेजडी (शोकांत नाटक) का अभिनय देखा था। उसमें नायक पश्चाताप में अपनी आँखें आप फोड़ लेता है। वहाँ भी देखा, यह आँख फोड़ने की क्रिया वह रंगमंच पर नहीं करता। हाँ फूटी हुई आँखों को लिए, अंधा बना, करुणा की प्रतिमा-सा, वह रंगमंच पर आता है और अपने पश्चात्ताप-मिश्रित हृदयोद्‌गारों से दर्शकों को भाव-विभोर बना डालता है!

जब मैं वह नाटक देख रहा था, मुझे अपने कुणाल की याद आ रही थी।

सबसे कठिन बात रही तिष्यरक्षिता की मनोवेदना के चित्रण की। वह अपनी मनोव्यथा किससे कहे? विदेश में आई एक राजकुमारी अपनी हृदय-कथा किसके सामने उँड़ेले? पाटलिपुत्र की किसी सखी या परिचारिका की क्या बात, सिंहल से उसी के साथ आई किसी दासी से भी तो वह मुँह खोलकर ये बातें नहीं कर सकती थी।

अतः मैंने एक नई पद्धति से काम लिया है। नाट्य-साहित्य में यह पद्धति विरल है। अपने ही दर्पण में अपनी छाया को देखती हुई वह सारी बातें कह जाती है। इससे लंबी स्वोक्ति संबंधी ऊब भी नहीं आती और अभिनय के लिए पूरा मौका भी मिलता है।

मुझे संदेह था, यह पद्धति रंगमंच पर कैसी उतरेगी। किंतु अभी-अभी एक मित्र ने बताया है, एक विख्यात कालेज की कुछ लड़कियों ने जब इस नाटक का अभिनय किया, यह दृश्य बड़ा ही प्रभावोत्पादक सिद्ध हुआ!

समय के अनुसार रंगमंच में और अभिनय कला में भी परिवर्त्तन हो रहे हैं। मैंने इसे लिखते समय दोनों पर ध्यान रखा है।

कथोपकथन

नाटक का प्राण होता है उसका कथोपकथन। यदि वह जानदार और जोरदार नहीं रहा, तो नाट्य-कला संबंधी सारी सावधानियों के बावजूद नाटक फीका-फीका रह जाएगा।

अपनी भाषा और शैली पर मुझे अनायास प्रशंसा मिल चुकी है। कथोपकथन का संबंध इनसे अधिक है। यदि भाषा में प्रवाह और शैली में बाँकपन नहीं रहा, तो कथोपकथन में जान आ नहीं सकती। खुरदरे वाक्य, बोझिल शैली और लंबे-लंबे संलाप कथोपकथन की हत्या ही कर डालते हैं। मैंने सदा ही इन दुर्गुणों से बचने की कोशिश की है।

कथोपकथन में कहीं, कोई ऐसा वाक्य या वाक्यांश हो, जो सारे नाटक में भिन्न-भिन्न लोगों के मुँह से भिन्न-भिन्न प्रसंगों में आवे, किंतु वह किसी खास बात की ओर ही इशारा करे, तो यह तारतम्य, समूचे शरीर में व्याप्त प्राण की तरह, उसे सचमुच प्राणवान बना डालता है!

पहले दृश्य में ही कुणाल के लिए दुर्बल, कोमल असहाय विशेषण का जो प्रयोग हुआ, वह नाटक के अंत तक बार-बार आता है और यों सारे नाटक को एक सूत्र में बाँधता है। एकसूत्रता नाटक की सबसे बड़ी

खूबी समझी जाती है।

किंतु, इस तरह के प्रयोग के लिए बहुत कौशल चाहिए, नहीं तो बार-बार का यह प्रयोग उसे भोंडा भी बना दे सकता है।

यों ही यदि कथोपकथन में आगत घटना की ओर भी संकेत हो जाए, तो नाटक सजीव हो उठता है!

कुणाल की आँखों की सुंदरता की चर्चा हो रही है कि वह कंचनमाला के कक्ष में प्रवेश करता है। फिर सादगी-सादगी में बताता है, इन आँखों को छोटी माताजी बहुत पसंद करती हैं और चाहती हैं वह सदा इन्हें देखती रहें। किंतु, यह कैसे हो? तुम जो हो। फिर वह कह उठता है—

"कंचने, उस समय मुझे एक दिल्लगी सूझ गई। मैंने कहा—आर्ये, यदि आप इन आँखों से दूर नहीं रहना चाहतीं, तो मैं एक काम करूँ—आँखें निकालकर आपको समर्पित करता हूँ, शरीर कंचन के पास रहेगा।"

इस पर कंचनमाला व्याकुल हो जाती है! और, उसकी व्याकुलता कैसी सार्थक सिद्ध होती है!

यदि स्वभावतः ही कुछ सूक्तियाँ कथोपकथन में आ जाएँ, तो वह आभूषण के रत्नों की तरह उसकी शोभा को और भी चमका देती हैं।

"कभी सुंदरतम वस्तु ही संसार में सर्वनाश का कारण बन जाती है।"

"घर छोड़ना, पति या पुत्र छोड़ना उतना कठिन नहीं है, जितना सच्चे कलाकार के लिए, कला का त्याग करना—सच्चे कलाकार के लिए कला उसके जीवन की साँस होती है।"

"हँसी और रुदन जुड़वें भाई-बहन हैं।"

"जवानी की राह फिसलन-भरी है, तो उसके पैरों में शक्ति और दृढ़ता भी है।"

"बुढ़ापा—जिंदगी की लाश!"

"जितना ही आदमी धर्म की ओर प्रेरित हो, समझ, उसके हृदय में कहीं उतनी ही बड़ी अशांति है!"

"हर कहने में कुछ-न-कुछ मानी छिपा भी रहता ही है।"

"खँडहर बताता है, इमारत बुलंद रही होगी।"

"जो मानव का अपमान करता है, वह राक्षस पाता ही है।"

"भिखारी के लिए नाम क्या, धाम क्या?"

"पवित्र से पवित्र धरोहरों की भी चोरी होती आई है।"

"क्या कला भी अंधी होती है?"

"ममता मनुष्य की सबसे बड़ी कमजोरी है।"

"किसी भी महान यज्ञ में सुंदरतम की बलि देकर ही पूर्णाहुति की जाती है।"

ये सब सूक्तियाँ इस नाटक के लिए शृंगार का काम करती होंगी, ऐसा मेरा विश्वास है।

किंतु, सच कहता हूँ, ऐसी सूक्तियाँ प्रसंगवश आपसे आप आ गई हैं। जहाँ प्रयत्न करके सूक्तियाँ लाने की चेष्टा होगी, कथोपकथन का सारा शीराजा बिखर जाएगा!

भाषा और शैली

भाषा के रूप को लेकर हिंदी-संसार में कुछ दिनों से एक अंधेरखाता चल रहा है।

एक जमाना था, जब हिंदी को उर्दू से मिला-जुलाकर एक नई भाषा गढ़ने की कोशिश की गई थी और उसका नाम रखा गया था—हिंदुस्तानी!

अब हिंदी में संस्कृत ठूँस-ठाँसकर एक नई भाषा गढ़ी जा रही है और इसके एक प्रबल समर्थक ने इसके लिए एक नया नाम भी पेश कर दिया है—भारती !

हिंदुस्तानी और भारती की दुहरी पाट में बेचारी हिंदी पिस रही है ।

इन दो छोरों से बचने की मैंने हमेशा कोशिश की है । हमारा बिहार सदा मध्यम मार्ग का अनुयायी रहा है न?

और; इतिहास ने अब तो सिद्ध कर दिया है कि हिंदी भाषा का जन्म इन मध्यम मार्ग के अनुयायियों द्वारा इसी बिहार-भूमि में हुआ था ।

अभी उस दिन पूना में था, तो एक विद्वान मराठी मित्र ने एक बड़े पते की बात कही ।

उन्होंने कहा—दिल्ली और लखनऊ हिंदी को उर्दू की ओर घसीटकर ले जाना चाहते हैं और काशी और प्रयाग संस्कृत की ओर ! हिंदी का स्वाभाविक रूप तो बिहार में ही देखने में आता है और इसके प्रमाण में उन्होंने पूज्य राजेंद्र बाबू की आत्म-कथा से लेकर हम लोगों की रचनाओं तक के भी कुछ नाम गिनाए ।

मैंने अपने मित्र के कथन में अपने प्यारे बिहार और उसके साहित्यकारों के प्रति एक महान उत्तरदायित्व का बोध किया ।

हिंदी का इतिहास बताता है, जनता की भाषा के रूप में ही हिंदी का जन्म हुआ था और मेरी निश्चित आशंका है, ज्योंही वह जनभाषा के पद को छोड़कर कुछ विशिष्ट व्यक्तियों और समूहों की भाषा बनेगी, संस्कृत की तरह उसकी भी मृत्यु होकर रहेगी ।

एक दिन संस्कृत भी राजभाषा थी; अतः हमें इस भ्रम में नहीं रहना चाहिए कि राजाश्रय ही हिंदी को जीवित रख सकेगा ।

जन-जीवन से निकटतम संपर्क ही किसी भाषा की वृद्धि और विकास का प्रधान कारण होता है ।

फिर नाटक की भाषा तो ऐसी होनी ही चाहिए, जिसे जनता आसानी से समझ सके, नाटक का यथार्थ रसास्वादन कर सके ।

क्योंकि नाटक दृश्य काव्य है, तो उसके दर्शकों में जनता को कैसे बाद दिया जा सकता है?

'नेत्र-दान' में भी, अपनी अन्य रचनाओं की तरह, मैंने इस बात पर सदा ध्यान रखा है ।

जो लोग समझते हैं कि उत्कृष्ट रचना के लिए क्लिष्ट भाषा का प्रयोग करना अनिवार्य है, उनकी समझ-बूझ पर मुझे तरस आती है ।

संसार के जितने बड़े साहित्य-स्रष्टा हुए हैं, उनकी भाषा ऐसी रही है कि साधारण जन भी उसका स्वाद ले सकें ।

फिर, मुझे यह सदा याद रहा है कि मेरी रचनाएँ सबसे पहले मेरे बाल-बच्चे ही पढ़ा करते हैं । छपती तो हैं ये पीछे; मूल प्रति के रूप में ही वे उसे पढ़ने के लिए छीना-झपटी करने लगते हैं ।

अतः भाषा में सरलता और भावों में क्लिष्टता का मुझे सदा स्मरण रहा है ।

फिर एक बात और ! चूँकि मैं भाषा का आदि-स्रोत जनता को मानता हूँ, अतः जनता में प्रचलित शब्दों और मुहावरों को लेने में मुझे जरा भी झिझक नहीं रही है ।

यह मैं अपना सौभाग्य मानता हूँ कि बिहार की जनता की जिह्वा पर चढ़े और मँजे-मँजाए कितने शब्दों और मुहावरों को मेरी रचनाओं द्वारा साहित्य में प्रवेश करने का सुअवसर प्राप्त हुआ है !

'नेत्र-दान' में भी ऐसे शब्दों और मुहावरों की कमी नहीं है ।

मैं चाहता हूँ, यह मेरी हार्दिक कामना है, कि बिहार की अगली पीढ़ी के लोगों में यह प्रवृत्ति दिन-दिन बढ़े ।

रही शैली की बात । शैली तो व्यक्तित्व का एक अंश होती है । व्यक्तित्व के विकास के साथ ही शैली का विकास होता है । होते-होते वह दिन भी आता है कि बिना नाम-मुहर के भी लाखों के बीच, व्यक्तित्व की ही तरह, शैली भी आप से आप पहचानी जा सकती है ।

यह मेरा दूसरा सौभाग्य है कि मेरी शैली भी हिंदी संसार में एक विशिष्ट स्थान बना सकी है।

छोटे-छोटे वाक्य, चलते-फिरते मुहावरे, साफ-सुथरे शब्द, यहाँ तक कि छोटे-छोटे पैराग्राफ को मैं उत्तम शैली के प्रमुख उपादान मानता हूँ।

शैली अभ्यास खोजती है। और व्यक्तित्व के निर्माण की तरह शैली का निर्माण भी प्रारंभ में कुछ पथ-प्रदर्शन चाहता है।

यह धृष्टता मैं नहीं कर सकता कि मेरी शैली का अनुसरण किया जाए, सिर्फ यही कहूँगा कि यदि प्रारंभ से ही ऐसी चेष्टा की जाए तो हर व्यक्ति अपने लिए उपयुक्त शैली का निर्माण कर सकता है।

मैं अपनी भावी पीढ़ी से यह भी आशा करता हूँ कि वह इस ओर भी सदा सचेष्ट रहेगी।

एकांकी

चलते-चलाते यह भी जान लेना है कि यह नाटक का छोटा रूप एकांकी है।

जिस तरह काव्य के बाद खंडकाव्य की ओर प्रवृत्ति बढ़ी और उपन्यास की जगह कहानियाँ ले रही हैं, उसी प्रकार नाटक के क्षेत्र में एकांकी भी अपने लिए स्थान बना रहा है।

समय और सुविधा, दोनों ही लोगों की प्रवृत्ति को छोटी चीजों की ओर खींच रहे हैं।

नाटक में कई अंक होते हैं, एक-एक अंक में कई दृश्य होते हैं—यद्यपि अब रंगमंच पर ध्यान देकर एक ही दृश्य में एक अंक समाप्त करने की चेष्टा की जाती है।

किंतु, एकांकी में एक ही अंक होता है और उसी के अंदर कई दृश्यों में उसे समाप्त किया जाता है।

जहाँ नाटक में कथा का फैलाव होता है, पात्रों की भरमार होती है, वहाँ एकांकी में किसी बड़ी घटना का एक ही पक्ष ले लेते हैं और उसे कुछ ही पात्रों द्वारा अभिव्यक्त करते हैं।

हिंदी में धीरे-धीरे एकांकी नाटकों का चलन बढ़ता जा रहा है।

खासकर स्कूलों और कालेजों के लिए तो एकांकी बहुत ही उपयुक्त होता है, क्योंकि थोड़े से पात्र-पात्रियों और कम साधनों से ही इन्हें खेल लिया जा सकता है।

अध्ययन-अध्यापन में भी एकांकी में बहुत सुविधाएँ हैं।

कोमलमति किशोरों के मस्तिष्क में एकबारगी अनेक पात्रों के चरित भरने की चेष्टा उन्हें भ्रमजाल में डाल दे सकती है। एकांकी द्वारा पहले उनमें नाटक के प्रति रुचि पैदा की जाए, फिर उनके सामने पूरे नाटक रखे जाएँ।

यों तो मैं मानता हूँ कि ऐसे नाटक भी हो सकते हैं, जो अनेक अंकों और दृश्यों के बावजूद किशोरों के लिए बहुत ही उपयुक्त हों और उन्हें भी कम साधनों के साथ खेला जा सकता हो।

'नेत्र-दान' का जो विषय है, उस पर बड़े-बड़े काव्य, आख्यान, नाटक लिखे जा सकते हैं—लिखे भी जाएँगे। किंतु मैंने जान-बूझकर इसे एकांकी में ही भरने की कोशिश की है।

गागर में सागर भरना आसान नहीं है, किंतु यदि इसमें सफलता मिली, तो यह एक कमाल ही माना जा सकता है।

कमाल का मेरा दावा नहीं, किंतु मुझे इसका संतोष अवश्य है कि 'नेत्र-दान' ने इस करुण घटना को एक नए रूप में अवश्य प्रस्तुत किया है।

यह दीवाल पर की बड़ी और बहुरंगी चित्रकारी नहीं; किंतु हाथी-दाँत पर की एक छोटी-सी चमकती तस्वीर जरूर बन गई है।

अंत में

मेरी आँखों के सामने दुनिया का जो नक्शा है, वह बड़ा ही सुंदर और मोहक है।

गेहूँ से गुलाब की ओर—एक वाक्यांश में वह नक्शा यह है।

मेरा विश्वास है आज जो अन्नाभाव है, नंगापन है, गरीबी है, गंदगी है, अज्ञान है, अविचार है; स्वतंत्र भारत में, हम सबके प्रयत्नों से, ये सब शीघ्र दूर होंगे।

और; इनके स्थान में सुख, ऐश्वर्य, स्वास्थ्य, स्वच्छता, ज्ञान-विज्ञान, कला-साहित्य सबकी दिन-दिन वृद्धि होती जाएगी।

यही दुनिया मेरी गुलाब की दुनिया होगी—जहाँ चारों ओर मस्ती होगी, आनंद होगा, उल्लास होगा, हास्य होगा!

आज हमें फुर्सत कहाँ कि आनंद भी मना सकें। किंतु; उन दिनों हम अधिकाधिक इस ओर प्रवृत्त होंगे।

तब हम अधिक कविता चाहेंगे, संगीत चाहेंगे, नाटक चाहेंगे, नृत्य चाहेंगे।

जैसा शुरू में ही कह चुका हूँ, बिहार के लिए यह सौभाग्य की बात है कि उसका प्राचीन इतना महान और रंगीन है कि उसके बेटों और बेटियों को इन सबके लिए पात्र या पात्रियाँ चुनने में कठिनाई नहीं होगी।

हमारा प्राचीन इतिहास सदा भारतीय साहित्य को उत्तमोत्तम पात्र और पात्रियाँ देता रहा है। यह हमें भी देता रहेगा।

अभी हमारे इतिहास के कितने ही सुनहले पृष्ठ बंद ही पड़े हैं। किंतु; जिन पर रचनाएँ हो चुकी हैं, मुझे लगता है, हमें फिर से उन पर भी अपनी कलम या कूची का प्रयोग करना पड़ेगा!

दो उदाहरण लीजिए—सीता और चंद्रगुप्त।

एक भवभूति को बाद दीजिए, तो क्या सीता की करुण कथा को उस गौरव के अनुरूप चित्रित किया जा सका है, जिसकी वह अधिकारिणी है!

और; क्या यह बात नहीं है कि चंद्रगुप्त के नाम से आज तक चाणक्य की महत्ता का ही चित्रण होता रहा?

मेरा विश्वास है, बिहार की आनेवाली पीढ़ी अपने पूर्वजों की कीर्ति को उनके गौरव के अनुरूप ही नाना रूपों में ढालेगी।

'नेत्र-दान' उस सुनहले भविष्य की ओर एक अंगुलि-निर्देश मात्र है!

यदि इसने ऐसी प्रेरणा हमारे किशोरों और किशोरियों में भरी, तो समझूँगा, मेरी मेहनत सफल हुई।

—श्रीरामवृक्ष बेनीपुरी

पात्र-पात्रियाँ

पात्र

कुणाल
सम्राट् अशोक का कनिष्ठ पुत्र

महेंद्र
सम्राट् अशोक का ज्येष्ठ पुत्र

पात्रियाँ

संघमित्रा
सम्राट् अशोक की पुत्री

तिष्यरक्षिता
सिंहल-नरेश की पुत्री : अशोक की नई रानी

कंचनमाला
कुणाल की पत्नी

परिचारिका

पहला दृश्य

[सिंहल-द्वीप का एक संघाराम। रात काफी बीत चुकी है। भक्तों की भीड़ छँट गई है।

संघाराम के मध्य-भाग में स्थित भिक्षु महेंद्र का विहार। महेंद्र अपने आसन पर अर्द्धध्यानावस्थित अवस्था में बैठे हैं। उनसे थोड़ी दूर पर भिक्षुणी संघमित्रा बैठी है।

विहार के एक कोने में एक दीप-दंड पर शत-वर्तिका दीप जल रहा है। उसकी कुछ बत्तियाँ बुझ चुकी हैं। शेष की लौ भी धीरे-धीरे धीमी होती जा रही है।

महेंद्र की पलकें जरा हिलती हैं। संघमित्रा उनसे पूछती है—]

संघमित्रा : कुछ सुना है भैया?

महेंद्र : **(कुछ बोलते नहीं, आँखें कुछ खुलती-सी)**

संघमित्रा : सुना है भैया, रक्षिता को····

महेंद्र : **(आँखें खोलते हुए)** क्या?

संघमित्रा : राजकुमारी रक्षिता को सिंहल-नरेश पाटलिपुत्र भेज रहे हैं।

महेंद्र : **(जैसे चौंककर)** रक्षिता को? पाटलिपुत्र?

संघमित्रा : हाँ, भैया! सिंहल-नरेश महाराज तिष्य, अपनी एकमात्र प्यारी पुत्री रक्षिता को, पिताजी की सेवा में, पाटलिपुत्र भेज रहे हैं।

महेंद्र : क्या कह रही हो, मित्रे?

संघमित्रा : हाँ, हाँ भैया, रक्षिता पाटलिपुत्र जानेवाली है। अभी संध्या समय उसकी एक परिचारिका संघाराम में आई थी—हमारी संध्या-अर्चना में सम्मिलित होने। अर्चना के बाद, उसने मुझे एकांत में बताया—यद्यपि इसकी सूचना अभी जनसाधारण को नहीं दी गई है, किंतु सिंहल-नरेश ने यह निश्चय कर लिया है और रक्षिता को यात्रा की तैयारी करने का आदेश भी दे दिया है।

महेंद्र : **(लंबी साँस के साथ)** हूँ!

संघमित्रा : **(साश्चर्य)** भैया, यह लंबी साँस; यह हूँ! क्या आपको इस समाचार से प्रसन्नता नहीं हुई भैया! मैं तो, जब से यह खबर मिली, आनंद-विह्वल हुई जा रही हूँ! अहा! रक्षिता पाटलिपुत्र जा रही है। पाटलिपुत्र—हमारी प्यारी राजधानी, जिसके चरणों को स्वयं गंगा-मैया, अपनी सारी सहायक नदियों से राजस्व लेने के बाद, दिन-रात पखारा करती हैं—जिसके नागरिक-नागरिकाओं के सारे शारीरिक और मानसिक कलुषों को धो-धोकर वह उन्हें शाश्वत जीवन और यौवन प्रदान करती हैं! अहा, हमारा पाटलिपुत्र! भैया, हमारे उस नगर में कितना जीवन है, यौवन है।

महेंद्र : हाँ, जीवन है, यौवन है! **(फिर उसाँस लेते हैं)**

संघमित्रा : **(कल्पना के उछाह में उसाँस पर ध्यान न देती हुई)** और, भैया, उस जीवन और यौवन में जब रक्षिता की कला का समावेश होगा! अहा! सिंहल की कला से पाटलिपुत्र और भी सुंदर, सुखद और मुखर हो उठेगा, भैया! आपने देखा है न? रक्षिता—कैसी नाचती है, कैसी गाती है, कैसी बजाती है! और वह सुंदर भी कितनी है, भैया?

महेंद्र : पगली! कभी सुंदरतम वस्तु ही संसार में सर्वनाश का कारण बन जाती है!

संघमित्रा : **(चौंकती हुई)** सर्वनाश ''' सुंदरतम वस्तु ''' भैया, आप यह क्या कह रहे हैं ?

महेंद्र : कोई विशेष बात नहीं—संसार का एक प्रकटतम तथ्य मात्र ! सोचो न—कहीं रक्षिता के ये गुण ही पाटलिपुत्र के लिए अमंगल सिद्ध हो गए तो ?

संघमित्रा : **(भयत्रस्त-सी)** अमंगल ! रक्षिता के ये गुण अमंगल ! उफ्, मैं तो सोच रही थी कि अच्छा ही हुआ कि जब पिताजी ने मुझे यहाँ भेजा, तो महाराज तिष्य अपनी पुत्री को पाटलिपुत्र भेजें ! शिष्टाचार का नियम भी तो'''

महेंद्र : **(बीच में ही बात काटकर)** शिष्टाचार का नियम । मित्रे, क्या तुम इतना भी नहीं देख पातीं कि तुम्हारे यहाँ आने और रक्षिता के वहाँ भेजे जाने में क्या अंतर है ? तुम यहाँ आई थीं तथागत के शांति-धर्म का प्रचार करने; भिक्षुणी बनकर ! किंतु रक्षिता क्यों भेजी जा रही है; किस रूप में भेजी जा रही है ? वह भिक्षुणी बनाकर नहीं भेजी जा रही, यह तो स्पष्ट ही है ।

संघमित्रा : हाँ, यह बात तो है भैया ! तो भैया, क्या आपको इसकी खबर पहले से थी ?

महेंद्र : थी ! महाराज तिष्यक ने मुझसे इस बारे में राय ली थी । मैंने उदासीनता प्रकट की । इस उदासीनता को उन्होंने मेरा संकोच मान लिया । किंतु, मित्रे, तब से मैंने जितना ही सोचा है, मुझे चिंता ही चिंता हो रही है । रक्षिता वहाँ भिक्षुणी बनाकर नहीं भेजी जा रही है । वह युवती है, सुंदरी है, कला की आचार्या है । भले ही वह सम्राट् की सेविका कहकर भेजी जा रही हो; किंतु, यदि उसमें महत्त्वाकांक्षा जगे''' **(रुक जाते हैं)**

संघमित्रा : महत्त्वाकांक्षा जगे ? **(चौंकती-सी)** और, वह सम्राज्ञी बनना चाहे ! क्यों भैया ? **(साश्चर्य)** ओहो, रक्षिता हमारी माताजी की सौत बनेगी ? सौत'''

महेंद्र : हमारी माताजी की सौत ! ह-ह-ह **(उपेक्षा की हँसी)** मित्रे, रक्षिता क्या खाकर उनकी सौत बन सकेगी ? हाँ, सम्राज्ञी वह बन सकती है । जिस पद को पैरों से ठुकराकर माताजी विदिशा जा बैठी हैं, रक्षिता उस जूठी पत्तल को पाटलिपुत्र में चाट सकती है । इसके लिए माताजी को तनिक भी दुःख नहीं होगा; और न यह मेरे, तुम्हारे या किसी और के लिए चिंता का विषय है ।

संघमित्रा : तो और किस बात की चिंता हो सकती है, भैया ?

महेंद्र : पिताजी वृद्ध हैं—दिन-रात धर्म-कार्यों में रत; शासन-कार्यों में व्यस्त ! वह घरेलू मामलों में न ध्यान देते हैं, और न देंगे । इधर क्या रक्षिता सम्राज्ञी बनकर ही संतुष्ट हो जाएगी ? वह युवती है, सुंदरी है, कला की आचार्या है ! कला ! सौंदर्य ! यौवन !—तीन-तीन अमोघ अस्त्र ! कुछ भी अनर्थ हो सकता है, मित्रे !

संघमित्रा : कला, सौंदर्य, यौवन !—हाँ, कुछ भी अनर्थ हो सकता है, भैया ! **(भयभीत-सी होती है)**

महेंद्र : किंतु, इस प्रसंग में पिताजी को नहीं लाना; और न मैं साम्राज्य के लिए ही कोई संकट देख रहा हूँ । पिताजी सांसारिकता से बहुत ऊँचे उठ चुके हैं और मौर्य-साम्राज्य की नींव अब शेषनाग की पीठ तक जा चुकी है । मुझे कुछ चिंता है, तो एक दूसरे ही कोमल, दुर्बल, असहाय प्राणी के लिए !

संघमित्रा : दुर्बल ? कोमल ? असहाय ? **(आश्चर्य में)** वह कौन प्राणी है, भैया ?

महेंद्र : तुम भूल गईं उसे ?

संघमित्रा : **(स्मरण की चेष्टा में)** दुर्बल, कोमल'''

महेंद्र : कुणाल !

संघमित्रा : **(जैसे चिल्ला पड़ती हो)** कुणाल भैया ! दुर्बल''' कोमल''' असहाय ! हाँ, कुणाल भैया कोमल हैं, दुर्बल हैं, असहाय हैं—उन्हें माताजी ने छोड़ दिया, हमने छोड़ दिया—हाँ, हाँ,

दुर्बल, कोमल, असहाय ! क्या रक्षिता उन पर प्रहार करेगी भैया ?

महेंद्र : सिंह के शिकार से लौटा हुआ शिकारी रास्ते में हिरन पाकर उसे नहीं छोड़ता, मित्रे ! दुर्बल, कोमल, असहाय सदैव दया ही नहीं उत्पन्न करते, हिंस्र प्रवृत्ति को भी उद्दीप्त करते हैं ।

संघमित्रा : ओह, भैया, भैया, इसे रोकिए, रोकिए ! कुणाल भैया को बचाइए, बचाइए !

महेंद्र : **(गंभीर होकर)** मित्रे, हम एक अजीब युग से गुजर रहे हैं । बहुत-सी असंभव घटनाएँ, हमारी-तुम्हारी आँखों के सामने, घट चुकीं । क्या हम-तुम उन्हें रोक सके ? उलटे हमीं उनके प्रवाह में बह गए । शायद घटनाओं का वही स्रोत बेचारी रक्षिता को घसीटकर पाटलिपुत्र ले जा रहा है ! रह-रहकर चिंताएँ आ घेरती हैं, किंतु इन बातों में ज्यादा सिर खपाना क्या हमारे भिक्षु-जीवन के लिए उपयुक्त है ? हम अपने कर्त्तव्य-पथ पर बढ़ते चलें, देखें, युग-प्रवाह हमें क्या-क्या दिखाता है !

संघमित्रा : उफ्, कुणाल भैया ! दुर्बल, कोमल, असहाय···ओह ! ओह ! **(मुँह ढँककर सिसकियाँ लेती है)**

महेंद्र : मित्रे, चिल्लाने से, रोने-धोने से कुछ नहीं होने-जाने का । कलिंग में हमने जो हत्याएँ कीं, रक्त बहाया; अभी शायद उसका पूरा प्रायश्चित नहीं हो पाया है ! पिताजी चेष्टा में लगे हैं; हम-तुम अपने को तपा रहे हैं···किंतु ! ···किंतु ! ···किंतु, छोड़ो इन बातों को । जाओ, अपने विहार में जाओ, सोओ । रात काफी बीत चुकी है । शतवर्तिका की सभी बत्तियाँ बुझ चुकीं, सिर्फ एक बाकी है; उसे भी बुझाती जाओ···

[संघमित्रा आँसू पोंछती हुई उठती है । दीपक की ओर बढ़ती है । उसकी आँखों से अचानक आँसुओं की धारा फूट पड़ती है । जब वह झुककर दीपक बुझा रही है, आँसू की एक बूँद उसकी लौ पर गिरती है—दीपक बुझ जाता है—वह चीख उठती है—घोर अंधकार !]

दूसरा दृश्य

[पाटलिपुत्र का राजप्रासाद । तिष्यरक्षिता का विलास-कक्ष । संगीत के साधन-उपसाधन इधर-उधर सजाकर रखे गए हैं । बीच में रक्षिता बैठी है—शृंगार-प्रसाधनों से मंडित । सामने कुणाल बैठा है । रक्षिता के मुख-मंडल पर हार्दिक उथल-पुथल की छाया । कुणाल के चेहरे पर सादगी और सौम्यता खेल रही है ।]

कुणाल : तो, भैया वहाँ क्या करते हैं आर्ये ?

तिष्यरक्षिता : आपके भैया ! कुमार, अह, वह क्या मनुष्य हैं ? नहीं, नहीं, वह तो देवता हैं । सारा सिंहल उन्हें देवता की तरह पूजता है । और क्यों न पूजे ? क्या उनका व्यवहार साधारण भिक्षु-सा होता है ? वह तो एक साथ ही भिक्षु, चिकित्सक, सेवक—क्या-क्या नहीं हैं ? जहाँ कहीं अज्ञान है, पीड़ा है, दुःख है, शोक है, वहाँ भिक्षु महेंद्र उपस्थित ! अभी उस साल हमारे देश में महामारी फैली—अपने को अपना नहीं पूछता था ! किंतु, आपके भैया !—अहा ! कहीं दवा दे रहे; कहीं परिचर्या कर रहे !—गंदगियों को अपने हाथ से धोने और शवों को ढोकर उनका अंतिम संस्कार करने में भी उन्हें संकोच नहीं होता था । आप जुटे थे; भिक्षुओं को जुटाया था । सारा सिंहल उनके धन्य-धन्य से गूँज उठा !

कुणाल : मेरे भैया ऐसे ही हैं आर्ये! वह जिस ओर मुड़ेंगे, कमाल कर दिखाएँगे। भैया! **(भावनाविभोर होकर प्रणाम करता हुआ)** प्रणाम भैया! और मेरी मित्रा—आप लोगों की संघमित्रा— वह क्या करती रहती है, आर्ये?

तिष्यरक्षिता : देवी संघमित्रा, सारे सिंहल की आराध्या बन चुकी हैं। उनके शील और सेवा पर सारा सिंहल मुग्ध है। सब कहते हैं, कैसा होगा वह देश, जिसमें देवी संघमित्रा जैसी नारियाँ उत्पन्न होती हैं?

कुणाल : आह, मेरी नन्हीं बहन! **(लंबी साँस लेता है)**

तिष्यरक्षिता : कुमार, संघमित्रा जैसी बहन पर क्या 'आह' करने की आवश्यकता है? ऐसी बहन तो संसार में सबको मिले—जो कुल को उज्ज्वल करे, देश को उज्ज्वल करे, विदेश को उज्ज्वलता दे! देवी संघमित्रा को देखकर ही तो मुझे आपके देश में आने की प्रेरणा मिली! उनकी स्मृति से ही मेरा सिर झुक जाता है, कुमार! **(हाथ जोड़कर प्रणाम करती है)**

कुणाल : आह, मित्रा ने क्या-क्या नहीं छोड़ा? खिलौने-सा पुत्र; देवता-सा पति; स्वर्ग-सा घर! किंतु, यह तो सब कोई जानते हैं। आर्ये, मेरी समझ में मित्रा का सबसे बड़ा त्याग था, अपनी कला का सदा के लिए परित्याग कर देना! घर छोड़ना, पति या पुत्र छोड़ना उतना कठिन नहीं है, जितना सच्चे कलाकार के लिए कला का त्याग करना। सच्चे कलाकार के लिए, उसकी कला जीवन की साँस होती है। आर्ये, सिंहल ने मेरी बहन का सिर्फ ढाँचा-मात्र पाया है, अपने प्राण को वह यहीं गंगा-मैया को समर्पित कर गई! उफ्, उस दिन अपने सारे वाद्य-यंत्रों और संगीत-साधनों को किस प्रकार उसने निर्ममता से गंगा के जल में डाल दिया—एक-एक कर उन्हें उठाती, चूमती, सिर से लगाती और फिर काँपते हाथों से···· **(आँखों में आँसू आ जाते हैं, गला रुँध जाता है)**

तिष्यरक्षिता : **(उसकी आँखें भी छलछला आती हैं)** हाँ, कुमार, कलाकार के लिए सबसे बड़ा त्याग है कला का परित्याग! इतना बड़ा त्याग कर ही तो देवी संघमित्रा ने अपने को इतिहास के लिए अमर बना लिया है! देवी संघमित्रा कभी गाती, बजाती और नाचती भी होंगी, इसका अनुमान तो वहाँ मुझे प्रायः होता था। साधारणतः चलते-फिरते समय भी, मैं उनके पदों में एक सूक्ष्म प्रकार की समगति पाती थी; उनकी मामूली बातचीत में भी अद्‌भुत स्वर-संधान का अभ्यास मिलता था; और उनकी उँगलियाँ, जहाँ भी ताल और लय मिले, वहाँ सहज ही नृत्यशील हो उठती थीं! सचमुच, कला सच्चे कलाकार के लिए जीवन की साँस होती है, कुमार!

कुणाल : आप ही इसे अच्छी तरह समझ सकेंगी, क्योंकि आप भी कलाकार हैं न? **(संगीत-साधनों पर दृष्टि डालते हुए)** आप अपना देश छोड़ आईं, किंतु, क्या इन्हें छोड़ सकीं?

तिष्यरक्षिता : आह, इन्हें छोड़ पाती! **(उसाँस लेती है)**

कुणाल : क्यों? इनसे तो कुछ मन ही बहलता होगा!

तिष्यरक्षिता : कुमार, कला अपने लिए वातावरण चाहती है! यहाँ तो····

कुणाल : हाँ, हाँ, भैया कहा करते थे, यह राजप्रासाद नहीं, बौद्ध-विहार हो चला है! जब से मित्रा गई, यह तो पूरा बौद्ध-विहार हो गया है! मैंने भी गाना-बजाना छोड़ दिया है, आर्ये!

तिष्यरक्षिता : छोड़ चुके होंगे! देवी संघमित्रा ने छोड़ दिया···आपने ····

कुणाल : नहीं, नहीं, आर्ये! कहाँ मित्रा, कहाँ मैं! वह महाप्राण थी और मैं···दुर्बल ····। आह, जब कभी बादल गरजते हैं, पिकी कूकती है, भौरें गूँजते हैं, कलियाँ चटखती हैं—हृदय आकुल हो उठता है! कंठ में एक सुरसुरी, उँगलियों में एक तरह की झिनझिनी अनुभव करने

लगता हूँ ! कहाँ मित्रा; कहाँ मैं ! वह महाप्राण; मैं दुर्बल····

तिष्यरक्षिता : सभी कलाकार दुर्बल और कोमल होते हैं, कुमार !

कुणाल : दुर्बल और कोमल ! हाँ, हाँ, आपको यह वातावरण खलता होगा ।

तिष्यरक्षिता : इसे तो मैंने स्वयं अपनाया है, फिर मैं क्या शिकायत करूँ ? क्यों करूँ ? किंतु···· **(आँखें भर आती हैं)**

कुणाल : आपकी स्थिति का कुछ अनुभव कर सकता हूँ, देवी ! देश से दूर—स्वजन-परिजन से दूर····

तिष्यरक्षिता : **(व्याकुल होती है)** कुमार—कुमार ! यह बात मत बढ़ाइए । मैं इसे भुलाने की कोशिश में हूँ कुमार ! उफ्, कभी-कभी ऐसा लगता है, कलेजा मुँह को आ रहा हो ! यह एकांत, यह गला दबोचनेवाला सन्नाटा···आह ! **(आँखों की अश्रुधारा आँचल से पोंछती है)**

कुणाल : तो आर्ये, एक निवेदन ! क्यों न मैं कभी-कभी आ जाया करूँ और संगीत-साधना में आपका कुछ साथ दूँ ? कला हमारी ढाल, हमारी रक्षक भी तो है !

तिष्यरक्षिता : **(कुछ प्रसन्न मुद्रा में)** कुमार, कुमार ! हम कलाकार एक-दूसरे के हृदय के कितने निकट होते हैं ! आपने तो जैसे मेरी बात ही छीन ली । किंतु, कुमार···छोड़िए ! उसे भुलाने ही दीजिए ! जिस घाव को भरना है, उसे फिर कुरेदने से···**(अचानक रुक जाती और ऊर्ध्व में देखने लगती है)**

कुणाल : देवि ! एक बात कहूँ । इसमें मेरा स्वार्थ भी है ! आपके निकट जब-जब आता हूँ, मालूम होता है, अपने भाई-बहन के निकट पहुँच गया ! लगता है, भैया ने, मित्रा ने आपको अपना प्रतीक बनाकर यहाँ भेजा है ! आर्ये, आप कल्पना नहीं कर सकतीं कि भैया मुझे कितना मानते थे ! और मित्रा···वह मुझसे कभी दूर होती थी, आर्ये ! मालूम होता था, जैसे हम जुड़वें भाई-बहन हों—बचपन में एकसाथ खाया, सोये; जवानी में एकसाथ गाया, रोए !

तिष्यरक्षिता : रोए ?

कुणाल : **(हँसकर)** हाँ, हाँ आर्ये, हम कभी-कभी साथ-साथ रो भी लेते थे । हँसी और रुदन भी जुड़वें भाई-बहन हैं न आर्ये ! क्यों ? **(मुस्कुराता है)**

तिष्यरक्षिता : **(उदास होकर)** भगवान किसी को रुदन न दें ।

कुणाल : **(उसी तरह मस्ती में)** किंतु, उससे बचा कौन है आर्ये ! देख रहा हूँ, वह रह-रहकर आपकी आँखों में भी झाँक जाता है । वह···वह ···वह ! **(उँगली से रक्षिता की डबडबाई आँखों की ओर इंगित करता हुआ मुस्कुराता है)**

तिष्यरक्षिता : **(गहरी साँस लेती हुई)** ओह, कुमार ! इसकी चर्चा मत कीजिए, कुमार ! **(हाथों से आँखें ढाँप लेती है)**

तीसरा दृश्य

[कंचनमाला का कक्ष । वह विषण्ण, विह्वल-सी है । रह-रहकर उसाँसें लेती है । परिचारिका आती है । धीरे-धीरे वह कंचनमाला के निकट पहुँचती है ।]

परिचारिका : देवि, इधर आप बहुत उदास····

कंचनमाला : **(बीच ही में बात काटकर)** कुमार कहाँ हैं ?

परिचारिका : छोटी सम्राज्ञी के कक्ष में होंगे, भद्रे ! हाँ, हाँ, वहीं हैं ! सुनिए न, वह संगीत-ध्वनि····
(संगीत की झंकार सुनाई पड़ती है)

कंचनमाला : यह दिन-रात का संगीत !

परिचारिका : अच्छा है, भद्रे, अच्छा है ! मंत्रों की बुदबुदाहट से कान पक गए थे—अच्छा हुआ छोटी सम्राज्ञी ने फिर से इस घर में संगीत-नृत्य की प्रतिष्ठा की । आपको भी तो संगीत बहुत प्रिय था भद्रे ! आप भी इसमें क्यों नहीं सम्मिलित होतीं ? देवि ! आपका और कुमार का सम्मिलित गीत-नृत्य देखे-सुने तो कितने दिन हो गए !

कंचनमाला : परिचारिके, पिछली बातों को मत छेड़ । गया हुआ आदमी लौट भी आए, जो दिन गए—गए !

परिचारिका : **(गंभीर होकर)** अंधी नहीं हूँ भद्रे ! सबकुछ देख रही हूँ । हाँ, बात कुछ सीमा से बाहर जा रही है ! तो आप कुमार से क्यों नहीं कहतीं कि मर्यादा का अतिक्रमण····

कंचनमाला : क्योंकि मैं कुमार को जानती हूँ । कुमार कलाकार हैं, कलाकार बीच में रुक नहीं सकता ! कलाकार को सबसे अधिक आनंद मिलता है सीमा का अतिक्रमण करने से। कलाकार—सीमा का शत्रु ! **(कुछ रुककर, सोचकर)** शायद यह उसके लिए आवश्यक भी हो ! यदि वह ऐसा न करे, तो कला की अभिवृद्धि ही रुक जाए—वह जहाँ-की-तहाँ खड़ी रहे, या चक्कर काटे ! एक नई धुन; एक नई गत; एक नई रेखा; एक नया रंग; एक नई उक्ति; एक नई उपमा—इसके लिए कलाकार की आत्मा छटपटाती रहती है । सिंहल की इस युवती ने कुमार के सामने कला का एक नया सागर लहरा दिया है—रंग नया, तरंगें नई । कुमार उन तरंगों से खेल रहे हैं—क्या उन्हें इससे रोका भी जा सकता है ? **(दीर्घ उच्छ्वास लेती है)**

परिचारिका : किंतु, राजभवन में तरह-तरह की बातें····

कंचनमाला : वे सारी बातें झूठी होंगी, परिचारिके ! मैं कुमार को जानती हूँ । वह कला की उस सीमा तक पहुँच चुके हैं, जहाँ वासनाओं की छाया भी पहुँच नहीं सकती । उज्ज्वलता ही जहाँ का रंग होता है, पवित्रता ही जहाँ की गंध होती है ! कुमार····नहीं, नहीं । कुमार की ओर से मुझे तनिक भी आशंका नहीं है परिचारिके ! तो भी, न जाने क्यों, मुझे बार-बार लगता है, जैसे यह कुछ अच्छा नहीं हो रहा । लगता है, क्षितिज के किसी अदृश्य छोर पर कहीं आँधी पल रही है ! उफ् !

परिचारिका : देवि, क्षमा कीजिए तो मैं कहूँ ।

कंचनमाला : बोल····

परिचारिका : **(कंचनमाला की ओर देखती रह जाती है)**

कंचनमाला : बोल, बोलती क्यों नहीं ?

परिचारिका : भद्रे, नई सम्राज्ञी को जब-जब देखती हूँ, मुझे बार-बार उस काली सर्पिणी की याद आ जाती है, जो उस रात अचानक प्रासाद के प्रांगण में निकल आई थी—वैसा ही रंग, वैसी ही चमक, वैसा ही चपल सारा शरीर, जैसे भीतर के जहर से काँप रहा हो ! वही गर्दन, वही दृष्टि—जैसे कहीं किसी का मर्म ढूँढ़ा जा रहा हो । **(व्याकुल होकर)** देवि, देवि, कुमार को वहाँ जाने से रोकिए !

कंचनमाला : **(गंभीरता से)** जानती हूँ, सखि, वह आग से खिलवाड़ कर रहे हैं । किंतु, उस जिद्दी हठी बच्चे को रोक रखना क्या इतना आसान है ? क्या करूँ, समझ में नहीं आता । चिंता खाए जा रही है । समझाती हूँ, तो कहते हैं—तुम स्त्रियाँ बड़ी ईर्ष्यालु होती हो ! स्त्रियाँ

ईर्ष्यालु ! किंतु, भूल जाते हैं कि स्त्रियाँ ईर्ष्यालु होती हैं तो क्यों ? क्योंकि वह अपनी जाति के सबल तत्त्व को जानती हैं और जानती हैं पुरुष-हृदय के उस दुर्बल स्थान को, जहाँ प्रहार किए जाने पर, यह भारी-भरकम जानवर औंधे मुँह गिर पड़ता है । सोचो न, स्त्रियों की आँखों के एक बूँद पानी ने ही क्या-दया न किया-कराया है !

परिचारिका : बहुत सही कह गईं भद्रे ! फिर जवानी की राह—फिसलन-भरी !

कंचनमाला : **(क्रोध की मुद्रा में)** जवानी को बहुत बदनाम किया गया है परिचारिके ! जवानी की राह फिसलनभरी है, तो उसके पैरों में शक्ति और दृढ़ता भी है ! मुझे तो बुढ़ापे से डर लगता है !

परिचारिका : बुढ़ापे से !

कंचनमाला : हाँ, बुढ़ापे से ! जो भोग नहीं सकता; किंतु छोड़ भी नहीं सकता ! जिसकी अशक्तता जलन की धूनी रमाए रहती है ! जो अपने को भुलाने के लिए तरह-तरह का उपचार खोजता है; किंतु पाता नहीं । बुढ़ापा जिंदगी की लाश····

परिचारिका : देवि, देवि, आप किधर लक्ष्य कर रही हैं ? क्या आपको सम्राट् से····

कंचनमाला : हाँ, मुझे सम्राट् से भय है ! भय है, स्वयं सम्राट् शायद यह पसंद न करें कि कुमार और सिंहल-कुमारी इस प्रकार दिन-रात एकसाथ रहा करें ।

परिचारिका : ओह, आप यह क्या कह रही हैं ? सम्राट् को तो धर्म-चर्चा····

कंचनमाला : परिचारिके, इस प्रसंग पर हमें कुछ कहने का अधिकार नहीं है ! लेकिन एक बात याद रख—जितना ही आदमी धर्म की ओर प्रेरित हो; समझ, उसके हृदय में कहीं उतनी ही अशांति है ! और, उस अशांति से जलते हृदय में, जिस दिन निराश किशोरी का भग्न हृदय, प्रतिहिंसा से उद्वेलित होकर, नया ईंधन डालेगा, उस दिन उसकी लपट से कौन किसकी रक्षा कर सकेगा ?

परिचारिका : निराश किशोरी—भग्न हृदय !

कंचनमाला : हाँ, मेरा विश्वास है, एक-न-एक सिंहल-कुमारी को अनुभव करना पड़ेगा कि मेरे कुमार उस धातु के नहीं हैं जिसकी कल्पना उन्होंने कर रखी है । फिर क्या होगा ? उफ् ! मालूम होता है, अशोक-परिवार पर ही किसी कुग्रह की शनि-दृष्टि पड़ गई है ! माताजी कहाँ गईं; जेठजी कहाँ गए; छोटी दीदी कहाँ गईं ? सबके सब चले गए और मेरे जिम्मे एक अजीब जीव सौंप गए—दुर्बल, कोमल···· **(उसाँसें लेती है)**

[दूर से किसी के आने की कुछ आहट ।]

परिचारिका : **(उस ओर चकित दृष्टि से देखती, अचानक खिल पड़ती और कह उठती है)** अहा ! वह देखिए; कुमार आ रहे हैं **(दूर से कुमार आते दिखाई पड़ते हैं)** ओहो, हमारे कुमार कितने सुंदर हैं, भद्रे ! सुंदर, सुडौल, छरहरा बदन और उस पर वे आँखें—सदा अधखुली, अधमुंदी ! मानो एक नाल पर दो अधखिले कमल ! हाँ, हाँ, एक नाल पर दो अधखिले कमल ! वही आकार, वही रंग, वही मादकता, वही मोहकता ! क्या संसार में कोई ऐसा हृदय है, जो इन आँखों पर मुग्ध न हो !

[कुणाल का प्रवेश ।]

कुणाल : किन आँखों की बातें हो रही हैं ? **(परिचारिका को देखकर)** ओ, तुम ! अच्छा, परिचारिके, जाओ, जरा मेरे लिए थोड़ा पेय का तो प्रबंध करो ! **(अचानक कह उठता है)** अह, छोटी माताजी थका डालती हैं ! **(परिचारिका घूरती है; उस ओर घूमकर)** अरी, तुम गई नहीं । **(परिचारिका जाती है)** हाँ, हाँ, सच कह रहा हूँ; कंचने, छोटी माताजी थका डालती हैं ! यह गाइए, वह गाइए; यह बजाइए, वह बजाइए ! एक दिन

कहने लगीं—शायद आप नृत्य भी जानते होंगे ! बोलो, मैं उनसे क्या कहता ?

कंचनमाला : तो क्या आपको कोई जवाब नहीं सूझा ?

कुणाल : किस-किस बात का जवाब सूझे ! वह अजीब नारी हैं कंचने ! कब क्या बोल जाएँगी, कुछ ठिकाना है ? अभी उस दिन की बात है, बड़ी देर तक मेरा मुँह निहारती रहीं, फिर कह उठीं—कुमार, आपकी ये आँखें कितनी सुंदर हैं ! यहाँ भी तो शायद इन आँखों की ही चर्चा हो रही थी ! क्या मेरी आँखें सचमुच बड़ी सुंदर हैं, कंचने ?

कंचनमाला : जब नई माताजी कह रही हैं····

कुणाल : कहा न तुम्हें कंचने, यह छोटी माताजी अजीब नारी हैं। जब उनसे यही पूछा—तो, उनकी आँखों में आँखू छलछला आए और बोलीं—कुमार, आपको मालूम नहीं, ये आँखें कैसी हैं; एक बार इन आँखों को देखकर इनसे अलग रहना····

कंचनमाला : **(उसाँसें लेती हुई)** हूँ···· !

कुणाल : किंतु, मैंने उन्हें बीच में ही टोक दिया, कंचने ! और कहा—आर्ये, इसका मतलब तो यह हुआ कि मैं आपके ही पास बैठा रहूँ। क्या यह संभव है ? आदमी सदा एक ही जगह कैसे बैठा रह सकता है ? और वह कंचनमाला जो है ! जानती हो कंचन, तुम्हारा नाम सुनते ही वह बोल उठीं—देवी कंचनमाला ! कितनी सौभाग्यशालिनी हैं वह !

कंचनमाला : **(व्यंग्य में)** हाँ, मैं बड़ी सौभाग्यशालिनी हूँ !

कुणाल : और, कंचने, उस समय मुझे एक दिल्लगी सूझ गई। मैंने कहा— आर्ये, यदि आप इन आँखों से दूर नहीं रह सकतीं; तो मैं एक काम करूँ—आँखें निकालकर आपको समर्पित कर देता हूँ, शरीर कंचन के पास रहेगा !

कंचनमाला : **(व्याकुल होकर)** कुमार, कुमार ! ओहो, यह क्या बोल रहे हैं आप ?

कुणाल : छोटी माताजी भी इसी तरह व्याकुल हो उठी थीं, कंचने ! झट उन्होंने अपने हाथों से मेरा मुँह बंद कर दिया और जानती हो, भावना-विभोर होकर बार-बार मेरी आँखों को चूमने लगीं। सच कहता हूँ, जब वह आँखों को चूम रही थीं, तो मुझे अपनी माताजी की याद आ गई ! आह ! वह भी यों ही मेरी आँखें चूमा करती थीं, और कहा करती थीं—कहीं मेरे बेटे की इन आँखों को किसी चुड़ैल की आँख न लग जाए !

कंचनमाला : उनकी आशंका निराधार नहीं थी, कुमार !

कुणाल : कंचने ! माताजी ! **(लंबी उसाँस के साथ)** आह, माताजी कहाँ चली गईं ? क्यों चली गईं ? क्या माताजी को हमारी याद नहीं आती होगी, कंचने ! उफ्, यह—यह कैसी बात हो गई—माताजी विदिशा में, भैया और मित्रा सिंहल में····

कंचनमाला : **(दृढ़ स्वर में)** शायद हमें भी पाटलिपुत्र छोड़ना पड़े, कुमार !

कुणाल : यह क्या कह रही हो कंचने ? हम पाटलिपुत्र छोड़ देंगे, तो छोटी माताजी का क्या होगा ? एक दिन उन्होंने कहा भी था—कुमार, आप नहीं होते, तो जाने मेरी यहाँ क्या गति हुई रहती ? और, यह कहकर ऐसा मुँह बना लिया कि तुम्हारी याद आ गई !

कंचनमाला : मेरी ?

कुणाल : अरी पगली, तुम कभी भुलाई जा सकती हो ! तुम्हारा प्रेम, तुम्हारी भक्ति, तुम्हारा भोलापन ! लेकिन एक बात। भोलेपन में छोटी माताजी तुम्हें भी मात दे सकती हैं। एकदम बच्ची; कुछ समझती नहीं। एक दिन कहने लगीं—कुमार, आप मुझे 'आर्ये' नहीं कहा कीजिए; यह माता का संबोधन····सचमुच उनका कहना सही था, कंचने ! उम्र में मुझसे भी छोटी, शायद तुमसे भी। उन्हें 'आर्ये' कहते मुझे भी जाने कैसा लगता है ! मैंने

कहा—बात तो जँचती है, किंतु फिर क्या कहकर पुकारूँ आपको ?

कंचनमाला : और आप दोनों चेष्टा के बाद भी कोई नया संबोधन नहीं पा सके ?

कुणाल : अभी तक तो हम नहीं पा सके हैं कंचने; तुम्हीं बता दो न ! और हाँ, हाँ, इसी सिलसिले में वह यह भी कहने लगीं—मुझे जो आप 'आप-आप' कहकर पुकारते हैं, यह भी अच्छा नहीं लगता। और उसी साँस में यह भी पूछ बैठीं—क्या देवी कंचनमाला को आप 'आप' ही कहकर संबोधित करते हैं ? और, ज्योंही मेरे मुँह से निकला—वह तो पत्नी है और आप माता ! तो फिर क्या हुआ, जानती हो ? वह एकबारगी मेरी गोद में सिर धरकर रो उठीं— उफ्, हिचकियाँ, आँसुओं की अविरल धारा ! और सच कहूँ, तो मेरी आँखों में भी आँसू छलछला आए कंचने ! **(कंचनमाला काँप उठती है; उसकी आँखों में भी आँसू छलछला आते हैं)** अरे, यह तुम्हारी आँखें भी····

कंचनमाला : **(रुँधे गले से)** अब इस राजभवन को हम छोड़ें, कुमार ! ओह, ओह····

कुणाल : यों छोड़ना चाहो, तो सुयोग भी है। अभी उस दिन महामात्य से मालूम हुआ कि उत्तर-पश्चिम सीमा पर कुछ उपद्रव हो रहा है और पिताजी चाहते हैं कि यदि मैं कुछ दिनों तक उस ओर जाकर रहूँ, तो शायद मामला सुलझ जाए।

कंचनमाला : हाँ, मामला सुलझ जाए ! **(लंबी उसाँसें लेती है)**

कुणाल : क्यों कंचने, तुम्हारे इस कहने में कुछ और भी मानी है क्या ?

कंचनमाला : मेरे कुमार, हर कहने में कुछ-न-कुछ मानी छिपा रहता ही है। किंतु मेरे भोले, मेरे भावुक ! अच्छा है, तुम इनसे परे हो। उपद्रव—सीमा पर ! किस सीमा पर ? सम्राट् ! व्यर्थ में स्त्रियाँ बदनाम की जाती हैं कि उनमें ईर्ष्या की मात्रा अधिक होती है। हर कमजोर में ईर्ष्या होती है। हूँ ! उपद्रव ! सीमा पर ! कैसा उपद्रव ? किस सीमा पर ? **(कुणाल से लिपटती हुई)** हाँ, हाँ, कुमार हम यहाँ से चलें; रास्ते में ही विदिशा में माताजी के दर्शन भी कर लेंगे ! चलें····चलें, **(कंचनमाला कुमार से लिपट जाती है)**

चौथा दृश्य

[तिष्यरक्षिता अपने विलास-कक्ष में। उसके चारों ओर वाद्य, संगीत और नृत्य के साधन बिखरे पड़े हैं। वह दर्पण के सामने बैठी है; उतरा हुआ चेहरा; बिखरे बाल; गीली आँखें, बड़ी देर तक दर्पण में अपने को देखती है; फिर अपने प्रतिबिम्ब से बोल उठती है—]

तिष्यरक्षिता : रक्षिते ! यही है तू ! यही गति होनी थी तेरी ! कहाँ पैदा हुई, कहाँ रहने आई ! अब मर, मर, रक्षिते !

[थोड़ी देर आँखें मूँद लेती है]

: मरेगी रक्षिते ? हाँ, हाँ, जीना चाहती है; किंतु सिवा मृत्यु के कौन चारा है तेरे लिए ? यह उपेक्षित जीवन, अपमानित जीवन, लांछित जीवन ! क्या इस जीवन से मृत्यु अधिक दुःखद, भयप्रद और वीभत्स होगी ? तुझे मरना चाहिए, मरने को तैयार होना चाहिए, रक्षिते !

[गला सहसा रुँध जाता है]

: पिताजी, पिताजी, यह आपने क्या किया ? मुझे कहाँ भेज दिया पिताजी ! अजीब यह देश है, अजीब यहाँ के लोग हैं ! समझ में नहीं आता, क्या कहते हैं, क्या चाहते हैं ?

[क्रोध की मुद्रा में]

: नहीं, जान-बूझकर यहाँ मेरी उपेक्षा की गई है ! रक्षिते, पगली, अपने को धोखे में मत रख । जानबूझकर तेरी उपेक्षा की गई है ! हाँ, जान-बूझकर उपेक्षा की गई है; किंतु इस ढंग से कि तू धोखे में रहे ! उँह, इस सारे भवन में ढोंग ही ढोंग भरा है । धर्म का ढोंग, प्रेम का ढोंग, कला का ढोंग !—ढोंग ! ढोंग ! ढोंग !

[मुस्कुराती हुई]

: बूढ़े सम्राट् ! अह, क्या कहने हैं ! दिन-भर इस चिंता में कि इस देश में धर्मदूत भेजो, उस देश में धर्मदूत भेजो; यहाँ स्तूप खड़ा कराओ, वहाँ स्तूप खड़ा कराओ । स्तूप खड़ा कराओ, उन पर अच्छे-अच्छे उपदेश लिखवाओ । और उनका आरंभ करो इस वाक्य से—'देवानाम् प्रिय, प्रियदर्शी अशोक !' 'देवानाम् प्रिय' तो समझी, किंतु, यह 'प्रियदर्शी' क्या बला है बूढ़े सम्राट् ? क्या आप अपने को सुंदर भी समझते हैं ! बूढ़ा ! **(खिलखिला पड़ती है)** नहीं, नहीं रक्षिते, हँस मत ! सम्राट् कभी सुंदर भी रहे होंगे; जरूर रहे होंगे—खँडहर बताता है, इमारत बुलंद रही होगी ! किंतु कैसा करुण ! खँडहर समझ रहा, वह इमारत है । बूढ़े सम्राट् ! तुम पर क्रोध नहीं, करुणा ही आती है ! किंतु, किंतु....

[अचानक भौंहें चढ़ जाती हैं]

: किंतु कुमार, तुम ! तुम ! ! सम्राट् दुर्बलताओं के साथ भी महान हैं, किंतु तुम ? ओह, कैसा नाटक दिखाया तुमने ? जैसे भोले हो, जैसे बच्चे हो, जैसे कुछ समझते ही नहीं हो तुम ! नहीं, नहीं, तुम्हें घमंड है कुमार, अपने रूप का, अपनी आँखों का, उन आँखों का ! आँखों का ?

[उत्तेजना कम हो जाती है, गला रुँध जाता है]

: किंतु, रक्षिते ! सत्य से दूर मत भाग ! वैसी आँखें संसार में कहीं देखी नहीं गई होंगी ! वे आँखें, मादक आँखें ! मोहक आँखें ! कुमार, कुमार ! वे आँखें तुम्हें कहाँ से मिलीं ?

[फूटकर रो पड़ती है; फिर सम्हलती है]

: नहीं, वह तो चला गया ! कहाँ चला गया ? क्यों चला गया ? कंचने ! यह सारी खुराफात तुम्हारी है ! तुम कुमार को ले भागी हो । मुझसे छीनकर तुम कुमार को ले भागी हो ! तुम मुझसे डर गईं । डर गईं ! जब-जब मैं तुम्हारे सामने हुई, देखा, तुम मुझे देखते ही काँप उठती रही ! क्यों काँपती रही ? क्यों, क्यों ? **(कुछ सोचती हुई)** हाँ, हाँ, मैं सिंहल से आई हूँ न ! सिंहल में राक्षसी बसती हैं, तुम्हें डर था, तुम्हारे कुमार को....

[दर्पण में घूरती हुई]

: किंतु रक्षिते ! तू क्या सचमुच राक्षसी है ? राक्षसी का चेहरा ऐसा ही होता है ? राक्षसी के बाल ऐसे ही होते हैं ? राक्षसी के अधर ऐसे ही होते हैं ? और, राक्षसी की आँखें ! ये आँखें ! **(अचानक कुणाल की आँखों की याद आ जाती है)** और, वे आँखें—कुमार, कुमार !

[फिर आँखें मूँद लेती है]

: पिताजी, पिताजी ! मुझे आपने कहाँ भेज दिया, पिताजी ! किन लोगों के बीच में भेज दिया ! यहीं भेजना था, तो किसी संघाराम में भेजा होता, भिक्षुणी बनाकर भेजा होता ! इस

राजभवन में क्या भेज दिया—किन लोगों के बीच में भेज दिया? सिंहल—अभिशापित देश! तुम्हें ये लोग राक्षसपुरी समझते हैं, तुम्हारी बेटियों को राक्षसी समझते हैं! राक्षसी! राक्षसी! कंचने, क्या मैं राक्षसी हूँ? कुमार, क्या मैं राक्षसी हूँ?

[अचानक उठकर खड़ी होती है]

: राक्षसी हूँ, तो सम्हल, कंचने! कुमार को लेकर कहाँ भागी? कहाँ भागी, कहाँ जाएगी? यह राक्षसी जो तुम्हारे पीछे लगी है कंचने! कुमार कहाँ जाओगे, यह राक्षसी जो तुम्हारे पीछे पड़ी है! वे आँखें! वे आँखें! तुम्हें उन आँखों पर घमंड है कुमार! कंचने, तुम उन आँखों को बचाने के लिए भाग गई हो! और कुमार, उन आँखों के बल पर तुमने मुझे अपमानित किया, लांछित किया? उन आँखों के बल पर!

[मुट्ठी बाँधती हुई]

: तो, तो⋯जिन आँखों के बल पर⋯जिन आँखों के बल पर⋯हाँ, हाँ, जिन आँखों के बल पर⋯

[अचानक मुट्ठी ढीली पड़ जाती है—बेचैन हो उठती है]

: आह, वे आँखें—आह, वे मादक, मोहक आँखें! वे आँखें, वे आँखें!

[फिर सम्हलती और मुट्ठी बाँधती हुई]

: किंतु, तुम उन्हें देख न सकोगी कंचने! तुम उन्हें बचा नहीं सकोगी कंचने! उन पर राक्षसी की नजर पड़ गई है! राक्षसी! राक्षसी! राक्षसी!

[एक क्षण रुककर]

: कुमार याद है, तुमने कहा था, कहिए, तो ये आँखें निकालकर आपको दे दूँ! तुमने व्यंग किया था कुमार! तुमने मेरी अभिलाषा का उपहास किया था, कुमार! तो, तो⋯

[गंभीर होकर दर्पण के सामने फुसफुसाती हुई]

: चुप रक्षिते! चुप रह! चुप रह! कोई सुन न ले, कोई जान न ले। वे आँखें—वे आँखें! इन हथेलियों पर! आँखें हथेलियों पर⋯। चेहरे पर आँखें—कितनी सुंदर! **(हँस पड़ती है)** जब वे इन हथेलियों पर होंगी—**(अचानक विषण्ण होती हुई)** उँह, उँह—उफ्, उफ्! **(फिर सम्हलती सी)** लेकिन, यह दुर्बलता कैसी? रक्षिते, तू राक्षसी है न! वे तुम्हें राक्षसी समझते हैं न? फिर क्यों यह कोमल भावना? मानवी रक्षिता का जिसने अपमान किया, वह रक्षिता की राक्षसी का प्रकोप सहे! जो मानव का अपमान करता है, वह राक्षस पाता ही है—सम्हलो, सम्हलो, कुणाल!

[उत्तेजना में दर्पण के सामने से हटकर टहलती हुई]

: कंचने! हाँ, हाँ, इन्हें अपने रंग पर घमंड है, सोने के ऐसे दमकते रंग पर—तभी तो नाम रखा है—कंचनमाला, कंचनमाला! और रक्षिते! तुम काली हो न? तुम्हारे बाल काले हैं न? तुम्हारी आँखें काली हैं न? आँखें! **(कुणाल की आँखें याद आ जाती है)** उफ्! उफ्! नहीं, नहीं! **(पूरी दृढ़ता से)** हाँ, हाँ, वे आँखें अब इन काली हथेलियों पर! इन काली हथेलियों पर! हाँ, हाँ, वे दोनों आँखें, इन दोनों हथेलियों पर! चेहरे पर आँखें—कितनी सुंदर! किंतु हथेलियों पर—काली हथेलियों पर! हा⋯हा⋯हा⋯हा⋯

[अट्टहास करती हुई जाती है।]

पाँचवाँ दृश्य

[अंधा होकर कुणाल अपनी पत्नी के साथ भिखारी के रूप में चल पड़ता है।

आगे-आगे कंचनमाला, पीछे-पीछे उसका कंधा पकड़े, कुणाल। चलते-चलते, भूलते-भटकते वह पाटलिपुत्र के कहीं आसपास पहुँच जाता है]

कुणाल : कंचने, हम कहाँ पर हैं कंचने?

कंचनमाला : हमने नाम-धाम कहना और पूछना छोड़ दिया है न?

कुणाल : यह तो अच्छा ही किया है हमने। भिखारी के लिए नाम क्या, धाम क्या? चले चलो, बढ़े चलो—कुछ मिल जाए, खा लो; जहाँ थक जाओ, सो लो। किंतु कंचने, कुछ खास बात है कि पूछ रहा हूँ—हम कहाँ पर हैं?

कंचनमाला : क्या खास बात अनुभव कर रहे हैं आप?

कुणाल : जानती है पगली, अंधे की ज्ञानेंद्रियाँ बड़ी तीव्र हो जाती हैं! अभी-अभी हवा का एक झोंका आया और शरीर से स्पर्श किया, तो मालूम हुआ, जैसे कोई परिचित आकर गले मिल रहा हो! क्या निकट में कोई तालाब है? और उसमें कमल फूले हैं? पुरइन पर बूँदें किस तरह चमक रही होंगी कंचने? या—या बगल में कहीं नदी है? गंगा तो नहीं? कंचने, यों तो गंगा हर जगह की शीतल, पवित्र! किंतु, पाटलिपुत्र के निकट की गंगा…आह! कंचने, कहीं हम पाटलिपुत्र के निकट…

कंचनमाला : कुमार, कुमार, पाटलिपुत्र का नाम न लीजिए, पुरानी बातों की चर्चा मत कीजिए—यह अच्छी बात है कि हम उन्हें भूल गए!

कुणाल : भूल तो गए ही हैं और भूलकर अच्छा ही किया है हमने। किंतु, न जाने क्या बात है कंचने, कि आज इतनी उत्सुकता जगी है! मालूम होता है कि कहीं पुरानी जगह में आ गया हूँ! वही हवा; वही गंध; वही स्वर-लहरी—जरा ध्यान से तो सुन! वह कोयल किसी घनी अमराई में बोल रही है या नहीं? यों तो कोयल जिस डाल पर बोल लेती है, उसकी बोली भली लगती है—किंतु, विस्तृत, सघन अमराई की बौराई कुंज में उसकी बोली कुछ और ही होती है—जैसे स्वर के साथ गंध घुल गई हो,—जैसे, काकली मलयानिल पर तैरती हुई आती हो!

कंचनमाला : कुमार, छोड़िए उन बातों को! मेरा मन कैसा तो हो जाता है!

कुणाल : हाँ, हाँ, तुम्हारा मन बहुत कोमल है—मुझसे भी कोमल! जानती हो, कंचने, मैं यह जानता था, इसीलिए उस दिन जब पाटलिपुत्र से वह राजदूत आया और उसने सम्राट् का आज्ञापत्र दिया, तो मैंने झट निर्णय कर लिया कि मुझे यह काम तुरत कर लेना चाहिए—नहीं तो तुम्हें जरा भी पता चलता, तो क्या यह मेरे लिए संभव होता?

कंचनमाला : उफ्…छोड़िए उन बातों को!

कुणाल : मेरी भोली! तुम्हारे इस भोलेपन के कारण ही तो उस दिन मुझे अधिक डर हुआ था। तुरत मैंने राजदूत से कहा—आँखें चाहिए? किस चीज में लोगे? क्या उन्हें लेने के लिए पात्र लाए हो? और कंचने, तुम्हें सुनकर आश्चर्य होगा, उसके पास पात्र भी था और अस्त्र भी! ओहो, जिसे ये आँखें चाहिए थीं, उसकी आत्मा कितनी कोमल होगी, कंचने! हाँ, जो करना है, वह जल्द कर लिया जाए और अच्छी तरह कर लिया जाए! कैसा सुंदर था वह पात्र और किस तरह चम-चम कर रही थी वह छुरी! छुरी!—उसे देखकर एक बार तो मैं

काँप उठा—किंतु, फिर सम्हला और झट उसे दाहिनी आँख····

कंचनमाला : उफ्, उफ्, यह चर्चा बंद कीजिए, कुमार !

कुणाल : **(हँसकर)** पगली !····जो होना था, हो चुका; फिर तुम व्याकुल क्यों होती हो ? अच्छा, एक बात । कंचने, बताओ तो, मैंने पहले दाहिनी आँख ही क्यों निकाली ?

कंचनमाला : उफ्, उफ्····

कुणाल : उफ् ! उफ् ! लेकिन मैं तुमसे सोलह आने सच कह रहा हूँ, कंचने, मैंने जरा भी उफ् नहीं की ! छुरी की नोंक भौं के नीचे घुसेड़ दी—और उसे इस तरह घुमा दिया कि वह आँख एकबारगी निकलकर उस पात्र में आ रही ! ओहो, सचमुच मेरी आँखें बड़ी खूबसूरत थीं, कंचने ! मैंने उसे देखा—खून से लथपथ, फिर भी कितना साफ कोआ; और बीच की वह पुतली—मालूम होता था, जैसे वह मुझसे पूछ रही हो—कुमार, मेरा क्या कसूर था कि मुझे यों····

कंचनमाला : कुमार, कुमार !

कुणाल : और वह राजदूत भी चिल्ला उठा था, कुमार ! कुमार ! लेकिन, मैंने सोचा, तनिक भी विचलित होता हूँ, विलंब करता हूँ, तो फिर मुझसे यह काम पूरा नहीं होने का । मैंने छुरी की नोक बाईं आँख में भी उसी तरह घुसेड़ दी—लेकिन, आह ! मैं उस बेचारी आँख को देख भी न सका ! बेचारी बाईं आँख—न जाने वह कहाँ गिरी; पात्र में या पृथ्वी पर !

कंचनमाला : ओह, ओह ! **(कुमार से लिपट जाती है)**

कुणाल : **(उसकी पीठ सहलाता हुआ)** कंचने, कंचने ! एक बात बता दो कंचने ! कंचने, तुमने देखा था, वह कहाँ गिरी थी ? कहीं जमीन पर न गिर आई हो ! बेचारी बाईं आँख !

कंचनमाला : ओह, ओह, कुमार, कुमार ! **(फूट-फूटकर रो पड़ती है)**

कुणाल : हाँ, हाँ, वह राजदूत भी इतने जोरों से चीख उठा था कि राजभवन में हल्ला मच गया, और मैंने थोड़ी देर के बाद ही तो तुम्हें इसी तरह चिल्लाते सुना था—"कुमार, कुमार, ओह, ओह !" उफ्, तुम कितनी रोई थीं ! **(कंचन के सिर पर हाथ फेरते हुए)** कंचने, कंचने, किंतु अब क्यों रो रही हो ? पगली, वह स्वप्न था ! सारा स्वप्न ! संसार को दार्शनिकों ने जो स्वप्न कहा है, वह कितना सत्य है कंचने ! किंतु, एक बात है मेरी रानी ! बार-बार मन में प्रश्न उठा करता है—यह क्या हुआ ? पिताजी ने यह क्या किया ? एक बार मन में आया था, कोई षड्यंत्र तो नहीं—इसीलिए उस राजाज्ञा को कई बार अच्छी तरह देखा था ! किंतु, नहीं, पिताजी की ही तो मुहर थी !

कंचनमाला : पिताजी की ही मुहर थी, क्या इसका अर्थ सदा यह होगा कि आज्ञा भी पिताजी की होगी ?

कुणाल : जरूर, जरूर । पिताजी के अतिरिक्त कौन दूसरा उस पर उनकी मुहर लगा सकता है ? सम्राट् की मुहर—संसार में सबसे पवित्र धरोहर !

कंचनमाला : पवित्र से पवित्र धरोहरों की भी चोरी होती आई है, कुमार !

कुणाल : अरे, तू क्या बोल गई कंचने ? चोरी !—किसने चोरी की होगी ? नहीं, नहीं, ऐसा हो नहीं सकता । वह मुहर सदा पिताजी के पास ही रहती है !

कंचनमाला : जैसे पिताजी के पास कोई नहीं रहता····रहती ।

कुणाल : रहता····रहती ····तो क्या तुम्हें छोटी माताजी····

कंचनमाला : उन्हें माता कहकर इस पवित्र शब्द का अपमान न कीजिए कुमार ! सत्य नहीं छिपता । पहले मैं भी भ्रम में थी; पिताजी के बारे में भी संदेह उग आया था । शायद, उसी का यह प्रायश्चित कर रही हूँ ! किंतु, आज वह सत्य तो घाट-घाट की चर्चा बन चुका है । मैं यह बात आपसे जान-बूझकर छिपाए हुए थी कुमार ! सबकी जिह्वा पर यह चर्चा है—साम्राज्य

की एक-एक प्रजा यह सब जान गई है ।

कुणाल : सच ? क्या सचमुच ऐसी बात है, कंचने ?

कंचनमाला : जाने दीजिए कुमार ! हम सबकुछ भूल गए, इसे भी भूल जाएँ । जिसने भिखारी का जीवन वरण कर लिया है, वह अब साम्राज्य और सम्राज्ञी आदि की बातें भला क्यों सोचे ?

कुणाल : **(कहता जाता है)** क्या सच ? क्या सचमुच तुमने ऐसी चर्चा सुनी है ? अरे, अरे, उफ् ! **(और सोचने लगता है)**

कंचनमाला : आप यह क्या सोचने लगे ?

कुणाल : कुछ नहीं, कुछ नहीं । **(कुछ रुककर)** कंचने, मेरी कंचने ! मेरी दुलारी कंचने ! एक बात मस्तिष्क में कौंध गई ! तुमने सुना है न कंचने, प्रेम अंधा होता है ?

कंचनमाला : हूँ !

कुणाल : और, क्या कला भी अंधी होती है ?⋯ह ⋯ह ⋯ह **(हँसता है)**

छठा दृश्य

[सिंहलद्वीप का संघाराम । दोपहर का सन्नाटा । भिक्षु महेंद्र व्यग्रता से टहल रहे हैं । संघमित्रा आती है—वह खड़ी है; किंतु महेंद्र टहलते जा रहे हैं । कुछ देर के बाद संघमित्रा पुकारती है—]

संघमित्रा : भैया !

[महेंद्र टहलते जा रहे हैं]

: भैया !

[महेंद्र फिर भी टहल ही रहे हैं]

: भैया, मैं !

महेंद्र : **(चौंककर)** ओ मित्रे !

संघमित्रा : भैया, यह⋯

महेंद्र : हाँ, यह उद्विग्नता ! नहीं, नहीं, यह भिक्षु के उपयुक्त नहीं । कहीं पर कुछ हो, कुछ हो जाए, हमें तो हमेशा शांत रहना है ! सम्यक् समाधि, सम्यक् समाधि !

संघमित्रा : इधर दो-तीन दिनों से आपको बहुत ही आकुल देख रही हूँ भैया ! ज्योंही आप एकांत में हुए कि व्याकुलता⋯

महेंद्र : ओहो, इतनी बारीकी से देखा करती हो तुम मुझे !

संघमित्रा : यहाँ और कौन है, जिसे अपने से बढ़कर देखूँ ? भैया, ममता मनुष्य की सबसे बड़ी कमजोरी है न !

महेंद्र : सही कह रही हो मित्रे ! ममता मनुष्य की सबसे बड़ी कमजोरी है । नहीं तो रक्षिता कुछ करे, कुणाल का कुछ हो जाए, हमें क्या लेना-देना है इन बातों से ! **(घूमने लगता है)**

संघमित्रा : **(आतुर होकर)** रक्षिता ? कुणाल ? भैया, क्या आखिर कुछ होकर ही रहा ?

महेंद्र : हाँ, मेरी आशंका सोलह आने सच साबित हुई मेरी बहन ! आह कुणाल ! कुणाल ! **(आँखों में आँसू आ जाते हैं)**

संघमित्रा : भैया ! आपकी आँखों में ये आँसू !

महेंद्र : हाँ, जिंदगी में शायद पहली बार ये आँसू निकले हैं मित्रे ! कम-से-कम जब से होश हुआ,

याद नहीं, कभी रोया होऊँ ! करुणा का स्रोत न जाने कब से अवरुद्ध था; बहुत दिनों पर फूटा है ! और जब फूटा है···· ! आह, बहने दो, बहने दो ! बहने दो मेरी नन्हीं बहन ! **(आँसू झर-झरकर गिरने लगते हैं)**

संघमित्रा : **(व्याकुल होकर)** भैया, क्या बात है भैया ? कुणाल भैया को क्या हुआ ? क्या हुआ कुणाल भैया को ? **(निकट जाकर)** बोलते क्यों नहीं ? कुणाल भैया को क्या हुआ ? उफ्, ओह ! **(फूट पड़ती है)**

महेंद्र : **(अपने आँसुओं को रोकते हुए)** मित्रे, नहीं, नहीं । हम दोनों में से एक को तो होश में रहना ही है ! हा कुणाल ! **(गला रुँध जाता है)** कुणाल····

संघमित्रा : कुणाल भैया ! कुणाल भैया ! उन्हें क्या हुआ भैया ! वह कहाँ हैं भैया ! भैया, भैया ! **(लिपट जाती है)**

महेंद्र : कुणाल भैया को क्या हुआ ? हाय रे कुणाल ! वज्र गिरा भी, तो कमल-नाल पर ! हम, तुम, पिताजी, माताजी····सब सस्ते निकल गए ! सस्ते निकल गए, निकल गए; और सबसे बड़ा दान देना पड़ा उसे, जो हम सबमें सबसे दुर्बल था !

संघमित्रा : दान ? क्या दान देना पड़ा कुणाल भैया को ? बताइए भैया—बताइए, नहीं तो, मेरी छाती फट जाएगी—ओह, ओह ! **(कलेजे को दोनों हाथों से पकड़ती है)**

महेंद्र : **(संघमित्रा को सम्हालते हुए)** मित्रे ! मित्रे ! ठीक नहीं, यह ठीक नहीं, हम सबको कुछ-न-कुछ देना पड़ा है—कुणाल जरा पीछे पड़ गया था; इसीलिए उसे सबसे बड़ा दान देना पड़ा !

संघमित्रा : **(खीझकर)** दान ! दान ! दान ! क्या दान ? बताइए; नहीं तो मैं पागल हो जाऊँगी भैया, पागल ····पागल ····पागल **(विक्षिप्त-सी चिल्लाने लगती है)**

महेंद्र : शांत बहन, शांत ! तुम इस तरह कर रही हो ? सोचो, कंचन कैसे होगी ! बेचारी····उफ्—अंधे की लाठी !

संघमित्रा : अंधे की लाठी ! कौन अंधा हुआ भैया ? कुणाल भैया····अंधा ! अंधा ! कौन अंधा ?

महेंद्र : **(बात काटकर)** हाँ, तुम्हारा कुणाल भैया अंधा हो गया है !

संघमित्रा : ओह, ओह ! **(मूर्च्छित होकर गिर पड़ती है । महेंद्र उसे सम्हालते हैं, बैठ जाते हैं, अपनी जाँघों पर उसका सिर रखे, मस्तक पर हाथ फेरते हुए कहते हैं)**

महेंद्र : अंधा ! नहीं नहीं, कहने में भूल हो गई ! कुणाल अंधा नहीं । कुणाल ने नेत्र-दान दिया है ! नेत्र-दान ! मित्रे, नेत्र-दान ! प्राणदान से भी बड़ा, महान् ! सर्वोच्च दान—पवित्र दान ! यह दान कुणाल ही दे सकता था मित्रे !

संघमित्रा : **(महेंद्र की गोद में सिर रखकर हिचकियों पर हिचकियाँ लेती है—रह-रहकर फूट पड़ती है)**

महेंद्र : **(उसका सिर ऊपर उठाते हुए)** जो होना था, सो हुआ मित्रे ! सारी बातें बड़े स्वाभाविक ढंग से हुईं । रक्षिता बेचारी अपने पर जब्त न रख सकी । कुणाल अपनी रक्षा न कर सका । कंचन ने उसे बचाना चाहा; किंतु बात उलटी हो गई । आह, कुणाल—दुर्बल, कोमल, असहाय····

संघमित्रा : **(जैसे अचानक चौंककर, गुस्से में आकर)** और यह सब पिताजी के रहते !

महेंद्र : पगली, तुम इन बड़े लोगों को नहीं जानतीं । ये अपनी धुन में इतने मस्त रहते हैं कि इनकी नाक की सीध में भी क्या हो रहा है, नहीं जानते । सबसे बड़ी बात तो यह होती है कि इनके अपने लोगों को ही सबसे अधिक कष्ट सहना और उठाना पड़ता है । शायद, यह भी उचित ही है । इतिहास के कोने में इन्हें जो अनायास थोड़ा-सा स्थान मिल जाता है,

उसकी कीमत तो चुकानी ही चाहिए। हम-तुम, सब चुका रहे हैं। किंतु, कुणाल····

संघमित्रा : भैया, जरा विस्तार से कहिए भैया, ब्योरेवार बताइए भैया !

महेंद्र : विस्तार से सुनोगी ! सुन लोगी। घबराओ नहीं, तुम सुनोगी, संसार सुनेगा। कुणाल के इस नेत्र-दान ने, महादान ने इतिहास में एक ऐसी घटना की सृष्टि की है कि युग-युग तक लोग इसे सुनना चाहेंगे, सुनेंगे। इस घटना पर आख्यान बनेंगे, काव्य बनेंगे, नाटक बनेंगे। मित्रे, आह ! सचमुच कितनी बड़ी बात हो गई ! नेत्र-दान !····

संघमित्रा : हाय रे यह नेत्र-दान ! नेत्र ! और कुणाल भैया के नेत्र ! कुणाल भैया की आँखें—वे कितनी सुंदर थीं भैया ! क्या रक्षिता की कुदृष्टि उन पर पड़ी ?

महेंद्र : 'कु' या 'सु'—ये तो मानव अपनी मनोभावना के अनुसार विशेषण लगाता है, मेरी नन्ही बहन ! हम-तुम इस पर व्यर्थ क्यों सिर खपाएँ ? जानती हो, किसी भी महान यज्ञ में सुंदरतम की बलि देकर ही पूर्णाहुति की जाती है ? पिताजी ने जो महानतम धर्म-यज्ञ प्रारंभ किया था; इस बलि के बाद, वह अब पूर्ण हो गया !

संघमित्रा : हाय रे वह यज्ञ, आह री यह बलि !

महेंद्र : मित्रे, यज्ञ और बलि दोनों में गठबंधन है। जहाँ यज्ञ, वहाँ बलि। और निरीह मूक पशुओं की जगह, चेतन, उद्‌बुद्ध मानवों की बलि कहीं सुंदर है, श्रेयस्कर है। और उसमें भी कुणाल ऐसे शुद्ध और शुभ्र मानव की सुंदरतम आँखें पाकर तो बलि भी धन्य हो उठी होगी मित्रे ! उठो मित्रे ! ऐसे भाई को पाकर हम भी अपने को धन्य-धन्य समझें।

संघमित्रा : भैया, भैया ! ओह ! कुणाल भैया····

[फिर फूट पड़ती है।]

महेंद्र : मित्रे, कलिंग का प्रायश्चित अब पूरा हो गया। हमने जो असंख्य गर्दनें काटकर रक्त बहाया उसका मूल्य हमें आँखों के रक्त से चुकाना पड़ा—सुंदरतम आँखों के रक्त से ! शुद्ध, शुभ्र, कोमल, निर्मल मानव की सुंदरतम आँखों के पवित्रतम रक्त से। इतिहास का यह सबसे बड़ा पाठ····

संघमित्रा : हाय रे यह पाठ ! आह रे कलिंग ! कलिंग ! कलिंग !

[आँखें मूँद लेती है।]

महेंद्र : मित्रे, कलिंग पर नाराज मत हो। कलिंग स्थान नहीं, एक प्रतीक है;—कलिंग प्रतीक है, युद्ध का, हत्या का, मानवता के संहार का ! युग-युग से कलिंग होते रहे हैं, और अभी शायद····

संघमित्रा : क्या फिर कलिंग होंगे भैया ? क्या फिर कोई कुणाल बनेगा भैया ? कुणाल भैया ! कुणाल भैया ! भैया, भैया, भगवान फिर कहीं कलिंग न बनाएँ····

महेंद्र : फिर कलिंग न बने, बहुत ठीक ! लेकिन कलिंग न बने, इसके लिए हमें एक नया संसार बनाना होगा, मित्रे ! उठो, चलो, हम एक ऐसा संसार बनाएँ, जहाँ कलिंग न हो, युद्ध न हो, हत्या न हो, संहार न हो। कलिंग, अशोक, संघमित्रा, रक्षिता, कुणाल—ये सब एक ही घटना-शृंखला की कड़ियाँ हैं मित्रे ! कुणाल ने नेत्र-दान देकर हमारे, और संसार के नेत्र खोलने की चेष्टा की है। यदि इतने पर भी हम न चेतें, तो संसार की रक्षा कोई भगवान भी नहीं कर सकता, मित्रे ! उठो, चलो—आँसू पोंछो, प्रयत्न में लगो ! यदि एक-एक व्यक्ति अपने कर्त्तव्य को समझे, उसमें जुट जाए, तो फिर नया संसार बसकर रहेगा—बसकर, बसकर, बसकर रहेगा !

[पटाक्षेप]

संघमित्रा

[1948-50 ई.]

यह संघमित्रा

सम्राट् अशोक की सुपुत्री संघमित्रा उनकी आज्ञा पर भिक्षुणी बनकर सिंहल गई और वहाँ बुद्ध के शांतिधर्म का प्रचार किया।

संघमित्रा बोधिवृक्ष की जिस डाल को लेकर सिंहल गई थी, वह या उसका वंशज अश्वत्थ वृक्ष आज भी सिंहल में जीवित है।

इस छोटे-से एकांकी में मैंने उसी घटना को चित्रित करने की चेष्टा की है।

हाँ, मैंने उसके मूल उत्स को खोजने का भी प्रयत्न किया है। अशोक के धर्म-परिवर्तन में कलिंग का स्थान रहा है, यह तो सर्वविदित है। किंतु संघमित्रा ने भिक्षुणी बनना क्यों स्वीकार कर लिया? क्या सिर्फ पिता का आज्ञापालन ही इसमें कारण रहा है? या कहीं उसके हृदय में कोई अपना अंतर्द्वंद्व भी था? केवल आज्ञापालन की भावना इतना बड़ा परिवर्तन कराने में तो प्रायः असफल रही है!

"रहने दो, रहने दो; इतिहास के पन्ने को बंद ही रहने दो!" इस वाक्य से यह नाटक समाप्त होता है। इसी पन्ने को मैंने थोड़ा-सा उलटकर पाठकों के सामने रख दिया है!

इसका अधिकार मुझे था? किंतु कलाकार तो प्रायः ही अनधिकार चेष्टा कर बैठता है न?

—श्रीरामवृक्ष बेनीपुरी

पात्र-पात्रियाँ

पात्रियाँ

संघमित्रा :: मल्लिका

पात्र

महेंद्र :: नीलमणि

1

[सम्राट् अशोक के राजप्रासाद का एक कक्ष। सम्राट् के पुत्र महेंद्र और उनकी पुत्री मित्रा, जो पीछे चलकर संघमित्रा के नाम से प्रसिद्ध हुई, परस्पर बातें कर रहे हैं।]

संघमित्रा : हाँ, तो फिर क्या हुआ भैया ?

महेंद्र : महीने-पर-महीने बीतते गए, हमारा घेरा मजबूत होता गया, कसता गया। हमने ऐसी स्थिति ला दी कि उनकी राजधानी के अंदर न एक छटाँक अन्न पहुँच पाए, न एक चुल्लू पानी।

संघमित्रा : ओह ! वे बेचारे ! भैया, फिर क्या हुआ ?

महेंद्र : उनकी राजधानी में पहले कोलाहल-कोलाहल था, फिर सन्नाटा छाने लगा—मृत्यु का सन्नाटा ! किसी भयानक निश्चय का सन्नाटा ! ! जब मृत्यु सामने होती है, आदमी भीषणतम संकल्प कर उतारू हो जाता है, मित्रे !

संघमित्रा : उन्होंने भी भीषणतम संकल्प किया ! क्या संकल्प किया भैया ?

महेंद्र : एक दिन उनके दुर्ग का फाटक खुला, वे निकले ! ताँबे के रंग के वे लोग ! वे आदमी नहीं मालूम होते थे, ताँबे की जीवित प्रतिमाएँ—सुघर, सुंदर, चमकीली—

संघमित्रा : कलिंग के लोग सचमुच बड़े सुंदर होते हैं, भैया !

महेंद्र : सुंदर और बहादुर भी ! वे ताँबे की प्रतिमाएँ गुस्से में लाल अंगारे-सी दहकती मालूम पड़ती थीं। सबके हाथों में हथियार, सबके मुँह में जयनाद ! कलिंग की वाहिनी हम पर इस तरह टूटी, जैसे भूखे शेर शिकार पर टूटते हैं !

संघमित्रा : भूखे शेर—शिकार पर ! ओहो ! **(भय-मुद्रा)**

महेंद्र : हाँ, हाँ, वे ऐसे टूटे जैसे भूखे शेर शिकार पर। दिन-भर घमासान लड़ाई होती रही, मित्रे ! ऐसी लड़ाई जिसमें एक पक्ष ने तय कर लिया हो कि वे या तो मरेंगे या मारेंगे—नहीं, मारकर मरेंगे। क्योंकि कलिंगवाले समझ गए थे, वे जीत नहीं सकते और पराजय की अपेक्षा उन्होंने मरण को वरण किया था।

संघमित्रा : तब तो सचमुच बड़ी घमासान लड़ाई हुई होगी, भैया ?

महेंद्र : बड़ी घमासान ! जब शाम को हम विजयी हुए, तो पाया, हम मुर्दों के देश के राजा हैं ! उफ्, रक्त का समुद्र हिलोरें ले रहा था; मानवता चीख-पुकारकर अंतिम दम तोड़ रही थी !

संघमित्रा : रक्त का समुद्र ! ओह !

महेंद्र : हाँ, हाँ, मित्रे, रक्त का समुद्र ! जिसने उस समुद्र को देखा, किसी का कलेजा स्थिर नहीं रहा ! पिताजी तो फूट-फूटकर रोने लगे !

संघमित्रा : **(आश्चर्य में)** पिताजी रोने लगे ?

महेंद्र : हाँ, मित्रे, रोने लगे, बच्चों-सा बिलख-बिलखकर ! जिन्होंने अपने सौ भाइयों की हत्याएँ करवाई थीं, हर हत्या पर उत्सव मनाया था, जिनकी वीरता क्रूरता की भी सीमा पार कर गई थी, वे ही पिताजी बच्चों-से बिलख-बिलखकर रोने लगे ! और हिचकियों में कहा—चलो पाटलिपुत्र, आज से हम युद्ध नहीं करेंगे !

संघमित्रा : हाँ सुना है; और आप लोग चले आए !

महेंद्र : नहीं ! उस समय संध्या हो चली थी। पिताजी ग्लानि में युद्ध-भूमि से लौट रहे थे। मैं

उनके साथ था; कि अकस्मात् कुछ शब्द हुआ, और हमने पाया, जैसे मुर्दों के बीच से कोई उठ खड़ा हुआ हो !

संघमित्रा : मुर्दों के बीच से कोई खड़ा हुआ हो !—आप लोग डर गए होंगे; भैया !

महेंद्र : पगली, मर्द डरा नहीं करते !

संघमित्रा : मर्द नहीं डरते ! ओहो ! अच्छा, तो आगे क्या हुआ भैया ?

महेंद्र : मालूम हुआ, एक लाश खड़ी हुई, चीखी, हमारी ओर बढ़ी—तीर की तरह ! और, उसने पिताजी पर वार कर दिया !

संघमित्रा : अरे, अरे !

महेंद्र : किंतु तलवार कहाँ थी ? थी सिर्फ मूँठ ! पिताजी की ढाल पर ठस-सा शब्द हुआ और वह लाश आप ही भहरा पड़ी ! और थोड़ी ही देर में लाश पिताजी के कंधे पर ढोई जाकर हमारे शिविर में थी। लाश में अब भी साँस थी। पिताजी ने तुरत चिकित्सकों को बुलाया और आज्ञा दी—इसे अच्छा करना ही है तुम्हें ! कलिंग का यही उपहार लेकर मुझे पाटलिपुत्र लौटना है !

संघमित्रा : उसका क्या हुआ ? वह कौन था भैया ?

महेंद्र : उसका जो कुछ हुआ, सामने देखो ! **(प्रकोष्ठ की ओर इंगित करता हुआ)** वही नीलमणि है। कलिंग की प्रतिहिंसा की जीवित प्रतिमा और पिताजी के आध्यात्मिक कायाकल्प का चलता-फिरता प्रमाण ! देखो, वहाँ प्रकोष्ठ के सुनसान कोने पर निश्छल खड़ा हुआ किस तरह गंगा की ओर घूर रहा है !

2

[सम्राट् अशोक के प्रासाद के प्रकोष्ठ का एक एकांत स्थान। सम्राट्-कुमारी मित्रा कलिंग-कुमार नीलमणि से बातें कर रही हैं।]

संघमित्रा : क्या देख रहे हैं, कलिंग-कुमार !

नीलमणि : ओहो, आप ? क्या देख रहा हूँ ? आप भी देखिए न राजकुमारी ! देखिए, वह क्या है ?

संघमित्रा : कितना सुंदर दृश्य ! एक ओर से सोनभद्र का सुनहला पानी, दूसरी ओर से सदानीरा की तुरत-तुरत हिमालय से उतरी शीतल जल-धारा ! दोनों बाँहें पसारकर, दौड़कर गंगा-मैया से मिल रही हों मानो ! वह कलकल, वह कुलकुल ! यहाँ से भी हम शब्द सुन रहे हैं, कुमार ! कितना सुंदर, कितना मधुर !

नीलमणि : केवल यही देख रही हैं आप ?

संघमित्रा : नहीं, नहीं ! और भी देख रही हूँ—अस्ताचलगामी सूर्य की किरणों के स्पर्श से गंगा की उर्मियाँ किस प्रकार स्वर्णिम-स्वर्णिम हो रही हैं और उन पर नागरिकों की सजी-सजाई नौकाएँ, पुष्पवाटिका में उड़ती तितलियों की तरह, किस शान से तैर रही हैं····

नीलमणि : रहने दीजिए; आप बिलकुल कवि हैं; आप सत्य नहीं देख सकतीं !

संघमित्रा : सत्य नहीं देख सकतीं ! तो क्या मैं झूठ कह रही हूँ ?

नीलमणि : झूठ वह है जो देखने या सुनने के प्रतिकूल कहा जाए। मैंने कहा, सत्य आप देख नहीं सकतीं। सत्य को देखना कुछ आसान काम नहीं है राजकुमारी !

संघमित्रा : अच्छा, तो आप ही कहिए, किस कठोर सत्य को आप देख रहे हैं यहाँ ?

नीलमणि : सत्य को देखना कठिन है; तो उसका कहना कठिनतर। और राजकुमारी, उसका सुनना तो

शायद कठिनतम !

संघमित्रा : मुझे पहेली में नहीं रखिए कलिंग-कुमार ! बताइए, क्या देख रहे थे आप !

नीलमणि : बताऊँ ? आप सुनने को तैयार हैं ?

संघमित्रा : **(खीझ में)** ओह !

नीलमणि : तो सुनिए ! मैं देख रहा था, आपकी इस गंगा मैया के पानी में कितना रक्त है और कितने आँसू !

संघमित्रा : **(साश्चर्य)** रक्त, आँसू ! गंगा के जल में ?

नीलमणि : हाँ, राजकुमारी, रक्त, आँसू ! मैं देख रहा हूँ, गंगा की इस उज्ज्वल धारा में रक्त-ही-रक्त है, आँसू-ही-आँसू हैं !

संघमित्रा : यह क्या कह रहे हैं आप ?

नीलमणि : सत्य ! नग्न सत्य ! जो पर्दे के पीछे है, वह कठोर सत्य ! यह गंगा—यह विशाल नदी ! यह आप लोगों की साम्राज्यलिप्सा की प्रतीक है, राजकुमारी ! इसने आपको बढ़ने की प्रेरणा दी है, फैलने की प्रेरणा दी है । सीमाओं को तोड़ने, रास्तों की रुकावटों को उखाड़ फेंकने, साहस करनेवालों को डुबोने और चारों ओर एकछत्र राज स्थापित करने की प्रेरणा इसी से आप लोगों ने प्राप्त की है ! शायद ही किसी नदी के तट पर इतना रक्त बहा हो ! शायद ही किसी की धारा में इतने आँसू मिले हों ! ! गंगे-गंगे ! तू दुनिया में किस अभिशाप का फल बनकर आई ?

संघमित्रा : यह आपको क्या हो गया है, कलिंग-कुमार ! आप क्या बोल रहे हैं ?

नीलमणि : **(उसकी बातों से बेपरवाह)** और, साम्राज्य न चले जब तक उसमें ढोंग न हो । गंगा, ढोंग की मूर्त्ति ! ऊपर उज्ज्वल चंचल लहरियों की अठखेलियाँ, नीचे रक्त का हाहाकार, आँसुओं का चीत्कार ! **(नीलमणि का ध्यान संध्याकालीन किरणों के पड़ने से लाल बन रही गंगा की धारा की ओर जाता है—वह अचानक अट्टहास कर उठता है)** हा-हा-हा-हा-हा, देखो; देखो राजकुमारी, देखो ! सूरज की अंतिम किरणों ने लहरियों पर पड़कर तुम्हारी गंगा का सारा ढोंग खत्म कर दिया । देखो, वह लाल-लाल ! वह अब लाल-लाल हो रही है तुम्हारी गंगा ! अब तुम्हारी गंगा में रक्त ही रक्त है ! रक्त⋯रक्त ⋯ **(विक्षिप्त-सी भावभंगी करने लगता है)**

संघमित्रा : **(उसे पकड़ती हुई)** कुमार, कुमार ! अभी तुम स्वस्थ नहीं हुए कुमार ! आह !⋯

नीलमणि : **(संघमित्रा की बातें जैसे उसने सुनी नहीं हों)** रक्त, रक्त ! **(संघमित्रा की आँखों में आँसू देखकर)** और यह तुम्हारी आँखों में आँसू ! उफ्, गंगे, तुम्हारी धारा में रक्त-ही-रक्त है ! तुम्हारे तट पर आँसू-ही-आँसू हैं ! रक्त, आँसू ! रक्त, आँसू ! **(चिल्लाता है)**

संघमित्रा : शांत, कुमार, शांत !

नीलमणि : शांत ? आह, मैं शांत हो पाता ! जिसका घोंसला जला दिया गया हो, वह पंछी भी शांत हो सकता है राजकुमारी ?

संघमित्रा : घोंसला जला दिया गया हो ! हाँ, **(कुछ रुककर)** किंतु दूसरा घोंसला बन सकता है कुमार ! **(आँखों में अनुराग)**

नीलमणि : क्या कहा, दूसरा घोंसला ? क्या इसीलिए मुझे श्मशान से उठा लाया गया ? क्या इसीलिए मेरी चिकित्सा कराई गई ? क्या इसीलिए तुम्हारे पिता मुझ पर इतना प्रेम दिखाते हैं ? ढोंग-ढोंग काषाय वस्त्र के नीचे भी इतनी कालिमा⋯

संघमित्रा : **(बात काटती हुई)** पुत्री के समक्ष पिता की निंदा भद्रोचित नहीं, कम-से-कम इतना तो समझो ।

नीलमणि : भद्रोचित ! **(शांत होते हुए)** आह, ऐसी समझ मुझमें आती राजकुमारी ! एक दिन मैं भी भद्र था, हम भी भद्र थे । किंतु हमारी सारी भद्रता को तुम्हारे पिता ने लाशों और लोथों से ढँक दिया !

संघमित्रा : अतीत का गीत दुहराने से कुछ नहीं होता कुमार ! हम वर्तमान को देखें, भविष्य की चिंता करें ! तुम चाहो, तो कलिंग का भाग्य-सूर्य फिर सोलहों कला से दीप्त-तृप्त हो सकता है !

नीलमणि : **(साश्चर्य)** मेरे चाहने से ?

संघमित्रा : हाँ, तुम्हारे चाहने से ?

नीलमणि : मेरे चाहने से ? मैं यह समझ नहीं पाता ?

संघमित्रा : **(जमीन की ओर देखती हुई)** समझोगे राजकुमार, समझोगे ।

नीलमणि : **(कुछ हतप्रभ-सा)** तुम्हारा मतलब !

संघमित्रा : क्या हर मतलब को प्रकट करने के लिए शब्द ही चाहिए ?

नीलमणि : **(जैसे वह भाँप गया हो)** ओहो ! **(फिर कुछ सोचकर)** किंतु राजकुमारी, खँडहर पर नई इमारत बन सकती है; खँडहर खुद इमारत नहीं बन सकता । जो उजड़ गया, उजड़ गया; जो नया आएगा, वह नया आएगा ! कलिंग मर चुका, कलिंग के अनेकों राजपुरुष और राजकुमारों के साथ ही यह तुच्छ नीलमणि भी मर चुका । यह जो तुम्हारे सामने खड़ा है, वह नीलमणि नहीं है । वह नीलमणि का भूत है, जिसे तुमने मंत्रबल से खड़ा किया है । तुम्हारी सेवा, तुम्हारी शुश्रूषा—जीवन भर इसे नहीं भूल सकता, राजकुमारी ! किंतु भूत को जीवित प्राणी समझने की नासमझी न करूँगा, न करने दूँगा !

संघमित्रा : कुमार !

नीलमणि : राजकुमारी !

संघमित्रा : अभी तुम स्वस्थ नहीं हुए हो, कुमार !

नीलमणि : और न हो सकूँगा राजकुमारी ! मेरी मानसिक स्थिति तुम लोग समझ नहीं सकते । विजेता और विजित की मनोदशा में आकाश-पाताल का अंतर होता है । दोनों बिलकुल दो वस्तुएँ हैं । न तुम लोग हमें समझ सकोगे, न हम तुम्हें समझ सकेंगे ! हम समानांतर रेखाएँ हैं, एक बिंदु पर मिल नहीं सकते !

संघमित्रा : **(व्याकुल होकर)** ओह ! कुमार····

नीलमणि : व्याकुल मत हो राजकुमारी ! अब मैं पाटलिपुत्र में नहीं रह सकता । मुझे लगता है सारा पाटलिपुत्र ढोंगों से भरा है ! यहाँ की गली में ढोंग है, यहाँ के बाजार में ढोंग है । यहाँ के झोंपड़ों में ढोंग, यहाँ की अट्टालिकाओं में ढोंग । यहाँ के नागरिक ढोंगी, यहाँ की नागरिकाएँ ढोंगी । इस गंगा के पानी में ही ढोंग है राजकुमारी ! **(उसाँसें लेता हुआ)** अरे, इससे तो हमारा सागर अच्छा—जो न अपने रंग को छिपाता है, न अपने स्वाद को ! संसार-भर का विष पीकर जो नीला बना है, संसार-भर के आँसू आत्मसात् कर जो खारा हो चुका है । जो अपनी जगह नहीं छोड़ता, जो अपनी मर्यादा नहीं तोड़ता ! बस उसी का तट शायद मुझे स्वस्थ कर सके, मित्रे !

संघमित्रा : बस करो, बस करो, राजकुमार !

नीलमणि : मित्रे ! **(अपराधबोध करते हुए)** क्षमा करना राजकुमारी, तुम्हारा नाम लेकर पुकार

दिया ! यह पहला और अंतिम अपराध हुआ—क्षमा करो ! क्षमा ! ! **(वह झपटकर चल देता है, सम्राट्-कुमारी मित्रा देखती रह जाती है)**

3

[सम्राट् अशोक का अतःपुर । सम्राट्-कुमारी मित्रा अपनी परिचारिका मल्लिका से बातें कर रही हैं ।]

संघमित्रा : नीलमणि ने कहा था, गंगा के पानी में ही ढोंग है—क्या उसकी बात सच थी मल्ली ?

मल्लिका : नीलमणि को आप भूल न सकीं, राजकुमारी !

संघमित्रा : नीलमणि मेरे जीवन की एक चुनौती था मल्ली ! चुनौती भी क्या भूली जा सकती है ?

मल्लिका : चुनौती ?

संघमित्रा : हाँ, पिताजी के लिए कलिंग चुनौती, मेरे लिए नीलमणि चुनौती । एक ने युद्ध की निरर्थकता सिद्ध की और दूसरे ने····

मल्लिका : प्रेम की, क्यों ?

संघमित्रा : हाँ, हाँ, प्रेम की ! और जानती हो मल्लिके, प्रेम और युद्ध एक ही सिक्के के दो रुख हैं—अलग रूप, किंतु शरीर एक; अलग शब्द, किंतु अर्थ एक; बोल अलग, किंतु मोल एक ।

मल्लिका : कलिंग ने सम्राट् को पीला वस्त्र दिया—

संघमित्रा : और नीलमणि एक दिन मित्रा के शरीर से भी यह रंगीन चीर उतारकर रहेगा, मल्ली !

मल्लिका : यह क्या बोल रही हैं राजकुमारी ! कहीं····

संघमित्रा : कहीं मेरे पतिदेव सुन लें, तो । और तू चिंतित होती है उनका नाम स्मरण कर ! **(मुस्कुराती है)**

मल्लिका : हाँ, उनके पिता ने यह अच्छा नाम नहीं चुना था—अग्निवर्मा ! किंतु स्वभाव तो बहुत ही प्रेमल है ।

संघमित्रा : तभी तो मित्रा ने अपना शरीर उन्हें पूर्णतः समर्पित कर रखा है ।

मल्लिका : शरीर ?

संघमित्रा : हाँ, पिता शरीर का दान करता है । पति का नैतिक अधिकार शरीर पर होता है ! जिसका जो अधिकार है, उसे मिलना ही चाहिए, मल्लिके !

मल्लिका : केवल शरीर ? और हृदय····

संघमित्रा : ढोंग नहीं मल्ली, ढोंग नहीं । जिस दिन नीलमणि का अंतिम पदचाप सुनकर लौटी, हृदय को कहीं अलग अर्पित कर दिया ?

मल्लिका : अलग ?

संघमित्रा : हाँ, अलग । किंतु किसी व्यक्ति पर नहीं ! और नीलमणि के बारे में तो सोचना भी अन्याय है मल्ली ! नीलमणि कोई व्यक्ति तो था नहीं ! उसने यह सच कहा था—नीलमणि मर चुका, वह जो यहाँ था, वह तो भूत था उसका !

मल्लिका : तो किसे अर्पित किया राजकुमारी ने ?

संघमित्रा : एक स्वप्न को ।

मल्लिका : स्वप्न को ?

संघमित्रा : हाँ, एक स्वप्न को, सपने के एक संसार को, जिसमें किसी को नीलमणि नहीं बनना पड़े ! जहाँ हराभरा देश श्मशान न बन जाए, जहाँ जीवित मानव भूत न बन जाए । मेरा हृदय

उसी स्वप्न को अर्पित हो चुका है, मल्ली !

मल्लिका : तो फिर विवाह क्यों किया? हृदय अलग, शरीर अलग—यह तो अजीब साधना है राजकुमारी !

संघमित्रा : बिलकुल सही कह रही हो, मल्लिके ! शरीर अलग, हृदय अलग। अजीब साधना ! किंतु पिताजी की आज्ञा जो थी। पिता की आज्ञा, राजाज्ञा ! किंतु मैं जानती हूँ मल्ली, एक दिन पिताजी मुझे इससे भी बड़ी साधना की कसौटी पर कसेंगे। मैं उस दिन की तैयारी कर रही हूँ, मल्लिके !

मल्लिका : पिताजी····साधना की कसौटी····

संघमित्रा : हाँ, कलिंग ने पिताजी को जो ठेस दी, उसका प्रारंभ ही अभी देख रही हो। उसकी परिणति हम-तुम सब पर बरसकर रहेगी। चोट खाया हुआ आदमी बीच में नहीं रुकता—वह छोर खोजता है, छोर; और उसे पाकर ही दम लेता है। मैं जानती हूँ, वह एक दिन हमें, तुम्हें, भैया को, उन्हें और सुमन को भी···· **(बच्चे के रोने की आवाज)**

मल्लिका : सुमन? सुमन शायद जग गया है, राजकुमारी !

संघमित्रा : लाओ, उसे जरा दुलरा लें। जितने दिनों तक ही सही—पुत्र-प्रेम, पति-प्रेम, सबका आनंद लिया जाए। फिर तो····

4

[कलिंग की तटभूमि। संघमित्रा का बेड़ा सिंहल जाते हुए यहाँ ठहरा है। तटभूमि में एकाकी सांध्य भ्रमण करती हुई संघमित्रा नीलमणि को देखकर पुकार उठती है—]

संघमित्रा : ओ, नीलमणि !

नीलमणि : **(मुड़कर धीरे-धीरे निकट आते हुए)** तुम, राजकुमारी?

संघमित्रा : हाँ, हाँ ! तुम मुझे पहचान न सके?

नीलमणि : पहचानूँ और यह वेश?

संघमित्रा : हाँ, कुमार····यह वेश !

नीलमणि : नहीं, कुमार नहीं, नीलू कहो। कलिंग मर गया, कुमार मर गया, नीलमणि मर गया। यह तो नीलू भूत है जो अपनी नाव लेकर इस समुद्र के किनारे-किनारे प्रातः संध्या जल-विहार किया करता है !

संघमित्रा : अह, उस दिन तुम किस प्रकार भगे? पिताजी ने तुम्हारी खोज कराई—कलिंग में भी तुम नहीं मिले। बाद को पता चला, कभी-कभी तुम समुद्र-तट पर दिखाई पड़ते हो !

नीलमणि : क्या तुम्हारी उस दिन की बात के बाद भी मैं वहाँ ठहर सकता था ! और कलिंग कहाँ रह गया? रह गया है यह नील विस्तृत सागर ! अब इसी की शरण है ! **(खिन्न हो जाता है)** —किंतु तुम यहाँ कैसे? और तुम्हारा यह वेश? यह क्या देख रहा हूँ, मित्रे !

संघमित्रा : मैं सिंहल जा रही हूँ नीलू ! हाँ नीलू ! तुम्हारा यही नाम अच्छा लगता है ! और मुझे भी मित्रा नहीं कह अब संघमित्रा कहो। मैं सिंहल में भगवान बुद्ध के शांति-धर्म का संदेश लेकर जा रही हूँ !

नीलमणि : धर्म का, शांति-धर्म का—आह ! फिर ढोंग ! **(घृणा से)** सचमुच गंगा के पानी में ही ढोंग है !

संघमित्रा : **(उत्तेजना में)** ढोंग, ढोंग मत चिल्लाया करो नीलू ! अगर हम ढोंगी होते तो मैं सात

दिनों से कलिंग की इस तटभूमि पर अपने जलपोतों में लंगर डलवाकर तुम्हारी खोज में दिन-रात इधर-उधर मारी-मारी नहीं फिरती ! और फिर राज-पाट, धन-धान्य, सुख-ऐश्वर्य को ठुकराकर युवक-युवतियों का यह झुंड जो सात समुद्र पार शांति का संदेश लेकर जा रहा है, वह क्या सिर्फ ढोंग ही है ? आदमी बदलता भी है नीलू ?

नीलमणि : अरे ! आदमी बदलता भी है ?

संघमित्रा : सिर्फ बदलता ही नहीं है । बदला हुआ आदमी संसार को भी बदल देता है ! हम बदल गए हैं, हम संसार को बदलने चले हैं । हम संसार को बदल देंगे, उसे ऐसा बना देंगे जिसमें न विजेता हो, न विजित; न युद्ध हो, न पराजय; न हिंसा हो, न घृणा ! जहाँ व्यक्तित्व टुकड़ों में न बँटे, जहाँ हृदय खींचातानी में न पड़े । जहाँ मानव-आकांक्षा की परिणति हो ज्ञान में, मानव-कल्याण में । हम संसार को बदलने चले हैं—देखो, हमारा यह अलौकिक अभियान ! भाई जंगलों को रौंदता, पहाड़ों को कुचलता थल-पथ से गया है; बहिन नदियों को लाँघती, समुद्र को फाँदती जल-पथ से जा रही है !

नीलमणि : भाई ! कौन ? कुमार महेंद्र ?

संघमित्रा : भिक्षु महेंद्र ! नीलू, भिक्षु महेंद्र ! कलिंग धन्य है जिसने चंडाशोक को प्रियदर्शी अशोक बनाया । प्रियदर्शी—देवनाम् प्रिय । संसार के इतिहास में अशोक ही अमर नहीं रहेंगे, कलिंग भी अमर रहेगा ! किंतु नीलू, एक बात पूछूँ ? क्या कलिंग इस महान धर्माभियान में शामिल नहीं होगा ? अब तो गंगा का पानी समुद्र में मिलने जा रहा···

नीलमणि : मित्रे,—नहीं, नहीं, संघमित्रे ! उफ्, तुम लोगों के ढोंग का पारावार नहीं है ! तुम लोग जिस ओर बढ़ोगे, कहाँ तक जा सकोगे, कोई कल्पना नहीं कर सकता मैं ! मैं तो तुम लोगों को देखते ही डर जाता हूँ ! देखो, देखो, मेरे सारे शरीर का यह रोमांच ! **(दिखलाता है, संघमित्रा चकित हो रहती है !)** नहीं, नहीं, मुझे जाने दो, देखो, वह मेरी छोटी-सी नौका मुझे पुकार रही है; विदा··· विदा···विदा ···

[अचानक द्रुतगति से चल पड़ता है और थोड़ी-थोड़ी दूर से मुड़कर कहता जाता है—विदा···विदा ।]

5

[सिंहलद्वीप : संध्या समय संघमित्रा मल्लिका के साथ बोधिवृक्ष के बिरवा की पूजा कर रही है ।]

संघमित्रा : उधर मल्ली, उस दीपक में घी रख दे !

मल्लिका : रख रही हूँ, भद्रे !

संघमित्रा : और तनिक उसकी बाती उकसा दे ।

मल्लिका : अभी किया !

संघमित्रा : और गिन लिया है न; एक सहस्र दीपक हैं न ?

मल्लिका : गिन लिया है, भद्रे !

संघमित्रा : इन बातियों की झिलमिल में यह बोधिवृक्ष कितना शोभ रहा है मल्ली !

मल्लिका : बहुत ही सुंदर लगता है, भद्रे !

संघमित्रा : याद है न ? सिर्फ एक पतली डाली थी और गिनकर दो पत्ते । साल भी नहीं लगा और एक डाली अनेक डालियाँ दे चुकी, दो पत्ते सैकड़ों पत्तों में फैल गए । लाई थी, तो बिरवा लगता था ! मालूम होता है, अगले साल से ही छाया देने लगेगा, मल्ली !

मल्लिका : छाया ! शरीर को ही नहीं, हृदय को भी भद्रे !

संघमित्रा : सत्य—पूर्ण सत्य ! इसकी माँ ने भरतखंड को छाया दी, यह सिंहल को शांति की छाया देगा !

मल्लिका : अनंत काल तक देता रहेगा, भद्रे !

संघमित्रा : हाँ, अनंत काल तक । कल्पना की आँखों से देख रही हूँ मल्ली, यह वृक्ष बढ़ता जा रहा है ! बढ़ता जा रहा है ! इसका सिर आसमान को छू रहा है, इसकी जड़ पाताल को नाप चुकी है । शताब्दियों, सहस्राब्दियों के बाद भी, जब हम न होंगे, हमारी यह सौभाग्यशाली पीढ़ी न होगी, संभवतः यह राजवंश भी नहीं रहे, तो भी यह वृक्ष बढ़ता जाएगा, फैलता जाएगा, लोगों को शांति की छाया देता जाएगा !

मल्लिका : यह सब आपकी तपस्या का परिणाम है, आर्ये !

संघमित्रा : इसमें मेरा कोई श्रेय नहीं है, मल्ली ! इसमें पिताजी की सूझ की बलिहारी है । अहा, किस प्रेम से उन्होंने इस बिरवा को हमें सौंपा था—गंगा में नंगे बदन, छाती भर पानी तक, वे आए और मंत्रों की ध्वनि में सजल आँखों से इसे मेरे हाथों में सौंपते हुए बोले थे—बेटी, तथागत के इस बिरवा को आवश्यकता होने पर अपने रक्त से सींचने में भी नहीं चूकना ! पिताजी···· ! **(ध्यानमग्न होती है)**

मल्लिका : और आपने उसे अक्षर-अक्षर निबाहा भद्रे ! सम्राट् प्रियदर्शी तो अमर हो ही चुके हैं, किंतु आर्या को भी इस बिरवा ने अमर कर दिया !

[अकस्मात् नीलमणि का प्रवेश ।]

नीलमणि : सच; तुम बिलकुल सच कह रही हो, मल्ली !

संघमित्रा : **(चौंककर)** कौन ? नीलू ? अरे····

नीलमणि : क्या पहचान नहीं सकी थीं ?

संघमित्रा : तुम्हारा यह वेश जो ?

नीलमणि : और उस दिन इसी वेश के कारण तुम्हें नहीं पहचान सका, तो मुझे उलाहना दिया था तुमने ।

संघमित्रा : किंतु तुम और यह वेश ? तुम मेरे ढोंग का व्यंग करने तो नहीं आए ?

नीलमणि : आया तो था यही करने मित्रे, किंतु इन बातियों के प्रकाश ने कुछ दूसरा ही कर दिया ! इस दिव्य प्रकाश ने मेरे भूत को न जाने कहाँ भगा दिया ।

संघमित्रा : अरे ?

नीलमणि : **(प्रसन्न मुद्रा में)** हाँ, आया था देखने कि तुम लोगों का ढोंग कहाँ तक जाता है । जब तुम्हारे जलपोत खुले, मैंने अपनी नाव का पाल भी उनके पीछे खोल दिया ! किसी तरह डूबते-उतराते यहाँ पहुँचा । तब, दिन-भर कहीं माँग-मूँगकर खाता और शाम को इस जगह आता ढोंग की गहराई नापने । किंतु धीरे-धीरे····

संघमित्रा : हाँ, प्रकाश धीरे ही धीरे फैलता है नीलू ! यह तो अंधकार है जो एक ही बार ढँक लेता है । **(कुछ रुककर)** मैं जानती थी, तुम एक दिन····

नीलमणि : **(साश्चर्य)** जानती थीं ?

संघमित्रा : **(मुस्कुराती हुई)** हाँ-हाँ, मेरा विश्वास था, नीलू का भूत अपने माध्यम को छोड़ नहीं सकता ! बोलो, इस भूत का माध्यम मैं थी या नहीं ?

नीलमणि : ओह, ओह !

[अचानक पद-चाप सुनाई पड़ती है । महेंद्र आते हैं ।]

महेंद्र : कौन ? तुम ? नीलमणि ? यहाँ ? इस वेश में ?

संघमित्रा : यह हम लोगों का ढोंग नापने आए थे भैया !

महेंद्र : संघमित्रे ! तुम बार-बार भूल कर जाती हो । अब हम भाई-बहिन नहीं रहे । अब हम संघ के सदस्य-सदस्या हैं । हम लोग रक्त-संबंध छोड़ चुके हैं ।

[संघमित्रा आँखों में आँसू भरकर एकटक महेंद्र को देखती रह जाती है ।]

: फिर ये आँसू !

नीलमणि : 'रक्त' 'आँसू' । उफ्, घूम-फिरकर वही—रक्त···आँसू ···आँसू, रक्त ! महेंद्र, महेंद्र, तुम सब धन्य हो !

महेंद्र : धन्य हम नहीं, धन्य वह मार्ग है, जिस पर चलकर हम सब यहाँ पहुँचे हैं । किंतु, तुम यहाँ कैसे ?—

नीलमणि : कैसे ? कैसे बताऊँ कि कैसे ?

संघमित्रा : **(अपने को सम्हालकर)** कहा था न, हम लोगों का ढोंग देखने ।

महेंद्र : देख लिया ढोंग ? और रँग गए ढोंग में ! **(मुस्कुराता है)**

नीलमणि : तुम सब विचित्र प्राणी हो महेंद्र !

महेंद्र : क्या इसी से हमें छोड़कर भगे थे ?

नीलमणि : क्या तुम लोग क्षमा नहीं कर सकते ?

संघमित्रा : एक दिन और भी तुमने क्षमा माँगी थी नीलू, और कहा था, यह पहला और अंतिम···
(इतना कहकर संघमित्रा रुक जाती है—वह सोचती है, क्या कह गई !)

महेंद्र : कब—कब नीलू ?

नीलमणि : रहने दो, रहने दो; इतिहास के एक पन्ने को बंद ही रहने दो । आह !

[पटाक्षेप]

सिंहल-विजय

[1948-50 ई.]

पात्र-पात्रियाँ

पात्र

अशोक
कुणाल
कुमार महेंद्र
मोग्गलिपुत्र
(आहत)
भिक्षुगण
सिंहल-नरेश तिष्य

पात्रियाँ

माया
संघमित्रा

1

[सम्राट् अशोक का राजप्रासाद—सम्राट् का कनिष्ठ पुत्र कुणाल वीणा बजा रहा है। वीणा बजाने में वह तल्लीन हो चला है कि सम्राट् का बड़ा बेटा कुमार महेंद्र उसके कक्ष में प्रवेश करता और म्यान से तलवार खींचता है। शब्द सुनकर कुणाल मुड़कर देखता और अचानक चिल्ला पड़ता है—]

कुणाल : ओह, ओह ! भैया, भैया····

कुमार महेंद्र : हः हः हः ! डर गए कुणाल ! डर गए ! हः हः हः !

कुणाल : भैया, भैया ! यह क्या भैया ?

महेंद्र : यह क्या भैया ? हः हः हः ! क्या इसे पहचानते नहीं हो कुणाल ? यही है शत्रु-मर्दिनी, संहार-कारिणी, साम्राज्य-प्रसारिणी, वीरभुज-शोभिनी···· ह-ह-ह, समझे कुणाल ?

कुणाल : भैया, भैया !

महेंद्र : भैया, भैया क्या कुणाल ? तुम गाया करो, बजाया करो ! मुझे तो सदा संदेह होता है, तुम्हारे बनाने में भगवान ने कुछ भूल अवश्य की है। यह कलाई, ये उँगलियाँ, यह चेहरा, ये आँखें—भगवान को चाहिए, था, तुम्हें नारी बनाकर भेजते ! हः हः हः।

कुणाल : **(सिर नीचा करते हुए)** भैया !

महेंद्र : आँखों की चर्चा हुई और तुम शरमा गए ! हाँ-हाँ, ये आँखें मर्दों की नहीं हैं कुणाल ! मर्दों की आँखें वे हैं जिनसे चिनगारियाँ टपकें—दुश्मन देखें, तो उन्हें काठ मार जाए; दोस्त देखें तो वे मंत्रमुग्ध हो रहें ! और तुम्हारी ये आँखें ? हःहःहः ! मुझे डर है कुणाल, इन आँखों के चलते तुम कभी किसी झंझट में न पड़ जाओ !

कुणाल : मेरी चिंता मत कीजिए, भैया ! मुझे चिंता है, आज फिर····

महेंद्र : हाँ, हाँ, बोलो-बोलो ! क्यों रुक गए ? यही न पूछते थे कि आज फिर मेरी यह शत्रु-मर्दिनी क्यों निकली ? हःहःहः—कितनी सुंदर यह है मेरी तलवार, कुणाल !

कुणाल : तलवार और सुंदर ? भैया !

महेंद्र : सौंदर्य सिर्फ सुकुमारता में नहीं है कुणाल ! सुकुमारता और सौंदर्य को जो एक समझते हैं, वे कुछ रुचिभ्रष्ट हैं। कमल की पंखड़ियों में, वासंती मलय-समीरण में, शरद की चंद्रिका में या कामिनियों के कपोलों में ही जिन्होंने सौंदर्य का आरोप किया, उनकी बुद्धि पर तरस आनी चाहिए कुणाल ! वट-वृक्ष की विशालता में, आँधी के प्रचंड झोंकों में, अमा-निशीथ के अंजन-वर्ण अंधकार में और वीरों की प्रशस्त भुजाओं में भी प्रकृति ने सौंदर्य की प्रचुरता भर रखी है ! इन सौंदर्यों को जो न देख सके, न परख सके; वे नेत्र ही दोष-पूर्ण हैं।

कुणाल : प्रशस्त भुजाओं में ! **(अपनी कलाई को उदासी से देखता है)**

महेंद्र : हाँ, प्रशस्त भुजाओं में कुणाल ! किंतु कुणाल, तुम्हें उदास नहीं होना चाहिए। शायद तुम्हारी रचना ही इसीलिए हुई है कि गाते रहो, बजाते रहो, राजप्रासाद की भीषणता को संगीत की झंकार से ढँके रहो। अच्छा, तो तुम गाओ, बजाओ; मैं तो चला कलिंग-विजय करने।

कुणाल : विजय ! विजय ! भैया, यह विजय की भूख कभी शांत नहीं होगी ?

महेंद्र : न होगी, न होनी चाहिए। विजय राज्य का भोज्य है कुणाल ! विजय की आकांक्षा गई,

राज्य गया। हःहःह ! और एक बात कहूँ मेरे प्यारे भाई? विजय एक नशा है। एक बार होंठों से लगा, तो फिर छूट नहीं सकता—फिर एक घूँट, फिर एक घूँट, फिर एक घूँट ! हःहःहःहःहः ! !

कुणाल : आज कलिंग, कल····

महेंद्र : अभी बहुत देश शेष हैं, कुणाल ! बहुत। पूरब में स्वर्णभूमि, दक्षिण में सिंहलद्वीप····

कुणाल : सिंहलद्वीप? लंका—जिस पर राम ने विजय की थी? आप वहाँ तक विजय करने की आकांक्षा रखते हैं भैया?

महेंद्र : संसार में कुछ वस्तुएँ असीम हैं कुणाल ! महासागर की कोई सीमा नहीं; यों ही मानव की आकांक्षाओं की भी सीमा नहीं होती। तुमने देखा नहीं; गंगा-तट पर हमने समुद्र-गामी जल-पोतों का निर्माण प्रारंभ करा दिया है !

कुणाल : ओह !

महेंद्र : आह-ओह नहीं कुणाल; नहीं। आदमी को गरुड़ की तरह जीना चाहिए—कभी इधर एक झपट्टा, कभी उधर एक झपट्टा। जिधर चले, आगे एक भगदड़, पीछे एक हहास। हःहःहः।

कुणाल : जैसे पृथ्वी पर कोयल के लिए जगह नहीं !

महेंद्र : है। तभी तो एक ही घर में महेंद्र भी है, कुणाल भी; लेकिन छोड़ो इन बातों को। आज मैं तुम्हें एक आमंत्रण देने आया हूँ।

कुणाल : आमंत्रण ! मुझे?

महेंद्र : हाँ, आमंत्रण तुम्हें : आज मैं तुम्हें आमंत्रित करने आया हूँ कि चलो, एक बार अपने बड़े भाई की भुजाओं का बल और इस शत्रु-मर्दिनी का जौहर देख लो।

कुणाल : भैया, मैं तो युद्ध का नाम सुनते ही····

महेंद्र : हःहःहःह···· ! युद्ध का नाम सुनते ही तुम काँप उठते हो। अरे कुणाल ! हम राज-पुत्र हैं ! कौन कहे, तुम्हारी भुजाओं को भी एक दिन तलवार उठानी पड़े, तुम्हारी आँखों को भी एक दिन युद्ध के भयानक दृश्य देखने पड़ें !

कुणाल : उन दृश्यों को देखने के पहले मैं अपनी आँखों को निकाल लिया जाना पसंद करूँगा, भैया !

महेंद्र : चुप ! चुप, कुणाल ! मूर्खता की भी सीमा होती है ! ऐसी बात जीभ पर मत ला। हाँ, तुम्हें चलना ही पड़ेगा। मैंने पिताजी को भी आमंत्रित किया है कि इस बार स्वयं रणभूमि में चलकर मेरे उस रण-कौशल को देखें, जिसने सारे भारतवर्ष को पराजित कर उनके श्रीचरणों के निकट डाल दिया है। तुम्हें चलना ही है कुणाल !

कुणाल : चलना ही है ! तो, चलूँगा। सुना है, कलिंग के लोग बड़े कलाविद् होते हैं।

महेंद्र : सच ! तब तो उन पर विजय पाना और भी आसान होगा कुणाल ! कला !—कला हृदय को कोमल, शरीर को सुकुमार और उँगलियों को नाजुक बना देती है। कला आई, शौर्य गया ! हःहःहःहः।

कुणाल : यह कला को एकांगी देखना है, भैया?

महेंद्र : ऐसा ही हो। तो चलो, देख लो, कला और शौर्य में विजय किसकी होती है। क्यों? हःहःहःहः।

2

[पृष्ठभूमि में कोलाहल छाया हुआ है। 'मारो मारो' 'काटो, काटो' की ध्वनियाँ सुनाई पड़ती हैं। 'कलिंग की

जय', 'सम्राट् अशोक की जय' के तुमुलनाद भी बीच-बीच में होते हैं। फिर, चीख-पुकार 'ओह' 'आह' आदि सुनाई पड़ते हैं। स्थान : कलिंग की युद्धभूमि ।]

महेंद्र : **(अट्टहास करता हुआ)** ह⋯ह⋯ह ! ह⋯ह⋯ह ! ह⋯ह⋯ह !

कुणाल : **(कातर स्वर में)** उफ़, आप हँस रहे हैं ! आह !⋯

महेंद्र : हः हः हः !⋯हःहःहः !

कुणाल : भैया, भैया ! आपको क्या हो गया है, भैया !

महेंद्र : हः हः हः । हः हः हः । मुझे क्या हो गया है कुणाल ? कुणाल, हः हः हः ! मुझे नहीं, उन्हें क्या हो गया कुणाल ? हः हः हः !

कुणाल : **(गंभीर होकर)** भैया, मुझे क्षमा कीजिए । मानवता के इस भीषण संहार पर यों अट्टहास करना कभी मानवोचित कर्म नहीं समझा जा सकता । और, इतनी निर्दयता से संहार कराकर अब आप उनके आर्त्तनाद पर अट्टहास कर रहे हैं !

महेंद्र : और तुम्हें भी यह क्या हो गया है कुणाल ? हः हः हः ।

कुणाल : भैया, मैं चला । मैं यह सब देख-सुन नहीं सकता !

महेंद्र : मैं चला । हः हः हः हः ! नहीं, नहीं; रुको कुणाल; रुको । अरे, उन्हें यह क्या हो गया है ? अरे, तुम्हें यह क्या हो गया है ? हः हः हः⋯

कुणाल : मैं रुक नहीं सकता भैया, रुक नहीं सकता !

महेंद्र : नहीं, तुम्हें रुकना है कुणाल, रुकना है । हः हः हः । हः हः हः ! और, तुमने क्या यह समझा है कि मैं उन बेचारों के आर्त्तनाद पर हँस रहा हूँ ? नहीं, कुणाल, नहीं । मुझे तो हँसी आ रही है, पिताजी पर⋯

कुणाल : पिताजी पर ?

महेंद्र : हाँ कुणाल, पिताजी पर । जानते हो, इस समय वह एक लाश को छाती से लगाकर रो रहे हैं—सिसक-सिसककर । हः हः हः ।

कुणाल : रो रहे हैं ?

महेंद्र : हाँ कुणाल, रो रहे हैं ! बच्चों की तरह बिलख-बिलखकर रो रहे हैं !

कुणाल : तो इसमें हँसने की क्या बात है भैया ?

महेंद्र : सारी बातें हँसने की हैं, हँसी की हैं, कुणाल ! हः हः हः ! पिताजी ने समझ क्या रखा था ? क्या युद्ध बिना रक्त-पात के होता है ? और, जब रक्तपात युद्ध के साथ अनिवार्य है; तो जितना ही अधिक रक्तपात, उतना ही शानदार युद्ध ! और जानते हो कुणाल, वह यह भी कह रहे हैं कि आज से युद्ध न करूँगा । हः हः हः—युद्ध नहीं करूँगा ! जैसे युद्ध किसी शासक या सम्राट् की मर्जी पर निर्भर करता हो !

कुणाल : भैया, भैया ! **(क्रोधावेश से वह काँप रहा है)**

महेंद्र : और, मुझे तुम पर भी हँसी आ रही है कुणाल, तुम पर भी । अहा ! जीवन में पहली बार तुममें यह क्रोध देखा है । जानते हो कुणाल, हमारे किसी शास्त्र में भगवान को क्रोध कहा गया है । और सच कहता हूँ, जब किसी को मैं क्रोध में देखता हूँ, तो उसमें भगवान के दर्शन करता हूँ, आनंद-मग्न हो जाता हूँ ! हः हः हः ।

कुणाल : भैयाजी, आपके ये विचार⋯

महेंद्र : भीषण हैं, क्यों ? हः हः हः ! किंतु, तुम इन्हें घृणित नहीं कह सकते कुणाल ! जब तक साम्राज्य है, तब तक युद्ध अनिवार्य है । और जब तक मानव-मन रागात्मक है, क्रोध भी

आवश्यक रहेगा, कुणाल ! हः हः हः !

कुणाल : तो साम्राज्यों का नाश हो; मानव-मन को रागों से निवृत्ति मिले। मानवता का कल्याण इसी में है भैया !

[दूर से आह··· ! ओह !···ओह ! ओह ! आदि स्वर तीव्र होते जा रहे हैं।]

महेंद्र : सुन रहे हो कुणाल, सुन रहे हो !

कुणाल : भैया, क्या आपका हृदय इन शब्दों को सुनकर द्रवित नहीं होता ?

महेंद्र : द्रवित होता है ! किंतु करुणा से नहीं, आनंद से। आनंद मारने में नहीं है कुणाल; आनंद है तड़पने का तमाशा देखने में। जानते हो, शेर अपने शिकार को एकबारगी नहीं मारता—घायल करके छोड़ देता और अलग बैठकर उनके तड़पने और दम तोड़ने का तमाशा आँखें फाड़-फाड़कर देखा करता है !

कुणाल : रहने दीजिए, रहने दीजिए भैया ! उफ्, मानव ! हाय री मानवते !

महेंद्र : उफ् रे मानव ! हाय री मानवते ! हः हः हः ! कैसा भोला भाई मिला है मुझे ! उफ् रे मानव ! हाय री मानवते ! हः हः हः !

3

[सम्राट् अशोक के राज-भवन में घंटे-घड़ियाल बज रहे हैं। रह-रहकर 'बुद्धं शरणं गच्छामि, धर्म्मं शरणं गच्छामि, संघं शरणं गच्छामि' का स्वर सुनाई पड़ता है। अपने कक्ष में बेचैनी से कुमार महेंद्र टहल रहा है। इतने ही में उसकी पत्नी माया आती है।]

माया : नाथ !

महेंद्र : **(कुछ नहीं बोलता, टहलता ही रहता है)**

माया : नाथ !

महेंद्र : **(फिर कुछ नहीं बोलता, टहलता रहता है)**

माया : नाथ ! सुनिए नाथ !

महेंद्र : सुन रहा हूँ, माया, सुन रहा हूँ। सब सुन रहा हूँ। इस भिक्षु ने राजप्रासाद को बौद्ध विहार बना डाला है। सुन रहा हूँ माया, यह घंटा-घड़ियाल, यह बुद्धं शरणं, धर्म्मं शरणं ! सुन रहा हूँ—सब सुन रहा हूँ ! उफ् ! **(पैर पटकता है)**

माया : नाथ !

महेंद्र : नहीं, मैं अब इस राज-भवन में रह नहीं सकता, माया ! नहीं, नहीं। यह घंटा-घड़ियाल, यह मंत्र-तंत्र ! नहीं, यह स्थान किसी राजकुमार के लिए नहीं रह गया। यह मोग्गलि-पुत्र—यह ढोंगी भिक्षु। ओहो, महास्थविर कहलाता है यह। ढोंगी ! किंतु—हः हः हः ! कितने होशियार होते हैं ये साधु-संन्यासी ! जब देखते हैं, आदमी किसी मानसिक उलझन में पड़ गया है, ये धम्म से आ जाते हैं उसके सामने भूत की तरह और फिर तो उसे भूताभिभूत की तरह नचाया करते हैं। स्थविर···स्थविर ····हः हः हः ····धूर्तता की भी हद होती है भिक्षु····

माया : नाथ, आप यों बेचैन····

महेंद्र : माया, हाँ, मैं बेचैन हूँ। तुम नहीं समझती हो, यह क्या हो रहा है ? किंतु मैं समझता हूँ। यह हमें इस घर से हटाने का षड्यंत्र है, माया !

माया : षड्यंत्र ! घर से हटाने का ?

महेंद्र : हाँ, षड्यंत्र—इस घर से हमें हटाने का ! जिस घर में वीरता की आवश्यकता नहीं, विजय की आवश्यकता नहीं, उस घर में महेंद्र के लिए कौन-सी जगह है माया ? तुम क्या समझती हो कि मैं अपनी इस प्यारी शत्रु-मर्दिनी **(तलवार निकालता हुआ)** को छोड़कर हाथ में मनके ले सकता हूँ—नहीं, नहीं !····और पिताजी के राज्य का उत्तराधिकारी तो अब वही न होगा, जो हाथ में उन्हीं की तरह मनके ले और उस धूर्त्त भिक्षु की तरह होंठों पर मंत्र बुदबुदाता रहे ! यह षड्यंत्र है, माया, मुझे, राज्य सिंहासन से वंचित करने का ! षड्यंत्र, षड्यंत्र ! किंतु, यह शत्रु-मर्दिनी ऐसे सहस्र-सहस्र षड्यंत्रों को **(तलवार घुमाता है)**

माया : नाथ, नाथ ! यह क्या सोच रहे हैं, नाथ ?

महेंद्र : सोच चुका हूँ, सोच चुका हूँ, माया ! सोच चुका हूँ और तय कर चुका हूँ । जो इतने दिनों तक शूर-वीरों की गर्दनें उतारती रही, उसी से इन भिक्षुओं के सिर उतारना पड़ेगा !

माया : **(विह्वलता में चिल्लाती हुई)** भिक्षुओं के सिर ! नाथ····

महेंद्र : चिल्लाओ मत माया ! भिक्षुओं के सिर ! ये मुँड़े हुए सिर, ये पोपले सिर, ये खुराफाती सिर । हाँ, ये खुराफाती सिर हैं—इसीलिए इन्हें उतारना ही पड़ेगा ! ठीक; यह क्रूर-कर्म है—निरस्त्रों पर शस्त्र उठाना, यह नीच कर्म है ! किंतु, नीचता के निवारण के लिए कभी-कभी नीचता पर उतरना होता है, माया !

माया : नाथ, नाथ ! !

महेंद्र : हटो माया, हटो ! मेरा क्षत्रित्व जाग उठा है, हटो । हटो ! **(रोती हुई माया जाती है—महेंद्र फिर टहलने लगता है)**

4

[संघमित्रा अशोक-राजप्रासाद के अपने एकांत कक्ष में गा रही है ।]

संघमित्रा : उठ रहा तूफान;
शांत मन, उद्भ्रांत क्यों है ?
उच्छ्‌वसित तन क्लांत क्यों है ?
ढूँढ़ता एकांत क्यों है ?
आदि की यह आदि ही
क्यों पा गई अवसान ?

गा रहा तूफान,
नीड़ खोकर विहग विह्वल
तटी बेकल, तरी चंचल
हो रहे हैं एक जल-थल
हँस न पाया था कि
देखो डूबता दिनमान !

[कुणाल का प्रवेश ।]

कुणाल : मित्रे, इस घर में सिर्फ हमी दो सुखी हैं, मित्रे !

संघमित्रा : कुणाल भैया, ओहो ! बड़ी कृपा की भैया !

कुणाल : हम पर भगवान की ही कृपा है, मित्रे ! मुझे बजाना दिया, तुम्हें गाना दिया । गाना-बजाना,

मालूम होता है—संसार में ये ही दो शाश्वत सत्य हैं; और सब मिथ्या है। देखती हो न पिताजी को; कैसी कायापलट ? और भैया के बारे में सुना है ?

संघमित्रा : सुना है, देखा है, बातें भी की हैं। वहाँ भी कायापलट की ही एक क्रिया चल रही है, कुणाल भैया ! मुझे ऐसा लगता है, वीरवर महेंद्र, कहीं भिक्षु महेंद्र न बन जाएँ।

कुणाल : महेंद्र भैया और भिक्षु ! अरे !

संघमित्रा : जब अधिक उमस होती है; पानी बरसकर रहता है। पानी अधिक गरम होता है, भाप बनकर उड़ जाने के लिए। इतनी उमस, इतनी गर्मी ! उफ्, भैया पागल हो रहे हैं····

कुणाल : हाँ, वह तो पागल हो रहे हैं मित्रे !

संघमित्रा : पाटलिपुत्र का यह सारा राजभवन पागल हो रहा है, कुणाल भैया ! कलिंग हारकर भी जीत गया, पाटलिपुत्र जीतकर भी हार चुका !

कुणाल : तुम यह क्या बोल गई, मित्रे ?

संघमित्रा : जो आँखों से देख रही हूँ !

कुणाल : तुम एक बहुत बड़ा सत्य अनायास ही कह गईं, मेरी प्यारी बहिन। सचमुच ही कलिंग हारकर जीत गया, पाटलिपुत्र जीतकर हार गया। किंतु इसका अर्थ तुमने समझा ?

संघमित्रा : अर्थ ?

कुणाल : हाँ, हाँ, इसका अर्थ ! इसका अर्थ यह हुआ कि कला हारकर जीत गई और शौर्य जीतकर हार गया ! विजेता गरुड़ पंख फटफटाकर तड़प रहा है और विजयिनी कोयल कल भी गाती थी, आज भी गा रही है !

संघमित्रा : भैया, सच कहती हूँ, मुझे तो ऐसा मालूम होता है, इस घर में ही पागलपन आ घुसा है। कलिंग के भूत हम सबके सिर पर आ चढ़े हैं और न जाने हममें से किसको, कब, कहाँ ले जाएँ ?

कुणाल : मित्रे, क्या तुम भी कुछ उलझन में हो ? ओहो, तभी तो वह तुम्हारा गीत—'उठ रहा तूफान—गा रहा तूफान ?'

संघमित्रा : लेकिन घबड़ाइए मत भैया ! सब कहीं न कहीं ठिकाने लग जाएँगे। ऐसा ही होता आया है, जो उठता है, गाता है, वह सोता भी है। सुनिए—

सो रहा तूफान !
प्रकृति का वह कोप हमसे दूर
दूर झंझा के झकोरे क्रूर
शांति चारों ओर अब भरपूर
रवि गया, पर वह चमकता चाँद है द्युतिमान।
सो रहा तूफान ॥

5

[आधी रात के सन्नाटे का आलम—गंगा के उस पार की तटभूमि—कुमार महेंद्र बालू पर अकेला टहल रहा है—एक टिटहरी बोल उठती है।]

महेंद्र : अंधकार ! टिटहरी ! बाहर अंधकार····भीतर अंधकार···· ! बाहर टिटहरी, और भीतर···· ? वहाँ भी कुछ बोल रहा है ! क्या बोल रहा है ?····अब तक क्यों नहीं बोला था ?····टिटहरी अंधकार में ही बोलती है ! उफ्, मेरा हृदय····यह कहाँ से अंधकार आया इसमें ? कुछ नहीं

सूझता···बाहर नहीं सूझता, भीतर भी नहीं सूझता !···किंतु यह क्या बक रहा हूँ मैं ? क्या मैं पागल होने जा रहा ? पागल, हः हः हः ! और मैं हूँ कहाँ ? हाँ, सामने गंगा के उस पार वह राजप्रासाद है । राजप्रासाद ! नहीं, अब तो वह बौद्ध-विहार है ! पिताजी यह क्या कर रहे हैं ? किंतु, क्या वह होश में हैं ? उनके सिर पर तो भूत सवार है···भूत ···भूत ! **(सामने देखकर)** अरे, वह भूत है क्या ? भूत !··· हः ···हः ···हः ! महेंद्र ! अब तुम भूत से भी डरने लगे !

[एक चीख—भागने का शब्द—महेंद्र उस ओर दौड़ता है ।]

: कौन ? कौन ?

आहत का स्वर : आह ! आह !

महेंद्र : **(घायल व्यक्ति के निकट पहुँचकर, झुककर)** ओहो, तुम कौन हो ? क्या हुआ है ? किसने मारा है तुम्हें ? किसने मारा है ? अंधकार में प्रहार, कैसी राक्षसता ?

आहत : पानी···पानी ···

महेंद्र : अभी लाया पानी । **(दौड़ता हुआ जाता है)**

आहत : आह ! आह !

महेंद्र : **(लौटकर)** लो, यह पानी । तुम हो कौन ? किसने मारा तुम्हें ? बताओ, अभी उसे सबक सिखाता हूँ । पाटलिपुत्र में जहाँ कहीं होगा, वह दंड भुगतकर रहेगा । वह जाएगा कहाँ ?

आहत : दं···ड ! ···दं ···ड ···नहीं ! दंड···नहीं ।

महेंद्र : दंड नहीं ? अपराधी को दंड मिलता ही है, मिलकर रहेगा ।

आहत : भिक्षु न दंड देता है, न दिलाता है । उसके कोश में यह शब्द भी नहीं है ।

महेंद्र : तो तुम भिक्षु हो ? उफ् !

आहत : तुम्हें पश्चात्ताप हो रहा है कि क्यों जल पिलाकर एक भिक्षु को बचा लिया ?

महेंद्र : हाँ, पश्चात्ताप हो रहा है, महान पश्चात्ताप ! मैंने भिक्षुओं का संहार करने की प्रतिज्ञा की है ।

आहत : तो उन लोगों से साँठ-गाँठ करो, जो अभी मुझ पर प्रहार करके भगे हैं । पाटलिपुत्र में ऐसे आदमी तुम अकेले नहीं हो अपरिचित !

महेंद्र : मैं अँधेरे में प्रहार करनेवालों में नहीं हूँ, भिक्षु !

आहत : सत्य पर अँधेरे में ही प्रहार हो सकता है अपरिचित ! या तो अंधकार हो, या तुमने आँखें मूँद ली हों—या तुम्हारी आँखों पर पर्दा हो—किसी कपड़े का या किसी नशीली वस्तु का ! सरेआम, दिन-दहाड़े, खुली आँखों, सत्य पर प्रहार हो नहीं सकता, हो नहीं सकता है अपरिचित !

महेंद्र : तुम यह क्या बोल रहे हो ?

आहत : मैं जो बोल रहा हूँ उसके समझने में अब अधिक देर तुम्हें नहीं लगेगी, मेरे प्राण-रक्षक !

महेंद्र : उफ्, जहाँ जाता हूँ, वहीं···

आहत : वहीं भिक्षु मिलते हैं; क्यों ? किंतु इसमें बुरा क्या है अपरिचित ? घर-द्वार, कुटुंब-परिवार को छोड़कर बहुतों के हित के लिए, बहुतों के सुख के लिए अपने को उत्सर्ग कर देना, क्या बुरा है ?

महेंद्र : तुम लोग कायरता फैला रहे हो, नपुंसकता फैला रहे हो । तुम हमारे देश को रसातल में लिए जा रहे हो भिक्षु !

आहत : वीरता क्या सिर्फ तलवार भाँजने में है अपरिचित ? किसी निर्बल देश पर चढ़ दौड़ना,

किसी शांत जनपद को रौंद डालना, कितने निरीह प्राणियों की हत्या करना, शहरों को लूटना, गाँवों को जलाना—क्या तुम वीरता इसी को समझते हो, मेरे प्राणरक्षक? यह वीरता नहीं, बर्बरता है। यह विजय नहीं, अभिशाप है!

महेंद्र : विजय! विजय! आह! विजय क्या वस्तु है, तुम क्या समझो भिक्षु? **(उसाँसें लेता है)**

आहत : विजय! विजय! विजय कौन नहीं चाहता है, अपरिचित? किंतु सवाल यह है कि विजय कहाँ—शरीर पर या मन पर, तलवार के जोर से या प्रेम के बल पर? विजय! विजय को तो सारा संसार पड़ा है, किंतु विजेता कहाँ दिखाई पड़ता है अपरिचित?

महेंद्र : **(आवेश में)** विजेता कहाँ? यह तुम किसके सामने बोल रहे हो भिक्षु!

आहत : एक ऐसे व्यक्ति के सामने, जो मुझसे भी अधिक घायल है! मैं तो यह जानता हूँ कि घाव कहाँ लगा है, किंतु जो यह भी नहीं जानता कि उसका घाव कहाँ है; किंतु पीड़ा से जो पागल बना है! तुम जो कोई भी हो, मेरा आशीर्वाद लेते जाओ प्राणरक्षक—भगवान तथागत तुम्हें शांति का मार्ग शीघ्र प्रदर्शित करें!

महेंद्र : शांति मरण है।

आहत : हाँ, शांति मरण है। ऊपर की शांति मरण है। किंतु भीतर की शांति जीवन है, अपरिचित! तुम्हें यह जीवनदायिनी, अमरतादायिनी शांति मिले।

महेंद्र : नहीं, नहीं! भिक्षु, मुझे शांति नहीं, विजय चाहिए। **(वहाँ से उद्विग्न होकर बड़बड़ाता हुआ चल देता है)** मुझे विजय चाहिए, विजय⋯विजय⋯विजय⋯!

6

[कुमार महेंद्र का कक्ष—सम्राट् अशोक का प्रवेश।]

महेंद्र : पिताजी! **(चरण छूता है)**

अशोक : तुम्हारे लिए विजय का संदेश लाया हूँ, प्यारे बेटे!

महेंद्र : **(आनंद-विभोर होकर)** विजय का संदेश! विजय का⋯विजय! विजय! पिताजी, पिताजी, यह क्या सुन रहा हूँ? विजय का संदेश?

अशोक : हाँ महेंद्र, विजय का संदेश! सिंहल-विजय का!

महेंद्र : सिंहल-विजय का? अहा! पिताजी, पिताजी! कितने दिनों से मैं यह आकांक्षा हृदय में पोसे हुए था! सिंहल-विजय—उस लंका पर विजय, जिस पर विजय प्राप्त कर राम ने इतनी कीर्ति कमाई! अहा! एक बार फिर उसके स्वर्ण-सौध पर हमारी विजय-पताका फहराएगी! पिताजी, पिताजी, कब जाना है उस ओर?

अशोक : जब चाहो। वहाँ से निमंत्रण आया है।

महेंद्र : **(साश्चर्य)** निमंत्रण! किसने निमंत्रण भेजा? क्या लंका में हर युग में विभीषण पैदा होते रहेंगे? उफ् रे अभागा द्वीप!

अशोक : विभीषण वहाँ होता है, जहाँ रावण होता है। अब वहाँ न रावण है; न कोई विभीषण। सिंहल-अधिपति महाराज तिष्य ने स्वयं ही आमंत्रण भेजा है। अभी उनका जल-पोत यहाँ आया है—रत्नों से भरा। इस अमूल्य उपहार के साथ उन्होंने विजय के लिए संदेश भेजा है।

महेंद्र : उपहार के साथ! **(कुछ उदास होता हुआ)** तो उसे मैत्री का संदेश कहिए पिताजी!

विजय यों आप ही घर नहीं आया करती !

अशोक : क्यों बेटे, क्या विजय के साथ शत्रुता अनिवार्य है ? पुत्र पिता पर, पत्नी पति पर, मित्र मित्र पर विजय प्राप्त करते हैं, तो क्या शत्रुता के ही चलते ? और क्या हृदय की यह विजय सबसे बड़ी विजय नहीं है ? महेंद्र, महेंद्र, एक नया युग प्रारंभ हो रहा है, प्यारे बेटे ! एक नया इतिहास लिखा जा रहा है । क्या उस इतिहास में महेंद्र का नाम नहीं होगा—महेंद्र का, वीरवर महेंद्र का, विजेता महेंद्र का ?

महेंद्र : पिताजी, आप क्या कह रहे हैं ? समझ में नहीं आता ।

अशोक : जानता हूँ बेटे, जानता हूँ । मेरा बेटा इन दिनों कितना उद्विग्न है, कितना विह्वल है, कितना व्याकुल है—क्या मैं नहीं जानता ? क्या बाप अपने बेटे की भावनाओं से अपरिचित रह सकता है ? किंतु क्या करूँ, यह समझ में नहीं आ रहा था । मेरे बेटे को विजय चाहिए—विजय, विजय ! जिस विजय की खोज में वह निस्तब्ध रात्रि में गंगा-तट पर विक्षिप्त-सा घूमा करता है !

महेंद्र : यह किसने आपसे कहा पिताजी ?

अशोक : **(उसके प्रश्न से उदासीन)** और यह भी एक संयोग कि अंधकार में प्रकाश की रेखा खोजनेवाली दो आत्माएँ एक दिन उस तट-भूमि पर अचानक मिलीं····

महेंद्र : कौन किससे मिला पिताजी ?

अशोक : कुमार महेंद्र मिले महास्थविर मौग्गलिपुत्र से ।

महेंद्र : ऐं ! तो वह महास्थविर थे, जिन पर आघात किया गया था ?

अशोक : हाँ, महेंद्र ! तुम्हारी मनोवृत्ति से उन्हें भी कम कष्ट नहीं हो रहा है । तुम कोई साधारण आदमी तो नहीं हो कि जिसकी उपेक्षा की जाए । बड़ा आदमी जो कानोंकान कहता है, वह भी गंभीर घोष बनकर जनसाधारण के निकट पहुँच जाता है । तुम्हारी विरोध-भावना कितनी बड़ी है, तुमने उस रात में स्वयं देखा जब कुछ दुष्टों ने गुरुदेव को मारने की चेष्टा की····

महेंद्र : ओह ! ओह !····

अशोक : 'विजय' 'विजय' 'विजय' चिल्लाते तुम भागे । तब से गुरुदेव इस पर विचार कर रहे थे कि अचानक विजय का यह संदेश पहुँचा और गुरुदेव ने मुझे यहाँ भेजा है ।

महेंद्र : गुरुदेव ने आपको भेजा है ?

अशोक : हाँ, गुरुदेव ने ।

महेंद्र : यह भी उनकी चाल है पिताजी ! मैं उनके घपले में नहीं आ सकता, नहीं आ सकता ।

अशोक : उत्तेजित मत हो बेटे ! सत्य की सबसे पुरानी और बड़ी शत्रु है पूर्वधारणा । पिछली धारणाओं और मान्यताओं को छोड़कर ही हम सत्य तक पहुँच सकते हैं । तनिक इस पर विचार करो, गहरे उतरकर विचार करो । फिर कहता हूँ बेटे, एक नया युग प्रारंभ हुआ है, एक नया इतिहास लिखा जा रहा है । उस इतिहास में अपने महेंद्र का नाम स्वर्णाक्षरों में लिखा देखूँ, मेरी यही आकांक्षा है और मेरी आशा है, मेरा बेटा इस आकांक्षा की पूर्ति करके मेरे हृदय को आह्लादित और पुलकित करेगा ।

महेंद्र : पिताजी !

अशोक : विजय हमने कलिंग में भी प्राप्त की थी, किंतु यह सिंहल-विजय इतिहास में अपूर्व होने जा रहा है, मेरे बेटे ! विचार करो, सोचो और विजय के लिए प्रस्थान करो—तुम्हारा पथ सदा मंगलमय होगा !

7

[कुणाल का कक्ष । महेंद्र और कुणाल में बातें हो रही हैं ।]

महेंद्र : मैं सिंहल-विजय को जा रहा हूँ, कुणाल !

कुणाल : सिंहल-विजय को ?

महेंद्र : हाँ, पिताजी मुझे भेज रहे हैं !

कुणाल : तो क्या धर्म का, संघ का भूत उतर गया ? अच्छा हुआ भैया, अच्छा हुआ ! घंटे-घड़ियाल के नीचे मेरी वीणा का स्वर ढँका जा रहा था ।

महेंद्र : जो आ जाता है, वह जल्द जाता नहीं है कुणाल ! फिर यह कोई साधारण वस्तु तो है नहीं; यह एक ज्वार है, ज्वार ! ऐसा ज्वार जो किसी चंद्रमा पर निर्भर नहीं; जो किसी तिथि से बँधा नहीं । शताब्दियों, सहस्त्राब्दियों के बाद ऐसा ज्वार आता है और जब आता है तो किसी गजराज की क्या बात, गिरिराज का सिर भी उन्नत नहीं रहने देता ! वह सारे संसार पर छा जाता है । नदी, नाले, खड्ड, खाई, टीले-टेकड़ी, कछार और घाटी सबको एक कर देता है । तुम देख नहीं रहे कुणाल ?

कुणाल : इतना बड़ा सत्य और न देखूँ ! लेकिन सोचता था, भैया एक ऐसा वज्र-शिखर हैं जिस पर टकराकर यह ज्वार अपनी व्यर्थता का अनुभव कर लेगा ।

महेंद्र : मैं भी ऐसा ही समझता था, सोचता था । मैंने उसकी तरंगों से युद्ध भी कम नहीं किया । किंतु देख रहा हूँ कुणाल, तरंगों से लड़ते हुए डूब मरने में जीवन की सार्थकता नहीं, भले ही इतिहास में उसका उल्लेख हो । जब ज्वार आता है, तो उसकी तरंगों पर चढ़कर, उसके संदेश को दूर-दूर तक ले जाने में, पहुँचाने में ही विश्व का अधिक कल्याण है, कुणाल !

कुणाल : तो आप सिंहल में उस ज्वार का संदेश लिए जा रहे हैं—और उसी को कहते हैं सिंहल-विजय !

महेंद्र : हाँ, कुणाल ! यह भी विजय है । जब युग बदलता है, भाषा भी बदलती है; पुरानी भाषा का अर्थ भी बदलता है । नए युग की विजय का, नई विजय का, अर्थ भी नया होगा । भाषा को बदलने में महेंद्र का भी नाम रहे—इसलिए यह विजय-यात्रा ! मैं एक नया प्रयोग करने जा रहा हूँ, कुणाल । हाँ, नया प्रयोग—बिलकुल नया प्रयोग ! और मुझे लगता है, यदि यह प्रयोग सफल हुआ, तो संसार के इतिहास में एक स्वर्ण-युग का सुप्रभात होगा ।

कुणाल : स्वर्ण-युग का सुप्रभात । वह तो कभी न कभी होकर रहेगा भैया ! मेरी कला भी यही कहती है । किंतु मुझे लगता है, उस सुप्रभात के लाने में शायद कितने ही अमूल्य प्राणों की बलि देनी पड़े और कितनी ही शताब्दियाँ····

महेंद्र : सहस्त्राब्दियाँ कहो, कुणाल ! असीम काल में शताब्दियों और सहस्त्राब्दियों की क्या गणना है ? और जितना लंबा प्रयोग होगा, उतनी ही गहराई का सत्य प्रकाश में आएगा ।

कुणाल : भैया, कलिंग-विजय के अवसर पर आपने मुझे आमंत्रित किया था, क्या सिंहल-विजय—

महेंद्र : नहीं, नहीं, कुणाल ! तुम्हें यहीं रहना है । मित्रा भी मेरे साथ जा रही है न !

कुणाल : **(चौंककर)** क्या ? मित्रा ? मित्रा भी जा रही है ? मित्रा सिंहल जा रही है !

महेंद्र : हाँ, मित्रा भी जा रही है संघमित्रा बनकर । वह जलपथ से जा रही है और मैं थल-पथ से । तुम तो जानते ही हो, पहाड़ों को रौंदने, अरण्यों को चीरकर आगे बढ़ने में मुझे सदा आनंद प्राप्त होता रहा है । विंध्या की चोटियाँ, किष्किंधा की तलेटियाँ—इन्हें रौंदते आगे बढ़ो; हाँ, राम भी तो थल-पथ से ही गए थे ! और रास्ते में विदिशा में जाकर माताजी के चरणों

का दर्शन भी कर लेने का विचार है !

कुणाल : माताजी ! उफ्, भाई जा रहे हैं, बहिन जा रही है । अकेला मैं यहाँ ! भैया, माताजी से कहिएगा कि वह राजधानी लौटें ! मुझ पर कृपा करें !

महेंद्र : भूल करते हो कुणाल, भूल करते हो । अभी पाटलिपुत्र में जो प्रयोग चल रहा है, अच्छा है, माताजी उससे दूर ही रहें । तुम माता का हृदय नहीं जानते । सोचो, आज यहाँ माताजी होतीं ! और अभी क्या हुआ है ? मैं देख रहा हूँ, अभी बहुत कुछ होना शेष है । देखना, सम्हलकर रहना मेरे छोटे भाई !

कुणाल : **(करुण स्वर में)** भैया !

महेंद्र : तुम्हारी कला पीड़ित मानवता को शांति का संदेश दे, यही आशीर्वाद दिए जा रहा हूँ, कुणाल !

8

[विंध्या की घाटी । चट्टानों पर चढ़ते-चढ़ते भिक्षुओं की मंडली थक जाती है—महेंद्र से उनकी बातें होती हैं ।]

पहला भिक्षु : कुमार, कुमार ! हम लौट चलें । न जाने अभी सिंहल कहाँ है ? हम थक गए कुमार !

महेंद्र : थक गए ? हम थक गए हैं ? कहीं विजय के लिए प्रस्थान की हुई सेना भी थकती है ?—थकती है ? रुकती है ? लौटती है ?

दूसरा भिक्षु : नहीं कुमार, नहीं ! आगे बढ़ने की हममें न शक्ति रह गई है, न साहस । हमें····

महेंद्र : **(उत्तेजना में)** न शक्ति, न साहस ! यह क्या बोल रहे हो भिक्षुओ ? न शक्ति, न साहस ! छिः छिः, क्या तुम्हारी धमनियों में बहनेवाली रक्त-धारा सूख गई ? क्या तुम्हारी छाती में स्फुरण पैदा करनेवाली धड़कनें रुक गईं ? न शक्ति, न साहस ! तब तुम इस विजय-अभियान में सम्मिलित ही क्यों हुए थे ? क्या विजय के मार्ग को तुमने फूलों का मार्ग समझ लिया था ? फूलों का मार्ग—तब तुम पाटलिपुत्र के विहारों में रहकर क्यों नहीं आनंद मनाते रहे, मंत्र बुदबुदाते रहे ? तुम भिक्षु नहीं, निकम्मे हो, भगोड़े हो; जो संसार से भागकर विहारों में विहार करने चले थे ।

पहला भिक्षु : आप भिक्षुओं का अपमान कर रहे हैं, कुमार ।

महेंद्र : भिक्षुओं का अपमान मैं नहीं कर रहा हूँ, बल्कि वे भिक्षु कर रहे हैं जो लक्ष्य की ओर पग उठाकर, अब विघ्न-बाधाओं को देख, पीछे मुड़ना चाहते हैं । सत्य-पथ पर चलनेवाले कायर नहीं होते । जो लक्ष्य-पथ के मध्य में मुड़कर देखें, वे कायर हैं, पातकी हैं, नारकी हैं ! ऐसे लोग न गृहस्थ हैं, न भिक्षु—दोनों के लिए कलंक हैं ! कलंक ! कलंक····

दूसरा भिक्षु : कुमार, वीरता की भी सीमा होती है !

महेंद्र : होती है, भिक्षुओ, होती है ! वीरता की सीमा होती है बलिदान ! वीर या तो लक्ष्य पर पहुँचते हैं, या बलि हो जाते हैं । हम चल चुके हैं, या तो सिंहल पहुँचेंगे या रास्ते में मर मिटेंगे । सिंहल, सिंहल ! ओह ! भिक्षुओ, क्या तुम सुन नहीं रहे—सिंहल तुम्हें पुकार रहा है ! भिक्षुओ, क्या तुम देख नहीं रहे—सिंहल तुम्हें बुला रहा है ! **(एक चट्टान पर चढ़कर)** अरे; सुनो, सुनो, वह सिंहल तुम्हें पुकार रहा है । देखो, वह समुद्र लहरा रहा है ! वह देखो लंका के स्वर्ण-सौध चमक रहे हैं ! वे तुम्हें पुकार रहे हैं, भिक्षुओ ! भिक्षुओ, तुमने यह क्या कह दिया कि हम थक गए हैं ? थकावट ! जब तक हमारे कान हमारे पद-चाप गिनने और नेत्र रास्ते की ऊँचाई-नीचाई निहारते रहेंगे, तब तक थकावट आएगी

ही, अवसाद आएगा ही ! अरे, हम लक्ष्य की पुकार सुनें; हम लक्ष्य का संकेत देखें ! फिर कहाँ थकावट ? फिर कहाँ अवसाद ? बढ़ो भिक्षुओ, बढ़ो—

पहला भिक्षु : **(उत्साह में)** हम बढ़ेंगे कुमार, हम बढ़ेंगे।

दूसरा भिक्षु : **(पश्चात्ताप में)** हम धोखे में थे, कुमार, धोखे में। अहा, हम सुन रहे हैं—लंका हमें पुकार रही है। अहा, हम देख रहे हैं, लंका के स्वर्ण-सौध हमें इंगित से बुला रहे हैं।

महेंद्र : हमारे लिए यह अभूतपूर्व अवसर आया है भिक्षुओ। लंका राम भी गए थे—वानरी सेना लेकर, उसे जलाने के लिए, उसका संहार करने के लिए ! दूसरी बार हम जा रहे हैं, मानवी सेना के साथ, लंका में से रही-सही राक्षसता दूर करने के लिए, उसे शांति-धर्म की शिक्षा देने के लिए। विजय राम की भी हुई; किंतु हमारी यह विजय इतिहास में एक नया अध्याय लिखने जा रही है, भिक्षुओ !

सभी भिक्षु : हम बढ़ें ! हम बढ़ते चलें ! बढ़ते चलें ! बढ़ते चलें ! बहुजन हिताय, बहुजन सुखाय !

9

[लंका की तटभूमि : भिक्षुओं के साथ महेंद्र।]

महेंद्र : अंततः हम लंका पहुँच गए, भिक्षुओ ! भिक्षुओ, वह देखो, अहा !

एक भिक्षु : उफ्, हमें कितनी कठिनाइयाँ उठानी पड़ीं !

महेंद्र : सत्य के पथ में कठिनाइयाँ आती ही हैं, भिक्षुओ ! फूलों से जो पथ बिछे हों, मानना चाहिए; उनमें कहीं मिथ्या अवश्य छिपी है।

दूसरा भिक्षु : अब हम महाराज तिष्य को समाचार दें।

महेंद्र : सत्य अपने साधक को स्वयं खींच लेता है भिक्षुओ ! हम थोड़ा आश्वस्त तो हो लें।

[भागते हुए हिरन का शब्द।]

पहला भिक्षु : अरे, यह क्या ? यह हिरन भागा आ रहा है।

दूसरा भिक्षु : अरे, तीर लगे हैं उसे। किस तरह रक्त की बूँदें पथ पर लकीर बनाती जा रही हैं ! आह !

महेंद्र : ओहोहो ! इसकी रक्षा करो, भिक्षुओ।

[सहसा सिंहल-नरेश तिष्य का प्रवेश।]

महाराज तिष्य : आप लोग ? आप लोग कौन हैं ? यह मेरा आखेट····

महेंद्र : मेरा आखेट ! तुम्हारा आखेट ! आखेट, आखेट ! आदमी कब तक आखेट करता रहेगा ? कब तक ? बोलो महाराज ! कब तक ?

महाराज तिष्य : महाराज ! ओहो ! आपने यह संबोधन कैसे किया ?

महेंद्र : आदमी अब तक यही करता आया था, महाराज तिष्य ! निरीह प्राणियों के प्राण लेने में, निर्बलों को सताने में ही उसने अपनी वीरता की पराकाष्ठा समझी थी। किंतु एक नया संदेश संसार पर छाता जा रहा है····

महाराज तिष्य : नया संदेश ? क्या आप पाटलिपुत्र से आ रहे हैं ? सम्राट् अशोक····

पहला भिक्षु : आपके सामने सम्राट् अशोक के सुपुत्र कुमार महेंद्र खड़े हैं !

महाराज तिष्य : कुमार महेंद्र ! और ! यह काषाय वस्त्र ?

महेंद्र : सारा भारत ही काषाय वस्त्र से तप रहा है, महाराज ! राजभवन से झोंपड़ी तक को यह काषाय वस्त्र प्रभासित कर रहा है, महाराज तिष्य !

महाराज तिष्य : कैसे आए आप लोग यहाँ तक ! हम तो प्रतीक्षा में ही थे।

महेंद्र : आप ही बताएँ, हम कैसे आए ?

महाराज तिष्य : मेरे प्रश्न का अभिप्राय है, थल-मार्ग से या जल-मार्ग से ?

महेंद्र : क्या मार्ग सिर्फ ये दो ही हैं ? सिंहलनरेश, धर्म का मार्ग इन दोनों से भिन्न भी हो सकता है !

महाराज तिष्य : अब मुझे विश्वास हुआ। मेरा अभिवादन स्वीकार करें और हमारी राजधानी में पधारकर सिंहलवासियों को कृतकृत्य करें।

पहला भिक्षु : महाराज, कुमारी संघमित्रा जल-पथ से पधार रही हैं ! वह अपने साथ बोधिवृक्ष की एक शाखा उपहार के लिए ला रही हैं—भारत ने यही उपहार सिंहल के लिए भेजना उचित समझा है।

महाराज तिष्य : अहा, आज सिंहल के भाग्य खुले ! बोधिवृक्ष की शाखा ! या सत्य की विजय-पताका ! यह पताका सिंहल पर युग-युग तक फहराती-लहराती रहे !

10

[बोधिवृक्ष के नीचे महेंद्र और संघमित्रा—संध्या समय—घंटा-घड़ियाल आदि के शब्द—धीरे-धीरे शांति ।]

महेंद्र : पाँच वर्ष हो गए हमें आए हुए मित्रे !

संघमित्रा : हाँ, भैया, पाँच वर्ष !

महेंद्र : तुमसे 'भैया' नहीं छूटा ! हः हः हः, अच्छा हुआ कि संघ ने तुम्हें इसके लिए आज्ञा दे दी है !

संघमित्रा : भैया, सात समुद्र पार इस देश में हृदय थोड़ा अपनापा खोजता ही है। हाँ, पाँच वर्ष हो गए हमें यहाँ आए !

महेंद्र : और, इन पाँच वर्षों में ही कैसी कायापलट हो गई है इस सिंहल की ! विजय, यथार्थ, विजय यही है, संघमित्रे ! विजय, जिसमें एक बूँद रक्त नहीं बहाया जाए। विजय, जिसमें पराजय का कहीं नाम भी नहीं हो ! विजय, जहाँ विजेता और विजित में अंतर नहीं रह जाए ! कहाँ कलिंग-विजय ! कहाँ यह सिंहल-विजय !

संघमित्रा : कलिंग में तो हम जीते नहीं, हारे थे भैया; हमारी यथार्थ विजय तो हुई है इस सिंहल में। विजय, जिसमें विजित के हृदय में विजेता के प्रति घृणा न हो; विजय, जिसमें विजेता की आकांक्षा हो अधिक से अधिक सेवा करना और जिसमें विजित की आकांक्षा हो विजेता को अपने हृदयासन पर बिठाए रखना ! सचमुच, यही विजय यथार्थ विजय है भैया !

महेंद्र : यह अंतिम बात तुमने पते की कही मित्रे ! देखो न, ये हमें अपने देश को वापस भी नहीं जाने देते ! जब-जब मैंने चर्चा चलाई कि अब हम भारत लौटेंगे, इन्होंने कैसी उदासी प्रकट की और हमें स्नेहाभिभूत करके रोक ही दिया !

संघमित्रा : भैया, यदि मुझे ये भगाना भी चाहें, तब भी मैं लंका नहीं छोड़ सकती। मेरा मन तो इस भूमि में रम गया है ! भूमि कितनी सुंदर, लोग कितने सरल ? किसने इन्हें राक्षस कहा ?

महेंद्र : जिन्होंने राक्षस कहा, उनकी सीता यहाँ बंदिनी बनी ! हमने इन्हें मानवता का संदेश दिया, हमारी संघमित्रा यहाँ की पूजनीया देवी बन गई हैं !

[महाराज तिष्य का आगमन ।]

महाराज तिष्य : हाँ, हाँ, देवी संघमित्रा हमारी पूजनीया देवी हैं और कुमार महेंद्र हमारे आदरणीय देवता। हमने अपनी इस देवी और इस देवता के लिए—जब तक वे हम लोगों की तरह चलते-फिरते हैं—अपने हृदय में सिंहासन बना रखा है ! और, जब वे इहलीला समाप्त करेंगे, तब के लिए देखिए कुमार, वहाँ, उस सुंदर प्रदेश में हमने 'ऋषि-भूमि-अंगन' सजाकर रखा है ! उनकी समाधि के फूल भी युग-युग तक हमारे लिए उतने ही वंदनीय, पूजनीय होंगे।

[पटाक्षेप]

नया समाज

[1951 ई.]

पहला दृश्य

[पर्दा उठते ही एक करुण दृश्यावली आँखों को नम कर देती है। मंच की एक ओर से एक बूढ़ा किसान दुबला-पतला, अस्थिकंकाल, कमर में सिर्फ लँगोटी लगाए, कंधे पर कुदाल रखे, रंग-मंच पर आता है। उसकी बगल में नंगधड़ंग एक छोटा-सा बच्चा है। एक मुस्तंडा आदमी हाथ में लाठी लिए उसके पीछे है। वह किसान को धक्के देता है, घूँसों से पीटता है। बच्चा चीखता है। बच्चे को झटका देकर मंच की बगल में फेंक देता है। बच्चे का चीत्कार सुनाई पड़ता है। बूढ़ा किसान उस मुस्तंडे की ओर चिनगारियाँ-भरी आँखों से देखता है। मुस्तंडा आदमी उसके सिर पर एक लाठी जमाता है। सिर को हाथों से पकड़े आह! ओह! करता वह मंच की बगल से निकल जाता है। मुस्तंडा आदमी मूँछों पर ताव देता मंच की दूसरी ओर से बाहर होता है।

मंच की दूसरी ओर से एक फटी हाफकमीज पहने एक नौजवान मजदूर रूखा-सूखा चेहरा लिए मंच पर आता है। उसकी आँखें धँसी हैं: उसकी कमर झुकी है। उसके पीछे खाकी कोट-पैंट लगाए मिल का जमादार है। अपनी छड़ी से खोदता, ठेलता वह उस मजदूर को लिए जा रहा है। उसके पीछे मजदूर की नवयुवती पत्नी है, फटी-चिटी साड़ी पहने। उसके हाथ में टूटी टोकरी है। वह लड़खड़ाती थहराती, उसाँसें लेती, उनके पीछे-पीछे जाती है। तीनों मंच की पहली ओर से निकल जाते हैं।

मंच की पहली ओर से एक पढ़ा-लिखा बेकार नौजवान आता है। कोट-पैंट-टाई सब हैं, किंतु सब गंदे, जगह-जगह पैबंद। उसके पीछे उसकी पत्नी है—तीन बच्चों को साथ लिए। पत्नी और बच्चों के पहनावे भी गंदे और अवतर। सबसे पीछे एक बुढ़िया और एक बुड्ढा। इन दोनों की आँखों से आँसू आ रहे हैं। पढ़ा-लिखा बेकार नौजवान करुण दृष्टि से कभी दर्शकों की ओर कभी बाल-बच्चों की ओर, तो कभी अपने वृद्ध माँ-बाप की ओर देखता है। सबके सब धीरे-धीरे मंच की दूसरी ओर से निकल जाते हैं।

मंच की दूसरी ओर से जमींदार का एक नौजवान बेटा, एक बूढ़ा मिल-मालिक, एक चोर-बाजार का व्यापारी और उनके पीछे उनके कारिंदे और कर्मचारी आते हैं। सब-के-सब बने-ठने। सबके हाथ में शराब की बोतलें। सभी पीते हैं, ठहाके लगाते हैं, गुनगुनाते हैं, शोर करते हैं और इसी प्रकार रंग और मौज में सराबोर हैं कि पर्दा गिरता है।]

दूसरा दृश्य

[कैलाश का बँगला। एक सजा-सजाया कमरा। कैलाश और विनय बातें कर रहे हैं। कैलाश गाँव के जमींदार का पढ़ा-लिखा बेटा: विनय उसी गाँव में एक गरीब किसान का बेटा—शिक्षित, नए विचारों में पला, पगा।]

विनय : यही है तुम्हारा समाज—आज का समाज। जिसमें अन्नदाता किसान भूखों मरता है, जहाँ वैभवदाता मजदूर धक्के खाते-फिरते हैं; जहाँ पढ़े-लिखे लोग या तो परेशान हैं या सारे अनैतिक कार्य किया करते हैं; जहाँ माताएँ और बहनें अर्द्धनग्न घूमा करती हैं और जहाँ देश के भावी नेता वे सुकुमार बच्चे बिललाते चलते हैं। और एक मुट्ठी लोग उनके सीने पर बैठकर मौज उड़ा रहे हैं! कैलाश, कैलाश, यह समाज चल नहीं सकता, चल नहीं सकता।

कैलाश : फिर तुम्हारा लेक्चर शुरू हुआ। अरे यार, छोड़ो इन झमेलों को। खाओ-पीओ, कुछ मीठी गप करो।

विनय : खाओ-पीओ; कुछ मीठी गप करो! कैलाश, तुम खाने-पीने की बात इसलिए करते हो कि तुम्हारे पास इसकी प्रचुरता है। किंतु देश में ऐसे कितने सौभाग्यशाली हैं, जो अच्छी तरह खा-पी सकें? और, जिनके पेट में भूख का राक्षस खाँव-खाँव करता है उनके दिमाग में मीठी गप आ नहीं सकती है, कैलाश।

कैलाश : फिर तुममें हीनभावना आई विनय। हमेशा यह क्या सोचा करते हो कि तुम गरीब हो? अरे यार, यूनिवर्सिटी के सबसे अच्छे लड़के हो तुम; एम. ए. हुए कि प्रोफेसर, अफसर जो चाहे बन जाओ। फिर तो मौज-ही-मौज!

विनय : मौज-ही-मौज! मालूम होता है जैसे दुनिया में मौज के सिवा कुछ है ही नहीं!

कैलाश : यार, है क्यों नहीं? किंतु और चीजें छाँछ हैं, और मौज है मक्खन! अपना सिद्धांत है—मक्खन खाओ; छाँछ को फेंको।

विनय : और मक्खन सबके सामने धरा पड़ा है न? कैलाश, जब-जब तुमसे बातें करता हूँ, इच्छा होती है, इतना बल पाऊँ कि इस समाज को जल्द-से-जल्द चूर-चूर कर डालूँ और उसकी जगह पर एक ऐसा समाज बनाऊँ जहाँ कैलाश की तरह के पढ़े-लिखे समझदार लड़कों को इस तरह बुद्धिहीन नहीं बन जाना पड़े। कैलाश, आज के समाज में कोई मौज कर नहीं सकता!

कैलाश : वाह यार, वाह! कैसी अनोखी सूझ है तुम्हारी। आज के समाज में कोई मौज कर नहीं सकता? तो हम लोग यह क्या कर रहे हैं?

विनय : जिसे तुम मक्खन समझते हो, वह प्राणनाशक कीटाणुओं का लोंदा है—हाँ प्राणनाशक कीटाणुओं का लोंदा जो तुम्हारी जीवनी शक्ति खाया करता है! तुम मौज नहीं करते, मौज के नाम पर आत्मघात कर रहे हो! तुम देख नहीं रहे, सर्वनाश तुम्हारे सामने खड़ा है! **(गंभीर बन जाता है)**

कैलाश : सर्वनाश! विनय, विनय, मैं बार-बार कहता हूँ, मुझे ऐसे शब्दों से मत डराया करो। सचमुच, ज़ब तुम भवों पर त्योरी डालकर, चेहरे को गंभीर बनाकर, एक अजीब संजीदा आवाज में कहते हो—'सर्वनाश तुम्हारे सामने खड़ा है'; तो सच कहता हूँ मालूम होता है, कोई राक्षस सामने खड़ा हो गया! उफ्!

विनय : हाँ, वह राक्षस ही है, कैलाश! राक्षस से भी भयानक! वह आ रहा है, वह आ रहा है हमारे समाज से उन सबको बीन लेने, चुन लेने को जो हमारे समाज में राक्षस हैं—

कैलाश : विनय, लेकिन मैं उन लोगों में नहीं। देखो, मैं किसी धड़ से भी राक्षस लगता हूँ?

विनय : **(मुस्कुराते हुए)** कैलाश, सवाल व्यक्ति का नहीं है, सवाल है प्रणाली का। जहाँ मेहनत करनेवाले, उत्पादन करनेवाले भूखों मरें, नंगे रहें, और बैठे-ठाले लोग मौज उड़ावें; जहाँ जन्मते ही कोई अपने को परम पवित्र और अन्य लोगों को अछूत समझने की गुस्ताखी करें, जहाँ नारियों को अपना सौंदर्य और यौवन बेचने को मजबूर होना पड़े, जहाँ कुत्तों-बिल्लियों को दूध पिलाया जाए और आदमी के बच्चे दाने-दाने को बिललाते फिरें—कैलाश, जहाँ गरीबी, गुलामी, अनैतिकता और अत्याचार का बोलबाला हो; उस समाज की भित्ति में ही राक्षसता है और वह राक्षस का ही शिकार होगा!

कैलाश : उफ्, उफ्! फिर वही राक्षस। अरे यार, बार-बार आरजू करता हूँ, छोड़ो इन बातों को। कुछ मीठी बात करो—आशा, आशा!

[भीतर से आवाज—'हाँ, भैया !']

: जरा चाय भेजो आशा ! **(फिर विनय से)** विनय, घबराओ मत, अब थोड़े दिनों में तुम भी कोई अच्छी जगह पर पहुँच जाओगे, फिर तो····

विनय : फिर तो मैं भी मौज किया करूँगा, क्यों ?

कैलाश : और क्या ?

विनय : कैलाश, फिर कहता हूँ, सवाल व्यक्तिगत सुखदुख का नहीं है और सच पूछो तो—यह युग ही नहीं है जिसमें कोई समझदार और ईमानदार आदमी सुख से रहने की बातें भी सोच सके। जब घर में आग लगी हो, क्या कोई चैन से खुर्राटे ले सकता है ? आह ! **(उदास मुद्रा)**

[चाय लेती हुई आशा आती है।]

कैलाश : फिर बैताल पीपल की डाल से जा लटका ! अरे यार, छोड़ो इन बातों को। पीओ चाय। आशा, जरा मन से चाय बनाना ! हाँ !

[आशा चाय बनाकर लाती है]

: **(चाय पीते हुए)** कैसी अच्छी चीज है यह चाय ! विनय, क्या चाय से भी कोई अच्छी चीज है दुनिया में ? बताओ—

विनय : क्या सबसे अच्छी चीज तुम्हें यही मालूम पड़ती है, कैलाश !

कैलाश : नहीं, नहीं, गलती हो गई—इससे भी अच्छी चीजें हैं— **(खीसें निपोड़कर हँसता है)**

विनय : जिन अच्छी चीजों को तुम देख रहे या कल्पना कर रहे हो, उससे भी अच्छी चीजें दुनिया में हैं, कैलाश ! किंतु, हमारा यह वर्तमान समाज उनकी ओर हमारा ध्यान कहाँ जाने देता है ! अभी तो हम पत्तियों और फूलों पर, बाहरी रंग और गंध पर ही लट्टू हैं—अभी तो क्षणिक वस्तुओं के ही फेरे में बँधे हैं ! यह समाज बदलने दो, फिर ऐसी अच्छी से अच्छी चीजें ऊपर आएँगी, जिनकी कल्पना भी हम नहीं कर पाते। वह समाज, नया समाज ! काश, उसकी कल्पना तुम कर पाते कैलाश !

कैलाश : तुम्हीं उस कल्पना की दुनिया के पीछे दौड़ते रहो, विनय, अपने को तो जो सामने है····

विनय : उफ्, उसकी कल्पना तुम कर पाते, कैलाश ! **(कल्पना करते-करते खिल उठता है।)**

आशा : कैसा होगा वह समाज विनय बाबू, जिसकी कल्पना ही आपको तन्मय कर रही है !

कैलाश : आशा, तुम इन बातों में न पड़ो। यह पागल है, पागल; तुम्हें भी पागल बना देगा। इसका पागलपन संक्रामक है, मुश्किल से अपने को मैं बचा पाता हूँ ! चलो, जाओ यहाँ से, हटो····

[आशा करुण दृष्टि से विनय की ओर देखती है, किंतु विनय जब तक कुछ बोले, कैलाश गुस्से में कहता जाता है।]

आशा : हटो, जाओ !

[आशा जाती है।]

विनय : तुमने उन्हें भगा दिया। तुम उन्हें भगाओ, या खुद भागो; इस राक्षस की चपेट से बच नहीं सकते। देखो, कैलाश, वह सर्वनाश तुम्हारे ऐसे लोगों को निगलने के लिए खड़ा है—देखो, देखो, वह, वह····

[विनय उँगलियों से ऊपर की ओर दिखाता है—कैलाश काँपने लगता है।]

तीसरा दृश्य

[गाँव के चौराहे पर कुछ किशोर-किशोरियाँ गाते हुए जा रहे हैं—]

बदल दो,
बदल दो इस समाज को
बदल दो !
जहाँ न प्रेम - प्रीति है,
अनीति ही अनीति है,
कुटेव है, कुरीति है,
उलट दो,
उलट दो उस समाज को,
उलट दो !

जहाँ मनुष्य खून पी रहा
हाँ,
जहाँ मनुष्य खून पी रहा;
जहाँ मनुष्य मर के जी रहा,
न जी रहा, न मर रहा,
बिलख रहा, कहर रहा,
मगर न कोई देखनेवाला;
उजाला कहाँ काला ही काला,
उलट दो,
उलट दो तख्तो ताज को,
उलट दो !
यह चीख, यह पुकार
यह दानवी ललकार
सुनो, सुनो,
सुनो, सुनो,
इन्हें हमें हटाना है,
नया जगत बसाना है
बसाना है
बसाना है
नया समाज लाना है—
बदल दो,
बदल दो इस समाज को
बदल दो !

चौथा दृश्य

[विनय की झोंपड़ी। वह एक पुस्तक पढ़ रहा है कि गाँव का किसान बूढ़ा गरभू लाठी ठेकते उसके सामने आता है। कैलाश पुस्तक रख देता है। उसी समय दूसरी ओर से रहमान आता है, चीनी-मिल का एक मजदूर। तीनों में बातें होती हैं—]

गरभू : विनय भैया, विनय भैया; तुम हम लोगों के लिए अवतार हो, भैया! आह, इस जालिम जमींदार ने····

रहमान : विनय दादा, विनय दादा, सचमुच आप हम लोगों के लिए पैगंबर बनकर आए हैं! दादा! यह कारखाना? कौन कहता है, इसमें ऊख पेरी जाती है—इसमें तो पेरी जा रही है इंसानियत!

गरभू : ये जमींदार जमाने से हमें बेगार में, तरह-तरह के अबवाब में, जुल्म में, पीसते रहे, अब ये हमारी जमीन छीन रहे हैं यह कहकर कि बड़े पैमाने पर खेती करेंगे! यह ट्रैक्टर हमारे खेतों पर नहीं चलता है भैया; हमारी छाती पर चलता है, छाती पर! उफ्!

रहमान : ढोंग की हद हो गई विनय दादा! कैलाश बाबू ने पहले कहा—हम ट्रैक्टर से खेती करेंगे कि जमीन की पैदावार बढ़े। और कारखाना खोला यह कहकर कि देश में उद्योग-धंधे फैलाने हैं! किंतु कैसा तमाशा? पैदावार बढ़ाने के पहले किसानों के मुँह से अन्न छीना जा रहा है। उद्योगधंधे बढ़ाने के नाम पर मजदूरों का खून चूसा जा रहा है—हड्डियाँ पीसी जा रही हैं!

गरभू : विनय भैया, विनय भैया; यदि जमीन छिन गई, फिर हम करेंगे क्या? जीएँगे कैसे? यह हमारी पुस्तैनी जमीन—जिसमें हमारे पुरखों की हड्डियाँ गली हैं, जिसे जरखेज बनाने के लिए हमने खून को पसीना बना दिया, उसे ही वे हमसे छीन रहे हैं! उफ्! हमें बचाओ—भैया! हम तुम्हारे पैर पड़ते हैं! **(पैर पकड़ना चाहता है)**

विनय : **(मना करता हुआ)** यह क्या कर रहे हैं गरभू बाबा! ओह, क्या आज तक आपने नहीं देखा कि आपकी दुर्गत इसीलिए होती रही कि आप अपने दुश्मनों को बाबू भैया कहते रहे, उनके पैर पड़ते रहे। झुके हुए सिर पर पैर पड़ते ही हैं; गरभू बाबा। यदि आप इज्जत से जीना चाहते हैं, तो सीना तानकर खड़ा होइए····और अकड़कर कहिए, यह जमीन हमारी है—इसे हम जोतेंगे! फिर देखिए, कौन आपके सामने आता है? हाँ, सीना तानकर, जरा इस तरह **(बताता है)**

गरभू : भैया, हमारी तो कमर तोड़ दी गई है, भैया! हम कैसे खड़े हों—

विनय : जिन्होंने आपकी कमर तोड़ी है, उनकी कमर भी टूट चुकी है गरभू बाबा। उनके दिन भी लद गए हैं। जिन विदेशियों ने उन्हें बनाया; वे चले गए; फिर ये क्या खाकर बचेंगे? हाँ, अपने को बचाने के लिए ये तरह-तरह की तिकड़म कर रहे हैं। किंतु कोई ताकत इन्हें बचा नहीं सकती! आप सब मिलजुलकर, सीना तानकर, खड़े तो हों!

रहमान : इनका मायाजाल बड़ा लंबा है विनय दादा! देखिए न, ये अब नए रूप धारण कर रहे हैं—!

विनय : हाँ, रहमान, देख रहा हूँ, ये एक ही छलाँग में सामंतशाही से पूँजीवाद के दौरे में मौज मारना चाह रहे हैं। लेकिन ये भूल गए हैं कि गरीब हल्का-फुल्का होता है, उनसे भी लंबी

छलाँग ले सकता है ! जब तक यह पूँजीवाद तक पहुँच भी न सकेंगे, ये गरीब समाजवाद तक पहुँच चुके होंगे ! जमीन किसानों की; कारखाने मजदूरों के—अब इस नारे को कोई रोक नहीं सकता ! तुम अपना संगठन तो करो !

रहमान : हमने अपना संगठन शुरू कर दिया है, जिस दिन आपका हुक्म होगा, कारखाने की चिमनी बुत के रहेगी !

विनय : हमें कारखाने की चिमनी बुतानी नहीं है; बल्कि उसे और जोरों से जलाना है, चलाना है। लेकिन यह नहीं हो सकता है कि जो उपजावे, वह मजदूर तो भूखों मरे और मुट्ठीभर पूँजीपति संसार के सारे सुख-ऐश्वर्य का भोग करें। हमें इस समाज को ही बदल देना है, रहमान !

गरभू : समाज को बदलना है ? विनय भैया, हमारे बाप-पुरखे····

विनय : **(मुस्कुराते हुए)** समझा, समझा, गरभू बाबा ! किंतु सोचना यह है कि हमारे बाप-पुरखे भी हमारी ही तरह के आदमी थे। जिस तरह हम गलतियाँ किया करते हैं, उन्होंने भी गलतियाँ की होंगी। देखिए, उनकी गलतियों से ही तो विदेशी हमारे देश में आए थे, और आई थी उनके साथ ही यह जमींदारी। यह शोषण और लूट भी तो उन्हीं के सूधेपन के चलते जारी हुए। सपूत वह है जो बाप-दादों की गलतियाँ दुरुस्त करे। हमें इस समाज को हटाना है, नया समाज बनाना है।

[भीतर से आवाज—

इन्हें हमें हटाना है,
नया जगत बसाना है,
बसाना है,
बसाना है,
नया समाज लाना है,
बदल दो,
बदल दो इस समाज को
बदल दो।]

रहमान : अहा, कैसा सुंदर; कैसा जोशीला ! **(मजदूर)** हाँ, हाँ, जरा तुम भी गाओ बूढ़े बाबा, जरा तुम भी सुर मिलाओ। जानते हो, ये गाने तराने नहीं हैं, ये हमारे गोले-बारूद हैं, बाबा ! इनके सुनते ही दुश्मनों के होश गुम हो जाते हैं। जरा गोले-बारूद चलाना सीखो बाबा !

गरभू : इस बुढ़ापे में ?

विनय : कौन कहता है आप बूढ़े हैं ? आप ही तो कहते थे; साठा, तो पाठा !

गरभू : अच्छा, तो एक बार हमारा करतब देख लेना विनय भैया ! **(तनकर खड़ा होता, मूँछ पर ताव देता)**

विनय : क्यों रहमान !

रहमान : रहमान से कुछ मत पूछिए विनय दादा ! उसने तो तय कर लिया है, इस समाज को वह बदलकर रहेगा, या इस कोशिश में अपनी जान दे देगा।

विनय : तो तुम दोनों मिलकर उस सुर में सुर मिलाओ। पुराना समाज तभी हटेगा, नया समाज तभी बनेगा, जब मजदूर और किसान एक हो जाएँगे, एकसाथ लड़ेंगे, एकसाथ गाएँगे।

मजदूर : और, जब आपके ऐसा नेता उन्हें मिलें, जिसने अपने सारे भविष्य पर लात मारकर

गरीबों के उद्धार का ही बीड़ा उठाया हो ! उफ्, जब आपके साथी धन जोड़ने में, मौज उड़ाने में लगे हैं; आप दिन-रात भूखे-प्यासे गाँव-गाँव, गली-गली चक्कर काटा करते हैं !

गरभू : विनय भैया ! भगवान तुम्हें मेरी आयु दें । **(आँखों में आँसू)**

विनय : गरभू बाबा, मजा लंबी जिंदगी पाने में नहीं है; मजा है जिंदगी को किसी अच्छे काम में मशाल की तरह जलाने में—वह जलती रहे, बलती रहे, रोशनी देती रहे, प्रकाश फैलाती रहे....

पाँचवाँ दृश्य

[कैलाश का बँगला । कैलाश अपनी बहन आशा से बातें कर रहा है—]

कैलाश : आशा, आशा, सुना है तुमने आशा ? उस विनय ने....

आशा : विनय बाबू ने ? कहाँ हैं विनय बाबू, भैया ?

कैलाश : कहाँ है ? वह आग लगाता फिर रहा है, आग !

आशा : आग ? विनय बाबू ?

कैलाश : हाँ, हाँ, आग लगा रहा है ? शैतान की तरह आग लगा रहा है जिसमें मैं जलूँगा, तुम जलोगी, सारा समाज जलेगा, वह खुद भी जलेगा, आशा, खुद भी ।

आशा : यह आप क्या कह रहे हैं भैया ?

कैलाश : जो अपनी आँखों से देख रहा हूँ । वह मेरी सारी जमींदारी में किसानों को भड़का रहा है, उनसे खुराफातें करवा रहा है । गाँव-गाँव में उसने किसान सभाएँ बनवाई हैं । बेगार की कौन-सी बात; मालगुजारी भी नहीं मिल रही है । वह किसानों को ऐसा खूँखार बना रहा है कि मेरे ट्रैक्टर धरे रह जाएँगे । और तो और, मैंने जो चीनी मिल खोली है, उसे भी सत्यानाश में मिलाने पर तुला है वह शैतान....

आशा : वह तो बहुत ही सीधे-सूधे हैं भैया । आप उन्हें शैतान....

कैलाश : ऐसे लोगों के चेहरे ऐसे ही धोखे देनेवाले होते हैं आशा ! तमाशा तो यह है कि वह सारे देश में आग लगाता फिर रहा है फिर भी अपने को देशभक्त....

आशा : अगस्त क्रांति में तो उन्होंने बहुत कुछ किया था भैया !

कैलाश : तभी तो उसका दिमाग और फिर गया है । लेकिन आशा, थाने को लूटना, डाकघर में आग लगाना या कचहरी पर झंडे उड़ाना ही देशभक्ति नहीं है । मैं तो कहूँगा, घड़ी भरके जोश में आकर गोलियों के सामने छाती खोल देना भी देशभक्ति की कसौटी नहीं है । परिस्थिति के अनुसार देशभक्ति की कल्पना भी बदलती है ।

आशा : देशभक्ति ? बदलती है ?

कैलाश : हाँ, बदलती है । आज की बदली हुई परिस्थिति में एकमात्र देशभक्ति है पैदावार बढ़ाना । सुना नहीं, पं. नेहरू ने कहा है— (Produce or perish) पैदावार बढ़ाओ, नहीं तो नाश में मिल जाओगे । सरदार पटेल भी यही कहते फिर रहे थे । आशा, आज देश संकट

काल से गुजर रहा है; इसलिए जो कोई भी पैदावार बढ़ाने में अड़चन डालता है, वह देशद्रोही है।

आशा : देशद्रोही ?

कैलाश : हाँ, हाँ, देशद्रोही और मैं यह डंके की चोट कह सकता हूँ कि तुम्हारा वह विनय भी देशद्रोही है, देशद्रोही है, देशद्रोही है !

आशा : विनय बाबू और देशद्रोही.... उफ्, उफ्....

[विनय का अचानक प्रवेश।]

विनय : और यह देशद्रोही तुम्हारे सामने खड़ा है, कैलाश ! क्या सजा देते हो इसे ?

कैलाश : तुम यहाँ ? कैसे ?

विनय : तुमसे मिलने आया था। बाहर खड़ा तुम्हारे नौकर के इंतजार में था कि इजाजत लेकर भीतर आऊँ। किंतु, जब अपने ऊपर फतवा देते सुना, तो सोचा, अपराधी हूँ ही—चलूँ, सजा ले लूँ।

कैलाश : विनय, तो यह बात तुम्हारे मुँह पर भी कहूँगा कि तुम देशद्रोही का काम कर रहे हो। देश जब इस संकट में है, तब पैदावार....

विनय : पैदावार, पैदावार मत चिल्लाया करो कैलाश ! पैदावार बढ़े, यह कौन नहीं चाहता है—किसान नहीं चाहेगा ? मजदूर नहीं चाहेगा ? उससे बढ़कर पैदावार करनेवाला है कौन, उसका महत्त्व समझनेवाला है कौन ? किंतु, कैलाश पैदावार के साथ कुछ सवाल लगे हुए हैं, सवाल ! पैदावार क्यों ? पैदावार कैसे ? और पैदावार किसके लिए ?

कैलाश : तुम हर बात में सवाल ही ढूँढ़ते हो।

विनय : इसीलिए हम उसके तथ्य पर भी पहुँच पाते हैं—जिन ढूँढ़ा तिन पाइयाँ ! तुम लोग हर चीज पर पर्दा डालते रहे हो, आज भी पर्दा डाल रहे हो। किंतु, अब यह नहीं चलने की। जिस पैदावार के पहले किसानों के मुँह का अन्न छिन जाए, जिस पैदावार के पहले मजदूरों की हड्डियाँ तोड़ दी जाएँ—वह पैदावार नहीं है, कैलाश ! पैदावार का मानी है, जनता के लिए सुख-ऐश्वर्य के सामान मुहय्या करना। जो पैदावार शुरू होने के पहले ही मेहनत करनेवालों को सत्यानाश में मिला दे वह पैदावार नहीं, कोई राक्षस है राक्षस ! उस राक्षस को मार डालना होगा !

कैलाश : फिर वही राक्षस।

विनय : हाँ, राक्षस, राक्षस, राक्षस ! मैं देख रहा हूँ, कैलाश, आज हर जमींदार, हर पूँजीपति, हर मालदार देशभक्त बन गया है—किंतु तुम्हारी देशभक्ति की परीक्षा—बार-बार हो चुकी है। तुम अब लोगों को धोखा नहीं दे सकते। कैलाश, कैलाश, शुतुरमुर्ग की तरह बालू के नीचे सिर मत छुपाओ। परिस्थिति का सामना करो—देखो, वह सर्वनाश !

कैलाश : ओह, आशा, तुम भीतर जाओ। जाओ।

[आशा जाती है।]

विनय : तुम फिर उन्हें भीतर भेज रहे हो। किंतु हवा को क्या भीतर जाने से रोक सकोगे ? ये दीवारें ढहेंगी, ढहेंगी, कैलाश—

कैलाश : विनय, मेरे प्यारे विनय, उत्तेजित मत हो। आशा को हटाया, क्योंकि तुमसे कुछ निवेदन करना है। **(आजिजी में)** मेरे भाई, मैं पूछता हूँ, तुम मुझ पर ही क्यों फट पड़े हो ? बहुत-सी जमींदारियाँ हैं, बहुत-सी मिलें हैं। तुम मुझे छोड़ दो, भाई ! मैं तुम्हें हाथ जोड़ता हूँ....

विनय : तो, तुम मुझे भी धोखा देना सिखा रहे हो? मैं उन किसानों और मजदूरों को धोखा दूँ, जिन्होंने मुझ पर विश्वास किया, जिन्होंने मेरे हाथों में अपना भविष्य सौंप रखा है—कैलाश, यह नीचता है !

कैलाश : ओह ! तुम फिर नहीं सुनते ! अच्छा दूसरी बात ! तुम चाहते हो न कि पैदावार बढ़े ?

विनय : हाँ !

कैलाश : तुम चाहते हो न कि किसानों और मजदूरों का हित हो ? उनकी उन्नति हो ?

विनय : हाँ, हाँ !

कैलाश : तब लो; यह सारी जमींदारी और कारखाना तुम्हें सुपुर्द करता हूँ। तुम्हीं इसका इंतजाम करो—तुम मैनेजर बनो····

विनय : जबान सम्हालो कैलाश, जबान ! ओहो, अब तुम मुझे घूस देने चले हो ? क्या तुमने मुझे इतना नीच समझ लिया है ? ओहो ! अब तुमसे कोई बात करना भी नीचता होगी, मैं चला कैलाश····

[विनय चल देता है ।]

कैलाश : विनय, विनय····ओह, आशा, आशा !

[आशा आती है ।]

आशा : भैया, भैया ! विनय बाबू क्यों भाग गए भैया····

कैलाश : वह मेरे मुँह पर तमाचा मारकर चला गया है । उस पर इस समय लीडरी का भूत सवार है आशा ! लीडरी का भूत !

[मैनेजर का प्रवेश ।]

मैनेजर : तो थोड़ी झाड़-फूँक कर देने से सब ठीक हो जाएगा । नमस्कार सरकार ! बेटी, आशा बेटी, जरा मेरे लिए नाश्ते का तो कोई इंतजाम करना बेटी ! जा, भीतर जा । इन मामलों में तुम्हें नहीं पड़ना चाहिए बेटी ! जा मेरी बिटिया !

[आशा जाती है ।]

: तो सरकार ने देख न ली इनकी शोखी । इनकी सारी शोखी हवा हो जाए, यदि····

कैलाश : यदि क्या मैनेजर साहब ?

मैनेजर : यदि सरकार की आज्ञा हो और क्या ?

कैलाश : क्या आज्ञा चाहिए ?

[मैनेजर कान में कुछ कहता है ।]

: नहीं, नहीं, यहाँ तक नहीं जाना चाहिए ।

मैनेजर : यहाँ तक नहीं जाइए, तो जैसा विनय बाबू कहा करते हैं—सर्वनाश मुँह बाये खड़ा है, उसके मुँह में जाना होगा सरकार !

कैलाश : मैनेजर साहब, मैनेजर साहब, ओह, ओह ! उसकी चर्चा मत कीजिए ।

मैनेजर : हुजूर, वह सामने खड़ा है ! या तो आज्ञा दीजिए, या····

कैलाश : उफ्, मैं क्या करूँ, क्या करूँ ?

मैनेजर : आपको कुछ करना नहीं है, सरकार, कुछ करना नहीं है । आपकी आज्ञा; बस ! बोलिए सरकार !

कैलाश : मैनेजर, मैनेजर, जो चाहो करो । हाँ, हाँ, जो चाहो करो—सब्र की हद होती है, इसने मुझे तंग कर रखा है—अब चखे उसका फल !

मैनेजर : तो सलाम हुजूर !

[मैनेजर जाता है—आशा आती है ।]

आशा : भैया, भैया, मैनेजर यह क्या आज्ञा माँग रहे थे भैया? आपने क्या आज्ञा दी है भैया!

कैलाश : आशा, भीतर जाओ, भीतर जाओ—जाओ—

आशा : **(गंभीरता से जैसे कुछ निश्चय कर चुकी हो)** हाँ, मैं जाती हूँ, भैया…

छठा दृश्य

[एक खेत। घायल, लहूलुहान विनय पड़ा हुआ कराह रहा है ।]

विनय : आह! आह! आह!

आशा : कौन? विनय बाबू? विनय बाबू? आह, आह! **(उन्हें सम्हालकर बैठाती है)** हाय, यह क्या किया?

विनय : आह! **(आँखें खोलते हुए)** कौन? आशा?

आशा : ओह, मुझे देर हो गई विनय बाबू! देर हो गई, तब तक दुष्टों ने अपना काम कर लिया! कोई है, कोई है!

[रहमान का प्रवेश ।]

रहमान : अरे, यह क्या हुआ? क्या हुआ?

विनय : पानी, पानी!

आशा : आप जल्द पानी लाइए, जाइए, जल्दी कीजिए। आह!

[रहमान जाता है ।]

: ओह, यह क्या हुआ? मैनेजर, दुष्ट मैनेजर! तुमने यह क्या किया? भैया, भैया, आपने यह क्या कराया? ओह! ओह! **(फूटकर रोती है)**

विनय : पानी! पानी!

[रहमान पानी लेकर आता है ।]

आशा : पानी है विनय बाबू, पानी!

[विनय के मुँह में पानी देती है—वह पीता है—उसके चेहरे पर पानी का छींटा ।]

: ओह, यह क्या हुआ विनय बाबू!

रहमान : यह क्या हुआ, विनय दादा!

विनय : हुआ वही, जो होना था। संघर्ष के साथ यह सब लगा हुआ है, रहमान! कोई घायल होता है, कोई गिरता है, कोई जेल में मरता है, कोई खेत पर मरता है! संघर्ष के साथ यह सब लगा हुआ है—

आशा : दुष्ट मैनेजर! भैया-भैया! ओह!

विनय : आशा, बात व्यक्ति की नहीं है आशा! सवाल है प्रणाली का, प्रणाली का। आज के समाज में ही यह सब निहित है आशा—शोषण, उत्पीड़न; अन्याय, अत्याचार, खून, हत्या! सिर्फ लाठी और हाथ नहीं देखो; देखो उस राक्षस को, जो उसके पीछे छिपा है!

आह !

रहमान : **(गुस्से में)** हम इसका बदला लेंगे !

विनय : बदला लोगे ? जरूर बदला लेना, रहमान, जरूर ! जो बदला नहीं ले, वह आदमी नहीं है, रहमान ! लेकिन आदमी का बदला आदमी की तरह का होना चाहिए, शैतान या हैवान की तरह का नहीं ! आह !

रहमान : आह ! आप यह क्या कह रहे हैं मेरे सरदार !

विनय : बदला लो आदमी से नहीं, उस प्रणाली से, उस समाज से जिसके चलते आदमी इंसान से हैवान, मनुष्य से पशु बन जाता है ! उस प्रणाली को, उस समाज को बदलो, मेरे भाई ! आह ! जरा पानी !

[आशा पानी पिलाती है—देखती है, खून बंद नहीं हो रहा है ।]

आशा : ओह, यह खून बहा ही जा रहा है ! **(रहमान से)** जाइए, किसी डाक्टर को बुलाइए—डाक्टर को····

विनय : खून ! उसे बंद मत करो आशा ! उसे बंद करने की जरूरत नहीं है रहमान ! उसे बहने दो, बहने दो ! इसी खून में स्नान कर नया समाज आएगा ! वह नया समाज—जहाँ सब आदमी बराबर होंगे; सब आदमी सुख-चैन से रहेंगे ! जहाँ गरीबी नहीं होगी, मूर्खता नहीं होगी, अन्याय नहीं होगा, अत्याचार नहीं होगा । जहाँ सब हिल-मिलकर रहेंगे; सब हिल-मिलकर नाचेंगे, गाएँगे । ओह, वह ऐश्वर्य का समाज; आनंद का समाज; सौंदर्य का समाज; संगीत का समाज ! वह समाज ! पृथ्वी पर स्वर्ग ! आशा, आशा, देखो, वह स्वर्ग पृथ्वी पर उतर रहा है । देखो, देखो, वह पृथ्वी पर बस रहा है, देखो, देखो···· **(उठने की चेष्टा)**

आशा : आह ! आह !

विनय : तुम देख नहीं रहीं आशा—वह नया समाज ! वह पृथ्वी पर स्वर्ग बस रहा है, आशा ! पृथ्वी पर स्वर्ग—जहाँ ऐश्वर्य, आनंद, सौंदर्य, संगीत····

[आँखें मुँद जाती हैं ।]

मजदूर : ओह ओह ! क्या हमें छोड़कर····

विनय : रहमान ! प्यारे रहमान ! आदमी के खानदान की तरह विचारों का भी खानदान होता है, रहमान ! एक आदमी जाता है, हजारों का कुनबा छोड़कर । विचार का सुनहला धागा भी कभी नहीं टूटता—उसे जोड़नेवाले, उसे लंबा करनेवाले आते ही रहते हैं, आते ही रहते हैं । उस धागे को—विचारों के धागे को, सिद्धांतों के धागे को—उस सुनहले धागे को—देखो, उसे जोड़ो, उसे लंबा करो—वह संसार को छाने जा रहा है—वह संसार पर छाते जा रहा है—-वह सुनहला धागा—जिसके सामने आदमी तिनका है, तुच्छ तिनका ! तिनके का मोह और इंकलाबी करे ? रहमान कहो—इंकलाब—

रहमान : जिंदाबाद !

[गरभू का प्रवेश ।]

गरभू : विनय भैया, विनय भैया ! यह क्या हुआ विनय भैया !

विनय : गरभू दादा, गरभू दादा—कुछ नहीं गरभू दादा—कहिए, इंकलाब !····बोलिए, इंकलाब—

गरभू : **(धीमे)** जिंदाबाद !

विनय : जोर से····जरा जोर से दादा !

आशा : ओह ! ओह ! **(रोती है)**

विनय : आशा, इंकलाबी जब विदा ले रहा हो, रोना नहीं चाहिए, आशा ! क्रांति अमर है, तो क्रांतिकारी भी अमर है । बोलो तुम सब मिलकर बोलो—इंकलाब—

सब : जिंदाबाद !

विनय : इंकलाब—

सब : जिंदाबाद !

[पर्दा गिरता है—स्वर धीरे-धीरे धीमा होता जाता है ।]

शकुंतला

1

[रथ की घर्घर्र, घोड़े की टाप और हिरन की चौकड़ी के शब्द ।]

दुष्यंत : उफ़, यह हिरन कितनी दूर तक हमें खींच लाया, सारथि ! अरे—देखो, देखो, कितना सुंदर ! गर्दन को मोड़कर यह बार-बार हमारे रथ को देखता है; तीर लग जाने के भय से शरीर के पिछले भाग को जैसे अगले भाग में घुसा लेना चाहता है; थकावट के कारण उसका मुँह खुल जाने से आधी-आधी चबाई घासों से रास्ता भर रहा है और, और ऊँची-ऊँची छलाँग भरता हुआ यह उड़ता-सा ही दीखता है । **(साश्चर्य)** ओहो ! अब तो यह मुश्किल से दिखाई पड़ता है, सारथि !

सारथी : जमीन ऊँची-नीची है, इसलिए रास खींचकर रथ की गति धीमी कर दी थी, महाराज ! अब समथर भूमि आई है, हिरन जाएगा कहाँ ?

दुष्यंत : तो रास ढीली कर दो !

सारथी : जैसी आज्ञा, महाराज ! **(रथ में तीव्र गति)** अहा, देखिए, देखिए, महाराज : रास ढीली करते ही ये घोड़े ऐसे भगे कि इनके सूमों से उठी धूल भी इन्हें नहीं पकड़ पाती; चाल ऐसी सम है कि सिर की कलँगी तक नहीं हिलती-डुलती; अहा, अपने दोनों कानों को उठाए-सटाए ये इस तरह जा रहे हैं कि समझ में नहीं आता कि ये दौड़ रहे हैं या तैर रहे हैं !

दुष्यंत : **(सानंद)** ओहो, हमारे घोड़ों ने हिरन को भी मात दे दी—जो पहले सूक्ष्म दीखती थी, वह अचानक स्थूल हो रही है, जो बीच से कटी-सी मालूम होती थी, वह जुड़-सी रही है; जो स्वभावतः ही टेढ़ी थी, वह सीधी दीखने लगी है; रथ की गति ऐसी क्षिप्र है कि इसका निर्णय कठिन हो रहा है कि कौन-सी चीज नजदीक और कौन-सी चीज दूर है ।

सारथी : देखिए, वह सामने हिरन है—निशाना लगाइए ।

दुष्यंत : अभी-अभी····

[दूर से एक तपस्वी के शब्द ।]

तपस्वी : रुको ! रुको महाराज ! यह आश्रम का मृग है—इसे मत मारो; मत मारो !

सारथी : महाराज, आपके बाण और मृग के बीच में आश्रम के दो तपस्वी खड़े हैं ।

दुष्यंत : **(ससंभ्रम)** रास खींचो, रथ खड़ा करो !

सारथी : जैसी आज्ञा महाराज !

[एक तपस्वी अपने शिष्य के साथ ।]

तपस्वी : महाराज, यह आश्रम का मृग है, इसे मत मारिए, मत मारिए ! कहाँ वज्र के समान आपके तीखे बाण और कहाँ हिरन के चंचल प्राण ! रुई के गोदाम में आग फेंकना और इन हिरनों के कोमल शरीर पर बाण मारना—दोनों एक हैं महाराज ! आप-ऐसे प्रतापी राजा के बाण आर्तों की रक्षा के लिए होने चाहिए न कि निरपराधों की हत्या के लिए ! धनुष से बाण उतारिए, महाराज !

दुष्यंत : प्रणाम तपस्विवर ! आपकी आज्ञा सिर-आँखों पर !

तपस्वी : पुरुवंश की मर्यादा के अनुरूप ही आपकी यह नीति है महाराज ! भगवान आपको

चक्रवर्ती पुत्र दें !

तपस्वी का शिष्य : हाँ, आपको चक्रवर्ती पुत्र ही प्राप्त हो ।

दुष्यंत : ब्राह्मण का आशीर्वाद सिर झुकाकर ग्रहण करता हूँ ।

तपस्वी : महाराज, हम लोग यज्ञाग्नि प्रज्ज्वलित करने के लिए समिधा लेने जा रहे हैं । यह देखिए, मालिनी के तट पर हमारे कुलपति महर्षि का आश्रम दिखाई पड़ रहा है । यदि कोई हर्ज न हो, तो वहाँ जाकर आतिथ्य ग्रहण करें और देखें कि बाणों के घर्षण से आपकी जिन भुजाओं में घिस्से पड़ गए हैं, वे ऋषियों की तपश्चर्या को किस प्रकार निर्विघ्न संपन्न करा रही हैं ।

दुष्यंत : क्या वहाँ कुलपति हैं ?

तपस्वी : अभी-अभी अतिथि-सत्कार का भार अपनी कन्या शकुंतला को सौंपकर वह उसके भाग्य की बुरी रेखा को मिटाने के लिए सोमतीर्थ गए हैं !

दुष्यंत : अच्छा, तो मैं जा रहा हूँ; वह मेरी भक्ति देखकर ऋषि से निवेदन कर देगी, ऐसी आशा है ।

तपस्वी : हम लोग भी चलते हैं, महाराज ! जय हो ! जय हो !

दुष्यंत : सारथि, रथ को बढ़ाओ !

सारथी : जैसी आज्ञा !

दुष्यंत : अहा, बिना कहे ही यह ज्ञात हो जाता है कि हम तपोवन में आ गए हैं, सारथि ! खोंते में बैठे हुए सुग्गों के बच्चों के मुँह से गिरी धान की बालियाँ पेड़ों के नीचे बिखरी पड़ी हैं, ईंगुदी की फलियाँ तोड़ने से चिकने बने पत्थर के टुकड़े जहाँ-तहाँ दिखाई पड़ते हैं, हिरनों में इतना विश्वास है कि वे हमारे रथ के घर्र-घर्र शब्द सुनकर भी चौंकते नहीं हैं और नदी-तट के मार्ग पर वल्कल से चूए जल से रेखाएँ-सी खिंच गई हैं !

सारथी : हाँ, महाराज !

दुष्यंत : और भी देखो—हवा से चंचल बनी लहरियों से तटभूमि के वृक्षों की जड़ें धुली-पुँछी हैं; यज्ञाग्नि के धुएँ से किसलय की लालिमा और ही रंग की हो गई है और जिनसे कुश के अंकुर उखाड़ लिए गए हैं, ऐसी उपवनभूमि में हिरन के बच्चे किस तरह निश्शंक होकर धीरे-धीरे चर रहे हैं !

सारथी : बहुत ही सही कह रहे हैं, महाराज !

दुष्यंत : सारथि, अब रथ रोक दो और लो यह मेरे धनुषबाण और राजकीय वस्त्राभूषण ! आश्रम में विनीत भाव से ही प्रवेश करना चाहिए न ?

सारथी : हाँ, हाँ, महाराज !

दुष्यंत : और जब तक मैं आश्रमवासियों के दर्शन करके लौटूँ, तब तक तुम घोड़ों को भी ठंडा कर लो ।

सारथी : जैसी आज्ञा महाराज की ।

[आश्रम में प्रवेश ।]

दुष्यंत : यह आश्रम है ! अरे, यह क्या ? इस शांत तपोवन में दाहिनी भुजा क्यों फड़क उठी ? यहाँ इसकी सार्थकता ? या होनहार के लिए हर जगह दरवाजा खुला रहता है ।

दूर से शब्द : इधर, इधर आओ, सखियो !

दुष्यंत : ओहो, यह कैसी आवाज ! यह तो दाहिने ओर की वृक्षों की झुरमुट से आ रही है । तो उधर ही चला जाए । **(बहुत दूर बढ़कर)** ये तो ऋषिकन्याएँ हैं । किस तरह अपने प्रमाण

के अनुरूप छोटे-बड़े घड़े लिए पौधों को सींचने के लिए आ रही हैं ! कितनी सुंदर लग रही हैं ये ! जो रूप महलों में भी दुर्लभ है, उसकी आश्रम में ऐसी बहुलता ! अहा, वन-लताओं ने उद्यान-लताओं को भी परास्त कर दिया । खैर, इस छाया तले खड़ा होकर जरा चुपके-चुपके उन्हें देखूँ तो !

[सखियों सहित शकुंतला का प्रवेश ।]

एक सखी : अरी शकुंतले ! मालूम होता है तात कण्व को तुमसे अधिक प्रिय हैं ये आश्रम-वृक्ष ! तभी तो नवमल्लिका की कोमल कुसुम-कलिका-सी सुकुमार तुम पर इन्हें सींचने का भार सौंपा है उन्होंने ।

शकुंतला : बहन अनुसूये, केवल पिता की आज्ञा ही नहीं है, मेरा भी तो इन पर सहोदर जैसा स्नेह है !

दूसरी सखी : सखी शकुंतले, ग्रीष्मकाल में फूल देनेवाले आश्रम-वृक्षों को तो तुम सींच चुकीं; अब हम उन वृक्षों को सींचें जिनका फूल देने का समय बीत चुका । निष्काम कर्म महान् फलदायक समझा जाता है न ?

शकुंतला : प्यारी प्रियंवदे, तुम्हारी राय बड़ी ही रमणीय है !

दुष्यंत : क्या यही कण्व-तनया शकुंतला है ? तो भगवान कण्व, क्षमा करें, आपमें दूरदर्शिता का नितांत अभाव है । ऐसी कन्या और उसे आश्रम-कर्म में नियुक्त कर रखा है आपने ? ऐसे स्वाभाविक मनोहारी शरीर से जो तपस्या की साधना की इच्छा रखता है, वह मानो नील-कमल के पत्ते की धार से शाल का पेड़ काटना चाहता है ! जो हो, मैं इस पेड़ की आड़ से इस रूप का रसपान करूँ ! **(छिपकर खड़ा होता है)**

शकुंतला : बहन अनुसूये, उफ्, प्रियंवदा ने वल्कल को किस तरह कसकर बाँध दिया है; मुझे कष्ट हो रहा है, जरा इसे ढीला तो कर दे सखि !

प्रियंवदा : **(हँसती हुई)** अरी, मुझे क्यों दोष दे रही है; दोष दे अपनी जवानी को जो क्षण-क्षण तुम्हारे वक्षस्थल को विशाल और विस्तृत बनाए जा रही है !

दुष्यंत : **(कुंज से)** ठीक ही कह रही है यह प्रियंवदा । अहा, काँधे पर बँधी हुई महीन गाँठवाले और दोनों स्तनों को बिलकुल ढँक रखनेवाले इस वल्कल से उसकी नई जवानी अपनी पूरी शोभा उस प्रकार नहीं दिखा पाती है जैसे पीले पत्तों के दोनों में रखे हुए फूलों की एक झलक मात्र ही हमें प्राप्त होती है ! लेकिन क्या ऐसा कहना भी उचित है ? सेवार से घिरी हुई कमलिनी और भी सुंदर लगती है और दागों से भरे चंद्रमा की मलिन चाँदनी और भी खिलती है ! यों ही इस वल्कल में भी यह तन्वी मनोरम ही लगती है—भला, सौंदर्य के लिए शृंगार क्या चीज ? और, एक बात और भी—इस मृगनयनी के लिए निस्संदेह यह वल्कल कठोर है, तो भी यह सुंदर ही लगता और मन में जरा भी रुचि-भंग नहीं लाता है, जैसे विकसित कमलिनी जब जल से ऊपर सिर उठाती है तो उसके कर्कश वृंतजाल उसकी शोभा में और भी वृद्धि कर देते हैं !

शकुंतला : सखियो, यह आम का पेड़ हवा से हिलती हुई अपनी पत्तियों की उँगलियों से, जैसे कुछ कहने को, हमें बुला रहा है ! चलो, जरा उसका मान रख दें ! **(जाती है)**

प्रियंवदा : यहाँ आई, तो थोड़ी देर यहाँ खड़ी रहो सखि ! देखती नहीं, तुम्हारे निकट रहने से यह आम का वृक्ष इस तरह सनाथ हो रहा है जैसे कि उसने लता ही पा ली हो !

दुष्यंत : **(कुंज से)** प्रियंवदा सच कह रही है । इस बाला के लाल-लाल अधर किसलय हैं, दोनों बाहुएँ शाखाएँ हैं और फूल के समान प्रलोभक यौवन इसके अंग-अंग में खिला पड़ता है !

अनुसूया : प्यारी शकुंतले, क्या तुम भूल गईं कि इस आम्रवृक्ष की वधू यह नवमल्लिका है, जिसने स्वयं इसे बरा है और जिसे तुमने वन-तोषिणी अभिधा दे रखी है !

शकुंतला : यदि इसे भूलूँ, तो अपने को भूल जाऊँ सखि ! अहा, इन दोनों के सम्मिलन का शुभ मुहूर्त्त जैसे निकट आ गया है ! नवमल्लिका नई कलियों से लद-सी गई है और आम-वृक्ष फलों के बोझ से विह्वल-सा बन रहा है !

प्रियंवदा : शकुंतला को यह वन-तोषिणी क्यों पसंद है, जानती हो सखि अनुसूये !

अनुसूया : क्यों ? जरा सुनाओ तो ।

प्रियंवदा : इसलिए कि जिस तरह इसे अनुरूप वृक्ष मिला, उसी तरह मुझे भी अनुरूप वर मिले !

शकुंतला : यह तुम्हारे अपने मन की बात है, प्रियंवदे !

अनुसूया : ओहो, इस नोकझोंक में इस माधवी-लता को तुम भूली जा रही हो शकुंतले !

शकुंतला : जिसे पिताजी ने मेरे साथ ही सींच-सींचकर बड़ा किया है, उसे, और भूल जाऊँ? **(साश्चर्य)** किंतु सखि, अरे, यह क्या ? असमय में ही नीचे से ऊपर तक क्यों फूलों से लद गई है यह माधवी-लता ?

प्रियंवदा : क्योंकि तुम्हारा ब्याह शीघ्र होनेवाला है । ओहो, मुँह क्यों बना रही है ? तात कण्व ने ही तो एक बार ऐसा कहा था !

दुष्यंत : **(कुंज से)** क्या यह ऋषि कण्व की किसी दूसरे वर्ण से उत्पन्न हुई कन्या है ? मुझे ऐसा लगता है कि यह क्षत्रियों के ग्रहण करने योग्य है—नहीं तो मेरा मन इसकी ओर क्यों आकृष्ट होता ? जहाँ संशय का विषय हो, वहाँ अंतःकरण की स्वतः प्रवृत्तियों को ही प्रमाण बनाना चाहिए न ।

[अचानक शकुंतला चिल्ला उठती है ।]

शकुंतला : सखियो, इस दुष्ट भौंरे से मुझे बचाओ !

अनुसूया : क्या हुआ, क्या हुआ शकुंतले !

शकुंतला : नवमल्लिका के थाले में पानी पड़ते ही यह भौंरा भन्न-भन्न करता उड़ा और अब मेरे चेहरे पर चक्कर काट रहा है ।

दुष्यंत : **(कुंज से)** अहा ! भौंरें से अपने को बचाने में यह कैसी सुंदर लग रही है । जिस-जिस ओर भौंरा जा रहा है, उस-उस ओर अपने सुंदर नेत्रों को घुमाती हुई मानो भय के बीच भी यह सुंदरी अपनी भवों को कमान-लीला सिखा रही है ! और, ओ मधुकर ! कमाल, कमाल ! बार-बार हाथों से हटाए जाने पर भी तू उसके चंचल नेत्रों को चूम ही लेता है, उसके कानों के निकट पहुँचकर अपनी प्रेम-कथा कह ही आता है और, अरे, उसके रति-सर्वस्व अधरों का रसपान करने से भी तू नहीं चूकता ! मैं यहाँ उधेड़बुन में ही रहा और उधर तूने बाजी मार ली !

शकुंतला : बचाओ सखियो, बचाओ !

दुष्यंत : **(कुंज से)** अहा, अब कहाँ भ्रमर-निवारण ? यहाँ तो अब बिना साज के ही नृत्य प्रारंभ हो गया है जैसे ! हाँ, हाँ, सारी बातें नृत्य की-सी ही तो हो रही हैं ! अपनी भवें आड़ी-तिरछी करती यह अपनी चंचल नजरें इधर-इधर डाल रही है; शरीर का मध्य भाग कुछ टेढ़ा होकर रह-रहकर तरंगायमान बन जाता है, पल्लवों की तरह कोमल-चिकनी हथेलियों और उँगलियों को रह-रहकर झटकार देती है और जब-जब भय से सी-सी कर उठती है तो मालूम होता है आलाप के लिए अभी-अभी उसके अधर खुल रहे हैं !

शकुंतला : सखियो, सखियो ! यह दुष्ट भौंरा नहीं मान रहा ! मैं जहाँ भागती हूँ, यह पिंड नहीं छोड़

रहा ! बचाओ, बचाओ !

प्रियंवदा : हम कौन होती हैं तुम्हें बचानेवाली ! राजा दुष्यंत को क्यों नहीं पुकारती जिनके ऊपर इस सारी तपोभूमि की रक्षा का भार है !

दुष्यंत : मेरे प्रकट होने का यही सुअवसर है ! **(प्रकट होता है)** जब तक इस पृथ्वी पर दुष्टों का शासन करनेवाले पुरुवंशी राजाओं का राज्य है, तब तक कौन दुष्ट इन भोलीभाली ऋषिकन्याओं के साथ अविनय का व्यवहार करनेवाला होता है !

अनुसूया : कोई बड़ी बात नहीं हुई है आर्य ! यह मेरी प्रिय सखी एक दुष्ट भौरे से तंग किए जाने के कारण घबरा गई थी ।

दुष्यंत : **(शकुंतला से)** क्यों देवि, आपकी तपस्या में कोई विघ्न तो नहीं हो रहा ?

अनुसूया : मेरी सखी कुछ संकोचशीला है, आर्य ! जब आपके ऐसे अतिथि पहुँच गए, तो फिर विघ्न कहाँ ?

प्रियंवदा : स्वागत आर्य, स्वागत ! **(शकुंतला से)** अरी शकुंतले, क्या सिर नीचा किए खड़ी है; जा कुटिया से फल-मूल तो ले आ; हाथ-मुँह धोने के लिए यह घड़े का जल तो है ही !

दुष्यंत : आप लोगों की मीठी बातों से ही मेरा पूरा सत्कार हो गया ।

अनुसूया : कम-से-कम इस सप्तपर्णी वेदिका की शीतल छाया में थोड़ी देर विश्राम तो कर लीजिए !

दुष्यंत : आप भी तो थकी-सी मालूम होती हैं—आइए, आप लोग भी थोड़ी देर बैठ लीजिए ।

प्रियंवदा : सखि शकुंतले ! चलो हम भी बैठें, अतिथि का आग्रह कैसे टाला जाएगा !

[सब वेदिका पर बैठते हैं ।]

दुष्यंत : अहा, कितना रमणीय लगता है आप लोगों का यह समान वय और रूप ! और, फिर आप लोगों की मित्रता भी तो वैसी ही लगती है !

अनुसूया : आर्य, आपके मधुर भाषण से उत्पन्न ढिठाई आपसे कुछ पूछने को विवश कर रही है । क्या आप बता सकेंगे, आप किस राजवंश को अलंकृत करते हैं ? किस देश को विरहोत्कंठित करके यहाँ पधारे हैं ? और किस कारण से अपने सुकुमार शरीर को आपने तपोवन आने के घोर परिश्रम में डाला है ?

दुष्यंत : यदि आग्रह है, तो सुनिए—मैं एक वेदज्ञ पंडित और राजा के दरबार का धर्माधिकारी हूँ । पवित्र आश्रमों को देखने के प्रसंग में इस तपोवन में आ गया हूँ ।

अनुसूया : आपके आने से हम तपस्वी कृतार्थ हुए ।

प्रियंवदा : **(धीरे से)** सखि शकुंतले ! यदि आज तात कण्व यहाँ होते !

शकुंतला : तो क्या होता ?

प्रियंवदा : तो अपने जीवन का सर्वस्व इस विशेष अतिथि को समर्पण कर कृतार्थ कर देते ।

शकुंतला : **(अनखाकर)** फिर तू शैतानी कर रही है प्रियंवदे ! जाओ, मैं तुम्हारी बातें नहीं सुनती ।

दुष्यंत : क्या मैं आपकी इस सखी के बारे में कुछ पूछ सकता हूँ ?

अनुसूया : अनुग्रह में भी अभ्यर्थना ?

दुष्यंत : पूज्य महर्षि कण्व तो आजन्म ब्रह्मचारी हैं । फिर यह उनकी पुत्री····

अनुसूया : राजर्षि कौशिक का नाम तो आपने सुना होगा ।

दुष्यंत : भगवान कौशिक को कौन नहीं जानता ?

अनुसूया : मेरी सखी के पिता वही हैं । जब यह त्याग दी गई, तो तात कण्व ने इसे पिता की तरह पाला-पोसा ।

दुष्यंत : त्याग दी गई ?

अनुसूया : हाँ, आर्य ! बहुत दिन हुए, राजर्षि कौशिक उग्र तपस्या कर रहे थे कि देवताओं को भय हुआ कि उन्होंने उनकी तपस्या भंग करने को मेनका नाम की अप्सरा भेजी।

दुष्यंत : दूसरों की तपस्या देखकर देवताओं को भय होता ही है। फिर क्या हुआ ?

अनुसूया : वसंत का आगमन था। सुहावना समय, एकांत, मेनका का उन्मादक रूप····

दुष्यंत : अब कहने की आवश्यकता नहीं। तो आपकी सखी अप्सरा से उत्पन्न हुई हैं।

अनुसूया : हाँ, महाराज !

दुष्यंत : मैं भी यही सोच रहा था, मनुष्य जाति की स्त्री से ऐसे रूप की उत्पत्ति हो नहीं सकती। भला कहिए, बिजली की तरल ज्योति क्या पृथ्वी से निकल सकती है ? और····

प्रियंवदा : आर्य, मालूम होता है आप कुछ और कहना चाहते थे ?

दुष्यंत : आपका अनुमान बिलकुल ठीक है।

प्रियंवदा : तो अधिक सोच-विचार करने की क्या आवश्यकता ? तपस्वियों से पूछने के लिए कोई विशेष नियम नहीं होता।

दुष्यंत : तो सुनिए—आपकी सखी कामदेव की गति रोकनेवाले तपस्वियों का यह वेश विवाह के पहले तक ही रखेंगी या समाननेत्री होने के कारण हिरनों के साथ ही अपना सारा जीवन इसी तरह व्यतीत करेंगी ?

प्रियंवदा : अभी मेरी सखी धर्मानुष्ठान में लगी है। लेकिन, पिताजी का विचार इसे किसी अनुरूप वर को सौंप देने का है।

शकुंतला : बहन अनुसूये, मैं चली। जाती हूँ और ये सारी ऊटपटाँग बातें माता गौतमी से कहकर रहूँगी।

अनुसूया : अरे, यह क्या ? अभी तो इनका अतिथि-सत्कार भी नहीं किया और छोड़ चली। आश्रमवासियों का क्या यही धर्म है ?

प्रियंवदा : ओहो, बड़ी गुस्सेवाली बनी है तू। लेकिन तू जा नहीं सकती।

शकुंतला : **(तिनककर)** क्यों ?

प्रियंवदा : क्योंकि अभी दो वृक्ष सींचने को जो रह गए हैं। अपना कर्त्तव्य पूरा कर ले, तो जाना।

दुष्यंत : भद्रे, इन वृक्षों के सींचने से ही आप लोग थक गई हैं। देखिए न इन्हें। **(शकुंतला की ओर)** बार-बार घड़े उठाने से इनकी दोनों हथेलियाँ लाल-लाल हो गई हैं। दोनों कंधे झुके-से दीखते हैं। जोर-जोर से साँस लेने के कारण उन्नत वक्षस्थल नीचे-ऊपर हो रहे हैं। मुँह पर पसीने की बूँदें छहर रही हैं जिनसे कानों के शिरीष-कुसुम चिपक गए हैं। और, केवल एक हाथ द्वारा लपेटी गई चिकुर-राशि, बंधन खुल जाने से, इधर-उधर बिखरी पड़ी हैं। रह गई कर्त्तव्य-पूर्त्ति की बात तो उसके बदले में लीजिए, यह अँगूठी।

प्रियंवदा : **(अँगूठी लेकर)** यह अँगूठी····

दुष्यंत : यह अँगूठी राजा ने मुझे दी थी। इस पर राजा का नाम है।

प्रियंवदा : बता, अब कैसे जाती है ?

[दूर से स्वर सुनाई दे रहा है]

तपस्वियो, सावधान ! राजा दुष्यंत इस वन में आखेट करने को आ रहे हैं। उसके घोड़ों की टापों से उड़ी हुई लाल धूल गीले वल्कल जिन पर सूखने को डाले गए थे, उन वृक्षों पर पड़ रही है। एक पागल हाथी भी भड़का हुआ आ रहा है जिसका एक दाँत वृक्षों पर आघात करने से टूट गया है। जंगली मृग चारों ओर भाग रहे हैं। सावधान !

अनुसूया : आर्य, अब हमें कुटिया पर जाने की आज्ञा दें। शकुंतले, माता गौतमी घबरा रही होंगी, अब

हम लोग चलें।

शकुंतला : अरे यह क्या? मेरे पैर में यह झिनझिनी-सी लग गई है। मुझसे तो चला नहीं जाता, बहन!

दुष्यंत : आप लोग घबराएँ नहीं, मैं आश्रमवासियों को कष्ट नहीं होने दूँगा।

अनुसूया : आह, हम आपकी सेवा भी नहीं कर सके। फिर दर्शन दीजिएगा महाभाग! चलो, शकुंतले!

शकुंतला : बहन अनुसूये, देखो न इस कुश को भी इसी समय मेरे पैर में गड़ना था और मेरा वल्कल इस झरबेरी से उलझ रहा है। थोड़ी देर ठहरो, मैं अभी आई। **(सब जाती हैं)**

दुष्यंत : सब चली गईं, चली गईं। मैं भी चलूँ। इस मुनि-बाला ने चलते-चलाते मेरी अजीब हालत कर दी। अब मेरा शरीर तो आगे जा रहा है और मन? जैसे रेशमी झंडा हवा लगने से पीछे की ओर उड़ता है, मेरा मन भी शरीर की प्रतिकूल दिशा में ही भागा जा रहा है।

2

[अनुराग-सूचक वाद्य के बाद।]

दुष्यंत : विघ्न दूर हो जाने के कारण ऋषियों ने तो हमें जाने की आज्ञा दे दी है, किंतु क्या शकुंतला को छोड़कर जा सकता हूँ? कहाँ है मेरी प्यारी शकुंतला? ओहो, मालूम होता है, वह अभी-अभी इसी रास्ते से गई है! क्योंकि जिनसे फूल तोड़े गए हैं, उन वृंतों की अस्तव्यस्तता गई नहीं है और जहाँ पत्ते तोड़े गए हैं, वहाँ अब भी दूध निकल रहा है! और इस मालिनी की पीली रेत पर जो चरण-चिह्न हैं, वे भी इसी की सूचना देते हैं; क्योंकि वे आगे की ओर उथले और जघन-भार से पीछे की ओर गहरे पड़े हैं! **(आगे बढ़कर)** अहा! आँखें तृप्त हो गईं! मेरी प्रिया फूलों से बिछी पत्थर की पटिया पर लेटी है। इस लता-ओट से उसकी बातें सुनूँ तो?

अनुसूया : सखि शकुंतले, कमल के पत्तों की हवा अच्छी लगती है न?

शकुंतला : **(सखेद)** यह क्या झल रही हो, सखियो!

अनुसूया : यह तुम्हें क्या हो गया है, शकुंतले?

प्रियंवदा : बहन अनुसूया, उस राजा के दर्शन के बाद ही शकुंतला की यह हालत हो गई है—कोई दूसरी बात नहीं है।

अनुसूया : क्या यह सच है शकुंतले?

शकुंतला : तुमसे न कहूँगी, तो कहूँगी किससे? किन्तु सुनकर····

अनुसूया : कहो, कहो। प्रियजनों में दुख बाँट देने से वेदना सह्य हो जाती है।

शकुंतला : सचमुच तपोवन की रक्षा करनेवाले राजर्षि जब से इन नेत्रों के सम्मुख हुए हैं····

अनुसूया : यह लजाने की बात नहीं है, शकुंतले! महानदी समुद्र से ही जाकर मिलती है, और नए पत्तोंवाली माधवी-लता आम के वृक्ष का ही सहारा ढूँढ़ती है।

शकुंतला : तो ऐसा उपाय करो कि मैं उनकी रानी····नहीं तो अब मैं बच नहीं····आह! मुझे याद रखना सखियो!

दुष्यंत : **(अलग से ही)** ओहो, कैसी दशा हो गई है इसकी! मुँह सूख गया है, गाल धँस गए हैं। वक्षस्थल शिथिल पड़ गए हैं, कटि और भी पतली हो गई है। कंधे झुक गए हैं और देह

पीली पड़ गई है ! किंतु इसकी यह करुणमूर्ति भी कितनी सुंदर लग रही है !

प्रियंवदा : बहन अनुसूये, तुरत ही कोई उपाय करना है !

अनुसूया : लेकिन कैसे ? क्या राजा····

प्रियंवदा : मैंने राजा की आँखें देखी हैं सखि ! और, तुमने ध्यान नहीं दिया, वह भी दुबले हुए जा रहे हैं !

अनुसूया : तो क्या किया जाए ?

प्रियंवदा : शकुंतले, तुम एक प्रेमपत्र उन्हें लिखो ! मैं फूलों में छिपाकर, देवता के प्रसाद के बहाने, उनके पास पहुँचा दूँगी !

अनुसूया : हाँ, ठीक, ठीक !

शकुंतला : किंतु, कहीं उन्होंने उसका तिरस्कार किया तो ?

प्रियंवदा : अपने गुणों का आप अपमान करनेवाली लाड़िली ! संसार में ऐसा कौन होगा जो शरद की तापहारिणी स्निग्ध ज्योत्स्ना को छाता लगाकर अपने ऊपर आने से रोके ?

शकुंतला : अच्छा, तो मैं तैयार हुई ? लेकिन, सखियो, लिखूँ तो किस चीज पर, किस तरह ! लिखने की सामग्री तो यहाँ नहीं !

प्रियंवदा : सुग्गे की छाती की तरह, कोमल इस कमलिनी के पत्ते पर एक-एक पद अलग-अलग करके नखों से लिख डालो ।

शकुंतला : लो, लिख डाला सखियो !

अनुसूया : सुनाओ, सुनाओ !

शकुंतला : "ओ निठुर, मैं तुम्हारे हृदय की तो नहीं जानती, किंतु मैंने अपनी सारी अभिलाषाएँ तुम्हारे हाथों में सौंप दी हैं । ऐसी अवस्था में मदन-देवता दिन-रात मुझे तपाता रहता····"

दुष्यंत : प्रकट होने के लिए फिर ऐसा सुअवसर कौन होगा ? **(प्रकट होकर)** आर्ये कृशांगि, तुझे तो वह सिर्फ तपाता-भर है; लेकिन मुझे तो जलाए डाल रहा है । सूर्यदेवता जितना मलिन चंद्रमा को बना देता है, उतनी कमिलिनी को नहीं ।

अनुसूया : ओहो, आप आ गए ! जिनके द्वारा कामना पूरी हो सकती है, उन्हें यहाँ आने में कष्ट तो नहीं हुआ ?

शकुंतला : **(उठना चाहती है)**

दुष्यंत : बस, बस, कष्ट करने की आवश्यकता नहीं । जिनसे करवटें बदलने के कारण फूलों की पंखुड़ियाँ दलमल गई हैं और मृणाल के कंकण मर्दित हो गए हैं, गुरुतर संताप से पीड़ित आपके ये अंग लोकाचार पालन करने में समर्थ नहीं रह गए हैं, सुंदरि !

अनुसूया : इसी पत्थर की पटिया पर आप भी बैठ जाइए, महाभाग !

दुष्यंत : लीजिए, मैं बैठ गया । अब तो आपकी सखी का ताप कुछ कम हुआ ?

प्रियंवदा : औषध मिली, तो ज्वर उतरेगा ही !

अनुसूया : राजन्य, यद्यपि आप दोनों का अनुराग प्रकट है, तथापि एक निवेदन····

शकुंतला : सखि, अंतःपुर के वियोग से उत्कंठित राजर्षि से कुछ निवेदन करना क्या समुचित होगा ?

दुष्यंत : मेरे इस अनन्य-परायण हृदय को, ओ हृदयहारिणी, यदि किसी दूसरी जगह आरोपित करोगी तो समझ लो, ओ खंजननयने, कि कामदेव-द्वारा मारा गया मैं दुहरा मारा जाऊँगा ।

अनुसूया : बात यों है कि हम सुना करती हैं, राजाओं को बहुत-सी प्रेमिकाएँ हुआ करती हैं····

दुष्यंत : हुआ करें, ऋषिकन्याओ ! लेकिन मेरे कुल की मर्यादा के अनुरूप मेरी दो ही प्रेयसी हो सकती हैं—एक तो समुद्रवेष्टित यह पृथ्वी, या आपकी यह प्यारी सखी !

अनुसूया : धन्य महाराज, धन्य ! अब हम निश्चिंत हुईं ।

प्रियंवदा : बहन अनुसूये, देखो, देखो, वह हिरन का बच्चा अपनी माँ से बिछुड़कर बिलला रहा है; चलो, हम उसे माँ से मिला दें ।

शकुंतला : मुझे यहाँ अकेली छोड़कर····

प्रियंवदा : अरी, तुम्हारे निकट पृथ्वीनाथ बैठे हैं, तो भी तुम अकेली ?

[सखियाँ जाती हैं ।]

दुष्यंत : वे चली गईं, तो भी घबड़ाने की क्या बात ? आपकी सेवा के लिए मैं हूँ ही । कहिए तो इस जल-विंदु-शोभित क्लांतिहारी शीतल कमल-पत्र से आप पर पंखा झलूँ या नवल कमल पुष्प-से लाल-लाल इन चरणों को अपनी गोद में····

शकुंतला : रहने दीजिए, राजर्षि ! मुझे अपराधिनी मत बनाइए ! मुझे भी जाने दीजिए !

दुष्यंत : **(स्वगत)** धन्य हैं ये वन-कन्याएँ ! इच्छा रखते हुए भी इनका प्रतिकूल व्यवहार होता है, मिलन-सुख की कामना करती हुई भी ये आत्मसमर्पण से घबड़ाती हैं । दुनिया को कामदेव सताता है, ये उसे भी सता मारती हैं !

शकुंतला : मैं चली महाराज !

दुष्यंत : क्या सच ! तो जाते-जाते···· **(अंचल पकड़ने की चेष्टा)**

शकुंतला : पुरुवंशी, शिष्टाचार की रक्षा कीजिए । देखते नहीं, चारों ओर ऋषि लोग आ-जा रहे हैं ।

दुष्यंत : ऋषिकन्याओं का गांधर्व विवाह सदा से होता आया है, सुंदरि ! ऋषि कण्व भी यह सुनकर प्रसन्न ही होंगे !

शकुंतला : क्षमा कीजिए, मैं चली । आपकी इच्छापूर्ति न कर सकी····किंतु सिर्फ संभाषण से परिचित इस दासी को न भूलिएगा ।

दुष्यंत : सुंदरि, जैसे दिन ढलने पर छाया वृक्ष से दूर चली जाती है, किंतु तो भी उसके मूल को नहीं छोड़ती; उसी प्रकार तुम दूर भले ही चली जाओ, किंतु मेरे हृदय को नहीं छोड़ सकोगी !

शकुंतला : **(कुछ आगे बढ़ने के बाद)** अरे, यह क्या ? मेरा मृणाल-कंकण कहाँ गिर पड़ा ? **(लौटकर)** महाराज, क्या आपने मेरा मृणाल-कंकण देखा है ? तो दीजिए और देखिए कहीं ऋषियों की नजर न हम पर पड़ जाए ।

दुष्यंत : पाया है और दूँगा, लेकिन एक शर्त ।

शकुंतला : कौन-सी शर्त ?

दुष्यंत : मैं स्वयं पहना दूँ इसे !

शकुंतला : उफ्, आप तो····अच्छा, यही सही ! **(हाथ बढ़ाती है)**

दुष्यंत : **(हाथ पकड़कर)** अहा, कितना सुंदर स्पर्श है ! शिव ने कामदेव को जला दिया; तो विधाता ने उस पर अमृत छिड़ककर यह नवांकुर उत्पन्न किया है ?

शकुंतला : आर्यपुत्र, शीघ्रता कीजिए !

दुष्यंत : आपने क्या कहा, आर्यपुत्र ! तो····

शकुंतला : तो····तो क्या आर्यपुत्र !

दुष्यंत : अपने इन सुंदर, स्पंदित, अछूते अधरों···· **(चूमने की चेष्टा करता है)**

[नेपथ्य से एक आवाज]

आवाज़ : ओ चकवी, रात हो गई, अब अपने चकवे को विदा करो !

शकुंतला : आर्यपुत्र ! विदा, विदा ! आर्या गौतमी शायद मेरा हाल जानने को पधार रही हैं, इसीलिए सखियों ने संकेत किया है ! विदा, विदा, आर्यपुत्र !

3

[भय-सूचक वाद्य के बाद ।]

अनुसूया : आखिर शकुंतला को अनुकूल वर प्राप्त हुआ; किंतु भय होता है, प्रियंवदे, कि राजा अपनी राजधानी में जाकर अपनी पटरानियों में कहीं शकुंतला को भूल न जाएँ !

प्रियंवदा : नहीं, नहीं, उनके-ऐसे रूप-गुणवाले पुरुष धोखा नहीं दे सकते । बहन, मुझे तो भय है पिता कण्व का !

अनुसूया : वह तो प्रसन्न ही होंगे । लड़की को योग्य वर मिले, पिता को इससे बढ़कर और किसी दूसरी बात से प्रसन्नता नहीं होती ।

प्रियंवदा : भगवान करें, ऐसा ही हो । तो, बहन, हम लोग अब काफी फूल चुन चुके, अब आश्रम में चलें ।

अनुसूया : काफी ? अरी, आज शकुंतला के सौभाग्य-देवता की भी तो पूजा करनी है ! कुछ और चुन—ओहो यह क्या ? कोई अतिथि पुकार रहे हैं !

[नेपथ्य से दुर्वासा का स्वर ।]

दुर्वासा : ओ, देख; मैं हूँ, मैं !

प्रियंवदा : हाँ, कोई अतिथि ही मालूम होते हैं, तो क्या हुआ, शकुंतला तो वहाँ है ही ।

अनुसूया : है तो, लेकिन उसका शरीर ही है वहाँ—मन तो राजा के साथ गया !

[नेपथ्य से फिर दुर्वासा का स्वर ।]

दुर्वासा : ओरी; तू अतिथि का निरादर करती है तो ले⋯जिसके ध्यान में तूने तपस्वी का निरादर किया है, वह बार-बार याद दिलाने पर भी तुझे उस तरह भूल जाएगा जिस तरह पागल अपनी कही गई बात भूल जाता है !

प्रियंवदा : हाय, हाय, वही हुआ, जिसकी आशंका थी ! मालूम होता है, शून्यहृदया शकुंतला किसी पूज्य व्यक्ति से कोई अपराध कर गई !

अनुसूया : और कौन होगा, तुनुकमिजाज दुर्वासा ऋषि होंगे ! वह देखो, इतना बड़ा वज्रपात करके किस तरह जल्दी-जल्दी पैर बढ़ाते हुए चले जा रहे हैं ।

प्रियंवदा : हाँ, आग के सिवा दूसरा और कौन जला सकता है ? लेकिन, बहन अनुसूये, तुम जाकर उन्हें शांत करो, हाय⋯

[जाती है ।]

अनुसूया : आपके पैरों पड़ती हूँ भगवान ! उसे क्षमा कर दीजिए, वह एक भोली बालिका है, तपस्वी का प्रभाव बेचारी क्या जाने ? फिर उसका यह पहला अपराध है महर्षि !

दुर्वासा : मेरी बात अन्यथा नहीं हो सकती ! लेकिन तू गिड़गिड़ा रही है, तो जा, जब उसके प्यारे को कोई याद दिलानेवाला अलंकार दिखाया जाएगा, तब शाप की निवृत्ति हो जाएगी । हटो, मैं चला !

[दुर्वासा क्षिप्र वेग से चले जाते हैं ।]

प्रियंवदा : अब कुछ धीरज हुआ ! राजा ने चलते समय एक अँगूठी शकुंतला को दी है, अब यह अँगूठी ही उसकी रक्षिका सिद्ध होगी ।

अनुसूया : किंतु प्रियंवदे, यह बात अभी हमीं दोनों के बीच रहे। क्योंकि कोमल-हृदया शकुंतला इस शाप की कथा सुनकर क्या जीवित रह सकेगी ?

प्रियंवदा : देखो तो वहाँ बहन, शकुंतला किस तरह बाएँ हाथ पर गाल रख तस्वीर की तरह बैठी है ! आह ! प्रियतम के ध्यान में वह इतनी निमग्न है कि यह जान भी न सकी कि उसके सिर पर कौन-सा बादल अभी-अभी उमड़कर गाज गिरा गया है !

4

[करुण स्वर में वाद्य के बाद।]

कण्व : आज शकुंतला जाएगी। इस कल्पना ने ही मेरे हृदय को विषाद से भर दिया है। आँसुओं को रोकता हूँ, तो वे गले को गीला कर आवाज को रूँध देते हैं। सामने की चीजें भी धुँधली हुई जा रही हैं। मैं बनवासी हूँ, तो भी स्नेह से इतना विह्वल हो रहा हूँ, तो गृहवासी अपनी कन्या को विदा करते समय कितना दुखी होते होंगे !

गौतमी : बेटी शकुंतले, देख, वह तुम्हारे पिता आ रहे हैं—उनकी आँखों में डबडबाए आँसू तुम्हारे आलिंगन को व्याकुल हैं। उठ, आशीर्वाद ले !

शकुंतला : **(चरणों में लिपटी हुई)** पिताजी ! **(गला भर आता है)**

कण्व : बेटी ! भगवान तुम्हारा कल्याण करें ! जैसे शर्मिष्ठा ने ययाति का प्रेम प्राप्त किया था, उसी तरह तुम भी पति-प्रेम प्राप्त करो और पुरु की तरह तुम्हें भी सम्राट् पुत्र प्राप्त हो !

गौतमी : बेटी, महर्षि कण्व ने यह आशीर्वाद नहीं दिया है, बल्कि वरदान दिया है तुम्हें।

कण्व : बेटी, जिसमें तुरत आहुति पड़ी है, इस यज्ञाग्नि की प्रदक्षिणा कर लो ! यह यज्ञाग्नि तुम्हारा मंगल करे और इसकी हवि की सुगंध की तरह तुम्हारी कीर्ति दिग्‌दिगंत में फैले। ओ सारंगरव, ओ शारद्वत ! इधर आओ बेटे !

दोनों शिष्य : गुरुदेव !

कण्व : बेटो, अपनी बहन को मंगल-पथ पर ले जाओ !

दोनों शिष्य : बहन शकुंतले, हम अब चलें।

कण्व : ओ तपोवन के तरुओ ! जो शकुंतला तुम्हें सींचे बिना जल भी नहीं पीना चाहती थी; जो अलंकार की अनुरागिनी होने पर भी मारे स्नेह के तुम्हारे पल्लवों को नहीं तोड़ती थी; तुम्हारे पहले फूल को देखकर जो उत्सव मनाने लगती थी, वह आज अपने पति के घर जा रही है, तुम लोग उसे आज्ञा दो !

और बेटी ! कमल के पत्तों से हरे-भरे सरोवर, तुम्हारे मार्ग को सुंदर बनावें, घनी छायावाले वृक्ष सूर्य के ताप से बचावें, रास्ते की धूल में कमल-पराग की कोमलता हो, और शांत-स्निग्ध पवन तुम्हारे पीछे-पीछे पंखे झलता हुआ चले।

[कोयल का स्वर।]

सारंगरव : अरे, यह कोयल कूक उठी ! पिताजी, आपकी आज्ञा मानकर वन-देवता ने इस कूक के बहाने शकुंतला को विदा का संदेश दे दिया !

गौतमी : हाँ, हाँ, बेटी ! वन-देवता ने तुम्हें जाने की अनुमति दे दी, उन्हें प्रणाम करो।

शकुंतला : सखि प्रियंवदे, आर्यपुत्र की दर्शन-लालसा मुझे आगे खींच रही है, किंतु आह, मेरे पैर इस आश्रम को छोड़ने के लिए उठ नहीं रहे हैं !

प्रियंवदा : तुम्हारी ही यह दशा नहीं है सखि, सारे आश्रम को देखो—हिरनी चबाती हुई कुश को

उगले दे रही है, नाचती हुई मयूरी अचानक रुक गई और लताएँ पीले पत्ते गिराकर मानो आँसू टपका रही हैं !

शकुंतला : पिताजी, मुझे इस लता-बहन माधवी से अनुमति लेने दीजिए !

कण्व : मैं जानता हूँ बेटी, तुम्हारा उस पर कितना स्नेह है । देख, वह तुम्हारी दाहिनी ओर है !

शकुंतला : **(लता से लिपटती हुई)** बहन माधवी, अपनी शाखा-बाहुओं से मुझे कस लो, क्योंकि आज से फिर भेंट नहीं होगी हमारी-तुम्हारी ! बहन अनुसूये, सखि प्रियंवदे, इस माधवी-लता को तुम्हें ही सौंपे जा रही हूँ, सखियो !

अनुसूया : **(कातर स्वर में)** किंतु हमें किसे सौंपे जा रही हो सखि !

प्रियंवदा : **(रोती हुई)** प्यारी सखि ! ओह, हमें किसे सौंपे जा रही हो !

कण्व : बेटी अनुसूये, प्रियंवदे ! तुम लोग यह क्या कर रही हो । रोओ मत बेटियो''' शकुंतला को ढाढस बँधाओ !

शकुंतला : **(आँसू पोंछती हुई)** गर्भ-भार के कारण आश्रम के आस-पास ही मंद-मंद घूमती रहनेवाली यह हिरनी जब सुखपूर्वक बच्चा दे ले, तो उसकी खबर मुझे अवश्य दीजिएगा; भूलिएगा नहीं पिताजी !

कण्व : तुम्हारा अंतिम आग्रह, और मैं भूलूँ ?

शकुंतला : और यह कौन मेरे पैरों से लिपटकर मेरा आँचल खींच रहा है !

कण्व : कुश के नुकीले अग्रभाग से जिसका मुँह छिल जाने पर तुमने बार-बार ईंगुदी का तेल लगाकर जिसे अच्छा किया, जो तुम्हारे हाथ के एक मुट्ठी साँबे पर पलकर इतना बड़ा हुआ, जो तुम्हारे पुत्र-सा ही लगता था, वह मृगछौना आज तुम्हारा रास्ता रोके खड़ा है, बेटी !

शकुंतला : बेटा, जो तुम्हें छोड़कर जा रही है, उसका पीछा तू क्यों कर रहा है रे ? जब तेरी माँ मर गई थी, मैंने तुझे पाला-पोसा था, अब पिताजी तेरी खोज-खबर लेंगे, इसलिए जा, पिताजी के पीछे लग बेटा ! **(रोती हुई चलती है)**

कण्व : बेटी, रोओ मत ! स्थिर हो और रास्ता देखो । तुम्हारी बरौनियाँ ऊपर उठ गई हैं; इसलिए इन आँसुओं के कारण तुम रास्ता ठीक से देख नहीं पातीं; इस ऊबड़-खाबड़ में तुम्हारे पैर लड़खड़ा रहे हैं !

सारंगरव : गुरुदेव, प्रियजन को जलाशय तक ही पहुँचाना चाहिए ! देखिए, यह सरोवर आ गया ।

अनुसूया : शकुंतले, तपोवन में ऐसा कोई सहृदय प्राणी नहीं है जो तुम्हारे वियोग से दुखी न हो । कमलपत्र की ओट में पड़ी चकई पुकारे जा रही है, लेकिन तो भी वह चकवा बोल नहीं रहा है—अपने मुख में मृणाल रखे किस कातर दृष्टि से वह तुम्हारी ओर देख रहा है ?

शकुंतला : **(सिसकती है)**

कण्व : बेटी, चुप हो ! चलते समय तुम्हें एक शिक्षा देना अपना कर्त्तव्य समझ रहा हूँ—जाओ, सुख से अपने पति के घर पहुँचो । वहाँ गुरुजनों की सेवा में नहीं चूकना; सौतों को भी प्रिय सखी समझना; पति कदाचित् अपमान करे तो भी क्रोध करके उनसे मत झगड़ बैठना; दास-दासियों से उदारता का व्यवहार रखना और अपने सौभाग्य पर कभी गर्व नहीं करना ! बेटी, यही कुल-कामिनियों का धर्म है ।

गौतमी : हाँ, बेटी, इससे बढ़कर नारी के लिए कोई दूसरा उपदेश नहीं हो सकता ।

कण्व : बेटी, आओ, फिर हम मिल लें ।

शकुंतला : पिताजी, मलय-पर्वत से उखाड़ी गई चंदन-लता की तरह आपकी गोद से दूर होकर मैं किस तरह जी सकूँगी ? आह !

कण्व : अधीर मत हो बेटी ! पति का अपार स्नेह पाकर, भरे-पूरे घर की गृहिणी बनकर और पूर्व दिशा की तरह सूर्य-सा प्रतापी पुत्र पाकर तुम इस विरह-दुःख को शीघ्र भूल जाओगी, बेटी !

शकुंतला : पिताजी ! प्रणाम पिताजी !

कण्व : तेरी इच्छा पूरी हो, बेटी !

शकुंतला : बहन अनुसूये, प्यारी प्रियंवदे—तुम लोग भी एक बार फिर मिल लो बहन !

[दोनों मिलती हैं ।]

अनुसूया : राजा को यदि पहचानने में कठिनाई हो, तो वह अँगूठी दिखा देना !

शकुंतला : तुम्हारी इस बात से तो मेरा हृदय काँप उठा !

प्रियंवदा : डरो नहीं सखि, प्रेम में खटका हुआ ही करता है !

सारंगरव : देवि, अब बेला बहुत चढ़ गई—अब शीघ्रता की जाए !

शकुंतला : पिताजी; भूलिएगा नहीं !

कण्व : **(ठंडी साँस लेकर)** पर्णकुटी के द्वार पर तुम्हारे हाथों से लगाए नीवार में जब तक कोंपलें आती रहेंगी, तब तक तुम्हें किस तरह भूल सकूँगा, बेटी । अच्छा, जाओ—शिवास्ते संतु पन्थानः !

5

[विरह-सूचक वाद्य-ध्वनि के बाद ।]

दुष्यंत : आह ! जब उस मृगनयनी ने बार-बार अपने प्रणय की याद दिलाई, तब तो, ओ मेरे हृदय, तू सोया रहा । और अब जब उसे पा नहीं सकता, तो संताप भोगने के लिए जागृत हो गया है ।

कंचुकी : महाराज की जय हो, जय हो !

दुष्यंत : जाकर मंत्री से कह दो कि आज मैं धर्मासन पर नहीं बैठ सकूँगा । रात को बड़ी देर तक जगा रहा । जो काम हो, उसकी सूचना मेरे पास भेज दें ।

विदूषक : अच्छा हुआ कि आपने इन मक्खियों को झाड़-बुहारकर अलग कर दिया । अब इस मनोहर प्रमद-वन में थोड़ी देर आनंद कीजिए ।

दुष्यंत : मित्र, ठीक कहा गया है कि विपत्तियाँ जरा-सा सुराख पाकर ही आ धमकती हैं । जिसने शकुंतला की याद में बाधा पहुँचाई, वह मोह मुझे छोड़ भी न सका था कि देखो, यह कामदेव अपने धनुष पर आम्र-मंजरी का बाण चढ़ाकर सामने आ खड़ा हुआ है । अब आनंद कहाँ !

विदूषक : कहिए, मैं अपनी लाठी से कामदेव के इस वाण को अभी तोड़े-फोड़े डालता हूँ ।

दुष्यंत : रहने दो अपनी वीरता । आह ! यह अँगूठी ! तू अब तक कहाँ थी ? अपनी प्रियतमा को मुझसे अकारण छुड़वाकर अब मेरे हाथ में आई है । उफ़, आज शकुंतला के उस प्रथम मिलन का सारा वृत्तांत मुझे याद आ रहा है । मित्र, मित्र, मेरी रक्षा करो !

विदूषक : महाराज, आपके लिए ऐसा विचलित होना शोभनीय नहीं, प्रबल झंझा में भी पर्वत नहीं हिलता-डुलता है, महाराज !

दुष्यंत : ओहो, जब बार-बार याद दिलाए जाने पर भी मैंने उसका परित्याग कर दिया और वह निराश हो जब मुनियों-शिष्यों के साथ लौटने लगी तो उन्होंने भी उसे डाँट दिया और कहा, तुम्हें यहीं रहना होगा। तब वह खड़ी हो गई! उस समय आँखों में आँसू भरकर मुझ निष्ठुर की ओर जिस करुण दृष्टि से उसने देखा था, वह विष से बुझे तीर की तरह आज भी मेरे हृदय को जर्जर कर रही है, मित्र!

विदूषक : महाराज! इस विषय में मुझे आपसे कुछ पूछना है। हाँ, तो उसे कोई आकाशचारी उड़ाकर ले गया था न?

दुष्यंत : सखे, और कौन उस पतिव्रता का शरीर स्पर्श कर सकता था? मैंने शकुंतला की सखियों से सुना था, मेनका उसकी माता है। मुझे ऐसा लगता है कि मेनका की कोई अप्सरा सखी या स्वयं मेनका ही उसे उड़ा ले गई।

विदूषक : यदि ऐसा है तो आप धैर्य रखें। समय पाकर वह आपसे अवश्य मिलेगी?

दुष्यंत : कैसे?

विदूषक : माँ-बाप अपनी बेटी को पति-वियोग से व्याकुल अधिक दिनों तक नहीं देख सकते।

दुष्यंत : क्या सच? मुझे तो ऐसा लग रहा है मित्र कि शकुंतला का वह मिलन या तो सपना था, या जादू, या भ्रम, या मेरे किसी पूर्वजन्म का पुण्यफल। आह, मेरी सारी आशाएँ ऊँचे पहाड़ से गिरकर जैसे चूर-चूर हो गई हैं।

विदूषक : ऐसा न कहिए महाराज। यह अँगूठी ही बतलाती है कि उसका मिलन भी अवश्य होगा और इसी तरह एकाएक और अचानक!

दुष्यंत : मुझे तो इस अँगूठी पर बहुत तरस आता है! तेरी काया के समान तेरा पुण्यफल भी क्षीण है; नहीं तो शकुंतला के लाल-लाल नखोंवाली उँगली में स्थान पाकर फिर तू क्यों गिर पड़ती?

विदूषक : अच्छा यह तो बताइए, आपने यह अँगूठी दी थी किस उद्देश्य से?

दुष्यंत : बड़ी करुण कहानी है मित्र! जब मैं तपोवन से विदा ले रहा था तब मेरी प्रियतमा ने आँखों में आँसू भरकर रुँधे गले से कहा था—अब कितने दिनों बाद मुझे याद कीजिएगा, आर्यपुत्र! तब यह अँगूठी मैंने उसकी उँगली में डालते हुए कहा था…

विदूषक : यह तो आपका भी गला भरा आ रहा है! अच्छा! आपने क्या कहा?

दुष्यंत : मैंने कहा—प्रिये, इस अँगूठी पर अंकित मेरे नाम के एक-एक अक्षर एक-एक दिन में गिनती जाना। गिनती पूरी भी नहीं होगी कि हमारे अंतःपुर से कोई आज्ञाकारी सेवक तुम्हें बुलाने यहाँ आ पहुँचेगा। लेकिन आह! न जाने किस अभिशापवश मैं ये सारी बातें भूल गया?

विदूषक : किंतु महाराज, यह तो अँगूठी थी, बंसी नहीं। फिर यह उस रोहू मछली के पेट में कैसे पहुँच गई?

दुष्यंत : जब मैंने तिरस्कार की हद कर दी तो तपस्विनी गौतमी ने कहा—बेटी, तू वह अँगूठी क्यों नहीं दिखलाती? उस समय शकुंतला ने अपनी उँगली की ओर नजर की और चिल्ला पड़ी—आह! क्या हुई मेरी अँगूठी? वह सोचती थी, जलदेव की वंदना करते समय गंगाजी की धारा में तो नहीं गिर गई? ओरी अँगूठी! जिसकी उँगलियाँ कोमल और सुंदर थीं, उन हाथों को छोड़कर तू जल में क्यों पहुँच गई? लेकिन तू तो अचेतन थी, मैं चेतन प्राणी होकर भी अपनी प्रिया का किस तरह त्याग कर सका?

[दासी का प्रवेश।]

दासी : महाराज ! यह महारानी का चित्रपट है, लीजिए ।

दुष्यंत : अहा ! इस चित्र में भी मेरी प्रियतमा कितनी सुंदर लग रही है ? नेत्र के दोनों प्रांतभाग विस्तृत हैं ही, आँखें भी वैसी ही बड़ी-बड़ी हैं । जरा-सी टेढ़ी होने के कारण भवें और भी सुंदर लग रही हैं । दाँतों से फूटनेवाली हास्य-किरणों से दोनों होंठ जगमग हो रहे हैं । वे होंठ जो पके बेर के समान लाल-लाल हैं । हास-विलास से पूर्ण मुखारविंद कितना सुंदर लगता है और उस पर पसीने की बूँदें निकलने से ऐसा मालूम पड़ता है, मानो कांति चूई पड़ती हो । यद्यपि यह चित्र है, तो भी मालूम होता है, मेरी प्रिया अब बोल उठेगी !

विदूषक : ठीक महाराज, ठीक । अपनी प्रियतमा का चित्रण करने में आपने कमाल किया है । ऐसा मालूम पड़ता है कि इसमें आपने प्राणों का भी संचार कर दिया है ।

दुष्यंत : चित्र-निर्माण करते समय जिस अंग में सुंदरता नहीं रहती है, उसमें भी लाई जाती है । लेकिन इस चित्र से शकुंतला का सौंदर्य बढ़ा नहीं, बल्कि कुछ घट ही गया है । अच्छा मित्र, तुम बताओ तो, चित्र की इन तीनों मूर्त्तियों में तुम शकुंतला किसको समझते हो ?

विदूषक : जिसके केश-कलाप का बंधन शिथिल पड़ गया है, जिससे कुछ फूल गिर पड़े हैं, जिसके मुख पर पसीने की बूँदें झलक रही हैं, जिसकी बाहु-लता का ऊपरी भाग अवनत दिखाई पड़ रहा है, जिसके वस्त्र का बंधन भी ढीला पड़ गया है और कुछ थकी-सी होने पर भी जो वृक्षों को जल दे रही है—इस चिकने-से छोटे आमवृक्ष के निकट जिसका चित्र है; निश्चय वही शकुंतला है, महाराज !

दुष्यंत : तुम बड़े चतुर हो मित्र । देखो, इस चित्र में मेरे भी भाव अंकित हैं । पसीने से तर उँगली रखने के कारण चित्र के प्रांत भाग में नीली रेखा दीख पड़ रही है और कपोल पर अश्रु-बिंदु गिर गया है, जिससे वहाँ का रंग मैला हो गया है ।

विदूषक : महाराज ! क्या इसमें अभी और कुछ चित्रित करना है ?

दुष्यंत : हाँ, हाँ । जिसके तट पर हंस-दंपती बैठे हों, ऐसी मालिनी नदी चित्रित करनी है । उसके पास, जहाँ चँवरी गाय और हिरन बैठे हों, ऐसे हिमालय का पद-प्रदेश अंकित करना है । फिर जिसकी शाखा पर वल्कल-वसन सूख रहे हों, उस वृक्ष के नीचे एक हिरनी चित्रित करूँगा, जो कृष्णसार-मृग के सींग से अपनी बाईं आँख खुजला रही हो ।

विदूषक : क्षमा करें महाराज, कहीं लंबी दाढ़ीवाले तपस्वियों के चित्र से न आप इस चित्रकूट को पूरा करें ?

दुष्यंत : सचमुच अभी और बहुत-कुछ बनाना रह गया है, सखे !

विदूषक : अरे रे महाराज ! यह क्या ? यह दुष्ट भ्रमर ! यह भ्रमर इस मुख-कमल के रस-पान के लिए कहाँ से टूट पड़ा ?

दुष्यंत : भ्रमर ! धृष्टता न कर । जिन अधरों का रस-पान करते समय रति-काल में भी मैंने दया से काम लिया, अब उसी पर तू डंक मारना चाहता है ? मैं तुझे कमल-संपुट के कारागार में बंद करा दूँगा, सावधान !

विदूषक : महाराज ! इतना क्रोध ? यह चित्र है चित्र !

दुष्यंत : चित्र ! चित्र ! ! ओह, तुमने कैसी मूर्खता कर दी मित्र ? मैं इसे साक्षात् शकुंतला समझकर तन्मय हृदय से दर्शन-सुख का अनुभव कर रहा था ! चित्र की याद दिलाकर मेरी प्रिया को सचमुच तुमने चित्र बना दिया । ओह !

विदूषक : महाराज, यों आँसू !

दुष्यंत : आँसू ! उफ् ! ! रात जागते कटती है, जिससे स्वप्न में भी उसे नहीं देख पाता। और ये आँसू तो चित्रमयी शकुंतला को भी अच्छी तरह देखने नहीं देते !

[दासी का प्रवेश ।]

दासी : महाराज ! मंत्री ने कहला भेजा है, एक धनाढ्य सौदागर निःसंतान मर गया है। क्या उसका धन राज्य में लगा लिया जाए ?

दुष्यंत : आह ! संतान के अभाव में मेरी इस राज्य-संपत्ति की भी तो यही दशा होगी ! **(उसाँसें लेते हैं)**

6

[मिलन-सूचक कोमल रागिणी की ध्वनि के बाद ।]

एक तपस्विनी : यह चंचलता छोड़ ! तू हर जगह अपना स्वभाव दिखाता रहता है।

दुष्यंत : इस तपोभूमि में कौन यह अशिष्ट आचरण कर रहा है ? और, यह मेरी दाहिनी भुजा क्यों फड़की ? ओ मेरी भुजे, जब तूने मंगल का तिरस्कार कर दिया, तो फिर व्यर्थ फड़ककर मुझे क्यों कष्ट दे रही है ?

पहली तपस्विनी : अरे तू सुनता नहीं ! छोड़ दे इसे !

दुष्यंत : ओहो, यह तो अजीब दृश्य ! बच्चा सिंह-शावक को उसकी माँ के स्तन से छीनकर गोद में लिए खड़ा है, सिंहनी गुर्रा रही है, सिंह-शावक के केसर अस्तव्यस्त हो रहे हैं। दो तपस्विनियाँ मना कर रही हैं !

बालक : ओ शेर-बच्चे, तू मुँह फैला; मैं तेरे दाँत गिनूँगा।

पहली तपस्विनी : दुष्ट, हमारे बच्चों की तरह सभी बच्चों को तू क्यों तंग करता फिरता है ? देख रही हूँ, तेरी शैतानी दिन-दिन बढ़ती जाती है !

दुष्यंत : अरे, इस बच्चे को देखकर क्यों मेरे हृदय में पुत्र-स्नेह उमड़ा पड़ता है ?

दूसरी तपस्विनी : सर्वदमन, इसे छोड़ दे ! नहीं तो देख, वह सिंहनी गुर्रा रही है; अब वह तुझ पर टूटेगी ही ?

बालक : टूटेगी ही ? ओहो, मुझे डर लग रहा है मौसी !

दूसरी तपस्विनी : शोख ! उल्टे मुझे चिढ़ा रहा है !

दुष्यंत : यह चिनगारी एक दिन अग्नि-ज्वाला बनेगी—भविष्य में यह बालक प्रतापी बनकर रहेगा !

पहली तपस्विनी : मैं तुझे खिलौने दूँगी लल्ला, इसे छोड़ दे !

बालक : लाओ, कहाँ है खिलौना ?

दुष्यंत : खिलौने का नाम सुनकर ही बच्चे ने किस तरह हाथ फैला दिया—नव उषा ने जिसकी पंखुड़ियाँ अभी-अभी खोली हैं, ऐसी कमिलिनी-सी इसकी हथेली ! अरे, हथेली पर चक्रवर्ती की रेखा यहाँ से ही दीख पड़ती है !

पहली तपस्विनी : इसे भुलावे में नहीं रखा जा सकता है, सुव्रते ! मेरी कुटिया में मयूर की एक रंगीन मूर्त्ति है; उसे ले आओ।

बालक : माँ, मौसी, तब तक मैं इस शेर-बच्चे से खेल रहा हूँ !

दुष्यंत : इच्छा होती है, इस बच्चे को गोद में उठा लूँ। अहा, अकारण हँसने से जिसके नए-नए दाँत कभी-कभी दिखाई देते हैं, तोतली बोली में जिसके वाक्य बड़े मीठे लगते हैं, गोद में लेने के लिए जो बार-बार आग्रह करता है, ऐसे बच्चे के अंग की धूल से भाग्यवानों के ही शरीर धूसरित होते हैं !

पहली तपस्विनी : क्यों रे, तू मेरी बात नहीं मानेगा? कोई ऋषिकुमार यहाँ है? अहा! आप? तो आर्य-श्रेष्ठ, आप ही आकर मेरी मदद कीजिए। बच्चे के हाथ से इस सिंह-शावक का छुड़ाना मेरे लिए कठिन हो रहा है।

दुष्यंत : जैसी आज्ञा! क्यों महर्षिपुत्र····

पहली तपस्विनी : यह महर्षिपुत्र नहीं है आर्य! लेकिन आपको देखते ही यह इतना शांत क्यों हो गया? और इस बच्चे की आकृति भी आपसे कितनी मिल रही है!

दुष्यंत : यह मुनिकुमार नहीं, तो किस कुल का दीपक है!

तपस्विनी : पुरु-वंश का।

दुष्यंत : पुरु-वंश का? लेकिन पुरुवंशी तो प्रथम अवस्था में पृथ्वीपालन के लिए भव्य-दिव्य राजप्रासाद में रहते हैं, वृक्षों की छाया को तो वे चौथेपन में अपनाते हैं।

तपस्विनी : इसकी माँ का संबंध एक अप्सरा से है, इसी से उन्होंने इसे देवगुरु कश्यप के आश्रम में प्रसव किया है।

दुष्यंत : इसकी माँ का संबंध अप्सरा से? वह श्रीमती किसकी पत्नी हैं!

तपस्विनी : कौन उसका नाम ले, जिसने अपनी धर्मपत्नी का त्याग कर दिया!

दूसरी तपस्विनी : सर्वदमन, ले यह खिलौना; देख तो इस शकुंत का लावण्य!

बालक : शकुंत····ला····कहाँ है मेरी माँ?

दूसरी तपस्विनी : **(हँसती हुई)** मैं तेरी माँ शकुंतला के बारे में नहीं कह रही थी। इस शकुंत, मयूर के बारे में····

दुष्यंत : आह! यह क्या सुन रहा हूँ?

पहली तपस्विनी : सुव्रते, सुव्रते, यह क्या हुआ? इसके हाथ का रक्षासूत्र कहाँ गिर गया, सखि!

दुष्यंत : यहाँ पड़ा है, सिंह-शावक से संघर्ष करते समय शायद गिर गया था! यह लीजिए—

पहली तपस्विनी : मत छूइए, मत छूइए! अरे, आपने तो उठा ही लिया! बहन सुव्रते!

दुष्यंत : आप लोग चौंक क्यों पड़ीं? और क्यों मुझे मना किया था?

पहली तपस्विनी : यह अपराजिता नाम की जड़ी है। इसके जातकर्म के समय भगवान कश्यप ने इसे दिया था और कहा था कि यदि भूमि पर गिर पड़े तो बच्चे के अतिरिक्त सिर्फ माँ-बाप ही उठाएँ।

दुष्यंत : यदि दूसरा उठावे तो!

पहली तपस्विनी : तो नागिन बनकर यह डँस लेगी। हमने कई बार ऐसा होते देखा है, आर्य-श्रेष्ठ!

दुष्यंत : तो मेरा चिरवांछित मनोरथ पूरा हो गया! आओ, बेटे, मैं तुझे गोद में ले लूँ—आह!

बालक : मुझे छोड़ दो, छोड़ दो। मैं माँ के पास जाऊँगा!

दुष्यंत : मेरी गोद में ही चलकर माँ का अभिनंदन करो बेटे!

पहली तपस्विनी : सुव्रते! क्या देख रही हो—जाकर बहन शकुंतला को यह सुसंवाद सुनाओ। यह पौरव कुल-कमल-दिवाकर दुष्यंत हमारे सामने हैं!

दुष्यंत : वह कौन आ रही है? क्या शकुंतला है? आह, कैसी सूख गई है! ये धूसरित वस्त्र, यह मुर्झाया चेहरा, यह एकमात्र वेणी— प्रिये! प्रिये!

शकुंतला : नाथ, नाथ!

बालक : माँ, यह कौन है?

शकुंतला : तुम्हारा भाग्य अब उदय हुआ बेटे, पिताजी को प्रणाम करो!

[कश्यप का प्रवेश।]

कश्यप : तुम दोनों का यह पुनर्मिलन सुखमय हो ! इंद्र तुम्हारी प्रजा पर हमेशा जल बरसाते रहें, तुम सदा यज्ञ करके उन्हें संतुष्ट किए रहो और सौ युगों तक मिल-जुलकर संसार का कल्याण करते हुए तुम दोनों उत्कर्ष और प्रशंसा प्राप्त करो ! तुम्हारी जय हो, जय हो !

शुभाकांक्षा—

राजा सदा प्रजा की भलाई में लगे रहें; वाणी की वीणा संसारभर में झंकृत होती रहे, और नील-लोहित भगवान शंकर हमें आवागमन से मुक्त कर दें ।

अमर ज्योति

[1951 ई.]

1

[पहला प्रवक्ता]

अंधकार-अंधकार। जहाँ देखिए, जिधर देखिए, अंधकार ही अंधकार। ऊपर अंधकार, नीचे अंधकार—चारों दिशाएँ अंधकार में डूबीं। अंधकार—जिसमें आप अपने को न देखें! अंधकार—जिसमें शरीर ही अदृश्य नहीं हो गया था; जिससे आत्मा भी ढँक गई थी! ढँक गई थी, चीख रही थी! चीख—अरे····

[स्त्री के करुण कंठ से]

आह, मुझे बचाओ, मुझे उबारो! यह अंधकार, ये बंधन! ये जंजीरें, ये दीवारें—काली, कलूटी! ओह, ओह! मेरा दम घुट रहा है! मुझे बचाओ, मुझे उबारो!

यह रात है? ऐसी भी रात होती है? मास, वर्ष, दशाब्दियाँ, शताब्दियाँ! शताब्दियों से इस अंधकार में जकड़ी हूँ, मैं! कुछ देख नहीं सकती, कुछ कर नहीं सकती! मुझे उबारो! बचाओ।

यह अंधकार, ये जंजीरें! हाथों को, पैरों को, छाती को, सब जगह जकड़ रही हैं ये! हिल-डुल नहीं सकती, चल-फिर नहीं सकती; घूम-फिर नहीं सकती! घूमूँ, कहाँ? ये दीवारें—काली-कलूटी! इन्हें तोड़ो-तोड़ो!

तुम सुन नहीं रहे? तुम कहाँ हो? आओ, बचाओ, उबारो! यह अंधकार—इसे हटाओ, हटाओ!

देवता! देव! देव! दौड़ो, आओ। इस अंधकार से बाहर निकालो, ले चलो प्रकाश की ओर, ज्योति की ओर—देवता, देवता—तमसो मा ज्योतिर्गमय!

[दूसरा प्रवक्ता]

और भारत के एक कोने में, सुप्रसिद्ध सुदामापुरी में, आश्विन वदी 12, संवत् 1925 अर्थात् 2 अक्टूबर 1869 को एक चिनगारी चमक उठी!

चिनगारी—ज्योति की पहली रेखा! इस अंधकार के देश में! अंधकार उस पर टूट पड़ा, अंधकार की सेना टूट पड़ी! उसने उसे घेर लिया—ज्योति की वह क्षीण रेखा झबकती-सी मालूम पड़ी—

[एक बच्चे की आवाज]

मोहन, मोहन, बेवकूफी की बात नहीं। अरे, बिना मांस खाए अपने देश का कल्याण नहीं! तुम मेरी बात न सुनो, पर, कवि नर्मद क्या कह गए हैं—

> अँगरेजी राज करे, देशी रहे दवाई,
> देशी रहे दवाई जो ने बेनी शरीर भाई,
> पेलो पाँच हाथ पूरो-पूरो मांस सेवे!

हाँ, हाँ, वे खूब मांस खाते हैं; इसलिए वे इतने हट्टे-कट्टे हैं, हमें दबा रखा है! देश को स्वतंत्र करना चाहते हो, तो मांस खाना आवश्यक है, अनिवार्य है!

और, मांस के साथ सिगरेट न हुए, तो फिर क्या मजा? शराब भी तो जरूरी है ही, लेकिन अभी उसे छोड़ो। मुँह में मांस, होंठ पर सिगरेट! मजा तब?

[पहला प्रवक्ता]

मोहन—वह ज्योति-रेखा इस लोक में इसी नाम से अभिहित हुई थी—हाँ, तो मोहन, मोह में फँस गया। परिवार वैष्णव था, तो भी चुप-चोरी मांस उड़ने लगा, सिगरेट उड़ने लगी ! पूरी नहीं मिली, तो जूठी फेंकी हुई सिगरेट पी ! उँह, जूठन पर कब तक रहा जाय ? तब चोरी शुरू हुई—चोरी ! चोरी ! भाई के सोने के कंठे की चोरी !

किंतु बचपन में ही उसने 'श्रवण कुमार' का चरित्र पढ़ लिया था ! क्या माँ-बाप के साथ यह विश्वासघात नहीं है ! क्या पुत्र का धर्म यही है ? और उस दिन उसने 'सत्य हरिश्चन्द्र' नाटक देखा था। सत्य के लिए हरिश्चन्द्र ने कौन-कौन-सी तकलीफें नहीं उठाईं ? और उस नाटक को देखकर वह कितना रोया था—और आज वही चोरी कर रहा है !

ज्योति की रेखा ने सिर सीधा किया—

[किशोर गाँधी के कंठ से]

"पिताजी, मुझसे अपराध हो गया है। मैंने आपको धोखा दिया है। मैं मांस खाता रहा हूँ; मैं सिगरेट पीता रहा हूँ। मैंने चोरी की है। इसके लिए आप मुझे सजा दीजिए।"

[दूसरा प्रवक्ता]

हाथ में चिट्ठी थी; सामने बेटा था। पिताजी की आँखों से मोती की बूँदें टपकने लगीं। चिट्ठी भीग गई। मोहन भी रो पड़ा ! पचास साल के बाद उसने यों लिखा—

[महात्मा गाँधी के कंठ से]

"इस मोती-बिंदु के प्रेमवाण ने मुझे बींध डाला ! मैं बद्ध हो गया। इस प्रेम को वही परख सकता है; जिसे उसका अनुभव हुआ है—

'राम वाण वाग्यारे, होय ते जाणें'

मेरे लिए यही अहिंसा का पदार्थ पाठ था ! ऐसी अहिंसा जब व्यापक रूप धारण करती है, तब उसके स्पर्श से कौन अलिप्त रह सकता है !"

[पहला प्रवक्ता]

हरिश्चन्द्र ने सत्य दिया था, पिताजी ने यह अहिंसा दी—सत्य और अहिंसा ! सत्य का तेल, अहिंसा की बाती। ज्योति की रेखा अमर ज्योति के रूप में प्रस्फुटित होने लगी !

2

[पहला प्रवक्ता]

पिताजी चल बसे। मोहन ने मैट्रिक पास किया—और कॉलेज में पढ़ने लगा है। एक दिन उसके घर में एक परामर्श-समिति जुटी है—

जोशीजी : मेरी सलाह तो यह है कि मोहन को आप इसी साल विलायत भेजें। तीन साल में बैरिस्टर बनकर चला आवेगा; फिर अपने बाप की जगह राजकोट का दीवान बनने में इसे क्या दिक्कत होगी ? क्यों, मोहन, तुम्हें यह राय पसंद है ?

विद्यार्थी गाँधी : विलायत भेजें तो बहुत अच्छा। पर मुझे डॉक्टरी के लिए क्यों नहीं भेजते ?

बड़े भैया : पिताजी को यह पसंद नहीं था। डॉक्टरी की बात जब निकलती, तो कहते, हम वैष्णव हैं। हाड़-मांस नोचने का काम हम कैसे करें ?

जोशीजी : मुझे कबा गाँधी की तरह डॉक्टरी से नफरत तो नहीं है, शास्त्रों ने भी इसका तिरस्कार नहीं किया है। परन्तु डॉक्टरी पास करके तुम दीवान नहीं बन सकते। मैं तुमको तुम्हारे पिताजी की तरह राज्य का दीवान देखना चाहता हूँ ! तुम्हें भी मेरी राय पसंद होगी, मोहन की अम्मा !

माताजी : हमारे कुटुम्ब में कोई विलायत नहीं गया, फिर तरह-तरह की बातें सुनती हूँ....

विद्यार्थी गाँधी : माताजी, माताजी....

माताजी : हाँ, मोहन, लोग कहते हैं वहाँ नवयुवक बिगड़ जाते हैं; वे मांस खाने लगते हैं, शराब पीए बिना वहाँ काम नहीं चलता, वहाँ की औरतें भी....

विद्यार्थी गाँधी : मुझ पर विश्वास रखो माँ, मैं विश्वासघात नहीं करूँगा। मैं शपथ खाकर कहता हूँ, मैं इन तीनों बातों से बचूँगा !

माताजी : मुझे तेरा विश्वास है। पर दूर देश में तेरा कैसा क्या होगा? मेरी तो बुद्धि काम नहीं करती ! मैं बेचर-स्वामीजी से पूछूँगी।

[दूसरा प्रवक्ता]

स्वामीजी ने मोहन से बाजाब्ता प्रतिज्ञा कराई। तब माताजी की आज्ञा मिली।

और फिर, मोहन विलायत चला—अठारह साल का मोहन ! जिसका हाथ बचपन में ही पकड़ा था, अपनी उस नवोढ़ा पत्नी को छोड़कर—माताजी के आँसुओं-भरे आशीर्वाद लेकर !

तीन साल तक वह विलायत रहा—बड़ी-बड़ी कठिनाइयाँ आईं, तरह-तरह के प्रलोभन आए; लेकिन उसने प्रतिज्ञा न छोड़ी, न छोड़ी !

[पहला प्रवक्ता]

सत्य का तेल, अहिंसा की बाती—'अमर ज्योति' हवा के झकोरे में भी जलती रही !

3

[पहला प्रवक्ता]

'मोहनदास-करमचंद गाँधी, बार-एट-ला' बंबई के एक घर के सामने यह तख्ती टँगी है। बैरिस्टर गाँधी ने अच्छे बैरिस्टर बनने के लिए क्या-क्या न सीखा था—अंग्रेजी कानून, रोमन कानून; लैटिन भाषा, फ्रेंच भाषा; व्याख्यान-कला, नृत्य-कला। यहाँ तक कि मुख-मुद्रा-शास्त्र तक पढ़ गए थे। लेकिन यह क्या हुआ? यह है बंबई की छोटी अदालत—

जज : आप ही मुदाल्लह के बैरिस्टर हैं।

बैरिस्टर गाँधी : जी हाँ।

जज : तो जिरह कीजिए।

बैरिस्टर गाँधी : जी....

जज : जिरह शुरू कीजिए न ?

बैरिस्टर गाँधी : जी....

जज : यह क्या हो रहा है आपको, जिरह क्यों नहीं शुरू करते ?

बैरिस्टर गाँधी : जी···· जी····

जज : **(हँसता है)**

[दूसरा प्रवक्ता]

लगभग पचास साल के बाद बैरिस्टर गाँधी की तस्वीर उन्हीं की लेखनी से देखिए—

[महात्मा गाँधी के कंठ से]

"मैं खड़ा हुआ, पैर काँपने लगे, सिर घूमने लगा। मुझे मालूम हुआ, सारी अदालत घूम रही है। सवाल क्या पूछूँ यह सूझ नहीं पड़ता था। जज हँसा होगा, वकीलों को मजा आया होगा। पर उस समय मेरी आँखें ये सब देख नहीं सकती थीं।"

[पहला प्रवक्ता]

बंबई में बैरिस्टरी न चली, शायद काठियावाड़ में चले। राजकोट आए। एक दिन भाई के एक काम से वहाँ के पोलिटिकल एजेंट के पास गए—इस साहब से विलायत की जान-पहचान थी। सोचा था, प्रेम से मिलेगा, मेरी बात ध्यान से सुनेगा, किंतु यह क्या?

पोलि. एजेंट : मैं तुम्हारी बातें ज्यादा नहीं सुनना चाहता, समय नहीं है।
बैरिस्टर गाँधी : हुजूर, मेरे भाई ने ऐसा कुछ····
पो. एजेंट : अब तुमको चला जाना चाहिए!
बैरिस्टर गाँधी : मेरी बात तो पूरी सुन लीजिए।
पोलि. एजेंट : चपरासी, इसको दरवाजे से बाहर कर दो!
चपरासी : हुजूर····हटो, बाहर जाओ।

[दूसरा प्रवक्ता]

यही गोरा विलायत में कितना शिष्ट था! हिन्दोस्तान में आते ही वह क्यों बदल जाता है? लेकिन इस प्रश्न पर ठीक से गौर करने के लिए चपरासी का धक्का ही काफी नहीं है—

[पहला प्रवक्ता]

अभी आँधी-पानी का आना शुरू ही हुआ है—कुछ और तेल दे, कुछ और बाती उकसा—सत्य का तेल, अहिंसा की बाती! अमर ज्योति! झकोरों में भी निर्धूम जलने का अभ्यास कर!

4

[पहला प्रवक्ता]

ब्रीफ-लेस बैरिस्टर गाँधी किसी तरह बंबई में दिन काट रहे थे कि एक दिन सेठ अब्दुल्ला नामक एक व्यापारी उनके पास आते हैं—

सेठ अब्दुल्ला : दक्षिण अफ्रीका में हमारा व्यापार है। वहाँ एक मुकदमा चल रहा है। बड़ा मुकदमा है—बहुत दिनों तक चलेगा। आप चलिए न?
बैरिस्टर गाँधी : चलने को तो तैयार हूँ। लेकिन····

सेठ अब्दुल्ला : लेकिन क्या ? आपको बहुत मेहनत नहीं करनी पड़ेगी । मेरी ओर से बड़े-बड़े बैरिस्टर हैं । आपको उन्हें कागज समझा देना है । नए देश की सैर हो जाएगी, नए-नए लोगों से जान-पहचान होगी ।

बैरिस्टर गाँधी : मेहनत से तो मैं नहीं भागता । किंतु माफ कीजिए, कितने दिनों तक मुझे काम करना पड़ेगा, और मेहनताना क्या मिलेगा ?

सेठ अब्दुल्ला : एक साल से ज्यादा का काम नहीं होगा । आने-जाने का फर्स्टक्लास का किराया । रहने को बँगला मुफ्त—खाने-पीने का जिम्मा हमारा रहेगा । इनके अलावा 105 पौंड ।

बैरिस्टर गाँधी : एक साल, 105 पौंड । अच्छी बात ! बात पक्की रही । आप टिकट वगैरह का इंतजाम कीजिए !

[दूसरा प्रवक्ता]

बैरिस्टर गाँधी अपनी तकदीर आजमाने को अफ्रीका के लिए रवाना हुए ! बंबई से जहाज रवाना हुआ ! समुद्र में ज्यादा ऊँची तरंगें थीं या बैरिस्टर गाँधी के मन में ?

जहाज जा रहा है—जा रहा है—जा रहा है !

[जहाज के भोंपू का स्वर]

[पहला प्रवक्ता]

और अब यह अफ्रीका है ! घनघोर जंगलों का अफ्रीका, भयानक मरुभूमियों का अफ्रीका । दहाड़ते सिंहों, चिंग्घाड़ते हाथियों, विशाल अजगरों, बड़े-बड़े मगरों, काले साँपों और काले हब्शियों का अफ्रीका !

और, हिंदुस्तान के मजदूरों ने इस जंगल में मंगल रचा दिया है ! लेकिन, उफ्, उन्हीं की क्या हालत है ? गोरे उनके साथ क्या व्यवहार कर रहे हैं, बैरिस्टर गाँधी को पद-पद पर उसका अनुभव हो रहा है—पहले ही दिन कचहरी में—

मैजिस्ट्रेट : यह कौन है ? क्या सिर पर यह अटपटा लपेट रखा है ! यह कचहरी है; यहाँ····

पेशकार : हुजूर, हिंदोस्तान से एक नया बैरिस्टर आया है ! बेढंगा-सा आदमी मालूम होता है ?

मैजिस्ट्रेट : बैरिस्टर हो या जो कुछ, कहो, सिर से यह चिथड़ा हटा ले ! नहीं तो निकल जाए कचहरी से !

[दूसरा प्रवक्ता]

बैरिस्टर गाँधी पहले ही दिन कचहरी से निकाले गए ! और, एक दूसरे दिन एक यात्रा में फर्स्ट क्लास का टिकट कटाकर रेलगाड़ी के डब्बे में बैठे थे कि—

गार्ड : चलो, तुमको दूसरे डब्बे में जाना होगा !

बैरिस्टर गाँधी : लेकिन मेरे पास फर्स्ट क्लास का टिकट है !

गार्ड : कोई मुजायका नहीं । मैं कहता हूँ, तुम्हें सबसे आखिरी डब्बे में बैठना होगा ।

बैरिस्टर गाँधी : मैं कहता हूँ, मैं इसी डब्बे में डरबन से आ रहा हूँ और इसी में····

गार्ड : नहीं, नहीं । ऐसा नहीं होगा । तुम्हें उतरना पड़ेगा, नहीं तो सिपाही को तुम्हें उतारना पड़ेगा ।

बैरिस्टर गाँधी : सिपाही मुझे भले उतार दे, मैं अपने से नहीं उतरता···

गार्ड : नहीं उतरते, तो यह ले लो—

[ट्रंक, बेडिंग आदि के गिरने का स्वर : फिर बूटों की ठोकर का स्वर ।]

बैरिस्टर गाँधी : **(दर्द से)** उफ् !

गार्ड : **(हँसता हुआ)** हा, हा, हा, हा, !

[पहला प्रवक्ता]

और ट्रेन चल पड़ती है ! यों ही एक दिन एक घोड़ा-गाड़ी से भी बैरिस्टर साहब नीचे घसीटे जाते हैं !

जब उन्हीं की यह हालत, तो फिर बालासुंदरम् की दुर्गत का क्या पूछना? बालासुंदरम्—मद्रास का रहनेवाला सीधा-सादा किसान—रुपये कमाने की लालच दिलाकर उसे यहाँ लाया गया और अब—

[कोड़े की चटाचट]

बालासुंदरम् : बाप रे, बाप रे, बाप रे····

[कोड़े की चटाचट]

बालासुंदरम् : मरे रे, मरे रे ! उफ् ! उफ् !—

[गिरने का स्वर—बूट की ठोकरों का स्वर]

: आह !····आह ! ···· आह !····

[दूसरा प्रवक्ता]

बेचारे बालासुंदरम् के अंग-अंग लहूलुहान हुए ही—उसके आगे के तीन दाँत भी टूट गए ! किंतु गोरे साहब को कौन पकड़े, कौन सजा दे !

[पहला प्रवक्ता]

बैरिस्टर गाँधी तय कर लेते हैं—नहीं, मैं देश-भाइयों को इस हालत में छोड़कर नहीं जाऊँगा। मैं यहीं रहकर उनकी सेवा करूँगा ! हिंदोस्तान आते हैं अपने बाल-बच्चों को ले जाने के लिए; क्योंकि अब तो जमकर रहना है। बच्चों के साथ जब डरबन के बंदरगाह में पहुँचते हैं, तो—

[हल्ला···· शोर····हल्ला]

पहला स्वर : गाँधी को वापस करो—जहाज को लौटाओ।

[हल्ला····हल्ला]

दूसरा स्वर : गाँधी को हमें दे दो, हम उसे फाँसी देंगे, हम उसका खून पीएँगे····

[हल्ला····हल्ला]

तीसरा स्वर : वह कुलियों को बगावत सिखाने लौटा है····लाओ, हम उसे बगावत का सबक सिखा दें····

[हल्ला····हल्ला]

पहला स्वर : देखो, वह गाँधी उतर रहा है—गाँधी—सूअर !

[हल्ला····हल्ला]

दूसरा स्वर : हाँ, हाँ, अंडे से ही उसका स्वागत हो सकता है। लो यह····

[अंडे फूटते हैं। जोरों का अट्टहास]

तीसरा स्वर : गाँधी ! अपना चेहरा आईने में देखो—अंडे की जरदी ने तुम्हारे काले चेहरे को कैसा सुंदर बना दिया है····

[अट्टहास····अट्टहास]

पहला : और यह भी लो—यह घूँसा तुम्हारे नाम पर !

दूसरा : और यह ठोकर तुम्हारे देश के नाम पर !

तीसरा : और यह····**(घूँसे की आवाज)**

दूसरा : और यह''' **(घूँसे की आवाज)**

पहला : और यह''' **(घूँसे की आवाज)**

[दूसरा प्रवक्ता]

घूँसे और ठोकरों से बैरिस्टर गाँधी बेहोश हो चले—पुलिस ने किसी तरह उन्हें बचाया ! हाँ, किसी तरह ! और थाने में रखा, फिर भेष बदलवाकर घर पहुँचा दिया'''

यह तूफान। यह आँधी ! किंतु 'अमर ज्योति' क्या बुझने को आई थी ? वह निर्लिप्त, निर्विकार किस प्रकार जलती रही, इसका पता तब चला, जब चेंबरलेन ने तार दिया कि मुजरिमों पर मुकदमे चलाए जाएँ, किंतु गाँधी ने स्पष्ट कह दिया—

[गाँधीजी के कंठ से]

"नहीं, मैं उन पर मुकदमा नहीं चलाना चाहता ! वे भटके नहीं, भटकाए गए लोग थे।"

[पहला प्रवक्ता]

सत्य का तेल, अहिंसा की बाती—अमर ज्योति जलती रहे; प्रकाश देती रहे—अफ्रीका की इस काली भूमि को, यहाँ के काले आदिवासियों को और उन गोरों को भी जिनके हृदय काले बन गए हैं !

5

[पहला प्रवक्ता]

यह अपमान, यह अत्याचार ! अहिंसा कहती है, इसे क्षमा कर दो। क्षमा दे दी गई। लेकिन सिर्फ क्षमा से ही इसका प्रतीकार हो जाएगा ?

उफ, जिन भारतीयों ने इस दुर्गम जंगल को आबादी के योग्य बनाया, उन्हीं के लिए कैसे-कैसे बुरे कानून बनाए जा रहे हैं—हर भारतीय तीन पौंड का टैक्स दे, हर भारतीय अपनी दसों उँगलियों की छाप देकर अपनी रजिस्ट्री करा ले, हर भारतीय को अपनी बस्ती की सीमा के अंदर ही रहना पड़ेगा; गोरों की बस्तियों में घुसना उनके लिए गुनाह है !

यह तो अत्याचार की पराकाष्ठा है। क्या इसे बर्दाश्त कर लिया जा सकता है ? क्या इसे बर्दाश्त कर लिया जाना चाहिए ?

[दूसरा प्रवक्ता]

गाँधी के हृदय में तूफान उठा है। वह अंधकार में टटोल रहे हैं। इसका मुकाबला कैसे किया जाए ? गोरों के हाथ में सभी साधन हैं। भारतीय साधन-हीन हैं ! वे कोई प्रतीकार कैसे कर सकते हैं ?

जिन ढूँढ़ा तिन पाइयाँ। टाल्स्टाय की एक किताब उनके हाथ में आती है। प्रतीकार का एक रास्ता मिल जाता है—पैसिव रेजिस्टेंस।

अत्याचार के सामने सिर मत झुकाओ ! दबो नहीं, पर हाथ भी मत उठाओ ! यदि इस प्रतिज्ञा के साथ एक भी आदमी डटकर खड़ा हो जाए, तो अत्याचारी को ही एक दिन झुकना पड़ेगा !

पैसिव रेजिस्टेंस ! किंतु इसे भारतीय भाषा में क्या कहेंगे ? मोहन के अनन्य सखा मगनलालजी ने कहा—इसे 'सदाग्रह' कहेंगे—सद्-आग्रह—सदाग्रह ! मोहन ने कहा— नहीं, जरा और साफ कर दो—सत्य-आग्रह—सत्याग्रह !

सत्याग्रह ! सत्याग्रह ! अफ्रीका के भारतीयों ने आवाज बुलंद की—

एक : हम पोल टैक्स नहीं देंगे !
सब (मिलकर) : पोल टैक्स नहीं देंगे !
पोल टैक्स नहीं देंगे !
एक : हम बस्ती के घेरे में नहीं रहेंगे !
सब (मिलकर) : घेरे में नहीं रहेंगे।
घेरे में नहीं रहेंगे।
एक : हम उँगलियों की छाप नहीं देंगे !
सब (मिलकर) : उँगलियों की छाप नहीं देंगे।
उँगलियों की छाप नहीं देंगे।

[पहला प्रवक्ता]

अहा ! अफ्रीका-प्रवासी भारतीयों में कैसा उत्साह है ! चारों ओर हलचल है। सबके हृदयों में अपने अधिकारों के लिए, अत्याचार के खिलाफ खड़े होने के लिए, उमंग का सागर लहरा रहा है। वे एक बड़ी सभा में एकत्र होते हैं। वह देखिए, उनके बीच में वह कौन बोल रहा है—

[सत्याग्रही गाँधी का स्वर]

भाइयो, आज मेरा दिल भरा आ रहा है। आप लोगों में यह अपूर्व उत्साह देखकर मैं फूला नहीं समाता। आप सब सत्याग्रह करने को तैयार हैं। लेकिन याद रखिए, सत्याग्रह का रास्ता सुगम नहीं है। यह तो तलवार की धार पर चलना है। आपको जेल में जाना होगा। आपकी जायदादें जब्त की जा सकती हैं। आप पर लाठियाँ पड़ सकती हैं; आप पर गोलियाँ बरस सकती हैं। हाँ, हाँ, सत्याग्रह का रास्ता फूल से बिछा नहीं होता। यह तलवार की धार पर चलना है। इसलिए वे ही लोग अपने नाम लिखाएँ, जिनका हृदय मजबूत हो। जो सारी तकलीफें हँस-हँसकर झेल सकते हैं ! जो कमजोर हैं, वे अलग ही रहें। महात्मा ईसा ने कहा है, जो प्रतीक्षा करते हैं, वे भी सेवा करते हैं। आप अलग रहकर भी हमारी मदद कर सकते हैं। उसके भी मौके आएँगे। अब वे लोग जो सत्याग्रह-सेना में नाम लिखाना चाहते हैं, नाम लिखावें। फिर कहता हूँ, सोच-समझकर ही आप नाम लिखावें, खूब सोच-समझकर—

[चारों ओर से आवाजें आती हैं]

मेरा नाम लिखिए !
मेरा नाम लिखिए !
मेरा नाम लिखिए !

[दूसरा प्रवक्ता]

देखिए, यह आपके सामने सत्याग्रहियों की सेना खड़ी है ! न अस्त्र, न शस्त्र ! न जिरह, न बख्तर। यह मारनेवालों की नहीं, मरनेवालों की सेना है।

इसमें हिंदू हैं, मुसलमान हैं; पारसी हैं, ईसाई हैं। इसमें गुजराती हैं, मद्रासी हैं; अवधी हैं, बिहारी हैं। इसमें स्त्री हैं, पुरुष हैं, बूढ़े हैं, बच्चे हैं ! हाँ, कुछ उदार हृदय गोरे भी तो हैं इस सेना में !

यह सत्याग्रह की महिमा है ! सत्याग्रह सब भेदभाव को मिटा देता है। वह सभी मनुष्यों को भाई-भाई के रूप में परिणत कर देता है।

वह देखिए, वह सेना बढ़ी—

[नारे लगाते हैं]

पोल टैक्स… नहीं देंगे, नहीं देंगे !

घेरे के अंदर… नहीं रहेंगे, नहीं रहेंगे !

उँगलियों की छाप… नहीं देंगे, नहीं देंगे !

[पहला प्रवक्ता]

सत्याग्रह का श्रीगणेश होता है। अफ्रीका का जर्रा-जर्रा हिल रहा है। वहाँ की गोरी सरकार दमन की चक्की चलाती है। गिरफ्तारियाँ शुरू होती हैं। अफ्रीका के जेल सत्याग्रहियों से—पुरुष, स्त्री और बच्चों से भर जाते हैं।

जेल में तरह-तरह की तकलीफें हैं—किंतु सत्याग्रही कितने मगन हैं।

[दो सत्याग्रहियों में वार्त्तालाप हो रहा है]

क : क्यों भाई, कैसे कट रही है !

ख : बड़े मजे में भाई !

क : मकई की लपसी कैसी लग रही है !

ख : अरे, इसमें इतना स्वाद कहाँ से आ गया भाई !

क : ओहो, उधर देखो, वह देखो, वह कौन आ रहा है ?

ख : वह तो गाँधी-भाई मालूम पड़ते हैं !

क : उनके सिर पर वह क्या है ?

ख : अरे रे, यह टोकरी—उसमें क्या है भाई !

क : गाँधी-भाई, गाँधी-भाई ! अरे, यह टोकरा और आप उठावें ! ओह !

[दूसरा प्रवक्ता]

लेकिन गाँधी उन्हें समझाते हैं। हम सत्याग्रही हैं। हमें सब काम करना चाहिए। फिर पाखाना ढोना क्या कोई छोटा काम है ? नीच काम है ? बिना सफाई के हम कैसे जी सकते हैं ? हम गंदा करें और दूसरे लोग ढोएँ, यह क्या उचित है ? नहीं भाई, नहीं। सत्याग्रही के लिए सब काम बराबर है !

हाँ, उन दिनों न गाँधी महात्मा बने थे, न बापू। वह सबके भाई थे—मोहनभाई, गाँधीभाई !

बार-बार जेल। जेल में भी सब प्रकार के काम करते—पाखाने की सफाई करते, पाखाने का टोकरा ढोते। अंत में सत्याग्रह की विजय हुई। तानाशाह स्मट्स को झुकना पड़ा, झुकना पड़ा !

[पहला प्रवक्ता]

सत्य का तेल, अहिंसा की बाती—सत्याग्रह उसकी टेम, उसकी शिखा ! निर्धूम, निर्विकार ! अमर ज्योति जलती रहे, जलती रहे !

6

[पहला प्रवक्ता]

सत्य मिला, अहिंसा मिली, सत्याग्रह मिला ! एक दिन एक अंग्रेज मित्र ने गाँधी को एक पुस्तक दी। वह पुस्तक थी रस्किन की—अनटू दि लास्ट ! उस पुस्तक ने इस कड़ी को पूरा कर दिया। उसने 'सर्वोदय'

दिया ! अपनी 'आत्मकशा' में गाँधीजी लिखते हैं—

[गाँधीजी के स्वर में]

"मेरा यह विश्वास है कि जो चीजें मेरे अंतरतर में बसी हुई थीं, उसका स्पष्ट प्रतिबिंब मैंने इस ग्रंथरत्न में देखा और इस कारण उसने मुझ पर अपना साम्राज्य जमा लिया।

'सर्वोदय' के सिद्धांत को मैंने इस प्रकार समझा—

(1) सबके भले में अपना भला।

(2) वकील और नाई दोनों के काम की कीमत एक-सी होनी चाहिए; क्योंकि जीविका का हक दोनों को है !

(3) मजदूर और किसान का सादा जीवन ही सच्चा जीवन है।

उस पुस्तक को मैंने जो एक बार पढ़ना शुरू किया, तो खत्म किए बिना नहीं छोड़ा। रात-भर नींद नहीं आई। सुबह होते ही मैं उसके अनुसार अपना जीवन बिताने की चिंता में लगा।"

[दूसरा प्रवक्ता]

गाँधीजी शहर छोड़कर देहात में चले गए। वहीं एक आश्रम बना। उसका नाम रखा गया—टाल्स्टाय-आश्रम। वहाँ सब मिलकर रहते; सब सर्वोदय के नियमानुसार चलते। ऋषियों का-सा तपस्वी जीवन बिताया जाता। मांस तो बचपन से ही छूट गया था। नमक भी छोड़ दिया; दूध भी छोड़ा और अंत में अखंड ब्रह्मचर्य की प्रतिज्ञा ले ली। घर में रहते हुए भी पूरे बैरागी—

"त्याग न टिके रे बैराग बिना !"

[पहला प्रवक्ता]

सत्य का तेल, अहिंसा की बाती, सत्याग्रह उसकी शिखा और सर्वोदय उसका प्रकाश ! अफ्रीका की काली भूमि जगमग कर उठी ! अब 'अमर ज्योति' अपने दिव्य प्रकाश से अपनी पवित्र मातृभूमि को जगमग करने के लिए अपने देश की ओर चली ! अमर ज्योति की जय ! !

7

[पहला प्रवक्ता]

अफ्रीका की काली भूमि को प्रकाश से जगमग कर अमर ज्योति अपने देश में, भारत में, पहुँची। भारत की जनता ने उसे 'कर्मवीर गाँधी' के नाम से अभिहित किया।

कर्मवीर गाँधी सोच रहे हैं, भारत में अपनी कर्मभूमि किसको बनावें, कहाँ बनावें ? गोखले की सेवा में पूना पहुँचे। क्या भारत-सेवक-समिति में सम्मिलित हो जावें ?

पहले घूमकर देश देख लो—गोखले की आज्ञा होती है ! शांति-निकेतन को कैसे नहीं देखें ? बाल-बच्चों की, आश्रितों की एक पल्टन भी तो साथ में है। उन्हें कहीं रखने का भी तो प्रबंध होना चाहिए ? फिर हरद्वार जाकर कुंभ के मेले के साथ स्वामी श्रद्धानंद का गुरुकुल भी देखा ! दोनों जगह प्रेम मिला। किंतु कर्मवीर को प्रेम ही नहीं, कर्म भी चाहिए। और यह कर्म दिया, बिहार के चंपारण ने।

[दो किसान आपस में बातें करते हैं]

एक किसान : सुनलीं ह जी, मोतिहारी में उहे बालिस्टर आयल बाड़न जे अफरीका में सतेआग्रह कइले रहस !

दूसरा किसान : कवन बालिस्टर ! करमवीर मोहनदास गाँधी का ?

पहला किसान : हाँ जी, उहे, उहे ! सुकुलजी हुनका बोला लइले ह । हुनका साथ और बहुत से बालिस्टर, वकील बाड़न । ब्रजकिसोरबाबू बाड़न, राजीन्दर बाबू बाड़न ! हमरा सबके मदद करे आयल बाड़न ! अब निलहा साहबन के बुझाई !

दूसरा किसान : का बुझाई उ सारन के ! हमरा सबके बरबाद क दिहलस—धन लूटलस, धरमो लूटलस

[नीलहा साहब और किसान]

साहब : ओ-टुम ! टुम टिनकठिया नहीं देगा, बेगार नहीं करेगा ! टो, लो····

[कोड़े की चटाक, चटाक]

किसान : आह ! आह ! आह ! साहेब, माफ करी साहब !

साहब : माफी माँगटा है ! नहीं, नहीं ! अभी नहीं ।

[कोड़े की चटाक चटाक]

किसान : साहेब ! दुहाई साहेब ! हाय ! हाय ! हाय ! जे कहीं सब करब साहेब ! सबे ! सबे !

साहब : हाठ बढ़ाओ । कागज पर अँगूठे का छाप डो ! हाठ बढ़ाओ ! बढ़ाओ····ओ, टुम नहीं मानेगा !

[कोड़े की चटाक चटाक]

किसान : हाय ! हाय ! हाय ! दुहाई साहब, जो मन होय, से करीं साहेब ! जान बकस दिहीन ! दुहाई साहब !

साहब : **(किसान के अँगूठे की छाप लेता है, फिर उसके हाथ पर थूककर हँसता है)** हा ! हा ! हा !

किसान : हाय ! हाय ! धनो लिहलस, धरमो लिहलस !

[दूसरा प्रवक्ता]

नीलहे साहबों के अत्याचार की कोई सीमा नहीं थी ! धन, धर्म, इज्जत, प्रतिष्ठा दिन-दहाड़े लूटे जाते थे; किंतु कौन उनसे बोले । कहाँ बोले ? अदालतों में उनका राज्य, उन्हीं के भाई-बंद हाकिम-हुक्काम !

लखनऊ में कांग्रेस हो रही थी । राजकुमार शुक्ल एक पीड़ित किसान थे । उन्होंने ब्रजकिशोर बाबू का पल्ला पकड़ा और लखनऊ पहुँचकर नेताओं से अपनी बिपता सुनाई ! किंतु, किसानों की बिपता एक किसान के मुँह से सुनना भी कौन पसंद करे ? उस समय के वे कांग्रेस-नेता—जो रहन-सहन, बातचीत सबमें साहब-ही-साहब थे !

किंतु वहाँ एक ऐसे व्यक्ति थे, जिनकी कमर में धोती थी, बदन पर अँगरखा था, सिर पर काठियावाड़ी पगड़ी थी,—जो पूरे किसान थे ! वह थे कर्मवीर गाँधी । शुक्लजी की आजिजी पर गाँधीजी ने चंपारण पहुँचने का वचन दिया !

गाँधीजी चंपारण पहुँचे । एक ग्रामीण कवि के मुख से यह गीत फूट निकला—

पधारे आज चंपारण में मोहनदास गाँधीजी !
मदनमोहन, तिलक, लाला, बनर्जी, शास्त्री आइय्यार
सबों की शान से बढ़कर है तेरी शान गाँधीजी !

हाँ, शान लंबी धुआँधार वक्तृता या सजधज की पोशाक में नहीं ! शान वह जिसके सामने दुश्मन भी झुक जाए ! चंपारण के नीलहे साहब झुके, बिहार की गोरी नौकरशाही झुकी ! नीलहे साहबों के अत्याचार समाप्त हुए ! चंपारण के गाँव-गाँव में जयजयकार होने लगा—

बोलो—कर्मवीर गाँधी की—जय

बोलो—मोहनदास गाँधी की—जय

[पहला प्रवक्ता]

अमर ज्योति का पहला प्रकाश उसके अपने देश ने पहली बार देखा—सब आँखें मलने लगे, सबने इस प्रकाश को आनेवाले दिन की सूचना के रूप में स्वागत किया! भारत के किसानों के चेहरों पर एक नई आशा की छटा छहराने लगी! अब उनके दिन फिरेंगे, यह विश्वास उनकी आँखों में जगमगा उठा।

8

[पहला प्रवक्ता]

किसान और मजदूर—राष्ट्र शरीर की ये दो भुजाएँ! चंपारण में किसानों ने राह पाई और अहमदाबाद में मजदूरों ने।

अहमदाबाद—गुजरात का सबसे बड़ा व्यापार केन्द्र, उद्योग केन्द्र! स्वदेशी की भावना ने कपड़े के उद्योग में सबसे बड़ी प्रगति दी। अहमदाबाद कपड़े का प्रमुख उद्योग केन्द्र बना। वहाँ के पूँजीपति मालामाल बनने लगे। किंतु बेचारे मजदूर! वे पिसते रहे, कराहते रहे। उनकी सहायता में बढ़ीं, वहाँ के पूँजीपतियों के नेता की बहन।

गाँधीजी ने अपनी आत्मकथा में लिखा है—

[गाँधीजी का स्वर]

"मेरी स्थिति बहुत नाजुक थी। मजदूरों का पक्ष मुझे मजबूत जान पड़ा। श्री अनुसूइया बहन को अपने सगे भाई से लड़ना था। मिलमालिकों से मेरा संबंध भी प्रेम का था। उनके साथ लड़ना टेढ़ा काम था। उनके साथ बातचीत करके मजदूरी की माँग के बारे में पंच चुनने की प्रार्थना की। पर मालिकों ने पंच के बिचवई बनने का औचित्य स्वीकार नहीं किया। मजदूरों को मैंने हड़ताल की सलाह दी!"

[दूसरा प्रवक्ता]

हड़ताल—मजदूरों का अंतिम अस्त्र, अमोघ अस्त्र। किंतु वह अस्त्र, जो सावधानी से प्रयोग नहीं किए जाने पर, प्रहारक के ही सिर से आ टकराता है, उसे चूर-चूर कर डालता है। फिर इस अमर ज्योति के साथ सत्य और अहिंसा की मर्यादा भी तो थी। मजदूरों को आज्ञा हुई—हड़ताल करो! किंतु यह मर्यादा रख दी गई—

[गाँधीजी का स्वर]

1. किसी भी दशा में शान्ति का भंग नहीं करना।
2. जो काम पर जाना चाहे, उस पर जबर्दस्ती नहीं करना।
3. मजदूर भीख पर न जीएँ।
4. हड़ताल जितने दिन चले वे दृढ़ रहें और अपने पास पैसा नहीं रहे तो दूसरी मजदूरी करके खाने-भर कमा लें।

[दूसरा प्रवक्ता]

हड़ताल इक्कीस दिन चली। पूँजीपति टस-से-मस नहीं हुए। इधर मजदूरों का धीरज टूटने लगा। काम नहीं, पैसे नहीं। भूखों मरने की नौबत! तुम भूखों मरो और मैं खाऊँ! एक नया नेतृत्व—जब तक तुम्हारा मामला

सुलझ नहीं जाता, मेरा भी उपवास रहेगा !

गाँधी का उपवास ! सारा अहमदाबाद डोल उठा। पूँजीपतियों ने पंचायत मान ली। मजदूरों की विजय हुई ! अहमदाबाद में मजदूर-संगठन की वह दृढ़ नींव पड़ी, जो भारत में एक दिन अनन्य सिद्ध हुई !

[पहला प्रवक्ता]

सत्य, अहिंसा, सत्याग्रह, सर्वोदय—सबकी एक झलक पेश की अमर ज्योति ने अपनी जन्मभूमि के प्रांत में ! मजदूरों ने एक नया नेतृत्व पाया—वह नेतृत्व जो अनुयायियों के पहले अपने को ही मृत्यु के मुख में झोंकने को तत्पर हो ! जहाँ आत्मबलिदान, वहाँ विजय क्यों न मिले !

9

[पहला प्रवक्ता]

जिस समय कर्मवीर गाँधी चंपारण के किसानों का, अहमदाबाद के मजदूरों का, उद्धार करने में लगे थे, इतिहास-प्रसिद्ध प्रथम विश्वयुद्ध चल रहा था ! जर्मनी की सेना मित्रराष्ट्रों को तबाह किए हुई थी। इस विश्वयुद्ध में मित्रराष्ट्रों की विजय के लिए आवश्यक था, भारत से उन्हें धन-जन की अपार सहायता मिले !

अंग्रेजों ने घोषणा की, हमारी मदद करो। युद्ध के बाद हम तुम्हें स्वराज्य देंगे !

कुछ नेताओं ने कहा, यह अंग्रेजों का मायाजाल है, हम इसमें नहीं फँसेंगे।

[दूसरा प्रवक्ता]

किंतु, सत्य के उपासक गाँधीजी उनके कथन को झूठ कैसे मान लेते ! उन्होंने कहा—वे संकट में हैं, उनकी मदद करो ! कर्मवीर कहकर ही नहीं रह जाता; उन्होंने घूम-घूमकर अंग्रेजी सेना के लिए रंगरूट भर्ती करना शुरू किया ! इसी सिलसिले में उन्होंने अपने ऊपर ऐसा संकट मोल लिया कि मरते-मरते बचे।

मित्रराष्ट्रों की विजय हुई; जर्मनी हार गई। किंतु भारत को उपहार मिला स्वराज्य के बदले रौलट ऐक्ट ! न वकील, न दलील, न अपील ! जिसे जब चाहो, जेल में बंद कर दो !

फिर पंजाब-हत्या-कांड !

[गोली की बौछार]

धायँ ! धायँ ! धायँ !
धायँ ! धायँ ! धायँ !
धायँ ! धायँ ! धायँ !

[घायलों की पुकार]

आह ! आह ! आह !
हाय ! हाय ! हाय !
ओह ! ओह ! ओह !

[पहला प्रवक्ता]

पंजाब में हिंदू, मुसलमान, सिख—तीनों का खून एक साथ गिरा, एक में मिला, मिलकर एक हुआ। तीनों ने एक स्वर में नारे लगाए—

[नारे]

वंदे-मातरम् !

अल्लाहो-अकबर !

सतश्री-अकाल !

सत्य के पुजारी के मुँह से निकला—यह शैतानी सरकार है ! इससे असहयोग करो—

[नारे]

सरकारी पदवियाँ—छोड़ दो !

स्कूल-कालेज—छोड़ दो !

वकालत-कचहरी—छोड़ दो !

देश में अद्भुत जागरण आया। कचहरियाँ खाली होने लगीं। स्कूल-कॉलेज सूने पड़े। कवीन्द्र रवीन्द्र ऐसे महान व्यक्ति ने 'सर' की उपाधि लौटा दी। सरकार हक्का-बक्का। फिर दमन-चक्र ! तरह-तरह के दमनात्मक फरमान निकलने लगे। देश के नौजवानों ने उनका जवाब दिया—

निकल पड़ो ! निकल पड़ो !

निकल पड़ो सब बनकर सैनिक भंग करो फरमानों का।
बिन स्वराज्य के नहीं हटेंगे क़ौल रहे मरदानों का।
अंधी होकर पुलिस चलावे डंडे कुछ परवाह नहीं।
घर का माल लूट ले जावे निकले मुँह से आह नहीं।
चले गोलियाँ गली-गली में मार्शल ला की हो भरमार !
ओ माता के लाल तुम्हारे मुँह से निकले यही पुकार-

निकल पड़ो ! निकल पड़ो !

निकल पड़ो सब बनकर सैनिक भंग करो फरमानों का !
बिन स्वराज्य के नहीं हटेंगे क़ौल रहे मरदानों का !

[दूसरा प्रवक्ता]

गाँव-गाँव में, घर-घर में असहयोग की गूँज, स्वराज्य की गूँज ! और गूँज चरखे की ! सरकार से लड़ना है, तो आत्मशुद्धि करो—विदेशी कपड़े को जला दो, खादी पहनो, चरखा चलाओ ! नशा छोड़ो—शराब शैतान की बोतल है; उसे फोड़ो ! छूआछूत— ओहो ! आदमी आदमी को अछूत समझे ? इस पाप को धोओ ! स्वराज्य चाहते हो, तो हिंदू-मुसलमान एक हो ! कवि की वाणी फूटी—

मंदिर में हो चाँद चमकता मस्जिद में मुरली की तान !
मक्का हो या हो वृंदावन आओ मिलकर हों बलिदान !

बलिदान का वह शरूर ! दमन-चक्र जोरों से चलने लगा। एक-एक कर नेता पकड़े जाने लगे—कार्यकर्त्ताओं से जेल पटने लगे। अलीबंधु, शंकराचार्य, देशबंधुदास, मोतीलाल नेहरू, लाजपतराय—सब-के-सब जेल में। गाँधीजी बारडोली में सत्याग्रह करने की तैयारी में लगे। दूसरे कवि की वाणी फूटी—

ओ बारडोली ! ओ बारडोली !
ओ भारत की थरमापोली !

किंतु, बारडोली को थरमापोली बनने का सौभाग्य उस समय प्राप्त नहीं हो सका। चौरीचौरा-कांड—उत्तेजित जनता ने हिंसा कर दी। अहिंसा के पुजारी इसे कैसे बर्दाश्त करता। सत्याग्रह स्थगित। सरकारी शेर ने झपट्टा मारा। गाँधीजी को छः वर्षों के लिए यरवडा जेल में बंद कर दिया गया।

[पहला प्रवक्ता]

अमर ज्योति यरवदा-जेल की चहारदीवारियों के अंदर बंद है। किंतु क्या प्रकाश को भी कैद रखा जा सकता

है। एपेंडिसाइटिस—अमर ज्योति फिर बाहर। शरीर क्षीण। किंतु ज्योति वही पुरानी—जगमग, झलमल!

10

[पहला प्रवक्ता]

बड़े वेग से चलती गाड़ी अचानक रुक गई—एक जबर्दस्त धक्का! कुछ लोगों ने वैधानिक राह पकड़ी—कौंसिलों, असेंबलियों, बोर्डों की कुर्सियाँ गरम होने लगीं। कुछ लोगों ने बम-पिस्तौल पकड़े—धम, धड़ाके! किंतु गाँधीजी साबरमती-आश्रम में अपना यरवडा-चक्र चलाते रहे!

अफ्रीका का टाल्स्टाय आश्रम, भारत में सत्याग्रह-आश्रम में परिणत हुआ। साबरमती नदी के किनारे पर आधुनिक ऋषि ने एक नई दुनिया बसा दी। उसके तट से उठा स्वर-गुंजार देश के कोने-कोने को गुंजायमान करने लगा—

वैष्णव जन तो तेने कहीये जे पीड़ पराई जाणे रे!
परदुःखे उपकार करे तोये, मन अभिमान न आणे रे!
सकल लोकमाँ सहुने वंदे, निंदा न करे केनी रे!
वाच काछ मन निश्चल राखे, धनधन जननी तेनी रे!
समदृष्टि ने तृष्णा त्यागी, परस्त्री जेने मात रे!
जिह्वा थकी असत्य न बोले, परधन न झाले हाथ रे!
मोह माया व्यापे नहिं जेने, दृढ़ वैराग्य जैना मनमाँ रे!
रामनामाशुं ताली लागी, सकल तीरथ तेना मनमाँ रे!
वणलोभी के कपट रहित छे, काम क्रोध निवार्या रे!
भणे नरसैंयो तेनुं दरसन करताँ कुल एकतेर तार्यां रे!

[दूसरा प्रवक्ता]

प्रेम की, त्याग की, शांति की इस झंकार के बीच रचनात्मक कार्यों की एक लंबी साधना। चरखा उसका केन्द्रबिंदु! किंतु देश को तो अभी बहुत-से पाप धोने थे। हिंदू और मुसलमानों के बीच भयानक विग्रह प्रारंभ हुआ। जगह-जगह दंगे-मारकाट!

गाँधीजी ने फिर जान की बाजी लगाई—इक्कीस दिनों का अनशन! सारा देश काँप उठा! सब धर्मों के नेताओं ने प्रतिज्ञा ली, हम इसे रोकेंगे। वह रुका भी। किंतु, कब तक!

जब तक अंग्रेजी राज्य है, तब तक हममें फूट रहेगी ही—हमें इस अभिशाप को दूर करना ही चाहिए!

[पहला प्रवक्ता]

स्वराज्य की लड़ाई एक मुट्ठी नमक से! लोगों को आश्चर्य! किंतु सबको उस जादूगर पर विश्वास है। गाँधीजी की डाँडी-यात्रा! 79 सत्याग्रहियों को लेकर वह समुद्र-किनारे नमक-कानून तोड़ने पाँव-पियादे चले। चलते समय प्रतिज्ञा की—या तो मैं स्वराज्य प्राप्त करके लौटूँगा, या मेरी लाश समुद्र में उतराती नजर आएगी।

देखिए, वह अनोखी टोली, किस वेग से बढ़ रही है। गर्मी के दिन, धूप, धूल! गाँधीजी के सिर पर गीली अँगोछी, हाथ में एक लकुटी। हर एक की जिह्वा पर एक ही रट—

रघुपति राघव राजा राम!
पतित पावन सीता राम!

सीता राम जय सीता राम !

पतित पावन सीता राम !

[दो सत्याग्रही बातें कर रहे हैं]

एक : देखा है, बापू के तलवों में कैसे छाले निकल आए हैं !

दूसरा : देखा ही नहीं, उन्हें अपने हाथों धोया है। छाले फूट गए हैं। उनमें कंकड़ों ने सुराख कर दिया है। छालों से पीव-पानी की जगह अब खून बहा करता है।

पहला : धरती-माता ! इतना पवित्र रक्त तुम पर शायद ही कभी गिरा हो !

दूसरा : उफ्, यह बुढ़ापा। यह गरमी ! तो भी इस तरह दनादन बढ़ते हैं कि हम लोगों के लिए उनका पीछा करना भी मुश्किल पड़ जाता है ! बापू शक्तियों के असीम पुंज हैं।

पहला : भारत माता ! बापू ने तुझे स्वतंत्र करने के लिए ही अवतार लिया है। धन्य बापू, धन्य !

[दूसरा प्रवक्ता]

गाँधीजी की यह सत्याग्रही सेना डाँडी पहुँची। नमक-कानून तोड़ा गया। बापू गिरफ्तार किए गए। देश के कोने-कोने में नमक कानून की धज्जियाँ उड़ीं। दिल्ली का ही नहीं, लंदन का सिंहासन भी डोला। भारत का अधनंगा फकीर दिल्ली के ही नहीं, लंदन के राज्य भवन में भी आमंत्रित किया गया !

किंतु गाँधीजी क्या वहाँ से स्वराज्य लेकर लौटे ! फिर गिरफ्तारी। फिर यरवडा।

जले पर नमक छिड़का गया। मुसलमानों की ही तरह अछूतों के लिए अलग सीटों का, चुनाव का प्रबंध किया गया ! नहीं, यह हो नहीं सकता ! यदि यह प्रबंध नहीं बदला गया, तो मैं आमरण अनशन करके प्राण विसर्जन करूँगा।

केवल 90 पौंड का वह मानव-ढाँचा मृत्यु-शय्या पर पड़ा है ! फिर सिंहासन डोला ! अंग्रेजी सरकार को फिर झुकना पड़ा ! वह देखिए, बापू मौसंबी का रस पी रहे हैं और कवीन्द्र के मुँह से रस का यह स्रोता उमड़ रहा है—

अंतर मम विकसित कर अंतरतर हे !
निर्मल कर, उज्ज्वल कर, सुंदर कर हे !
जाग्रत कर, उद्यत कर, निर्भय कर हे !
मंगल कर, निरलस कर, निःशंसय कर हे !
अंतर मम विकसित कर हे !

[पहला प्रवक्ता]

क्या कवीन्द्र की यह वाणी अमर ज्योति की ही वंदना नहीं थी? निर्मल, उज्ज्वल, सुंदर अमर ज्योति जलती रहे, बलती रहे, हमें जाग्रत और उद्यत करती रहे !

11

[पहला प्रवक्ता]

बापू का यरवडा-चक्र फिर चल रहा है। किंतु, अब साबरमती के किनारे नहीं, सेवाग्राम में ! छोटा-सा गाँव—सेगाँव ! ऋषि को पाकर वह सेवाग्राम बन गया। बड़े-बड़े लोग वहाँ तीर्थ करने जाते हैं !

और संसार का चक्र भी अनवरत चल रहा है ! जो जेलों में पड़े थे, वे सिंहासनों पर आसीन हैं—भारत के आठ प्रान्तों पर बापू के सपूतों का राज्य है !

कि दूसरा महायुद्ध !

फिर अंग्रेजों की माँग—हमें सहायता दो ! सहायता देंगे, किंतु पहले हमें स्वतंत्र करो। स्वयं पराधीन, दूसरों की स्वाधीनता के लिए क्या लड़ेगा ?

नहीं, अभी नहीं !

चेलों से—सिंहासन छोड़ो, बाहर आओ, जेल जाओ !

अंग्रेजों से—भारत छोड़ो !

[नारे]

अंग्रेजो—भारत छोड़ो !

अंग्रेजो—भारत छोड़ो

[दूसरा प्रवक्ता]

जैसे हिमालय की बर्फीली चोटी से एकाएक ज्वालामुखी फूट पड़ी ! गाँधीजी ने घोषणा की, इस बार का आंदोलन खुला विद्रोह का रूप लेगा। हमें इस अंग्रेजी राज्य को खत्म कर देना है, या स्वयं खत्म हो जाना है। उन्होंने एक अद्‌भुत नारा दिया—डू और डाई—करो या मरो !

[नारे]

करेंगे—या—मरेंगे !

करेंगे—या—मरेंगे !

करेंगे—या—मरेंगे !

[पहला प्रवक्ता]

खुला विद्रोह ! और लोग कर रहे हैं। क्या कर रहे हैं ?

तार काटे जा रहे हैं। पटरियाँ उखाड़ी जा रही हैं। पुल तोड़े जा रहे हैं। सड़कें खोदी जा रही हैं।

थाने जलाए जा रहे हैं। डाकखाने जलाए जा रहे हैं !

अंग्रेजी सरकार का कहीं नामनिशान नहीं रहे—बोलो, जवानो,—बोलो !

[नारे]

करेंगे—या—मरेंगे !

करेंगे—या—मरेंगे !

करेंगे—या—मरेंगे !

[हथौड़ों का—धम्म ! धम्म ! कुदालों की—खट ! खट !]

[नारे]

बंबई से आई आवाज ! इंकलाब जिंदाबाद !

गाँधीजी की यही पुकार ! इंकलाब जिंदाबाद !

अंग्रेजो—भारत—छोड़ो !

अंग्रेजो—भारत—छोड़ो !

इंकलाब जिंदाबाद !

भारत आजाद !

यह तो कर लिया—अब मरने को तैयार हो ! देखो, वह अंग्रेजी फौज आ रही है ! आ रही है ! आ गई—

[मोटरों के भोंपू के शब्द : सैनिकों के पद-चाप : फिर धायँ ! धाँय ! धाँय !]

तो भी नारे लग रहे हैं—

अंग्रेजो—भारत—छोड़ो !
करेंगे—या—मरेंगे !
इंकलाब जिंदाबाद !
भारत आजाद !

देश में विद्रोह का यह अभूतपूर्व दृश्य। उधर आगाखाँ-महल में, जहाँ बापू कैद हैं—कैसा विधि-विधान—

बापू के महादेव नहीं रहे !
पूजनीया बा भी चल बसीं !
हे राम !
ॐ
दो समाधियाँ बनी हैं वहाँ पर !

बापू ध्यानमग्न बैठे इन दो समाधियों को देख रहे हैं ! किंतु देश में तो ऐसी कितनी समाधियाँ बन चुकी हैं। बापू कब तक ध्यानमग्न रह सकते थे ? उनका गंभीर निर्णय ! मैं इक्कीस दिन का उपवास करूँगा !

सारे देश में हलचल ! वृद्ध, जर्जर बापू क्या इतने लंबे उपवास में बच सकेंगे ?

अंग्रेजी सरकार ने उनके शव को जलाने के लिए चंदन की लकड़ियाँ भी इकट्ठी कर ली हैं !

[पहला प्रवक्ता]

किंतु क्या अमर ज्योति इस रूप में बुझने आई थी ? डॉक्टरों की बुद्धि को चकराते हुए बापू इस अग्नि-समाधि से भी हँसते हुए बाहर आए ! अमर ज्योति का अमर प्रकाश फिर जगमग करने लगा ! संसार चिल्ला उठा—अमर ज्योति, तेरी जय हो ! जय हो !

12

[पहला प्रवक्ता]

और अमर ज्योति की विजय होकर रही ! 15 अगस्त 1947–अंग्रेजों ने भारत छोड़ दिया ! शताब्दियों की गुलामी छूटी—लोहे की जंजीरें आप ही टूटीं !

किंतु, गुलामी अपनी अंतिम नरक-लीला दिखा ही गई ! देश दो टुकड़ों में बँटा। देश ही नहीं बँटा, हृदय भी बँटे !

चारों ओर दंगे—मारपीट—खूनखराबी—अगली—नृशंस कांड—दानवी कांड ! क्या इस गृह-दाह में ही जल मरना हमारे भाग्य में बदा था ?

बापू के कदम आगे बढ़े ! नोआखाली—बिहार—दिल्ली—मैं लाहौर भी जाऊँगा—बापू ने गंभीर घोषणा की !

बापू जहाँ-जहाँ गए, आग पर जैसे शीतल पानी पड़ा। लगा, अब स्थिति सुधरी, कि

"इस घर को आग लग गई घर के चिराग से !"

[दूसरा प्रवक्ता]

1948। जनवरी। संध्या। बापू प्रार्थना-सभा में जा रहे हैं। कुछ देर हो गई है। तेजी से बढ़ रहे हैं कि…अरे, यह क्या

धायँ ! धायँ ! धायँ !
हे राम !
बापू नहीं रहे ! हिमालय तिरोहित हो गया !
सारा संसार चीख उठा ! सारा संसार रो उठा !

[पहला प्रवक्ता]

अमर ज्योति अमर ज्योति में लीन हो गई; किंतु उसका शांतिदायक प्रकाश आज भी चारों ओर प्रभासित हो रहा है; उद्भासित हो रहा है—सारे संसार को प्रेरणा दे रहा है, नई चेतना दे रहा है ! उसके सामने मानव-मात्र का सिर अवनत हो रहा है !

[समवेत स्वर]

रघुपति राघव राजा राम !
पतित-पावन सीता राम !
ईश्वर अल्ला तेरे नाम !
सबको सन्मति दे भगवान !
सीताराम ! सीताराम ! सीताराम ! सीताराम !

[समाप्त]

अंत में

हिमालय तिरोहित हो गया

[गाँधीजी के बलिदान पर]

भारत का, संसार का, इतिहास का सबसे बड़ा आदमी चल बसा !

हिमालय तिरोहित हो गया; हिंद महासागर सूख गया। अनवरत अश्रुप्रवाह से कोटि-कोटि आँखें उस महासागर को भरना चाह रही हैं; कोटि-कोटि कण्ठचीत्कारों से उस हिमालय को एक बार फिर आकाश को चूमने के लिए आह्वान कर रहे हैं ! किंतु सारे प्रयत्न व्यर्थ जा रहे हैं।

हमारी धरती सूनी है, सारा आकाश सूना है। हमारी वह हालत है, जो एकाएक सूर्य के टूट गिरने से कभी अखिल भुवन की हो सकती है।

हम जो कुछ हैं, हमारा देश आज जो कुछ है, उसके निर्माण का श्रेय उसका है ! धूल के कणों में उसने

ज्योति दी—उन्हें चमकना सिखलाया। मुर्दा राष्ट्र को उसने मंत्र-बल से खड़ा किया, उसे लड़ना सिखलाया। लड़ना सिखाया; लड़ते-लड़ते मरना और विजय पाना सिखलाया। महान् अशोक के बाद आसेतु हिमालय पर चक्रवर्ती धर्मराज स्थापित करने का स्वप्न उसी ने देखा।

उसने हमें सिर्फ स्वतंत्र देश ही नहीं दिया, उस देश को वेश दिया, भूषा दी, भाषा दी। व्यक्तिगत चरित्र का एक कोड दिया; राष्ट्रगत जीवन का एक स्टैण्डर्ड दिया।

आज का जो हिंदुस्तान है, वह गाँधी का हिंदुस्तान है। गाँधी का यह हिंदुस्तान उसके पवित्र रक्त से स्नान कर अमर हो—देवता, अगर हम तुम्हारे आशीर्वाद के पात्र रह गए हैं, तो वही वरदान हो!

भारत का, संसार का, इतिहास का सबसे बड़ा आदमी चल बसा!

चल बसा!

काश, यही हो पाता!

गाँधी बढ़ा था, उसे जाना था। वह जाता, हम उसके बेटे रोते! उस दिन भी रोते! किंतु, हम पर तो पितृहंता का कलंक लगना था। जिसने हमारे लिए इतना किया, अपने उस राष्ट्रपिता को हमने शांति की मौत भी मरने नहीं दिया!

गाँधी पर गोली!—एक नहीं, दो नहीं, तीन-तीन! ये तीन गोलियाँ—तीनों काल पर; तीनों लोक पर चलाई गई गोलियाँ निकलीं ये।

हम कहीं के नहीं रहे, हम कहीं के नहीं रहे।

इतिहास हम पर थूकेगा! संसार हम पर हिकारत की निगाह डालेगा!—यह पाखण्डी देश, अपनी सभ्यता की इतनी शेखी बघारता था; अपने एक संत को भी नहीं जीने दिया इसने!

यह मत कहो कि एक पागल ने उसे मार डाला! एक महान् अपराध हम कर चुके हैं; दूसरा करेंगे, तो हमारे लिए जहन्नुम में भी जगह नहीं मिलेगी!

गोड्से! वह नारकीय जीव!—किंतु हमारे-तुम्हारे हृदयों में बसे ईर्ष्या-द्वेष, हिंसा-प्रतिहिंसा और प्रभुत्व की आकांक्षा का प्रतीक था वह—यदि हम आज भी इसे समझ नहीं पाते, तो हम गए! हमें कोई बचा नहीं सकता!

गोड्से को हमने पाल रखा था! हमने उसे नजरअंदाज किया, बढ़ावा दिया और सत्य का तकाजा है कि हम कहें—हमने उसे किन्हीं घृणित कार्यों के लिए ही दूध पिला-पिलाकर पोसा था!

अब, जब "इस घर को आग लग गई, घर के चिराग से" तो शोर मचा रहे हैं, आँसू गिरा रहे हैं! इस ढोंग को इस पवित्र और करुण अवसर पर भी तो हम दूर करें!

यदि इतना नहीं किया; तो याद रखो, हमारी-तुम्हारी भी वही हालत होगी, जो ईसा को फाँसी देनेवाली कौम की हुई और हो रही है!

यहूदियों के पास क्या नहीं है—धन, विद्या, बुद्धि, कला, विज्ञान—किस क्षेत्र में उनका बोलबाला नहीं? किंतु, सब होने पर भी इस विशाल संसार में एक इंच जमीन भी ऐसी नहीं, जिसे वे अपनी शरण-स्थली बता सकें। सावधान हिंदुस्तान; सावधान ओ गाँधी के हम बेटो!

गाँधी, बापू, तुम अमर हो! अपनी अमरता पर तुमने अपने पवित्र रक्त की मुहर लगा दी! कोई भी विनाशक शक्ति इस अमरता की ओर आँख उठाकर भी नहीं देख सकती!

इस धराधाम पर बड़े-बड़े लोग आए—बुद्ध, ईसा, मुहम्मद, मार्क्स! किंतु, तुम इन सबमें निराले थे! निराले थे तुम; और निराली थी तुम्हारी राह!

बुद्ध की करुणा, ईसा का बलिदान, मुहम्मद की हक-परस्ती और मार्क्स का अनुसंधान—सबका समन्वय हुआ था तुम्हारे अलौकिक व्यक्तित्व में!

वह पुश्त धन्य है, जिसने तुम्हें धरती पर चलते-फिरते देखा; आँधी उठाते और तूफान बरपा करते देखा; आँधियों और तूफानों में भी मुस्कुराते देखा और फिर एक मुस्कान-भरी चितवन में शांति की असंख्य किरणें बिखेरते देखा।

तुम इतने बड़े थे, इतने निराले थे कि हम तुम्हें समझ नहीं सके; समझ भी नहीं सकते थे !

किंतु, तुम नहीं रहे—तुम्हारे चरण-चिह्न तो हमारी आँखों के सामने अब भी चमकते नजर आ रहे हैं !

वे चरण-चिन्ह हमारा पथ-प्रदर्शन करेंगे !

उन्हें देखते हुए आगे बढ़ेंगे और संसार में एक ऐसा समाज बनाएँगे, जिसमें हिंसा न हो, युद्ध न हो; जिसमें छोटे-बड़े का भेद-भाव न हो; जिसमें दरिद्रता न हो, विलासिता न हो। जहाँ सब समान हों, सब भाई-भाई हों ! जहाँ प्रेम हो, सत्य हो, शांति हो !

राष्ट्र-पिता, तुम अमर थे, अमर हो गए ! हम अपराधी अनाथ बच्चों को आशीर्वाद देते जाओ कि इस पवित्र आदर्श पर हम बढ़ते चलें, बढ़ते चलें।

बापू आज चारों ओर अंधकार ही अंधकार है—उपनिषद् के ऋषियों के शब्दों में हम तुमसे प्रार्थना कर रहे हैं—

तमसो मा ज्योतिर्गमय !

गाँव के देवता

पोखन ठाकुर

[दूर से झाँझ-करताल के शब्द सुनाई पड़ते हैं—शब्द धीरे-धीरे धीमे होते जाते हैं और पृष्ठभूमि में बातें होती हैं।]

गिरिजा : भैया, भैया, ब्रह्मबाबा के गीत शुरू हो गए ! चलो भैया, हम तमाशा देखें—चलो !

शंकर : हाँ, हाँ, गीरू, अभी चला । लेकिन, खाली हाथ चलोगी ब्रह्मबाबा के स्थान में ! जाओ, तुम माँ से अक्षत-सुपारी माँग लाओ; मैं अभी बाड़ी में से कुछ फूल तोड़ लाता हूँ !

गिरिजा : लेकिन देर न करना भैया ! कहीं ऐसा न हो कि हम यहीं रहें और वहाँ ब्रह्मबाबा आवें और चले जावें !

शंकर : आवें और चले जावें ! तुम निरी पगली हो गीरू ! अरी, ब्रह्मबाबा न आते हैं, न जाते हैं ! वह तो हमेशा उस पीपल के पेड़ पर रहकर हम लोगों की रक्षा करते हैं ! जब हमारे गाँव में हैजा-प्लेग आता है, वह दूर भगाते हैं उसे ! जब वर्षा के अभाव में हमारा खेत सूखता है; वह पानी बरसा देते हैं....

गिरिजा : और, भैया, उस दिन जब तुम बीमार पड़े थे, ब्रह्मबाबा ने ही तो तुम्हें अच्छा किया—दीदी कह रही थीं !

शंकर : और उस दिन जब तुम मेले में खो गई थीं, किसने तुम्हें माँ के पास ला दिया । वह जो बूढ़ा साधु था न—दीदी कहती थीं, ब्रह्मबाबा ही उस रूप में आए थे । हम पर जब कोई संकट आता है, ब्रह्मबाबा हमारी सहायता के लिए नाना रूप धरकर दौड़ पड़ते हैं ।

गिरिजा : उस साधु ने मुझे मिठाइयाँ खिलाई थीं भैया ! उसका चेहरा कैसा दिप था !

शंकर : देवता के चेहरे वैसे ही दिपते होते हैं, गीरू !

[झाँझ-करताल के शब्द फिर तेज हो जाते हैं और जोर से डाक देकर कोई बोल उठता है—"हे ! हे ! दुहाई पोखन ठाकुर ब्रह्म की !"]

: तो क्या हमारे ब्रह्मबाबा कोई आदमी थे चाचाजी ?

माधोसिंह : हाँ, आदमी ही थे ! और हमीं लोग के पुरखों में से थे । तभी तो हम पर इतनी कृपा रखते हैं वह !

शंकर : आदमी थे ?

गिरिजा : क्या सचमुच वह आदमी ही थे चाचाजी ?

माधोसिंह : हाँ, हाँ वह आदमी थे ! हाड़-मांस के आदमी । हमीं लोगों की तरह जमीन पर चलनेवाले आदमी—दो पैर के, दो हाथ के । किंतु, आदमी होकर वह आदमी से कुछ पृथक् थे; तभी वह देवता हो गए !

शंकर : आदमी से देवता हो गए ?

गिरिजा : अरे ?

माधोसिंह : अचरज की बात है; किंतु सही बात यही है बेटी ! यह जो हमारा गाँव है, वह पहले जंगल था । हमारे पुरखे पच्छिम से आए गायों का एक बड़ा झुंड लिए ! यहाँ अच्छी चरागाह थी; यह छोटी-सी नदी थी । बस गए यहाँ । तब तक गाँव छोटा ही था—कि पोखन ठाकुर का अवतार हुआ !

शंकर : अवतार ! ! अवतार तो भगवान के होते हैं चाचाजी !

माधोसिंह : हर बड़े आदमी में देवत्व का अंश होता है, बेटा ! पोखन ठाकुर बचपन से ही कुछ अजब स्वभाव के थे । बड़े सूधे; बड़े सरल ! गायों को ले जाकर दिन-भर जंगल में चराया करते; गायें चरतीं और आप पेड़ पर चढ़कर वंशी बजाया करते !

गिरिजा : चाचाजी, तभी दीदी कहती थीं; ब्रह्मबाबा अब भी कभी-कभी आधी रात को वंशी बजाया करते हैं, वह वंशी बजाते हैं ।

[वंशी का स्वर सुनाई पड़ता है ।]

शंकर : **(डर के स्वर में)** चाचाजी, यह वंशी....

माधोसिंह : हाँ, हाँ, बड़ी रात हो गई न ! किंतु इस वंशी से डरो मत बच्चो ! यह वंशी हमारी रक्षा की वंशी है ! मालूम होता है; हमारी आज की पूजा से ब्रह्मबाबा बहुत प्रसन्न हुए हैं !

गिरिजा : चाचाजी ! मुझे भी डर ?....

माधोसिंह : तू तो पूरी डरपोक है गिरिजा ! नजदीक आ; या माँ के पास जा ! शंकर, तुम और सुनना चाहते हो ?

शंकर : डर तो मैं भी गया था, चाचाजी ! लेकिन, किस्सा सुना ही दीजिए ! बड़ी विचित्र कहानी....

माधोसिंह : हाँ, हाँ, देवताओं की कहानियाँ विचित्र होती ही हैं ! तो, हमारे पोखनबाबा धीरे-धीरे जवान हुए ! देवताओं की तरह का ही शरीर था उनका । पाँच-पाँच हाथ के गभरू जवान ! साँड़ जैसी ऊँची गरदन, भैंसे के पुट्ठे जैसी चौड़ी छाती; जामुन के पेड़ में धक्के दे देते; तो सारे पके जामुन जमीन पर पथार लग जाते थे ।

गिरिजा : आह, तब मैं नहीं हुई । नहीं तो ब्रह्मबाबा से जामुन गिरवाकर खूब खाती ।

शंकर : तुझे तो हमेशा भूख लगी रहती है गिरिजा । हाँ, तो चाचाजी,....

माधोसिंह : पोखनबाबा बड़े हुए तो लोगों ने शादी की चर्चा चलाई; लेकिन उन्होंने नाहीं कर दी ! उन्हें अब कुश्ती लड़ने, मुगदर भाँजने और खेत नापने से ही फुर्सत कहाँ थी ? गाँव के ग्वरे के इन सारे खेतों को उन्हीं ने ही पहले पहल पैदावार के लायक बनाया था शंकर ! लेकिन, गाय से उनका प्रेम अंत तक न छूटा ! दोपहर तक ये सारे काम होते, दोपहर से शाम तक गायें चराते ! एक दिन संध्या समय वह गायें लिए आ रहे थे कि एक अजीब गुर्राहट सुनाई दी....

[बाघ की गुर्राहट की आवाज—फिर दूर पर हल्ला— आदमियों— और पशुओं के भागने के शब्द—लोग चिल्लाते हैं "बाघ-बाघ" ।]

एक व्यक्ति : क्या कहा ? पोखन ठाकुर बाघ से लड़ रहे हैं !

दूसरा व्यक्ति : पोखन ठाकुर बाघ से लड़ रहे हैं ।

तीसरा व्यक्ति : बाघ से लड़ रहे हैं, पोखन ठाकुर....

[बाघ की गुर्राहट : धम-धम की आवाज]

माधोसिंह : और थोड़ी देर के बाद लोग वहाँ पहुँचे तो देखते हैं; बाघ का सिर भुर्ता-भुर्ता हो गया है और पोखन ठाकुर लहूलुहान खड़े मुस्कुरा रहे हैं ।

शंकर : अब तो सचमुच डर लग रहा है, चाचाजी ।

माधोसिंह : लेकिन देवता की कहानी अधूरी नहीं छोड़ी जाती है, बच्चो ! पोखनबाबा का उससे भी बड़ा करतब तो तब देखा गया जब हमारे इस गाँव की सीमा को लेकर झगड़ा ठन गया ।

शंकर : गाँव की सीमा ?

माधोसिंह : हाँ जी । गाँव की सीमा ! जब यह गाँव बस चुका, तो पीछे से बगल के जंगल में एक और

बस्ती बसी। उस बस्ती और हमारे गाँव के बीच में क्या सीमा रहे, इसको लेकर तकरार मची। पंच ने फैसला दिया, तो भी उन लोगों ने नहीं माना। एक दिन वे लोग सीमा पर आ डटे—भाले, गँडासे और लाठियों से लैस होकर! उनकी तायदाद बड़ी थी। हम लोगों के पुरखे डर गए कि पोखनबाबा का ब्रह्म जागा—उन्होंने अपनी लाठी निकाली और····

पोखनबाबा की माँ : बेटा, बेटा, अकेले मत जाओ, बेटा। सुना है, उन्होंने कितने पहलवान बुलाए हैं।

पोखनबाबा : माँ, चुप रहो। यह हो नहीं सकता कि कोई सीमा पर चढ़ आवे और हम घर में बैठे रहें। और पहलवान! पहलवान ही अपनी माँ का दूध नहीं पीते हैं, अम्मा।

गाँव का एक बुजुर्ग : रहने दो पोखन, अभी हम टाल जाएँ। हम भी तैयारी कर लेंगे, तो····

पोखनबाबा : नहीं नहीं। जब दुश्मन ने चुनौती दे दी, तो रुकना कायरता है। आप लोग मेरे पीछे आवें, मैं चला····

माँ : बेटा, बेटा। मैं तुम्हें नहीं जाने दूँगी, बेटा!

माधोसिंह : कहते हैं, माँ ने उनकी बाँह पकड़ ली। माँ को बाँह से टाँगे हुए पोखनबाबा आगे बढ़े। बेटे की इस रुद्रमूर्ति के सामने माँ को हार माननी पड़ी।

[माँ के रोने की आवाज]

पोखनबाबा : पहला वार तुम करो।

एक पहलवान : पोखन, आज नहीं बचोगे, लौट जाओ। माँ को निपूती मत बनाओ।

पोखनबाबा : तुम अपनी जोरू को विधवा मत बनाओ। जाओ, उसकी चूड़ी पहनकर उस बेचारी के सिंदूर की रक्षा करो।

पहलवान : बढ़के बोल रहे हो पोखन।

पोखनबाबा : बढ़के वार करो या भागो।

[लाठियों की खटाखट।]

शंकर : उफ्! बड़ी लड़ाई हुई होगी, चाचाजी।

गिरिजा : हमारे पोखनबाबा क्या वहीं मारे गए, चाचाजी?

माधोसिंह : नहीं। दुश्मनों के वारों को उन्होंने बचा लिया और फिर वार-पर-वार करने लगे—एक गिरा, दूसरा गिरा, फिर तो भगदड़ मच गई। हमारी सीमा रह गई! हमारी इज्जत रह गई। हम उन्हीं की दी हुई जमीन को आज तक भोग रहे हैं। प्रणाम है पोखनबाबा।

गिरिजा : प्रणाम है, ब्रह्मबाबा।

शंकर : प्रणाम है, पोखनबाबा।

माधोसिंह : किंतु, जैसी शानदार थी हमारे पोखनबाबा की जिंदगी, उससे भी शानदार तो हुई उनकी मृत्यु।

गिरिजा : किस तरह उनकी मृत्यु हुई, चाचाजी।

माधोसिंह : उसे मृत्यु कहना भी अपराध होगा गीरू। वह मृत्यु नहीं, शहादत थी— शहादत। एक दिन आधी रात को गाँव में आग लगी। जाड़े की रात थी। सभी गायें गोठों में बँधी थीं। लोग तो भगे, किंतु बेचारी गायें! वे खूँटों में बँधी छटपट कर रही थीं; रँभा रही थीं, चिल्ला रही थीं।

एक स्वर : हाय, हाय, गायें जल रही हैं।

दूसरा स्वर : उफ्, उफ्, कौन भीतर जाकर उन्हें खोले ।

तीसरा स्वर : इन लपटों में कौन कूद सकेगा ?

माधोसिंह : लपटों में कौन कूदेगा ? वह देखो पोखनबाबा । पोखनबाबा ने बदन से उतारकर कपड़े फेंक दिए । कमर में सिर्फ लँगोट, और शरीर को कंबल से लपेटकर, एक हाथ में बंधन काटने का हँसुआ लिए हुए, लपटों में कूद पड़े ।

[हाय-हाय—हा-हा-हा-हा—की आवाज ।]

: उसके बाद लोगों ने देखा, एक-एक गाय बंधन कट जाने पर गोठ से निकलकर भागी आ रही है । एक-एक कर सारी गायें निकलीं— किंतु !

[हाय-हाय ! हाय-हाय की आवाज ।]

शंकर : क्या पोखनबाबा जल मरे ?

गिरिजा : चाचाजी, चाचाजी ! पोखनदादा को क्या हुआ चाचाजी ?

माधोसिंह : वह शहीद हो गए—अमर शहीद । जब आग बुझी, लोगों ने देखा, उनकी अधजली लाश एक खूँटे के निकट है । उनका यह बलिदान, उनकी यह वीरता ! हमारे पुरखों ने उनकी स्मृति में यह पीपल का पेड़ रोपा । वह प्रायः उन्हें दिखाई पड़ते थे । हम लोग पापी हो गए हैं, इसलिए हम उनके दर्शन नहीं कर पाते । किंतु जब कभी संकट आता है····

[झाँझ और करताल के शब्द ।]

गिरिजा : भैया, भैया, ब्रह्मबाबा के गीत शुरू हो गए । चलो भैया, हम तमाशा देखें ।

शंकर : चाचाजी ने उस दिन जो कहानी कही थी उसके बाद भी इसे तमाशा समझती हो गीरू । चलो अपने गाँव के अमर शहीद के नाम पर हम श्रद्धांजलि अर्पित करें । अमर शहीद के नाम पर । गाँव के त्राता के नाम पर !

गिरिजा : ठीक भैया, ठीक । मैं अभी अक्षत-रोली, चंदन, आरती लाई । आप फुलवाड़ी से फूल लेते आवें ।

[झाँझ-करताल के शब्द फिर एक बार तेज होकर विलीन हो जाते हैं ।]

बिकू बाबू

[चार-पाँच आदमियों की एक ही साथ आवाज—"ॐ विष्णवे स्वाहा, नमोश्री विष्णवे; ॐ ब्रह्मणे स्वाहा, नमो श्री ब्रह्मणे"—इस मंत्र को पढ़कर जैसे वे आहुतियाँ दे रहे हों !]

शंकर : उमा, उमा, जल्दी कर उमा ! देख, देख, आहुति शुरू हो गई । क्या प्रसाद नहीं पाएगी ?

उमा : हाँ, हाँ, आज पूर्णिमा न है भैया ? हर पूर्णिमा को यह अच्छा प्रसाद मिल जाया करता है हमें—खड़े दूध की खीर !

शंकर : खीर की कल्पना से ही तेरी जीभ पानी-पानी हो गई ।

उमा : भैया, खीर है ही ऐसी चीज । उस पर भी बिकू बाबू पर चढ़ी हुई खीर !—नया-नया मिट्टी का बर्तन—बकैन-भैंस का गाढ़ा-गाढ़ा दूध । बासमती का चावल—जूही-सा उजला, चंदन-सा महमह । फिर गोयठे की मीठी-मीठी आग में पकी यह खीर—कितनी मीठी, कैसी सुगंध-सनी, कितनी स्वाद-भरी । भैया, बिकू बाबू के प्रसाद की यह खीर खाने को

जीभ पर पानी न आए, तो समझिए, वह जीभ ही नहीं ! क्या आप नहीं ललचते हैं भैया, इस खीर के लिए ?

शंकर : देख, देवता के प्रसाद पर यों लार न टपकाया कर ! पहले उन्हें चढ़ा लेने दे—रस देवता पाएँगे, हम तो सीठी पाते हैं ।

उमा : और सीठी जब इतनी मीठी है, तो····

शंकर : फिर कहता हूँ, देवता के प्रसाद पर यों मत लार टपकाया कर····समझी ?

उमा : आपने कहा तो मैंने मान लिया ! दुहाई बिकू बाबू, कसूर हुआ हो तो माफ करना ! अच्छा, भैया एक बात । क्या बिकू बाबू भी पोखन ठाकुर की तरह कोई आदमी ही थे ?

शंकर : अच्छी याद दिलाई तूने, आज शाम को चाचाजी से पूछेंगे । किंतु, सुनो उमी, मालूम होता है, अब होम समाप्त हो चुका है, चलो जल्दी चलें ।

[चार-पाँच आदमियों की एक ही साथ आवाज—ॐ विष्णवे स्वाहा, नमोश्री विष्णवे आदि]

× × ×

चाचा : हाँ, बिकू बाबू भी आदमी ही थे हमारे बाबा पोखन ठाकुर की तरह । पोखन ठाकुर तो हमारे गाँव के थे, किंतु बिकू बाबू तो हमारे खानदान के—हमारे अपने खास पुरखे ।

शंकर : वह कब हुए थे, चाचाजी ?

चाचा : हम लोगों की सातवीं पीढ़ी में—वह हमारे बाबा के बाबा के बाबा के बाबूजी के बड़े भाई थे !

उमा : उनकी अपनी औलाद से हममें से कौन है चाचाजी ।

चाचा : उनकी अपनी औलाद कोई थी ही नहीं ! एक बात देखोगी बिटिया, हमारे गाँव के जितने देवता हैं, वे, प्रायः सब-के-सब ब्रह्मचारी रहे हैं—कोई अपना बाल-बच्चा बाबू कहनेवाला नहीं है इसीलिए गाँव-भर के बच्चे उन्हें बाबू कहते थे और कब न चल बसे, आज तक वह बाबू कहला रहे हैं—सारे गाँव के बाबू थे वह !

शंकर : शादी नहीं की थी ? क्यों नहीं की थी ? क्या वह साधु हो गए थे ?

चाचा : साधु का मतलब अगर घर छोड़कर वैरागी बन जाने से है, तो उन्होंने घर कभी नहीं छोड़ा । किंतु घर में भी वह साधु थे ! बड़े सूधे-सादे, बड़ा नेक स्वभाव । घर-गृहस्थी से जो समय बचता, उसे पूजा-पाठ में लगाते । कभी किसी को दुर्वचन नहीं कहा; कभी किसी ने उन्हें क्रोध में नहीं देखा । शांत, निःशब्द । तुम्हें सुनकर अचरज होगा, बड़े-बड़े बिगड़ैल भैंसे उनकी बोली सुनकर ही खड़े हो जाते थे । अच्छा, कभी तुमने भैंसे की लड़ाई देखी है शंकर !

उमा : भैंसे की लड़ाई ? बड़ी भयानक होती होगी चाचाजी ! क्यों भैया, आपने कभी देखी है ?

शंकर : नहीं रे ! कैसी लड़ाई होती है, चाचाजी !

चाचा : सचमुच बड़ी भयानक, बड़ी भयानक ! ये भैंसे पालतू तो हो गए हैं, लेकिन अभी इनके मन से जंगलीपन नहीं गया । जंगल में तो ये बाघों से भी भिड़ जाते हैं और उसे टुकड़े-टुकड़े कर देते हैं—जंगली भैंसों से भयानक जानवर शायद ही कोई दूसरा हो !

शंकर : अरे रे, चाचाजी, वे बाघ से भिड़ जाते हैं ?

चाचा : हाँ, रे ! भैंसों का यह भयानक रूप तब देखने को मिलता है जब दो भैंसे लड़ जाते हैं । एक दूसरे को कोसों तक खदेड़ता है और तब तक चैन नहीं लेता है जब तक एक-दूसरे की अँतड़ियाँ न निकाल दे ।

उमा : उफ्, उफ्, चाचाजी, चाचाजी, सुनकर ही डर लगता है !

चाचा : एक बार ऐसे ही दो भैंसों में लड़ाई हो रही थी। दोनों लड़ रहे थे—उनकी सीगों की ठक, ठक—उनके नथुनों से निकली राक्षस ऐसी साँसें—उनकी उठापटक—लोग दूर पर खड़े देख रहे थे कि इतने में लोगों ने देखा, एक भैंसा शायद हारकर भागा लोगों की तरफ—अपनी जान बचाने को। लोगों में हाहाकार मच गया, भगदड़ मच गई ! "भागो, भागो"—"बाप रे, दैया रे" का शोर मचा था। सब भागे। किंतु बिकू बाबू खड़े रहे !

उमा : खड़े रहे !

शंकर : खड़े रह गए !

चाचा : हाँ, खड़े रह गए। अगला भैंसा काफी आगे था, वह बिकू बाबू को सामने देखकर कुछ कतरिया गया और उनके पीछे आकर खड़ा हो गया—जैसे उसे शरणस्थली मिल गई हो। पिछला भैंसा बेतहाश आ रहा था। ज्यों ही निकट आया, लोगों में हाहाकार मच गया। किंतु, बिकू बाबू खड़े हैं, मुस्कुराते हुए।

उनके मुँह से निकला—"रुको ! रुको महेसर ! !"

"रुको, रुको महेसर !" यह क्या, भैंसे के अगले पैर अचानक ऐसे रुके कि मालूम हुआ, पीछे से वह उलट जाएगा। फिर वह सम्हलकर खड़ा हुआ। अब दोनों तरफ दो भैंसे हैं और बीच में बिकू बाबू ! भैंसों की नाक से जोरों की साँसें चल रही हैं—जैसे दो भाँथियाँ चल रही हों। दोनों भैंसे एक-दूसरे को देख रहे हैं—एक मानो कह रहा हो; अब छिप कहाँ रहे हो ? दूसरा कह रहा हो—अब बिकू बाबू की शरण में आ गया, तुम करोगे क्या ?

अब बिकू बाबू आगे बढ़े और चढ़ाई करनेवाले भैंसे के पास पहुँचकर उसकी गर्दन सहलाते हुए कहने लगे—"महेसर, यह क्या महेसर ? भगे हुए पर वार कर रहे हो ? छीः छीः, यह तो तुम्हारी आदत नहीं थी !" और वह भैंसे को यों ही साथ अपने घर ले आए। तब से वह भैंसा अपने ही गाँव में रहने लगा। हाँ, जब बिकू बाबू चल बसे, वह भी कहाँ चला गया, लोगों को पता भी न लगा !

शंकर : चाचाजी, चाचाजी; इस कहानी पर तो विश्वास नहीं होता !

चाचा : बड़े आदमियों की जिंदगी में ऐसी चीजें होती हैं, जो हम साधारण आदमियों के दिमाग में नहीं आतीं ! सुना नहीं, एक बार गाँधीजी की देह पर से एक मणिधर नाग ससरकर चला गया था !

उमा : शायद इसीलिए ऐसे बड़े आदमियों को हम देवता कहने लगते हैं, चाचा ?

चाचा : हाँ, हाँ, बहुत सही कह रही बेटी ! अब तुम लोग जाओ, मुझे खेत में काम करने जाना है। फिर कभी उनकी बातें सुनाऊँगा।

शंकर : अच्छा चाचाजी !

उमा : हाँ, सुनाइएगा जरूर चाचाजी !

× × ×

उमा : चाचाजी, बिकू बाबू के बारे में और कुछ बताइए न !

चाचा : अच्छा, लेकिन शंकर कहाँ है ? उसे भी बुलाओ न !

उमा : भैया, भैया ! चाचाजी बुला रहे हैं, भैया ! बिकू बाबू की कहानी सुनिए !

चाचा : अभी आया, उमा !

शंकर : हाँ, तो कहिए चाचाजी ! हमारे बिकू बाबू !

चाचा : कहा था न? बिकू बाबू बड़े सरल, बहुत सूधे आदमी; बिलकुल ही निरीह थे। कभी किसी पर हाथ न उठाया—कभी किसी जीव की हत्या न की। उनके सामने कोई साँप को भी नहीं मार सकता था। और, बड़े अचरज की बात—बड़े-बड़े विषधर उनके सामने फन झुका देते थे। कहते हैं, एक बार हमारे उस दलान से एक बड़ा पुराना गेहुँअन निकला—इतना पुराना कि वह काला पड़ गया था; उसकी दुम पूरी-की-पूरी झड़ गई थी।

"साप, साँप" ! "साँप, साँप" !

इस चिल्लाहट को सुनकर बिकू बाबू दालान से बाहर हुए। देखते हैं, वह साँप गड़ँली मारे, फन काढ़े बैठा है और लोग उसे घेरे हुए हैं। रह-रहकर वह फुफकारें मार रहा है। उसकी फुफकार से ही भगदड़ मच जाती। किन्तु वह निश्‍चिंत बैठा है, मानो वह खिलवाड़ कर रहा हो। लेकिन, शायद वह भूल गया था कि उससे भी खिलवाड़ करनेवाला कोई इस दुनिया में है। बिकू बाबू आए।

बोले—"ओहो, तुम? नगेसर ! अरे, यह क्या नगेसर !"

बिकू बाबू कहते हुए उस विषधर के निकट ! वह जोरों से फुफकारा ! बिकू बाबू अट्टहास कर उठे—हा हा हा हा !

"नगेसर, अरे तू मुझसे दिल्लगी करने चला है। किंतु तेरी रग-रग पहचानता हूँ नगेसर ! चल, चल, तुझे तेरी जगह पर पहुँचा आऊँ !"

अब नागराज का फण नत है और बिकू बाबू उसके निकट पहुँचकर उसकी गर्दन पकड़ लेते हैं ! वह लटक रहा है, जैसे वह काले लत्ते का बना गुड़िया-साँप हो !

उमा : चाचाजी, चाचाजी ! यह तो अजीब बात मालूम पड़ती है—सचमुच वह अलौकिक पुरुष थे !

चाचा : उमा, वह खूँखार जीवों के बारे में, कहते थे—"ये लोग हमारे पूर्व जन्म के साथी हैं। बेचारों ने गलतियाँ की थीं, इससे इन योनियों में इन्हें जन्म लेना पड़ा है।" इसलिए हमें सदा सुकर्म ही करना चाहिए। बुरे कर्म इसी जन्म में ही नहीं, अगले जन्मों तक हमें रगेद मारते हैं, उमा।

× × ×

[चार-पाँच आदमियों द्वारा किए गए फिर हवन के मंत्र सुनाई पड़ते हैं—ॐ विष्णवे स्वाहा, श्री ब्रह्मणे स्वाहा, नमोश्री ब्रह्मणे !"]

उमा : भैया, भैया, पूर्णिमा आई—फिर खड़े दूध की खीर !

शंकर : और फिर चाचाजी से बिकू बाबू की कहानी !

उमा : हाँ, हाँ ! चाचाजी, बिकू बाबू के बारे में कुछ और बताइए चाचाजी !

चाचा : बिकू बाबू को डर तो छू नहीं गया था। दया और भी उनमें कूट-कूट भरी थी। गाँव में कोई बीमार पड़े, उसकी सेवा में हाजिर ! उसके पास जाते, उसे दवा देते, उसकी शुश्रूषा करते। अरे, यदि कोई उसके घर में नहीं हुआ, तो उसकी गंदगी साफ करने में नहीं हिचकते !

शंकर : अपने हाथों से ही उनकी गंदगी साफ कर देते थे।

चाचा : हाँ, रे ! और बीमार आदमी चमार ही क्यों न हो । एक बार बिकू बाबू रात में कहीं से आ रहे थे कि उन्होंने एक कराह सुनी—

"आह ! पानी ! आह पानी ! पानी ! पानी !" वह झटपट घर के भीतर घुसे । देखा, रघुआ चमार बीमार होकर पड़ा है ।

"क्या है रघु ? ओह, तुम्हें यह क्या हुआ है ?"

"पानी ! पानी ! हाय, पानी !"

बिकू बाबू दौड़ते हुए घर पहुँचे, पानी लाए, उसे पिलाया । हैजा हो गया था, लोगों ने मना किया, छूत लग जाएगी, वहाँ मत रहो—

"बिकू बाबू, बिकू बाबू; हैजा है हैजा ! भगवती माई से खिलवाड़ मत कीजिए ।"

"भगवती माई से खिलवाड़ ! बच्चा माँ से न खिलवाड़ करे तो करेगा किससे ? किंतु यह हैजा भगवती माई नहीं है, यह गंदगी की चुड़ैल का करतब है ! सफाई से रहो, फिर यह चुड़ैल पास नहीं फटके !"

और वही हुआ । बिकू बाबू ने रघुआ को चंगा कर ही लिया—यद्यपि इसके लिए उन्हें कई रातों जागना पड़ा ।

उमा : ओहो, कितने दयावान थे हमारे बिकू बाबू !

चाचा : उनकी करुणा की हद तो तब हो गई, जब गाँव में एक आदमी को कुष्ठ हो गया, तो उसकी जिंदगी-भर सेवा करते रहे ।

शंकर : कुष्ठ, कोढ़ ! चाचाजी, चाचाजी कोढ़ियों को तो देखते ही मेरी आत्मा काँप उठती है····

चाचा : किसकी नहीं काँपती है, शंकर ! किंतु बिकू बाबू के नजदीक तो वह सबसे प्यारा, जो दूसरों के लिए सबसे घिनावन ! उस कोढ़ी के घाव धोते, पींव पोंछते, उस पर चंदन लेप करते और जब वह मरा तो अपने कंधों पर उसे नदी घाट तक ले आए ।

उमा : ओह, ओह, चाचाजी ! बिकू बाबू सचमुच देवता थे !

शंकर : चाचाजी, मैं कहूँ ! जब वह जीवित थे, तभी देवता हो गए थे—मरके तो देवता बहुत लोग होते हैं !

चाचा : बहुत सही कहा तुमने बेटा । और वह मरे भी देवता ही की तरह शंकर ! बूढ़े हो चले थे, किंतु काफी चलते-फिरते ! एक दिन घर में जाकर कहा—मेरे लिए खीर बनाओ । यही खड़े दूध की खीर । खीर बनी । खूब सराह-सराहकर खाई । खाकर जरा लेटे, फिर खेतों की ओर गए और खलिहान में पहुँचते-पहुँचते लोगों से कहा—

"मैं जा रहा हूँ—आज पूर्णिमा है न ?"

लोग चिल्ला पड़े—

"हाँ, हाँ, पूर्णिमा है—आसिन की पूर्णिमा ! किंतु यह क्या कह रहे हैं आप ?"

"जो कह रहा हूँ, सही कह रहा हूँ ! जरा पुआल डाल दो और उस पर कुश की चटाई ! मैं चला ।"

कुश की चटाई डाली गई। बिकू बाबू उत्तर दिशा सिर करके लेट गए। उनकी आँखें झिपने लगीं। लोग रोने लगे।

एक : बिकू बाबू ! बिकू बाबू ! आपके बिना यह गाँव सूना हो जाएगा, बिकू बाबू !

दूसरा : बिकू बाबू, बिकू बाबू ! आपके बिना हम गरीबों की ओर कौन ध्यान देगा बिकू बाबू !

एक बुढ़िया तो उनके चरणों से लिपट गई—"बिकू बाबू, आपको जाने नहीं देंगे बिकू बाबू ! मेरे बच्चे को आपने ही बचाया था ? अब मुझे भी साथ लेते चलिए !"

लेकिन रोने-धोने से कहीं जानेवाला रुकता है। बिकू बाबू ने एक बार आँखें खोलीं ! बोल न सके—हाँ, हाथों को इस तरह उठाया मानो लोगों को अभय दे रहे हों !

शंकर : तो इसी पूर्णिमा को यह हवन होता है उनके नाम पर। क्यों चाचाजी !

उमा : और, चूँकि खीर खाकर अंतिम प्रस्थान किया था, इसलिए खीर का प्रसाद चढ़ता है !

चाचा : बहुत ही सही कहा तुम लोगों ने ! यह हवन, यह प्रसाद सारे गाँव को, विशेषतः हमारे वंश को अनेकों संकटों से बचाता आया है !

[धीमे स्वर में हवन के मंत्र की आवाज।]

शंकर : शायद हवन पूरा हो गया, चाचाजी !

उमा : तब चलो भैया, हम प्रसाद····

शंकर : खीर, खीर, खीर ! तुम्हारा ध्यान तो सिर्फ खीर पर रहता है, उमा !

चाचा : हाँ, हाँ, बेटी; सिर्फ प्रसाद पर ही ध्यान नहीं रखना, बिकू बाबू के जीवन से हमें शिक्षा भी लेनी है। हम लोग यदि उनके पथ पर चलें, तो हममें से हर आदमी देवी-देवता बन जा सकते हैं। प्रणाम करो उन्हें बेटी !

उमा : प्र ाम बिकू बाबू !

शंकर : प्र ाम बिकू बाबू !

रेडियो रूपक

राम-राज्य

[1951 ई.]

[प्रवक्ता]

आज से ठीक सौ वर्ष बाद। याद रखिए, आज से ठीक सौ वर्ष बाद अर्थात् बीस सौ इकावन ईस्वी में! जरा अपनी कल्पना को तीव्र होने दीजिए—आज की पार्थिवता को पीछे ढकेलकर उसे उड़ान भरने दीजिए और चले चलिए 2051 ईस्वी में!

1

[हवाई जहाज के उड़ने और उतरने के शब्द।]

स्वागताधिकारी : नमस्कार श्रीमतीजी, नमस्कार महोदय!

स्त्री : नमस्कार!

पुरुष : नमस्कार!

स्वागताधिकारी : आप कहाँ से पधार रहे हैं? आपकी शुभ यात्रा का उद्देश्य?

पुरुष : हम दक्षिण-ध्रुव प्रदेश से आ रहे हैं। वहाँ पर हम लोग एक उपनिवेश बसाने जा रहे हैं। उस ध्रुव-प्रदेश में हम जो एक नवीन समाज बनाने जा रहे हैं, उसकी आधार-शिला क्या हो, इसके लिए भिन्न-भिन्न देशों की सामाजिक पद्धति के अध्ययन के लिए, हमने भिन्न-भिन्न देशों में शिष्टमंडल भेजे हैं। आपके देश में आने का सौभाग्य हम दोनों को मिला है।

स्वागताधिकारी : बड़ा ही शुभ उद्देश्य! हम आपका हृदय से स्वागत करते हैं। आपको ज्ञात ही होगा, हमने तो अपने यहाँ बापू के आदर्श के अनुसार रामराज्य की स्थापना कर ली है और, हमारी आशा है, एक दिन सारा संसार बापू के उस आदर्श को अपनाएगा।

स्त्री : हाँ, पूज्य गाँधीजी के महान् देश को अपनी आँखों से देखने के लिए ही तो हम यहाँ भेजे गए हैं।

स्वागताधिकारी : हम आप लोगों को सारी सुविधाएँ देंगे। हमारे यहाँ प्राचीन काल से ही अतिथि को देवता माना गया है—अतिथि देवो भव! **(पुकारता है)** परिचालक!

परिचालक : महोदय!

स्वागताधिकारी : आप इन्हें जवाहर-अतिथिशाला में ले जाएँ। **(आगत व्यक्तियों से)** हमने अपने विदेशी अतिथियों के लिए जो विश्रामागार बनाया है, उसके नाम के साथ अपने प्रथम प्रधानमंत्री का नाम जोड़ रखा है—क्योंकि उन्होंने ही हमें सर्वप्रथम अंतर्राष्ट्रीय बन्धुत्व का पाठ सिखाया था।

स्त्री : हम उनके स्मारकों और स्मृति-चिन्हों को भी देखना चाहेंगे।

स्वागताधिकारी : आपको सारी चीजें देखने की सभी सुविधाएँ दी जाएँगी। **(पुरुष से)** लेकिन आप अतिथिशाला में जाएँ, उसके पहले एक निवेदन।

पुरुष : आज्ञा दीजिए!

स्वागताधिकारी : हमारे यहाँ आज्ञा नहीं दी जाती, निवेदन किया जाता है। **(मुस्कान)** निवेदन यह है कि यदि आपके पास कोई अस्त्र-शस्त्र हो, तो उसे यहीं रख दीजिए।

पुरुष : **(शंकित)** ओहो! तो आप मुझे निःशस्त्र करना चाहते हैं। यह तो किसी परदेशी पर अत्याचार है।

स्वागताधिकारी : **(हँसता हुआ)** ह-ह-ह! हर विदेशी ऐसा ही कहता है! महोदय, हम आपसे शस्त्र यहीं

रख देने को इसलिए कहते हैं कि हमारे यहाँ शस्त्र रखना बर्बरता और पशुता का चिन्ह समझा जाता है। आदमी ने शस्त्र का प्रयोग बनैले भैंसों, बाघ-सिंहों और विषधर नागों से सीखा ! पूज्य बापू ने हमें अहिंसा का पाठ सिखाया था, हमारे गले के नीचे भी पहले यह बात नहीं उतरती थी।

पुरुष : किंतु, यदि हम पर प्रहार किया जाए, तो हम आत्मरक्षा कैसे करेंगे ?

स्वागताधिकारी : प्रहार ! हमारे देश में, बापू के इस राम-राज्य में, कोई किसी पर प्रहार नहीं करता ! हम अब पूर्ण सभ्य हो चले हैं—आदमी जितना बर्बर और असभ्य रहता है, उतना क्रूर और हिंसक होता है। ज्यों-ज्यों सभ्यता आती जाती है, त्यों-त्यों वह दयालु और अहिंसक होता जाता है। सभ्यता की पहचान ही है अहिंसा।

स्त्री : आपकी बातें सत्य के बहुत निकट मालूम होती हैं।

स्वागताधिकारी : बापू कहा करते थे, अहिंसा का संदेश सबसे पहले स्त्रियाँ और बच्चे समझते हैं। बापू के कथनानुसार पहला सत्याग्रही एक बच्चा था।

पुरुष : तो क्या आपके देश में सेना भी नहीं रखी जाती ? यहाँ इस हवाई अड्डे के अगल-बगल कहीं किसी सैनिक या प्रहरी को नहीं देखकर मुझे कुछ आश्चर्य हो रहा था।

स्वागताधिकारी : नहीं ! हमारे देश में सेना नाम की कोई चीज नहीं है। जब हम स्वतंत्र हुए थे, कुछ दिनों तक हमने सेना रखी। हम लड़ाइयों में भी शामिल हुए। किंतु धीरे-धीरे उसकी व्यर्थता सिद्ध हो गई !

पुरुष : और, यदि कोई आपके देश पर चढ़ाई करे, तब ?

स्वागताधिकारी : कैसी बातें करते हैं आप ? क्या इस वैज्ञानिक युग में देशों पर चढ़ाई करने की जरूरत रह गई है, जबकि एक छोटी-सी पुड़िया सारे संसार को भस्म कर सकती है ? इन परमाणु अस्त्रों के बाद फिर सेना की क्या सार्थकता रह गई ? वह तो जहाँ की तहाँ खड़ी रह जाएगी या ढेर हो जाएगी।

पुरुष : आपके देश को भस्म नहीं करके आपको गुलाम तो बनाया जा सकता है !

स्वागताधिकारी : ह-ह-ह ! गुलाम बनाया जा सकता है ? एक बार हमें गुलाम बनाया गया था। उनका शस्त्र-बल भी असीम समझा जाता था। किंतु बापू की अहिंसा के सामने उनकी कोई शक्ति काम आई ? और उस समय तक अहिंसा पर हमें ऐसी आस्था भी नहीं थी। बस, देश में सिर्फ एक मुट्ठी लोग अहिंसक थे। उन्हीं को लेकर बापू ने उस समय के संसार के सबसे बड़े शक्तिशाली राष्ट्र को भगा दिया। आज तो हमारा बच्चा-बच्चा अहिंसा का मर्म समझ चुका है।

पुरुष : तो लीजिए, यह पिस्तौल ! **(पिस्तौल निकालकर देता है)**

स्वागताधिकारी : आह ! उफ्…

स्त्री : अरे ! आप इस तरह विचलित क्यों हो गए ? महोदय, महोदय !

स्वागताधिकारी : आह ! यदि यह कलमुँही संसार में नहीं आई होती, तो बापू को उस दिन उस प्रकार मरना नहीं पड़ा होता। श्रीमतीजी, पिस्तौल देखते ही हमारे हृदय में घृणा की जो भावना उमड़ पड़ती है, क्या आप लोग उसकी कल्पना भी कर सकेंगे ? उफ्—

स्त्री : गाँधीजी की हत्या ! उसकी कल्पना तो हमें भी कँपा देती है, महाशय !

स्वागताधिकारी : और, उसके बाद भी आप लोग अस्त्र-शस्त्र की बातें करते हैं ? खैर, अभी अतिथिशाला जाइए। फिर कभी बातें होंगी। नमस्कार। परिचालक, रथ लाइए।

स्त्री : नमस्कार, नमस्कार !

पुरुष : नमस्कार, नमस्कार !

[मोटर के निकलने की आवाज ।]

2

[मोटर के ठहरने की आवाज ।]

प्रबंधक : स्वागत श्रीमतीजी, स्वागत महोदय !

स्त्री : नमस्कार !

पुरुष : नमस्कार !

प्रबंधक : अभी हवाई अड्डे से हमें सूचित किया गया है कि आप दोनों पधार रहे हैं । आइए, आपकी सुख-सुविधा का सारा प्रबंध हमने कर रखा है ? अतिथिशाला का यह मानचित्र है **(कागज खोलने का शब्द)** । इनमें ये आवास-कक्ष इस समय खाली हैं ।

स्त्री : और, भोज्य-पदार्थों की सूची भी तो होगी ।

प्रबंधक : हाँ, यह लीजिए **(कागज का शब्द)** ।

पुरुष : कक्ष और भोजन के लिए हमें क्या देने पड़ेंगे ? क्या आप हमें बता सकेंगे ?

प्रबंधक : हः हः हः—क्या देने पड़ेंगे ? क्या लेने पड़ेंगे—विदेशियों के मुँह से यह सुनते-सुनते हम तो हैरान हैं । महोदय, क्या आपको वायु के लिए कोई मूल्य देना पड़ता है । जल के लिए कोई मूल्य चुकाना पड़ता है ? फिर भोजन के लिए मूल्य क्या ? यह तो मनुष्य की प्रारम्भिक आवश्यकता है ! और, क्या अपनी छाया के लिए कोई वृक्ष मूल्य खोजता है, जो यह कक्ष आपसे कुछ माँगे ?

स्त्री : तो यहाँ भोजन और आवास····

प्रबंधक : हाँ, बापू के राम-राज्य में भोजन और आवास पाने का अधिकार सब नागरिकों को प्राप्त है । फिर, आप तो अतिथि हैं ।

पुरुष : धन्य है आपका देश, धन्य है बापू का राम-राज्य ! हम इसी राम-राज्य को देखने तो आए हैं । उसके लिए क्या प्रबंध रहेगा !

प्रबंधक : आपकी सेवा में पथ-प्रदर्शक पहुँच जाएँगे । आप जहाँ चाहें, निस्संकोच जा सकते हैं । आप क्या-क्या देखेंगे ?

पुरुष : कुछ तो उतरते ही देख चुका । मैं विशेषतः उद्योग-धंधे और खेतीबारी····

स्त्री : और, मैं बच्चों की शिक्षा और पारिवारिक जीवन !

प्रबंधक : अच्छा चुनाव ! पुरुषों के हिस्से उद्योगधंधे, खेतीबारी; स्त्रियों के जिम्मे पारिवारिक जीवन; भावी नागरिकों की शिक्षा-दीक्षा ! बापू के राम-राज्य में भी यही व्यवस्था है और यही व्यवस्था उचित भी है । क्यों ?

[स्त्री और पुरुष हँस पड़ते हैं ।]

3

[दूर से सामूहिक गीत और वाद्य की झंकार ।]

पुरुष : हमें आप कहाँ ले आए ? यहाँ क्या कोई संगीतशाला है ?

स्त्री : अहा, कितनी मधुर झंकार ।

पथ-प्रदर्शक : संगीतशाला नहीं, यह तो श्रमशाला है, जिसे पहले कारखाना कहा जाता था ! पहले हम कारबार पर जोर देते थे, अब श्रम को ही महत्त्व देते हैं ।

पुरुष : कारखाने में संगीत ?

पथ-प्रदर्शक : श्रम और संगीत में प्रारंभ से ही अविच्छेद्य संबंध रहा है न । संगीत की उत्पत्ति ही श्रम से हुई । हमारी स्त्रियाँ प्रारम्भ से ही चक्की पीसते समय, धान कूटते समय, गाती रही हैं । हमारे मछुए नाव खेते समय, हमारे शिल्पी बड़ी-बड़ी शहतीर उठाते समय भी गाते रहे हैं । किंतु ज्यों-ज्यों हम तथाकथित सभ्य होते गए, श्रम से संगीत को अलग करते गए । फल यह हुआ कि आज मेहनत एक खटंत-क्रिया हो चली है—उबानेवाली, थकानेवाली, अकाल वृद्ध बनानेवाली ! अब फिर से हमने श्रम को संगीत के साथ नत्थी करके काम को खेल बना दिया है ।

पुरुष : पहले हमें कार्यालय में ले चलिए, वहाँ मैनेजर से कुछ बातें करके तब भीतर चलेंगे ।

पथ-प्रदर्शक : मैनेजर ! अब हमारी श्रम-शलाओं में किसी मैनेजर की आवश्यकता नहीं रह गई है । प्रारम्भ में हमने प्रबंधक रखा था । क्योंकि उस समय तक हममें पुरानी आदतें थीं; जो हमें कामचोर बनाती थीं ! किंतु, धीरे-धीरे वह आदत दूर हो गई । अब तो लोग स्वयं श्रमशाला में उसी प्रकार आ जाया करते हैं; जैसे पहले सिनेमाघरों में खुशी-खुशी जाते थे ।

पुरुष : तो वेतन आदि का निर्णय कैसे करते हैं आप लोग ?

पथ-प्रदर्शक : वेतन ? हः हः हः ! वेतन कौन दे और किसको दे ? समाज की श्रमशाला है; समाज उसके फलों का उपभोक्ता है । अपनी शक्ति के अनुसार सभी श्रम करते हैं और अपनी आवश्यकता के अनुसार सब उपयोग करते हैं ।

स्त्री : किंतु, कितने ही देशों में तो यह प्रयोग असफल हुआ ।

पथ-प्रदर्शक : क्योंकि उन लोगों ने दबाव और जोर से काम लेना चाहा । बापू की कर्मविधि तो अंतःप्रेरणा के जगाने पर निर्भर होती है । हमने उनकी विधि अपनाई, हम सफल हुए । हाँ, एक बात और—

स्त्री : क्या ?

पथ-प्रदर्शक : बापू बड़े-बड़े कारखाने के विरुद्ध रहे हैं । बड़े-बड़े कारखानों में मशीन ऊपर रहती है, आदमी उसके नीचे कुचलता रहता है । इससे मनुष्यता विकास नहीं पाती । फलतः मनुष्य और मशीन में द्वंद्व रहता है; उत्पादन में त्रुटि होती है । फिर एक बड़े कारखाने के बंद होने से देश-भर में हाहाकार मच जाता है । अतः हमने छोटी-छोटी श्रमशालाएँ ही बनाई हैं—जहाँ हर आदमी हर आदमी को पहचान सके, अपना सके, अपना भाई बना सके । और, यदि एकाध श्रमशाला में उत्पादन कम भी हुआ; तो देशव्यापी कुप्रभाव नहीं पड़ सके ।

[भोंपू की आवाज ।]

स्त्री : अरे, क्या कारखाना! बंद होने जा रहा है ? आह, हम इस अलौकिक प्रयोग को देख न सके ।

पुरुष : हाँ, इस विचित्र प्रयोग को हम आँखों देखना चाहते थे, महाशय !

पथ-प्रदर्शक : भोंपू तो बज गया; किंतु जल्द निकलता कौन है ? काम को तो हमने खेल बना दिया है । बच्चे क्या खेल के मैदान को जल्द छोड़ते हैं ? तीन बार ऐसा भोंपू बजेगा, तब कहीं श्रमशाला खाली होगी । **(संगीत का स्वर तेज होता है)** सुनिए, भोंपू बजते ही संगीत

कितना ऊँचा हो गया—चलते-चलाते थोड़ा और श्रम, थोड़ा और संगीत।

स्त्री : तो हम तेजी से चलें।

पुरुष : हाँ-हाँ, तेजी से ही।

4

[बच्चों का कलरव सुनाई पड़ता है।]

एक बच्चा : देखो, देखो, मेरे गुलाब में यह कितना सुंदर फूल खिल आया है। इसका रंग है गुलाब का और गंध रजनीगंधा की। कैसा कमाल किया है मैंने।

दूसरा बच्चा : और इधर देखो, क्या ऐसा आलू तुमने कहीं देखा था? मैंने इसके लिए खास खाद बनाई थी। गुण टमाटर का, स्वाद नासपाती का।

तीसरा बच्चा : अरे भाई, दोनों इधर आओ और देखो मेरी यह पुस्तकधारिणी! इस पर पुस्तकें फेंक भी दो, तो वे आप-ही-आप पंक्तियों में सज जाएँगी। कैसी कारीगरी की है मैंने?

शिक्षक : बच्चो, अब इधर आ जाओ, थोड़ा सैद्धांतिक ज्ञान भी तो ले लो!

सब बच्चे : आया गुरुदेव!

[स्त्री, पुरुष और पथप्रदर्शक का प्रवेश।]

स्त्री : क्यों महोदय, यही आपकी पाठशाला है?

शिक्षक : हाँ, यह हमारी पाठशाला ही तो है।

पुरुष : यह पाठशाला है या उद्योगशाला!

शिक्षक : यों समझिए तो पाठशाला, उद्योगशाला और प्रयोगशाला तीनों एकसाथ! बापू ने शिक्षा का यह नवीन प्रयोग प्रारम्भ किया था, जिसे वह मौलिक शिक्षा-पद्धति कहते थे। बच्चों का सबसे पहला काम होता है, दूध पीना, फिर खेलना। भोजन के साथ खेल को जोड़ दीजिए और फिर इन दोनों का संबंध शिक्षा से कर दीजिए; बस शिक्षा का यही मूलसूत्र पकड़कर हम आगे बढ़ते हैं। इसी से यह मौलिक शिक्षा कहलाती है।

स्त्री : आपके राम-राज्य की सब चीजें ही विचित्र हैं। क्या मैं इन बच्चों से बातें कर सकती हूँ?

शिक्षक : क्यों नहीं? रामू! इनसे बातें तो कर बेटा!

स्त्री : आप किस वर्ग में पढ़ रहे हैं?

बच्चा : वर्ग? वर्ग क्या है? बापू के समाज में वर्ग ?

स्त्री : **(शिक्षक से)** यह बच्चा क्या कह रहा है? क्या यहाँ पाठशालाओं में वर्ग नहीं रखे जाते हैं?

शिक्षक : नहीं श्रीमतीजी, **(बच्चे से)** रामू, यह जानना चाहते हैं कि तुम क्या सीख रहे हो?

बच्चा : जमीन और बीज के भेदों को समझ चुका हूँ, अब मौसम के भेद से जमीन और बीज के भेद के बारे में प्रयोग कर रहा हूँ। क्या ऐसा गेहूँ नहीं बनाया जा सकता जो धान के मौसम में····

स्त्री : रहने दो बच्चे, मैं समझ गई····

बच्चा : नहीं, नहीं, मैं और भी सीख चुका हूँ। मैं ऐसी कुर्सी बनाने में लगा हूँ जो बैठते ही मनचाही दिशा में पहुँचा दे।

स्त्री : रहने दीजिए, मैं समझ गई, समझ गई। धन्य हैं आपके शिक्षक जिन्होंने ऐसे छोटे-से बच्चों में इतना ज्ञान भर दिया है।

बच्चा : शिक्षक? शिक्षक किसे कहते हैं?

स्त्री : तो उन्हें आप क्या कहते हैं?

शिक्षक : श्रीमतीजी, हमारे यहाँ शिक्षक नहीं होते! शिक्षक वह है, जैसा आपने कहा है, जो बच्चों में ज्ञान भरे। बच्चों में ज्ञान भरने का पेशा हमारे यहाँ नहीं रह गया है। हमें बच्चों में जो ज्ञान निहित है, उसे उभाड़ना-भर है। इसलिए जो लोग उन्हें इस कर्म में सहायता पहुँचाते हैं, वे शिक्षक नहीं कहलाकर शिक्षा-सहायक कहलाते हैं। शिक्षक शब्द हमने जानबूझकर छोड़ दिया है। क्योंकि सहायक शब्द से बच्चे सदा यह अनुभव करते हैं कि उन्हें स्वयं शिक्षित होना है, हमारा काम सिर्फ सहायता देना है उन्हें।

[संगीत का स्वर।]

बच्चा : वह नया पाठ प्रारंभ हो रहा है, अब मैं जा सकता हूँ?

स्त्री : शिक्षण में भी आपने संगीत को प्रमुखता दे रखी है!

शिक्षक : श्रम के साथ संगीत और संगीत के साथ शिक्षण—शिक्षण और श्रम को जोड़नेवाली कड़ी तो संगीत ही है न? संगीत को बंद कर दीजिए, श्रम और शिक्षण दोनों नीरस, शुष्क, और उकतानेवाले, उबानेवाले बन गए।

स्त्री : आपके यहाँ सबकुछ विचित्र है।

5

[एक अनहद संगीत : वंशी का स्वर : कोयल की कूक।]

पुरुष : आप हमें किस मायापुरी में लिए जा रहे हैं?

स्त्री : हाँ, यह मायापुरी ही तो है, चारों ओर लहराते हुए खेत। कहीं फल-फूल; कहीं बालियाँ! बीच-बीच में बगीचे—कहीं बौरों से लदे, कहीं फलों से लदे। हवा पराग से बोझिल। फिर यह अनहद संगीत! अहा!

पथ-प्रदर्शक : ओहो, आप कवि भी हैं। हाँ, हर स्त्री कुछ कवि होती है! किंतु यह मायापुरी नहीं, यह तो मायापुरी का पड़ोस है, मायापुरी तो देखिए, वहाँ है।

पुरुष : वह तो कोई नगर-सा है? कौन-सा नगर है?

स्त्री : किंतु आप तो हमें गाँव दिखलाने ले आए थे न?

पथ-प्रदर्शक : वह गाँव ही तो है!

पुरुष : गाँव है? जहाँ के मकान यहीं से यों चमक रहे हैं, शायद कोई नमूने का गाँव बसाया है आपने।

पथ-प्रदर्शक : नहीं, हमारे सारे गाँव ऐसे ही हैं। बहुत दिनों की बात है। हमारे बापू की एक शिष्या थीं—विलायत की। उन्होंने भारतीय गाँव पर लिखा था कि जब रास्ता पकड़कर मैं चलती हूँ और दुर्गंध से नाक फटने लगती है, तो मैं समझती हूँ, मैं गाँव के निकट आ गई। काश, वह देवी आज होतीं! खैर, वह न सही, आप तो हैं। कहिए, आपकी नाक तो नहीं फट रही!

स्त्री : मेरे तो नाक, कान, और आँख—सब तृप्त हुए जा रहे हैं, चलिए, हम जरा आपके गाँव को निकट से देखें।

पुरुष : क्या सचमुच ये गाँव हैं! पंक्तियों में बने ये सुंदर-सुंदर मकान! बीच-बीच में पतली, सुथरी पगडंडियाँ। हर घर के सामने रंग-बिरंगी फुलवारियाँ और, यह शायद बिजली भी····

पथ-प्रदर्शक : हाँ, हाँ, बिजली ही तो है। बिजली खेतों को पटाती है, जोतती है, घरों को जगमग करती और चौके घर से सारी मनहूसियत को दूर रखती है ! यह बिजली की कृपा है, जिसने हमारे शहरों और गाँवों के भेद-भाव को सदा के लिए दूर कर दिया है !

पुरुष : किंतु गाँधीजी तो ग्राम-उद्योगों के पक्षपाती थे न ? फिर ये वैज्ञानिक साधन····

पथ-प्रदर्शक : ग्राम-उद्योग का पक्षपाती होने का अर्थ क्या वैज्ञानिक साधनों से असहयोग करना है ? बापू ने रेल, मोटर, रेडियो, प्रेस सबका प्रयोग किया था। जहाँ विज्ञान मानवता को पीसता है, हम उसे दूर रखते हैं। विज्ञान को हमने विशाल उद्योगों के एकाधिकार से हटाकर ग्राम-उद्योगों में जोत दिया है, उसने हमें स्वावलंबी बनने में प्रचुर सहायता की है। बापू का मूलमंत्र था स्वावलंबन। हर व्यक्ति स्वावलंबी हो, हर कुटुंब स्वावलंबी हो, हर गाँव स्वावलंबी हो और हो सारा राष्ट्र स्वावलंबी।

[चरखे के चलने की घर्र-घर्र आवाज।]

स्त्री : अरे, क्या आप लोगों के घरों में आज भी चरखा चलाए जाते हैं ?

पथ-प्रदर्शक : क्या चरखे को हम कभी भूल सकते हैं। जिसने हमें स्वराज्य दिलाया, जिसको हमने अपने झंडे पर रखा, उसे भूल जाना तो अपने इतिहास को, अस्तित्व को भूल जाना है। फिर बापू कहा करते थे, चरखा ग्रामीण अर्थशास्त्र की धुरी है। धुरी को छोड़ दें, तो गाड़ी चलेगी क्या ?

पुरुष : किंतु चरखा तो पुराण-पंथिता का प्रतीक है।

पथ-प्रदर्शक : हमारे नए चरखे को देखिए, तो कहिए ! बापू ने अठारहवीं सदी के चरखे को बीसवीं सदी के योग्य बनाया, हमने उसे इक्कीसवीं सदी के योग्य बना दिया है। हमारा एक चरखा पूरे परिवार को वस्त्र-स्वावलंबी बना देता है। हम बापू के सपूत हैं न ?

[लड़कियों के हँसने की आवाज।]

स्त्री : ओहो, इधर लड़कियाँ आ रही हैं। कितनी सुंदर ?

पुरुष : तितलियों जैसी—

पथ-प्रदर्शक : हाँ, रूप में तितलियाँ, किंतु काम में मधुमक्खियाँ। हमारी स्त्रियाँ युगों से घरेलू कामों पर एकाधिकार रखती आई हैं, अब तो वे कृषि आदि उद्योगों में भी हमारा हाथ बँटाती हैं !

पुरुष : तब तो आपके यहाँ भी स्त्री-पुरुष में संघर्ष होगा !

पथ-प्रदर्शक : जी नहीं। जहाँ अधिकार की बात होती है, वहाँ संघर्ष ! यहाँ तो कर्तव्य की बात है। हमारे शास्त्रों ने स्त्री को पुरुष की अर्द्धांगिनी कहा है—सामाजिक और पारिवारिक कर्मों का आधा बोझ अपने ऊपर लेकर उन्होंने उसे सार्थक बना दिया है। हमारी नारियों का आदर्श माता कस्तूरबा हैं—इसे आप न भूलें।

स्त्री : पूज्य बा ! वह तो संसार की नारियों के लिए सदा नमस्य रहेंगी।

पुरुष : हाँ, एक बात ! आपके यहाँ कुछ लोग जो हरिजन कहलाते थे, गाँव में उनकी बस्ती किस तरफ है ? जरा उधर तो चलिए।

पथ-प्रदर्शक : हः हः हः ! आप सुदूर भूत की बात कर रहे हैं। बापू ने कहा था—हमें एक वर्गहीन-वर्णहीन समाज बनाना है ! हमने वैसा ही समाज बना लिया है—हमारे यहाँ न कोई धनी है न कोई गरीब, न कोई कुलीन है, न कोई अन्त्यज ! सब एकसाथ रहें, सब एक साथ उपभोग करें और एकसाथ राष्ट्र को बलवान बनाएँ—इस प्राचीन आदर्श को हमने नए साँचे में ढाल दिया है। देखते नहीं, गाँव के सारे घर एक-से हैं। गाँव के घर ही एक-से नहीं हैं, हमारे हृदय भी एक हो चुके हैं।

[दूर से मृदंग-झाँझ आदि का स्वर।]

स्त्री : वह? कोई उत्सव हो रहा है क्या?

पथ-प्रदर्शक : हमारा हर दिन उत्सव का दिन है। उत्सव से हम दिन का प्रारंभ करते हैं और उत्सव से ही दिन की समाप्ति होती है। संध्या होने को आई न? अब 'जन-गृह' में गाँव के स्त्री-पुरुष, वृद्ध-बच्चे सब-के-सब एकत्र होंगे। वहाँ नृत्य होगा; गान होगा, नाटक होंगे, प्रहसन होंगे। रेडियो लगा है, देश-देश की वार्त्ताएँ सुनी जाएँगी—फिर लोग खुशी-खुशी अपने घर जाएँगे और सुख की नींद सोएँगे।

पुरुष : कितना सुखी समाज बना रखा है आप लोगों ने!

स्त्री : सचमुच, मायापुरी बनाई है आपने। मेरी तो इच्छा होती है, यहीं बस जाऊँ!

पथ-प्रदर्शक : आप दोनों अपनी बात कह गए—पुरुष प्रतिस्पर्द्धी होता है, नारी आत्मसमर्पिणी! किंतु हम कहेंगे, आप जाइए और अपने देश में बापू के इस राम-राज्य का संदेश दीजिए।

पुरुष : अब हम वापस जाना चाहते हैं, क्या अपने राष्ट्रपति के दर्शन हमें करा सकेंगे आप?

पथ-प्रदर्शक : राष्ट्रपति? राष्ट्रपति हमारे देश में अब नहीं होते। पति शब्द से प्रभुत्व सूचित होता है। हमने उसके बदले, प्रमुख राष्ट्रसेवक शब्द रखा है। आप उनसे अवश्य मिलें। मिलकर आप प्रसन्न हो जाएँगे।

स्त्री : कौन-से वे सौभाग्यशाली सज्जन हैं, जिन्हें ऐसे राष्ट्र का प्रमुख सेवक होने का गौरव प्राप्त है?

पथ-प्रदर्शक : जिस दिन बापू का अलौकिक बलिदान हुआ, उसके ठीक एक दिन पहले उन्होंने प्रवचन किया था कि मैं प्रसन्न तब होऊँगा, जब गाँव में हल जोतनेवाला व्यक्ति राष्ट्र के राज्य-सिंहासन पर बैठे। एक वैसे ही सज्जन हमारे प्रमुख राष्ट्रसेवक हैं—और उन्होंने बापू की छत्र-छाया में काम भी किया था।

स्त्री : अरे, तो उनकी क्या उम्र है?

पथ-प्रदर्शक : यही, 120 वर्ष के लगभग। बापू की इच्छा थी, वह 120 साल जीएँ। वह तो चल बसे, किंतु उम्र की यह धरोहर हमें दे गए हैं। हमारे प्रमुख राष्ट्रसेवक उनकी इच्छा की पूर्त्ति कर सके हैं, यह हमारे लिए सौभाग्य की ही बात है।

पुरुष : एक हल जोतनेवाला व्यक्ति इस सर्वोच्च पद पर कैसे पहुँचेगा? क्या आपके यहाँ उम्मीदवारों में प्रतिद्वंद्विता नहीं होती?

पथ-प्रदर्शक : हमारे यहाँ चुनाव में कोई उम्मीदवार नहीं होता। बापू क्या कभी किसी पद के उम्मीदवार हुए? तो भी वह हमारे सबकुछ थे। हमने वही पद्धति ली है। बापू की जयन्ती-दिवस को हम उत्सव मनाकर लौटते हैं, तो इस पद के लिए किसी एक के लिए अपना मत डालकर। मत पाने के लिए कोई प्रचार करना तो हमारे यहाँ शिष्टता के प्रतिकूल समझा जाता है और हमारे राष्ट्र में कोई अशिष्ट नहीं, यह हमारा दावा है।

स्त्री : सबकुछ विचित्र है आपके देश में। चलिए, हम उनके दर्शन कर लें।

6

[मोटर के भोंपू का शब्द।]

स्त्री : नमस्कार!

पुरुष : नमस्कार!

राष्ट्रसेवक : नमस्कार देवीजी, नमस्कार महोदय ! आइए, पधारिए।····तो देख लिया हमारे बापू के राम-राज्य को !

पुरुष : देख लिया, प्रसन्न हुआ !

स्त्री : प्रसन्न ही क्यों, हम तो विस्मय-विमुग्ध हैं। और जो कसर थी, उसे आपके दर्शन ने पूरा कर दिया। आप गाँधीजी के साथी····

राष्ट्रसेवक : साथी नहीं, साथी नहीं, उनका अनुयायी। मैं तो तब बारह-तेरह वर्ष का था। हाँ, ये आँखें धन्य हैं, जिन्होंने उनकी सूरत देखी थी, और यह शरीर धन्य है कि यह उन्हें अर्पित था। देखिए, यह····

स्त्री : ओ हो !

पुरुष : अरे !

राष्ट्रसेवक : जब बापू ने 1942 में क्रान्ति का नारा दिया, मैं बच्चा ही था। एक थाने पर चढ़ाई हुई, उस पर राष्ट्रीय झंडा फहराने के लिए मैं बंदर की तरह उछलकर जा चढ़ा। नीचे से गोली दागी गई, उसी का यह चिह्न !

स्त्री : उफ्, कैसी यह बर्बरता !

पुरुष : शासन का मोह हमसे क्या नहीं करा सकता है ?

राष्ट्रसेवक : इसीलिए बापू कहा करते थे कि सबसे अच्छा शासन वह है जिसमें कम-से-कम शासन किया जाए। आपने हमारे राष्ट्र में कहीं ऐसा देखा है, जहाँ शासन का कोई दबाव आपको अनुभव करना पड़ा हो। धीरे-धीरे हम शासन को सिमेट रहे हैं और शायद उसका एकमात्र चिह्न यह पद रह गया है, जिसे देकर मुझे सम्मानित किया गया है।

स्त्री : सेना नहीं, शासन नहीं ! एक विचित्र समाज बना रखा है आप लोगों ने।

राष्ट्रसेवक : किंतु, यहाँ तक पहुँचने में हमें किन-किन कठिनाइयों का सामना करना पड़ा है, काश, उसे आप लोग जान पाते। जब बापू ने राम-राज्य कहा, लोगों ने खिल्लियाँ उड़ाईं—उन्हें खब्ती कहा, पागल बताया। हमें उनकी बात कुछ इतनी पागल की मालूम हुई, कि हम बर्दाश्त नहीं कर सके उन्हें····उफ्, उनकी हत्या····

पुरुष : हाँ, वह तो संसार-भर के लिए एक दुःखद घटना हुई थी—गाँधीजी ऐसे सन्त को गोली से मारा जाना। लेकिन, क्षमा कीजिए, तो पूछूँ।

राष्ट्रसेवक : क्षमा ! आप क्या कह रहे हैं यह ? आप सबकुछ पूछ सकते हैं।

पुरुष : क्या धर्म का भेदभाव····

राष्ट्रसेवक : बस, बस, रहने दीजिए। धर्म का भेदभाव तो बापू के रक्त से ही धुल गया। हाँ, जो उसका धब्बा-सा बच गया था, उसे भी हमने दूर कर लिया—यद्यपि उसमें प्रयत्न काफी करने पड़े। अब हमारे यहाँ विश्वासों की विभिन्नता, विचारों की विभिन्नता उसी तरह स्वाभाविक मानी जाती है, जैसी मुखाकृति की विभिन्नता। किसी दो के चेहरे एक हैं ? फिर हृदय और मस्तिष्क कैसे एक-से होंगे। किंतु अलग-अलग चेहरे रखकर भी हम सभी मानव हैं, कुटुम्बी हैं, बाप हैं, भाई हैं, पति हैं, पत्नी हैं, बहन हैं, बेटी हैं, एकसाथ रहते हैं, आनन्द मनाते हैं। उसी तरह अलग विश्वास और विचार रखकर भी हम परस्पर प्रेम और आनन्द से रह सकते हैं, रहते हैं।

पुरुष : धन्य हैं आप और धन्य है आपका देश जहाँ एक ऐसा समाज प्रस्फुटित हुआ है, जो संसार के लिए अनुकरणीय है।

राष्ट्रसेवक : धन्य न हम हैं, न हमारा देश है। धन्य हैं बापू, जिनके चरणों का अनुसरण कर हम यहाँ

पहुँचे हैं।

स्त्री : मैं तो अपने भाई-बहनों से कहूँगी, बापू का पथ ही विश्वकल्याण का पथ है—हमें उसी ओर बढ़ना चाहिए। जहाँ मानव मानव का भेद नष्ट हो चुका हो; जहाँ श्रम के साथ संगीत जुड़ा हो और संगीत के साथ शिक्षण; जहाँ बच्चे फूल की तरह स्वतः प्रस्फुटित होते हों और नारियाँ तितलियों की तरह सुंदरता रखकर मधुमक्खियों की तरह संचयशील हों, और सबसे बढ़कर जहाँ शस्त्र बर्बरता के चिह्न माने जाते हों और शासन व्यक्तित्व के लिए बंधन, भला वह समाज अनुकरणीय न होगा, तो और कौन-सा समाज !

राष्ट्रसेवक : आप तो कविता करने लगीं।

स्त्री : सत्य कविता का स्वप्न है। जिन्होंने इतने बड़े सत्य का स्वप्न देखा, क्या बापू से बढ़कर भी कोई कवि होगा।

राष्ट्रसेवक : बापू ! तुम्हें नमस्कार है, बापू !

पुरुष : अपने देश की ओर से हम भी उनकी स्मृति में सिर झुकाते हैं—नमस्कार बापू !

स्त्री : नमस्कार बापू !

पुरुष : तो हमें विदा की आज्ञा दीजिए !

राष्ट्रसेवक : आप दोनों का पथ मंगलमय हो !

सीता की माँ

[1948-50 ई.]

प्रतीक्षा

कलाकार प्रतीक्षा में था।

प्रतिदिन की तरह वह अपने तकिए पर झुका था। सामने पान का डब्बा; बगल में सिगरेट का टिन। होंठों पर जलती हुई सिगरेट के धुएँ से जंजीरें बनाता, वह उन्हें गौर से देख रहा था!

इन्हीं जंजीरों की सीढ़ियों से उसकी भारती आती रही हैं न? वह प्रतीक्षा कर रहा था।

पंखों की फटफट; कोमल स्वर-झंकार; मधुर रुनझुन। यही क्रम सूचना देता था उसकी भारती के आगमन की। जंजीरों पर जंजीरें बनती-बिगड़ती जाती हैं; कहीं कुछ आहट नहीं।

बात क्या है? क्या मेरी भारती मुझसे रूठ गई? या रास्ता भूल गई?

एक सिसकी! कातर-करुण!

यह क्या?

सिसकियों का तार।

अरे, आज यह कैसा तमाशा?

और, वह ऊपर एक धूमिल छाया!

छाया मूर्ति का आकार धारण कर रही—बिखरे बाल, कंकाल शरीर!

यह क्या? यह कौन?

फिर स्वर—

"तुमने भी नहीं पहचाना?"

कलाकार जागता हुआ सपना देख रहा था। बोलना चाहता था किंतु कंठ नहीं खुल रहा।

"आह! तुमने भी नहीं पहचाना?"

अब हिचकियों पर हिचकियाँ! कलाकार ने देखा—अविरल अश्रुधार बही चली आ रही है, जो शायद उसे भी भँसा ले जाए।

पूरा जोर लगाने पर भी वह इतना ही कह पाया—"देवि!"

"नहीं नहीं, मुझे 'देवी-देवी' कहकर मत चिढ़ाओ! बताओ, तुमने मुझे पहचाना या नहीं!"

और कलाकार का मौन मानो उसे असह्य हो उठा—

"हाय रे मेरा भाग्य! तुमने भी नहीं पहचाना? तुमने भी? मुझे वाल्मीकि ने नहीं पहचाना, कालिदास ने नहीं पहचाना, भवभूति ने नहीं पहचाना, तुलसी ने नहीं पहचाना, बहुत से उपेक्षितों का उद्धार करनेवाले रवीन्द्र ने नहीं पहचाना, और आजकल जो वह कवि है—क्या नाम है उसका—कोई गुप्त—उसने भी नहीं पहचाना, तो मैं उतनी अधीर नहीं हुई। ये मेरे कौन होते थे? ये मुझे कैसे जानते? क्यों जानते? किंतु, तुम—तुम!"

अब तो वह फूट-फूटकर रो रही थी—

"तुम तो मेरे अपने कलाकार हो; मेरे घर-आँगन के कलाकार! मेरे घर-आँगन के कलाकार, मेरे अपने, अपने कलाकार। और, हाय, तुमने भी नहीं पहचाना! नहीं पहचाना!!"

"देवि!"

"फिर वही—अरे, तुम्हीं कहो, कभी तुमने सुना कि मिट्टी से बच्ची पैदा हुई हो और किसी से भी पूछो, कोई कहे कि जनक के कभी सीता नाम की कोई संतान हुई हो—!

"हाय रे मेरा भाग्य! बेटी मेरी, और किसी ने कह दिया—पृथ्वी की बेटी, किसी ने कह दिया—जनक

की बेटी ! और मैं ! जब तक जीवित थी, अपनी बेटी के पीछे छाया-सी घूमती रही और मृत्यु के बाद भी मेरी आत्मा अशान्त-व्याकुल चारों ओर चक्कर काट रही है !

"मेरे कलाकार, मेरे अपने कलाकार; क्या मेरा उद्धार नहीं करोगे, ओ मेरे, मेरे कलाकार !"

कलाकार को लगा कि वह छाया-मूर्त्ति अब उससे लिपट जाएगी। विस्मय से, भय से वह अब अर्द्ध-मूर्च्छित था—

कि वीणा की झंकार ! मंजीर की रुनझुन !

"कलाकार, कलाकार ! अरे, यह क्या ? उठो, उठो।"

"देवि !"

किंतु यह शब्द कहते हुए वह काँप गया—लगा, कहीं वह छाया-मूर्त्ति फिर न आ जाए ! माँ-भारती मुस्कुराईं; फिर खिन्न स्वर में बोलीं—

"वह बेचारी ! हाँ कलाकारों ने उसके प्रति उपेक्षा की हद कर दी ! उसकी यह दशा मुझे भी व्यथा देती रही है।"

"तो···· तो····"

"तो, लेखनी उठाओ—आज उसी का उद्धार हो ! मुझे इसमें प्रसन्नता ही होगी। प्रसन्नता ही होगी, लेखनी उठाओ !"

लेखनी उठी और जो कुछ लिख गया, —ये पंक्तियाँ हैं।

पहला दृश्य

[स्थान : सीतामढ़ी के निकट एक अटवी।]

[पर्दे पर छाया-मूर्त्तियों में जंगल का दृश्य : जंगल उजड़ा-उजड़ा : पेड़ों में पत्ते नहीं, तने भी सूखे : जंगल के प्रांतर में एक झोंपड़ी, उधड़ी-उजड़ी !

पर्दे के ऊपरी भाग में हिमालय की दृश्यावली की छाया।

पर्दे के पीछे बादल की गड़गड़ाहट, बिजली की चमक !

पर्दे की छाया-मूर्त्तियों में दीख पड़नेवाली झोंपड़ी से एक स्त्री की छाया-मूर्त्ति निकलती है : अस्थि-कंकालमात्र शरीर : फटे-चिटे वस्त्र-खंड : उन्मत्त-सी चेष्टा में वह आकाश की ओर देखती है, फिर बोल उठती है—]

बादल ! बादल ! तू आज क्यों बरसा ? क्यों बरसा ? तुझे दुनिया को तब बसाने की सूझी, जब मेरी दुनिया उजड़ चुकी !

बादल, तू क्यों बरसा ? आज ही क्यों बरसा ? बारह बरसों से तू कहाँ सोया था ? आज तू बरसने आया है, गरजने आया है ! उफ्, मेरी दुनिया उजाड़कर ऊपर से धौंस जमाने आया है !

बता, तू क्यों बरसा ? आज ही क्यों बरसा ? कल क्यों न बरसा ? अरे, कुछ घड़ी पहले क्यों न बरसा ? हाँ, कुछ ही घड़ी पहले तो मेरी दुनिया उजड़ी है ! मेरी हँसती हुई दुनिया, मेरी बसती हुई दुनिया को उजाड़कर, अब तुझे बरसने की सूझी है—बरसने, गरजने, चमकने की !

गरजने की, चमकने की, बरसने की तब तुझे सूझी, जब मेरी बसती हुई, हँसती हुई दुनिया उजड़ चुकी !

उफ्, ये बारह वर्ष ! इन बारह वर्षों में तू कहाँ था ? कहाँ छिपा था ? कहाँ सोया था ? पौधे सूख गए, पेड़ सूख गए। घास सूख गई, धरती सूख गई। तालाब सूखे, नाले सूखे; कुएँ सूखे, नदियाँ सूखीं। सारा संसार सूख गया। सूख गया; जल गया। जहाँ शीतल मंद समीर बहती, वहाँ लू और झंझा बहने लगी। शरीर सूख गए, कलेजे सूख गए ! उफ्, उफ् ! कलेजे सूख गए।

पानी, पानी, पानी !—बारह बरसों से सारा संसार पानी-पानी चिल्ला रहा था और तू कहाँ सोया था ? कहाँ सोया था ओ निर्दय, निर्मम, निष्ठुर !

हरी-भरी भूमि बंजर बन गई। बस्तियाँ उजड़कर श्मशान हो गईं। हाँ, श्मशान ! जाके बरस, ओ निष्ठुर, उन हड्डियों पर, जो उजड़ी हुई बस्तियों के चारों ओर प्रचुरता से चमक रही हैं। उन्हें ही तृप्त कर। जिनकी जिह्वाएँ एक बूँद पानी के लिए तरसती-तरसती सूख गईं, उनके कंकालों पर तू अब मूसलधार पानी उँड़ेलने दौड़ा है ? निष्ठुर, निर्मम, निर्दय !

बादल, बादल, तू आज क्यों आया ? कहाँ से आया ? किसलिए आया ?

सारे संसार को जलाकर अब तू अपना काला मुँह दिखाने आया है ! हट, ओ कलमुँहे ! भाग, ओ कलमुँहे ! भाग-भाग !

[फिर बादल की गरज : फिर बिजली की चमक]

ओहो, यह गरज, यह हँसी ! पृथ्वी के प्राणियों की वेदनाएँ आकाश के देवता को क्या बहुत ही प्रिय हैं ? तभी तो बारह साल तक लोगों को तड़पाकर अब तू पधारा है हम पर व्यंग करने—हमारी हँसी उड़ाने।

तो गरज ले, चमक ले, बरस ले। जी भरकर, मन भरकर—गरज ले, चमक ले, बरस ले।

आह, ये बारह वर्ष। उफ़, ये बारह साल! ये बारह साल कैसे कटे; मैंने कैसे काटे?

जब गाँव में अन्न न मिला, न रहा; जब स्वजन, परिजन, पुरजन—कोई नहीं रह गए; तब जंगलों में भगी। पहले सूखे-रूखे फल, फिर पेड़ों की पत्तियाँ; छाल तक नहीं बच पाई! कंदों के लिए कुएँ खोदे; किंतु गरम धरती के नीचे जैसे वे भी पिघल गए हों। मिट्टी खोदने पर भी अंगारे मिलते थे।

उफ़, क्षुधा, क्षुधा! पिपासा, पिपासा!

ओ हिमालय, तू अपनी सारी हिमराशि को पानी बनाकर भेज कि यह पिपासा शान्त हो। ओषधीश, तू कोई ऐसी ओषधि दे कि यह भूख सदा के लिए मर जाए।

लेकिन, आह, मानव की पुकार से पत्थर न पिघला, न पिघला!

कि अचानक एक दिन पत्थर पर कमल खिल उठा!

कमल, कमल! अहा, कमल! कमल!

"तू भूखी है, तू प्यासी है! तो ले···· तो ले···· !" देवता, देवता, तुम कौन थे देवता? तुम कहाँ से आए थे देवता? "तू भूखी है, तू प्यासी है? तो ले···· तो ले···· !"

"ले···· ले···· !"

"ले···· ले···· !"

"ले···· ले···· !"

उफ़, तुमने क्या नहीं दिया देवता? तुम कौन थे देवता? तुम कहाँ से आए थे देवता? तुमने क्या नहीं दिया देवता?

मरुभूमि गुलजार बन गई, सूखी टहनी में फूल खिल आए! अहा, यह बच्ची! यह बच्ची!

"देवता, यह हू-ब-हू आप ही ऐसी लगती है, देवता!"

"बच्ची! मेरे ऐसी? क्या तुझे और भी कुछ चाहिए!"

"नहीं, देवता, इस बच्ची के पाने के बाद फिर क्या पाना रहा?"

"कुछ नहीं!"

"कुछ नहीं!"

"तो मैं चलूँ?"

"चलूँ? कहाँ?"

"हाँ, हाँ, मैं चला!"

अरे, पत्थर का कमल फिर पत्थर हो गया!

और, बादल, तू फिर भी नहीं बरसा! लू चलती रही; झंझा बहती रही। पृथ्वी जलती रही; आकाश तपता रहा! न फूल, न फल; न शस्य, न तृण। संसार से सारे रंग नष्ट हो गए, रह गया सिर्फ एक रंग—नीलिमा! ऊपर नीला आकाश : नीचे सूखकर, जलकर नीली बनी पृथ्वी! सूरज उगता तो नीलिमा में डूबा हुआ; चन्द्रमा तो पूरा नीला बन चुका था! नीली चाँदनी में अमृत कहाँ? अब उसमें जहर-जहर था!

और, मैं और मेरी बच्ची!

मेरी बच्ची! देवता का वरदान! आह, इस वरदान के अब मैं क्या करूँ? मेरी सोने की बेटी के चाँद से चेहरे पर भी यह नीलिमा की पर्त्त जो पड़ती जा रही है! ओह! ओह!

अरे, मेरे हृदय से अचानक जो एक दिन क्षीर-स्रोत फूटा था, धीरे-धीरे वह भी सूखता जा रहा है!

मेरे देवता, तुम कहाँ गए? देखो, देखो, जो कलिका तुम मुझे सौंप गए हो, वह किस तरह सूखती जा रही है! आह, मैं क्या करूँ? क्या करूँ?

मेरी छाती का क्षीर-स्रोत सूख गया! बेटी, बेटी, अब तुम्हें क्या पिलाऊँ? कैसे जिलाऊँ? देवता,

कुसमय में यह क्या वरदान दे गए देवता? आह, मेरी बच्ची रो रही है? मैं इसे क्या पिलाऊँ? आह, मेरी बच्ची···मैं इसे कैसे जिलाऊँ?

अरे, क्या मेरी बच्ची भी मर जाएगी? मर जाएगी? नहीं, नहीं, मैं अपनी बच्ची को मरने नहीं दूँगी, नहीं दूँगी, नहीं दूँगी।

तो क्या करूँ? क्या करूँ?

क्षीर का स्रोत सूख गया; तो धमनियों में रक्त का प्रवाह तो दौड़ रहा है! हाँ, जब तक एक बूँद भी रक्त है, मेरी बेटी मर नहीं सकती।

मैं अपनी बच्ची को रखकर दौड़ पड़ी उस बबूल के पेड़ की ओर, जिसमें अब सिर्फ काँटे-ही-काँटे थे! एक लंबा काँटा लेकर अपनी नस में सूराख बनाऊँ? हाँ, हाँ, छाती का क्षीर-स्रोत सूख गया, तो धमनियों में रक्त-प्रवाह तो दौड़ रहा है। अपनी बेटी को मैं मरने नहीं दूँगी, नहीं दूँगी।

कि डुग-डुग, डुग-डुग; डुग-डुग!

यह क्या सुन रही हूँ, यह कैसा शब्द है?

डुग-डुग, डुग-डुग—यह क्या होने जा रहा है?

ढोंग! ढोंग! ढोंगी राजा! बारह बरस तक यह निश्चिंत राजमहल में रँगरेलियाँ मनाता रहा और अब जब पृथ्वी सूखकर पत्थर बन गई है, तो सोने के हल से उसे जोतने चला है!

हाँ, हाँ, बारह बरस के अवर्षण से बंजर बन गई भूमि को वह सोने के हल से जोतने का स्वाँग कर रहा था।

आगे-आगे दो विशाल उजले बैल; उनके कंधों पर सोने का जुआ; पीछे राजा, जिसके हाथ में सोने का परिहथ। अगल-बगल ऋषियों और ब्राह्मणों का दल मंत्र पढ़ रहा। पीछे प्रजा उमड़ी आ रही।

डुग-डुग, डुग-डुग। मंत्रों की ध्वनि-प्रतिध्वनि।

हल बढ़ा आ रहा है, बढ़ा आ रहा है। इतने में देखती हूँ कि हल का रुख उस ओर हुआ, जहाँ मैं अपनी बेटी को रख आई थी। मेरी बेटी!—दोने में लिपटी, घास-फूस से ढँकी। हल बढ़ा आ रहा है—बढ़ा आ रहा है—

अरे, कहीं बैल के पैर मेरी बेटी के शरीर पर पड़ गए तो?

मैं दौड़ी···

"रुको"— यह कौन बोला? कौन बोला? और किसने मेरे पैर में जैसे जंजीर डाल दी? और किसने मेरी आँखों को जैसे मूँद दिया?···उफ्, उफ्···बेटी, बेटी!

आँखें खुलीं, तो देखती हूँ; हल के दोनों बैल अलग भौचक्के खड़े हैं और मेरी बेटी राजा की गोद में है। वह रो रही है। राजा उसे चुमकार रहा है। उसकी घनी सुफ़ेद दाढ़ियों में मेरी बेटी जैसे भयभीत हो रही है! मैंने सुना, वह कह रही है—

म् आँ, म् आँ,—म् आँ···

म् आँ···माँ दौड़ी, मैं दौड़ी। किंतु, फिर किसने यह कहा—"रुको, तुम्हारी झोंपड़ी इस बच्ची के योग्य नहीं—इसे राजरानी···"

राजरानी! राजरानी? मेरी बेटी राजरानी! कंगालिन की बेटी राजरानी? अहा! अहा!

और उसी समय सुना, वह राजा कह रहा है—"हम लोग अब राजधानी लौटें; पृथ्वी ने मुझे पुत्री दी है, तो आकाश हमें वर्षा भी देगा।"

क्या कहा—पृथ्वी ने दी है? यह तुम्हारी पुत्री?

इच्छा हुई, दौड़कर उस राजा की लंबी दाढ़ी पकड़ूँ और कहूँ, भलेमानस, यह बेटी मेरी है, इसकी माँ मैं हूँ। ढोंगी, ढोंग मत रच—दे मेरी बेटी; और वह न दे तो छीनकर ले भागूँ।

किंतु, आह ! मेरे पैर न उठे। क्यों न उठे ? किसने न उठने दिए ?

मेरे देवता, मेरे देवता ! यह क्या कर गए तुम ?

और देखा, मेरी बच्ची भी अब चुप हो गई है और राजा की सुफेद दाढ़ियों में हाथ डालकर खिलवाड़ कर रही है। और, राजा का मुखमंडल ? ओह, अब उससे कैसी दिव्य-ज्योति फूट रही थी !

बादल, बादल ! अभी-अभी जब मेरी बेटी उस ओर गई, तो तू अब बरसने आया है !

अरे, तू अब तक क्यों नहीं बरसा ? कुछ दिन पहले क्यों नहीं बरसा; कुछ घड़ी पहले क्यों नहीं बरसा ? एक घड़ी पहले भी तू बरसा होता, तो मुझे अपनी बेटी से यों हाथ नहीं धोना पड़ता।

आह; ओह !

बेटी ! बेटी ! बेटी !

देवता ! देवता ! देवता !

बादल, बादल, बता, मेरे देवता कहाँ हैं ? मेरे देवता ! और मेरी बेटी कहाँ गई ? कहाँ गई ?

बादल ! बादल !

तू अब बोलता क्यों नहीं ? माँ से बेटी छीनकर तू अब चुप्पी लगा रहा है। मेरी बेटी ! मेरी सोने की बेटी ! राजा, कैसे तुमने कहा कि यह पृथ्वी की बेटी है। मिट्टी की बेटी ऐसी होती है ? मेरी सोने की बेटी ! सोने की बेटी ! बेटी ! बेटी !

[मूर्च्छित होकर गिरती दिखाई पड़ती है।]

दूसरा दृश्य

[स्थान : जनकपुर की पुष्पवाटिका।]

[पर्दे पर छाया-मूर्त्तियों में वाटिका के दृश्य : दूर पर एक मंदिर, एक तालाब। एक अधवयस स्त्री की छाया-मूर्त्ति धीरे-धीरे दिखाई पड़ती है; वह बोलती है—]

ओहो, मेरी बेटी ! कितनी जवान हो गई है मेरी बेटी ! कितनी जवान; कितनी सुंदर !

अभी-अभी वह आई थी; अभी-अभी वह गई है !

आई थी वासंती उषा की तरह—शीतलता लिए, सुगंध लिए, सौंदर्य लिए। पत्तों ने मर्मर कर उसका स्वागत किया; फूलों ने झूम-झूमकर अभिवादन किया। पराग उड़े, तितलियाँ नाचीं। भौंरों ने भाँवरे दिए, कोकिलों ने गीत गाया। सारी पुष्पवाटिका रंगीन बन गई थी, मुखर हो उठी थी, महमह बन गई थी—एक पल में ही !

ओहो, मेरी बेटी, कितनी सुंदर, कितनी जवान ! उसकी जवानी, उसकी सुंदरता—सारी प्रकृति पर कुछ देर तक छा गई थी जैसे !

फूलों के रंग निखर उठे। वृक्षों की डालियाँ झुक गईं। लताएँ काँपने लगीं। हवा बोझली बन गई। सूरज की किरणों में फिर एक बार सुनहलापन आ गया। एक अनहद संगीत सारी पुष्पवाटिका में गूँज उठा। अहा, मेरी बेटी क्या आई—सारे उपवन में सौंदर्य और यौवन छा गए।

वह आई, सखियों से घिरी—जैसे तारों के बीच चन्द्रमा ! नहीं, नहीं, अनेक चन्द्रमाओं के बीच कोई महाचन्द्र, जो अभी तक कभी देखा नहीं गया; अभी तक जिसका नामकरण नहीं हुआ—निष्कलंक, अघट,

स्वयंप्रदीप्त !

वह आई और इस सरोवर में नहाई ! सरोवर—देखो, देखो, अब भी उसकी तरंगें मेरी बेटी के अंगराग से उच्छ्वसित हैं, सुवासित हैं, सुरंजित हैं ! मेरी बेटी ! डुबकियाँ लगाकर जब वह बाहर निकली, कुंचित-कुंतल से घिरा उसका मुखमंडल ऐसा लगा कि क्षीर-समुद्र से अभी-अभी चन्द्रमा निकला है, अंधकार के महाजाल को फाड़ता हुआ !

स्नान किया; उस मंदिर में गई ! वह गिरिजा का मंदिर ! अब भी मेरी बेटी की प्रार्थना उसमें गूँज रही है ! क्या तुम सुन नहीं रहे !

लेकिन इस उम्र में यह प्रार्थना ! जनक, जनक ! तुम नाम के ही ज्ञानी हो जनक ! तुम स्त्रियों का हृदय नहीं पहचानते, कुमारियों की कामनाएँ नहीं जानते । अगर जानते-पहचानते होते, तो मेरी बेटी का भाग्य किसी तीर-कमान से नहीं बाँधे होते जनक ! आह, आज तुम इस गिरिजा-मंदिर में मेरी बेटी की आँखों से झड़ते हुए आँसुओं को देखे होते ! कुमारी की करुण-याचना ! मैं देख रही थी, पत्थर की गिरिजा भी पानी-पानी हुई जा रही थीं !

और जब वह मंदिर से बाहर आई, तब तक सारी दृश्यावली बदल गई थी—मानो गिरिजा ने मेरी बेटी की प्रार्थना स्वीकार कर ली हो !

किस कोने से कब घुस आया था वह राजकुमार ? हाथ में फूलों का दोना—राजकुमार, ये फूल किस देवता के लिए संचय किए हैं तुमने ? अरे, तुम्हारे हाथों में ये फूल किसने खिलाए और ये कौन-से फूल खिलायेंगे ? बोलो, राजकुमार, बोलो !

ये पेड़, ये पौधे, ये पंछी, ये भौंरे,—सब तुमसे यही पूछ रहे हैं राजकुमार ! सब सकते में हैं—सबकी आँखें तुम्हारी ओर ! बोलो, राजकुमार, बोलो !

और, अब मेरी बेटी की आँखें भी तो कुछ ऐसा ही प्रश्न कर रही हैं ?

ओहो ! उधर राजकुमार खड़ा है, इधर मेरी बेटी खड़ी है ।

यह कहाँ से पुरानी बात याद आ गई ?

मालूम हुआ, जहाँ वह राजकुमार खड़ा है, वहाँ मेरे देवता खड़े हैं और अपनी बेटी की जगह मैं खड़ी हूँ ।

हाँ, हाँ, मैंने भी इसी तरह देखा था उन्हें !

राजकुमार, कहीं तुम भी कोई देवता तो नहीं हो ? मेरी बेटी, यह देवकन्या है राजकुमार, देवकन्या !

इसे राजकन्या मत समझो । देवकन्या तो किसी देवकुमार को ही मिल सकती है । नहीं, देवकन्या की दृष्टि देवकुमार पर ही स्थिर हो सकती है । उसकी दृष्टि सबके लिए सह्य भी तो नहीं !

मैंने राजकुमार की आँखों को देखा; फिर मैंने अपनी बेटी की आँखें देखीं । वे ही पुरानी बातें—मानो घटना दुहर रही हो ।

इसी समय मेरा मातृत्व बोल उठा—

"पगली, तू आँखें बंद कर ले; ऐसे अवसरों पर माताएँ''' हाँ, हाँ, ऐसे अवसरों पर माताएँ आँखें मूँद लेती हैं ।"

मेरी आँखें मुँदी थीं; लेकिन कल्पना की आँखें—

वहाँ धनुष टूट रहा था; जयमाल पड़ रही थी—मंडप, भाँवरे, सिंदूर-दान । आह, मैं कल्पना के लोक में अपनी बेटी का ब्याह रचा रही थी, कि सुना—

"राजकुमारी, देर हो रही है; माँ चिंता में होंगी !"

यह कौन बोली ? क्या बोली—माँ चिंता में होंगी ? माँ तो यहाँ खड़ी है, चिंता में कौन होगी ? क्यों होगी ? अरे कौन ऐसी माँ है, जो बेटी को इस दशा में देखकर चिंता में पड़ जाए ? गाज गिरे इस चिंता

पर—गाज गिरे ऐसी माँ पर। बेटी, तू देखा कर, देखा कर।''''तू देखा कर, वह देखा करे, देखा करे—अनंत काल तक। तुम्हारी माँ को चिंता होगी?—वह तो यहाँ पुलकित, प्रफुल्लित हो रही है मेरी बेटी।

किंतु, यह रुनझुन, रुनझुन! क्या मेरी बेटी जा रही है? हाँ, वह जा रही थी। जा रही थी, और रुक रही थी। रुक रही थी और कह रही थी—"अहा, यह मृगछौना!" "और सखी यह श्यामा है न?" "ओहो, यह मल्लिका तो सरापा फूल उठी है।" " और इस आम में कितनी मंजरी आ गई!" हाँ, हाँ, वह जा रही थी, वह रुक रही थी। क्यों रुक रही थी? क्या करे मेरी बेटी—कोई अलक्षित शक्ति जो उसके पैर बार-बार पकड़ लेती थी। अहा हा, मेरी बेटी! रुक बेटी, रुक बेटी, रुक। प्रारंभ में ऐसा ही होता है, मेरी बेटी— ऐसा ही''''

"देर हो रही है, माँ नाराज हो रही होंगी।"

उफ्, अब तो मेरे धैर्य की सीमा टूट गई! इच्छा हुई, बढ़ूँ और उसकी उस कलमुँही सखी से कहूँ—पगली, वह माँ नहीं, कोई चुड़ैल होगी, चुड़ैल; जो मेरी बेटी के पीछे पड़ी है! जो मेरी बेटी को उसके प्राणधन से''''हाँ! हाँ, चुड़ैल, चुड़ैल—वह चुड़ैल होगी, चुड़ैल! उसकी माँ तो मैं हूँ, मैं हूँ! देख, माँ ऐसी हुआ करती हैं! ऐसी''''

ऐसी!! तुरंत अपने पर ध्यान आया! क्या अब इस बच्ची की माँ कहलाने योग्य मैं रह गई हूँ? आह, अब तो मेरी बेटी राजकुमारी बन चुकी है; मुझ कंगालिन''''!

नहीं, नहीं, अब मैं यह बताकर कि मैं उसकी माँ हूँ, उसे लज्जित नहीं होने दूँगी! हाँ, अब राजा उसका पिता है, राजमहिषी उसकी माँ है! और यह राजकुमार भी तो मुझे अपनी सास के रूप में ग्रहण करने में लज्जा बोध करेगा!

जा, बेटी, जा। तू इस राजकुमार को प्राप्त कर, यह तुझे प्राप्त करे! राजा आनंद मनाए, राजमहिषी मंगल-गीत गाए। मेरे भाग्य में सिर्फ यह सुख बदा है कि छाया-सी तेरे पीछे-पीछे घूमती रहूँ!

अहा, अभी-अभी मेरी बेटी गई है, शारदीय संध्या की तरह—कलरव में डूबी, सारी चीजों पर एक रंगीन पर्दा डालती! वह चली गई है, लेकिन अब भी सरोवर की तरंगों पर, मंदिर के गुंबदों पर, पेड़ों की फुनगियों पर, फूलों पर. पत्तियों पर एक स्वर्णिम आभा छा रही है—जगमग, झलमल!

तीसरा दृश्य

[स्थान : चित्रकूट का पहाड़ी अंचल।]

[छाया-मूर्त्तियों में पहाड़ी प्रदेश के दृश्य। दूर पर एक नदी दिखाई देती है, सामने एक झोंपड़ी! एक अधेड़ स्त्री की छाया-मूर्त्ति दिखाई पड़ती है, वह कहती है—]

उफ्, कहाँ मेरी बेटी को राजरानी बनना था, कहाँ वह जंगल में मारी-मारी फिर रही है!

मेरी बेटी—कहाँ वह राजा जनक की बेटी कहलाई; कहाँ वह सम्राट् दशरथ की पुतोहू बनी; उसके स्वर्ण-सिंहासन पर बैठने का दिन भी तय हो चुका था; कि यह क्या हुआ? मेरी बेटी आज वन-वन मारी-मारी फिर रही है!

कैकेई, तुम्हें यह क्या सूझी! राम को जंगल—क्या तुम्हारे ध्यान में यह बात नहीं आई कि राम जंगल में निर्वाह भी कर लें, लेकिन सीता का क्या होगा? वह उनके साथ जाएगी ही और मेरी सीता क्या जंगल के लिए बनाई गई है?

कैकेई-कैकेई ! मालूम होता है, राजा से इस वरदान को माँगते समय तुम्हें सीता की सुध ही नहीं रही !

सीता जंगल में और चौदह वर्षों तक? अभी छः महीने भी नहीं बीते और देख जाओ, मेरी बेटी की दशा !

और, राम, राम ! पिता के वचन को स्वीकार करते समय तुम्हारे ध्यान में भी सीता नहीं थी, राम ! सीता को भी चौदह वर्षों तक जंगल में रहना है, तुम यह सोच पाते, तो पिता का वचन स्वीकार करने के पहले उनके चरणों में गिरकर तुम एक बार क्षमा माँगे होते, राम ! "आपकी आज्ञा मेरे सिर-आँखों पर, पिताजी।" —जब तुम यह बोले, तो तुम्हारी आँखों के सामने मेरी बेटी नहीं थी, नहीं थी ! शायद तुम सोच भी नहीं सकते थे कि कोई पत्नी भी इतने संकट में शरीक होने का साहस कर सकेगी ! तुमने सीता को साधारण मानव-कन्याओं की तरह मान रखा था, राम।

आह, तुम जान पाते, सीता किसकी बेटी है !

क्या अब भी कभी सोचते हो राम, यह सीता कौन है? अधिक-से-अधिक पृथ्वी की बेटी ही तुमने माना होगा इसे—पृथ्वी की बेटी, सहनशीलता की मूर्त्ति—आँधी-पानी, जाड़ा-गर्मी में एक भाव से रहनेवाली ! और तुम्हारी यह भावना आज भी बनी है; तभी तो उससे सारे काम लेते हुए तुम्हें संकोच नहीं होता।

नहीं राम, नहीं ! यह जनक की बेटी नहीं, पृथ्वी की बेटी नहीं ! यह उस देवता की बेटी है, जिसकी एक झलक जब-तब तुममें देखकर मैं निहाल हो उठा करती हूँ !

मेरी सीता—देव-कन्या !

इस संकट में भी वह किस तरह खिलती जा रही है ! चंदन घिस रहा है, सुगंध फैल रही है ! जंगल की यातनाएँ उसके शरीर को सुखा रही हैं; किंतु उसकी आत्मा और भी विकसित होती जा रही है। पागल दुनिया कपोल पर हमेशा कमल ही खोजती है—यदि वह जान पाती, रंग और गंध की मोहकता उसकी क्षणभंगुरता में है। जो शाश्वत है, वह तो रंग-रूप से परे है, जिसे हवा-पानी, गर्मी-सर्दी विनष्ट नहीं कर पाती है; जो अजर है, अमर है, जिससे उसका वंश चलता है, चल रहा है।

सीते ! बेटी सीते ! तुझे अपने बाप के दुलार की लाज रखनी है बेटी ! तुझे अपनी माँ की अकिंचनता की मनुहार रखनी है, बेटी !

और, मेरी बेटी रख रही है, रख रही है ! इच्छा होती है, अब भी प्रकट होऊँ और इस अवसर पर बेटी के बोझ को कुछ हल्का करूँ—किंतु क्या ऐसा कर पाती हूँ?

अभी उस दिन की बात है—

मेरी बेटी नदी से पानी भरने गई थी। पहाड़ी नदी; खड्ड के नीचे धारा; पथरीली पगडंडी की चढ़ाई। जब कलसी भरकर चली, पैर डगमग करने लगे। लक्ष्मण, लक्ष्मण, तू कहाँ से इतना बड़ा घड़ा उठा लाया। तुझे यह भी पता नहीं कि तेरी भावज कितना बोझ उठा सकती है? वह भारी घड़ा, वह पिच्छल पथरीली राह। जो कभी जमीन पर पड़े नहीं और पड़े भी तो मिथिला की मक्खन-सी मुलायम जमीन पर, वे पैर रह-रहकर रपट रहे हैं; और वह शरीर के संतुलन पर ध्यान दिए बढ़ रही है—ऊपर चढ़ रही है। ललाट पर पसीना, कपोल पर पसीना। ललाट का पसीना लुढ़ककर आँखों में गिरना चाहता है, किंतु वह उसे पोंछे तो कैसे? एक हाथ से घड़े को पकड़े हुई है; दूसरे से आँचल सम्हाल रही है—इस सुनसान जंगल में भी मर्यादा का कैसा बोध है उसे?—परेशान, परेशान। इच्छा हुई अभी दौड़कर जाऊँ और कहूँ—बेटी, मैं तेरी माँ हूँ, मेरे अछत तुम पानी भरो। कि, उसी समय सुनाई पड़ा—"सीते" ! और जब तक मेरी सीता बोले—वह नौजवान उसके सामने आकर कह रहा था—"सीते, मैंने मना किया था न? कहो, कितना कष्ट हो रहा है तुम्हें इस जंगल में?"

"नहीं नाथ, कष्ट कहाँ?"—मेरी सीता बोली और, अरे यह क्या? कहाँ गया पसीना, कहाँ गई पैर की रपट? क्या हुआ घड़े का भारी बोझ? वह उस घड़े को लिए ऊपर इस तरह उछलती हुई बढ़ी, जैसे पहाड़ी

रास्तों पर बकरी के छौने ! और, वह कुछ ही आगे बढ़ी थी कि वह नौजवान जल्द-जल्द नीचे उतरा और उसके घड़े को छीनकर एक हाथ से अपने कंधे पर रख लिया और दूसरे हाथ से उसकी कमर को लपेटे हँसता हुआ ऊपर चला। ओहो, अब दोनों हँस रहे थे, किलक रहे थे ! और ऊपर आते-आते····

नहीं, नहीं, ऐसे अवसरों पर माँ को आँखें मूँद लेनी चाहिए। मैंने आँखें मूँद लीं। मेरी आँखें मुँदी थीं और मेरी कल्पना की आँखें उस युगल जोड़ी पर आशीर्वाद की वर्षा कर रही थीं, जिनके प्रेम को इस संकट ने और भी गंभीर कर दिया था।

और उस दिन—

मेरी सीता रसोई बनाने बैठी। लक्ष्मण, लक्ष्मण, तुझमें इतना शऊर नहीं कि किस लकड़ी का ईंधन होता है, कैसी लकड़ी का ईंधन होता है। सब धान बाईस पसेरी है तेरे लिए। ऐसी लकड़ी तोड़ लाया तू, कि मेरी बेटी परेशान-परेशान हो गई, लेकिन आग न धधकी। धुआँ, धुआँ ! फूँक-पर-फूँक दी; आँचल से विजन किया; फिर तालपत्र से हवा की। किंतु आँच न धधकी, आग न धधकी। मेरी बेटी की गुलाबी आँखें सुरमई बन गईं। हारकर वह कुटिया से बाहर आई, आँखें पोछीं, लंबी साँस ली और खिन्न होकर आकाश की ओर देखा—आह, दिन इतना चढ़ आया, वे आते ही होंगे, रसोई अब तक न बना सकी मैं ! इच्छा हुई कि अब प्रकट होऊँ ही। जाऊँ, रसोई बना दूँ, दामाद को खिलाऊँ, बेटी को खिलाऊँ—जन्म सार्थक करूँ, कि इतने में वही आवाज—"सीते ! सीते ! अरी, छोड़ो रसोई, देखो ये फल, ढेर के ढेर !" ऐसा कहता हुआ वह नौजवान अब सीता के सामने खड़ा था। "ओहो, तुम्हारी ये आँखें ! इसलिए कहा था न कि जंगल···· !"

"यों न कहा कीजिए, नाथ !" सीता ने कहा और फिर दोनों····

नहीं, नहीं ! ऐसे मौकों पर माँ को नहीं देखना चाहिए। मेरी आँखें मुँद गईं और कानों ने सुना—"भाभी, इसमें मेरा भी हिस्सा होना चाहिए, भाभी !" फिर तो वह पर्ण-कुटीर हास्य-सदन बन गया ! चुहल व्यंग्य, हँसी, ठहाके—मेरी आँखें मुँदी रहीं, मेरे कान तृप्त होते रहे !

और तीसरे दिन तो मैं कैसे रुकी, यही आश्चर्य होता है !

मेरी बेटी उस कुंज की ओर से फूल चुनकर लौट रही थी। फूलों से उसे कितना प्रेम है ! किंतु, वह बेचारी भूल गई थी, जहाँ फूल हैं, वहाँ शूल भी हैं और जितना सुंदर फूल, उतने बड़े शूल ! वह जल्द-जल्द पैर बढ़ाए आ रही थी कि एक लंबा काँटा उसके पैर में चुभ गया। चुभ गया, वह चीखी, बैठ गई ! रक्त की धारा—"आह !" मैं थोड़ी दूर थी, दौड़ी ! "ओहो ! !"—यह आह ! यह ओह ! ! मालूम होता था, जैसे कलेजा मुँह को आ गया ! मैं आई बेटी—कहती हुई मैं दौड़नेवाली थी कि देखा, वह नौजवान पहुँच चुका था वहाँ। मैं ठिठक गई; छिपी रही। वह बैठ गया, काँटे को खींचा। लहू की धारा और तेज हो गई। वह अपने वल्कल से लोहू पोंछने लगा। रक्त बहा जा रहा है, और वह पोंछे जा रहा है। "लक्ष्मण, लक्ष्मण, पानी लाओ, लक्ष्मण ! ओह, सीते ! सीते !" सीता तो तब तक बेहोश हो चुकी थी ! उसने सीता को उठाकर छाती से लगा लिया और उन्मत्त-सा चिल्ला उठा—"सीते !" तब तक लक्ष्मण पानी लेकर पहुँच चुका था। सीता के मुँह पर छींटे दिए गए—सीता ने आँखें खोलीं—"नाथ !"

"सीते !"

"अरे, यह क्या हो गया था मुझे नाथ !"

"कुछ नहीं सीते !"

क्या सचमुच कुछ नहीं ! सारी पृथ्वी जो रक्त-रक्त हो चली थी और उस रक्त की धारा में राम के आँसू की धारा कहाँ तक मिली थी—कौन बताए ?

यों जंगल में भी पति का असीम लाड़-प्यार पाकर मंगल मना रही है मेरी बेटी ! किंतु, उसे यहाँ देखकर रह-रहकर न जाने मेरा हृदय कैसा हो जाता है ? मेरी सोने की बेटी, क्या यह जंगल के लिए बनाई गई ? दशरथ ने अपना वचन रखा, राम पितृभक्त कहलाए, लक्ष्मण ने भायप निभाया—किंतु, मेरी बेटी ! क्यों

मेरी बेटी के सिर पर यह आपत्ति ढही? कहीं मेरा भाग्य तो मेरी बेटी के पीछे नहीं लगा है? आह, उसकी माँ बारह वर्षों तक जंगल में मारी-मारी फिरी और वह चौदह वर्ष जंगल-जंगल की खाक छानती फिरेगी! उफ्! मेरा दुर्भाग्य मेरी बेटी के सिर पर जा गिरा!

मेरा दुर्भाग्य और मेरी बेटी के सिर! अच्छी बात है कि मेरी बेटी नहीं जानती कि वह अपनी माँ के दुर्भाग्य का शिकार है—नहीं तो, नहीं तो····

हाँ, हाँ, कभी अज्ञान ही कल्याण का मार्ग सिद्ध होता है। मेरी बेटी, तू इसी कल्पना में रह कि जनक तेरे पिता हैं, पृथ्वी तेरी माता है! यद्यपि जनक को कभी सीता नाम की कोई संतान न हुई और पृथ्वी ने न कभी हाड़-मांस का शिशु प्रसव किया और न कर सकेगी। हाँ, जिस पृथ्वी ने हरे-हरे पेड़ों को, इन लोनी-लोनी लताओं को, इन रंग-बिरंगे फूलों को पैदा किया, उसकी बेटी कहलाने में भी कुछ कम गौरव नहीं है, बेटी! तो मेरी बेटी, अपने इन भाई-बहनों के बीच विचरती रह, खेलती रह, फूलती रह, फलती रह!

फलती?—आह! आह रे माँ का हृदय! हमेशा संतान की कामना में पगा रहता है यह? अपनी संतान, संतान की संतान, संतान की संतान की संतान—संतान! संतान! संतान!

बेटी, मेरी बेटी! तेरे फूल देख रही हूँ; फल कब देखूँगी बेटी? अरे, मुँह बनाकर कहाँ चली! हाँ, हाँ, हर बेटी संतान का नाम सुनकर पहले यों ही मुँह बनाती है, बेटी; लेकिन जब संतान आती है, फिर सारा संसार भूल जाती है उस पर। तू इस नौजवान को भी भूल जाएगी बेटी! क्या?—"नहीं?"

"नहीं,"—तो ऐसा ही हो! तब तू अपनी माँ की सच्ची बेटी साबित होगी! तेरे पीछे छाया की तरह पड़ी हूँ, तब भी अपने देवता को न भूल सकी, मेरी बेटी; यद्यपि मेरे देवता मुझे भूल गए।

आह मेरे देवता! धन्य मेरी बेटी!

चौथा दृश्य

[स्थान : लंका की अशोक-वाटिका।]

[छायामूर्त्तियों में अशोक-वाटिका के दृश्य : अशोक की छायामूर्त्ति तले बैठी हुई सीता की छायामूर्त्ति। दूर पर लंका की अट्टालिकाओं की छाया।

एक स्त्री की छायामूर्त्ति—वृद्ध, कमर कुछ झुक रही, जिस पर हाथ रखकर रह-रहकर तनकर खड़ी होने की चेष्टा करती हुई, बोलती है—]

यह है लंका, सोने की लंका! मेरी सोने की बेटी इस सोने की लंका में! क्यों? क्योंकि मेरी सोने की बेटी ने सोने के मृग की आकांक्षा की थी! सोने की मेरी बेटी; सोने का मृग और सोने की यह लंका!

सोना, सोना, सोना!

सोने के मृग की आकांक्षा में बंदिनी बनी है मेरी सोने की बेटी!

मालूम होता है, सोना तेरे लिए शकुन नहीं है बेटी!

सोने के सिंहासन पर बैठने चली थी, बनवास मिला; सोने का मृग चाहा, कारावास मिला!

मेरी सोने की बेटी, तू तो स्वयं सोने की है; फिर क्यों सोने की आकांक्षा हो तेरे हृदय में? तूने अपने को ठीक से नहीं देखा बेटी! तू अपने को ठीक से नहीं समझ सकी, मेरी सोने की बेटी! तभी तुझे बनवास मिला, कारावास मिला।

या यह भी मेरा अभिशाप है, जो तेरा पीछा किए चल रहा है ?

हाँ, हाँ, यह मेरा अभिशाप ही है, जो तेरे सिर पर कभी बनवास बनकर बरसा; कभी कारावास बनकर बरस रहा है !

नहीं तो, सीता को वनवास ! नहीं तो, सीता को कारावास !

या, यह रावण का सर्वनाश है, जो तुझे घर से जंगल में घसीट लाया, अब जंगल से लंका में घसीट ले गया है !

हाँ, अब आग उसके सोने की राजधानी के परकोटे के भीतर आ चुकी है । अब सोने की लंका जलकर रहेगी !

सोने की लंका को शायद जलना लिखा है, इसीलिए सोने का मृग बना; इसीलिए मेरी सोने की बेटी के हृदय में उस सोने के मृग के लिए आकांक्षा जगी ।

कहीं सोने का मृग होता है ? और कहीं राम-ऐसे ज्ञानी को उसके पीछे दौड़ने के लिए लाचार होना पड़ता है ?

रावण, रावण ! तुम्हारी सोने की लंका को धूल में मिलना है, इसीलिए तुमने मेरी सोने की बेटी पर हाथ बढ़ाया है, रावण !

आग से खिलवाड़ करना चाहा है—आप जलेगा, सारा परिवार जलेगा; सोने की लंका जलेगी !

तुम समझ नहीं सके, सीता क्या है ? तुमने उसे साधारण नारी समझा या साधारण रानी समझा !

यह कौन है, यह किसकी बेटी है—दुनिया तक नहीं जानती, तो तुम क्या खाकर समझते, रावण !

तुम समझो या न समझो, लेकिन तुमने अपना नाम सार्थक कर लिया, रावण ! रावण—रुलानेवाला ! उफ्, तुमने मेरी बेटी को कितना रुलाया ! उफ्, तुमने उस नौजवान को कितना रुलाया !

वह नौजवान रोया, बच्चों की तरह फूट-फूटकर, पागलों कर तरह रट-रटकर ! उसे घमंड था अपने ज्ञान का, अपने धैर्य का—किंतु सारे ज्ञान-ध्यान धरे रह गए !

जब वह मृग मारकर लौटा और अपना आँगन सूना पाया, तो पागल की तरह पर्ण-कुटीर में दौड़ गया—"सीते, सीते" पुकारते हुए !

पर्ण-कुटीर से आँगन में ! आँगन से कुंजों में " सीते,—कहाँ हो ? सीते, कहाँ हो ? सीते, छिपो मत सीते; लो अपना मृग ! अपना सोने का मृग, सीते !"

कुंजों से नदी-तट पर; फिर उस स्फटिकशिला पर, जहाँ सीता एकाकी जा बैठती थी । फिर पर्ण-कुटीर में ! "लक्ष्मण, सीता क्या हो गई लक्ष्मण ? सीता कहाँ गई लक्ष्मण ? सीते, सीते, सीते !"

थोड़ी देर में ही सारी वन-भूमि 'सीते' 'सीते' की ध्वनि से ध्वनित-प्रतिध्वनित होने लगी !

और क्या यह ध्वनि-मात्र थी ! नहीं; जब पुरुष रोता है, तो उसकी ध्वनि स्त्री या बच्चों के रुदन की तरह ध्वनि-मात्र नहीं होती ! स्त्री के रुदन में करुणा है; बच्चों के रुदन में याचना है ! किंतु, पुरुष का रुदन—वह क्या है, उसमें क्या है, वह कैसा होता है, शब्दों में क्या इतनी शक्ति है, जो वर्णन कर सके उसका !

ज्ञानी राम, वीर राम, अरे मर्यादा पुरुषोत्तम राम इस तरह रोया कि सारा जंगल रुदन से ओतप्रोत हो गया !

हाँ, सारी वन-भूमि रुदन से ओत-प्रोत ।

अब पंछी रोते थे, पशु रोते थे; पेड़ रोते थे, पौधे रोते थे; नदी रोती थी, झरने रोते थे । झरने के झरझर में, पत्तों के मर्मर में, पंछियों के कलरव में अब राम की रुदन-ध्वनि समाई हुई थी । पशु रँभाते क्या थे—मानो अपना कलेजा निकालकर जमीन पर रख देते थे । हवा राम के रुदन से सिसकियाँ भरती; नदी राम के रुदन में सुर मिलाती ! 'सीते' 'सीते' !—यह जंगल की करुण रागिनी की एक कड़ी बन गई थी, मानो ! निभृत निकुंजों से, निर्जन तलहटी से, गह्वर गुफाओं से, मालूम होता था, रह-रहकर कोई पुकार रहा है—'सीते' ! 'सीते !' राम

ने 'सीते' की ऐसी रट लगा दी कि मैने-तोते की जबान पर भी यह जा चढ़ी और ज्योंही वे राम को देखते, चीख उठते—'सीते' ! 'सीते !'

"लक्ष्मण, लक्ष्मण, मैं इस जंगल में जी नहीं सकता लक्ष्मण ! यह दिन-रात की 'सीते' 'सीते' मेरा हृदय विदीर्ण कर छोड़गी लक्ष्मण ! जहाँ जाओ सीते, जहाँ देखो सीते ! लक्ष्मण, इस जंगल को छोड़ो लक्ष्मण !"

राम, तुमने ही तो इन्हें सीता कहना सिखलाया, सीता के लिए रोना सिखलाया, चीखना सिखलाया ! अब जब तुम्हारा व्यक्तिगत रुदन सार्वजनीन हो चला है, तब तुम घबरा रहे हो, राम !

आह, इस जंगल से उस जंगल; उस जंगल से इस जंगल ! सीते ! मेरी बेटी, अहा, तुम जान पातीं, तेरे वियोग में तेरा वह प्राण-प्यारा किस तरह उन्मत्त बना था !

"लक्ष्मण, कहो इन पंछियों से, ये अपना कोलाहल बंद करें ! लक्ष्मण, कहो, इन पेड़-पौधों से कि शाम-सुबह आँसू न टपकाया करें ! लक्ष्मण, ये झरने क्यों चिल्लाते हैं ? ये नदियाँ क्यों विलाप करती हैं ? कहो, यह विलाप-प्रलाप, अश्रु-उच्छ्वास बंद करें, बंद करें ! नहीं तो....

"नहीं तो, लक्ष्मण, मैं अपने इस तीर-धनुष से इस जंगल को जलाकर खाक बना दूँगा, लक्ष्मण ! मैं जल रहा हूँ और ये मखौल करें—नहीं, नहीं, ऐसा नहीं हो सकता लक्ष्मण ! मैं इसे बर्दाश्त नहीं करूँगा—इन्हें मना करो, इन्हें मना करो !"

राम, राम, तुम बड़े-बड़े ऋषि-मुनियों को ज्ञान देते रहे; वही तुम हो और भोला लक्ष्मण तुम्हें समझा रहा है—"भैया, भैया, ऐसा नहीं कहते भैया ! ऐसा नहीं करते भैया !"

मेरी बेटी, तू धन्य है और धन्य हैं वे सब बेटियाँ, जिनका विरह उनके प्राण-प्यारों को यों विक्षिप्त बना डाले ! यह विक्षिप्तता नारी की विजय-पताका होती है, मेरी बेटी !

और, अपने सिर के ऊपर यह विजय-पताका फहराती हुई, लहराती हुई तू किस शान से बैठी है, इस अशोक-वृक्ष के नीचे !

हाँ, हाँ, यह शान ही तो है ! ऐसी शान कि जिस पर किसी की आँख न ठहरे !

निस्संदेह, मेरी बेटी भी रोई, जब रावण उसे हर ले चला। रोई, धाड़ मारकर—कलेजा उलटकर ! किंतु तुरत उसने अपने रुदन को संयम की शृंखला में कस दिया !

हृदय रोया करो—किंतु आँखें, तुम्हें आँसू नहीं टपकाना होगा ! अब तुम्हें चिनगारियाँ उगलनी हैं, पानी बहाना नहीं ! तुम्हें चिनगारियाँ उगलनी हैं; क्योंकि वे ही तुम्हारी रक्षा कर सकेंगी।

मुँह से आह नहीं, उच्छ्वास नहीं ! हृदय की आग भट्ठी की तरह धधकती रहे, धधकती रहे—इसके लिए जरूरी है कि मुँह पर ताला जड़ दिया जाए।

राम के रुदन पर रावण हँस सकता था; सीता का यह संयम रास्ते में ही उसके लिए असह्य हो उठा।

रावण, तू सीता को ले आया था राजरानी बनाने के लिए न ? तो, तू इसे महल में क्यों नहीं ले गया ? क्यों इसे वाटिका में ही छोड़ भागा ?

हिम्मत थी तेरी कि इसे महल में ले जाता—अरे, तेरा स्वर्णसौध मेरी बेटी की साधना की आग से उसी समय पिघल जाता, जल जाता, बिला जाता, ओ रावण !

तू मूर्ख तो नहीं है, महापंडित है; इसलिए तू चेत गया। किंतु यह कैसी मूर्खता कि तू समझता है कि मेरी बेटी स्वयं तेरे प्रासाद में जाने को तैयार हो जाएगी कभी-न-कभी।

और, तू हारकर उस दिन धमकी दे गया !

तूने किसे धमकाया रावण, काश, तू जान पाता !

ओहो, सीता पर धमकी, मेरी बेटी पर धमकी, मेरे देवता की बेटी पर धमकी !

ओ आँधी, तू चला कर, चला कर ! यह मणिदीप जला करेगा, जला करेगा !

दुनिया में अंधकार ही अंधकार है, मेरी बेटी आई है इस अंधकार-जगत में प्रकाश-पुंज प्रदान करने।

जब मेरी दुनिया अंधकारमय थी, तब यह प्रकाश-पुंज होकर मेरी गोद में पधारी। फिर इसने जनक के अँधियारे भवन को प्रभावित किया, प्रकाशित किया। यह अयोध्या आई और वह जगमग हो उठी। लेकिन जंगल की बेटी ने देखा, दूसरा जंगल अंधकारमय है, वह सिंहासन छोड़ उधर दौड़ी! और, वहाँ से इस राक्षस-पुरी में आई है, इसके चिर-अंधकार को सदा के लिए दूर करने!

यह लंका! यह राक्षसपुरी! अंधकार से ढँपी यह पुरी! अंधकार में पुते यहाँ के अधिवासी! अंधकार में पुते—उनके काले-काले शरीर, उनकी मैली-कुचैली आत्मा! यहाँ के सघन अंधकार को दूर करने के लिए मेरी बेटी की तरह की ही प्रकाश-पुंजिका की आवश्यकता थी!

राक्षसता को विनष्ट कर मानवता की प्रतिष्ठा करने के लिए ही मेरी बेटी यहाँ पधारी है। हाँ, मेरी सोने की बेटी इस सोने की पुरी में मानवता की प्रतिष्ठा करने के लिए ही पधारी है।

मेरी बेटी की यह अखंड समाधि! अशोक-वृक्ष के नीचे यह अखंड समाधि! वायु ही जहाँ आहार है; नाम ही जहाँ आधार है। शरीर छीजता जाता है, ज्योति बढ़ती जा रही है। प्रकाश फैलता जा रहा है—अंधकार हटता जा रहा है।

हाँ, हाँ, अंधकार, भाग! भाग! नहीं भगेगा, तो तेरे भगाने के लिए किसी हनुमान को आना पड़ेगा, लंकाकांड मचाना पड़ेगा! सोने की लंका जलेगी, धू-धू करके जलेगी और उसकी विशाल लपटों में, ओ अंधकार, तू सदा के लिए जलकर रहेगा! जलकर रहेगा!

पाँचवाँ दृश्य

[स्थान : अयोध्या का प्रांतर।]

[दूर पर अयोध्या की अट्टालिकाओं की छायामूर्त्तियाँ। एक जर्जर वृद्धा की छायामूर्त्ति धीरे-धीरे प्रकट होती है। वह अयोध्या की अट्टालिकाओं की तरफ कुछ देर तक घूरती रहती है, फिर फूट पड़ती है जैसे—]

आह, यह क्या हुआ? कहाँ गई मेरी बेटी? क्या हुई मेरी बेटी! मेरी बेटी, मेरे सोने की बेटी! मेरी सीते! सीते!!

सीते कहाँ गई? क्या हुई? तुम बताती क्यों नहीं हो, ओ अट्टालिकाओ! तुमने मेरी सीता को क्या किया? ओह, तुम खा गईं मेरी बेटी को? झोंपड़ी की बेटी को अट्टालिका खा गई! कंगालिन की बेटी को राजधानी खा गई! देवता की जिस बेटी को राक्षसपुरी न खा सकी, उसे मानवपुरी खा गई—खा गई, लील गई! जिंदा निगल गई! ओह! मेरी बेटी! बेटी! सीते! सीते!

कंगालिन की बेटी, तू राजरानी बनने चली थी! देव-कन्या, तू मानव से प्रेम करने चली थी! राजधानी तुझे लील गई बेटी; मानव ने तुझे निगल लिया बेटी! अरे, ये मानव—इनसे दानव भले थे! लंका से भी बुरी निकली तुम ओ अयोध्ये! उफ्, ये मानव! इनसे दानव भले थे! हाँ, हाँ, लंका से भी बुरी निकली तू ओ अयोध्ये!

हाय रे! लंका-विजय के बाद विभीषण को राज्य मिला, राम को साम्राज्य मिला और मेरी बेटी को मिला अग्नि-स्नान!

राम, राम! जो स्त्री तेरह वर्षों तक तुम्हारे पीछे छाया बनी घूमती रही; दस महीने में ही तुमने उस पर से विश्वास उठा दिया!

सिर्फ दस महीने तक मेरी बेटी तुमसे दूर रही थी, उस राक्षसपुरी लंका में रही थी और इतने ही छोटे अर्से में तुम्हारा इतना बड़ा अविश्वास कि उसे अग्नि-परीक्षा के लिए तुमने चुनौती दी !

मेरी सीता लंकापुरी में किस तरह रही, तुमने सोचा भी नहीं ! और लंकापुरी में वह रही ही क्यों ? क्यों तुमने उसकी बहिन की नाक कटवाई थी, जो रावण ने तुम्हारी पत्नी का हरण किया ! फिर यह तो तुम्हारी नपुंसकता थी राम, कि कोई तुम्हारी पत्नी का हरण कर ले ! अपनी कायरता का प्रायश्चित तुम्हें करना था कि मेरी सीता को ?

लंकाविजय के बाद उस दिन भी मैं वहीं खड़ी थी जब तुम्हारे सामने सीता आई । आह ! मेरी बेटी तुम्हारी ओर किस ललक से बढ़ी ! "नाथ ! नाथ !"—कहती, चिल्लाती ! सबके रोमांच हो जाए—तुम्हारे बंदरों के, लंका के बचे-खुचे राक्षसों के । तुम्हारे लक्ष्मण की आँखों से तो आँसू झरने लगे थे राम !

कि, तुमने कहा—"रुको सीते ! तुम्हें परीक्षा देनी होगी ।"

किस चीज की परीक्षा ? काहे की परीक्षा ? सीता दस महीने तक लंका में पड़ी रही, इसकी परीक्षा ? उसके सतीत्व की परीक्षा ? राम, जब तुम यह बोले, तब भी क्या तुम राम ही थे राम ! आह ! उस दिन रावण की आत्मा कितनी हँसी होगी ! उसने कहा होगा—"सीते, सीते ! यही है राम, जिसको तुम्हारे चरित्र पर भी संदेह है ! ऐसे आदमी के लिए ही तुम मर रही थीं !" हाँ, हाँ, रावण की आत्मा उस दिन अट्टहास कर उठी होगी राम !

तुमने कहा—"रुको !" मेरी सीता रुक गई ! वह चुप थी—किंतु राम, तुम नहीं सुन रहे थे कि मेरी बेटी का रोआँ-रोआँ क्या कह रहा था ?

तुमने पहले से ही चिता सजवा रखी थी ! कितने दूरदर्शी हो तुम राम ! धू-धू आग जल रही थी । "सीते, अग्नि-परीक्षा देनी होगी तुम्हें !" अग्नि-परीक्षा !—सीता ने आग की ओर देखा और कूद पड़ी उसकी लपटों में ! आश्चर्य से तुम्हारी आँखें फटी जा रही थीं राम, यह देखकर, कि मेरी बेटी उस अग्नि-ज्वाल के बीच भी मुस्कुरा रही है ! तुम्हारा वह भोला भाई, तुम्हारी वानरी सेना, तुम्हारे युद्धबंदी राक्षस—उन सबकी तो हालत मत पूछो ! राम, तुम्हें फुर्सत कहाँ थी उन्हें देखने की—तुम्हारी आँखें तो अग्नि-ज्वाल में खड़ी मेरी बेटी के दिव्य-भव्य चेहरे पर अड़ी थीं, गड़ी थीं, जड़ी थीं !

धीरे-धीरे अग्नि-ज्वाल प्रशमित हुई और मेरी बेटी निकली, आग में तपाए सोने की तरह, कुंदन की तरह—दिपती, चमकती । तुम्हारी आँखों में चकाचौंध लगी थी राम, जब मेरी बेटी आकर तुम्हारे चरण छू रही थी !

अब तुम एक बार फूट पड़े, रो पड़े !—"सीते, सीते ! तुम सतीशिरोमणि हो सीते ! लोकापवाद को सदा के लिए, नष्ट करने के ही लिए मुझे यह कठोर कर्म करना पड़ा है सीते !"—तुम बोले !

लेकिन राम, तुम्हारे हृदय का अविश्वास तब भी नहीं गया था, राम ! नहीं तो इस अग्नि-परीक्षा के बाद एक धोबी के कहने पर, तुम उसे बनवास नहीं देते और उस हालत में, जब उस बेचारी पर तुमने मातृत्व का बोझ लाद दिया था !

उफ्, निर्दयता की भी कोई हद होती है, राम । और यही करना था तो साफ क्यों नहीं कह दिया—धोखे से उसे जंगल भेजा और जब तुम्हारा नाम लेती-लेती वह मूर्च्छित हो गई, तो तुम्हारा भाई उसे एकाकी छोड़कर भाग आया ! वाह रे तुम्हारा भोला भाई !

भगवान ने तुम्हें भाई भी कैसा दिया है कि जिससे तुम जब जो चाहो, करवा लो ।

तुम निरपराधिनी सीता पर दंड पर दंड बरसाते रहे और वह ऐसी कि तुम्हारे अपराधों पर पर्दा डालती रही । यदि वह वाल्मीकि ऋषि से सब बातें खोलकर कह दिए होती, तो राम, एक तो रामायण लिखी नहीं जाती और यदि लिखी जाती, तो कुछ दूसरी ही तरह ।

और, जब उसके बेटों ने बता दिया कि उसकी माँ क्या है—जब तुम्हारे महावीर हनुमान बंधन में पड़े

दुम दबाए बैठे थे, जब तुम्हारे भक्त-विभीषण भ्रातृ-द्रोह का फल चख रहे थे, जब तुम्हारे भोंदू लक्ष्मण बेहोश पड़े थे—तब तुम्हारी आँखें थोड़ी देर के लिए फिर खुलीं राम ! राम, फिर तुमने एक बार त्याग का स्वाँग किया ! हाँ, हाँ, यह स्वाँग ही था। तुम्हें चक्रवर्ती कहलाना था और सीता के बेटों पर विजय प्राप्त कर यह गौरव नहीं प्राप्त किया जा सकता, यह तुम समझ गए। इसीलिए फिर सीता को गले लगाया, उसके बेटों को 'बेटे, बेटे' कहकर फुसलाया।

किंतु, जब चक्रवर्त्तित्व मिल गया, तो फिर सीता की क्या कीमत? तुमने इस बार भरी सभा में बुलाकर उसे अपमानित कराया राम !

आह ! सीता पर कलंक ! मेरी सीता पर कलंक ! मेरे देवता की सीता पर कलंक ! यह सीता पर कलंक नहीं, तुम्हारी अयोध्या पर कलंक है राम; जहाँ के धोबी ऐसे मुँहचढ़े हैं, जहाँ का पुरोहित इतना सिरचढ़ा है। मैं जानती हूँ राम, इस सारी घटना में तुम्हारे उस बूढ़े ब्राह्मण का कितना हाथ है ! तुम्हारी अयोध्या के ही योग्य वह पुरोहित है राम !

आह ! जिस पृथ्वी पर मंदोदरी के लिए जगह है, जिस पृथ्वी पर तारा के लिए जगह है, जिस पृथ्वी पर कर्कशा कैकेई के लिए जगह है, जिस पृथ्वी पर तुम्हारी 'साध्वी' माता कौशल्या के लिए जगह है, उस पर सीता के लिए जगह नहीं ! सीता के लिए, सती-सीमन्तिनी सीता के लिए, पति-प्राणा सीता के लिए।

देखती हूँ राम, देखती हूँ। माताओं की चर्चा ने तुम्हें तिलमिला दिया। किंतु कहे देती हूँ राम, आँखें मत गुरेड़ो, मत गुरेड़ो। बात तीखी हो गई; किंतु सच्ची बात हमेशा मीठी नहीं हुआ करती। हाँ, हाँ, मुझे अफसोस यही है राम, कि तुमने अपने घर या अपने मित्रों के घर की स्त्रियों के मापदंड से ही मेरी बेटी के चरित्र को मापने की कोशिश की। आँखें मत गुरेड़ो, राम, जरा तह तक देखने की कोशिश करो !

और, एक दिन तुम तह तक देखोगे और रोओगे ! हाँ, हाँ, राम, तुम रोओगे। तुम जंगल में भी रोए थे राम; किंतु इस बार का रुदन कुछ विचित्र होगा ! अबकी तुम्हारा रुदन कोई देख भी नहीं सकेगा, सुन भी न सकेगा राम ! अरे, अपनी ही हिचकियाँ तुम्हारा गला दबा देंगी—तुम अपने ही आँसुओं में डूब मरोगे राम ! हाँ, डूब मरोगे, डूब मरोगे ! तुम डूबोगे, तुम्हारा यह भोला भाई डूबेगा, तुम्हारा सारा परिवार डूबेगा और उसी के साथ डूबेगी सारी अयोध्या की श्रीशोभा। जहाँ सीता का अपमान हुआ, वह स्थान अपना गौरव खो चुका। वाल्मीकि की कृपा से तुम मर्यादा पुरुषोत्तम भले ही बने रहो राम, लेकिन सीता के साथ ही, ओ अयोध्ये, तुम्हारा गौरव सदा के लिए पाताल-प्रवेश कर गया।

आह, राजा जनक ने उस दिन एक भविष्यवाणी ही की थी, जब उन्होंने सीता को पृथ्वी की पुत्री कहा था। पृथ्वी, पृथ्वी, तूने मेरी बेटी को अपनी गोद में ले लिया; अब आकाश, आकाश, तू अपनी शरण मुझे दे।

आकाश, आकाश ! अहा, बेटी पाताल चली; माँ आकाश की ओर जा रही है !

[स्त्री की छायामूर्त्ति धीरे-धीरे ऊपर उठती हुई विलीन हो जाती है।]

परिशिष्ट-1

नृत्य रूपक

पाटलिपुत्र

पहला दृश्य : पाटलिपुत्र का जन्म

कथा-सूत्र

एक प्राचीन लोक-कथा है कि एक कृषक-दम्पती संतानहीनता के कारण बहुत दुखी थे। एक साधु से भेंट हुई, उन्होंने बताया कि एक पाटलि का वृक्ष रोपकर उसका सिंचन करो, अवश्य पुत्र प्राप्त होगा। कृषक-दम्पती ने ऐसा ही किया। उन्हें पुत्र प्राप्त हुआ। उस स्थान पर धीरे-धीरे एक गाँव बस गया। वही पाटलिपुत्र के नाम से प्रसिद्ध नगर बन गया।

नृत्य-कथा

एक कृषक-महिला उदास बैठी है—सोचती है, भगवान ने मुझे एक पुत्र नहीं दिया।

कुछ बच्चे हँसते-खेलते, गाते-बजाते उसके निकट से चले जाते हैं।

कृषक-महिला और उदास हो जाती है।

कृषक आता है। पूछता है—उदास क्यों हो?

कृषक-पत्नी कहती है—आह! भगवान ने हमें एक संतान नहीं दी।

कृषक : बच्चे के लिए? तो उदास मत हो। आज एक तपस्वी से भेंट हुई थी। उन्होंने कहा कि हम पाटलि का एक वृक्ष रोपें, उसे सींचें, उसे पूजें तो हमें पुत्र प्राप्त होगा।

कृषक-पत्नी आनन्दित हो उठती है! क्या हमें पुत्र प्राप्त होगा? तो चलो, आज ही पाटलि का वृक्ष रोपें।

कृषक चबूतरा बनाता है, पाटलि का बिरवा रोपता है। उसे सींचता है। उसकी पूजा करता है।

छाया-चित्र

पाटलि का बिरवा बढ़ता है। कृषक-दम्पती को पुत्र प्राप्त होता है, जिसे लेकर उस वृक्ष के नीचे कृषक-पत्नी खड़ी है। आकाश में चन्द्रमा उगता है। बच्चा उसकी ओर इंगित करता है—

गाना—"मैया मैं चन्द खिलौना लैहों!"

दूसरा दृश्य : तीन भय

उसी स्थान पर धीरे-धीरे एक बस्ती बस जाती है। सोन, गंडक और गंगा के संगम पर होने के कारण उसका महत्त्व बढ़ता जाता है। उधर लिच्छिवियों के आक्रमण के भय से वहीं अजातशत्रु एक दुर्ग बनवाना प्रारम्भ करता है। इसी समय भगवान बुद्ध आते हैं और इस बस्ती का महान भविष्य बताते हुए उसे तीन भयों से बचने का आदेश करते हैं।

नृत्य-कथा

दुर्ग बनाने के लिए कुछ पत्थर तोड़ रहे हैं, कुछ लकड़ी चीर रहे हैं, कुछ मकान बना रहे हैं।

कुछ युवक-युवतियाँ गाते-नाचते हुए आते हैं और कृषि-कर्म में लग जाते हैं।

गान—रोपनी····

भगवान बुद्ध का आगमन—उनके पीछे भिक्षुवर आनन्द हैं।

युवक-युवतियाँ बुद्ध को देखते ही काम-धाम बन्द कर देते हैं।

बुद्ध आनन्द से पूछते हैं : आनन्द, यह कौन-सा स्थान है?

आनन्द : भगवान, यह पाटलिपुत्र है। यहीं सम्राट अजातशत्रु एक दुर्ग का निर्माण करने जा रहे हैं, क्योंकि उन्हें लिच्छिवियों से डर है।

बुद्ध : आनन्द, इस नगरी का भविष्य महान है, किन्तु इसे तीन भयों से बचाना पड़ेगा।

आनन्द : तीन भय? वे क्या हैं, भगवन?

बुद्ध : पहला भय आग का, दूसरा भय पानी का, तीसरा भय फूट का। आनन्द, इन नागरिकों से कह दो, अपने नगर को इन तीन भयों से बचाएँ।

आनन्द युवक-युवतियों से कहते हैं : देखो, भगवान बुद्ध कह रहे हैं, अपने नगर को तीन भयों से बचाना—1. आग से, 2. पानी से, 3. फूट से!

बुद्ध और आनंद जाते हैं। युवक-युवतियाँ आपस में बातें करते हैं : हमें तीन भयों से बचना है—आग से, पानी से, फूट से।

तीसरा दृश्य : चन्द्रगुप्त-चाणक्य

कथा-सूत्र

धीरे-धीरे पाटलिपुत्र एक विशाल नगर और एक साम्राज्य की राजधानी बन जाता है। वहाँ नन्दों का राज्य होता है। अन्तिम नन्द महान दुराचारी और अत्याचारी निकला। उसके नाश के लिए चन्द्रगुप्त और चाणक्य की एक अद्‌भुत जोड़ी पाटलिपुत्र के रंगमंच पर अवतीर्ण होती है।

छाया-चित्र

एक युवक नृत्य करते हुए निकल जाता है। फिर एक युवती नृत्य करती हुई जाती है। एक शराबी लड़खड़ाता हुआ जाता है। एक सैनिक दो बच्चों को पीटते-घसीटते हुए जाता है। चीख और कराह के शब्द सुनाई पड़ते हैं।

नृत्य-कथा

वीरवेश में चन्द्रगुप्त का प्रवेश होता है।

चन्द्रगुप्त : नहीं, नहीं, यह पतन का मार्ग है।····यह विलासिता! यह अत्याचार!! नहीं, नहीं, इसे रोकना है। गंगा, गंडक और सोन की त्रिवेणी के तट पर यह पाप! इस पाप को इस त्रिवेणी में डुबोना होगा। नन्द को सिंहासन से उतारना होगा—उतारना होगा—उतारना होगा!!

दूर पर देखता है—

चाणक्य कुशों को उखाड़-उखाड़कर फेंक रहे हैं और उनकी जड़ों में मट्ठा दे रहे हैं।

चन्द्रगुप्त निकट जाकर : तपस्वी! यह क्या कर रहे हैं आप?

चाणक्य नहीं सुनते, वह अपना काम किए जा रहे हैं। चन्द्रगुप्त के बार-बार पूछे जाने पर—

चाणक्य : यह कुश पैर में गड़ गया था। उसे जड़मूल से नाश कर रहा हूँ।

चन्द्रगुप्त : तुच्छ कुश पर इतना क्रोध ! और यहाँ के कु-शासन पर नहीं, जो राष्ट्र के सारे शरीर में बिंध रहा है। तपस्वी, कुश पैर में गड़ता है, एक व्यक्ति को घायल करता है। किन्तु कुशासन राष्ट्र के सारे शरीर को, उसकी आत्मा तक को बींध डालता है, जर्जर कर देता है, रक्तहीन कर देता है।

चाणक्य चन्द्रगुप्त को गम्भीरता से देखते हुए : तुम कौन हो युवक? यह कुश—यह कुशासन? क्या तुम कुशासन को दूर करोगे?

चन्द्रगुप्त : हाँ, यदि आप जैसे धुनी तपस्वी का आशीर्वाद मिले।

चाणक्य चन्द्रगुप्त को गले लगाते हैं। फिर शिखा खोलकर प्रतिज्ञा करते हैं :

जब तक इस कुशासन को दूर न करूँगा, शिखा नहीं बाँधूँगा। चलो बेटा, अब हम इसकी तैयारी में जुटें !

चौथा दृश्य : ग्रीक-विजय

कथा-सूत्र

चन्द्रगुप्त और चाणक्य, बल-बुद्धि के संयोग से नन्दों का नाश हुआ। अब पाटलिपुत्र के स्वर्ण-सिंहासन पर बैठकर सम्राट चन्द्रगुप्त बड़े साम्राज्य का सुख भोग सकते थे। किन्तु सिकन्दर ने भारत के एक बड़े भाग को जीतकर अपने साम्राज्य में मिला लिया था। खण्डित भारत के उस भाग का उद्धार किए बिना क्या चन्द्रगुप्त सुख-ऐश्वर्य की ओर ध्यान दे सकते थे?

नृत्य-कथा

पाटलिपुत्र के स्वर्ण-सिंहासन के निकट चन्द्रगुप्त और चाणक्य। चाणक्य कहते हैं :

नन्दों का नाश हुआ। कुशासन का अन्त हुआ। अब इस सिंहासन पर बैठकर देश को सुशासन का सुख दो।

चन्द्रगुप्त : गुरुदेव ! आप यह क्या कह रहे हैं? क्या आप देख नहीं रहे, हमारा देश आज खण्डित है। इसका एक भाग पराधीनता के पाश में जकड़ा है। जब तक देश एक न होगा, सुशासन कैसे चल सकता है?

चाणक्य : बेटा धन्य ! हम तुमसे यही आशा किए हुए थे। तो एक बार फिर तुम्हारी तलवारों का जौहर संसार देख ले। ग्रीकों को अपने बल का घमण्ड भी है बेटा, उसे चूर्ण करो।

चन्द्रगुप्त : आपका आशीर्वाद चाहिए, गुरुदेव ! आपका वरद हस्त इस मस्तक पर रहे। फिर, इस तलवार को कौन रोक सकेगा?

चाणक्य अपने हाथ चन्द्रगुप्त के मस्तक पर ले जाकर आशीर्वाद देते हैं।

छाया-चित्र

एक ऊँचे स्थान पर चाणक्य और चन्द्रगुप्त खड़े हैं। चन्द्रगुप्त सैनिकों को उत्साहित कर रहे हैं। युद्ध का दृश्य : ग्रीकों का पलायन।

नृत्य-कथा

फिर उसी स्वर्ण-सिंहासन के निकट चाणक्य, चन्द्रगुप्त। चाणक्य आज्ञा करते हैं। चन्द्रगुप्त सिंहासन पर बैठते हैं।

इसी समय ग्रीक-दूत का प्रवेश : वह सैल्युकश के आगमन की सूचना देता है। सैल्युकश का आगमन, उसके पीछे उसकी पुत्री। सैल्युकश अपनी पुत्री अर्पित करता है। चाणक्य की आज्ञा से वह सिंहासन पर बैठती है।

नर्तकियाँ आती हैं और गाती हैं :

"अरुण यह मधुमय देश हमारा !"

पाँचवाँ दृश्य : धर्म-विजय

कथा-सूत्र

पाटलिपुत्र का वैभव और प्रभाव बढ़ता गया। अब उसके सिंहासन पर एक ऐसा सम्राट बैठा जिसे इतिहास संसार का सबसे महान सम्राट मानता है। उसकी महानता तुच्छ विजयों के कारण नहीं, धर्म-विजय के कारण स्वीकृत की गई है। सम्राट अशोक की धर्म-विजय ! तलवार छोड़कर, धर्म से विजय करना; भूमि पर नहीं, हृदय पर विजय करना ! उसी अशोक की त्रिमूर्तिसिंह वाला धर्मचक्र तो आज स्वतन्त्र भारत का राज्यचिन्ह है !

नृत्य-कथा

स्वर्ण-सिंहासन पर भिक्षुओं के परिधान में सम्राट अशोक बैठे हुए हैं। दाहिनी ओर पुत्र महेन्द्र, बाईं ओर पुत्री संघमित्रा !

देश-देश से भिक्षु आते हैं। बैठते हैं। संसार भर में धर्म-प्रचार कैसे हो, विचार होता है।

एक भिक्षु : हमने थल पर तो विजय पा ली है, अब जल पर विजय प्राप्त करना चाहिए। हम सिंहल धर्मदूत भेजें—सिंहल, जहाँ राम ने एक बार राक्षसता दूर की थी।

दूसरा भिक्षु : (आश्चर्य से) सिंहल ! सिंहल में राक्षस हैं, भयानक लोग, फिर बीच में समुद्र, समुद्र—बड़ी-बड़ी तरंगें, जो नावों को निगल जाएँ।

तीसरा भिक्षु : हाँ, मार्ग कठिन है।

संघमित्रा उठती है, कहती है : पिताजी, मुझे आज्ञा दीजिए, मैं जाऊँगी। मैं समुद्र की तरंगों पर विजय करूँगी, मैं राक्षसता के हृदय पर धर्म की विजय स्थापित करूँगी।

महेन्द्र कह उठते हैं : वाह ! मेरी बहन, इस धर्म-विजय में भाई तुम्हारा साथ देगा। मुझे भी आज्ञा दीजिए पिताजी !

संघमित्रा अपने आभूषणादि उतारती है। महेन्द्र अपने परिधानादि उतारते हैं। दोनों चलते हैं—अशोक भाव-विमुग्ध हैं। भिक्षु आश्चर्यमुग्ध !

छठा दृश्य : स्कन्दगुप्त विक्रमादित्य

कथा-सूत्र

मौर्यों के बाद गुप्तों का स्वर्णयुग आया। पाटलिपुत्र अब चक्रवर्ती राज्यों की राजधानी के रूप में जगदविख्यात हुआ। उसके स्वर्ण-सिंहासन पर वे बैठे जिन्हें सारे देश ने विक्रमादित्य के नाम से भूषित किया—वे चन्द्रगुप्त द्वितीय थे, या स्कन्दगुप्त, यह विवाद नगण्य है ! उनके युग में कविता, संगीत, चित्रकला, गणित आदि की अत्यन्त वृद्धि हुई और उन्होंने ही शकों और हूणों से देश को मुक्ति दिलाई।

नृत्य-कथा

स्कन्दगुप्त की राजसभा। राजसभा में गुणी और कलाकार आते हैं।

कवि—सुनाते हैं।

वादक—वीणा बजाते हैं।

गणक—पृथ्वी गोल है सिद्ध करते हैं।

चित्रकार—चित्र दिखाते हैं।

इसी समय एक दूत घबराया हुआ आता है।

दूत बताता है : देश पर शकों और हूणों की चढ़ाई हो रही है। वे बड़े भयानक हैं। लोगों को कत्ल करते हैं। गाँवों को जलाते हैं। स्त्रियों को बेइज्जत करते हैं।

सब घबरा जाते हैं।

स्कन्दगुप्त कहते हैं :

देश पर संकट आया है। कलाकारो, गुणियो, छोड़िए लेखनी, कूची, देश पर संकट है, हम चलें, देश का उद्धार करें।

सब सहमत होते हैं।

स्कन्दगुप्त की माता आती हैं। सबके सिर पर रोली-चन्दन लगाती हैं।

बेटा, जाओ, देश का उद्धार करो।

अन्धकार-युग

भारतीय इतिहास में, गुप्त-साम्राज्य के लुप्त हो जाने के बाद ही, एक अन्धकार-युग का आरम्भ हो जाता है। जो पाटलिपुत्र भारतीय गौरव के केन्द्र-स्थल की हैसियत से एक हजार वर्षों तक अपनी गरिमा संसार पर बिखेरता रहा, धीरे-धीरे वह भी अन्धकार में चला गया। मुगलों के जमाने में शेरशाह ने इस प्राचीन नगरी में जान फूँकने की कोशिश की, लेकिन अपने छोटे-से राज्यकाल के कारण वह भी कुछ अधिक नहीं कर सका।

लगभग सौ वर्षों तक अँगरेज व्यापारियों के षड्यन्त्र का भी यह अखाड़ा रहा और 1857 के प्रथम भारतीय स्वतन्त्रता संग्राम में यहाँ भी अँगरेजी राज्य के विरुद्ध कुछ सुगबुगाहट रही। लेकिन दानापुर की पल्टन पूरब की ओर नहीं बढ़कर पश्चिम की ओर चली गई और जो गौरव पाटलिपुत्र को मिलना था, वह जगदीशपुर को प्राप्त हुआ। यों लगभग एक हजार वर्षों तक पाटलिपुत्र घोर अन्धकार में विलीन रहा। यहाँ तक कि कभी-कभी इसका स्वतन्त्र अस्तित्व तक दृष्टिगोचर नहीं हो रहा था।

सातवाँ दृश्य : गाँधीजी का पदार्पण

कथा-सूत्र

भारतीय इतिहास के रंगमंच पर महात्मा गाँधी का पदार्पण होता है और पाटलिपुत्र का भाग्य-पटल जैसे अचानक खुल जाता है। पाटलिपुत्र को अपने पद-रज से पवित्र करते हुए गाँधीजी चम्पारण जाते हैं। मानो नया 'बुद्ध' अपने 'आनन्द' की खोज में फिर पाटलिपुत्र आता है। नए 'बुद्ध' को नया 'आनन्द' मिला—हमें हमारा 'राजेन्द्र' मिला। 1921 का असहयोग आन्दोलन! और संसार पाटलिपुत्र का कर्तृत्व देख चकित रह गया।

छाया-चित्र

गांधीजी का छायाचित्र। वह चित्र धीरे-धीरे बढ़ता जाता है। स्त्री-पुरुष, बूढ़े, जवान, बच्चे उसके चारों ओर एकत्र होते जाते हैं। ये लोग प्रणाम करके हट जाते हैं। गांधीजी की छाया बनी रहती है।

नृत्य-कथा

दो वकील आते हैं। बातें करते हैं :

1. सुना, पंजाब में क्या हुआ है? जलियाँवाला बाग में गोलीकाण्ड! गांधीजी ने कहा है—यह सरकार की शैतानी है!

2. लेकिन किया क्या जाए?

1. गांधीजी ने असहयोग का रास्ता बताया है। हम वकालत छोड़ दें।

2. ठीक, शैतान सरकार की अदालत में हम वकालत नहीं करेंगे।

दोनों चोगे उतारते हुए चल देते हैं।

एक तरफ से कुछ छोटे विद्यार्थी—दूसरी तरफ से एक नौजवान विद्यार्थी—

नौज. : अरे कहाँ चले, स्कूल!

छोटे : जी हाँ!

नौज. : सुना नहीं, गांधीजी ने कहा है—सरकारी विद्यालय गुलामखाना है— अँगरेज अपने लिए वहाँ गुलाम ढालते हैं।

छोटे बच्चे आश्चर्य से उसको देखते हैं। उनमें से एक : तो हम क्या करें?

नौज. : स्कूल छोड़ो, कॉलेज छोड़ो!

सब विद्यार्थी किताबें पटककर चल देते हैं।

दो युवतियाँ आती हैं। एक युवती :

"सुना, गांधीजी ने क्या कहा?"

"क्या?"

"विलायती कपड़ा पहनना पाप है!"

"पाप?"

"और ये गहने हम स्वराज्य-फण्ड में दे दें!"

"अरे!"

"हाँ, हम विदेशी कपड़े नहीं पहनेंगी। हम अपने गहने देश के काम के लिए देंगी।"

दोनों स्त्रियाँ गहने उतारती हुई जाती हैं।

एक हिन्दू, एक मुसलमान आते हैं।

हिन्दू : भाई, क्या हम लड़ते रहेंगे? क्या ये विदेशी हमें लड़ाते रहेंगे?

मुसलमान : अरे भाई, मुसलमानों के लिए ही इन्होंने क्या किया? खिलाफत तक को महफूज नहीं रखा।

हिन्दू : तो हम मिल जाएँ।

मुसलमान : हाँ, मिलकर देश को आजाद कराएँ।

दोनों गले-गले मिलते हैं और जाते हैं।

छाया-चित्र

विदेशी कपड़ों की होली जलाई जा रही है।
मौलाना मजहरुल हक और श्री राजेन्द्र प्रसाद
सदाकत आश्रम
बीच में ये दोनों—अगल-बगल आश्रमवासी चर्खा काते जा रहे हैं।
(चर्खे का गीत)

आठवाँ दृश्य : अँगरेजो, भारत छोड़ो

कथा-सूत्र

1921 का असहयोग आन्दोलन। फिर 1930 का नमक-सत्याग्रह। देश-माता की जब-जब पुकार हुई, पाटलिपुत्र बढ़-बढ़कर अपनी अनुपम अंजलि अर्पित करता रहा। जब दो जेलों—सीटी जेल, बाँकीपुर जेल से काम नहीं चला, तो अफीम-गुदाम को जेल बनाया गया। फिर कैम्प जेल बना। पाँच हजार राजबन्दियों का वह अद्‌भुत कल्पवास—"ला ला के हमें रख दिया काँटों के जेल में !" किन्तु, यह सब तो मानो 1942 की अगस्त-क्रान्ति की भूमिका थी। गांधीजी ने "अँगरेजो, भारत छोड़ो" का नारा दिया और पाटलिपुत्र अपना शानदार हिस्सा लेने को आगे बढ़ा—

नृत्य-कथा

कुछ नौजवान झण्डा उड़ाते हुए आते हैं। "अँगरेजो, भारत छोड़ो" का नारा आकाश-व्यापी हो रहा है।
कुछ युवतियाँ झण्डे उड़ाती हुई आती हैं। नारा तेज ही हो रहा है।
सब परामर्श करते हैं—
रेल उखाड़ो, तार तोड़ो, थानों पर कब्जा करो—कचहरियों पर धावा करो !
अन्त में कहते हैं—हम सेक्रेटेरिएट पर चढ़ाई करें।
सब सेक्रेटेरिएट जाते हैं।

छाया-चित्र

एक ओर युवक-युवतियों का झुण्ड : दूसरी ओर गोरी पलटन।
झुण्ड बढ़ना चाहता है : पलटन उसे रोक रही है।
गोली चलती है। विद्यार्थी शहीद होकर गिरते हैं।

नृत्य-कथा

एक पंक्ति में शहीदों की लाशें—लाल कपड़ों में लिपटीं। ऊपर से झण्डे झुके।
उदास युवक-युवती लाशों के अगल-बगल।
गाना होता है—

> शहीदों की चिताओं पर जुड़ेंगे हर बरस मेले
> वतन पर मरनेवालों का यही बाकी निशाँ होगा।

नवाँ दृश्य : स्वतन्त्र भारत

कथा-सूत्र

बयालांस का विद्रोह रंग लाकर रहा। 1947 के पन्द्रह अगस्त को अँगरेजों ने भारत छोड़ दिया। शासन प्रबन्ध भारतीयों के हाथ में सौंपकर वे चले गए। लेकिन, इंग्लैंड की छत्रछाया बनी रही। अन्ततः विधान-परिषद ने स्वतन्त्र भारत के लिए एक विधान बनाया। पाटलिपुत्र का सौभाग्य कि उसका ही एक सपूत इस परिषद का अध्यक्ष था। उस विधान के अनुसार 26 जून, 1950 को पाटलिपुत्र ने भी शान से जनतन्त्र-दिवस मनाया। क्यों न मनावे, जब भारतीय इतिहास में सम्पूर्ण भारत के लिए जनतन्त्र बना, तो उसके अध्यक्ष-पद के लिए उसी के एक सपूत को चुना गया। दिल्ली की गद्दी पर उसका सपूत सिंहासनारूढ़ हो रहा था, पाटलिपुत्र इधर उत्सव मना रहा था।

नृत्य-कथा

सम्राट जार्ज का चित्र टँगा है। युवक आते और उसे हटाते हैं।

15 अगस्त 1947

बीच में शहीद स्तम्भ ऊपर झण्डा लहरा रहा""

युवतियाँ आती हैं : फूल चढ़ाती हैं।
युवक आते हैं : फूल चढ़ाते हैं।
बच्चे आते हैं : फूल चढ़ाते हैं।
बूढ़े आते हैं : फूल चढ़ाते हैं।
शहीद स्तम्भ को घेरकर खड़े हो जाते हैं—झण्डा लहराते हैं !
झण्डा लहराते हैं
झण्डा ऊँचा रहे हमारा !
इसकी शान न जाने पाए
चाहे जान भले ही जाए
विश्व मुग्ध करके दिखलाएँ
तब होवे प्रण पूर्ण हमारा
झण्डा ऊँचा रहे हमारा !

[अप्रकाशित, 1947]

परिशिष्ट-2

बिहारी सतसई

टीकाकार : श्रीरामवृक्ष बेनीपुरी

निवेदन

जब हम 1903 में शिवहर में पढ़ते थे, हमें पारितोषिक-रूप में अन्य पुस्तकों के साथ बिहारी-सतसई की भी एक प्रति मिली थी। उस समय हम उसका रस नहीं चख सकते थे, इसलिए हमने उसे आलमारी में डाल दिया। जब पटने पढ़ने गए, तब सतसई पर कभी-कभी दृष्टि पड़ने लगी। धीरे-धीरे सुधा का स्वाद मिलता गया और अधिक-से-अधिक चखने का चस्का लगता गया। यों दिन-रात, सप्ताह, महीने और बरस बीत चले। दस-से-बीस और फिर बीस-से-तीस पर आए। सदा इसी चिंता में रहे कि आज इसकी टीका लिखते हैं और कल छपती है। इसी बीच, एक नहीं, दो नहीं, बल्कि कई टीकाएँ निकल गईं। इनमें से कोई भी सुलभ और सब तक पहुँचनेवाली नहीं ठहरी। हम चुप्पी साधे रहे। पाठ्य पुस्तकों के लिखने से छुट्टी भी नहीं थी कि कलम चलाते। इसी बीच एक विद्वान् सतसई-सेवी से भेंट हुई। टीका तैयार करने में उन्होंने भी कई बरस लिए। टीका तैयार भी हुई तो एक पोथा! सुलभ मूल्य में उस टीका को कोई प्रकाशक नहीं निकाल सकता। धीरे-से वह भविष्य के लिए रख छोड़ी गई।

फिर प्रिय मित्र 'रामवृक्ष' से भेंट हुई। उसने सतसई के दोहरों पर अपनी सूझ की परीक्षा दी। हम लट्टू हो गए! बोले—'फुर्सत नहीं कि सतसई की हृत्तंत्री पर हाथ फेरें, तुम रसिक युवक हो, तुम्हीं फेर देखो, शायद तुम्हारे कुछ हाथ आए।' उसने सहर्ष स्वीकार किया और अपनी रसज्ञता, मर्मज्ञता और सहृदयता से हमें मुग्ध कर दिया।

कापी तैयार होने पर पढ़ने लगे। अपनी योग्यता के अनुसार हमने कापी ध्यान से देखकर, जहाँ आवश्यक समझा, उचित संशोधन कर दिया। आद्योपान्त संपादन कर कापी प्रेस में भेज दी।

लिखते हर्ष होता है कि श्रीलक्ष्मीनारायण प्रेस के सुयोग्य संचालक गणपति कृष्ण गुर्जर जी ने इसे केवल 10 दिनों में छापकर समाप्त कर दिया। इसके लिए हम उन्हें हृदय से धन्यवाद देते हैं।

ब्रज-विहारी का यह सर्वस्व बिहारी द्वारा संचित है। बिहारी ही इसका टीकाकार है, और बिहारी ही इसका संपादक—इतना ही नहीं, प्रकाशक भी इसका बिहारी ही है। इस पर पाँच बिहारियों की मुहरें लगी हैं। यदि इस टीका के सहारे हमारे पाठक भी 'सतसई-बिहारी' हुए, तो यह प्रयत्न सचमुच सार्थक होगा।

टीका लिखने, उसे संपादित करने और छापने में बड़ी ही शीघ्रता की गई है। इन सब कामों के लिए केवल एक महीने का समय लगा है।

नवीन संस्करण

हमारे हर्ष की मात्रा उस समय और भी बढ़ जाती है जब हम देखते हैं कि इस टीका के दो संस्करण जिस प्रकार शीघ्रता में छपे थे उसी प्रकार शीघ्रता से खप चुके और इसके नवीन संस्करण की आवश्यकता हुई। 'परिवर्द्धित और परिष्कृत' करने में 'मतवाला-मंडल' के सुप्रसिद्ध मांडलिक सरस-साहित्य-शिल्पी हिंदी-भूषण बाबू शिवपूजन सहाय जी ने जैसा परिश्रम उठाया है, उसके लिए इसके लेखक, संपादक और प्रकाशक सभी उनके चिर-ऋणी रहेंगे। केवल धन्यवाद-प्रदान से ही इस प्रकार के प्रेममय बर्ताव का परिशोध नहीं हो सकता।

—रामलोचन शरण बिहारी

बिहारी सतसई

[सरल-टीका-सहित]

प्रथम शतक

मेरी भव-बाधा हरौ राधा नागरि सोइ।
जा तन की झाँईं परै स्यामु हरित दुति होइ॥ 1॥

अन्वय—सोइ राधा नागरि मेरी भव-बाधा हरौ, जा तन की झाँईं परै, स्यामु दुति हरित होइ।

भव-बाधा = संसार के कष्ट, जन्ममरण का दुःख। नागरि = सुचतुरा। झाँईं = छाया। हरित = हरी। दुति = द्युति, चमक।

वही चतुरी राधिका मेरी सांसारिक बाधाएँ हरें—नष्ट करें; जिनके (गोरे) शरीर की छाया पड़ने से (साँवले) कृष्ण की द्युति हरी हो जाती है।

नोट—नीले और पीले रंग के संयोग से हरा रंग बनता है। कृष्ण के अंग का रंग नीला और राधिका का काञ्चन-वर्ण (पीला)—दोनों के मिलने से 'हरे' रंग प्रफुल्लता की सृष्टि हुई। राधिका से मिलते ही श्रीकृष्ण खिल उठते थे। कविवर रसलीन भी अपने 'अंग-दर्पण' में राधा की यों वंदना करते हैं—

राधा पद बाधा-हरन साधा कर रसलीन।
अंग अगाधा लखन को कीन्हों मुकुर नवीन॥

सीस-मुकुट कटि-काछनी कर-मुरली उर-माल।
इहिं बानक मो मन बसो सदा बिहारीलाल॥ 2॥

अन्वय—सीस-मुकुट कटि-काछनी, कर-मुरली उर-माल, बिहारीलाल इहिं बानक मो मन सदा बसो।

कटि = कमर। बानक = बाना, सजधज। बिहारीलाल = भगवान् कृष्ण।

सिर पर (मोर) मुकुट, कमर में (पीतांबर की) काछनी, हाथ में मुरली और हृदय पर (मोती की) माला—है बिहारीलाल, इस बाने से—इस सजधज से—मेरे मन में सदा वास करो।

मोहनि मूरति स्याम की अति अद्‌भुत गति जोइ।
बसति सुचित अंतर तऊ प्रतिबिंबित जग होइ॥ 3॥

अन्वय—स्याम की मोहनि मूरति गति अति अद्‌भुत जोइ। बसति सुचित अंतर, तऊ प्रतिबिंबित जग होइ।

जोइ = देखना। सुचित = निर्मल चित्त, स्वच्छ हृदय। अंतर = भीतर। प्रतिबिंबित = झलकती है।

श्रीकृष्ण की मोहिनी मूर्ति की गति बड़ी अद्‌भुत देखी जाती है। वह (मूर्त्ति) रहती (तो) है स्वच्छ हृदय के भीतर, पर उसकी झलक दीख पड़ती है सारे संसार में।

तजि तीरथ हरि-राधिका-तन-दुति करि अनुराग।
जिहिं ब्रज-केलि निकुंज-मग पग-पग होत प्रयाग॥ 4॥

अन्वय—तीरथ तजि हरि-राधिका-तन-दुति अनुराग करि, जिहिं ब्रज-केलि निकुंज-मग पग-पग प्रयाग होत।

ब्रज-केलि = व्रजमंडल की लीलाएँ। निकुंज-मग = कुंजों के बीच का रास्ता। प्रयाग = तीर्थराज। निकुंज = लताओं के आपस में मिलकर तन जाने से उनके नीचे जो रिक्त स्थान बन जाते हैं, उन्हें निकुंज वा कुंज कहते हैं, लता-वितान।

तीर्थों में भटकना छोड़कर उन श्रीकृष्ण और राधिका के शरीर की छटा से प्रेम करो, जिनकी व्रज में की गई क्रीड़ाओं से कुंजों के रास्ते पग-पग में प्रयाग बन जाते हैं—प्रयाग के समान पवित्र और पुण्यदायक हो जाते हैं।

सघन कुंज छाया सुखद सीतल सुरभि समीर।
मनु ह्वै जात अजौं वहै उहि जमुना के तीर॥ 5॥

अन्वय—कुंज सघन छाया सुखद समीर सीतल सुरभि, उहि जमुना के तीर अजौं मनु वहै ह्वै जात।

सुरभि समीर = वासंतिक फूलों की गंध से सुगंधित हवा। ह्वै जात = हो जाता है। अजौं = आज भी।

जहाँ की कुंजें घनी हैं, छाया सुख देनेवाली है, पवन शीतल और सुगंधित है, उस यमुना के तीर पर जाते ही आज भी मन वैसा ही हो जाता है—कृष्ण-प्रेम में उसी प्रकार मग्न हो जाता है।

सखि सोहति गोपाल कैं उर गुंजन की माल।
बाहिर लसति मनौ पिए दावानल की ज्वाल॥ 6॥

अन्वय—सखि गोपाल कैं उर गुंजन की माल सोहति, मनौ पिए दावानल की ज्वाल बाहिर लसति।

गुंजन = गुंजा, घुँघची; —एक जंगली लता का फल, जो लाल मूँगे की तरह छोटा होता है; उसकी माला सुंदर होती है। गोपाल = कृष्ण। दावानल = जंगल में लगी हुई आग। ज्वाल = आग की लाल लपट। लसति = शोभती है।

हे सखी! श्रीकृष्ण की छाती पर (लाल-लाल) गुंजाओं की माला शोभती है। (वह ऐसी जान पड़ती है) मानो पिए हुए दावानल की ज्वाला बाहर शोभा दे रही हो—श्रीकृष्ण जिस दावाग्नि को पी गए थे, उसी की लाल लपटें बाहर फूट निकली हों।

नोट—एक समय वृंदावन में भयानक आग लगी थी। कहा जाता है, श्रीकृष्ण उस अग्नि को पी गए थे। वृंदावन जलने से बच गया था।

जहाँ जहाँ ठाढ़ौ लख्यौ स्यामु सुभग सिरमौरु।
बिनहूँ उनु छिन गहि रहतु दृगनु अजौं वह ठौरु॥ 7॥

अन्वय—सुभग सिरमौरु स्यामु जहाँ जहाँ ठाढ़ौ लख्यौ, अजौं वह ठौरु उन बिनहूँ दृगनु छिनु गहि रहतु।

सुभग सिरमौरु = सुंदर पुरुषों में सर्वश्रेष्ठ। ठौर = स्थान। छिन = क्षण। गहि रहतु = पकड़ लेता है।

सुंदरों के सिरताज श्यामसुंदर को जहाँ-जहाँ मैंने खड़े हुए देखा था, उनके न रहने पर भी, आज भी वे स्थान आँखों को एक क्षण के लिए (बरबस) पकड़ लेते हैं—आँखें वहाँ से नहीं हटतीं।

चिरजीवौ जोरी जुरै क्यों न सनेह गँभीर।
को घटि ए बृषभानुजा वे हलधर के बीर॥ 8॥

अन्वय—जोरी चिरजीवौ गँभीर सनेह क्यों न जुरै, को घटि ए बृषभानुजा वे हलधर के बीर॥

चिरजीवौ—(1) सदा जीते रहो, (2) चिर + जीवौ = घासपात खाते रहो। जुरै = जुटे, एक साथ मिले। स्नेह = (1) प्रेम, (2) घी। गँभीर = गंभीर, अगाध। घटि = न्यून, कम, छोटा। बृषभानुजा = (1) वृषभानु + जा = वृषभानु की बेटी, (2) बृषभ + अनुजा = साँड़ की छोटी बहिन। हलधर = (1) बलदेव, (2) हल + धर = बैल। बीर = भाई।

(राधा-कृष्ण की यह) जोड़ी चिरजीवी हो। (इनमें) गहरा प्रेम क्यों न बना रहे? (इन दोनों में) कौन किससे घटकर है? ये हैं (बड़े बाप!) वृषभानु की (लाड़ली) बेटी, (और) वे हैं (विख्यात वीर) बलदेवजी के

छोटे भाई !

श्लेषार्थ—यह जोड़ी घासपात खाती रहे ! इनसे अगाध घी क्यों न प्राप्त हो ? घटकर कौन है ? इनमें ये हैं साँड़ की छोटी बहिन, तो वे हैं बैल के छोटे भाई !

नोट—इस छोटे से दोहे में उत्कृष्ट श्लेष लाकर कवि ने सचमुच कमाल किया है।

नित प्रति एकत ही रहत बैस बरन मन एक।
चहियत जुगल किसोर लखि लोचन जुगल अनेक ॥ 9 ॥

अन्वय—नित प्रति एकत ही रहत बैस बरन मन एक, जुगल किसोर लखि लोचन जुगल अनेक चहियत।

एकत=एकत्र, एकसाथ। बैस=वयस, अवस्था। बरन=वर्ण, रूप-रंग। जुगलकिशोर=दोनों युवक-युवती, किशोर-किशोरी की जोड़ी। लखि चहियत=देखने के लिए चाहिए। लोचन-जुगल=आँखों के जोड़े।

दोनों सदा एकसाथ ही रहते हैं। (क्यों न हो ? दोनों की) अवस्था, रूप-रंग और मन (भी तो) एक-से हैं। इस युगलमूर्त्ति (राधाकृष्ण) को देखने के लिए तो आँखों के अनेक जोड़े चाहिए—दो आँखों से देखने पर तृप्ति हो ही नहीं सकती।

नोट—पद्माकर ने इस जुगल जोड़ी के परस्पर-दर्शन प्रेम पर कहा है—

मनमोहन - तन - धन सघन रमनि - राधिका - मोर।
श्रीराधा, मुखचंद को गोकुलचंद - चकोर ॥

मोर - मुकुट की चन्द्रिकनु यौं राजत नँदनंद।
मनु ससि-सेखर की अकस किय सेखर सतचन्द ॥ 10 ॥

अन्वय—मोर-मुकुट की चन्द्रिकनु नँदनंद यौं राजत, मनु ससि-सेखर की अकस सेखर सतचन्द किय ॥

मोर-मुकुट=मोर के पंख का बना मुकुट। चन्द्रिकनु=मोर की पूँछ के पर में दूज के चाँद-सा चमकीला चिह्न; मोर के पंख की आँख। नँदनंद=नंद के पुत्र, कृष्ण। मनु=मानो। ससिसेखर=जिसके सिर पर चन्द्रमा हो, चन्द्रशेखर, शिव। अकस=ईर्ष्या, डाह। सेखर=सिर। सत=शत, सौ (यहाँ अनेकवाची)।

मोर-मुकुट की चन्द्रिकाओं से (श्रीकृष्ण) ऐसे शोभते हैं, मानो शिवजी की ईर्ष्या से उन्होंने अपने सिर पर अनेक चंद्रमा धारण किए हों।

नाचि अचानक हीं उठे बिनु पावस बन मोर।
जानति हौं, नन्दित करी यहि दिसि नंद-किसोर ॥ 11 ॥

अन्वय—बिनु पावस अचानक हीं बन मोर नाचि उठे; जानति हौं यहि दिसि नंद-किसोर नन्दित करी।

पावस=वर्षा ऋतु। नंदित=आनंदित।

बिना वर्षा-ऋतु के अचानक ही वन में मोर नाच उठे ! जान पड़ता है, इस दिशा को नंद के लाड़ले (घनश्याम) ने आनंदित किया है।

नोट—श्रीकृष्ण का सघन-मेघ-सदृश श्यामल शरीर देखकर भ्रमवश एकाएक मोर नाच उठे थे।

प्रलय करन बरषन लगे जुरि जलधर इक साथ।
सुरपति गरबु हर्‌यो हरषि गिरिधर गिरि धर हाथ ॥ 12 ॥

अन्वय—जलधर इक साथ जुरि प्रलय करन बरषन लगे, गिरिधर हरषि गिरि हाथ धर सुरपति गरबु हर्‌यो।

प्रलय करन=संसार को जलमग्न करने के लिए। जुरि=मिलकर। जलधर=मेघ। सुरपति=इन्द्र। गरबु (गर्व)=घमंड। गिरिधर=कृष्ण। गिरि=पहाड़। धर=धारण कर।

सब मेघ एकसाथ मिलकर प्रलय करने के लिए बरसने लगे। गोवर्द्धनधारी श्रीकृष्ण ने प्रसन्न होकर—इसके लिए मन में कुछ भी दुःख न मानकर—(गोवर्द्धन) पर्वत हाथ में धारण कर—उठाकर—इन्द्र का घमंड चूर किया।

डिगत पानि डिगुलात गिरि लखि सब ब्रज बेहाल।
कंप किसोरी दरसिकै खरैं लजाने लाल॥ 13॥

अन्वय—पानि डिगत गिरि डिगुलात लखि सब ब्रज बेहाल, किसोरी दरसिकै कंप (यह जानि) लाल खरैं लजाने।

पानि = हाथ। डिगुलात = डगमगाना। बेहाल = विह्वल, बेचैन। कंप = थरथराहट। किसोरी = नवेली, राधिका। खरैं = विशेष रूप से। लाल = कृष्ण।

हाथ हिलता और पर्वत डगमगाता है—यह देखकर ब्रजवासी व्याकुल हो गए। राधिका के दर्शन करके (मेरे शरीर के) कम्प के कारण ऐसा हुआ है—पर्वत हिला है (यह समझकर) कृष्णजी खूब ही लज्जित हुए।

नोट—इसी प्रसंग पर किसी कवि ने गजब का मजमून बाँधा है। देखिए, कवित्त—

भौंहनि कमान तानि फिरति अकेली बधू तापै ए बिसिख कोर कज्जल भरै है री। तोहिं देखि मेरेहू गोविंद मन डोलि उठै मधवा निगोड़ो उतै रोष पकरै है री॥ बलि बलि जाहुँ बृषभानु की कुमारी मेरो नैकु कह्यौ मान तेरो कहा बिगरै है री। चंचल चपल ललचौहैं दृग मूँदि राखु जौलौं गिरिधारी गिरि नखा पै धरै है री॥

लोपे कोपे इन्द्र लौं रोपे प्रलय अकाल।
गिरिधारी राखे सबै गो गोपी गोपाल॥ 14॥

अन्वय—लोपे कोपे इन्द्र लौं अकाल प्रलय रोपे; गिरिधारी गो गोपी गोपाल सबै राखे।

लौं = तक। अकाल = असमय।

अपनी पूजा के लुप्त होने से क्रुद्ध हुए इन्द्र तक ने असमय में ही प्रलय करना चाहा। (किंतु) गिरिधारी श्रीकृष्ण ने (गोबर्धन धारण कर) गो, गोपी और गोपाल—सबकी रक्षा की।

नोट—'इन्द्र लौं' का अभिप्राय यह है कि इसके पहले अघासुर, बकासुर आदि के उपद्रव भी हो चुके थे।

लाज गहौ बेकाज कत घेरि रहे घर जाँहि।
गोरसु चाहत फिरत हौ गोरसु चाहत नाँहि॥ 15॥

अन्वय—लाज गहौ घर जाँहि बेकाज कत घेरि रहे; गोरसु चाहत फिरत हौ गोरसु नाँहि चाहत।

बेकाज = व्यर्थ, बेकार, अकारण। कत = क्यों। गोरस = गो + रस = इन्द्रियों का रस, चुंबनालिंगन आदि। गोरस = दही-दूध आदि।

कुछ लाज भी रक्खो—यों बेशर्म मत बनो। मैं घर जा रही हूँ, व्यर्थ मुझे क्यों घेर रहे हो? (अब मैंने समझा कि) तुम इन्द्रियों का रस चाहते हो, दही-दूध नहीं।

मकराकृति गोपाल कैं सोहत कुंडल कान।
धर्‌यो मनौ हिय-गढ़ समरु ड्यौढ़ी लसत निसान॥ 16॥

अन्वय—गोपाल कैं कान मकराकृति कुंडल सोहत; मनौ समरु हिय-गढ़ धर्‌यो, ड्यौढ़ी निसान लसत।

मकराकृति = मकर + आकृति = मछली के आकार का। धर्‌यौ = अधिकार कर लिया। समरु = स्मर = कामदेव। ड्यौढ़ी = फाटक, द्वार। निसान = झंडा।

श्रीकृष्ण के कानों में मछली के आकार के कुंडल सोह रहे हैं। मानो कामदेव ने हृदय-रूपी गढ़ पर अधिकार कर लिया है और गढ़ के द्वार पर उनकी ध्वजा फहरा रही है।

नोट—कामदेव के झंडे पर मछली या गोह का चिह्न माना गया है। इसी से उन्हें मीनकेतु; झखकेतु, मकरध्वज, आदि कहते हैं।

गोधन तूँ हरष्यौं हियै घरियक लेहि पुजाइ।
समुझि परैगी सीस पर परत पसुनु के पाइ॥ 17॥

अन्वय—गोधन तूँ हियै हरष्यौं घरियक पुजाइ लेहि, सीस पर पसुनु के पाइ परत समुझि परैगी।

गोधन=गोबर की बनी हुई गोवर्द्धन की प्रतिमा, जिसे कार्तिक शुक्ला प्रतिपदा को गृहस्थ अपने द्वार पर पूजते हैं और पूजा के बाद पशुओं से रौंदवाते हैं। घरियक=घरी+एक=एक घड़ी।

अरे गोधन! तू हृदय में हर्षित होकर एक घड़ीभर अपनी पूजा करा ले। सिर पर पशुओं के पाँव पड़ने पर ही (इस पूजा की यथार्थता) समझ पड़ेगी!

मिलि परछाँहीं जोन्ह सौं रहे दुहुन के गात।
हरि-राधा इक संग हीं चले गली महिं जात॥ 18॥

अन्वय—दुहुन के गात परछाँहीं (अरु) जोन्ह हरि राधा इक संग ही गली महिं चले जात।

परछाँही=छाया। जोन्ह=चाँदनी। दुहुन=दोनों। गात=शरीर।

दोनों के शरीर (एक का गोरा और दूसरे का साँवला) परछाईं और चाँदनी में मिल रहे हैं। यों, श्रीकृष्ण और राधा एक ही साथ (निःशंक भाव से) गली में चले जाते हैं।

नोट—राधा का गौर शरीर उज्ज्वल चाँदनी में और श्रीकृष्ण का श्यामल शरीर राधा की छाया में मिल जाता था। यों उन दोनों को गली में जाते कोई देख ही नहीं सकता था। फलतः चाँदनी रात में भी वे निःशंक चले जाते थे।

गोपिनु सँग निसि सरद की रमत रसिकु रसरास।
लहाछेह अति गतिनु की सबनि लखे सब पास॥ 19॥

अन्वय—सरद की निसि गोपिनु सँग रसिकु रसरास रमत, लहाछेह अति गतिनु की सबनि सब पास लखे।

रमत=रम रहे हैं, आनंद कर रहे हैं। रसरास=रस-रासलीला। लहाछेह=एक प्रकार का नाच जिसमें बड़ी तेजी से चक्रवत् घूमना पड़ता है; घूमते-घूमते मालूम होता है कि चारों ओर की चीजें पास नाचने लगीं।

शरद् ऋतु की रात में, गोपियों के साथ, रसिक श्रीकृष्ण रसीले रास में रम रहे हैं। अत्यंत चंचल गति के 'लहाछेह' नामक नृत्य के कारण सबने श्रीकृष्ण को सबके पास देखा।

मोर-चन्द्रिका स्याम-सिर चढ़ि कत करति गुमानु।
लखिबी पायन पै लुठति सुनियतु राधा-मानु॥ 20॥

अन्वय—मोर-चन्द्रिका स्याम-सिर चढ़ि कत गुमान करति, सुनियतु राधा-मानु पायन पै लुठति लखिबी।

मोर-चन्द्रिका=मुकुट में लगे मोर के पंखों की आँखें—कलँगी। गुमान=घमंड। कत=क्यों, कितना। लखिबी=देखूँगी। लुठत=लोटते हुए। मान=रोष, रूठना।

अरी मोर-चन्द्रिका! कृष्ण के सिर पर चढ़कर क्यों इतरा रही है? सुना है, राधा मान करके बैठी हैं। (अतएव शीघ्र ही) तुझे उनके पाँवों पर लोटते हुए देखूँगी।

नोट—मानिनी राधा को श्रीकृष्ण जब मनाने जायँगे, तब उनके पैरों पर माथा टेककर मनाएँगे। उस समय मोर-चंद्रिका को राधा के पाँवों पर लोटना ही होगा। मान-भंजन का भव्य वर्णन है।

सोहत ओढ़ैं पीत पटु स्याम सलौनें गात।
मनौ नीलमनि-सैल पर आतप पर्यौ प्रभात॥ 21॥

अन्वय—सलौनें स्याम गात पीत पटु ओढ़ैं सोहत, मनौ नीलमनि-सैल पर प्रभात आतप पर्‌यौ।

पीतपटु = पीला वस्त्र, पीताम्बर। सलौन (स = सहित, लौने = लावण्य) = नमकीन, सुंदर। नीलमनि = नीलम। आतप = धूप।

सुंदर साँवले शरीर पर पीतांबर ओढ़े श्रीकृष्ण यों शोभते हैं मानो नीलम के पहाड़ पर प्रातःकाल की (सुनहली) धूप पड़ी हो।

नोट—यहाँ कृष्णजी की समता नीलम के पहाड़ से और पीताम्बर की तुलना धूप से की गई है। प्रातःरवि की दिव्य और शीतल मधुर किरणों से पीताम्बर की उपमा बड़ी अनूठी है।

किती न गोकुल कुल-बधू काहि न किहिं सिख दीन।
कौनैं तजी न कुल-गली ह्वै मुरली-सुर लीन॥ 22॥

अन्वय—गोकुल कुल-बधू किती न काहि किहिं सिख न दीन, मुरली-सुर लीन ह्वै कौनैं कुल-गली न तजी।

किती = कितनी। काहि = किसको। किहिं = किसने। सिख = शिक्षा। कुल गली = वंश-परंपरा की प्रथा।

गोकुल में न जाने कितनी कुलवधुएँ हैं और किसको किसने शिक्षा न दी? (परंतु कुलवधू होकर और उपदेश सुनकर भी) वंशी की तान में डूबकर किसने कुल की मर्यादा न छोड़ी?

अधर धरत हरि कैं परत ओठ-डीठि पट जोति।
हरित बाँस की बाँसुरी इन्द्र-धनुष रँग होति॥ 23॥

अन्वय—अधर धरत हरि कैं ओठ-डीठि पट जोति परत, हरित बाँस की बाँसुरी इन्द्र-धनुष रँग होति।

अधर = होंठ, ओष्ठ। डीठि = दृष्टि। हरित = हरा।

होंठों पर (वंशी) धरते ही श्रीकृष्ण के (लाल) होंठ (श्वेत, श्याम और रक्त वर्ण) दृष्टि तथा (पीले) वस्त्र की ज्योति (उस वंशी पर) जब पड़ती है, तब वह हरे बाँस की वंशी इन्द्रधनुष की-सी बहुरंगी हो जाती है।

नोट—इन्द्रधनुष वर्षाकाल में आकाश-मंडल पर उगता है। वह मंडलाकार, चमकीला, रँगीला और सुहावना होता है। उसमें सात रंग देखे जाते हैं। यहाँ कवि ने वंशी की रंगों की कल्पना बड़ी खूबी से की है। होंठ के लाल रंग और वस्त्र के पीले रंग के मिलने से नारंगी रंग, फिर होंठ के लाल रंग और दृष्टि के श्याम रंग से बैंगनी रंग—इसी प्रकार, बाँसुरी के हरे रंग और अधरों के लाल रंग से पीला रंग इत्यादि। भगवान् श्यामसुंदर का शरीर सघन मेघ, उसमें पीतांबर की छटा दामिनी की दमक और बाँसुरी इन्द्रधनुष—जिसमें अधर, कर-कमल, दंत-पंक्ति, नख-द्युति और 'श्वेत-स्याम- रतनार' दृष्टि की छाया प्रतिबिंबित है! धन्य वर्णन!

कविवर मैथिलीशरणजी गुप्त ने भी 'जयद्रथ-वध' में खूब कहा है—

प्रिय पांचजन्य करस्थ हो मुख-लग्न यों शोभित हुआ।
कलहंस मानो कंज-वन में आ गया लोभित हुआ॥

छुटी न सिसुता की झलक झलक्यौ जोबनु अंग।
दीपति देह दुहून मिलि दिपति ताफता रंग॥ 24॥

अन्वय—सिसुता की झलक छुटी न अंग जोबनु झलक्यौ, दुहून मिलि देह दीपति ताफता रंग दिपति।

सिसुता = शिशुता = बचपन। जोबनु = जवानी। देह-दीपति = देह की दीप्ति, शरीर की चमक। ताफता = धूपछाँह नामक कपड़ा जो सीप की तरह रंग-बिरंग झलकता या मोर की गरदन के रंग की तरह कभी हलका और कभी गाढ़ा चमकीला रंग झलकता है। 'धूप + छाँह' नाम से ही अर्थ का आभास मिलता है। दिपति = चमकती है।

अभी बचपन की झलक छूटी ही नहीं, और शरीर में जवानी झलकने लगी। यों दोनों (अवस्थाओं) के

मिलने से (नायिका के) अंगों की छटा धूपछाँह के समान (दुरंगी) चमकती है।

तिय तिथि तरनि किसोर-बय पुन्य काल सम दोनु।
काहूँ पुन्यनु पाइयतु बैस - सन्धि संक्रोनु॥ 25॥

अन्वय—तिय तिथि किसोर-बय तरनि, दोनु पुन्य काल सम, बैस-सन्धि संक्रोनु काहूँ पुन्यनु पाइयतु।

तरनि=सूर्य। सम=समान राशि में आना, इकट्ठा होना। दोनु= दोनों। संक्रोनु=संक्रान्ति। बैस=वयस, वय, उम्र।

स्त्री (नायिका) तिथि है और किशोरावस्था (लड़कपन और जवानी का संधिकाल) सूर्य है। ये दोनों पुण्य-काल में इकट्ठे हुए हैं। वयःसन्धि (लड़कपन की अंतिम और जवानी की आरंभिक अवस्था) रूपी संक्रान्ति (पवित्र पर्व) किसी (संचित) पुण्य ही से प्राप्त होती है।

नोट—कृष्ण कवि ने इसकी टीका यों की है—

उत सूरज रासि तजै जब लौं नहिं दूसरि रासि दबावतु है।
तब लौं वह अन्तर को समयो अति उत्तम बेद बतावतु है॥
इतहू जब बैस किसोर-दिनेस दुहू वय अन्तर आवतु है।
सुकृती कोउ पूरब पुन्यन ते बिबि संक्रम को छनु पावतु है॥

लाल अलौकिक लरिकई लखि लखि सखी सिहाति।
आज काल्हि मैं देखियत उर उकसौंहीं भाँति॥ 26॥

अन्वय—लाल अलौकिक लरिकई लखि लखि सखी सिहाति, आज काल्हि मैं उर उकसौंहीं भाँति देखियत।

सिहाति=ललचाती है। उकसौंहीं-भाँति=उभरी हुई-सी, उठी-सी, अंकुरित-सी।

ऐ लाल! इसका विचित्र लड़कपन देख-देखकर सखियाँ ललचती हैं। आज-कल में ही (इसकी) छाती (कुछ) उभरी-सी दीख पड़ने लगी है।

भावकु उभरौंहौं भयो कछुक परयौ भरुआइ।
सीपहरा के मिस हियौ निसि-दिन देखत जाय॥ 27॥

अन्वय—भावकु उभरौंहौं, भयो कछुक भरुआइ परयौ, सीपहरा के मिस हियौ देखत निसि-दिन जाय।

भावकु (भाव+एकु)=कुछ-कुछ। उभरौंहौं=विकसित, उभरे हुए। भरु=भार, बोझ। सीपहरा=सीप से निकले मोतियों की माला। मिस=बहाना। हियो=हृदय, छाती।

(उसकी छाती) कुछ-कुछ उभरी-सी हो गई है (क्योंकि उस पर अब) कुछ बोझ भी आ पड़ा है। (इसलिए) मोती की माला के बहाने अपनी छाती देखते रहने में ही (उसके) दिन-रात बीतते हैं।

इक भीजैं चहलैं परैं बूड़ैं बहैं हजार।
किते न औगुन जग करै नै बै चढ़ती बार॥ 28॥

अन्वय—इक भीजैं चहलैं परैं बूड़ैं हजार बहैं, नै बै चढ़ती बार जग किते औगुन न करै।

भीजैं=शराबोर हुए। चहलै परै=दलदल में फँसें। बूड़ैं=डूब गए। नै=नदी। बै=वय, अवस्था। औगुन=उत्पात, अनर्थ।

कोई भीगता है, कोई दलदल में फँसता है, और हजारों डूबते बहे जाते हैं। नदी और अवस्था (जवानी) चढ़ते (उमड़ते) समय संसार के कितने अवगुण नहीं करती हैं।

नोट—उठती जवानी में कोई प्रेम-रंग में सराबोर होता है, कोई वासना रूपी दलदल में फँसता है, कोई विलासिता में डूब जाता है, कितने उमंग-तरंग में बह जाते हैं। क्या-क्या उपद्रव नहीं होते। नदी में बाढ़ आने पर तरह-तरह के अनर्थ होते ही हैं।

अपने अँग के जानि कै जोबन नृपति प्रबीन।
स्तन मन नैन नितंब कौ बड़ौ इजाफा कीन॥ 29॥

अन्वय—अपने अँग के जानि कै जोबन प्रबीन नृपति, स्तन मन नैन नितंब कौ बड़ौ इजाफा कीन।

अपने अँग के = अपना शरीर, सहायक। स्तन = छाती। नितंब = चूतड़। इजाफा = तरक्की, बढ़ती।

अपना शरीरी (सहायक) समझकर यौवनरूपी चतुर राजा ने (नायिका के) स्तन, मन, नयन और नितंब को बड़ी तरक्की दी है।

नोट—जवानी आने पर उपर्युक्त अंगों का स्वाभाविक विकास हो जाता है।

देह दुलहिया की बढ़ै ज्यौं ज्यौं जोबन - जोति।
त्यौं त्यौं लखि सौत्यैं सबै बदन मलिन दुति होति॥ 30॥

अन्वय—दुलहिया की देह ज्यौं ज्यौं जोबन-जोति बढ़ै, त्यौं त्यौं लखि सबै सौत्यैं बदन दुति मलिन होति।

दुलहिया = दुलहिन। जोबन = जवानी। बदन = मुख।

दुलहिन की देह में ज्यों-ज्यों जवानी की ज्योति बढ़ती है त्यों-त्यों (उसे) देखकर सभी सौतिनों के मुख की द्युति मलिन होती जाती है।

नोट—सौतिनों का मुख मलिन इसलिए होता जाता है कि अब नायक उसी पर मुग्ध रहेगा, हमें पूछेगा भी नहीं।

नव नागरि तन मुलुक लहि जोबन आमिर जोर।
घटि बढ़ि तैं बढ़ि घटि रकम करीं और की और॥ 31॥

अन्वय—नागरि तन नव मुलुक लहि जोबन जोर आमिर, बढ़ि तैं घटि घटि बढ़ि रकम और की और करीं।

आमिर = हाकि ; शासक। जोर = जबरदस्त। रकम = जमाबंदी।

नागरी (नायिका) ` शरीररूपी नवीन देश को पाकर यौवन रूपी जबरदस्त हाकिम ने (कहीं) बढ़ती को घटाकर और (कहीं) घटी को बढ़ाकर जमाबंदी और की और ही कर दी—कुछ-का-कुछ बना दिया।

नोट—भावार्थ यह है कि किसी अंग को घटा दिया—जैसे, कटि आदि—और किसी अंग को बढ़ा दिया—जैसे, कुच आदि। जब कोई राजा नया देश प्राप्त करता है, तब वह उलट-फेर करता ही है।

लहलहाति तन-तरुनई लचि लगि-लौं लफि जाइ।
लगे लाँक लोइन भरी लोइनु लेति लगाइ॥ 32॥

अन्वय—तन-तरुनई लहलहाति लगि-लौं लचि लफि जाइ, लाँक लोइन भरी लगे लोइनु लगाइ लेति।

लचि = लचककर। लगि = लग्गी; बाँस की पतली शाखा। लौं = समान। लफि जाय = झुक जाती है। लाँक (लंक) = कमर। लोइन = लावण्य, सुंदरता। लोइनु = लोचन, आँख।

शरीर में जवानी उमड़ रही है (जिसके बोझ से वह) नायिका बाँस की पतली छड़ी-सी लचककर झुक जाती है। उसकी कमर लावण्य से भरी हुई दीखती है और देखनेवालों की आँखों को (बरबस) अपनी ओर खींच लेती है।

सहज सचिक्कन स्यामरुचि सुचि सुगंध सुकुमार।
गनतु न मनु पथु अपथु लखि बिथुरे सुथरे बार॥ 33॥

अन्वय—सहज सचिक्कन स्यामरुचि सुचि सुगंध, सुकुमार, बिथुरे सुथरे बार लखि मनु पथु अपथु न गनतु।

सहज = स्वाभाविक। स्यामरुचि = काले। सुचि = पवित्र। बिथुरे = बिखरे हुए। गनतु = समझता या

विचारता है। अपथु = कुपंथ। सुथरे = स्वच्छ, सुंदर।

स्वभावतः चिकने, काले, पवित्र गंधवाले और कोमल—ऐसे बिखरे हुए सुंदर बालों को देखकर मन सुमार्ग और कुमार्ग कुछ भी नहीं विचारता।

वेई कर ब्यौरनि वहै ब्यौरो कौन बिचार।
जिनहीं उरझ्यौ मो हियौ तिनहीं सुरझे बार॥ 34॥

अन्वय—वेई कर वहै ब्यौरनि बिचार कौन ब्यौरो? जिनहीं मो हियौ उरझ्यौ तिनहीं बार सुरझे।

वेई = वे ही। ब्यौरनि = सुलझाने का ढंग। ब्यौरी = ब्यौरा, भेद। उरझ्यौ = उलझा। बार = बाल, केश। सुरझे = सुलझा रहे हैं।

वे ही हाथ हैं, बाल सुलझाने का ढंग भी वही है। (हे मन!) विचार तो सही कि भेद (रहस्य) क्या है? (मालूम होता है) जिन (नायक) से मेरा हृदय उलझा हुआ है, वे ही बाल भी सुलझा रहे हैं।

नोट—नायक प्रेमाधिक्य के कारण स्त्री (नाइन) का वेश बनाकर नायिका के बाल सुलझा रहा है। इसी बात पर नायिका चिंता कर रही है कि हो-न-हो, वे ही इस स्त्री के रूप में हैं।

कर समेटि कच भुज उलटि खएँ सीस-पटु डारि।
काकी मनु बाँधै न यह जूरा बाँधनिहारि॥ 35॥

अन्वय—कच कर समेटि भुज उलटि सीस-पटु खएँ डारि, यह जूरा बाँधनिहारि काकौ मनु न बाँधै।

कच = केश। समेटि = गुच्छे की तरह सुलझाकर। खएँ = पखौरा।

सीसपट = सिर का आँचल। काको = किसका। जूरा = जूड़ा, केशग्रंथि, वेणी का कुंडलाकार बंधन। बाँधनिहारि = बाँधनेवाली।

बालों को हाथों से समेट, भुजाओं को उलटे और सिर के आँचल को अपने पखौरों पर डाले हुए यह जूड़ा बाँधनेवाली भला किसका मन नहीं बाँध लेती?

छुटे छुटावत जगत तैं सटकारे सुकुमार।
मन बाँधत बेनी बँधे नील छबीले बार॥ 36॥

अन्वय—सटकारे सुकुमार छुटे जगत तैं छुटावत, नील छबीले बार बेनी बँधे मन बाँधत।

सटकारे = छरहरे, लंबे। छुटावत = छुड़ाते हैं।

लंबे और कोमल (बाल) खुले रहने पर संसार से छुड़ाते हैं—सांसारिक कामों से विमुख बनाते हैं—और ये ही काले सुंदर बाल वेणी के रूप में बँध जाने पर मन को बाँधते हैं।

नोट— *लटों में कभी दिल को लटका दिया।*
कभी साथ बालों के झटका दिया॥ —मीरहसन

कुटिल अलक छुटि परत मुख बढ़िगौ इतौ उदोत।
बंक बकारी देत ज्यौं दामु रुपैया होत॥ 37॥

अन्वय—मुख कुटिल अलक छुटि परत उदोत इतौ बढ़िगौ, ज्यौं बंक बकारी देत दामु रुपैया होत।

कुटिल = टेढ़ी। अलक = केश-गुच्छ, लट। उदोत = कान्ति, चमक। बंक = टेढ़ी। दाम = दमड़ी। छुटि परत = बिखरकर झूलने लगता है। बकारी = टेढ़ी लकीर जो किसी अंक के दाईं ओर उसके रुपया सूचित करने के लिए खींच दी जाती है।

मुख पर टेढ़ी लट के छुट पड़ने से (नायिका के मुख की) कान्ति वैसे ही बढ़ गई है, जैसे टेढ़ी लकीर (बिकारी) देने से दाम का मोल बढ़कर रुपया हो जाता है।

नोट— दाम)1 यों लिखते हैं और रुपया 1) यों। अभिप्राय यह है कि यही बाल स्वाभाविक ढंग से पीछे रहने पर उतना आकर्षक नहीं होता जितना उलटकर मुख पर पड़ने से होता है। जैसे, बिकारी अंक के

पीछे रहने पर दाम का सूचक है और आगे रहने पर रुपए का।

ताहि देखि मनु तीरथनि बिकटनि जाई बलाइ।
जा मृगनैनी के सदा बेनी परसतु पाइ॥ 38॥

अन्वय—जा मृगनैनी के पाइ सदा बेनी परसतु, ताहि देखि मनु बिकटनि तीरथनि बलाइ पाइ।

परसत = स्पर्श करती है। बेनी = चोटी, केश-पाश (पक्षांतर-तीर्थराज त्रिवेणी)। बलाइ = बरैया, नौजी। बिकटनि = विकट, दुर्गम।

जिस मृगनयनी के पाँवों को सदा वेणी (त्रिवेणी) स्पर्श करती है—जिसकी लंबी चोटी सदा पाँवों तक झूलती रहती है—उसे देखकर मन विकट तीर्थों (का अटन करने) को बलैया जाय !

नीकौ लसतु लिलार पर टीकौ जरितु जराइ।
छबिहिं बढ़ावतु रबि मनो ससि-मंडल मैं आइ॥ 39॥

अन्वय—लिलार पर जराइ जरितु टीकौ नीकौ लसतु, मनो ससि-मंडल मैं आइ रबि छबिहिं बढ़ावतु। जरितु = जड़ा हुआ। जराइ = जड़ाव। टीकौ = माँगटीका, शिरोभूषण।

ललाट पर जड़ाऊ टीका खूब शोभता है मानो चन्द्रमंडल में आकर सूर्य (चंद्रमा की) शोभा बढ़ा रहा हो।

नोट—नायिका का ललाट चंद्र-मंडल है और जड़ाऊ टीका सूर्य। चंद्रमंडल में सूर्य के आते ही चंद्रमा की शोभा नष्ट हो जाती है। किंतु यहाँ तो रत्न-खचित टीके से मुखचंद्र की छटा कुछ और ही हो गई है। कैसी बारीकबीनी है !

सबै सुहाएईं लगैं बसैं सुहाएँ ठाम।
गोरैं मुँह बेंदी लसै अरुन पीत सित स्याम॥ 40॥

अन्वय—सुहाएँ ठाम बसैं सबै सुहाएईं लगैं, गोरैं मुँह अरुन, पीत सित स्याम बेंदी लसै।

बेंदी = ललाट पर स्त्रियाँ गोल बिंदु रचती हैं। सित = उजला। ठाम = स्थान। सोहाये = सुंदर; सुहावने।

सुंदर स्थान पर विराजने से (अच्छे-बुरे) सभी सुहावने ही लगते हैं। (नायिका के) गोरे मुख पर लाल, पीली, उजली और नीली (सभी रंगों की) बेंदी अच्छी ही लगती है।

कहत सबै बेंदी दियैं आँकु दसगुनौ होतु।
तिय लिलार बेंदी दियैं अगिनितु बढ़त उदोतु॥ 41॥

अन्वय—सबै कहत बेंदी दियैं आँकु दसगुनौ होतु, तिय लिलार बेंदी दियैं उदोतु अगिनितु बढ़त।

आँकु = अंक। लिलार = ललाट। अगिनितु = बेहद। उदोतु = कान्ति।

सभी कहते हैं कि बिंदी देने से अंक का मूल्य दस गुना बढ़ जाता है। (किंतु) स्त्रियों के ललाट पर बेंदी देने से तो (उसकी) कांति अगणित बढ़ जाती है।

भाल लाल बेंदी छए छुटे बार छबि देत।
गह्यौ राहु अति आहु करि मनु ससि सूर समेत॥ 42॥

अन्वय—लाल बेंदी छए भाल छुटे बार छवि देत, मनु ससि सूर समेत अति आहु करि राहु गह्यौ।

भाल = ललाट। छुटे = बिखरे। अति आहु करि = बहुत साहस या ललकार करके। ससि = चंद्रमा। सूर = सूर्य।

लाल बेंदीवाले ललाट पर बिखरे बाल भी शोभा देते हैं। (ऐसा मालूम होता है) मानो चंद्रमा ने, सूर्य के साथ, अत्यंत साहस या ललकार करके राहु को पकड़ा है।

नोट—यहाँ ललाट चंद्रमा, लाल बेंदी प्रातःकाल का। सूर्य और केश राहु है।

पाइल पाइ लगी रहै लगौ अमोलिक लाल।
भौंडर हूँ की भासि है बेंदी भामिनी-भाल॥ 43॥

अन्वय—अमोलिक लाल लगौ पाइल पाइ लगी रहै, भौंडर हूँ की बेंदी भामिनि-भाल भासि है।

पाइल = पाजेब, नूपुर, पदमंजीर। पाइ = पैर। अमोलिक = अनमोल, अमूल्य। लाल = रत्न। भौंडर = अबरक। भासिहै = शोभा देगी। भामिनी = स्त्री, नायिका।

अनमोल जवाहरात से जड़े होने पर भी पाजेब पैरों में ही पड़ी रहती है। किंतु (तुच्छ) अबरक की होने पर भी बेंदी नायिका के ललाट पर ही शोभा देगी।

भाल लाल बेंदी ललन आखत रहे बिराजि।
इंदुकला कुज मैं बसी मनौ राहु-भय भाजि॥ 44॥

अन्वय—ललन भाल लाल बेंदी आखत बिराजि रहे, मनौ राहु-भय भाजि इंदुकला कुज मैं बसी।

आखत = अक्षत, चावल। इंदुकला = चंद्रमा की कला। कुज = मंगल। भाजि = भागकर।

अहो ललन! उस नायिका के ललाट की लाल बेंदी में अक्षत विराज रही है मानो राहु के भय से भागकर चंद्रमा की कला मंगल में आ बसी हो।

नोट—यहाँ उजला अक्षत चंद्रमा की कला है, लाल बेंदी मंगल है, (केश राहु है)। मंगल का रंग कवियों ने लाल माना है। बेंदी में अक्षत लगाने की प्रथा मारवाड़ में पाई जाती है। बिहारीलाल जयपुर में रहते भी तो थे।

मिलि चन्दन बेंदी रही गौरैं मुँह न लखाइ।
ज्यौं ज्यौं मद-लाली चढ़ै त्यौं त्यौं उघरति जाइ॥ 45॥

अन्वय—चन्दन बेंदी गौरैं मुँह मिलि रही लखाइ न; ज्यौं ज्यौं मद-लाली चढ़ै त्यौं त्यौं उघरति जाइ।

मद-लाली = मस्ती की लाली, जवानी की उमंग या ऐंठ की लाली।

चंदन की उजली बेंदी मुख की गोराई में (एकदम) मिल गई है, वह गोरे मुख पर दीख नहीं पड़ती। चंदन की उज्ज्वलता गोराई में लीन हो गई है। किंतु ज्यों-ज्यों (उस नायिका के मुख पर) मस्ती की लाली चढ़ती जाती है, (वह बेंदी) साफ खुलती चली जाती है।

तिय-मुख लखि हीरा जरी बेंदी बढ़ैं बिनोद।
सुत-सनेह मानौ लियौ बिधु पूरन बुधु गोद॥ 46॥

अन्वय—तिय-मुख हीरा जरी बेंदी लखि बिनोद बढ़ैं, मानौ सुत-सनेह पूरन बिधु बुधु गोद लियौ।

बिधु पूरन = पूर्ण चंद्रमा। बिनोद = प्रसन्नता, आनंद। बुधु = बुध, चंद्रमा के पुत्र।

स्त्री (नायिका) के मुख पर हीरा जड़ी हुई बेंदी देखकर आनंद की वृद्धि होती है मानो पुत्र के स्नेह से पूर्ण चंद्रमा ने बुध को गोद लिया हो।

नोट—यहाँ नायिका का मुख पूर्ण चंद्र है और हीरा-जड़ी बेंदी बुध।

गढ़-रचना बरुनी अलक चितवनि भौंह कमान।
आघु बँकाई ही बढ़े तरुनि तुरंगम तान॥ 47॥

अन्वय—गढ़-रचना बरुनी अलक चितवनि भौंह कमान, तरुनि तुरंगम तान आघु बँकाई ही बढ़े।

बरुनी = पलक के बाल। अलक = मुखड़े पर लटके हुए लच्छेदार केश, बंकिम लट। कमान = धनुष। आघु = (संस्कृत आर्ह) मूल्य, आदर। बँकाई = टेढ़ापन। तुरंगम = घोड़ा।

गढ़ की रचना, पलक के बाल, लट, चितवन, भौंह, धनुष, नवयुवती, घोड़ा और तान—(इन सब) का मूल्य (आदर) टेढ़ाई से ही बढ़ता है।

नासा मोरि नचाइ जे करी कका की सौंह।
काँटे सी कसकैं ति हिय गड़ी कँटीली भौंह॥ 48॥

अन्वय—नासा मोरि जे नचाइ कका की सौंह करी, ति कँटीली भौंह हिय गड़ी काँटे सी कसकैं।

नासा = नाक। मोरि = मोड़कर, सिकोड़कर। जे = जो (भौंह)। सौंह = शपथ, कसम। कसकैं = सालती है,

टीसती है।

नाक सिकोड़कर जिस (भौंह) को नचाकर (उस नायिका ने) काका की कसम खाई (उस समय की) उसकी वह कटीली भौंह (अभी तक) हृदय में गड़ी हुई काँटे-सी खटक रही है—चुभ रही है।

खौरि-पनिच भृकुटी-धनुषु बधिकु-समरु तजि कानि।
हनतु तरुन-मृग तिलक-सर सुरक-भाल भरि तानि॥ 49॥

अन्वय—खौरि-पनिच भृकुटी-धनुषु बधिकु-समरु कानि तजि, सुरक-भाल तिलक-सर भरि तानि तरुन-मृग हनतु।

खौरि=ललाट पर चंदन का आड़ा टीका, ललाट पर चंदन लेपकर उँगलियों से खरोंचने पर खौर-तिलक बनता है। पनिच=धनुष की डोरी, प्रत्यंचा। समरु= स्मर=कामदेव। कानि=मर्यादा। तिलक=ललाट का खड़ा टीका। सुरक=तिलक का वह भाग जो नाक पर लगा होता है। भाल=तीर की गाँसी। भरि तानि=खूब तानकर।

खौर-रूपी प्रत्यंचा को भौंह-रूपी धनुष पर चढ़ाकर, व्याधा-रूपी कामदेव, (अपनी) मर्यादा छोड़, सुरक-रूपी गाँसीवाले तिलक-रूपी शर को, खूब खींचकर, नवयुवक-रूपी मृगों को मारता है।

रस सिंगार मंजनु किए कंजनु भंजनु दैन।
अंजनु-रंजनु हूँ बिना खंजनु गंजनु नैन॥ 50॥

अन्वय—सिंगार-रस मंजनु किए नैन कंजनु भंजनु दैन, बिना अंजनु-रंजनु हूँ खंजनु गंजनु।

श्रृंगार-रस में गोते लगाए हुए नेत्र कमलों के अभिमान तोड़नेवाले हैं और बिना अंजन लगाए हुए भी वे खंजनों का घमंड चूर करते हैं—कमलों को परास्त और खंजरीटों को अपमानित करते हैं।

खेलन सिखए अलि भलैं चतुर अहेरी मार।
कानन-चारी नैन-मृग नागर नरनु सिकार॥ 51॥

अन्वय—अलि चतुर अहेरी मार कानन-चारी नैन-मृग नागर नरनु सिकार खेलन भलैं सिखए।

अलि=सखी। अहेरी=शिकारी। मार=कामदेव। कानन-चारी=कानों तक आने-जानेवाले, वन में विहरनेवाले। नागर=चतुर, शहरी। नरनु=पुरुषों का।

ऐ सखी! चतुर शिकारी कामदेव ने कानों तक आने-जानेवाले (वन में विहार करनेवाले) तुम्हारे नेत्र-रूपी हिरनों को चतुर नागरिक पुरुषों का शिकार करना भली भाँति सिखलाया है।

नोट—हिरनों से आदमियों का शिकार कराना—वह भी ठेठ देहाती गँवार आदमियों का नहीं, छैल-चिकनिये चतुर नागरिकों का!—कवि की अनूठी रसिकता प्रदर्शित करता है।

अर तैं टरत न बर परे दई मरक मनु मैन।
होड़ा-होड़ी बढ़ि चले चितु चतुराई नैन॥ 52॥

अन्वय—चितु चतुराई नैन होड़ा-होड़ी बढ़ि चले न अर तैं टरत बर परे मनु मैन मरक दई।

अर तैं=हठ से। टरत=टरते हैं, डिगते हैं। बर परे=बल पकड़ता है। दई=दिया हो। मरक=बढ़ावा। मैन=कामदेव। होड़ा-होड़ी=बाजी लगाकर, शर्त बदकर, प्रतिद्वंद्विता, प्रतिस्पर्धा।

(नायिका के) चित्त की चतुराई और उसकी आँखें बाजी लगाकर बढ़ चली हैं—जिस प्रकार आँखें बड़ी-बड़ी होती जा रही हैं उसी प्रकार उसकी चतुराई भी बढ़ी चली जाती है। वे (चतुराई और आँखें) अपने हठ से नहीं डिगतीं, वरन् (वह हठ) और भी बल पकड़ता जाता है, मानो कामदेव ने उन्हें (इस प्रतिद्वंद्विता के लिए) बढ़ावा दे दिया हो, ललकार दिया हो।

सायक सम मायक नयन रँगे त्रिबिध रँग गात।
झखौ बिलखि दुरि जात जल लखि जल जात लजात॥ 53॥

अन्वय—सायक सम मायक नयन त्रिबिध रँग गात रँगे, लखि झखौ बिलखि जल दुरि जात जलजात

लजात।

सायक=सायंकाल। मायक=माया जाननेवाला, जादूगर। त्रिबिध=तीन प्रकार। गत=शरीर। झखौ=मछली भी। बिलखि=संकुचित या दुखी होकर। जलजात= कमल।

संध्याकाल के समान मायावी आँखें अपनी देहों को तीन रंगों में रँगे हुई हैं। उन्हें देखकर मछली भी संकुचित हो जल में छिप जाती है और कमल लज्जित हो जाते हैं।

नोट—नेत्रों में लाल, काले और उजले रंग होते हैं। देखिए—

अमिय हलाहल मद भरे, स्वेत स्याम रतनार।
जियत मरत झुकि-झुकि गिरत, जिहि चितवत इक बार॥

जोग - जुगुति सिखए सबै मनो महामुनि मैनु।
चाहतु पिय - अद्वैतता काननु सेवतु नैनु॥ 54॥

अन्वय—मनो महामुनि मैनु सबै जोग-जुगुति सिखए, नैनु पिय-अद्वैतता चाहतु काननु सेवतु।

जोग=मिलन, योग। मनो=मानो। जुगुतु=युक्ति, उपाय। मैनु=कामदेव। पिय=प्रीतम, ईश्वर। अद्वैतता=मिलन। अभेद=भाव, अभिन्नता। काननु=कानों, जंगल। सिखये=सिखा दिया।

मानो महातपस्वी कामदेव ने योग (मिलन) की सारी युक्तियाँ बता दी हैं। इसी से (उस नायिका के नेत्र) प्रीतम (ईश्वर) से सदा मिले रहने के लिए कानों तक बढ़ आए हैं, (वियोग-रहित अनन्त मिलने के लिए) वनसेवन कर रहे हैं।

बर जीते सर मैन के ऐसे देखे मैं न।
हरिनी के नैनानु तैं हरि नीके ए नैन॥ 55॥

अन्वय—मैन के सर-बर जीते ऐसे मैं न देखे, हरिनी के नैनानु तैं हरि, ए नैन नीके।

बर=बलपूर्वक। मैन=कामदेव। मैं न=मैं नहीं।

इन ने नेत्रों कामदेव के (अचूक) बाणों को भी बलपूर्वक जीत लिया है। मैंने तो ऐसे नेत्र (कभी) देखे ही नहीं। हे कृष्ण! हरिणियों के नैन से भी ये नेत्र सुंदर हैं।

नोट—खंजन कंज न सरि लहै बलि अलि को न बखान।

एनी की अँखियान ते ए नीकी अँखियान।—श्रृंगार-सतसई

संगति दोषु लगै सबनु कहे ति साँचे बैन।
कुटिल बंक भ्रुव संग भए कुटिल बंक गति नैन॥ 56॥

अन्वय—संगति दोषु सबनु लगै ति बैन साँचे कहे, कुटिल बंक भ्रुव संग नैन कुटिल बंक गति भये।

भ्रुव=भँवें, भौहें। कुटिल गति=टेढ़ी चालवाली। ति=सचमुच।

संगति का दोष सबको लगता है, सचमुच यह बात सच्ची कही गई है। तिरछी टेढ़ी भँवों की संगति से आँखें भी टेढ़ी और तिरछी चालवाली हो गई!

दृगुनु लगत बेधत हियहिं बिकल करत अँग आन।
ए तेरे सब तैं विषम ईछन तीछन बान॥ 57॥

अन्वय—लगत दृगनु बेधत हियहिं, बिकल करत आन अँग, ए तेरे ईछन-तीछन बान सब तैं विषम।

आन=दूसरा। विषम=भयंकर, कठोर। ईछन=ईक्षण=नेत्र। तीछन=तीक्ष्ण=तेज़, चोखे, कँटीले।

लगते हैं आँखों में, बेधत हैं हृदय को और व्याकुल करते हैं अन्य अंगों को—सारे शरीर को! ये तुम्हारे नेत्र-रूपी तीखे-चोखे बाण सबसे भयंकर हैं।

झूठे जानि न संग्रहे मन मुँह निकसे बैन।
याही तैं मानहु किये बातनु कौं बिधि सैन॥ 58॥

अन्वय—मुँह निकसे बैन झूठे जानि मन संग्रहे न, मानहु याही तैं बातनु कौं बिधि सैन किए।

सैन = इशारा। बैन = वचन। संग्रहै = संचय करता है। याही तैं = इसीलिए। बिधि = ब्रह्मा।

मुँह से निकले हुए वचनों को झूठा समझकर मन संग्रह नहीं करता—प्रमाण नहीं मानता। मानो इसी कारण (हृदय की) बातें करने के लिए ब्रह्मा ने नेत्रों के इशारे बनाए।

फिरि फिरि दौरत देखियत निचले नैंकु रहैं न।
ए कजरारे कौन पर करत कजाकी नैन॥ 59॥

अन्वय—फिरि फिरि दौरत देखियत नैंकु निचले न रहैं, ए कजरारे नैन कौन पर कजाकी करत।

निचले = निश्चल, स्थिर। नेकु = जरा भी। कजरारे = काजल लगाए हुए। कजाकी = (कज़ा = मृत्यु) हत्यारापन, लुटेरापन, लूटमार।

बार-बार दौड़ते हुए दीख पड़ते हैं, जरा भी स्थिर नहीं रहते। (तुम्हारे) ये काजल लगे हुए नेत्र किस पर डाका डाल रहे हैं—किसकी हत्या करने के लिए इधर-उधर दौड़ लगा रहे हैं?

खरी भीरहू भेदिकै कितहू ह्वै उत जाइ।
फिरै डीठि जुरि डीठि सों सबकी डीठि बचाइ॥ 60॥

अन्वय—खरी भीरहू भेदिकै कितहू ह्वै उत जाइ, डीठि सबकी डीठि बचाइ डीठि सों जुरि फिरै।

खरी = भारी। भेदिकै = पार करके। कितहू ह्वै = किसी ओर से होकर। उत = वहाँ। डीठि = नजर। जुरि = मिलकर। डीठि बचाइ = आँखें बचाकर।

भारी भीड़ को भी भेदकर, और किसी ओर से भी वहाँ (नायक के पास) पहुँचकर, नायिका की नजर, सबकी आँखें बचा, उसकी (नायक की) नजर से मिल, फिर (साफ कन्नी काटकर) लौट आती है।

सबही त्यौं समुहाति छिनु चलति सबनु दै पीठि।
वाही त्यौं ठहराति यह कबिलनवी लौं दीठि॥ 61॥

अन्वय—कबिलनवी लौं यह दीठि सबही तन छिनु समुहाति, सबनु पीठि दै चलति, वाही तन ठहराति।

समुहाति = सामना करना, टकराना। कबिलनवी = कम्पास के समान एक प्रकार का यंत्र, जिसकी सूई सदा पश्चिम की ओर रहती है। चोर पकड़ने की वह कटोरी जो मंत्र पढ़कर चलाई जाती है। चलति सबनि दै पीठि = सबका तिरस्कार करती चली जाती है।

किबलनुमा की सूई के समान उसकी यह नजर सभी के शरीर से क्षणभर के लिए टकराती है, फिर सभी से विमुख होकर चल पड़ती है, और उसके—अपने प्रेमिक के—रूप पर आकर ठहरती है।

कहत नटत रीझत खिझत मिलत खिलत लजियात।
भरे भौन में करत हैं नैननु ही सब बात॥ 62॥

अन्वय—कहत नटत रीझत खिझत मिलत खिलत लजियात, भरे भौन में नैननु ही सब बात करत हैं।

कहत = कहते हैं, इच्छा प्रकट करते हैं। नटत = नाहीं-नाहीं करते हैं। रीझत = प्रसन्न होते हैं। खिझत = खीजते हैं, रंजीदा होते हैं। खिलत = पुलकित होते हैं। लजियात = लजाते हैं।

कहते हैं, नाहीं करते हैं, रीझते हैं, खीजते हैं, मिलते हैं, खिलते हैं और लजाते हैं। (लोगों से) भरे घर में (नायक-नायिका) दोनों ही, आँखों ही द्वारा बातचीत कर लेते हैं।

सब अँग करि राखी सुघर नाइक नेह सिखाइ।
रस-जुत लेत अनत गति पुतरी-पातुर राइ॥ 63॥

अन्वय—नेह-नाइक सिखाइ सब अँग करि सुघर राखी, पुतरी-पातुर राइ रस-जुत अनत गति लेत।

अँग = प्रकार। सुघर = सुचतुर, सुदक्ष। नाइक = नाचना-गाना सिखानेवाला उस्ताद। पातुर = वेश्या।

'राय' वेश्याओं की उपाधि—जैसे प्रवीणराय वेश्या, जो केशवदास की साहित्यिक चेली थी। रस-जुत=रसीले। लेत अनन्त गति=अनेक प्रकार के पैंतरे और काटछाँट करती है, तरह-तरह की भावभंगी ले थिरकती है।

प्रेम-रूपी उस्ताद ने सिखाकर उसे सब प्रकार से सुदक्ष बना रक्खा है।

(फलतः वह आँखों की) पुतली-रूपी वेश्या रसों से भरे हुए नाना प्रकार के हाव-भाव दिखा रही है।

कंज नयनि मंजनु किए बैठी ब्यौरति बार।
कच अँगुरी बिच दीठि दै चितवति नन्दकुमार॥ 64॥

अन्वय—कंज नयनि मंजनु किए बैठी बार ब्यौरति, कच अँगुरी बिच दीठि दै नन्दकुमार चितवति।

ब्यौरति=सुलझाती है। कच=बाल, केश। दीठि=दृष्टि, नजर।

कमलनयनी (नायिका) स्नान कर बैठी हुई अपने बालों को सुलझा रही है और बालों तथा अँगुलियों के बीच से कृष्णजी को देखती भी है। (लोग जानते हैं कि वह बाल सँवार रही है, इधर बालों और उँगलियों के बीच इशारे चल रहे हैं!)

डीठि-बरत बाँधी अटनु चढ़ि धावत न डरात।
इतहिं-उतहिं चित दुहुन के नट-लौं आघत, जात॥ 65॥

अन्वय—अटनु बाँधी डीठि-बरत चढ़ि धावत न डरात, दुहुन के चित नट-लौं इतहिं-उतहिं आवत जात।

डीठि=नजर। बरत=रस्सी। अटनि=कोठे। लौं=समान।

कोठे पर बँधी दृष्टि-रूपी रस्सी पर चढ़कर दौड़ते हैं, (जरा भी) डरते नहीं। दोनों के चित्त नट के समान इधर-से-उधर (बेधड़क) आते-जाते हैं।

नोट—प्रेमिक और प्रेमिका अपनी-अपनी अटारी पर खड़े आँखें लड़ा रहे हैं। कवि ने उसी समय की उनके चित्त की दशा का वर्णन किया है।

जुरे दुहुन के दृग झमकि रुके न झीनैं चीर।
हलुकी फौज हरौल ज्यौं परै गोल पर भीर॥ 66॥

अन्वय—दुहुन के दृग झमकि जुरे झीनैं चीर न रुके, ज्यौं हरौल हलुकी फौज गोल पर भीर परै।

झीने=महीन, बारीक। चीर=साड़ी। हरौल=हरावल, सेना का अग्रभाग। गोल=सेना का मुख्य भाग। झमकि=उछलकर या नाचकर। भीर=चोट, हमला।

दोनों की आँखें ललक के साथ बढ़कर जुट गईं, बारीक साड़ी (के घूँघट) में वे न रुकीं, जिस प्रकार सेना के अग्रभाग में हलकी फौज रहने से मुख्य भाग पर ही भीड़ आ पड़ती है।

लीनैं हूँ साहस सहसु कीनैं जतनु हजारु।
लोइन लोइन-सिंधु तन पैरि न पावत पारु॥ 67॥

अन्वय—हजार जतनु कीनैं सहसु साहस लीनैं हूँ, लोइन तन लोइन-सिंधु पैरि पारु न पावत।

लोइन=आँख। लोइन=लावण्य, सुंदरता। पैरि=तैरकर।

हजार यत्न करने और हजार साहस रखने पर भी ये आँखें (तुम्हारे) शरीर-रूपी लावण्य-सागर को तैरकर पार नहीं पा सकतीं—तुम्हारा शरीर इतने अगाध लावण्य से परिपूर्ण है!

पहुँचति डटि रन-सुभट लौं रोकि सकैं सब नाहिं।
लाखनुहूँ की भीर मैं आँखि उहीं चलि जाहिं॥ 68॥

अन्वय—रन-सुभट लौं डटि पहुँचति सब नाहिं रोकि सकैं, लाखनुहूँ की भीर मैं आँखि उहीं चलि जाहिं।

रन-सुभट=लड़ने में वीर।

लड़ाई के वीर यौद्धा के समान डटकर पहुँच जाती हैं—लोग उन्हें नहीं रोक सकते। लाखों की भीड़ में भी (उसकी) आँखें उस (नायक की) ओर चली ही जाती हैं।

गड़ी कुटुम की भीर मैं रही बैठि दै पीठि।
तऊ पलकु परि जाति इत सलज हँसौंही डीठि ॥ 69 ॥

अन्वय—कुटुम की भीर मैं गड़ी पीठि दै बैठि रही, तऊ पलकु सलज हँसौंही डीठि इत परि जाति।

पलकु = पल + एकु = एक पल के लिए। इत = यहाँ, इस ओर। हँसौंही = प्रसन्न, विनोदिनी।

कुटुंब की भीड़ में गड़ी हुई—चारों ओर से परिवारवालों से घिरी हुई—(वह नायिका नायक की ओर) पीठ देकर बैठी है। तो भी एक क्षण के लिए (उसकी) लजीली और विनोदिनी दृष्टि इसकी ओर पड़ ही जाती है।

भौंह उँचै आँचरू उलटि मौरि मोरि मुँह मोरि।
नीठि नीठि भीतर गई दीठि दीठि सों जोरि ॥ 70 ॥

अन्वय—भौंह उँचै आँचरु उलटि मौरि मुँह मोरि-मोरि। दीठि सों दीठि जोरि नीठि-नीठि भीतर गई।

उँचै = ऊँचा करके। मौरि = मौलि, सिर। मोरि = झुकाकर। नीठि-नीठि = जैसे तैसे, मुश्किल से। नीठि नीठि गई = मुश्किल से धीरे-धीरे गई।

भौंह ऊँची कर, आँचर उलट, सिर झुका और मुँह मोड़कर (वह नायिका) नजर-से-नजर मिलाती हुई धीरे-धीरे (घर के) भीतर (चली) गई।

ऐंचति-सी चितवनि चितै भई ओट अलसाइ।
फिर उझकनि कौं मृगनयनि दृगनि लगनिया लाइ ॥ 71 ॥

अन्वय—ऐंचति-सी = खींचती हुई-सी, चित्ताकर्षक, चितचोर। चितवनि = दृष्टि, नजर। चितै = देखकर। दृगनि = आँखों का। लगनिया = लगन, चाट। अलसाइ = जँभाई लेकर, उभाड़ दिखाकर अथवा मंद गति से।

(चित्तको) खींचती हुई-सी नजरों से देख वह अलसाकर (आँख से) ओट तो हो गई; किंतु उस मृगनयनी ने (उस समय से) बार-बार उझक-उझककर देखने की लगन (मेरी) आँखों में लगा दी—तब से बार-बार मैं उझक-उझककर उसकी बाट जोह रहा हूँ।

सटपटाति-सी ससिमुखि मुख घूँघट-पटु ढाँकि।
पावक-झर-सी झमकिकै गई झरोखौ झाँकि ॥ 72 ॥

अन्वय—ससिमुखि सटपटाति-सी मुख घूँघट-पटु ढाँकि, पावक-झर-सी झमकिकै झरोखौ झाँकि गई।

पावक-झर = आग की लपट। सटपटाति-सी = डरती हुई-सी। झमकिकै = नखरे की चाल से, गहनों की झनकार करके, चपलता से।

डरती हुई-सी—वह चन्द्रवदनी (अपने) मुख को घूँघट से ढँककर अग्नि की लपट-सरीखी चंचलता के साथ झरोखे से झाँक गई।

नोट—भाव यह है कि अपने गुरुजनों के डर से वह मुख पर आँचल डालकर झटपट खिड़की पर आई और (नायक को) देखकर चली गई।

लागत कुटिल कटाच्छ सर क्यौं न होंहिं बेहाल।
कढ़त जि हियहिं दुसाल करि तऊ रहत नटसाल ॥ 73 ॥

अन्वय—कुटिल कटाच्छ सर लागत क्यौं न बेहाल होंहिं, जि हियहिं दुसाल करि कढ़त तऊ नटसाल रहत।

कुटिल = तिरछे, टेढ़े। कटाक्ष = तीक्ष्ण दृष्टि, बाँकी-तिरछी नजर। कढ़त = निकलना। हियहिं = हृदय को। दुसाल = दो भाग, आरपार। तऊ = तो भी। नटसाल = काँटे का वह हिस्सा जो काँटा निकाल लेने पर भी टूटकर अंदर ही रह जाता है।

तिरछे कटाक्ष-रूपी (चोखे) बाण के लगने से (लोग) क्यों न व्याकुल हों? यद्यपि (बाण) हृदय को आरपार करके निकल जाता है, तथापि उसकी नुकीली गाँसी की कसक (पीड़ा) रह ही जाती है।

नैन-तुरंगम अलक-छबि-छरी लगी जिहिं आइ।
तिहिं चढ़ि मन चंचल भयौ मति दीनी बिसराइ॥ 74॥

अन्वय—नैन-तुरंगम जिहिं अलक-छबि-छरी आइ लगी, तिहिं चढ़ि मन चंचल भयौ मति बिसराइ दीनी।

तुरंगम=चंचल घोड़ा। अलक=लट। छरी=कोड़ा। बिसराय दीनी=विस्मृत कर दिया, भुला दिया।

नेत्र-रूपी घोड़े, जिन्हें लट की शोभा-रूपी छड़ी आकर लगी है—जो नायिका की लट-रूपी चाबुक खाकर उत्तेजित हुए हैं—उन (नेत्र-रूपी घोड़ों) पर चढ़कर मेरा मन चंचल हो गया है और उसने मेरी बुद्धि नष्ट कर दी है।

नीचीयै नीची निपट दीठि कुही लौं दौरि।
उठि ऊँचै नीचै दियौ मन-कुलंग झपिझोरि॥ 75॥

अन्वय—दीठी कुही लौं निपट नीचीयै नीची दौरि, ऊँचे उठि मन-कुलंग झपिझोरि नीचै दियौ।

निपट=एकदम। डीठि=दृष्टि, नजर। कुही=एक पक्षी, जो बाज की जाति का होता है। लौं=समान। कुलंग=कलविंक=चटका=गौरैया, बगेरी। उठि ऊँचे=ऊपर उड़कर। नीचे दियो=मार गिराया।

(उसकी) नजर ने कुही-पक्षी के समान एकदम नीचे-ही-नीचे दौड़कर और (फिर) ऊँचे चढ़ मेरे मन-रूपी कुलंग को छोपकर और झोरकर नीचे गिरा दिया।

नोट—कुही पक्षी शिकार को पकड़ने के लिए पहले तो नीचे-ही-नीचे उड़ता है, फिर एकबारगी ऊपर उड़ शिकार पर भीषण रूप से टूट पड़ता और उसे झकझोर नीचे गिरा देता है। लज्जाशीला नायिका की उड़नबाज नजर की भी यही गति है—रसज्ञ पाठक जानते हैं!

तिय कित कमनैती पढ़ी बिनु जिहि भौंह-कमान।
चल चित-बेझैं चुकति नहिं बंक बिलोकनि बान॥ 76॥

अन्वय—तिय कित कमनैती पढ़ी बिनु जिहि भौंह-कमान, बंक बिलोकनि बान चल चित-बेझैं नहिं चुकति।

कित=कहाँ। कमनैती=तीर चलाने की कला, बाण-विद्या। जिहि=ज्या=डोरी, प्रत्यंचा। चल=चंचल। बेझै=निशान, लक्ष्य। बंक=टेढ़ा। बिलोकनि= चितवन, दृष्टि।

इस स्त्री ने यह बाण-विद्या कहाँ पढ़ी कि बिना डोरी के भौंह-रूपी धनुष और तिरछी दृष्टि-रूपी बाण से चंचल चित्त-रूपी निशाने को बेधने से नहीं चूकती?

दूर्‌यौ खरै समीप कौ लेत मानि मन मोदु।
होत दुहुन के दृगनु हीं बतरसु हँसी-बिनोदु॥ 77॥

अन्वय—दूर्‌यौ खरै समीप कौ मन मोदु मानि लेत, दुहुन के दृगनु हीं बतरसु हँसी-बिनोदु होत।

(नायिक-नायिका दोनों) दूर-दूर खड़े होने पर भी निकट होने का आनंद मन में मान लेते हैं—यद्यपि दोनों दूर-दूर खड़े हैं तथापि निकट रहकर सम्भाषण करने का आनंद अनुभव कर रहे हैं; क्योंकि दोनों की आँखों (इशारों) से ही रसीली बातचीत, दिल्लगी और चुहल हो रही है।

छुटै न लाज न लालचौ प्यौ लखि नैहर-गेह।
सटपटात लोचन खरे भरे सकोच सनेह॥ 78॥

अन्वय—प्यौ नैहर-गेह लखि न लाज छुटै न लालचौ; सकोच-सनेह भरे लोचन खरे सटपटात।

प्यौ=प्रियतम। खरे=अत्यंत। नैहर=मायके, पीहर। सटपटात=विक्षिप्त, बेचैन हो रहे हैं।

पति को अपने मायके में देखकर न तो (उन्हें भर नजर देखने के लिए) लाज छूटती है और न (देखने

का) लालच ही छोड़ते बनता है। यों संकोच और प्रेम से परिपूर्ण उस नायिका के नेत्र अत्यंत व्याकुल हो रहे हैं।

नोट—इस दोहे में स्वाभाविकता खूब है।

करे चाह-सौं चुटकि कै सरैं उड़ौहैं मैन।
लाज नवाएँ तरफरत करत खूँद-सी नैन॥ 79॥

अन्वय—मैन चाह-सौं चुटकि कै खरैं उड़ौहैं करे, लाज नवाएँ नैन तरफरत खूँद-सी करत।

चुटकि कै=चाबुक मारकर। उड़ौहैं=उड़ाकू, उड़ान भरनेवाला। मैन=कामदेव। खूँद=जमैती, घोड़े की ठुमुक चाल।

कामदेव ने चाह का चाबुक मारकर नेत्रों को बड़ा उड़ाकू बना दिया है। किंतु लाज (लगाम) से रोके जाने के कारण उसके नेत्र (रूपी-घोड़े) तड़फड़ाकर जमैती-सी कर रहे हैं।

नोट—जब घोड़े को जमैती सिखाई जाती है, तब एक आदमी पीछे चाबुक फटकारकर उसे उत्तेजित करता रहता है और दूसरा आदमी उसकी लगाम कसकर पकड़े रहता है। यों घोड़ा पीछे की उत्तेजना और आगे की रोकथाम से छटपटाकर जमैती करने लगता है।

नावक-सर-से लाइकै तिलकु तरुनि इत ताँकि।
पावक-झर-सी झमकिकै गई झरोखा झाँकि॥ 80॥

अन्वय—नावक-सर-से तिलकु लाइकै तरुनि इत ताँकि, पावक झर-सी झमकिकै झरोखा झाँकि गई।

तिलकु=टीका। तरुनि=नवयुवती। पावक-झर=आग की लपट। झरोखा=खिड़की। झमकिकै=चंचल चरणों से। नावक-सर=एक प्रकार का छोटा चुटीला तीर, जो बाँस की नली के अंदर से चलाया जाता है, ताकि सीधे जाकर गहरा घाव करे।

चुटीले तीर के समान (ललाट पर) तिलक लगाकर उस नवयुवती ने इस ओर देखा और आग की ज्वाला-सी चंचलता के साथ खिड़की से झाँक गई।

नोट—'नाविक के तीर' बिहारी के विषय में प्रसिद्ध है—

सतसैया के दोहरे जनु नाविक के तीर।
देखत में छोटे लगैं बेधैं सकल सरीर॥

अनियारे दीरघ दृगनु कितीं न तरुनि समान।
वह चितवनि औरे कछू जिहिं बस होत सुजान॥ 81॥

अन्वय—किती तरुनि अनियारे दीरघ दृगनु समान न, जिहिं बस सुजान होत वह चितवन कछु औरै।

अनियारे=नुकीली। दीरघ=बड़ी। दृगनु=आँखें। जिहिं=जिसके। सुजान= रसिक।

कितनी युवतियों की नुकीली और बड़ी-बड़ी आँखें एक-सी नहीं हैं—बहुत-सी युवतियों की आँखें बड़ी-बड़ी और नुकीली हैं—किंतु रसिक जन को वशीभूत करनेवाली वह रसीली नजर कुछ और ही होती है!

चमचमाता चंचल नयन बिच घूँघट-पट झीन।
मानहु सुरसरिता-बिमल-जल उछरत जुग मीन॥ 82॥

अन्वय—झीन घूँघट पट बिच चंचल नयन चमचमाता, मानहु सुरसरिता बिमल जल जुग मीन उछरत।

घूँघट-पट=घूँघट का कपड़ा। झीन=बारीक, महीन। सुरसरिता=गंगा। जुग=दो। मीन=मछली। उछरत=उछलती हैं।

बारीक कपड़े के घूँघट की ओट से (उसकी) चंचल आँखें चमक रही हैं—झलक रही हैं, मानो गंगाजी के स्वच्छ जल में दो मछलियाँ उछल रही हैं।

फूले फदकत लै फरी पल कटाच्छ करवार।
करत बचावत बिय नयन पाइक घाइ हजार॥ 83॥

अन्वय—बिय नयन-पाइक पल फरी कटाच्छ करवार लै फूले फदकत, हजार घाइ करत बचावत।

फूले = उमंग से भरकर। फदकत = पैंतरे बदलते हैं। फरी = ढाल। पल = पलक। करवार = करवाल = तलवार। बिय = दोनों। पाइक = पैदल सिपाही। घाइ = घाव, वार।

(उसके) दोनों नेत्र-रूपी सिपाही पलक-रूपी ढाल और कटाक्ष-रूपी तलवार लेकर सानंद पैंतरे बदलते तथा हजारों वार करते और बचाते हैं।

जदपि चबाइनु चीकनी चलति चहूँ दिसि सैन।
तऊ न छाड़त दुहुन के हँसी रसीले नैन॥ 84॥

अन्वय—जदपि चबाइनु चीकनी चहूँ दिसि सैन चलति, तऊ दुहुन के रसीले नैन हँसी न छाड़त।

चीबाइनु चीकनी = निंदा से भरी। तऊ = तो भी। सैन = इशारे। हँसी = उमंग-भरी छेड़छाड़।

यद्यपि उस पर चारों ओर से निंदा-भरे इशारे चल रहे हैं—लोग इशारे कर-करके उसकी निंदा कर रहे हैं—तो भी दोनों की रसीली आँखें हँसी (चुहलबाजी) नहीं छोड़तीं।

जटित नीलमनि जगमगति सींक सुहाई नाँक।
मनौ अली चंपक-कली बसि रसु-लेतु निसाँक॥ 85॥

अन्वय—नीलमनि जटित सींक जगमगति सुहाई नाँक, मनौ अली चंपक-कली बसि निसाँक रसु-लेतु।

जटित = जड़ी हुई। नीलमनि = नीलम। सींक = स्त्रियों की नाक में पहनने का एक आभूषण विशेष, जिसे लौंग या छुच्छी भी कहते हैं। निसाँक = निःशंक, बेधड़क। रस लेतु = आनंद लूट रहा है।

नीलम से जड़ी लौंग (उसकी) सुंदर नाक में जगमग करती है, मानो भौंरा चम्पा की कली पर निःशंक बैठकर रस पी रहा हो।

नोट—गोरी की नाक चंपा की कली है, नीलम-जड़ी लौंग भौंरा है। भौंरा चंपा के पास नहीं जाता; पर कवि ने असंभव को संभव कर दिया है।

बेधक अनियारे नयन बेधत करि न निषेधु।
बरबट बेधत मो हियौ तो नासा कौ बेधु॥ 86॥

अन्वय—बेधक अनियारे नयन बेधत निषेधु न करि, तो नासा कौ बेधु मो हियौ बरबट बेधत।

बेधक = बेधनेवाला। अनियारे = नुकीले। निषेध = रुकावट। बेधु = छेद, छिद्र। नासा—नाक। बरबट = अदबदाकर, जबरदस्ती।

चुभीली नुकीली आँखें यदि हृदय को छेदती हैं, तो छेदने दे, उन्हें मना मत कर (वे ठहरी चुभीली नुकीली, बेधना तो उनका काम ही है); क्योंकि तेरी नाक का बेध—लौंग पहनने की जगह का छेद—मेरे हृदय को बरबस बेध रहा है—जो स्वयं बेध है, यही बेध रहा है, तो फिर बेधक क्यों न बेधे?

जदपि लौंग ललितौ तऊ तूँ न पहिरि इकआँक।
सदा साँक बढ़ियै रहै रहै चढ़ी-सी नाँक॥ 87॥

अन्वय—जदपि लौंग ललितौ तऊ तू इकआँक न पहिरि, नाँक चढ़ी-सी रहै सदा साँक बढ़ियै रहै।

ललितौ = सुंदर। इकआँक = निश्चय। साँक बढ़ियै रहै = डर बना रहता है। रहैं चढ़ी-सी नाक = नाक चढ़ी रहना, क्रुद्ध या रुष्ट होना।

यद्यपि लौंग (देखने में) अत्यंत सुंदर है, तो भी तू निश्चय उसे न पहन; (क्योंकि उसके पहनने से) मेरी नाक सदा चढ़ी-सी रहती है, जिससे मेरे मन में सदा भय की वृद्धि होती है (कि तू शायद क्रुद्ध तो नहीं है)!

बेसरि मोती दुति-झलक परी ओठ पर आइ।
चूनौ होइ न चतुर तिय क्यों पट पोंछयो जाइ॥ 88॥

अन्वय—बेसरि मोती दुति-झलक ओठ पर आइ परी, चतुर तिय चूनौ न होइ, पट क्यों पोंछयो जाइ।

पट=कपड़ा। बेसरि=नाक की झुलनी, बुलाक।

बेसर में लगे हुए मोती की आभा की (सफेद) परछाईं तुम्हारे ओठों पर पड़ी है। हे सुचतुरे! वह चूना नहीं है (तुमने जो पान खाया है, उसका चूना ओठों पर नहीं लगा है), फिर वह कपड़े से कैसे पोंछी जा सकती है?

नोट—नायिका के लाल-लाल होंठों पर नकबेसर के मोती की उजली झलक आ पड़ी है, उसे वह भ्रमवश चूने का दाव समझकर बार-बार पोंछ रही है; किंतु वह मिटे तो कैसे?

इहिं दैहीं मोती सुगथ तूँ नथ गरबि निसाँक।
जिहिं पहिरैं जग-दृग ग्रसति लसति हँसति-सी नाँक॥ 89॥

अन्वय—नथ तूँ इहिं दैहीं मोती सुगथ निसाँक गरबि, जिहिं पहिरैं नाँक हँसति-सी लसति जग दृग ग्रसति।

सुगथ=सुंदर पूँजी। गरबि=अभिमान कर ले। हँसति-सी लसति=सुघड़ जान पड़ती है। ग्रसति—फाँसती है।

अरे नथ! तू इन दो ही मोतियों की पूँजी पर निःशंक होकर गर्व कर ले; क्योंकि तुझे पहनकर (उस नायिका की) नाक हँसती-सी (सुंदर शोभासंपन्न) दीख पड़ती है और संसार की आँखों को फाँसती है।

नोट—एक उर्दू कवि ने कहा है—'नाक में नथ वास्ते जीनत के नहीं। हुस्न को नाथ के रक्खा है कि जाए न कहीं! जीनत=खूबसूरती। हुस्न=सौंदर्य्य।

बेसरि - मोती धनि तुही को बूझै कुल जाति।
पीबौ करि तिय-अधर को रसु निधरक दिन-राति॥ 90॥

अन्वय—बेसरि-मोती तुही धनि कुल जाति को बूझै, तिय-अधर को रसु निधरक दिन-राति पीबौ करि।

अरे बेसर में गुँथा हुआ मोती! तू ही धन्य है। (भाग्यवान्) कुल और जाति कौन पूछता है? (अलबेली) कामिनियों के (सुमिष्ट) अधरों का रस तू निर्भयतापूर्वक दिन-रात पिया कर।

नोट—'को बूझै कुल जाति' से यह मतलब है कि मोती तुच्छ सीप कुल से पैदा हुआ है, तो भी उसे ऐसा सुंदर सौभाग्य प्राप्त है, जिसके लिए कितने कुलीन नवयुवक तरसते रहते हैं!

बरन बास सुकुमारता सब बिधि रही समाइ।
पँखुरी लगी गुलाब की गात न जानी जाइ॥ 91॥

अन्वय—गात लगी गुलाब की पँखुरी जानी न जाइ। बरन बास सुकुमारता सब बिधि समाइ रही।

(नायिका की) देह पर लगी गुलाब की पँखुरी पहचानी नहीं जाती—बिलग नहीं दीख पड़ती; क्योंकि उसका रंग और उसकी सुगंध तथा कोमलता गाल के रंग, सुगंध और कोमलता में एकदम मिल-सी गई है।

लसत सेत सारी ढप्यौ तरल तर्यौना कान।
पर्यौ मनौ सुरसरि-सलिल रवि-प्रतिबिंबु बिहान॥ 92॥

अन्वय—सेत सारी ढप्यौ कान तरल तर्यौना लसत, मनौ सुरसरि-सलिल बिहान-रवि-प्रतिबिंबु पर्यौ।

तरल=चंचल। बिहान=प्रातःकाल।

उजली साड़ी से ढँका हुआ उसके कान का चंचल कर्णफूल ऐसा सोह रहा है, मानो गंगा के उज्ज्वल जल में प्रातःकाल के सूर्य का (सुनहला) प्रतिबिंब आ पड़ा हो।

नोट—यहाँ सोने का कर्णफूल प्रातःकाल का सूर्य है, और साड़ी गंगा का स्फटिक-सा स्वच्छ जल।

सुदुति दुराई दुरति नहिं प्रगट करति रति-रूप।
छुटै पीक औरै उठी लाली ओठ अनूप॥ 93॥

अन्वय—सुदुति दुराई नहिं दुरति रति-रूप प्रगट करति, पीक छुटै ओठ अनूप लाली औरै उठी।

सुदुति = सुद्युति = सुंदर कांति। 'रति-रूप' = रति का रूप, कामदेव की स्त्री 'रति' अत्यंत सुंदरी कही जाती है; अतएव यहाँ 'रति-रूप' से अर्थ है सौंदर्य का आधिक्य। दुराई = छिपाए।

सुंदर कांति छिपाने से नहीं छिपती, वरन् (ऐसी चेष्टा करने पर) वह और भी अपरूप सौंदर्य प्रकट करती है। पान की पीक (या लाली) छुड़ाए जाने पर ओठों की अनुपम लाली और भी बढ़ गई है।

नोट—नायिका अपने ओठ की ललाई को पान की लाली समझकर बार-बार उसे छुड़ा रही है; किंतु ज्यों-ज्यों पान की लाली छुटती है, त्यों-त्यों उसके ओठ की स्वाभाविक लाली और भी खिलती जाती है।

कुच-गिरि चढ़ि अति थकित ह्वै चली डीठि मुँह-चाड़।
फिरि न टरी परियै रही परी चिबुक की गाड़॥ 94॥

अन्वय—कुच-गिरि चढ़ि अति थकित ह्वै डीठि मुँह-चाड़ चली, चिबुक की गाड़ परी परियै रही फिरि टरी न।

कुच = स्तन। डीठि = दृष्टि = नजर। चाड़ = चाह। परियै रही = पड़ी रही। चिबुक = ठुड्डी। गाड़ = गढ़ा।

स्तन-रूपी (आगे) पर्वत पर चढ़, अत्यंत थककर, दृष्टि मुख (देखने) की चाह में (आगे) चली। (किंतु रास्ते में ही) ठुड्डी के गढ़े में वह (इस प्रकार) जा गिरी कि (उसी में) पड़ी रह गई, (वहाँ से) पुनः (इधर-उधर) टली नहीं।

नोट—'चिबुक की गाड़' पर एक संस्कृत कवि की उक्ति का आशय है कि ब्रह्मा ने सुंदरी स्त्री को जब पहले-पहल बनाया, तब उसके रूप पर आप ही इतने मुग्ध हुए कि ठुड्डी पकड़कर भर-नजर देखने लग गए। उसी समय कच्ची मूर्ति की ठुड्डी उनके अँगूठे से दब गई। वही गढ़ा हो गया!

ललित स्याम-लीला ललन चढ़ी चिबुक छबि दून।
मधु छाक्यौ मधुकर पर्‌यौ मनौ गुलाब-प्रसून॥ 95॥

अन्वय—ललित स्याम-लीला, ललन चिबुक-छबि दून चढ़ी, मनौ मधु छाक्यौ मधुकर गुलाब-प्रसून पर्‌यौ।

ललित = सुंदर। स्याम लीला = गोदने की बिंदी। दून = दूना। मधु छाक्यौ = रस पीकर तृप्त। मधुकर = भौंरा। प्रसून = फूल।

सुंदर गोदने की (कीली) बिंदी से, हे ललन! उसकी (गुलाबी) ठुड्डी की शोभा दूनी बढ़ गई है, (जान पड़ता है) मानो मधु पीकर मस्त भौंरा गुलाब के फूल पर (बेसुध) लेटा हुआ है।

नोट—'पद्माकर' के इसी भाव के एक कवित्त का पद है—'कैधों अरबिंद में मलिंदसुत सोयो आय, गरक गोविंत कैधों गोरी की गुराई में।' अपने 'तिल-शतक' में मुबारक कवि तिल को यों प्रणाम करते हैं—

गोरे मुख पर तिल लसै; ताको करौं प्रणाम।
मानहु चंद बिछाय के पौढ़े सालीग्राम॥

डारे ठोड़ी-गाड़ गहि नैन-बटोही मारि।
चिलक-चौंधि मैं रूप-ठग हाँसी-फाँसी डारि॥ 96॥

अन्वय—चिलक-चौंधि मैं रूप-ठग हाँसी-फाँसी डारि, नैन-बटोही मारि ठोढ़ी-गाड़ गहि डारे।

ठोढ़ी = ठुड्डी, चिबुक। चिलक = चमक, कांति।

(शरीर की) कांति की चकाचौंध में सौंदर्य-रूपी ठग ने हँसी-रूपी फाँसी डाल (दर्शक की) नेत्र-रूपी बटोही को मारकर उसे ठुड्डी-रूपी गढ़े में डाल रक्खा है। यह स्याम-लीला (गोदना की काली बिंदी) उसी की

लाश है।

नोट—एक उर्दू कवि ने भी 'तिल' को आशिक का 'जलाभुना दिल' कहा है। क्या खूब !

तो लखि मो मन जो लही सो गति कही न जाति।
ठोढ़ी-गाड़ गड़्यौ तऊ उड़्यौ रहत दिन-राति॥ 97॥

अन्वय—तो लखि मो मन जो गति लही सो कही न जाति, ठोढ़ी-गाड़ गड़्यौ तऊ दिन-राति उड़्यौ रहत।

मनगड़्यौ = मन बसना, मन डूबा रहना। मन उड़्यौ = मन उड़ना, मन उचटा रहना, कहीं मन न लगना।

तुम्हें देखकर मेरे मन ने जो चाल पकड़ी है, वह (चाल) कहीं नहीं जाती—अजीब चाल है। यद्यपि वह तुम्हारी ठुड्डी के गढ़े में गड़ा (धँसा) रहता—तल्लीन रहता है, तो भी दिन-रात उड़ता—उचटा ही रहता है—चंचल ही बना फिरता है !

नोट—यहाँ कवि ने 'मन का गड़ना' और 'मन का उड़ना' इन दोनों मुहावरों का प्रयोग अच्छा भिड़ाया है।

लौने मुँह दीठि न लगै यौं कहि दीनौ ईठि।
दूनी ह्वै लागन लगी दियैं दिठौना दीठि॥ 98॥

अन्वय—ईठि लौने मुँह दीठि न लगै यौं कहि दिठौना दीनौ दियैं दीठि दूनी ह्वै लागन लगी।

लौने = लावण्यमय। ईठि = हितैषिणी। दिठौना = काजल की बिंदी; नजर लग जाने के डर से स्त्रियाँ काजल की बिंदी लगाती हैं।

हितैषिणी सखी ने—'इस लावण्ययुक्त मुखड़े पर कहीं किसी की नजर न लग जाय' (ऐसा) कहकर डिठौना लगा दिया। किंतु उस गोरे मुखड़े पर काजल का काला डिठौना देने से लोगों की नजर दुगुनी होकर लगने लगी—लोग और भी चाव से घूरने लगे।

पिय तिय सों हँसिकै कह्यौ लखैं दिठौना दीन।
चन्द्रमुखी मुख चन्दु तैं भलौ चन्द सम कीन॥ 99॥

अन्वय—दिठौना दीन लखैं पिय तिय सों हँसिकै कह्यौ, चन्द्रमुखी चन्द सम कीन, मुख चन्दु तैं भलौ।

सों = से। दिठौना दीन = डिठौना लगाए हुए। तैं = से।

डिठौना लगाए हुए देखकर प्रीतम ने अपनी प्रियतमा से हँसकर कहा—हे चंद्रमुखी ! (काला डिठौना लगाकर) चंद्रमा के समान (धब्बेदार) कलंकित बना लेने पर भी, (तुम्हारा) मुख, चंद्रमा से अच्छा ही है।

गड़े बड़े छबि-छाकु छकि छिगुनी छोर छुटैं न।
रहे सुरँग रँग रँगि वही नह दी मँहदी नैन॥ 100॥

अन्वय—छबि-छाकु छकि बड़े छिगुनी छोर छुटैं न गड़े; वही नह दी मँहदी सुरँग रँग नैन रँगि रहे।

छबि = शोभा। छाकु = नशा। छकि = भर-पेट पीकर। छिगुनी = कनिष्ठा अँगुली, कनगुरिया। सुरँग = लाल। नह दी = नँह में दी गई, नख में लगाई गई। मँहदी = मेंहदी।

सौंदर्य की मदिरा पीकर खूब ही गड़ रहे हैं, छिगुनी की छोर छोड़ते ही नहीं। यहाँ तक कि उसी (छिगुनी के) नँह में लगी मेंहदी के लाल रंग में ये नेत्र रँग भी गए हैं—उसके ध्यान में लल भी हो गए हैं !

द्वितीय शतक

सूर उदित हूँ मुदित मन मुखु सुखमा की ओर।
चितै रहत चहुँ ओर तें निहचल चखनु चकोर॥ 101॥

अन्वय—सूर उदित हूँ, मुदित मन, मुखु सुखमा की ओर, चकोर निहचल चखनु चहुँ ओर तें चितै रहत।

सूर=सूर्य। सुखमा=सौंदर्य, शोभा निहचल चैखनु=अटल दृष्टि से, टकटकी लगाकर।

सूर्य के उदय हो जाने पर भी आनंदित मन से उसके मुख के सौंदर्य की ओर (उसे चंद्र-मंडल समझकर) चकोर टकटकी लगाए चारों ओर से देखता रहता है।

पत्राहीं तिथि पाइयै वा घर कैं चहुँ पास।
नित प्रति पून्यौईं रहत आनन-ओप उजास॥ 102॥

अन्वय—वा घर कैं चहुँ पास पत्राहीं तिथि पाइयै, आनन ओप-उजास नित प्रति पून्यौईं रहत।

पत्रा=तिथिपत्र। नित प्रति=हर रोज। पून्यौईं=पूर्णिमासी ही। आनन=मुख। ओप=चमक। उजास=प्रकाश।

उस नायिका के घर के चारों ओर पत्रा (पंचांग) ही में तिथि पाई जाती है—तिथि निश्चय कराने के लिए पत्रा ही की शरण लेनी पड़ती है; क्योंकि (उसके) मुख की चमक और प्रकाश से वहाँ सदा पूर्णिमा ही बनी रहती है—उसके मुख की चमक और प्रकाश देखकर लोग भ्रम में पड़ जाते हैं कि पूर्ण चंद्र की चाँदनी छिटक रही है।

नैकु हँसौंही बानि तजि लख्यो परतु मुहुँ नीठि।
चौका-चमैंकनि-चौंध मैं परति चौंधि-सी डीठि॥ 103॥

अन्वय—नैकु हँसौंही बानि तजि, मुँह नीठि लख्यौ परतु; चौका-चमैंकनि-चौंध में डीठि चौंधि-सी परति।

नैकु=जरा, तनिक। बानि=आदत। नीठि=मुश्किल से। चौका=अगले चार दाँतों का समूह। चौंध—चकाचौंध। डीठि=दृष्टि।

जरा इस हँसोड़ आदत को छोड़ो। (तुम्हारा) मुख भी मुश्किल से दीख पड़ता है; क्योंकि दाँतों की चमक की चकाचौंध में नजर चौंधिया-सी जाती है।

चलन न पावतु निगम-मगु जगु उपज्यौ अति त्रास।
कुच-उतंग-गिरिवर गह्यौ मैना-मैनु मवास॥ 104॥

अन्वय—निगम-मगु न चलन पावतु, जगु अति त्रास उपज्यौ कुच-उतंग-गिरिवर मैना-मैनु मवास गह्यौ।

निगम-मगु=वेद का पथ। उतंग=ऊँचे। मैना=राजपूताने की एक लुटेरी जाति। मैनु=कामदेव। मवास=अड्डा।

(कोई) वेद के रास्ते पर नहीं चलने पाता—'परदारेषु मातृवत्' आदि नियमों का पालन नहीं कर पाता। संसार में अत्यंत भय उत्पन्न हो गया है; (क्योंकि, तुम्हारे) कुच-रूपी ऊँचे पहाड़ पर कामदेव-रूपी मीना ने अपना अड्डा बना रक्खा है—जहाँ कोई पथिक इस पहाड़ की ओर आया कि लुटा!

ज्यौं ज्यौं जौवन जेठ-दिन कुच-मिति अति अधिकाति।
त्यौं त्यौं छिन छिन कटि-छपा छीन परति नित जाति॥ 105॥

अन्वय—ज्यौं-ज्यौं जौवन जेठ, कुच दिन मिति अति अधिकाति; त्यौं त्यौं छिन छिन, कटि-छपा नित छीन परति जाति।

मिति=दिन का मान। कटि=कमर। छना=रात्रि। छीन=क्षीण=पतली।

जैसे-जैसे जवानी-रूपी जेठ मास में कुच-रूपी दिन का मान अत्यंत बढ़ता जाता है, वैसे-ही-वैसे क्षण-क्षण में (नायिका की) कटि-रूपी रात नित्य क्षीण पड़ती जाती है—थोड़ी-थोड़ी घटती जाती है।

लगी अनलगी सी जु बिधि करी खरी कटि खीन।
किए मनौ वैहीं कसरु कुच नितंब अति पीन॥ 106॥

अन्वय—बिधि जु कटि खरी खीन लगी अनलगी सी करी, मनौ वैहीं कसरु कुच नितंब अति पीन किए।

लगी=शरीर के मध्य भाग में जड़ी हुई, प्रत्यक्ष। अनलगी=शरीर के जोड़ में लगी हुई, अदृश्य। खरी=अत्यंत। कुच=स्तन। पीन=पुष्ट।

ब्रह्मा ने उन (नायिका) की कमर इतनी पतली बना दी कि (अत्यंत बारीकी के कारण) लगी हुई होने पर भी न लगी हुई-सी (जान पड़ती है); मानो इसी कसर (को पूरा करने) के लिए (उन्होंने) उसके कुच और नितंब बहुत पुष्ट कर दिए।

नोट—जवानी में स्त्रियों की कमर पतली और कुच तथा नितंब बड़े-बड़े हो जाते हैं। 'आलम सेख' की एक संयुक्त रचना इसी भाव की है—

कनक-छरी सी कामिनी, काहेको कटि खीन।
कटि कै कंचन काटि बिधि, कुचन मध्य धरि दीन॥

जंघ जुगल लोइन निरे करे मनौ बिधि-मैन।
केलि-तरुनु दुख दैन ए केलि तरुनु सुखदैन॥ 107॥

अन्वय—मनौ बिधि-मैन जंघ जुगल निरे लोइन करे, ए केलि-तरुनु दुख दैन, केलि तरुनु सुखदैन।

जुगल=दोनों। लोइन=लावण्य, सुंदरता, लोमरहित, गूँथे आटे की लोई। निरे=खालिस, बिलकुल। केलि-तरुनु=कदली के पेड़ों को। दैन=देनेवाला। केलि=रति-क्रीड़ा। तरुनु=युवक।

मानो काम-रूपी ब्रह्मा ने उसकी दोनों जाँघों को खालिस लावण्य ही का बनाया है—उसमें हाड़-मांस नहीं है, केवल लावण्य-ही-लावण्य कूटकर भरा है। ये (जाँघें) केले के वृक्षों को दुःख देनेवाली हैं—इनकी सुघराई देखकर केले के खंभ को अपनी सौंदर्यहीनता पर दुःख होता है—किंतु रति के समय में युवकों को सुख देनेवाली हैं।

रह्यौ ढीठु ढाढ़स गहैं ससहरि गयौ न सूरु।
मुर्‌यौ न मनु मुरवानु चुभि भौ चूरनु चपि चूरु॥ 108॥

अन्वय—ढीठु ढाढ़स गहैं रह्यौ, ससहरि न गयौ मुर्‌यौ न, सूरु मनु मुरवानु चुभि, चूरनु चपि चूरु भौ।

ससहरि गयौ=सिहर जाना, डर गया। सूरु=शूर, वीर। मुरवानु=पाँव का वह भाग जहाँ पर कड़े, छड़े, पाजेब आदि गहने पहने जाते हैं, सुपवा। चूरन=चूरा का बहुवचन, कड़े। चँपि=दबकर।

ढिठाई से साहस किए रहा। डरा नहीं, मुड़ा भी नहीं। वीर के समान डटा रहा। भले ही मेरा वह मन मुरबों में चिपक, कड़ों से चँपकर, चूर हो गया।

पाइ महावरु दैन कौं नाइनि बैठी आइ।
फिरि फिरि जानि महावरी एड़ी मीड़ति जाइ॥ 109॥

अन्वय—पाइ महावरु दैन कौं नाइनि आइ बैठी, फिरि फिरि एड़ी महावरी जानि मीड़ति जाइ।

महावरी=महावर लगी हुई। फिरि फिरि=बार-बार।

(उस नायिका के) पाँव में महावर लगाने के लिए नाइन आ बैठी। किंतु (उसकी एड़ी स्वाभाविक रूप से इतनी लाल थी कि) वह बराबर उसे महावर लगी हुई जानकर माँज-माँजकर धोने लगी।

नोट—पैरों में महावर लगाने के पूर्व पहले की लगी हुई महावर धो दी जाती है।

कौहर-सी एड़ीनु की लाली देखि सुभाइ।
पाइ महावरु देइ को आपु भई बे-पाइ॥ 110॥

अन्वय—कौहर-सी एड़ीनु की सुभाइ लाली देखि पाइ महावरु को देइ, आपु बे-पाइ भई।

कौहर=एक जंगली लाल फल। सुभाय=स्वाभाविक। देइ को=कौन दे, कौन लगावे। बे-पाय=हक्का-बक्का, विस्मय-विमुग्ध।

लाल कौहर फल के समान उसकी एड़ियों की स्वाभाविक लाली देखकर, पैर में महावर कौन लगावे? नाइन स्वयं हक्का-बक्का (किंकर्तव्यविमूढ़) हो गई!

किय हाइलु चित चाइ लगि बजि पाइल तुव पाइ।
पुनि सुनि सुनि मुँह मधुर-धुनि क्यों न लालु ललचाइ॥ 111॥

अन्वय—तुव पाइ पाइल बजि चित चाइ लगि हाइलु किय, पुनि, मुँह, मधुर-धुनि सुनि सुनि लालु क्यों न ललचाइ।

हाइलु=घायल। चाय=चाह, चाट। पायल=पाजेब।

तेरे पैरों की पाजेब बजकर चित्त में चाह उत्पन्न करती और घायल बनाती है। फिर मुख की मीठी बोली सुन-सुनकर लाल (नायक) क्यों न लालच में पड़ जाय?

सोहत अँगुठा पाइ कै अनुवटु जर्‌यौ जराइ।
जीत्यौ तरिवन-दुति सुढरि पर्‌यौ तरनि मन पाइ॥ 112॥

अन्वय—जराइ जर्‌यौ पाइ कै अँगुठा अनवटु सोहत, मनु तरिवन-दुति जीत्यौ तरनि सुढरि पाइ पर्‌यौ।

पाइ के=पैर के। अनवटु=पैर के अँगूठे में पहनने का आभूषण-विशेष। जराइ=जड़ाव, नगीना। तरिवन=कर्णफूल। तरनि=सूर्य।

नगीने जड़ा हुआ पैर के अँगूठे का अनवट शोभ रहा है। (वह ऐसा लगता है) मानो कर्णफूलों की प्रभा से पराजित हो सूर्य उस (नायिका) के पाँवों पर लुढ़क पड़ा हो!

पग पग मग अगमन परत चरन-अरुन-दुति झूलि।
ठौर ठौर लखियत उठे दुपहरिया-से फूलि॥ 113॥

अन्वय—मग पग पग अगमन चरन-अरुन-दुति झूलि परत, लखियत ठौर ठौर दुपहरिया-से फूलि उठे।

अगमन=आगे की ओर। अरुन=लाल। दुति=चमक। दुपहरिया=एक प्रकार का लाल फूल।

पथ में पग-पग पर आगे की ओर (जहाँ पैर पड़ने को है) पैर की लाल प्रभा झड़-सी पड़ती है—जहाँ पर अपना पैर उठाकर रखना चाहती है, वहीं उसके तलवे की लाली पृथ्वी में प्रतिबिंबित होने लगती है—(वह ऐसी) दीख पड़ती है, मानो जगह-जगह दुपहरिया के (लाल-लाल) फूल फूल उठे हों!

दुरत न कुच बिच कंचुकी चुपरी सारी सेत।
कवि-आँकनु के अरथ लौं प्रगटि दिखाई देत॥ 114॥

अन्वय—चुपरी सेत सारी कंचुकी बिच कुच न दुरत, कवि-आँकनु के अरथ लौं प्रगटि दिखाई देत।

कंचुकी=स्तनों के कसने की चोली। चुपरी=चिपटी हुई, सुगंधित सटी या कसी हुई। सेत=सफेद। आँकनु=अक्षरों, शब्दों।

सटी हुई उजली साड़ी और कंचुकी के भीतर स्तन नहीं छिपते। कवि के शब्दों के अर्थ के समान वे साफ दीख पड़ते हैं।

नोट—यों ही एक कवि ने स्त्री के कंचुकी-मंडित कुच और कवि के गूढ़ार्थ-भाव-संवलित शब्दों की तुलना करते हुए कहा है—

कवि-आखर अरु तिय-सुकुच अध उघरे सुख देत।
अधिक ढके हू सुखद नहिं उघरे महा अहेत॥

भई जु छबि तन बसन मिलि बरनि सकैं सु न बैन।
आँग - ओप आँगी दुरी आँगी आँग दुरै न॥ 115॥

अन्वय—बसन मिलि जु तन छबि भई सु बैन न बरनि सकैं आँग-ओप आँगी दुरी, आँगी आँग न दुरै।

सु = सो, वह। ओप = कान्ति, प्रभा। आँगी = अँगिया, चोली। दुरी = छिप गई।

वस्त्र से मिलकर उसके शरीर की जो छवि हुई, वह वचन द्वारा नहीं वर्णन की जा सकती—उसके वर्णन में वाणी (मुग्धता या असमर्थता के कारण मूक हो जाती है। (उसके) अंग की कांति से (उसकी) चोली ही छिप गई, चोली से आँग (स्तन) न छिप सके!

नोट—पीतांबर की चोली अंग की चंपक कांति में छिप गई।

भूषन पहिरि न कनक कै कहि आवत इहि हेत।
दरपन कैसे मोरचे देह दिखाई देत॥ 116॥

अन्वय—कनक कै भूषन न पहिरि, इहि हेत कहि आवत, दरपन कैसे मोरचे से देह दिखाई देत।

कनक = सोना। कहि आवत इहि हेत = इसलिए कहा जाता है। मोरचे = धब्बे।

सोने के गहने तू न पहन, यह इसलिए कहा जाता है कि (वे गहने) दर्पण में लगे धब्बे के समान (तेरी) देह में (भद्दे) दीख पड़ते हैं।

मानहु बिधि तन-अच्छ छबि स्वच्छ राखिबैं काज।
दृग-पग पोंछन को करे भूषन पायन्दाज॥ 117॥

अन्वय—मानहु बिधि तन-अच्छ-छबि स्वच्छ राखिबैं काज-दृग-पग पोंछन को भूषन पायंदाज करे।

अच्छ = अच्छी। दृग-पग = नजर के पैर। पायंदाज = बँगले के दरवाजे पर रक्खा हुआ पैर पोंछने का टाट, पायपोश।

मानो ब्रह्मा ने (नायिका के) शरीर की सुंदर कांति को स्वच्छ रखने के निमित्त दृष्टि के पैर पोंचने के लिए भूषण-रूपी पायंदाज बनाए हैं—(ताकि देखनेवालों की नजर के पैरों की धूल से कहीं अंग की कांति न मलिन हो जाय। इसलिए भूषण-रूपी पायंदाज बनाया कि अंग पर पड़ने से पहले नजरें अपने पैरों की धूल साफ कर लें!)

नोट—एक सुरसिक ने इसका 'उर्दू' अनुवाद यों किया है—

निगाहों के कदम मैली न कर दें चाँदनी तन की।
ये जेवर तूने पहने हैगे पायंदाज की सूरत॥

सोनजुही-सी जगमगति अँग - अँग - जोबन - जोति।
सुरँग कसूँभी चूनरी दुरँग देह - दुति होति॥ 118॥

अन्वय—सोनजुही-सी अँग-अँग जोबन-जोति जगमगति कसूँभी सुरँग चूनरी देह-दुति दुरँग होति।

सोनजुही = पीली चमेली। जोबन = जवानी। सुरँग = लाल। कसूँभी = कुसुम रंग की, लाल। देह-दुति = शरीर की कांति।

सोनजुही के समान उसके अंग-अंग में जवानी की ज्योति जगमगा रही है। (उस पर) कुसुम में रँगी हुई लाल साड़ी (पहनने पर) शरीर की कांति दुरंगी हो जाती है— लाल और पीले के संयोग से अजीब दुरंगा (नारंगी) रंग उत्पन्न होता है।

छिप्यो छबीलौ मुँह लसै नीलैं अंचर-चीर।
मनौ कलानिधि झलमलै कालिन्दी कैं नीर॥ 119॥

अन्वय—नीलैं अंचर-चीर छिप्यो छबीलौ मुँह लसै, मनौ कलानिधि कालिंदी कैं नीर झलमलै।

छिप्यो = ढँका हुआ। छबीलौ = सुंदर। नीलै अंचर-चीर = नीली साड़ी का अँचरा। कलानिधि = चंद्रमा। कालिंदी = यमुना।

नीले अंचल में ढँका हुआ सुंदर मुखड़ा (ऐसा) शोभ रहा है, मानो चंद्रमा (नीले जल वाली) यमुना के पानी में झलक रहा हो—अपनी प्रभा बिखेर रहा हो।

लसै मुरासा तिय-स्रवन यौं मुकुतन दुति पाइ।
मानहु परस कपोल कैं रहे सेद-कन छाइ॥ 120॥

अन्वय—सुकुतन दुति पाइ मुरासा तिय-स्रवन यौं लसै मानहु कपोल कैं परस सेद-कन छाइ रहे।

मुरासा = कर्णफूल। मुकुतन = मुक्ताओं, मोतियों। परसे = स्पर्श। कपोल = गाल। सेद = स्वेद, पसीना। कन = कण, बिंदु।

मोतियों की कांति पाकर (मुक्ता-जटित) कर्णफूल, नायिका के कानों में यों शोभते हैं, मानो (उसके) गालों के स्पर्श से (उन कर्णफूलों पर) पसीने के कण छा रहे हों।

नोट—धन्य बिहारी! तुमने प्राणहीन कर्णफूलों पर भी स्त्री के गालों के सौंदर्य का जादू डाल ही दिया! कोमल कपोलों के स्पर्श से कर्णफूलों के भी पसीने निकल आए—सात्विक भाव हो आया!

सहज सेत पँचतोरिया पहिरत अति छबि होति।
जल-चादर कै दीप लौं जगमगाति तनि जोति॥ 121॥

अन्वय—सहज सेत पँचतोरिया पहिरत छबि अति होति, जल चादर कै दीप लौं तनि जोति जगमगाति।

सहज = स्वाभाविक। सेत = श्वेत, सफेद। पँचतोरिया = एक प्रकार का झीना सफेद रेशमी कपड़ा। लौं = समान।

स्वाभाविक रूप से सफेद पँचतोरिया पहनने पर उसकी शोभा बढ़ जाती है। जल चादर के अंदर रक्खे हुए दीपक के समान (उस पँचतोरिया के भीतर से उसके) शरीर की कांति जगमगाने लगती है।

नोट—जल-चादर = राजाओं के बाग में पहले ऐसी सजावट होती थी कि फव्वारे से होकर चादर की तरह पानी गिरता था, और उसके बीच में दीपक रक्खे जाते थे, जो अलग से झिलमिलाते-से दीख पड़ते थे।

सालति है नटसाल-सी क्यौंहूँ निकसत नाँहि।
मनमथ-नेजा-नोक-सी खुभी खुभी जिय माँहि॥ 122॥

अन्वय—मनमथ-नेजा-नोक-सी खुभी जिय माँहि खुभी नटसाल-सी सालति है, क्यौंहूँ नाँहि निकसति।

सालति = चुभती है, पीड़ा पहुँचा रही है। नटसाल = वाण की नोक का वह तिरछा भाग, जो टूटकर शरीर के भीतर ही रह जाता है। मनमथ = कामदेव। नेजा = कटार। खुभी = लौंग के आकार का एक प्रकार का कान का गहना। खुभी = गड़ी।

कामदेव के कटार की नोक के समान (नायिका के नाकों की) खुभी (मेरे) मन में गड़ गई है। वाण की टूटी हुई गाँसी की तरह पीड़ा पहुँचा रही है—किसी प्रकार नहीं निकलती।

अजौं तर्‍यौना ही रह्यौ स्रुति सेवत इकरंग।
नाक-बास बेसरि लह्यौ बसि मुकुतनु कैं संग॥ 123॥

अन्वय—इकरंग स्रुति सेवत अजौं तर्‍यौना ही रह्यौ, मुकुतनु कैं संग बसि बेसरि नाक-बास लह्यौ।

अजौं = आज भी। तर्‍यौना = (1) कर्णफूल (2) तर्‍यौ + ऩा = नहीं तरा। स्रुति = (2) श्रुति, वेद (2) कान। इकरंग = एक मात्र, एक ढंग से। नाक = (1) नासिका (2) स्वर्ग। बेसरि = (1) नाक का भूषण, झुलनी, खच्चर। (2) बे + सरि = जिसकी समानता न हो, अनुपम। मुकुतनु = (1) मुक्ता (2) मुक्त लोग, महात्मा।

श्लेषार्थ—एकमात्र वेद ही की सेवा करने से—सत्संग न कर केवल वेद ही पढ़ते रहने से—कोई अभी तक नहीं तरा। (किंतु) मुक्तात्माओं—जीवनमुक्त महात्माओं—की सत्संगति से अनुपम स्वर्ग का वास

(बहुतों ने) पाया।

एकमात्र (एक ढंग से) कानों को सेते रहने से आज भी यह 'कर्णफूल' कर्णफूल ही रह गया। (किंतु) मुक्ताओं की संगति करके बेसर ने नाक का सहवास पा लिया।

नोट—इस दोहे में भी बिहारी ने श्लेष का अपूर्व चमत्कार दिखलाया है। कविवर रसलीन ने भी एक ऐसा ही दोहा कहा है—

ठग तस्कर स्रुति सेइके लहत साधु परमान।
ये खुटिला स्रुति सेइके खुटिलै रही निदान॥

(सो.) मंगल बिन्दु-सुरंगु, मुख ससि केसरि आड़ गुरु।
इक नारी लहि संगु, रसमय किय लोचन जगत॥ 124॥

अन्वय—सुरंग-बिंदु मंगल, मुख ससि, केसरि आड़ गुरु, इक नारी संगु लहि जगत-लोचन रसमय किय।

सुरंग = लाल। आड़ = टीका। गुरु = वृहस्पति। रसमय = तृप्तिमय, रसयुक्त, जलमय।

(ललाट में लगी) लाल बेंदी 'मंगल' है, मुख 'चंद्रमा' है। केसर का (पीला) टीका 'वृहस्पति' है। (यों मंगल, चंद्रमा और वृहस्पति—तीनों ने एक स्त्री का संग पाकर— स्त्री-योग में पड़कर—संसार के लोचनों को सरस (शीतल) कर दिया है।

नोट—ज्योतिष के अनुसार मंगल, चंद्रमा और वृहस्पति के एक नाड़ी में आ जाने से खूब वर्षा होती है। मंगल का रंग लाल, चंद्रमा का श्वेत और वृहस्पति का पीला कहा गया है।

गोरी छिगुनी नखु अरुनु छला स्यामु छबि देइ।
लहत मुकुति-रति पलकु यह नैन त्रिबेनी सेइ॥ 125॥

अन्वय—गोरी छिगुनी, अरुनु नखु, स्यामु छला छबि देइ, नैन यह त्रिबेनी सेइ पलकु मुकुति-रति लहत।

छिगुनी = कनिष्ठा अँगुली। छला = छल्ला, अँगूठी। मुकिति = मुक्ति, मोक्ष। रति = प्रीति। पलकु = एक क्षण।

गोरी कनिष्ठा अँगुली, (उसका) लाल नख और (उसमें पहनी गई नीलम जड़ी) साँवली अगूठी—ये तीनों शोभा दे रहे हैं! नेत्र इस त्रिवेणी (गोरी गंगा, लाल सरस्वती और श्यामला यमुना के संगम)—का सेवन करके, एक क्षण में ही प्रीति रूपी मुक्ति प्राप्त कर लेते हैं।

तरिवन कनकु कपोल दुति बिच-बीच ही बिकान।
लाल-लाल चमकति चुनी चौका चीन्ह समान॥ 126॥

अन्वय—कनकु तरिवन कपोल-दुति बिच-बीच ही बिकान, लाल-लाल चुनी चौका चीन्ह समान चमकति।

तरिवन—तरौना, तरकी, कर्णभूषण विशेष। कपोल = गाल। चुनी = चुन्नी, मणि के टुकड़े। चौका अगले चारों दाँत।

सोने की तरकी गालों की कांति के बीच ही में बिक गई—लीन हो गई दीख नहीं पड़ती (हाँ, उस तरकी में जड़ी हुई) लाल-लाल चुन्नियाँ अगले चारों दाँतों के चिह्न के (साथ-साथ) समान भाव से चमक रही हैं।

सारी डारी नील की ओट अचूक चुकै न।
मो मन-मृग करबर गहै अहे अहेरी नैन॥ 127॥

अन्वय—नील सारी की डारी ओट अचूक न चुकै, अहे नैन-अहेरी मो मन-मृग करबर गहै।

डारी (डाली) डाल आदि की बनी हुई हरी टट्टी, जिसकी ओट से शिकारी शिकार करते हैं। कर-बर = (कर-बल) हाथ से ही। अहे = अरी अहेरी = शिकारी।

नीली साड़ी की टट्टी की ओट से अचूक निशान चलाते हैं, कभी चूकते नहीं। अरी ! (तुम्हारे) नेत्र-रूपी शिकारी ने मेरे मनरूपी मृग को हाथ ही से पकड़ लिया।

तन भूषन अंजन दृगनु पगनु महावर रंग।
नहिं सोभा कौं साजियतु कहिब ही कौं अंग॥ 128॥

अन्वय—तन भूषन, दृगनु अंजन, पगनु महावर-रंग, कहिबैं ही कौं, अंग-सोभा कौं साजियतु नहिं।

पगन = पाँवों में। साजियतु = सजता है, बढ़ाता है।

शरीर में गहने, आँखों में काजल, पाँवों में महावर का रंग—ये सब केवल कहने भर के ही (शृंगार के) अंग हैं, ये शोभा की सामग्री नहीं हैं—इनसे शोभा की वृद्धि नहीं होती।

नोट—एक उर्दू कवि ने कहा है—

नहीं मुहताज जेवर का जिसे खूबी खुदा ने दी।
कि देखो खुशनुमा लगता है जैसे चाँद बिन गहना॥

पाइ तरुनि-कुच उच्च पदु चिरम ठग्यौ सब गाँउ।
छुटैं ठौरु रहिहै वहै जु हो मोल छबि नाँउ॥ 129॥

अन्वय—तरुनि-कुच-उच्च पद पाइ चिरम सब गाँउ ठग्यौ, ठौर छुटैं वहै मोल, छबि, नाँउ रहिहै जु हो।

चिरम = गुंजा, करजनी। ठौर = स्थान। वहै = वही। जु हो = जो वास्तव में है। मोल = दाम। नाँउ = नाम।

नवयुवती के स्तनों पर ऊँचा स्थान पाकर गुंजे ने समूचे गाँव को ठग लिया—सभी को भ्रम हो गया कि हो न हो, यह मूँगा है। किंतु (वह) स्थान छूटने पर नवयुवती के गले से उतर जाने पर—वही (स्वल्प) मूल्य, वही (भद्दी) शोभा और वही (गुंजा) नाम रह जाएगा, जो (वास्तव में) है।

उर मानिक की उरबसी डटत घटतु दृग-दागु।
छलकतु बाहिर भरि मनौ तिय हिय कौ अनुरागु॥ 130॥

अन्वय—उर मानिक की उरबसी डटत दृग-दागु घटतु मनौ तिय हिय कौ अनुरागु बाहिर भरि छलकतु।

उरबसी = गले में पहनने का एक आभूषण, मणिमाला हैकल, चौका। डटत = देखते। दृग-दागु = आँखों की जलन। अनुरागु = प्रेम (अनुराग "प्रेम" का रंग भी माणिक्य की तरह लाल माना गया है।)

हृदय पर मणिमाला देखते ही आँखों की जलन घट जाती है। (वह ऐसी दीख पड़ती है) मानो (उस) नायिका के हृदय का प्रेम बाहर होकर झलक रहा है।

जरी-कोर गोरै बदन बरी खरी छबि देखु।
लसति मनौ बिजुरी किए सारद-ससि परिबेखु॥ 131॥

अन्वय—गोरै बदन जरी-कोर—खरी बरी छबि देखु, मनौ सारद-ससि परिबेखु किए बिजुरी लसति।

जरी-कोर = जरी की किनारी। बरी = प्रज्वलित होती। खरी = अधिक बिजुरी = बिजुली। सारद = शरदऋतु के। परिबेखु = मंडल, घेरा।

गोरे मुखड़े पर (साड़ी में टँकी हुई) जरी किनारी इस अत्यंत उद्दीप्त शोभा को तो देखो। (मालूम पड़ता है) मानो शरद ऋतु के चंद्रमा को चारों ओर से घेरे हुए बिजली सोह रही हो।

नोट—यहाँ जरी की किनारी बिजली, मुखमंडल शरद ऋतु का चंद्रमंडल है। विद्युन्मंडल से घिरा हुआ चंद्रमंडल; अद्‌भुत कवि-कल्पना है।

देखी सो न जुही फिरति सोनजुही-से अंग।
दुति लपटनु पट सेत हूँ करति बनौटी- रंग।। 132 ।।

अन्वय—सोनजुही-से अंग सो न जुही। देखी दुति लपटनु सेत पट हूँ बनौटी रंग करति फिरति।

सोनजुही = पीली चमेली। लपटन = लपटे, लौं, दमक। सेत = श्वेत, सफेद। बनौटी = कपासी।

सोनजुही की-सी देहवाली उस (नायिका) को तो तुमने देख न ली (अर्थात् तुमने भी देखी) जो (अपने सुनहले शरीर की) आभा की लपटों से उजले वस्त्र को भी (पीले) कपासी रंग का बनाती हुई (वाटिका में) घूमती है।

नोट—
झीन बसन महँ झलकइ काया।
जस दरपन महँ दीपक छाया॥

तीज-परब सौतिनु सजे, भूषन बसन सरीर।
सबै मरगजे-मुँह करी इहीं मरगजै चीर।। 133 ।।

अन्वय—तीज-परब सौतिनु भूषन-बसन सरीर सजे। इहीं मरगजै चीर सबै मुँह मरगजे करी।

तीज-परब = भादो बदी 3 का त्योहार। मरगजैं = मलिन, रौंदी हुई। चीर = साड़ी।

तीज के ब्रत के दिन सौतिनों ने गहनों और कपड़ों से अपने शरीर को सिंगारा; किंतु उसने अपनी (उस रति-मर्दित) मलिन साड़ी से ही सबका मुँह मलिन कर दिया।

नोट—पति-सहवास में रौंदी हुई उसकी मलिन साड़ी देखकर सौतों ने यह जाना कि रात में इसने प्यारे के साथ केलि-रंग किया है।

पचरँग-रँग बेंदी खरी उठी जागि मुखजोति।
पहिरैं चीर चिनौटिया चटक चौगुनी होति।। 134 ।।

अन्वय—पचरँग-रँग बेंदी खरी, मुखजोति जागि उठी। चिनौटिया चीर पहिरैं चटक चौगुनी होति।

चिनौटिया चीर = कई रंगों से रँगी लहरदार चुनरी। चटक = चमक।

पचरँगे रंग की बेंदी बनी है। (उसे लगाते ही) आबदार मुख की ज्योति (और) जगमगा उठी। (उस पर) रंग-बिरंगी चुनरी पहनने से चमक (और भी) चौगुनी हो जाती है।

बेंदी भाल तँबोल मुँह सीस सिलसिले बार।
दृग आँजे राजै खरी एई सहज सिंगार।। 135 ।।

अन्वय—भाल बेंदी, मुँह तँबोल, सीस सिलसिले बार; दृग आँजे, एई सहज सिंगार खरी राजै।

भाल = ललाट। तँबोल = पान। सिलसिले = सजाए हुए, चिकनाए हुए। बार = केश। आँजे = काजल लगाए। खरी = अत्यंत। एई = इसी। सहज = स्वाभाविक।

ललाट में बेंदी, मुख में पान, सिर पर सजाए हुए बाल और आँखों में काजल लगाए—इसी स्वाभाविक शृंगार से (नायिका) अत्यंत शोभ रही है।

नोट—

आस्यं सहास्यं नयनं सलास्यं सिन्दूरबिन्दूदयशोभिभालम्।
नवा च वेणी हरिणीदृशश्चेदन्यैरगण्यैरपि भूषणैः किम्॥

हौं रीझी लखि रीझिहौ छबिहिं छबीले लाल।
सोनजुही - सी होति दुति मिलत मालती - माल।। 136 ।।

अन्वय—छबीले लाल, हौं रीझी, छबिहिं लखि रीझिहौ। मालती-माल मिलत सोनजुही-सी दुति होति।

रीझिहौ = मोहित (मुग्ध) हो जाओगे। सोनजुही = पीली चमेली।

हे छबीले लाल—रसिया श्रीकृष्ण ! मैं देखकर मोह गई हूँ, तुम भी (उसकी) शोभा देख मोह जाओगे। (कैसी स्वाभाविक कांति है !) मालती की (उजली) माला (उसके गोरे शरीर से) मिलकर सोनजुही के समान (पीली) दुति की हो जाती है।

नोट—तुलसीदास का एक बरवै भी कुछ इसी तरह का है—

सिय तुअ अंग रंग मिलि अधिक उदोत।
हार बेलि पहिरावों चंपक होत॥

झीने पट मैं झुलमुली झलकति ओप अपार।
सुरतरु की मनु सिंधु मैं लसति सपल्लव डार॥ 137॥

अन्वय—झीने पट मैं झुलमुली अपार ओप झलकति। मनु सिंधु मैं सुरतरु की सपल्लव डार लसति।

झीने=महीन, बारीक। पट=वस्त्र, झुलमुली=कान में पहनने का कनपत्ता नामक गहना, चकाचौंध करती हुई। ओप=कांति। सुरतरु=कल्पवृक्ष। लसत=शोभता है। डार=शाखा।

महीन कपड़े में (चकाचौंध करती हुई) कनपत्ते की अपार कांति झलमला रही है। (वह ऐसा मालूम होता है) मानो कल्पवृक्ष की पल्लव-युक्त शाखा शोभा पा रही हो।

फिरि फिरि चितु उतहीं रहतु टुटी लाज की लाव।
अंग अंग छबि-झौंर मैं भयौ भौंर की नाव॥ 138॥

अन्वय—फिरि फिरि चितु उतहीं रहतु लाज की लाव टुटी अंग अंग छबि-झौंर मैं भौंर की नाव भयौ।

लाव=लंगर की रस्सी। झौंर=समूह।

बार-बार चित्त उधर ही चला जाता है। लाज की रस्सी टूट गई है। (उसके) अंग-प्रत्यंग की शोभा के समूह में (मेरा चित्त) भँवर में फँसी नाव के समान हो गया है।

केसरि कै सरि क्यौं सकै चंपकु कितकु अनूपु।
गात-रूपु लखि जातु दुरि जातरूप कौ रूपु॥ 139॥

अन्वय—केसरि क्यौं सरि कै सकै चंपक कितकु अनूपु गात-रूपु लखि जातरूप को रूपु दुरि जातु।

केसरि=केहर। कै सरि क्यों सकै=क्यों सरि कै सकै=किस प्रकार समानता कर सके। गात-रूपु=शरीर का सौंदर्य। जातरूप=सोना। दुरि जातु=छिप जाता है।

केसर क्योंकर समानता कर सके, चंपा भी कितनी अनुपम ठहरी—उसकी अनूपता का दावा भी व्यर्थ है। (उस नायिका के) शरीर का सौंदर्य देखकर सोने का सौंदर्य भी छिप जाता है।

वाहि लखैं लोइन लगै कौन जुवति की जोति।
जाकें तन की छाँह ढिग जोन्ह छाँह-सी होति॥ 140॥

अन्वय—वाहि लखै कौन जुवति की जोति लोइन लगै जाके तन की छाँह ढिग जोन्ह छाँह-सी होति।

लोइन=लोचन, आँख। जोन्ह=चाँदनी।

उसे देखने पर किस युवती की ज्योति आँखों में जँचेगी? जिसके शरीर की छाया के निकट चाँदनी भी छाया-सी हो जाती है—छाया-सी मलिन दीख पड़ती है।

कहि लहि कौन सकै दुरी सोनजाइ मैं जाइ।
तन की सहज सुबास बन देती जौ न बताइ॥ 141॥

अन्वय—सोनजाइ मैं जाइ दुरी कहि कौन लहि सकै जौ तन की सहज सुबास बन न बताइ देती।

कहि=कहो। लहि=पाना। दुरि=छिपो। सोनजाइ=सोनजुही, पीली चमेली। सुबास=सुगंध।

(जब वह) सोनजुही (की क्यारी) में जाकर छिप गई, (तब) कहो। उसे कौन पा सकता, यदि (उसके) शरीर की स्वाभाविक सुगंध न बता देती।

नोट—सोनजुही की पीली आभा में उसके शरीर की आभा विलीन हो गई; किंतु उसके शरीर की स्वाभाविक सुगंध से पता चल गया कि वह कहाँ छिपी है।

हरि-छबि-जल जब तैं परे तब तैं छिनु बिछुरैं न।
भरत ढरत बूड़त तिरत रहत-घरी लौं नैन॥ 142॥

अन्वय—हरि-छबि-जल जब तैं परे तब तैं छिनु न बिछुरैं रहत-घरी लौं नैन भरत ढरत बूड़त तिरत।

लौं—समान। तिरत=तैरते हैं।

श्रीकृष्ण की शोभा-रूपी जल में जब से पड़े हैं तब से एक क्षण के लिए भी नहीं बिछुड़ते। (सदा उस शोभा-रूपी जल में) रहट-घड़ी (समय दर्शक जल-यंत्र) के समान मेरे नेत्र भरते हैं, ढरते हैं, बूड़ते हैं और तिरते हैं।

नोट—इस जलयंत्र (रहट-घड़ी) में कई घड़े सिलसिलेवार बँधे होते हैं। जब तक एक भरता है तब तक दूसरे से पानी गिरता, तीसरा डूबता रहता, और चौथा उतराता रहता है। यही सिलसिला सदा जारी रहता है।

रहि न सक्यौ कसकरि रह्यौ : बस कर लीनौ मार।
भेदि दुसार कियौ हियौ तन-दुति-भेदी सार॥ 143॥

अन्वय—कसकरि रह्यौ रहि न सक्यौ मार बस कर लीनौ तन-दुति-भेदी सार हियौ भेदि दुसार कियौ।

कसकरि रह्यौ=कसकर (अपने को सँभालकर) रहते। मार=कामदेव। दुसार=दु+शाल=दोनों ओर छेद किया हुआ, आर-पार। भेदीसार=बरमा, लकड़ी में छेद करनेवाला औजार।

अपने को काबू में रखने की चेष्टा तो की, पर रख न सका, सफल न हुआ, कामदेव ने मुझे वश में कर ही लिया। (उसने) नायिका के शरीर की शोभा रूपी बरमा से छेदकर (मेरे) हृदय को आर-पार कर दिया।

पहिरत हीं गोरैं गरैं यौं दौरी दुति लाल।
मनौ परसि पुलकित भई बौलसिरी की माल॥ 144॥

अन्वय—गोरैं गरैं पहिरत हीं लाल यौं दुति दौरी मनौ बौलसिरी की माल परसि पुलकित भई।

गरे=गले। परसि=स्पर्श करके। बौलसिरी=मौलसिरी, फूल-विशेष।

उसके गोरे गले में पहनते ही, हे लाल, ऐसी चमक (उस माला में) आ गई, मानो (वह) मौलसिरी की माला भी उसके स्पर्श से पुलकित हो गई हो—रोमांचित हो गई हो!

कहा कुसुम कह कौमुदी कितक आरसी जोति।
जाकी उजराई लखैं आँख ऊजरी होति॥ 145॥

अन्वय—कहा कुसुम कह कौमुदी आरसी जोति कितक, जाकी उजराई लखौं आँख ऊजरी होति।

कुसुम=फूल, जो कोमलता और सुंदरता में प्रसिद्ध है। कौमुदी=चाँदनी। आरसी=आईना, दर्पण। आँख ऊजरी होति=आँखें तृप्त हो जाती हैं—प्रसन्न अथवा विकसित हो जाती हैं।

फूल, चाँदनी और दर्पण की ज्योति की उज्ज्वलता को कौन पूछे? (वह नायिका इतनी गोरी है कि) जिसकी उज्ज्वलता को देखकर (काली) आँखें उजली हो जाती हैं।

नोट—'प्रीतम' जी ने इसका अनुवाद यों किया है—

कुमुद औ चाँदनी आईनः यह रंगत कहाँ पाये।
शबाहत देख जिसकी आँख में भी नूर आ जाये॥

कंचन तन धन बरन बर रह्यौ रंगु मिलि रंग।
जानी जाति सुबास हीं कैसरि लाई अंग॥ 146॥

अन्वय—धन कंचन-तन बर बरन रंग रंगु मिलि रह्यौ, अंग लाई केसरि सुबास हीं जानी जाति।

धन=नायिका। बरन=वर्ण, रंग।

नायिका के सुनहले शरीर के श्रेष्ठ रंग (केसर का) रंग मिल-सा गया है (फलतः) अंग में लगी हुई केसर अपनी सुगंध से ही पहचानी जाती है।

अंग-अंग नग जगमगत दीपसिखा-सी देह।
दिया बढ़ाऐं हू रहै बड़ो उज्यारो गेह॥ 147॥

अन्वय—दीपसिखा-सी देह अंग अंग नग जगमगत, दिया बढ़ाऐं हूँ गेह बड़ो उज्यारो रहै।

नग=आभूषणों में जड़े हुए नगीने। दीपसिखा=दीपशिखा, दीपक की टेम या लौ। दिया बढ़ाऐं हू=दीपक को बुझाने पर भी। उज्यारो=उजला।

दीपक की लौ के समान उसके अंग-प्रत्यंग में नग जगमगा रहे हैं। अतएव दीपक बुझा देने पर भी घर में (ज्योतिपूर्ण शरीर और नगों के प्रकाश) से खूब उजेला रहता है।

ह्वै कपूरमनिमय रही मिलि तन-दुति मुकुतालि।
छिन-छिन खरी बिचच्छनी लखति छाइ तिनु आलि॥ 148॥

अन्वय—तन-दुति मिलि मुकुतालि कपूरमनिमय ह्वै रही छिन-छिन खरी बिचच्छनी आलि तिनु छाइ लखति।

कपूरमनि=कर्पूरमणि=कहरवा, यह पीले रंग का होता है और तिनके का स्पर्श होते ही उसे चुंबक की तरह पकड़ लेता है। दुति=चमक। मुकुतालि=मुक्तालि, मुक्ताओं के समूह। खरी=अत्यंत। बिचच्छनी=चतुर स्त्री। छाइ=छुलाकर। तिनु= तिनके। आलि=सखी।

शरीर की (पीली) द्युति से मिलकर मुक्ता की (उजली) माला (पीले) कर्पूरमणि— कहरुवा—की माला-सी हो रही है। अतएव, अत्यंत सुचतुरा सखी क्षण-क्षण (उसे माला से) तिनका छुला-छुलाकर देखती है (कि अगर कहरुवा की माला होगी, तो तिनके को पकड़ लेगी)।

खरैं लसति गोरें गरैं धँसति पान की पीक।
मनौ गुलीबँद लाल की लाल लाल दुति-लीक॥ 149॥

अन्वय—गोरैं गरैं धँसति पान की पीक खरी लसति लाल लाल दुति मनौ लाल की गुलीबँद।

धँसति=हलक के नीचे उतरती है। खरी=अधिक। लसति=शोभती है। गुलीबँद=गले में बाँधने का आभूषण, जिसे कंठी कहते हैं। लाल=लाल मणि। लीक=रेखा, लकीर।

(उस गोरी के) गोरे गले में उतरती हुई पान की पीक बड़ी अच्छी लगती है। (उसे कंठ तक करते समय अत्यंत सुकुमारता के कारण) जो पीक की ललाई बाहर झलकती है, (सो) लाल-लाल लकीरों की चमक (ऐसी मालूम पड़ती है) मानो लाल मणियों की कंठी (उसने पहनी) हो।

बाल छबीली तियन मैं बैठी आपु छिपाइ।
अरगट ही फानूस-सी परगट होति लखाइ॥ 150॥

अन्वय—छबीली बाल तियन मैं आपु छिपाइ बैठी, फानूस सी अरगट ही परगट लखाइ होति।

बाल=नवयौवना। अरगट=अलग। फानूस=शीशे के अंदर जलता हुआ दीपक। परगट=प्रकट, प्रत्यक्ष।

(वह) सुंदरी बाला स्त्रियों (के झुण्ड) में अपने-आपको छिपाकर जा बैठी। किंतु फानूस (की ज्योति) के समान वह अलग ही (साफ) प्रकट दीख पड़ने लगी।

डीठि न परत समान दुति कनकु कनक सौं गात।
भूषन कर करकस लगत परस पिछाने जात॥ 151॥

अन्वय—समान दुति कनकु सौं गात कनक न डीठि परत, भूषन कर करकस लगत परस पिछाने जात।

डीठि=दृष्टि। दुति=चमक, आभा। कनक=सोना। कर=हाथ। करकस =कठोर। परस=स्पर्श। पिछाने=पहिचाने।

एक ही प्रकार की आभा होने से (उसके) सोने के ऐसे गोरे शरीर में सोना (सुनहला गहना) नहीं दीख पड़ता—वह शरीर के रंग में मिल जाता है। (अतएव, सोने के) गहने हाथ में कठोर लगने से स्पर्श-द्वारा ही पहचाने जाते हैं।

करतु मलिनु आछी छबिहिं हरतु जु सहजु विकासु।
अंगरागु अंगनु लगै ज्यौं आरसी उसासु॥ 152॥

अन्वय—जु आछी छबिहिं मलिनु करतु, सहज विकासु हरतु। अंगनु लगै अंगरागु उसासु आरसी ज्यौं।

आछी = अच्छी। अंगराग = केसर, चंदन, कस्तूरी आदि का सौंदर्यवर्द्धक लेप। आरसी = आईना। उसास = उच्छ्वास = साँस की भाप।

जो सुंदर शोभा को भी मलिन कर देता है, स्वाभाविक रूपविकास को भी हर लेता है। (उसके) शरीर में लगा हुआ अंगराग आईने पर पड़ी साँस की भाप-सा (मालूम पड़ता) है।

नोट—आईने पर साँस की भाप पड़ने से जिस प्रकार उसकी ज्योति धुँधली हो जाती है, अंगराग से नायिका के शरीर की स्वाभाविक ज्योति भी उसी प्रकार मलिन हो जाती है

अंग-अंग प्रतिबिम्ब परि दरपन मैं सब गात।
दुहरे तिहरे चौहरे भूषन जाने जात॥ 153॥

अन्वय—दरपन सैं सब गात; अंग-अंग प्रतिबिम्ब परि भूषन दुहरे, तिहरे, चौहरे जाने जात।

आईने जैसे (चमकीले) शरीर में प्रतिबिम्ब (छाया) पड़ने से (अंग-अंग के गहने) दुहरे तिहरे चौहरे दीख पड़ते हैं—एक-एक गहना दो-दो तीन-तीन, चार-चार तक मालूम पड़ता है।

अंग-अंग छबि की लपट उपटति जाति अछेह।
खरी पातरीऊ तऊ लगै भरी-सी देह॥ 154॥

अन्वय—अंग-अंग छबि की लपट अछेह उपटति जाति। खरी पातरीऊ तऊ देह भरी-सी लगै।

उपटति जाति = बढ़ती ही जाती है। अछेह = निरंतर, अबाध रूप। खरी = अत्यंत। पातरीऊ = पतली होने पर भी।

अंग-प्रत्यंग से शोभा की लपट अधिकाधिक बढ़ती ही जाती है। (अतएव) अत्यंत पतली होने पर भी कांति के (अधिकाधिक उभाड़ के कारण) उसकी देह भरी-सी (पुष्ट) जान पड़ती है।

रंच न लखियति पहिरि यौं कंचन सैं तन बाल।
कुँभिलानै जानी परै उर चम्पक की माल॥ 155॥

अन्वय—कंचन सैं तन बाल उर चम्पक की माल पहिरि यौं रंच न लखियति। कुँभिलानै जानी परै।

रंच = जरा, कुछ। उर = हृदय।

सोने के ऐसे (गोरे) शरीरवाली (उस) बाला के हृदय पर चंपा की माला (शरीर की द्युति और चंपा की द्युति एक-सी होने के कारण) जरा भी नहीं दीख पड़ती। (हाँ) जब वह कुम्हिला जाती है, तभी दीख पड़ती है।

नोट—तुलसीदास का एक बरवै भी इसी भाव का है—

चंपक हरवा अंग मिलि अधिक सुहाइ।
जानि परै सिय हियरे जब कुम्हिलाइ॥

भूषण भारु सँभारिहै क्यौं इहिं तन सुकुमार।
सूधे पाइ न धर परै सोभा हीं कैं भार॥ 156॥

अन्वय—इहिं सुकुमार तन भूषण-भारु क्यौं सँभारिहै। सोभा हीं कैं भार सूधे पाइ धर न परै।

सुकुमार = नाजुक। सूधे = सीधे। धर = धरा, पृथ्वी।

यह सुकुमार शरीर गहनों के भार को कैसे सँभालेगा? जब सौंदर्य के भार ही से सीधे पैर पृथ्वी में

नहीं पड़ते !

नोट—इस दोहे में बिहारी ने मुहावरे का अच्छा चमत्कार दिखलाया है। 'सीधे पैर नहीं पड़ना' का अर्थ है 'ऐंठकर चलना'। कोई सखी नायिका से व्यंग्यपूर्वक कहती है कि बिना भूषण के ही तुम ऐंठकर चलती हो, फिर भूषण पहनने पर न मालूम क्या गजब ढाओगी? साथ ही इसमें सुकुमारता और सुंदरता की भी हद दिखाई गई है।

न जक धरत हरि हिय धरैं नाजुक कमला-बाल।
भजत भार भयभीत ह्वै घनु चंदनु बनमाल॥ 157॥

अन्वय—नाजुक कमला-बाल हरि हिय धरैं न जक धरत। धनु, चंदनु, बनमाल भार भयभीत भजत।

जक = डर। धनु = कर्पूर।

(उसका पागलपन तो देखिए।) वह लक्ष्मी-सी सुकुमारी बाला श्रीकृष्ण को हृदय में धारण करने से तो नहीं डरती, किंतु कर्पूर, चंदन (आदि के लेप) तथा वनमाला के बोझ से डरकर भाग जाती है। (कि उनका बोझ कैसे सँभालूँगी!)

नोट—श्रीकृष्ण के विरह में व्याकुल सखी अंगराग आदि नहीं लगाती है। इस दोहे में 'कमला' शब्द बहुत उपयुक्त है। कमला = जिसकी उत्पत्ति कमल से हो। इस शब्द से नायिका की अत्यंत सुकुमारता प्रकट होती है।

अरुन बरन तरुनी चरनअँगुरी अति सुकुमार।
चुवत सुरँगु रँगु सी मनौ चँपि बिछियनु कैं भार॥ 158॥

अन्वय—तरुनी चरन, अरुन बरन, अँगुरी अति सुकमार। मनौ बिछियनु कैं भार चँपि सुरँगु रँगु सी चुवत।

अरुन = लाल। बरन = वर्ण, रंग। सुरंग = लाल। चँपि = दबकर। बिछियनु = अँगुलियों में पहनने के भूषण।

उस नवयुवती के चरण लाल रंग के हैं। उसकी अँगुलियाँ अत्यंत सुकुमार हैं (ऐसा मालूम होता है) मानो बिछुओं के बोझ से दबकर (उसकी सुकुमार अँगुलियों से) लाल रंग-सा चू रहा हो।

छाले परिबे कैं डरनि सकैं न पैंर छुवाइ।
झिझकति हियैं गुलाब कैं झँवा झँवैयत पाइ॥ 159॥

अन्वय—छाले परिबे कैं डरनि पैंर छुवाइ न सकैं। गुलाब कैं झँवा पाइ झँवैयत हियै झिझकति।

छाले = फोड़े। झँवाँ झाँवाँ; जली हुई रुखड़ी ईंट; वह वस्तु जिससे स्त्रियाँ अपने तलबों को साफ करती हैं। झँवैयत = झाँवा से साफ करना।

उसके पैर इतने सुकुमार हैं कि फोड़ा पड़ जाने के डर से दासी अपने हाथ उसके पैर से छुवा ही नहीं सकती। (यहाँ तक कि) गुलाब-फूल के झँवे से पैर को झँवाते समय—साफ करते समय—भी हृदय में झिझक उठती है (कि कहीं गुलाब का कोमल पुष्प भी इसके पैर में न गड़ जाए)!

नोट—कृष्ण कवि ने इसकी टीका यों की है—

प्यारी के नाजुक पायँ निहारिकै हाथ लगावत दासी डरैं।
धोवत फूल गुलाब के लै पै तऊ झझकै मति छांले परैं॥

मैं बरजी कै बार तूँ इत कति लेति करौट।
पँखुरी लगैं गुलाब की परिहैं गात खरौट॥ 160॥

अन्वय—मैं कै बार बरजी, तूँ इत कति करौट लेति। गुलाब की पँखुरी लगैं गात खरौट परिहैं।

बरजी = मना किया। इत = इधर। कति = क्यों। पँखुरी = पँखुड़ी, गुलाब के फूल की कोमल पत्तियाँ।

खरौट = खरौंच, निछोर।

मैं कई बार मना कर चुकी। (फिर भी) तू इस ओर क्यों करवट बदलती है? (देख, इधर गुलाब की पंखुड़ियाँ बिखरी हैं) गुलाब की पंखुड़ियों के लगने से तुम्हारे शरीर में खरौंच पड़ जाएँगे—शरीर छिल जाएगा।

कन देबौ सौंप्यो ससुर बहू थुरहथी जानि।
रुप रहचटैं लगि लग्यौ माँगन सब जगु आनि॥ 161॥

अन्वय—बहू थुरहथी जानि ससुर कन देबौ सौंप्यौ। रुप रहचटैं लगि सबु जगु आनि माँगन लग्यौ।

कन = कण = भिक्षा। बहू = वधू = पतोहू। थुरहथी = छोटे हाथोंवाली। रहचटैं = चाह, लालच। लगि = लगकर। आनि = आकर।

पतोहू को छोटे हाथोंवाली समझकर—उसकी छोटी हथेली देखकर—कंजूस ससुर ने भिक्षा देने का भार उसी को सौंपा (इसलिए कि हथेली छोटी है, भिक्षुकों को थोड़ा ही अन्न दिया जा सकेगा); किंतु (उसके) रूप के लालच में पड़ सारा संसार ही आकर (उससे भिक्षा) माँगने लगा!

नोट—छोटी हथेली स्त्रियों की सुंदरता का सूचक है।

त्यौं-त्यौं प्यासेई रहत ज्यौं-ज्यौं पियत अघाइ।
सगुन सलोने रूप की जु न चख-तृषा बुझाइ॥ 162॥

अन्वय—ज्यौं-ज्यौं अघाइ पियत त्यौं-त्यौं प्यासेई रहत। सगुन सलोने रूप की जु चख-तृषा न बुझाइ।

अघाइ = अफरकर, तृप्तिपूर्वक, छककर। सगुन = गुणसहित। सलोने = लावण्य युक्त, नमकीन। चख = नेत्र। तृषा = प्यास।

जितना ही अघा-अघाकर पीते हैं, उतना ही प्यासे रह जाते हैं। गुणों से युक्त लावण्य-भरे रूप की—इन नेत्रों की—प्यास शांत नहीं होती—अर्थात् इन नेत्रों को उसके लावण्यमय रूप के देखने की जो प्यास है, वह नहीं बुझती।

नोट—'सलोने' शब्द यहाँ पूर्ण उपयुक्त है। नमकीन पानी पीने से प्यास नहीं बुझती। त्योंही लावण्यमय रूप देखने से आँखें नहीं ऊबती या अघातीं।

रूप-सुधा आसव छक्यौ आसव पियत बनै न।
प्यालै ओठ प्रिया-बदन रह्यौ लगाएँ नैन॥ 163॥

अन्वय—रूप-सुधा-आसव छक्यौ, आसव पियत न बनै। प्यालै ओठ नैन प्रिया-बदन लगाएँ रह्यौ।

रूपसुधा = अमृत के समान मधुर रूप। आसव = मदिरा। छक्यौ = भरपेट पीने से। बदन = मुख।

अमृतोपम सौंदर्य-रूपी मदिरा पीने के कारण (साधारण) मदिरा पीते नहीं बनती। (मदिरा के) प्याले तो ओठ से लगे हैं, और आँखें प्यारी के मुख पर अड़ी हैं, वह एकटक प्यारी का मुख देख रहा है, पर बेचारे से मदिरा पी नहीं जाती।

दुसह सौति सालैं सुहिय गनति न नाह बियाह।
धरे रूप-गुन कौ गरबु फिरै अछेह उछाह॥ 164॥

अन्वय—सौति, दुसह, सुहिय सालैं; नाह बियाह न गनति। रूप-गुन कौ गरबु धरे अछेह उछाह फिरै।

गनति न = नहीं गिनती, परवा नहीं करती। नाह = पति। अछेह = अनन्त, अधिक। उछाह = आनन्द, उत्साह।

सौतिन सदा दुस्सह होती है, वह हृदय में सालती है (यह जानकर भी वह नायिका) पति के (दूसरे) विवाह की परवा नहीं करती। (अपने) रूप और गुण के गर्व में मस्त हो अनन्त आनन्द से विचर रही है।

लिखन बैठि जाकी सबी गहि-गहि गरब गरूर।
भए न केते जगत के चतुर चितेरे कूर॥ 165॥

अन्वय—जाकी सबी गरब-गरूर गहि-गहि लिखन बैठि जगत के केते चतुर चितेरे कूर न भए।

सबी = चित्र। गरूर = अभिमान। केते = कितने। चितेरे = चित्रकार। कूर = बेवकूफ।

(उस नायिका के रूप का क्या कहना !) जिसके चित्र को अत्यंत गर्व और अभिमान के साथ बनाने के लिए बैठकर संसार के कितने चतुर चित्रकार बेवकूफ बन गए—उनसे चित्र नहीं बन सका !

नोट—

शक्ल तो देखो मुसव्विर खींचेगा तसवीरें यार।
आप ही तसवीर उसको देखकर हो जाएगा॥ —जौक

(सो०) तो तन अवधि अनूप, रुप लग्यौ सब जगत कौ।
मो दृग लागे रूप, दृगनु लगी अति चटपटी॥ 166॥

अन्वय—तो तन अनूप अवधि, सब जगत को रूप लग्यौ। मो दृग रूप लागे दृगनु अति चटपटी लगौ।

अवधि = सीमा, हद। दृग = आँख। चटपटी = व्याकुलता।

तुम्हारा शरीर अनुपमता की सीमा है—इसकी समानता संसार में है ही नहीं। (क्योंकि इसके रचने में) संसार-भर का सौंदर्य लगाया गया है—(जहाँ, जिस पदार्थ में, कुछ सौंदर्य मिला, सबका सम्मिश्रण इसमें कर दिया गया है)—मेरी आँखों में (तुम्हारा वह) रूप आ गया है—समा गया है, (फलतः) आँखों में अत्यंत व्याकुलता छा गई है—वे व्याकुल बनी रहती हैं।

नोट—ठाकुर कवि के "कंचन को रंग लै सवाद लै सुधा को वसुधा को सुख लूटिकै बनायो मुख तेरो है" के आधार पर पं. रामनरेश त्रिपाठी के 'पथिक' में सौंदर्य-सामग्रियों का कथन यों किया गया है—

कहते थे तुम कोमलता नीरज की ज्योति रतन की।
मोहकता शशि की, गुलाब की सुरभि, शांति सज्जन की॥
रति का रूप, रंग कंचन का लेकर स्वाद सुधा का।
विरचा है विधि ने मुख तेरा सुख लेकर वसुधा का॥

त्रिबली नाभि दिखाइ कर सिर ढँकि सकुच समाहि।
गली अली की ओट ह्वै चली भली बिधि चाहि॥ 167॥

अन्वय—त्रिबली नाभि दिखाइ, सकुच समाहि सिर ढँकि कर अली की ओट ह्वै भली विधि चाहि गली चली।

त्रिबली = नाभि के निकट की तीन रेखाएँ। सकुच समाहि = लाज में समाकर, लज्जित होकर। अली = सखी। चाहि = देखकर।

त्रिबली और नाभि दिखाकर (फिर) लज्जित हो सिर ढँककर हाथ उठाकर—हे सखि, वह (अपनी) सखियों की ओट हो भली-भाँति (नायक को) देखती हुई गली में चली गई।

देख्यौ अनदेख्यौ कियै अँगु अँगु सबै दिखाइ।
पैंठति-सी तन मैं सकुचि बैठी चितै लजाइ॥ 168॥

अन्वय—अँगु-अँगु सबै दिखाइ देख्यौ अनदेख्यौ कियै। तन मैं पैठति सी चितै लजाय सकुचि बैठी।

सकुचि = संकोच करके। लजाय = लजाकर।

(पहले तो उस नायिका ने) सभी अंग-प्रत्यंग दिखाकर (नायक को) देखती हुई भी अनदेखी कर दिया—यद्यपि वह उसे देख रही थी, तो भी न देखने का बहाना करके अपने सभी अंग उसे दिखा दिए। (फिर उस नायक के) तन में पैठती हुई-सी—उसके चित्त में खुबती हुई-सी—वह मन में लजाकर संकोच के साथ बैठ गई।

बिहँसि बुलाइ बिलोकि उत प्रौढ़ तियारसघूमि।
पुलकि पसीजति पिय कौ चूम्यौ मुँहु चूमि॥ 169॥

अन्वय—बिहँसि बुलाइ उत बिलोकि, प्रौढ़ तियारसघूमि पिय कौ चूम्यौ मुँह चूमि पुलकि पसीजति।

बिहँसि=हँसकर, मुस्कुराकर। उत=उधर। प्रौढ़=प्रौढ़ा, पूर्णयौवना। रसभूमि=रस में मस्त होकर। पुलकि=रोमांचित होकर। पसीजति=पसीजती है, पसीने से तर होती है।

हँसकर, बुलाकर (और) उधर (नायक की ओर) देखकर वह पूर्णयौवना स्त्री, रस में मस्त हो, पति-द्वारा चूमे गए अपने पुत्र के मुख को चूमकर, रोमांचित तथा पसीने से तर होती है।

रहौ गुही बेनी लखे गुहिबे के त्यौनार।
लागे नीर चुचान जे नीठि सुखाए बार॥ 170॥

अन्वय—रहौ, बेनी, गुही गुहिबे के त्यौनार लखे। नीठि सुखाए बार जे नीर चुचान लागे।

रहौ=रह जाओ, ठहरो। त्यौनार=ढंग। नीर=पानी। नीठि=मुश्किल से। बार=बाल, केश।

ठहरो भी, (तुम) वेणी गूँथ चुके। (तुम्हारा) वेणी गूँथने का ढंग देख लिया। मुश्किल से सुखाए हुए इन बालों से (पुनः) पानी चुचुहाने लगा।

नोट—नायिका की चोटी गूँथते समय प्रेमाधिक्य के कारण नायक के हाथ पसीजने लगे, जिससे सूखे हुए बाल पुनः भीग गए।

स्वेद-सलिलु रोमांचु-कुसु गहि दुलही अरु नाथ।
हियौ दियौ सँग हाथ कैं हँथलेयैं हीं हाथ॥ 171॥

अन्वय—स्वेद-सलिलु, रोमांचु-कुसु, गहि दुलही अरु नाथ; हथलेयैं हीं हाथ कैं सँग हियौ हाथ दियौ।

स्वेद=पसीना। रोमांचु-कुसु=खड़े हुए रोंगटे के कुश। नाथ=दूल्हा। हियौ=हृदय। हँथलेयैं=पाणिग्रहण।

पसीना-रूपी पानी और रोमांच-रूपी कुश लेकर वर और दुलहिन (दोनों) ने पाणिग्रहण के समय में ही अपने हाथ के साथ ही अपना-अपना हृदय भी (एक दूसरे के) हाथ में दे दिया।

नोट—'प्रीतम' कवि ने कहा है—"धनि की जब सूरत में वह भाव है सरसता, कुश रोम तन खड़े हो भूकम्प है दरसता।"

मानहु मुँह-दिखरावनी दुलहिहिं करि अनुरागु।
सासु सदनु मनु ललनहूँ सौतिन दियो सुहागु॥ 172॥

अन्वय—मानहु मुँह-दिखरावनी दुलहिहिं अनुराग करि सास सदनु ललनहूँ मनु सौतिन सुहाग दियौ।

मुँह-दिखरावनी=पहले पहल नई दुलहिन की मुँहदेखी की रस्म। सदन=घर। सुहागु=सौभाग्य, पतिप्रेम।

मानो मुँह-देखौनी में दुलहिन पर प्रेम करके (उपहार में) सास ने घर, प्रीतम ने मन, और सौतिन ने सुहाग दे दिए।

नोट—सौतिन को सुहाग देने का अभिप्राय यह है कि अब नायक इसी पर अनुरक्त रहेगा, उसे पूछेगा भी नहीं।

निरखि नवोढ़ा नारि-तन छुटत लरिकइ लेस।
भौ प्यारो पीतमु तियनु मनहु चलत परदेस॥ 173॥

अन्वय—नवोढ़ा नारि तन लरिकइ लेस छुटत निरखि तियनु पीतमु प्यारो भौ मनहु परदेस चलत।

नवोढ़ा=नववयस्का। लरिकइ=लड़कपन। लेस=संबंध। तियनु=स्त्रियों को। मनहु=मानो।

नवयुवती नायिका के शरीर से लड़कपन का संबंध छूटते देखकर—उसे बालिका से नवयुवती होते

देखकर (अन्य) स्त्रियों को (अपना) पति इतना प्यारा हो गया, मानो वह परदेश जा रहा हो।

नोट—अन्य स्त्रियों को भय हो गया कि उस नवयुवती के रूप-गुण पर कहीं ये आकृष्ट न हो जाय, अतएव अपने पति को बहुत ही प्यार करने लगीं। परदेश जाते समय पति और भी प्यारा लगता है।

ढीठ्यौ दै बोलत हँसति पोढ़-बिलास अपोढ़।
त्यौं-त्यौं चलत न पिय नयन छकए छकी नवोढ़॥ 174॥

अन्वय—ढीठ्यौ दै बोलत हँसति; अपोढ़ (ह्वै) पोढ़ बिलास (दरसावति) त्यौं-त्यौं पिय नयन न चलत (मनों) छकी नवोढ़ छकए।

ढीठ्यो दै=ढिठाई से। पौढ़-बिलास=प्रौढ़ा के समान हावभाव। अपोढ़ =अप्रौढ़ा, प्रौढ़ा नहीं, नवोढ़ा। चलत न पिय नयन=नायक की आँखें चंचल नहीं होतीं, स्थिर होकर देखती हैं। छकए=शराब पिलाना। छकी=शराब पिए हुई, मदमस्त। नवोढ़ा=नवयुवती।

ज्यों-ज्यों ढिठाई से बोलती और हँसती है, प्रौढ़ा न होने पर भी—पूर्णवयस्का न होने पर भी—प्रौढ़ा का-सा हाव-भाव (दिखला रही) है, त्यों-त्यों प्रीतम (नायक) की आँखें नहीं चलती हैं—एकटक उसकी ओर देखती रहती हैं; (मानो शराब पीकर उस) मदमस्त नवयुवती ने (उन्हें भी शराब पिला दी हो)।

सनि कज्जल चख झख-लगन उपज्यौ सुदिन सनेहु।
क्यौं न नृपति ह्वै भोगवै लहि सुदेस सबु देहु॥ 175॥

अन्वय—सनि कज्जल, चख-झख-लगन-सुदिन सनेहु उपज्यौ। सबु देहु सुदेसु लहि क्यौं न नृपति ह्वै भोगवै।

सनि=शनैश्चर। चख=आँख। झख=मीन। सुदिन=शुभ घड़ी। सुदेस= सुंदर देश।

काजल शनैश्चर है, आँखें मीन लग्न हैं। (यों इस शनैश्चर और मीन लग्न के संयोग की) शुभ घड़ी में प्रेम की उत्पत्ति हुई है। (फिर वह प्रेम) समूचे शरीर रूपी सुंदर देश को पाकर (उसका) राजा बन क्यों न भोग करे?

नोट—ज्योतिष शास्त्र के अनुसार मीन-लग्न में शनैश्चर पड़ने से राजयोग होता है।

चितई ललचौहैं चखनु डटि घूँघट पट माँह।
छल सौं चली छुवाइ कै छिनकु छबीली छाँह॥ 176॥

अन्वय—घूँघट-पट माँह डटि ललचौहैं चखनु चितई। छबीली छल सौं छिनकु छाँह छुवाइ कै चली।

चितई=देखा। ललचौहैं=मन ललचानेवाले। चखनु=आँखें। छिनकु=एक क्षण। छाँह=छाया, परछाईं।

घूँघट के कपड़े के भीतर से डटकर—निःशंक होकर=(उसने) लुभावनी आँखों से (मुझे) देखा। (फिर वह) छबीली छल से एक क्षण के लिए अपनी छाया (मेरे शरीर से) छुलाकर चली गई।

नोट—छाया छुलाने से नायिका का यह तात्पर्य है कि मैं आप (प्रेमी) से मिलना चाहती हूँ।

कीनैं हूँ कोटिक जतन अब कहि काढ़ै कौनु।
भौ मन मोहन रूपु मिलि पानी मैं कौ लौनु॥ 177॥

अन्वय—कोटिक जतन कीनैं हूँ कहि अब कौनु काढ़ै। मोहन रूप मिलि मन पानी मैं कौ लौनु भौ।

कहि=कहौ। काढ़ै=निकाले, बाहर करे। लौनु=नमक।

करोड़ों यत्न करने पर भी, कहो, अब कौन (उसे) बाहर कर सकता है? श्रीकृष्ण के रूप से मिलकर (मेरा) मन पानी में का नमक हो गया—जिस प्रकार नमक पानी में घुलकर मिल जाता है, उसी प्रकार मेरा मन भी श्रीकृष्ण से घुल-मिल गया है।

नेह न नैननु कौं कछू उपजी बड़ी बलाइ।
नीर भरे नित प्रति रहैं तऊ न प्यास बुझाइ॥ 178॥

अन्वय—नेह न, नैननि को कछू बड़ी बलाइ उपजी। नित प्रति नीर भरै रहैं, तऊ प्यास न बुझाइ।

बलाय = बला, रोग। तऊ = तो भी। नित प्रति = नित्य, प्रतिदिन।

(यह) प्रेम नहीं है—कौन इसे प्रेम कहता है? (मेरी) आँखों में (निस्संदेह) कोई भारी रोग उत्पन्न हो गया है। (देखो न) सदा पानी से भरी रहती हैं—आँसुओं में डूबी रहती हैं, तो भी (इनकी) प्यास नहीं बुझती!

छला छबीले लाल कौ नवल नेह लहि नारि।
चूँवति चाहति लाइ उर पहिरति धरति उतारि॥ 179॥

अन्वय—छबीले लाल कौ छला नवल नेह लहि नारि चूँवति चाहति उर लाइ पहिरति उतारि धरति।

छला = छल्ला, अँगूठी। नवल = नया। लहि = पाकर। चाहति = देखती है। लाइ उर = हृदय से लगाकर। धरति = रखती है।

छबीले लाल की—रसिया श्रीकृष्ण की = अँगूठी नवीन प्रेम में (उपहारस्वरूप) पाकर (वह) स्त्री (उसे) चूमती है, देखती है, छाती से लगाकर पहनती है और उतारकर रखती है—पगली-सी ये सारी चेष्टाएँ कर रही है।

थाकी जतन अनेक करि नैंकु न छाड़ति गैल।
करी खरी दुबरी सुलगि तेरी चाह चुरैल॥ 180॥

अन्वय—अनेक जतन करि थाकी नैंकु गैल न छाड़ति। तेरी चाह चुरैल सुलगि खरी दुबरी करी।

नेकु = जरा, तनिक। गैल = राह। खरी = अत्यंत। सु लगि = अच्छी तरह लगकर।

अनेक यत्न कर-करके थक गई, (किंतु) जरा भी राह नहीं छोड़ती—पिंड नहीं छोड़ती—छुटकारा नहीं देती। तेरी चाह-रूपी चुड़ैल ने अच्छी तरह लगकर उसे बहुत ही दुबली बना दिया है।

उन हरकी हँसि कै इतै इन सौंपी मुसुकाइ।
नैन मिलैं मन मिलि गए दोऊ मिलवत गाइ॥ 181॥

अन्वय—उन हँसि कै हरकी, इतै इन मुसुकाइ सौंपी। गाइ मिलवत नैन मिलैं दोऊ मन मिलि गए।

हरकी = हटकी, रोका। इतै = इधर। मिलवत = मिलाते समय।

उन्होंने—श्रीकृष्ण ने —हँसकर मना किया (नहीं, मेरी गायों में अपनी गायें मत मिलाओ), इधर इन्होंने—श्रीराधिका ने—मुस्कुराकर सौंप दी (लो मेरी गौएँ, मैं तुम्हीं को सौंपती हूँ), यों गायों को मिलाते समय आँखें मिलते ही दोनों (राधा-कृष्ण) का मन भी मिल गया।

फेरु कछुक करि पौरि तैं फिरि चितई मुसुकाइ।
आई जावनु लेन तिय नेहैं गई जमाइ॥ 182॥

अन्वय—कछुक फेरु करि पौरि तैं फिरि मुसुकाइ चितई। तिय आई जावनु लेन गई नेहैं जमाइ।

फेरु = बहाना। पौरि = दरवाजा, ड्योढ़ी। चितई = देखा। जावनु = वह थोड़ा-सा खट्टा दही, जिसे दूध में डालकर दही जमाया जाता है।

कुछ बहाना करके दरवाजे से लौट (उसने) मुस्कुराकर (मेरी ओर) देखा। (यों) वह स्त्री आई (तो) जामन लेने, (और) गई प्रेम जमाकर—प्रेम स्थापित कर।

या अनुरागी चित्त की गति समुझै नहिं कोइ।
ज्यौं-ज्यौं बूड़ै स्याम रँग त्यौं-त्यौं उज्जल होइ॥ 183॥

अन्वय—या अनुरागी चित्त की गति कोइ नहिं समुझै। ज्यौं-ज्यौं स्याम-रँग बूड़ै त्यौं-त्यौं उज्जल होइ।

गति = चाल। कोइ = कोई। स्याम-रँग = काला रंग, कृष्ण का रंग। उज्जल = उज्ज्वल, निर्मल।

इस प्रेमी मन की (अटपटी) चाल कोई नहीं समझता; (देखो तो) यह ज्यौं-त्यौं (श्रीकृष्ण के) श्याम-रंग में डूबता है, त्यौं-त्यौं उजला ही होता जाता है।

होमति सुखु करि कामना तुमहिं मिलन की लाल।
ज्वालमुखी-सी जरति लखि लगनि अगिन की ज्वाल॥ 184॥

अन्वय—लाल, तुमहिं मिलन की कामना करि सुखु होमति लखि, लगनि अगिन की ज्वालमुखी-सी जरति।

होमति = होम करती है, आग में डालती है। लखि = देखो। लगनि = प्रेम।

हे लाल! तुमसे मिलने की कामना करके (वह) सुख का होम (विसर्जन) कर रही है। देखो! (उसकी) प्रेमाग्नि की ज्वाला ज्वालामुखी (पर्वत) के समान जल रही है (वह ज्वाला शांत नहीं होती, क्योंकि सुखों की आहुति तो बराबर पड़ रही है।)

मैं हो जान्यौ लोइननु जुरत बाढ़िहै जोति।
को हो जानतु दीठि कौं दीठि किरकिरी होति॥ 185॥

अन्वय—मैं जान्यौ हो लोइननु जुरत जोति बाढ़िहै। को जानतु हो दीठि कौं दीठि किरकिरी होति।

मैं हो जान्यौ = मैं जानती थी। लोइननु = आँखें। को ही जानत = कौन जानता था। दीठि = नजर, दृष्टि। किरकिरी = आँख में पड़ी धूल।

मैं जानती थी कि आँखों के मिलने (लड़ने) से आँखों की ज्योति बढ़ेगी (दो के मिलने से दुगुनी ज्योति बढ़ेगी)। (किंतु) कौन जानता था कि नजर के लिए नजर (बालू की) किरकिरी-सी—उसे केवल पीड़ा ही पहुँचाती है!

जौ न जुगुति पिय-मिलन की धूरि मुकुति मुँह दीन।
जौ लहियैं सँग सजन तौ धरक नरक हूँ की न॥ 186॥

अन्वय—जौ पिय-मिलन की जुगुति न, मुकुति मुँह धूरि दीन। जौ सजन सँग लहियैं तौ नरक हूँ की धरक न।

जुगुति = उपाय। मुकुति = मुक्ति, मोक्ष। सजन = प्रीतम, अपना प्यारा। धरक = धड़क, भय।

यदि प्रीतम से मिलने का उपाय न हो—यदि इससे प्रीतम न मिल सके—(तो) मोक्ष के मुख पर भी धूल डालो—उसे तुच्छ समझो। (और) यदि अपने प्यारे का संग पाओ, तो नरक का भी डर नहीं—प्रीतम के साथ नरक भी सुखकर है।

नोट—एक कवि ने इसी भाव पर यों मजमून बाँधा है—

प्रीतम नहीं बजार में, वहै बजार उजार।
प्रीतम मिलै उजार में, वहै उजार बजार॥

मोहूँ सौं तजि मोहु दृग चले लागि इहिं गैल।
छिनकु छ्वाइ छबि गुर-डरी छले छबीलै छैल॥ 187॥

अन्वय—मोहूँ सौं मोहु तजि दृग इहिं गैल लागि चले। छिनकु छबि गुर-डरी छ्वाइ छबीलै छैल छले।

मोहूँ सो = मुझसे भी। मोह = ममता। गैल = राह। छिनकु = एक क्षण। छ्वाइ = छुलाकर, स्पर्श कराकर। गुर-डरी = गुड़ की डली या गोली, भेली।

मुझसे भी ममता छोड़कर (मेरे) नेत्र उसी राह पर जाने लगे—उसी नायक के लिए व्याकुल रहते हैं। एक क्षण के लिए शोभा-रूपी गुड़ की गोली (इनके मुख से) छुलाकर (उस) छबीले छैल ने—सुंदर रसिक ने—(इन्हें) छल लिया।

को जानै ह्वैहै कहा ब्रज उपजी अति आगि।
मत लागै नैननु लगैं चलै न मग लगि लागि॥ 188॥

अन्वय—को जानै, कहा ह्वैहै, ब्रज अति आगि उपजी। नैनु लगैं मत लागै मग लगि चलै न।

को = कौन। कहा = क्या। अति आगि = विचित्र अग्नि, अर्थात् प्रेम की अग्नि। लगि लागि = निकट होकर।

कौन जानता है, क्या होगा? ब्रज में विचित्र आग पैदा हुई है, (वह) आँखों में लगकर हृदय में लग जाती है। अतएव तू (उस) रास्ते के निकट होकर भी न चल—उस रास्ते से दूर ही रह।

तजतु अठान न हठ पर्‌यौ सठमति आठौ जाम।
भयो बामु वा बाम कौं रहैं कामु बेकाम॥ 189॥

अन्वय—सठमति आठौ जाम अठान न तजतु हठ पर्‌यौ। कामु बेकाम का बाम कौं बामु भयो रहैं।

अठान=अनुष्ठान। सठमति = मूर्ख। जाम = पहर। बामु = विमुख। बाम = स्त्री। काम=कामदेव। बेकाम=व्यर्थ।

मूर्ख (कामदेव) आठों पहर अपना अनुष्ठान—सताने की आदत—नहीं छोड़ता—(अजीब) हठ पकड़ लिया है। वह कामदेव व्यर्थ ही उस अबला से (यों) विमुख बना रहता है, क्रुद्ध हुआ रहता है।

लई सौंह-सी सुनन की तजि मुरली धुनि आन।
किए रहति नित रात-दिन कानन लाए कान॥ 190॥

अन्वय—मुरली धुनि तजि आन सुनन की सौंह-सी लई। नित रात-दिन कानन कान लाए किए रहति।

सौंह=शपथ, कसम। आन=दूसरा। रति=प्रीति, रुचि। किए रहति=(सुनने की) चाह लगाए रहती है। कानन=जंगल। लाए=लगाए।

मुरली की ध्वनि छोड़कर दूसरी चीज सुनने की (उसने) कसम-सी खा ली है। (वह) नित्य रात-दिन की ओर—वृंदावन की ओर—(वंशी-ध्वनि में) कान लगाए (प्रेमोत्कंठित) रहती है।

भृकुटी-मटकनि पीत-पट चटक लटकती चाल।
चल चख चितवनि चोरि चितु लियौ बिहारीलाल॥ 191॥

अन्वय—भृकुटी-मटकनि, पीतपट चटक, लटकती चाल, चल चख चितवनि बिहारीलाल चितु चोरि लियौ।

भृकुटी=भँव। चटक=चमक। लटकती चाल=इठलाती चाल। चल=चंचल। चख=आँखें। चोरि लियौ=चुरा लिया।

भँवों की मटकन, पीतांबर की चमचमाहट, मस्ती की चाल और चंचल नेत्रों की चितवन से बिहारीलाल (श्रीकृष्ण) ने चित्त को चुरा लिया।

दृग उरझत टूटत कुटुम जुरत चतुर-चित प्रीति।
परति गाँठि दुरजन हियैं दई नई यह रीति॥ 192॥

अन्वय—उरझत दृग टूटत कुटुम, प्रीति जुरत चतुर चित, गाँठि परति दुरजन हियैं, दई, यह नई रीति।

दृग=आँख। उरझत=उलझती है, लड़ती है। टूटत कुटुम=सगे-संबंधी छूट जाते हैं। जुरत=जुड़ता है; जुटता है। हियैं=हृदय। दई=ईश्वर। नई=अनोखी।

उलझते हैं नेत्र, टूटता है कुटुम्ब! प्रीति जुड़ती है चतुर नायक के चित्त में, और गाँठ पड़ती है दुर्जन के हृदय में! हे ईश्वर! (प्रेम की) यह (कैसी) अनोखी रीति है!

नोट—साधारण नियम यह है कि जो उलझेगा, वही टूटेगा; जो टूटेगा, वही जोड़ा जाएगा; और जो जोड़ा जाएगा, उसी में गाँठ पड़ेगी। किंतु यहाँ सब उलटी बातें हैं, और तुर्रा यह कि उलटी होने पर भी सत्य हैं। यह दोहा बिहारी के सर्वोत्कृष्ट दोहों में से एक है।

चलत घैरु घर-घर तऊ घरी न घर ठहराइ।
समुझि उहीं घर कौं चलै भूलि उहीं घर जाइ॥ 193॥

अन्वय—घर-घर घैरु चलत तऊ घरी घर न ठहराइ। समुझि उहीं घर कौं चलै, भूलि उहीं घर जाइ।

घैरु=निंदा, चबाव। तऊ=तो भी। समुझि=जान-बूझकर। उहीं=उसी (नायक के घर को)।

घर-घर में निंदा (की चर्चा) चल रही है—सब लोग निंदा कर रहे हैं—तो भी वह घड़ी-भर के लिए

(अपने) घर में नहीं ठहरती। जानबूझकर उसी (नायक) के घर जाती है, और भूलकर भी उसी के घर जाती है (प्रेमांध) होने से निंदा की परवा नहीं करती)।

डर न टरै, नींद न परै हरै न काल बिपाकु।
छिनकु छाकि उछकै न फिरि खरौ बिषमु छबि-छाकु॥ 194॥

अन्वय—डर टरै न, नींद न परै, काल-बिपाकु न हरै, छिनकु छाकि फिरि न उछकै छबि-छाकु खरौ बिषमु।

काल बिपाकु = निश्चित समय का व्यतीत हो जाना। छाकि = पीकर। उछकै = उतरै। फिरि = पुनः खरौ = अत्यंत। बिषमु = विकट, विलक्षण। छबि = सौंदर्य। छाक = मदिरा, नशा।

डर से दूर नहीं होता, नींद पड़ती नहीं, समय की कोई निश्चित अवधि बीतने पर भी नष्ट नहीं होता। थोड़ा-सा भी पीने से फिर कभी नहीं उतरता। (यह) सौंदर्य का नशा अत्यंत (विकट या) विलक्षण है।

नोट—नशा डर से दूर हो जाता है, उसमें नींद भी खूब आती है, तथा एक निश्चित अवधि में दूर भी हो जाता है। किंतु सौंदर्य (रूप-मदिरा) के नशे में ऐसी बातें नहीं होतीं। यह वह नशा है, जो चढ़कर फिर उतरना नहीं जानता।

झटकि चढ़ति उतरति अटा नैंकु न थाकति देह।
भई रहति नट कौ बटा अटकी नागर नेह॥ 195॥

अन्वय—झटकि अटा चढ़ति उतरति, देह अटारी नैंकु न थाकति। नागर-नेह अटकी नट कौ बटा भई रहति।

झटकि = झपटकर। अटा = कोठा, अटारी। नैंकु = जरा। अटकी = फँसी हुई। नागर = चतुर। नेह = प्रेम। बटा = बट्टा।

झपाटे के साथ कोठे पर चढ़ती और उतरती है। (उसकी) देह (इस चढ़ने-उतरने में) जरा भी नहीं थकती। चतुर (नायक) के प्रेम में फँसी वह नट का बट्टा बनी रहती है—जिस प्रकार नट अपने गोल बट्टे को सदा उछालता और लोकता रहता है उसी प्रकार वह भी ऊपर-नीचे आती-जाती रहती है।

लोभ लगे हरि-रूप के करी साँटि जुरि जाइ।
हौं इन बेंची बीच हीं लोइन बड़ी बलाइ॥ 196॥

अन्वय—हरिरूप के लोभ लगे जुरि जाइ साँटि करी। इन बीच हीं हौं बेंची लोइन बड़ी बलाइ।

साँटि करी = सौदे की बातचीत कर डालो। जुरी जाइ = मिलकर। हौं = मुझे। लोइन = लोचन, आँखें।

श्रीकृष्ण के रूप के लोभ में पड़ (उनकी आँखों से) मिलकर (मेरी आँखों ने) सट्टा-पट्टा किया—सौदे की बातचीत की। (और बिना मुझसे पूछताछ किए ही इन्होंने मुझे बीच में ही बेच डाला—ये आँखें बड़ी (बुरी) बला हैं!

नई लगनि कुल की सकुच बिकल भई अकुलाइ।
दुहूँ ओर ऐंची फिरति फिरकी लौं दिन जाइ॥ 197॥

अन्वय—नई लगनि कुल की सकुच अकुलाइ बिकल भई। दुहूँ ओर ऐंची फिरति दिन फिरकी लौं जाइ।

सकुच = संकोच, लाज। ऐंची फिरती = खिंचती फिरती है। फिरकी = चकरी नामक काठ का एक खिलौना, जिसमें डोरी बाँधकर लड़के नचाते फिरते हैं। लौं = समान। दिन जाइ = दिन कटते हैं।

(प्रेम की) नई लगन (एक ओर) है और कुल की लाज (दूसरी ओर) है। (इन दोनों के बीच पड़कर) वह घबराकर व्याकुल हो गई है। (यों) दोनों ओर खिंची फिरती हुई उस नायिका के दिन चकरी के समान व्यतीत होते हैं।

इततैं उत उततैं इतैं छिनु न कहूँ ठहराति।
जक न परति चकरी भई फिरि आवति फिरि जाति॥ 198॥

अन्वय—इततैं उत उततैं इतैं छिनु कहूँ न ठहराति। जक न परति चकरी भई फिरि आवति फिरि जाति।

जक = कल, चैन। फिरि = पुनः। चकरी = एक खिलौना, फिरकी।

इधर-से-उधर और उधर-से-इधर (आती-जाती रहती है)। एक क्षण भी कहीं नहीं ठहरती है। (उसे) कल नहीं पड़ती। चकरी की तरह पुनः आती और पुनः जाती है।

तजी संक सकुचति न चित बोलति बाकु कुबाकु।
दिन छिनदा छाकी रहति छुटतु न छिन छबि छाकु॥ 199॥

अन्वय—संक तजी चित सकुचति न, बाकु कुबाकु बोलति। दिन छिनदा छाकी रहति छिनु छबि न छुटतु।

बाकु-कुबाकु = सुवाच्य कुवाच्य, अंटसंट। छिनदा = रात। छाकि रहति = नशे में मस्त रहती है। छिनु = क्षण भर के लिए। छबि = सौंदर्य। छाकु = नशा, मदिरा।

डर छोड़ दिया। चित में लजाती भी नहीं। अंटसंट बोलती है। दिन-रात नशे में चूर रहती है। एक क्षण भी सौंदर्य (रूप-मदिरा) का नशा नहीं उतरता।

ढरे ढार तेहीं ढरत दूजै ढार ढरैं न।
क्यौं हूँ आनन आन सौं नैना लागत नै न॥ 200॥

अन्वय—ढार ढरे तेहीं ढरत दूजे ढार न ढरैं। क्यौं हूँ आन सौं आनन नैना नै न लागत।

ढार—ढालू जमीन। आनन = मुख। आन = दूसरा। नै = झुककर। जिस ढालू जमीन की ओर लुढ़के हैं, उसी ओर लुढ़केंगे, दूसरी ओर नहीं। किसी भी प्रकार दूसरे के मुख से (मेरे) नयन झुककर नहीं लग सकते—दूसरे के मुख को नहीं देख सकते।

नोट—'प्रीतम' ने इसका 'उर्दू' अनुवाद यों किया है—

ढले ही ढाल को तजकर किसी साँचे नहीं ढलते।
ये नैना आन आनन पर किसी सूरत नहीं चलते॥

तृतीय शतक

चकी जकी-सी ह्वै रही बूझैं बोलति नीठि।
कहूँ डीठि लागी लगी कै काहू की डीठि॥ 201॥

अन्वय—चकी जकी-सी ह्वै रही बूझैं नीठि बोलति। कहूँ डीठि लागि कै काहू की डीठि लगी।

चकी = चकित, आश्चर्यित। जकी = स्तंभित, किंकर्तव्यविमूढ़। नीठि = कठिनता से, मुश्किल से। कहूँ = कहीं, किसी जगह। कै = या। काहू = किसी की।

आश्चर्यित और स्तंभित-सी हो रही है। पूछने पर भी मुश्किंल से बोलती है। (मालूम होता है) इसकी नजर कहीं जा लगी है या किसी और ही की नजर इसे लग गई है—या तो यह स्वयं किसी प्रेम के फंदे में फँसी है, या किसी ने इसे फँसा लिया है।

पिय कैं ध्यान गही गही रही वही ह्वै नारि।
आपु-आपुही आरसी लखि रीझति रिझवारि॥ 202॥

अन्वय—पिय कैं ध्यान गही-गही नारि वही ह्वै रही। रिझवारि आपुही आपु आरसी लखि रीझति।

गही-गही = पकड़े। आरसी = आईना। आपु-आपु ही = अपने आप। रिझवारि = मुग्धकारिणी।

प्रीतम के ध्यान में तल्लींम रहते-रहते नायिका वही हो रही—उसे स्वयं प्रीतम होने का भान हो गया

(अतएव) वह रिझानेवाली आप ही आरसी देखती और अपने-आप ही रीझती है—अपने आपको प्रीतम और अपने प्रतिबिम्ब को अपनी मूर्ति समझकर देखती और मुग्ध होती है।

ह्याँ ते ह्याँ ह्याँ ते इहाँ नेकौ धरति धीर।
निसि-दिन डाढ़ी-सी फिरति बाढ़ी-गाढ़ी पीर॥ 203॥

अन्वय—ह्याँ ते ह्याँ ह्याँ ते इहाँ नेकौ धीर न धरति। गाढ़ी पीर बाढ़ी निसि-दिन डाढ़ी-सी फिरति।

ह्याँ = यहाँ। ते = से। ह्व = वहाँ। नेकौ = जरा भी। डाढ़ी = एक गानेवाली जाति, जो सदा गाँवों में नाच-नाचकर बधाई गाया करती है; पँवरिया। बाढ़ी = दग्ध, जला हुआ। कहीं ढाढ़ी भी पाठ है।

यहाँ से वहाँ और वहाँ से यहाँ (आती-जाती रहती है)। जरा भी धैर्य नहीं धरती। कठिन पीड़ा बढ़ गई है (जिस कारण) रात-दिन पँवरियों के समान (या जली हुई-सी इतस्ततः) घूमती रहती है।

समरस समर सकोच बस बिबस न ठिकु ठहराइ।
फिरि-फिरि उझकति फिरि दुरति दुरि-दुरि उझकति जाइ॥ 204॥

अन्वय—समरस समर सकोच बस बिबस ठिकु न ठहराइ। फिर-फिर उझकति फिरि दुरति दुरि-दुरि उझकति जाइ।

समरस = समान रस, समान भाव। समर = स्मर = कामदेव। ठिकु ठहराइ = ठीक ठहरना, स्थिर रहना। उझकति = उचक-उचककर देखती है। दुरति = छिपती है।

समान भाव से कामदेव और लज्जा के वश में (पड़ी है) विवश होकर कहीं भी स्थिर नहीं रह सकती। बार-बार उझक-उझककर देखती है, फिर छिप जाती है और छिप-छिपकर उझकती जाती है—अपने आभूषणों को बजाती जाती है।

उरु उरझ्यौ चित-चोर सौं गुरु गुरुजन की लाज।
चढ़ैं हिंडोरै सैं हयैं कियैं बनैं गृहकाज॥ 205॥

अन्वय—उरु चितचोर सौं उरझ्यौ, गुरुजन की लाज गुरु। हिंडोरै चढ़ैं हियैं सैं गृहकाज कियैं बनैं।

उर = हृदय। गुरु = भारी। गुरुजन = बड़े-बूढ़े।

हृदय (तो) चितचोर से उलझा हुआ है और गुरुजनों की लज्जा भी भारी है; (अतएव) हिंडोले पर चढ़े हृदय से—दुतरफा खिंचे हुए मन से—घर का काम करते ही बनता है।

सखी सिखावति मान-बिधि सैननि बरजति बाल।
हरुए कहि मो हीय मैं सदा बिहारीलाल॥ 206॥

अन्वय—सखी मान-बिधि सिखावति, बाल सैननि बरजति। हरुए कहि मो हीय मैं सदा बिहारीलाल।

मान बिधि = मान करने की रीति। हरुए = धीरे-धीरे।

सखी मान करने की रीति सिखलाती है, (तो) बाला (नायिका) इशारे से उसे मना करती है कि (ये मान की बातें) धीरे-धीरे कह; (क्योंकि) मेरे मन में सदा बिहारीलाल वास करते हैं, (ऐसा न हो कि वे कहीं सुन लें और रूठ जाएँ!)

नोट—इसी भाव का एक श्लोक 'अमरुक शतक' में यों है—

मुग्धे मुग्धतयैव नेतुमखिलः कालः किमारभ्यते।
मानं धत्स्व धृतिं दधान ऋजुतां दूरि कुरु प्रेयसि॥
सख्येवं प्रतिबोधिता प्रतिवचस्तामाह भीतानता।
नीचैःशंस हृदि स्थितोहि ननु मे प्राणेश्वरः श्रोष्यति॥

उर लीनै अति चटपटी सुनि मुरली धुनि धाइ।
हौं हुलसी निकसी सु तौ गयौ हूल-सी लाइ॥ 207॥

अन्वय—उर अति चटपटी लीनै मुरली धुनि सुनि धाइ। हौं हुलसी निकसी सु तौ हूल-सी लाइ गयौ।

चटपटी = व्याकुलता। धाइ = दौड़कर। हौं = मैं। हुलसी = उल्लास से भरकर। सु तौ = सो तो, वह तो। गयौ = गया। हूल-सी लाइ = बरछी-सी चुभोकर।

हृदय में अत्यन्त व्याकुलता फैल गई। मुरली की ध्वनि सुनते ही दौड़कर (ज्यों ही) मैं उमंग से भरी बाहर निकली कि वह (मेरे हृदय में) बरछी चुभोकर चल दिया।

जौ तब होत दिखादिखी भई अमी इक आँकु।
लगै तिरीछी डीठि अब ह्वै बीछी कौ डाँकु॥ 208॥

अन्वय—तब दिखादिखी होत जौ इक आँकु अमी भई। तिरीछी डीठि अब बीछी कौ डाँकु ह्वै लगै।

तब = उस समय। अमी = अमृत। इक आँकु = निश्चय। डीठि = नजर। ह्वै = होकर। डाँकु = डंक।

उस समय देखा-देखी होने पर जो निश्चय अमृत मालूम हुई थी वहाँ तुम्हारी तिरछी नजर अब बिच्छू का डंक होकर लगती है—बिच्छू के डंक के समान व्याकुल करती है।

लाल तुम्हारे रूप की कहौ रीति यह कौन।
जासौं लागैं पलकु दृग लगत पलक पलौ न॥ 209॥

अन्वय—लाल तुम्हारे रूप की, कहौ यह कौन रीति। जासौं पलकु दृग लागैं पलौ पलकु न लगत।

लाल = प्यारे, नायक, नन्दलाल श्रीकृष्ण। जासौं = जिससे। पलकु = पल। पलौ = पलभर के लिए भी।

हे लाल! तुम्हारे रूप की, बताओ, यह कौन-सी रीति है कि जिससे एक पल के लिए भी आँखें लग जाने पर—एक क्षण के लिए भी जिसे देख लेने पर—फिर पल-भर के लिए भी पलक नहीं लगती—नींद नहीं पड़ती।

अपनी गरजनु बोलियतु कहा निहोरो तोहिं।
तूँ प्यारो मो जीय कौं मो ज्यौं प्यारो मोहिं॥ 210॥

अन्वय—अपनी गरजनु बोलियतु तोहिं निहोरो कहा। तूँ मो जीय कौं प्यारो मो ज्यौं मोहिं प्यारो।

गरजनु = गरज से। निहोरो = उपकार, एहसान। मो = मेरे। जीय = प्राण। ज्यौं = जीव, प्राण। मोहिं = मुझे।

(मैं तुमसे) अपनी गरज से ही बोलती हूँ, इसमें तुम्हारे ऊपर मेरा कोई उपकार नहीं है, (क्योंकि) तुम मेरे प्राणों के प्यारे हो, और मेरे प्राण मुझे प्यारे हैं। (अतएव, अपने प्राणों की रक्षा के लिए ही मुझे बोलना पड़ता है।)

सुख सौं बीती सब निसा मनु सोये मिलि साथ।
मूका मेलि गहे सु छिनु हाथ न छोड़ै हाथ॥ 211॥

अन्वय—सब निसा सुख सौं बीती मनु साथ मिलि सोये। मूका मेलि सु छिनु गहे हाथ न छोड़ै।

सौं = से। मनु = मानो। मिलि साथ = गाढ़ालिंगन में बद्ध। मूका मेलि = मुट्ठी बाँधकर। गहे = पकड़े।

सारी रात (स्वप्न में) सुख से बीती। मानो (नायक) साथ ही मिलकर सोया हो। (स्वप्न में ही) मुट्ठी बाँधकर जो एक क्षण के लिए पकड़ा, सो (अब नींद टूटने पर भी) हाथ को हाथ नहीं छोड़ता—(नायिका) अपने ही हाथ को प्रीतम का हाथ समझकर नहीं छोड़ती।

नोट—स्वप्न में नायिका अपने ही हाथों को पकड़े हुए प्रियतम के आलिंगन का मजा लूट रही थी। इतने में उसकी नींद टूट गई। अब जगने पर मुट्ठी नहीं खुलती। दोनों हाथ परस्पर जकड़े हुए हैं। जाग्रत अवस्था में भी स्वप्न का भान हो रहा है।

देखौं जागत वैसियै साँकर लगी कपाट।
कित ह्वै आवतु जातु भजि को जानै किहिं बाट॥ 212॥

अन्वय—जागत देखौं वैंसियै कपाट साँकर लगी। कित ह्वै आवतु किहिं बाट भजि जातु को जानै।

जागत—जगकर। साँकर=जंजीर। कपाट=किवाड़। कित ह्वै=किस ओर होकर, किधर से। भजि=भागना। बाट=रास्ता।

जगकर देखती हूँ तो किवाड़ में पहले की तरह ही जंजीर लगी रहती है (जैसे रात को बंद करके सोई थी), किधर से आते हैं (और) किस रास्ते भाग जाते हैं, (यह) कौन जाने?

नोट—यह स्वप्न दशा का वर्णन है। उस्ताद जौक़ ने लिखा है—

खुलता नहीं दिल बंद ही रहता है हमेशा।
क्या जाने कि आ जाता है तू इसमें किधर से॥

गुड़ी उड़ी लखि लला की अँगना अँगना माँह॥
बौरी लौं दौरी फिरति छुअति छबीली छाँह॥ 213॥

अन्वय—लाल की गुड़ी-उड़ी लखि छबीली अँगना-अँगना माँह बौरी लौं दौरी फिरति छबीली छाँह छुअति।

गुड़ी=गुड्डी, पतंग। अँगना=स्त्री। अँगना,=आँगन। माँह=में। बौरी= पगली। लौं=समान। छबीली=सुंदरी।

प्रीतम की गुड्डी उड़ती हुई देखकर (वह) सुंदरी स्त्री अपने आँगन में पगली-सी दौड़ती फिरती है और (आँगन में पड़नेवाली उस गुड्डी की) छाया को छूती फिरती है।

नोट—गुड्डी की छाया के स्पर्श में ही प्रीतम के अंगस्पर्श का आनन्दानुभव करती है; क्योंकि गुड्डी का संबंध प्रीतम के कर-कमलों से है। इस दोहे पर कृष्ण कवि ने यों टीका जड़ी है—

नंदलला नवनागरि पै निज रूप दिखाइ ठगोरी की नाईं।
बाहर जात बनै गृह ते न बिलोकिबे को अति ही अकुलाई॥
प्यारे के चंग इते में उड़ी लखि मोद भरी निज आँगन आई।
होत गुड़ी की जितै जित छाँह तितै तित छूवै को डोलति धाई॥

उनकौ हितु उनहीं बनै कोऊ करौ अनेकु।
फिरत काक-गोलकु भयौ दुहूँ देह ज्यौ एकु॥ 214॥

अन्वय—उनकौ हित उनहीं बनै कोऊ अनेकु करै, दुहुँ देह एकु ज्यौ काक-गोलकु भयौ फिरतु।

हित=प्रीति। काक-गोलकु=कौए के नेत्रों के गढ़े! ज्यौ=जीव, प्राण। दुहूँ=दोनों।

उनकी प्रीति उन्हीं से सधती है—(इसलिए दोनों अभिन्न रहेंगे ही)—कोई हजार (निंदा) क्यों न करे। दोनों की देह में एक ही प्राण कौए के (दोनों) गोलक (के एक ही नेत्र) की तरह संचरण करता है।

नोट—किंवदन्ती है कि कौए के दोनों गोलकों में एक ही नेत्र होता है, जो दोनों ओर आता-जाता रहता है। इसीलिए देखने के समय कौआ सिर को इधर-उधर घुमाता है।

करतु जातु जेती कटनि बढ़ि रस-सरिता-सोतु।
आलबाल उर प्रेम-तरु तितौ तितौ दृढ़ होतु॥ 215॥

अन्वय—रस-सरिता-सोतु बढ़ि जेती कटनि करतु जातु। उर आलबाल प्रेमतरु तितौ तितौ दृढ़ होतु।

जेती=जितनी। कटनि=कटाव। सरिता=नदी। स्रोत=धारा। आलबाल = थाला, वृक्ष की जड़ के पास चारों ओर से बनी हुई मेंड़। उर=हृदय। तरु=वृक्ष। तितौ तितौ=उतना ही, अधिकाधिक।

रस-रूपी नदी का स्रोत बढ़कर जितना ही कटाव करता जाता है, हृदय-रूपी थाले का प्रेम-रूपी वृक्ष (कटाव के कारण गिरने के बदले) उतना ही मजबूत होता जाता है।

खल-बढ़ई बल करि थके कटै न कुबत-कुठार।
आलबाल उर झालरी खरी प्रेम-तरु-डार॥ 216॥

अन्वय—खल-बढ़ई बल करि थके कुबत-कुठार न कटै। प्रेम-तरु-डार उर आलबाल खरी झालरी।

खल = दुष्ट, निंदक। कुबत = निंदा। कुठार = कुल्हाड़ी। झालरी = हरी-भरी, सुपल्लवित। खरी = विशेष।

दुष्ट-रूपी बढ़ई जोर लगाकर थक गए, (किंतु) निंदा-रूपी कुठार से न काट सके। (वह) प्रेम-रूपी वृक्ष की डाल हृदय-रूपी थाले में और भी हरी-भरी (हो रही) है।

छुटत न पैयतु छिनकु बसि प्रेम-नगर यह चाल।
मार्‌यौ फिरि-फिरि मारियै खूनी फिरै खुस्याल॥ 217॥

अन्वय—छिनकु बसि छुटत न पैयतु प्रेम-नगर यह चाल। मार्‌यौ फिरि-फिरि मारियै खूनी खुस्याल फिरै।

छुटत न पैयतु = छुटकारा नहीं पा सकते। छिनकु = क्षण + एकु = एक क्षण। खुस्याल = खुशहाल, आनन्दयुक्त। खूनी = हत्यारा।

एक क्षण के लिए भी बसकर फिर छुटकारा नहीं पा सकते। प्रेम-नगर की यही चाल है। (यहाँ) मरे हुए को बार-बार मारा जाता है और हत्या करनेवाला स्वच्छन्द घूमता है।

निरदय नेहु नयौ निरखि भयौ जगतु भयभीतु।
यह न कहूँ अब लौं सुनी मरि मारियै जु मीतु॥ 218॥

अन्वय—नयौ निरदय नेहु निरखि जगत भयभीतु भयौ। यह अब लौं कहूँ न सुनी जु मीत मरि मारियै।

निरदय = निर्दय, दयाहीन, निष्ठुर। निरखि = देखकर। लौं = तक। जु = जो। मीत = प्रेमी।

(तुम्हारे इस) नए प्रकार के निष्ठुर प्रेम को देखकर संसार भयभीत हो गया है। यह बात तो अब तक कहीं न सुनी थी कि जो प्रेमी हो वह (स्वयं भी) मरे (और अपनी प्रेमिका को भी) मारे—आप भी विरह की आग में जले और अपनी प्रेमिका को भी जलावे।

क्यौं बसियै क्यौं निबहियै नीति नेह-पुर नाँहि।
लगा-लगी लोइन करैं दाहक मन बँधि जाँहि॥ 219॥

अन्वय—क्यौं बसियै क्यौं निबहियै नेह-पुर नीति नाँहि। लगालगी करैं लोइन, मन दाहक बँधि जाँहि।

नीति = न्याय। नेह-पुर = प्रेम-नगर। लगालगी = लाग-डाँट, मुठभेड़। लोइन, आँखें नाहक = बेकसूर, निरपराध।

कैसे बसा जाय और (बसने पर) कैसे निर्वाह हो! (इस) प्रेम-नगर में न्याय तो है ही नहीं। (देखो) परस्पर लड़ती-झगड़ती तो हैं आँखें, और बेकसूर मन कैद किया जाता है!

देह लग्यौ ढिग गेहपति तऊ नेहु निरबाहि।
नीची अँखियनु हीं इतै गई कनखियनु चाहि॥ 220॥

अन्वय—देह लग्यौ ढिग गेहपति तऊ नेहु निरबाहि। नीची अँखियनु ही इतै कनखियनु चाहि गई।

देह लग्यौ = देह से सटा हुआ। ढिग = निकट। गेहपति = गृहपति = स्वामी। तऊ = तो भी। नेहु = प्रेम। नीची अँखियन = नीची आँखों से = नीची निगाह से। चाहि = देखना।

देह से सटा हुआ निकट ही उसका पति था, तो भी (वह) प्रेम निबाहकर नीची निगाह से ही इधर कनखियों से देख गई।

हौं हिय रहति हई छई नई जुगुति जग जोइ।
आँखिन आँखि लगै खरी देह दूबरी होइ॥ 221॥

अन्वय—जग नई जुगुति जोइ हौं हिय हई छई रहति। आँखिन लगै आँखि खरी दूबरी होइ देह।

हौं = मैं। हई = आश्चर्य। छई = छाई हुई। जुगुति = युक्ति। जोइ = देखकर। आँखिन = आँखों से। खरी = अत्यंत।

संसार में यह नई युक्ति देखकर मैं तो हृदय में आश्चर्य से छाई रहती हूँ—मेरा हृदय आश्चर्य में डूबा रहता है। आँखों से लगती हैं आँखें और अत्यंत दुबली होती है देह।

प्रेमु अडोलु डुलै नहीं मुँह बोलैं अनखाइ।
चित उनकी मूरति बसी चितबनि माँहिं लखाइ॥ 222॥

अन्वय—प्रेमु अडोलु डुलै नहीं मुँह अनखाइ बोलैं। चित उनकी मूरति बसी चितवनि माँहिं लखाइ।

अडोलु = दृढ़, अटल। अनखाई = अनखाकर, झुँझलाकर। चितवनि = आँख, नजर। लखाइ = देख पड़ती है।

प्रेम स्थिर है, वह हिलने-डुलने का नहीं—समझाने-बुझाने से छूटने का नहीं। (प्रेम छोड़ती नहीं, उलटे) मुँह से अनखाकर बोलती है। (उसके) चित्त में उनकी—नायक की—मूर्ति बसी है (जो) उसकी आँखों में (स्पष्ट) दीख पड़ती है—उसकी प्रेमरंजित आँखों के देखते ही प्रकट हो जाता है कि वह किसी के प्रेम में फँसी है।

चितु तरसतु न मिलतु बनत बसि परोस कैं बास।
छाती फाटी जाति सुनि टाटी ओट उसास॥ 223॥

अन्वय—चित तरसतु परोस कैं बास बसि मिलतु न बनत टाटी ओट उसास सुनि छाती फाटी जाति।

उसास = उच्छ्वास, जोर-जोर से साँस लेना।

(मिलने के लिए) चित्त तरसता है, (किंतु) पड़ोस के घर में रहकर—अत्यंत निकट रहकर—भी मिलते नहीं बनता। टाटी की ओट से उसका (विरहजनित) उच्छ्वास सुनकर छाती फटी जाती है।

जाल-रंध्र-मग अँगनु कौ कछु उजास सौ पाइ।
पीठि दिए जग त्यौं रह्यौ डीठि झरोखे लाइ॥ 224॥

अन्वय—जाल-रंध्र-मग अँगनु कौ कुछ उजास सौ पाइ। जग त्यौं पीठि दिए डीठि झरोखे लाइ रह्यौ।

जाल-रंध्र = जाली के छेद। मग = राह। उजास = उजाला। पाइ = पाकर। जग त्यौं = संसार की ओर। पीठि दिए रहै = (संसार से) विमुख या उदासीन रहता है।

(झरोखे से लगी) जाली के छेदों के रास्ते में आग का कुछ उजाला-सा पाकर—जाली के छेदों से बाहर फूट निकलनेवाली तुम्हारी देह-द्युति को देखकर—(उस नायक ने) संसार की ओर पीठ दे दी है—संसार को भुला दिया है (और) सदा अपनी नजर (तुम्हारे) झरोखे से लगाए रहता है।

जद्यपि सुंदर सुघर पुनि सगुनौ दीपक-देह।
तऊ प्रकास करै तितैं भरिए जितैं सनेह॥ 225॥

अन्वय—जद्यपि दीपक-देह सुंदर सुघर पुनि सगुनौ तऊ तितैं प्रकास करै जितैं सनेह भरियै।

सुघर = सुघड़ = अच्छी गढ़न का। सगुनौ = गुणयुक्त और (गुण = डोरा) बत्ती-सहित। तऊ = तो भी। तितैं = उतना। जितैं = जितना। सनेह = प्रेम, तेल।

यद्यपि दीपक रूपी शरीर सुंदर है, सुघड़ है, और फिर गुणयुक्त है (दीपक-अर्थ में—बत्ती-सहित है), तो भी वह उतना ही प्रकाश करेगा, जितना उसमें प्रेम भरोगे (दीपक अर्थ में—तेल भरोगे)।

दुचितैं चित न हलति चलति हँसति न झुकति बिचारि।
लिखत चित्र पिउ लखि चितै रही चित्र-लौं नारि॥ 226॥

अन्वय—पिउ चित्र लिखत लखि नारि चित्र-लौं चितै रही। बिचारि दुचितैं न चलति-हलति न हँसति-झुकति।

दुचितैं चित = दुविधा में पड़ा चित्त। हलति = हिलना-डोलना। बिचारि = विचारकर। चितै = देख रही है।

प्रीतम को किसी स्त्री का चित्र बनाते हुए देखकर वह स्त्री तसवीर-सी (अचल-अटल) होकर (प्रीतम के पीछे चुपचाप खड़ी) देख रही है। सोचती है, वह मेरा चित्र बना रहा है, या किसी अन्य स्त्री का। इस दुविधा में पड़ने से वह न आगे बढ़ती है, न हिलती-डोलती है, न हँसती है और न झुकती ही है।

नैन लगे तिहिं लगनि जनि छुटैं छुटै हूँ प्रान।
काम न आवत एक हूँ तेरे सौक सयान॥ 227॥

अन्वय—नैन तिहिं लगन जु लगे प्राण छुटैं हूँ जनि छुटैं। तेरे सौक सयान एक हूँ काम न आवत।

सौक = सौ + एक = अनेक। सयान = चतुराई।

आँखें ऐसे (बुरे) लग्न में लगी हैं कि प्राण छूटने पर भी नहीं छूट सकतीं—(हे सखि !) तुम्हारी सैकड़ों चतुराई में एक भी काम नहीं आती—एक भी सफल नहीं होती।

साजे मोहन-मोह कौं मोहीं करत कुचैन।
कहा करौं उलटे परे टोने लोने नैन॥ 228॥

अन्वय—साजे मोहन मोह कौं, मोहीं कुचैन करत। कहा करौं लोने नैन टोने उलटे परे।

मोहन = श्रीकृष्ण। मोहीं = मुझे ही। कुचैन = व्याकुल। टोने = जादू। लोने = लावण्यमय, सुंदर।

(मैंने इन्हें कागज आदि से) सजाया तो मोहन को मोहने के लिए, और मुझे ही व्याकुल बनाती हैं। क्या करूँ, इन लावण्यमयी आँखों के टोने उलटे पड़ गए।

नोट—कहा जाता है कि जादू उलट जाने पर जादू चलानेवाले पर ही विपत्ति आती है। इस दोहे में यही बात खूबी से कही गई है। इस दोहे से बिहारी की तंत्रशास्त्र की जानकारी प्रकट होती है।

अलि इन लोंइन-सरनि कौ खररौ विषम संचारु।
लगै लगाऐं एक-से दुहुअनि करत सुमार॥ 229॥

अन्वय—अलि इन लोंइन-सरनि कौ संचारु खरौ विषम दुहुअनि सुमार करत लगैं लगाऐं एक-से।

अलि = सखि। लोइन = आँख। सरनि = वाणों। खररौ = अत्यन्त। बिषम = अद्‌भुत। संचार = गति। अनी = बाण की नोंक। सुमार = अच्छी मार, गहरी चोट।

सखी ! इन नेत्र-रूपी बाणों की गति अत्यंत अद्‌भुत है। (इनकी) दोनों ओर की नोकें चोट करती हैं—(आगे की निशान मारनेवाली नोंक और धनुष की डोरी से सटाकर चलानेवाली पीछे की नोंक—दोनों शिकार करती हैं)। (अतएव) इनका लगना और लगाना—नेत्र-रूपी बाण चलाकर किसी को घायल करना और किसी के नेत्र-रूपी बाण से घायल होना—(दोनों) एक से (दुःखदायी) हैं।

चख-रुचि चूरन डारि कै ठग लगाइ निज साथु।
रह्यौं राखि हठि लै गयौ हथाहथी मन हाथु॥ 230॥

अन्वय—चख-रुचि चूरन डारि कै ठग निज साथु लगाइ। हठि राखि रह्यौ हथाहथी मन हाथु लै गयौ।

चख-रुचि = आँखों की सुंदरता। चूरन = बुकनी, भभूत। हथाहथी = हाथों-हाथ, अति शीघ्र।

आँखों की सुंदरता-रूपी भभूत डालकर उस ठग (नायक) ने उसे अपने साथ लगा लिया, यद्यपि (मैं) हठ करती ही रह गई—रोकती ही रह गई—(किंतु) वह हाथों-हाथ मेरे मन को हाथ (वश) में करके चलता बना।

नोट—ठग लोग मंत्र-पढ़ी भभूत रखते हैं, जिस पर वह भभूत डालते हैं, वह उनके पीछे लग जाता है। इस दोहे में इसी का रूपक बाँधा गया है।

जौ लौं लखौं न कुल-कथा तौ लौं ठिक ठहराइ।
देखैं आवत देखिही क्यौं हूँ रह्यौ न जाइ॥ 231॥

अन्वय—जौ लौं न लखौं तौ लौं कुल-कथा ठिक ठहराइ। देखैं आवत देखिही क्यौं हूँ न रह्यौ जाइ।

लौं = तक। लखौं = देखूँ। कुल-कथा = कुल की कथा, सतीत्व आदि की बातें। देखिही = देखने से ही। क्यौं हूँ = किसी प्रकार।

जब तक (उन्हें) नहीं देखती हूँ, तभी तक कुल की कथा ठीक ठहरती है—अच्छी जँचती है, (किंतु जब) वे देखने में आते हैं—वे दिखलाई पड़ते हैं (तब) देखे बिना किसी प्रकार नहीं रहा जाता—बरबस उन्हें देखना ही पड़ता है।

बन-तन कौं निकसत लसत हँसत हँसत इत आइ।
दृगखंजन गहि लै चल्यौ चितवनि-चैंपु लगाइ॥ 232॥

अन्वय—बन-तन कौं निकसत लसत हँसत हँसत इत आइ। चितवनि-चैंपु लगाइ दृग-खंजन गहि लै चल्यौ।

बन-तन = बन की ओर। इत = इधर। दृग = आँख। चितवनि = नजर, दृष्टि। चैंपु = लासा, गोंद।

वन की ओर निकलते समय सुशोभित हो (बन-ठन) कर हँसते-हँसते इधर आए और दृष्टि-रूपी लासा लगा (मेरी) आँख-रूपी खंजन को पकड़कर ले चले!

चितु-बितु बचतु न हरत हठि लालन-दृग बरजोर।
सावधान के बटपरा ए जागत के चोर॥ 233॥

अन्वय—चितु-बितु न बचतु हठि हरत लालन-दृग बरजोर। ए सावधान के बटपरा जागत के चोर।

चितु = मन। बितु = धन। लालन = कृष्ण। दृग = आँखें। बरजोर = जबरदस्त। बटपरा = बटमार, राहजन, ठग।

मन-रूपी धन नहीं बचता। हठ करके (वे) छीन लेते हैं। कृष्ण के नेत्र बड़े जबरदस्त हैं। ये चौकन्ने आदमी के लिए तो (भुल-भुलैया में डालकर लूटनेवाले) ठग हैं, और लगे हुए के लिए (लुक-छिपकर चुरानेवाले) चोर हैं।

नोट—जो चौकन्ने हैं वे नहीं ठगे जा सकते, और जो जगे हैं उनके घर में चोरी नहीं हो सकती। किंतु नेत्र ऐसे जबरदस्त हैं कि चौकन्ने को ठगते और जगे हुए (के माल) को चुराते हैं। कितनी अच्छी कल्पना है!

सुरति न ताल रु तान की उठ्यौ न सुरु ठहराइ।
एरी रागु बिगारि गौ बैरी बोलु सुनाइ॥ 234॥

अन्वय—ताल रु तान की सुरति न उठ्यौ सुरु न ठहराइ। एरी बैरी बोलु सुनाइ रागु बिगारि गौ।

सुरति = सुधि। बिगारि गौ = बिगाड़ गया।

ताल और तान की सुधि नहीं रही। उठाया हुआ सुर भी नहीं ठहरता। अरी (सखी)! वह वैरी (नायक) बोली सुनाकर (सारा) राग बिगाड़ गया।

नोट—नायिका गा रही थी। उसी समय उस ओर से नायक गुजरा और कुछ बोलकर चला गया। उसी पर नायिका का यह कथन है।

ये काँटे मो पाँइ गड़ि लीन्ही मरत जिवाइ।
प्रीति जतावतु भीत सौं मीतु जु काढ्यौ आइ॥ 235॥

अन्वय—ये काँटे मो पाँइ गड़ि मरत जिवाइ लीन्ही। जु प्रीति जतावतु भीति सौं मीतु आइ काढ्यौ।

मो = मेरे। जतावतु = प्रकट करते हुए।

अरे काँटे! (तूने) मेरे पैर में गड़कर (मुझे) मरने से जिला दिया, (क्योंकि) प्रीति प्रकट करते हुए डरते-डरते प्रीतम ने उसे (तुझे) आकर निकाला।

नोट—'प्रीतम' ने इसका उर्दू अनुवाद यों किया है—

मेरे इस खार-पा ने मुझको मरने से बचाया है।
वो गुलरू खींचने को अज रहे शफ़कत जो आया है॥

जात सयान अयान ह्वै वे ठग काहि ठगैं न।
को ललचाइ न लाल के लखि ललचौहैं नैन॥ 236॥

अन्वय—सयान अयान ह्वै जात वे ठग काहि न ठगैं। लाल के ललचौहैं नैन लखि को न ललचाइ।

ह्वै जात=हो जाता है, बन जाता है। सयान=चतुर। अयान=अजान, अज्ञान, मूर्ख। काहि=किसे। ललचौहैं=ललचानेवाले।

चतुर भी मूर्ख बन जाते हैं। वे ठग किसे नहीं ठगते। श्रीकृष्ण के (उन) लुभावने नेत्रों को देखकर कौन नहीं ललचता?

जसु अपजसु देखत नहीं देखत साँवल गात।
कहा करौं लालच-भरे चपल नैन चलि जात॥ 237॥

अन्वय—जसु अपजसु नहीं देखत, देखत साँवल गात। कहा करौं लालच-भरे चपल नैन चलि जात।

साँवल=श्यामल। कहा=क्या। चपल=चंचल।

यश-अपयश (कुछ) नहीं देखते—किस काम के करने से यश होगा और किस काम के करने से अपयश, यह नहीं विचारते; देखते हैं (केवल श्रीकृष्ण का) साँवला शरीर। क्या करूँ, लालच से भरे (मेरे) चंचल नयन (बरबस उनके पास) चले जाते हैं।

नख-सिख-रूप भरे खरे तौ माँगत मुसकानि।
तजत न लोचन लालची ए ललचौंहीं बानि॥ 238॥

अन्वय—नखसिख रूप खरे भरे तौ मुसकानि माँगत। लालची लोचन ए ललचौंहीं बानि न तजत।

नख-सिख=नख से शिखा तक, एड़ी से चोटी तक, समूचा शरीर। खरे=अत्यंत, पूर्ण रूप से। ललचौंहीं बानि=ललचाने की आदत।

(श्रीकृष्ण के) नख-शिख सौंदर्य से मेरे नेत्र पूर्ण रूप से भरे हैं, तो भी मुस्कुराहट माँगते हैं—श्रीकृष्ण के संपूर्ण शरीर की अपार शोभा देखकर भी तृप्त नहीं होते, उनकी मुस्कुराहट देखना चाहते हैं। (मेरे) लालची नेत्र (अपनी) यह ललचाने की आदत छोड़ते ही नहीं।

छ्वै छिगुनी पहुँचौ गिलत अति दीनता दिखाइ।
बलि बावन की ब्यौंतु सुनि को बलि तुम्हैं पत्याइ॥ 239॥

अन्वय—अति दीनता दिखाइ छिगुनी छ्वै पहुँचौ गिलत। बलि बावन की ब्यौंतु सुनि बलि तुम्हैं को पत्याइ।

छ्वै = छूकर। छिगुनी=कनिष्ठा अँगुली। गिलत=पकड़ लेना। बलि= पाताल के दैत्यराज। ब्यौंतु=छलमय ढंग। बलि=बलैया। पत्याइ=प्रतीति करे, विश्वास करे?

अत्यंत दीनता दिखाकर छिगुनी छूते ही पहुँचा पकड़ लेते हो। किंतु बलि और बावन की कहानी सुनकर, बलैया, तुम्हें कौन पतिआय—तुम्हारा विश्वास कौन करे?

नोट—राधिका से कृष्ण कोई मामूली चीज माँग रहे हैं। राधिका झिड़कती हैं—नहीं, ऐसा होने का नहीं, यह देते ही तुम दूसरी चीज माँगने लगोगे; यों होते-होते मेरे सारे शरीर पर ही कब्जा कर लोगे; बलि से भी तुमने महज तीन डेग जमीन माँगी थी, और उसका सर्वस्व ही हर लिया; अँगुली पकड़कर पहुँचा पकड़ना तो तुम्हारी आदत ही है; अतएव, हटो, दूर हो।

नैना नैंकु न मानहीं कितौं कह्यौ समुझाइ।
तन-मन हारैं हूँ हँसैं तिनसौं कहा बसाइ॥ 240॥

अन्वय—नैना नैंकु न मानहीं कितौ समुझाइ कह्यौ। तन मन हारैं हूँ हँसैं, तिनसौं कहा बसाइ।

नैंकु=जरा। कितौ= कितना भी। कह्यौ=कहा। हारैं हूँ=हारने पर भी। तिनसौं=उनसे। कहा बसाइ=क्या बस चले।

नेत्र जरा भी (मेरी बात) नहीं मानते, कितना भी समझाकर कहा। (भला) जो तन-मन हारकर भी हँसता ही रहे, उस पर (किसका) कौन बस?—जो सर्वस्व गँवाकर भी हँसता ही रहे, उसको कौन सिखा-पढ़ा सकता है?

लटकि लटकि लटकतु चलतु डटतु मुकुट की छाँह।
चटक भर्‌यौ नटु मिलि गयौ अटक-भटक बट माँह॥ 241॥

अन्वय—लटकि लटकि लटकतु चलतु मुकुट की छाँह डटतु। चटक भर्‌यौ नटु अटक-भटक माँह मिलि गयौ।

लटकि-लटकि लटकतु चलतु=झूमते हुए (इठलाता) चलता है। डटतु=देखता है। चटक भर्‌यौ=चटकीला, रँगीला। बट=बाट, रास्ता। माँह=में।

झूमते-झामते हुए चलता है, चलते हुए अपने मुकुट की परछाईं देखता है। वह चटकीला (श्रीकृष्ण), अटकते-भटकते हुए, रास्ते में (मुझसे अकस्मात्) मिल गया।

फिरि-फिरि बूझति कहि कहा कह्यौ साँवरे-गात।
कहा करत देखे कहाँ अली चली क्यौं बात॥ 242॥

अन्वय—फिरि-फिरि बूझत कहि साँवरे गात कहा कह्यौ। कहा करत कहाँ देखे अली क्यौं बात चली।

कहि=कहो। कहा=क्या। अली=सखी। साँवरे-गात=श्याम, श्रीकृष्ण।

बार-बार पूछती है कि कहो, उस साँवले शरीरवाले ने (तुमसे) क्या कहा? क्या करते हुए कहाँ (तुमने उन्हें) देखा? और, सखी! (मेरी) बात कैसे-कैसे चली—किस प्रकार मेरी चर्चा छिड़ी?

तो ही निरमोही लग्यौ मो ही इहैं सुभाउ।
अनआऐं आवै नहीं आऐं आवतु आउ॥ 243॥

अन्वय—तो ही निरमोही मो ही इहैं सुभाउ लग्यौ। अनआऐं आवै नहीं आऐं आवतु आउ।

ही=हृदय, मन। अनआऐं=बिना आए।

तुम्हारा मन निठुर है (उसकी संगति से) मेरे मन का भी यही स्वभाव हो गया है—वह भी निठुर हो गया है। (इसलिए) बिना (तुम्हारे) आए (मेरा मन मेरे पास) आता ही नहीं, (तुम्हारे) आने से आता है (अतएव, तुम) आओ।

नोट—प्रीतम को बुलाने के लिए कैसा तर्क है! वाह!!

दुखहाइनु चरचा नहीं आनन आनन आन।
लगी फिर ढूका दिए कानन कानन कान॥ 244॥

अन्वय—दुखहाइनु आनन आनन चरचा नहीं आन। कानन कानन कान दिए ढूका लगी फिरैं।

दुखहाइनु=दुःख देनेवाली। आनन=मुख। आनन=अन्य लोगों की। आन=शपथ। ढूका लगी=ढूका लगाकर, छिपकर। कानन=वन।

(इन) दुःख देनेवालियों के मुख में दूसरों की चर्चा नहीं रहती—(मैं यह बात शपथ खाकर कह सकती हूँ)। वन-वन में कान दिए ये ढूका लगी फिरती हैं—विहार स्थलों के निकट छिपकर हम दोनों की गुप्त बातें सुनने के लिए कान लगाए रहती हैं।

बहके सब जिय की कहत ठौरु-कुठौरु लखैं न।
छिन औरै छिन और से ए छबि-छाके नैन॥ 245॥

अन्वय—बहके जिय की सब कहत, ठौरु-कुठौरु न लखैं। छबि-छाके ए नैन-छिन औरै छिन और से।

छबि-छाके=शोभा रूपी नशा पिए।

बहककर जी की सारी (बातें) कह देते हैं। ठौर-कुठौर—मौका-बेमौका—कुछ नहीं देखते। सौंदर्य के नशे में मस्त ये नेत्र क्षण में कुछ और हैं, और (दूसरे) क्षण में कुछ और ही से हैं—प्रति क्षण बदलते रहते हैं।

नोट—नशे में आदमी को बोलने-बतराने का शऊर नहीं रहता। प्रत्येक क्षण उसकी बुद्धि बदलती रहती है। 'मतवाले की बहक' प्रसिद्ध है।

कहत सबै कबि कमल-से मो मति नैन पखानु।
नतरुक कत इन बिय लगत उपजतु बिरह-कृसानु॥ 246॥

अन्वय—सबै कबि कमल-से कहत, मो मति नैन पखानु। नतरुक इन बिय लगत बिरह-कृसानु कत उपजतु।

मो=मेरे। पखानु=पत्थर। नतरुक=नहीं तो। बिय=दो। कृसानु=आग।

सभी कवि (नेत्रों को) कमल के समान कहते हैं, (किंतु) मेरे मत से ये (नेत्र) पत्थर (के समान) हैं। नहीं तो इनके—दो के लगने से (एक दूसरे की आँखों के परस्पर टकराने से) विरहरूपी आग कैसे पैदा होती?

नोट—पत्थर के परस्पर टकराने से आग पैदा होती है।

लाज-लगाम न मानही नैना मो बस नाहिं।
ए मुँहजोर तुरंग ज्यौं ऐंचत हूँ चलि जाहिं॥ 247॥

अन्वय—लाज-लगाम न मानही नैना मो बस नाहिं। ए मुँहजोर तुरंग ज्यौं ऐंचत हूँ चलि जाहिं।

मो=मेरे। मुँहजोर=शोख निरंकुश, लगाम की धाक न माननेवाला। तुरंग=घोड़ा। ज्यौं=समान। ऐंचत हूँ=खींचत रहने पर भी।

लाज-रूपी लगाम को नहीं मानते। नेत्र मेरे वश के नहीं हैं। ये मुँहजोर घोड़ा की तरह (लगाम) खींचते रहने पर भी (बढ़ते ही) चले जाते हैं।

इन दुखिया अँखियानु कौं सुखु सिरज्यौई नाहिं।
देखैं बनैं न देखतै अनदेखैं अकुलाहिं॥ 248॥

अन्वय—इन दुखिया अँखियानु कौं सुखु सिरज्यौई नाहिं। देखैं न देखतै बनैं, अनदेखैं अकुलाहिं।

सिरज्यौई नाहिं=सृष्टि ही नहीं हुई, बनाया ही न गया। देखतै = देखते हुए, देखने के समय।

इन दुखिया आँखों के लिए सुख की सृष्टि ही नहीं हुई। (अपने प्रीतम को) देखते समय (तो इनसे) देखा नहीं जाता—प्रेमानंद से इनमें आँसू डबडबा आते हैं, फलतः देख नहीं पातीं—(और उन्हें) बिना देखे व्याकुल-सी रहती हैं।

नोट—भारतेंदु हरिश्चंद्र की इस पर एक कुंडलिया यों है—

बिन देखे अकुलाहि, बावरी ह्वै ह्वै रोवैं।
उधरी उधरी फिरी, लाज तजि सब सुख खोवैं॥
देते श्रीहरिश्चंद्र नयन भरि लखैं न सखियाँ।
कठिन प्रेमगति रहत सदा दुखिया ये अँखियाँ॥

लरिका लैबै कैं मिसनु लंगर मो ढिग आइ।
गयौ अचानक आँगुरी छाती छैलु छुवाइ॥ 249॥

अन्वय—लरिका लैबै कैं मिसनु लंगर मो ढिग आइ। छैलु छाती अचानक आँगुरी छुवाइ गयौ।

मिसनु=बहाने से। लंगर=ढीठ। ढिग=निकट। अचानक=अकस्मात्। छाती=स्तन। छैकु=रँगरसिया नायक।

(मेरी गोद के) बच्चे को लेने के बहाने वह ढीठ मेरे निकट आया (और बच्चे को लेते समय) वह छबीला मेरी छाती में अकस्मात् अँगुली छुला गया।

नोट—इस दोहे में बिहारी ने प्रेमी और प्रेमिका के हार्दिक भावों की तस्वीर-सी खींच दी है। विदग्ध रसिक ही इस दोहे के मर्म को समझ सकते हैं।

डगकु डगति-सी चलि ठठुकि चितई चली सँभारि।
लिए जाति चितु चोंरटी वहै गोंरटी नारि॥ 250॥

अन्वय—डगकु डगति-सी चलि ठठुकि चितई सँभारि चली वहै चोरटी गोरटी नारि चित लिए जाति।

डगकु=डग एकु=एक डेग। डगति-सी=डगति हुई-सी, डगमगाती हुई-सी। चितई=देखकर। चोरटी=चोट्टी, चुरानेवालो। गोरटी=गोरी।

एक डेग डगमगाती हुई-सी चलकर ठिठक गई—ठिठककर खड़ी हो गई। (फिर मुझे) देख अपने को सँभालकर चलती बनी। वही चोट्टी गोरी स्त्री (अपने इन प्रेमपूर्ण भावों को दिखाकर) चित्त (चुराए) लिए जाती है।

चिलक चिकनई चटक सौं लफति सटक लौं आइ।
नारि सलोंनी साँबरी नागिन लौं डँसि जाइ॥ 251॥

अन्वय—चिलक चिकनई चटक सौं सटक लौं लफति आइ। साँवरी सलोनी नारि नागिन लौं डँसि जाइ।

चिलक=चमक। चिकनई=चिकनाहट। चटक=चटकीलापन। सौं=सहित। सटक=बेंत वा बाँस की मुलायम छड़ी। सलोनी=लावण्ययुक्त। लौं=समान।

चमचमाहट, चिकनाहट और चटकीलेपन सहित बेंत की छड़ी-सी लचकती हुई (मेरे पास) आकर साँवले शरीरवाली लावण्यवती नायिका (मुझे) नागिन के समान डँस जाती है।

रह्यौ मोहु मिलनौ रह्यो यौं कहि गहैं मरोर।
उत दै सखिहिं उराहनौ इत चितई मो ओर॥ 252॥

अन्वय—मोहु रह्यौ मिलन रह्यौ यौं कहि मरोर गहैं। उत सखिहिं उराहनौ दै इत मो ओर चितई।

गहैं मरोर=मुड़ गई। उत=उधर। इत = इधर। चितई=देखा।

"प्रेम भी गया और मिलना भी गया"—ऐसा कहकर वह मुड़-सी गई—अपना मुँह फेर-सा लिया। और (इस प्रकार) उधर सखी से उलाहना देकर (पुनः) इधर मेरी ओर (कटाक्ष करते हुए) देखा।

नहिं नचाइ चितवति दृगनु नहिं बोलति मुसुकाइ।
ज्यौं-ज्यौं रूखी रूखकरति त्यौं-त्यौं चितु चिकनाइ॥ 253॥

अन्वय—दृगनु नचाइ नहिं चितवति, मुसुकाइ बोलति नहिं, ज्यौं-ज्यौं रुख रूखी करति त्यौं-त्यौं चित चिकनाइ।

दृगनु=आँखें। रूखी=उदासीन, शुष्क। रुख=चेहरा, भाव।

आँखों को नचाकर नहीं देखती—आँखों से भावभंगी नहीं करती, और मुस्कुराकर बोलती भी नहीं। किंतु इस प्रकार ज्यों-ज्यों वह अपना रुख रूखा करती है—ज्यों-ज्यों वह रुखाई प्रकट करती है—त्यों-त्यों (मेरा) चित्त चिकनाता ही है—प्रेम से स्निग्ध ही होता है।

नोट—प्रेमिका के क्रोध से प्रेमी असंतुष्ट नहीं। रुखाई से चित्त के रुखड़े होने की जगह चिकना होना कवि की वर्णन-चातुरी प्रकट करती है।

सहित सहेन सकोच सुख स्वेद कंप मुसकानि।
प्रान पानि करि आपनैं पान धरे मो पानि॥ 254॥

अन्वय—सनेह सकोच सुख स्वेद कंप मुसकानि सहित प्रान आपनैं पानि करि, मो पानि पान धरे।

स्वेद=पसीना। कंप=काँपना। पानि करि=हाथ में करके। पान=बीड़ा। मो=मेरे। पानि=हाथ।

प्रेम, संकोच सुख, पसीना, कंपन और मुस्कुराहट सहित—(प्रेम में पगी, लाज में गड़ी, सुख में सनी, पसीने से भीगी, काँपती और मुस्कुराती हुई) मेरे प्राणों को अपने हाथ (वश) में करके (उस नायिका ने) मेरे हाथ में पान (का बीड़ा) रक्खा।

चितवनि भोरे भाइ की गरैं मुँह मुसुकानि।
लागति लटकि अली गोरैं चित खटकति नित आनि॥ 255॥

अन्वय—भोरे भाइ की चितवनि, गोरैं मुँह मुसुकानि, लटकि अली गरैं लागति, चित नित आनि खटकति।

चितवनि = देखना। भाइ = भाव। नित = नित्य। आनि = आकर।

भोले-भाले भाव से देखना, गोरे-गोरे मुख से मुस्कुराना और लचक-लचककर सखी के गले लग जाना—(उस नवयुवती की ये सारी चेष्टाएँ) मेरे चित्त में नित्य आकर खटकती हैं।

छिनु-छिनु मैं खटकति सु हिय खरी भीर मैं जात।
कहि जु चली अनहीं चितै ओठन ही बिच बात॥ 256॥

अन्वय—खरी भीर मैं जात जु अनहीं चितै ओठन ही बिच बात कहि चली सु हिय छिनु-छिनु मैं खटकति।

खरी = अत्यंत। असहीं चितै = बिना देखे ही।

भारी भीड़ में जाते हुए उसका मेरी ओर बिना देखे ही (और) ओठों के बीच में ही बात कहकर चला जाना (मेरे) हृदय में प्रत्येक क्षण खटकता है (कि न जाने उसने यों धीरे-धीरे कौन-सी गोपनीय बात कही ?)

चुनरी स्याम सतार नभ मुँह ससि की उनहारि।
नेहु दबावतु नींद लौं निरखि निसा-सी नारि॥ 257॥

अन्वय—स्याम चुनरी सतार नभ, मुख ससि की उनहारि। निसा-सी नारि निरखि नींद लौं नेहु दबावतु।

सतार = स + तार = तारा सहित। नभ = आकाश। ससि = चंद्रमा। उनहारि = समान। नेह = प्रेम। लौं = समान। निसा = रात्रि।

काली चुनरी ही तारों से भरा आकाश है और मुखड़ा चंद्रमा के समान है। (इस चंद्र और तारे-भरे आकाश से युक्त) रात्रि के समान स्त्री को देखकर नींद के समान प्रेम आ दबोचता है। बरबस प्रेम हो ही जाता है, जैसे रात में नींद आ ही जाती है।

मैं लै दयौ लयौ सु कर छुवत छिनकि गौ नीरु।
लाल तिहारौ अरगजा उर ह्वै लग्यौ अबीरु॥ 258॥

अन्वय—मैं लै दयौ सु कर लयौ, छुवत नीरु छिनकि गौ। लाल तिहारौ अरगजा उर अबीरु ह्वै लग्यौ।

लै = लेकर। सु = वह। छिनिक गौ = छन-से सूख गया। अरगजा = सुगंधित और शीतल पदार्थों से तैयार किया हुआ एक प्रकार का लेप।

मैंने लेकर (उसे) दिया। उसने हाथ में ले लिया। (किंतु उसके) छूते ही पानी छन-से सूख गया। (यों) हे लाल, तुम्हारा (मेरे द्वारा भेजा हुआ लाल रंग का) अंगराग उस (विरहिणी) के हृदय में अबीर होकर लगा—विरह-ज्वाला के कारण पानी सूख जाने से वह लाल अरगजा का गीला लेप सूखा अबीर बन गया।

तौपर वारौं उरबसी सुन राधिके सुजान।
तू मोहन कैं उर बसी ह्वै उरबसी समान॥ 259॥

अन्वय—सुजान राधिके सुन तौपर उरबसी वारौं। तू उरबसी समान ह्वै मोहन कैं उर बसी।

वारौं = निछावर करूँ। उरबसी = उर्वशी नामक अप्सरा। सुजान = चतुर। उर बसी = हृदय में बसी। ह्वै = होकर। उरबसी = गले में पहनने का एक आभूषण, हैकल, माला या हार।

हे सुचतुरे राधिके; सुन, (मै) तुझ पर उर्वशी (अप्सरा) को निछावर करती हूँ—तुम्हारे सामने उर्वशी की कीमत कुछ नहीं, (क्योंकि) तू हार-के समान श्रीकृष्ण के हृदय में बसी है।

हँसि उतारि हिय तैं दई तुम जु तिहिं दिना लाल।
राखति प्रान कपर ज्यौं वहै चुहटिनी माल॥ 260॥

अन्वय—लाल तुम जु तिहिं दिना हँसि हिय तैं उतारि दई, वहै चुहटिनी माल कपूर ज्यौं प्राण राखति।

हिय=हृदय। तिहिं=उस। चुहटिनी=गुंजा, करजनी।

हे लाल! तुमने जो उस दिन हँसकर अपने हृदय से (माला) उतारकर दी सो उसी गुंजों की माला ने उसके कपूर के समान प्राण को (विलीन होने से) बचा रक्खा है।

नोट—गुंजा के साथ कपूर रखने से नहीं उड़ता।

रही लटू ह्वै लाल हौं लखि वह बाल अनूप।
कितौ मिठास दयौ दई इतै सलोनैं रूप॥ 261॥

अन्वय—लाल हौं वह अनूप बाल लखि लटू ह्वै रही। दई इतैं सलोनैं रूप कितौ मिठास दियौ।

लटू=लट्टू। हौं=हम। बाल=नवयुवती, नायिका। सलोनैं=लावण्यमय, नमकीन। मिठास=मीठापन, माधुरी।

हे लाल! मैं उस अनुपम बाला को देखकर लट्टू हो रही हूँ—मुग्ध हो रही हूँ। ईश्वर ने इतने नमकीन रूप में—इस छोटे-से लावण्यमय शरीर में, कितनी मिठास दे दी है—कितनी माधुरी भर दी है।

सोहति धोती सेत मैं कनक-बरन-तन बाल।
सारद-बारद बीजुरी-भा रद कीजति लाल॥ 262॥

अन्वय—कनक-बरन-तन बाल सेत धोती मैं सोहित॥ लाल सारद-बारद बीजुरी-भा रद कीजति।

सेत=उजला। कनक-बरन=सोने का रंग। सारद=शरत् ऋतु का। बारद=बारिद=बादल। बीजुरी=बिजली। भा=आभा।

सोने के रंग जैसे शरीरवाली (यह) बाला उजली साड़ी में शोभ रही है। हे लाल! (उसकी वह शोभा देखकर) शरत् ऋतु के (उजले) बादल में (चमकनेवाली) बिजली की आभा को भी रद्द करना चाहिए—तुच्छ समझना चाहिए।

वारौं बलि त दृगनु पर अलि गंजन मृग मीन।
आधी ढीठि चितौनि जिहिं किए लाल आधीन॥ 263॥

अन्वय—त दृगुनु पर अलि गंजन मृग मीन बलि वारौं। जिहिं आधी ढीठि चितौनि लाल आधीन किए।

बरौं=निछावर करूँ। बलि=बलैया लेना। दृगनु=आँखें। अलि=भौंरा। मीन=मछली। ढीठि=नजर। चितौनि=चितवन। लाल=प्रीतम।

(मैं) बलैया (लूँ), तेरी आँखों पर भौंरा-खंजरीट, हिरन और मछली—सबको— निछावर करूँ। जिन (आँखों) ने आधी नजर की चितवन से ही प्रीतम को वश में कर लिया।

नोट—भौंरे की रसिकता और कालिमा, मृग की दीर्घनेत्रता, तथा खंजन और मीन की चंचलता से स्त्री की आँखों की उपमा दी जाती है। नवयुवती सुंदरी नायिका की आँखें रसलुब्ध, कजरारी, बड़ी-बड़ी और चंचल होती भी हैं।

देखत उरैं कयूर ज्यौं उपै जाइ जिन लाल।
छिन-छिन जाति परी खरी छीन छबीली बाल॥ 264॥

अन्वय—लाल कपूर उरैं ज्यौं देखत जिन उपै जाइ। छबीली बाल छिन-छिन खरी छीन परी जाति।

उरै=ओंराना, चुका जाना। उपै जाइ=उड़ जाए, काफूर या गायब हो जाए। खरी=अत्यंत। छीन=दुबली। छबीली बाल=सुंदरी नवयुवती।

हे लाल! (मुझे भय है कि कहीं वह नायिका) कपूर के समान चुकते-चुकते उड़ न जाए। (क्योंकि

तुम्हारे विरह में वह) सुंदरी युवती क्षण-क्षण में अत्यंत दुबली पड़ती जाती है—दुबली होती जाती है।

छिनकु छबीले लाल वह नहिं जौ लगि बतराति।
ऊख महूष पियूष की तौ लगि प्यास न जाति॥ 265॥

अन्वय—छबीले लाल छिनकु वह जौ लगि बतराति नहिं तौ लगि ऊख महूष पियूष की प्यास न जाति।

छिनुक=एक क्षण। जौ लगि=जब तक। बतराति=बातचीत करती। महूष= मधु, शहद। पियूष=अमृत।

हे छबीले लाल! एक क्षण के लिए भी वह (नायिका) जब तक बातचीत नहीं करती तब तक ऊख, मधु और अमृत की प्यास भी नहीं जाती—(ये सब पदार्थ स्वभावतः मीठे होने पर भी उसकी बोली की मिठास के इच्छुक बने रहते हैं, उसी के मधुमय वचनों से माधुर्य प्राप्त करते हैं।)

नोट—ऊख, महूष और पीयूष (की उपमा) से नायिका के वचनों में क्रमशः मधुरता, शीतलता और प्राण-संचारिणी शक्ति का भाव व्यक्त होता है।

नागरि बिबिध बिलास तजि बसी गँबेलिनु माहिं।
मूढ़नि मैं गनिबी कि तूँ हूठ्यौ दै इठलाहिं॥ 266॥

अन्वय—नागरि बिबिध बिलास तजि गँबेलिनु माहिं बसी तूँ हूठ्यौ दै इठलाहिं कि मूढ़नि मैं गनिबी।

बिलास=आमोद-प्रमोद। गँवेलिनु=गाँव की गँवार स्त्रियाँ। गनिबी=गिनी जाएगी। हठ्यौ दै=गँवारपन दिखलाकर। इठलाहि=मस्त बनी रह।

ऐ नगर में बसनेवाली सुचतुरा स्त्री! नाना प्रकार के (नगर-सुलभ) आमोद-प्रमोद को छोड़कर तू इन गाँव की गँवार स्त्रियों में आ बसी है। (इसलिए अब) तू भी (उन्हीं के समान) गँवारपन दिखलाकर इठला—आनंद प्रकट कर; नहीं तो (इन गँवारिनों द्वारा) मूर्खाओं में गिनी जाओगी—गँवारिन समझी जाओगी।

पिय मन रुचि ह्वैबौ कठिन तन-रुचि होहु सिंगार।
लाखु करौ आँखि न बढ़ैं बढ़ैं बढ़ाऐं बार॥ 267॥

अन्वय—पिय मन रुचि ह्वैबौ कठिन सिंगार मन रुचि होहु। लाखु करौ आँखि न बढ़ैं बढ़ाऐं बार बढ़ैं।

तन-रुचि=शरीर की शोभा। वार=बल, केश।

प्रीतम के मन रुचि (पैदा) होना कठिन है—प्रीतम को अपनी ओर आकृष्ट कर लेना कठिन है। सिंगार से (तो केवल) शरीर की शोभा बढ़े। लाख भी यत्न करो, किंतु आँखें नहीं बढ़तीं। (हाँ) बढ़ाने से बाल (अवश्य) बढ़ जाते हैं।

नोट—सिंगार से शरीर की शोभा भले ही हो, प्रीतम का तन आकृष्ट होना कठिन है, क्योंकि वह तो प्रेम से ही वशीभूत होता है।

नहिं परागु नहिं मधुर मधु नहिं बिकास इहिं काल।
अली कली ही सौं बँध्यो आगैं कौन हवाल॥ 268॥

अन्वय—नहिं परागु नहिं मधुर मधु इहिं काल बिकास नहिं। अली-कली सौं ही बँध्यौ आगैं कौन हवाल।

परागु=फूल की सुगंधित धूलि, पुष्परज। मधु=मकरंद, पुष्परस। विकास= खिलना। अली=भौंरा। बँध्यौ=उलझ गया, घायल या लुब्ध हुआ है। हवाल=दशा।

न (सुगंधित) पराग है, न मीठा मकरंद, इस समय तक विकास भी नहीं हुआ है—वह खिली भी नहीं है। अरे भौंरा! कली से ही तो तू इस प्रकार उलझ गया, फिर आगे तेरी क्या दशा होगी—(अधखिली कली पर यह हाल है तो जब यह कली खिलेगी, सुगंधित पराग और मधुर मकरंद से भर जाएगी, तब क्या दशा

होगी !)

नोट—यही दोहा सुनकर मिर्जा राजा जयसिंह अपनी किशोरी रानी के प्रेम को कम कर पुनः राजकाज देखने लगे थे। इसी पर उन्होंने बिहारी को एक सौ अशर्फियाँ दी थीं, और इसी ढंग के दोहे रचने के लिए प्रत्येक दोहे पर सौ अशर्फियाँ पुरस्कार देने का उत्साह देकर यह सतसई तैयार कराई थी। इसलिए यह दोहा सतसई की रचना का मूल कारण माना जाता है।

टुनहाई सब टोल में रही जु सौति कहाइ।
सु तैं ऐंचि प्यों करी अदोखिल आइ॥ 269॥

अन्वय—सब टोल में जु सौति टुनहाई कहाइ रही। सु तैं आइ प्यौ ऐंचि अदोखिल करी।

टुनहाई = जादूगरनी। टोल = टोले-महले में। जु = जो। सु = वह, उसे। तैं = तुमने। ऐंचि = खींचकर, आकृष्ट कर। अदोखिल = दोषरहित, कलंकरहित।

समूचे टोले में (तुम्हारी) जो सौतिन (पति को अत्यंत आकृष्ट करने के कारण) जादूगरनी कही जाती थी (कि इसने जादू करके नायक को वश में कर लिया है) उसे तुमने आकर, पति को अपनी ओर आकृष्ट कर कलंकरहित कर दिया (तुम्हारी सौतिन पर से जादूगरनी होने का कलंक हट गया)।

नोट—अब लोग समझ गए कि सौतिन ने अपने रूप के जादू से ही नायक को वश में किया था। तुम अधिक रूपवती हो, सो तुम्हारे आने से नायक तुम्हारे रूप पर आकृष्ट हो गया है, और उस पर से दृष्टि फेर ली है।

देखत कछु कौतिगु इतै देखौ नैकु निहारि।
कब की इकटक डटि रही टटिया अँगुरिनु फारि॥ 270॥

अन्वय—इतै कछु कौतिगु देखत नैकु निहारि देखौ। कब की टटिया अँगुरिनु फारि इकटक डटि रही।

कौतिगु = कौतुक = तमाशा। नेकु = जरा। निहारी = गौर करके। डटि रही = देख रही है। टटिया = टट्टर।

(क्या) इस ओर कुछ तमाशा देख रहे हो? (अगर नहीं देखते तो) जरा गौर से देखो—आँखें फाड़-फाड़कर देखो। (वह न जाने) कब से टट्टर को अँगुली से फाड़कर (तुम्हारी ओर) एकटक से देख रही है।

लखि लोइननु कौं को इन होइ न आज।
कौन गरीब निवाजिबौ कित तूठ्यौ रतिराज॥ 271॥

अन्वय—लोइन लोइननु कौं लखि आज को इन न होइ। कौन गरीब निवाजिबौ कित रतिराज तूठ्यौ।

लोइन = लावण्य, शोभा। लोइननु = आँखों। को = कौन। निवाजिबौ = कृपा होगी। कित = कहाँ। तूठ्यौ = संतुष्ट हुआ है। रतिराज = कामदेव।

इन आँखों का लावण्य देखकर आज कौन इनका नहीं हो रहेगा?—कौन इन आँखों के वश में नहीं हो जाएगा? (कहो, आज) किस गरीब पर कृपा होगी, कहाँ कामदेव प्रसन्न हुआ है? (कि तुम यों बनी-ठनी चली जा रही हो?)

मन न धरति मेरौ कह्यौ तूँ आपनैं सयान।
अहे परनि पर प्रेम की परहथ पारि न प्रान॥ 272॥

अन्वय—तूँ आपनैं सयान मेरौ कह्यौ मन न धरति। परनि पर प्रेम की प्रान परहथ अहे पारि न।

सयान = चतुराई। अहे = है। परनि = पड़ना। परहथ = दूसरे के हाथ में। पारि = डालना, देना।

तू अपनी चतुराई में (मस्त बनी) मेरा कहना मन में नहीं धरती—मेरी बात नहीं मानती। (किंतु यह याद रख कि) दूसरे के प्रेम में पड़ना—दूसरे के प्रेम में फँसना—(अपने) प्राणों को दूसरे के हाथ में देना है, अतः (प्राण) दूसरे के हाथ में मत दे।

बहकि न इहिं बहिनापुली जब-तब बीर बिनासु।
बचैं न बड़ी सबीलहूँ चील-घोंसुआ मांसु॥ 273॥

अन्वय—इहिं बहिनापुली न बहकि बीर जब-तब बिनासु। बड़ी सबीलहूँ चील-घोंसुआ मांसु न बचैं।

बहकि=बहककर, फेर में पड़कर। बहिनापुली=स्त्रियों के आपस की मैत्री। बीर=सखी। सबील=यत्न। घोंसुआ=घोंसला, खोंता।

इस बहिनापे में मत बहको—इस कुलटा की मित्रता के धोखे में न आओ। हे सखि! जब-तब इसमें सर्वनाश (ही हुआ) है। (देखो!) बहुत यत्न करने पर भी चील के घोंसले में मांस नहीं बचता।

नोट—कोई दुष्टा स्त्री किसी भोली-भाली नवयुवती सुंदरी से बहिनापा जोड़कर उसे बिगाड़ना चाहती है। इस पर नवयुवती सुंदरी की प्यारी सखी उसे समझा रही है।

मैं तोसौं केबा कह्यौ तू जिनि इन्हैं पत्याइ।
लगालगी करि लोइननु उर में लाई लाइ॥ 274॥

अन्वय—मैं तोसों केबा कह्यौ तू इन्हैं जिनि पत्याइ। लोइननु लगालगी करि उर में लाइ लाई।

तो सौं =तुमसे। कैबा =कितनी बार। जिनि =मत। पत्याइ =प्रतीति कर। लगालगी=लग-लगाकर, एक-दूसरे से उलझकर। लोइननु=आँखें। लाई=लगा दी। लाइ=आग, लाग, सेंध।

मैंने तुमसे कई बार कहा (कि) तुम इन्हें मत पतिआओ—इनका विश्वास न करो। (किंतु तुमने न माना, अब देखो, इन) आँखों ने लगालगी करके—मिल-मिला करके (तुम्हारे) हृदय में आग लगा दी—तुम्हारे हृदय में चोर पहुँचने के लिए सेंध लगा दी।

सनु सूक्यौ बीयौ बनौ ऊखौ लई उखारि।
हरी-हरी अरहरि अजौं धर धरहरि जिय नारि॥ 275॥

अन्वय—सनु सूक्यौ, बनौ बीयौ, ऊखौ उखारि लई; अजौं अरहरि हरी-हरी, नारि-जिय धरहरि धर।

सूक्यौ=सूख गया। बनौ=(बिनौला, कपास) अरहरि=अरहर; रहरी। अजौं=अब तक। धरहरि=धैर्य।

सन सूख गया, कपास भी बीत चुकी, ऊख भी उखाड़ ली गई। (यों तुम्हारे गुप्त-मिलन के सभी स्थान नष्ट हो गए, किंतु) अब तक अरहर हरी-हरी है। (इसलिए) हे बाल! हृदय में धैर्य धारण करो (क्योंकि कम-से-कम एक गुप्त स्थान तो अभी तक कायम है।)

नोट—सन, कपास, ऊख और अरहर की खड़ी फसलवाला खेत खूब घना और गुप्त एकांत स्थान के समान होता है। यह देहाती नायिका मालूम होती है; क्योंकि ऐसे स्थान में देहाती नायिकाएँ ही अपना मिलन-मंदिर बनाती हैं।

जौ वाके तन की दसा देख्यौ चाहत आपु।
तौ बलि नैंकु बिलोकियै चलि अचकाँ चुपचापु॥ 276॥

अन्वय—जौ वाके तन की दसा आपु देख्यौ चाहत, तौ बलि नैंकु चुपचापु अचकाँ चलि बिलोकियै।

वाके=उसके। बलि=बलैया लेती है। नैकु=जरा। बिलोकियै=देखिए। अचकाँ=अचानक। चुपचापु=चोरी-चुपके से।

यदि उसके (बिरह में व्याकुल नायिका के) शरीर की (यथार्थ) दशा आप देखना चाहते हैं तो, मैं बलैया लेती हूँ, जरा चुपचाप अचानक चलकर उसे देखिए (नहीं तो आपके आगमन की बात सुनते ही वह आनन्दित हो उठेगी और आप उसकी यथार्थ अवस्था नहीं देख सकेंगे।)

नोट— *उनके देखने से जो आ जाती है मुँह पर रौनक।*
वो समझते हैं कि बीमार का हाल अच्छा है॥—ग़ालिब

कहा कहौं वाकी दसा हरि प्राननु के ईस।
बिरह-ज्वाल जरिबो लखैं मरिबौ भयौ असीस॥ 277॥

अन्वय—प्राननु के ईस हरि बाकी दसा कहा कहौं, बिरह-ज्वाल जरिबो लखैं मरिबौ असीस भयौ।

कदा = क्या, बाकी। जरिबो = जरना। हरि = श्रीकृष्ण। लखे = देखकर। मरिबौ = मरना। भयौ = हुए।

हे प्राणों के ईश्वर श्रीकृष्ण! उसकी दशा मैं क्या कहूँ। (उसका) विरह-ज्वाला में जलना देखकर—तुम्हारे विरह में अपार कष्ट सहना देखकर—मरना ही आशीर्वाद हो गया (मृत्यु ही आशीर्वाद-सी सुखदायिनी मालूम पड़ती है।)

नोट— *छूट जाएँ गम के हाथों से जो निकले दम कहीं।*
ख़ाक ऐसी ज़िंदगी पर तुम कहीं औ हम कहीं॥—ज़ौक

नैंकु न जानी परति यौं पर्‌यौ बिरह तनु छामु।
उठति दियैं लौं नाँदि हरि लियैं तिहारो नामु॥ 278॥

अन्वय—नैंकु न जानी परति बिरह तनु छामु पर्‌यौ, हरि तिहारो नामु लियैं दियैं लौं नाँदि उठति।

नैंकु = जरा। छामु = क्षाम, क्षीण, दुबला। दियैं = दीपक। लौं = समान। नाँदि उठति = प्रकाशित हो उठती है। तिहारो = तुम्हारा।

जरा भी नहीं जान पड़ती—नहीं दीख पड़ती, विरह से (उसका) शरीर यों दुबला हो गया है। हे हरि! तुम्हारा नाम लेते ही वह दीपक के समान प्रकाशित हो उठती है। (इसी से मालूम पड़ता है कि वह वर्तमान है, विलीन नहीं हुई है।)

दियौ सु सीस चढ़ाइ लै आछी भाँति अएरि।
जपैं सुखु चाहतु लियौ ताके दुखहिं न फेरि॥ 279॥

अन्वय—आछी भाँति अएरि दियौ सु सीस चढ़ाइ लै जपैं चाहतु सुखु लियौ ताके दुखहिं न फेरि।

आछी भाँति = अच्छी तरह। अएरि = अंगीकार करके। जापैं = जिस पर, जिसके द्वारा। चाहतु = मन-चाह। ताके = उसके।

अच्छी तरह अंगीकार करके (जो कुछ उसने) दिया है, सो शरीर पर चढ़ा ले— दुःख ही दिया तो क्या हुआ, उसे भी अंगीकार कर ले। जिससे मनचाहा सुख लिया, उसके (दिए हुए) दुःख को भी मत फेर—वापस न कर।

कहा लड़ैते दृग करे परे लाल बेहाल।
कहुँ मुरली कहुँ पीतपटु कहूँ मुकुट बनमाल॥ 280॥

अन्वय—दृग कहा लड़ैते करे लाल बेहाल परे, कहुँ मुरली कहुँ पीतपटु कहूँ मुकुट बनमाल।

कहा = कैसा। लड़ैते = लड़ाकू। लाल = नंदलाल, श्रीकृष्ण। बेहाल = व्याकुल। कहुँ = कहीं। पीतपटु = पीताम्बर।

(तुमने अपने) नेत्रों को कैसा लड़ाकू बना लिया है? वे कैसे ऊधमी हो गए हैं? (देखो! उसकी मार से) श्रीकृष्ण व्याकुल होकर (घायल) से) पड़े हैं। कहीं मुरली (पड़ी) है, कहीं पीताम्बर (पड़ा) है, कहीं मुकुट (लुढ़क रहा) है, और कहीं बनमाला (लोट रही) है—उन्हें किसी की सुधि नहीं!

तूँ मोहन मन गड़ि रही गाढ़ी गड़नि गुवालि।
उठै सदा नटसाल ज्यौं सौंतिनु के उर सालि॥ 281॥

अन्वय—गुवालि तूँ मोहन मन गाढ़ी गड़नि गड़ि रही सौतिनु के उर नटसाल ज्यौं सदा सालि उठै।

गाढ़ि-गड़नि = अच्छी तरह से, मजबूती के साथ। गुवालि = ग्वालिन। नटसाल = तीर की चोखी नोक, जो टूटकर शरीर के भीतर ही रह जाती है और पीड़ा देती है। ज्यौं—समान, जैसे। सालि = कसक।

अरी ग्वालिन ! तू मोहन के मन में भली भाँति गड़ रही है—श्रीकृष्ण के हृदय में तूने अच्छी तरह घर कर लिया है। (यह देखकर) सौतिनों के हृदय में तीर की टूटी हुई नोक की पीड़ा के समान सदा कसक उठती रहती है।

बड़े कहावत आप सौं गरुवे गोपीनाथ।
तौ बदिहौं जौ राखिहौ हाथनु लखि मनु हाथ॥ 282॥

अन्वय—गरुवे गोपीनाथ आप सौं बड़े कहावत, बदिहौं तौ जौ हाथनु लखि मनु हाथ राखिहौ।

आपसौं = अपने को। गरुवे = भारी, प्रतिष्ठित। तौ = तब। बदिहौं = यथार्थ में समझूँगी। हाथनु = हाथों को।

प्रतिष्ठित गोपीनाथजी ! (आप) अपने को बड़े तो कहलवाते हो। किंतु मैं बदूँगी तब—मैं यथार्थ में प्रतिष्ठित और बड़ा समझूँगी तब—जब (इस नायिका के) हाथों को देखकर (अपना) मन वश में रख लोगे—अपने को काबू में रख सकोगे।

रही दहेंड़ी ढिग धरी भरी मथनियाँ बारि।
फेरति करि उलटी रई नई बिलोवनिहारि॥ 283॥

अन्वय—दहेंड़ी ढिग धरी रही; मथनियाँ बारि भरी, रई उलटी करि नई बिलोवनिहारि फेरति।

दहेंड़ी = दही रखने का बर्तन, कहतरी, मटकी। ढिग = निकट। मथनियाँ = जिसमें दही रखकर मथा जाता है, माठ, कूँड़ा। रई = जिससे दही मथा जाता है। नई बिलोवनिहारि = दही मथनेवाली नवयुवती, नई-नवेली ग्वालिन।

(दही से भरी हुई) मटकी निकट ही रक्खी रह गई और (दही मथनेवाले) भाँड़ में केवल पानी भर दिया। (फिर) मथनी उलटकर (प्रीतम— श्रीकृष्ण—के ध्यान में पगली बनी हुई वह) नई दही मथनेवाली फेर (मथ) रही है—उलटी मथने से भाँड़े के पानी को मथ रही है। श्रीकृष्ण के प्रेम में बेसुध है।

कोरि जतन कीजै तऊ नागरि नेहु दुरै न।
कहैं देत चितु चीकनौ नई रुखाई नैन॥ 284॥

अन्वय—कोरि जतन कीजै तऊ नागरि नेहु न दुरै। नैन नई रुखाई चितु चीकनौ कहैं देत।

कोरि = करोड़। तऊ = तो भी। नागरि = चतुरा। दुरै न = नहीं दुरता, नहीं छिपता। चीकनौ = प्रेम। रुखाई = क्रोध।

करोड़ों यत्न करो तो भी हे सुचतुर ! प्रेम नहीं छिपता। आँखों की नई रुखाई ही—कृत्रिम रूक्षता (क्रोध) ही—हृदय की चिकनाहट—(स्नेहशीलता)—कहे देती है।

नोट— *प्रेम छिपाए ना छिपैं जा घट परगट होय।*
जो पै मुख बोलै नहीं आँख देति है रोय॥—कबीरदास

पूछैं क्यौं रूखी परति सगिबगि गई सनेह।
मनमोहन छबि पर कटी कहै कँट्यानी देह॥ 285॥

अन्वय—पूछैं रूखी क्यौं परति सनेह सगिबगि गई मनमोहन छबि पर कटी कँट्यानी देह कहै।

रूखी परति = अनखाती, कुपित होती। सगिबगि गई = सराबोर हो गई, तल्लीन या मस्त हो रही। मनमोहन = श्रीकृष्ण। छबि पर कटी = रूप पर मुग्ध। कँट्यानी = कंटकित, रोमांचित।

पूछने से क्रोधित क्यों होती हो ? स्नेह से तो सराबोर हो रही हो। श्रीकृष्ण के रूप पर लट्टू हुई हो, (यह बात तुम्हारी) रोमांचित देह ही कह रही है।

तूँ मति मानैं मुकुतई कियैं कपट चित कोटि।
जो गुनही तौ राखिये आँखिन माँहि अँगोटि॥ 286॥

अन्वय—कोटि कपट चित कियैं तूँ मुकुतई मति मानैं। जो गुनही तौ आँखिन माँहि अँगोटि राखिये।

मुकुतई = मुक्ति, छुटकारा। चित = मन। कोटि = करोड़ों। गुनही = गुनहगार, दोषी, अपराधी। अँगोटि = बंद कर, कैद कर।

करोड़ों कपट मन में रखने से तू अपना छुटकारा न समझ—झूठ-मूठ मुझे दोषी बतलाने से मैं तेरा पिंड छोड़ दूँगा, ऐसा मत समझ। (हाँ) यदि सचमुच मुझे गुनहगार समझती है, तो अपनी आँखों में मुझे कैद कर रख।

नोट—नायिका को किसी तरह नायक छोड़ना नहीं चाहता। अपने ऊपर किए गए आक्षेप या आरोप को वह पहले झूठ बतला रहा है, और सत्य होने पर भी सजा चाहता है—नायिका की आँखों में कैद होना! कविवर रहीम ने भी भगवान् श्रीकृष्ण से कहा है कि मैं नट के समान चौरासी लाख रूप बनाकर तुम्हारे निकट आया, अगर मेरे इन रूपों पर तुम प्रसन्न हो तो मुझे मनचाही (मुक्ति) दो, नहीं, कहो तो मैं इन रूपों को ही न बनाऊँ और यों चौरासी के फेर से बचूँ। कैसी विलक्षण उक्ति है आनीता नटवन्मया तव पुनः श्रीकृष्ण या भूमिका, व्योमाकाश खखांबराब्धि वसुवत् त्वत्प्रीतपेद्यावधि; प्रीतस्त्वं यदि चेन्निरीक्ष्य भगवान् स्वप्रार्थितं देहि मे, नोचेद्ब्रूहि कदापि मानय पुनस्वेतादृशी भूमिका"—रहीम काव्य।

बाल-बेलि सूखी सुखद इहिं रूखी-रुख-घाम।
फेरि डहडही कीजियै सुरस सींचि घनस्याम॥ 287॥

अन्वय—इहिं रूखी-रुख-घाम सुखद बाल-बेलि सूखी। घनस्याम सुरस सींचि फेरि डहडही कीजियै।

बेलि = लता। रूखी-रुख = क्रोधभाव। घाम = रौद, धूप। डहडही = हरी-भरी। सुरस = (1) सुंदर प्रेम (2) सुंदर जल। घनस्याम = (1) श्रीकृष्ण (2) श्यामला मेघ।

इस क्रोध-भाव-रूपी घाम से (वह) सुख देनेवाली बाला-रूपी लता सूख गई है। (अतएव) हे घनश्याम! सुंदर (प्रेम-रूपी) जल से सींचकर इसे पुनः हरी-भरी कर दीजिए।

हरि हरि बरि बरि उठति है करि करि थकी उपाइ।
वाको जुरु बलि बैदजू तो रस जाइ तु जाइ॥ 288॥

अन्वय—हरि हरि बरि बरि उठति है, उपाइ करि करि थकी। वैदजू, बलि, वाको जुरु तु रस जाइ तु जाइ।

बरि-बरि = जल-जलकर। वाको = उसको। जुरु = ज्वर, बुखार। बलि = बलैया लेना। रस = (1) मकरध्वज आदि रासायनिक औषधि (2) प्रेम, मिलन-जनित आनंद।

हे हरि! (विरह ज्वाला में) जल-जल वह उठती है। (मै) उपाय कर-करके थक गई। हे वैद्य महाराज, मैं बलैया लेती हूँ, उसका (विरह-रूपी) ज्वर आपके 'रस' (औषध) से जाए तो जाए (नहीं तो कोई दूसरा उपाय नहीं।)

तूँ रपि हौं ही सखि लखौं चढ़ि न अटा बलि बाल।
सबही बिनु ससि ही उदै दीजतु अरधु अकाल॥ 289॥

अन्वय—सखि तूँ रहि हौं ही लखौं बाल बलि अटा न चढ़ि। सबही बिनु ससि उदै ही अकाल अरधु दीजतु।

हौं = मैं। अटा = अटारी, कोठा। बलि = बलैया लेना। बाल = बाला, नायिका। अरधु = अर्घ्य। अकाल = असमय, बेवक्त।

सखि! तू रह, मैं ही देखती हूँ। बाले! मैं बलैया लेती हूँ, तू कोठे पर न चढ़। (नहीं तो कोठे पर तुम्हारा मुख देख उसे चंद्रमा समझ) सभी बिना चंद्रमा के उदय हुए ही, असमय में ही, अर्घ्य देने लगेंगे।

नोट—इसी भाव का एक श्लोक महाकवि कालिदास के 'शृंगार तिलक' में है, जिसमें चंद्रानना नायिका को ग्रहण काल में झटपट घर में घुसने को कहा गया है। कारण, कहीं उसे पूर्णचंद्र समझकर राहु ग्रस न

ले—झटिति प्रमिश गेहे मा बहिस्तिष्ठ कान्ते, ग्रहणसमय वेला वर्त्तते शीतरश्मे; तवमुखकलंकं चीक्ष्य नूनं स पाहु:, ग्रसति तव मुखेन्दु पूर्णचंद्र विहाय।

दियौ अरघु नीचौं चलौं संकटु भानैं जाइ।
सुचिती ह्वै औरौ सबैं ससिहिं बिलोकैं आइ॥ 290॥

अन्वय—अरघु दियौ नीचौं चलौं, जाइ संकटु भानैं औरौ सबै सुचिती ह्वै ससिहिं आइ बिलोकैं।

संकटु = संकट-चतुर्थी का व्रत। भानैं = तोड़ें। सुचिती ह्वै = सुचिती (स्थिरचित्त) होकर, द्विधा को छोड़कर। ससिहिं = चंद्रमा को। बिलोकैं = देखें!

अर्घ्य दे चुकी, (अब) नीचे चलो। चलकर सकट चौथ का व्रत तोड़ें—सकट-चतुर्थी के व्रत का पारण करें। (ताकि) अन्य सब (स्त्रियाँ) भी सुचित होकर—दुविधा छोड़कर—चंद्रमा को आकर देखें! (क्योंकि कोठे पर रहने से तुम्हारे मुखचंद्र को देखकर सब भ्रम में पड़ जाती हैं कि इस चौथ को यह पूर्णचंद्र कहाँ से आया!)

वे ठाढ़े उमदाहु उत जलन बुझै बड़वागि।
जाही सौं लाग्यौ हियौ ताही कैं हिय लागि॥ 291॥

अन्वय—वे ठाढ़े उत उमदाहु, जत बड़वागि न बुझै। जाही सौं हियौ लाग्यौ ताही कैं हिय लागि।

उमदाहु = मदमाती-सी चेष्टा करो, अँठिलाओ। उत = उधर। बड़वागि = समुद्र की बड़बा नामक अग्नि। जाही सौं = जिससे। ताही कै = उसी के। लागि = लगो।

(देख) वे खड़े हैं, उधर ही उन्मत्त-सी चेष्टा करो—उन्हीं से लपटो-झपटो। जल से बड़वाग्नि नहीं बुझती—मुझसे तुम्हारी ज्वाला शांत न होगी। जिससे हृदय लगा है, उसी के हृदय से जा लगो। (निकट खड़े ही हैं, फिर देरी क्यों?)

अहे कहैं न कहा कह्यौ तो सौं नन्दकिसोर।
बड़बोली बलि होति कत बड़े दृगनु कैं जोर॥ 292॥

अन्वय—अहे कहैं न तो सौं नंदकिसोर कहा कह्यौ। बड़े दृगनु कैं जोर बलि कत बड़बोली होति।

अहे = अरी। कहा = क्या। नंदकिसोर = नंदनंदन, श्रीकृष्ण। बड़बोली = बढ़-बढ़कर बातें करनेवाली। बलि = बलैया लेना।

अरी! कह न, तुझसे श्रीकृष्ण ने क्या कहा है? बड़ी-बड़ी आँखों के बल पर, बलैया जाऊँ, क्यों बढ़-बढ़कर बातें करती है?

मैं यह तोही मैं लखी भगति अपूरब बाल।
लहि प्रसाद-माला जु भौ तनु कदंब की माल॥ 293॥

अन्वय—बाल, मैं तोही मैं यह अपूरब भगति लखी, जु प्रसाद-माला लहि तनु कदम्ब की माल भौ।

बाल = बाला, नवयुवती। लहि = पाकर। भो = हुई। तनु कदम्ब की माल = जैसे कदम्ब के सुंदर फूल में पीले-पीले सुकोमल अँकुरे निकलते रहते हैं, वैसे ही गोरी गोपी के गात में रोमांच उठ आए। (कोमलांगी के रोमांच की उपमा कदम्ब-कुसुम से देते हैं, जैसे, वीरों के रण-रोमांच की पनस-फल से)।

हे बाले! मैंने तुम्हीं में ऐसी अपूर्व भक्ति देखी है। (क्योंकि ठाकुरजी की) प्रसाद की माला पाकर तुम्हारी देह की कदम्ब की माला (रोमांचित) हो गई!

नोट—नायक ने चुपके-से अपनी माला भेजी, जिसे नायिका ने सखियों के सामने ठाकुरजी की प्रसाद की माला कहकर पहन लिया। माला पहनते ही शरीर पुलकित हो उठा। इस पर चतुर सखी चुटकी लेती है कि ऐसी अपूर्व ईश्वर-भक्ति किसी और नवयुवती में नहीं देखी गई; क्योंकि नवयुवती में तो पति-प्रेम ही होता है, ईश्वर-प्रेम तो वृद्धा में देखा जाता है।

ढोरी लाई सुनन की कहि गोरी मुसकात।
थोरी-थोरी सकुच सौं भोरी-भोरी बात॥ 294॥

अन्वय—थोरी-थोरी सकुच सौं भोरी-भोरी बात कहि गोरी मुसकात, सुनन की ढोरी लाई।

ढोरी लाई = आदत लगा ली। सकुच = लाज। सौं = से।

थोड़ी-थोड़ी, लज्जा से, भोली-भोली बातें कहकर वह गोरी मुसकाती है—लज्जा के कारण अधिक कह नहीं सकती, अतएव भोली-भोली बातें थोड़ी-थोड़ी कहकर ही मुस्कुरा पड़ती है। (इस चेष्टा से कही गई उसकी बातें) सुनने की मैंने आदत-सी लगा ली है—बिना सुने चैन ही नहीं पड़ता।

चितु दै चितै चकोर त्यौं तीजैं भजै न भूख।
चिनगी चुगै अंगार को चुगै कि चंद-मयूख॥ 295॥

अन्वय—चकोर त्यौं चितु दै चितै, भूख तीजैं न भजै! अँगार की चिनगी चुगै कि चंद-मयूख चुगै।

चितै = देखो। तीजैं = तीसरे को। भलै न भूख = भूख लगने पर भी (किसी और को) ध्यान में नहीं लाता। मयूख = किरण।

चकोर (मुखचंद-प्रेमी नायक) की ओर चित्त देकर देखो—उसकी दशा पर अच्छी तरह विचार करो। वह भूख लगने (तीव्र मिलनोत्कंठा होने) पर भी तीसरे की नहीं भजता। या तो आग (विरहाग्नि) की चिनगारी चुनकर खाता है—या चंद्रमा की किरण (मुखचंद-छवि) को चुगता है—(किसी तीसरे के पास नहीं जाता।)

कब की ध्यान लगी लखौं यह घरु लगिहै काहि।
डरियतु भृंगी-कीट लौं मति वहइ ह्वै जाई॥ 296॥

अन्वय—लखौं कब की ध्यान लगी, यह घरु काहि लगिहै। डरियतु भृंगी-कीट लौं मति वहइई ह्वै जाहि।

यह घरु काहि लगिहै = यह घर कौन सुधार सकेगी। भृंगी-कीट = भृंगी नामक एक छोटा-सा कीड़ा, जो दूसरे छोटे-छोटे कीड़ों को अपने घर में ले जाकर उनके निकट इतना भनभनाता है कि वे भी उसी के संगीत में लीन होकर भृंगी ही बन जाते हैं। लौं = समान। मति = बुद्धि। वहई = वही।

देखो, कब से ध्यान लगाए हुए है। भला, यह घर कौन सुधार सकेगा—इसे कौन समझा-बुझा सकेगा। मैं तो डरती हूँ कि भ्रंग-कीट-न्याय से कहीं उस (नायिका) की बुद्धि भी वही न हो जाए।

नोट—नायिका भी कहीं नायक के ध्यान में निमग्न होकर नायक ही बन गई, तो भय है कि घर-गिरस्ती कौन सँभालेगा।

रही अचल-सी ह्वै मनो लिखी चित्र की आहि।
तजें लाज डरु लोक कौ कहौ बिलोकति काहि॥ 297॥

अन्वय—अचल-सी ह्वै रही मनौ चित्र की लिखी आहि। लोक कौ लाज डरु तजें कहौ काहि बिलोकति।

अचल = स्थिर। आहि = है। बिलोकति = देखती हो। काहि = किसे।

निश्चल-सी हो रही हो—जरा भी हिलती-डुलती नहीं—मानो चित्र की-सी लिखी (तस्वीर) हो। इस प्रकार संसार की लाज और डर छोड़कर, कहो, तुम किसे देख रही हो?

ठाढ़ी मंदिर पै लखै मोहन - दुति सुकुमारि।
तन थाकै हू ना थकै चख चित चतुर निहारि॥ 298॥

अन्वय—मंदिर पै ठाढ़ी सुकुमारि मोहन-दुति लखै। तन थाकै हू चख चित ना थकै, चतुर निहारि।

मंदिर = अटारी, दुति = छवि। चख = आँख। निहारि = देख।

कोठे पर खड़ी हो वह सुकुमारी (नायिका) श्रीकृष्ण की शोभा देख रही है (अत्यंत सुकुमार होने के कारण) शरीर थक जाने पर भी (उसके प्रेमप्लुत) नेत्र और मन नहीं थकते। अरी चतुर सखी! तमाशा तो देख।

पल न चलैं जकि-सी रही थकि-सी रही उसास।
अबहीं तनु रितयौ कहौ मनु पठयौ किहिं पास॥ 299॥

अन्वय—पल न चलैं जकि-सी रही, उसास थकि-सी रही। अबहीं तनु रितयौ कहौ मनु किहिं पास पठ्यौ।

जकि-सी = स्तम्भित-सी, जड़-तुल्य, हक्का-बक्का, किंकर्तव्यविमूढ़। उसास = उच्छ्वास = साँस। रितयौ = खाली करके।

पलकें नहीं चलतीं—एकटक देख रही हो। हक्का-बक्का हो गई हो (पत्थर की मूरत बन गई हो)। साँस भी थक-सी गई है—साँस भी नहीं चलती—रुक-सी गई है। अभी से—इस किशोर अवस्था में ही—शरीर को इस प्रकार खाली कर लिया, कहो, मन किसके पास भेज दिया?

नाक चढ़ै सीबी करै जितै छ्बीली छैल।
फिरि-फिरि भूलि वहै गहै प्यौ कँकरीली गैल॥ 300॥

अन्वय—छबीली छैल जितै नाक चढ़ै सीबी करै, प्यौ फिरि-फिरि भूलि वहै कँकरीली गैल गहै।

नाक चढ़ै = नाक चढ़ाकर। सीवी = सीत्कार, सी-सी करना। छैल = नायिका। गहै = पकड़ता है। प्यौ = पिय, नायक। गैल = राह।

वह सुंदरी नायिका जहाँ पर (अपने कोमल चरणों में कठोर कंकड़ियों के पड़ने से) नाक चढ़ाकर सी-सी करती है (उस समय की उसकी अलौकिक भाव-भंगिमा पर मुग्ध होकर) प्रीतम पुनः-पुनः भूलकर उसी कँकरीली राह को पकड़ता है—बार-बार उसे उसी राह पर ले जाता है (कि वह पुनः नाक सिकोड़कर 'सी-सी' करे !)

चतुर्थ शतक

हितु करि तुम पठयौ लगैं वा बिजना की बाइ।
टली तपनि तन की तऊ चली पसीना न्हाइ॥ 301॥

अन्वय—तुम हितु करि पठयौ, वा बिजना की बाइ लगैं तन की तपनि टली, तऊ पसीना न्हाइ चली।

पठयौ = पठाया, भेजा। बिजना = पंखा। बाइ = हवा। टली = दूर हुई। तपनि = जलन, ताप। तऊ = तो भी। न्हाइ चली = सराबोर हो गई।

तुमने हित करके (पंखा) भेजा। उस पंखे की हवा लगने से (उसके) शरीर की जलन तो दूर हो गई—शरीर की (विरहाग्नि) ज्वाला तो शांत हो गई, तो भी (तुम्हारा प्रेम स्मरण कर) वह पसीने से नहा गई—प्रेमावेश में उसका शरीर पसीने से तर हो (पसीज) गया।

नाँउ सुनत ही ह्वै गयौ तनु औरै मनु और।
दबै नहीं चित चढ़ि रह्यौ अबै चढ़ाऐं त्यौर॥ 302॥

अन्वय—नाँउ सुनत ही तनु औरै मनु और ह्वै गयौ। चित चढ़ि रह्यौ अबै त्यौर चढ़ाऐं नहीं दबै।

दबै = छिपे। चित चढ़ि रह्यौ = हृदय में रम रहा है। चढ़ाऐं त्यौर = त्यौरियाँ (भौंह) चढ़ाने से, क्रोध प्रकट करने से।

(नायक का) नाम सुनते ही (तुम्हारा) शरीर कुछ और हो गया, मन कुछ और हो गया—शरीर और मन (दोनों) में विचित्र परिवर्तन हो गया। वह चित्त में चढ़े हुए (नायक) का प्रेम अब त्यौरियाँ चढ़ाने से (क्रोध दिखलाने से) नहीं छिप सकता।

नैकौ उहिं न जुदी करी हरषि जु दी तुम माल।
उर तैं बास छुट्यौ नहीं बास छुटै हूँ लाल ॥ 303 ॥

अन्वय—हरषि जु तुम माल दी, उहिं नैकौ जुदी न करी। लाल बास छुटै हूँ उर तैं बास नहीं छुट्यौ।

नै कौ = तनिक भी। उहिं = उसे। जुदी करी = अलग किया, जुदा किया। हरषि जु दी तुम = तुमने जो प्रसन्न होकर दी। बास = बसेरा। बास = गंध।

प्रसन्न होकर जो तुमने (उसे अपनी) माला दी, वह उसे जरा भी अलग नहीं करती। हे लाल ! गंध के नष्ट हो जाने पर भी (उस माला का) हृदय का वास (स्थान) नहीं छूटा—सूखकर निर्गंध हो जाने पर भी वह माला उसके गले में ही विराज रही है।

परसत पोंछत लखि रहतु लगि कपोल कैं ध्यान।
कर लै प्यौ पाटल बिमल प्यारी पठए पान ॥ 304 ॥

अन्वय = प्यौ बिमल पाटल कर लै, प्यारी पान पठए। परसत पोंछत कपोल कैं ध्यान लगि लखि रहतु।

परसत = स्पर्श करता है, छूता है। लखि रहत = देखता रहता है। ध्यान लगि = ध्यान करके। कर = हाथ। प्यौ = प्रीतम। पाटल = गुलाब का फूल। बिमल = स्वच्छ, सुंदर ! पठए = भेजा।

प्रीतम ने (प्यारी का भेजा हुआ) सुंदर गुलाब का फूल हाथ में लेकर (बदले में) प्यारी के पास पान भेज दिया। (और इधर प्रेम-वश उस गुलाब के फूल को वह) स्पर्श करता है, पोंछता है और (प्यारी) गालों का ध्यान करके (उसे एकटक) देखता है।

नोट—नायिका ने गुलाब का फूल भेजा कि इसी गुलाब रंग के समान मैं तुम्हारे प्रेम में रँगी हूँ। नायक ने उत्तर में पान भेजा कि यद्यपि बाहर से प्रकट नहीं है, तथापि इस पान के छिपे रंग के समान मैं भी तुम्हारे प्रेम-रंग में सराबोर हूँ। प्रेम का रंग लाल (खूनी) माना जाता है।

मनमोहन सौं मोहु करि तूँ घनस्याम निहारि।
कुंजबिहारी सौं बिहरि गिरिधारी उर धारि ॥ 305 ॥

अन्वय—तूँ मनमोहन सौं मोहु करि घनस्याम निहारि। कुंजबिहारी सौं बिहरि गिरिधारी उर धारि।

निहारि = देखना। बिहरि = विहार करना। धारि = धारण करना।

(मोह—प्रेम—ही करना है तो) तू मनमोहन से मोह (प्रेम) कर। (देखना ही चाहती है तो) घनश्याम को देख। (विहार ही करना चाहती है तो) कुंजबिहारी के साथ विहार कर और (धारण ही करना चाहती है तो गिरधारी को हृदय में धारण कर)।

नोट—मनमोहन, घनश्याम, कुंजबिहारी, गिरधारी आदि श्रीकृष्ण के नाम हैं। सभी नाम उपयुक्त स्थान पर प्रयुक्त हैं—प्रेम करने के लिए मनमोहन, देखने के लिए श्यामसुंदर, विहार करने के लिए वृंदावनविहारी और धारण करने के लिए गिरधारी— कैसा चमत्कार है !

मोहिं भरोसो रीझिहैं उझकि झाँकि इक बार।
रूप रिझावनहारु वह ए नैना रिझवार ॥ 306 ॥

अन्वय—मोहिं भरोसौ रीझिहैं इक बार उझकि झाँकि। वह रूप रिझाबनहारु ए नैना रिझवार।

उझकि = उझककर, जरा उठकर। रिझावनहार = चित्त को आकृष्ट करनेवाले। रिझवार = रीझनेवाले, रूप देखकर लुब्ध होनेवाले।

मुझे (पूरा) भरोसा है कि (तुम देखते ही) रीझ जाओगी—आसक्त ही हो जाओगी। एक बार उचककर झाँको—जरा सिर उठाकर देखो तो सही। (नायक का) वह रूप रिझानेवाला है—आसक्त (मोहित) करानेवाला है, और तुम्हारी ये आँखें रीझनेवाली हैं—आसक्त (मुग्ध) हो जानेवाली हैं।

कालबूत-दूती बिना जुरै न और उपाइ।
फिरि ताक टारै बनै पाकैं प्रेम लदाइ ॥ 307 ॥

अन्वय—कालबूत-दूती बिना और उपाइ न जुरै, फिरि प्रेम लदाइ पाकैं ताक टारै बनै ।

कालबूत=मेहराब बनाने के समय उसके नीचे ईंट, लकड़ी आदि का दिया हुआ भराव, जो मेहराब के पुख्ता हो जाने पर हटा दिया जाता है । जुरै=छुटे; जमे । और = दूसरा । टारै =अलग करना ही पड़ता है । पाकैं=पक जाने पर, पक्का हो जाने के बाद । लदाइ=मेहराब का लदाव ।

कालबूत-रूपी दूती के बिना दूसरे उपाय से (प्रेम) नहीं जुड़ता । फिर प्रेम-रूपी लदाव (मेहराब) के पक जाने पर—भली भाँति जुट जाने पर—उसे (भराव-रूपी दूती को) अलग करना ही पड़ता है (अर्थात् जब तक पूर्ण रूप से प्रेम स्थापित नहीं हो जाता, तभी तक दूती की आवश्यकता रहती है ।)

गोप अथाइनु तैं उठे गोरज छाई गैल।
चलि बलि अलि अभिषार की भली सँझौखैं सैल ॥ 308 ॥

अन्वय—गोप अथाइनु तैं उठे गैल गोरज छाई । अलि वलि चलि अभिसार की सँझौखैं सैल भली ।

गोप = ग्वाले । अथाइनु=बाहर की बैठक । गोरज=गोधूलि, साँझ समय गौओं के घर लौटते समय उनके खुर-प्रहार से उड़नेवाली धूलि । गैल =राह । बलि =बलैया लेना । अभिसार=वह समय जब नायिका छिपकर अपने प्रेमी से संकेत-स्थल पर मिलने जाती है । सँझौखैं सैल=संध्या समय की सैर ।

गोप लोग (बाहर की) बैठकों से उठ गए । राह में गोधूलि छा गई । सखी ! मैं बलैया जाऊँ, चलो, अभिसार के लिए साँझ समय की सैर बड़ी अच्छी होती है—(कोई देखने-सुननेवाला रह ही न गया, रास्ता भी गोधूलि से अंधकारमय हो गया, अतएव प्रीतम से मिलने का यह बड़ा अच्छा अवसर है ।)

सघन कुंज घन घन तिमिरु अधिक अँधेरी राति।
तऊ न दुरिहै स्याम वह दीप-सिखा-सी जाति ॥ 309 ॥

अन्वय—कुंज सघन, घन-घन अँधेरी राति । तिमिर अधिक । तऊ स्याम वह दीप-शिखा-सी जाति न दुरिहै ।

सघन =घना । घन =मेघ । घन =घना । तिमिर=अंधकार । तऊ=तो भी । दुरिहै=छिपेगी । दीप-सिखा=दिए की लौ ।

कुंज सघन हैं—अत्यंत घने हैं । मेघ भी घने हैं—बादल भी खूब उमड़ रहे हैं । फलतः इस अँधेरी रात में अंधकार और भी अधिक हो गया । तो भी हे श्याम ! वह दीपक की लौ के समान (चमकती हुई नायिका) जाती हुई न छिप सकेगी—इतने अंधकार में भी इसकी देह की द्युति देखकर लोग जान ही जाएँगे कि वह जा रही है ।

फूली-फाली फूल-सी किरति जु बिमल बिकास।
भोरतरैयाँ होहु तैं चलत तोहि पिय पास ॥ 310 ॥

अन्वय—जु फूली-फाली फूल-सी बिमल बिकास किरति । तोहि पिय पास चलत तैं भोरतरैयाँ होहु ।

फूली-फाली=विकसित और प्रफुल्लित । विमल=स्वच्छ । भोर=प्रातःकाल, उषाकाल । तरैया=तारे, तारिकाएँ ।

जो (तारिकाएँ) फूल के समान विकसित और प्रफुल्लित स्वच्छ प्रकाश के साथ (आकाश में) फिर रही हैं । प्रीतम के पास तुम्हारे चलते ही (वे सब) भोर की तारिकाएँ हो जाएँगी—तुम्हारे मुखचंद्र के प्रकाश से वे सब फीकी पड़ जाएँगी ।

उयौ सरद-राका-ससी करति क्यौं न चितु चेतु।
मनौ मदन-छितिपाल कौ छाँहगीरु छबि देतु ॥ 311 ॥

अन्वय—सरद-राका-ससी उयौ चितु चेतु क्यौं न करति । मनौ मदन-छितिपाल कौ छाँहगीरु छबि देतु ।

उयौ=उगा । सरद-राका-ससी=शरद् की पूर्णिमा का चंद्र । मदन=कामदेव । छितिपाल=राजा ।

छाँहगीरु = छत्र। छबि = शोभा।

शरद् ऋतु का चंद्र उग आया। (फिर भी) चित्त में चेत क्यों नहीं करती—होश में आकर मान क्यों नहीं छोड़ती? (वह चंद्रमा ऐसा मालूम होता है) मानो मदन-रूपी राजा का छत्र शोभ रहा हो।

निसि अँधियारी नील-पटु पहिरि चली पिय-गेह।
कहौ दुराई क्यौं दुरै दीप-सिखा-सी देह॥ 312॥

अन्वय—अँधियारी निसि नील-पटु पहिरि पिय-गेह चली। कहौ दीप-सिखा-सी देह दुराई क्यौं दुरै?

पटु = वस्त्र, साड़ी। गेह = घर। दुराई = छिपाने से। दीप-सिखा = दीप-शिखा, दीए की लौ।

अँधेरी रात में नीली साड़ी पहनकर (गुप्त रूप से मिलने के लिए) प्रीतम के घर को चली, किंतु कहो तो दीये की लौ के समान(प्रकाशवान्) देह छिपाने से कैसे छिपे?

नोट—दोहा सं. 309 के अर्थ से इसके भाव का मिलान कीजिए।

छिपैं छपाकर छिति छुवैं तम ससिहरि न सँभारि।
हँसति हँसति चलि ससिमुखी मुख तैं आँचरु टारि॥ 313॥

अन्वय—छपाकर छिपैं छिति तम छुवैं न ससिहरि सँभारि। ससिमुखी मुख तैं आँचरु टारि हँसति चलि।

छिपैं = छिप गया। छपाकर = चंद्रमा। छिति = पृथ्वी। छुवैं = छू गया। तम = अंधकार। ससिहरि न = सिहर मत, डर मत। सँभारि = सँभालकर। टारि = हटाकर।

चंद्रमा छिप गया। पृथ्वी को अंधकार छू रहा है। (किंतु इससे अँधेरा हुआ जानकर) तू डर मत, सँभल जा। अरी चंद्रमुखी! मुख से घूँघट हटाकर हँसती-हँसती चल (तेरे मुख और दाँतों की चमक से आप ही पथ में उजाला हो जाएगा।)

नोट—यह शुक्लाभिसारिका नायिका है। किंतु कृष्णाभिसारिका नायिका पर कुछ इसी भाव का एक कवित्व द्विजदेव कवि का है। उसके अंतिम दो चरण देखिए—"नागरी गुनागरी सु कैसे डरै रैनि डर जाके अंग सोहैं ये सहायक अनंद री। वाहन मनोरथ अमा है सँगवारी सखी मैंनमद सुभट मसाल मुखचंद री।"

अरी खरी सटपट परी बिधु आधैं मग हेरि।
संग लगे मधुपनु लई भागनु गली अँधेरि॥ 314॥

अन्वय—अरी आधैं मग बिथु हेरी खरी सटपट परी। संग लगे मधुपनु भागनु गली अँधेरि लई।

खरी = अत्यंत, अधिक। सटपट परी—सकपकाहट में पड़ गई। मग = रास्ता। हेरि = देखकर। मधुपनु = मधुपों से, मधुपों के कारण। भागनु = भाग्य से। अँधेरि लई = अँधियारी हो गई।

अरी! आधी राह पर चंद्रमा को देखकर तुम बहुत सकपकाहट में क्यों पड़ गई हो—ज्यों ही आधी राह खत्म हुई कि चंद्रोदय देखकर असमंजस में पड़ गई (कि मैं जाऊँ या नहीं, और यदि जाऊँ, तो कैसे जाऊँ, कहीं कोई देख न ले) किंतु (शरीर की सुगंध के लोभ से) साथ लगे हुए भौंरों के कारण भाग्य से ही गली में अँधियारी छा गई। (जिससे तुम्हें कोई नहीं देख सकेगा।)

जुबति जौन्ह मैं मिली गई नैंकु न होति लखाइ।
सौंधे कैं डौरैं लगी अली चली सँग जाइ॥ 315॥

अन्वय—जुबति जौन्ह से मिलि गई, नैंकु न लखाइ होति। सौंधे कैं डौरैं लगी अली सँग चली जाइ।

जुबती = जवान स्त्री। जोन्ह = चाँदनी। नैंकु = तनिक। सौंधे = सुगंध। डौरैं लगी = डोर पकड़े, डोरियाई हुई, आश्रय (सहारे) से। अली = सखी।

नवयौवना (नायिका) चाँदनी में मिल गई—उसका प्रकाशवान् गौर शरीर चंद्रमा की उज्ज्वल किरणों में साफ मिल गया—जरा भी नहीं दीख पड़ी! (अतएव, उसकी) सखी सुंगध की डोर पकड़े—उसके शरीर की सुंगध का सहारा लेकर—(पीछे-पीछे) साथ में चली गई।

ज्यौं-ज्यौं आवति निकट निसि त्यौं-त्यौं खरी उताल।
झमकि-झमकि टहलैं करैं लगी रहँचटैं बाल॥ 316॥

अन्वय—ज्यौं-ज्यौं निसि निकट आवति त्यौं-त्यौं खरी उताल रहँचटैं लगी बाल झमकि-झमकि टहलैं करैं।

निसि=रात। खरी=अत्यंत, अधिक। उताल=उतावली, जल्दीबाजी। टहलैं=कामकाज। रहँचटैं-लगी=लगन-लगी, प्रेम-पगी।

ज्यों-ज्यों रात निकट आती है—ज्यों-ज्यों दिन बीतता जाता और रात पहुँचती जाती है—त्यों-त्यों अत्यंत उतावली से वह प्रेम में पगी बाला (प्रियतम के मिलन का समय निकट आता जान) झमक-झमककर (ताबड़तोड़) घर की टहलें करती है।

झुकि-झुकि झपकौहैं पलनु फिरि-फिरि जुरि जमुहाइ।
बींदि पियागम नींद मिसि दी सब अली उठाइ॥ 317॥

अन्वय—पियागम बींदि झपकौहैं पलनु झुकि-झुकि फिरि-फिरि जुरि जमुहाइ, नींद मिसि सब अली उठाइ दी।

झपकौं हैं=झपकती (ऊँघती) हुई। पलनु=पलकों से। जमुहाई=जँभाई (अँगड़ाई) लेकर। बींदि=(संस्कृत 'बिंदु'=जानना) जानकर। पियागम=प्रीतम का आगमन। मिसि=बहाना।

(उस नायिका ने) प्रीतम के आगमन (का समय) जान झपकती हुई पलकों से झुक-झुककर और बार-बार मुड़ती हुई, जम्हाई लेकर नींद के बहाने सब सखियों को उठा (जगाकर हटा) दिया (सब सखियाँ उसे ऊँघती हुई जानकर चली गई)।

अँगुरिन उचि भरु भीति दै उलमि चितै चख लोल।
रुचि सौं दुहूँ दुहूँन के चूमे चारु कपोल॥ 318॥

अन्वय—अँगुरिन उचि, भीति भरु दै, उलमि लोल चख चितै, दुहूँ रुचि सौं दुहूँन के चारु कपोल चूमे।

उचि=उचककर। भरु=भार। भीति=भित्ति, दीवार। उलमि=उझककर। चख=आँख। लोल=चंचल। रुचि=प्रेम। दुहूँन=दोनों। चारु=सुंदर। कपोल=गाल।

(पैर की) अँगुलियों पर उचक—अँगुलियों पर खड़ी हो—दीवार पर शरीर का भार दे और उझककर चंचल आँखों से (इधर-उधर) देखकर दोनों ने प्रेम से दोनों के सुंदर गालों का (परस्पर) चुम्बन किया।

नोट—नायिका और नायक के बीच में उन दोनों से कुछ ऊँची दीवार थी। उस समय उन दोनों ने जिस कौशल से परस्पर चुम्बन किया था, उसी का वर्णन इस दोहे में है।

चाले की बातैं चलीं सुनत सखिनु कैं टोल।
गोऐंहू लोचन हँसत बिहँसत जात कपोल॥ 319॥

अन्वय—सखिनु कैं टोल चाले की बातैं चलीं सुनत गोऐंहू लोचन हँसत कपोल बिहँसत जात।

चाले=गौना। बातैं चलीं=चर्चा छिड़ी। टोल=टोली, गोष्ठी, झुंड। गोऐंहू=छिपाने पर भी। लोचन=आँखें। बिहँसत=खिलते।

सखियों की टोली में 'गौने की बातचीत चल रही है'—यह खबर सुनकर (प्रसन्नता को) छिपाने (की चेष्टा करने) पर भी (प्रीतम के मिलन के उत्साह में नायिका की) आँखें हँसती हैं, और गाल खिलते जाते हैं—यद्यपि लाज के मारे खुलकर नहीं हँसती, तथापि उसकी आँखों में और गालों पर आनंद का प्रभाव (विकास) स्पष्ट दीख पड़ता है।

मिसि हीं मिसि आतप दुसइ दई और बहकाइ।
चले ललन मनभावतिहिं तन की छाँह छिपाइ॥ 320॥

अन्वय—मिसि-हीं-मिसि दुसइ आतप और बहकाइ दई, ललन मनभाव-तिहिं तन की छाँह छिपाइ

चले।

मिसि = बहाना। आतह = धूप। और = औरों को। दुसह = नहीं सहने योग्य। मनभावतिहिं = चहेती स्त्री के पास। छाँह = छाया।

बहाने-ही-बहाने में (उस) कड़ी धूप में दूसरी (सखियों) को बहका दिया—उस स्थान से हटा दिया। फिर ललन (श्रीकृष्ण) प्यारी (राधिका) को शरीर की छाया में छिपाकर (जिससे उसे धूप न लगे) चल पड़े। (अद्भुत आलिंगन !)

लाई लाल बिलोकियैं जिय की जीवन-मूलि।
रही भौन के कौन मैं सोनजुही-सी फूलि॥ 321॥

अन्वय—लाल, लाई जिय की जीवन-मूलि बिलोकियैं। भौन के कौन मैं सोनजुही-सी फूलि रही।

लाई = ले आई। जिय = प्राण। जीवन-मूलि = संजीवनी बूटी। भौन = घर। सोनजुही = पीली चमेली। फूलि = प्रफुल्ल, प्रसन्न।

हे लाल ! मैं बुला लाई हूँ, अपने प्राण की संजीवनी बूटी को देखिए—जिसके लिए आपके प्राण निकल रहे थे, उस (प्राण-संचारिणी) नवयुवती को देखिए। (उधर) घर के कोने में वह पीली चमेली के समान फूल रही है—पीली चमेली के समान देहवाली वह युवती आपकी प्रतीक्षा में आनंद-विभोर हो खड़ी है।

नहि हरि-लौं हियरो धरौ नहि हर-लौं अरधंग।
एकत ही करि राखियै अंग-अंग प्रत्यंग॥ 322॥

अन्वय—नहि हरि लौं हियरो धरौ नहि हर-लौं अरधंग। प्रत्यंग अंग-अंग एकत करि ही राखियै।

हरि = विष्णु। लौं = समान। हियरो = हृदय में। हर = महादेव। अरधंग = आधा अंग। एकत = एकत्र। प्रत्यंग = प्रति अंग।

न तो विष्णु के समान (इस नायिका को लक्ष्मी की तरह) हृदय से लगाकर रखो, और न शिव के समान (इसे पार्वती की भाँति) अर्द्धांगिनी (बनाकर रखो)। (वरन् इसके) प्रत्येक अंग को (अपने) अंग-अंग से एकत्र (सटा) करके ही रक्खो (इसे अपने में इस प्रकार लीन बना लो कि इसका अस्तित्व ही न रह जाए)।

रही पैज कीनी जु मैं दीनी तुमहिं मिलाइ।
राखहु चम्पक-माल लौं लाल हियैं लपटाइ॥ 323॥

अन्वय—मैं जु पैज कीनी रही, तुमहिं मिलाइ दीनी। लाल चम्पक-माल लौं हियैं लपटाइ राखौ।

पैज = प्रतिज्ञा। चम्पक = चम्पा। हियैं = हृदय में।

मैंने जो प्रतिज्ञा की थी सो रह गई—पूरी हो गई—तुसमे (इस नायिका को) मिला दिया। अब हे लाल ! इसे चम्पा की माला के समान अपने गले में लिपटाकर रखो।

रही फेरि मुँह हेरि इत हितु-समुहैं चितु नारि।
डीठि परत उठि पीठ की पुलकैं कहैं पुकारि॥ 324॥

अन्वय—मुँह फेरि इत हेरि रही नारि चितु हितु-सपुहैं डीठि परस पीठि की पुलक उठि पुकारि कहैं।

हेरि = देखना। इत = इधर, मेरी ओर। हितु-समुहैं = प्रेमी के सामने। चित = हृदय। डीठि = दृष्टि, नजर। पुलकैं = रोमांच।

मुँह फेरकर इधर देख रही हो, (किंतु) हे बाले ! (तुम्हारा) चित्त तो अपने प्रेमी के सामने है। यद्यपि तुम मेरी ओर देख रही हो, किंतु तुम्हारा मन सामने खड़े हुए नायक की ओर है। (नायक) की नजर पड़ते ही (प्रेमावेश में तुम्हारी) पीठ की पुलकें उठकर (पीठ के रोंगटे खड़े होकर) यह बात पुकार-पुकारकर कह रही हैं।

दोऊ चाह भरे कछू चाहत कह्यौ कहैं न।
नहि जाँचकु सुनि सूम लौं बाहिर निकसत बैन॥ 325॥

अन्वय—दोऊ चाह भरे कछू कह्यौ चाहत, कहैं न, जाँचकु सुनि सूम लौं बाहिर बैन नहिं निकसत।

चाह=प्रेम। सूम=कंजूस, कृपण, धरकट। जाँचुक=भिक्षुक, मँगता। लौं= समान। बैन=वचन।

दोनों चाह से भरे—प्रेम में पगे—(एक-दूसरे को) कुछ कहना चाहते हैं किंतु, कह नहीं सकते। याचक के आने की खबर सुनकर सूम के समान उनके वचन बाहर नहीं निकलते—जिस प्रकार याचक के आने की खबर सुनकर सूम घर से बाहर नहीं निकलता, उसी प्रकार उन दोनों के वचन भी मुख से बाहर नहीं होते।

लहि सूनैं घर करु गहत दिखादिखी की ईठि।
गड़ी सुचित नाहीं करति करि ललचौंही डीठि॥ 326॥

अन्वय—दिखादिखी की ईठि सूने घर लहि करु गहत। डीठि ललचौंही करि नाहीं करति सुचित गड़ी।

लहि=पाकर। सूने=शून्य, एकांत अकेला। करु = हाथ। ईठि=इष्ट, प्रेम। ललचौंही= ललचानेवाली।

(उसकी मेरी) देखादेखी की ही प्रीति थी—बातें तक नहीं हुई थीं, केवल वह मुझे देखती थी और मैं उसे देखता था, इसी में प्रेम हो गया था। (एक दिन) सूने घर में (उसे) पाकर (मैंने उसकी) बाँह पकड़ी। उस समय वह आँखें ललचौंही बनाकर 'नाहीं-नाहीं' करती हुई मेरे चित्त में गड़ गई—बाँह पकड़ते ही अभिलाषा-भरी आँखों से उसने जो 'नहीं-नहीं' की, सो हृदय में गड़ रही है।

गली अँधेरी साँकरी भौ भटभेरा आनि।
परे पिछानै परसपर दोऊ परस पिछानि॥ 327॥

अन्वय—साँकरी अँधेरी गली आनि भटभेरा भौ। परस पिछानि दोऊ परसपर पिछानै परे।

साँकरी=तंग, पतली। भौ भटभेरा=मुठभेड़ हुई, टक्कर लड़ी। आनि=आकर। पिछाने=पहचाने। परस पिछानि=स्पर्श की पहचान से।

(नायिका नायक से मिलने जा रही थी और नायक नायिका से मिलने आ रहा था कि इतने ही में) पतली और अँधेरी गली में आकर (दोनों की) मुठभेड़ हो गई—एक दूसरे से टकरा गए। (और टकराते ही शरीर के) स्पर्श की पहचान से दोनों परस्पर पहचान गए—एक-दूसरे को स्पर्श करके ही एक-दूसरे को पहचान गया।

हरषि न बोली लखि ललनु निरखि अमिलु सँग साथु।
आँखिनु ही मैं हँसि धर्‌यौ सीस हियै धरि हाथु॥ 328॥

अन्वय—सँग साथु अमिलु निरखि ललनु लखि हरषि बोली न। आँखिनु मैं ही हँसि हाथु हियै धरि सीस धर्‌यौ।

ललन=प्यारे, श्रीकृष्ण। अमिलु=बेमेल, अनजान। हियै=हृदय।

संगी-साथियों को अपरिचित जान, श्रीकृष्ण को देखकर प्रसन्न होने पर भी कुछ बोली नहीं। हाँ, आँखों में ही हँसकर (अपना) हाथ (पहले हृदय पर रख (फिर उसे) सिर पर रखा—(अर्थात्) हृदय में बसते हो, प्रणाम करती हूँ! (खासी सलामी दगी!)

भेटन बनै न भावतो चितु तरसतु अति प्यार।
धरति लगाइ-लगाइ उर भूषन बसन हथ्यार॥ 329॥

अन्वय—भावतो भेटन न बनै अति प्यार चितु तरसतु, भूषन बसन हथ्यार उर लगाइ-लगाइ धरति।

भावतो=प्यारे। तरसतु=ललचता है। बसन=कपड़े। उर=हृदय।

अपने प्यारे से भेंटते नहीं बनता—दिन होने के कारण गुरुजनों के सम्मुख भेंट नहीं कर पाती—और अत्यंत प्रेम के कारण चित्त तरस रहा है। (अतएव उनके) गहनों, कपड़ों और हथियारों को हृदय से लगा-लगाकर रखती है।

नोट—सैनिक पति बहुत दिनों पर घर लौटा है। दिन होने के कारण वह बाहर की बैठक में ही रह

गया और अपने आभूषण, वस्त्र और अस्त्र-शस्त्र घर भेज दिए। उस समय उसकी स्त्री की दशा का वर्णन इस दोहे में है।

कोरि जतन कोऊ करौ तन की तपनि न जाइ।
जौ लौं भीजे चीर लौं रहै न प्यौ लपटाइ॥ 330॥

अन्वय—कोरि जतन कोऊ करौ तन की तपनि न जाइ जौ लौं भीजे चीर लौं प्यौ लपटाइ न रहै।

कोरि=करोड़। तपनि=ताप, ज्वाला। जौ लौं=जब तक। भीजे चीर=तर या गीला कपड़ा। लौं=समान। प्यौ=प्रिय, प्रीतम।

करोड़ों यत्न कोई क्यों न करे, किंतु उस (वियोगिनी) के शरीर की ज्वाला न जाएगी—(विरहाग्नि) नहीं शांत होगी। जब तक कि भीगे हुए चीर के समान (उसका) प्रीतम (उससे) लिपटकर न रहे।

तनक झूँठ नसवादिली कौन बात परि जाइ।
तिय मुख रति-आरम्भ की नहिं झूठियै मिठाइ॥ 331॥

अन्वय—तनक झूँठ नसवादिली बात परि कौन जाइ तिय मुख रति-आरम्भ की नहिं झूठियै मिठाइ।

तनक =थोड़ा। नसवादिली=निस्वादु, बेमजा। तिय=स्त्री। रति=समागम, सम्भोग। मिठाइ=मीठी लगती है। झूठियै=झूठी भी।

"थोड़ा झूठ भी बेमजा है"—(इस) बात पर कौन जाए—कौन भूले। स्त्री के मुख से समागम के आरंभ में (निकली हुई) 'नहीं' झूठी भी मीठी लगती है।

नोट—दुलहिन की 'नाहीं' पर कविवर दूलह कहते हैं—धरी जब बाहीं तब करी तुम नाहीं पाय दियो पलँगाही नाहीं-नाहीं कै सुहाई हौ। बोलत में नाहीं, पट खोलत में नाहीं, 'कवि दूलह' उछाहीं लाख भाँतिन लखाई हौ॥ चुम्बन में नाहीं, परिरंभन में नाहीं, सब हासन विलासन में नाहीं ठकीठाई हौ। मेलि गलबाहीं केलि कीन्हीं चितचाहीं, यह 'हाँ' ते भली 'नाहीं' सो कहाँ ते सीख आई हौ?"

भौंहनु त्रासति मुँह नटति आँखिनु सौं लपटाति।
ऐंचि छुड़ावति करु इँची आगैं आवति जाति॥ 332॥

अन्वय—भौंहनु त्रासति मुँह नटति आँखिनु सौं लपटाति, ऐंचि करु छुड़ावति इँची आगैं आवति जाति।

त्रासति=डरवाती है। नटति=नहीं-नहीं (इनकार) करती है। ऐंचि=खींचकर। इँची=खिंचती। आगे आवति जाति=सामने वा पास चली जाती है।

भौंहों से डरवाती है—भौंहें टेढ़ी कर क्रोध प्रकट करती है। मुख से 'नहीं-नहीं' करती है। आँखों से लिपटती है—प्रेम प्रकट करती है (और) खींचकर (अपना) हाथ (मेरे हाथ से) छुड़ाती हुई भी (वह स्वयं) खिंचती हुई आगे ही आती जाती है—यद्यपि वह बाँह छुड़ाकर भागने का बहाना करती है, तो भी मेरी ओर बढ़ती आती है।

दीप उजेरैं हू पतिहिं हरत बसनु रति काज।
रही लिपटि छबि की छटनु नेकौं छुटी न लाज॥ 333॥

अन्वय—दीप-उजेरैं हू रति-काज पतिहिं बसनु हरत, छबि की छटनु लिपटि रही, लाज नेकौं न छुटी।

उजेरैं हु=उजाले में भी। बसनु=वस्त्र, साड़ी। रति-काज=सहवास (समागम) के लिए। छटनु=छटा से। नेकौं=जरा भी।

दीपक के उजाले में भी समागम के लिए पति उसके वस्त्र हरण कर रहा है—शरीर से कपड़े हटा रहा है। किंतु, सौंदर्य की छटा से—शरीर भी शोभा-जनित आभा से लिपटी रहने के कारण उनकी लाज जरा भी न छुटी (यद्यपि वस्त्र हटा दिया गया, तो भी उसके शरीर की द्युति में नायक की आँखें चौंधिया गईं, जिससे उसे नग्नता की लाज न उठानी पड़ी!)

लखि दौरत पिय-कर-कटकु बास छुड़ावन काज।
बरुनी बन गाढ़ैं दृगनु रही गुढ़ौ करि लाज॥ 334॥

अन्वय—बास छुड़ावन काज पिय-कर-कटकु दौरत लखि लाज बरुनी गाढ़ैं बन दृगनु गुढ़ौ करि।

कर = हाथ। कटकु = सेना। बास = (1) वस्त्र (2) निवास-स्थान बरुनी = पलक के बाल। गाढ़ै = सघन। दृगनु = आँखों। गुढ़ौ करि = किला बनाकर।

वस्त्र (रूपी निवास-स्थान या देश) छुड़ाने के लिए प्रीतम के हाथ-रूपी सेना को दौड़ते (ताबड़तोड़ वस्त्र-हरण करते) देखकर (नायिका की) लज्जा बरुनी-रूपी सघन वन में (बने हुए) आँखों को किला बनाकर छिप रही—(समूचे शरीर से सिमटकर लाज आँखों में आ छिपी !)

नोट—अत्यंत लज्जा से स्त्रियाँ आँखें बंद कर लेती हैं। जबरदस्ती नग्न किए जाने पर स्वभावतः उनकी आँखें बन्द हो जाती हैं।

सकुचि सरकि पिय निकट तैं मुलकि कछुक तनु तोरि।
कर आँचर की ओट करि जमुहानी मुँह मोरि॥ 335॥

अन्वय—संकुचि पिय निकट तैं सरकि तनु तोरि कछुक मुलकि कर आँचर की ओट करि मुँह मोरि जमुहानी।

सकुचि = लजाकर। सरकि = सरककर, हटकर। मुलकि = मुस्कुराकर। तनु तोरि = अँगड़ाई लेकर। कर = हाथ। जमुहानी = जँभाई ली, देह को ऐंठा। मुख मोरि = मुँह फेरकर।

(समागम के बाद) लजाकर प्रीतम के निकट से कुछ दूर हट, अँगड़ाई लेकर कुछ मुस्कुराई तथा हाथ और आँचल की ओट कर, मुख फेरके जँभाई ली।

सकुच सुरत आरंभ हीं बिछुरी लाज लजाइ।
ढरकि ढार ढुरि ढिग भई ढीठि ढिठाइ आइ॥ 336॥

अन्वय—सकुच सुरत आरंभ हीं लाज लजाइ बिछुरी ढीठि ढिठाइ आइ ढार ढुरि ढरकि ढग भई—अथवा—ढीठि ढिठाई ढरकि ढार ढुरि आइ ढिग भई।

सकुच = (1) सकुचाकर (2) कुच = सहित। ढरिक = ढरककर, खिसककर। ढार ढुरि = अनुकूल या प्रसन्न हो।

(1) सकुचाकर समागम के आरम्भ में ही (वह नायिका) लाज से लजाकर दूर हट गई; किंतु ढीठ ढिठाई के आने पर वह सहर्ष खिसककर निकट आ गई—पहले लज्जावश अलग हट गई; पर जब ढिठाई ने उत्साहित किया, तब पास चली आई। अथवा—(2) कुच-स्पर्श के साथ समागम के आरंभ होते ही लज्जा (बेचारी) लजाकर दूर हो गई (लज्जा जाती रही) और धृष्ट धृष्ठता खिसककर, प्रसन्न हो, निकट आकर उपस्थित हुई—(लजीली लाज भगी और शोख ढिठाई सामने आई)।

पति रति की बतियाँ कहीं सखी लखी मुसकाइ।
कै कै सबै टलाटली अली चलीं सुख पाइ॥ 337॥

अन्वय—पति रति की बतियाँ कहीं सखी मुसुकाइ लखी सबै अली टलाटली कै कै सुख पाइ चलीं।

रति = समागम। लखी = देखी। टलाटली = टालमटूल, बहाना। अली = सखियाँ। सुख पाइ = सुखी (प्रसन्न) होकर।

पति ने (इशारे से) रति की बातें कहीं, (इस पर नायिका ने) सखियों की ओर मुस्कुराकर देखा। (मर्म समझकर) सब सखियाँ टालमटूल कर-करके प्रसन्न हो (वहाँ से) चल दीं।

चमक तमक हाँसी ससक मसक झपट लपटानि।
ए जिहि रति सो रति मुकुति और मुकुति अति हानि॥ 338॥

अन्वय—(ज्यों-का-त्यों)

चमकना और तमकना—कभी चिहुँक उठना और कभी क्रोधित हो जाना, हँसना और सिसकना—कभी मजा पाने पर हँस पड़ना और कभी जोर पड़ने पर कष्ट से सी-सी करना; मसकना और झपटकर लिपटना—शरीर के मर्दित किए जाने पर बार-बार गले से लिपट जाना; ये सब भावभंगियाँ जिस समागम में हों, वही समागम (वास्तव में) मोक्ष है मोक्ष-तुल्य आनंदप्रद है। और प्रकार के मोक्ष में तो अत्यंत हानि (बड़ा घाटा) है।

नोट—बिहारी ने इसमें समागम-समय की पूरी तस्वीर तो खींच ही दी है, साथ ही शब्द-संगठन ऐसा रखा है कि यह योगियों के ब्रह्मानंद पर भी पूर्ण रूप से घटता है। योगी भी ब्रह्मानंद में मस्त हो कभी चौंक उठते हैं, कभी उत्तेजित हो जाते हैं, कभी हँस पड़ते हैं, कभी रो पड़ते हैं और कभी भाव-विह्वलता के कारण झपटकर (ध्यानस्थ इष्टदेव से) लिपटने की चेष्टा करते हैं। वही परमानन्दमय 'कैवल्य-परमपद' वास्तविक मोक्ष है, अन्य प्रकार के मोक्ष व्यर्थ हैं।

जदपि नाहिं नाहीं नहीं बदन लगी जक जाति।
तदपि भौंह हाँसी-भरिनु हाँ सीयै ठहराति॥ 339॥

अन्वय—जदपि बदन नाहिं-नाहीं नहीं जक लगी जाति दपि हाँसी-भरिनु भौंह हाँ-सीयै ठहराति।

बदन = मुख। जक = रटन, आदत। हाँसी भरिनु भौंह = प्रसन्न भौंह, आनन्दद्योतक भौंह। हाँ सीयै = हाँ के समान ही। ठहराति = जान पड़ती है।

यद्यपि (नायिका के) मुख में 'नहीं-नहीं-नहीं' की रट लग जाती है—वह सदा 'नहीं नहीं' (इनकार) ही करती जाती है, तथापि हँसी-भरी हुई (विकसित) भौंहों के कारण ('नहीं नहीं भी') 'हाँ' के समान ही जान पड़ती है—'हाँ' के समान ही सुखदायक मालूम होती है।

पर्‌यौ जोरु बिपरीत-रति रुपी सुरति रनधीर।
करत कुलाहलु किंकिनी गह्यौ मौनु मंजीर॥ 340॥

अन्वय—बिपरीत-रति जोरु पर्‌यौ, धीर सुरति रन-रूपी किंकिनी कुलाहलु करत मंजीर मौनु गह्यौ।

बिपरीत रति = (समागम काल में) नायक नीचे और नायिका ऊपर। रुपी = पैर रोपे (जमाए हुई है, डटी है)। सुरति = समागम। रन = युद्ध। किंकिनी = कमर में पहनने का एक घुँघरूदार आभूषण, करधनी। मौन = गह्यौ।

मौनावलम्बन = चुप साधे रहना। मंजोर = पाँवों में पहनने का एक रुनझुनकारी गहना, नूपुर।

विपरीत रति में खूब जोर पड़ रहा है—जोरों के साथ विपरीत रति जारी है। वह धीरा समागम-रूपी युद्ध में डटी है। (अतएव, कमर की) किंकिणी (शोर कर रही है, और पाँवों के) नूपुर मौन पकड़े हुए (चुप) हैं।

नोट—विपरीत-रति में नायिका की कटि चंचल (क्रियाशील) है, इसलिए किंकिणी बज रही है, और पैर (जमे हुए) स्थिर हैं, इसलिए नूपुर चुप हैं।

बिनती रति बिपरीत की करी परसि पिय पाइ।
हँसि अनबोलैं ही दियौ ऊतरु दियौ बुताइ॥ 341॥

अन्वय—पिय पाइ परसि बिपरीत रति की बिनती करी, अनबोलैं ही हँसि दियौ बुताइ ऊतरु दियौ।

परसि = स्पर्श कर, छूकर। प्रिय = प्रीतम। पाइ = पैर। अनबोलैं ही = बिना कुछ कहे ही। ऊतरु दियौ = जवाब दिया। दियौ बुताइ = दीपक बुझाकर।

प्रीतम ने (नायिका के) पैर छूकर विपरीत रति के लिए विनती की। (इस पर नायिका ने) बिना कुछ मुँह से बोले ही (केवल) हँसकर दीपक बुताकर उत्तर दे दिया (कि मैं तैयार हूँ, लीजिए—चिराग भी गुल हुआ !)

मेरे बूझत बात तूँ कत बहरावति बाल।
जग जानी बिपरींत रति लखि बिंदुली पियभाल॥ 342॥

अन्वय—मेरे बूझत बाल तूँ कत बात बहरावति पिय-भाल बिंदुली लखि जग बिपरीत रति जानी।

कत = क्यों। बहरावति = बहलाती है, चकमा देती है। जग जानी = दुनिया जान गई। बिंदुली = टिकुली, चमकी या सितारा।

मेरे पूछने पर अरी बाला! तू क्यों चकमा देती है? प्रीतम के ललाट में (तेरी) टिकुली देखकर संसार जान गया कि (तुम दोनों ने) विपरीत रति की है।

नोट—विपरीत-रति में ऊपर रहने के कारण नायिका की टिकुली गिरकर नीचे पड़े हुए नायक के ललाट पर सट गई।

राधा हरि-हरि राधिका बनि आए संकेत।
दम्पति रति-बिपरीत-पुखु सहज सुरत हूँ लेत॥ 343॥

अन्वय—संकेत राधा हरि, हरि राधिका बनि आए सहज सुरत हूँ दम्पति बिपरीत रति सुख लेत।

बनि आए = बनकर आए, रूप धरकर आए। संकेत = गुप्त मिलन का पूर्व-निश्चित स्थान। दम्पति = स्त्री-पुरुष दोनों, संयुक्त। सहज = स्वाभाविक। सुरत = समागम। हूँ = भी।

गुप्त मिलन के स्थान पर राधा कृष्ण का (रूप धरकर आई) और कृष्ण राधा का रूप धरकर आए (अतएव, इस रूप-बदलौअल के कारण) स्वाभाविक समागम में दम्पति (राधा और कृष्ण—दोनों) विपरीत रति का सुख ले रहे हैं।

नोट—कृष्ण के वेश में राधा ऊपर और राधा के वेश में कृष्ण नीचे हैं। परिवर्तित रूप के अनुसार तो स्वाभाविक रति है। पर वास्तव में विपरीत रति ही है।

रमन कह्यो हठि रमनि कौं रति बिपरीत बिलास।
चितई करि लोचन सतर सलज सरोस सहास॥ 344॥

अन्वय—रमन हठि बिपरीत-रति बिलास रमन कौं कह्यौ लोचन सतर सलज सरोस सहास करि चितई।

सतर = तिरछी। सलज = लज्जा सहित, लजीली। सरोस = क्रोध-सहित, रोषीली, लाल। सहास = ह्रास-युक्त, हँसीली, प्रफुल्ल।

रमण (श्रीकृष्ण) ने हठ करके (राधा से) विपरीत-रति के विलास में (रमने) को कहा। (इस पर राधा ने) अपनी आँखों को तिरछी, लजीली, रोषीली और हँसीली बनाकर (श्रीकृष्ण) की ओर देखा।

रँगी सुरत-रँग पिय-हियै लगी जगी सब राति।
पैंड़-पैंड़ पर ठठुकि कै ऐंड़-भरी ऐंडाति॥ 345॥

अन्वय—सुरत-रँग-रँगी पिय-हियै लगी सब राति जगी। पैंड़-पैंड़ पर ठठुकि कै ऐंड़-भरी ऐंड़ाति।

सुरत = समागम, रति। हियैं लगी = हृदय से सटी हुई। पैंड़-पैंड़ = पग-पग पर। ठठुकि कै = ठिठककर, रुक-रुककर, ऐंड़-भरी = सौभाग्य-गर्व से भरी। ऐंड़ति = अँगड़ाई लेती है, देह ऐंठती है।

समागम के रँग में रँगी, प्रीतम के हृदय से लगी सारी रात जगी है। (अतएव, दिन में आलस के मारे) पग-पग पर ठिठक-ठिठककर गर्व से अँगड़ाई ले रही है।

लहि रति-सुखु लगियै हियैं लखी लजौंही नीठि।
खुलत न मो मन बँधि रही वहै अधखुली डीठि॥ 346॥

अन्वय—रति-सुखु लहि हियैं लगियै लजौंही नीठि लखी, वहै अधखुली डीठि मो मन बँधि रही खुलत न।

रति-सुखु = समागम का सुख। हियैं = हृदय में। लजौंही = लजीली। नीठि = मुश्किल से। मो = मेरे। मन बँधि रही = मन में बस रही है।

समागम का सुख पाकर हृदय से लग गई और लजीली (आँखों से) मुश्किल से (मेरी ओर) देखा।

उस समय की उसकी वह अधखुली नजर मेरे मन से बँध रही है, खुलती नहीं—उसका वह लजीली और अधखुली नजरों से देखना मुझे नहीं भूलता।

करु उठाइ घूँघटु करत उझरत पट गुझरौट।
सुख मोटैं लूटीं ललन लखि ललना की लौट॥ 347॥

अन्वय—करु उठाइ घूँघटु करत गुझरौट पट उझरत, ललना की लौट लखि ललन सुख मोटैं लूटीं।

उझरत=सरक जाने से। पट गुझरौट=सिकुड़ा हुआ वस्त्र। मोटैं=गठरियाँ। ललन=नायक। ललना=नायिका। लौट=अदा से घूम जाना।

हाथ उठाकर घूँघट करते समय सिकुड़े हुए कपड़ों के सरक जाने से नायिका का (नायक से लजाकर) घूम जाना देखकर नायक ने सुख की मोटरियाँ लूटीं—(सुख का खजाना पा लिया)।

हँसि ओठनु बिच कर उचै कियैं निचौहै नैन।
खरैं अरैं पिय कैं प्रिया लगी बिरी मुख दैन॥ 348॥

अन्वय—ओठनु बिच हँसि कर उचै, नैन निचौहै कियैं प्रिया खरैं अरैं पिय कैं मुख बिरी दैन लगी।

उचै=ऊँचा कर। निचौहै=नीचे की ओर। खरे=अत्यंत। अरे=हठ किए (अड़े) हुए। बिरी=पान का बीड़ा। दैन लगी=देने लगी।

(प्रीतम ने प्यारी के हाथों से पान खाने का हठ किया, इस पर) ओठों के बीच में हँसकर—कुछ मुस्कुराकर—हाथ ऊँचा कर और आँखें नीची किए प्यारी अत्यंत हठ किए हुए प्रीतम के मुख में पान का बीड़ा देने लगी।

नाक मोरि नाहीं ककै नारि निहोरैं लेइ।
छुवत ओंठ बिय आँगुरिनु बिरी बदन प्यौ देइ॥ 349॥

अन्वय—नाक मोरि नाहीं ककै नारि निहोरैं लेइ आँगुरिनु बिय ओंठ छुवत प्यौ बदन बिरी देइ।

नाक मोरि=नाक सिकोड़कर। ककै=करके। नारि=स्त्री, नायिका। निहोरे=आग्रह या अनुनय-विनय करने पर। बिय=दोनों। बिरी=पान का बीड़ा। बदन=मुख। प्यौ=प्रीतम, नायक।

नाक सिकोड़कर नहीं-नहीं करके नायिका निहोरा करने पर (बीड़ा) लेती है, और नायक अँगुलियों से दोनों ओठ छूते हुए नायिका के मुख में पान का बीड़ा देता है।

नोट—दोनों नजाकत से भरे हैं। नायिका लेते समय नहीं-नहीं करती है, तो नायक देते समय उसके कोमल गुलाबी ओठों को ही छू लेता है।

सरस सुमिल चित तुरँग की करि-करि अमित उठान।
गोइ निबाहैं जीतियै प्रेम-खेलि चौगान॥ 350॥

अन्वय—सरस सुमिल चित तुरँग की अमित उठान करि-करि गोइ निबाहैं प्रेम खेलि चौगान जीतिये।

सरस='प्रेम' के अर्थ में 'रसयुक्त' और 'घोड़े' के अर्थ में 'पुष्ट'। सुमिल=(1) मिलनसार (2) जो सवार के इच्छानुसार दौड़े। अमित=अनेक।

उठान=धावा। गोइ निबाहैं=(1) छिपाकर निबाहने से (2) छिपाकर 'गोल' (लक्ष्य) तक ले जाने से। चौगान खेल=घोड़े पर चढ़कर गेंद खेलना।

रसयुक्त (पुष्ट) और मिलनसार चित्त-रूपी घोड़े के अनेक-अनेक धावे कर-करके छिपा-छिपाकर निर्वाह करने ('गोल' लक्ष्य तक ले जाने) से ही प्रेम-रूपी चौगान के खेल में जीत सकोगे।

दृग मिहचत मृगलोचनी भज्यौ उलटि भुज बाथ।
जानि गई तिय नाथ के हाथ परस ही हाथ॥ 351॥

अन्वय—दृग मिहचत मृगलोचनी भुज उलटि बाथ भर्‌यौ हाथ परस ही तिय जानि गई नाथ के हाथ।

दृग = आँख। मिहचत = मूँदना। मृगलोचनी = वह स्त्री जिसके नेत्र मृग के नेत्र-से बड़े-बड़े हों। बाथ = अँकवार। परस = स्पर्श।

आँखें मूँदते ही—ज्यों ही प्रीतम ने पीछे से आकर उसकी आँखें बंन्द कीं—त्यों ही उस मृगलोचनी ने (अपनी) भुजाएँ उलटकर उसे (निस्संकोच) अँकवार में भर लिया। (क्योंकि) हाथों के स्पर्श होते ही युवती जान गई कि (ये) प्रीतम के ही हाथ हैं।

प्रीतम दृग मिहचत प्रिया पानि-परस सुखु पाइ।
जानि पिछानि अजान लौं नैंकु न होति जनाइ॥ 352॥

अन्वय—प्रिया दृग मिहचत पानि-परस सुखु पाइ प्रीतम जानि पिछानि अजान लौं नैंकु न जनाइ होति।

पानि-परस = पाणि-स्पर्श, हाथ का स्पर्श। पिछानि = पहचानकर। अजान = अज्ञ, अनभिज्ञ। लौं = समान। नैंकु = जरा, तनिक। न होति जनाइ = प्रकट नहीं करता, परिचय नहीं बतलाता।

प्रिय (नायिका) द्वारा आँखों के बंद किए जाने पर (उसके कोमल) हाथों के स्पर्श का सुख पाकर प्रीतम (उसे भली भाँति) जान और पहचानकर भी अजान के समान तनिक प्रकट नहीं होता (वह प्रकट नहीं करता कि तू कौन है, क्योंकि कर-स्पर्श-जन्य सुख मिल रहा है।)

कर मुँदरी की आरसी प्रतिबिम्बित प्यौ पाइ।
पीठ दियैं निधरक लखै इकटक डीठि लगाइ॥ 353॥

अन्वय—कर मुँदरी की आरसी प्यौ प्रतिबिम्बित पाइ पीठ दियैं इकटक डीठि लगाइ निधरक लखै।

मुँदरी = अँगूठी। आरसी = दर्पण, नगीना। प्यौ = पिया, प्रीतम। पीठ दियै = मुँह फेरकर बैठी हुई। निधरक = बेधड़क, स्वच्छन्दता से।

अपने हाथ की अँगूठी के (उज्ज्वल) नगीने में प्रीतम का प्रतिबिम्ब देख (वह नायिका, प्रीतम की ओर) पीठ करके एकटक दृष्टि लगाकर (उस नगीने में झलकती हुई प्रीतम-छवि को) बेधड़क देख रही है—नगीने में प्रतिबिम्बित प्रीतम की मूर्ति देखकर ही प्रिय-दर्शन का आनंद लूट रही है।

नोट—नायिका बैठी थी, नायक चुपचाप आकर उसके पीछे खड़ा हो गया। उसी समय का वर्णन है। 'रामचरित-मानस' में भी इसी प्रकार का एक वर्णन है—

निज-पानि-मनि महँ देखि प्रति-मूरति सु कृपानिधान की।
चालति न भुज-बल्ली-बिलोकनि बिरह-बस-भइ जानकी॥

मैं मिसहा सोयौ समुझि मुँह चूम्यौ ढिग जाइ।
हँस्यौ खिस्यानी गल रह्यौ रहा गरैं लपटाइ॥ 354॥

अन्वय—मैं मिसहा सोयौ समुझि ढिग जाइ मुँह चूम्यौ, हँस्यौ खिस्यानी गल गह्यौ, गरैं लपटाइ रही।

मिसहा = मिस करनेवाला, बहानेबाज, छली। ढिग = निकट। खिस्यानी = लज्जित हो गई। गल रह्यौ = गलबहियाँ डाल दीं। गरैं = गले से।

मैंने उस छलिए को सोया हुआ जान निकट जाकर उसका मुँह चूमा। इतने ही में वह (जगा होने के कारण) हँस पड़ा, मैं लज्जित हो गई, उसने गलबाहीं डाल दीं। (तो हार-दाँव मैं भी) उसके गले से लिपट गई।

मुँहु उघारि पिउ लखि रह्यौ रह्यौ न गौ मिस-सैन।
फरके ओठ उठे पुलक गए उघरि जुरि नैन॥ 355॥

अन्वय—मुँह उघारि पिय लखि रह्यौ, मिस-सैन रह्यौ न गौ ओठ फरके पुलक उठै, नैन उघरि जुरि गए।

उघारि = खोलकर। मिस सैन = बहानेबाजी की नींद, बनावटी सोना (शयन)। पुलक = रोमांच। जुरि = मिलना।

मुँह उघारकर—मुँह पर से आँचल हटाकर—प्रीतम देख रहा था, अतः उस (नायिका) से झूठ-मूठ सोया न गया—आँखें मूँदकर जो सोने का बहाना किए हुए थी, सो वैसी न रह सकी। (पहले) ओठ फड़कने लगे (फिर) रोमांच उठ आए (और अंत में) आँखें खुलकर (नायक की आँखों से) मिल गईं।

बतरस - लालच लाल की मुरली धरी लुकाइ।
सौंह करै भौंहनु हँसै दैन कहैं नटि जाइ॥ 356॥

अन्वय—बतरस-लालच लाल की मुरली लुकाइ धरी सौंह करै भौंहनु हँसै, दैन कहैं, नटि जाइ।

बतरस = बातचीत का आनंद। लुकाइ धरी = छिपाकर रखा। सौंह = शपथ। नटि जाइ = नाहीं (इनकार) कर देती है।

बातचीत का मजा लेने के लोभ से श्रीकृष्ण की मुरली छिपाकर रख दी। (अब श्रीकृष्ण के माँगने पर) शपथ खाती है, भौंह से हँसती है (भौंहों को नचा-नचाकर प्रसन्नता जताती है), देने को कहती है देने पर तैयार होती है, (और पुनः) नाहीं कर देती है।

नैंकु उतै उठि बैठियै कहा रहे गहि गेहु।
छुटी जाति नहँ दी छिनकु महँदी सूकन देहु॥ 357॥

अन्वय—नैंकु उतै उठि बैठियै, कहा गेहु गहि रहे? नहँ दी छुटी जाति छिनकु महँदी सूकन देहु।

उतै = उधर। गहि = पकड़े। छुटी जाति = धुली या धुली जाती है। नहँ दी = नखों में दी या लगाई हुई। छिनकु = एक क्षण।

जरा उधर (अलग) उठकर बैठो। क्या घर को पकड़े रहते हो; क्या सदा घर में बैठे (घुसे) रहते हो? (देखो, तुम्हारे निकट रहने से प्रेमावेश के पसीने के कारण इसके) नँह में लगाई गई (मेहँदी) छुटी जाती है, एक क्षण के लिए भी तो इस मेहँदी को सूखने दो।

बाम तमासो करि रही बिबस बारुनी सेइ।
झुकति हँसति हँसि-हँसि झुकति झुकि-झुकि हँसि-हँसि देइ॥ 358॥

अन्वय—बारुनी सेइ बिबस बाम तमासो करि रही। झुकति हँसति हँसि-हँसि झुकति झुकि-झुकि हँसि-हँसि देइ।

बाम = युवती, स्त्री। तमासो = तमाशा, भावभंगी। बारुनी = मदिरा। सेइ = सेवन कर, पीकर। झुकि-झुकि = लचक के साथ गिर-गिरकर।

शराब पीकर बेबस हो वह युवती तमाशा कर रही है—विचित्र हाव-भाव दिखा रही है। (नशे के झोंक में) झुकती (लड़खड़ाकर गिरती) है, हँसती है, (फिर) हँस-हँसकर झुकती और झुक-झुककर हँस-हँस (खिलखिला) पड़ती है।

हँसि-हँसि हेरति नवल तिय मद के मद उमदाति।
बलकि-बलकि बोलति बचन ललकि ललकि लपटाति॥ 359॥

अन्वय—मद के मद उमदाति नवल तिय हँसि-हँसि हेरति बलकि-बलकि बचन बोलति, ललकि-ललकि लपटाति।

हेरति = देखती है। मद के मद = शराब के नशे में। उमदाति = झूमकर देखती है। बलकि-बलकि = उबल-उबलकर, उत्तेजित हो-होकर।

शराब के नशे में वह उन्मादिनी (मस्तानी) नवयुवती हँस-हँसकर देखती है। उमंग से भर-भरकर (अंटसंट) बातें करती है, और ललक-ललककर (उत्कंठापूर्वक) लिपट जाती है।

खलित बचन अधखुलित दृग ललित स्वेद-कन जोति।
अरुन बदन छबि मदन की खरी छबीली होति॥ 360॥

अन्वय—खलित बचन अधखुलित दृग स्वेद-कन जोति ललित बदन अरुन मदन की छबि खरी

छबीली होति।

खलिस=स्खलित, स्फुट, अस्पष्ट। स्वेद कन=पसीने की बूँदें। अरुन=लाल। खरी=अत्यंत। मद छकी=शराब के नशे में चूर।

अस्पष्ट बातें, अधखुली आँखों, (शरीर में) पसीनों के सुंदर कणों की ज्योति और गुल्लाला चेहरे की शोभा—(इन लक्षणों से युक्त वह नायिका) कामदेव की-सी शोभावाली अत्यंत सुंदरी हो जाती है।

निपट लजीली नवल तिय बहकि बारुनी सेइ।
त्यौं-त्यौं अति मीठी लगति ज्यौं-ज्यौं ढीठ्यो देइ॥ 361॥

अन्वय—निपट लजीली नवल तिय बहकि बारुनी सेइ ज्यौं-ज्यौं ढीठ्यो देइ त्यौं-त्यौं अति मीठी लगति।

निपट=अत्यंत! नवल तिय=नवयुवती। बहकि=बहकावे (भुलावे) में आकर। मीठी=भली, प्यारी, लुभावनी, सुस्वादु। ढीठ्यो देइ=ढिठाई दिखाती है।

अत्यंत लज्जावती उस नवयुवती ने भुलावे में आकर शराब पी ली—नायक ने शर्बत आदि के बहाने उसे शराब पिला दी; सो (नशे के कारण) ज्यों-ज्यों वह (लज्जा छोड़कर) धृष्टता (शोखी) दिखलाती है, त्यों-त्यों अत्यंत मीठी (मनभावनी) लगती है।

बढ़त निकसि कुच-कोर-रुचि कढ़त गौर भुज-मूल।
मनु लुटिगौ लोटनु चढ़त चोंटत ऊँचे फूल॥ 362॥

अन्वय—ऊँचे फूल चोंटत कुच-कोर-रुचि निकसि बढ़त, गौर भुज मूल कढ़त लोटनु चढ़त मनु लुटिगौ।

कुच= स्तन। कोर=घेरा, किनारा, मंडल। रुचि=शोभा। भुज-मूल=बाँह का मूल-स्थान, पखौरा। लोटनु=त्रिबली, पेटी। चोंटत=चुनते (तोड़ते) समय। ऊँचे फूल=ऊँची डाल के फूल।

ऊँची डाल से फूल तोड़ते समय (हाथ ऊँचा करने के कारण) उसके कुचमण्डल की शोभा (कंचुकी से) निकलकर बढ़ रही है, तथा (सुंदर) गोरे पखौरे भी (कपड़े हट जाने से) बाहर निकल गए हैं। (इन शोभाओं को देखकर तो मन मुग्ध था ही कि उसकी) त्रिवली (की तीन सीढ़ियों) पर चढ़कर मन लुट गया।

नोट—ऊँचे फूल तोड़ते समय स्वभावतः, पीन कुच की कोर कंचुकी बाहर दीख पड़ेगी, और खिंचाव के कारण वस्त्र हट जाने से पखौरे और त्रिवली के भी दर्शन हो जाएँगे। सप्तम शतक का 608वाँ दोहा देखिए।

घाम घरीक निवारियै कलित ललित अलि-पुंज।
जमुना - तीर तमाल - तरु मिलित मालती - कुंज॥ 363॥

अन्वय—जमुना-तीर तमाल-तरु मिलित ललित अलि-पुंज, कलित मालती-कुंज घरीक घाम निवारियै।

घाम=धूप। घरीक=एक घड़ी। निवारियै= गँवाइए, बिताइए। तमाल=एक प्रकार का सुहावना श्यामलवृक्ष। मालती-कुंज=मालती-लता-मंडप।

यमुना के तीर पर, तमाल तरु से मिलकर बनी हुई सुंदर भौरों से सुशोभित माल-कुंज में, एक घड़ी धूप गँवा लीजिए।

चलित ललित स्रम स्वेदकन कलित अरुन मुख तैं न॥
बन - बिहार थाकी तरुनि खरे थकाए नैन॥ 364॥

अन्वय—चलित ललित स्रम स्वेदकन अरुन मुख तैं कलित बन-बिहार थाकी तरुनि नैन खरे न थकाए।

चलित=चंचल। ललित=सुंदर। स्रम=परिश्रम। स्वेदकन-कलित=पसीने की बूँदों से शोभित। अरुन= ललाई, अत्यंत लाल। बन-बिहार=वन में किए गए आमोद-प्रमोद। तरुनि= तरुणी युवती।

चंचल और सुंदर श्रम (स्वच्छंद वन-बिहार-जनित श्रांति) के पसीने की बूँदोंवालों (गुप्त रूप से) वन में आमोद-प्रमोद करने से थकी हुई उस युवती के लाल मुखड़े से नायक की आँखें नहीं थकतीं (उसकी वह शोभा देखते-देखते नायक के नेत्र नहीं थकते।)

नोट—कविवर 'शीतल' ने श्रम-बिंदु पर क्या खूब कहा है—"मुख सरदचंद पर स्रम-सीकर जगमगै नखत गन-जोती से, कै दल गुलाब पर शबनम के हैं कन के रूप-उदोती से, हीरे की कनियाँ मंद लगै हैं सुधा किरन के मोती-से, आया है मदन आरती को घर कनक-थार में मोती से।"

अपनैं कर गुहि आपु हठि हिय पहिराई लाल।
नौलसिरी औरै चढ़ी बौलसिरी की माल॥ 365॥

अन्वय—लाल अपनैं कर बौलसिरी की माल गुहि हठि आपु हिय पहिराई औरै नौलसिरी चढ़ी।

गुहि = गूँथकर। आपु = आप ही, स्वयमेव। हिय = हृदय। नौलसिरी = नवलश्री = नवीन शोभा। औरैं = विलक्षण, विचित्र-निराली। बौलसिरी = मौलिश्री, मौलसिरी का फूल।

लाल (नायक) ने अपने ही हाथों से मौलिसिरी की माला गूँथकर स्वयं ही उस (नायिका) के गले में पहनाई। (फिर तो नायक द्वारा पहनाई गई उस मौलसिरी की माला से नायिका के सुंदर शरीर पर) और ही तरह की (अपूर्व) नवीन शोभा चढ़ (छा) गई।

लै चुभकी चलि जाति जित-जित जलकेलि अधीर।
कीजत केसरि-नीर से तित-तित के सरि-नीर॥ 366॥

अन्वय—जलकेलि अधीर चुभकी लै जित-जित चलि जाति तित-तत के सरि-नीर केसरि-नीर से कीजत।

लै चुभकी = डुबकी लगाकर। जित = जहाँ। जलकेलि = जलक्रीड़ा। केसरिनीर = केसर मिश्रित जल। सरि-नीर = नदी का पानी।

जल विहार में चंचल बनी नायिका डुबकी मारकर जहाँ-जहाँ चली जाती है, वहाँ-वहाँ की नदी के (स्वच्छ) जल को (अपने केसरिया रंग के शरीर की पीली प्रभा से) केसर-मिश्रित जल के समान (पीला) कर देती है।

नोट—कविवर पद्माकर की त्रिवेणी विधायिका नायिका का जल-संतरण या जल विहार भी देखिए—"जाहिरे जागति-सी जमुना जब बूड़ै-बहै उमहै उहि बेनी, त्यों पदमाकर हीरो के हरनि गंग तरंगन सी सुखदेनी; पायन के रँग सो रँगि जाति ही भाँति सरस्वती सेनी, तैरे जहाँ ई जहाँ वह बाल तहाँ तहाँ ताल में होत त्रिवेनी।"

छिरके नाह नवोढ़-दृग कर-पिचकी जल जोर।
रोचन रँग लाली भई बिय तिय लोचन-कोर॥ 367॥

अन्वय—नाह नवोढ़-दृग कर-पिचकी जल छिरके, बिय तिय लोचनकोर रोचन-रँग लाली भई।

नाह = नाथ, प्रीतम। नवोढ़ा = नवयौवना। कर-पिचकी = दोनों हाथों को एकसाथ जल में दबाकर पिंचकारी की तरह जल की धार उछालना। रोचन = रोली। बिय = दूसरी। तिय = स्त्री।

प्रीतम ने उस नवयुवती की आँखों में हाथ की पिचकी से जोर से जल छिड़का। (यह देखकर) दूसरी स्त्री (सौत) की आँखों की कोर में रोली के, रंग की लाली छा गई—क्रोध से आँखें लाल-लाल हो गई।

हेरि हिंडोरे-गगन तैं परी परी-सी टूटि।
धरी धाय पिय बीच ही करी खरी रस-लूटि॥ 368॥

अन्वय—हेरि हिंडोरे गगन तैं परी-सी टूटि परी, पिय धाय बीच हीं धरी खरी रस लूटि करी।

हेरि = देखकर। परी = अप्सरा। टूटि परी = लपककर कूद पड़ी। खरी = खूब ही, अच्छी तरह।

रस-लूटि = रस की लूट।

(प्रीतम को) देखते ही (प्रेमावेश में बेसुध वह सुंदरी नायिका) झूला-रूपी आकाश से परी के समान टूट पड़ी—जैसे स्वर्गीय अप्सरा आकाश से नीचे गिरे, वैसे ही वह हिंडोले से गिर पड़ी; (किंतु उसे गिरते देख) प्रीतम ने दौड़कर बीच ही से पकड़ लिया (गेंद की तरह ऊपर-ही-ऊपर रोक लिया), पृथ्वी पर नहीं गिरने दिया—और खूब ही रस की लूट ली।

नोट—सखियों के साथ नायिका झूला झूल रही थी। इतने में नायक आ पहुँचा। उसको देखकर नायिका लज्जावश भागने के निमित्त हिंडोले से कूद पड़ी। नायक ने बीच ही में रोककर आलिंगन का सुख लूट लिया।

बरजैं दूनी हठि चढ़ै न सकुचै न सकाइ।
टूटत कटि दुमची मचक लचकि लचकि बचि जाइ॥ 369॥

अन्वय—बरजैं दूनी हठि चढ़ै न सकुचै न सकाइ दुमची कटि मचक टूटत लचकि-लचकि बचि जाइ।

बरजैं = मना करने पर। सकुचै = लजाना। सकाइ = डरना। दुमची = पतली डाल। मचक टूटते = लचककर या धक्का लगाकर टूटने से।

मना करने से (उसे) दूना हठ चढ़ जाता है—न लजाती है, न डरती है। पतली शाखा के समान (उसकी) कमर मचककर टूटने से लचक-लचककर बच जाती है।

नोट—झोंके से झूले पर झूलती हुई नायिका का वर्णन!

दोऊ चोर-मिहीचनी खेलु न खेलि अघात।
दुरत हियैं लपटाइ कै छुवत हियैं लपटात॥ 370॥

अन्वय—दोऊ चोर-मिहीचनी खेलु खेलि न अघात। हियैं लपटाइ कै दुरत, छुवत हियैं लपटात।

चोर-मिहीचनी = चोरिया-नुकिया नाम का खेल जिसमें एक छिपता है और दूसरा उसको ढूँढ़ता है, लुका-छिपी का खेल। अघात = तृप्त होते, भरपूर आनंद लूटते हैं। दुरत = छिपना। हियैं = हृदय।

(नायक-नायिका) दोनों चोरिया-नुकिया खेलकर नहीं अघाते! परस्पर हृदय से लिपटकर छिपते हैं और पुनः छूने के समय परस्पर हृदय से लिपट जाते हैं।

लखि लखि अँखियनु अधखुलिनु आँगु मोरि अँगिराइ।
आधिक उठि लेटति लटकि आलस भरी जम्हाइ॥ 371॥

अन्वय—अधखुलिनु अँखियनु लखि लखि आँगु मोरि अँगिराइ आधिक उठि लटकि लेटति आलस भरी जम्हाइ।

आँगु = अंग, शरीर। मोरि = मरोड़कर। अँगिराइ = अँगराती है। लटकि = लटपटा या लड़खड़ाकर। आधिक = आधा।

(भर-रात प्रीतम से विहार करने के कारण प्रातःकाल) अधखुली आँखों से (इधर-उधर) देख-देखकर शरीर को मरोड़कर अँगड़ाई लेती है। (फिर बिछावन से) आधी उठ (फिर तुरत) लटपटाकर लेट जाती है और आलस से भरी हुई जम्हाई लेती है।

नीठि नीठि उठि बैठि हूँ प्यौ प्यारी परभात।
दोऊ नींद भरैं खरैं गरैं लागि गिर जात॥ 372॥

अन्वय—प्यौ प्यारी परभात नीठि नीठि उठि बैठि हूँ दोऊ खरैं नींद भरैं गरैं लागि गिर जात।

नीठि नीठि = बड़ी मुश्किल से। प्यौ = पिय,। परभात = प्रभात, प्रातः। खरैं = अत्यंत। गरैं लागि = गले से लिपटकर।

प्रीतम और प्यारी (दोनों) प्रातःकाल बड़ी-बड़ी मुश्किल से उठ बैठते भी हैं। (और पुनः) दोनों अत्यंत नींद में भरे होने के कारण (परस्पर) गले से लिपटकर (सेज पर) गिर जाते हैं।

नोट—नेवाज कवि भी एक ऐसे ही सुरति-श्रांत दंपत्ति का वर्णन करते हैं—"छतिया छतिया सौं लगाए दोऊ जी में दुहूँ के समाने रहैं, गई बीत निसा पै निसा न गई नये नेह में दोऊ बिकाने रहैं; पट खोलि 'नेवाज' न भोर भये लखि द्योस को दोऊ सकाने रहैं, उठि जैबे को दोऊ डराने रहैं लपटाने रहैं पट ताने रहैं।"

लाज गरब आलस उमग भरे नैन मुसुकात।
राति रमी रति देति कहि औरै प्रभा प्रभात॥ 373॥

अन्वय—लाज गरब आलस उमग भरे नैन मुसुकात औरै प्रभा, राति रमी रति कहि देति।

गरब=अभिमान। उमग=उत्साह। राति रमी रति=रात में किया गया समागम। औरै=और ही, विचित्र, अनोखा। प्रभा=छवि छटा।

लज्जा, अभिमान, आलस्य और उमंग से भरे (तुम्हारे) नेत्र मुस्कुरा रहे हैं। प्रातःकाल की (तुम्हारी) यह अनोखी छटा रात में किया गया समागम (स्पष्ट) कह देती है।

कुंज-भवनु तजि भवनु कौं चलियै नंदकिसोर॥
फूलति कली गुलाब की चटकाहट चहुँ ओर॥ 374॥

अन्वय—नंदकिसोर कुंज-भवनु तजि भवनु कौं चलियै गुलाब की कली फूलति चटकाहट चहुँ ओर।

कुंज-भवन=वृन्दावन का केलि-मंदिर। चटकाहट=चटक+आहट=कलियों के चिटखने का शब्द। चहुँ ओर=चारों तरफ।

हे नंदकिशोर (श्रीकृष्णजी)! कुंजभवन को छोड़कर अब घर चलिए, (क्योंकि) गुलाब की कली खिल रही है (और उसकी) चटक चारों ओर सुन पड़ रही है—(अर्थात् अब प्रातःकाल हुआ, रस-विलास छोड़िए।)

नटि न सीस साबित भई लुटी सुखनु की मोट।
चुप करि, ए चारी करति सारी परी सरोट॥ 375॥

अन्वय—नटि न सीस साबित भई सुखनु की मोट लुटी चुप करि ए सारी परी सरोट चारी करति।

नटि=नहीं नहीं करना। सीस साबित भई=तेरे ऊपर प्रमाणित हो गई। मोट= मोटरी, गठरी। चारी=चुगली। सारी=साड़ी; चुनरी। सरोट=सिकुड़न, शिकन।

नहीं-नहीं मत कर। अब तेरे मत्थे यह बात साबित हो गई कि तूने सुखों की मोटरी लूटी है। चुप हो जा, तेरी ये साड़ी में पड़ी हुई सिकुड़न ही चुगली कर रही है (कि यह किसी के द्वारा रौंदी गई है—क्योंकि रति-काल में स्वभावतः साड़ी मसल जाती है।)

मो सौं मिलवति चातुरी तूँ नहिं भानति भेउ।
कहे देत यह प्रगट हीं प्रगट्यौ पूस पसेउ॥ 376॥

अन्वय—मो सौं तूँ चातुरी मिलवति भेउ नहिं भानति पूस पसेउ प्रगट्यौ यह प्रगट हीं कहे देत।

मो सौं=मुझसे। मिलवति चातुरी=चतुराई भिड़ा रही है, चालाकी कर रही है। भानति=(संस्कृत 'भन्'=कहना) कहती है। भेउ=भेद, रहस्य। पसेउ=पसीना। प्रगट हीं=स्पष्ट, प्रत्यक्ष।

मुझसे तू चतुराई की बातें कर रही है, भेद नहीं बतलाती। किंतु (कड़ाके का जाड़ा पड़नेवाले इस) पूस महीने में पसीना प्रगट होकर यह स्पष्ट कहे देता है (कि तू किसी के साथ समागम कर आई है।)

सही रँगीलैं रतजगैं जगी पगी सुख चैन।
अलसौहैं सौहैं कियैं कहैं हँसौहैं नैन॥ 377॥

अन्वय—रँगीलैं सही रतजगैं जगी सुख चैन पगी हँसौहैं नैन अलसौहैं सौहैं कियैं कहैं।

रतजगैं=किसी व्रत में रात-भर जागना। अलसौहैं=अलसाये हुए। सौहैं=शपथ, कसम। हँसौहैं=हँसीले।

अरी रँगीली! (तेरा कहना) सही है। (तू व्रत के) रतजगे में ही जागी है (तभी तो) सुख और चैन में पगी है—आनंद और उत्साह में मस्त है! (और तेरे ये) हँसीले नेत्र भी, आलस में मस्त बने, शपथ खाकर यही

कह रहे हैं।

नोट—नायिका गत रात्रि के अपने समागम की बात छिपाती है, इस पर सखी चुटकी लेती है।

यौं दलमलियतु निरदइ दई कुसुम सौं गातु।
करु धरि देखौ धरधरा उर कौ अजौं न जातु॥ 378॥

अन्वय—दई निरदइ कुसुम सौं गातु यौं दलमलियतु, करु धरि देखौं अजौं उर कौ धरधरा न जातु।

दलमलियतु=मसलना, रौंदना। दई=देव। करु=हाथ। धरधरा=धड़कना। अजौं=अभी तक। उर=हृदय।

हाय रे दई! उस निर्दयी (नायक) ने इसके फूल के ऐसे शरीर को यों मसल दिया है कि हाथ धरके देखो, अभी तक इसके हृदय से धड़कन नहीं जाती—अभी तक भय और पीड़ा से इसकी छाती धड़क रही है।

छिनकु उधारति छिनु छुवति राखति छिनकु छिपाइ।
सबु दिनु पिय-खंडित अधर दरपन देखत जाइ॥ 379॥

अन्वय—छिनकु उधारति छिनु छुवति छिनकु छिपाइ राखति सबु दिनु पिय-खंडित अधर दरपन देखत जाइ!

छिनकु=छिन+एकू=क्षण। अधर=ओठ। दरपन=दर्पण, आईना। क्षण में उघारती है, क्षण में छूती है और पुनः क्षण में छिपा रखती है (कि कोई देख न ले।) यों उसका सारा दिन प्रीतम द्वारा खंडित किए गए अधर को दर्पण में देखने ही में बीतता है।

नोट—प्रीतम ने रति-रण-रंग-रस-मत्त होकर चुंबन करते समय सुकोमल अधर पर दाँत गड़ा दिए थे, जिससे वह खंडित (रदच्छत) हो गया था।

औरै ओप कनीनिकनु गनी घनी सिरताज।
मनीं धनी के नेह की बनीं छनीं पट लाज॥ 380॥

अन्वय—कनीनिकनु ओप औरै घनी सिरताज गनी लाज पट धनी के नेह की मनी बनीं।

ओप=कांति। कनीनिकनु=आँखों की पुतलियाँ। गनी=गिनी है; मानी हैं। घनी=सबों में, बहुतेरों में। मनी=मणि, तेजस्विता। धनी=प्रीतम, नायक। पट=वस्त्र।

(तुम्हारी आँखों की) पुतलियों में आज कुछ दूसरी ही कांति है, (इसलिए तो मैंने इन्हें) सबों में सिरताज माना है। लाज-रूपी वस्त्र से छनकर ये प्रीतम के (निर्मल) नेह की मणि बनी हुई है—यद्यपि लज्जा से ढँकी हुई, तो भी इनसे, नायक का प्रेम, कपड़े से ढँकी हुई (दिव्य) मणि की (उज्ज्वल) आभा के समान, प्रकट हो (झलक) रहा है।

कियौ जु चिबुक उठाइकै, कम्पित कर भरतार।
टेढ़ीयै टेढ़ी फिरति टेढ़ै तिलक लिलार॥ 381॥

अन्वय—कम्पित कर भरतार चिबुक उठाइकै जु कियौ लिलार टेढ़ै तिलक टेढ़ी फिरति।

चिबुक=ठुड्डी। कर=हाथ। भरतार=पति। तिलक=टीका। टेढ़ीयै टेढ़ी फिरति=ऐंठती हुई ही घूमती फिरती है। लिलार=ललाट।

(प्रेमावेश से) काँपते हुए हाथों से पति ने जो ठुड्डी उठाकर (टीका) कर दिया, सो ललाट में उसी टेढ़ी टीका को ही लगाए हुए वह टेढ़ी-ही-टेढ़ी बनी फिरती है—घमंड में ऐंठती हुई चलती है।

वेई गड़ि गाड़ैं परीं उपट्यौ हारु हियैं न।
आन्यौ मोरि मतंगु-मनु मारि गुरेरनु मैन॥ 382॥

अन्वय—मैन गुरेरनु मारि मतंगु-मनु मोरि आन्यौ, वेई गड़ैं गाड़ परी, हारु हियैं न उपट्यौ।

गड़ि=गड़कर, गड़ने से। गाड़ै=गड्ढे। उपट्यौ= गड़कर गहरा दाग उखड़ आना। आन्यौ मोरि=मोड़ लाया। मतंगु=मतवाला हाथी। मनु=मन। गुरेरनु=गुलेल, गुलेती। मैन=कामदेव।

कामदेव गुलेलों से मार-मारकर तुम्हारे मन-रूपी मतवाले हाथी को इस ओर मोड़ (फेर) लाया है, उन्हीं (गुलेल की गोलियों के गड़ने से ये गड्ढे पड़ गए हैं। (दूसरी स्त्री के साथ समागम करते समय) उसका हार तुम्हारे हृदय में नहीं उपटता है—(ये गड्ढे हार की मणियों के गड़ने से नहीं बने हैं।)

नोट—नायक दूसरी स्त्री के साथ विहार करके आया है। नायिका उपालंभ देती है। अगले कई दोहों में ऐसे उपालंभ मिलेंगे।

पलनु पीक अंजनु अधर धरे महावरु भाल।
आजु मिले सु भली करी भले बने हौ लाल॥ 383॥

अन्वय—पलनु पीक अधर अंजनु भाल महावरु धरे; आजु मिले सु भली करी लाल भले बने हौ।

पलनु = पलकों में। अधर = ओठ। भाल = ललाट।

पलकों में (पान की) पीक है—भर-रात कहीं दूसरी स्त्री के साथ जगे हो, उसी की लाली है। अधरों पर अंजन लगा है—किसी मृगनैनी के कजरारे नयनों को चूमा है; उन्हीं का अंजन लग गया है और ललाट पर महावर धारण किए हुए हो—किसी मानिनी को पैरों पकड़कर मनाया है, उसी का महावर लग गया है। आज (इस बाने से) मिले हो, सो अच्छा ही किया है (क्योंकि) हे लाल! (आज तुम) बड़े अच्छे बने हो—आज का तुम्हारा यह रूप बहुत बढ़िया दीख पड़ता है!

गहकि गाँसु औरै गहै रहे अधकहे बैन।
देखि खिसौहैं पिय नयन किए रिसौहैं नैन॥ 384॥

अन्वय—गहकि औरै गाँसु गहै अधकहे बैन रहे, पिय खिसौहैं नयन देखि नैन रिसौहैं किए।

गहकि = क्रोधित होकर। गाँसु = वैमनस्य, अनख। अधकहे बैन = अधूरे वचन। खिसौहैं = लज्जित। रिसौहैं = रोषयुक्त।

क्रोधित होकर अधिक शत्रुता पकड़ ली—खूब उत्तेजित हो गई। आधे कहे हुए वचन मुख में ही रह गए। प्रीतम की लज्जित आँखें देखकर (उन्हें भर-रात दूसरी स्त्री के संग रहा समझकर, नायिका ने) अपनी आँखें रोषयुक्त कर लीं।

तेह तरेरौ त्यौरु करि कत करियत दृग लोल।
लीक नहीं यह पीक की स्रुति-मनि झलक कपोल॥ 385॥

अन्वय—तेह तरेरौ त्यौरु करि दृग कत लोल करियत कपोल यह पीक की लीक नहीं, स्रुति-मनि-झलक।

तेह = क्रोध। तरेरौ त्यौरु करि = त्यौरियाँ चढ़ाकर। लोल = चंचल। लीक = रेखा। स्रुति-मनि = कर्ण-भूषण की मणि। कपोल = गाल।

क्रोध से त्यौरियाँ चढ़ाकर आँखें क्यों चंचल कर रही हो? गालों पर यह पीक की रेखा नहीं है—किसी दूसरे ने चुंबन किया है, उसके अधरों की लाली नहीं है (वरन्) कर्ण-भूषण की मणि की (लाल) झलक (प्रतिबिंब) है। दर्पणोज्ज्वल कपोलों में कर्णफूल-मणि की अरुण आभा प्रतिफलित हो रही है।)

बाल कहा लाली भई लोइन कोइनु माँह।
लाल तुम्हारे दृगनु की परी दृगनु मैं छाँह॥ 386॥

अन्वय—बाल लोइन कोइनु माँह लाली कहा भई, लाल तुम्हारे दृगनु की छाँह दृगनु मैं परी।

लोइन = आँखें। कोइनु = आँखों के भीतर का उजला हिस्सा। माँह = में। दृगनु = आँखें। छाँह = छाया।

हे बाले! तुम्हारी आँखों के कोयों में लाली क्यों छा गई है? हे लाल! तुम्हारी आँखों की छाया ही मेरी आँखों पड़ गई है—(तुम जो रात भर किसी कामिनी के पास जागकर अपनी आँखें लाल-लाल बना लाए हो, उन्हीं की छाया मेरी आँखों में पड़ी है!)

नोट—नायिका ने परस्त्री-संगी नायक को देखते ही क्रुद्ध होकर आँखें लाल कर ली हैं। नायक इसका कारण पूछता है। नायिका अनुकूल जवाब देती है। बड़ी अनोखी सूझ है।

तरुन कोकनद बरन बर भए अरुन निसि जागि।
बाही कैं अनुराग दृग रहे मनो अनुरागि॥ 387॥

अन्वय—निसि जागि तरुन कोकनद बर बरन अरुन भए। मनो बाही कैं अनुराग दृग अनुरागि रहे।

तरुन = नवीन, विकसित। कोकनद = लाल कमल। बरन = रंग। अरुन = लाल। अनुरागि रहे = रँग रहे।

रात-भर जगने से नए लाल कमल के सुंदर रंग के समान नेत्र लाल हो गए हैं मानो उसी (अन्य स्त्री) के प्रेम में आपके नेत्र अनुरंजित हो रहे हैं—रँग गए हैं।

केसर केसरि - कुसुम के रहे अंग लपटाइ।
लगे जानि नखअनखुली कत बोलति अनखाइ॥ 388॥

अन्वय—केसरि-कुसुम के केसर अंग लपटाइ रहे, अनखुली नख लगे जानि कत अनखाइ बोलति।

केसर = पराग-तंतु (जो लाल पतले डोरे के समान होता है), किंजल्क। अनखुली = अनखानेवाली, क्रोधिता।

केसर के फूल के पराग-तंतु (नायक के) शरीर से लिपट रहे हैं। अरी क्रोधिता! उसे (दूसरी स्त्री के) नख लगा जानकर—पर स्त्री-समागम के समय का नख-क्षत समझकर—तू क्यों अनखा (क्रोध से झुंझला) कर बोल रही है?

सदन सदन के फिरन की सद न छुटै हरिराइ।
रुचै तितै बिदरत फिरौ कत बिदरत उरु आइ॥ 389॥

अन्वय—हरिराइ सदन सदन के फिरन की सद न छुटै रुचै तितै बिहरत फिरौ आइ उरु कत बिदरत।

सदन = घर। सद = आदत। हरिराइ = श्री कृष्णचंद्र। रुचै = भावे। नीक लगे = अच्छा जँचे। तितै = वहाँ। बिहरत फिरौ = मौज करते फिरो। बिदरत = विदीर्ण करते हो। उरु = हृदय। आइ = आकर।

हे कृष्णचंद्र (तुम्हारी) घर-घर फिरने की आदत नहीं छुटती? खैर, जहाँ मन भावे, वहाँ विहरते फिरो। (किंतु) मेरे पास आकर (मेरी) छाती क्यों विदीर्ण करते हो? (तुम्हें देख और तुम्हारी करतूत याद कर मेरी छाती फटने लगती है।)

पट कै ढिग कत ढाँपियत सोभित सुभग सुबेखु।
हद रद-छद छबि देत यह सद रद-छद की रेखु॥ 390॥

अन्वय—पट ढिग कै कत ढाँपियत सुभग सुबेखु सोभित सद रद छद की रेखु यह रदछद हद छबि देत।

पट = कपड़ा। कै = करके। ढिग = निकट। सुबेखु = सुंदर रूप से। रद-छद = ओठों। छबि = शोभा। सद = सद्यःकाल का, तुरत का। रद-छद = ओठों पर दाँत का घाव। रेखु = रेखा, लकीर।

कपड़े के निकट करके क्यों ढँक रहे हो? सुभग और सुंदर रूप से तो शोभ रहा है! दाँतों के घाव की ताजी रेखा से यह अधर बेहद शोभा दे रहा है—तुरत ही किसी स्त्री ने तुम्हारे अधर का चुंबन करते समय दाँत गड़ाए हैं, जिसका चिह्न अत्यंत शोभ रहा है।

मोहूँ सौं बातनु लगैं लगी जीभ जिहि नाँइ।
सोई लै उर लाइयै लाल लागियतु पाँइ॥ 391॥

अन्वय—मोहूँ सौं बातनु लगैं जीभ जिहि नाँइ लगी, सोइ लै उर लाइयै लाल पाँइ लागियतु।

मोहूँ सौं = मुझसे। नाँइ = नाम। उर = हृदय।

मुझसे भी बातें करते समय (तुम्हारी) जीभ जिसके नाम पर लगी है—अकस्मात् जिसका नाम तुम्हारे

मुख से निकल गया है—उसी को लेकर हृदय से लगाओ। हे लाल ! मैं तुम्हारे पाँव लगती हूँ—पैरों पड़ती हूँ।

लालन लहि पाऐं दुरै चोरी सौंह करैं न।
सीस चढ़े पनिहा प्रगट कहैं पुकारैं नैन॥ 392॥

अन्वय—लालन लहि पाऐं सौंह करैं चोरी न दुरै नैन पनिहा सीस चढ़े पुकारैं प्रगट कहैं।

लहि पाऐं = पकड़े जाने पर। दुरैं = छिपै। सौंह = शपथ। पनिहा = चोर पकड़नेवाले तांत्रिक। सीस चढ़े पुकारैं = बिना पूछे ही आप-से आप बता रहे हैं।

हे लाल ! पकड़े जाने पर शपथ करने से भी चोरी नहीं छिपती। ये तुम्हारे नेत्र पनिहा के समान सिर चढ़कर पुकार-पुकार स्पष्ट कह रहे हैं—तुम्हारे अलसाए हुए नेत्र देखने से ही सब बातें प्रकट हो जाती हैं (कि तुम कहीं रात-भर रमे हो)।

तुरत सुरत कैसैं दुरत मुरत नैन जुरि नीठि।
डौंड़ी दै गुन रावरे कहति कनौड़ी डीठि॥ 393॥

अन्वय—तुरत सुरत कैसैं दुरत नैन नीठि जुरि मुरत कनौड़ी डीठि डौंड़ी दै रावरे गुन कहति।

सुरत = समागम, मैथुन। मुरत = मुड़ते हैं। नीठि = मुश्किल से। डौंड़ी दै = ढोल बजाकर। रावरे = आपके। कनौड़ी = लज्जित, अधीन। डीठि = दृष्टि।

तुरत किया हुआ समागम कैसे छिप सकता है? (प्रमाण लीजिए—आपके अलसाए हुए) नेत्र मुश्किल से (मेरे नेत्रों से) जुड़ते हैं और (फिर तुरत ही) मुड़ जाते हैं—मेरे सामने मुश्किल से आपकी आँखें बराबर होती हैं। आपकी यह लज्जित दृष्टि ही ढोल बजा-बजाकर आपके गुणों को कह रही है।

मरकत-भाजन - सलिल गत इंदु - कला कैं बेख।
झीन झगा मैं झलमलत स्यामगात नख - रेख॥ 394॥

अन्वय—स्यामगात नख-रेख मरकत-भाजन-सलिल गत इंदु-कला कैं बेख झीन झगा मैं झलमलत।

मरकत = नीलमणि। भाजन = बर्तन। सलिल = जल। गत = में, अंदर। बेख = वेष = रूप, यहाँ समानतासूचक है। झीन = महीन, बारीक। झगा = जामा, अँगरखा। नख-रेख = नख की रेखा, नख की खरौंट।

(श्रीकृष्ण के) साँवले शरीर में (समागम के समय राधा द्वारा दी गई) नख की रेखा नीलमणि के बर्तन में भरे हुए जल में द्वितीया के चंद्रमा के प्रतिबिंब के समान, महीन जामे के भीतर से झलमला रही है।

नोट—श्यामसुंदर का श्याम शरीर नीलमणि का पात्र है। बारीक श्वेत वस्त्र का जामा उस (मणि-पात्र) में रक्खा गया (स्वच्छ) जल है और नख की रेखा दूज का चाँद है।

वैसीयै जानी परति झगा ऊजरे माँह।
मृगनैनी लपटी जु हिय बेनी उपटी बाँह॥ 395॥

अन्वय—मृगनैनी हिय लपटी जु बाँह बेनी उपटी ऊजरे झगा माँह वैसीयै जानि परति।

बेनी = लंबी चोटी। उपटी = दबकर दाग पड़ गया।

मृगनैनी (नायिका) के हृदय में लिपटने से बाँह में जो (उसकी) वेणी का निशान पड़ गया है, सो उज्ज्वल जामे के अंदर से वैसे ही स्पष्ट जान पड़ता है—दीख पड़ता है।

चित वाही की चटपटी धरत अटपटे पाइ।
लपट बुझावत बिरह की कपट भरेऊ आइ॥ 396॥

अन्वय—चित वाही की चटपटी पाइ अटपटे धरत, कपट भरेऊ आइ बिरह की लपट बुझावत।

चटपटी = चाह। अटपटे = उलटे-सीधे। लपट = ज्वाला।

चित्त में तो उसी (अन्य स्त्री) की चाह लगी है। अतएव, पैर अटपटे पड़ते हैं—यथास्थान ठीक नहीं पड़ते। यों कपट से भरा हुआ भी—(यद्यपि मन दूसरी स्त्री से लगा है, तो भी केवल तसल्ली देने के लिए

ही)—आकर (यह नायक) विरह की ज्वाला बुझा जाता है।

कत बेकाज चलाइयति चतुराई की चाल।
कहे देति यह रावरे सब गुन निरगुन माल॥ 397॥

अन्वय—कत बेकाज चतुराई की चाल चलाइयति, यह निरगुन माल रावरे सब गुन कहे देति।

कत = क्यों। बेकाज = व्यर्थ। निरगुन माल = बिना डोरे की माला। चतुराई की चाल चलाइयति = चालाकी-भरी बातें करते हो।

क्यों व्यर्थ चतुराई की बातें करते हो? यह बिना डोरे की माला ही आपके सब गुणों को कह देती है (कि आपने किसी अन्य स्त्री का गाढ़ालिंगन किया है, जिससे उसकी छाती की माला का निशान बिना डोरे की माला के ऐसा आपकी छाती में पड़ गया है।)

पावक सो नयननु लगै जावक लाग्यौ भाल।
मुकुरु होहुगे नैंकु मैं मुकुरु बिलोकौ लाल॥ 398॥

अन्वय—भाल जावक लाग्यौ नयननु पावक सो लगै। लाल मुकुरु बिलोकौ नैंकु मैं मुकुरु होहुगे।

पावक = आग। जावक = महावर। मुकुरु होहुगे = मुकर (नट) जाओगे। नैंकु = जरा, तुरत, एक क्षण में। मुकुरु = आईना।

आपके मस्तक में लगा हुआ (किसी दूसरी स्त्री के पैर का) महावर (मेरे) नेत्रों में आग के समान (लाल) मालूम पड़ता है। एक क्षण में ही तुम मुकर (इंकार कर) जाओगे, अतएव हे लाल! आईने में देख लो।

रही पकरि पाटी सुरिस भरै भौंह चितु नैन।
लखि सपने पिय आन-रति जगतहुँ लगत हियैं न॥ 399॥

अन्वय—पाटी पकरि रही भौंह चितु नैन सुरिस भरै सपने पिय आन-रति लखि जगतहुँ हियैं न लगत।

रिस = क्रोध। आन-रति = पर-स्त्री-प्रसंग करते हुए। हियैं = हृदय से।

पलँग की पाटी पकड़कर रह गई। भौंह, मन और नेत्र क्रोध से भर गए—भौंहें तिरछी हुईं, मन रोषयुक्त हुआ और आँखें लाल हो गईं। स्वप्न में प्रीतम को दूसरी स्त्री से समागम करते देख जागने पर भी (निकट ही सोए हुए प्रीतम के) हृदय से नहीं लगती।

रह्यौ चकित चहुँधा चितै चितु मेरो मति भूलि।
सूर उयै आए रही दृगनु साँझ-सी फूलि॥ 400॥

अन्वय—चकित चहुँधा चितै रह्यौ मेरो मति भूलि, सूर उयै आए दृगनु साँझ-सी फूलि रही।

चहुँधा = चोंरों ओर। सूर = सूर्य। दृगनु = आँखें।

ये (नायक) चकित होकर चारों ओर देख रहे हैं—भेद खुलने के भय से इधर-उधर ताक-झाँक कर रहे हैं। हे मेरे चित्त! तुम मत भूलो। देखो; ये सूर्योदय के समय तो आए हैं, किंतु इनकी आँखें संध्या-सी फूल रही हैं—लाल-लाल हो रही हैं। (अतएव, निस्संदेह रात-भर कहीं जगे हैं।)

पंचम शतक

अनत बसे निसि की रिसनु उर बरि रही बिसेखि।
तऊ लाज आई झुकत खरे लजौहैं देखि॥ 401॥

अन्वय—निसि अनत बसे की रिसनु उर बिसेखि बरि रही—तऊ खरे लजौहैं झुकत देखि लाज आई।

अनत=दूसरी जगह। रिसनु=क्रोध से। बरि रही=जल रही। झुकत=झुकते, पैरों पड़ते। खरे लजौहैं=अत्यंत लज्जित।

रात में दूसरी जगह रहने के कारण क्रोध से (नायिका का) हृदय विशेष रूप से जल रहा था। किंतु (प्रीतम को इसके लिए) अत्यंत लज्जित और पैरों पड़ते देखकर (उसके हृदय में भी) लाज उमड़ आई—वह भी लज्जित हो गई।

सुरँग महावरु सौति-पग निरखि रही अनखाइ।
पिय अँगुरिनु लाली लखैं खरी उठी लगि लाइ॥ 402 ॥

अन्वय—सौति पग सुरँग महावरु अनखाइ निरखि रही। पिय अँगुरिनु लाली लखैं खरी लाइ लगि उठी।

सुरँग=लाल। अनखाइ=अनखाकर, अनमनी होकर। खरी=अत्यंत। लगि लाइ उठी=आग-सी लग उठी=जल उठी। लाइ=आग।

सौतिन के पैर का लाल महावर अनखा (अनमनी हो) कर देख रही थी। (इतने में) प्रीतम की अँगुलियों में लाली देखकर वह अत्यंत जल उठी (इसलिए कि सौतिन के पैर में इन्होंने महावर लगाया है)।

कत सकुचत निधरक फिरौ रतियौ खोरि तुम्हैं न।
कहा करौ जो जाइ ए लगैं लगौहैं नैन॥ 403 ॥

अन्वय—सकुचत कत निधरक फिरौ तुम्हैं रतियौ खोरि न, जो ए लगौहैं नैन लगैं जाइ कहा करौ।

कत=क्यों। रतियौ=रत्ती-भर भी। खोरि=दोष। कहा = क्या। लगौहैं=लगनवाले, लगीले, फँसनेवाले, लगन-भरे।

सकुचाते क्यों हो? बेधड़क घूमो। तुम्हारा तनिक भी दोष नहीं है। यदि ये लगीले नेत्र जाकर (किसी अन्य स्त्री से) लग जाते हैं, तो तुम क्या करोगे—तुम्हारा इसमें क्या दोष है? (दोष तो है आँखों का!)

प्रानप्रिया हिय मैं बसै नख - रेखा - ससि भाल।
भलौ दिखायौ आइ यह हरि - हर - रूप रसाल॥ 404 ॥

अन्वय—प्रानप्रिया हिय मैं बसै नख-रेखा-ससि भाल। यह हरि-हर रसाल रूप आइ भलौ दिखायौ।

ससि=चंद्रमा। भाल=मस्तक। रसाल=रसीला, सुंदर। हरि-हर=विष्णु और शंकर।

(विष्णु के हृदय में बसी हुई लक्ष्मी के समान) तुम्हारी प्रियतमा तुम्हारे हृदय में बस रही है, और (शिव के ललाट पर शोभित चंद्ररेखा के समान) उस प्रियतमा के नख की रेखा-रूपी (द्वितीया का) चंद्रमा शीश पर है। यह हरि-हर का सुंदर (संयुक्त) रूप लाकर (प्रातःकाल ही) अच्छा दिखलाया।

नोट—नायक भर-रात किसी दूसरी स्त्री के साथ विहार कर प्रातःकाल नायिका के पास आया है। उसके सिर पर उस स्त्री के नख की खरोंट है। इस पर नायिका व्यंग्य और उपालंभ सुनाती है।

ह्याँ न चलै बलि रावरी चतुराई की चाल।
सनख हियैं खिन-खिन नटत अनख बढ़ावत लाल॥ 405 ॥

अन्वय—रावरी चतुराई की चाल बलि ह्याँ न चलै, सनख हियैं खिन-खिन नटत लाल अनख बढ़ावत।

ह्याँ=यहाँ। बलि=बलिहारी। रावरी=आपकी। सनख=नखसहित। खिन-खिन=क्षण-क्षण। नटत=नहीं (इंकार) करना। अनख=क्रोध। लाल=प्रीतम।

आपकी चतुराई की चाल, बलिहारी है, यहाँ न चलेगी। नख-रेखायुक्त वक्षःस्थल होने पर भी—छाती पर किसी दूसरी स्त्री के नख की खरोंट होने पर भी—क्षण-क्षण में इंकार करके, हे लाल! क्यों अनख बढ़ा रहे हो—मुझे क्रोधित कर रहे हो?

न करु न डरु सबु जगु कहतु कत बिनु काज लजात।
सौहैं कीजे नैन जौ साँचौ सौहैं खात॥ 406॥

अन्वय—न करु न डरु सबु जगु कहतु बिनु काज कत लजात जौ साँचौ सौहैं खात नैन सौहैं कीजै।

कत = क्यों। बेकाज = व्यर्थ। सौहैं = सम्मुख, सामने। कीजै = कीजिए। सौहैं = शपथ, कसम।

"न करो तो न डरो"—सारा संसार यही कहता है। (फिर) आप व्यर्थ क्यों लजाते हैं? (यदि) आप सच्ची कसम खाते हैं—यदि आप सचमुच आज रात को किसी दूसरी स्त्री के पास नहीं गए थे, तो आँखें सामने (बराबर) कीजिए—ढीठ होकर इधर ताकिए।

कत कहियत दुखु देने कौं रचि-रचि बचत अलीक।
सबै कहाउ रह्यौ लख भाल महाउर लीक॥ 407॥

अन्वय—दुखु देने कौं रचि-रचि अलीक बचन कत कहियत। भाल महाउर लीक लख सबै कहाउ रह्यौ।

कत = क्यों। रचि-रचि = बना-बनाकर, गढ़-गढ़कर। अलीक = झूठ। कहाउ = कहना, कथन। भाल = मस्तक। लीक = रेखा।

दुःख देने के लिए रच-रचकर झूठी बातें क्यों कह रहे हो? तुम्हारे मस्तक पर (किसी दूसरी स्त्री के पैर के) महावर की रेखा देखने से ही सब कहना (यों ही) रह जाता है—सब कहना झूठ साबित हो जाता है।

नख - रेखा सौहैं नई अलसौहैं सब गात।
सौहैं होत न नैन ए तुम सौहैं कत खात॥ 408॥

अन्वय—नख नई रेखा सौहैं, सब गात अलसौहैं, ए नैन सौहैं न होत तुम कत सौहैं खात।

नख-रेखा = नख की खरोंट, नख-क्षत। सौहैं = शोभती है। अलसौहैं = अलसाया हुआ। सौहैं = सामने। सौहैं = शपथ। कत = क्यों।

(हृदय पर किसी दूसरी स्त्री द्वारा दी गई) नख की नई रेखा शोभा दे रही है। (संभोग करने के कारण) सारा शरीर अलसाया हुआ है। (लज्जा से तुम्हारी) ये आँखें भी सामने नहीं होतीं। फिर तुम क्यों (व्यर्थ) शपथ खा रहे हो? (कि मैं किसी दूसरी स्त्री के पास नहीं गया था।)

लाल सलोने अरु रहे अति सनेह सौं पागि।
तनक कचाई देत दुख सूरन लौं मुँह लागि॥ 409॥

अन्वय—लाल सलोने अरु अति सनेह सौं पागि रहे, तनक कचाई सूरन लौं मुँह लागि दुख देत।

सलौने = (1) लावण्ययुक्त (2) लवणयुक्त। सनेह सौं पागि = (1) प्रेम में सराबोर (2) तेल में तला हुआ। कचाई = (1) बात का हल्कापन (2) कच्चापन। सूरन = एक प्रकार की तरकारी, ओल, जिसकी बड़ी-बड़ी गोल-मटोल गाँठें जमीन के अंदर पैदा होती हैं; वह नमक और तेल में तला हुआ होने पर भी जरा-सा कच्चा रह जाने पर मुँह में सुरसुराहट और खाज-सी पैदा करता है। लौं = समान। मुँह लागि = (1) मुँह से लगाकर, जबान पर आकर (2) मुँह में खुजलाहट पैदा कर।

हे लाल! आप लावण्ययुक्त हैं, और स्नेह में अत्यंत सराबोर भी हैं। किंतु आपकी जरा-सी कच्चाई भी सूरन के समान मुख से लगकर दुःख देती है।

कत लपटइयतु मो गरैं सो न जु ही निसि सैन।
जिहिं चंपकबरनी किए गुल्लाला रँग नैन॥ 410॥

अन्वय—मो गरैं कत लपटइयतु सो न जु निसि सैन ही, जिहिं चंपकबरनी नैन गुल्लाला रँग किए।

सो = वह। जु = जो। ही = थी। सैन = शयन। जिहि = जिस। चंपकबरनी = चंपा के फूल के समान सुनहली देहवाली। गुल्लाला = एक प्रकार का लाल फूल।

मेरे गले से क्यों लिपटते हो? मैं वह नहीं हूँ, जो रात में सोई थी, और जिस चंपकवर्णी ने तुम्हारी आँखों को गुल्लाला के रंग का कर दिया था।—रात-भर जगाकर लाल कर दिया था।

पल सोहैं पगि पीक रँग छल सौहैं सब बैन।
बल सौहैं कत कीजियत ए अलसौहैं नैन॥ 411 ॥

अन्वय—पल पीक रँग पगि सौहैं, सब बैन छल सोहैं। ए अलसौहैं नैन बल सोहैं कत कीजियत।

पल=पलक। सोहैं=शोभते हैं। पगि=पगकर, सराबोर होकर। पीक रँग=लाल रंग। छल सोहैं=छल से भरी हैं। बल=जबरदस्ती। सौहैं=सामने। अलसौहैं=अलसाए हुए।

तुम्हारी पलकें पीक के रंग से सराबोर होकर शोभ रही हैं—रात-भर जगने से आँखें लाल हो गई हैं और, तुम्हारी सारी बातें छल से (भरी) हैं। फिर, इन अलसाई हुई आँखों को जबरदस्ती सामने (करने की चेष्टा) क्यों कर रहे हो?

भये बटाऊ नेहु तजि बादि बकति बेकाज।
अब अलि देत उराहनौ अति उपजति उर लाज॥ 412 ॥

अन्वय—नेहु तजि बटाऊ भये बेकाज बादि बकति। अलि अब उराहनौ देत उर लाज उपजति।

बटाऊ=बटोही, रमत जोगी, विरागी। बादि=व्यर्थ, बेकार। बेकाज=बेमतलब, निष्प्रयोजन। अलि=सखी। उराहनौ=उलहना।

प्रेम छोड़कर ये बटोही हो गए, फिर क्यों निष्प्रयोजन बकती हो? अरी सखी! अब इन्हें उलहना देने में भी हृदय में अत्यंत लाज उपजती है—बड़ी लज्जा होती है।

नोट— *बटोही से भी कोई करता है प्रीत!*
मसल है कि जोगी हुए किसके मीत॥—मीर हसन

सुभर भर्‌यौ तुव गुन-कननु पकयौ कपट कुचाल।
क्यौंधौं दार्‌यौ ज्यौं हियौ दरकतु नाहिन लाल॥ 413 ॥

अन्वय—तुव गुन-कननु सुभर भर्‌यौ कपट कुचाल पकयौ, लाल क्यौंधौं दार्‌यौ ज्यौं हियौ नाहिन दरकतु।

सुभर भर्‌यौ=अच्छी तरह भर गया है। कननु=दोनों से। पकयौ=पका दिया है। दार्‌यौ=दाड़िम=अनार। दरकतु=फटता है।

तुम्हारे गुण-रूपी दानों से अच्छी तरह भर गया है, और तुम्हारे कपट और कुचाल ने उसे पका भी दिया है; तो भी हे लाल! न मालूम क्यों अनार के समान मेरा हृदय फट नहीं जाता?

नोट—दाने भर जाने और अच्छी तरह फक जाने पर अनार आप-से-आप फट जाता है। हृदय पकने का भाव यह है कि कपट, कुचाल सहते-सहते नाकों दम हो गया है। असह्य कष्ट के अर्थ में 'छाती पक जाना' मुहावरा भी है।

मैं तपाइ त्रय - ताप सौं राख्यौ हियौ - हमामु।
मति कबहूँ आवै यहाँ पुलकि पसीजै स्यामु॥ 414 ॥

अन्वय—मैं हियौं-हमामु त्रय-ताप सौं तपाइ राख्यौ, मति कबहूँ पुलकि पसीजै स्यामु यहाँ आवै।

तपाइ=गर्म करके। त्रय-ताप=तीन ताप=कामाग्नि, विरहाग्नि और उद्दीपन-ज्वाला। हमामु=हम्माम, स्नानागार। मति=संभावना-सूचक शब्द, शायद। पुलकि पसीजै=रोमांचित और पसीने से भींजे हुए।

मैं अपने हृदय-रूपी स्नानागार को तीन तापों से तपाकर (इसलिए) रक्खा है कि शायद कभी (किसी दूसरी प्रेमिका से समागम करने के पश्चात्) रोमांचित और पसीने से तर होकर कृष्णचंद्र यहाँ आ जाएँ (तो स्नान करके थकावट मिटा लें)।

नोट—कृष्ण के प्रति राधा का उपालंभ जिस तरह हम्माम में तीन ओर से (छत से, नीचे से तथा दीवारों से) पानी में गर्मी पहुँचाई जाती है, उसी प्रकार मैंने भी अपने हृदय को उक्त तीन तापों से गरम कर रक्खा है।

आज कछू औरै भए छए नए ठिकठैन।
चित के हित के चुगुल ए नित के होहिं न नैन॥ 415॥

अन्वय—नए ठिकठैन छए आज कछू औरै भए, चित के हित के चुगुल ए नैन नित के न होहिं।

नए ठिकठैन छए = नए ठीकठाक से ठए, नवीन सजधज से सजे। चित्त के हित के = हृदय के प्रेम के। चुगुल = चुगलखोर। नित = नित्य।

नवीन सजधज से सजे आज ये कुछ और ही हो गए हैं। चित्त के प्रेम की चुगली करनेवाले ये नेत्र नित्य के-से नहीं हैं—जैसे अन्य दिन थे, वैसे आज नहीं हैं। (निस्संदेह आज किसी से उलझ आए हैं।)

फिरत जु अटकत कटनि बिनु रसिक सुरस न खियाल।
अनत-अनत नित-नित हितनु चित सकुचत कत लाल॥ 416॥

अन्वय—बिनु कटनि जु अटकत फिरत रसिक सुरस खियाल न, नित-नित अनत-अनत हितनु लाल चित कत सकुचत।

अटकत फिरत = समय गँवाते फिरते हो। कटनि = आसक्ति। खियाल = विचार, तमीज! अनत-अनत = अन्यत्र, दूसरी-दूसरी जगहों में। सकुचत = लजाते हो।

बिना आसक्ति के ही जो अटकते फिरते हो—जिस-तिस से उलझते फिरते हो—सो, हे रसिक! क्या तुम्हें रस का कुछ विचार नहीं है? नित्य ही जहाँ-तहाँ प्रेम करके हे लाल! तुम मन में क्यों लजा रहे हो? (तुम्हारी यह घर-घर प्रीति करते चलने की आदत देखकर मुझे भी लज्जा आती है।)

जो तिय तुम मनभावती राखी हियै बसाइ।
मोहि झुकावति दृगनु ह्वै वहिईं उझकति आइ॥ 417॥

अन्वय—जो तिय तुम मनभावती हियै बसाइ राखी, वहिईं दृगनु ह्वै आइ उझकति मोहि झुकावति।

तुम = तुम्हारी। मनभावती = प्रियतमा। झुकावति = चिढ़ाती है। दृगनु ह्वै = आँखों की राह से। वहिईं = वही। उझकति = झाँकती।

जो स्त्री तुम्हारी परम प्यारी है (और जिसे तुमने) हृदय में बसा रक्खा है, वही (तुम्हारी) आँखों की राह आ (मेरी तरफ) झाँक-झाँककर मुझे चिढ़ाती है।

नोट—नायिका अपनी ही सुंदरी मूर्त्ति को नायक की उज्ज्वल आँखों में प्रतिबिंबित देख और उसे नायक के हृदय में बसी हुई अपनी सौत समझकर ऐसा कहती है।

मोहि करत कत बावरी करैं दुराउ दुरै न।
कहे देत रँग राति के रँग निचुरत-से नैन॥ 418॥

अन्वय—मोहि कत बावरी करत, दुराउ करैं दुरै न, रँग निचुरत-से नैन राति के रँग कहे देत।

बावरी = पगली। दुराव = छिपाव। दुरै न = नहीं छिपता। राति के रँग = रात्रि में किए गए भोग-विलास।

मुझे क्यों पगली बना रहे हो? छिपाने से तो छिप नहीं सकता। ये तुम्हारे रंग-निचुड़ते-हुए-से नेत्र—लाल रंग में सराबोर नेत्र–रात के (सारे) रंग कह देते हैं (कि कहीं रात-भर जगकर तुमने केलि-रंग किया है।)

पट सौं पोंछि परी करौ खरी भयानक भेख।
नागिनि ह्वै लागति-दृगनु नागबेलि रँग रेख॥ 419॥

अन्वय—पट सौं पोंछि परी करौ भेख खरी भयानक। नागबेलि रँग रेख दृगनु नागिनि ह्वै लागति।

पट = कपड़ा। परी करौ = दूर करो। खरी = अत्यंत। भेख = वेष = रूप। दृगनु = आँखों में। नागबेलि = नाग-वल्ली, पान। रेख = लकीर।

कपड़े से पोंछकर दूर करो—मिटाओ। इसका वेश अत्यंत भयावना है। (तुम्हारे नेत्रों में लगी हुई) पान

की लकीर मेरी आँखों में नागिन के समान लग रही है (नागिन-सी डँस रही है ।)

नोट—पर-स्त्री के साथ रात भर जगने से नायक की आँखें लाल-लाल हो रही हैं । इसलिए क्रुद्ध होकर नायिका व्यंगबाण छोड़ रही है ।

ससि-बदनी मोकौ कहत हौं समुझी निजु बात।
नैन-नलिन प्यौ रावरे न्याव निरखि नै जात।। 420 ।।

अन्वय—प्यौ निजु बात हौं समुझी, मोकौ ससि-बदनी कहत रावरे नैन-नलिन न्याव निरखि नै जात ।

ससि-बदनी = चंद्रमुखी । मोकौ = मुझको । निजु = निजगुत, ठीक-ठीक । नलिन = कमल । प्यौ = पिय । नै जात = नम जाते हैं, झुक जाते हैं ।

हे प्रीतम ! सच्ची बात मैंने आज समझी । मुझे आप चंद्रदनी कहते हैं (इसीलिए) आपके नेत्र (अपने को) कमल-तुल्य समझकर (मेरे मुखचंद्र के सामने) झुक (संकुचित हो) जाते हैं ।

नोट—रात-भर नायक दूसरी स्त्री के पास रहा है । प्रातःकाल लज्जावश नायिका के सामने उसकी आँखें नहीं उठतीं—झेंपती हैं । चंद्रमा के साथ कमल अपनी आँखें बराबर नहीं कर सकता ।

दुरै न निघरघट्यौ दियैं ए रावरी कुचाल।
विषु-सी लागति है बुरी हँसी खिसी की लाल।। 421 ।।

अन्वय—निघरघट्यौ दियैं रावरी ए कुचाल न दुरै । लाल, खिसी की हँसी विषु-सी बुरी लागति है ।

निघरघट्यौ = सफाई देना । कुचाल = दुश्चरित्रता । रावरी = आपकी । खिसी की हँसी = खिसियानपन की हँसी, बेहयाई की हँसी ।

सफाई देने पर भी आपकी यह कुचाल नहीं छिप सकती । हे लाल, (आपकी) यह बेहयाई की हँसी (मुझे) विष के समान बुरी लगती है ।

जिहिं भामिनि भूषनु रच्यौ चरन-महाउर भाल।
उहीं मनौ अँखियाँ रँगीं ओठनु कै रँग लाल।। 422 ।।

अन्वय—जिहिं भामिनि चरन-महाउर भाल भूषनु रच्यौ, लाल मनौं उहीं ओठनु कै रँग अँखियाँ रँगीं ।

जिहिं = जिसने । भामिनि = स्त्री । भाल = मस्तक । मनौ = मानो ।

जिस स्त्री ने (अपने) पैरों के महावर से (तुम्हारे) मस्तक में भूषण रचा है—तुम्हारे मस्तक को भूषित किया है—हे लाल ! मानो उसी ने अपने ओठों के (लाल) रंग में तुम्हारी आँखें भी रँग दी हैं । जिस मानिनी स्त्री के पैरों पड़कर तुमने मनाया है, उसी ने रात-भर जगा-जगाकर तुम्हारी आँखें लाल-लाल कर दी हैं ।

नोट—"ओठनु के रँग अँखियाँ रँगी" में हृदय-संवेद्य सरसता है ।

चितवनि रूखे दृगनु की हाँसी बिनु मुसकानि।
मानु जनायौ मानिनी जानि लियौ पिय जानि।। 423 ।।

अन्वय—रूखे दृगनु की चितवनि, बिनु हाँसी मुसकानि, मानिनी मानु जनायौ, जानि पिय जानि लियौ ।

रूखे = प्रेमरसहीन । दृगनु = आँखें । जानि = ज्ञान, प्रवीण ।

रूखी आँखों की चितवन और बिना हँसी की मुस्कुराहट से मानिनी ने अपना मान जताया और प्रवीण प्रीतम ने जान लिया—इन लक्षणों को देखकर नायिका का मान परख लिया ।

बिलखी लखै खरी-खरी भरी अनख बैराग।
मृगनैनी सैन न भजै लखि बेनी के दाग।। 424 ।।

अन्वय—मृगनैनी अनख बैराग भरी खरी-खरी बिलखी लखै, बेनी के दाग लखि सैन न भजै ।

बिलखी = व्याकुलता से । अनख = क्रोध । बैराग = उदासीनता । सैन न भजै = शयन नहीं करती, शय्या पर नहीं जाती ।

वह मृगनैनी क्रोध और उदासीनता से भरी खड़ी-खड़ी व्याकुलता के साथ देख रही है । (सुकोमल

शय्या पर) वेणी का दाग देखकर शयन करने के लिए नहीं जाती—(यह समझकर कि इस पलंग पर प्रीतम ने किसी दूसरी स्त्री के साथ विहार किया है।)

हँसि हँसाइ उर लाइ उठि कहि न रुखौहैं बैन।
जकित थकित ह्वै तकि रहे तकत तिलौंछे नैन॥ 425॥

अन्वय—हँसि हँसाइ उठि उर लाइ रुखौहैं बैन न कहि। तिलौंछे नैन तकत जकित थकित ह्वै तकि रहे।

लाइ = लगाओ। रुखौहैं = नीरस। जकित = स्तंभित। तिलौंछे = तिरछे।

हँसाकर हँसो और उठकर छाती से लगा लो, यों रूखी बातें न कहो। (देखो) तुम्हारे तिरछी आँखों से देखते ही ये (प्रीतम) स्तंभित और शिथिल-से हो रहे हैं।

रस की-सी रुख ससिमुखी हँसि-हँसि बोलति बैन।
गूढ़ मानु मन क्यौं रहै भए बूढ़ - रँग नैन॥ 426॥

अन्वय—ससिमुखी रस की-सी रुख हँसि-हँसि बैन बोलति मन मानु गूढ़ क्यौं रहै नैन बूढ़ रँग भए।

रस = प्रेम। रुख = चेष्टा। गूढ़ = गुप्त, छिपा हुआ। बूढ़ = बीरबहूटी, एक लाल बरसाती कीड़ा।

वह चंद्रवदनी प्रेम की-सी चेष्टा से हँस-हँसकर बातें करती हैं, उसके हृदय का मान गुप्त कैसे रह सकता है, (फलतः) आँखें बीरबहूटी के रंग की (लाल-लाल) हो उठी हैं।

मुँह मिठासु दृग चीकने भौहैं सरल सुभाइ।
तऊ खरैं आदर खरौ खिन - खिन हियौ सकाइ॥ 427॥

अन्वय—मुँह मिठासु दृग चीकने भौहैं सुभाइ सरल, तऊ खरैं आदर खिन-खिन हियौ खरौ सकाइ।

सुभाइ = स्वभावतः। तऊ = तेरी। खरैं-खरौ = अत्यंत। खिन-खिन = क्षण-क्षण। सकाइ = शंकित होता है।

मुँह में मिठास है—बातें मीठी हैं, आँखें चिकनी हैं—स्नेह-स्निग्ध हैं, और भौहैं भी स्वभावतः सीधी हैं; तो भी तुम्हें अत्यंत आदर करते देखकर क्षण-क्षण (मेरा) हृदय बहुत डरता है (कि कहीं तुम रुष्ट तो नहीं हो—यह आदर-भाव बनावटी तो नहीं है!)

पति रितु औगुन गुन बढ़तु मानु माह कौ सीत।
जातु कठिन ह्वै अति मृदौ रवनी - मन - नवनीतु॥ 428॥

अन्वय—मानु माह कौ सीत पति औगुन रितु गुन बढ़तु। अति मृदौ रवनी-मन-नवनीतु कठिन ह्वै जातु।

माह = माघ! मृदौ = कोमल भी। नवनीत = घी, नैनू, मक्खन।

मान और माघ के जाड़े में (पूरी समता है। मान में) पति का अवगुण बढ़ता है—पति के दोष दिखलाई पड़ते हैं (और भाव के जाड़े में) ऋतु का गुण बढ़ता है—शीत का वेग बढ़ता है। (मान में) अत्यंत कोमल रमणी का चित्त भी कठोर हो जाता है, और (माघ में) अत्यंत कोमल मक्खन भी कठोर हो जाता है।

नोट— *पति अवगुन रितु के गुनन, बढ़त मान अरु सीत।*
होत मान तें मन कठिन, सीत कठिन नवनीत॥—लल्लूलाल

कपट सतर भौहैं करीं मुख अनखौहैं बैन।
सहज हँसौहैं जानिकै सौहैं करति न नैन॥ 429॥

अन्वय—कपट भौहैं सतर-करीं मुख अनखौहैं बैन, नैन सहज हँसौहैं जानिकै सौहैं न करति।

सतर = तिरछा। अनखौहैं = क्रोधयुक्त। सहज = स्वभावतः। हँसौहैं = हँसोड़, विनोदशील, चिर-प्रसन्न,

प्रफुल्ल। सौंहैं = सामने।

छल से भौंहों को तिरछा कर लिया, और मुख से क्रोधयुक्त वचन (कहने लगी); किंतु अपने नेत्रों को स्वभावतः हँसोड़ जानकर (नायक के) सम्मुख नहीं करती (इस शंका से कि कहीं ये आँखें हँसकर यह बनावटी मान बिगाड़ न दें !)

सोवति लखि मन मानु ढिग धरि सोयौ प्यौ आइ।
रही सुपन की मिलनि मिलि तिय हिय सौं लपटाइ॥ 430॥

अन्वय—मन मानु धरि सोवति लखि प्यौ ढिग आइ सोयौ, तिय हिय सौं लपटाइ सुपन की मिलनि मिलि रही।

मन में मान धारण कर प्रियतमा को सोया देख प्रीतम (चुपचाप) उसके निकट आकर सो रहा। (इधर) प्रियतमा भी (अंगस्पर्श से कामोद्दीपन होने के कारण) उसके हृदय से लिपटकर स्वप्न का मिलन मिलने लगी।

नोट—नायक पर नायिका क्रुद्ध थी। झूठमूठ सोने का बहाना किए पड़ी थी। नायक रहस्य समझ गया। चुपचाप उसके पास सटकर सो रहा। अब वह अपने प्रेमावेश को रोक न सकी, किंतु खुलकर मिलने में अपनी हेठी समझ नींद की बेखबरी में ही नायक के गले में यों लिपट गई मानो स्वप्न में मिल रही हो। स्त्रियों की तरल प्रकृति का यह चित्र है।

दोऊ अधिकाई भरे एकै गौं गहराइ।
कौनु मनावै को मनै मानै मन ठहराइ॥ 431॥

अन्वय—दोऊ अधिकाई भरे एकै गौं गहराइ, कौनु मनावै को मनै मानै मन ठहराइ।

गौं = घात। गहराइ = अड़ना, डटना। मानै = मान ही में।

दोनों ही अधिकाई से भरे हैं—एक दूसरे से बढ़े-चढ़े हैं (और दोनों) एक ही घात पर अड़े हुए हैं—(वे सोचते हैं कि वह मनावेगी, और यह सोचती है कि वे मनावेंगे)। फिर कौन किसको मनावे और कौन किससे माने ? (शायद) मान ही में दोनों की मति ठहरती है—दोनों को मान ही पसंद है।

लग्यो सुमनु ह्वैहै सुफलु आतप-रोस निवारि।
बारी - बारी आपनी सींचि सुहृदता-बारि॥ 432॥

अन्वय—सुमनु लग्यो सुफलु ह्वैहै आतप-रोग निवारि अपनी बारी-बारी सुहृदता-बारि सींचि।

सुमनु = (1) सुंदर मन (2) फूल। सुफलु = (1) सफलता (2) सुंदर फल। आतप = धूप, घाम। रोस = रोष = क्रोध। बारी = (1) अनुभवहीन बालिका (2) मँजरी हुई। बारी = (1) पारी माँज (2) वाटिका फुलवारी। सुहृदता = प्रेम, सहृदयता। बारि = पानी।

(जब) सुंदर मन (रूपी फूल) लगा है, (तब) सफलता (रूपी) सुंदर फल होगी ही अतः क्रोध रूपी धूप को निवारण कर अपनी इस मँजरी हुई वाटिका में प्रेम रूपी जल छिड़क—अथवा अपनी पारी अपने पर दिल खोलकर नायक से मिल।

गह्यौ अबोलौ बोलि प्यौ आपुहिं पठै बसीठि।
दीठि चुराई दुहुँनु की लखि सकुचौंही दीठि॥ 433॥

अन्वय—आपुहिं बसीठि पठै प्यौ बोलि अबोलौ गह्यौ, दुहुँनु की सकुचौंही दीठि लखि चुराई।

आपुहिं = स्वयं ही। गह्यौ अबोलौ = मौन धारण कर लिया। बोलि = बुलाकर। बसीठि = दूति। दीठि = नजर। सकुचौंही = लजीली।

स्वयं दूती भेज प्रीतम को बुलाकर (उनके आने पर) मौन धारण कर लिया। (दूती और प्रीतम) दोनों की लजीली आँखों को देखकर (यह समझ कि दोनों ने मिलकर रतिक्रीड़ा की है, क्रोध में आ) उसने अपनी नजर चुरा ली—नायक से आँखें तक न मिलाईं।

मानु करत बरजति न हौं उलटि दिवावति सौंह।
करी रिसौंहीं जाहिंगी सहज हँसौंहीं भौंह॥ 434॥

अन्वय—मानु करत हौं न बरजति उलटि सौंह दिवावति। सहज हँसौंहीं भौंह रिसौंहीं करी जाहिंगी।

बरजति = बरजना, मना करना। सौंह = शपथ। रिसौंहीं = रोषयुक्त, टेढ़ी। सहज = स्वाभाविक। हँसौंहीं = हँसोड़, विकसित, प्रसन्नतासूचक।

मान करने से मैं मना नहीं करती, (वरन्) उलटे मैं शपथ दिलाती हूँ (कि तू अवश्य मान कर; किंतु कृपा कर यह तो बता कि क्या तुझसे) ये स्वाभाविक हँसोड़ भौंहें रोषयुक्त (बंक) की जा सकेंगी?

खरी पातरी कान की कौनु बहाऊ बानि।
आक-कली न रली करै अली अली जिय जानि॥ 435॥

अन्वय—कान की खरी पातरी कौनु बहाऊ बानि। अली जिय जानि अली आक-कली रली न करै।

खरी = अत्यंत। बहाऊ = बहा ले जानेवाली, बहकाऊ। आक = अकवन। रली करै = विहार करे। अली = सखी। अली = भौंरा।

तुम कान की अत्यंत पतली हो—जो कोई चुगली कर देता है, सुन लेती हो। यह कौन-सी बहकाऊ आदत है? सखी! यह बात हृदय से जान लो कि भौंरा अकवन की कली के साथ विहार नहीं करता—(तुम-सी तन्वंगी तरुणी को छोड़कर अन्य काली-कलूटी के पास वह रसिक नायक नहीं जा सकता।)

रूख रूखी मिस रोष मुख कहति रुखौहैं बैन।
रूखे कैसैं होत ए नेह चीकने नैन॥ 436॥

अन्वय—रूखी रूख रोष मिस मुख रुखौहैं बैन कहति, नेह चीकने नैन ए कैसैं रूखे होत।

रूख = चेष्टा। मिस = बहाना। रुखौहैं = रूखी, सूखी, कर्कश। नेह-चीकने = (1.) स्नेह-स्निग्ध, प्रेम-रस में पगे (2) तेल से चीकने बने।

रूखी चेष्टा से क्रोध का बहाना कर मुख से रूखी बातें कहती है, किंतु प्रेम से पगे ये नैन कैसे रूखे हों?

सौहैं हूँ हेर्‌यौ न तैं केती द्याई सौंह।
ए हो क्यौं बैठी किए ऐंठी - ग्वैंठी भौंह॥ 437॥

अन्वय—केती सौंह द्याई तैं सौहैं हूँ न हेर्‌यौ, ए हो ऐंठी-ग्वैंठी भौंह किए क्यौं बैठी?

सौहैं = सम्मुख। हेर्‌यौ = देखा। द्याई = दिलाई। सौंह = शपथ, कसम। ए हो = अरी। ऐंठी-ग्वैंठी = टेढ़ी-मेढ़ी बंकिम।

कितनी भी कसमें दिलाईं; किंतु तूने सामने देखा—मेरी ओर न ताका। अरी, यों भौंहों को टेढ़ी-मेढ़ी करके क्यों बैठी है?

ए री यह तेरी दई क्यौं हूँ प्रकृति न जाइ।
नेह - भरे ही राखियै तउ रूखियै लखाइ॥ 438॥

अन्वय—ए री दई यह तेरी प्रकृति क्यौं हूँ न जाइ, नेह-भरे राखियै ही तऊ रूखियै लखाइ।

प्रकृति = स्वभाव। नेह = (1) प्रेम (2) तेल। लखाइ = दीख पड़ना।

अरी! हा री दई! यह तेरा स्वभाव किसी प्रकार नहीं बदलता। नेह से भरे (हृदय में) रखने पर भी तू रूखी दीख पड़ती है—नीरस (क्रुद्ध) ही मालूम पड़ती है।

बिधि बिधि कौन करै टरै नहीं परे हूँ पान।
चितै कितै तैं ले धर्‌यौ इतौं इतैं तनु मान॥ 439॥

अन्वय—पान परे हूँ नहीं टरै बिधि कौन करै, चितै इतैं तनु इतौं मान कितै तैं लै धर्‌यौ?

बिधि = ब्रह्मा। टरै = निकले, दूर हो। पान = पैरों। चितै = देखो। कितै = कहाँ से। इतौं = इतना।

इतै = इतने।

पैरों पड़ने से भी (तेरा मान) दूर नहीं होता। (अब) हे विधाता, किस विधान से यह दूर होगा? देख, इतने-से (छोटे) शरीर से तूने इतना (बड़ा) मान कहाँ से लेकर रख लिया है?

तो रस राँच्यौ आन - बस कहैं कुटिल-मति कूर।
जीभ निबौरी क्यौं लगै बौरी चाखि अँगूर॥ 440॥

अन्वय—तो रस राँच्यौ आन-बस कहैं कुटिल-मति कूर, बौरी जीभ अँगूर चाखि निबौरी क्यौं लगै?

रस = प्रेम। राँच्यौ = अनुरक्त है। आन-बस = परवश। कूर = क्रूर, निर्दय। निबौरी = नीम। लगै = आसक्त हो। बौरी = पगली।

(प्रीतम तो) तुम्हारे ही प्रेम में पगा है। (जो उसे) दूसरे के वश में बतलाते हैं, वे कुटिल-बुद्धि और निर्दय हैं। अरी पगली! जीभ अंगूर चखकर नीम पर किस प्रकार अनुरक्त होगी—(तुम्हारे इस सुंदर रूप के आगे उसे अन्य स्त्री कैसे पसंद आएगी?)

हा हा बदनु उघारि दृग सुफल करैं सबु कोइ।
रोज सरोजनु के परै हँसी ससी की होइ॥ 441॥

अन्वय—हा हा बदनु उघारि सबु कोइ दृग सुफल करैं, सरोजनु के रोज परै ससी की हँसी होइ।

बदनु उघारि = घूँघट उठा दो। रोज परै = रोना पड़े। हँसी = निंदा।

अहाहा! जरा अपना घूँघट उघार दो, ताकि सब कोई नेत्र सफल कर लें, कमलों को रोना पड़े, और चंद्रमा की हँसी हो।

गहिली गरबु न कीजिये समै सुहागहिं पाइ।
जिय की जीवनि जेठ सो माह न छाँह सुहाइ॥ 442॥

अन्वय—गहिली समै सुहागहिं पाइ गरबु न कीजिये, छाँह जेठ जिय की जीवनि सो माह न सुहाइ।

गहिली = (सं० ग्रहिली) पगली। माह = माघ। छाँह = छाया।

अरी बावली! यह जवानी का समय और प्रीतम के प्रेम का सौभाग्य पाकर अभिमान न कर। देख, जो जेठ (जवानी) में प्राणों का प्राण है, वही छाया (स्त्री) माघ में (जवानी ढलने पर) नहीं सुहाती—अच्छी नहीं लगती।

कहा लेहुगे खेल पैं तजौ अटपटी बात।
नैकु हँसौंही हैं भई भौंहैं सौंहैं खात॥ 443॥

अन्वय—खेल कहा पैं लेहुगे अटपटी बात तजौ, सौंहैं खात भौंहैं नैकु हँसौंही भई हैं।

कहा = क्या। लेहुगे = लोगे, पाओगे। खेल पैं = विनोद से। अटपटी = बे-सिर-पैर की। हँसौंही = हँसीली। सौंहैं = सौगंध।

इस खेल में क्या पा जाओगे? अटपटी बातों को छोड़ो। कितनी सौगंधें खाने पर इसकी भौंहें जरा हँसीली हुई हैं—तुम्हारी निर्दोषिता के विषय में कितनी सौगंधें खाकर मैंने इसे कुछ-कुछ मनाया है। (फिर अंटसंट बोलकर इसे क्यों चिढ़ा रहे हो?)

सकुचि न रहियै स्याम सुनि ए सतरौंहैं बैन।
देत रचौंहैं चित कहे नेह नचौंहैं नैन॥ 444॥

अन्वय—ए सतरौंहैं बैन सुनि स्याम सकुचि न रहियै, नेह नचौंहैं नैन रचौंहैं चित कहे देत।

सकुचि = संकोच करके। सतरौंहैं = क्रोधपूर्ण। बैन = वचन। रचौंहैं = प्रेम में सराबोर, राँचे हुए। नचौंहैं = नाचते हुए, चंचल।

इन क्रोधपूर्ण बातों को सुनकर, हे श्याम, संकोच करके न रह जाइए। उसकी प्रेम से चंचल हुई आँखें ही अनुरागपूर्ण चित्त को जताए देती हैं—प्रेम से चंचल हुए नेत्र देखकर प्रकट होता है कि उसका हृदय प्रेम से

सराबोर है।

चलौ चलैं छुटि जाइगो हठु रावरैं सँकोच।
खरे चढ़ाए हे ति अब आए लोचन लोच॥ 445॥

अन्वय—चलौ चलैं रावरैं सँकोच हठु छुटि जाइगो, हे ति अब खरे चढ़ाए लोचन लोच आए।

चलैं = चलने पर। रावरैं = आपके, तुम्हारे। सँकोच = मुरौवत, मुलाहजा, लिहाज। खरे चढ़ाए = खूब चढ़े हुए, क्रुद्ध।

चलो, चलने पर तुम्हारे संकोच में पड़कर उसका हठ (मान) छूट जाएगा—वह मान जाएगी, क्योंकि जो नेत्र तब खूब चढ़े हुए (क्रुद्ध) थे, उनमें अब लोच (कोमलता) आ गई है—उसकी चढ़ी हुई आँखें अब नम्र हो गई हैं।

अनरस हूँ रस पाइयतु रसिक रसीली पास।
जैसे साँठे की कठिन गाँठ्यौ भरी मिठास॥ 446॥

अन्वय—रसिक रसीली पास अनरस हूँ रस पाइयतु, जैसे साँठे की कठिन गाँठ्यौ भरी मिठास।

साँठे = ऊख, ईख। गाँठ्यौ = गाँठ (गिरह) में भी।

ऐ रसिया! रसीली (नायिका) के पास अनरस (क्रोध और मान) में भी रस (आनंद) मिलता है, जिस प्रकार ऊख की कठिन गाँठ में भी मिठास भरी हुई रहती है।

क्यौंहूँ सह मात न लगै थाके भेद उपाइ।
हठ दृग-गढ़ गढ़वैं सु चलि लीजै सुरँग लगाइ॥ 447॥

अन्वय—क्यौंहूँ सह मात न लगै भेद उपाइ थाके, सु चलि हठ दृग-गढ़ गढ़वैं सुरँग लगाइ लीजै।

सह = (1) शह = शतरंज की एक चाल, जिससे शाह की मात होती है (2) युक्ति। मात न लगै = (1) मान (परास्त) नहीं होती (2) नहीं मानती। गढ़वैं = किलेदार, गढ़पति। सुरँग = (1) जमीन के अंदर-ही-अंदर खोदकर बना हुआ बंद रास्ता (2) सुंदर प्रेम। कहीं-कहीं 'सह मात' के स्थान पर 'सह बात' भी पाठ है, जिसका अर्थ है 'मेल की बातचीत'।

किसी प्रकार शह देने से भी मात नहीं होती—किसी भी युक्ति से नहीं मानती। भेद (फूट) के सारे उपाय थक गए—मैं समझा-बुझा (फोड़) कर हार गई। (अतएव) अब आप ही चलकर उस हठ-रूपी दृग गढ़ की किलेदारिन को सुरंग लगाकर—सुंदर प्रेम जताकर—(जीत) लीजिए।

वाही निसि तैं ना मिटौ मान कलह कौ मूल।
भलैं पधारैं पाहुने ह्वै गुड़हर कौ फूल॥ 448॥

अन्वय—कलह कौ मूल मान वाही निसि तैं ना मिटौ, पाहुने गुड़हर कौ फूल ह्वै भलैं पधारैं।

कलह = झगड़ा। मूल = जड़। पाहुने = अतिथि, मेहमान। गुड़हर कौ फूल = अड़हुल का फूल।

हे झगड़े का मूल मान! तुम उसी रात से नहीं मिटे—उस रात से अब तक तुम वर्त्तमान हो। ए पाहुने! अड़हुल का फूल होकर तुम अच्छे आए।

नोट—भाव यह है कि मान कभी-कभी पाहुने की तरह आता और कुछ काल तक ठहरता है और, स्त्रियों का विश्वास है कि जिस घर में अड़हुल का फूल होगा, वहाँ स्त्री-पुरुष में न पटेगी। इसलिए यहाँ 'पाहुन' और 'अड़हुल का फूल' कहा है।

आए आपु भली करी मेटन मान-मरोर।
दूरि करौ यह देखिहै छला छिगुनिया छोर॥ 449॥

अन्वय—मान-मरोर मेटन आए आपु भला करी, छिगुनिया छोर छला दूरि करौ यह देखिहै।

छला = अँगूठी। छिगुनिया = कनिष्ठा अँगुली। छोर = अंत।

मान का मरोड़ (ऐंठ) मेटने को—समझा-बुझाकर (इस नायिका को) मनाने के लिए—आए, सो तो आपने अच्छा ही किया। किंतु छिगुनी के छोर में पहनी गई इस अँगूठी को—(जो निस्संदेह किसी अन्य

युवती की है, क्योंकि छोटी—पतली उँगलियों में पहनी जानेवाली—होने के कारण आपकी अँगुली के छोर पर ही अटकी हुई है)—दूर कीजिए, (नहीं तो) वह देख लेगी (तो फिर मनाना कठिन हो जाएगा !)

हम हारीं कै कै हहा पाइनु पार्‌यौ प्यौऽरु।
लेहु कहा अजहूँ किए तेह तरेर्‌यौ त्यौरु॥ 450॥

अन्वय—हहा कै कै हम हारीं प्यौऽरु पाइनु पर्‌यौ, अजहूँ त्यौरु तेह तरेर्‌यौ किए कहा लेहु।

कै कै हहा=हाय-हाय या दौड़-धूप और कोशिश पैरवी करके। पार्‌यौ=डाल दिया। प्यौऽरु=प्यौ+अरु=अरु प्यौ=प्रीतम को। अजहूँ=अब भी, इतने पर भी। तेह तरेर्‌यौ त्यौरु=क्रोध से त्योरियाँ चढ़ाए।

हाय-हाय करके मैं हार गई, और प्रीतम को भी तुम्हारे पैरों पर लाकर डाल (गिरा) दिया—(मैं भी समझा-बुझाकर थक गई और नायक भी मेरे कहने से तुम्हारे पैरों पड़ा)—इतने पर भी क्रोध से त्योरियाँ चढ़ाकर क्या पाओगी ?

लखि गुरुजन बिच कमल सौं सीसु छुवायौ स्याम।
हरि-सनमुख करि आरसी हियैं लगाई बाम॥ 451॥

अन्वय—गुरुजन बिच लखि स्याम सीसु कमल सौं छुवायौ, बाम हरि-सनमुख आरसी करि हियैं लगाई !

गुरुजन=श्रेष्ठ पुरुष; माता-पिता आदि। सौं=से। आरसी=आईना। बाम=बामा, युवती स्त्री।

(उसे) गुरुजनों के बीच में देखकर श्रीकृष्ण ने अपना सिर कमल से छुलाया (अर्थात्—हे कमलनयने ! अभिवादन करता हूँ) इस पर उस स्त्री (राधिका) ने दर्पण को श्रीकृष्ण के सम्मुख करके हृदय से लगाया (अर्थात्—इसी दर्पण के समान मेरे निर्मल हृदय में भी तुम्हारा प्रतिबिंब विराज रहा है)।

मनु न मनावन कौं करै देतु दुठाइ रुठाइ।
कौतुक लाग्यौ प्यौ प्रिया खिजहूँ रिझवति जाइ॥ 452॥

अन्वय—मनावन कौं मनु न करै रुठाइ देतु, प्यौ कौतुक लाग्यौ प्रिया खिझहूँ रिझवति जाइ।

कौतुक=विनोद, मनोरंजन। लाग्यौ=निमित्त। खिझहूँ=खीझ (झुँझला) कर ही। रिझवति जाइ=प्रसन्न करती जाती है।

(प्रियतमा के रूठने की भावभंगी पर मुग्ध होने के कारण प्रीतम को प्रिया के) मनाने का मन नहीं करता, (अतएव) वह बार-बार उसे रुठा देता है (इधर) प्रीतम के कौतुक के लिए प्रियतमा भी (झूठमूठ अधिकाधिक) खीझकर ही उसे रिझाती जाती है।

सकत न तुव ताते बचन मो रस कौ रस खोइ।
खिन-खिन औटे खीर लौं खरौ सवादिलु होइ॥ 453॥

अन्वय—तुव ताते बचन मो रस कौ रस खोइ न सकत, खिन-खिन औटे खीर लौं खरौ सवादिलु होइ।

ताते=(1) जली-कटी (2) गरम। रस=प्रेम। रस=(1) स्वाद (2) पानी। खिन-खिन= क्षण-क्षण। खीर लौं=(क्षीर) दूध की तरह।

तुम्हारी जली-कटी बातें मेरे प्रेम के रस को खो (सोख या सुखा) नहीं सकतीं—नष्ट नहीं कर सकतीं। (वह तो इन तप्त वचनों से) क्षण-क्षण (अधिकाधिक) औंटे हुए दूध के समान और भी अधिक स्वादिष्ट होता जाता है।

खरैं अदब इठलाहटी उर उपजावति त्रासु।
दुसह संक विष कौ करै जैसैं सौंठि मिठासु॥ 454॥

अन्वय—खरैं अदब इठलाहटी उर त्रासु उपजावति, जैसे सोंठि मिठासु विष कौ दुसह संक करै।

खरै=अत्यंत। अदब=शिष्टता। इठलाहटी=ऐंठ भी। त्रास=डर।

दुसह = कठोर। सोंठि मिठासु = सोंठ में मिठास आ जाने पर वह विषैली हो जाती है, खाने से दस्त कै और सिर-दर्द होने लगता है।

(प्यारी का) अदब के साथ इठलाना भी हृदय में भय उत्पन्न करता है। जिस प्रकार सोंठ की मिठास (सोंठ का स्वाभाविक स्वाद तीता है, अतएव उसकी मिठास) विष की कठिन शंका पैदा करती है।

राति द्यौस हौंसै रहति मान न ठिकु ठहराइ।
जेतौ औगुन ढूँढ़ियै गुनै हाथ परि जाइ॥ 455॥

अन्वय—राति द्यौसे रहति, मान ठिकु न ठहराइ, जेतौ औगुन ढूँढ़ियै गुनै हाथ परि जाइ।

हौंसे रहति = हौंसला ही बना रहता है। ठिकु न ठहराइ = ठीक नहीं जँचता। हाथ परि जाइ = हाथ लग (मिल) जाते हैं।

रात-दिन उत्सुकता बनी रहती है (कि मान करूँ), किंतु मान ठीक नहीं जँचता। (क्योंकि मान करने के बहाने के लिए) जितने ही अवगुण उसमें ढूँढ़ती हूँ, उतने ही गुणों (पर) हाथ पड़ जाते हैं।

नोट—कविवर 'रहीम' की नायिका कहती है—

"करत न हिय अपरधवा सपने पिय,
मान करन की बेरियाँ रहि गइ हीय।"

सतर भौंह रूखे बचन करति कठिनु मनु नीठि।
कहा करौं ह्वै जाति हरि हेरि हँसौंहीं डीठि॥ 456॥

अन्वय—नीठि भौंह सतर बचन रूखे मनु कठिनु करति कहा करौं हरि हेरि डीठि हँसौंही ह्वै जाति।

सतर = तिरछी। नीठि = मुश्किल से। कहा = क्या। हेरि = देखकर। हँसौंहीं = हँसीयुक्त; प्रफुल्ल।

(मान करने की गरज से) मुश्किल से भौंहें तिरछी; वचन रूखे और मन कठोर करती हूँ, (किंतु) क्या करूँ, श्रीकृष्ण को देखते ही दृष्टि विकसित हो जाती है—आँखें हँस पड़ती हैं! (फिर मान कैसे हो?)

मो ही कौ छुटि मान गौ देखत ही ब्रजराज।
रही घरिक लौं मान-सी मान करे की लाज॥ 457॥

अन्वय—ब्रजराज देखत ही कौ मान छुटि गौ, मान-सी मान करे की लाज घरिक लौं रही।

मो = मेरे। ही = हृदय। छूटि गौ = छूट गया। ब्रजराज = श्रीकृष्ण। घरिक = घड़ी + एक = एक घड़ी। मानसी = मान के समान।

श्रीकृष्ण को देखते ही मेरे हृदय का मान छूट गया। हाँ, उस मान के समान करने की लाज एक घड़ी तक अवश्य रही—(एक घड़ी तक इस लाज में ठिठकी रही कि ऐसा मान नाहक क्यों किया, जो निभ न सका।)

दहैं निगोड़े नैन ए गहैं न चेत अचेत।
हौं कसु कै रिसहे करौं ए निसिखे हँसि देत॥ 458॥

अन्वय—ए निगोड़े नैन दहैं, अचेत चेत न गहैं, हौं कसु कै रिसहे करौं ए निसिखे हँसि देत।

चेत न गहैं = होश नहीं सँभालते। अचेत = बेहोश। कसु कै = कसकर, चेष्टा करके। रिसहे = रोषयुक्त। निसिखे = अशिक्षित, मूर्ख।

ये निगोड़े नयन जल जाएँ। ये बेहोश कुछ भी होश नहीं सँभालते। मैं कसकर—बड़ी चेष्टा से—इन्हें रोषयुक्त बनाती हूँ, और ये मूर्ख हँस देते हैं।

तुहूँ कहति हौं आपु हूँ समुझति सबै सयानु।
लखि म्रोहनु जौ मनु रहै तौ मनु राखौं मानु॥ 459॥

अन्वय—तुहूँ कहति हौं आपु हूँ सबै सयानु समुझति, मोहनु लखि जौ मनु रहै तौ मनु मानु राखौं।

आपु हूँ = स्वयं भी। सयानु = चतुराई की बातें, चातुरी।

तू भी कहती है और मैं स्वयं भी सब चतुरी समझती हूँ। किंतु मोहन को देखकर जो मन स्थिर रह सके, तभी तो मन में मान रक्खूँ? (उन्हें देखकर मन ही नहीं स्थिर रहता, फिर मान कैसे करूँ?)

मोहिं लजावत निलज ए हुलसि मिलत सब गात।
भानु-उदै की ओस लौं मानु न जानति जात॥ 460॥

अन्वय—ए निलज सब गात हुलसि मिलत मोहिं लजावत, भानु-उदै की ओस लौं मानु जानति न जात।

हुलसि = लालसा से भरकर। भानु = सूर्य। मानु = मान, गर्व।

(मेरे मान करने पर भी) ये सारे निर्लज्ज अंग (भुजाएँ, हृदय, आँखें, कपोल आदि) ललककर (उन्हें देखते ही) मिल जाते हैं, और मुझे लज्जित कर देते हैं। (सो क्या कहूँ) सूर्योदय (के बाद) की ओस के समान मान नहीं जान पड़ता। समझ में नहीं आता, कैसे गायब हो जाता है।)

खिचैं मान अपराध हूँ चलि गै बढ़ैं अचैन।
जुरत दीठि तजि रिस खिसी हँसे दुहुँन के नैन॥ 461॥

अन्वय—दुहुँन के नैन मान अपराध हूँ खिचैं, अचैन बढ़ैं चलि गै, दीठि जुरत रिस खिसी तजि हँसे।

अचैन = बेचैनी। जुरत = जूड़ते। दीठि = नजर। खिसी = लाज।

दोनों के नेत्र पहले मान और अपराध के कारण (नायिका के मान और नायक के अपराध के कारण) ही खिंचे रहे—तने रहे। किंतु बेचैनी बढ़ते ही (एक दूसरे से मिलन को) चल दिए और नजर जुड़ते (आँखें चार होते) ही क्रोध एवं लाज छोड़कर दोनों के नेत्र हँस पड़े (खिल उठे)।

नभ लाली चाली निसा चटकाली धुनि कीन।
रति पाली आली अनत आए बनमाली न॥ 462॥

अन्वय—नभ लाली निसा चाली चटकाली धुनि कीन, बनमाली न आए, आली अनत रति पाली।

नभ = आकाश। चटकाली = पक्षियों का समूह। रति और पाली = प्रेम का पालन किया, समागम या विहार किया। अली = सखी। अनत = अन्यत्र।

आकाश में लाली छा गई, रात बीत गई, पक्षी समूह चहचहाने लगा, (किंतु) कृष्णजी आए। हे सखि! (मालूम पड़ता है कि) उन्होंने कहीं अन्यत्र प्रेम का पालन किया (विहार किया)।

दच्छिन पिय ह्वै बाम बस बिसराँई तिय-आन।
एकै बासरि कैं बिरह लागी बरष बिहान॥ 463॥

अन्वय—दच्छिन पिय ह्वै बाम बस तिय-आन बिसराँई, एकै बासरि कैं बिरह बरष बिहान लागी।

दच्छिन = दक्षिण = चतुर, दक्ष। बाम = कुटिला (स्त्री)। बासरि = दिन। तिय-आन = स्त्रियों की आन (टेक)। बिहान लागी = बीतने लगी।

चतुर नायक होकर भी तुमने कुटिला के वश में पड़कर प्रेमिका की आन भुला दी—प्रेमिका अपने प्रीतम को दूसरी स्त्री के वश में देख सकती, यह बात भुला दी। (चलकर अपनी प्यारी को तो देखो कि) एक ही दिन का विरह उसे वर्ष के समान बीत रहा है।

आपु दियौ मन फेरि लै पलटैं दीनी पीठि।
कौन चाल यह रावरी लाल लुकावत डीठि॥ 464॥

अन्वय—आपु दियौ मन फेरि लै पलटैं पीठि दीनी, लाल रावरी यह कौन चाल डीठि लुकावत।

मन फेरि लै = मन फेर लिया, उदासीन बन गए। पलटैं = बदले में। पीठि दीनी = पीठ दी = विमुख बन गए। डीठि लुकावत = नजर चुराते हो = शर्माते हो।

अपना दिया हुआ मन वापस लेकर बदले में पीठ दे दी! (यहाँ तक तो अच्छा था, क्योंकि एक चीज

फेर ली, तो उसके बदले में दूसरी दे दी—मन फेर लिया और पीठ दे दी !) किंतु हे लाल, आपकी यह कौन-सी चाल है कि अब नजर चुरा रहे हो ? (चुराना तो चोर का काम है !)

नोट—"मन फेर लेना, पीठ देना, आँख चुराना"—इन तीन मुहावरों द्वारा इस दोहे में कवि ने जान डाल दी है। सिवा उर्दू-कवियों के कोई भी हिन्दी-कवि इस प्रकार मुहावरे की करामात नहीं दिखा सका है। हाँ, 'रसलीन' ने भी अच्छी मुहावरेबंदी की है।

मोहि दयौ मेरौ भयौ रहतु जु मिलि जिय साथ।
सो मनु बाँधि न सौंपियै पिय सौतिन कैं हाथ॥ 465॥

अन्वय—मोहि दयौ मेरौ भयौ, जु जिय साथ मिलि रहतु सो मनु बाँधि पिय सौतिन कैं हाथ न सौंपिये।

जिव = जीव, प्राण। सो = वह। सौंपिये = जिम्मे कीजिए।

आपने मुझे (मन) दिया, (फलतः) वह मेरा हो गया, और अब वह मेरे प्राणों के साथ मिलकर रहता है। उस मन को (जबरदस्ती) बाँधकर, हे प्रीतम, सौतिन के हाथ मत सौंपिये (एक तो उस पर मेरा अधिकार, दूसरे वह मुझसे राजी, फिर न्यायतः उसे दूसरे को देना आपको उचित नहीं !)

मार्‌यौ मनुहारिनु भरी गार्‌यौ खरी मिठाहिं।
वाकौ अति अनखाहटौ मुसक्याहट बिनु नाहिं॥ 466॥

अन्वय—मार्‌यौ मनुहारिनु भरी गार्‌यौ खरी मिठाहिं, वाकौ अति अनखाहटौ बिनु मुसक्याहट नाहिं।

मार्‌यौ = मार भी। मनुहारिनु = मनुहारों, प्यारों,। गार्‌यौ = गाली भी। खरी = अत्यंत। मिठाहिं = मीठी। अनखाहटौ = क्रोध भी।

उसकी मार भी प्यारों से भरी है, और गाली भी अत्यंत मीठी है। उसका अत्यंत क्रोध भी बिना मुस्कुराहट के नहीं होता। (नायक के हृदय में नायिका के प्रतिकूल कुछ नहीं सूझता !)

नोट—इसी प्रकार संस्कृत के एक कवि कहते हैं—"लम्बकुचालिंगनतो लकुचकुचायाः पादतडनं श्रेय;"—लम्बे कुचोंवाली के आलिंगन से छोटे कुचोंवाली का पद-प्रहार भी अच्छा। मसल मशहूर है—"दुधैल गाय की लात भी भली !'

तुम सौतिन देखत दई अपनैं हिय तैं लाल।
फिरति डहडही सबनु मैं वहै मरगजी माल॥ 467॥

अन्वय—लाल, तुम सौतिन देखत अपनैं हिय तैं दई, वहै मरगजी माल सबनु मैं डहडही फिरति।

देखत = देखते रहने पर। डहडही = हरी-भरी, फूली-फली, आनंदित। सबनु = सब लोगों या सखियों के बीच। मरगजी = मलिन, मुरझाई हुई।

हे लाल, तुमने सौतिन के देखते रहने पर भी अपने हृदय से (माला उतारकर) उसे दी, सो उस मुरझाई हुई (मलिन) माला को पहने वह सब (सहेलियों) में आनंदित बनी फिरती है।

बालम बारैं सौति कैं सुनि पर-नारि-बिहार।
भो रसु अनरसु रिस रली रीझि खीझि इक बार॥ 468॥

अन्वय—सौति कैं बारैं बालम पर-नारि-बिहार सुनि रसु अनरसु रिस रली रीझि खीझि इक बार भो।

बालम = वल्लभ = पति। बारैं = पारो, भाँज। बिहार = सम्भोग। रसु = सुख। अनरसु = दुःख। रिस = क्रोध। रली = क्रीड़ा, मजाक। रीझि = प्रसन्नता। खीझि = अप्रसन्नता।

सौतिन की पारी में अपने पति के दूसरी स्त्री के साथ विहार करने की बात सुनकर नायिका के मन में सुख और दुःख, क्रोध और मजाक, रीझ और खीझ (ये परस्पर विरोधी भाव) एक ही समय हुए।

नोट—सुख, मजाक और रीझ इसलिए अच्छा हुआ, कि सौतिन को दुःख हुआ; और दुःख क्रोध तथा खीझ इसलिए कि कहीं मेरी पारी में भी ऐसा ही न हो।

सुघर-सौति-बस पिउ सुनत दुलहिनि दुगुन हुलास।
लखी सखी-तना दीठि करि सगरब सलज सहास ॥ 469 ॥

अन्वय—पिउ सुघर-सौति-बस सुनत दुलहिनि हुलास दुगुन, दीठि सगरब सलज सहास करि सखी-तन लखी।

सुघर = सुंदर गढ़न की, सुडौल। दुलहिनि = नई बहू, नवौढ़ा। हुलास = आनंद। सखी-तन = सखी की ओर। दीठि = नजर।

अपने पति को सुंदरी सौतिन के वश में सुनकर नई बहू का आनंद दुगुना हो गया। उसने गर्वीली, लजीली और हँसीली नजरों से सखी की ओर देखा।

नोट—आनंदित होकर सखी की ओर देखने का भाव यह है कि हे सखी, घबराओ मत, यदि ये वस्तुतः सौंदर्य के प्रेमी हैं, तो एक-न-एक दिन अवश्य मेरी ओर आकृष्ट होंगे रूपगर्विता ! !

हठि हितु करि प्रीतम लियौ कियौ जु सौति सिंगारु।
अपने कर मोतिनु गुह्यौ भयौ हरा हर हारु ॥ 470 ॥

अन्वय—अपने कर मोतिनु गुह्यौ हठि हितु करि सौति प्रीतम लियौ जु सिंगारु कियौ हरा हर-हारु भयौ।

हित = प्रेम। सिंगारु = श्रृंगार। गुह्यौ गूँथकर। हरा = हार, माला। हर-हारु = शिव की माला, सर्प की माला।

अपने हाथों से मोतियों की माला गूँथकर हठ और प्रेम करके सौतिन ने प्रीतम के हृदय का जो श्रृंगार किया—प्रीतम के हृदय को उस मोतियों की माला से आभूषित किया—सो (वह मोतियों की माला) नायिका के लिए सर्प की माला (सी दुःखदायिनी) हुई।

बिथुर्‌यौ जावकु सौति पग निरखि हँसी गहि गाँसु।
सलज हँसौंहीं लखि लियौ आधी हँसी उसाँसु ॥ 471 ॥

अन्वय—सौति पग बिथुर्‌यौ जावकु निरखि गाँसु गहि हँसी, सलज हँसौंही लखि आधी हँसी उसाँसु लियौ।

बिथुर्‌यो = पसरा हुआ। जावकु = महावर। गाँसु गहि = ईर्षा से, डाह से। उसाँसु = ऊँची साँस, उसाँस, दीर्घ निःश्वास।

(अपनी) सौतिन के पैरों में परसरा हुआ महावर देख (उसे फूहड़ समझ) ईर्ष्या से हँसने लगी। (किंतु अपनी इस हँसी के कारण) सौतिन ने लजीली होकर हँसते देख (यह समझ कि यह बेढंगा महावर नायक ने लगाया है) आधी हँसी में ही (दुख से) लंबी साँस लेने लगी।

बाढ़तु तो उर उरज-भरु भरि तरुनई बिकास।
बोझनु सौतिनु कैं हियैं आवति रूँधि उसास ॥ 472 ॥

अन्वय—तरुनई बिकास भरि उरज-भरु बाढ़तु तो उर, बोझनु रूँधि उसास आवति सौतिनु कैं हियैं।

उर = छाती। उरज-भरु = कुचों का भार। तरुनई = जवानी। बिकास = खिलाना। बोझनु = बोझ से। हियैं = हृदय में। उसास = उच्छ्वास, गर्म आह, लंबी साँस, दुःख-भरी साँस।

जवानी के विकास भरकर कुचों का भार बढ़ता जाता है। तुम्हारी छाती पर, और उसके बोझ से रुँधी हुई उसासें आती हैं सौतिन के हृदय में। (कैसा आश्चर्य है !)

ढीठि परोसिनि ईठि ह्वै कहे जु गहे सयानु।
सबै सँदेसे कहि कह्यौ मुसुकाहट में मानु ॥ 473 ॥

अन्वय—ढीठि परोसिनि ईठि ह्वै जु सयानु गहे कहे सबै सँदेसे कहि कह्यौ मुसुकाहट में मानु।

ढीठि = ढीठाई से भरी, धृष्ट, शोख। ईठि = इष्ट-मित्र, सुहृद्। सयानु गहैं = चतुराई के साथ।

धृष्ट पड़ोसिन ने मित्र बनकर जो कुछ कहना था सो चतुराई के साथ कह दिया (और अंत में कहा कि)

इन सब संदेशों को कहकर (अंत में तुम्हारे प्रीतम ने) कहा है कि केवल मुस्कुराहट में मान कैसा?

नोट—कृष्ण कवि की सवैया से इसका भाव स्पष्ट हो जाता है—"जाहिं परोसिन के दुख पीसों झुकी ललना रिस जी में ढिठाई। सो ही परोसिन ढीठ यहाँ लगि ईठ ह्वै याहि मनावन आई। प्रीतम के जे सँदेस हेतु वे कहे सबही करिके चतुराई। येते पै मान कह्यौ मुसुकाय यहै कहि प्यार खरी कै रिसाई।"

चलत देत आभारु सुनि उहीं परोसिहिं नाह।
लसी तमासे की दृगनु हाँसी आँसुनु माँह॥ 474॥

अन्वय—चलत नाह उहीं परोसिहिं आभारु देत सुनि, दृगनु आँसुनु माँह तमासे की हाँसी लसी।

आभारु = घर की देख-भाल का भार। नाह = नाथ, पति। लसी = शोभित हुई। तमासे की हँसी = कौतुक की हँसी। दृगनु = आँखों में। आँसुनु माँह = आँसुओं के बीच।

चलते समय अपने पति को उसी पड़ोसी (अपने गुप्त प्रेमी) को घर की देख-भाल का भार देते सुनकर उसकी आँखों में आँसुओं के बीच कौतुक की हँसी शोभित हुई।

नोट—यद्यपि आँसू ढालकर ऊपर से वह दिखला रही है कि पति के (विदेश) जाने से वह दुःखित है; किंतु यह देखकर कि घर की देख-रेख का भार उन्होंने पड़ोसी को सौंपा है, अतएव अब इस (अपने गुप्त प्रेमी) से खुलकर खेलने में कोई अड़चन न होगी, वह मन-ही-मन आनंदित भी हो रही है।

छला परोसिनि हाथ तैं छलु करि लियौं पिछानि।
पियहिं दिखायौ लखि बिलखि रिस-सूचक मुसुकानि॥ 475॥

अन्वय—छला पिछानि परोसिनि हाथ तैं छल करि लियौं बिलखि रिस-सूचक मुसुकानि लखि पियहिं दिखायौ।

छला = अँगूठी। छल करि = चालाकी या चालबाजी से। पिछानि = पहचानकर। लखि = देखती हुई। बिलखि = व्याकुल होकर।

उस अँगूठी को पहचानकर पड़ोसिन के हाथ से छल करके ले लिया और फिर व्याकुल होकर क्रोध-सूचक मुस्कुराहट के साथ (प्रीतम की ओर) देखती हुई प्रीतम को उसे दिखलाया (कि देखिए, यह आप की अँगूठी उसकी अँगुली में कैसे गई!)

रहिहैं चंचल प्रान एकहिं कौन की अगोट।
ललन चलन की चित धरी कल न पलनु की ओट॥ 476॥

अन्वय—कहिं कौन की अगोट ए चंचल प्रान रहिहैं, ललन चलन की चित धरी पलनु की ओट कल न।

कहि = कहो। अगोट = अग्र + ओट = आड़। ललन = प्रीतम। चित धरी = इरादा किया है, निश्चय किया है। पलनु = पलकें, आँखें।

कहो, किसी आड़ में ये चंचल प्राण (टिक) रहेंगे—कौन इन प्राणों को निकलने से रोक सकेगा? प्रीतम ने (विदेश) चलने की बात चित्त में धरी है और यहाँ आँखों की ओट होते ही कल नहीं पड़ती—(उन्हें देखे बिना क्षण-भर शांति नहीं मिलती)।

पूस मास सुनि सखिन पैं साँई चलत सवारु।
गहि कर बीन प्रबीन तिय राग्यौ रागु मलारु॥ 477॥

अन्वय—पूस मास सखिन पैं सुनि साँई सवारु चलत प्रबीन तिय कर बीन गहि मलारु रागु राग्यौ।

साँई = स्वामी, पति। सवारु = सवेरे। राग्यौ = गाया, अलापा।

पूस के महीनों में, सखियों से (यह) सुनकर कि कल प्रातःकाल प्रीतम (परदेश) जाएँगे; वह सुचतुरा स्त्री हाथ में वीणा लेकर मलार-राग गाने लगी (ताकि मेघ बरसे और प्रीतम का परदेश जाना रुक जाए; क्योंकि अकाल वृष्टि से यात्रा रुक जाएगी)।

नोट : संगीतशास्त्र के अनुसार मलार राग गाने से मेघ बरसता है और सुखद बरसात में रसिक पति परदेश नहीं जाते।

ललन चलनु सुनि चुपु रही बोली आपु न ईठि।
राख्यौ गहि गाढ़ैं गरैं मनौ गलगली डीठि॥ 478॥

अन्वय—ईठि ललन चलनु सुनि चुपु रही आपु न बोली; मनौ गलगली डीठि गरैं गढ़ैं गहि राख्यौ।

ललन = प्रीतम। ईठि = प्यारी सखी। गाढ़ैं-गहि = जोर से पकड़कर। गरैं = गला। गलगली = आँसुओं से डबडबाई हुई। डीठि = आँख।

हे सखी, प्रीतम का (परदेश) चलना सुनकर वह चुप हो रही, स्वयं कुछ नहीं बोली, मानो डबडबाई हुई आँखों ने उसके गले को जोर से पकड़ रक्खा हो—(अश्रु गद्‌गद कंठ रुद्ध हो गया हो !)

बिलखी डभकौहैं चखनु तिय लखि गवनु बराइ।
पिय गहबरि आऐं गरैं राखी गरैं लगाइ॥ 479॥

अन्वय—बिलखी डभकौहैं चखनु तिय लखि गवनु बराइ, पिय गरैं गहबरि आऐं गरैं लगाइ राखी।

बिलखी = व्याकुल। डभकौहैं = डबडबाई। गवनु बराइ = जाना रोककर। गहबरि आऐं गरैं = भर आए हुए गले से, गद्‌गद कंठ से।

व्याकुल और डबडबाई हुई आँखों से, नायिका को, देश (परदेश) जाना रोककर प्रीतम ने गद्‌गद कंठ से उसे गले लगा रक्खा।

चलत-चलत लौं लै चलैं सब सुख संग लगाइ।
ग्रीषम-बासर सिसिर-निसि प्यौ मो पास बसाइ॥ 480॥

अन्वय—चलत चलत लौं सब सुख संग लगाइ लै चलैं, ग्रीषम-बासर सिसिर-निसि प्यौ मो पास बसाइ !

ग्रीषम-बासर = गरमी के दिन। सिसिर-निसि = जाड़े की रात।

(परदेश) चलते-ही-चलते सब सुखों को संग लगाकर ले चले—जाते-ही-जाते सब सुखों को साथ ले गए। हाँ, ग्रीष्म के (तपते हुए बड़े-बड़े) दिन और शिशिर की (ठिठुरानेवाली लंबी-लंबी) रातें (इन्हीं दो को) प्रीतम ने मेरे पास बसा दीं—रख छोड़ीं। (रात-दिन इतने बड़े-बड़े और भयंकर मालूम होते हैं कि काटे नहीं कटते—जाड़े की रात और गरमी के दिन बहुत बड़े होते भी हैं)।

अजौं न आए सहज रँग बिरह-दूबरैं गात।
अबहीं कहा चलाइयतु ललन चलनु की बात॥ 481॥

अन्वय—बिरह-दूबरैं गात अजौं सहज रँग न आए, ललन चलनु की बात अबहीं कहा चलाइयतु।

ग्रजौं = अभी तक। सहज = स्वाभाविक। रँग = कांति, छटा।

विरह से दुबली हुई (नायिका की) देह में अब तक स्वाभाविक कांति भी नहीं आई है, (फिर) हे ललन, (परदेश) चलने की बात अभी क्यों चला रहे हैं ?

ललन चलनु सुनि पलनु में अँसुवा झलके आइ।
भई लखाइ न सखिनु हूँ झूठैं हीं जमुहाइ॥ 482॥

अन्वय—ललन चलनु सुनि पलनु में अँसुवा आइ झलके, झूठैं हीं जमुहाइ सखिनु हूँ लखाइ न भई।

पलनु में = पलकों (आँखों) में। अँसुवा आइ झलके = चमकीले आँसू छलक आए। लखाइ न भई = मालूम नहीं हुई।

प्रीतम के परदेश चलने की बात सुनकर पलकों में आँसू आ झलके—आँखें डबडबा आईं। किंतु नायिका के झूठी जम्हाई लेने के कारण (पास की) सखियों को भी (यथार्थ बात) नहीं मालूम हुई—(सखियों ने समझा कि वे आँसू अँगड़ाई लेने के कारण निकल आए हैं !)

चाह-भरीं अति रस भरीं बिरह - भरीं सब बात।
कोरि सँदेसे दुहुँनु के चले पौरि लौं जात॥ 483॥

अन्वय—सब बात चाह भरीं अति रस-भरीं बिरह-भरीं, पौरि लौं जात दुहुँनु के कोरि सँदेसे चले।

चाह = प्रेम। पौरि = दरवाजा, देवढ़ी। लौं = तक।

(नायक के परदेश चलने के समय नायक और नायिका—दोनों—की) सभी बातें प्रेमपूर्ण, अत्यंत रसीली और बिरह से भरी थीं। यों दरवाजे (देवढ़ी) तक जाते-जाते दोनों के (परस्पर) करोड़ों संदेशे आए-गए। (प्रेम, रस और विहार से भरी बातें होती चली गईं।)

मिलि-चलि चलि-मिलि मिलि चलत आँगन अथयौ भानु।
भयौ महूरत भोर कौ पौरिहिं प्रथम मिलानु॥ 484॥

अन्वय—मिलि-मिलि चलि-चलि मिलि चलत आँगन भानु अथयौ, भोर कौ महूरत पौरिहिं प्रथम मिलानु भयौ।

अथयौ = डूब गया। भानु = सूर्य। महूरत = शुभ समय, यात्रा का समय। भोर = तड़के, प्रातः। पौरिहिं = दरवाजा। मिलानु = मुकाम, डेरा।

मिल-मिलकर, चल-चलकर, पुनः मिलकर फिर चलते हैं (यों इस मिलने-जुलने में) आँगन ही में सूर्य डूब गया—प्रातःकाल ही का यात्रा-समय होने पर भी दरवाजे में ही पहला मुकाम हुआ—यद्यपि भोर ही यात्रा करने चले तो भी इस मिलने-जुलने से संध्या होने के कारण दरवाजे पर ही पहला डेरा जमाना पड़ा।

दुसह बिरह दारुन दया रह्यौ न और उपाइ।
जात-जात ज्यौ राखियतु प्यौ कौ नाउँ सुनाइ॥ 485॥

अन्वय—बिरह दुसह दया दारुन और उपाइ न रह्यौ, प्यौ कौ नाउँ सुनाइ जात-जात ज्यौ राखियतु।

दुसह = असह्य। दारुण = भयंकर। और = अन्य। जात-जात = जाते-जाते, गमनोन्मुख। ज्यौ = प्राण। प्रिय = प्रीतम।

विरह असह्य है, अवस्था भयंकर है। (इस दया से छुटकारा दिलाने का) कोई अन्य उपाय नहीं रह गया। प्रीतम का नाम सुना-सुनाकर ही उसके गमनोन्मुख प्राणों की रक्षा की जाती है।

पजर्‌यौ आगि बियोग की बह्यौ बिलोचन नीर।
आठौं जाम हियौ रहै उड़यौ उसास-समीर॥ 486॥

अन्वय—बियोग की आगि पजर्‌यौ बिलोचन नीर बह्यौ, हियौ आठौं जाम उसास-समीर उड़यौ रहै।

पजर्‌यौ = पजरना, प्रज्वलित होना। बिलोचन = आँखों से। जाम = पहर। उसास = लंबी साँस, शोकोच्छ्वास। समीर = पवन।

विरह की आग प्रज्वलित हो गई है, आँखों से आँसू बह रहे हैं—आँसुओं की झड़ी लग गई है—और हृदय में आठो पहर उच्छ्वास का पवन (बवंडर) उठ रहा है। (यों वह अबला एक ही साथ जल भी रही है, डूब भी रही है और बवंडर में उड़ भी रही है!)

नोट—विधवाओं की दशा पर एक ने लिखा है—"आह की अगिन में तड़पती है, जलती है, लांछन की लहरी डुबोती प्राण लेती है। बिरह-बवंडर में व्याकुल बनी है बाला, आह री नियति! यह कैसी तेरी चित्रशाला!"

पलनु प्रगटि बरुनीनु बढ़ि छिनु कपोल ठहरात।
अँसुवा परि छतिया छिनकु छनछनाइ छिपि जात॥ 487॥

अन्वय—पलनु प्रगटि बरुनीनु बढ़ि छिनु कपोल ठहरात, अँसुवा छतिया परि छिनकु छनछनाइ छिपि जात।

पलनु = पलकें, आँखों में। बरुनीनु = पपनी या पलक के बालों में। कपोल = गाल। छिनकु = छिन+

एकु=एक क्षण। छिपि जात=लुप्त हो जाते हैं।

पलकों में प्रकट होते हैं—पलक ही उनकी जन्मभूमि है; बरुनियों में बढ़ते हैं—बरुनी ही उनकी क्रीड़ाभूमि है, (और वहाँ से बढ़कर) क्षण-भर के लिए (चिकने) गालों पर ठहरते हैं—यों गाल उनकी प्रवास-भूमि या.कर्म-भूमि हैं। फिर आँसू (उस नायिका की विरह-विदग्ध) छाती पर पड़ एक ही क्षण में छनछनाकर लुप्त हो जाते हैं—अतएव छाती ही उनकी श्मशान-भूमि हुई।

नोट—बिहारी ने इस एक ही दोहे में आँसुओं के बहाने मनुष्यों के जीवन की एक तस्वीर-सी खींच दी है। जन्म, बचपन, प्रवास या कर्म-साधना और मृत्यु—ये चार ही मनुष्य-जीवन के खेल हैं। उर्दू-कवि अकबर ने भी एक ही शेर में वर्त्तमान शिक्षितों के जीवन की बड़ी ही अच्छी तस्वीर खींची है—हम क्या कहें अकबर की क्या कारे नुमायाँ कर गए। बी० ए० हुए डिप्टी बने, पेंशन मिली, फिर मर गए!"

करि राख्यौ निरधारु यह मैं लखि नारी-ज्ञानु।
वहै बैदु ओषधि वहै वहई जु रोग - निदानु॥ 488॥

अन्वय—मैं नारी-ज्ञानु लखि यह निरधारु करि राख्यौ। वहै बैदु वहै ओषधि जु वहई रोग-निदानु।

निरधारु=निश्चय। (1) नारी-ज्ञानु=नाड़ी का ज्ञान (2) स्त्री की चेष्टा। बैदु=वैद्य। निदान=उपचार, व्यवस्था।

मैंने नाड़ी का ज्ञान देखकर (इस नारी की चेष्टा देखकर) यह निश्चय कर रक्खा है कि वही वैद्य है, वही औषध है, और जो रोग है वही निदान भी है। प्रेम ही बीमारी है, प्रेम ही उपचार है, प्रेम ही वैद्य बनेगा, और दवा भी प्रेम ही की होगी।)

नोट—इस दोहे में भी बिहारी ने वैद्यक के सभी उपकरणों का अच्छा विवरण दिया है। रोग, निदान, औषध और वैद्य—बस ये चार ही वैद्यक के उपकरण—साधन हैं। प्रेम की बीमारी पर कबीरदास कहते हैं—"कबिरा बैद बुलाइया पकड़ के देखी बाँह। बैद न बेदन जानई कसक कलेजे माँह॥ जाहु बैद घर आपने तेरा किया न होय। जिन यह बेदन निर्मई भला करेगा सोय॥" कैसे अनूठे दोहे हैं!

मरिबै कौ साहसु ककै बढ़ै बिरह की पीर।
दौरति ह्वै समुहैं ससी सरसिज सुरभि - समीर॥ 489॥

अन्वय—बिरह की पीर बढ़ै मरिबै कौ साहसु ककै ससी सरसिज सुरभि-समीर समुहैं ह्वै दौरति।

मरिबे कौ=मरने का। ककै=करके। समुहैं=सम्मुख। ससी=शशि=चंद्रमा। सरसिज=कमल। सुरभि-समीर=सुगंधित पवन।

विरह की पीड़ा बढ़ने पर मरने का साहस करके (वह उन्मादिन बाला) चंद्रमा, कमल और पवन के सम्मुख होकर दौड़ती है।) यद्यपि चंद्रमा, कमल और पवन शीतलता देनेवाले हैं, तथापि विरह में उसे अत्यंत तापपूर्ण जान पड़ते हैं, जिससे वह उनके सम्मुख दौड़ती है कि वे मुझे जला डालें।

ध्यान आनि ढिग प्रानपति रहति मुदित दिन-रात।
पलकु कँपति पलकति पलकु पलकु पसीजति जाति॥ 490॥

अन्वय—प्रानपति ध्यान ढिग आनि दिन-राति मुदित रहति पलकु कँपति पलकु पुलकति पलकु पसीजति जाति।

आनि=लाकर। ढिग=निकट। मुदित=प्रसन्न। पलकु=पल+एकु=एक पल या एक क्षण में।

(परदेश गए हुए) प्राणपति को ध्यान द्वारा निकट लाकर—ध्यान में उन्हें अपने निकट बैठा समझकर (वह बाला) दिन-रात प्रसन्न रहती है। क्षण में काँपती है, क्षण में पुलकित होती है, और क्षण में पसीने से तर हो जाती है।

सकै सताइ न बिरहु-तमु निसि-दिन सरस सनेह।
रहै वहै लागी दृगनु दीप - सिखा - सी देह॥ 491॥

अन्वय—बिरह-तमु न सताइ सकै निसि-दिन सनेह सरस, दीप-सिखा-सी देह वहै दृगनु लागी रहै।

बिरह-तम = विरह-रूप अंधकार। सरस सनेह = (1) प्रेम से सराबोर (2) तेल से भरा हुआ। दीप-सिखा = दिए की लौ।

विरस-रूपी अंधकार (नायक को) नहीं सता सकता, क्योंकि रात-दिन स्नेह से सरस (तेल से परिपूर्ण) दीपक की लौ के समान (उस नायिका की) देह उसकी आँखों से लगी रहती है—उसकी आँखों में बसी रहती है। (जहाँ दीपक की लौ, वहाँ अंधकार कहाँ!)

नोट—जो लोग हिंदी में 'पुरुष-विरह-वर्णन' का अभाव देखकर दुःखित होते हैं उन्हें यह दोहा याद रखना चाहिए।

बिरह-जरी लखि जीगननु कह्यौ न उहि कै बार।
अरी आउ भजि भीतरै बरसत आजु अँगार॥ 492॥

अन्वय—विरह-जरी जीगननु लखि उहि कै बार न कह्यौ अरी भीतरै भजि आउ, आजु अँगार बरसत।

बिरह-जरी = विरह-ज्वाल से जली हुई। जीगननु = जुगनुओं, भगजोगनियों। भजि = भागकर अँगार = आग, चिनगारी।

विरह से जली हुई उस (नायिका) ने भगजोगनियों को देखकर उन सखियों से न जाने कितनी बार कहा (अर्थात् बहुत बार कहा) कि अरी! भीतर भाग आ, आज (आकाश से) चिनगारी की वर्षा हो रही है (जल जाएगी!)।

नोट—विरह में व्याकुल बाला की वर्षा ऋतु में दीख पड़नेवाली भगजोगनी चिनगारी के समान दाहक मालूम पड़ती है।

अरैं परैं न करैं हियौ खरैं जरैं पर जार।
लावति घोरि गुलाब - सौं मलै मलै घनसार॥ 493॥

अन्वय—अरैं न परैं हियौ करैं जरैं पर जार, मलै घनसार मलै गुलाब-सौं घोरि लावति।

अरैं न परैं = अलग नहीं करती। खरैं = अत्यंत। मलै = मलयज चंदन श्रीखंड। घनसार = कर्पूर।

अरी सखी! हठ में मत पड़, अत्यंत जले हुए हृदय को क्यों जला रही है? श्रीखंड और कर्पूर को मिलाकर (और उन्हें) गुलाब-जल में घोलकर (हृदय पर) क्यों लगा रही है? (इससे तो ज्वाला और भी बढ़ती है।)

नोट—विरहिणी नायिका को श्रीखंड, कर्पूर, गुलाब-जल आदि परम शीतल पदार्थ भी अत्यंत तापदायक प्रतीत होते हैं।

कहे जु बचन बियोगिनी बिरह - बिकल बिललाइ।
किए न को अँसुवा सहित सुआ ति बोल सुनाइ॥ 494॥

अन्वय—बिरह-बिकल बियोगिनी जु बिललाइ बचन कहे, सुआ ति बोल सुनाइ को असुवा सहित न किए।

जु = जो। बिललाइ = अंटसंट बककर। सुआ = सुग्गा। ति = वह।

विरह से व्याकुल होकर उस वियोगिनी ने जो बिललाकर वचन कहे, सुग्गे ने उस वियोगिनी के ही वचन सुनाकर किसकी आँखों को आँसू-सहित न कर दिया—किसको रुला न दिया?

नोट—नायिका के पास एक सुग्गा (तोता) था। उसने नायिका के प्रलापों को सुनते-सुनते याद कर लिया था। वह प्रायः उन प्रलापों को उसी मर्मस्पर्शी स्वर में कहता था, जिन्हें सुनकर लोग करुणावश रो पड़ते थे।

सीरैं जतननु सिसिर-रितु सहि बिरहिनि तन-तापु।
बसिबे कौं ग्रीषम दिननु पर्‌यौ परोसिनि पापु॥ 495॥

अन्वय—सिसिर-रितु सीरैं जतननु बिरहिनि तन-तापु सहि ग्रीषम दिननु बसिबे कौं परोसिनि पापु पर्‌यौ ।

सीरैं जतननु = शीतल उपचारों (खश की टट्टी, बरफ आदि) से । सिसिर रितु = पूस-माघ । तन-तापु = शरीर की ज्वाला । बसिबे कौं = रहने को । पर्‌यौ = पाप पड़ गया = अत्यंत कठिन हो गया, महादुःख दायक हो गया ।

(पड़ोसियों ने अत्यंत शीतल) शिशिर ऋतु में शीतल उपचारों से विरहिनी नायिका के शरीर की ज्वाला को (किसी तरह) सहन किया । किंतु (जलते हुए) ग्रीष्म के दिनों में (उस विरहिणी के पड़ोस में) रहना पड़ोसियों के लिए अत्यंत कठिन हो गया ।

पिय प्राननु की पाहरू करति जतन अति आपु।
जाकी दुसह दसा पर्‌यौ सौंतिनि हूँ संतापु॥ 496॥

अन्वय—पिय प्राननु की पाहरू आपु अति जतन करति । जाकी दुसह दसा सौंतिनि हूँ संतापु पर्‌यौ ।

पाहरू = पहरुआ, रक्षक । दुसह = असह्य । संताप = पीड़ा ।

(नायिका को) प्रीतम के प्राणों की रक्षिका समझकर उसकी रक्षा के लिए (सौतें) स्वयं भी अत्यंत यत्न करती हैं (क्योंकि उसके बिना नायक नहीं जी सकता) । (आह ! उसके दुःख का क्या पूछना ! जिसकी असहनीय अवस्था देखकर (स्वभावतः जलनेवाली) सौतों को भी दुःख होता है ।

आड़े दै आले बसन जाड़े हूँ की राति।
साहसु ककै सनेह-बस सखी सबै ढिग जाति॥ 497॥

अन्वय—जाड़े की राति हूँ आले बसन आड़े दै साहसु ककै सनेइ-बस सबै सखी ढिग जाति ।

आड़े दै = ओट देकर, ओट करके । आले = भीगे हुए ओढ़े । साहस = हिम्मत । सखी सबै = सभी सखियों । ढिग = निकट ।

जाड़े की (ठंडी) रात में भी, गीले कपड़े की ओट कर, बड़े साहस से प्रेमवश सभी सखियाँ (उस विरहिणी नायिका के) निकट जाती हैं ! (क्योंकि उसके शरीर में ऐसी प्रचण्ड विरह-ज्वाला है कि आँच सही नहीं जाती)

सुनत पथिक-मुँह माह-निसि लुवैं चलति उहिं गाम।
बिनु बूझैं बिनु ही कहैं जियति बिचारी बाम॥ 498॥

अन्वय—पथिक मुँह सुनत माह-निसि उहिं गाम लुवैं चलति, बिनु बूझैं बिनु ही कहैं बिचारी जियति बाम ।

पथिक = राही, यात्री, मुसाफिर । लुवैं = लू । उहि गाम = उसी ग्राम (गाँव) में । बिचारी = समझ । जियति = जीती है ।

बटोही के मुँह से यह सुनकर कि माघ की रात में उस गाँव में लू चलती है, बिना पूछे और बिना कहे-सुने ही (नायक ने) समझ लिया कि नायिका (अभी) जीती है (और निस्संदेह उसकी विरह-ज्वाला से मेरे गाँव में ऐसी हालत है ।)

इत आवति चलि जाति उत चली छ-सातक हाथ।
चढ़ी हिंडोरैं-सैं रहै लगी उसासनु साथ॥ 499॥

अन्वय—उसासनु साथ लगी हिंडोरैं चढ़ी-सैं रहै, चली छ-सातक हाथ इत आवति उत चालि जाति ।

इत = इधर । उत = उधर । चली = चलायमान या विचलित होकर या झोंके में पड़कर = खिंचकर । उसासनु = दुःख के कारण निकली हुई आह-भरी लंबी साँस, जिसे दीर्घ निःश्वास, शोकोच्छ्‌वास, निसाँस आदि भी कहते हैं ।

(विरह-वश अत्यंत दुर्बल होने के कारण) लम्बी साँसों के साथ लगी हुई (नायिका मानो) झूले पर चढ़ी-सी रहती है (झूला झूलने के समान लम्बी साँसों के झोंके से झूलती रहती है) फलतः वह उँची साँसों के साथ विचलित न होकर (कभी) छः-सात हाथ इधर आ जाती है (और कभी छः-सात हाथ) उधर चली जाती है

(उसका बिरह-जर्जर कृश शरीर उसकी लम्बी साँस के प्रबल झोंके से दोलायमान हो रहा है।)

(सो०) बिरह सुकाई देह, नेहु कियौ अति डहडहौ।
जैसैं बरसैं मेह, जरै जबासौ जौ जमै॥ 500॥

अन्वय—बिरह देह सुकाई नेहु अति डहडहौ कियौ जैसैं मेह बरसैं जबासौ जरै जौ जमै।

जवासौ=एक प्रकार का पेड़, जो वर्षा होने पर सूख जाता है। जैसे—अर्क जवास पात बिनु भयऊ—तुलसीदास। डहडहौ=हरा-भरा मेह=मेघ। जौ=जीव, जड़, जपा, गुड़हर।

विरह ने देह को सुखा दिया और प्रेम को अत्यंत हरा-भरा कर दिया, जैसे मेह के बरसने से जवास जल जाता है और गुड़हर पुष्ट होता है।

षष्ठ शतक

(सो०) आठौ जाम अछेह, दृग जु बरत बरसत रहत।
स्यौं बिजुरी ज्यौं मेह, आनि यहाँ बिरहा धर्‌यौ॥ 501॥

अन्वय—आठौ जाम अछेह, दृग जु बरत बरसत रहत, ज्यौं बिजुरी स्यौं मेह बिरहा यहाँ आनि धर्‌यौ।

जाम=पहर। अछेह=निरंतर, सदा। जु=जो। बरत=जलती है। स्यौं=सहित। ज्यौं=जैसे, मानो। मेह=मेघ। आनि धर्‌यौ=ला रक्खा।

आठों पहर सदा आँखें जो जलती और बरसती हैं—व्याकुल बनी रहती और आँसुओं की झड़ी लगाए रहती हैं, (सो ऐसा मालूम होता है कि) मानो बिजली-सहित मेघ को विरह ने यहाँ (आँखों में) ला रक्खा है।

नोट—एक उर्दू-कवि ने भी मेघ और बिजली को इकट्ठा कर रक्खा है—"मुस्कुराते जाते हैं कुछ मुँह से फरमाने के बाद, बिजलियाँ चमका रहे हैं मेह बरसाने के बाद।" किंतु सोरठे की सुष्ठुता और सरसता कुछ और ही है।

बिरह-बिपति-दिनु परत हीं तजे सुखनु सब अंग।
रहि अब लौंऽब दुखौ भए चलाचली जिय संग॥ 502॥

अन्वय—बिरह-बिपति-दिनु परत हीं सुखनु सब अंग तजे, अब लौं-ब रहि दुखौ संग जिय चलाचली भए।

रहि अब लौंऽब=रहि अब लौं अब=अब तक रहकर अब। दुखौ=दुःख भी। चलाचली भए=चलने को तैयार हुए।

विरह-रूपी विपत्ति के दिन आते ही सब सुखों ने मेरे शरीर को छोड़ दिया था। (बचा था केवल दुःख, सो) अब तक रहकर, अब दुःख भी जीवन के साथ-ही-साथ चलने की तैयारी करने लगा।

नोट—एक उर्दू-कवि ने विपत्ति के दिन के विषय में कहा है—"कौन होता है बुरे वक्त की हालत का शरीक। मरते दम आँख को देखा है कि फिर जाती है।"

नयैं बिरह बढ़ती बिथा खरी बिकल जिय बाल।
बिलखी देखि परोसिन्यौ हरखि हँसी तिहिं काल॥ 503॥

अन्वय—नयैं बिरह बढ़ती बिथा बाल जिय खरी बिकल; परोसिन्यौ बिलखी देखि तिहिं काल हरखि हँसी।

बिथा=व्यथा, पीड़ा। बिलखी=व्याकुल हुई।

नए वियोग की बढ़ती हुई व्यथा से उस बाला का हृदय अत्यंत बिकल था। किंतु इतने में पड़ोसिन को

भी व्याकुल देख (यह समझकर कि इसे भी मेरे पति से गुप्त प्रेम था, अतएव अब यह भी दुःख भोगेगी, ईर्ष्या से वह) तत्काल ही हर्षित होकर हँसने लगी।

छतौ नेहु कागद - हियैं भई लखाइ न टाँकु।
बिरह तचैं उघर्‌यौं सु अब सेहुँड कै सो आँकु॥ 504॥

अन्वय—कागद्-हियैं नेहु छतौ टाँकु लखाइ न भई, सु अब सेहुँड कै आँकु-सो बिरह तचैं उघर्‌यौ।

छतौ = अछतौ = था। लखाइ न भई = दीख नहीं पड़ी। टाँकु = लिखावट। तचैं = तपाए जाने पर। सेहुँड कै सौ आँकु = सेहुँड के दूध से लिखे गए अक्षर के समान, जो कि आग पर तपाए बिना दीख नहीं पड़ते।

कागज-रूपी हृदय पर प्रेम (लिखा हुआ) था, किंतु उसकी लिखावट दिखाई नहीं पड़ती थी, सो अब सेहुँड़ के दूध से लिखे हुए अक्षर के समान वह विरह (रूपी आग) से तपाए जाने पर (स्पष्ट) प्रकट हो गया।

करके मीड़े कुसुम लौं गई बिरह कुम्हिलाइ।
सदा समीपिनि सखिनु हूँ नीठि पिछानी जाइ॥ 505॥

अन्वय—करके मीड़े कुसुम लौं बिरह कुम्हिलाइ गई, सदा समीपिनि सखिनु हूँ नीठि जाइ पिछानी।

मीड़े = मसले या मीजे हुए। कुसुम = कोमल फूल। समीपिनि = निकट रहनेवाली। नीठि = मुश्किल से। पिछानी = पहचानी।

हाथ से मसले हुए फूल के समान विरह से कुम्हला गई है। सदा निकट रहनेवाली सखियों से भी मुश्किल से पहचानी जाती है। (अत्यंत दुर्बलता के कारण चिरसंगिनी सखियाँ भी नहीं पहचानतीं !)

लाल तुम्हारे बिरह की अगिनि अनूप अपार।
सरसै बरसै नीर हूँ झर हूँ मिटै न झार॥ 506॥

अन्वय—लाल तुम्हारे बिरह की अगिनि अनूप अपार। नीर बरसै हूँ सरसै झर हूँ झार न मिटै।

अनूप = जिसकी उपमा (बराबरी) न हो, अनुपम। अपार = जिसका पर (अंत) न हो। सरसै = सरसता है, प्रज्वलित होता है। झर = झड़ी लगना। झार = ज्वाला।

हे लाल ! तुम्हारे विरह की आग अनुपम और अपरम्पार है। पानी बरसने पर (वर्षा होने पर) भी प्रज्वलित होती है, और झड़ी लगने पर (आँसुओं के गिरने पर) भी उसकी ज्वाला नहीं मिटती।

नोट—विरहिणी बेचारी को वर्षा से अधिक कष्ट होता है !

याकैं उर औरै कछू लगी बिरह की लाइ।
पजरै नीर गुलाब कैं पिय की बात बुझाइ॥ 507॥

अन्वय—याकैं उर कछू औरै बिरह की लाइ लगी, गुलाब कैं नीर पजरै पिय की बात बुझाइ।

औरै कछू = कुछ विचित्र ही। लाइ = आग। पजरै = प्रज्वलित होना। बात = (1) वचन (2) हवा, अथवा मुँह की सुगंधित साँस।

इसके हृदय में कुछ विचित्र विरह की आग लग गई है जो गुलाब के पानी से तो प्रज्वलित हो आती है, और प्रीतम की 'बात' से बुझ जाती है।

नोट—पानी से जलना और हवा से बुझ जाना निस्संदेह विचित्रता है।

मरी डरी की टरी बिथा कहा खरी चलि चाहि।
रही कराहि-कराहि अति अब मुँहु आहि न आहि॥ 508॥

अन्वय—कहा खरी चलि चाहि मरी डरी की बिथा टरी, अति कराहि-कराहि रही अब मुँहु आहि न आहि।

खरी = खड़ी। चाहि = देखो। आहि = आह। आहि = नहीं है।

(हे सखी !) क्या खड़ी हो, चलकर देखो तो कि वह मर गई है कि डर गई है कि उसकी पीड़ा टल गई

(जो वह चुप हो रही है)। अब तक तो वह अत्यंत कराह रही थी, किंतु अब मुख में आह भी नहीं है—आह भी नहीं सुन पड़ती है।

कहा भयौ जो बीछुरे मो मनु तों मनु साथ।
उड़ी जाउ कितहूँ गुड़ी तऊ उड़ाइक हाथ॥ 509॥

अन्वय—जो बीछुरे कहा भयौ मो मनु तों मनु साथ। गुड़ी कितहूँ उड़ी जाउ तऊ उड़ाइक हाथ।

बिछुरे=बिछुड़ गए। मो=मेरा। तो=तेरा। कितहूँ=कहीं भी। गुड़ी=गुड्डी, पतंग। तऊ=तो भी। उड़ाइक=उड़नेवाला, खिलाड़ी।

यदि बिछुड़ ही गए, तो क्या हुआ? मेरा मन तो तुम्हारे मन के साथ है। गुड्डी कहीं भी उड़कर जाती है, तो भी वह उड़नेवाली (खिलाड़ी) ही के हाथ में रहती है—जब उड़नेवाला चाहता है, उसकी डोर खींचकर निकट ले आता है (उसी प्रकार तुम्हें भी मैं, जब चाहूँगी, अपनी प्रेम-डोर से अपनी ओर खींच लूँगी।)

नोट— *"कर छटकाए जात हो, निबल जानि कै मोहि।*
हिरदै से जब जाहुगे मरद बखानौं तोहि॥" —सूरदास

जब जब वै सुधि कीजियै तब सब ही सुधि जाहिं।
आँखिनु आँखि लगी रहै आँखैं लागति नाहिं॥ 510॥

अन्वय—जब जब वै सुधि कीजियै तब सब ही सुधि जाहिं, आँखि आँखिनु लगी रहै, आँखैं नहिं लागति।

आँखैं लागति नाहिं=आँखें नहीं लगतीं=नींद नहीं आती।

जब-जब उन बातों की याद आती है, तब-तब सभी सुधि जाती रहती है—बिसर जाती है। उनकी आँखें मेरी आँखों से लगी रहती हैं, इसलिए मेरी आँखें भी नहीं लगतीं=मुझे नींद भी नहीं आती।

नोट— *"तनक काँकरी के परै होत महा बेचैन।*
बे बपुरे कैसे जियैं जिन नैनन में नैन॥"

कौन सुनै कासौं कहौं सुरति बिसारी नाह।
बदाबदी ज्यौ लेत हैं ए बदरा बदराइ॥ 511॥

अन्वय—कौन सुनै कासौं कहौं नाह सुरति बिसारी। ए बदराह बदरा बदाबदी ज्यौ लेत हैं।

सुरति=स्मृति, याद, सुधि। बदाबदी=शर्त बाँधकर। ज्यौ लेत हैं=जान मारते हैं। बदरा=बादल। बदराह=कुमार्गी, बदमाश।

कौन सुनता है, किससे कहूँ। प्रीतम ने सुधि भुला दी। ये बदमाश बादल बाजी लगाकर जान ले रहे हैं—शर्त लगाकर प्राण लेने पर तुले हैं (इनसे रक्षा कौन करे?)

औरै भाँति भएऽब ए चौसरु चंदनु चंदु।
पति बिनु अति पारतु बिपति मारतु मारुत मंदु॥ 512॥

अन्वय—चौसरु चंदनु चंदु ए औरै भाँति भएऽब। पति बिनु अति बिपति पारतु मंदु मारुत मारतु।

भएऽब=भए अब, हुए। चौसरु=चार लड़ियों की मोती-माला। चंदनु=श्रीखण्ड। विपति पारतु=दुःख देते हैं। मारुत=हवा।

मोती की चौलरी, चंदन और चंद्रमा, ये सब और ही भाँति के हो गए—कुछ विचित्र से हो गए। प्रीतम के बिना ये सब अत्यंत दुःख देते हैं और मंद-मंद हवा तो मार ही डालती है।

नैंकु न झुरसी-बिरह-झर नेह-लता कुम्हिलाति।
नित-नित होति हरी-हरी खरी झालरति जाति॥ 513॥

अन्वय—नेह-लता बिरह-झर-झुरसी नैंकु न कुम्हिलाति। नित-नित हरी-हरी होति खरी झालरति जाति।

नैंक—जरा, तनिक। झुरसी—झुलसकर। झर=ज्वाला, लपट। खरी=अधिक, खूब। झालरति=फैलती या सघन पल्लवों से भरी जाती है।

प्रेम-रूपी लतिका बिरह की ज्वाला से झुलसकर तनिक भी नहीं कुम्हिलाती, वरन्, नित्य-प्रति हरी-भरी होती और खूब फूलती-फैलती जाती है।

यह बिनसतु नगु राखिकै जगत बड़ौ जसु लेहु।
जरी विषम जुर ज्याइयैं आइ सुदरसनु देहु॥ 514॥

अन्वय—यह बिनसतु नगु राखिकैं जगत बड़ौ जसु लेहु, बिषम जुर जरी आइ सुदरसनु देहु ज्याइयैं।

नगु=रत्न। बिषम जुर=(1) कठिन ज्वाला (2) विषम ज्वर, तपेदिक की बीमारी। सुदरसनु=(1) सुंदर दर्शन (2) सुदर्शन का अर्क।

इस नष्ट होते हुए रत्न की रक्षा कर (अनमोल नायिका को मरने से बचाकर) संसार में खूब यश लूटो—यह कठिन विरह-रूपी ज्वाला में।

जल रही है, अतः आकर सुंदर दर्शन (दर्शन-रस) देकर इसे जिला दीजिए।

नोट—वैद्यक के अनुसार सुदर्शन-रस से विषम-ज्वर छूटता है।

नित संसौ हंसौ बचतु मनी सु इहिं अनुमानु।
बिरह-अगिनि लपटनु सकतु झपटि न मीचु-सचानु॥ 515॥

अन्वय—हंसौ बचतु नित संसौ सु इहिं अनुमान मनौ बिरह-अगिनि लपटनु मीच-सचानु न झपटि सकतु।

संसौ=संशय=संदेह। हंसौ=(1) प्राण को (2) हंस को। मीचु=मृत्यु। सचानु=श्येन='बाज' नामक शिकारी पक्षी।

उसके प्राण (रूपी-हंस) को बचते देख नित्य संदेह होता है (कि वह कैसे बचा?) यह अनुमान होता है कि मानो विरह-रूपी आग की लपटों के कारण मृत्यु-रूपी बाज उस पर झपट नहीं सकता।

करी बिरह ऐसी तऊ गैल न छाड़तु नीचु।
दीनै हूँ चसमा चखनु चाहै लहै न मीचु॥ 516॥

अन्वय—बिरह ऐसी करी तऊ नीचु मीचु गैल न छाड़तु, चखनु चसमा दीनै हूँ चाहै न लहै।

गैल छाड़तु=(गैल=राह) पीछा नहीं छोड़ती। दीनै हूँ चसमा=ऐनक देने (लगाने) पर भी। चखनु=आँखों पर। नीचु मीचु=निगोड़ी मौत।

विरह ने उसे ऐसी (दुबली-पतली) बना दिया है, तो भी नीच मृत्यु उसका पीछा नहीं छोड़ती। (किंतु क्या करे बेचारी? आँखों पर चश्मा चढ़ाकर भी (उसे ढूँढ़ निकालना) चाहती है, (तो भी) नहीं पाती।

नोट— *"नातवानी ने बचाई जान मेरी हिज्र में।*
कोने-कोने ढूँढ़ती फिरती कजा थी मैं न था॥"—जफर।

मरनु भलौ बरु बिरह तैं यह निहचय करि जोइ।
मरनु मिटै दुखु एक कौ बिरह दुहूँ दुखु होइ॥ 517॥

अन्वय—यह निहचय करि जोइ बिरह तैं बरु मरनु भलौ, मरनु एक कौ दुखु मिटै, बिरह दुहूँ दुखु होइ।

मरनु=मृत्यु। बरु=बल्कि। जोइ=देखो।

यह निश्चय करके देखो कि विरह से बल्कि मृत्यु ही अच्छी है, क्योंकि मृत्यु से तो (कम-से-कम) एक आदमी का दुःख छूट जाता है, किंतु विरह में (प्रेमी-प्रेमिका) दोनों को दुःख होता है।

बिकसित नवमल्ली-कुसुम बिकसित परिमल पाइ।
परसि पजारति बिरहि-हिय बरसि रहे की बाइ॥ 518॥

अन्वय—नवमल्ली बिकसित कुसुम पाइ परिमल बिकसित। बरसि रहे की बाइ बिरहि-हिय परसि पजारति।

बिकसित = खिलते हुए। नवमल्ली = नई चमेली। कुसुम = कोमल फूल। परिमल = सुगंध। परसि = स्पर्श कर। पजारति = प्रज्वलित कर देती है। बरसि रहे की = बरसते समय की। बाइ = वायु = हवा।

जो नई चमेली के खिलते हुए फूल की सुगंध पाकर निकलती है, वह वर्षा होते समय की हवा, विरही के हृदय को स्पर्श कर प्रज्वलित कर देती है।

औंधाई सीसी सुलखि बिरह बरनि बिललात।
बिचहीं सूखि गुलाब गौ छींटौ छुई न गात॥ 519॥

अन्वय—बिरह बरनि बिललात सुलखि सीसी औंधाई, गुलाब बिचहीं सूखि गौ, छींटौं गात न छुई।

औंधाई = उलट (उँडेल दी)। बरनि = जलती हुई। बिललाति = रोती-कलपती है, व्याकुल हो बक-झक करती है। छीटौं = एक छींटा भी। गात = देह।

विरह से जलती और बिललाती हुई देखकर (सखियों ने नायिका के शरीर पर गुलाब-जल की) शीशी उलट दी, (किंतु विरह की धधकती आँच के कारण) गुलाब-जल बीच ही में सूख गया, (उसका) एक छींटा भी (विरहिणी के) शरीर को स्पर्श न कर सका।

हौं ही बौरी बिरह-बस कै बौरौ सब गाँउ।
कहा जानि ए कहतहैं ससिहिं सीत-कर नाँउ॥ 520॥

अन्वय—बिरह-बस हौं ही बौरी कै सब गाँउ बौरौ, कहा जानि ए ससिहिं सीत-कर नाँउ कहत हैं।

हौं ही = मैं ही। बौरी = पगली। ससिहिं = चंद्रमा का। सीत-कर = शीतल किरणोंवाला, शीतरश्मि, चंद्रमा। नाँउ = नाम।

विरह के कारण मैं ही पगली हो गई हूँ या सारा गाँव ही पागल हो गया है। न मालूम क्या जानकर ये लोग (ऐसे झुलसानेवाले) चंद्रमा का नाम शीत-कर कहते हैं।

सोवत-जागत सपन-बस रस रिस चैन कुचैन।
सुरति स्यामघन की सुरति बिसरैं हूँ बिसरै न॥ 521॥

अन्वय—सोवत-जागत सबन-बस रस रिस चैन कुचैन, स्यामघन की सुरति सुरति बिसरैं हूँ न बिसरै।

रस = प्रेम। रिस = क्रोध। सुरति = सु + रति = सुंदर प्रीति। सुरति = स्मृति, याद। बिसरैं हूँ = विस्मृत करने या भुलाने से भी।

सोते, जागते और सपने में, स्नेह, प्रबोध, सुख और दुःख में—सभी अवस्थाओं और सभी भावों में—घनश्याम (श्रीकृष्ण) के प्रेम की स्मृति भुलाए नहीं भूलती।

कोड़ा आँसू-बूँद, कसि साँकर बरुनी सजल।
कीन्हे बदन निमूँद, दृग-मलिंग डारे रहत॥ 522॥

अन्वय—आँसू-बूँद कोड़ा, सजल बरुनी साँकर कसि, बदन निमूँद कीन्हे, दृग-मलिंग डारे रहत।

कौड़ा = कौड़ियों की माला। साँकर = जंजीर। बरुनी = पपनी, पलक के बाल। सजल = अश्रुयुक्त। बदन = मुख। निमूँद = खुला हुआ। मलिंग = फकीर। डारे रहत = पड़े रहते हैं।

आँसुओं की बूँदों को कौड़ियों की माला और सजल बरुनी को (अपनी कमर की) जंजीर बनाकर सदा मुख को खोले हुए (उस विरहिणी नायिका के) नेत्र-रूपी फकीर पड़े रहते हैं—डेरा डाले रहते हैं।

नोट—'मलिंग' फकीर हाथों में कौड़ियों की माला रखते और कमर में लोहे की जंजीर पहनते हैं तथा सदा मुख खोले कुछ-न-कुछ जपते रहते हैं। विरहिणी के आँसू टपकाते और टकटकी लगाए हुए नेत्रों से यहाँ

रूपक बाँधा गया है। 'देव' कवि ने शायद इसी सोरठे के आधार पर यह कल्पना की है—"बरुनी बघम्बर में गूदरी पलक दोऊ कोये राते बसन भगोहैं भेख रखियाँ। बूड़ी जल ही में दिन जामनी रहतिं भौंहैं धूम सिर छायो बिरहानल बिलखियाँ॥ आँसू ज्यौं फटिक माल लाल डोरे सेल्ही सजि भई है अकेली तजि चेली सँग सखियाँ। दीजिए दरस 'देव' लीजिए सँजोगिनि कै जोगिन ह्वै बैठौ हैं बिजौगिन की अखियाँ॥"

जिहिं निदाघ - दुपहर रहै भई माह की राति।
तिहिं उसीर की रावटी खरी आवटी जाति॥ 523॥

अन्वय—जिहिं निदाघ-दुपहर माह की राति भई रहै, तिहिं उसीर की रावटी खरी आवटी जाति।

निदाघ=ग्रीष्म, जेठ-बैसाख। माह=माघ। उसीर=खस। रावटी=छोलदारी। खरी=अत्यंत। आवटी जाति=औंटी जाती या संतप्त हो रही है।

जिस (रावटी) में ग्रीष्म की (जलती हुई) दुपहरी भी माघ की (अत्यंत शीतल) रात-सी हुई रहती है, उस खस की रावटी में भी (यह विरहिणी नायिका विरह-ज्वाला से) अत्यंत संतप्त हो रही है।

तच्यौ आँच अउ बिरह की रह्यौ प्रेमरस भीजि।
नैननु कै मग जल बहै हियौ पसीजि - पसीजि॥ 524॥

अन्वय—प्रेमरस भीजि रह्यौ अब बिरह की आँच तच्यौ। हियौ पसीजि पसीजि नैननु कै मग जल बहै।

तच्यौ=तपाया जाना, जलना। बिरह=वियोग! प्रेमरस=(1) प्रेम का रस, (2) प्रेम का जल।

(नायिका का हृदय) प्रेम के रस से भीजा हुआ था, अब विरह की आँच में जल रहा है। (इसी कारण) हृदय पसीज-पसीजकर नेत्र के रास्ते से जल बह रहा है।

नोट—यह बड़ा सुंदर रूपक है। हृदय (प्रेम-रूपी) पानी से भरा बर्तन है, विरह आँच है, आँखें नली हैं, आँसू अर्क हैं। अर्क चुलाने के लिए एक बर्तन में दवाइयाँ और पानी रख देते हैं। नीचे से आँच लगाते हैं। बर्तन में लगी हुई नली द्वारा अर्क चूता है। विरहिणी मानो साक्षात् रसायनशाला है।

स्याम सुरति करि राधिका तकति तरनिजा - तीरु।
अँसुवनु करति तरौंस कौ खिनकु खरौंहौ नीरु॥ 525॥

अन्वय—राधिका स्याम सुरति करि तरनिजा-तीरु तकति, अँसुवनु खिनकु तरौंस कौ नीरु खरौंहौ करति।

सुरति=याद। तरनिजा=तरणि+जा=सूर्य की पुत्री, यमुना। तरौंश=तलछट। खिनकु=एक क्षण। खरौंहौं=खरा, नमकीन।

श्रीश्यामसुंदर की याद कर (विरहिणी) राधिका (श्यामला) यमुना के तीर को देखती हैं और आँसुओं (के प्रवाह) से एक क्षण में ही उसके गर्भस्थ जल को भी नमकीन बना देती हैं—उनके नमकीन आँसुओं के मिलने से यमुना का तलछट—निचली तह—का पानी भी नमकीन हो जाता है।

गोपिनु कैं अँसुवनु भरी सदा असोस अपार।
डगर - डगर नै ह्वै रही बगर - बगर कैं बार॥ 526॥

अन्वय—गोपिनु कैं अँसुवनु भरी सदा असोस अपार नै बगर-बगर कैं बार डगर-डगर ह्वै रही।

असोस=अशोष्य, जो कभी न सूखे। अपार=अगाध, अलंघनीय। डगर=गली। नै=नदी। बगर=घर। बार=द्वार, दरवाजा।

गोपियों के आँसुओं से भरी, कभी न सूखनेवाली और अपार नदियाँ (ब्रजमंडल के) घर-घर के द्वार पर और गली-गली में (प्रवाहित) हो रही हैं—(कृष्ण के विरह में गोपियाँ इतना रोती हैं कि ब्रज की गली-गली में आँसुओं की नदियाँ बहती हैं।)

नोट—सूरदासजी ने भी गोपियों के आँसुओं की यमुना बहाई है—"जब ते पनिघट आउँ सखीरी वा यमुना के तीर। भरि भरि जमुना उमड़ि चलत है इन नैनन के नीर॥ इन नैनन के नीर सखीरी सेज भई घर

नाव। चाहत हौं ताही पै चढ़िकै हरिजू के ढिग जाव॥"

बन-बाटनु पिक-बटपरा तकि बिरहिन मतु मैन।
कुहौ-कुहौ कहि-कहि उठैं करि-करि राते नैन॥ 527॥

अन्वय—बन-बाटनु पिक-बटपरा बिरहिन तकि मैन मतु नैन राते करि करि कुहौ-कुहौ कहि-कहि उठैं।

बाटनु = रास्ते में। पिक = कोयल। बटपरा = बटमार, लुटेरा, डाकू। मैन-मतु = कामदेव की सलाह से। कुहौ-कुहौ = (1) कुहू-कुहू (2) मारो-मारो। राते = रक्त = लाल।

वन के रास्तों में कोयल-रूपी डाकू विरहिणियों को देख कामदेव की सम्मति से आँखें लाल-लाल कर 'कुहौ-कुहौ' (मारो-मारो) कह उठता है।

दिसि-दिसि कुसुमित देखियत उपवन बिपिन समाज।
मनो बियोगिनु कौं कियौ सर-पंजर रतिराज॥ 528॥

अन्वय—दिसि-दिसि उपवन बिपिन समाज कुसुमित देखियत, मनो बियोगिनु कौं रतिराज सर-पंजर कियौ।

कुसुमित = फूले हुए। उपवन = फुलवारी। बिपिन = जंगल। समाज = समूह। सह-पंजर = बाणों का पिंजड़ा। रतिराज = कामदेव।

प्रत्येक दिशा में फुलवारियों और जंगलों के समूह फूले हुए दीख पड़ते हैं, मानो वियोगिनियों के लिए कामदेव ने बाणों का पिंजड़ा तैयार किया है—(ये चारों ओर के फूल विरहिणियों के हृदय को विदीर्ण करने में बाणों का काम देते हैं)।

नोट—कामदेव के बाण पुष्प के होते हैं। इसलिए चारों ओर खिले हुए पुष्प-पुञ्ज को कामदेव का शर-पञ्जर कहा है। जैसे बाणों के पिंजड़े में कैदी जिधर देखेगा उधर ही चोखी-तीखी नोकें दीख पड़ेंगी, वैसे ही चारों ओर फूले हुए फूल विरहिणियों की दृष्टि में चुभते हैं—दिल में खटकते हैं।

ही औरै-सी ह्वै गई टरी औधि कै नाम।
दूजै कै डारी खरी बौरी बौरैं आम॥ 529॥

अन्वय—टरी औधि कैं नाम ही औरै-सी ह्वै गई, दूजै बौरैं आम खरी बौरी कै डारी।

ही = हृदय। औधि = वादा, आने की तारीख। दूजैं = दूसरे। खरी = अधिक, पूरी। बौरी = पगली। बौरैं = मँजराए हुए।

(एक तो) टली हुई अवधि के नाम से ही (यह सुनते ही कि प्रीतम अपने किए हुए वादे पर नहीं आएँगे) उसका हृदय कुछ और ही प्रकार का (उन्मना) हो गया था, दूसरे इन मँजराए हुए आमों ने उसे पूरी पगली बना डाला—(आम की मंजरी देखते ही वह एकदम पगली हो गई)।

भौ यह ऐसोई समौ जहाँ सुखद दुखु देत।
चैत-चाँद की चाँदनी डारति किए अचेत॥ 530॥

अन्वय—यह ऐसौई समो भौ जहाँ सुखद दुखु देत, चैत-चाँद की चाँदनी अचेत किए डारति।

भौ = हो गया। ऐसौई = ऐसा ही। समौ = समय, जमाना। अचेत किए डारत = बेहोश किए डालती है।

यह ऐसा ही (बुरा) समय आ गया है कि जहाँ सुख देनेवाला भी दुःख ही देता है (देखो न, सखी!) चैत के चंद्रमा को (सुखद) चाँदनी भी (इस विरहावस्था में) बेहोश किए डालती है।

नोट— *"अफसुर्दा दिल के वास्ते क्या चाँदनी का लुत्फ।*
लिपटा पड़ा है मुर्दा-सा मानो कफ़न के साथ॥"

गिनती गनिबे तैं रहे छत हूँ अछत समान।
अब अलि ए तिथि औम लौं परे रहै तन प्रान॥ 531॥

अन्वय—गिनती गनिबे तैं रहे छत हूँ अछत समान। अलि अब ए प्रान औम तिथि लौं तन परै रहै।

छत=रहना। अछत=न रहना। अलि=सखी। औम तिथि=अवम तिथि=क्षय-तिथि—चंद्रमा के अनुसार महीने की गिनती करने से बीच-बीच में कितनी तिथियों की हानि हो जाती है, और लुप्त होने पर भी वे पत्रा में लिखी जाती हैं, पर उनकी गणना नहीं होती।

(मेरे प्राण) गिनती में गिने जाने से भी रहे—अब कोई इनकी (जीवित में) गिनती भी नहीं करता। रहते हुए भी न रहने के समान हो रहे हैं। हे सखी, अब ये मेरे प्राण क्षय-तिथि के समान शरीर में पड़े रहते हैं।

जाति मरी बिछुरति घरी जल-सफरी की रीति।
खिन-खिन होति खरी-खरी अरी जरी यह प्रीति॥ 532॥

अन्वय—जल-सफरी की रीति घरी बिछुरति मरी जाति, अरी यह जरी प्रीति खिन-खिन खरी-खरी होति।

सफरी=मछली। रीति=भाँति, समान। खरी-खरी होति=बढ़ती जाती है। जरी=जली हुई, मुँहजली। खिन-खिन=क्षण-क्षण।

जल की मछली के समान एक घड़ी भी (प्रियतम से) बिछुड़ने पर मरी जाती हूँ। अरी सखी! तो भी यह मुँहजली प्रीति ऐसी है कि क्षण-क्षण बढ़ती ही जाती है।

मार सु मार करी खरी मरी मरीहिं न मारि।
सींचि गुलाब घरी-घरी अरी बरीहिं न बारि॥ 533॥

अन्वय—मार खरी सु मार करी, मरी मरीहिं न मारि, अरी घरी-घरी गुलाब सींचि बरीहिं न बारि।

मार=कामदेव। सु मार=गहरी मार या चोट। खरी=अत्यंत, खूब। मरी=मर गई। मरीहिं=मरी हुई को। मारि=मारो। बरीहिं=जली हुई को। बारि=जलाओ।

कामदेव ने तो खूब ही गहरी मार मारी है, (जिससे) मैं मर गई हूँ, (अब फिर) मरी हुई को मत मार। अरी सखी! घड़ी-घड़ी गुलाब-जल छिड़ककर, (विरह में) जली हुई को मत जला।

रह्यौ ऐंचि अंत न लह्यौ अवधि दुसासन बीरु।
आली बाढ़तु बिरहु ज्यौं पंचाली कौ चीरु॥ 534॥

अन्वय—अवधि दुसासन बीरु ऐंचि रह्यौ अंत न लह्यौ, आली बिरहु पंचाली कौ चीरु ज्यौं बाढ़तु।

ऐंचि=खींचना। अंत न लह्यौ=अंत (छोर) न पाया, पार न पाया। अवधि=वादे का दिन, निश्चित तिथि। आली=सखी। पंचाली=द्रौपदी।

(प्रीतम के आने का) निश्चित समय-रूपी दुःशासन-वीर (विरह-रूपी दीर्घ चोर को) खींचता ही रह गया, किंतु पार न पाया। अरी सखी! यह विरह द्रौपदी के चीर के समान बढ़ रहा है।

नोट—जिस प्रकार द्रोपदी के चीर को दुःशासन खींचता रह गया और छोर न पा सका, उसी प्रकार प्रीतम के आने का निश्चित दिन प्रिया के विरह को शांत न कर सका। अर्थात् प्रीतम के आने का दिन ज्यों-ज्यों निकट आता है, त्यों-त्यों विरहिणी की व्यथा बढ़ रही है।

बिरह-बिथा-जल परस बिन बसियतु मो मन-ताल।
कछु जानत जलथंभ-बिधि दुरजोधन लौं लाल॥ 535॥

अन्वय—बिरह-बिथा-जल परस बिन मो मन-ताल बसियतु। लाल दुरजोधन लौं कछु जलथंभ-बिधि जानत।

बिथा=व्यथा, दुःख। परस=स्पर्श। ताल=तालाब। लौं=समान।

बिरह के दुःख-रूपी जल के स्पर्श बिना मेरे मन-रूपी तालाब में बसते हो—यद्यपि सदा मैं तुम्हें हृदय में धारण किए रहती हूँ, तथापि मेरी हार्दिक व्यथा का तुम अनुभव नहीं करते। (सो मालूम होता है कि) हे लाल! तुम दुर्योधन के समान कुछ जल-स्तम्भन-विधि जानते हो।

नोट—दुर्योधन जलस्तम्भन-विधि जानता था। अगाध जल में घुसकर बैठा रहता था, किंतु उस पर जल का कुछ प्रभाव नहीं पड़ता था।

सोवत सपनैं स्यामघनु हिलि-मिलि हरत बियोगु।
तबहीं टरि कितहूँ गई नींदौ नींदनु जोगु॥ 536॥

अन्वय—सोवत सपनैं स्यामघनु हिलि-मिलि बियोगु हरत, तबहीं नींदनु जोगु नींदौ कितहूँ टरि गई।

नींदौ = नींद भी। नींदनु जोगु = निंदा करने के योग्य, निंदनीय।

सोते समय स्वप्न में श्रीकृष्ण हिल-मिलकर विरह हर रहे थे—बिछोह के दुःख का नाश कर रहे थे। उसी समय निंदनीय नींद भी न मालूम कहाँ टल गई।

पिय बिछुरन कौ दुसह दुखु हरषु जात प्यौसार।
दुरजोधन - लौं देखियति तजति प्रान इहि बार॥ 537॥

अन्वय—पिय बिछुरन कौ दुसह दुखु हरषु प्यौसार जात, इहि बार दुरजोधन-लौं प्रान तजति देखियति।

प्यौसार = नैहर, मायका, पीहर। लौं = समान।

यद्यपि प्रीतम से बिछुड़ने का असह्य दुःख है, तथापि प्रसन्न होकर नैहर जाती है। (अत्यंत दुःख और अत्यंत सुख के सम्मिश्रण से यह बाला दुर्योधन के समान प्राण त्यागती हुई दीख पड़ती है—(मालूम होता है कि इस आत्यंतिक सुख-दुःख के झमेले में इसके प्राण ही निकल जाएँगे।)

नोट—दुर्योधन को शाप था कि जब उसे समान भाव से सुख और दुःख होगा, तभी वह मरेगा। ऐसा ही हुआ भी। दुर्योधन के आदेशानुसार अश्वत्थामा पाण्डवों के भ्रम से उनके पुत्रों के सिर काट लाया। पहले शत्रु-वध-जनित अतिशय आनंद हुआ फिर सिर पहचानने पर समूल वंशनाश जानकर घोर दुःख।

कागद पर लिखत न बनत कहत सँदेसु लजात।
कहिहै सबु तेरौ हियौ मेरे हिय की बात॥ 538॥

अन्वय—कागद पर लिखत न बनत, सँदेसु लजात, तेरौ हियौ मेरे हिय की सबु बात कहिहै।

कागद = कागज। हियौ = हृदय।

कागज पर लिखते नहीं बनता—लिखा नहीं जाता, और (जबानी) संदेश कहते लाज आती है। बस तुम्हारा हृदय ही मेरे हृदय की सारी बातें (तुमसे) कहेगा।

नोट—श्रीरामचंद्रजी ने सीताजी के पास अत्यंत हृदयग्राही संदेश भेजा था। तुलसीदास की मर्मस्पर्शी भाषा में उसे पढ़िए—

तत्व प्रेम कर मम अरु तीरा, जानत प्रिया एक मन मोरा।
सो मन रहत सदा तोहि पाहीं, जानु प्रीति-रस इतनिय माहीं॥

बिरह-बिकल बिनु ही लिखी पाती दई पठाइ।
आँक - बिहूनीयौ सुचित सूनै बाँचत जाइ॥ 539॥

अन्वय—बिरह-बिकल बिनु लिखी ही पाती पठाइ दई। आँक-बिहूनीयौ सुचित सूनै बाँचत जाइ।

आँक-बिहूनीयौ = अक्षर-विहीन होने पर भी। सुचित = स्थिरचित्त होकर, अच्छी तरह से। सूनै = खाली-ही-खाली। बाँचत जाइ = पढ़ता जाता है।

विरह व्यथिता (बाला ने) बिना लिखे ही (सादे कागज के रूप में) चिट्ठी पठा दी। (और इधर प्रेम-मत्त प्रीतम) उस अक्षर रहित (चिट्ठी) को भी अच्छी तरह से खाली-ही-खाली पढ़ता जाता है।

रँगराती रातैं हियैं प्रियतम लिखी बनाइ।
पाती काती बिरह की छाती रही लगाइ॥ 540॥

अन्वय—रातैं हियैं प्रियतम रँगराती बनाइ लिखी, पाती बिरह की काती छाती लगाइ रही।

रँगराती = लाल रंग में रँगी। रातै हियैं = प्रेमपूर्ण (अनुरक्त) हृदय। पाती = चिट्ठी। काती = छोटी तेज तलवार, कत्ती।

प्रेमपूर्ण हृदय से प्रीतम ने लाल रंग में लाल स्याही से रच-रचकर चिट्ठी लिखी और बिरह को काटनेवाली तलवार समझकर उस चिट्ठी को (प्रियतमा) हृदय से लगाए रही।

तर झरसी ऊपर गरी कज्जल जल छिरकाइ।
पिय पाती बिनही लिखी बाँची बिरह-बलाइ॥ 541॥

अन्वय—तर झरसी ऊपर गरी कज्जल जल छिरकाइ, बिनही लिखी पाती पिय बिरह-बलाइ बाँची।

तर = तले, नीचे। झरसी = झुलसी हुई। गरी = गली हुई। पाती = पत्री = चिट्ठी। बाँची = पढ़ लिया। बलाइ = रोग।

(हाथ की ज्वाला से) नीचे झुलसी हुई, (आँखों के आँसुओं से भीगी होने के कारण) ऊपर गली हुई, और काजल के जल से छिड़की हुई (काले दाग से भरी हुई) बिना लिखी (प्रियतमा की) सादी चिट्ठी में ही प्रीतम ने विरह का रोग पढ़ लिया—(प्रीतम जान गया कि प्रियतमा विरह से जल रही है और आँसू बहा रही है।)

कर लै चूमि चढ़ाइ सिर उर लगाइ भुज भेंटि।
लहि पाती पिय की लखति बाँचति धरति समेटि॥ 542॥

अन्वय—पिय की पाती लहि कर लै चूमि सिर चढ़ाइ लखति उर लगाइ भुज भेंटि बाँचति समेटि धरति।

कर = हाथ। उर = हृदय। भुज भेंटि = आलिंगन कर। पिय = प्रियतम। धरति समेटि = मोड़कर वा तह लगाकर यत्न से रखती है। बाँचति = पढ़ती है।

(नायिका) प्रीतम की पाती पाकर उसे हाथ में लेकर, चूमकर, सिर पर चढ़ाकर देखती है, और छाती से लगाकर, तथा (भुजाओं से) आलिंगन कर (बार-बार) पढ़ती और समेटकर रखती है।

मृगनैनी दृग की फरक उर उछाह तन फूल।
बिनही पिय आगम उमगि पलटन लगी दुकूल॥ 543॥

अन्वय—दृग की फरक मृगनैनी उर उछाह तन फूल, बिनही पिय आगम उमगि दुकूल पलटन लगी।

उछाह = उत्साह। आगम = आगमन, आना। उमगि = उमंग में आकर। पलटन लगी = बदलने लगी। दुकूल = रेशमी साड़ी, चीर।

आँख के फड़कते ही मृगनैनी (नायिका) का हृदय उत्साह से भर गया, और शरीर (आनंद से) फूल उठा, तथा बिना प्रीतम के आए ही (अपने शुभ शकुन को सोलह-आने सत्य समझ) उमंग में आकर साड़ी बदलने लगी।

नोट—स्त्रियों के लिए बाई आँख का फड़कना शुभ शकुन है। अतः नायिका ने अपनी बाईं आँख के फड़कते ही प्रेमावेश के कारण समझ लिया कि आज प्रीतम अवश्य आवेंगे, अतः बन-ठनकर मिलने को तैयार होने लगी। उत्कंठा की हद है!

बाम बाँहु फरकत मिलैं जौं हरि जीवनमूरि।
तौ तोहीं सौं भेंटिहौं राखि दाहिनी दूरि॥ 544॥

अन्वय—बाम बाँहु फरकत जौं जीवनमूरि हरि मिलैं तौ दाहिनी दूरि राखि तोहीं सौं भेंटिहौं।

बाम = बाईं। बाँहु = बाँह, भुजा। जीवनमूरि = प्राणाधार। भेंटिहौं = भेटूँगी, भुजा भरकर मिलूँगी। दूरि = अलग।

ऐ बाईं भुजा। (तू फड़क रही है, सो) तेरे फड़कने से यदि प्राणाधार श्रीकृष्ण मिल जाएँ—श्रीकृष्ण आज आ जाएँ—तो दाहिनी भुजा को दूर रखकर मैं तुझी से उनका आलिंगन करूँगी। (यही तेरे फड़कने का पुरस्कार है।)

कियौ सयानी सखिनु सौं नहिं सयानु यह भूल।
दुरै दुराई फूल लौं क्यों पिय-आगम-फूल॥ 545॥

अन्वय—सखिनु सौं सयानी कियौ सयानु नहिं यह भूल, पिय-आगम-फूल लौं दुराई क्यों दुरै?

सयानी=चतुराई। सयानु=चतुराई। दुरैं=छिपे। लौं=समान। पिय-आगम-फूल=प्रीतम के आगमन का उत्साह।

सखियों से की गई चतुराई (वास्तविक) चतुराई नहीं, वरन् यह भूल है। प्रीतम के आगमन का उत्साह (सुगंधित) फूल के समान छिपाने से कैसे छिप सकता है?

आयौ मीत बिदेस तैं काहू कह्यौ पुकारि।
सुनि हुलसीं बिहँसीं हँसीं दोऊ दुहुनु निहारि॥ 546॥

अन्वय—काहू पुकारि कह्यौ, मीत बिदेस तैं आयौ, सुनि हुलसी बिहँसों दोऊ दुहुनु निहारि हँसीं।

मीत=मित्र=प्यारा, प्रीतम। काहू=किसी ने। हुलसीं=आनंदित हुई। बिहँसी=मुस्कुराईं। दुहुनु=दोनों को। निहारी=देखकर।

किसी ने पुकारकर कहा कि प्रीतम विदेश से आ गया। यह सुनकर आनंदित हुई, मुस्कुराई और दोनों (नायिकाएँ) दोनों को देखकर हँस पड़ीं।

नोट—दोनों नायिकाएँ एक ही नायक से प्रेम करती थीं। किंतु दोनों का प्रेम परस्पर अप्रकट था। आज अकस्मात् विदेश से नायक के आने की बात सुनकर दोनों स्वभावतः प्रसन्न हुईं। तब एक-दूसरे की प्रसन्नता देखकर ताड़ गईं कि यह उन्हें चाहती है। फलतः अनायास भेद खुलने के कारण दोनों परस्पर देखकर हँस पड़ीं।

मलिन देह वेई बसन मलिन बिरह कैं रूप।
पिय-आगम औरै चढ़ी आनन ओप अनूप॥ 547॥

अन्वय—देह मलिन वेई बसन बिरह कैं रूप मलिन, पिय-आगम आनन औरै अनूप ओप चढ़ी।

वेई=वे ही। आगम=आगमन, आना। आनन=मुख। औरै=विचित्र ही, निराली ही। ओप=कांति। अनूप=अनुपम।

शरीर मलिन है, वे ही मलिन कपड़े हैं और विरह के कारण रूप भी मलिन है। किंतु प्रीतम के आगमन से उसके मुख पर और ही प्रकार की अनुपम कांति चढ़ गई है।

कहि पठई जिय-भावती पिय आवन की बात।
फूली आँगन मैं फिरै आँग न आँग समात॥ 548॥

अन्वय—जिय-भावती पिय आवन की बात कहि पठई, फूली आँगन मैं फिरै आँग-आँग न समात।

जिय-भावती=जो जी को भावे, प्राणों को प्यारी लगे। आँग=अंग, शरीर। आँग न आँग समात =बहुत हर्ष के समय में इस कहावत का प्रयोग होता है।

अपनी प्राणवल्लभा को प्रियतम ने अपने आने का सँदेसा कहला भेजा। (अतएव मारे प्रसन्नता के) वह फूली-फूली आँगन में फिर रही है, अंग अंग में नहीं समाते।

नोट— *धनुष चढ़ावत भे तबहि लखि रिपु-कृत उत्पात।*
हुलसी गात रघुनाथ को बखतर में न समात॥—पद्माकर।

रहे बरोठे में मिलत पिउ प्रानन के ईसु।
आवत-आवत की भई बिधि की घरी घरी सु॥ 549॥

अन्वय—प्रानन के ईसु पिउ बरोठे में मिलत रहे, आवत-आवत की सु घरी बिधि की घरी गई।

बरोठे=बाहर की बैठक। प्राननु के ईसु=प्राणेश। सु=सो, वह।

प्राणनाथ प्रीतम (परदेश से आने पर) बाहर की बैठक में ही लोगों से मिल रहे थे। (अतएव) जो एक घड़ी (उन्हें आँगन में) आते-आते बीती, सो घड़ी (नायिका के लिए) ब्रह्मा की घड़ी के समान (लंबी) हो गई।

नोट—कितने ही युग बीत जाते हैं तब ब्रह्मा की एक घड़ी होती है।

जदपि तेज रौहाल - बल पलकौ लगी न बार।
तौ ग्वैंड़ौं घर कौ भयौ पैंड़ौं कोस हजार॥ 550॥

अन्वय—जदपि तेज रौहाल-बल पलकौ बार न लगी तौ ग्वैंड़ौं घर कौ पैंड़ों हजार कोस भयौ।

रौहाल=(फा. रहबार) घोड़ा। पलकौ=एक पल की भी। बार=देर। ग्वैंड़ौं=बस्ती के आसपास की भूमि। पैंड़ौं=रास्ता।

यद्यपि तेज घोड़े के कारण (नायक के आने में) एक पल-भर की भी देर न हुई, तो भी गोयँड़े से घर तक रास्ता (उत्कंठिता नायिका को) हजार कोस (सदृश) मालूम हुआ।

नोट—नायिका ने घर की खिड़की से नायक को तेज घोड़े पर चढ़कर विदेश से आते हुए गाँव के गोयँड़े में देखा। उस गोयँड़े से बस्ती के अंदर अपने घर तक आने में जो थोड़ी-सी देर हुई, वह उसे हजार वर्ष-सी जान पड़ी।

बिछुरैं जिए सँकोच इहिं बोलत बनत न बैन।
दोऊ दौरि लगे हियैं किए निचौहैं नैन॥ 551॥

अन्वय—बिछुरैं जिए इहिं सँकोच बैन बोलत न बनत, नैन निचौंहैं किए दोऊ दौरि हियैं लगे।

बिछुरे=जुदा हुए। जिए=मन में। निचौंहैं=नीचे की ओर।

(कैसी लज्जा की बात है कि परस्पर इतना प्रेम करने पर भी) हम दोनों बिछुड़ गए—एक दूसरे से अलग-अलग हो गए—फिर भी जीते रहे यह संकोच मन में होने के कारण वचन बोलते (बातें करते) नहीं बना। (तो भी प्रेमावेश के कारण) आँखें नीची किए दोनों दौड़कर (परस्पर) हृदय से लिपट गए।

ज्यौं-ज्यौं पावक लपट-सी तिय हिय सौं लपटाति।
त्यौं-त्यौं छुही गुलाब-सैं छतिया अति सियराति॥ 552॥

अन्वय—ज्यौं-ज्यौं पावक लपट-सी तिय हिय सौं लपटाति, त्यौं-त्यौं गुलाब-छुही-सैं छतिया अति सियराति।

पावक=आग। तिय=स्त्री। हिय=हृदय। छुड़ी गुलाब सैं=गुलाब जल से सींची हुई-सी। सियराति=ठंडी होती है।

ज्यों-ज्यों आग की लपट के समान (ज्योतिपूर्ण, कांतिपूर्ण और कामाग्निपूर्ण) वह स्त्री हृदय से लिपटती है, त्यों-त्यों गुलाब-जल से छिड़की हुई के समान छाती अत्यंत ठंडी होती है।

पीठि दियैं ही नैंकु मुरि कर घूँघट - पटु टारि।
भरि गुलाल की मूठि सौं गई मूठि - सी मारि॥ 553॥

अन्वय—पीठि दियैं ही नैंकु मुरि कर घूँघट-पटु टारि गुलाल की भरि मूठि सौं मूठ-सी मारि गई।

पीठि दियैं=मुँह फेरकर। नैंकु=जरा। मुरि=मुड़कर। कर=हाथ। पटु=कपड़ा। गुलाल=अबीर। मूठि=मुट्ठी। मूठि=वशीकरण-प्रयोग की विधि।

(मेरी ओर) पीठ किए हुए ही जरा-सा मुड़कर और हाथ से घूँघट का कपड़ा हटाकर अबीर भरी हुई मुट्ठी से (वह नायिका) मानो (वशीकरण प्रयोग को) मूठ-ही-सी मार गई—(उस अदा से मुझ पर अबीर डालना क्या था, वशीकरण प्रयोग का टोना करना था)।

नोट—लज्जाशील नायिका घूँघट काढ़े नायिका की ओर पीठ किए खड़ी थी। नायक उस पर ताबड़-तोड़ अबीर डाल रहा था। इतने में उसने भी तमककर, कुछ मुड़कर और घूँघट को हाथ से हटाते हुए नायक पर अबीर की मूठ चला ही दी। उसी पर यह उक्ति है।

दियौ जु पिय लखि चखनु मैं खेलत फागु खियालु।
बाढ़त हूँ अति पीर सु न काढ़त बनतु गुलालु॥ 554॥

अन्वय—फागु खेलत खियालु पिय लखि चखनु मैं जु दियौ सु अति पीर बाढ़त हूँ गुलालु काढ़त न बनतु।

लखि=ताककर। चख=आँखें। खियालु=कौतुक, विनोद, चुहल। पीर=पीड़ा। सु=सो। गुलालु=अबीर।

फाग खेलते समय कौतुक-(विनोद)-वश प्रीतम ने ताककर उसकी आँखों में जो (अबीर) डाल दी, सो अत्यंत पीड़ा बढ़ने पर भी उससे वह अबीर काढ़ते नहीं बनता (क्योंकि उस पीड़ा में भी एक विलक्षण प्रेमानंद है !)

छुटत मुठिनु सँग ही छुटी लोक-लाज कुल चाल।
लगे दुहुनु इक बेर ही चलि चित नैन गुलाल॥ 555॥

अन्वय—छुटत मुठिनु सँग ही लोक-लाज कुल-चाल छुटी, इक बेर ही चलि दुहुनु नैन चित गुलाल लगे।

कुल-चाल=कुल की चाल, कुल-मर्यादा। इक बेर ही=एक साथ ही।

अबीर की मुट्ठियाँ छूटने के साथ लोक-लज्जा और कुल-मर्यादा छूट गई। एक साथ ही चलकर दोनों के हृदय, नयन और अबीर एक दूसरे से लगे—अबीर (की मूठ) चलाते समय ही दोनों के नेत्र लड़ गए और दिल एक हो गया।

जज्यौं उझकि झाँपति बदनु झुकति बिहँसि सतराइ।
तत्यौं गुलाल मुठी झुठी झझकावत प्यौ जाइ॥ 556॥

अन्वय—जज्यौं उझकि बदनु झाँपति झुकति बिहँसि सतराइ, तत्यौं गुलाल झुठी मुठी प्यौ झझकावत जाइ।

जज्यौं=ज्यों-ज्यों। उझकि=लचक के साथ उचककर। झाँपति=ढकती है। सतराइ=डरती है। तत्यौं=त्यों-त्यों। झझकावत=डराता है।

ज्यों-ज्यों उझककर (नायिका) मुँह ढाँपती, झुक जाती और हँसकर डरने की चेष्टा (भावभंगी) करती है, त्यों-त्यों अबीर की झूठी मुट्ठी से —बिना अबीर की (खाली) मुट्ठी चला-चलाकर—प्रीतम उसे डराता जाता है।

रस भिजए दोऊ दुहुनु तउ ठिकि रहे टरैं न।
छबि सौं छिरकत प्रेम - रँग भरि पिचकारी नैन॥ 557॥

अन्वय—दोऊ दुहुनु रस भिजए तउ ठिकि रहे न टरैं, नैन पिचकारी प्रेम-रँग भरि छबि सौं छिरकत।

भिजए=सराबोर कर दिया। ठिकि रहे=डटे रहे।

दोनों ने दोनों को रस से सराबोर कर डाला है, तो भी दोनों अड़े खड़े हैं, टलते नहीं। (मानो फाग खेलने के बाद अब) नैन-रूपी पिचकारी में प्रेम का रंग भरकर सुंदरता के साथ (परस्पर) छिड़क रहे हैं।

गिरै कंपि कछु कछु रहै कर पसीजि लपटाइ।
लैयौ मुठी गुलाल भरि छुटत झुठी ह्वै जाइ॥ 558॥

अन्वय—कछु कंपि गिरै, कछु कर पसीजि लपटाइ रहै, मुठी गुलाल भरि लैयौ छुटत झुठी ह्वै जाइ।

कंपि=काँपना। छुटत=छूटते ही, चलाते ही। झुठी=खाली।

कुछ तो (प्रेमावेश में) हाथ काँपने से गिर पड़ती है, और कुछ हाथ के पसीजने से उसमें लिपटी रह जाती है। मुट्ठी में अबीर भरकर तो लेती है, किंतु चलाते ही (वह मुट्ठी) झूठी हो जाती है—नायक की देह पर अबीर पड़ती ही नहीं।

ज्यौं-ज्यौं पटु झटकति हठति हँसति नचावति नैन।
त्यौं-त्यौं निपट उदार हूँ फगुवा देत बनै न॥ 559॥

अन्वय—ज्यौं-ज्यौं पटु झटकति हठति हँसति नैन नचावति त्यौं-त्यौं निपट उदार हूँ फगुवा देत न बनै।

पटु = अंचल। झटकति = जोर से हिलाती वा फहराती है। हठति = हठ करती है। निपट = अत्यंत। फगुवा = फाग खेलने के बदले में वस्त्राभूषण या मेवा-मिठाई आदि का पुरस्कार।

ज्यौं-ज्यौं वह (नायिका) कपड़े (अंचल) को झटकती है, हठ करती है, हँसती है और आँखों को नचाती है, त्यों-त्यों अत्यंत उदार होने पर भी (इस हाव-भाव पर मुग्ध होकर नायक से) फगुवा देते नहीं बनता।

छकि रसाल - सौरभ सने मधुर माधवी - गंध।
ठौर - ठौर झौंरत झँपत झौंर - झौंर मधु - अंध॥ 560॥

अन्वय—रसाल-सौरभ छकि मधुर माधवी-गंध सने मधु अंध झौंर-झौंर ठौर-ठौर झौंरत झँपत।

छकि = तृप्त या मत्त होकर। रसाल = (यहाँ) आम की मंजरी। सौरभ = सुगंध। सने = लिप्त होकर। माधवी = एक प्रकार की बसंती लता। ठौर-ठौर = जगह-जगह, यत्र-तत्र। झँपत = मस्ती में ऊँघते हैं। झौंर = समूह। झौंरत = मँड़राते हैं।

आम की (मंजरी की) सुगंध से मस्त होकर, माधवी-लता की मधुर गंध से सने (लिप्त) हुए मदांध भौंरौं के समूह जगह-जगह झूमते और झपकी लेते (फिरते) हैं—(किसी पुष्प पर गुञ्जार करते हैं, तो किसी पर बैठकर ऊँघने लगते हैं।)

यह बसंत न खरी अरी गरम न सीतल बातु।
कहि क्यौं प्रगटैं देखियतु पुलकु पसीजे गातु॥ 561॥

अन्वय—यह बसंत अरी न खरी गरम न सीतल बातु, कहि पसीजे गातु पुलकु प्रगटैं क्यौं देखियतु।

खरी = अत्यंत। अरी = ए सखी। बातु = हवा। कहीं = कहो। प्रगटै = प्रत्यक्ष। पुलकु = रोमांच। पसीजे = पसीने से लथपथ।

यह बसंत ऋतु है। अरी सखी , न इसमें अत्यंत गर्मी है और न (अत्यंत) ठंडी हवा ! कहो फिर तुम्हारे पसीजे हुए—पसीने से लथपथ—शरीर में पुलकें प्रत्यक्ष क्यों दीख पड़ती हैं।

नोट—गर्मी से पसीना निकलता है और सर्दी से रोंगटे खड़े हो जाते हैं। प्रीतम के साथ तुरत रति-समागम करके आई हुई नायिका में ये दोनों ही चिह्न देखकर सखी परिहास करती है।

फिरि घर कौं नूतन पथिक चले चकित-चित भागि।
फूल्यौ देखि पलास - बन समुही समुझि दवागि॥ 562॥

अन्वय—पलास-बन फूल्यौ देखि समुही दवागि समुझि चकित-चित नूतन पथिक फिरि घर कौं भागि चले।

नूतन = नवीन। पथिक = बटोही, परदेशी। चकित-चित = घबराकर। पलास = ढाक, किंशुक, लाल फूल का एक पेड़। समुही = सामने। दवागि = दावाग्नि, दावानल, जंगल की आग—जो आप-ही-आप (जंगलों में) उत्पन्न होकर सारे वन को स्वाहा कर डालती है।

पलास के बन को फूला देख, उसे अपने सामने ही दावाग्नि समझ (डर से) घबराकर नया बटोही लौटकर अपने घर की ओर भाग चला। (वसंत ऋतु में फूले हुए पलास उसे दावाग्नि के समान जान पड़े।)

अंत मरैंगे चलि जरैं चढ़ि पलास की डार।
फिरि न मरैं मिलिहैं अली ए निरधूम अँगार॥ 563॥

अन्वय—अंत मरैंगे चलि पलास की डार चढ़ि जरैं, अली फिरि मरैं ए निरधूम अँगार न मिलिहैं।

चलि = चलो। डार = डाल। निरधूम = बिना धुएँ की। अँगार = आग।

(विरहिणी नायिका विरह के उन्माद में पलास के फूल को आग का लाल अंगार समझकर कहती है—) अंत में मरना ही है, तो चलो, पलास की डाल पर चढ़कर जल जायँ। अरी सखी, फिर मरने पर ऐसी बिना धुएँ की आग नहीं मिलेगी।

नाहिन ए पावक-प्रबल लुवैं चलैं चहुँ पास।
मानहु बिरह बसंत कैं ग्रीषम लेत उसास॥ 564॥

अन्वय—चहुँ पास ए पावक-प्रबल लुवैं नाहिन चलैं, बसंत कैं बिरह मानहु ग्रीषम उसास लेत।

पावक-प्रबल = आग के समान प्रचंड। लुवैं = आँच-भरी हवा, गर्म हवा के जबरदस्त झोंके ('लू' का बहुवचन 'लुवैं') चहुँ पास = चारों ओर। उसास = आह-भरी ऊँची साँसें।

चारों ओर ये आग के समान प्रबल लुएँ नहीं चल रही हैं, वरन् वसंत के विरह में मानो ग्रीष्म-ऋतु लंबी साँसें ले रही है—आह भर रही है।

कहलाने एकत बसत अहि-मयूर मृग-बाघ।
जगतु तपोबन सौ कियौ दीरघ दाघ निदाघ॥ 565॥

अन्वय—अहि-मयूर मृग-बाघ कहलाने एकत बसत, निदाघ दीरघ दाघ जगतु तपोबन सौ कियौ।

कहलाने = (1) कुम्हलाए हुए, गर्मी से व्याकुल (2) किसलिए। एकत = एकत्र। अहि = सर्प। दीरघ दाघ = कठोर गर्मी। निदाघ = ग्रीष्म।

(परस्पर कट्टर शत्रु होने पर भी) एकत्र वास करते हैं—एक साथ रहते हैं? ग्रीष्म की कठोर गर्मी ने संसार को तपोवन-सा बना दिया।

नोट—इस दोहे के प्रथम चरण में एक खूबी है। उसमें प्रश्न और उत्तर दोनों हैं। प्रश्न है—सर्प और मयूर तथा मृग और बाघ किसलिए एकत्र बसते हैं? उत्तर—गर्मी से व्याकुल होकर तपोवन में सभी जीव-जंतु आपस में स्वाभाविक बैर-भाव भूलकर एकसाथ रहते हैं। आचार्य केशवदास ने भी तपोवन का बड़ा सुंदर वर्णन किया है—"केसोदास मृगज बछेरू चूमैं बाघनीन चाटत सुरभि बाध-बालक-बदन है। सिंहिन की सटा ऐचे कलम करिनि कर सिंहन के आसन गयंद के रहन है॥ फनी के फनन पर नाचत मुदित मोर क्रोध न विरोध जहाँ मद न मदन है। बानर फिरत डोरे-डोरे अंध तापसनि सिव की मसान कैधौं ऋषि को सदन है॥"

बैठि रही अति सघन बन पैठि सदन तन माँह।
देखि दुपहरी जेठ की छाँहौं चाहति छाँह॥ 566॥

अन्वय—अति सघन बन बैठि रही सदन तन माँह पैठि, जेठ की दुपहरी देखि छाँहौं छाँह चाहति।

सघन = घना। सदन = घर। तन = शरीर। छाँहौं = छाया भी।

(छाया या तो) अत्यंत सघन वन में बैठ रही है (या बस्ती के) घर और (जीव के) शरीर में घुस गई है। (मालूम पड़ता है) जेठ-मास की (झुलसानेवाली) दुपहर देखकर छाया भी छाया चाहती है।

नोट—जेठ की दुपहरी में सूर्य ठीक सिर के ऊपर (मध्य आकाश में) रहता है। अतः सब चीजों की छाया अत्यंत छोटी होती है। पेड़ की छाया ठीक उसकी डालियों के नीचे रहती है। घर की छाया घर में ही घुसी रहती है—दीवार से नीचे नहीं उतरती। शरीर की छाया भी नहीं दीख पड़ती—परछाईं पैरों के नीचे जाती है, मानो वह भी शरीर में ही घुस गई हो। वाह! इस दोहे से बिहारी के प्रकृति-निरीक्षण-नैपुण्य का कैसा उत्कृष्ट परिचय मिलता है!

तिय-तरसौहैं मन किए करि सरसौहैं नेह।
धर परसौहैं ह्वै रहे झर बरसौहैं मेह॥ 567॥

अन्वय—नेह सरसौहैं करि मन तिय-तरसौहैं किए, झर बरसौहैं मेह धर परसौहैं ह्वै रहे!

तिंय तरसौहैं = स्त्री पर ललचनेवाले। सरसौहैं = रसीला, सरस। धर = धरा, पृथ्वी। परसौहैं = स्पर्श करनेवाले। बरसौहैं = बरसनेवाले।

(वर्षा ने) प्रेम को सरस बनाकर मन को स्त्री के लिए ललचनेवाला बना दिया—(वर्षा आते ही प्रेम जग गया और स्त्री के साथ भोग-विलास करने को मन मचल गया) और, झड़ी लगाकर बरसनेवाले मेघ पृथ्वी को स्पर्श करनेवाले हो गए—(मेघ इतने नीचे आकर बरसते हैं, मानो वे पृथ्वी का आलिंगन कर रहे हों)।

पावस निसि-अँधियार मैं रह्यौ भेदु नहिं आनु।
राति-द्यौस जान्यौ परतु लखि चकई चकवानु॥ 568॥

अन्वय—पावस निसि-अँधियार मैं आनु भेदु नहिं रह्यौ चकई-चकवानु लखि राति-द्यौस जान्यौ परतु।

पावस = वर्षा ऋतु। निसि = रात। भेदु = फर्क, अंतर। आन = अन्य, दूसरा। द्यौस = दिन।

पावस और रात के अंधकार में अन्य भेद नहीं रहा—(पावस का अंधकार और रात का अंधकार एक समान हो रहा है), चकई और चकवे को देखकर ही रात-दिन जान पड़ते हैं—(जब चकवे और चकई को लोग एक साथ देखते हैं, तब समझते हैं कि दिन है; फिर जब उन्हें बिछुड़ा देखते हैं, तब समझते हैं कि रात है)!

नोट—रात में चकवा-चकई एक साथ नहीं रहते।

छिनकु चलति ठिठकति छिनकु भुज प्रीतम-गल डारि।
चढ़ी अटा देखति घटा बिज्जु-छटा-सी नारि॥ 569॥

अन्वय—छिनकु चलति छिनकु प्रीतम-गल भुज डारि ठिठकति, बिज्जु-छटा-सी नारि अटा चढ़ी घटा देखति।

छिनकु = एक क्षण। ठिठकति = रुककर खड़ी हो जाती है। अटा = कोठा, अटारी। बिज्जु-छट = बिजली की चमक।

एक क्षण चलती है, और दूसरे ही क्षण प्रीतम के गलबँहियाँ डालकर ठिठककर खड़ी हो जाती है। (इस प्रकार) बिजली की चमक के समान वह स्त्री कोठे पर चढ़कर (मेघ की) छटा देख रही है।

पावक-झर तैं मेह-झर दाहक दुसह बिसेखि।
दहै देह वाकै परस याहि दृगुनु ही देखि॥ 570॥

अन्वय—पावक-झर तैं मेह-झर बिसेखि दाहक दुसह, वाकै परस देह दहै याहि दृगुनु देखि ही।

जर = (1) लपट (2) झड़ी। दहे = जलना। दृगुनु = आँखों से।

आग की लपट से मेघ की झड़ी (कहीं) अधिक जलानेवाली और असहनीय (मालूम होती) है, क्योंकि उस (आग की लपट) के स्पर्श से देह जलती है, और इस मेघ की झड़ी को आँखों से देखने ही से (विरहाग्नि भड़ककर देह को भस्म कर देती है)।

कुढँगु कोप तजि रँगरली करती जुवति जग जोइ।
पावस गूढ़ न बात यह बूढ़नु हूँ रँग होइ॥ 571॥

अन्वय—जोइ कुढँगु कोप तजि जग जुवति रँगरली करति यह बात गूढ़ = न पावस बूढ़नु हूँ रँग होइ।

कुढँगु = नटखटपन। कोप = क्रोध। रँगरली = केलि-रंग, विहार। जोइ = देखो। पावस = वर्षा-ऋतु। गूढ़ = गुप्त, छिपा हुआ। बूढ़नु (1) एक लाल कीड़ा, बीरबहूटी (2) बूढ़ियों। रँग = (1) रसिकता, उमंग (2) प्रेम।

देखो, नटखटपन और क्रोध छोड़कर संसार की युवतियाँ अपने प्रीतमों के संग रँगरेलियाँ (विहार) करती हैं। और तो और—यह बात भी छिपी नहीं है कि इस वर्षा-ऋतु में बूढ़ियों (बीरबहूटियों) में भी रंग आ जाता है—उमंग उमड़ आती है। (फिर युवतियों का क्या पूछना?)

धुरवा होहि न अलि इहै धुआँ धरनि चहुँकोद।
जारतु आवत जगतु कौं पावस-प्रथम-पयोद॥ 572॥

अन्वय—पावस-प्रथम-पयोद जगतु कौं जारतु आवत, अलि इहै धुआँ धरनि चहुँकोद, धुरवा न होहि।

धुरवा = मेघ। अलि = सखी। धरनि = पृथ्वी। चहुँकोद = चारों ओर। पावस-प्रथम-पयोद = वर्षा-ऋतु के पहले दिन का बादल।

वर्षा-ऋतु के पहले दिन का बादल संसार को जलाता हुआ चला आता है। हे सखी, यह उसी का (संसार के जलने का) धुआँ पृथ्वी के चारों ओर (दीख पड़ता है), यह मेघ हो नहीं सकता।

हठु न हठीली करि सकैं यह पावस-ऋतु पाइ।
आन गाँठि घुटि जाति ज्यौं मान-गाँठि छुटि जाइ॥ 573॥

अन्वय—यह पावस-ऋतु पाइ हठीली हठु न करि सकैं, आन गाँठि ज्यौं घुटि जाति मान-गाँठि छुटि जाइ।

आन = दूसरा। गाँठि = गिरह। घुटि जात = कड़ी पड़ जाती हैं।

इस पावस-ऋतु को पाकर—इस वर्षा के जमाने में—हठीली नायिका भी हठ नहीं कर सकती, (क्योंकि इस ऋतु में) अन्य गाँठें जिस प्रकार कड़ी पड़ जाती हैं, (उसी प्रकार) मन की गाँठें (आप-से-आप) खुल जाती हैं।

नोट—बरसात में सन, मूँज आदि की रस्सियों की गाँठें कड़ी पड़ जाती हैं, पर मेघ उमड़ने और बिजली कौंधने पर मन की गाँठ टूट ही जाती है।

वेऊ चिरजीवी अमर निधरक फिरौ कहाइ।
छिन बिछुरैं जिनकी नहीं पावस आउ सिराइ॥ 574॥

अन्वय—वेऊ निधरक चिरजीवी अमर कहाइ फिरौ जिनकी आउ पावस छिन बिछुरैं नहीं सिराइ।

आउ = उम्र, अवस्था। सिराइ = बीतती है।

वे भी बेखटके चिरंजीवी और अमर कहलाते फिरें जिनकी आयु पावस-ऋतु में एक क्षण के वियोग में भी नहीं बीतती—या जो (रसिक जन) इस वर्षा-ऋतु में अपनी प्रियतमा से क्षण-मात्र के लिए बिछुड़ने पर भी मर नहीं जाते, वे ही अमर और चिरजीवी पदवी के हकदार हैं।

नोट—प्रेमी कवि ठाकुर ने भी क्या खूब कहा है—"सजि सोहे दुकूलन बिज्जुछटा-सी अटान चढ़ी घटा जोवति हैं। रँगराती सुनी धुनि मोरन की मदमाती सँजोग सँजोवति हैं॥ कवि 'ठाकुर' के पिय दूर बसैं हम आँसुन सों तन धोवति हैं। धनि वे धनि पावस की रतियाँ पति की छतियाँ लगि सोवति हैं॥"

अब तजि नाउँ उपाव कौ आयौ सावन मास।
खेलु न रहिबो खेम सौं केम-कुसुम की बास॥ 575॥

अन्वय—अब उपाव कौ नाउँ तजि, सावन मास आयौ, केम-कुसुम की बास खेम सौं रहिबो खेलु न।

नाउँ = नाम। उपाव = उपाय, यत्न, तरकीब, युक्ति। खेम = क्षेम, कुशल। केम-कुसुम = कदंब का फूल, जिसमें बड़ी भीनी-भीनी और मस्तानी सुगंध होती है।

अब उपाय का नाम छोड़ो—उस बाला के फँसाने की युक्तियों को त्यागो, क्योंकि सावन का महीना आ गया। कदंब के फूल की सुगंध सूँघकर कुशलक्षेम से रह जाना हँसी-खेल नहीं है—अर्थात् कदंब के फूल की गंध पाते ही वह पगली (मस्त) होकर अपने-आप तुमसे आ मिलेगी।

बामा भामा कामिनी कहि बोलौ प्रानेस।
प्यारी कहत खिसात नहिं पावस चलत बिदेस॥ 576॥

अन्वय—प्रानेस बामा भामा कामिनी कहि बोलौ, पावस बिदेस चलत प्यारी कहत नहिं खिसात।

बामा = (1) स्त्री (2) जिससे विधाता वाम हो। भामा = (1) स्त्री (2) भामिनी, क्रुद्धस्वभावा। कामिनी = (1) स्त्री (2) जो किसी की कामना करे। प्रानेस = प्राणेश, प्राणनाथ। खिसात = लजाते हो।

हे प्राणनाथ! मुझे बामा, भामा और कामिनी नाम से कहकर पुकारिए। इस वर्षा-ऋतु में विदेश जाते हुए भी मुझे प्यारी कहते लज्जा नहीं आती? (यदि मैं सचमुच आपकी 'प्यारी' होती, तो इस वर्षा-ऋतु में मुझे अकेली छोड़कर आप विदेश क्यों जाते?)

उठि ठकुठकु एतौ कहा पावस कैं अभिसार।
जानि परैगी देखियौ दामिनि घन-अँधियार॥ 577॥

अन्वय—उठि पावस कैं अभिसार एतौ ठकुठकु कहा। देखियौ घन-अँधियार दामिनि जानि परैगी।

ठकुठकु = झमेला। एतौ = इतना। अभिसार = प्रेमी से मिलने के लिए संकेत- स्थल पर जाना। देखियौ = देख लिए जाने पर भी। दामिनी = बिजली। घन = बादल।

उठो, वर्षा-ऋतु के अभिसार में भी इतना झमेला कैसा—इतनी हिचकिचाहट और सजधज क्यों? देख लिए जाने पर भी बादलों के अंधकार में तुम बिजली जान पड़ोगी—जो तुम्हें देखेंगे भी वे समझेंगे कि बादलों में बिजली चमकती जा रही है।

फिर सुधि दै सुधि द्याइ प्यौ इहिं निरदई निरास।
नई नई बहुर्‌यौ दई दई उसासि उसास॥ 578॥

अन्वय—इहिं निरदई निरास फिर सुधि दै प्यौ सुधि द्याइ दई बहुर्‌यौ नई नई उसास उसासि दई।

सुधि दै = होश दिलाकर। सुधि द्याइ = याद दिला दी। बहुर्‌यौ = फिर। उसास उसासि दई = उसाँसें उभाड़ दीं। उसासि = ऊँची साँस।

इस निर्दय (पावस-ऋतु) ने निराशा में मुझे पुनः होश दिलाकर प्रियतम की याद करा दी। ब्रह्मा ने फिर नई-नई उसाँसें उभाड़ दी हैं (अतः इस अवस्था में तो बेहोश ही रहना अच्छा था।)

घन-घेरा छुटिगौ हरषि चली चहूँ दिसि राह।
कियौ सुचैनौ आइ जगु सरद सूर नरनाह॥ 579॥

अन्वय—घन-घेरा छुटिगौ हरषि चहूँ दिसि राह चली, सरद सूर नरनाह आइ जगु सुचैनौ कियौ।

घन = मेघ। घेरा = आक्रमणकारी सेना-मंडल। सुचैनौ = खूब निश्चित। सूर = बली। नरनाह = नरनाथ, राजा।

मेघों का घेरा छूट गया। प्रसन्न होकर चारों ओर की राहें चलने लगीं—पथिक आने-जाने लगे। शरद-रूपी बली राजा ने आकर संसार को (उपद्रवों से) खूब निश्चित बना दिया। (वर्षा-ऋतु के उपद्रव शांत हो गए।)

ज्यौं-ज्यौं बढ़ति बिभावरी त्यौं-त्यौं बढ़त अनंत।
ओक-ओक सब लोक-सुख कोक सोक हेमंत॥ 580॥

अन्वय—ज्यौं-ज्यौं बिभावरी बढ़ति त्यौं-त्यौं हेमंत ओक-ओक सब लोक-सुख कोक सोक अनंत बढ़त।

बिभावरी = रात। अनंत = जिसका अंत न हो, अपार। ओक = घर। लोक = लोग, जन-समुदाय। कोक = चकवा।

ज्यों-ज्यों रात बढ़ती जाती है—रात बड़ी होती जाती है, त्यों-त्यों हेमंत ऋतु में घर-घर में सब लोगों का सुख और चकवा-चकई का दुःख बेहद बढ़ता जाता है।

नोट—जाड़े की रात बड़ी होने से संयोगी तो सुख लूटते हैं, और चकवा-चकई के मिलने में बहुत देर होती है, जिससे वे दुखी होते हैं; क्योंकि रात में शापवश वे मिल नहीं सकते।

कियौ सबै जगु काम-बस जीते जिते अजेइ।
कुसुम-सरहिं सर-धनुष कर अगहनु गहन न देइ॥ 581॥

अन्वय—सबै जगु काम-बस कियौ, जिते अजेइ जीते, अगहनु कुसुम-सरहिं कर धनुष-सर न गहन देइ।

जिते = जितना। अजेइ = न हारनेवाले, जो जीता न जा सके। कुसुम-सर = जिसका बाण फूल का हो, कामदेव। अगहनु = जाड़े का महीना; अ + गहनु = पकड़ने न देनेवाला; जाड़े के मारे हाथ ऐसे ठिठुर जाते हैं कि कोई चीज पकड़े नहीं बनती—कामदेव भी धनुष-बाण नहीं सँभाल सकता। गहन = ग्रहण करना, धारण करना।

समूचे संसार को काम के अधीन कर दिया। जितने अजेय थे, (सबको) जीत लिया। (इस प्रकार) अगहन कामदेव को हाथ में धनुष और बाण नहीं धरने देता। (वह स्वयं सबको कामासक्त बना देता है।)

मिलि बिहरत बिछुरत मरत दम्पति अति रसलीन।
नूतन बिधि हेमंत-रितु जगतु जुराफा कीन॥ 582॥

अन्वय—अति रसलीन दंपति मिलि बिहरत बिछुरत मरत, हेमंत-रितु नूतन बिधि जगतु जुराफा कीन।

बिहरत=विहार करते हैं। बिछुरत=बिछुड़ते ही, एक-दूसरे से अलग होते ही। दंपति=पति और पत्नी। जुराफा=अफ्रीका देश का एक जंतु, जो अपनी मादा से बिछोह होते ही मर जाता है।

अत्यंत रस (आनंदोपभोग) में लीन दंपति—प्रेम में पूरे पगे पति-पत्नी— हिल-मिलकर विहार करते हैं और वियोग होते ही प्राण त्याग देते हैं। इस हेमंत-ऋतु ने (अपनी) नवीन (शासन) व्यवस्था से सारे संसार को ही 'जुराफा' बना दिया। अथवा—हेमंत-ऋतु-रूपी नवीन ब्रह्मा ने सारे संसार को जुराफा के रूप में बदल दिया—सृष्टि ही बदल दी।

आवत जात न जानियतु तेजहिं तजि सियरानु।
घरहँ-जँवाई लौं घट्यौ खरौ पूस दिन-मानु॥ 583॥

अन्वय—आवत जात जानियतु न तेजहिं तजि सियरानु घरहँ-जँवाई लौं पूस दिन-मानु खरौ घट्यौ।

सियरानु=ठंडा पड़ गया है। घरहँ-जँवाई=घर-जमाई, सदा ससुराल ही में रहनेवाला दामाद। लौं=समान। खरौ=अत्यंत। मानु=(1) लंबाई (2) आदर।

आते-जाते जान नहीं पड़ता—कब आया और कब गया, यह नहीं जान पड़ता; तेज को तजकर (तेजहीन होकर) ठंडा पड़ गया है—'घर-जमाई' के समान पूस के दिन का मान अत्यंत घट गया है।

लगत सुभग सीतल किरन निसि-सुख दिन अवगाहि।
महा ससी-भ्रम सूर त्यौं रही चकोरी चाहि॥ 584॥

अन्वय—महा ससी-भ्रम चकोरी सूर त्यौं चाहि रही किरन सीतल सुभग लगत निसि-सुख दिन अवगाहि।

सुभग=सुंदर। निसि-सुख=रात का सुख। अवगाहि=प्राप्त करना। माह=माघ। सूर=सूर्य। त्यौं=तरफ, ओर। चाहि=देखना।

माघ-महीने में चंद्रमा के भ्रम से चकोरी सूर्य की ओर देख रही है; (क्योंकि) सूर्य की किरणें भी उसे शीतल और सुंदर लगती हैं। (इस प्रकार) रात्रि का सुख वह दिन ही में प्राप्त कर रही है।

तपन - तेज तापन - तपति तूल - तुलाई माँह।
सिसिर-सीतु क्यौंहुँ न कटैं बिनु लपटैं तिय नाँह॥ 585॥

अन्वय—तिय नाँह लपटैं बिनु तपन-तेज तापन-तपति तूल तुलाई माँह सिसिर-सीतु क्यौंहुँ न कटैं।

तपन=सूर्य। तेज=किरण, गर्मी। तापन-तपति=आग की गर्मी। तूल-तुलाई = रुईदार (खूब मुलायम) दुलाई। माँह=में। सिसिर-सीतु=पूस-माघ की सर्दी। क्यौंहुँ=किसी प्रकार से भी। तिय=स्त्री। नाँह=पति।

स्त्री पति से लिपटे बिना सूर्य की किरणें, आग की गर्मी, और रुईदार दुलाई से जाड़े की सर्दी किसी प्रकार भी नहीं मिटा सकती—(जाड़ा तो तभी दूर होगा जब प्यारे को छाती से लगाकर गरमाएगी।)

नोट—"ग्वाल कवि कहैं मृगमद के धुकाय धूम ओढ़ि-ओढ़ि छार भार आगहू छपी-सी जाइ। छाके सुरा-सीसी हू न सी-सी पैं मिटेगी कभू जोलौं उसकी-सी छाती सों न मीसी जाइ॥"

रहि न सकी सब जगत मैं सिसिर-सीत कैं त्रास।
गरम भाजि गढ़वै भई तिय-कुच अचल मवास॥ 586॥

अन्वय—सिसिर-सीत कैं त्रास गरम सब जगत मैं न रहि सकी, भाजि तिय-कुच अचल मवास गढ़वै भई।

त्रास=भय, डर। भाजि=भागकर। गढ़वै भई=किलेदारिन हो गई। अचल=दुर्गम, दृढ़।

मवास=अलंघ्य स्थान, दुर्ग, किला।

शिशिर-ऋतु की सर्दी के डर से गर्मी सारे संसार में कहीं न रह सकी, (तो अंत में) भागकर (वह) स्त्री के कुच-रूपी दुर्ग की किलेदारिन बन गई।

नोट—कविवर सेनापति कहते हैं कि सूर्य, अग्नि और रुई से अपनी रक्षा होते न देख गर्मी भागती हुई अंत को—"पूस मैं तिया के ऊँचे कुच कनकाचल में गढ़वै गरम भइ सीत सों लरति हैं।"

द्वैज सुधा-दीधिति कला वह लखि डीठि लगाइ।
मनौं अकास अगस्तिया एकै कली लखाइ॥ 587॥

अन्वय—सुधा-दीधिति द्वैज कला डीठि लगाइ वह लखि मनौं अकास अगस्तिया एकै कली लखाइ।

द्वैज=द्वितीया। सुधा-दीधिति= (अमृत-भरी किरणोंवाला) चंद्रमा। डीठि= दृष्टि। अगस्तिया=अगस्त्य नाम का वृक्ष, जिसका फूल उज्ज्वल होता है।

द्वितीया के चंद्रमा की कला को दृष्टि लगाकर (ध्यान से) वह देखो, मानो आकाश रूपी अगस्त्य नामक वृक्ष में एक ही कली दीख पड़ती है।

धनि यह द्वैज जहाँ लख्यौ तज्यौ दृगनु दुखदंदु।
तुम भागनु पूरब उयौ अहो अपूरबु चंदु॥ 588॥

अन्वय—यह द्वैज धनि जहाँ लख्यौ दृगनु दुखदंदु तज्यौ, अहो अपूरबु चंदु तुम भागनु पूरब उयौ।

धनि=धन्य। जहाँ=जिसे ! दुखदंदु=दुख-द्वंद्व=दुःखसमूह।

यह द्वितीया धन्य है, जिसे देखकर आँखों को दुःख-समूह ने छोड़ दिया—जिसे देखते ही आँखों के दुःख दूर हो गए। अहा ! यह अपूर्व चंद्रमा तुम्हारे ही भाग्य से पूर्व-दिशा में उगा है।

नोट—द्वितीया के चंद्रमा को देखने के लिए नायक अपने सखाओं के साथ कोठे पर चढ़ा। इधर उसकी प्रेमिका नायिका भी अपने कोठे पर आ गई। नायिका उसके पूरब की ओर थी। नायक-नायिका के परस्पर दर्शन के बाद एक सखा ने यह उक्ति कही।

जोन्ह नहीं यह तमु वहै किए जु जगत निकेत।
होत उदै ससि के भयौ मानहु ससहरि सेत॥ 589॥

अन्वय—यह जोन्ह नहीं वहै तमु जु जगत निकेत किए, मानहु ससि के उदै होत ससहरि सेत भयौ।

जोन्ह=चाँदनी। तमु=अंधकार। निकेत=घर। ससि=चंद्रमा। ससहरि= सिहरकर, डरकर। सेत=श्वेत=उजला।

यह चाँदनी नहीं है, यह वही अंधकार है, जिसने संसार में अपना घर कर लिया है, (तो फिर उजला क्यों है ?) मानो चंद्रमा के उदय होते ही वह सिहरकर—भयभीत होकर—उजला (फीका) पड़ गया है।

नोट—भय से चेहरा सफेद (बदरंग) हो जाता है।

रनित भृंग-घंटावली झरित दान-मधुनीरु।
मंद-मंद आवतु चल्यौ कुंजरु-कुंज-समीरु॥ 590॥

अन्वय—भृंग-घंटावली रनित मधुनीरु-दान झरित कुंज-समीरु-कुंजरु मंद-मंद चल्यौ आवतु।

रनित=रणित=बजते हुए। भृंग=भौरे। घंटावली=घंटों की कतार, बहुत-से घंटे। दान=यौवन-मदांध, हाथी की कनपटी फोड़कर चूनेवाला रस या मद। मधुनीरु= मकरंद। कुंजरु=हाथी। कुंज-समीरु=कुंज की हवा, कुंजों से होकर बहनेवाली वायु जो छाया और पुष्प के संसर्ग से ठंडी और सुगंधित भी होती है।

भौंरे-रूपी घंटे बज रहे हैं और मकरंद-रूपी गज-मद झर रहा है। कुञ्ज-समीर-रूपी हाथी मंद-मंद चला आ रहा है।

नोट—यह त्रिविध समीर का अतीव सुंदर वर्णन है।

रही रुकी क्यौं हूँ सु चलि आधिक राति पंधारि।
हरति तापु सब द्यौस कौ उर लगि यारि बयारि ॥ 591 ॥

अन्वय—रुकी रही सु क्यौं हूँ चलि आधिक राति पधारि यारि बयारि उर लगि द्यौस कौ सब तापु हरति।

पधारि = आकर। तापु = ज्वाला। द्यौस = दिन। यारि = प्रियतमा।

(अन्य समय तो) रुकी रही, किंतु किसी प्रकार भी—किसी छल-बल से—चलकर, आधी रात को पधारकर, वह प्रियतमा-रूपी, (ग्रीष्म-काल की) हवा हृदय से लगकर, दिन-भर के सब तापों को दूर करती है—(जिस प्रकार गुप्त प्रेमिका अन्य समय तो किसी प्रकार रुकी रहती है, पर आधी रात होते ही चुपचाप चली आती और हृदय के तापों का नाश करती है, उसी प्रकार ग्रीष्म की हवा भी रुकती, आती और आधी रात में छाती ठंडी करती है।)

चुवतु सेद-मकरंद-कन तरु-तरु-तर बिरमाइ।
आवतु दच्छिन-देस तैं थक्यौ बटोही-बाइ ॥ 592 ॥

अन्वय—मकरंद-कन-सेद चुवतु तरु-तरु-तर बिरमाइ दच्छिन-देस तैं बाइ थक्यौ बटोही आवतु।

सेद = स्वेद, पसीना। कन = बूँद। तरु = वृक्ष। तर = नीचे। बिरमाइ = बिलमता है या विराम लेता है, ठहरता है। बाइ = वायु, पवन।

मकरंद की बूँद-रूपी पसीने चूते हैं, और (सुस्ताने के लिए) प्रत्येक वृक्ष के नीचे ठहरता है। (इस प्रकार) दक्षिण-दिशा से (वसंत काल का) पवन-रूपी थका हुआ बटोही चला आता है।

नोट—यह भी त्रिविध समीर का उत्कृष्ट वर्णन है—'मकरंद कन', 'तरु-तरु-तर' और 'दच्छिन-देस तैं थक्यौ' से क्रमशः 'सुगंध, शीतल और मंद' का भाव-बोध होता है। वसंत-काल की हवा प्रायः दक्षिण की ओर से बहती भी है। मैथिल-कोकिल विद्यापति कहते हैं—"सरस बसंत समय भल पावलि दखिन-पवन बहु धीरे। सपनहु रूप बचन यक भाषिय मुख ते दूरि करु चीरे।"

लपटी पुहुप - पराग - पट सनी सेद - मकरंद।
आवति नारि-नवोढ़ लौं सुखद बायु गति-मंद ॥ 593 ॥

अन्वय—पुहुप-पराग-पट लपटी मकरंद-सेद-सनी नवोढ़ नारि लौं सुखद वायु मंद-गति आवति।

पुहुप = फूल। पराग = फूल की धूल। पट = वस्त्र। सेद = स्वेद = पसीना। मकरंद = फूल का रस। नवोढ़ नारि = नवयौवना स्त्री, जो यौवन-मद-मत्त या स्तन-भार-नम्र होकर इठलाती (मंद-मंद) चलती है। लौं = समान। वायु = हवा।

फूलों के पराग-रूपी वस्त्र से लिपटी हुई (आच्छादित) और मकरंद-रूपी पसीने से सनी हुई (लिप्त), नवयुवती स्त्री के समान, सुख देनेवाली वायु मंद-मंद गति से आ रही है।

रुक्यौ साँकरैं कुंज-मग करतु झाँझि झकुरातु।
मंद-मंद मारुत-तुरँगु खूँदतु आवतु जातु ॥ 594 ॥

अन्वय—मारुत-तुरँगु कुंज साँकरैं मग रुक्यौ झाँझि करतु झकुरातु मंद-मंद खूँदतु आवतु जातु।

साँकरें = तंग। कुंज-मग = कुंज के रास्ते। करत झाँझि = हिनहिनाता हुआ। झकुरातु = झोंके (वेग) से चलता हुआ। मारुत-तुरँगु = पवन-रूपी घोड़ा। खूँदतु-खूँदी (जमैती) करता हुआ।

पवन-रूपी घोड़ा कुंज के तंग रास्ते में रुकता, हिनहिनाता (शब्द करता) और झोंके से आता हुआ, तथा मंद-मंद गति से जमैतो करता (ठुमुक चाल चलता) हुआ, आता और जाता है।

कहति न देवर की कुबत कुलतिय कलह डराति।
पंजर-गत मंजार ढिग सुक लौं सूकति जाति ॥ 595 ॥

अन्वय—देवर की कुबत कहति न कुलतिय कलह डराति, मंजार ढिग पंजर-गत सुक लौं सूकति

जाति।

कुबत=खराब बात, केरात, छेड़छाड़। पंजर गत=पिंजड़े में बंद। मंजार=मार्जार=बिल्ली। सुक=शुक=सुग्गा, तोता।

(अपने पर आसक्त हुए) देवर की शरारत किसी से कहती नहीं है (क्योंकि) कुलवधू (होने के कारण) झगड़े से डरती है—(बात प्रकट होते ही घर में कलह मचेगा, इस डर से वह देवर की छेड़खानियों की चर्चा नहीं करती)। बिल्ली के पास रक्खे हुए पिंजड़े में बंद सुग्गे के समान (इस अप्रतिष्ठा के दुःख से वह) सूखती जाती है।

नोट—यहाँ स्त्री सुग्गा है, कलह का डर पिंजड़ा है, और देवर (पति का छोटा भाई) बिल्ली है। ऊपर से सतीत्व-रक्षा की चिंता भी है।

पहुला-हारु हियैं लसै सन की बेंदी भाल।
राखति खेत खरे-खरे खरे उरोजनु बाल॥ 596॥

अन्वय—पहुला-हारु हियैं लसै सन की बेंदी भाल, खरे उरोजनु बाल खरे-खरे खेत राखति।

पहुला—प्रफुला—कुँई, कुमुद, काँच के छोटे-छोटे दाने। लसैं—शोभता है। सन—सतई, जिसके फूल की टिकुली देहाती स्त्रियाँ पहनती हैं। खरे-खरे— खड़ी-खड़ी। खरे—खड़े (तने) या ऊँचे उठे हुए। उरोजनु—कुचों (स्तनों) से।

कुसुम की माला हृदय शोभ रही है, और सन के फूल की बेंदी ललाट पर। (इस प्रकार) तने हुए स्तनोंवाली वह युवती खड़ी-खड़ी (अपने) खेत की रखवाली कर रही है।

नोट—पीनस्तनी ग्रामीण नायिका का वर्णन है। नीचे के दो दोहों में भी ग्रामीण नायिका का ही वर्णन मिलेगा।

गोरी गदकारी परैं हँसत कपोलनु गाड़।
कैसी लसति गँवारि यह सुनकिरवा की आड़॥ 597॥

अन्वय—गोरी गदकारी हँसत कपोलनु गाड़ परैं, सुनकिरवा की आड़ यह गँवारि कैसी लसति।

गदकारी—गुलथुल, जिसके शरीर पर इतना मांस गठा हुआ हो कि देह गुलगुल जान पड़े। हँसते—हँसते समय। कपोलनु—गालों पर। गाड़—गढ़ा। लसति—शोभती है। सुनकिरवा—स्वर्णकीट—एक प्रकार का सुनहला कीड़ा, जिसके पंख बड़े चमकीले होते हैं, जिन्हें (कहीं टूट पड़ा पाकर) ग्रामीण युवतियाँ टिकुली की तरह साटती हैं। आड़—लंबा टीका।

गोरी है, गुलथुल है, (फलतः) हँसते समय उसके गालों में गढ़े पड़ जाते हैं। सुनकिरवा के पंख का टीका लगाए यह देहाती युवती कैसी अच्छी लगती है।

गदराने तन गोरटी ऐपन आड़ लिलार।
हूठ्यौ दै इठलाइ दृग करै गँवारि सु मार॥ 598॥

अन्वय—गोरटी तन गदराने लिलार ऐपन आड़ हूठ्यौ दै दृग इठलाइ गँवारि सु मार करै।

गदराने=गदराए (खिले) हुए, जवानी से चिकनाए हुए। गोरटी=गोरी, गौरवर्णी। ऐपन=चावल और हल्दी एक साथ पीसकर उससे बनाया हुआ लेप। आड़=टीका। लिलार=ललाट। हूठ्यौ दै=गँवारपन दिखलाकर। सु मार=अच्छी मार, गहरी चोट।

गोरे शरीर में जवानी उमड़ आई है। ललाट में ऐपन का टीका लगा है। गँवारपन दिखलाकर आँखों को नचाती हुई—वह ग्रामीण युवती अच्छी चोट करती है—(दर्शकों को खूब घायल करती है।)

सुनि पग-धुनि चितई इतै न्हाति दियैंई पीठि।
चकी झुकी सकुची डरी हँसी लजीली डीठि॥ 599॥

अन्वय—पीठि दियैंई न्हाति पग-धुनि सुनि इतै चितई, चकी, झुकी, सकुची, डरी, लजीली डीठि हँसी।

पग-धुनि = पैर की आवाज, आहट। चितई इतै = इधर देखा। पीठि दियैंई न्हाति = पीठ की आड़ देकर नहा रही थी। चकी = चकित होना। लजीली डीठि = सलज्ज दृष्टि।

(उस ओर) पीठ करके ही नहा रही थी कि (प्रीतम के) पैर की धमक सुनकर (मुँह फेरकर) इधर (पीठ की ओर) देखा, और (प्रीतम को) देखकर चकित हुई, झुक गई, लजा गई, डर गई और लजीली नजरों से हँस पड़ी।

नोट—स्नान करते समय नायिका अपने को अकेली जान स्वच्छंदता से कुच आदि अंगों को खोलकर खूब मल-मलकर नहा रही थी। तब तक नायक पहुँच गया। उसी समय का चित्र है।

नहिं अन्हाइ नहिं जाइ घर चित चिहुँट्यौ तकि तीर।
परसि फुरहरी लै फिरति बिहँसति धँसति न नीर॥ 600॥

अन्वय—नहिं अन्हाइ नहिं घर जाइ तीर तकि चित चिहुँट्यौ नीर परसि फुरहरी लै फिरति बिहँसति न धँसति।

अन्हाई = स्नान कर। चित चिहुँट्यौ = मन प्रेमासक्त हो गया। तीर = यमुना तट। परसि = स्पर्श कर। फुरहरी लै = फुरहरी लेना, मुख से पानी लेकर फव्वारा छोड़ना। धँसति—पैठती है। नीर—पानी।

न स्नान करती है, न घर जाती है, (श्यामला यमुना के) तट को देखकर (श्याम सुंदर की याद में उसका) चित्त प्रेमासक्त हो गया है। अतएव, जल को स्पर्श कर, फुरहरी लेकर लौट आती है, और मुस्कराती है, किंतु पैठती नहीं है (कि कहीं इस श्यामल जल में श्रीकृष्ण न छिपे हों, वरना खूब छकूँगी?)

सप्तम शतक

मुँह पखारि मुँड़हरु भिजै सीस सजल कर छ्वाइ।
मौरि उचै घूँटैनु तैं नारि सरोवर न्हाइ॥ 601॥

अन्वय—मुँह पखारि मुँड़हरु भिजै सीस सजल कर छ्वाइ, मौरि उचै घूँटैनु तैं नारि सरोवर न्हाइ।

मुँड़हरु = सिर का अगला भाग, ललाट। सजल = जलयुक्त, जलपूर्ण। मौरि = मोलि = मस्तक। उचै = ऊँचा उठकर। घूँटैनु तैं = घुटनों से। न्हाइ = स्नान करती है।

मुख धोकर, ललाट भिगोकर, और सिर से जलयुक्त हाथों को छुलाकर (बालों पर जल डालकर), सिर ऊँचा किए और घुटनों के बल से, वह स्त्री पोखरे में स्नान कर रही है।

बिहँसति सकुचति-सी दिऐं कुच आँचर बिच बाँह।
भीजैं पट तट कौं चली न्हाइ सरोवर माँह॥ 602॥

अन्वय—सरोवर माँह न्हाइ बिहँसति सकुचति-सी, बाँह कुच आँचर बिच दिऐं भीजैं पट तट कौं चली।

कुच = स्तन। बाँह = बाँह, हाथ। पट = कपड़ा। तट = किनारा। न्हाइ = स्नान कर। सरोवर = पोखरा।

सरोवर में स्नान कर मुस्कुराती और सकुचाती हुई-सी अपने हाथों को कुचों और आँचल के बीच में दिए हुए गीले कपड़े पहने ही तट की ओर चली।

नोट—"कुच आँचर बिच बाँह" में स्वाभाविकता और रस-मर्मज्ञता खूब है। सहृदय से पूछिए जिसने इसे कहीं किसी घाट पर परखा है।

मुँह धोवति ऐंड़ी घसति हँसति अनगवति तीर।
धसति न इन्दीबर-नयनि कालिंदी कै नीर॥ 603॥

अन्वय—तीर मुँह धोवति एँड़ी घसति हँसति अनगवति इन्दीबर-नयनि कालिंदी कै नीर न धसति।

अनगवति = जान-बूझकर देर करती है। इंदीबर = नील कमल। इंदीबर नयनि = कमलनयनी। कालिंदी = यमुना।

(वह कामिनी) घाट ही पर (श्रीकृष्ण को देखकर) मुँह धोती, एड़ी घिसती, हँसती और जान-बूझकर (नहाने में) विलंब करती है; (किंतु) वह कमल-लोचना, यमुना के पानी में नहीं पैठती।

न्हाइ पहिरि पटु डटि कियौ बेंदी मिसि परनामु।
दृग चलाइ घर कौं चली बिदा किए घनस्यामु॥ 604॥

अन्वय—न्हाइ पटु पहिरि डटि बेंदी मिसि परनामु कियौ, दृग चलाइ घनस्यामु बिदा किए घर कौं चली।

पट = वस्त्र। मिसि = बहाना। दृग चलाइ = आँखों के इशारे कर।

स्नान कर, कपड़ा पहन, सज्जित हो, बेंदी लगाने के बहाने प्रणाम किया—बेंदी लगाते समय मस्तक से हाथ छुलाकर इशारे से प्रणाम किया। फिर, आँखों के इशारे से श्रीकृष्ण को विदा कर स्वयं भी घर को चली।

चितवत जितवत हित हियैं कियैं तिरीछे नैन।
भीजैं तन दोऊ कँपैं क्यौंहूँ जप निबरैं न॥ 605॥

अन्वय—नैन तिरीछे कियैं चितवत, हियैं हित जितवत, भीजैं तन दोऊ कँपैं जप क्यौंहूँ निबरैं न।

चितवत = देखते हैं। जितवत = जिताते हैं। निबरैं न = नहीं (निवृत्त) समाप्त होता या निबटता।

आँखें तिरछी किए (एक दूसरे को) देखते हैं, और (अपने-अपने) हृदय के प्रेम को जताते हैं—अपने-अपने प्रेम को उत्कृष्ट (विजेता) प्रमाणित करते हैं। (यों) भीगे हुए शरीर से दोनों काँप रहे हैं, (किंतु उन दोनों का) जप किसी प्रकार समाप्त नहीं होता।

नोट—नायक और नायिका (दोनों) स्नान के बाद जप करते हुए ही एक-दूसरे को देख रहे हैं। दोनों ही जान-बूझकर जप करने में देर कर रहे हैं। दर्शन-लालसा के आगे सर्दी की कँपकँपी क्या चीज है!

दृग थिरकौहैं अधखुले देह थकौहैं ढार।
सुरति-सुखित-सी देखियतु दुखित गरभ कैं भार॥ 606॥

अन्वय—अधखुले दृग थिरकौहैं देह थकौहैं ढार गरभ कैं भार दुखित सुरति-सुखित-सी देखियतु।

दृग = आँखें। थिरकौहैं = थिरकते हुए-से, बहुत धीरे-धीरे नाचते हुए-से। थकौहैं ढार = थके हुए के ढंग के, थके हुए-से। सुरति-सुखित-सी = तुरत समागम करके प्रसन्न हुई-सी। गरभ = गर्भ।

अधखुले नेत्र थिरकते-से हैं—मंद-मंद गति से इधर-उधर होते हैं—और शरीर थका हुआ-सा है। गर्भ के बोझ से दुखित (वह नायिका) समागम करके प्रसन्न हुई-सी दीख पड़ती है। (लक्षणों से भ्रम होता है कि वह गर्भ के भार से दुःखित नहीं है, क्योंकि समागम-जनित चिह्न प्रत्यक्ष हैं)।

नोट—गर्भवती नायिका का वर्णन—आँखों की मंद (आलस-भरी) गति, उनका आधा खुला रहना (झपकी-सी लेना) और देह थकी-सी मालूम पड़ना। ये लक्षण वास्तव में गर्भ और समागम (दोनों) के सूचक हैं।

ज्यौं कर त्यौं चुहुँटी चले ज्यौं चुहुँटी त्यौं नारि।
छवि सौं गति-सी लै चलै चातुर कातनिहारि॥ 607॥

अन्वय—ज्यौं कर त्यौं चुहुँटी चले ज्यौं चुहुँटी त्यौं नारि, चातुर कातनिहारि छवि सौं गति-सी, लै चलै।

कर = हाथ। चुहुँटी = चुटकी। नारि = गर्दन। गति-सी लै चलै = गति-सी लेकर चलती है, नृत्य-सी कर रही है।

जिस प्रकार हाथ चलता है, उसी प्रकार चुटकी भी चलती है और, जिस प्रकार चुटकी चलती है, उसी प्रकार गर्दन भी चलती है—इधर-उधर हिलती है। यह चतुर चरखा कातनेवाली अपनी इस शोभा से (मानो नृत्य की) गति-सी ले रही है।

अहे दहेंड़ी जिन धरै जिनि तूँ लेहि उतारि।
नीकैं हैं छीके छ्वै ऐसी ही रहि नारि॥ 608॥

अन्वय—अहे तूँ जिन दहेंड़ी धरै जिनि उतारि लेहि नारि नीकैं हैं ऐसी ही छीके छ्वै रहि।

अहे = अरी। दहेंड़ी = दही की मटकी। छीके = सींका, मटकी रखने के लिए बना हुआ सिकहर, जिसे छत या छप्पर में लटकाते हैं।

अरी ! तू न तो मटकी को (सींके पर) रख, न उसे नीचे उतार। हे सुंदरी (तेरी यह अदा) बड़ी अच्छी लगती है—तू इसी प्रकार सींके को छूती हुई खड़ी रह।

नोट—सुंदरी युवती खड़ी होकर और ऊपर बाँहें उठाकर ऊँचे सींके पर दहेंड़ी रख रही है। खड़ी होने से उसका अंचल कुछ खिसक पड़ा और बाँहें ऊपर उठने से कुच की कोर निकल पड़ी। रसिक नायक उसकी इस अदा पर मुग्ध होकर कह रहा है कि इसी सूरत से खड़ी रह—इत्यादि। इस समय भाव के समझदार की मौत है ! चतुर्थ शतक का 362वाँ दोहा देखिए।

देवर फूल हने जु-सु-सु उठे हरषि अँग फूलि।
हँसी करति औषधि सखिनु देह-ददोरनु भूलि॥ 609॥

अन्वय—देवर जु फूल हने सु-सु अँग हरषि फूल उठे सखिनु भूलि देह-ददोरनु औषधि हँसी करति।

हने = मारना। देह-ददोरनु = देह में पड़े हुए चोट के चकत्ते।

देवर ने जिन-जिन अंगों में फूल से मारा, सो (उस फूल के लगते ही भौजाई के) वह-वह अंग आनंद से फूल उठे, (क्योंकि देवर से उसका गुप्त 'प्रेम' था) किंतु सखियाँ भूल से (उस सूजन अथवा पुलक को) देह के ददोरे समझकर दवा करने लगीं। (यह देख भावज) हँस पड़ी (कि सखियाँ भी कैसी मूर्ख हैं जो मेरे प्रेम से फूले हुए अंग को फूल की चोट के ददोरे समझ रही हैं !)

चलत जु तिय हिय पिय दई नख-रेखानु खरौंट।
सूकन देत न सरसई खोंटि-खोंटि खत खौंट॥ 610॥

अन्वय—चलत जु तिय हिय पिय नख-रेखानु खरौंट दई खत खौंट खोंटि-खोंटि सरसई सूकन न देत।

नख-रेखानु = नहँ की छिछोर से बनी रेखाएँ। खरौंट = खरोंच, छिछोर, चमड़ा छिल जाने से बना हुआ घाव। सरसई = ताज़गी, गीलापन। खत = घाव। खौंट = खोंटो, घाव के ऊपर का सूखा हुआ भाग।

चलते समय में जो प्रिया की छाती में प्रीतम ने नखक्षत की रेखा दे दी—चलते समय प्रीतम द्वारा मर्दित किए जाने पर प्रिया के कुचों में जो नहँ की छिछोर लग गई—सो उस घाव की खोंटी को (वह नायिका) खोंट-खोंटकर उसकी सरसता सूखने नहीं देती—घाव को सदा ताजा (हरा) बनाए रखती है (ताकि इससे भी प्रीतम सदा याद रहें।)

पार्‌यौ सोरु सुहाग कौ इनु बिनु हीं पिय-नेह।
उनदौंहीं अँखियाँ ककै कै अलसौंहीं देह॥ 611॥

अन्वय—उनदौंहीं अँखियाँ कै अलसौंहीं देह ककै इनु बिनु हीं पिय-नेह सुहाग कौ सोरु पार्‌यौ।

सौरु पार्‌यौ = शोर या शुहरत मचा दी है, ख्याति फैला दी है। सुहाग = सौभाग्य। बिनु हीं पिय-नेह = पति-प्रेम के बिना ही। उनदौंहीं = उनींदी, ऊँघती हुई। ककै = करके। कै = या। अलसौंही = अलसाई हुई।

ऊँघी हुई आँखें या अलसाई हुई देह बना-बनाकर इस स्त्री ने बिना प्रियतम के ही अपने सुहाग की ख्याति फैला दी है।

नोट—सखी नायिका से कह रही है कि यद्यपि तुम्हारा प्रीतम तुम्हारी सौत पर अनुरक्त नहीं, तो भी वह उनींदी आँखें, अलसाई देह आदि चेष्टाएँ दिखाकर जनाती है कि सदा नायक के साथ रति-क्रीड़ा में जगी रहती है।

बहु धन लै अहसानु कै पारो देत सराहि।
बैद-बधू हँसि भेद सौं रही नाह - मुँह चाहि॥ 612॥

अन्वय—बहु धन लै अहसानु कै पारो सराहि देत बैद-बधू भेद सौं हँसि नाह-मुँह चाहि रही।

अहसानु कै=अपनी मेहरबानी या उपकार जताकर। पारो=पारे की भस्म, कामोद्दीपक रसायन। भेद सौं=मर्म के साथ, रहस्यपूर्ण। नाह=पति। चाहि=देखना।

बहुत धन लेकर, बड़ें अहसान के साथ, खूब सराहकर पारा देता है (कि इसके खाते ही तुम्हारा नपुंसकत्व दूर हो जाएगा।) यह देख वैद्यजी की स्त्री रहस्यभरी हँसी हँसकर अपने (नपुंसक) पति (वैद्यजी) का मुख देखने लगी (कि आप तो स्वयं नपुंसक हैं, फिर यही दवा खाकर आप क्यों नहीं पुंसत्व प्राप्त करते? लोगों को व्यर्थ क्यों ठग रहे हैं!)

ऊँचै चितै सराहियतु गिरह कबूतरु लेतु।
झलकित दृग मुलकित बदनु तनु पुलकित किहिं हेतु॥ 613॥

अन्वय—ऊँचै चितै गिरह लेतु कबूतरु सराहियतु, किहिं हेतु दृग झलकित बदनु मुलकित तनु पुलकित।

ऊँचे=ऊपर की ओर। चितै=देखकर। मुलकित=हँसती है। पुलकित= रोमांचित होती है।

ऊपर की ओर देखकर गिरह मारते हुए कबूतर को सराह रही हो। किंतु किसलिए तुम्हारी आँखें चमक रही हैं, मुख हँस रहा है और शरीर रोमांचित हो रहा है। (निस्संदेह तुम उस कबूतर के मालिक छैल-छबीले विलासी पर आसक्त हो, तभी तो उसके गिरहबाज कबूतर को देखते ही उसकी याद में तुम ऐसी चेष्टाएँ दिखा रही हो!)

कारे बरन डरावने कत आवत इहिं गेह।
कै वा लखी सखी लखैं लगै थरहरी देह॥ 614॥

अन्वय—कारे बरन डरावने इहिं गेह कत आवत कै वा लखी सखी लखैं देह थरहरी लगै।

बरन=रंग। कत=क्यों। गेह=घर। कै=कई बार। लखी=देखा। थरहरी लगै=थरथरी या कँपकँपी होती है।

(यह) काले रंग का डरावना मनुष्य (श्रीकृष्ण) इस घर में क्यों आता है? मैं इसे कई बार देख चुकी हूँ, और हे सखी! इसे देखते ही मेरी देह में थरथरी लग जाती है—मैं डर से थर-थर काँपने लगती हूँ।

और सबै हरषी, हँसति गावति भरी उछाह।
तुहीं बहू बिलखी फिरै क्यौं देवर कैं ब्याह॥ 615॥

अन्वय—और सबै हरषी हँसति उछाह-भरी गावति देवर कैं ब्याह बहू तुहीं क्यौं बिलखी फिरै।

उछाह=उत्साह। बिलखी=व्याकुल।

और सब स्त्रियाँ तो प्रसन्न हुई हँसती हैं और उत्साह में भरी गीत गा रही हैं। किंतु देवर के ब्याह में, हे बहू! तू ही क्यों व्याकुल हुई फिरती हो?

नोट—देवर पर भौजाई अनुरक्त हैं। अब यह सोचकर, कि देवरानी के आते ही मुझ पर देवर का ध्यान न रहेगा, यह व्याकुल है।

रबि बंदौं कर जोरि ए सुनत स्याम के बैन।
भए हँसौहैं सबनु के अति अनखौहैं नैन॥ 616॥

अन्वय—कर जोरि रबि बंदौं ए स्याम के बैन सुनत सबनु के अति अनखौहैं नैन हँसौहैं भए।

बंदौं=प्रणाम करो। हँसौहैं=हास्यपूर्ण। अनखौहैं=क्रुद्ध।

हाथ जोड़कर सूर्य को प्रणाम करो—यह श्रीकृष्ण का वचन सुनकर (चीर-हरण होने के कारण नग्न बनी हुई) सभी गोपियों की अत्यंत क्रोधित आँखें भी हँसीली बन गईं कि इनकी चतुराई तो देखो, इन हाथों से ढकी हुई रही-सही लज्जा भी ये लूटना चाहते हैं!

तंत्री-नाद कवित्त-रस सरस राग रति-रंग।
अनबूड़े बूड़े तरे जे बूड़े सब अंग॥ 617॥

अन्वय—तंत्री-नाद कवित्त-रस सरस राग रति-रंग अनबूड़े बूड़े जे सब अंग बूड़े तरे।

तंत्री-नाद = वीणा की झंकार। रति-रंग = प्रेम का रंग। अनबूड़े = जो नहीं डूबे। तरे = तर गए, पार हो गए।

वीणा की झंकार, कविता का रस, सरस गाना और प्रेम (अथवा रति-क्रीड़ा) के रंग में जो नहीं डूबा—तल्लीन नहीं हुआ (समझो कि) वही डूब गया—अपना जीवन नष्ट किया; और जो उसमें सर्वांग डूब गया—एकदम गर्त हो गया, (समझो कि) वही तर गया—पार हो गया—इस जीवन का यथार्थ फल पा गया।

गिरि तैं ऊँचे रसिक-मन बूड़े जहाँ हजारु।
वहै सदा पसु-नरनु कौं प्रेम-पयोधि पगारु॥ 618॥

अन्वय—गिरि तैं ऊँचे रसिक-मन जहाँ हजारु बूड़े, वहै प्रेम-पयोधि नरनु-पसु कौं सदा पगारु।

पयोधि = समुद्र। पगारु = एकदम छिछला, पायान।

पर्वत से भी ऊँचे रसिकों के मन जहाँ हजारों डूब गए, वही प्रेम का समुद्र नर-पशुओं के लिए सदा छिछला ही रहता है—(इतना छिछला रहता है कि उसमें उनके पैर भी नहीं डूबते !)

चटक न छाँड़तु घटत हूँ सज्जन नेहु गँभीरु।
फीकौ परै न बरु फटै रँग्यौ चोल-रँग चीरु॥ 619॥

अन्वय—सज्जन गँभीरु नेहु घटत हूँ चटक न छाँड़तु चोल-रँग-रँग्यौ चीरु फटै बरु फीकौ न परै।

चटक = चटकीलापन। सज्जन = सदाचारी, सहृदय। बरु = भले ही। चोल = मजीठ। चीर = वस्त्र।

सज्जनों का गंभीर प्रेम घटने पर भी अपनी चटक नहीं छोड़ता—कम हो जाने पर भी उसकी मधुरिमा नष्ट नहीं होती। जिस प्रकार मजीठ के रंग में रँगा हुआ वस्त्र फट भले ही जाए, किंतु फीका नहीं पड़ता।

सम्पति केस सुदेस नर नवत दुहुनि इक बानि।
बिभव सतर कुच नीच नर नरम बिभव की हानि॥ 620॥

अन्वय—सम्पति केस सुदेस नर नवत दुहुनि इक बानि, बिभव सतर कुच, नीच नर बिभव की हानि नरम।

संपति = धन, वृद्धि, ऐश्वर्य। सुदेस भर = सज्जन पुरुष, भलमानस। बानि = आदत। विभव = बिभव = धन, यौवन। सतर = ऐंठ।

ऐश्वर्य पाकर—बढ़ने पर—केश और सज्जन पुरुष नरम पड़ जाते हैं, इन दोनों की एक आदत है। कुच और नीच आदमी विभव पाकर ऐंठने लगते हैं, और विभव की हानि होते ही नरम हो जाते हैं।

न ए बिससियहि लखि नए दुर्जन दुसह सुभाइ।
आँटैं परि प्राननु हरैं काँटैं लौं लगि पाइ॥ 621॥

अन्वय—ए दुसह सुभाइ दुर्जन नए लखि बिससियहि न, आँटैं परि काँटैं लौं पाइ लगि प्राननु हरैं।

बिससियहि = विश्वास कीजिए। नए = नम्र बने हुए। आँटें परि = दाँव लगने पर; घात पाने पर। पाइ = पैर।

इन दुःसह स्वभाववाले दुर्जनों को नम्र होते देखकर विश्वास न कीजिए। घात लगने पर ये काँटे के समान पैर में लगकर प्राण ही ले लेते हैं।

नोट— *नवनि नीच कै अति दुखदाई।*
जिमि अंकुस, धनु, उरग बिलाई॥—तुलसीदास

जेती सम्पति कृपन कैं तेती सूमति जोर।
बढ़त जात ज्यौं-ज्यौं उरज त्यौं-त्यौं होत कठोर॥ 622॥

अन्वय—कृपन कैं सम्पति जेती तेती सूमति जोर, उरज ज्यौं-ज्यौं बढ़त जात त्यौं-त्यौं कठोर होत।

कृपन = सूम, शठ। सूमति = सूमड़ापन, शठता। उरज = कुच।

सूमड़े आदमी का धन जितना ही बढ़ता है, उतनी ही उसकी शठता भी जोर पकड़ती जाती है। (जिस प्रकार नवयौवना के) कुच ज्यों-ज्यों बढ़ते हैं, त्यों-त्यों कठोर होते जाते हैं।

नीच हियैं हुलसे रहैं गहे गेंद के पोत।
ज्यौं-ज्यौं माथै मारियत त्यौं-त्यौं ऊँचे होत॥ 623॥

अन्वय—गेंद के पोत गहे हियैं हुलसे रहैं, ज्यौं-ज्यौं माथै मारियत त्यौं-त्यौं ऊँचे होत।

हियैं = हृदय। हुलसे रहैं = हुलास से भरा रहता है, उत्साह से भरा हुआ। पोत = ढंग, स्वभाव।

गेंद का ढंग पकड़े हुए नीच आदमी का हृदय (अपमानित किए जाने पर भी) सदा हुलास से ही भरा रहता है। (जिस प्रकार गेंद को) ज्यों-ज्यों माथे में मारिए, त्यों-त्यों वह ऊँची ही होती है।

नोट— *कमीना सीनः डट फुटबाल के फैसन पे चलता है।*
जो सिर पर लात मारे और ऊपर को उछलता है॥—प्रीतम

कैसैं छोटे नरनु तैं सरत बड़नु के काम।
मढ़्यौ दमामौ जातु क्यौं कहि चूहे कैं चाम॥ 624॥

अन्वय—छोटे नरनु तैं बड़नु के काम कैसैं सरत। कहि चूहे कैं चाम दमामौ क्यौं मढ़यौ जातु।

छोटे नरनु = क्षुद्र मनुष्यों से। सरत = सिद्ध या पूरा होता है। दमामौ = नगाड़ा। चाम = चमड़ा।

ओछे आदमियों से—छुटहों से—बड़े आदमी का काम कैसे सध सकता है—कभी पूरा नहीं होता। कहो, चूहे के चाम से नगाड़ा कैसे मढ़ा (छवाया) जा सकता है? कभी नहीं।

कोटि जतन कोऊ करौ परै न प्रकृतिहिं बीचु।
नल-बल जलु ऊँचैं चढ़ै अंत नीच कौ नीचु॥ 625॥

अन्वय—कोटि जतन कोऊ करौ प्रकृतिहिं बीचु न परै, नल-बल जलु ऊँचैं चढ़ै नीचु अंत नीच कौ।

प्रकृति = स्वभाव। बीचु = फर्क। नल-बल = नल का जोर।

करोड़ों यत्न कोई क्यों न करे, किंतु स्वभाव में फर्क नहीं पड़ता—स्वभाव नहीं बदलता। नल के जोर से पानी ऊपर चढ़ता है, पर अंत में वह नीच नीचे ही को बढ़ता है। (पानी का स्वाभाविक प्रवाह जब होगा तब नीचे ही की ओर।)

लटुवा लौं प्रभु कर गहैं निगुनी गुन लपटाइ।
वहै गुनी कर तैं छुटै निगुनीयै ह्वै जाइ॥ 626॥

अन्वय—प्रभु कर गहैं लटुवा लौं निगुनी गुन लपटाइ, वहै गुनी कर तैं छुटै निगुनीयै ह्वै जाइ।

लटुवा = लट्टू। लौं = समान। गुन = (1) गुण, (2) रस्सी, डोरा। गुनी = (1) गुणयुक्त, (2) डोरा-युक्त। निगुनी = (1) गुण-रहित (2) डोरा-रहित। यै = ही।

प्रभु के हाथ पकड़ते ही—अपनाते ही—लट्टू के समान गुणहीन में भी 'गुण' ('लट्टू' के अर्थ में 'डोरा') लिपट जाता है किंतु वही गुणी उनके हाथ से छूटते ही—ईश्वर से विमुख होते ही—पुनः गुण-हीन का गुण-हीन ही ('लट्टू' के अर्थ में 'डोरा'-रहित) रह जाता है।

चलत पाइ निगुनी गुनी धनु मनि मुत्तिय माल।
भेंट होत जयसाहि सौं भागु चाहियतु भाल॥ 627॥

अन्वय—निगुनी गुनी धनु मनि मुत्तिय माल पाइ चलत जयसाहि सौं भेंट होत भागु भाल चाहियतु।

पाइ = पाकर। मुत्तिय = मुक्ता, मोती। जयसाहि = बिहारीलाल के आश्रयदाता जयपुर-नरेश महाराज जयसिंह। भाल = अच्छा कपाल।

निगुणी और गुणी—सभी—वहाँ से धन, मणि और मुक्ता की माला पाकर चलते हैं। हाँ, जयसिंह से भेंट होने के लिए भाग्य अच्छा होना चाहिए। (उनसे भेंट ही होना कठिन है, यदि भेंट हो गई, तो फिर धन का क्या पूछना !)

यौं दल काढ़े बलख तैं तैं जयसाहि भुवाल।
उदर अघासुर कैं परैं ज्यौं हरि गाइ गुवाल॥ 628॥

अन्वय—जयसाहि भुवाल, बलख तैं दल तैं ज्यौं काढ़े ज्यौं अघासुर कैं उदर परैं गाइ गुवाल हरि।

दल=सेना। बलख=अफगानिस्तान का एक प्रांत। भुवाल=भूपाल=राजा। उदर=पेट। अघासुर=कंस का साथी एक राक्षस, जो सर्प के रूप में आकर ब्रज के बहुत-से ग्वालों और गौओं को निगल गया था।

हे जयसिंह महाराज, बलख-देश से (शत्रुओं के बीच में फँसी हुई) अपनी सेना को आपने यों निकाल लिया, जिस प्रकार अघासुर के पेट में पड़ी हुई गौओं और ग्वालों को श्रीकृष्ण ने (निकाल लिया था)।

अनी बड़ी उमड़ी लखैं असिबाहक भट भूप।
मंगलु करि मान्यौ हियैं भो मुँहु मंगलु-रूप॥ 629॥

अन्वय—बड़ी उमड़ी अनी असिबाहक लखैं भट भूप हियैं मंगलु करि मान्यौ मुँहु मंगलु-रूप भो।

अनी=सेना। असिवाहक=तलवार चलानेवाला, तलवारधारी। भट=शूरवीर। मंगलु=कुशल, आनंद। मंगलु=मंगलग्रह, जिसका रंग लाल माना गया है। रूप=सदृश।

(शत्रुओं की) बड़ी उमड़ी हुई सेना को देखकर तलवारधारी शूरवीर राजा ने उसे हृदय में मंगल के समान जाना—आनंददायक समझा—और उनका मुँह (आनंद और क्रोध से) मंगल (ग्रह) के समान (लाल) हो गया।

रहति न रन जयसाहि-मुख लखि लखनु की फौज।
जाँचि निराखरऊँ चलैं लै लाखनु की मौज॥ 630॥

अन्वय—जयसाहि मुख लखि लखनु की फौज रन न रहति जाँचि निराखरऊँ लाखनु की मौज लै चलैं।

रन=युद्ध-भूमि। लखि=देखकर। लखनु=लाखों। निराखरऊँ=निरक्षर, वज्र-मूर्ख। मौज=बकसीस।

जयसिंह का मुख देखकर (शत्रुओं की) लाखों की फौज भी युद्ध-भूमि में नहीं ठहर सकती। (यों ही) उनसे याचना करके—दान माँगकर—निरक्षर (वज्र मूर्ख) भी लाखों की बकसीस ले जाता है।

प्रतिबिम्बित जयसाहि-दुति दीपति दरपन-धाम।
सबु जगु जीतन कौं कर्‌यौ काय-व्यूह मनु काम॥ 631॥

अन्वय—दरपन-धाम जयसाहि-दुति प्रतिबिंबित दीपति मनु काम सबु जगु जीतन कौं काय-व्यूह कर्‌यौ।

दुति=द्युति=चमक। दीपति=जगमगाती है। दरपन-धाम=आईने का बना हुआ घर, शीश-महल। काय-व्यूह=शरीर की सैन्य-रचना।

शीश-महल में राजा जयसिंह की द्युति प्रतिबिंबित होकर जगमगा रही है—जिधर देखो, उधर उन्हीं का रूप दीख पड़ता है—मानो कामदेव ने समूचे संसार को जीतने के लिए काय-व्यूह बनाया हो—अनेक रूप धारण किए हों।

नोट—जयपुर में महाराज जयसिंह का शीश-महल अब तक वर्तमान है। उसकी दीवारें, छत, फर्श सब कुछ शीशे का बना है। उसमें खड़े हुए एक मनुष्य के अनेक प्रतिबिंब चारों ओर दीख पड़ते हैं।

दुसह दुराज प्रजानु कौं क्यौं न बढ़ै दुखु दंदु।
अधिक अँधेरौ जग करत मिलि मावस रवि चंदु॥ 632॥

अन्वय—दुसह दुराज प्रजानु कौं दुखु दंदु क्यौं न बढ़ै, मावस रवि-चंदु मिलि जग अधिक अँधेरौ करत।

दुसह=असहनीय, (यहाँ) अत्यंत क्षमताशील। दुराज=दो राजा। दंदु=द्वंद्व= दुःख। मावस=अमावस।

अत्यंत क्षमताशील दो राजाओं के होने से प्रजा के दुःख क्यों न अत्यंत बढ़ जाएँ? अमावस के दिन सूर्य और चंद्रमा (एक ही राशि पर) मिलकर संसार में अधिक अँधेरा कर देते हैं।

नोट—ज्योतिष के अनुसार अमावस के दिन सूर्य और चंद्रमा एक ही राशि पर होते हैं। आधुनिक विज्ञान भी इसका समर्थन करता है।

बसै बुराई जासु तन ताही कौ सनमानु।
भलौ भलौ कहि छोड़ियै खोटैं ग्रह जपु दानु॥ 633॥

अन्वय—जासु तन बुराई बसै ताही कौ सनमानु, भलौ भलौ कहि छोड़ियै खोटैं ग्रह जपु दानु।

बुराई=अपकार। सनमानु=आदर। खोटैं=बुरे।

जिसके शरीर में बुराई बसती है—जो बुराई करता है, उसी का सम्मान होता है। (देखिए) भले ग्रहों (चंद्र, बुध आदि) को तो भला कहकर छोड़ देते हैं—और बुरे ग्रहों (शनि, मंगल आदि) के लिए जप और दान किया जाता है।

कहै यहै स्रुति सुम्रत्यौ यहै सयाने लोग।
तीन दबावत निसक हीं पातक राजा-रोग॥ 634॥

अन्वय—स्रुति सुम्रत्यौ यहै कहै सयाने लोग यहै, पातक राजा रोग तीन निसक ही दबावत।

स्रुति=श्रुति, वेद। सुम्रत्यौं=स्मृति। सयाने=चतुर। दबावत=सताते हैं। निसक=निःशक्त, निर्बल, कमजोर। पातक=पाप।

(सभी) श्रुतियाँ और स्मृतियाँ यही कहती हैं, और चतुर लोग भी यही (कहते हैं) कि पाप, राजा और रोग—ये तीन—कमजोर ही को दबाते हैं—दुःख देते हैं।

बड़े न हूजै गुननु बिनु बिरद बड़ाई पाइ।
कहत धतूरे सौं कनकु गहनौ गढ़्यौ न जाइ॥ 635॥

अन्वय—बड़ाई बिरद पाइ गुननु बिनु बड़े न हूजै धतूरे सौं कनकु कहत गहनौ न गढ़्यौ जाइ।

हूजै=हो सकते। बिरद=बाना। कनकु=(1) सोना (2) धतूरा। बड़ाई का बाना लेने से—ऊँचा नाम रख लेने से—गुण के बिना बड़े हो नहीं सकते। 'कनक' कहे जाने पर भी—'सोने' का अर्थवाची (कनक) नाम होने पर भी धतूरे से (सोने के समान) गहने नहीं गढ़े जाते।

गुनी गुनी सब कैं कहैं निगुनी गुनी न होतु।
सुन्यौ कहूँ तरु अरक तैं अरक समान उदोतु॥ 636॥

अन्वय—सब कैं गुनी गुनी कहैं निगुनी गुनी न होतु अरक तरु तैं कहूँ अरक समान उदोतु सुन्यौ?

अरक=(1) अकवन=(2) सूर्य। उदोतु=ज्योति, प्रकाश।

सब किसी के 'गुणी-गुणी' कहने से—'गुणी-गुणी' कहकर पुकारने से—गुणहीन (कभी) गुणी नहीं हो सकता। (सब लोग 'अकवन' को 'अर्क' कहते हैं, और 'अर्क', 'सूर्य' को भी कहते हैं, सो एक नाम—(परस्पर पर्यायवाचकी—होने पर भी) 'अकवन' के पेड़ से क्या कभी 'सूर्य' के समान ज्योति निकलते सुना है?

नाह गरजि नाहर-गरज बोलु सुनायौ टेरि।
फँसी फौज मैं बन्दि बिच हँसी सबनु तनु हेरि॥ 637॥

अन्वय—नाहर-गरज नाह गरजि टेरि बोलु सुनायौ, फौज मैं बन्दि बिच फँसी सबनु तनु हेरि हँसी।

नाइ=पति। गरजि=गरजकर। नाहर-गरज=सिंह का गर्जन। टेरि बोलु सुनायौ=जोर से बोल

सुनाया। बन्दि = घेरा। हेरि = देखकर।

सिंह के गर्जन के समान गरजकर पति (श्रीकृष्ण) ने जोर से (अपना) बोल सुना दिया। (उसे सुनते ही) फौज के घेरे में फँसी हुई (रुक्मिणी) सब लोगों के शरीर की ओर देखकर हँस पड़ी (कि अब तुम मेरा कुछ नहीं बिगाड़ सकते।)

संगति सुमति न पावहीं परे कुमति कैं धंध।
राखौ मेलि कपूर मैं हींग न होइ सुगंध॥ 638॥

अन्वय—कुमति कैं धंध परे संगति सुमति न पावहीं। कपूर मैं मेलि राखौ हींग सुगंध न होइ।

सुमति = सुंदर मति, सुबुद्धि. कुमति = दुष्ट बुद्धि। धंध = जंजाल, फेर मेलि = मिलाकर।

जो कुमति के धंधे में पड़ा रहता है—जिसे खराब काम करने की आदत-सी लग जाता है, वह सत्संगति से भी सुमति नहीं पाता—नहीं सुधरता। कपूर में मिलाकर भले ही रखो, किंतु हींग सुगंधित नहीं हो सकती।

पर-तिय-दोषु पुरान सुनि लखि मुलकि सुखदानि।
कसु करि राखी मिस्त्र हूँ मुँह आई मुसकानि॥ 639॥

अन्वय—पर-तिय-दोषु पुरान सुनि-सुखदानि मुलकि लखि, मिस्त्र हूँ मुँह आई मुसकानि कसु करि राखी।

पर-तिय-दोषु = पर-स्त्री-गमन का दोष। मुलकि = हँसकर, मुस्कुराकर। मिस्त्र = कथा बाँचनेवाले पौराणिक या व्यास।

पर-स्त्री-प्रसंग का दोष पुराण में सुनकर उस सुखदायिनी स्त्री ने (जो पौराणिकजी की परकीया थी, और कथा सुनने भी आई थी) हँसकर (पौराणिकजी की ओर) देखा (कि दूसरों को तो उपदेश देते हो, और स्वयं मुझसे फँसे हो!) और, पौराणिक मिश्रजी ने भी (अपनी प्रेमिका की हँसी देखकर) अपने मुँह तक आई मुस्कुराहट को बलपूर्वक रोक रक्खा (कि कहीं लोग ताड़ न जायँ!)

सबै हँसत करतारि दै नागरता कैं नाँव।
गयौ गरबु गुन कौ सरबु गएँ गँवारैं गाँव॥ 640॥

अन्वय—नागरता कैं नाँव सबै करतारि दै हँसत, गँवारैं गाँव गएँ गुन कौ सरबु गरबु गयौ।

(जहाँ) नागरिता के नाम पर—नागरिक प्रवीणता के नाम पर—सब लोग ताली बजा-बजाकर हँसते हैं, (उस) गँवारों के गाँव में बसने से गुण का सारा गर्व जाता रहा!

फिरि-फिरि बिलखी ह्वै लखति फिरि-फिरि लेति उसाँसु।
साँई सिर कच सेत लौं बीत्यौ चुनति कपासु॥ 641॥

अन्वय—फिरि-फिरि बिलखी ह्वै लखति फिरि-फिरि उसाँसु लेति, बीत्यौ कपासु साँई सिर सेत कच लौं चुनति।

बिलखी = व्याकुल। साँई = पति। कच = केश, बाल। चुनति = चुनती या बीनती है। बीत्यौ = बीती हुई, उजड़ी हुई।

बार-बार व्याकुल होकर देखती है, और बार-बार लंबी साँसें लेती है—गरम आह भरती है! यों उजड़ी हुई कपास को पति के सिर के उजले केश के समान चुनती है। (कपास के उजड़े हुए खेत की कपास चुनने में उसे उतना ही कष्ट होता है, जितना वृद्ध पति के सिर के उजले केश चुनने में नवयुवती पत्नी को होता है।)

नोट—कपास का खेत नायिका के गुप्त-मिलन का स्थान था। उसके उजड़ जाने पर उसे दुःख है। उजले केश के विषय में 'केशव' का कहना है—"केसव केसिनि अस करि जस अरिहू न कराहिं; चन्द्रबदनि मृगलोचनी, बाबा कहि-कहि जाहिं।"

नर की अरु नल-नीर की गति एकै करि जोइ।
जेतौ नीचौ ह्वै चलै तेतौ ऊँचौ होइ॥ 642॥

अन्वय—नर की अरु नल-नीर की एकै करि गति जोइ। जेतौ नीचौ ह्वै चलै तेतौ ऊँचौ होइ।

नल-नीर = नल का पानी। एकै करि = एक ही समान। गति = चाल। जोइ = देखी जाती है।

आदमी की और नल के पानी की एक ही गति दीख पड़ती है। वे जितने ही नीचे होकर चलते हैं उतने ही ऊँचे होते हैं (आदमी जितना ही नम्र होकर चलेगा, वह उतना ही अधिक उन्नति करेगा, और नल का पानी जितने नीचे से आएगा, उतना ही ऊपर चढ़ेगा।)

बढ़त-बढ़त सम्पति-सलिलु मन-सरोज बढ़ि जाइ।
घटत-घटत सु न फिरि घटै बरु समूल कुम्हिलाइ॥ 643॥

अन्वय—सम्पति-सलिलु बढ़त-बढ़त मन-सरोज बढ़ि जाइ। घटत-घटत सु फिरि न घटै बरु समूल कुम्हिलाइ।

सलिलु = पानी। सरोज = कमल। बरु = भले ही।

धन रूपी जल के बढ़ते जाने से मन-रूपी कमल भी बढ़ता जाता है। किंतु (जल के) घटते जाने पर वह (कमल) पुनः नहीं घटता, भले ही जड़ से कुम्हिला जाय। (धनी का मन गरीब होने पर भी वैसा ही उदार रह जाता है।)

जो चाहौ चटक न घटै मैलो होइ न मित्त।
रज राजस न छुवाइयै नेहु चीकनैं चित्त॥ 644॥

अन्वय—मित्त जो चाहौ चटक न घटै मैलो न होइ, नेहु चीकनैं चित्त राजस रज न छुवाइयै।

चटक = चटकीलापन। मैलो = मलिन। रज = धूल। राजस = धन-वित्त। नेहु = (1) प्रेम (2) घी, तेल।

हे मित्र, जो चाहते हो कि (प्रेम या मन का) चटकीलापन न घटे, और वह मलिन न हो, तो प्रेम (रूपी तेल) से चिकने बने हुए चित्त में रुपए-पैसे के व्यवहार-रूपी धूल को न छुलाओ।

अति अगाधु अति औथरौ नदी कूप सरु बाइ।
सो ताकौ सागरु जहाँ जाकी प्यास बुझाइ॥ 645॥

अन्वय—अति अगाधु अति औथरौ नदी कूप सरु बाइ, जाकी जहाँ प्यास बुझाइ ताकौ सो सागरु।

अगाधु = अथाह। औथरौ = उछले, छिछले। कूप = कुँआ। सरु = तालाब। बाइ = बावड़ी, वापी, सरसी। सागरु = समुद्र।

अत्यंत अथाह और अत्यंत उथली (कितनी ही) नदियाँ, कुएँ, तालाब और बावड़ियाँ हैं। किंतु जहाँ जिसकी प्यास बुझती है, उसके लिए वही समुद्र है।

मीत न नीति गलीतु ह्वै जौ धरियैं धनु जोरि।
खाऐं खरचैं जौ जुरै तौ जोरियै करोरि॥ 646॥

अन्वय—मीत नीति न जौ गलीतु ह्वै धनु जोरि धरियैं, खाऐं खरचैं जौ जुरै तौ करोरि जोरियै।

नीति न = नीति नहीं, उचित नहीं। गलीतु ह्वै = गल-पचकर, अत्यंत दुःख सहकर। जोरि = जोड़कर, इकट्ठा कर।

हे मित्र, यह उचित नहीं है कि गल-पचकर—अत्यंत दुःख सहकर—धन इकट्ठा कर रखिए। (हाँ, अच्छी तरह) खाने और खर्च करने पर जो इकट्ठा हो सके, तो करोड़ों रुपए जोड़िए—इकट्ठा कीजिए।

टटकी धोई धोवती चटकीली मुख-जोति।
लसति रसोई कैं बगर जगरमगर दुति होति॥ 647॥

अन्वय—टटकी धोई धोवती मुख चटकीली जोति, रसोई कैं बगर लसति जगरमगर दुति होति।

टटकी धोई = तुरत की धुली हुई। धोवती = धोती, साड़ी। बगर = घर। जगरमगर = जगमग। दुति = ज्योति।

तुरत की धोई हुई साड़ी, मुख की चटकीली चमकवाली नायिका रसोई के घर में शोभा पा रही है,

जिससे जगमग ज्योति फैल रही है।

सोहतु संगु समान सौं यहै कहै सबु लोगु।
पान-पीक ओठनु बनै काजर नैननु जोगु॥ 648॥

अन्वय—समान सौं संगु सोहतु सबु लोगु यहै कहै, ओठनु पान-पीक बनै नैननु जोगु काजर।

समान = बराबरी का। बनै = बन आती है, शोभती है।

'बराबरी का संग (संबंध) ही शोभता है' सब लोग यही कहते हैं। जैसे, (लाल) ओठों में पान की (लाली) पीक बन आती है, और (काली) आँखों के योग्य (काला) काजल समझा जाता है।

चित पित-मारक जोगु गनि भयौ भयैं सुत सोगु।
फिरि हुलस्यौ जिय जोइसी समुझैं जारज जोगु॥ 649॥

अन्वय—चित पित-मारक जोगु गनि सुत भयैं सोगु भयौ फिरि जारज जोगु समुझैं जोइसी जिय हुलस्यौ।

पित-मारक = पितृहन्ता, पिताघातक। सोगु = शोक। जोइसी = ज्योतिषी। जारज = दोगला, जो अपने बाप से न जन्मे।

चित्त में पितृघातक योग विचारकर—यह जानकर कि इस नक्षत्र में पुत्र उत्पन्न होने से पिता की मृत्यु होती है—अपना पुत्र होने पर भी (ज्योतिषीजी को) शोक हुआ। किंतु पुनः जारज-योग समझकर—यह समझकर कि इस नक्षत्र में उत्पन्न होनेवाला लड़का दोगला होता है—ज्योतिषीजी हृदय से प्रसन्न हुए (कि यह मेरा पुत्र तो है नहीं, फिर मैं कैसे मरूँगा? मरेंगे तो वे, जिनसे मेरी स्त्री का गुप्त संबंध था!)

अरे परेखौ को करै तुँहीं बिलोकि बिचारि।
किहिं नर किहिं सर राखियै खरैं बढ़ैं परि पारि॥ 650॥

अन्वय—अरे को परेखौ करै तुँहीं बिचारि बिलोकि, किहिं नर किहिं सर खरैं बढ़ैं परि पारि राखियै।

परेखौ = परीक्षा। सर = तालाब। पारि = (1) बाँध, (2) मर्यादा।

अजी, कौन परीक्षा करे? तुम्हीं विचार कर देखो, किस पुरुष ने और किस तालाब ने अत्यंत बढ़ने पर अपनी मर्यादा—बाँध—की रक्षा की है? (तालाब में अत्यंत जल होगा, वह उबल पड़ेगा, और आदमी को भी अधिक धन होगा, तो वह इतराता चलेगा।)

कनकु कनक तैं सौ गुनौ मादकता अधिकाइ।
उहिं खाएँ बौराइ इहिं पाऐं हीं बौराइ॥ 651॥

अन्वय—कनकु कनक तैं सौ गुनौ अधिकाइ मादकता, उहिं खाएँ बौराइ इहिं पाऐं हीं बौराइ।

कनक = (1) धतूरा (2) सोना। मादकता = नशा। बौराइ = बौराता है, बावला या पगला हो जाता है।

सोने में धतूरे से सौ गुना अधिक नशा है! क्योंकि उसे (धतूरे को) खाने से (मनुष्य बौराता है) और इसे (सोने को केवल) पाने (मात्र) से ही बौराता है।

नोट—किंतु मेरा कहना है कि 'कनक-कनक' से सौ गुनौ कनक-बरनि तन ताय। वा खाए वा पाय ते या देखे बौराय॥'

ओठु उचै हाँसी भरी दृग भौंहनु की चाल।
मो मनु कहा न पी लियौ पियत तमाकू लाल॥ 652॥

अन्वय—ओठु उचै दृग भौंहनु की चाल हाँसी भरी, पियत तमाकू लाल कहा मो मनु न पी लियौ।

उचै = ऊँचे करके। दृग = आँख। मो = मेरा।

ओठों को ऊँचा कर और आँखों तथा भौंहों की चाल को हँसीयुक्त बनाकर तमाखू पीते हुए प्रीतम क्या मेरे मन को नहीं पी गए? (जरूर पी गए! तभी तो 'बे-मन' हुई घूमती हो!!)

बुरो बुराई जौ तजै तौ चितु खरौ सकातु।
ज्यौं निकलंकु मयंकु लखि गनैं लोग उतपातु॥ 653॥

अन्वय—बुरो जौ बुराई तजै तौ चितु खरौ सकातु, ज्यौं निकलंकु मयंकु लखि लोग उतपातु गनैं।

सकातु = डरता है। मयंकु = चंद्रमा। उतपातु = उपद्रव।

बुरे आदमी अगर अपनी बुराई तज देते हैं, तो मन बहुत डरता है—चित्त में भय उत्पन्न होता है। जिस प्रकार निष्कलंक चंद्रमा को देखकर लोग उत्पात की आशंका करते हैं।

नोट—ज्योतिष में लिखा है कि यदि चंद्रमा का काला धब्बा नष्ट हो जाए, तो संसार में हिम-वर्षा होगी।

भाँवरि अनभाँवरि भरे करौ कोरि बकवादु।
अपनी-अपनी भाँति कौ छुटै न सहजु सवादु॥ 654॥

अन्वय—भाँवरि अनभाँवरि भरे कोरि बकवादु करौ, अपनी-अपनी भाँति कौ सहजु सवादु न छुटै।

भाँवरि भरे = चक्कर लगाओ। भाँति = ढंग। सहजु = स्वाभाविक। सवादु = रुचि, प्रवृत्ति।

(निगरानी करने की गरज से चाहे) उनके चारों ओर चक्कर लगाओ या न लगाओ, या उनसे करोड़ों प्रकार के बकवाद करो; किंतु अपने-अपने ढंग की स्वाभाविक प्रवृत्ति छूट नहीं सकती—(वे उस ओर जाएँगे ही)।

नोट—नायक किसी दूसरी स्त्री पर आसक्त है। नायिका उसकी खूब निगरानी करती है। उससे लड़ती-झगड़ती है। इस पर सखी का कथन है।

जिन दिन देखे वे कुसुम गई सु बीति बहार।
अब अलि रही गुलाब मैं अपत कँटीली डार॥ 655॥

अन्वय—जिन दिन वे कुसुम देखे सु बहार बीति गई, अलि अब गुलाब मैं अपत कँटीली डार रही।

कुसुम = फूल। सु = वह। बहार = (1) छटा। (2) वसंत। अलि = भौंरा। अपत = पत्र-रहित। कँटीली डार = काँटों से भरी डाल।

जिन दिनों तुमने वे (गुलाब के) फूल देखे थे, वह बहार तो बीत गई—वह वसंत तो चला गया। अरे भौंरे! अब तो गुलाब में पत्र-रहित कँटीली डालियाँ ही रह गई हैं।

इहीं आस अटक्यौ रहतु अलि गुलाब कैं मूल।
ह्वैहैं फेरि बसंत-रितु इन डारनु ये फूल॥ 656॥

अन्वय—इहीं आस अलि गुलाब कैं मूल अटक्यौ रहतु, फेरि बसंत-रितु इन डारनु ये फूल ह्वैहैं।

अटक्यौ रहतु = टिका या अड़ा हुआ है। मूल = जड़। ह्वैहैं = होंगे।

इसी आशा से भौंरा गुलाब की जड़ में अटका हुआ है—उसकी 'अपत कँटीली डार' को से रहा है—कि पुनः वसंत ऋतु में इन डालियों में वे ही (सुंदर सुगंधित) फूल होंगे।

नोट—यह दोहा पिछले दोहे के जवाब में लिखा हुआ मालूम पड़ता है। कैसा लासानी सवाल-जवाब है!

सरस कुसुम मँड़रातु अलि न झुकि झपटि लपटातु।
दरसत अति सुकुमारु तनु परसत मन न पत्यातु॥ 657।

अन्वय—सरस कुसुम अलि मँड़रातु झुकि झपटि न लपटातु अति सुकुमारु तनु दरसत परसत मन न पत्यातु।

मँड़रातु = मँड़राता है, ऊपर चक्कर काटता है। दरसत = देखकर। मन न पत्यातु = मन नहीं पतियाता, तबीयत नहीं कबूल करती।

रसीले फूल पर भौंरा चक्कर काट रहा है, किंतु झुककर और झपटकर वह नहीं लिपटता—झटपट उस फूल का आलिंगन नहीं करता, क्योंकि उस फूल का अत्यंत सुकुमार गात देखकर स्पर्श करने को उसका मन नहीं पतियाता—उसकी तबीयत नहीं कबूल करती—(डर है कि कहीं स्पर्श करने से उसका सौकुमार्यपूर्ण)

सौंदर्य नष्ट न हो जाए।

नोट—इस दोहे के पहले चरण को प्रश्न और दूसरे चरण को उसका उत्तर मानकर पढ़ने से और भी आनंद आएगा। फूलों पर भौंरे को मँड़राते देखकर कोई पूछता है—"रसमय पुष्प से भ्रमर क्यों नहीं लिपटता?" कोई रसिक उत्तर देता है—"पुष्प का सुकुमार गात देख चिपटने से हिचकता है।"

बहकि बड़ाई आपनी कत राँचति मति भूल।
बिनु मधु मधुकर कैं हियैं गड़ै न गुड़हर फूल॥ 658॥

अन्वय—गुड़हर फूल अपनी बड़ाई बहकि कत राँचति, भूल मति, बिनु मधु मधुकर कैं हियैं न गड़ै।

राँचति = प्रसन्न होती है। मधु = रस। गुड़हर = ओड़हुल।

हे गुड़हर के फूल! आपनी बड़ाई में बहककर कितना प्रसन्न हो रहे हो? भूलो मत। बिना मधु के होने से (अत्यंत सुंदर होने पर भी) भौंरे के हृदय में नहीं गड़ते—उसे पसंद नहीं पड़ते।

नोट—रूपगर्विता नायिका से सखी कहती है कि केवल सुंदर रूप से कुछ न होगा, गुण (प्रेम की सुगंध) ग्रहण कर, तभी नायक वश में होगा।

जदपि पुराने बक तऊ सरबर निपट कुचाल।
नए भए तु कहा भयौ ए मनहरन मराल॥ 659॥

अन्वय—सरबर निपट कुचाल जदपि पुराने तऊ बक, नए भए तु कहा भयौ ए मनहरन मराल।

बक = बगुला। तऊ = तो भी। सरबर = सरोवर। निपट = एकदम। कुचाल = खराब चाल।

ऐ सरोवर! यह एकदम खराब चाल है (इसे छोड़ दो)। यद्यपि वे (बगुले) पुराने साथी हैं, तो भी आखिर हैं तो वे बगुले ही। और (इन हंसों के) नए होने ही से क्या हुआ? ये हैं मन को मोहित करनेवाले हंस। (अतः बगुले को छोड़ हंस की संगति करो—परिचित-अपरिचित का खयाल छोड़ दो।)

अरे हंस या नगर मैं जैयो आपु बिचारि।
कागनि सौं जिन प्रीति करि कोकिल दई बिड़ारि॥ 660॥

अन्वय—अरे हंस या नगर मैं आपु बिचारि जैयौ, जिन कागनि सौं प्रीति करि कोकिल बिड़ारि दई।

बिड़ारि = खदेड़ देना, भगा देना।

अरे हंस! इस नगर में तू सोच-विचारकर जाना, (क्योंकि इस गाँव में वे ही लोग रहते हैं) जिन्होंने कागों से प्रीति करके कोयल को खदेड़ दिया था।

को कहि सकै बड़ेनु सौं लखैं बड़ी त्यौं भूल।
दीने दई गुलाब की इन डारनु वे फूल॥ 661॥

अन्वय—बड़ी भूल लखैं त्यौं बड़ेनु सौं को कहि सकै, दई गुलाब की इन डारनु वे फूल दीने।

भूल = गलती। दीने = दियै है। दई = दैव, विधाता।

(बड़ों की) बड़ी भी भूल देखकर बड़ों से कौन कह सकता है? विधाता ने गुलाब की इन (कँटीली) डालियों में वे (सुंदर) फूल दिए हैं (फिर भी उनसे कौन कहने जाता है कि यह आपकी भूल है!)

वे न इहाँ नागर बढ़ी जिन आदर तो आब।
फूल्यौ अनफूल्यौ भयौ गँवई गाँव गुलाब॥ 662॥

अन्वय—वे इहाँ नागर न जिन तो आब आदर बढ़ी, गुलाब गँवई गाँव फूल्यौ अनफूल्यौ भयौ।

नागर = नगर के रहनेवाले, चतुर, रसिक। आब = शोभा, रौनक। गँवई गाँव = ठेठ देहात।

यहाँ (देहात में) वे रसिक ही नहीं हैं, जो तेरी शोभा और आदर को बढ़ाते। ऐ गुलाब, इस ठेठ देहात में फूलकर भी तुम बिना फूले हुए हो गए—तुम्हारा फूलना न फूलना बराबर हो गया।

कर लैं सूँघि सराहिहूँ रहैं सबै गहि मौनु।
गंधी अंध गुलाब कौ गँवई गाहकु कौनु॥ 663॥

अन्वय—कर लैं सूँघि सराहिहूँ सबै मौनु गहि रहैं, अंध गंधी गुलाब कौ गँवई कौनु गाहकु?

कर = हाथ। गंधी = इत्र बेचनेवाला। गँवई = देहात।

हाथ में लेकर सूँघकर और प्रशंसा करके भी सब चुप रह जाते हैं। अरे अंधे इत्रफरोश, इस गुलाब के इत्र का इस गँवई में कौन गाहक होगा?

को छूट्यौ इहिं जाल परि कत कुरंग अकुलात।
ज्यौं-ज्यौं सुरझि भज्यौ चहत त्यौं-त्यौं उरझत जात॥ 664॥

अन्वय—इहिं जाल परि को छूट्यौ, कुरंग कत अकुलात, ज्यौं-ज्यौं सुरझि भज्यौ चहत त्यौं-त्यौं उरझत जात।

कत = क्यौं। कुरंग = हिरन। भज्यौं = भागना।

इस जाल में पड़कर कौन छूटा? फिर, अरे हिरन! तू क्यों अकुलाता है? देख, ज्यों-ज्यों तू सुलझकर भागना चाहता है, त्यों-त्यों (इस उछल-कूद से) उलझता जाता है।

पटु पाँखै भखु काँकरै सपर परेई संग।
सुखी परेवा पहुमि मैं एकै तुँहीं बिहंग॥ 665॥

अन्वय—पाँखै पटु काँकरै भखु सपर परेई संग, परेवा पहुमि मै तुँहीं एकै सुखी बिहंग।

पटु = वस्त्र। भखु = भक्ष्य, भोजन। परेई—'परेवा' का स्त्रीलिंग 'परेई'। बिहंग = पक्षी। सपर = पंखयुक्त, परिवार के साथ।

पंख ही तुम्हारा वस्त्र है, (सर्वत्र-सुलभ) कंकड़ ही तुम्हारा भोजन है, और पंख व परिवार (बाल-बच्चों) के साथ (अपनी प्राणेश्वरी) परेई का संग है—कभी वियोग नहीं होता। सो, हे परेवा, संसार में तुम्हीं एक सुखी पक्षी हो—तुम्हें यथार्थ में सुखी कह सकते हैं।

नोट—इस दोहे में बिहारी ने सुखी जीवन का एक चित्र-सा खींच दिया है। भोजन-वस्त्र की सुलभता और बाल-बच्चों के साथ प्राणप्यारी का सहवास—इसके आगे सुखी बनने के लिए और चाहिए ही क्या? किंतु आजकल के नवयुवक कहेंगे— 'स्वाधीनता'। सो 'बिहंग' शब्द से 'स्वाधीनता' का भाव स्पष्ट व्यक्त होता है। 'बिहंग' का अर्थ है 'आकाश में (स्वच्छंद) विचरण करनेवाला'—अतएव—'स्वतंत्र'।

स्वारथु सुकृत न स्त्रमु बृथा देखि बिहंग बिचारि।
बाज पराऐं पानि परि तूँ पच्छीनु न मारि॥ 666॥

अन्वय—स्वारथु सुकृत न स्त्रमु बृथा बिहंग बिचारि देखि, बाज पराऐं पानि परि तूँ पच्छीनु न मारि।

सुकृत = पुण्य कार्य। स्त्रमु = श्रम = मेहनत। बिहंग = आकाश में उड़नेवाला, पक्षी। पानि = हाथ।

न तो इसमें तेरा कोई स्वार्थ है (क्योंकि मांस खुद बहेलिया ले लेगा), और न कोई पुण्य-कार्य है (क्योंकि यह हत्यारापन है) इस प्रकार यह परिश्रम व्यर्थ है, ऐ (उन्मुक्त आकाश में स्वच्छंद विचरण करनेवाले) पक्षी! विचार कर देख। अरे बाज! दूसरे के हाथ पर बैठकर (दूसरे के बहकावे में आकर) पक्षियों को (स्वजातियों को) मत मार।

दिन दस आदरु पाइकै करि लै आपु बखानु।
जौ लौं काग सराध-पखु तौ लौं तौ सनमानु॥ 667॥

अन्वय—दस दिन आदरु पाइकै आपु बखानु करि लै, काग जौ लौं सराध-पखु तौ लौं तौ सनमानु।

बखानु = बड़ाई। लौं = तक। सराध-पखु = श्राद्ध-पक्ष या श्राद्ध का पखवारा। सनमानु = सम्मान, आदर।

दो-चार-दस दिन (कुछ दिन) आदर पाकर अपनी बड़ाई कर ले। अरे काग! जब तक श्राद्ध का पखवारा है, तभी तक तेरा आदर भी है।

नोट—श्राद्ध में काग को बलि का भाग दिया जाता है।

मरत प्यास पिंजरा पर्‌यौ सुआ समै कैं फेर।
आदरू दै दै बोलियतु बाइसु बलि की बेर॥ 668॥

अन्वय—समै कैं फेर सुआ पिंजरा पर्‌यौ प्यास मरत, बलि की बेर बाइसु आदरू दै दै बोलियतु।

सुआ = सुग्गा, तोता। बाइसु = कौवा। बलि = श्राद्ध के अन्न में से निकाला हुआ कौवे का भाग। बेर = समय।

समय के फेर से (भाग्य-चक्र के प्रभाव से) सुग्गा पिंजड़े में पड़ा प्यासा मर रहा है, और (श्राद्ध-पक्ष होने के कारण) बलि देने के समय काग को आदर के साथ बुला रहे हैं—(कैद-बंद सुग्गे का प्यासों मरना और स्वच्छंद कौवे का सादर भोजनार्थ बुलाया जाना—सचमुच किस्मत का खेल है !)

जाकैं एकाएकहूँ जग ब्यौसाइ न कोइ।
सो निदाध फूलै फरै आकु डहडहौ होइ॥ 669॥

अन्वय—जाकैं जग कोइ एकाएकहूँ ब्यौसाइ न सो आकु निदाध डहडहौ होइ फूलै फरै।

एकाएकहूँ = अकेला भी, एकाकी भी। ब्यौसाइ = उपाय, यत्न। निदाध = ग्रीष्म-ऋतु। आकु = अर्क = अकवन। डहडहौ = लहलहा, हरा-भरा।

जिसके लिए संसार में कोई अकेला मनुष्य भी उपाय करनेवाला नहीं है—जिसे सींचने का कोई उद्योग नहीं किया जाता—वही 'अकवन' ग्रीष्म-ऋतु में भी हरा-भरा रहता है और फूलता-फलता है।

नोट— *तुलसी बिरवा बाग को सींचत हू कुम्हिलाय।*
राम-भरोसे जो रहै परबत पर हरिआय॥ —तुलसीदास

नहिं पावसु ऋतुराजु यह तजि तरबर चित भूल।
अपतु भऐं बिनु पाइहै क्यौं नव दल फल फूल॥ 670॥

अन्वय—पावसु नहिं यह ऋतुराजु तरबर चित भूल तजि, बिनु अपतु भऐं क्यौं नव दल फल फूल पाइहै।

पावसु = वर्षा-ऋतु। ऋतुराज = वसंत-ऋतु।

यह पावस नहीं (जिसमें सब वृक्ष स्वभावतः हरे-भरे बने रहते हैं, वसंत है। हे वृक्ष, मन की इस भूल को छोड़ दो। इस ऋतु में बिना पत्र-रहित हुए तुम कैसे नए पत्ते और फल-फूल प्राप्त करोगे? वसंत में हरा-भरा होने से पहले—पतझड़ के कारण—पत्ररहित होना ही पड़ेगा।)

सीतलता रु सुबास की घटै न महिमा मूरु।
पीनसवारैं ज्यौं तज्यौ सोरा जानि कपूरु॥ 671॥

अन्वय—पीनसवारैं ज्यौं कपूरु सोरा जानि तज्यो, सीतलता रु सुबास की महिमा मुरु न घटै।

रु = अरु = और। मूरू = मूल्य, मोल। पीनसवारैं = पीनस-रोग (नकड़ा) का रोगी, जिसकी घ्राणशक्ति नष्ट हो जाती है, और जिसे सुगंध-दुर्गंध कुछ नहीं जान पड़ती। सोरा = नमक के रूप का एक खारा पदार्थ।

पीनस-रोगवाले ने जैसे कपूर को सोरा जानकर छोड़ दिया, उससे न उसकी शीतलता और सुगंध की महिमा और न उसका मोल ही घटा। (कोई मूर्ख यदि गुणी का निरादर करे, तो उससे गुणी का गुण नहीं घट जाता और न उसका सम्मान ही कम होता है।)

गहै न नेकौ गुन गरबु हँसौ सकल संसारु।
कुच-उचपद लालच रहै गरैं परैहूँ हारु॥ 672॥

अन्वय—गुन गरबु न नेकौ गहै सकल संसारु हँसी, कुच-उचपद लालच हारु गरैं परैहूँ रहै।

गुन-गरबु = गुण का घमंड। गरै परैहूँ = गले पड़ने पर भी (इस मुहावरे का अर्थ है—'बिना इच्छा के ही किसी के पीछे पड़े रहना')। हार = (1) माला (2) पराजय।

अपने गुण का उसे जरा भी घमंड नहीं, सारा संसार उसे ('हार' 'हार' कहकर) हँसता है, तो भी वह 'हार' कुच-रूपी ऊँचे पद के लोभ में पड़कर (उस नवयौवना के) गले में पड़ा ही रहता है। (उपहास सहकर भी लोग ऊँचे ओहदे को नहीं छोड़ते।)

मूड़ चढ़ाऐंऊ पर्‌यौ रहै पीठि कच-भारु।
रहै गरैं परि राखिबौ तऊ हियैं पर हारु॥ 673॥

अन्वय—मूड़ चढ़ाऐंउ कच-भारु पीठि पर्‌यौ रहै गरैं परि रहै तऊ हारु हियैं पर राखिबौ।

मूड़ चढ़ाना = सिर चढ़ाना, अधिक मान करना। कच-भार = केश-गुच्छ, केश-जाल, बालों का समूह। गले पड़ना = देखें 672वाँ दोहा। हारु = माला।

सिर पर चढ़ाए रखने पर भी केश-गुच्छ पीठ पर ही पड़े रहते हैं—(आदर दिखलाने पर भी नीच का निरादर ही होता है)—और यद्यपि गले पड़कर रहती है, तो भी माला हृदय पर ही रक्खी जाती है—(निरादृत होने पर भी सज्जन का सम्मान ही होता है)।

नोट—इस दोहे में बिहारीलाल ने मुहावरे का अच्छा प्रयोग दिखलाया है। कविवर 'रसलीन' भी मुहावरों के प्रयोग में बड़े कुशल हैं। 'वेणी' पर कैसी मुहावरेदार भाषा में मजमून बाँधा है—

भनत न कैसेहू बनै, या बेनी के दाय।
तुव पीछे जे जगत के पीछे परे बनाय॥

जो सिर धरि महिमा मही लहियति राजा-राइ।
प्रगटत जड़ता अपनियै मुकुट पहिरियतु पाइ॥ 674॥

अन्वय—जो सिर धरि राजा-राइ मही महिमा लहियति, मुकुट पाइ पहिरियतु अपनियै जड़ता प्रगटत।

महिमा = बड़ाई। मही = भूमंडल (संसार) में जड़ता = मूर्खता।

जिसे सिर पर रखकर बड़े-बड़े राजे-महाराजे संसार में बड़ाई पाते हैं, उसी मुकुट को पाँव में पहनकर (मूर्ख मनुष्य) अपनी जड़ता ही प्रकट करता है। (आदरणीय का तिरस्कार करना ही मूर्खता है।)

चले जाइ ह्याँ को करै हाथिनु कौ ब्यापार।
नहिं जानतु इहिं पुर बसैं धोबी ओड़ कुम्हार॥ 675॥

अन्वय—चले जाइ ह्याँ हाथिनु कौ व्यापार करै नहिं जानतु इहिं पुर धोबी ओड़ कुम्हार बसैं।

ह्याँ = यहाँ। पुर = गाँव। ओड़ = बेलदार।

चले जाओ, यहाँ हाथी का व्यापार कौन करता है? नहीं जानते कि इस गाँव में केवल धोबी, बेलदार और कुम्हार बसते हैं (जो गदहे पालते हैं)?

नोट—पश्चिम में कुम्हार और बेलदार भी गदहे पालते हैं।

करि फुलेल कौ आचमन मीठौ कहत सराहि।
रे गंधी मति-अंध तूँ अतर दिखावत काहि॥ 676॥

अन्वय—फुलेल कौ आचमन करि सराहि मीठौ कहत रे मति-अंध गंधी तूँ काहि अतर दिखावत?

फुलेल = फूलों के रस से बसा हुआ तेल। आचमन करि = पीकर। गंधी = इत्र बेचनेवाला अत्तार। मति-अंध = बेवकूफ। अतर = इत्र।

(यहाँ तो) फुलेल का आचमन कर उसे सराहता और मीठा कहता है! रे बेवकूफ इत्रफरोश! तू यहाँ किसको इत्र दिखा रहा है? (वह तो यह भी नहीं जानता कि फुलेल लगाने की चीज है या पीने की, फिर वह इत्र की कद्र क्या जानेगा?)

विषम वृषादित की तृषा जिये मतीरनु सोधि।
अमित अपार अगाधु जलु मारौ मूढ़ पयोधि॥ 677॥

अन्वय—विषम वृषादित की तृषा मतीरनु सोधि जिये, मारौ अमित अपार अगाधु पयोधि मूढ़।

विषम = प्रचंड। वृषादित = (वृषा + आदित्य) वृष-राशि का सूर्य, जो अतिशय प्रचंड होता है; जेठ की तीखी धूप। तृषा = प्यास। मतीरनु = तरबूजों। सोधि = खोजकर। अगाध = अथाह। मारौ = मारवाड़ (राजपूताने की मरुभूमि)। मूढ़ = मूर्ख (यहाँ 'बेकार') पयोधि = समुद्र।

जेठ की कड़ी धूप की प्यास से (व्याकुल होने पर) तरबूजों को खोजकर प्राण बचाया। इस मारवाड़ की मरुभूमि में अत्यंत विस्तृत और अगाध जल वाला समुद्र किस काम का?—बेकार है।

जम-करि-मुँह-तरहरि पर्‌यौ इहिं धरहरि चित लाउ।
विषय-तृषा परिहरि अजौं नरहरि के गुन गाउ॥ 678॥

अन्वय—जम-करि-मुँह-तरहरि पर्‌यौ इहिं धरहरि चित लाउ विषय-तृषा परिहरि अजौं नरहरि के गुन गाउ।

करि = हाथी। तरहरी = तलहटी, नीचे। हरि = (1) ईश्वर (2) सिंह। तृषा = तृष्णा, वासना। परिहरि = छोड़कर। आजौं = अब भी। नरहरि = नृसिंह भगवान। धरहरि = निश्चय।

यम-रूपी हाथी के मुख के नीचे पड़े हो, यह समझकर निश्चय (सिंह-रूपी) हरि में चित्त लगाओ—और, विषय की तृष्णा छोड़कर अब भी उस नृसिंह के गुण गाओ।

जगतु जनायौ जिहिं सकलु सो हरि जान्यौ नाहिं।
ज्यौं आँखिनु सबु देखियै आँखि न देखी जाहिं॥ 679॥

अन्वय—जिहिं सकलु जगतु जनायौ सो हरि नाहिं जान्यौ, ज्यौं आँखिनु सबु देखियै आँखि न देखी जाहिं।

जिहिं = जिसने। ज्यौं = जैसे। न देखी जाहिं = नहीं दीख पड़तीं।

जिसने सारे संसार को जनाया—जिसने तुम्हें सारे संसार का ज्ञान दिया, उसी ईश्वर को तुमने नहीं जाना—नहीं पहचाना (ठीक उसी प्रकार) जिस प्रकार अपनी आँखों से और सब वस्तुएँ तो देखी जाती हैं, पर स्वयं (अपनी ही) आँखें नहीं दीख पड़तीं।

जप माला छापैं तिलक सरै न एकौ कामु।
मन काँचे नाचै वृथा साँचै राँचै रामु॥ 680॥

अन्वय—जप माला छापैं तिलक एकौ कामु न सरै, मन काँचै नाचै वृथा रामु साँचै राँचै।

छापैं = राम-नाम की छाप, जिसे साधु-संत अपने शरीर और वस्त्र में लगाते हैं। सरै = सधता है। कामु = कार्य, मनोकामना। साँचै = सच्चाई (सच्ची लगन) से ही। राँचै = रीझते हैं।

जप (मंत्र-पाठ), माला (सुमिरन), छापे या तिलक से एक भी काम नहीं सध सकता—कोई भी मनोरथ सिद्ध नहीं हो सकता। जब मन सच्चा है—मन वश में नहीं है, तो यह सारा नाच (आडंबर) वृथा है, (क्योंकि) राम सत्य से प्रसन्न होते हैं (आडंबरों से नहीं)।

नोट— *"माला तो कर में फिरै, जीभ फिरै मुख माँहि।*
मनुआँ तो दस दिसि फिरै, यह तो सुमिरन नाँहिं॥ —कबीरदास

यह जग काँचो काँच-से मैं समझ्यौ निरधार।
प्रतिबिम्बित लखियै जहाँ एकै रूप अपार॥ 681॥

अन्वय—मैं निरधार समझ्यौ यह काँचो जग काँच-से जहाँ एकै अपार रूप प्रतिबिंबित लखियै।

काँचो = कच्चा, क्षणभंगुर। निराधार = निश्चित रूप से।

यह मैंने निश्चित रूप से जान लिया कि यह क्षणभंगुर संसार काँच के समान है, जहाँ एक वही (ईश्वर का) अपार रूप (सभी वस्तुओं में) प्रतिबिंबित हो रहा है—झलक रहा है।

बुधि अनुमान प्रमान स्रुति किऐं नीठि ठहराइ।
सूछम कटि पर ब्रह्म की अलख लखी नहि जाइ॥ 682॥

अन्वय—कटि ब्रह्म की पर सूछम अलख, लखी नहि जाइ बुधि अनुमान, स्रुति प्रमान किऐं नीठि ठहराइ।

स्रुति = श्रुति = वेद, कान। नीठि = मुश्किल से। ठहराइ = निश्चित होती है। सूछम = सूक्ष्म, बारीक। अलख = जो देखा न जा सके। पर = भाँति, समान।

नायिका की कटि ब्रह्म की भाँति अत्यंत सूक्ष्म है, अलख है, वह देखी नहीं जा सकती—समझ में नहीं आ सकती। बुद्धि द्वारा अनुमान करने और वेदों के प्रमाण मानने (कानों से सुनने) पर भी वह मुश्किल से समझ पड़ती है।

तौ लगु या मन-सदन मैं हरि आवैं किहिं बाट।
बिकट जटे जौ लगु निपट खुलैं न कपाट-कपाट॥ 683॥

अन्वय—तौ लगु या मन-सदन मैं हरि किहिं बाट आवैं, जौ लगु निपट बिकट जटे कपट-कपाट न खुलैं।

सदन = घर। बाट = राह। निपट बिकट जटे = अत्यंत दृढ़ता से जड़े हुए। कपट = छल, प्रपंच, दंभ। कपाट = किवाड़।

तब तक इस मन-रूपी घर में ईश्वर किस राह से आवें, जब तक कि (इसमें) अत्यंत दृढ़ता से जड़े हुए कपट-रूपी किवाड़ न खुल जाएँ—मन निष्कपट न हो जाए।

या भव-पारावर कौं उलँघि पार को जाइ।
तिय-छबि-छायाग्राहिनी ग्रहै बीच ही आइ॥ 684॥

अन्वय—या भव-पारावर कौं उलँघि को पार जाइ, तिय-छबि-छायाग्राहिनी बीच ही आइ ग्रहै।

भव = संसार। पारावार = समुद्र। उलँघि = लाँघकर। तिय-छबि = स्त्री की शोभा। छायाग्राहिनी = लंका-द्वीप के पास समुद्र में रहनेवाली रामायण-प्रसिद्ध 'सिंहिका' नामक राक्षसी, जो आकाश में उड़नेवाले जीवों की छाया पकड़कर उन्हें खींच लेती थी—("निसिचरि एक सिंधु महँ रहई, करि माया नभ के खग गहई"—तुलसीदास)। ग्रहै = पकड़ लेती है। बीच ही = जीवनकाल के मध्य (युवावस्था) में ही।

इस संसार-रूपी समुद्र को लाँघकर कौन पार जा सकता है? (क्योंकि) स्त्री की शोभा-रूपी छायाग्राहिणी बीच ही में आकर पकड़ लेती है—(स्त्री का सौंदर्य युवावस्था में ही ग्रस लेता है।)

भजन कह्यौ तातैं भज्यौ भज्यौ न एकौ बार।
दूरि भजन जातैं कह्यौ सो तैं भज्यौ गँवार॥ 685॥

अन्वय—भजन कह्यौ तातैं भज्यौ एकौ बार न भज्यौ, जातैं दूरि भजन कह्यौ, सो गँवार तैं भज्यौ।

भजन = (1) सुमिरन (2) भागना। भज्यौ = (1) भाग गए (2) भजन किया। तातैं = उससे। जातैं = जिससे।

जिसका भजन करने को कहा (जिसका भजन करने के लिए मातृगर्भ में वचन दिया), उस (ईश्वर) से तू दूर भागा, एक बार भी उसे नहीं भजा—नहीं सुमिरा। और, जिससे दूर भागने को कहा, (जिससे बचे रहने का वादा किया) ऐ गँवार, उसी (माया-मोह) को तूने भजा—उसी में तू अनुरक्त हुआ।

पतवारी माला पकरि और न कछू उपाउ।
तरि संसार-पयोधि कौं हरि नावैं करि नाउ॥ 686॥

अन्वय—और कछू उपाउ न, माला पतवारी पकरि हरि नावैं नाउ करि संसार-पयोधि कौं तरि।

पतवारी = पतवार। नावैं = नाम को ही। पयोधि = समुद्र।

दूसरा कोई उपाय नहीं। माला-रूपी पतवार को पकड़कर और ईश्वर के नाम की ही नौका बनाकर इस संसार-रूपी समुद्र को पार कर जाओ।

यह बिरिया नहि और की तूँ करिया वह सोधि।
पाहन-नाव चढ़ाइ जिहिं कीने पार पयोधि॥ 687॥

अन्वय—यह और की बिरिया नहि, तूँ वह करिया सोधि, जिहिं पाहन-नाव चढ़ाइ पयोधि पार कीने।

चिरिया=वेला, समय। करिया=कर्णधार, मल्लाह। सोधि=खोजकर। पाहन=पत्थर। पयोधि=समुद्र।

यह दूसरे की बेर नहीं है—(इस अंतिम अवस्था में कोई दूसरा मदद नहीं कर सकता), तू उसी मल्लाह को खोज, जिसने पत्थर की नाव पर चढ़ाकर समुद्र को पार कराया था।

नोट—श्रीरामचंद्रजी पत्थर का पुल बनाकर अपनी मर्कट-सेना को लंका ले गए थे। उन्हीं का नाम भव-सागर-सेतु है।

दूरि भजत प्रभु पीठि दै गुन-बिस्तारन-काल।
प्रगटत निर्गुन निकट ह्वै चंग-रंग गोपाल॥ 688॥

अन्वय—गोपाल चंग-रंग गुन-बिस्तारन-काल प्रभु पीठि दै दूरि भजत, निर्गुन निकट ह्वै प्रगटत।

भजत=भागना। पीठि दै=विमुख होकर। गुन=(1) गुण (2) तागा। निर्गुन=(1) गुण-रहित (2) बिना तागे का। चंग=पतंग, गुड्डी। रंग=समान।

गोपाल (की लीला) गुड्डी के समान है। गुण-विस्तार करने के समय—अपने को गुणवान समझने के समय—वह प्रभु पीठ देकर दूर भागता है, (ठीक उसी तरह, जिस तरह 'गुण'—तागा—बढ़ाने पर गुड्डी दूर भागती है), और निर्गुण होते ही—अपने को तुच्छातितुच्छ समझते ही—वह (ईश्वर निकट ही प्रकट हो जाता है जिस तरह गुण-हीन—तागा बिना—हो जाने पर गुड्डी निकट आ जाती है)।

जात-जात बितु होतु है ज्यौं जिय मैं सन्तोष।
होत-होत जौं होइ तौ होइ घरी मैं मोष॥ 689॥

अन्वय—बितु जात-जात ज्यौं जिय मैं संतोष होतु है, होत-होत जौं होइ तौ घरी मैं मोष होइ।

जात-जात=जाते जाते, जाते समय। बित=धन। मोष=मोक्ष।

धन के जाते समय जिस प्रकार मन से संतोष होता है, अगर (धन) के आते समय भी उसी प्रकार (संतोष) हो, तो एक घड़ी में ही (अथवा, घर ही में) मोक्ष मिल जाए।

ब्रजवासिनु को उचितु धनु जो धन रुचत न कोइ।
सुचितु न आयौ सुचितइ कहौ कहाँ तैं होई॥ 690॥

अन्वय—जो कोई धन न रुचत ब्रजवासिनु को उचितु धनु, सुचितु न आयौ कहौ कहाँ तैं सुचितइ होइ ?ङ्ग्ज१ ७७४

ुचितइ ≠ निश्चिंतता, शांति।

जो और कोई धन तुम्हें नहीं रुचता है (वहाँ तक तो ठीक है मगर) ब्रजवासियों का उपयुक्त धन (श्रीकृष्ण) अगर हृदय में नहीं आया, तो कहो, शांति किस प्रकार हो सकती है ?

नीकी दई अनाकनी फीकी परी गुहारि।
तज्यौ मनौ तारन-बिरदु बारक बारनु तारि॥ 691॥

अन्वय—नीकी अनाकनी दई, गुहारि फीकी परी, मनौ बारक बारनु तारि तारन-बिरदु तज्यौ।

अनाकनी दई=आनाकानी कर दी, सुनी अनसुनी कर दी, कान बंद कर लिए। गुहारि=पुकार, कातर प्रार्थना। तारन-बिरदु=भवसागर से उबारने का यश, तारने की बड़ाई। बारक=एक बार। बानु=हाथी।

(हे प्रभो, तुमने तो) अच्छी आनाकानी की (कि मेरी) पुकार ही फीकी पड़ गई! (मालूम होता है) मानो (तुमने) एक बार हाथी को तारकर अब तारने का यश ही छोड़ दिया! शायद दोनों की कातर प्रार्थना अब तुम्हें फीकी मालूम होती है।

दीरघ साँस न लेहि दुख सुख साईं नहि भूलि।
दई-दई क्यौं करतु है दई दई सु कबूलि॥ 692॥

अन्वय—दुख दीरघ साँस न लेहि, सुख साईं नहि भूलि, दई-दई क्यौं करतु है दई दई सु कबूलि।

दीरघ = लंबी। साईं = स्वामी, ईश्वर। दई = दैव। दई = दिया है।

दुःख में लंबी साँस न लो, और सुख में ईश्वर को मत भूलो। दैव-दैव क्यों पुकारते हो? दैव (ईश्वर) ने जो दिया है, उसे कबूल (मंजूर) करो।

कौन भाति रहिहै बिरदु अब देखिबी मुरारि।
बीधे मोसौं आइकै गीधे गीधहिं तारि॥ 693॥

अन्वय—मुरारि अब देखिबी बिरदु कौन भाँति रहिहै, गीधहिं तारि गीधे मोसौं आइकै बीधे।

बिरद = ख्याति, कीर्ति। मुरारि = श्रीकृष्ण। बीधे = बिधना, उलझना। गीधे = परक गए थे, चस्का लग गया था।

हे श्रीकृष्ण, अब देखूँगा कि तुम्हारा यश किस तरह (अक्षुण्ण) रहता है! (तुम) गीध (जटायु) को तारकर परक गए थे, किंतु अब मुझसे आनकर उलझे हो—(मुझ-जैसे अधम को तारो, तो जानूँ!)

बंधु भए का दीन के को तार्‍यौ रघुराइ।
तूठे-तूठे फिरत हौ झूठे बिरदु कहाइ॥ 694॥

अन्वय—रघुराइ का दीन के बंधु भए, को तार्‍यौ? झूठे बिरदु कहाइ तूठे-तूठे फिरत हौ!

का = किस। तूठे-तूठे = संतुष्ट होकर। बिरद = बड़ा, कीर्ति।

हे रघुनाथ, तुम किस दीन के बंधु बने—किसके सहायक हुए, और किसको तारा? झूठमूठ का विरद बुलाकर—अपनी कीर्ति लोगों से कहला-कहलाकर—तुम (नाहक) संतुष्ट बने फिरते हो!

थोरैं ही गुन रीझते बिसराई वह बानि।
तुमहूँ कान्ह मनौ भए आज-काल्हि के दानि॥ 695॥

अन्वय—थोरैं ही गुन रीझते वह बानि बिसराई, मनौ कान्ह तुमहूँ आज-काल्हि के दानि भए।

थोरैं ही = थोड़े ही! रीझते = प्रसन्न होते। बानि = आदत।

ऐ कन्हैया, (तुम जो) थोड़े ही गुण से प्रसन्न हो जाते थे वह आदत (तुमने) भुला दी मानो, तुम भी आजकल कलियुग के दानी हो गए हो (जो हजार सिर पटकने पर भी धेला नहीं देते)।

कब कौ टेरतु दीन ह्वै होत न स्याम सहाइ।
तुमहूँ लागी जगतगुरु जगनाइक जग-बाइ॥ 696॥

अन्वय—कब कौ दीन ह्वै टेरतु, स्याम सहाइ न होत जगतगुरु जगनाइक तुमहूँ जग-बाइ लागी।

टेरत = पुकारता है। जग-बाइ = संसार की हवा।

कब से दीन होकर पुकार रहा हूँ—कातर प्रार्थना कर रहा हूँ, किंतु हे श्याम, तुम सहाय (प्रसन्न) नहीं होते। हे संसार के गुरु और प्रभु, (मालूम होता है), तुम्हें भी इस संसार की हवा लग गई है—संसारी मनुष्यों की भाँति तुम भी निठुर बन गए हो!

प्रगट भए द्विजराज-कुल सुबस बसै ब्रज आइ।
मेरे हरौ कलेस सब केसव केसवराइ॥ 697॥

अन्वय—द्विजराज-कुल प्रगट भए सुबस ब्रज आइ बसै केसव केसवराइ मेरे सब कलेस हरौ।

द्विजराज = (1) उत्तम ब्राह्मण (2) चंद्रमा। केसव = केशव, श्रीकृष्ण। केसवराइ = बिहारीलाल के पिता।

श्रेष्ठ ब्राह्मण वंश में ('कृष्ण' अर्थ में 'चंद्रवंश' में) प्रकट हुए, और अपनी इच्छा से ब्रज में आ बसे। वह कृष्ण-रूपी (मेरे पिता) केशवराय मेरे सब क्लेशों को दूर करें।

घर-घर डोलत दीन ह्वै जन-जन जाँचतु जाइ।
दियैं लोभ-चसमा चखनु लघुहू बड़ौ लखाइ ॥ 698 ॥

अन्वय—दीन ह्वै घर-घर डोलत, जन-जन जाँचतु जाइ, चखनु लोभ चसमा दियैं लघुहू बड़ौ लखाइ।

डोलत = घूमता-फिरता है। चखनु = आँखों पर। चसमा = ऐनक।

(यह लालची मन) दीन बनकर घर-घर घूमता (मारा फिरता) है, और प्रत्येक मनुष्य से याचना करता जाता है—कुछ-न-कुछ माँगता ही जाता है; क्योंकि आँखों पर लोभ का चश्मा देने से छोटी (मामूली) चीज भी बड़ी (बेशकीमती) दीख पड़ती है।

कीजै चित सोई तरे जिहिं पतितनु के साथ।
मेरे गुन - औगुन - गननु गनौ न गोपीनाथ ॥ 699 ॥

अन्वय—गोपीनाथ, सोई चित कीजै जिहिं पतितनु के साथ तरे, मेरे गुन औगुन-गननु न गनौ।

जिहिं = जिससे। गननु = गणों, समूहों। गनौ न = खयाल न करो।

हे गोपीनाथ! वैसा ही (कृपालु) मन रखिए—इरादा कीजिए, जिससे मैं भी (अन्य) पतियों के साथ तर जाऊँ; मेरे गुण और अवगुण के समूहों को न गिनिए, (क्योंकि पार न पाइएगा, अतः दया कर तार ही दीजिए)।

ज्यौं अनेक अधमनु दियौ मोहूँ दीजै मोषु।
तौ बाँधौ अपनैं गुननु जौ बाँधैही तोषु ॥ 700 ॥

अन्वय—ज्यौं अनेक अधमनु दियौ, मोहूँ मोषु दीजै, जौ बाँधैही तोषु तौ अपनैं गुननु बाँधौ।

मोषु = मोक्ष। गुननु = (1) गुणों (2) रस्सियों। तोषु = संतोष।

जिस प्रकार आपने अनेक पतितों को मोक्ष दिया है, उसी प्रकार मुझे भी दीजिए—आवागमन से छुड़ाइए—(अथवा) यदि बाँधने ही से (सांसारिक माया-मोह के बंधनों में फँसाए रखने से ही) संतोष हो, तो अपने गुणों (को रस्सियों) से ही बाँधिए। (बंधन या मोक्ष, दो में से कोई एक तो देना ही पड़ेगा!)

दोहे

ये पचीस दोहे भी बिहारीलाल के ही हैं।

कोऊ कोटिक संग्रहौ कोऊ लाख हजार।
मो सम्पति जदुपति सदा बिपति-बिदारनहार ॥ 701 ॥

अन्वय—कोऊ हजार लाख कोऊ कोटिक संग्रहौ, मो सम्पति सदा बिपति-बिदारनहार जदुपति।

कोई हजारों, लाखों या करोड़ों की संपत्ति संग्रह करे, किंतु मेरी संपत्ति तो वही सदा 'विपत्ति के नाश करनेवाले' यदुनाथ (श्रीकृष्ण) हैं।

ज्यौं ह्वैहौं त्यौं होऊँगौ हौं हरि अपनी चाल।
हठु न करौ अति कठिनु है मो तारिबो गुपाल ॥ 702 ॥

अन्वय—हरि हौं अपनी चाल ज्यौं ह्वैहौं त्यौं होऊँगौ, हठु न करौ, गुपाल, मो तारिबो अति कठिनु है।

हे कृष्ण, मैं अपनी चाल से जैसा होना होगा, वैसा होऊँगा। (मुझे तारने के लिए) तुम हठ न करो। हे गोपाल, मुझे तारना अत्यंत कठिन है—(हँसी-खेल नहीं है, तारने का हठ छोड़ दो, मैं घोर नारकी हूँ)।

करौ कुबत जगु कुटिलता तजौं न दीनदयाल।
दुखी होहुगे सरल चित बसत त्रिभंगीलाल ॥ 703 ॥

अन्वय—जगु कुबत करौ दीनदयाल कुटिलता न तजौं त्रिभंगीलाल सरल चित्त बसत दुखी होहुगे।

कुबत=कुवार्त्ता, निंदा। त्रिभंगीलाल=बाँके बिहारीलाल—मुरली बजाते समय पैर, कमर और गर्दन कुछ-कुछ टेढ़ी हो जाती है, जिससे शरीर में तीन जगह टेढ़ापन (बाँकपन) आ जाता है—वही त्रिभंगी बना है।

संसार भले ही निंदा करे, किंतु हे दीनदयालु, मैं अपनी कुटिलता छोड़ नहीं सकता; क्योंकि हे त्रिभंगीलाल, मेरे सीधे चित्त में बसने से तुम्हें कष्ट होगा (सीधी जगह में टेढ़ी मूर्ति कैसे रह सकेगी? त्रिभंगी मूर्ति के लिए टेढ़ा हृदय भी तो चाहिए)।

मोहिं तुम्हैं बाढ़ी बहस को जीतै जदुराज।
अपनैं-अपनैं बिरद की दुहूँ निबाहन लाज॥ 704॥

अन्वय—मोहिं तुम्हैं बहस बाढ़ी, जदुराज को जीतै, अपनैं-अपनैं बिरद की लाज दुहूँ निबाहन।

मुझमें और तुममें बहस छिड़ गई है, हे यदुराज! देखना है कि कौन जीतता है। अपने-अपने गुण की लाज दोनों ही को निबाहना है। (तुम मुझे तारने पर तुले हो, तो मैं पाप करने पर तुला हूँ; देखा चाहिए किसकी जीत होती है!)

निज करनी सकुचें हिं कत सकुचावत इहिं चाल।
मोहूँ से अति बिमुख त्यौं सनमुख रहि गोपाल॥ 705॥

अन्वय—गोपाल, निज हिं करनी सकुचें इहिं चाल कत सकुचावत, मोहूँ से अति बिमुख त्यौं सनमुख रहि।

हे गोपाल, मैं तो अपनी ही करनी से लजा गया हूँ, फिर तुम अपनी इस चाल से मुझे क्यों लजवा रहे हो कि मुझ-जैसे अत्यंत विमुख के तुम सम्मुख रहते हो—(मैं तुम्हें सदा भूला रहता हूँ, और तुम मुझे सदा स्मरण रखते हो!)

तौ अनेक औगुन भरी चाहै याहि बलाइ।
जौ पति सम्पति हूँ बिना जदुपति राखे जाइ॥ 706॥

अन्वय—जौ सम्पति हूँ बिना जदुपति पति राखे जाइ तौ अनेक औगुन भरी याहि बलाइ चाहै।

यदि बिना संपत्ति के भी श्रीकृष्ण (मेरी) पत रखते जाएँ—प्रतिष्ठा बचाए रक्खें, तो अनेक अवगुणों से भरी इस (संपत्ति) को मेरी बलैया चाहे।

हरि कीजति बिनती यहै तुमसौं बार हजार।
जिहिं तिहिं भाँति डर्‌यौ रह्यौ पर्‌यौ रहौं दरबार॥ 707॥

अन्वय—हरि तुमसौं हजार बार यहै बिनती कीजति, जिहिं तिहिं भाँति डर्‌यौ रह्यौ दरबार पर्‌यौ रहौं।

हे कृष्ण, तुमसे मैं हजार बार यही विनती करता हूँ कि (मैं) जिस-तिस प्रकार से डरता हुआ भी तुम्हारे दरबार में सदा पड़ा रहूँ! (ऐसा प्रबंध कर दो।)

तौ बलियै भलियै बनी नागर नन्दकिसोर।
जौ तुम नीकैं कै लक्यौ मो करनी की ओर॥ 708॥

अन्वय—नागर नंदकिसोर बलियै जौ तुम नीकैं कै मो करनी की ओर लख्यौ तौ भलियै बनी।

हे चतुर नंदकिशोर, मैं बलैया लूँ, यदि तुम अच्छी तरह से मेरी करतूत की ओर देखोगे—मेरे अवगुणों पर विचारोगे, तब तो बस मेरी बिगड़ी खूब बनी! मेरा उद्धार हो चुका! (अर्थात् नहीं होगा।)

नोट—"ब्याध हूँ ते बेहद असाधु हौं अजामिल तें ग्राह ते गुनाही कहो तिन में गिनाओगे? स्यौरी हौं न सूद्र हौं न केवट कहूँ को त्यौं न गौतम-तिया हौं जापै पग धरि आओगे॥ राम सों कहत 'पदमाकर' पुकारि तुम मेरे महापापन को पारहू न पाओगे। झूठो ही कलंक सुनि सीता ऐसी सती तजी हौं तो साँचे हूँ कलंकी कैसे अपनाओगे?"

समै पलटि पलटैं प्रकृति को न तजै निज चाल।
भौ अकरुन करुना करौ इहिं कुपूत कलिकाल॥ 709॥

अन्वय—समै पलटि प्रकृति पलटैं निज चाल को न तजै, इहिं कुपूत कलिकाल करुना करौ अकरुन भौ।

करुना करौ = करुना + आकरौ = करुणा के भंडार भी। कुपूत = (कु + पूत) अपूत, अपवित्र, अपावन, पापी।

समय पलट जाने से—जमाना बदल जाने से—प्रकृति भी बदल जाती है। (फलतः प्रकृति के वशीभूत होकर) अपनी चाल कौन नहीं छोड़ देता है? इस पापी कलियुग में करुणा के भंडार (श्रीकृष्ण) भी करुणा-रहित (निष्ठुर) हो गए! (तभी तो मेरी पुकार नहीं सुनते!)

अपनैं-अपनैं मत लगे बादि मचावत सोरु।
ज्यौं-त्यौं सबकौं सेइबौ एकै नन्दकिसोरु॥ 710॥

अन्वय—अपनैं-अपनैं मत लगे बादि सोरु-मचावत, ज्यौं-त्यौं सबकौं एकै नन्दकिसोरु सेइबौ।

अपने-अपने मत के लिए व्यर्थ ही लोग हल्ला मचा रहे हैं। जैसे-तैसे सभी को एक उसी श्रीकृष्ण की उपासना करनी है। (सर्व देवो नमस्कारः केशवं प्रति गच्छति।)

नोट—"हे अछूती जोत उसकी मंदिरों में जग रही, मस्जिदों गिरजाघरों में भी दिखाता है वही। बौद्ध-मठ के बीच है दिखला रहा वह एक ही, जैन-मंदिर भी छुटा उसको छटा से है नहीं।"—'हरिऔध'।

अरुन सरोरुह कर-चरन दृग खंजन मुख चंद।
समै आइ सुन्दरि सरद काहि न करति अनंद॥ 711॥

अन्वय—अरुन सरोरुह कर-चरन, खंजन दृग, चंद मुख, सरद-सुंदरि समै आइ काहि अनंद न करति।

लाल कमल ही उसके हाथ-पाँव हैं, खंजन ही आँखें हैं, और चंद्रमा ही मुखड़ा है। (इस रूप में) शरद-ऋतु-रूपी सुंदरी स्त्री समय पर आकर किसे आनंदित नहीं करती?

नोट—शरद-ऋतु में कमल, खंजन और चंद्रमा की शोभा का वर्णन किया जाता है। यथा—"पाइ सरद रितु खंजन आए" और "सरद-सर्वरी नाथ मुख सरद-सरोरुह नैन"—तुलसीदास।

ओछे बड़े न ह्वै सकैं लगौ सतर ह्वै गैन।
दीरघ होहिं न नैकहूँ फारि निहारैं नैन॥ 712॥

अन्वय—सतर ह्वै गैन लगौ ओछे बड़े न ह्वै सकैं, नैन फारि निहारैं नैकहूँ दीरघ न होहिं।

सतर = बढ़ी-चढ़ी, क्रोधयुक्त। नैकहूँ = तनिक भी। गैन = गगन, आकाश।

घमंड से आसमान पर चढ़ जाने से (बढ़-चढ़कर बातें करने से भी) ओछे आदमी बड़े नहीं हो सकते। आँखें फाड़-फाड़कर देखने से (आँखें) तनिक भी लंबी नहीं होतीं।

औरै गति औरै बचन भयौ बदन रँगु औरु।
द्यौसक तैं पिय-चित चढ़ी कहैं चढ़ैं हूँ त्यौरु॥ 713॥

अन्वय—औरै गति औरै बचन बदन-रँगु औरु भयौ, द्यौसक तैं पिय चित चढ़ी चढ़ैं हूँ कहैं त्यौरु।

बदन = मुख। द्यौसक = द्यौस + एक = दो-एक दिन।

और ही तरह की चाल है, और ही वचन है, और मुख का रंग भी कुछ और ही है! दो-एक दिन से तुम प्रीतम के चित्त पर चढ़ गई हो, यह बात तुम्हारी चढ़ी हुई त्यौरी ही कह रही है।

गाढ़ै ठाढ़ैं कुचनु ठिलि पिय-हिय को ठहराइ।
उकसौहैं हीं तौ हियैं दई सबै उकसाइ॥ 714॥

अन्वय—गाढ़ै ठाढ़ैं कुचनु ठिलि पिय-हिय को ठहराइ, तौ हियैं उकसौहैं हीं सबै उकसाइ दई।

गाढ़ै—कठोर। ठाढ़ैं—खड़े (तने) हुए। उकसौहैं—उभड़े हुए। हियैं—हृदय, छाती। दई उकसाइ = उकसा (उभाड़) दिया।

तुम्हारे स्तन प्रीतम के हृदय में बसे हैं, (सो) उन कठोर और तने हुए स्तनों को ठेलकर (धक्के से अलग कर) प्रीतम के हृदय में और कौन (स्त्री) ठहर सकती है? (अरी) तुम्हारी उभड़ी हुई छाती ने ही तो सबको उभाड़ दिया! (कामोद्दीप्त कर दिया)।

गुरुजन दूजैं ब्याह कौं निसि दिन रहत रिसाइ।
पति की पति राखति बधू आपुन बाँझ कहाइ ॥ 715 ॥

अन्वय—दूजैं ब्याह कौं गुरुजन निसि दिन रिसाइ रहत, बधू आपुन बाँझ कहाइ पति की पति राखति।

पति = पत, लाज। बाँझ = निस्संतान, बंध्या।

दूसरा ब्याह करने (को लालायित होने) के कारण (नायिका के) पति पर गुरुजन रात-दिन क्रोधित होते हैं (कि तुम क्यों शादी कर रहे हो?)। (इधर नायिका यद्यपि बाँझ नहीं है, तो भी) अपने आपको बाँझ कहकर पति की प्रतिष्ठा रखती है (ताकि लोग समझें कि पत्नी के बाँझ होने से ही बेचारा शादी करता है, भोगेच्छा से प्रेरित होकर नहीं)।

नोट—इस दोहे में पति-प्रेम का भंडार भर दिया गया है।

घर-घर तुरुकनि हिन्दुअनि देतिं असीस सराहि।
पतिनु राखि चादर-चुरी तैं राखीं जयसाहि ॥ 716 ॥

अन्वय—जयसाहि, घर-घर तुरुकनि हिन्दुअनि सराहि असीस देतिं तैं पतिनु राखि चादर-चुरी राखीं।

हे जयशाह, घर-घर में तुर्क-स्त्रियाँ और हिंदू-स्त्रियाँ सराह-सराहकर तुम्हें आशीर्वाद देती हैं! क्योंकि तुमने उनके पतियों की रक्षा कर उनकी चादर और चूड़ी (तुर्किनों की चादर और हिंदुआनियों की चूड़ी) रख ली—उनका सधवापन (सोहाग) बचा लिया।

जनमु जलधि पानिप बिमलु भौ जग आघु अपारु।
रहै गुनी ह्वै गर पर्‌यौ भलैं न मुकुता-हारु ॥ 717 ॥

अन्वय—जलधि जनमु बिमलु पानिप जग आघु अपारु भौ, गुनी ह्वै गर पर्‌यौ रहै मुकुता-हारु भलैं न।

जलधि = समुद्र। पानिप = (1) चमक (2) शोभा। आघु—मूल्य। गुनी = (1) गुणयुक्त (2) सूत्र-युक्त, गुँथा हुआ। मुकुता = मोती।

समुद्र से तुम्हारा जन्म हुआ है (कुलीन हो), स्वच्छ चमक है (सुंदर हो), और संसार में तुम्हारा मूल्य भी अपार है (आदरणीय भी हो)। ऐसे 'गुणी' होकर भी—गुँथे हुए होकर भी—किसी के गले पड़े रहना (खामखाह किसी की खिदमत में रहना), ऐ मुक्ता-हार! तुम्हारे लिए अच्छा नहीं है!

(सो०) पावस कठिन जु पीर, अबला क्यौंकरि सहि सकैं।
तेऊ धरत न धीर, रक्त-बीज सम ऊपजै ॥ 718 ॥

अन्वय—पावस कठिन जु पीर अबला क्यौंकरि सहि सकैं रक्त-बीज सम ऊपजे तेऊ धीर न धरत।

रक्त-बीज = 'रक्त' और 'बीज' के समान भाग से अवतार (जन्म) लेनेवाला— अर्थात् 'नपुंसक'। ऊपजे = जन्म ग्रहण किया।

वर्षा-ऋतु की जो कठिन पीड़ा है, इसे अबला स्त्रियाँ किस प्रकार सह सकती हैं? जबकि जन्म ही के नपुंसक (पैदाइशी हिजड़े) भी इस ऋतु में धैर्य नहीं धरते।

प्यासे दुपहर जेठ के फिरै सबै जलु सोधि।
मरुधर पाइ मतीर हीं मारू कहत पयोधि ॥ 719 ॥

अन्वय—जेठ के दुपहर प्यासे सबै जलु सोधि फिरै मारू मरुधर मतीर हीं पाइ पयोधि कहत।

सोधि = ढूँढ़कर। मरुधर = मरुभूमि, मारवाड़। मतीर = तरबूजा। मारू = मरुभूमि, निवासी। पयोधि = समुद्र।

जेठ की दुपहरिया का प्यासा और सर्वत्र जल ढूँढ़-ढूँढ़कर थका हुआ मरुभूमि-निवासी, मरुभूमि में तरबूजे को पाकर, उसे समुद्र कहता है। (देखिए 677वाँ दोहा)

समै-समै सुन्दर सबै रूपु-कुरूपु न कोइ।
मन की रुचि जेती जितै तित तेती रुचि होइ ॥ 720 ॥

अन्वय—समै-समै सबै सुन्दर, कोइ रूपु-कुरूप न, मन की रुचि जेती जितै तित तेती रुचि होइ।

रुचि = प्रवृत्ति, आसक्ति। जेती = जितनी। जितै = जिधर। तित तेती = उधर उतनी ही।

समय-समय पर सभी सुंदर हैं, कोई सुंदर और कोई कुरूप नहीं है। मन की प्रवृत्ति जिधर जितनी होगी. उधर उतनी ही आसक्ति होगी।

सामाँ सेन सयान की सबै साहि कैं साथ।
बाहु-बली जयसाहि जू फते तिहारैं हाथ। 721 ॥

अन्वय—सेन सयान की सामाँ सबै साहि कैं साथ। बाहु-बली जयसाहि जू फते तिहारैं हाथ।

सामाँ = सामान। सेन = सेना। साह = बादशाह। बाहु-बली = पराक्रमी। फते = फतह = विजय।

सेना और चतुराई के सामान तो सभी बादशाहों के साथ रहते हैं, किंतु पराक्रमी राजा जयसिंहजी, विजय तुम्हारे ही हाथ रहती है।

काल्हि दसहरा बीतिहै धरि मूरख जिय लाज।
दुर्‌यौ फिरत कत द्रुमनु मैं नीलकंठ बिनु काज॥ 722 ॥

अन्वय—काल्हि दसहरा बीतिहै मूरख जिय लाज धरि, नीलकंठ द्रुमनु मैं बिनु काज कत दुर्‌यौ फिरत।

दुर्‌यौ = लुकना, छिपना। द्रुमनु = वृक्षों।

कल दसहरा बीत जाएगा। अरे मूर्ख, कुछ तो हृदय में लाज कर। अरे नीलकंठ, वृक्षों पर व्यर्थ क्यों लुका फिरता है?

नोट—दसहरे के दिन नीलकंठ का दर्शन शुभ है।

हुकुम पाइ जयसाहि कौ हरि-राधिका-प्रसाद।
करी बिहारी सतसई भरी अनेक सवाद॥ 723 ॥

अन्वय—जयसाहि कौ हुकुम पाइ हरि-राधिका-प्रसाद बिहारी सतसई करी अनेक सवाद भरी।

राजा जयसिंह की आज्ञा पाकर और राधा-कृष्ण की कृपा से 'बिहारी' ने यह 'सतसई' बनाई, जो अनेक स्वादों से भरी है—अनेक रसों से अलंकृत है।

संबत ग्रह ससि जलधि छिति छठ तिथि बासर चंद।
चैत मास पछ कृष्ण में पूरन आनँदकंद॥ 724 ॥

अन्वय—संबत छिति जलधि ससि ग्रह चैत मास कृष्ण पछ में छठ तिथि बासर चंद आनँदकंद पूरन।

ग्रह = नौ। ससि = चंद्रमा, एक। जलधि = समुद्र, सात। छिति = पृथ्वी, एक। बासर = दिन। चंद = सोम। आनँदकंद = आनंद की जड़।

संवत् 1719 के चैत्र मास के कृष्ण पक्ष में छठी तिथि और सोमवार को, यह आनंदकंद 'सतसई' पूरी हुई।

नोट—पद्य में संवत् के अंक उलटे ही क्रम से लिखते हैं।

सतसैया के दोहरे अरु नावकु कै तीरु।
देखत तौ छोटैं लगैं घाव करैं गंभीरु॥ 725 ॥

अन्वय—सतसैया कै दोहरे अरु नावकु कै तीरु देखत तौ छोटैं लगैं घाव गंभीरु करैं।

दोहरे = दोहे। नावकु कै तीरु = एक प्रकार का छोटा तीर, जो बाँस की नली से होकर फेंका जाता है, और उसका निशाना अचूक समझा जाता है।

सतसई के दोहे और नावक के तीर, देखने में तो छोटे लगते हैं, किंतु चोट बड़ी गहरी करते हैं—घायल बनाने में कमाल करते हैं।

बिहारी के सोलह दुर्लभ दोहे

बकी - बिदारन बक - दवन बनमाली जितबान।
दामोदर देवकि - तनज दुर्जन दयानिधान ॥ 1 ॥
सकट - सघारन अघ-हरन करुना-घन घन-श्याम।
कुबिजा - कामुक दौ - दवन बहुमाइक बहुनाम ॥ 2 ॥
विष्टि - निवारन विष्टिवर बमुह बिभूषन बीर।
गीता - गाइक गरुड़धुज गोबिंद गुन-गम्भीर ॥ 3 ॥
मुष्टिक - मारन मधु - मथन मथुरानाथ मुकुन्द।
तरतारक त्रैताप हरि हरि तारक मचकुन्द ॥ 4 ॥
कंस - निखूँदन कंसहर काली - मरदन काल।
गोपी - बल्लभ गिरि - धरन गज - गंजन गोपाल ॥ 5 ॥
दोवे चीरद चीर - हर चतुरभुज माखन - चोर।
रास - रसिक सत्या - सुखद सुन्दर नन्दकिसोर ॥ 6 ॥
त्रय - भंजन भव - भार- हर भगतनि - प्रिय भगवान।
कमल-नयन कमला-रवन केसव कि हम कल्यान ॥ 7 ॥
नारायन नट - वेष - धर नागर - वर नरकारि।
ब्रज - भूषन राधा - रवन मुरली - धरन मुरारि ॥ 8 ॥
मनु मान्यो केते मुनिन मनु न मनायो आइ।
ता मोहन पै राधिका झगरि झँवावति पाँइ ॥ 9 ॥
जागि न पायो ब्रह्महू जोग न पायो ईस।
ता मोहन पै राधिका सुमन गुहावति सीस ॥ 10 ॥
सिव सनकादिक ब्रह्महू भरि देखैं नहिं दीठि।
ता मोहन सों राधिका दै दै देवै पीठि ॥ 11 ॥
वेद भेद जानो नहीं नेति नेति कहैं बैनि।
ता मोहन सों राधिका कहै महाउर दैनि ॥ 12 ॥
हरि को फिर्‌यौ न पैंडरो लोभ फिर्‌यौ सब देस।
मन न भयौ कहुँ ऊजरो भये ऊजरे केस ॥ 13 ॥
याही मैं सबु बनि गयो ब्रजबासिन को सूतु।
गहकि गरैयाँ गाइये गोद गदाधर पूतु ॥ 14 ॥
कोटि अपछरा वारिये जो सुकिया सुखदेइ।
ढीली आँखिन ही चितै गाढ़े गहि मन लेइ ॥ 15 ॥
भौन भीर गुरुजन भरे सकै न कहिकै बैन।
दम्हति दंड कटाक्ष भरि चाँचरि खेलत नैन ॥ 16 ॥

□□□